南京税务年鉴

NANJING TAXATION YEARBOOK

2018.7—2019

《南京税务年鉴》编纂委员会　编

方志出版社
Publishing House of Local Records

图书在版编目（CIP）数据

南京税务年鉴. 2018.7—2019 /《南京税务年鉴》编纂委员会编. -- 北京 ：方志出版社，2020.9
ISBN 978-7-5144-4550-3

Ⅰ. ①南… Ⅱ. ①南… Ⅲ. ①税收管理—南京—2018-2019—年鉴 Ⅳ. ①F812.753.142-54

中国版本图书馆CIP数据核字（2020）第252077号

南京税务年鉴（2018.7—2019）

编　　者：《南京税务年鉴》编纂委员会
责任编辑：董　琳

出 版 者：方志出版社
地址　北京市朝阳区潘家园东里9号（国家方志馆4层）
邮编　100021
网址　http://www.zgfzcb.cn
发　　行：方志出版社图书经销中心
电话（010）67110500
经　　销：各地新华书店
印　　刷：南京凯德印刷有限公司

开　　本：889×1194　　1/16
印　　张：41.75
字　　数：1269千字
版　　次：2020年9月第1版　　2020年9月第1次印刷
印　　数：0001~1200册

ISBN 978-7-5144-4550-3　　定价：300.00元

中国税务精神：

忠诚担当

崇法守纪

兴税强国

南京税务年鉴编纂委员会

南京税务年鉴编辑部

编 辑 说 明

一、坚持马克思列宁主义、毛泽东思想、邓小平理论、“三个代表”重要思想、科学发展观、习近平新时代中国特色社会主义思想为指导，坚持辩证唯物主义和历史唯物主义的立场、观点和方法，旨在按年度广泛汇集、系统记载、如实辑录南京市税务工作状况及发展历程，为各级领导干部决策及社会各界了解、关心和支持税收工作提供参考。《南京税务年鉴（2018.7—2019）》汇集了2018年7—12月、2019年南京税务工作情况的主要资料。

二、《南京税务年鉴（2018.7—2019）》采取分类编辑法，按分类记事体例，以类目、分目、条目3个层次编辑；共设15个类目：重要文献特载；大事记；概况；收入规划与核算；税政管理；征收管理与科技发展；数据处理和风险管理；法治建设；纳税服务；税务稽查；行政管理；干部队伍建设；党的建设及群团组织；基层单位工作；附录。各区税务局、派出机构年鉴条目，在“基层单位工作”类目之下，类目下设分目，分目下设条目。全书共计1204个条目、总计122.4万字。彩色插页44页，彩色图片73幅；随文图片122幅。表格65张。为便于检索，除卷首设详细目录外，卷尾还设以英文字母排序的条目标题索引。

三、《南京税务年鉴（2018.7—2019）》采用的稿件，由南京市税务局各处室及各基层单位提供，并由各相关单位领导审定。

四、为避免条目行文冗长繁琐，《南京税务年鉴（2018.7—2019）》部分常用机构统一采用规范简称，主要有：国家税务总局，使用全称，不使用“总局”简称；国家税务总局江苏省税务局统一简称为“省税务局”；原江苏省国家税务局简称为“省国税局”；原江苏省地方税务局简称为“省地税局”；国家税务总局南京市税务局统一简称为“市税务局”；原南京市国家税务局统一简称为“市国税局”，原江苏省南京地方税务局简称为“市地税局”。各基层单位，简称为“××区局”。部分条目涉及缩略语，缩略语在第一次出现时加括注解释说明，便利读者阅读理解。

五、因时间仓促，《南京税务年鉴（2018.7—2019）》难免有疏漏不当之处，敬请读者批评指正。在国税地税征管体制改革和深入推进税收制度改革的形势下，《南京税务年鉴（2018.7—2019）》的编辑出版得到各单位领导和撰稿者的关心和支持，在此深表诚挚谢意。

领导关怀

2019 年 4 月 26 日，国家税务总局总审计师刘丽坚（中）调研南京市税务局办税服务厅，江苏省税务局党委书记王学东（左一）陪同调研　　李洪进　摄

2019 年 3 月 26 日，国家税务总局机关党委副书记、纪委书记武新越在南京市税务局调研　　李洪进　摄

2018 年 7 月 5 日，根据党中央、国务院关于国税地税征管体制改革工作和国家税务总局统一安排，原江苏省南京市国家税务局和江苏省南京地方税务局合并，正式挂牌成立国家税务总局南京市税务局。

江苏省税务局和南京市委市政府领导参加南京市税务局成立挂牌仪式　　楚天佑　摄

2018 年 7 月 5 日，江苏省税务局党委书记王学东（左）和南京市委常委、常务副市长杨学鹏（右）共同为新成立的南京市税务局揭牌　　楚天佑　摄

2019 年 2 月 13 日，江苏省税务局党委书记王学东（右二）到南京市税务局调研减税降费工作开展情况　　刘守成　摄

2018 年 8 月 17 日，江苏省税务局党委副书记、局长侍鹏（中）一行到南京高速齿轮制造有限公司调研　　耿　欣　摄

2018 年 8 月 22 日，江苏省税务局党委委员、副局长葛元力（站立者左三）到南京市税务局调研指导工作。图为葛元力参观南京市税务局第二税务分局办税服务厅　　薛　丽　摄

2019 年 10 月 17 日，全省”一户式”监控系统研讨会在第三税务分局召开，江苏省税务局党委委员、副局长姜跃生出席会议　　李　凯　摄

2018 年 8 月 30 日，江苏省税务局党委委员、副局长周柏柯到南京市税务局开展纳税服务工作调研　　耿　欣　摄

2019年12月30日，南京市市长韩立明（中）、副市长冉华（左）到市税务局调研指导工作　　楚天佑　摄

2019年1月31日，中共南京市委常委、常务副市长杨学鹏参加全市税务工作会议，对税务工作提要求　　楚天佑　摄

重要活动（会议）

2018年7月26日，南京市税务局联合党委理论学习中心组召开学习研讨会，市税务局联合党委书记、局长文月寿主持会议　　楚天佑　摄

2018 年 10 月 23 日，中国共产党国家税务总局南京市税务局机关党员代表大会召开

楚天佑　摄

2018 年 10 月 29 日，南京市税务局系统工会会员代表大会召开　　楚天佑　摄

2019 年 1 月 31 日，全市税务工作会议召开　　　楚天佑　摄

2019 年 1 月 31 日，全市税务系统全面从严治党工作会议召开　　　楚天佑　摄

2019 年 8 月 13 日，南京市税务局召开“不忘初心 牢记使命”主题教育工作推进会

楚天佑　摄

2019 年 9 月 11 日，南京市税务局召开“不忘初心 牢记使命”主题教育第一批总结及第二批部署会议

楚天佑　摄

2019 年 8 月 1 日，南京市税务局召开减税降费工作推进会　　楚天佑　摄

2019 年 9 月 17 日，南京市税务局召开城乡居民两险集中征收工作推进会　　楚天佑　摄

2019 年 1 月 31 日，全市税务工作会议召开，南京市税务局党委书记、局长文月寿主持会议并作会议主报告

楚天佑　摄

2018 年 12 月 7 日，南京市税务局召开巡视巡察工作会议，市税务局党委副书记、副局长郑良（中）主持会议

楚天佑　摄

2019 年，南京市税务局积极落实国务院减税降费政策举措，开展“便民办税春风行动”，落实办税事项“全程网上办”清单，大幅缩短纳税人办税时限。图为 2019 年 2 月 20 日，南京市税务局党委委员、副局长陈步龙（左二）走访全国人大代表、南京外国语学校正高级教师李鸿彬（右一），了解学校发展情况，听取涉税服务意见建议　　楚天佑　摄

2018 年 11 月 21 日，南京市税务局党委委员、纪检组长陈林（右二）到南京奥特佳新能源科技有限公司，走访调研企业生产经营和各项税收优惠政策落实情况，听取民营企业涉税诉求　　严　炯　摄

2019 年 4 月 9 日，南京市税务局党委委员、总会计师陈奇（左一）到江宁区税务局调研，察看金税三期并库后系统操作运行情况及线上办税体验区运行情况　　　　李辰磊　摄

2019 年 9 月 29 日，南京市税务局第三稽查局召开税务稽查“百日竞赛”总结表彰大会，南京市税务局党委委员、总审计师徐春燕（主席台左三）出席并提出工作要求　　　　杨　光　摄

2018年12月6日，南京市税务局召开办公室工作会议，党委委员、总经济师钱家俊（中）主持会议　　楚天佑　摄

2019年4月17日，南京市税务局召开“一带一路”走出去企业税收服务座谈会，党委委员、总会计师张海宁（左三）主持会议　　楚天佑　摄

征收管理和涉税服务

南京市税务局坚持服务与征管并重，通过大走访强化服务，实现精准服务精准征收精准减税降费。

2018 年 10 月 24 日，南京江宁经济开发区税务局干部赴菲尼克斯中国公司，了解企业生产，为企业提示涉税风险

张泽昆　摄

2018 年 10 月 22 日，南京经济技术开发区税务局干部走进独角兽企业南京快轮智能科技有限公司，宣讲税收政策　　潘亮亮　摄

2019 年 8 月 8 日，秦淮区税务局走进南京乐金熊猫电器有限公司生产车间了解企业生产经营状况　　胡　琪　摄

征收管理

市税务局严守组织收入原则，严格依法依规征税收费，既从严从实减税降费，又有序有力组织收入，确保税收征管到位，做到应收尽收，应享尽享，应知尽知，应减尽减。

2019年3月6日，浦口区税务局干部走进鸣龙茶业，为门店人员解读普惠性税收政策，送上减税红包

王嘉诚　摄

2019年1月9日，建邺区税务局业务骨干走进河西金融城，为园区内金融企业解读个人所得税新政

潘筱雅　摄

市税务局建立线上税收体验区，逐步提高自助办税率。图为2019年5月13日，南京江北新区税务局干部指导纳税人在线上体验区处理自助办税业务　　吕　璐　摄

市税务局采取多项措施加强涉外税收管理。图为2018年8月8日，就职于南京工业大学的印度公民SUDIP PAN在南京市税务局办理个人所得税完税证明　　张文文　摄

目　　录

2018年（7–12月）

税政管理

货物和劳务税管理

企业所得税管理

个人所得税管理

财产行为税管理

社会保险费和非税收入管理

进出口税收管理

国际税收管理

征收管理与科技发展

征收管理

电子税务管理

数据处理和风险管理

法治建设

纳税服务

综　述

税收宣传和纳税咨询

税务稽查

行政管理

政务管理

税收宣传

事务管理

财务管理

税收科研、调研

南京市税务学会

干部队伍建设

人事管理

考核考评

教育培训

纪检监察

执法督察内审

老干部管理

党的建设及群团组织

机关党建

群团工作

基层单位工作

稽 查 局

第一稽查局

第二稽查局

第三稽查局

第一税务分局

第二税务分局

第三税务分局

玄武区税务局

秦淮区税务局

建邺区税务局

鼓楼区税务局

雨花台区税务局

栖霞区税务局

江宁区税务局

浦口区税务局

六合区税务局

溧水区税务局

高淳区税务局

南京江北新区税务局

南京经济技术开发区税务局

南京江宁经济技术开发区税务局

附　录

重要论文摘要选登

各项收入统计表

2019年

重要文献特载

大事记

概况

机构职能

税收税源

收入规划与核算

税政管理

货物和劳务税管理

企业所得税管理

个人所得税管理

财产行为税管理

社会保险费和非税收入管理

进出口税收管理

国际税收管理

征收管理与科技发展

征收管理

电子税务管理

数据处理和风险管理

法治建设

纳税服务

纳税服务

宣传咨询

税务稽查

行政管理

政务管理

税收宣传

税收经济分析

2019年税收经济分析报告选登

财务管理

事务管理

税收科研调研

南京市税务学会

干部队伍建设

人事管理

考核考评

教育培训

纪检监察

执法督察内审

老干部管理

党的建设及群团组织

党的建设

机关党建

工会、妇联工作

基层单位工作

稽查局

第一稽查局

第二稽查局

第三稽查局

第一税务分局

第二税务分局

第三税务分局

玄武区税务局

秦淮区税务局

建邺区税务局

鼓楼区税务局

雨花台区税务局

栖霞区税务局

江宁区税务局

浦口区税务局

六合区税务局

溧水区税务局

高淳区税务局

南京江北新区税务局

南京经济技术开发区税务局

南京江宁经济技术开发区税务局

附　录

2019年南京市税务局科调研论文摘要选登

各项收入统计表

索　引

2018年

（7–12月）

南京税务年鉴

重要文献特载

文月寿在国家税务总局南京市税务局挂牌仪式上的讲话

（2018年7月5日）

国税地税征管体制改革是以习近平同志为核心的党中央作出的重大决策，是深化党和国家机构改革的重要内容。根据国家税务总局、江苏省税务局统一部署，在南京市委市政府和相关部门的大力支持和帮助下，各项改革工作积极平稳、有序有力有效推进。

6月29日，我们正式成立了南京市国家税务局、地方税务局联合党委；今天，我们在这里隆重举行国家税务总局南京市税务局的挂牌仪式，全面开启南京税收事业发展的新篇章。

在新机构的诞生过程中，江苏省税务局、市委市政府、相关部门齐心协力，共同努力，让我们深受感动，倍加鼓舞，也增强了我们完成改革各项任务的信心和决心。在此，我代表南京市国家税务局、地方税务局联合党委向各位领导、各个部门、各级单位表示衷心感谢！同时，也恳请大家能够一如既往地支持和帮助南京税务工作和税收事业！我们有信心、也有能力担当这份重任！坚决打赢税务机构改革这场攻坚战和服务经济高质量发展这一持久战，当好改革的先锋队、创新的排头兵，努力将南京市税务局打造为全省税务系统改革标杆，为高质量推进新时代税收现代化、开启税收事业新的辉煌和加快建设“强富美高”新南京作出新的更大贡献。

文月寿在全市税务系统机构改革动员部署培训会议上的讲话

（2018年7月11日）

今天的会议，既是动员会，也是培训会，更是部署会，目的就是为了把全市税务系统干部的思想和行为进一步统一到总局、省局和市委市政府关于改革的决策部署上来，统一到当前市局联合党委关于推进改革的具体安排上来，确保全市征管体制改革如期、顺利、全面落地。一会儿，倪局长还要做重要讲话，请大家贯彻落实好。下面，我讲四个方面，供大家参考：

一、全市国税地税征管体制改革的进展和成效

前期改革工作稳步推进，“四个确保”认真贯彻落实，得到省局、市委市政府的肯定。自总局今年3月14日召开打招呼会议，全市国税、地税系统密切联系，通力合作，迅速贯彻落实。一方面，紧紧围绕上级决策部署，稳步推进各项改革工作。认真组织学习各级关于国税地税征管体制改革的精神要求，及时形成书面材料向市委市政府报告。市领导高度重视，张敬华书记、蓝绍敏市长进行了批示，分别召开市委常委会、市政府常务会专门听取了汇报，研究南京国税地税征管体制实施方案；在市机构改革工作领导小组下成立了专项小组，加强对全市国税地税征管体制改革的领导和统筹协调。6月26日，省局第一联络（督导）组进驻，对我市国税地税征管体制改革给予指导与督促。6月28日前，市国税局、地税局商定机构改革后集中办公地点，对办公场所进行必要的改造，先行合并的四个处室完成搬迁，实现集中办公。6月29日，江苏省税务局商南京市委，成立南京国税地税联合党委；税务总局党组和省局联合党委任命了党委书记、党委委员。7月3日，市政府组织召开市国税地税征管改革座谈会，动员布置全市税务机构改革工作。7月5日，市税务局举行挂牌仪式，新机构正式运行。近期，市局党委两次召开党委会议，研究市局国地税征管体制改革组织实施方案，制定路线图、时间表、责任人；组建“1+9+15”的改革组织机制（“1”是指南京市税务机构改革工作小组，“9”指下设九个专项组、“15”是指对属地局成立15个联络督导组），推进改革向区国税局、地税局延伸。

另一方面，紧紧围绕“四个确保”（确保队伍稳定有序、确保收入平稳增长、确保征纳关系和谐、确保干部遵规守纪），扎实开展各项税收工作。一是全面加强思想政治工作，深入开展谈心谈话，引导干部职工正确对待改革，积极投身改革，干部队伍情况总体稳定。二是税收收入保持增长。上半年，全市税务系统组织各项收入1848亿元，同比增长15.7%，其中，税收收入1541亿元，同比增长15.9%，非税收入307亿元（含社保费收入），同比增长15%。三是持续优化纳税服务，全市办税服务厅实现国税地税业务“一厅通办”，12366税收咨询热线实现“一键咨询”，办税秩序井然，征纳关系和谐。四是严抓各级班子和干部队伍遵规守纪，坚定拥护改革、推进改革。积极稳妥做好信访和舆情管理工作，严控重大负面舆情和信访案件的发生。

这些改革成效的取得，主要得益于五个方面：一是得益于省局联合党委的正确领导。省局党委着力加强顶层设计，周密安排，上下一盘棋，整体推进改革。王学东书记、侍鹏局长和其他省局领导多次对改革作出部署、提出要求，省局倪静石局长更是亲自在南京指导，体现了省局对南京税务工作的关心和重视。省局第1联络（督导）组给了我们很多的指导、协调和帮助，为我们顺利推进改革提供了有力支持。二是得益于市委市政府的关心重视。市委召开常委会，专门听取改革工作汇报。张敬华书记、蓝绍敏市长先后多次就改革工作作出重要指示。杨学鹏常务副市长、冉华副市长多次听取汇报，并召开改革座谈会，进行动员部署，得到政府相关部门的支持和帮助。三是得益于市局联合党委的坚强领导。挂牌前两套班子合署办公，两个班子为改革顺利推进做了大量基础性工作。挂牌后新机构的联合党委班子讲政治、顾大局、讲团结、讲合作、促融合，紧锣密鼓研究部署改革事项，充分发挥了统领全局、协调各方的领导核心作用。四是得益于有效的组织体系和机制。“1+9+15”的改革组织机制，既利于抓好市局自身改革，又利于抓好区局改革，确保全市税务机构改革步调统一、平稳有序有效开展。五是得益于干部职工的全心参与和投入。不管是原国税还是原地税的同志，都能以大局为重，按照统一的部署要求和规定的时间节点，尽责尽力、不折不扣完成改革任务。以上这些都是市局在前期改革中形成的有益经验，希望各区局要充分传承好、发扬好，确保改革稳步推进。

二、确保完成好近期改革重点工作任务

从今天开始，区一级税务机构的改革就提上日程、正式启动了。在繁重的改革任务面前，我们要按照总局、省局的统一要求和市局党委的具体部署，统筹安排、周密细致、扎扎实实做好以下工作：

（一）主动争取地方党委政府的支持。各区国税局、地税局两个“一把手”要联合将改革部署安排向区委区政府进行汇报，提请区委区政府尽快成立区国税地税征管体制改革专项小组，以便更好地做好改革的指导、对接和支持工作。同时，与市局派驻的联络（督导）组一道商请区专项小组，参照市里做法召开区国税地税征管体制改革座谈会，提请在改革中需要区里和相关部门给予支持的具体事项，更好地营造区委区政府重视，部门支持，心齐力合推进改革的良好氛围。

（二）按要求组建成立联合党委。近日，市局将商请各区党委成立各区局联合党委，不设联合党委的单位，市局将商相关地方党委，明确领导班子主要负责同志，并按总局规定时点宣布联合党委班子任命。联合党委成立后，要充分发挥核心作用，加强对改革的统筹领导和决策部署，在落实“四个确保”上担好主体责任，推动各项工作“两促进、两不误”。联合党委成立前，各区现国税局、地税局党组既要充分协商，做好改革准备工作，又要各司其职，推进好既定工作。

（三）建立高效的改革组织体系和工作机制。各区税务部门要在市局联络（督导）组具体指导下，在区局联合党委的统一领导下，参照市局做法，尽快研究成立推进改革任务落实的组织体系和工作机制，落实联合党委书记负责制，各有关局领导分工负责。在此基础上，深入学习市局国税地税征管体制改革组织实施工作方案，按照南京税务机构改革工作总台账提出的12个方面255项任务，制定推进改革的时间表、路线图、任务书，逐项把改革的责任压实，把改革的任务落实，确保改革快速推进、稳步落地。从明天起，市局改革工作小组就将对各区下任务单。

（四）做好标志性和节点性的改革重点工作。按照市局改革工作模板，实而又实、细而又细做好以下几项改革重点工作：一是开展好集中办公。7月15日前，要实现区国税局、地税局领导班子和综合部门集中办公。集中办公所在地单位要提前谋划、主动承担起集中办公和挂牌所需要的保障工作，为新税务机构顺利平稳挂牌打下坚实基础。二是举办好挂牌仪式。各区国税局、地税局要对照市局下发的挂牌工作事项清单和模板，倒排工期和任务，共同研究制定新税务机构挂牌方案，经市局审批同意后实施。要按规定精准操作，严格执行中央八项规定精神，并按照国旗法规定，举行升国旗仪式，确保挂牌仪式简朴规范、平稳有序。三是划转好社保费和非税收入征管职责。总局将适时召开动员会细化相关工作安排，12月10日前完成划转，明年1月1日起开始征收。各区要按照总局省局和市局的部署要求，成立工作小组，及时向地方政府做好汇报，加强与财政、人社等部门的沟通协调，做好征管基础准备，确保顺利划转。

三、重点谈一下维护班子和队伍稳定的问题

首先，将妥善安排好各级领导班子。7月10日，省局联合党委书记王学东在省局联络督导工作情况报告第9期上作出重要批示，配备县区局联合党委书记和班子，是整个改革非常关键的一环，对确保改革顺利进行和全局稳定至关重要。各市局联合党委要严格执行省局的配备原则和办法，讲公正行大道，选任出能担当起改革重任的县区局联合党委书记和副书记。各县区局的"一把手"和班子成员，也要讲政治、顾大局，坚决服从市局联合党委的决定，服从组织安排。一些同志如果有合理要求，要按程序逐级向组织反映和汇报，省局和市局联合党委会理解和尽力解决同志们合理的反映和诉求。但不能纵容个别人的无理要求，对无组织、无纪律，在改革期间挑事、闹事的，要坚决予以严肃处理。

结合到我们南京实际，各区局联合党委领导班子和全体干部要从讲政治的高度，不讲条件、不打折扣地落实改革任务，做好改革工作。更要从讲政治的高度，正确对待个人进退留转、利益得失。请各位放心，市局会按照省局党委的要求，在听取各区委意见的基础上，讲政治、讲大局、讲公道，从有利于改革大局、有利于新机构运转的角度出发，按照确定的原则、标准和程序，公平公正、实事求是地做好区级新机构党委书记、副书记以及领导班子配备工作。希望大家相信组织安排、服从组织决定，在思想上、行动上同市局联合党委的部署保持高度一致。特别是两个"一把手"和区局班子成员，更不允许有不同的声音、不当的事情和不应该出的问题，要用自身的实际行动，为干部和群众作出表率。

其次，要做好各级班子和队伍的稳定工作。当前，要依据有关规定和政策，深入细致地做好宣传解释工作，尤其要做好认识不高、思想不通的同志的思想政治工作。我们要制定三类谈话方案，分类分批逐一开展谈话，有效化解思想疙瘩，增强班子和干部对改革的认同。要针对不同群体研究制定3套"谈心谈话提纲"，把思想政治工作做到干部职工心坎上。针对"一把手"主要谈责任、讲纪律、讲团结，把改革的担子压实；针对副职特别是由正转副的同志，以诚相见、以心换心，引导他们看长远、讲大局、讲境界，解开心结，再鼓干劲；针对一般干部，讲情谊、谈关怀、提士气，展望发展前景，加快队伍融合。

这里我特别强调，区级层面的改革启动后，涉及到的干部职工层面更多、范围更广，做好改革期间的思想政治工作显得尤为迫切。改革延伸到区级税务机关后和落实"三定"方案过程中，对领导班子成员，对内设机构中层干部安排，联合党委要做好耐心细致的思想政治工作。在市局层面，我和郑良同志将和各区局现任"一把手"逐一谈话。督导组下去之后，带队市局领导要和被督导单位所有领导班子成员谈话。通过做深做细思想政治工作，首先保证领导班子的稳定，再通过精准落实政策，细致疏导干部情绪，听取大家的合理诉求，妥善处置有关具体问题，保证整个干部队伍的稳定。

第三，要充分调动和发挥各级领导班子作用。各级领导班子要积极拥护改革、投身改革，做改革的推进者和示范人，团结带领广大干部群众积极支持改革、参与改革，积极引导各级党组织和广大党员发挥战斗堡垒作用和先锋模范作用，分担改革重任，共享改革成果。我们要加快研究、完善党委班子议事规则、工作纪律，充分发挥民主集中制这个法宝，处理好条条与块块的关系，进一步增强联合党委班子凝聚力和协同性。

各级领导干部要学会弹钢琴，抓住主要矛盾，统一思想稳人心，理顺机制聚合力，善作善成抓落实，严明纪律守底线；各单位各部门正职要把“加快磨合、加速融合”作为当前工作的重中之重，掌握团队作战的方略，明确团队作战的规则，凝聚团队作战的合力；各位副职要讲格局、讲境界、讲情怀，按照班子分工、执行班子决议、维护班子团结，团结一致，再立新功。

对改革期间的各级领导班子，总局领导寄予厚望。昨晚，总局王军局长作出批示：市县局的同志们，改革的任务、责任、压力传导到你们这来了，尤其是最近任务集中、时间紧迫，大家要统筹调度好，上下对接好，彼此协作好，按照总局的部署和省局联合党委的要求，扎实细致、忙而不乱、繁而有序地做好各项改革工作，让改革在基层落得精准、行得稳健、赢得喝彩！

四、凝心聚力全面打好改革决胜仗

下半年是改革攻坚破难、工作出彩进位的关键时期，全市税务系统一定要一鼓作气再添劲，凝心聚力齐攻坚，积极落实总局省局和市委市政府各项部署，切实推动各项改革措施顺利落地生效，积极履行税收各项职能，展示新时代新机构新作为新形象。

（一）抓改革，要沿着时间表路线图蹄疾步稳推改革。随着市税务局挂牌成立，全市国税地税征管体制改革不断向纵深推进。对市局层面而言，改革进入深水区。对区局层面而言，改革进入攻坚期。“三定”规定的制定与落实，涉及方方面面因素；非税收入的划转，涉及里里外外的沟通协作；4个综合部门外其他处室需要集中办公，涉及征管模式统一、执法与服务规范等问题，另外还有清产核资、经费保障等工作。这些工作在相对较短的时期内要完成，非常复杂与艰巨，需要投入更多的时间和精力，深入细致地去研究、协调、解决存在的问题与矛盾。我们需要按照省局、市局确定的改革时间表、任务书和路线图，在省局党委的领导和省局联络督导组的指导下，一项工作一项工作地去落实、一件任务一件任务地去完成，稳扎稳打、步步为营，平稳有序有力地推进各项改革工作。

（二）抓融合，要着眼推进人事业务“双融合”稳改革。国地税合并这场深刻的变革，正在考验着每一名税干部特别是各级领导干部的觉悟、格局、责任乃至脾性。从改革启动到今天，波及人员之众、涉及事项之多、触及灵魂之广、改变习惯之深，超出预期，出乎想象。合并，给我们带来了激动与喜悦，使我们国地税走到一起，有同一个平台，同一种情怀；有同一个家园，同一个梦想！合并，也带来了我们碰撞与激荡，这是两个思维习惯不同、工作风格迥异的组织，热烈而强势地合在一起，每个干部心头都能体会到那种肢体痛感，同时，也给我们带来新鲜与活力，我们每天都会面对新的问题、每天都会迸发新的思考，这将为我们南京税务事业的发展提供新的动力。我们机关各部门、基层各单位，从现在起就要未雨绸缪，认真研究与落实人员与业务“双融合”的工作方案与措施，积极打造行业精神，弘扬税务文化，实现“事合、人合、心合、力合”，展现新时代新税务新气象，从而确保改革顺利实施、落地生效。

（三）抓稳定，要全力落实“四个确保”要求保改革。这是这次改革一以贯之的要求。区局在全市税务系统干部人数占比中体量大，同时又直接面向广大纳税人，承担着执法服务、带队治税的繁重工作任务，是改革矛盾和问题易发频发多发的层级，是落实“四个确保”最关键的区域。对此，一要确保队伍稳定。要继续实行“零报告”制度，高度关注重点地区和重点人群，积极稳妥处理各类敏感事项和历史遗留问题，避免矛盾和问题扩大、扩散。对干部队伍中的工勤人员、劳务派遣人员、临时用工人员讲明，对他们的政策不变、待遇不降、人员不减，以整体队伍的“稳”来推动整个改革的“进”。二要确保税收收入平稳增长。要高度重视税收安全，把抓收入放在和抓改革同等重要的地位，始终绷紧组织收入这根弦。明天，市局将召开新机构成立后的第一次收入形势分析会，各单位也要在联合党委成立后，召开一次收入分析会，针对薄弱环节采取有效措施，确保收入平稳增长。三要确保征纳关系和谐。在做好“一厅通办”“一键咨询”的基础上，持续深化“放管服”改革，优化税收营商环境，从根本上解决纳税人办税“两头跑”、税务执法“两头查”的问题，用纳税人的满意度和获得感作为改革成败的评判标准和成果体现。四要确保班子遵规守纪。各区局联合党委和领导干部都要自觉服从大局，规范个人言行，带头执行改革纪律，绝不允许懒散拖延搞变通、绝不允许擅自行动搞特例、绝不允许随心所欲乱作为。市局要把机构改革工作中的表现，作为检验领导干部政治素质、党性修养、工作能力的重要标准，并与下步干部安排等相挂钩。

（四）抓纪律，要以铁军的铁律和规矩抓改革。改革期间，纪律规矩是不可逾越的红线，也是必须坚守的底线。要在进一步强化改革期间政治纪律、组织纪律、机构编制纪律、干部人事纪律、财经纪律、保密纪律的基础上，不折不扣落实总局王军局长提出的“六个严禁”“三个不准”要求。“六个严禁”是各位党委书记和委员必须具备的觉悟和担当，包括严禁一人独断、重大事项不经党委会研究确定，影响队伍政治生态；严禁拖而不决，相互扯皮，明争暗斗，影响改革进程；严禁定而不行，找客观理由，谈条件甚至是当面一套背后一套，影响组织权威；严禁拉帮结派，原国税的向着国税，原地税的向着地税，影响队伍融合；严禁假公济私，徇私情、谋私利，影响公道正派的工作环境；严禁消极懈怠、擅离职守、不作为慢作为，影响正常效率。“三个不准”是对广大干部的“约法三章”，即不准撂挑子贻误工作，不准挑是非诋毁他人引发矛盾，不准泄私愤影响改革。大家一定要牢记恪守，坚决执行到位。在纪律问题上，市局的态度很鲜明，触者必查、违者必处，没有丝毫余地，绝不纵容姑息。这里，我还要特别强调一下改革期间的纳税服务质量和工作纪律。要通过明察暗访等形式，及时发现和纠正个别单位、个别同志身上出现的管理松软、工作懒散等现象，进一步弘扬坚守岗位、勤勉尽责、埋头苦干的作风，以铁的纪律打造良好的改革环境和生态。

（五）抓督导，要强化联络督导工作促改革。市局层面，要继续加强与省局联络督导组的联络，积极争取省局的领导、支持和帮助，更好地推进全系统的改革。对区局层面，这次培训班的一项重要任务，就是部署区局改革正式实施后的联络（督导）工作。王军局长对联络（督导）工作提出了“六要六不要”的要求，市局各联络（督导）组要不折不扣加以落实。培训结束后，市局15个联络（督导）组就要奔赴各单位开展工作了。着重强调一下，此次联络（督导）实行局领导带队包干责任制。既说明市局对区级税务机构改革工作高度重视，也充分体现了区级税务机构改革的重要性。只有各区局的改革到位了，我们才能真正地说，税务机构改革在南京落地落实了。联络（督导）组要做好各区局税务机构改革的指导工作，推动改革有力有序稳步落实。同时，要严明纪律，特别是强调联络（督导）组任何人不能干预区局班子的人事安排，不能打招呼、送条子。市局将加大督查力度，对照改革的总台账、路线图、时间表和任务书，抓好改革进展情况的督查，确保改革任务按照序时要求在全市税务系统不折不扣地落实到位。

同志们，全市国税地税征管体制改革在我们这代税务人身上展开，使命光荣、责任重大。让我们在省局党委和市委市政府的坚强领导下，携手同心，砥砺同行，一个节点一个节点地盯，一项工作一项工作地抓，一场硬仗一场硬仗地打，确保国税地税征管体制改革在南京平稳有序落地！我相信，改革功成之日，我们投身其中的每个人都会觉得不负这一段光辉的历史，不负这一段奋斗的韶华，不负这一段如歌的“税月”！

文月寿在全市社会保险费和非税收入征管职责划转工作动员会议上的讲话

（2018年9月29日）

今天，市人社局、市财政局、人行南京营业部和市税务局联合召开视频会议，主要任务是坚决贯彻党中央、国务院、省委省政府、市委市政府关于全市社会保险费和非税收入征管职责划转工作的决策部署，认真落实蓝绍敏市长在市政府常务会议上关于做好这项工作的重要讲话精神，并对下步工作统筹进行动员布置。刚才，市财政局海燕同志、市人社局国荣同志分别做了讲话，对划转工作提出了要求；江宁区人社局和六合区税务局负责同志先后作了表态发言。讲得都很好。借此机会，我想首先代表全市税务系统对市委国税地税征管体制改革领导小组各成员单位、各部门、各区长期以来对税收工作，特别是对此次社会保险费和非税收入征管职责划转工作的关心与支持，表示衷心的感谢！下面，我谈四点意见：

一、要充分认识到本次职责划转工作意义重大，切实增强自身工作的执行力

国税地税征管体制改革是以习近平同志为核心的党中央作出的重大决策部署，是深化党和国家机构改革的重要内容。根据中办、国办下发的《国税地税征管体制改革方案》有关精神，将基本养老保险费、基本医疗保险费、失业保险费、工伤保险费、生育保险费等各项社会保险费，从2019年1月1日起交由税务部门统一征收。对非税收入项目，按照成熟一批划转一批，逐步推进的原则，在2020年12月31日前，划转到税务部门征收。对此，李克强总理作出重要批示：国税地税机构改革事关重大，在推进过程中，务必确保国家税收安全，中央和地方分配比例合理，社保费和非税收入征管合并工作要稳妥有序。韩正副总理提出明确要求：近日，国务院办公厅印发的关于做好社会保险费和非税收入征管职责划转工作的指导意见的有关工作，是党中央、国务院作出的重大决策，是国税地税征管体制改革的重要内容，是提升国家治理水平的重要举措。此项改革涉及各级政府、多个部门，任务重、难度大，社会关注度高。各地区、各部门要牢固树立四个意识，坚决落实好党中央、国务院决策部署，切实抓好各项任务的落实和具体实施，细化分工，密切配合。各级政府要担负主体责任，有序推进改革，确保按期完成任务，为经济社会发展作出新的贡献。根据国务院领导指示精神，8月20日，国家税务总局、财政部、人力资源和社会保障部、国家卫生健康委员会、国家医疗保障局联合召开视频会议。9月14日，省税务局、省财政厅、省人力资源和社会保障厅、人民银行南京分行、财政部驻江苏财政监察专员办事处联合召开全省视频会议，对坚决完成好社会保险费和非税收入征管职责划转工作进行动员部署。昨天，市政府常务会议专门听取和审议了全市社会保险费和非税收入征管职责划转工作的实施意见，蓝绍敏市长提出四点要求，特别强调全市上下要有一盘棋的思想，加强组织，深度协作，按既定时间步骤、项目标准，稳步推进划转工作；要坚持以人为本、有效管控舆情，维护社会和队伍稳定，确保划转工作顺利完成，切实为企业减税降负，不断优化我市营商环境。

对此，全市税务机关在思想认识上，要讲政治、顾大局，进一步增强责任感、使命感，充分认识到职责划转工作是推进国家治理体系和治理能力现代化的重要举措，是坚持以人民为中心优化营商环境的重要举措，更是促进政府职能转变推动我市高质量发展的重要举措。在具体实施中，要准确把握国务院办公厅指导意见、省、市政府办公厅实施意见的总体部署和主要内容，准确把握职责划转工作的主要目标和工作任务，按照平稳有序、分工协作、征管高效、服务便民的基本原则，把控好关键性环节，谋划好阶段性重点，扎实推进职责划转各项工作，确保改革平稳落地。在管理服务方面，要全力服务我市高质量发展走在前列的需要，把推进职责划转工作、加快构建社会保险费和非税收入征缴机制作为深化“放管服”改革、激发市场主体活力的重要抓手，不断增强缴费人获得感。

二、要紧紧依靠地方党委政府的指导支持，统筹推进职能划转工作

长期以来，各级党委政府对全市税务工作给予了高度的重视和关心支持。这次国税地税征管体系改革，更是在市委市政府的坚强领导下稳步有序推进。近期以来，市政府杨学鹏常务副市长、冉华副市长多次主持召开改革专项领导小组成员单位会议，专题研究职责划转工作，提出明确要求，确保改革平稳落地。9月28日，市政府召开常务会议，听取了有关工作汇报，并审议通过了实施意见。蓝市长就有关社保费征收问题两次作出批示。今天，市、区有关单位的领导同志均参加了本次视频会议，充分体现了各位对划转工作的重视和支持。我想借此机会，恳请各区党委政府进一步加强对国税地税征管体制改革，特别是这次划转工作的领导和统筹力度，将职责划转工作纳入到机构改革“大盘子”中，实施“三个统筹”，不断增进改革共识，凝聚改革合力，为做好下一阶段职责划转工作奠定良好工作基础。

一是统筹安排部署。职责划转工作时间紧、任务重，请各部门要按照市委、市政府的统一部署，结合本部门实际，建立健全组织领导机制，细化工作方案，明确任务要求，为职责划转工作打下良好基础。

二是统筹组织实施。目前，我市已经建立市政府主导，市国税地税征管体制改革专项小组牵头，人社、人行、财政、税务等成员单位各司其责、密切配合的工作协调机制。我坚信在市委、市政府的领导下，充分发挥改革专项小组“指挥部”作用，和各相关部门“主力军”作用，整合各方力量，强化攻坚意识，及时研究解决改革中的重大事项、重大问题，对潜在的风险进行预判，并未雨绸缪做好应对预案，加强政策宣传和正面引导，为顺利推进改革、依法实施征管提供强有力保障。

三是统筹指导落实。征管职责划转是一项需要多部门共同配合协作的事项，需要各部门根据职责各司其责，共同推进。我们将按照市政府将职责划转工作作为政府绩效考核内容的要求，将实施意见的责任落实纳入到政府重点工作督查范围，明确时间节点，加强对数据交接、系统交接等重点改革任务的督导，对表推进、到点验收，确保职责划转工作有力有序推进。

三、要紧紧依靠相关部门的协作支持，有序推进职责划转工作

为落实好职责划转任务，在市国税地税征管体制改革专项小组的组织协调下，近一段时间以来，人社、财政、人行、税务等部门认真贯彻上级有关部署要求，坚持从大局出发，发扬部门合作优良传统，通过集中办公、联席会议、工作例会等方式，构建一体化工作体系，开展全方位工作协同，确保了征管现状调研、实施意见制发、交接方案起草、动员会议筹备等各项改革准备工作扎实细致、周密高效。下一步，全市税务机关要在改革专项小组的指导协调下，依托工作协调机制和联络沟通制度，主动汇报、主动沟通、主动协商，紧扣职责划转“三大阶段”，全面深化对接协同，切实做到齐抓共管、相互衔接、整体实施。

一是在职责划转前，细化交接工作方案，积极协助做好费源摸底调查、数据信息整理、欠费统计分析、档案资料整理等工作，系统梳理社会保险费和非税收入的征缴方式、征缴流程，为职责划转及后续征收工作创造有利条件。目前，全市《职责划转工作方案》已经正式行文印发，请全市各级税务部门要认真抓好贯彻落实。

二是在职责划转中，要联合建立健全入库退库、部门对账、票据使用、会统核算、信用管理等社会保险费和非税收入管理办法；联合同步推动开展文件的清理和修订工作；联合完善征管制度和业务流程，切实提高征管效率和服务水平；联合制定职责划转衔接期业务处理规则和征缴历史性问题处理规则，以及划转衔接期舆情和投诉上访应对方案，确保各类问题得到妥善处理。联合建设统一规范、功能齐全、互联互通、安全可控的社会保险费和非税收入信息系统，既满足税务部门征收要求，又满足财政、人社、人行等相关部门管理需要，既满足当前划转需要，又满足未来改革所需。

三是在职责划转后，要认真落实国办指导意见、省办、市办实施意见，根据部门工作分工，积极履职尽责，强化优势互补，形成共治合力。深化“放管服”改革，优化服务窗口设置，推进“互联网+”应用，拓展多元化缴费渠道；公开缴费依据，整合缴费流程，简并缴费资料，降低缴费成本；探索关联业务“一站式”联办服务，研究税务12366和人社12333热线协作机制，实施守信联合激励和失信联合惩戒，共同推进顺畅高效履职；统筹好各险种缴费期和办税高峰期，避免高峰重叠，实现缴费人一次、一网申报税费，确保划转后服务标准、服务水平、服务质量只升不降，让广大缴费人更满意、更有感。

四、要勇于担当，主动作为，确保职责划转工作稳妥有序落地落实

全市各级税务机关要紧紧围绕职责划转总体目标，认真落实动员会议部署要求，严格对照改革路线图和时间表，以强烈的责任感、使命感，坚决把职责划转重任扛牢抓实。

一是压实责任强化组织。为把党中央、国务院的决策部署落到实处，市局已经专门成立了社会保险费和非税收入征管职责划转工作领导小组，各区税务局要根据市局的要求，建立组织领导机制和工作推进机制，主要领导负总责、分管领导具体抓，密切内部协作，明确任务分工，确保任务到岗、责任到人。要根据社会保险费和非税收入征收服务工作需要，优化调整岗责设置，配齐配强专业管理人员。要将担负好职责划转重任作为检验新税务机构战斗力的“试金石”，强化考核机制，加大工作督查力度，着力提升各项改革举措的执行力。

二是精准实施实现“三个到位”。社会保险费和非税收入职责划转涉及事项多、涵盖范围广，全市税务机关要在国家关于职责划转的总体框架下，紧密结合实际，注重精准发力，突出抓好职责交接、系统建设和协作共治，实现以重点突破带动职责划转工作整体推进，确保“工作交接到位、系统支撑到位、信息共享到位”。要按照“分次分级”方式，扎实做好社会保险费现行各类征缴政策、依据和业务规程的衔接工作，全面实现业务交接；根据数据集中的层次，按照“先制定标准，后清理移交”的原则，全面实现数据交接。联合做好征管业务系统改造和信息共享平台建设，及时优化完善网报系统，加快实现税费征管系统集成和优化整合，不断提升信息化支撑水平。坚持将信息共享融入征收服务全过程，创新信息共享机制、方式和内容，充分发挥信息管费、数据管费作用，实现税务征收和人社、财政、人行管理的有机结合，着力构建综合治费体系，努力推动我市民生建设迈上新台阶。

三是严把时间节点有序推进。根据具体工作方案部署，按照时间节点稳妥有序推进职责划转工作，10月31日前根据省局要求配合省局做好征管系统本地化改造和信息共享平台建设；11月20日前完成存量数据交接和办税服务厅窗口设置；12月10日前完成社会保险费和第一批由税务机关负责征收的非税收入划转工作；2019年1月1日起，实现各项社会保险费和先行划转的非税收入由税务部门统一征收。全市税务机关要进一步强化时间观念和效率意识，全力以赴落实好每个时点的工作要求，切实做到按时保质完成职责划转任务。

四是严格政策维护社会稳定。9月6日、9月18日两次召开的国务院常务会议中，李克强总理明确要求在社保征收机构改革到位前，各地要一律保持现有征收政策不变，同时抓紧研究适当降低社保费率，把已定减税降费措施切实落实到位，确保总体上不增加企业负担，以激发市场活力，引导社会预期向好。严禁自行对企业历史欠费进行集中清缴，违反规定的要坚决纠正，坚决查处征管中的违法违纪行为。总局、省局也先后发出贯彻落实国务院要求的通知，要求各级税务机关加强部门间协作、优化缴费服务、加强舆论引导、加强业务学习，确保改革任务平稳如期落地、确保征收政策不变工作平稳、确保营商环境不断改善、确保社会预期稳定、确保正确履职。全市各级税务部门要坚持稳妥有序、分步推进、分级落实的工作思路，切实防范各类风险，确保改革初期费负基本稳定、征收基本平稳。要准确把握依法征收与减费降负的关系，高度关注社保费热点、难点问题，努力降低征缴成本，联合开展费负调查，做好改革效应分析，为市委、市政府提供决策参考。要联合开展宣传引导，及时回应社会关切，建立舆情信访联合管控机制和应对处置预案，以优质服务及时化解矛盾纠纷，确保不发生重大舆情信访事件，着力营造良好改革氛围。

同志们，社会保险费和非税收入征管职责划转是国税地税征管体制改革的第三场主攻战。打赢这场主攻战，重要的是韧劲，关键的是担当。我们要真正以慢不得、虚不得、停不得的韧劲和担当，推动社会保险费和非税收入征管职责划转的决策和举措落地生根，不断放大职责划转工作的改革红利。向市委、市政府、向全市缴费人交上一份满意的答卷，为建设强富美高新南京作出积极贡献！

文月寿在市局机关
第一届党员代表大会上的讲话

（2018年10月23日）

今天，我们在这里隆重召开党员代表大会，主要任务是选举国家税务总局南京市税务局第一届机关党委、纪委班子。刚才，经过来自市局机关和各直属机构各位党员代表的投票选举，市局第一届机关党委、纪委产生了。在此，我代表市局党委，对新当选的机关党委和纪委委员们表示热烈的祝贺！

市委市级机关工委对今天的会议十分重视，吴书记亲临指导，对市局系统党建工作给予的充分肯定，对加强机关党建工作提出了殷切要求。吴书记的讲话内涵丰富、语重心长，具有很强的思想性、指导性和可操作性，希望大家认真学习领会、抓好全面贯彻落实。

下面，我结合国地税合并等新的形势，就市局机关党委、纪委如何推进机关党建工作，谈三点意见：

一、认清形势，明确任务，切实担负市局机关党建工作新使命

（一）充分认识“两委”成立的意义，切实增强使命感。党的十九大报告指出：“党政军民学，东西南北中，党是领导一切的。进入新时代、踏上新征程，只有坚持和加强党的全面领导，不断增强党的创造力、凝聚力、战斗力，才能更好凝聚起同心共筑中国梦的磅礴力量，开创中华民族更加美好的未来。”在今年深化国税地税征管体制改革的实施意见中，中央进一步明确要全面强化党对机构改革的领导。为此，经党的组织部门批准，市局成立了党委；为加强机关党的建设，进而成立机关党委和机关纪委；后期，各区局也要相应成立。因此，“两委”的成立，是落实中央强化党的建设的一个重要举措，是全市国税地税征管体制改革的一项重要内容，也是我们市局机关党员政治生活中的一件大事，必将进一步加强党对税务各项事业的全面领导，为接下来征管体制改革的胜利推进提供坚强有力的政治保障，也会对今后全市税务系统的发展产生深远的影响。我们要以今天的大会为新的历史起点，坚持和加强党的全面领导，全面加强机关党的各项建设，为新时代新税务展现新作为、展示新形象提供坚强的政治保证。

（二）科学界定“两委”的角色定位，切实增强责任感。新成立的“两委”，在市局系统党建工作的统一要求下，具体承担机关党建的职责。机关党委是机关党建工作的具体实施部门，承担党的建设主体责任，对市局党委决策的贯彻执行负有直接责任，既要做好党委精神的上情下达、下情上传工作，发挥中枢桥梁作用；又要做好干部思想发动、组织协调各方的工作，发挥核心领导作用。机关纪委负责机关党风廉政建设和作风建设，承担党的建设监督责任。机关是市局税收执法与服务的策源地，是人事、组织工作的核心区，是政务、事务、财务管理的主阵地，因此，机关纪委要监督的事项多、任务重、要求高，要充分认清自身承担的担子，坚持务实创新，发挥好应有作用。

（三）坚决把握“两委”的核心要务，切实增强时代感。在今年7月召开的全国组织工作会议上，习近平总书记明确提出：“基层党组织的组织能力强不强，抓重大任务落实是试金石，也是磨刀石。党中央制定了一系列重大战略、部署了一系列重大工作，基层党组织就要在贯彻落实中发挥领导作用。”要贯彻好习近平总书记的这一重要指示，各级党组织就必须在完成急难险重任务、处理复杂问题、应对重大考验中经受住考验。当前，确保国税地税征管体制改革平稳扎实推进，就是我们肩负的最大政治任务。“两委”要把机关党建工作融入到全市国地税征管体制改革的大局中考虑，大力推进机关党建工作与税收业务工作有机互融合，围绕抓改革、促发展出题目、提要求、做文章，推动思想大聚合、人心大融合、力量大联合，形成“围绕税收抓党建、抓好党建促税收”的良好格局。

二、履职尽责，务实创新，努力打开市局机关党建工作新局面

（一）要突出强化机关党的政治建设。要深入学习宣传贯彻党的十九大精神以及十九届二中、三中全会精神，用习近平新时代中国特色社会主义思想武装头脑、指导实践、推动工作，确保机关党员在政治上、思想上、行动上与以习近平同志为核心的党中央保持高度一致。要深入推进“两学一做”常态化制度化，开展好“不忘初心，牢记使命”主题教育，切实铸牢党员的理想信念和政治灵魂，坚定马克思主义和共产主义信仰，坚定对中国特色社会主义的信念。要强化党支部的政治功能，扎扎实实把解放思想大讨论活动向纵深推进，把坚定拥护党的改革事业，积极投身国税地税征管体制改革，作为检验党员“四个意识”强不强，思想解放成效好不好的主要标尺。各级党组织书记要突出自身政治建设，在改革进程中坚定不移地贯彻执行上级各项决策部署，做改革的推进者和示范人，引导党员向自己对标。

（二）要突出强化机关党的组织建设。要对标市委市级机关工委加强机关党建工作的新要求、各党建工作示范点的好经验好做法，强化优势、补齐短板。要严肃党内政治生活，认真落实好民主评议党员、专题组织生活会、党员发展和教育培训、党费收缴使用管理和“党组织统一活动日”等制度。“两委”委员要做执行制度的榜样，带头以普通党员身份积极参加所在支部组织生活，充分发挥“关键少数”以上率下、示范带动的作用。要督促机关各党支部加强党员管理，准确掌握党员情况，了解日常表现，记好“党员活动证”，督促党员积极参加党内组织生活，切实履行党员义务。要抓好对机关支部党建工作情况监督考核，严格考核标准，加大考核的力度，确保全面从严治党各项要求在支部落地生根。

（三）要突出强化机关党的作风建设。要深化落实中央八项规定精神，聚焦“四风”问题新表现，重点整治形式主义、官僚主义，在常和长、严和实、深和细上下功夫，坚决防范“四风”问题反复。要切实改进工作作风，按照“对标找差、创新实干、推动作风建设高质量发展”的要求，下沉到基层开展走访调研，密切联系广大党员，为基层多办实事，为党员排忧解难。要落实好市委、市级机关工委的最新要求，认真组织好各类结对、帮扶、走访、慰问工作，为精准扶贫贡献税务力量。要始终绷紧作风评议这根弦，切实整改以往年度作风评议发现和反馈的问题，强化常态化内外监督，组织开展明察暗访，严查在改革期间不作为、慢作为的行为，确保市局在今年再创全市作风建设“人民满意单位”。

（四）要突出强化机关党的纪律建设。机关纪委要以强化政治纪律、政治规矩为重点，强化监督执纪问责，严肃整治“七个有之”，带动各项纪律严起来。要加强纪律学习与警示教育，不断强化党员的组织纪律观念。要正确运用“四种形态”，用纪律管住大多数，重点用好第一种形态，抓早抓小、防微杜渐，使铁的纪律真正转化为党员的日常习惯和自觉遵循。要始终保持惩治腐败的高压态势，紧盯重点领域和关键环节，着力解决纳税人身边的不正之风和腐败问题。要大力开展廉政文化建设，开展形式多样的活动，弘扬品牌文化，加强示范点建设，营造勤政廉政的良好氛围。要加强纪检干部队伍建设，配齐配强专职干部，加大培训力度，通过专题教训、以案代训等方式提高纪检干部监督执纪能力。

同志们，站在新的历史起点上，做好机关党建工作责任重大、使命光荣。希望新一届“两委”班子精诚团结，勤勉工作，认真履行好新使命、新职责，努力开创市局机关党建工作新局面，为高质量推进新时代南京税务现代化、建设“强富美高”新南京做出新的更大的贡献。

文月寿在系统党建工作会议上的讲话

（2018年10月29日）

今天，我们召开全市税务系统党建工作会议，主要任务是，深入学习贯彻以习近平同志为核心的党中央关于党的建设一系列新部署新要求，传达落实全国、全省税务系统党建工作会议精神，回顾近一阶段市局系统党建工作，分析形势，研究部署今后一个时期全面从严治党工作，推动全市税务系统党建工作迈上新台阶、开创新局面。下面，我代表市局党委，讲三个方面意见。

一、奋进新时代，系统党建工作取得新进展

今年以来，特别是国税地税征管体制改革以来，全市税务系统在省局党委和地方各级党委的正确领导下，认真学习贯彻党的十九大精神，把坚持党的领导、加强党的建设、全面从严治党贯穿始终，为平稳推进国税地税征管体制改革、高质量推进税收现代化、建设“强富美高”新南京提供了坚强政治保障。

一是加强党的领导呈现新局面。改革期间，市区两级成立联合党委、改设党委，党委书记切实履行好“第一责任”，党委委员坚持“一岗双责”，有力地领导系统改革发展顺利推进。各级党委发挥领导核心作用，把加强党的领导和党的建设工作与国税地税征管体制改革、各项税收工作同谋划、同部署、同落实、同检查，确保“两不误、两促进”。全面落实“两个责任”，召开系统全面从严治党工作会议，制定全面从严治党工作要点和责任清单，成立党建、作风、巡察工作三个领导小组，层层压实责任。各级党委、领导班子坚持民主生活会制度，组织召开巡察整改、全面肃清“杨、季”恶劣影响和税务系统机构改革等专题民主生活会，旗帜鲜明讲政治。坚持正确选人用人导向，按照确定的原则、标准和程序，公平公正、实事求是地做好区级新机构党委书记、副书记以及领导班子的配备工作。

二是学习新思想取得新成效。全系统以中心组为龙头，采取专家辅导、主题活动、网络学习等多种形式，大力推进习近平新时代中国特色社会主义思想和十九大精神的学习，努力在学懂弄通做实上下功夫。围绕“不忘初心、牢记使命”主题，开展“我是党课主讲人”、红色教育、联创共建等活动，“两学一做”学习教育常态化制度化持续推进。组织全员学习测试，参加省、市机关学习十九大精神和新思想知识竞赛，取得优异成绩。落实意识形态工作责任制，分析研判意识形态领域形势，开展意识形态专题培训，组织意识形态专项整改，切实做好意识形态工作。加强改革期间的思想政治工作，促进了人合、心合、力合、事合。按照“三个全覆盖”和“三个重点谈”的要求，广泛开展谈心谈话活动，把思想谈透，把情绪理顺，全系统共开展谈心谈话5616人次；大力挖掘选树先进典型，在市局网站宣传先进典型54个，雨花台区局夏恒志同志被推荐参加“中国好税官”评选；建立完善群团组织，组织开展多项文体活动，参加市级机关文体比赛，促进了队伍融合。

三是强化基层党建展现新面貌。按时完成市区两级党组织以及工会、妇联、团组织等设置选举工作，党组织实现属地管理。市局领导挂帅组成15个督导组，经常性深入基层联系点，加强对基层党建工作的监督指导。按月发布全面从严治党工作提示单，召开基层和机关两场党建工作专题会议，推动党建工作要求在系统落实落地。开展巡视巡察问题整改、落实党的组织生活制度监督检查，推动解决系统党建存在的短板和问题。各基层党组织立足改革，组织党员突击队，开展党员亮牌上岗、承诺践诺、党建品牌增光彩等活动，广大党员特别是党员领导干部自觉做到讲政治、顾大局、勇担当、做奉献，成为改革平稳有序推进的“定海神针”。

四是改进机关作风树立新形象。认真落实总局、省局关于贯彻中央八项规定实施细则的实施办法、实施意见，坚持教育提醒、明察暗访、专项治理多措并举，坚决处理并通报违反八项规定精神违规接受纳税人礼品的案件。围绕“对标找差、创新实干、推动高质量发展”主题，积极落实国务院减税降费等政策，持续深化税务系统“放管服”改革，落实“一厅通办”“一网办理”等要求，加强办税服务厅现场管理，税收营商环境进一步优化。坚持对两个街道的386户低收入农户结对帮扶，让困难群众感受到党的温暖。参加全市机关“网络面对面”访谈活动，宣传展示南京税务新机构、新形象、新作为。委托第三方对21个基层单位开展窗口单位文明指数及作风建设明察暗访，召开作风建设监督员沟通会议，强化对作风建设的立体监督，促进广大干部以优良的作风迎接群众评议。

五是严明纪律规矩释放新成效。及时学习传达总局、省局关于改革期间各项纪律要求，有针对性地细化落实。开展“六项纪律”执行情况等六个专项检查，确保改革蹄疾步稳。充分运用“四种形态”抓早抓小，通过不同形式通报系统内干部9起违纪典型案例，有效正风肃纪。严肃执纪问责，对8人次给予党纪处分，5人次给予政纪处分。深入开展纪律处分条例等党纪条规的学习教育，组织“讲规矩守纪律”主题教育月活动，评选表彰“清诚之约履约标兵”，做好省、市级廉政文化示范点验收工作，深化廉政文化建设。

系统党建工作虽然取得一定成绩，但从前期调研、明察暗访和问卷调查的情况看，面对新形势新要求，还存在一些短板和不足。如有的党委班子管党治党意识不强，履行管党治党政治责任还不够到位；有的基层党组织政治功能不强，弱化、虚化、边缘化问题没有彻底解决；党建工作重形式轻内容、重过程轻结果、重数量轻质量、与中心工作“两张皮”、效果不够彰显等问题还比较普遍的存在；“条主责、块双重，纵合力、横联通，齐心抓、党建兴”的新纵合横通强党建机制体系构建还刚刚起步；党员领导干部和支部书记、支委和党小组长普遍存在抓党建能力不足问题等等。面对问题，系统各级党委要坚持以党的领导统领税收事业发展，以党的建设引领各项税收工作，用实际行动展现新担当新作为。

二、立足新起点，把握全面从严治党新要求

随着税务新机构的成立，全市税务系统党建工作已经来到了继往开来新的历史起点。

这个新起点是贯彻落实党的十九大提出的新时代党的建设总要求的新起点，我们要以习近平新时代中国特色社会主义思想为指导，不忘初心，牢记使命，全面从严治党。

这个新起点是落实税务系统“条主责、块双重，纵合力、横联通，齐心抓、党建兴”新要求，构建纵合横通党建新机制的新起点，我们要在双重领导管理体制下，最大程度汇聚各方力量，共抓税务系统党建工作。

这个新起点是党建引领税收事业顺利健康发展的新起点，我们要坚持党的领导，加强党的建设，全面从严治党，引导广大党员干部提振干事创业的精气神，展现新担当新作为，为改革发展提供强有力的思想和政治保证。

站在新起点，开创新局面，将会面临诸多问题与挑战，但我们坚信，只要我们坚持不懈全面深化党的建设，强化党的领导，我们定能凝心聚力，共克时艰，勇往直前。

根据总局、省局关于税务系统党建工作的部署要求，新时期全市税务系统党建工作的总体要求是：以习近平新时代中国特色社会主义思想为指导，深入贯彻党的十九大和十九届二中、三中全会精神，全面落实新时代党的建设总要求，承前启后，改革创新，健全党建工作机制体系制度，深化主题教育和创建活动，不断提高系统以政治建设为统领的党的建设质量，奋力谱写南京税务系统党建工作新篇章，为高质量推进新时代税收现代化提供坚强政治保证。

按照上述总体要求，要做好全市税务系统党建工作，要始终“坚持五个不动摇”。

——坚持党对一切税收工作的领导不动摇。牢固树立“四个意识”，切实做到“两个维护”，自觉在思想上政治上行动上同以习近平同志为核心的党中央保持高度一致。把加强党的领导体现在税收工作的各个领域和各个环节，充分发挥党委的领导和政治核心作用。不断增强各级党组织的政治领导力、思想引领力、群众组织力、组织感召力，不断提高党委把方向、谋大局、定措施、促改革的能力和定力，确保党始终总揽全局、协调各方。

——坚持以党的政治建设为统领不动摇。充分认清党的政治建设是党的根本性建设，加强党的政治建设是履行全面从严治党责任的重中之重。要把党的政治建设摆在首位，旗帜鲜明讲政治，增强政治意识，强化政治责任，坚持政治标准，严明政治纪律和规矩，规范党内政治生活，突出政治巡察，发展积极健康的党内政治文化，全面净化党内政治生态。

——坚持思想建党和制度治党紧密结合不动摇。把思想建设作为党的基础性建设，坚持不懈用习近平新时代中国特色社会主义思想武装头脑，补精神之钙，筑信念之魂，以理论上的清醒促进政治上的坚定。切实增强依规治党意识，建立健全配套完善、有效管用、易于操作的工作制度机制，不断提升制度的执行力，推动思想建党与制度治党优势互补、相得益彰。

——坚持固本强基建强支部不动摇。切实把抓好党支部作为党的组织体系建设的基本内容、管党治党的基本任务、检验党建工作成效的基本标准，按照“条主责、块双重”的要求，大力加强党支部标准化、规范化建设，不断提高党支部建设质量，推动全面从严治党向基层延伸。坚持突出政治功能、强化政治引领，着力提高党支部的组织力和领导力，推动党支部担负好直接教育党员、管理党员、监督党员和组织群众、宣传群众、凝聚群众、服务群众的职责，在完成各项税收任务中充分发挥战斗堡垒作用。

——坚持发挥党员先锋模范作用不动摇。要以习近平新时代中国特色社会主义思想武装头脑、指导实践、推动工作。着力解决党员队伍在思想、组织、作风、纪律等方面存在的问题，不断增强党员政治意识、大局意识、核心意识、看齐意识。每名党员特别是领导干部都要强化党的意识和组织观念，自觉做到思想上认同组织、政治上依靠组织、工作上服从组织、感情上信赖组织，牢记作为共产党员所肩负的责任和使命，不忘初心，继续前进，在税收事业中发挥更大作用。

三、把握新形势，推动系统党建工作迈上新台阶

围绕贯彻中央和总局党委、省局党委的关于党建工作的精神，当前和今后一个时期，全市税务系统党建工作的主要任务就是进一步加强六大建设，在总局、省局党委和市委、市政府的领导下，推动全市税收事业高质量发展。

（一）突出政治建设，坚定理想信念。一要做实“两个维护”。深入贯彻“三个表率、一个模范”（在深入学习贯彻新时代中国特色社会主义思想上作表率；在始终同党中央保持高度一致上作表率；在坚决贯彻落实党中央各项决策部署上作表率；建设让党中央放心、让人民群众满意的模范机关）的要求精神，教育引导广大党员干部不断增强政治敏锐性和政治鉴别力，在大是大非问题、政治原则问题上态度鲜明、立场坚定，以实际行动坚决维护习近平总书记党中央的核心、全党的核心地位，坚决维护党中央权威和集中统一领导，对各种错误言行敢于斗争、敢于亮剑。二要发挥党委政治引领作用。健全党委议事规则，坚持集体领导、民主集中、个别酝酿、会议决定，不断提高党委决策的科学化民主化水平。严格各级领导班子建设标准，进一步提升班子政治站位和改革认识，凝聚改革动力和工作合力，增强改革决心和发展信心，确保各级领导班子政治强、融合深、运转顺、服务优、工作进。三要严肃党内政治生活。坚持党内政治生活的“四性”（政治性、时代性、原则性、战斗性），提高党内政治生活的质量。加强政治理论学习，切实提高中心组学习质量。每年至少召开1次党委民主生活会、党支部（党小组）专题组织生活会，认真听取群众意见建议。各级党委委员、领导班子成员要认真过好双重组织生活。探索建立党的政治建设分析评价机制，将政治建设情况纳入各级党组织述职评议考核内容，每年开展1次政治生态专题调研，查找突出问题，开展专项治理。制定政治建设具体化方案，明确政治建设相关内容与要求，加强监督检查。四要落实意识形态工作责任制。落实意识形态工作责任制，将意识形态工作与税收业务工作同部署、同检查、同考核。定期分析研判意识形态领域情况，党委（班子）每年专题研究意识形态工作不少于2次，每半年向上级党委汇报意识形态工作开展情况。加强宣传阵地管理，完善网络舆情应急处置机制，切实维护网络意识形态安全。开展思想舆论斗争，及时处置意识形态领域重大问题。

（二）加强思想建设，激发队伍活力。一要加强思想教育。深入学习贯彻习近平新时代中国特色社会主义思想，在学懂弄通做实上取得新成效。开展“不忘初心、牢记使命”主题教育，铸牢党员干部的理想信念和政治灵魂。建立多媒体学习资料库，开辟党员学习基地，推进“党员统一活动日”，利用地方党委和社会资源组织党建活动，利用红色资源组织现场体验式教学，提升党员教育生动性。选树宣传先进典型，用身边人、身边事感召人、带动人、鼓舞人，推动系统上下形成当先锋、树标杆、作表率的良好局面。二要加强思想政治工作。推进谈心谈话的制度化、长效化，关注“正转副”群体、老同志和年轻干部，以及由于设置派出机构到乡镇工作同志的思想状况。要“面对面、一对一”地开展谈心活动，化解干部的思想顾虑、心理焦虑。定期开展干部思想动态调查，经常分析研判干部思想状况，特别是要讲政策、讲方法，带着感情去做思想政治工作。建立意见收集整理、分类研究处理、制定措施办法、积极沟通反馈的闭环运作机制，对干部关心关切的问题和合理的意见建议，努力创造条件去解决，确实没有办法解决的，及时做好解释。主动关心年青干部成长，搭建平台，创造机会，打造共同话语体系，激发向上积极性。三要推进系统文化品牌建设。充分汲取现有文化建设养分，进一步整合文化元素、深挖文化内涵、提炼核心理念、构建科学体系，努力形成完整、系统、具有新时代特征、南京税务特色的文化品牌。支持指导基层文化品牌建设，形成基层单位各具特色、系统上下“一体多样”、文化建设“枝繁叶茂”的文化建设新格局，打造文化组合“品牌链”。加强文化软硬件建设，采取多种形式，广泛宣传“忠诚担当、崇法守纪、兴税强国”中国税务精神，开展学唱“中国税务之歌”活动，鼓励干部创作优秀文化作品，不断激发干部队伍活力动力。四要发挥群团组织桥梁纽带作用。坚持党对群团工作的领导，引导广大干部职工听党话、跟党走。强化文明创建和职工活动阵地建设，实现争建工作的提档升级。大力弘扬劳模精神、劳动精神、工匠精神，充分发挥干部职工在实现税收现代化中的主力军作用。依托文体俱乐部，广泛开展聚人心、促融合、显活力的特色文体活动，加速干部队伍融合，弘扬主旋律、传播正能量。坚持以人为本，聚焦职工需求，关爱困难会员，落实“五必谈”、“五必访”制度，组织劳模、先进干部职工健康疗养，保障权利，激发活力。

（三）加强组织建设，提升组织执行力。一要健全纵合横通党建体系。进一步畅通部门间的党建工作协调配合。条线上，要形成上下级党委的合力。各级党委既要抓自身主体责任落实，又要抓责任层层传导，要建立完善上下级信息互通和协调机制，形成上下级税务机关共抓党建的合力。

区块上，各级党委一方面要切实担负主体责任，开展好党建工作；另一方面，要向所在地党工委主动汇报工作并自觉接受领导和监督，积极争取支持、认真完成地方党组织交办的党建任务。区级税务机关要成立党建工作领导小组，由党委书记或班子主要负责人任组长，负责统筹协调各部门，形成领导有力、机制科学、协同有序、融合增效的党建工作格局。二要打造系统党建五级责任链条。加强各级党委、党建部门、党支部和党小组、党员、群团组织“五个主体”职能作用的发挥，构建“党委—党建部门—党支部（党小组）—党员—群团”五级责任链条。各级党委要坚持把党建与中心工作同谋划、同部署、同检查、同考核，实现“两结合、两促进”。党建部门要按照党委的部署要求，各负其责、形成合力，发挥好组织落实作用。党支部和党小组要发挥好管理教育党员、引导团结群众的重要作用，成为围绕税收中心工作砥砺前行、克难奋进的坚强战斗堡垒。要突出党员的主体地位，增强党员的身份意识。探索党员积分制管理，作为评议评优重要依据，鼓励党员在不同领域发挥模范带头作用。三要扎实推进支部标准化、规范化建设。坚持一切工作到支部的导向。认真学习贯彻《中国共产党支部工作条例（试行）》，提高党支部组织力和领导力。积极贯彻落实总局即将下发的《关于进一步加强税务系统基层党组织标准化规范化建设的实施意见》，重点推进“六个标准化”建设。加大与属地党工委的联系和沟通，不断夯实党建工作基础，培树基层党建工作示范点，体现出以点带面作用。推行党建工作清单化，深化“互联网+党建”机制建设，建设党建工作信息化平台。加强机关党建工作，扎实开展党（总）支部书记述职评议考核；理清新机构党组织、党员关系，建立党支部工作评价体系；推广微型党课教育，发挥机关党建在系统党建中的标杆示范作用。四要不断提升基层党建工作水平。加快对党建工作制度的梳理和修订，制定党务工作手册，组织党务干部培训，特别是要加强对新任委员与党务干部的培训和指导。要选优配强党务干部，关心专兼职党务干部成长进步，对敢于担当、工作实绩突出的要加强培养，把党建部门、党务岗位打造成干部成长成才的重要平台。

（四）强化作风建设，提升服务效能。一要持续优化营商环境树形象。围绕“对标找差、创新实干、推动高质量发展”主题，紧扣创新名城建设、推进民生重大事项等重点工作做好涉税服务。精简压缩办税资料。持续开展“便民办税春风行动”。充分运用大数据、云计算，深入推进“互联网+税务”行动计划，有效提高申报效率。对《南京市优化营商环境100条》中涉及企业纳税及降本方面的举措，要不折不扣的完成。二要狠抓突出问题整治转作风。认真贯彻落实中央八项规定实施细则、省市委和省局要求，细化实化贯彻落实具体措施，形成用“硬规定”管人、管物、管事的规范和自觉。认真履行作风建设主体责任，用钉钉子的精神，持之以恒抓好纠“四风”、转作风工作，坚持不懈把纠正“四风”工作向纵深推进、向基层推进。要牢牢盯住重要节点、重点领域和岗位、关键环节，加大监督检查力度，严肃执纪问责。对贯彻中央八项规定精神不力、“四风”问题突出的单位，严肃追究责任。三要建立走访调研机制推进常态化建设。深入开展“新机构新服务新形象”活动，从政策落实、便利办税、规范执法等方面搜集涉税需求，为优化税收管理服务提供参考。建立市局党委委员基层党建工作联系点，每年深入基层一线和有问题有矛盾的地方开展调查研究不少于30天。走访调研进一步与基层党组织活动、扶贫慰问相融合，增强实效性。四要注重宣传传播税务正能量。开展作风建设正面宣传活动，与报刊、电视台、龙虎网等媒体合作，宣传报道作风建设先进典型。开展作风建设案例交流、“网络面对面”直播访谈等活动，持续提升税务机关社会影响力。

（五）加强纪律建设，保持从严从紧的高压态势。一要加强纪律教育。通过中心组学习、主题党课、党员学习、专家讲座等多种形式，采用个人自学、座谈讨论、警示教育、多媒体交流互动等多种载体，运用系统内外反面典型案例开展警示教育，强化对《中国共产党纪律处分条例》等党纪党规的深入系统学习，持续强化全体干部的纪律观念和遵章守纪意识。二要强化纪律执行。严格执行请示报告、外出报备、个人有关事项报告等制度规定，，加大对党的政治纪律执行情况的监督检查力度。加强对各级领导干部、后备干部的重大事项报告、廉政档案资料的监督审核，把牢干部选拔任用涉廉信息的“审核回复关”。注重对新形势下干部遵章守纪新情况的研判，加强对干部“八小时”以外的个人社交圈、工作圈和生活圈的监督管理，有针对性地做好预警提示和风险防控。三要发挥好巡察利剑作用。提升政治站位，突出政治巡察。制定巡察工作五年规划及2019年巡察工作计划，实现巡察全覆盖。注重做好巡视巡察“后半篇文章”，抓好各级巡察问题整改落实，强化成果运用。对敷衍整改、整改不力以及整改不到位的，按规定严肃追责。年底前启动国税地税征管体制改革专项巡察。同时，要充分发挥相关部门职能作用，形成监督合力。深入开展执法督察工作，落实领导干部经济责任审计，强化专项审计监督，加强与外部监督部门的协调配合，做好过程沟通协调与问题反馈，督促问题整改。四要严格执纪问责。各级党委要始终旗帜鲜明地支持纪律审查工作，党委书记对执纪问责中的重要问题要亲自过问，重大事项要亲自协调指挥。深化运用监督执纪“四种形态”特别是第一种形态，对出现苗头性、倾向性问题的干部及时“咬耳扯袖”，发挥谈话函询采信告知的教育作用和抽查核实的监督作用。坚持有案必查、违纪必究，坚决查处滥用职权、贪污贿赂、腐化堕落行为，抓好税收违法案件“一案双查”，严肃查处税务干部内外勾结、谋取私利的违纪违法行为，对出现违纪违法问题严重的单位，要倒查有关单位领导责任。

（六）强化制度建设，提供坚强保障。一要完善党建基础制度。梳理、整合原建制条件下全面从严治党组织体系、责任体系、制度体系和考核体系等涉及的相关制度文件，构建市局党委统一领导下，南京税务系统统一规范的党建工作新体系。建立完善协调沟通、协作配合的党建工作责任制。二要建立内部控制体系。聚焦重点领域，依托内控监督平台强化对重点权力、权力运行关键环节的监控。细化操作指引，形成相互制约、相互协调、相互监督的工作机制，真正做到用制度管事、管人、管风险。三要完善系统党建考评机制。完善党建工作的绩效考评指标，细化分解党建工作内容，加大党建工作在各级领导班子和领导干部绩效考评中的比重，评价考核要结合单位的政治生态、工作业绩来考量。强化结果运用，在干部选拔、评先评优、人才库等方面发挥更大作用，树立奖优罚劣的正确导向，形成崇尚实干、带动担当的良好组织氛围。

同志们，新时代南京税务要树新形象，系统党建必然要扛起新担当，作为第一代南京税务的党建工作者，责任重大，使命光荣。让我们在总局、省局党委和市委市政府的坚强领导下，团结带领广大干部群众，锐意进取、埋头苦干，扎实推进改革发展各项工作，努力开创新时代南京税务党建工作新局面，以出色的业绩向党和人民交上一份满意的答卷！

（责任编辑　楚天佑）

大 事 记

7月

5日　新组建的国家税务总局南京市税务局挂牌成立，这标志着原南京市国家税务局和南京市地方税务局正式合并。国家税务总局江苏省税务局联合党委书记、副局长王学东，国家税务总局第10联络（督导）组常务副组长刘金良，市委常委、常务副市长、市委秘书长杨学鹏，副市长冉华出席挂牌仪式。国家税务总局江苏省税务局联合党委委员，南京市税务局联合党委书记、局长文月寿主持挂牌仪式。

11日　全市税务系统机构改革动员部署培训会顺利召开。会议期间，市税务局15个联络（督导）组分别与各区国税局、地税局负责人进行对接。市税务局税务机构改革工作小组的9个专项组对相关人员进行了专题培训。省税务局联合党委委员、副局长、省税务局第1联络（督导）组组长倪静石出席会议并讲话。省税务局联合党委委员、市税务局联合党委书记、局长文月寿对全系统机构改革工作作动员。市税务局联合党委委员、纪检组组长陈林就改革纪律问题提出要求。

20日　南京全市区级新税务机构统一挂牌，这标志着全市各区国税局、地税局正式合并。南京市委常委、江宁区委书记李世贵，江宁区委副书记、区长祁豫伟，国家税务总局江苏省税务局联合党委委员、副局长倪静石，国家税务总局江苏省税务局联合党委委员、南京市税务局联合党委书记、局长文月寿，江宁区委常委、副区长张会祺，以及国家税务总局南京市第5联络（督导）组全体成员出席国家税务总局南京市江宁区税务局挂牌仪式。国家税务总局南京市江宁区税务局联合党委书记、局长罗斌主持挂牌仪式。

20日　国家税务总局第10联络（督导）组副组长唐学军、国家税务总局江苏省税务局联合党委委员柏鹏出席国家税务总局南京市鼓楼区税务局挂牌仪式并揭牌。国家税务总局南京市税务局联合党委委员及市税务局各联络（督导）组分别出席了全市各区级新税务机构挂牌仪式。各区党委、政府有关负责同志，区级新税务局领导班子及内设机构负责人参加了各自区局的挂牌仪式。

8月

8月16日　省税务局局长侍鹏在市税务局局长文月寿、市税务局副局长黄经东的陪同下，到江宁区、江宁经济技术开发区开展税收服务江苏开放型经济发展专题调研。调研期间，侍鹏局长一行实地走访南京高精传动设备制造集团有限公司、吉宝通讯（南京）有限公司和爱立信有限公司，并与保税区海格木工、尚美塑胶等4家代表性企业开展座谈。江宁经济技术开发区管委会主任李万平，江宁区委常委、副区长张会祺，江宁经济技术开发区管委会副主任祁明红参与调研。

8月30日　省税务局党委委员、副局长周柏柯先后到江宁区局、雨花台区局就办税服务厅工作开展办税服务厅工作专题调研。省税务局党委委员、南京市税务局联合党委书记、局长文月寿，南京市税务局联合党委委员、总经济师王超陪同调研。

9月

9月10日　省税务局党委委员、副局长周柏柯到建邺区局办税服务厅开展专题调研，省税务局党委委员、南京市税务局党委书记、局长文月寿，南京市税务局党委委员、总经济师王超参与调研。

9月21日　市税务局举行副处级以上干部宪法宣誓仪式。仪式由省税务局党委委员、市税务局党委书记、局长文月寿主持，省税务局第1联络（督导）组组长倪静石监誓，市税务局党委委员、副局长蔡建勋领誓。宪法宣誓仪式结束后，省税务局党委委员、市税务局党委书记、局长文月寿对市税务局机关“三定”方案落实情况进行通报。

27日　国家税务总局第十督查组赴南京开展减税政策和“放管服”改革措施落实情况督查，督查组组长刘金良及督查组部分人员、省税务局总审计师张爱球及省税务局相关处室人员、市税务局文月寿局长等部分局领导和相关处室人员参加督查见面会。总局督查组还召开纳税人座谈会，走访全市15户纳税人，听取纳税人反映的问题和对相关工作的意见。

9月29日　市税务局与市财政局、市人社局联合召开社会保险费和非税收入征管职责划转工作动员视频会议。市财政局总会计师张海燕，市人社局党组书记、局长刘莅，市人社局党组成员、社保中心主任钱国荣，中国人民银行南京分行营业管理部曹炳高副主任，市税务局党委书记、局长文月寿，市税务局党委副书记、副局长郑良出席会议并讲话。

10月

10月12日　省税务局党委书记王学东到联系点南京市税务局溧水区税务局开展工作调研，省税务局党委委员、南京市税务局党委书记、局长文月寿参与调研。调研区间，王学东一行先在溧水区市民之家查看办税体验区、契税征收中心、社保征收窗口和办税服务大厅，到南京长安汽车有限公司进行现场调研，并主持召开区局中层干部座谈会。

10月23日　中国共产党国家税务总局南京市税务局机关第一次党员代表大会隆重召开。大会选举产生中国共产党国家税务总局南京市税务局第一届委员会和纪律检查委员会。黄经东、王勇、陈雁青等9人当选市税务局机关第一届党委委员，王勇、马胜平等7人当选市税务局机关第一届纪委委员。省税务局第一联络督导组侯宇琛，市级机关工委副书记吴悦鸥、组织部长徐玫到会指导。省税务局党委委员、市税务局党委书记、局长文月寿讲话，市税务局党委委员、副局长黄经东主持会议，来自市税务局机关和直属机构各党支部的113名党员代表出席了大会。

10月25日　国家税务总局南京市浦口区税务局举行“三定”宣布仪式。国家税务总局江苏省税务局党委委员、副局长、省税务局第1联络（督导）组组长倪静石，国家税务总局江苏省税务局党委委员、南京市税务局党委书记、局长文月寿，国家税务总局江苏省税务局教育处处长、省税务局第1联络（督导）组常务副组长徐进等出席宣布仪式。仪式由国家税务总局南京市浦口区税务局党委书记、局长倪云国主持。

10月29日　市税务局召开系统工会会员代表、妇联妇女代表会议。会议分别选举产生系统工会第一届委员会委员、经费审查委员会委员、系统妇女联合会第一届执行委员会委员。聂志强、马雪玲两位同志分别代表工会、妇联新当选委员发言。市级机关工委副巡视员、市作风办副主任顾国成同志到会指导，省税务局党委委员、市税务局党委书记、局长文月寿参加会议并讲话，市税务局党委成员、副局长黄经东主持会议。

11月

11月29日　市税务局召开南京市税务系统党建工作会议。会上，省税务局党委委员、市税务局党委书记、局长文月寿参加会议并讲话，市税务局党委副书记、副局长郑良主持会议。

12月

12月20日　省税务局党委书记王学东到鼓楼区局调研个人所得税改革工作，省税务局党委委员、副局长陈茂峰，省税务局党委委员、市税务局党委书记、局长文月寿，市税务局党委委员、副局长沈宁参与调研。

12月29日　市长蓝绍敏一行到市税务局走访慰问正在进行年终决算的一线税务干部。常务副市长杨学鹏、副市长冉华等领导参加走访慰问。

（厉黛己）

（责任编辑　楚天佑）

概　况

综　述

南京市概览　南京，简称宁，江苏省省会，位于江苏省西南部、长江下游，面积6587.02平方千米，设有11个市辖区，全市常住人口833.5万人。南京是中国东部地区重要的中心城市、全国重要的科研教育基地和综合交通枢纽，是长江三角洲唯一的特大城市和长三角辐射带动中西部地区发展的重要门户城市、首批国家历史文化名城和全国重点风景旅游城市。南京历史悠久，被誉为“六朝古都”“十朝都会”。南京，简称宁，江苏省省会，位于江苏省西南部、长江下游，面积6587.02平方千米，设有11个市辖区，全市常住人口833.5万人。南京是中国东部地区重要中心城市、全国重要科研教育基地和综合交通枢纽，是长江三角洲唯一特大城市和长三角辐射带动中西部地区发展重要门户城市，是首批国家历史文化名城和全国重点风景旅游城市。南京历史悠久，被誉为“六朝古都”“十朝都会”。南京是一座历史文化底蕴深厚的城市，是一座遍地流淌着诗词歌赋的城市。

南京的市民精神是“开明开放、诚朴诚信、博爱博雅、创业创新”。南京的市树是雪松，市花为梅花，南京旅游城市的标志是“龙蟠虎踞”。2018年，在习近平新时代中国特色社会主义思想指导下，南京市认真贯彻新发展理念，统筹推进改革发展稳定工作，经济社会发展保持总体平稳、稳中有进。全市地区生产总值12820.40亿元，比上年增长8.0%；一般公共预算收入1470.02亿元，比上年增长15.6%；规模以上工业增加值3091.83亿元，比上年增长7.8%；社会消费品零售总额5832.46亿元，比上年增长8.4%；全体居民人均可支配收入52916亿元，比上年增长9.1%。提出“创新名城、美丽古都”发展愿景，启动实施创新驱动发展“121”战略（建设一个名城，即具有全球影响力的创新名城；打造两个中心，即综合性国家科学中心和科技产业创新中心；构建一流创新生态体系，把南京建成最鼓励创新、最适合创新、最具创新活力的城市），实施“两落地一融合”（科技成果项目落地，新型研发机构落地，校地融合发展）等十大工程，扎实推进大众创业、万众创新。组建新型研发机构超过200个、孵化引进企业862家，新增科创型企业近2.4万家，增长17%，新增3名诺贝尔奖得主、55名国内外院士来南京创新创业，新增就业参保大学生34万，增长60%。聚力培育“4+4+1”主导产业（第一个“4”是指四大先进制造业：新型电子信息、绿色智能汽车、高端智能装备、生物医药与节能环保新材料；第二个“4”是指四大现代服务业：软件和信息服务业，金融和科技服务业，文旅健康服务业，现代物流与高端商务商贸服务业；“1”是指未来产业），四大先进制造业主营业务收入增长12%以上，四大现代服务业营业收入增长12%，软件业务收入达到4400亿元。江北新区建设快速推进，直管区GDP增幅高于全市5个百分点，新增企业1万多家、增长近50%。城市建设提档升级，“米”字型铁路枢纽总图规划获批，长江大桥公路桥维修改造工程竣工通车。成功举办世界名城会等活动，成为国内首个国际和平城市。　（史成娟）

南京市税务局简介　根据党中央、国务院《深化党和国家机构改革方案》的要求和国家税务总局的统一部署，原江苏省南京市国家税务局和江苏省南京地方税务局于2018年7月5日正式合并，成立国家税务总局南京市税务局（以下简称“市税务局”）。新机构办公地点为南京市秦淮区白下路300号。主要负责所辖区域内各项税收、社会保险费和有关非税收入征收管理。根据中共中央、国务院《深化党和国家机构改革方案》要求和国家税务总局统一部署，原江苏省南京市国家税务局和江苏省南京地方税务局于2018年7月5日正式合并，成立国家税务总局南京市税务局（以下简称“市税务局”)。新机构办公地点为南京市秦淮区白下路300号。主要负责所辖区域内各项税收、社会保险费和有关非税收入征收管理。截至2018年年底,该局共有干部职工4135人,其中,公务员3949人,事业编制118人,行政附属编68人,平均年龄44岁,党员占比71%,大专以上学历达99.8%,注册会计师、注册税务师、律师“三师”比例达19.8%。全市税务系统共设有23个内设机构、4个事业单位、7个派出机构、14个所属单位、323个基层科所。截至2018年年末,市税务局共管理和服务纳税人78.2万户,其中,企业纳税人45.4万户,个体工商户32.8万户。2018年,在国家税务总局、国家税务总局江苏省税务局(以下简称“省税务局”)党委和中共南京市委、南京市人民政府的坚强领导下,全市税务系统大力推进国税地税征管体制改革,全面履行税收职能,圆满完成各项任务。在国家税务总局组织的纳税人满意度调查中,获得全国省会城市纳税人满意度第二名,在全省税务系统年度绩效考核中位列第一方阵,获得2018年“市级机关对标找差绩效考核”优秀单位,获得2017—2018年度“全市机关作风建设人民满意单位”,先后19次受到国家税务总局、省税务局和市委市政府领导的批示肯定。

(史成娟)

全市税收工作　2018年,市税务局组织各项收入3245.8亿元,同比增长11.3%。其中,税收收入2583.7亿元,同比增长10.7%;社保费和非税收入662.1亿元,同比增长13.6%;累计组织市县级一般公共预算收入1243.1亿元,同比增长18.9%。落实国务院减税降费等优惠政策,全面落实各项税收减免591.8亿元,办理增值税期末留抵退税21.1亿元,办理出口退税209.2亿元。

国税地税征管体制改革稳步推进。根据《国税地税征管体制改革方案》和国家税务总局、省税务局部署,有组织、有步骤地抓好改革各项工作。制定“1+9+15”改革推进机制(组建“1+9+15”改革组织机制:“1”是指南京市税务机构改革工作小组,“9”指下设九个专项组、“15”是指对属地局成立15个联络督导组),平稳完成新机构挂牌。7月5日,市税务局完成挂牌;7月20日,各区税务局挂牌成立,全市新税务机构正式运行。充分考虑南京特点和实际,认真做好市、区两级税务机构“三定”编制工作,平稳落实“三定”规定。10月底,市、区两级“三定”方案全部落地,干部队伍总体稳定。建立完善工作协调机制,推动信息共享平台建设,平稳开展社保费职责划转,确保按序时进度开展到位。平稳推进个人所得税改革,确保个人所得税新政落地。全市超过200万名工薪所得纳税人受益。

税收职能作用得到充分发挥。全市税务部门坚持将组织收入作为中心任务,坚持组织收入原则,严格落实“四个坚决”(坚决依法收好税,坚决不收过头税,坚决落实减负税,坚决打击偷骗税),狠抓收入质量,强化税收预测管理,税收收入实现稳定增长。全面落实增值税改革三项新政(2018年3月28日,国务院常务会议提出要进一步深化增值税改革,并决定于5月1日起将17%、11%的增值税税率下调为16%、10%、统一增值税小规模纳税人标准、特定行业纳税人留抵税额一次性退还三项深化增值税改革措施),惠及全市14.4万户一般纳税人,退还部分行业增值税期末留抵税款21.1亿元。全市超过36万人完成年所得12万元自行申报。企业所得税研发费用加计扣除131.48亿元,较上一年度增长54%。加强对全市207户“走出去”企业政策宣传服务,组织非居民企业收入21.54亿元。加强土地增值税清算管理,累计办理房产税、城镇土地使用税减免7.17亿元。组织好环境保护税开征工作,全年入库税收7.44亿元。加强税收经济分析,全年向省税务局和市委市政府提供专报26篇、专题调研信息4篇,辅助决策水平不断提高。

税收营商环境持续优化。持续深化“放管服”改革。积极落实《南京市优化营商环境100条》,推进便民办税春风行动,全市各办税厅实现“一厅一人一窗”服务,推进新办户套餐服务,优化税务注销程序,大幅缩短纳税人办税时限。认真落实办税事项“全程网上办”清单,非接触式办税比率达88%。整合市区两级特服号咨询热线,实现“一键咨询”。全年热线咨询171.3万次,语音咨询接通率达87.93%。提升投诉处理工作水平,组织办理市政府12345工单8271件,按时办结率99.95%,综合满意率96.88%。开展走访帮扶服务。组织支持实体经济发展主题服务月活动,为602户小微企业解决问题174个。开展民营企业大调研大走访，走访企业871家，现场解决问题169个；出台《关于贯彻落实支持和服务民营经济发展相关税收政策措施意见》，回应民营企业关切。拓展税收增值服务。开展税邮合作，办理发票邮递配送61.4万户次。深化税银互动，为中小微纳税人授信15.3亿元。

税收管理水平显著提升。法治基础更加坚实。完善规范性文件清理，确保执法依据完整准确。构建政策支持平台，服务基层日常执法和政府重大项目。优化税务行政处罚裁量基准。督察内审作用更加明显，开展税收执法督察，严格落实税收执法责任制，有效降低税收执法随意性。征管效能不断增强。“金税三期”并库工作稳步推进，统一工作平台上线运行。加强数据管理与应用，累计与全市31个部门交换数据872万条，“我的南京”APP个人所得税查询功能运转通畅。房产交易一体化电子票证使用稳步推进。税收秩序进一步优化。强化风险管控，全年风险应对6896户，入库收入37亿元。加大税务稽查力度，全力查办虚开骗税案件，全年立案检查962户，查补收入11.5亿元，做好大要案积案审理，共审结案件900多件，有效应对税收争议案件31件。

全面从严治党向纵深发展。党的政治建设全面强化。推进“两学一做”学习教育常态化制度化，定期开展党委中心组学习，学懂弄通做实习近平新时代中国特色社会主义思想和中共十九大精神。组织参加省、市学习新思想知识竞赛，均取得第二名的成绩。突出巡察工作政治属性，开展国税地税征管体制改革等专项巡察，召开清除“杨、季”恶劣影响等专项民主生活会，全面加强党的政治引领。党的组织建设有力有效。按时间节点完成两级（联合）党委及机关党委、纪委的设置，完善工作规则。落实谈心谈话制度，实现“三个全覆盖”（“一把手”与内设部门和派出机构主要负责人、班子成员与联系点和分管部门负责同志以及内设部门、派出机构主要负责人与一般干部三个维度谈话全覆盖），累计开展5616人次。组织“六项纪律”（政治纪律、组织纪律、廉洁纪律、群众纪律、工作纪律、生活纪律）执行情况等专项检查，不断优化党内政治生态。围绕改革开展“我是党课主讲人”、党员亮牌上岗、承诺践诺、党建品牌增光彩等活动。党风廉政建设持续深化。研究制定贯彻落实八项规定实施细则，细化各项纪律要求。深化内控机制建设，内控监督平台上线运行。充分运用“四种形态”（经常开展批评和自我批评、约谈函询，让“红红脸、出出汗”成为常态；党纪轻处分、组织调整成为违纪处理的大多数；党纪重处分、重大职务调整的成为少数；严重违纪涉嫌违法立案审查的成为极少数）。推进监督执纪问责。持续推进机关作风建设，全面树立新税务新形象。国家税务总局南京市玄武区税务局、国家税务总局南京市鼓楼区税务局、国家税务总局南京市溧水区税务局、国家税务总局南京市六合区税务局等4家单位顺利通过市级廉政文化示范点验收复查。国家税务总局南京市雨花台区税务局夏恒志被推荐参加“中国好税官”评比。

干部队伍展现新时代风采。团结奋斗的思想基础进一步巩固。面对征管体制改革，全体干部讲政治，顾大局，积极理解改革、拥护改革和投身改革；面对正转副等改革考验，25名正处级、60名正科级领导干部没有计较个人的名利得失；面对办公地址搬迁、工作岗位变迁、人文环境变化等新形势，每位干部自觉融合，互帮互助，克服种种困难，保质保量完成各项工作任务，彰显和谐奋进的良好精神风貌。队伍能力不断提升。分类分级组织各类培训，参加省税务局网络竞赛，带动基层干部掀起学习业务的新高潮，市税务局2位干部在全省1.8万参考人员中脱颖而出，取得了前10名的好成绩。基层群团作用有效发挥。选举产生第一届各类群团组织，市税务局团委获得2017年度“江苏省红旗团委”称号。举办系统羽毛球联赛、“见证改革共画新时代”书画摄影大赛、“和合杯”棋牌联谊赛等活动，促进工作融合、人心聚合。

（史成娟）

人员机构（2018年7—12月）

中共国家税务总局南京市税务局委员会委员名单

党委书记	文月寿
党委副书记	郑　良
党委委员	陈步龙
	陈　林

蔡建勋
左　明
唐　跃
黄经东
林　岗
王　超
沈　宁
陈　奇
胥德明
徐春燕
钱家俊
张海宁

中共国家税务总局南京市税务局党委纪检组负责人

纪检组组长　陈　林

国家税务总局南京市税务局机构设置和负责人

局　　长　文月寿
副 局 长　郑　良
陈步龙
蔡建勋
左　明
唐　跃
黄经东
林　岗
沈　宁
总经济师　王　超
总会计师　陈　奇
总经济师　胥德明
总审计师　徐春燕
总经济师　钱家俊
总会计师　张海宁
稽查局局长（南京副局级）　王冬明
系统工会主席（南京副局级）　聂志强
副巡视员　曹晓扬
副巡视员　夏玉霞
副巡视员　周勇鸿

办公室

主　　任　梁国荣
副 主 任（正处长级）　费明华
副 主 任　顾长元
何　欣
王学根
陈存刚
副调研员　楚天佑

政策法规处

处　　长　董剑飞
副 处 长　吴立亚

货物和劳务税处

处　长　杨仁良
副处长　张勋江
郭燕萍

进出口税收管理处

处　　长　徐贻壁
副 处 长（正处长级）　刘　军
副 处 长　马志舜
范　军

企业所得税处

处　　长　查学清
副 处 长　姜学峰
张建强
副调研员　孙建忠

个人所得税处

处　　长　郭智华
副 处 长　王建兵
张　健

财产和行为税处

处　　长　赵建华
副 处 长　王佩福

社会保险费和非税收入处

处　　长　陈　云
副 处 长　卓　越
王　冬
副调研员　陈珊艺

收入规划核算处

处　　长　黎　凡
副 处 长　毛宏成
钟智宏

纳税服务处

处　　长　钟　山
副 处 长　魏军波
宗　明
副调研员　姜志才

征管和科技发展处

处　　长　张　民
副 处 长　杨霆钧

	姜　进
	周　妍
副调研员	张　军

国际税收管理处

处　　长	顾梅平
副 处 长	缪寿亮
	宋　雁

税收经济分析处

处　　长	王　俊
副 处 长	戴迎新
副调研员	张　斌

税收风险管理局

处　　长	徐惠华
副 处 长	伍　琦
	戴文新

财务管理处

处　　长	洪德顺
副 处 长	姚　泓
	叶　红

督察内审处

处　　长	吴春高
副 处 长（正处长级）	刘　阳
副 处 长	杨冬梅
	张黔安
	李　玮

人事处

处　　长	陈雁青
副处长（正处长级）	周建伟
副 处 长	黄晓兰
	施荣明
副调研员	郭志勇

考核考评处

处　　长	季志春
副 处 长	张红兵

教育处

处　　长	胡连强
副 处 长（正处长级）	黄　昀
副 处 长	万利明
	张丽晔
	洒荣汶

机关党委

主　　任	罗志刚
副调研员	姜丽莎

老干部处

处　　长	马鲁港
副 处 长	刘金刚
调 研 员	王　震
副调研员	张金川

系统党建工作处

处　　长	高永峰
副 处 长	方立新
	苏妍红
副调研员	吴　红

纪检组

副 组 长（正处长级）	聂　正
副 组 长（正处长级）	王　勇
副 组 长（副处长级）	江沁沁
副 组 长（副处长级）	王　勇
调 研 员	朱淮民
副调研员	金　泓

纳税服务中心（税收宣传中心）

主　　任	马雪玲
副 主 任	高文莉
	承　蕾
副调研员	高善平
	李　根

信息中心

主　　任	席宝庆
副 主 任	朱　岚
	张　锋

机关服务中心

主　　任	朱中元
副 主 任	梁　钰
	金　泳
	杨　琳
副调研员	任　军
	李兴虎
	王　坚

税收科学研究所

所　　长	王宝林
副 所 长	舒安仁
调 研 员	姜　健

第一税务分局

局　　长	宋　健

副 局 长　史　正
魏　捷
许　斌
万结青
常　敏

第二税务分局

局　　长　曹雨晴
副 局 长　王　辰
王　波
闫　杰
专职纪检监察员　于江泉

第三税务分局

局　　长　尹晓宇
副 局 长　范久红
曲　霞
严　勇
刘　宁
朱　海
专职纪检监察员　杨　剑

稽查局

局　　长（南京副局级）　王冬明
副 局 长（正处长级）　臧桂芹
副 局 长（正处长级）　朱　延
副 局 长（正处长级）　卞立群
副 局 长　黄建军
张红军
潘　锋
温　莉
专职纪检监察员　马胜平

第一稽查局

局　　长　沈　勇
副 局 长（正处长级）　李维社
副 局 长　陆晓民
罗向军
王　蓓
纪检专员　魏　巍

第二稽查局

局　长　夏建国
副局长（正处长级）　薛剑秋
副局长　肖继光
纪耀录
董晓庆
张文凤
专职纪检监察员　张　健

第三稽查局

局　　长　范仕平
副 局 长（正处长级）　周　皓
副 局 长　李爱娟
程松敏
专职纪检监察员　蒋源军

玄武区税务局

党委书记、局长　曾　翀
党委副书记、副局长（正处长级）张予田
党委委员、副局长　严　铀
吕　艳
洪　斌
许晓燕
葛菲菲
党委委员、纪检组长　戚光连
调 研 员　王礼根
林　斌
汪临清
副调研员　步劲柏
魏　玮
王小洪
赵小文
王　玲

秦淮区税务局

党委书记、局长　王火生
党委副书记、副局长（正处长级）范道林
党委委员、副局长　杨发荣
陆　隽
丁晓军
陈娟娟
魏　明
党委委员、纪检组长　何继光
调 研 员　滕　燕
副调研员　李　琦
陈旭东
闻　华
陈　兵
鲁　新
祁寅龙
张　铭

建邺区税务局

党委书记、局长　田　园
党委副书记、副局长（正处长级）　马玉宁
党委委员、副局长　郝永宁
石庆华
仇必胜
贾振祥
孔志刚
彭远娣
王　颖
朱　剑
党委委员、纪检组长　王少华
副调研员　岳有铭
卜兴耀
赵　红

鼓楼区税务局

党委书记、局长　李　军
党委副书记、副局长（正处长级）　马学民
党委委员、副局长　尤　克
张建国
徐　健
严维国
陈卓兵
周　密
尹　婧
肖　莉
党委委员、纪检组长　邹　勇
调 研 员　周　斌
副调研员　夏　莉
吴　兵
柳　峰
潘祥云
周卫国
鲁世君
颜月平

雨花台区税务局

党委书记、局长　姜莱斌
党委副书记、副局长（正处长级）　王桃之
党委委员、副局长　吴勤锋
李　毅
周　薇
邵龙喜
郭智怡
党委委员、纪检组长　马志奇
调 研 员　张迎乔
副调研员　毕云亮
夏恒志
陆瑞东
孟宪忠
郭菊霞

栖霞区税务局

党委书记、局长　殷璧峰
党委副书记、副局长（正处长级）　董晓力
党委委员、副局长　胡　亮
刘家宏
袁　莹
欧阳慧珠
谢寒生
朱　丽
党委委员、纪检组长　李　军
副调研员　刘明星
副调研员　张兴才
陈　东

江宁区税务局

党委书记、局长　罗　斌
党委副书记、副局长（正处长级）　庞宝林
党委委员、副局长　喻　祥
陶向武
尤胜宇
谭　军
佘风琴
徐　伟
党委委员、纪检组长　钟家宝
调 研 员　业德瑞
副调研员　王兆贵
副调研员　王　平

浦口区税务局

党委书记、局长　倪云国
党委副书记、副局长（正处长级）　王晓苏
党委委员、副局长　孙　猛
赵夕政
刘克富
张　捷
莫增华

沈希初
刘　波
马婷怡
党委委员、纪检组长　陈　虎
调 研 员　王德春
副调研员　吴玉华
副调研员　陆培洪

六合区税务局

党委书记、局长　王桂祥
党委副书记、副局长（正处长级）　石　良
党委委员、副局长　吕　云
许　辉
刘明祥
汪学明
商春锋
党委委员、纪检组长　孙在元
副调研员　王成亮
副调研员　邵北平
副调研员　单晓东

溧水区税务局

党委书记、局长　王拥军
党委副书记、副局长（正处长级）　戴世敏
党委委员、副局长　刘德才
喻召双
张显美
党委委员、纪检组长　彭聿新
副局长（正科长级）　谢文庆
张　琦

高淳区税务局

党委书记、局长　张连静
党委副书记、副局长（正处长级）虞华荣
党委委员、副局长　陈步荣
王志平
丁建华
谷办金
党委委员、纪检组长　诸培苗

南京江北新区税务局

党委书记、局长　郑　良
党委委员、副局长（正处长级）　张绍云
谢海航
程建华
汪义娟
党委委员、副局长　吴庆和
李厚亮
沈永惠
丁厚祥
李声银
任梦华
贾　婷
王　震
张　波
党委委员、纪检专员　王　笑
调 研 员　胡忠翠
副调研员　焦飞洪
副调研员　许帮炎

南京经济技术开发区税务局

党委书记、局长　李红军
党委委员、副局长　张顺龙
邹海波
张登明
党委委员、纪检组长　翁明祥
调研员　刘　勇
副调研员　戴小龙

南京江宁经济技术开发区税务局

党委书记、局长　岳守东
党委委员、副局长　虞　华
祝必华
田志兵
吕小卫
党委委员、纪检组长　张　弘
调研员　曹　平
调研员　周家全

（葛剑翀）

2018年7—12月南京市税务局人员身份组成统计表

表1

单　位	人数合计	公务员	参公人员	事业干部	事业工人	工勤工人
机关	430	394	8	10	10	8
第一税务分局	110	107	—	1	2	—
第二税务分局	58	41	14	—	3	—
第三税务分局	32	32	—	—	—	—
稽查局	115	111	—	1	2	1
第一稽查局	115	112	—	1	—	2
第二稽查局	118	117	—	—	—	1
第三稽查局	116	113	—	—	—	3
玄武区局	250	238	1	2	2	7
秦淮区局	321	303	3	2	2	11
建邺区局	193	183	1	3	—	6
鼓楼区局	326	311	1	5	2	7
雨花台区局	172	164	1	—	2	5
栖霞区局	162	155	2	2	1	2
江宁区局	262	249	5	1	2	5
浦口区局	197	191	3	—	2	1
六合区局	197	190	2	—	1	4
溧水区局	219	212	5	1	—	1
高淳区局	231	228	—	—	2	1
江北新区局	274	266	4	—	2	2
经开区局	99	97	1	—	1	—
江经开区局	138	135	1	1	—	1
合计	4135	3949	52	30	36	68

2018年7—12月南京市税务局人员基本情况统计表

表2

单 位	在职合计	女	少数民族	政治面貌			最高学位			最高学历				年龄			离退休人员
				中共党员	共青团员	民主党派	博士	硕士	学士	研究生	本科	专科	中专及以下	51–54岁女性	55–59岁	平均年龄	
机关	430	173	12	379	2	3		101	104	107	282	36	5	21	58	44.55	121
第一税务分局	110	60	1	76		4		17	39	11	84	13	2	11	14	43.79	13
第二税务分局	58	25	3	39	4	1		6	10	10	44	4		4	7	39.79	1
第三税务分局	32	18		29				10	6	10	19	3		3	2	42.47	2
稽查局	115	58	5	94	2	2		15	40	16	92	6	1	9	12	43.02	60
第一稽查局	115	59	5	80	4	1		9	37	10	96	9		13	15	45.65	30
第二稽查局	118	50	2	77	5	4		17	31	15	93	10		11	17	45.24	4
第三稽查局	116	49	1	72	5	1		16	28	15	84	17		16	15	45.51	20
玄武区局	250	135	3	165	6	6		27	65	23	204	23		47	31	45.38	81
秦淮区局	321	151	9	227	9	7		26	71	24	258	39		48	53	46.22	133
建邺区局	193	95	7	148	3	3		24	61	27	148	17	1	18	25	44.48	62
鼓楼区局	326	152	9	225	4	5		39	37	38	250	38		44	40	46.24	135
雨花台区局	172	74	2	106	7	2		27	42	28	123	19	2	19	13	44.99	49
栖霞区局	162	57		116	12	1		18	49	18	131	12	1	13	5	43.25	48
江宁区局	262	94	4	197	13	2		13	72	14	200	45	3	14	35	44.1	86
浦口区局	197	87	3	156	15			19	68	17	159	21		8	26	41.87	65
六合区局	197	73	3	146	24			13	67	12	175	9	1	8	23	41.41	111
溧水区局	219	79	2	149	22			2	52	4	182	31	2	14	26	43.45	59
高淳区局	231	68		150	16			2	54	2	204	24	1	14	23	44.86	54
江北新区局	274	104	3	180	18	2	2	33	126	38	218	18		12	23	41.63	6
经开区局	99	29	1	72	13	1	1	6	40	8	82	9		1	10	41.64	2
江经开区局	138	57	1	105	10			20	51	19	109	10		4	5	39.29	9
合计	4135	1747	76	2988	194	45	3	460	1150	466	3236	413	20	352	478	43.97	1151

表3

2018年7—12月南京市税务局公务员职级情况统计表

单　位	市局局长	市局副局长	副巡视员	局长（处长）	调研员	副局长（副处长）	副调研员	科长（所长）	主任科员	副科长（副所长）	副主任科员	科员	办事员	试用期人员	合计
机关	1	16	3	33	3	52	16		188		61	21			394
第一税务分局				1		5	4	16	38	13	9	20		1	107
第二税务分局				1		3		8	3	6	1	18		1	41
第三税务分局						4		5	6	7	4	6			32
稽查局				4		5	2	14	38	15	11	20		2	111
第一稽查局				2	2	4	3	13	44	14	16	11		3	112
第二稽查局				2	1	5	1	17	48	18	14	8		3	117
第三稽查局				2	1	3	2	14	42	16	18	12		3	113
玄武区局				2	3	6	5	22	104	28	32	30		6	238
秦淮区局				2	1	6	7	30	141	40	36	32		8	303
建邺区局				2		9	3	23	72	26	19	26		3	183
鼓楼区局				2	1	9	7	28	149	38	42	30		5	311
雨花台区局				2	1	6	5	22	59	23	22	20		4	164
栖霞区局				2		7	3	17	52	20	16	28		10	155
江宁区局				2	1	7	2	25	82	34	36	53		7	249
浦口区局				2	1	9	2	26	52	24	18	50	1	6	191
六合区局				2		6	3	27	50	22	17	52		11	190
溧水区局				2		4		27	26	30	49	66		8	212
高淳区局				2		4		28	25	31	69	63		6	228
江北新区局				4	1	10	2	31	71	32	38	73		4	266
经开区局				1	1	4	1	12	23	14	13	23		5	97
江经开区局				1	2	5		12	31	10	32	38		4	135
合计	1	16	3	73	19	173	68	417	1344	461	573	700	1	100	3949

2018年7—12月南京市税务局公务员基本情况统计表

表4

单位	人数合计	女	少数民族	中共党员	最高学位			最高学历				任现职务层次年限					年龄		
					博士	硕士	学士	研究生	本科	专科	中专及以下	不满2年	2年不满5年	5年不满8年	8年不满15年	15年及以上	51-54岁女性	55-59岁	平均年龄
机关	394	162	12	353		99	103	104	260	30		60	84	117	84	49	21	53	44.62
第一税务分局	107	59	1	75		17	39	11	83	13		7	31	32	33	4	11	14	43.74
第二税务分局	41	21	1	27		3	10	7	32	2		11	14	9	4	3	2	4	38.34
第三税务分局	32	18		29		10	6	10	19	3			15	6	10	1	3	2	42.47
稽查局	111	57	5	91		15	40	16	89	6		18	26	33	26	8	9	12	43.09
第一稽查局	112	57	5	78		9	35	10	93	9		14	34	36	18	10	13	15	45.90
第二稽查局	117	50	2	76		17	31	15	92	10		29	28	37	11	12	11	17	45.29
第三稽查局	113	47	1	70		16	28	15	82	16		17	28	40	19	9	16	14	45.53
玄武区局	238	132	3	157		27	64	22	197	19		27	65	81	49	16	47	31	45.57
秦淮区局	303	148	9	215		26	69	24	247	32		26	85	110	59	23	47	50	46.31
建邺区局	183	91	5	141		23	61	26	140	16	1	27	30	73	37	16	18	25	44.84
鼓楼区局	311	147	8	218		37	36	36	240	35		47	64	109	69	22	44	39	46.38
雨花台区局	164	72	2	102		27	42	28	118	16	2	30	43	49	29	13	19	11	44.88
栖霞区局	155	55		110		18	48	18	126	11		36	36	48	29	6	13	5	43.23
江宁区局	249	91	4	192		13	71	13	195	41		50	59	66	48	26	14	31	43.96
浦口区局	191	84	3	152		19	68	17	157	17		40	61	48	26	16	8	24	41.70
六合区局	190	72	3	141		13	67	12	171	7		45	60	52	19	14	7	21	41.18
溧水区局	212	75	2	148		2	51	4	176	30	2	69	90	35	2	16	14	25	43.36
高淳区局	228	67		150		2	54	2	203	22	1	61	99	46	1	21	14	23	44.82
江北新区局	266	100	2	174	2	33	126	38	212	16		64	83	61	38	20	12	23	41.59
经开区局	97	28	1	70	1	6	40	8	80	9		20	32	29	11	5	1	10	41.55
江经开区局	135	57	1	105		20	50	19	106	10		32	47	37	12	7	4	5	39.37
合计	3949	1690	70	2874	3	452	1139	455	3118	370	6	730	1114	1154	634	317	348	454	43.98

机构职能

市税务局主要职责

1.负责贯彻执行党的路线、方针、政策，加强党的全面领导，履行全面从严治党责任，负责党的建设和思想政治建设工作。

2.负责贯彻执行税收、社会保险费和有关非税收入法律、法规、规章和规范性文件，研究制定具体实施办法。组织落实国家规定的税收优惠政策。

3.负责研究拟定本系统税收、社会保险费和有关非税收入中长期规划，参与拟定税收、社会保险费和有关非税收入预算目标并依法组织实施。负责本系统税收、社会保险费和有关非税收入的会统核算工作。组织开展收入分析预测。

4.负责开展税收经济分析和税收政策效应分析，为国家税务总局江苏省税务局和市委、市政府提供决策参考。

5.负责所辖区域内各项税收、社会保险费和有关非税收入征收管理。组织实施税（费）源监控和风险管理，加强大企业和自然人税收管理。

6.负责组织实施本系统税收、社会保险费和有关非税收入服务体系建设。组织开展纳税服务、税收宣传工作，保护纳税人、缴费人合法权益。承担涉及税收、社会保险费和有关非税收入的行政处罚听证、行政复议和行政诉讼事项。

7.负责所辖区域内国际税收和进出口税收管理工作，组织反避税调查和出口退税事项办理。

8.负责组织实施所辖区域内税务稽查和社会保险费、有关非税收入检查工作。

9.负责增值税专用发票、普通发票和其他各类发票管理。负责税收、社会保险费和有关非税收入票证管理。

10.负责组织实施本系统各项税收、社会保险费和有关非税收入征管信息化建设和数据治理工作。

11.负责本系统内部控制机制建设工作，开展对本系统贯彻执行党中央、国务院重大决策及上级工作部署情况的督查督办，组织实施税收执法督察。

12.负责本系统基层建设和干部队伍建设工作，加强领导班子和后备干部队伍建设，承担税务人才培养和干部教育培训工作。负责本系统绩效管理和干部考核工作。

13.负责本系统机构、编制、经费和资产管理工作。

14.完成国家税务总局江苏省税务局和中共南京市委、南京市人民政府交办的其他工作。

内设机构职责

（一）办公室

负责拟订本系统综合工作制度、年度工作计划；组织起草和审核重要文稿；负责公文处理、会务管理、信息调研、档案管理、机要保密、来信来访、值班值守、国家安全等工作；组织实施政务公开、政府信息公开、税收宣传工作；组织实施督查督办工作；组织办理人大代表议案、建议和政协委员提案。

（二）政策法规处

负责组织实施依法行政工作；负责涉及多个人所得税种、社会保险费和有关非税收入综合性政策文件会办、起草和落实工作；负责规范性文件合法性审查、合规性评估、备案审理、清理等工作；负责重大执法决定法制审核工作；组织协调重大税务案件审理；负责税务行政处罚的管理；组织办理行政复议、行政诉讼等事项；组织办理涉税反补贴案件应对工作；负责公职律师和法律顾问相关工作。

（三）货物和劳务税处

负责组织实施增值税、消费税、车辆购置税等征收管理工作，拟订征收管理具体实施办法；负责相关税种具体业务问题的解释和处理；组织落实相关税种的税收优惠政策；负责增值税发票管理，组织相关信息系统的推广应用及管理；指导相关税种的日常管理、日常检查；参与相关税种的风险管理和纳税辅导、咨询服务、税收法律救济等工作。

（四）进出口税收管理处

负责组织实施进出口税收管理工作，拟订具体实施办法；负责进出口税收具体业务问题的解释和处理；参与海关特殊监管区域税收管理工作；参与拟订出口退（免）税年度安排，分配下达并组织实施年度退税安排；指导出口退税的日常管理、日常检查；参与进出口税收风险管理和纳税辅导、咨询服务、税收法律救济等工作。

（五）企业所得税处

负责组织实施企业所得税征收管理工作，拟订征收管理具体实施办法；组织落实企业所得税收入、扣除和优惠等各项税收政策，开展政策执行情况的分析；负责企业所得税具体业务问题的解释和处理；负责企业所得税的季（月）度预征、汇算清缴等管理工作；参与企业所得税风险管理和纳税辅导、咨询服务、税收法律救济等工作。

（六）个人所得税处

负责组织实施个人所得税征收管理工作，拟订征收管理具体实施办法；负责个人所得税具体业务问题的解释和处理；组织落实个人所得税优惠政策；组织实施个人所得税源泉扣缴、自行申报、汇算清缴、事后抽查等工作；指导个人所得税的日常管理、日常检查；参与个人所得税风险管理和信用管理、纳税辅导、咨询服务、税收法律救济等工作。

（七）财产和行为税处

负责组织实施房产税、城镇土地使用税、土地增值税、契税、城市维护建设税、印花税、资源税、环境保护税、车船税、耕地占用税和烟叶税等征收管理工作，拟订征收管理具体实施办法；负责相关税种具体业务问题的解释和处理；组织落实相关税种的税收优惠政策；指导相关税种的日常管理、日常检查；参与相关税种的风险管理和纳税辅导、咨询服务、税收法律救济等工作。

（八）社会保险费和非税收入处

负责组织实施基本养老保险费、基本医疗保险费、失业保险费、工伤保险费、生育保险费等社会保险费征收管理工作；负责组织实施文化事业建设费、废弃电器电子产品处理基金、教育费附加和地方教育附加、残疾人保障金等有关非税收入的征收管理工作以及工会经费代收工作；负责研究拟订具体实施办法；指导有关非税收入的日常征管、日常检查工作；参与有关非税收入征收的政策辅导、咨询服务、法律救济等工作。

（九）收入规划核算处

负责研究拟订本系统税收、社会保险费和有关非税收入中长期规划，参与拟订税收、社会保险费和有关非税收入预算目标并依法组织实施；负责拟订出口退（免）税年度安排，组织落实免抵调库年度安排；负责统筹协调组织收入工作，开展收入预测分析、预警分析和收入质量管理；负责重点税源监控、企业税收资料调查工作；组织落实会统核算、缴库退库、票证管理等制度，实施会计监督。

（十）纳税服务处

组织开展纳税服务（含缴费服务，下同）工作；组织实施纳税服务制度和规范；组织开展面向纳税人和缴费人的税法宣传、纳税辅导、咨询服务、办税服务和权益保护等工作；负责办税服务厅、纳税服务热线等面向纳税人和缴费人的服务渠道管理及服务效能评价与监测；负责税收信用体系建设；组织办理纳税服务投诉；负责落实涉税专业服务监管政策及制度，统筹协调社会化纳税服务。

（十一）征管和科技发展处

负责组织落实综合性税收征管法律、法规、规章及规范性文件，拟订具体操作办法；统筹管理面向纳税人的各类征管措施；组织实施税务登记、申报纳税、欠税、普通发票、个体工商户等征管工作；负责征管质量监控评价；负责组织落实信息化规划、方案和制度，实施本系统信息化建设、考核评价和验收工作；承担税务行业标准和业务需求管理；负责各类税收征管信息系统业务维护工作，负责信息化立项和预算管理。

（十二）国际税收管理处

组织实施国家（地区）间税收条约（安排）；负责非居民所得、居民境外所得税收管理等跨境税收管理工作；组织实施反避税调查和预约定价管理工作；组织实施税收服务“一带一路”建设；组织国际税收情报交换等国际税收征管协作；参与国际交流合作和对外技术援助；负责外事管理。

（十三）税收经济分析处

负责贯彻落实税收经济分析工作制度，拟订具体实施办法；参与建立并落实税收经济分析指标体系；运用税收数据对本地区经济运行情况开展动态监控分析；开展国家和地区重大经济发展战略实施情况专题分析和本地区与国外、国内同类型地区的比较分析；组织开展税收政策效应分析，跟踪评估减免税等政策实施效果；负责统筹和指导本系统税收经济分析工作。

（十四）税收风险管理局

负责信息数据和风险管理的目标规划、制度规定的实施工作；负责国家税务总局江苏省税务局下发风险应对任务的整合和推送；负责本系统税费风险模型构建、分析识别、任务推送、监控评价结果反馈等工作；承担各类税收数据、社会保险费和有关非税收入数据的采集、集中存储、加工处理、质量控制、分析应用、共享交换及税务云平台管理等事项；负责组织、协调、指导、考核本系统大数据和风险管理工作。

（十五）财务管理处（装备和采购处）

负责贯彻落实本系统预决算管理、基建管理、会计核算管理、财务内控管理和政府采购、资产管理等规章、制度，拟订具体实施办法；审核汇编部门预算、决算，组织实施部门决算执行和公开工作；组织实施会计核算、会计基础规范工作；组织实施国库集中收付工作，办理具体收付事项；拟订年度采购计划，办理具体采购事项；负责资产管理工作；承担税务着装管理工作；组织实施基建项目管理；管理机关财务事项。

（十六）督察内审处

负责本系统内部控制工作的组织、管理和监督；组织实施税收执法督察，开展对社会保险费和有关非税收入法律、法规、规章及规范性文件执行情况的监督检查；组织实施预算执行、基本建设、政府采购等内部财务审计和领导干部经济责任审计；组织实施本系统税收执法责任制工作；督促落实督察审计发现问题的整改工作；协调配合外部监督和上级监督，统筹协调内部监督检查工作；参与实施“一案双查”工作。

（十七）人事处

负责组织落实干部人事制度及税务人才队伍建设规划，拟订具体实施方案；承担人事、机构编制、公务员管理、干部考核等工作；承担工资、人事档案、专业技术职务管理等工作；承担下一级领导班子及领导干部和后备干部的管理、监督等工作；监督检查干部人事规章制度执行情况；办理因公出国（境）政审和因私出国（境）管理事项。

（十八）考核考评处

负责贯彻落实绩效管理和数字人事工作发展规划、制度规范，拟订具体实施办法；分解落实上级下达的考评指标，拟订本局机关和下一级税务机关年度绩效计划及考评指标，组织实施绩效考评工作；组织开展数字人事推行工作，负责数字人事日常管理；开展其他考核考评工作。

（十九）教育处

负责拟订并组织实施干部培训、学历教育管理制度、工作规划、年度计划；组织开展培训质量考核与评估；承办教育培训项目的开发与管理；承担教育培训经费管理和培训机构业务管理工作；组织、指导、检查本系统教育培训工作。

（二十）机关党委

组织实施机关党建和党风廉政建设工作；统筹负责机关党员教育、管理、监督和服务工作；组织开展机关思想政治工作和精神文明建设；承担机关统战工作；协调机关工会、共青团、妇委会开展机关群团工作。

（二十一）老干部处

负责组织落实有关老干部工作的方针政策和工作部署，拟订具体实施办法；承担加强离退休党员干部日常管理和基层党组织建设等任务；负责机关老干部的服务和管理工作，指导本系统老干部工作。

党建及纪检监察的工作机构整合后暂予保留，待有关事项确定后另行明确。

直属行政机构及职能

（一）第一税务分局（重点税源企业税收服务和管理局）

负责拟订并组织实施本系统列名大企业税收服务和管理的中长期规划和年度计划；承担辖区内国家税务总局“千户集团”企业、省税务局列名大企业的名册管理、数据补充采集、风险分析和风险应对等事项；组织实施本系统列名大企业的风险分析、风险应对等专业化管理和个性化服务工作；开展大企业税收经济分析及与市外同类企业的比较分析；指导大企业完善税收风险防控体系；负责组织、协调、指导、考核本系统大企业税收服务和管理工作。

第一税务分局（重点税源企业税收服务和管理局）设8个内设机构（正科级）。

（二）第二税务分局

负责组织落实车辆购置税征收管理规章制度及规范性文件；承担车辆购置税的日常管理、日常检查、纳税服务等工作；承担车辆税收一体化管理工作；对核定各类车辆最低计税价格提出建议；管理车辆购置税票证。负责市区范围内涉房交易税费的征收管理工作；组织落实涉房交易税费的征收管理规章制度及规范性文件；承担涉房交易税费的日常管理、日常检查、纳税服务等工作。

第二税务分局设8个内设机构（正科级）。

（三）第三税务分局（反避税调查局）

负责反避税管理、服务、调查各环节相关工作；对各区税务局反避税管理工作进行统筹协调、督导考核；负责全市非居民间接股权转让等案件管理工作；负责居民境外所得税收管理等跨境税收管理工作；负责承担反避税全国行业联查、协查任务。

第三税务分局（反避税调查局）设8个内设机构（正科级）。

（四）稽查局

负责组织落实税务稽查法律、法规、规章和规范性文件；负责组织、指导、协调和考核全市税务稽查工作；负责统筹全市稽查案源管理工作；负责组织查处督办重大税收违法案件及重大社会保险费和有关非税收入违法案件；负责实施“双随机、一公开”工作；负责税收违法“黑名单”公布及联合惩戒工作；组织落实税务部门和公安部门联络机制；参与实施“一案双查”。

稽查局设10个内设机构（正科级）。

（五）第一稽查局

承担市税务局列名大企业的税务稽查、税收高风险事项应对和协查等工作；负责南京市雨花台区、江宁区、溧水区、高淳区、南京江宁经济技术开发区区域内税收、社会保险费和有关非税收入违法案件的查处以及查办案件的执行工作。

第一稽查局设8个内设机构（正科级）。

（六）第二稽查局

承担市税务局列名大企业的税务稽查、税收高风险事项应对和协查等工作；负责南京市玄武区、秦淮区、建邺区、栖霞区、南京经济技术开发区区域内税收、社会保险费和有关非税收入违法案件的查处以及查办案件的执行工作。

第二稽查局设8个内设机构（正科级）。

（七）第三稽查局。

承担市税务局列名大企业的税务稽查、税收高风险事项应对和协查等工作；负责南京市鼓楼区、浦口区、六合区、南京江北新区区域内税收、社会保险费和有关非税收入违法案件的查处以及查办案件的执行工作。

第三稽查局设8个内设机构（正科级）。

事业单位及职责

（一）纳税服务中心（税收宣传中心）

负责12366纳税服务热线日常管理和12366纳税服务平台业务运维；承担12366税收知识库和智能咨询库的建设和业务运维；具体承担面向纳税人和缴费人的税法宣传、纳税辅导、咨询服务等工作；接受、转交纳税服务投诉和涉税违法举报；组织实施纳税人需求收集、分析和应对；参与拟订并组织实施税收宣传工作规划和年度计划，协助指导本系统税收新闻宣传工作；具体承办涉税舆情管理、政务公开工作；组织实施税收法律知识普及工作；负责市税务局网站、微信、微博、客户端等管理工作。

（二）信息中心

负责机关及本系统信息化建设的技术支持、保障工作；承担税收管理信息系统的技术和设备运行维护工作；组织实施机关及本系统信息安全管理。

（三）机关服务中心

负责后勤事务的管理、保障和服务工作，承担拟订机关事务具体工作制度并组织实施和监督检查；参与机关后勤体制改革工作；指导本系统后勤服务工作；承担机关的安全保卫工作。

（四）税收科学研究所

负责拟订并组织实施本系统税收、社会保险费和有关非税收入科研工作规划、方案；承担税收、社会保险费和有关非税收入基础理论、应用理论和专题研究等工作；编辑税务内部期刊等。

各派出机构及职能

1.负责贯彻执行党的路线、方针、政策，加强党对本单位税收工作的全面领导，履行全面从严治党责任，负责党的建设和思想政治建设工作。

2.负责贯彻执行税收、社会保险费和有关非税收入法律、法规、规章和规范性文件，研究制定具体实施办法。组织落实国家规定的税收优惠政策。

3.负责研究拟定本单位税收、社会保险费和有关非税收入中长期规划，参与拟定税收、社会保险费和有关非税收入预算目标并依法组织实施。负责本单位税收、社会保险费和有关非税收入的会统核算工作。组织开展收入分析预测。

4.负责开展税收经济分析和税收政策效应分析，为上级税务局和地方党委、政府提供决策参考。

5.负责所辖区域内各项税收、社会保险费和有关非税收

入征收管理。组织实施税（费）源监控和风险管理，加强大企业和自然人税收管理。

6.负责组织实施本单位税收、社会保险费和有关非税收入服务体系建设。组织开展纳税服务、税收宣传工作，保护纳税人、缴费人合法权益。承担涉及税收、社会保险费和有关非税收入的行政处罚听证、行政复议和行政诉讼事项。

7.负责所辖区域内国际税收和进出口税收管理工作，组织反避税调查和出口退税事项办理。

8.负责增值税专用发票、普通发票和其他各类发票管理。负责税收、社会保险费和有关非税收入票证管理。

9.负责组织实施本单位各项税收、社会保险费和有关非税收入征管信息化建设和数据治理工作。

10.负责本单位内部控制机制建设工作，开展对本单位贯彻执行党中央、国务院重大决策及上级工作部署情况的督查督办，组织实施税收执法督察。

11.负责本单位基层建设和干部队伍建设工作，加强领导班子和后备干部队伍建设，承担税务人才培养和干部教育培训工作。负责本单位绩效管理和干部考核工作。

12.负责本单位机构、编制、经费和资产管理工作。

13.完成上级税务局和地方党委、政府交办的其他工作。

税收税源

概况 2018年，市税务局共组织各项收入3245.8亿元，同比增长11.3%。其中，税收收入2583.7亿元，同比增长10.7%；社保费收入587亿元，同比增长15.7%；其他非税收入75.1亿元，同比下降0.7%。税收收入中，中央级税收1358.5亿元，同比增长8.2%，市县级一般公共预算收入1243.1亿元，同比增长18.9%，占全市一般公共预算收入的84.6%。在江苏省省辖市城市中，2018年南京市税收总量继续位居第二位，落后于苏州（3663.2亿元），税收增幅与全省平均水平（11.2%）基本一致。在全国15个副省级城市中，2018年南京市税收总量位居第六位，前五位分别是深圳（6429亿元）、广州（4465亿元）、杭州（3206亿元）、成都（2822亿元）和武汉（2732亿元），增幅位居第三位，低于西安（15.1%）和杭州（14.8%）。

（南冰峰）

税收运行主要特点 2018年，南京市税收运行主要特点：一是主要税种占比构成高度集中，四大主体税种占比超八成。全年，增值税、企业所得税、消费税和个人所得税分别入库927.9亿元、607.5亿元、328.3亿元和246.3亿元，位居税种总量前四位，合计占比达81.7%，税种构成的集中度较高。剔除非可比因素，2018年四大税种实际增幅分别为10 %、13.9%、17%和21.4%，增速总体较为均衡，个人所得税增幅略为领先。其他12个中小税种合计占比18.3%，其中契税入库144.亿元，占比5.6%，其他税种总量均不足百亿元。二是产业结构继续优化，主导产业发展势头良好。2018年，全市第二产业和第三产业分别入库税收1105.6亿元和1475.9亿元，同比分别增长3.2%和17.4%，第三产业税收增幅继续保持领先，第二产业、第三产业税收占总税收的比重分别为42.8%和57.1%，第三产业税收占比较上年提升了3个百分点。全市“4+4+1”主导产业体系中，1471家先进制造业样本企业合计入库税收285亿元，同比增长24%，5633家现代服务业样本企业合计入库税收203亿元，同比增长14%，分别领先全市税收平均增幅13.3和3.3个百分点，税收发展势头都较为良好。三是行业税收普遍增长，制造业和房地产税收占比较高。分行业看，2018年该市各支柱行业税收普遍增长。其中，制造业税收入库903.1亿元，剔除非可比因素，实际增幅为10.7%，占总税收的比重为35%，房地产税收入库588.7亿元，同比增长25.7%，占总税收

的比重为22.8%，全市接近六成的税收集中在制造业和房地产业。其他主要行业中，批发和零售业税收入库262.5亿元，同比增长7%，金融业税收入库159.3亿元，同比增长13%，建筑业税收入库13.6亿元，同比增长23.8%，商务服务业税收入库118.1亿元，同比增长12.4%，信息传输、软件和信息技术服务业税收入库93.4亿元，同比增长5.8%。四是区域税收增速分化，江北新区税收增长强劲。分区域看，2018年该市各区域税收收入基本都实现不同幅度增长，但增速分化较为明显。从总量看，江宁区（423.8亿元亿元）、栖霞区（352亿元）和江北新区（323.2亿元）税收总量位居全市前三位。从增幅看，主城六区合计入库税收1393.6亿元，同比增长5.7%，比全市平均水平低5个百分点；新五区合计入库税收734.2亿元，同比增长16.4%，比全市平均水平高5.7个百分点；江北新区入库税收323.2亿元，同比增长17.8%，比全市平均水平高7.1个百分点，江北新区税收的较快增长，反映出国家级新区的带动效应明显。五是各经济类型全面发展，民营经济税收增长强劲。分经济类型看，2018年，全市国有经济（包含国有企业、集体企业和其他所有制经济中的国有控股企业）入库税收677.4亿元，同比增长7.9%，继续保持平稳增长势头，占总税收的比重为26.2%。外资经济入库税收411.5亿元，同比增长2.4%，占总税收的比重为15.9%，增幅在各所有制类型中处于较低水平，一定程度反映出中美贸易摩擦等外部因素对该市外资经济的影响较为明显。民营经济入库税收1494.7亿元，同比增长22.9%，占总税收的比重达57.9%，民营经济在拉动经济税收增长中的重要作用进一步增强。六是落实税收优惠成效显著，服务发展能力进一步增强。全市税务部门以征管体制改革为契机，进一步优化税收营商环境，认真落实各项税收优惠政策，服务地方经济社会发展能力进一步增强。2018年，市税务局共办理各类税收减免591.8亿元，其中，鼓励高新技术减免114.6亿元，促进小微企业发展减免25.6亿元，继续为全市经济优化升级做出了突出贡献。另外，2018年，市税务局共办理出口退税242.2亿元，同比增退25.2亿元，增长12.8%，办理企业所得税汇算清缴退税40.6亿元，同比增退26.8亿元，增长194.2%。

（南冰峰）

税源概况　截至2018年年底，市税务局在册登记户783439户，比2017年增加98672户，增幅14.41%。从登记注册类型来看，内资企业433025户，占比55.27%；外商独资及合资企业12315户，占比1.57%；非企业单位10486户，占比1.34%；个体工商户327613户，占比41.82%。从行业来看，批发和零售业、租赁和商务服务业、制造业、建筑业、住宿餐饮业所占比重较大，户数分别是356543户、91897户、51002户、47711户、45048户，占比分别是45.51%、11.73%、6.51%、6.09%、5.75%。从税户状态来看，正常户731821户，占比93.41%，非正常户51618户，占比6.59%。从税户分布来看，江宁区税务局、秦淮区税务局、鼓楼区税务局、江北新区税务局、栖霞区税务局税户总量较大，税户分别是118919户、94911户、86958户、70442户和60801户，占比分别是15.18%、12.11%、11.10%、8.99%、7.76%。（刘　伟）

（责任编辑　付宪国）

收入规划与核算

概况 2018年，面对稳中有变、下行压力加大的宏观经济形势，积极推进落实机构改革要求，认真贯彻落实省税务局、市税务局各项工作会议精神和部署，稳步推进组织收入各项工作，保证组织收入平稳持续增长。

主动谋划，各级税收收入实现预期目标。一是贯彻组织收入原则，科学制定目标。深入调研全市经济税源发展形势，逐月跟踪进度、增幅，加强动态分析监控，结合税收进度，下达阶段性组织收入要求，实现组织收入工作动态管理，把握组织收入主动权，确保全市收入“一盘棋”。二是把握收入要素，管控收入过程。通过分析会加强工作协调，凝聚全市征管力量，形成全市收入“一盘棋”、人人抓收入的良好局面。探索优化税收预测平台，开展重点税源企业调研工作，推进实体化管理新机制。牢固树立不落实税收优惠政策也是收过头税的思想，抓好各项优惠政策落实，保障企业享受政策红利。三是强化风险防控，提升组织收入质量。坚守组织收入原则，坚决依法收好税，坚决不收过头税、坚决落实减免税、坚决打击偷骗税。梳理优化收入质量评价指标，利用收入质量监控系统与指标系统，对组织收入情况进行全方位扫描，提升风险防控意识。运用风险管理手段，做好组织收入风险逐一排查，实行全过程监控，保障组织收入工作有序开展。

夯实基础，全面发挥税收会计核算职能。一是强化制度执行，提升核算水平。将实现会统核算的完整性、规范性、及时性作为会统核算的工作目标，以制度建设为基础，通过提升执行力，全面提升核算水平。组织开展了涉税账户全面检查，要求各区局对委托代征单位账户进行逐一清查，在此基础上组织复查。在检查中对发现问题逐一下达整改通知书，并对工作难点进行了现场沟通、及时指导，明确了后续管理要求，确保了税款资金的安全。二是强调政策落实，服务征管大局。将优化税收会计核算作为服务税收管理大局的重要实践，重点在强化政策落实、维护纳税人权益上发力。一是及时完成收入级次调整，确保政策落实到位。先后完成金融企业预算级次下放、城镇土地使用税收入级次调整等多批次调账信息维护，确保政策调整后国库资金核算的及时、准确。二是组织开展无纸化退税系统升级改造，初步实现更正、免抵调业务无纸化操作，进一步提升了优惠政策落实的速度，切实保障企业享受政策红利。

导向指引，做好重点税源、税收调查采集工作。重点税源数据调查与全国税收数据调查是财税部门制定政策、分析经济重要数据来源，均为国家税务总局直接布置的数据采集活动。其工作质量直接反映税务部门治税能力。2018年，该局以提升治理能力为目标，坚持目标导向、问题导向、需求导向、服务导向，致力于提升两项调查数据质量。一是目标导向，确立工作运行质量表。制发上线运行工作方案，将调查工作分为系统准备、组织培训、调查实施、审核上报、总结分析五个阶段，编排时间进度表，严格落实上级部门工作要求。二是问题导向，破解调查质量难点。由于调查时间紧、数量大、质量要求高，针对如何提升数据质量难题，在利用传统方式加强对数据质量监控的同时，开创区县交叉审核、市区两级汇审的立体数据管理模式，确保数据质量。三是需求导向，建立调查工作快速响应机制。建立对内的调查工作支持团队与对外的纳税咨询服务团队，明确市局支撑区局、区局服务企业的管理链条，解决以往咨询群容量不足、干部工作量过大等问题，实现咨询信息化、实时化。四是服务导向，市区联动形成工作合力。针对工作特点，分类制作工作模板。优化任务布置，将既定后期审核要点内嵌到前期填报条件中。突出各自优点，网络版与单机版配合使用，共同提升工作成效。

提升站位，税收分析整体水平再上台阶。一是明确方向，确定分析工作重点。认真梳理收入核算条线分析职能，明确分析关注重点和分析方法，着力在收入分析与专项分析出亮点。实时把握税收走势，分析税收增减变动原因及全市重点行业税收变动情况，客观及时反映全市税收运行状况和运行质量，为全年组织收入工作以及地方党委政府提供参考。二是精准定位，提升分析水平。根据该市税源特点，抓住组织收入关键节点，将税收分析关注点放在重点税源企业。推行实体化运作，选取20户重点税源企业，定岗定责定时进行专题分析，通过分析重点企业的经营情况、主要产品产销量价、收入成本等指标，以点窥面，掌握龙头行业税收走势，发挥税收分析导向指引作用。（南冰峰）

收入规划管理 2018年，面对国地税合并的征管新格局、减税降费的大环境及省、市两级政府的高要求，严格坚守组织收入原则，以提高收入质量为目标，在深入调研全市经济税源发展形势的基础上，逐月跟踪进度和增幅，加强动态分析和监控，综合运用入库、退库、调库等手段，保证收入进度均衡可控，圆满完成省市两级全年收入任务。全年组织入库税收收入2583.7亿元，同比增长10.7%；入库市县级一般公共预算收入1243.1亿元，同比增长18.9%，占全市一般公共预算收入的84.6%。一是协调全局，凝聚力量抓收入。通过召开收入分析会加强工作协调，形成全市收入“一盘棋”、人人抓收入的良好局面。二是强化调研，贴近税源促收入。探索优化税收预测平台，开展重点税源企业调研工作，推进实体化管理新机制，加强重点税源企业监管，增强组织收入工作主动性和前瞻性。三是牢固树立不落实税收优惠政策也是收过头税的思想，认真落实各项优惠，切实保障企业享受政策红利。（姜　乐）

收入核算管理 为确保“金税三期”并库前会统核算基础数据准确性，分四批次对原市地税局收入核算数据进行核实清理，涉及多缴税金45485户次，在途税金133户次，待解税金2533户次。对于已产生的多缴税金，按金额大小进行分类处理。其中，超过十万元的多缴税款，由各区税务局直接负责、重点关注，核实确认多缴税金真实性；十元至十万元的多缴税款，传递至各区税务局税源管理科核实，并重点关注超过一万元的多缴；十元以下的多缴，由各区税务局进行案头分析，能直接清理的报运维处理。经核实确认为真实的多缴税金，督促各区税务局及时办理退库手续，经核实为虚假的多缴税金，要求各区税务局分别按以下情况处理：一是因纳税人申报错误产生的多缴税金，由纳税服务部门通知纳税人更正申报，消除不实多缴税金，无法通过更正申报消除不实多缴税金的，由各区税务局统一报运维处理；二是因申报系统四舍五入自动产生尾差，以及因错误（重复）工作流产生的不实多缴税金的，由各区税务局统一报省税务局运维处理。（孙　恬）

调整省级收入下放在宁税收收入级次 根据《关于商请调整省下放在宁税收收入级次的函》要求，2019年1月1日起，原在宁的省级收入需按属地原则下放至各区，市税务局高度重视，认真落实，及时做好省级收入的测算、分析及调整工作。一是准确测算省级收入下放对南京市公共财政预算收入的影响，经测算，2018年市税务局征收省级收入总额为24.9亿元，省税务局直属局代征入南京金库的省级收入为61亿元，全部下放至区级后将带来全市公共财政预算收入的不可比增收86亿元。二是详细制定下放企业预算级次及收款国库对应规则并及时调整，确保税款精准入库。三是在做好省级收入下放的同时，市税务局按照市财政局文件要求，在保留5户市本级企业的基础上，将其他市本级企业税收随本次省级收入下放一并调整至相关区税务局。通过以上措施，确保2019年1月1日起涉及调整的税款准确及时入相应区金库，保证税收工作平稳健康运行。（姜　乐）

重点税源数据调查 2018年，以提升治理能力为目标，坚持目标导向、问题导向、需求导向、服务导向，致力于提升两项调查数据质量。全年共完成重点税源企业信息采集1217户次，完成税收调查9689户次。一是目标导向，确立工作运行质量表。制发上线运行工作方案，将调查工作分为系统准备、组织培训、调查实施、审核上报、总结分析五个阶段，编制时间进度表，严格落实上级部门工作要求。二是问题导向，破解调查质量难点。

围绕提升数据质量，创新工作方式，在利用传统方式加强数据质量监控的同时，开创区县交叉审核、市区两级汇审的立体数据管理模式，确保数据质量。三是需求导向，建立调查工作快速响应机制。建立对内的调查工作支持团队与对外的纳税咨询服务团队，明确市局支撑区局、区局服务企业的管理链条，解决以往咨询群容量不足、干部工作量过大等问题，实现咨询信息化、实时化。四是服务导向，市区联动形成工作合力。针对工作特点，制定合理性方案模板，在任务布置时，将既定后期审核要点内嵌到前期填报条件中。同时，将网络版与单机版配合使用，突出各自优点，共同提升工作成效。（施　磊）

建立重点税源企业日常联系管理工作制度　机构改革到位后，为深入推进组织收入工作融合，构建税企共治的组织收入新格局，实现税企无缝对接、信息共享，市税务局建立了重点税源企业日常联系管理工作制度。一是由市税务局收入规划核算部门选定市级重点税源企业名单，采取市局主导、区局参与的工作形式。二是各级领导身体力行，加强与企业高层沟通互动，推动建立有效的税企日常沟通机制。三是开辟走访、电话、网络等多条渠道，加强信息沟通，通过内部FTP、外部政府平台等实现信息共享。同时，认真听取意见建议，对企业反映的各类涉税问题统一打包、分办落实、限期办结、及时反馈。（南冰峰）

税收票证换版　2018年，为确保税务机构改革各项征缴工作有序开展，国家税务总局对税收票证式样进行了调整。新的税收票证式样删除原税收票证各联次右上角字号上方的“国”“地”机构标记，税收票证字号中的“国”“地”字统一调整为“税”字，税收票证专用章戳税务机关名称按新税务机构名称刻制，式样在新税务机构挂牌后启用。为有效落实好税收票证换版工作，市税务局高度重视，加强整体统筹，认真做好税收票证调整前后业务办理规范衔接、相关岗位人员培训等各项工作。一是下发《关于做好旧版税收票证清理销毁工作的通知》、《关于做好近期税收票证管理有关工作的通知》等文件，规范区局业务操作，确保税务机关旧版税收票证及税收票证专用章戳有序收缴、新版税收票证及税收票证专用章戳按期到位。二是及时组织开展相关岗位人员培训，防止差错发生。三是组织开展全部停用税收票证交回销毁业务，确保无差错无遗漏，避免票证流失风险。（王红华）

完成税收会统年终结转　一是坚持按日对账，发现差错及时查找原因，建立会计监督指标，对预算级次、预算科目、收（付）款国库等入（退）库错误数据，及时送人民银行更正。二是利用原市国税局查询库，定期查找有无异常数据，发现问题推送至各区税务局进行维护，减少入（退）库环节核算错误。三是利用国地税合并契机，整合优化纸质退税，更正业务流程，提高区局退税、更正业务效率。四是发布年终结算及报表编报工作通知，明确全市TIPS申报扣款、POS机刷卡、社保、门临及退税等业务要求及时间节点，为2018年12月31日税收会统核算年终对账、结账工作打好基础。五是对“金税三期”系统产生的原始会统报表进行数据校验，在年终结转前，及时修正报表中错误数据，进一步提高会统核算基础数据的准确性，编制国地税合并会统报表，并上报省税务局。（孙　恬）

（责任编辑　付宪国）

税 政 管 理

货物和劳务税管理

概况 2018年是全面实施国税地税征管体制改革之年，也是打造优良营商环境、推进高质量发展之年。南京市税务局紧紧围绕上级及市委市政府相关部署，充分发挥职能作用，持续推动货物和劳务税改革，不断优化营商环境，努力夯实管理基础。主要包括：一是做好增值税税率下调、部分行业增值税期末留抵税额退税、一般纳税人转小规模登记等三项改革措施落地工作，涉及全市14.44万户一般纳税人，所属期2018年5—10月累计减税33.14亿元，2838户一般纳税人转为小规模纳税人，642户企业享受增值税留抵退税21.14亿元。二是落实国家税务总局2018年第1号文件《关于成品油消费税征收管理有关问题的公告》，完成全市成品油23户生产企业，2112户经销企业，4户汇总纳税企业总机构的认定工作，并进行核实、清理，组织开展"政策宣讲、纳税申报、发票开具"三方面、"纳税人、一线税务干部、消费税专岗"三层次的分层分类培训，规范全市成品油企业开票行为，规范成品油市场，提高纳税人税收遵从度。三是构建货物和劳务税风险管理两级团队运作机制，制定下发指导意见，货物和劳务税风险管理体系得到进一步完善和优化。针对当前虚开增值税发票严峻形势，2018年9—12月期间组织开展增值税发票风险快速反应专项工作，最大程度压缩虚开发票违法行为的空间，通过数据平台建立并持续优化涉嫌虚开模型、申报主表应纳税额减征额异常、抵扣凭证异常等15个数据模型，下发涉嫌虚开高风险纳税人684户，涉及虚开发票金额43.2亿元，从源头上防范打击虚开发票违法行为，全市增值税发票虚开户数呈下降趋势，虚开势头得到有效遏制。四是坚持服务经济发展大局，优化服务、创新管理，不断夯实货物和劳务税基础，落实各项结构性减税政策，主动关注并积极解决执行中的薄弱环节、难点问题，提升纳税人满意度。 （王晓宁）

增值税收入情况 2018年，全市入库国内增值税927.93亿元，同比增长6.9%，(剔除不可比因素，实际增幅为10%)，增幅较半年末的18.3%回落明显。

一是制造业增值税增幅回落。制造业增值税入库311.5亿元，与2018年基本持平，增幅较2019年6月末的10.8%大幅回落，原因主要有：一是2018南京市制造业一般纳税人申报销项税金增幅仅为1.6%，申报进项税金增幅为8.2%，进项税金的增幅较销项高出了6.8个百分点，下拉了制造业的增值税增幅。二是重点企业减收影响较大，扬子石化2017年大修，相应的设备款、配件及工程款项发票于2017年年底收到，因此造成2018年增值税一直处于消化留抵状态，本期增值税同比减收7.6亿元，下拉了制造业增值税直接收入增幅近2个百分点。三是根据财政部、国家税务总局[2018] 70号文《关于2018年退还部分行业增值税留抵税额有关税收政策的通知》，2018年7月份开始退还留抵税款24.7亿元，同比大幅增加22.5亿元。

二是商业增值税内部分化。商业增值税入库153.04亿元，同比增长8.8%，其中批发业增值税入库118.4亿元，同比增长10.7%，除"纺织、服装及家庭用品批发"税目入库16.6亿元，同比下降8.3%外，其他税目均增长较快。受全社会消费萎缩影响，传统零售业表现不佳，本期零售业入库增值税34.7亿元，同比仅增长2.9%，其中百货零售入库增值税仅增长3.1%，超级市场零售入库增值税则同比下降4.2%。

三是房地产增值税走势下行。2018年，全市房地产业增值税入库135.2亿元，同比增长31.6%，增幅处于较高水平。主要是因为2017年四季度南京市大量热门楼盘集中开盘，由于税收的滞后性，相应税款于2018年一季度集中入库，拉高本期税收增幅，2018年近四成的税收增量来自一季度税收增长。而从月度走势看，随着房地产市场的持续低位运行，行业增值税逐渐呈现出下行态势，2018年下半年房地产增值税较上半年回落11个百分点。（王晓宁）

消费税收入情况及特点 2018年，全市入库国内消费税328.32亿元，同比减收0.99亿元，下降0.3%。从消费税主要产品构成来看，成品油平稳增长，卷烟、汽车两大品目均出现了下降。2018年，全市成品油消费税入库175.1亿元，同比增长5.9%。2018年，卷烟消费税120.5亿元，同比下降7.5%，其中，卷烟生产环节入库消费税105.9亿元，同比下降9%；卷烟批发环节入库消费税14.6亿元，同比增长5.4%。2018年，全市汽车消费税入库30.2亿元，同比下降3.2%。（王晓宁）

车辆购置税收入情况及特点 2018年，全市累计征收275320辆，比2017年同期增长2.99%。组织收入44.22亿元，比2017年同期增长10%，其中：市税务局第二分局组织收入23亿元，比2017年同期下降7.28%；五区（浦口、江宁、六合、溧水、高淳）组织收入21.22亿元，比2017年同期增长39.23%。收入增幅主要受2018年1.6升及以下排量乘用车减税优惠政策到期影响，自2018年1月1日起，对购置1.6升及以下排量的乘用车从2017年的按7.5%税率征税恢复到按10%的法定税率征税，小排量乘用车市场占有率进一步下滑，而大排量汽车销售重振旗鼓，此消彼涨带来车辆购置税税收入一定幅度提升。（王晓宁）

增值税三项新政减税效应分析 2018年，市税务局为确保增值税税率下调、部分行业增值税期末留抵税额退税、一般纳税人转小规模登记三项改革措施落实到位，多措并举确保政策执行效应最大化。

第一，加强组织领导，严格监督考核。组织成立深化增值税改革专项工作小组，由分管货物和劳务税业务的局领导任组长，相关处室作为成员单位，各区局成立相应工作小组，统筹、组织、协调增值税改革工作。细化编排新政落实各项措施，制定42项任务分解条目，纳入绩效考核范围，时间到点、责任到部门，确保政策有效落实。强化应急预案管理，密切关注并及时解决此次政策调整过程中出现的问题，避免问题积累或发酵而造成负面影响，确保发生应急情形在第一时间感知、处置。持续加强对税控服务单位的协调指导，重点关注税控服务单位强行搭售通用设备、软件以及其他商品和服务等问题，切实保障纳税人权益。

第二，坚持四个到位，确保改革顺利。本次增值税税制改革调整涉及全市14.44万户一般纳税人，占一般纳税人总户数95%，涉及面广、影响范围大。在政策落实过程中，货物劳务税处注重做到“四个到位”。一是政策宣传到位，研读文件，通过多途径公布相关政策和具体操作规定，特定需求纳税人专门做好一对一辅导，确保纳税人应知尽知。二是审核把关到位，在留抵退税的办理过程中，抓住清单筛选、征求意愿、审核确认等关键环节，对退税条件和退税金额严格把关，确保退税数据准确无误。三是内外协调到位，第一时间与市区财政部门、中国人民银行金库密切沟通，做到步调一致，协调推进，同时各部门通力合作，明确分工，确保工作高效推进。四是执行反馈到位，注意搜集各方面的动态和反应，及时跟踪三项减税落实情况、及时回应纳税人诉求、及时向省税务局反馈政策落实过程中存在的矛盾和问题，努力做到让政府放心、让纳税人满意。

第三，关注经济影响，做好效应分析。持续关注新政实施对地方税源尤其是地方主导产业税源的经济影响。在增值税税率调整方面，全市共完成24万户税控纳税人开票端软件的升级工作，升级面达99%以上。所属期2018年5—10月累计减税户达6.97万户，整体减税33.14亿元。一般纳税人转小规模纳税人登记方面，截至2018年11月底，全市有约2838户一般纳税人转为小规模纳税人，减轻了企业负担。留抵退税政策落实方面，坚持退税资源向地标产业倾斜，服务软件和信息技术服务业、研究和试验发展、互联网和相关服务、专业技术服务业、科技推广和应用服务业、生态保护和环境治理业等六个重点行业。坚持实现小微企业全额退税，全市共642户企业享受增值税留抵退税21.14亿元。《关于全市增值税留抵退

税有关情况的汇报》等税务专报获得市委市政府主要领导表扬性批示。（王晓宁）

成品油消费税管理 2018年，市税务局严格落实《关于成品油消费税征收管理有关问题的公告》（国家税务总局公告2018年第1号）规定。自2018年2月8日起陆续展开四次名单确认，完成全市成品油23户生产企业，2112户经销企业，4户汇总纳税企业总机构认定。组织开展“政策宣讲、纳税申报、发票开具”三方面，“纳税人、一线税务干部、消费税专岗”三层次的分层分类培训。准确把握系统变化节点，先后下发8个工作通知，序时推进，完成生产企业进项销项比对功能和经销企业以进控销功能上线。主动研究解决疑难杂症，积极应对政策初期部分成品油企业出现的开票错误导致重复缴税无法处理、期初库存油品逾期未维护、委托代征受托代征业务开票纳税申报等问题，逐一突破解决，统一工作流程，确保全市业务操作口径一致。2018年9月，针对成品油经销企业通过变更行业认定偷逃消费税新苗头，组织开展核实、清理成品油生产企业行业认定工作，涉及11个主管局、19户企业，3户调整行业认定，2户转风险应对、控票。（王晓宁）

增值税发票风险快速反应专项工作 2018年，市税务局强化管理措施，“严细快”开展增值税发票风险快速反应专项工作。即从严把关，严格发票认定、严把约谈关、严格实名制；从细入手，全面筛查“同法人、同地址”存量户，加强核实企业申请发票调增，制作全市虚开敏感地址清册，加强税款低于1万申报的纳税人管理，对企业采取“双0设置”（开票离线时长和离线金额均设置为0），核实商贸企业出现行业变更和法人变更计7134户；从快着眼，加强新办户风险监控和预警，市税务局按日分析数据，当天分析、当天下发，要求主管局在1个工作日内完成分析，对疑点无法消除的采取措施，共发布24批263户，“逆查法”筛查虚开潜伏企业，对2017年以来成立的1236嫌疑户下发区局核实，及时了解总局快反任务的口径分析，及时更新监控模型，对发现虚开企业有顶额开票金额下降和取得少量进项的新特点，更新模型，调整指标口径。

完善机制，强化“快反”实效。发文成立增值税发票管理专项领导小组，印发《增值税发票风险快速反应专项工作方案》，组织召开领导小组专题会议1场，全市业务会议4次，研讨会3场，压实部门和区局责任。开展快速反应任务复评，2018年10月中旬，市税务局组织专业团队对玄武、鼓楼、江宁区局的17户“快反”任务完成情况进行了复评，占当期任务的11%。2018年10月底，对24户进行案头复评，复评面100%。建立定期通报制度，共发布4期通报，对全市源头虚开快速反应任务的户数分布、复评情况、工作要求等情况进行了通报，对落后的雨花、玄武区局主管领导进行了约谈。定期听取基层反馈，多次召开货物和劳务税条线会议，了解各单位在快速反应工作中组织保障情况、工作措施落实情况，通报增值税发票风险防控要点。督促各单位认真落实，及时收集新情况。

截至2018年年底，全市快速反应工作取得成效，从2018年10月“快反”任务73户，到11月“快反”任务26户，再到12月“快反”任务0户，全市“快反”任务呈直线下降态势。从占比来看，全市一般纳税人占全省比例为12.6%，虚开户数占全省的9.62%，虚开户的数量、开票份数、销售额、税额分别占全市一般纳税人的0.13%、0.014%、0.011%、0.013%，全市增值税发票虚开户数呈下降趋势，虚开势头得到有效遏制。（王晓宁）

货物和劳务税风险管理 2018年，市税务局采取多项措施加强货物和劳务税风险管理。一是构建货物和劳务税风险管理两级团队运作机制。根据全市货物和劳务税风险管理工作实际，制定并下发《关于2018年开展货物和劳务税风险管理工作的指导意见》，合理界定了市区两级风险管理职责，构建货物和劳务税专业风险管理团队，发挥团队合作效能，货物和劳务税风险管理体系得到进一步完善和优化。二是加强发票开具数据的分析应用，提高税收风险管理质效。通过数据平台建立涉嫌虚开模型、申报主表应纳税额减征额异常、抵扣凭证异常等15个数据模型，并持续优化和完善。及时下发风险应对数据，共下发涉嫌虚开高风险纳税人684户，涉及虚开发票金额43.20亿元。三是做好增值税抵扣凭证异常信息核查工作。截至2018

年12月13日，全市旧增值税抵扣凭证核查系统共接收核查异常增值税发票3.4万份，已处理完成1.5万份，查补税款549.27万元，核减留抵140.61万元，滞纳金6.69万元。新核查系统（异地协助平台）共接收核查异常发票8278份，其中本地异常发票765份，异地异常发票7513份，查补税款2904.96万元，核减留抵2935.79万元，滞纳金罚款6.32万元。推送异常扣税凭证76693份。（王晓宁）

增值税发票日常管理 2018年，市税务局采取多项措施加强增值税发票日常管理。一是持续开展增值税发票日常管理。完成全市2017年增值税发票的非正常损耗情况及纳税人对发票供应满意率的调查和上报工作。加强增值税发票网上邮递发票配送中心发票管理，按日监控网配中心发票收、发、存情况，及时调配发票供应，持续跟踪网配中心非正常耗损情况，监督其按规定处置，协助完善网配中心发票管理制度的制定。做好无车承运企业代开增值税专用发票试点工作，完成全市3家无车承运企业与主管税务机关的协议签订事项，协调企业系统与税务机关委托代征系统的对接，做好税务机关代开增值税专用发票。二是有效做好增值税发票税控系统管理。做好二手车销售统一发票纳入税控系统工作，保障全市35户二手车经销、二手车市场及二手车拍卖企业于2018年4月1日正常开具税控二手车销售统一发票。组织并做好新版增值税抵扣凭证审核检查系统测试、培训、上线工作，确保系统运行平稳。完成税控系统（税务局端）增值税发票选择确认功能的增加，保障纳税人选择确认通行费电子发票和成品油增值税专用发票。三是不断加强逾期增值税扣税凭证管理。逾期增值税抵扣凭证核准权限下放省级后，做好三批次逾期增值税抵扣凭证的逾期认证、权限调整、稽核比对工作，并整理上报19户323份扣税凭证，涉及金额5260万；向省税务局专题汇报长航油运逾期扣税凭证申请认证情况，涉及金额33亿元、税额5.60亿元。（王晓宁）

持续推进营业税改征增值税试点改革 2018年，市税务局采取多项措施持续推进营业税改征增值税试点改革。一是关注营业税改征增值税行业税负变化。按月做好税负异常数据分析核实，持续强化营业税改征增值税税负跟踪分析工作。逐月做好金融业税负专项调查工作，按月撰写金融业专项分析报告和金融业典型案例，开展部分重点金融企业的专项调研走访，确保企业增值税税负只减不增。二是解决税制转换过程中的各类问题。针对税制转换过程出现的各类疑难政策问题，积极研究、主动回应，明确政策口径，回应基层关切。例如对私募股权投资基金征税、中兴软创软件产品收入确认、中储智运开票征税、新能源汽车财政补贴征税、中烟公司出口进项划分、盛海航运部分业务开票征税等疑难典型问题进行专题调研并积极推进解决。三是做好营业税改征增值税政策效应分析工作。定期报送典型案例，着重从税收视角剖析营业税改征增值税对经济运行情况的影响，相关调研报告受到上级及政府部门肯定。做好不动产增值税征收统计的交接和布置，定期完成金融机构小微贷款、担保融资和再担保免税政策统计。（王晓宁）

落实货物和劳务税优惠政策 2018年，市税务局采取多项措施落实货物和劳务税优惠政策。一是主动开展税收优惠风险管理。按照有数据发布、有结果反馈、有问题跟踪的闭环管理工作流程，定期发布小微企业优惠政策执行风险数据，做好享受增值税优惠未备案异常数据核实，加大对软件产品、资源综合利用、促进残疾人就业增值税即征即退政策管理，提高税收优惠政策质量。二是做好税收优惠政策基础管理。完成全市享受资源综合利用、新型墙材、促进残疾人就业三类税收优惠政策年度公示工作，进一步提高优惠政策执行透明度及公平性。针对近年来纳税人经济业务不断变化的特点，围绕税收优惠政策执行工作中出现的新课题，主动研究，积极请示，确保执行口径统一、规范、准确。三是做好税收优惠政策统计分析。2018年，共落实小微优惠纳税人310万户次，免税税额为11.93亿元；全市促进安置残疾人就业增值税退税206户，退税1.78亿元；促进创新技术发展方面软件产品增值税退税1848户，退税21.66亿元；促进循环经济发展方面资源综合利用产品和劳务增值税涉及142户，退税2.4亿元。车辆购置税免（减）税车辆10602辆，减免车辆购置税23904.5万元。其中，挂车减半减免387辆，减免税额214.2万。

（王晓宁）

货物和劳务税基础管理 2018年，市税务局采取多项措施落实货物和劳务税基础管理。

一是加强消费税日常管理。定期完成成品油期初库存日常维护工作，做好台账管理。及时关注和分析消费税风险点，针对乙烯焦油、工业用白油等是否征收消费税问题，做好研究和政策请示工作。指导基层单位做好涉嫌偷逃消费税疑点企业的风险应对和移送稽查查处工作，做好日常消费税政策咨询和答复工作，确保全市执行口径统一。加强消费税日常申报管理和研究，做好消费税申报比对异常处理工作。

二是加强车辆购置税日常管理。加强车辆购置税完税证明管理，规范领发、使用、核销和保管的流程设置，确保各类票证表证单书完整。加强对车辆购置税税计税价格核定、减免退税等征管风险点的监控。积极落实均价版试点工作，及时收集最低计税价格异常情况，做好车价信息的采集和上报，为后续分析和掌握试点后车辆税负变化情况做好准备。组织开展全市车辆购置税税征管工作专项调研，布置车辆购置税税操作指引意见征求。推进车辆购置税信息与公安信息交互，对派发的核查信息做好原因分析和情况反馈工作。

三是组织开展货物和劳务税政策业务操作手册编写。近几年货物和劳务税文件出台多、更新快，为便于基层干部对货物和劳务税文件有全面的了解和掌握，市税务局组织开展政策业务操作手册编写工作，整理了1994年至2018年3月货物和劳务税所有相关文件，并按照税种和发票管理进行分类。手册摘编内容注重文件与解读结合，重点选取政策难点和热点问题，并提出实际操作性和执行性意见。

四是落实国家税务总局《增值税纳税申报比对管理操作规程》，确保自2018年5月1日起增值税纳税申报功能调整更新到位，纳税人顺利完成纳税申报。通过微信公众号、网站等多种渠道将最新政策进行公示，自上而下召集法规、纳税服务、税源管理多条线税务干部第一时间召开纳税申报培训，全面讲解政策变化要求、背景，深入解读申报比对规则；制定工作方案，做好应急预案，在申报比对规则调整的首月即2018年5月，联合纳税服务部门前往部分主管局第一线窗口，现场督导新政执行；及时收集纳税人和各单位反馈意见，逐条逐户研究解决方案，准确做好政策指导；加快数据分析，增强申报准确，协助上级做好纳税申报比对数据分析，加快处理力度。新规当月申报期全市申报比对未通过数据核实107条，在3个工作日内全部处理完毕。

（王晓宁）

（责任编辑 李帅威）

企业所得税管理

概况 2018年是贯彻中共十九大精神开局之年，是推进治税能力建设、实现发展动能转换的继往开来之年，也是全面实施国地税征管体制改革的落实之年。企业所得税处以国家税务总局、省税务局所得税条线工作思路和市税务局重点工作为指引，紧紧围绕2017年度所得税汇算清缴核心工作，以落实所得税政策助力改革发展为己任，确保所得税系列优惠政策落实到位；以推进企业所得税团队能力建设为抓手，打造专业适用的所得税人才队伍；以全面从严治党、强化巡视整改、加强绩效管理、落实数字人事、注重人才培养为保障，坚定不移地服务改革大局，服务创新发展，服务社会民生，落实各项税收优惠，推动所得税遵从管理水平、税收法制建设水平和信息管税水平再上新台阶，为加快建设“强富美高”新南京做出新贡献。

2018年国地税征管体制改革后，企业所得税处机构职能主要为：负责实施企业所得税征收管理工作，拟定征收管理具体实施办法；组织落实企业所得税收入、扣除和优惠等各项税收政策，开展政策执行情况的分析；负责企业所得税具体业务问题的解释和处理；负责企业所得税季（月）度预征、汇算清缴等管理工作；参与企业所得税风险管理和纳税辅导、咨询服务、税收法律救济等工作。

2018年，全市共组织所得税净入库税金607.53亿元，较2017年同期增长13.9％。净入库前五位行业为：房地产业（189.08亿元）、制造业（165.27亿元）、金融业（56.67亿元）、批发业（52.49亿元）、电力、热力、燃气及水生产和供应业

(36.42亿元),为全市经济社会的发展提供了持续稳定的财力保证。 (陈 鑫)

企业所得税收入及特点 全市参加企业所得税汇缴的企业共有293002户(不含分支机构),较上年的264309户增加28693户,增幅达10.86%。其中查账征收261277户,核定征收31775户,核定征收面10.84%,较上年降低1.59个百分点。实现企业所得税578.94亿元,较上年的474.39亿元增加104.55亿元,增幅达22.04%。其中查账征收企业实现企业所得税572.38亿元,较上年466.90亿元增加105.48亿元,增幅22.59%;核定征收企业实现企业所得税6.56亿元,较上年7.49亿元减少0.93亿元。企业所得税的收入特点主要呈现为:从税户区域分布情况看,税源主要集中在秦淮、江宁、鼓楼和栖霞4个区局,4个区域管户数量分别为3.90万户、3.70万户、3.59万户和3.01万户,占比分别达13.31%、12.65%、12.24%和10.28%。上述4个局管户合计14.20万户,占全市所得税管户的48.46%;从税收优惠落实总体情况看,税收优惠类型主要集中在免税收入、加计扣除及减免所得税这3种类型上,减免税额分别为117.45亿元、33.46亿元和51.72亿元,占比分别达57.88%、16.49%和25.49%。上述3个减免税类型减免税金额合计202.63亿元,占全部减免税金额的96.52%。 (陈 鑫)

企业所得税汇算清缴 2017年度企业所得税汇算清缴(以下简称"汇缴")工作面临"2017版企业所得税年度纳税申报表"上线、税收营商环境不断优化、国地税征管体制改革进一步深化等新形势,全局所得税条线加强领导、统筹协调、主动作为、精心谋划,确保年度汇缴工作的时效和质量。一是加强组织领导,强化机制保障。2017年,国家出台了包括小型微利企业优惠范围扩大、科技型中小企业研发费用税前加计扣除比例提高、公益性捐赠税前扣除政策变化等一系列所得税政策,同时查账征收企业首次使用2017版新申报表,系统上下高度重视,成立了汇缴工作领导小组,统筹汇缴各阶段工作;制定了详细的工作方案,明晰各部门工作职责和要求。企业所得税处与纳税服务处等部门加强协同,做好工作布置、业务指导、质量监控、数据审核、疑点处理、分类培训与辅导、信息宣传报道等工作。二是统一政策口径,确保税收公平。为解决所得税汇缴、备案管理、核定征收等环节原国税、地税政策执行差异问题,合并前的市国税局、市地税局进行对接,统一了40多条问题的政策执行口径;召开专题培训会,第一时间将相关问题的政策统一口径传达到基层;通过联合开展汇缴培训等形式,向纳税人统一政策解释。三是内外合纵联动,做实培训辅导。组织参加省税务局专项培训,确保干部对新版申报表知晓。通过微信公众号、特服号、办税服务厅电子屏等多种渠道,宣传汇缴范围、时间要求、申报系统操作以及其他注意事项,熟悉汇缴申报流程。开展分类、分级的纳税申报培训辅导,针对小型微利(以下简称"小微")企业、科技型中小企业、高新技术企业等不同内容、不同类别的纳税人开展专项培训,针对有个性化需求的纳税人开展一对一辅导,切实解决纳税人遇到的实际问题。全市共开展针对性培训50余场,累计培训纳税人过万人。四是夯实汇缴基础,确保指标达标。充分应用国家税务总局"所得税管理系统""金税三期决策支持风险管理系统"和省税务局"数据情报管理平台"等平台,即时关注汇缴申报进度、申报风险企业、申报数据差错、小微企业主动放弃享受优惠和未及时享受研发费用加计扣除优惠等情况。通过重新申报或系统运维、台账维护等措施,确保提示提醒申报风险企业服务到位,确保汇缴申报率、数据差错率和小微企业等指标达标。 (陈 鑫)

企业所得税政策管理 2018年7—12月,市税务局精准对接市委1号文件《关于建设具有具有全球影响力创新名城的若干政策措施》,落实企业所得税政策,助力南京创新名城发展。2018年,南京市委、市政府印发了《关于建设具有全球影响力创新名城的若干政策措施》,提出加快建设具有全球影响力创新名城的要求,市税务局拟定《关于落实企业研发费用税前加计扣除政策,促进创新名城建设的实施意见》和《关于落实企业研发费用税前加计扣除政策,促进创新名城建设的工作计划》,从组织领导、宣传辅导、落实优惠、内外协作4个方面提出15项实施意见,全面推进企业研发费用税前加计扣除优惠政策的落实。确定创新名城建设税收联络员，编制鼓励创新发展税收政策宣传手册，走进各大园区，举办高新、研发、软件企业等专场培训共计29场次。在第27个人所得税收宣传月启动仪式暨高新技术企业政策解读沙龙上做了高新技术企业及研发费加计扣除税收政策专题宣讲；在新能源汽车政策宣讲会，讲解了企业在技术创新中需要注意的税收问题，帮助企业用好用足现有税收政策。研发费用加计扣除工作取得成效。2017年度3592户企业申报研发费用加计扣除131.48亿元，折合减免税额32.87亿元；与2016年比较，加计扣除户数增长1632户，增幅83%，加计扣除金额增长45.49亿元，增幅53%（45.49亿元）。其中科技型中小企业1898户，加计扣除研发费用39.20亿元，折合减免税额9.80亿元；其他企业1681户，加计扣除研发费用92.22亿元，折合减免税额23.05亿元；13户企业申报创意设计活动费用加计扣除0.06亿元，折合减免税额0.01亿元。（陈　鑫）

深化“放管服”优化税收营商环境　针对高新产业、房地产企业和江北新区、苏南自主创新示范区的建设等开展调研，了解产业现状、政策效应与发展需求，提出可行性建议。通过“点对点”“一对一”等个性化服务举措，着力满足大企业个性化诉求，解决企业存在的政策应用问题。通过走访企业、召开税企座谈会、专题税收调研等形式，让企业用足用好政策，应享尽享税收红利。解决了中煤集团、中铁公司、南大置业、舜天船舶、中晟公司重组、晨光集团政策性搬迁等政策问题。积极参与省税务局主导的医院企业税收沙龙、房地产企业沙龙，并对房地产企业计税毛利率展开专项调研；陪同市税务局领导开展大企业高层沟通走访调研，先后走访华宿科技、川本智能、金陵船厂、金陵石化等重点企业，察实情、摸问题、听意见，在充分掌握大量第一手信息资料的同时，现场解答并协调解决了调研企业遇到的税收优惠政策执行、财产损失企业所得税税前扣除等方面的问题，为企业解决实际诉求。（陈　鑫）

企业所得税政策效应分析与前瞻性研究　2018年，市税务局主动对接地方政府需求，围绕政府关心的热点、焦点问题建言献策，提供专业支持，发挥税收促进经济建设作用。围绕供给侧结构性改革和“两聚一高”（聚力创新、聚焦富民、高水平全面建成小康社会）新定位开展调研，完成《落实加计扣除政策，服务南京创新经济发展》《对标找差创新实干推动高质量发展工作报告》《市税务局2017年度建筑产业现代化推进工作总结》《市国税局15项举措落实研发费用加计扣除优惠，促进南京创新名城建设》《南京国税落实税收优惠，服务建设“强富美高”南京情况报告》《精准服务高企申报 助推创新名城建设》《对标找差 做深做细 南京国税积极促进创新名城建设》《南京市税务局贯彻落实国家税务总局完善企业境外所得税收抵免政策》《税收视角看南京总部企业发展》等科调研文章，组织与完成《研发费用加计扣除政策执行问卷调查》。（陈　鑫）

企业所得税税收优惠　2018年7—12月，市税务局全面落实企业所得税税收优惠“以报代备”，构建便利快捷的税收服务环境。严格落实江苏省税务局“全程网上办”、“最多跑一次”、办税事项“两张清单”，使企业能用心创业、安心营商、放心经商。取消纳税人到前台办理备案的流程并通过多种方式告知纳税人；结合风险应对，加强企业所得税税收优惠的后续管理。通过江苏省电子税务局，纳税人足不出户即可完成企业所得税汇缴申报，实现了让纳税人多走网路，少走马路，“最多跑一次”完成企业所得税备案事项。根据2017年度企业所得税汇算清缴数据，全市共有85003户次企业享受所得税优惠，户数较上年的82482增加2521户，增长3.06%。各类优惠合计折算减免企业所得税209.92亿元，比上年189.81亿元增加20.11亿元，增长10.59%。税收优惠类型主要集中在免税收入、加计扣除及减免所得税这3种类型上，减免税额分别为117.45亿元、33.46亿元和51.72亿元，占比分别达57.88%、16.49%和25.49%。上述3个减免税类型减免税金额合计202.63亿元，占全部减免税金额的96.52%。（陈　鑫）

落实境外所得税收抵免　2018年，市税务局落实境外所得税收抵免，支持“走出去”企业境外发展。按照财税[2017]84号文《财政部 税务总局关于完善企业境外所得税收抵免政策问题的通知》政策精神，及时开展相关宣传辅导工作。一是摸清“走出去”企业情况。2018年8月，市税务局组织专家团队通过为期两天的数据筛选、多系统查询比对、进一步摸清“走出去”企业具体情况。二是部门联动开展宣传。税法宣传月期间，结合新政市税务局联合政府相关部门开展了税收服务“一带一路”、助力“走出去”企业对外投资宣讲，为境外投资提供税收政策辅导和风险提醒。三是精准辅导。结合“走出去”企业清单，汇缴期内市税务局为“走出去”企业及相关税务中介机构举办了专题政策辅导。各区主管局也在汇缴期间开展了专题政策辅导，并有针对性对上年度享受抵免的企业进行回访，了解境外所得情况，帮助解决申报疑难问题。根据2017年度汇算清缴数据，全年南京有17户企业申报境外所得抵免所得税额合计1656.3万元。（陈　鑫）

（责任编辑　李帅威）

个人所得税管理

概况　2018年，市税务局在机构改革和个人所得税制改革交叉并行的背景下，主动适应变化，积极迎接挑战，较好地完成个人所得税各项工作任务。

一是贯彻落实新个人所得税法，纳税人充分享受改革红利。市税务局全面贯彻落实党中央、国务院关于个人所得税改革的决策部署，统筹谋划，协同作战，多点发力，扎实推进个人所得税改革。加强组织领导，确保改革部署到位。组建个人所得税改革专项工作领导小组、专项工作组；分阶段向市委市政府报告改革进程，积极争取地方党委政府对个人所得税改革工作的支持；多次召开个人所得税改革领导小组会议，明晰部门职责，强化协调联动；细化过渡期和转段工作方案、任务表、作战图，确保个人所得税改革平稳落地。点突破面推进，确保宣传辅导到位。依据扣缴单位性质、发放工资时间先后、有税申报人数等三个维度，科学制定重点扣缴义务人培训方案，确保培训辅导100%全覆盖。

二是提高全员全额明细申报率和数据准确率。认真研读省税务局考核指标要求，强化指标分解落实，统筹兼顾，积极推进。持续跟踪个人所得税扣缴明细申报情况，做好报缴期内申报提醒、报缴期后催报催缴以及序时认定非正常户工作，着力提升明细申报率和数据申报质量，明细申报率排在全省第一方阵。

三是推进年所得12万元等自行纳税申报工作。根据省税务局推进以高收入者为重点的自然人税收管理体系建设的新要求，面对申报人数众多、时间紧、任务重的复杂情况，市税务局统一思想，明确目标任务，细化任务分解，强化宣传提醒，优化纳税服务，量化数据分析，全程跟踪督办，全面完成36.82万名纳税人年所得12万元以上自行申报工作，完成省税务局下达工作目标的108.59%。规范多处工薪自行纳税申报管理，全市共有5.33万人次进行多处工资薪金所得自行申报，补缴税款近4800万元。

四是加强优惠政策落实，促进科技人才政策落地。持续开展促进科技成果转化及创新创业战略相关税收政策的宣传培训。建立并运行与政府相关部门的沟通协调长效机制，更好掌握税源状况并提供针对性服务。利用信息化管税，对符合条件的纳税人办理备案手续并加强台账管理，对到期无申报数据的逐个开展排查，提示风险、催报税款，做好相关数据统计及后续管理。（张　黎）

个人所得税税收收入及特点　2018年，全市入库个人所得税247.27亿，同比增收43.41亿元，同比增长达21.40%，增幅较上年提升了16.38个百分点，继续保持平衡较快增长，占比为7.59%，位居税种总量第四位。从各税目结构来看，一是贡献最大的依旧是工资薪金所得科目，为175.33亿元，同比增长16.54%，占比为71.19%，占比较上年下降2.97个百分点。其中，截至到2018年10月份，该税目入库160.34亿元，同比增长23.10%，个人所得税新政实施后，11月和12月共入库14.99亿元，同比下降25.80%。二是财产转让所得税目入库33.06亿元，同比增长46.39%，占比为13.43%，基本持平。主要是房屋转让所得入库19.5亿元，同比增收10.6亿元，增幅为119%，拉高该税目总体增幅，股权转让所得入库9亿元，同比下降

17.4%，限售股转让所得入库2.7亿元，同比下降41.3%。其他税目占比合计为15.38%，对个人所得税税款总量影响不大。从分行业来看，行业分布较广，制造业、软件业和房地产业入库个人所得税总量位居前3位，占比分别为14.61%、13.29%和12.40%。从分地区来看，占比达10%以上的地区有5个，位居前3位的是鼓楼、江宁和雨花，占比分别为15.62%、14.85%和13.85%。（史伟莹）

落实新个人所得税法　2018年8月31日通过修订的个人所得税法，标志着我国个人所得税改革迈上新台阶。为全面贯彻落实党中央、国务院关于个人所得税改革的决策部署，切实提升个人所得税征管和服务质效，保障新个人所得税法及过渡期政策的贯彻落实，个人所得税处高度重视、积极响应，多点发力、扎实推进，确保个人所得税改革各项工作落实到位。

一是加强组织领导，确保改革部署到位。第一时间召开专题工作会议组建个人所得税改革专项工作领导小组、专项工作组，并组织业务骨干集中办公。第一时间形成书面材料积极争取市区两级党委政府对个人所得税改革工作的支持，第一时间细化过渡期工作方案、任务表、作战图，确保新个人所得税法快速、高效落地。

二是点突破面推进，确保宣传辅导到位。在办税服务大厅、网上办税服务厅等各渠道发放宣传材料2万余份。通过微信、手机App、短信等精准投放，全市共推送近40万条个人所得税新政提醒短信。各基层局组织个人所得税扣缴重点税源户进行了专项培训培训，共计培训了30余场次，培训3000多家企业。组织参加国家税务总局、省税务局面向12366坐席人员、办税服务厅等一线业务办理人员和税收管理人员的相关业务培训。从2018年10月起在办税厅设置个人所得税改革辅导专岗，并增设12366咨询专线和专家坐席，及时为纳税人释疑解惑。

三是抓实上线准备，确保改革系统支撑。全面开展自然人身份数据清理。依托公安部下发的居民身份证号码信息，对全市496.95万条自然人登记数据进行验证，完成自然人身份数据清理，通过公安部验证的身份信息比重不断提高，达到98.9%，为下一步实施个人所得税一人式档案管理打下坚实基础。积极开展ITS系统过渡期功能测试，扎实开展包括局端、客户端、纳税人端各类软件的系统上线培训。

四是完善组织保障，确保改革落实到位。将个人所得税税制改革落实情况纳入各机构改革督导组督导内容，开展不定期的明察暗访和督导督查，严格责任追究制度，确保个人所得税改革工作平稳落地。建立舆情快速应对机制，积极与宣传部门、主流媒体沟通，正面引导社会舆论。开展政策效应分析。开展新个人所得税法调研，加强新旧政策对比分析，开展政策调整因素开展税改政策效应分析，密切关注不同收入群体税负变化，确保人民群众最大限度享受到改革红利。

（张　黎）

重点扣缴义务人培训辅导　2018年12月18日，国家税务总局局长王军召开视频连线会议，要求相关各地迅速行动做好个人所得税新税法执行落实工作。南京市税务局迅速行动，立即贯彻落实，制定《重点扣缴义务人培训辅导方案》并组织实施，对标对表，挂图作战，确保扣缴义务人面对面辅导100%全覆盖，确保2019年1月1日个人所得税新税法和专项附加扣除办法稳妥、有序落地。

市税务局依据扣缴单位性质、发放工资时间先后、有税申报人数等三个维度确定培训对象和培训方式。一是针对重点群体，包括各级党政机关、新闻媒体、大专院校、有影响的大型国企和民营企业集团等，要求各单位主要负责人亲自上阵指挥督战，组织专业团队，分片包干到户，点对点、面对面做好辅导培训；二是对发放工资时间靠前的扣缴义务人以及上述范围以外扣缴义务人，结合税源税户结构特点，采取按行业、分类别、分片区专场培训的方式辅导填报；三是在办税服务大厅安排专人负责政策咨询和填报解答，对零散自然人做到随到随培。

在培训内容上，侧重子女教育、继续教育、大病医疗、住房贷款利息、住房租金以及赡养老人等专项附加扣除政策，特别是子女教育、赡养老人、房贷房租这几类纳税人普遍关心的政策。同时，重点培训六项专扣填报途径和流程，确保纳税人能填、会填、填对。此外，针对纳税人和扣缴义务人的关注点不同，突出培训辅导重点，分别提出重要提示。明确告知扣缴义务人“有为纳税人相关信息保密的义务”等。

为保障培训辅导效果，市税务局着力加强师资队伍建设。一方面要求各基层局按“不低于本局干部总人数10%，或每100户有税扣缴义务人不少于1名”的原则，配齐、配强培训师资，与此同时，要求各单位至少配备两到三名师资熟悉自然人税收管理信息系统；另一方面通过多轮内部培训，确保全体税务人员熟悉各类问题的解答口径和解决渠道、辅导扣缴义务人操作，让税务人员自身也能够享受到改革红利。（张　黎）

全员全额明细申报率和数据准确率达到100%　根据省税务局2018年新设的关于做好全员全额扣缴明细申报质量考核的要求，个人所得税处强化个人所得税考核指标落实，认真研读指标要求，统筹兼顾，积极开展这项牵涉面广、个性化情况多的工作事项，充分利用“金税三期”个人所得税指标分析模块、市税务局税源监控平台的电子化信息系统，持续跟踪每个月个人所得税扣缴明细申报情况，定期进行数据推送，各基层局在报缴期内进行申报提醒、报缴期结束后进行催报催缴，对非正常户按征管流程进行操作，序时开展认定工作。有针对性加强对机关事业单位的个人所得税扣缴管理政策宣传、辅导，充分发挥行政事业单位的主观能动性，明细申报率和数据申报质量不断提升，2018年8月以后每月明细申报率均达到100%，排在全省第一方阵。（史伟莹）

高收入高净值人群个人所得税管理　一是认真落实市委、市政府《关于建设具有全球影响力创新名城的若干政策措施》的通知相关税收规定，通过走访重点企业、税企座谈会等形式对股权投资企业进行政策调研及涉税服务，规范股权投资基金个人所得税政策，组织系统政策解读培训，统一政策口径。二是以股权转让为非劳动所得重点管理事项，对发现的政策及管理问题，及时向上级税务机关请示、反映。认真研究，形成可行性操作意见供上级税务机关参考。聚焦高收入个人，积极探索自然人直接管理模式，初步形成自然人直接管理办法。2018年以来，南京市股权转让个人所得税入库税款92551万元，比2017年同期增长5295万元，同比增幅6.07%。

（张　黎）

各级领导表扬性批示　2018年，市税务局全面贯彻落实党中央、国务院关于个人所得税改革的决策部署，保障新个人所得税法及过渡期政策的贯彻落实，多点发力，扎实推进，顺利完成个人所得税改革各项准备工作，个人所得税改革工作得到国家税务总局、省税务局和南京市领导的认可，各级多位领导给予批示表扬。

一是国家税务总局总审计师刘丽坚在《江苏税务专报》（2018年第39期）上批示：“南京税务多点发力推进个人所得税第一步改革落地，释放了改革红利，不错！”

二是国家税务总局江苏省税务局局长侍鹏在南京税务专报2018年第21期上批示“南京市个人所得税改革工作组织领导得力，宣传辅导到位，关键是使得纳税人获得受益，值得借鉴”。

三是省税务局副局长陈茂锋在《南京税务专报》（第21期）上批示“南京局推进个人所得税改革有章法、有成效，既做好系统安排，整体推进，又围绕重点环节，抓住关键性工作。个人所得税改革敏感性强，加之南京局又处于特殊区域，望继续精心组织，为全省顺利完成个人所得税改革任务作出省会城市应有的贡献”。

四是江苏省税务局总会计师程明红在《南京税务专报》（第24期）《南京市税务局坚持法治引领为个人所得税等各项改革顺利推进营造良好环境》上批示“南京市税务局坚持法治引领为个人所得税等各项改革顺利推进营造良好的环境做法好，值得向全省推广”。

五是时任南京市市长蓝绍敏在《南京税务专报》2018年第20期上批示“认真贯彻好国家政策很重要，让178万纳税人享有获得感。”

六是南京市副市长冉华在《南京税务专报》（第20期）对南京市税务局个人所得税改革工作批示：“今年来，南京市税务局专报质量高，针对性强，对于分析研判南京经济形势具有积极作用，望能保持。个人所得税改革是税务系统机构改革后的第一场硬仗，税务局工作扎实有效，成效明显。”

七是2018年12月14日，南京市委常委徐曙海在南京税务专报第22期上批示“市税务局个人所得税改革工作措施有力，政策落实到位，效果良好”。

（张　黎）

（责任编辑　李帅威）

财产行为税管理

概况　2018年7—12月，市税务局将地方税种政策管理与服务基层工作相结合，税种管理机制与提升风险控管相结合，税制改革研究与服务上层决策结合，做好财产行为税管理各项工作。

强化税政管理，提升税种管理水平。一是加强土地增值税清算管理。落实江苏省税务局土地增值税新政，加强税收政策研究工作，做好非房地产企业项目管理工作。二是加强存量房税收管理。梳理存量房税收管理方面存在的问题，并推送给各区局自查；统计分析存量房管理系统中的疑点数据，并推送给督查部门核实。三是做好存量房交易基准价格更新工作。财产行为税处每季度对存量房评估系统中的基准价格进行更新，截至2018年年底，系统中标准房基准价格共20850个。四是探索个案评估管理机制。建立健全个案评估管理机制及工作流程，加强对外部评估机构的管理把控，建立由税务机关委托评估机构，为纳税人免费提供重置成本评估报告及大型工商业计税价格评估报告的工作方法。五是统筹安排做好溧水区、高淳区土地使用税单位税额和城市维护建设税税率调整工作。六是稳步推进以地控税、以税节地工作。在全市国土税源数据的整合入库并完成税源数据挂接的基础上，开展税源核查、国土宗地核查、面积不一致疑点核查工作，对纳税人土地税源核查后年度的纳税情况开展风险推送和应对，并督促纳税人完善房产税和城镇土地使用税明细申报系统，累计查补城镇土地使用税税款3087.77万元。七是做好房产税和城镇土地使用税困难减免工作。2018年，南京市累计为31户纳税人办理了城镇土地使用税困难减免，减免金额为1273.07万元；为18户纳税人办理了房产税困难减免，减免金额为2931.34万元。八是做好环保税开征及后续征管工作。通过逐户上门走访、点对点的辅导和培训，顺利完成环保税首年征收工作。九是做好车船税、印花税、城市维护建设税管理。通过加强组织学习、宣传力度、征收管理、风险管理，贯彻落实《车船税管理规程》，推动车船税征收管理工作。配合国家税务总局、省税务局做好印花税立法调研工作，落实资金账簿和营业账簿印花税优惠政策。开展城市维护建设税立法调研，加强城市维护建设税政策管理。

关注税制改革动向，做好调查研究工作。一是关注国家税制改革的动向，做好改革调研工作。主要做好房产税、土地增值税、资源税、耕地占用税、印花税的调研工作，为上级机关科学决策做好研究准备工作。二是根据环保税开征推进情况，加强与财政、环保等部门的配合，结合工作实践开展调研，向上级机关提出政策完善建议。持续做好税收政策的宣传、辅导和培训工作，及时帮助纳税人解疑释惑。三是开展水资源费改税调研工作，与财政、水利部门对接，共同开展调研，形成联合调研报告，为国家税务总局和江苏省税务局下一阶段水资源税改革提供了基础资料和数据支撑。

（承　曦）

财产行为税收入及特点　2018年，市税务局组织各项财产行为税收入428.75亿元，增收71.84亿元，同比增长20.12%。其中：土地增值税收入88.42亿元，增长1.08%；房产税收入47.09亿元，增长3.95%；土地使用税收入17.56亿元，下降3.87%；城市维护建设税收入93.01亿元，增长5.17%；印花税收入18.26亿元，增长12.85%；契税收入144.77亿元，增长57.67%；车船税8.19亿元，增长0.26%；耕地占用税4.88亿元，增长121.36%；资源税0.4955亿元，增长22.62%。增长幅度较大的有：资源税、耕地占用税、契税。契税上升的主要原因：一是一手房销售火爆，一房难求，带动存量房价格攀升；二是受周边房价影响，土拍市场的价格居高不下，土地成交量较大；三是存量房评估系统基准价格更新及时到位，与市场价格较为贴近，堵塞了阴阳合同的税收漏洞，增加了税收收入。南京的资源税整体较少，增减受个别企业影响较大。南京银茂铅锌矿业有限公司的市场行情好，铅锌制品销量同比增长120.5%。石灰石生产企业销量和单价增加同比增长60.54%。

（承　曦）

土地增值税收入及特点　2018年，南京市土地增值税收入完成88.42亿元，同比增长1.1%，增收0.94亿元。

总体收入情况和特点。2018年，土地增值税收入增长幅度1.1%，与2017年收入下降幅度8.33%相比，总体增长平衡。土地增值税收入增长幅度较高的季度是第4季度，增长数据为10.97亿元，同比增长113.85%。增长幅度较高的月份是10月、11月、12月：10月增长数据为4.06亿元，同比增长65.14%；11月增长数据为3.18亿元，同比增长114.49%；12月增长数据为3.73亿元，同比增长593.71%。

分地区收入情况和特点。2018年，土地增值税收入分地区看，各地增长和下降的差异很大。土地增值税收入增长幅度前三位的区局是溧水区税务局、栖霞区税务局和江北新区税务局：溧水区税务局增长数据为3.81亿元，同比增长89.38%；栖霞区税务局增长数据为6.35亿元，同比增长89.38%；江北新区税务局增长数据为6.24亿元，同比增长78.12%。土地增值税收入下降前三位的区局是浦口区税务局、江宁区税务局、玄武区税务局：浦口区税务局下降数据为3.54亿元，同比下降52.36%；江宁区税务局下降数据为8.57亿元，同比下降47.16%；玄武区税务局下降数据为2.11亿元，同比下降44.23%。

分税目收入情况和特点。2018年，土地增值税各税目收入占总收入的比重和收入比重变化如下：预征收入比重为71.31%，同比增长3.44%；清算收入比重为13.27%，同比下降11.48%；旧房转让收入比重为11.97%，同比增长7.79%；尾盘销售收入比重为3.44%，同比增长0.03%。

2018年，土地增值税收入增长的税目有预征、旧房转让和尾盘销售，收入下降的税目为清算。具体情况如下：预征收入增长数据为3.75亿元，同比增长6.34%；旧房转让收入增长数据为6.92亿元，同比增长189.66%；尾盘销售收入增长数据为0.26亿元，同比增长9.32%；清算收入下降数据为9.88亿元，同比下降45.74%。　（朱国生）

契税收入及特点　2018年，南京市契税收入完成144.77亿元，增长57.67%，总体收入增幅较高。其中增幅较快的3个月分别为：2月份入库金额为123456万元，同比增长19371.91%；4月份入库金额为202339万元，同比增长10669.19%；9月份入库金额为292047万元，同比增长30222.98%。契税全年入库税款中，土地交易共申报723户次，入库税款607282万元，同比增长41.62%。增量房共申报183230户次，入库税款为400622万元，同比增长74.43%。存量房共申报223893户次，入库税款为441233万元，同比增长93.22%。　（张海霞）

房产税收入及特点　2018年，南京市房产税收入完成47.09亿元，同比增长3.95%，增收1.79亿元。

总体收入情况和特点。2018年，全市房产税总体收入情况平稳。房产税收入金额增长较高的季度是第4季度，增长数据为12819万元，收入增长幅度较高的月份是6月、8月、12月：6月增长数据为991万元，同比增长209.51%；8月增长数据为366万元，同比增长55.62%；11月增长数据为1348万元，同比增长142.58%。

分地区收入情况和特点。2018年，各地增长和下降的差异很大。房产税收入增长幅度前三位的区局是江北新区税务局、浦口区税务局和江宁区税务局。江北新区税务局增长数据为10694万元，同比增长30.40%；浦口区税务局增长数据为3251万元，同比增长28.76%；江宁增长数据为13803万元，同比增长16.86%。房产税收入下降前三位的区局是栖霞区税务局、玄武区税务局、建邺区税务局。栖霞区税务局下降数据为6178万元，同比下降幅度24.82%；玄武区税务局下降数据为8739万元，同比下降幅度19.37%；建邺区税务局下降数据为9147万元，同比下降幅度18.45%。　（严志敏）

房产税管理　房产税收入在地方税收收入中最为稳定，受经济周期波动影响较小，税基流动性不强。2018年国地税征管体制改革后，房产税收入占税收收入1.8% 。2018年房产税税种管理的主要工作包括：一是利用社会化综合平台，获取纳税人在房产、土地取得、变更、租售等方面信息，实现源头管控。二是向纳税人宣传房产税相关优惠政策，对于符合减免条件的企业进行现场指导，按照要求填写减免税申请，提交减免税备案资料。在保障纳税人合法利益的同时帮助纳税人减轻纳税负担。三是结合风险管理工作部署，优化房产税风险管理模型，重点跟进纳税信息变更户、房产信息比对差异户、房产缴税大户三类群体。四是定期开展征收数据比对。每月月底将本月征收入库明细数据与去年同期征收入库明细数据开展比对，筛选出房产税增减幅前20名，推送各区局逐条开展信息核实，并针对异常情况做出相应处理。（严志敏）

城镇土地使用税收入及特点 2018年，南京市城镇土地使用税收入完成17.56亿元，增收6538万元，同比增长3.87%，占全市税收收入为0.7%。

总体收入情况和特点。2018年城镇土地使用税总体收入情况平稳。城镇土地使用税收入增长较高的季度是第3季度，增长数据为6105万元，收入增长幅度较高的月份是6月、8月、11月：6月增长数据为991万元，同比增长209.51%；8月增长数据为366万元，同比增长55.62%；11月增长数据为1348万元，同比增长142.58%。

分地区收入情况和特点。从城镇土地使用税收入分地区看，2018年各地区增长和下降的差异很大。城镇土地使用税收入增长幅度前三位的区局是溧水区税务局、高淳区税务局和江北新区税务局：溧水区税务局增长数据为9474万元，同比增长51.29%；高淳增长数据为1445万元，同比增长26.16%；江北新区税务局增长数据为2556万元，同比增长9.62%。城镇土地使用税收入下降前三位的区局是浦口区税务局、玄武区税务局、秦淮区税务局：浦口下降数据为3739万元，同比下降27.68%；玄武下降数据为1139万元，同比下降15.93%；秦淮下降数据为757万元，同比下降11.87%。（严志敏）

印花税收入及特点 2018年印花税入库数为18.26亿元，比上年同期增加了2.08亿元，增长了12.85%。其主要特点是该税种整体增长较为平稳。2018年增长较快月份分别是：5月入库17317万元，比上年同期增加5038万元，同比增长41.03%；11月入库1.1亿元，比上年同期增加了1958万元，同比增长20.24%。各税目中产权转移数据增幅较大，有楼盘集中开盘等因素。从行业来看，传统行业增长较快。农、林、牧、渔业增长41.57%，交通运输、仓储和邮政业增长74.53%，文化体育娱乐业增长105.15%。南京资源较为稀缺，采矿业印花税下降36.27%。因《关于对营业账簿减免印花税的通知》，资金账簿、其他营业账簿可享受优惠政策，因基数较小，对减收影响不大。（承 曦）

环境保护税开征首年顺利运转 2018年1月1日，《中华人民共和国环境保护税法》《中华人民共和国环境保护税法实施条例》正式施行。南京市税务局按照国家税务总局“稳中求进”的总基调、江苏省税务局“保底、完善、提升”的工作思路，与南京市财政局、南京市环境保护局等部门多方联动，密切协作，把握税种特点，围绕征管重点环节，不断加强和完善征管措施，持续提升征管质效，优化纳税服务，确保税款平稳入库。2018年，顺利完成四个季度的环保税按季征收工作。全年共有7305户次纳税人申报缴纳环保税，入库税款总计7.44亿元，位列全省第一。累计有1064户次纳税人通过自行申报享受减免税2.65亿元，减免税金额占入库税款总量的35.62%。（邱萌宇）

贯彻落实《车船税管理规程（试行）》 2018年车船税入库数为81936万元，比上年同期增加216万元，增长了0.26%。车船税收入变动主要因素：一是车船税收入分配归集系统新上线，部分保险公司的三方协议未能及时完成签订，2018年11月、12月的车船税收入临时入南京库，导致车船税基数增大540多万元。二是2018年是车船税收入分配归集系统上线的第一个完整年度，由于分配规则的调整，造成原属于南京市的车船税，部分收入分流到其他各市。为进一步规范车船税管理，提高车船税管理水平，建立车船税征管的长效机制，财产行为税处通过加强组织学习掌握政策要领、加强宣传力度确保政策落实、加强征收管理严格减免税政策、加强风险管理降低执法风险，积极贯彻落实《车船税管理规程（试行）》，推动车船税征收管理工作。（李 丹）

存量房税收管理特点 一是做好存量房交易基准价格更新工作。财产行为税处定期每季度对存量房评估系统中的基准价格进行更新，截至2018年年底，系统中标准房基准价格共20850个。2018年上半年对观测点小区进行了梳理和新建，目前南京市共建立了474个观测点小区，一个观测点小区关联数个同区位、同档次的小区。观测点的精细划分后，使得每季度价格维护更加精确。二是加强存量房税收管理。财产行为税处梳理了南京市在存量房税收管理方面存在的问题，详细列举了工作中存在的问题和检查要点，要求各区局对照自查，对排查梳理出的问题及时整改。将存量房管理系统中的疑点数据进行统计分析，并推送给督查部门加以核实。三是探索个案评估的管理机制。规范开展存量房个案评估工作，优化纳税服务，降低纳税成本，确保评估工作统一公开公正地有序运行。建立健全个案评估管理机制及工作流程，加强对外部评估机构的管理把控，建立由税务机关委托评估机构，为纳税人免费提供重置成本评估报告及大型工商业计税价格评估报告的工作方法。（张海霞）

（责任编辑　胡琪）

社会保险费和非税收入管理

概况　2018年，市税务局坚决贯彻落实国家、江苏省政府减税降费政策，同时，坚持税费同征同管方向不动摇，积极采取多项举措努力提升征管质效，年度实现累计征收社会保险费和非税收入661.24亿元，同比增长13.64%。2018年9月，社会保险费和非税收入处按照非税收入征管职责划转的决策部署，上级具体工作要求，按照平稳有序、分工协作、征管高效、服务便民的基本原则，把控好关键性环节，谋划好阶段性重点，扎实推进职责划转各项工作，确保各项改革工作平稳有序推进。

一是落实减税降费政策与强化日常征管并举。2018年以来，落实《江苏省人力资源社会保障厅 江苏省财政厅关于继续阶段性降低社会保险费率的通知》，单位缴费部分其中“职工基本养老保险”减征1个百分点，“失业保险”减征0.5个百分点；5月1日起“工伤保险”以参保单位现行费率为基础下调50%，全年累积减征社会保险费36.9亿元。落实《财政部关于取消、调整部分政府性基金有关政策的通知》《财政部关于降低部分政府性基金征收标准的通知》，2018年起新增《省政府关于降低实体经济企业成本的意见》，对用工人数超500人以上的单位，实施残保金分档征收、分段计算政策。同时，南京市税务局从强化日常征管着眼：夯实基础，核准信息，5月份，配合南京市人力资源和社会保障局升级“金保工程信息系统”，清理系统数据40多万条；强化费源征管质量分析，定期出具收入分析报告，及时提出征管意见建议；在税费同征、同管方面进行有益探索，将非税收入疑点与税户风评相结合，在实际下发的377户风险任务中，相关企业累积补缴各类基金53.71万元，风评促收实现零突破。

二是准确把握社会保险费和非税收入征管职责划转各项工作要求，稳步推进改革。根据上级统一部署，严格按照时间节点和工作标准抓好各项任务落实。期间，南京市税务局落实三定方案，及时增设机构和配强岗位；成立职责划转工作领导小组，明晰责任、分工协作，全面统筹改革进程；加强请示汇报，代南京市政府拟定南京市《划转实施意见》及《交接工作方案》；深入部门、走访企业征求意见建议，从保障缴费人权益、便捷缴费、增强缴费人的获得感角度着眼，破疑解难；坚决贯彻国务院常务会议精神，及时下发文件强调在社保征收机构改革到位前，不得组织社会保险费陈欠清缴；12月25日根据江苏省税务局会议精神，第一时间传达布置，按照时间节点倒排分解任务。

三是主动对接相关部门，扎实推进职责划转各项工作。划转过程中，南京市税务局主动对接社保部门、市下政务中心及相关银行，先后10余次与相关部门召开联席会议，相关议题涉及文件清理、流程接收、登记类存量数据的迁移和清洗，3588户机关事业单位的养老保险缴费账户信息进行比对等。此外，南京市税务局还完成与江苏省税务局第三税务分局就企业参保户税务社保交叉管理户和机关养老保险工作事项的对接，明确了管户划分标准，理顺了管理模式。此外，南京市税务局先后完成国家税务总局及江苏省税务局多项调研任务，派人参与江苏省税务局信息系统开发及系统测试。（吕小军）

配合“金保工程信息系统”升级改造 2018年5—12月，市税务局采取多项措施配合南京市“金保工程信息系统”升级上线。一是与南京市人力资源和社会保障局社保中心进行沟通协调，就各个环节做前期准备工作，并共同确定了流程、紧急事项的处理措施和预案。制定了《关于配合金保二期上线工作方案》《配合金保二期上线相关工作事项一览表》。二是下发了《关于配合金保二期上线相关工作要求的通知》，在媒体上刊登《关于金保工程信息系统升级有关事项的通告》，做好缴费人的有关咨询、疑问解答、宣传工作。三是做好南京市人力资源和社会保障局自收户的征收工作，对部分因银行账号或钱款仍存南京市人力资源和社会保障局托收银行账户等问题无法在税务机关申报缴纳社会保险费的企业仍由南京市人力资源和社会保障局做好当月社会保险费的征缴。四是对南京市人力资源和社会保障局错发征收数据的户及时进行错误数据系统撤销和正确数据的接入，对已按错误数据申报缴纳社会保险费的企业及时将相关信息传递，做好下月征收数据冲减。五是针对升位户和申报户社保代码不一致的情况进行清理，由南京市人力资源和社会保障局查找原因，重新进行征收数据的接收，并对于错误代码进行删除。（孙 鲲、宗 慧）

落实残保金降费减负政策 一是联合南京市财政局、南京市残联研究确定2018年残保金征收比例仍维持上年的45%比例；落实江苏省人民政府《关于切实减轻企业负担的意见》规定，对500人以上的企业，按职工人数分档设置征收比例，分段计算缴纳残保金，并由南京市财政局牵头，上报市政府批准。二是根据《关于取消、调整部分政府性基金有关政策的通知》文件精神及省税务局政策口径，2018年对安排残疾人就业未达到规定比例且在职职工总数30人以下（含30人）的用人单位，免征保障金；落实《关于降低部分政府性基金征收标准的通知》的规定，自2018年4月1日起，将保障金征收标准上限，由当地社会平均工资的3倍降低至2倍。三是通过外部网站、微信公众号统一发布残保金征收公告，各基层局按要求开展对外宣传和内部培训。四是对各基层局下发《关于做好2018年残疾人就业保障金征缴工作的通知》，明确2018年残保金征缴工作的变化点、优惠政策及管理要求，确保征缴工作平稳有序开展。五是积极参与江苏省税务局残保金金税三期系统申报征收的程序优化工作，并做好相关程序上线测试。（宋 昕）

社会保险费和非税收入处成立 2018年9月，根据《国家税务总局关于印发国家税务总局市税务局职能配置、机构设置和人员编制暂行规定的通知》有关规定，南京市税务局成立社保保险费和非税收入处，主要负责：组织实施基本养老保险费、基本医疗保险费、失业保险费、工伤保险费、生育保险费等社会保险费征收管理工作；负责组织实施文化事业建设费、废弃电器电子产品处理基金、教育费附加和地方教育费附加、残疾人保障金等有关非税收入的征收管理工作以及工会经费代收工作；负责研究拟定具体实施办法；指导有关非税收入的日常检查工作；参与有关非税收入征收的政策辅导、咨询服务、法律救济等工作。（吕小军）

社会保险费与非税工作调研 2018年7—8月份，市税务局组织对全市企业职工社会保险、全市社会保险费征缴模式、税务部门征缴业务量、社保部门大厅业务量、灵活就业人员社会保险费、城乡居民社会保险费、机关事业单位养老保险、建筑业项目工伤保险开展专项调研；9月份完成企业职工养老保险的抽样调查，测算养老保险费率情况。10—11月份完成国家税务总局社会保险费收入测算专项工作、国家税务总局社会保险费测算表格和社会保险费征管情况汇报、国家税务总局2017年度社会保险费缴费、退费情况统计、2019年度社会保险费手续测算、江苏省税务局社会保险费征管状况综合调研、南京市机关事业单位养老保险情况调研等上级调研工作。此外，按照江苏省税务局统一部署，南京市税务局还开展了船舶过闸费、城市基础设施配套费、城镇垃圾处理费、防空地下室易地建设费、废弃电器电子产品处理基金等项目的征管调研。通过全面调研基本掌握了全市社会保险费和非税收入的征管现状，提出职责划转后税务部门的征管模式建议。（宋 昕、孙 鲲）

全市社会保险费和非税收入征管职责划转工作动员视频会议 2018年9月29日，市税务局牵头协调召开全市社会保险费和非税收入征管职责划转工作动员视频会议。南京市财政局、南京市人力资源和社会保障局、中国人民银行南京分行营业管理部、南京市税务局有关领导在主会场出席会议。各区分管国地税征管改革的区领导、区财政、人社、人民银行分管领导和相关部门负责人，南京市税务局驻各区督导组成员、各区税务局领导班子成员以及各职能部门主要负责人在分会场参会。会议深入贯彻落实党中央、国务院关于社会保险费和非税收入征管职责划转的决策部署以及省市实施意见，就南京市具体工作安排，进一步统一思想认识，明确任务要求，压实工作责任。江宁区人力资源和社会保障局和六合区税务局负责人分别代表基层单位作表态发言。南京市财政局总会计师张海燕、南京市人力资源和社会保障局党组成员社保中心主任钱国荣、南京市税务局局长文月寿等分别对本部门开展划转工作提出具体要求。（吕小军）

社会保险费信息平台建设 一是与人力资源和社会保障局结合信息化共享平台开展个性化业务需求分析，同时明确人力资源和社会保障局需修改的业务操作事项；二是积极与人力资源和社会保障局对接信息共享平台项目预算情况，牵头与财政部门进行沟通；三是不断推进人力资源和社会保障局税务端的接口联调测试工作，目前登记、申报缴费类接口均已联通；四是开展江苏省税务局相关信息系统初始化配置及业务测试验证工作，已完成“金税三期”标准版中社会保险费征收涉及的社保经办机构代码表、社保经办机构与税务机关对照表、征收项目、会统配置、缴费档次等40余个初始化表格填报工作；并及时开展预生产环境和用人单位客户端业务测试验证工作。（曾　煜、宿　萍）

社会保险费划转交接 一是做好社会保险费缴费政策交接，共接收各级文件政策133项，特殊群体缴费政策14项；二是开展社会保险费征管业务交接，共接收人力资源和社会保障局各环节规范化工作流程共21项；三是基础数据资料归集、清洗、移交工作，现分两次对接人力资源和社会保障局完成登记类存量数据迁移清洗工作，共5294.91万条，清洗中积极与人力资源和社会保障局进行沟通，按照人力资源和社会保障局社会保险费征收中对基础数据必要字段的要求，结合数据迁移工作现状，及时向江苏省税务局项目组提交数据迁移中相关表结构中字段校验规则的优化建议。现江苏省税务局暂未开展征收类数据迁移工作。四是按照江苏省税务局银行端缴费模式的方案内容，积极与人力资源和社会保障局、银行对接，召开三部门业务协调工作会，就城乡居民及灵活就业人员的征缴问题处理，组建对接工作群，明确人力资源和社会保障局、银行、税务部门三方业务、技术对接人员，建立工作机制。五在前期各项工作调研的基础上，与人力资源和社会保障部门就用人单位、机关事业单位养老保险、城乡居民和灵活就业人员的社会保险费征缴模式进行业务规则商讨，制定相关划转实施方案，完成与人力资源和社会保障部门就社会保险费征管职责划转模式的商讨工作。六是按照社会保险费文件清理的相关要求，对税务发文和人力资源和社会保障局发文进行清理，共涉及市级文件60个，文件多为人力资源和社会保障局待遇享受和登记管理规定，涉及征缴文件较少，已提出修改意见并报法规处。七是与江苏省税务局第三税务分局就企业参保户税务社保交叉管理户和机关养老工作事项进行对接，明确管户划分标准，理顺管理模式。（孙　鲲、李海燕）

提升社保基金费征缴质效 一是按照“互联网+社保+基金费”的要求，在三方并联管理系统的基础上，开发社保基金费并联管理系统，发掘应用涉税、涉费大数据，做好收入数据的分析，开展多维度的社会保险费和非税收入征缴情况分析，着重做好重点行业、征缴大户和欠费清缴的入库情况分析，通过分析掌握征缴面上情况和发现的征缴问题，提出管理建议。二是开展数据核查工作，不定期从数据库调取社会保险费征缴信息进行数据信息比对，筛查未参保单位、缴费异常单位，与市征缴中心沟通合作，摸索逐步建立社会保险费欠费预警功能，通过对社会保险费登记、核定、征缴、年审以及缴费单位工资发放、申报纳税等信息的综合加工，及时发现缴费单位的非正常动态和可能的欠费，提前防控欠费风险。三是配合金保工程上线，开展相关数据的清理。社保户与人力资源和社会保障局管户核对、全职能局社保户社保代码升位迁移准备工作，以及社保一户多号并号，进行管理主体的统一合并，有效节约管理成本，提高管理效率。四是开展残保金风险应对工作。根据省税务局上传的3058户残保金疑点户，从1月份开始，与税收共同下达风险应对任务，为确保风险应对流程的顺畅，南京市税务局与数据处经过多次沟通研究，联合下发残保金风险应对工作指引，指导基层局开展残保金风险应对工作。（宋 昕、孙 鲲）

社会保险费和非税收入规范治理 一是落实“放管服”、优化营商环境要求，推动社会保险费三方联网系统逐步升级为三方协作办公平台，让涉费数据在财政、人力资源和社会保障和税务部门之间进行实时无障碍流转，降低参保单位办理涉费事项的时间成本；充分运用网站、微税厅、电子税务局等载体，给予缴费单位最大的缴费便利和最优的服务效能；做好涉费政策业务事项的宣传辅导，对新登记缴费单位通过网上平台组织培训，提醒注意事项，对未参加培训的缴费单位，通过电话、上门等方式进行点对点的政策辅导，确保知晓面100%。二是积极落实、认真完成江苏省税务局要求的社保非税收入方面的征求意见建议、数据统计测算、调研工作思路、收集金税三期问题等各项工作，及时反馈上报江苏省税务局。

（宋 昕、孙 鲲）

（责任编辑 胡 琪）

进出口税收管理

概况 2018年，市税务局落实国家税务总局《全国税务机关出口退（免）税管理工作规范（2.0版）》、省税务局《税收征管职责清单（试行）》，结合全市出口企业实际情况，创新退税管理模式，优化退税服务，完善退税流程，加快退税进度，严厉打击骗税，各项工作开展顺利。2018年共为全市出口企业办理退税209.2亿元，同比增长16.22%，退税规模首超200亿元大关。一是做好政策落实。根据最新政策，认真组织贯彻落实，全面准确执行相应的管理措施和要求。加大政策宣传力度，及时按行业召开新政宣讲会，组建专家团队深入大型企业开展面对面服务，利用现代通讯技术在线答疑解惑，确保各项新政，企业应知尽知、应享尽享。做好测算分析，引导企业结合新政调整出口产品结构、实现转型升级，加强政策落实情况的跟踪调研，为上级决策提供支持。二是优化退税服务。随着中美贸易摩擦持续升温，2018年年底以来，国家接连出台一系列促进贸易便利化的政策，释放稳外贸信号。市税务局做好以加快进度为主的出口退税服务工作，完善退税申报审核退库方式，利用好增值税专用发票电子底账开展退税审核，使用好联合金库、银行开发的“税库银无纸化退库系统”，实现申报、审核、退库“三个无纸化”，企业足不出户即可完成全流程退税工作。同时，在现有出口企业分类管理基础上，继续挖掘潜力：一方面，主动服务、辅导企业合法经营、规范申报，促进提高分类管理等级；另一方面，结合国家税务总局修订后的《出口退（免）税企业分类管理办法》实行差异化管理。三是强化风险应对。出口退税率的提高将使企业获得更多税收返还，在利益驱使下，会滋生骗税行为。南京市税务局坚持问题导向，切实贯彻国家税务总局、省税务局关于防范骗取出口退税的各项措施。认真研读江苏省税务局下发的《风险识别及应对操作指引》，进一步细化落实要求。依托国家税务总局、省税务局大数据，加强对出口企业上下游、货物流的全链条监控，努力提升数据应用能力，逐步探索大数据风险管理的全流程应用。加强对外综服、跨境零售、服务贸易等新业态企业的走访调研，帮助企业查找风险、完善内控体系，以风险管理为抓手，找准“放管服”和风险防控的结合点，努力营造健康的外贸发展税收环境。四是重视人才培养。进出口税收业务具有较强的专业性，工作中除了要掌握相关财务、税务知识外，还要了解基本的国际贸易知识。实践中发现，基层区局的进出口税收管理岗力量薄弱的现象比较突出，干部对进出口业务的不了解导致他们在面对相关工作时有畏难情绪。在工作中，对干部能力的高要求与业务素质有短板之间的矛盾常常存在。对此，市税务局不断加大培训力度，联系工作实际，根据不同对象，适时组织好分级分类培训，在保证人员的质量、数量和相对稳定的基础上，建立一支懂税务、财务、国际贸易等多方面知识，善于研究新情况、解决新问题，踏实肯干的进出口税收管理人才队伍。（张智威）

免抵退税审核办理 2018年，全市办理出口退税备案企业8515户，比上年新增912户。其中，生产企业3470户，比上年新增221户；外贸企业5045户，比上年新增691户。累计为4482户申报出口退税企业办理退（免）税242.2亿元，同比增长12.86%。其中，办理出口退库209.2亿元，同比增长16.22%（其中，生产企业退库87.3亿元，同比增长44.37%；外贸企业退库121.9亿元，同比增长1.98%）。审核免抵税额33.02亿元，同比下降4.73%，调库资源结余54.42亿元转2019年。（张智威）

出口退（免）税政策管理 一是根据“放管服”的改革要求，及时落实国家税务总局《关于出口退（免）税申报有关问题的公告》（2018年16号公告）公告精神，使便利政策得以落地实施。如：南京某出口企业在上年年底被海关降低了海关企业信用管理类别，按照出口退（免）企业分类管理办法的规定，对其进行降为四类企业进行管理。四类企业出口退税申报要提供纸质单证，不能进行无纸化申报，而且一年内不能变更，使得企业申报审核退库效率大大降低。国家税务总局2018年第16号公告下发后，得知该企业海关企业信用管理类别已发生变化的情况，及时辅导企业书面提出重新评定管理类别申请，且在收到其要求复评资料后20个工作日内完成评定工作，将其变更为三类企业，可正常进行无纸化退税申报。二是落实国家税务总局《关于加快出口退税进度有关事项的公告》（2018年第48号），对出口企业退（免）税分类管理标准进行调整，共将1548户三类企业调整为二类企业，同时开始实行分类管理动态调整。三是继续做好出口退税服务与管理的紧密衔接。贯彻落实国家税务总局下发的《全国税务机关出口退（免）税管理工作规范（2.0版）》和江苏税务局《税收征管职责清单（试行）》，进一步规范工作流程，夯实管理基础。日常审核中，对在第一道审核环节发现的疑点，能排除的即刻排除，首次审核通过的数据量大大增加。同时，密切审核岗与风险管理岗的联系，加大对高风险商品的管控，在保证审核效率的同时提高审核质量。（张智威）

出口退（免）税服务管理 2018年，市税务局服务外贸平稳发展水平进一步提高，通过逐户走访摸排出口企业，了解企业出口订单和合同意向，开展大数据分析，提前预测退税数据，积极争取退库指标，确保应退税款及时足额退给企业。持续做好出口退税无纸化、出口企业分类管理、加快出口退税进度等各项工作，全市平均退税时间稳定在2个工作日以内。认真落实出口退税有关政策，及时将政策告知企业，跟踪分析政策实施效应，收集热点、难点问题向上反馈。稳妥推进研发机构采购国产设备退税工作，着力抓好境外旅客购物离境退税试点工作，全力支持跨境零售、外贸综合服务等贸易新业态发展。同时，根据出口税收政策调整情况，通过新闻媒体、网站、纳税服务短信平台、电子邮件、微信等方式进行政策宣传，采取政策宣讲、业务培训等方式提供政策辅导服务。（张智威）

利用电子底账加强出口退税审核 南京市作为江苏省推广使用电子底账加强出口退税审核试点单位，在原来企业需要手工录入增值税发票票面信息的情况下，引入电子底账，直接调取电子票面信息，免去了企业录入的过程，进一步减轻出口企业的负担，强化出口退税审核。一是及时做好解读与工作布置。江苏省税务局下发相关文件后，南京市税务局对相关公告做了详细解读，制定试点方案，明确试点工作要求，建立解决试点过程中出现的问题保障机制，保证试点工作顺利实施。二是全方位开展宣传工作。通过短信平台向外贸出口企业推送了《关于出口退（免）税申报有关事项的通告》，同时将通告内容添加到服务大厅电子公告栏滚动宣传，并利用出口企业微信群、QQ群，向本次升级范围的所有对象宣传升级的意义、时间节点、升级方法及升级前后操作上的差异，为正常进行退（免）税申报作好充分准备。三是科学选取试点企业，由点及面逐步推开。先期科学选取代表企业，首批选择企业数量虽然不多，但是涵盖不同企业种类。先小范围测试系统情况，并将不同类型企业测试情况、产生问题及时向江苏省税务局反馈，逐步完善系统设置。四是密切关注，及时收集试运行过程中的问题。通过企业预申报产生的疑点和税务部门审核出现的疑点，逐个分析因系统问题且人为不可修正的疑点产生原因，一方面指导企业正确申报，另一方面做好总结，提出对系统进行进一步的完善的建议，确保试点的顺利进行。（张智威）

外贸综合服务企业代办退税管理　研读国家税务总局2017年35号公告《关于调整完善外贸综合服务企业办理出口货物退（免）税有关事项的公告》及国家税务总局2017年415号函《关于外贸综合服务企业办理出口货物退（免）税有关事项的通知》中有关代办退税管理的工作要求，了解新旧政策区别，及时做好政策解读。一是做好宣传辅导。召开外贸综合服务政策宣讲会，和相关部门共同举办业务宣讲和答疑活动。二是做好专人联络制度。指定专人负责与综服企业沟通，及时跟踪帮助解决实际中遇到的问题。三是做好企业服务。定期调研综服企业，了解代办退税新政在操作过程中存在的问题，汇总上报江苏省税务局；四是做好防骗警示教育。在多个层次上对出口退税骗税行为的长期性、复杂性，及对企业和地区的影响进行讲解。2018年，全市办理外贸综合服务退税企业13户，比去年增加3户。累计办理出口退税14.78亿元，占全省同类业务的80%以上，南京该类企业出口额、退税额均居全省第一。（张智威）

研发机构采购国产设备退税管理　2016年11月，《财政部、商务部、国家税务总局关于继续执行研发机构采购设备增值税政策的通知》（财税2016年121号）规定从2016年1月1日至2018年12月31日，研发机构采购国产设备继续享受全额退还增值税政策。一是做好宣传，扩大政策知晓面。二是简化流程，降低研发机构申报难度。三是上门辅导。先后到30家重点大专院校和科研院所交流，现场解答各种问题。四是合理调配人力资源。前期研发机构大多为小规模纳税人，申报发票都需逐笔发函，南京市税务局安排专人专岗，及时处理。五是规范审核。多次召开业务研讨会，根据政策，统一规范研发机构退税审核口径。2018年，全市34户研发机构累计申报112批次退税，审核通过税款7031万元，较2017年同期831万增加了6200万。自延续政策实施后，累计退税8657万，确保了研发机构采购国产设备退税延续政策有效执行。（张智威）

跨境电子商务零售企业税收政策宣传　做好《关于跨境电子商务综合试验区零售出口货物的通知》政策宣传。由于南京市被列为跨境电子商务综合试验区，前来咨询的企业较多，市税务局采取多种方式进行宣传，并主动与南京市商务局联系，了解跨境电子商务线上综合服务平台的建设情况，为全面实施此项政策打下基础。目前，南京是全国为数不多的跨境电子商务综合试验区，且从10月1日开始执行“综合试验区内跨境电子商务零售出口未取得有效进货凭证实行免税”政策，南京市税务局积极宣传“无票免税”的利好政策，跟踪了解政策执行中的问题，并向上反映，配合有关部门继续完善全市跨境电子商务综合服务平台。（张智威）

出口退（免）税风险管理　2018年，市税务局根据江苏省税务局《出口退税风险操作指引》，制定全市出口退（免）税风险应对行动方案，为专业化风险管控夯实了基础、提供了抓手。同时，市税务局紧扣选案、应对、问效三个环节，着力抓好四项重点工作：一是针对手机出口异常增长的情况，及时发出预警，积极向江苏省税务局汇报，有效防范风险；二是深挖江苏省税务局设置的出口退税“违规类”风险指标，寻求成效突破，2018年，“违规类”风险指标的补税成效占已完成户的50%以上；三是加强对出口企业及出口供货企业的调查、评估，对发现明确线索的，灵活运用非分析识别项目的绿色通道，转稽查处理；四是召开全市防范骗税风险专题会议，交流部分地区成功应对案例，通过以案说法、以会代训，加大风险管理力度，提升风险应对人员的能力。2018年，全市出口退税风险应对总成效超亿元，其中，评估补税490万元，转稽查成效1894万元，待转稽查成效7900万元。（张智威）

以贵金属为主要原材料的出口产品风险监控 2018年，市税务局根据国家税务总局的布置及日常管理中发现的疑点，针对以贵金属为主要原材料的出口商品存在爆发的趋势，且存在商品种类扩散、出口产品呈现单价高、金额大，且短期内出口增幅高、产品工艺简陋、出口的目的地基本是香港等异常情形，对出口以贵金属为主要原材料的货物加强风险管控。2018年，全市共对15户此类企业开展风险应对，其中4户企业存在问题，1户企业已追回税款281万元，1户确认为失联企业，2户企业涉嫌团伙犯罪，正在稽查中。

（张智威）

出口退税风险案例汇编 2018年，在省税务局的指导下，逐渐加大了出口退税风险管理力度。在此基础上，市税务局收集整理了预案制作、约谈、实地检查等各环节好的经验及做法，开展案例评比，形成案例汇编。适时组织培训及交流，以案例促学，进一步提高出口退税应对人员的风险应对能力。2018年，将2017年度全市出口退税评估案例中质量较高的20例汇编成册，供各区局交流学习。同时，在2018年全省出口退税风险管理工作会议上，江苏省税务局交流讨论的十大典型案例中，南京3例，市税务局报送的案例质量及代表性得到省税务局肯定。

（张智威）

进出口税收专项工作 协调相关区域开展海关特殊监管区内企业一般纳税人认定工作。配合财政部江苏专员办开展研发机构采购设备税收优惠政策评估工作。参加江苏省税务局规范2.0相关出口退税系统优化升级业务需求研讨，对现行出口退税系统存在问题进行收集和上报。对一般纳税人改小规模纳税人公告提出修改意见。协助省税务局制定跨境电子商务综合实验区零售出口货物免税管理办法。参加省税务局对跨境应税服务的调研和调研报告的起草工作。参加国家税务总局政策调研，针对《启运港退税管理办法》提出修改意见。完成江苏省税务局委托编写的外贸综合服务、研发机构采购国产设备退税以及出口卷烟免税管理的操作流程等。（张智威）

（责任编辑 胡 琪）

国际税收管理

概况 2018年，全市征收非居民企业税收收入21.54亿元，其中，非居民企业所得税18.02亿元，增值税3.52亿元。

国际税收管理与服务。开展对外支付重点合同审核和非居民享受协定待遇管理。定期集中会审全市对外支付合同，再核存疑企业；按季度抽查税收协定待遇后续管理，确保税收协定按要求执行。2018年7—12月，全市共办理非居民企业享受税收协定待遇备案567户次，减免税款5.45亿元；利用外管数据开展纳税提醒服务，2018年共发送纳税提醒157户次，25户次被提醒后补缴企业所得税112.06万元，加收滞纳金2.54万元。调研全市高等院校中外合作办学，摸清全市20个高等院校的46个中外合作办学项目，其中教育部批准项目41个，非教育部批准项目5个，项目涉及32个境外大学。落实暂不征收预提所得税政策，13户企业享受暂不征收预提所得税政策，涉及税款1.1亿元；其中，11户企业办理递延纳税手续，递延缴纳税款9697万元，2户企业办理追补享受手续，退还企业所得税1537万元。开展关联交易（国别报告）申报难点及重点风险事项宣讲培训，累计参训企业1000余户次，实现涉及关联交易企业全覆盖。

监控管理跨境税源。2018年，南京市累计实现跨境税源收入4.15亿元，其中，非居民股权转让管理入库税款1.69亿元，对外支付专项管理税款收入3569.53万元，其他跨境税源专项评估（含转让定价遵从管理）收入2.1亿元。审核1370户关联申报企业关联申报和同期资料，准确率达100%。按照关联交易金额大、增减变化大、亏损或微利、达到同期资料或国别报告填报、对外支付多等标准，选取53户重点企业作为关联交易申报、国别报告和同期资料审核对象，跨境关联交易合计金额648.81亿元，审核面占到全市跨境关联交易额46.59%。采用“深度分析+集中办公”形式，为后期跨境风险应对提供基础支撑。

核查跨境税收风险。2018年，运用国际税收情报制作自动情报60份，专项情报6份，自发情报3份，涉及美国、日本、韩国、新加坡等国家。开展风险核查工作,核查外来情报7份,其中5份专项情报、2份自发情报,涉及日本、波兰、奥地利、印度尼西亚、法国等国家。（陈蕊蕤）

跨境税源日常管理及风险应对 2018年,市税务局制作自动情报60份,专项情报6份、自发情报3份,涉及美国、日本、韩国、新加坡、香港等国家和地区。完成8份外来情报的核查工作,其中,6份专项情报、2份自发情报,涉及日本、印度尼西亚、法国、奥地利等国家。利用情报信息加强税收管理,排查疑点调增应纳税所得额1589.76万元,补缴税款、滞纳金148.86万元。通过情报交换开展国际间征管协作,收到对外发出情报的回函2份。2018年,跨境税源风险应对成效合计4.15亿元,其中,非居民股权转让管理入库税款1.69亿元,对外支付专项管理税款贡献3569.53万元,其他跨境税源专项评估(含转让定价遵从管理)成效2.1亿元。（陈蕊蕤）

服务"走出去"企业 2018年,市税务局响应"一带一路"倡议服务"走出去"企业。完善南京市"走出去"企业基础信息,核实相关企业数据,建立税企交流平台。2018年,南京市"走出去"企业207户,其中,境外投资189户,承包工程及劳务20户,涉及境外企业或项目306户次,累计合同金额26.1亿美元。境外协议投资额32.71亿美元,其中中方投资额26.59亿美元,占比81.31%。45户"走出去"企业为"一带一路"沿线国家,占"走出去"企业总数的21.74%,投资"一带一路"沿线国家企业或项目72户次,占境外被投资企业总户次23.53%。2018年,市税务局以国家税务总局《"走出去"税收指引》为蓝本,举办7场政策宣讲会宣传《"走出去"税收指引》,分别就境外税收抵免、税收协定等内容进行梳理讲解;走访并提供"面对面"专户税收辅导23户次。

（陈蕊蕤）

（责任编辑 柴逢国）

征收管理与科技发展

征收管理

概况 2018年7—12月，市税务局绕国税地税征管体制改革重点工作，调优征管机制，夯实征管基础，推进“互联网+税务”建设，提升税收征管质量。一是推进国税地税征管体制改革。按照2018年7月20日新税务机构挂牌、11月20日新税务机构“三定”到位、12月31日改革任务完成的3阶段要求，制定市税务局《改革国税地税征管体制征管业务实施工作方案》和《改革国税地税征管体制征管业务作业图》，按月编报深化改革总结，掌控深化改革进程，做好跟踪督导。二是建设“互联网+税务”。加强金税三期应用能力建设，开展市区两级新机构挂牌后信息系统调整工作。从2018年7月20日到9月30日间，完成区县挂牌金税三期系统配置升级实测工作；10月17日起历时两周，分别于10月30日、31日晚切换调整征管信息系统，上线运行统一工作平台；成立金税三期并库专项工作组，完成初始化数据采集、税户对照和数据清理、原国地税交叉管户等征管数据切换；完成金税三期运维近4000条，委托代征系统运维1700余条，分3批次完成5500条金税三期数据清理；按照省税务局个人所得税改革相关要求，建设“互联网+税务”和“大数据治税工程”，清理自然人数据并测试联调系统，登记身份证510.42万条、公安验证通过460.53万条、验证通过率90.23%；扣缴申报单位登记数量36.72万条、验证通过35.79万条、验证通过率97.47%，支持保障“我的南京”个人所得税数据查询，落实青年大学生来宁创业“宁聚计划”，推进房产交易一体化电子票证使用。三是夯实税收征管基础。专项工作平稳推进两次得到省税务局领导肯定性批示，分三批次完成1025户省直属局下放税户调整验证，实现原省国税局、地税局在宁一方单管户全部属地化管理，解决税务机关管辖不对称历史问题；江北新区税务局成立后，按照“多证合一、一照一码”推进完成税户划转工作，实现收入、国库、管辖三统一，跨区迁移3546户百万元以下纳税人、跨区变更17户百万元以上纳税人。实施联合信用惩戒，协助工商部门清理“僵尸企业”117户，向市场监管信息平台上传行政处罚收据1362条。完成与市区两级税务机关“三定”后委托代征系统切换和协议重签。全市25家二手车市场发票纳入开具增值税发票管理新系统，推广使用支付宝缴税方式。规范机构改革过渡期发票管理，明确在用普通发票种类、使用范围，旧版普通发票使用时限。推行过渡期内催报催缴集约化管理，规范欠税公告管理内容、统一形式、明确途径。梳理统计全市非正常户市内跨区正常经营情况，依托征管质量监控系统对清理进度进行日常监控，强化过程控制督导。（梁晓玲）

国税地税征管体制改革方案落实 一是贯彻落实国家税务总局、省税务局关于国税地税征管体制改革要求，结合国地税征管体制改革推进三个阶段具体任务安排，印发《改革国税地税征管体制征管业务实施工作方案》，明确市税务局3个分阶段改革目标和58项改革任务，根据改革任务事项制定《改革国税地税征管体制征管业务作业图》，明确改革事项、具体任务、责任部门和完成时限，整体谋划、分步推进。二是按照省税务局关于改革过渡期有关征管工作通知要求，在全市范围内征集基层单位过渡期征管工作存在问题，研究处理意见，确保改革过渡期征管工作衔接。（肖 湘）

税收管辖关系属地管理原则落实 一是完善日常税务登记管理，2018年7—12月完成3546户百万元以下跨区迁移的审结调整，17户百万元以上跨区变更。二是落实国家税务总局“各税同征”“税费同管”工作要求，2018年10月底前分三批次接收省税务局下放至市税务局管辖的1025户企业。

三是落实国家税务总局统一开展的金税三期并库工作，完成78万余户纳税人税户层级下放，原市国税局、市地税局税户管理层级统一下放至科所一级。四是按照属地原则对同一纳税人在市国税局、市地税局隶属于不同主管税务机关情况进行统一清理，截至2018年年底前，调整完成1万余户纳税人，涉及税款超20亿元。（刘 伟）

调整市、区三定信息系统配置 根据省税务局总体工作安排，制定三定信息系统配置调整工作方案。成立专班无缝对接省税务局，提前完成系统配置；2018年9月29日完成“金税三期”市税务局机关及派出机构信息系统调整。10月17日起历时两周，分别于10月30日、31日晚实现征管信息系统的切换调整和统一工作平台上线运行。市税务局“三定”信息系统调整原市国税局“金三”机构设置21个、市地税局“金税三期”机构设置29个。区级税务局“三定”征管信息系统调整共涉及调整原市国税局、市地税局“金三”机构设置505个，调整岗位人员代码及登陆账号4900余人次，跨区调整6.3万户、区内调整户77.9万户，协调银行批量刷新三方协议4683户次。（刘 伟）

参与编写省税务局事项清单及制度规程 2018年8月27日，市税务局选派3人全程参与全省税收业务事项及制度规程编写项目组，在无锡江苏省税务学校集中编写税收业务事项及制度规程，梳理、分析、归并原市国税局、地税局1006个人所得税收业务事项，结合机构合并后税收业务工作新变化以及简化注销流程、减税降费等专项工作，整理税收业务事项300余条、业务子事项600余条。根据省税务局金税三期并库要求，开展金税三期系统初始化以及双轨功能验证测试等工作，验证测试金税三期系统功能。市税务局选派的3人受到省税务局网信办发文表彰。（张宁泉）

建设“互联网+”税务 一是保障“我的南京”个人所得税查询，调整优化后台程序提高数据查询速度，调整数据链路提高数据安全性，明确责任人优化问题协调机制，将互联网线路调整为政务专网，缩短定位查询时间，2018年7—12月累计提供查询服务1000万余人次。二是落实青年大学生来宁创业“宁聚计划”，数据提供由人工输入改为计算机应用接口，2018年7—12月间累计向人社、市政府信息中心等部门提供涉税数据25万人次。三是推进网上房产交易一体化平台，推广使用房产交易一体化电子票证，完善房产交易一体化电子票证票号资源、推广适用范围、实施路径和方式，确定房产交易一体化整体流程、重要节点、票证人员配置、票号资源发放、数据回写等“金税三期”与一体化平台对接验证工作，9月20日正式上线运行房产交易一体化电子票证。（徐建国）

个人所得税改革信息化保障 一是清理自然人个人身份信息数据。通过信息化手段进行大数据比对并结合人工疑点核查，自然人身份信息验证通过率由60%左右提升至近100%。二是自然人税收管理系统（ITS）参数初始化。市税务局对ITS系统中涉及南京相关核心系统参数进行初始化，共初始化ITS系统相关参数表14张、关键参数共计2221条。三是多轮测试ITS系统。在4个月测试期中对系统日常功能进行两阶段共3轮测试，上报问题建议20余条；组织参与国家税务总局ITS人海压力测试两阶段3轮共计4次，组织各相关分局计248人次参与测试，收集整理并上报问题5条。（徐楹弢）

社会保险费征管状况调研及信息化支撑 2018年10月，市税务局根据全省社会保险费征管职责划转工作统一部署以及《全省社保费征管状况调研方案》具体要求，调研全市社保费征管工作。10月16日成立全市社保费征管状况联合调查工作小组，召开全市社保费征管状况调研工作布置会。走访南京市人力资源和社会保障局（以下简称“市人社局”）和南京市社会保险管理中心（以下简称“市社保中心”）综合、养老、医疗、稽核、财务、劳动监察等多部门，对接调研事项，统一数据口径，完成汇总1500多项数据资料的调研报告报送省税务局。打通与市人社局数据交换渠道，11、12月，分两次完成社保业务数据迁移工作，数据迁移范围涉及单位、灵活就业人员、城乡居民、职工个人、浮动费率认定等13张业务表、约1.26亿条数据。按照省税务局项目组《社会保险费征管职责划转工作基础数据接收及数据迁移方案》以及

《社保基础数据取数规则修订说明》等工作要求，完成基础数据28个数据项代码转换、业务数据匹配、基础数据校验与扫描、16项标准版初始化代码整理与转换等社保数据清洗比对工作。（杨文亮）

集约化催报催缴 根据国家税务总局江苏金税三期系统计划于2019年年初完成并库要求，市税务局落实省税务局项目组在金税三期系统并库前过渡期内采取集约化方式开展催报催缴工作的要求，通过数据整合、岗位配置、建立规则等开展催报催缴，从人员岗位配置、催报催缴数据整备、邮政EMS对接、系统网站支撑等方面对接省税务局项目组工作安排，优化过渡期内集约化催报催缴工作流程，减轻基层催报催缴工作压力，实现合并后税务局统一对纳税人催报催缴机构、文书、送达、系统操作的统一。（张宁泉）

延期缴纳税款 根据《国家税务总局关于实施进一步支持和服务民营经济发展若干措施的通知》"对确有特殊困难而不能按期缴纳税款的民营企业，税务机关要通过依法办理税款延期缴纳等方式，积极帮助企业缓解资金压力"要求，市税务局调查核实2018年7–12月期间收到的11户次纳税人提出延期缴纳税款申请，确认纳税人当期货币资金余额在发放应付职工工资并缴纳社会保险费后，确实不足以缴纳应纳税款后，通过正常流程为纳税人办理延期3个月缴纳税款手续，审批纳税人延期缴纳税款金额4.26亿元，保障有特殊困难纳税人权益。（梁晓玲）

简化优化注销税务登记流程推广应用 一是贯彻落实通知要求。根据2018年9月18日国家税务总局下发的《国家税务总局关于进一步优化办理企业税务注销程序的通知》（税总发〔2018〕149号）要求，在办税服务厅前台设置即办注销专窗受理。二是组织学习培训。在省税务局同步进行网上税务局功能开发基础上，组织岗位人员学习《税务注销预检和办理操作指引》，熟悉新流程办理规范要求和系统操作。三是跟踪督促。督促各基层税务机关落实税务注销新功能上线工作，做好税务注销预检和办理系统功能发布的相关通知接收、验证和问题提报反馈工作，对未按照要求执行到位的基层税务部门限期整改。截至2018年年底，共受理注销税务登记2.2万户，其中，符合即办注销当场办结的有1.5万户，占已受理注销户的68%。（肖　湘）

注销超期整改 一是根据省税务局督查整改工作要求，结合南京市政府优化营商环境和"放管服"改革要求，全面排查梳理全市注销税务登记办理情况，按月统计全市注销税务登记受理清册和注销办理超期户清册，逐户分析查找超期原因并提出分类处理意见和具体整改措施。二是提高注销税务登记工作效率，针对全市注销税务登记超期户较多的情况，制定注销超期整改工作通知，按要求限期完成所有已受理尚未办结的注销超期户。三是加强部门协作，会同纳税服务部门实时监控注销受理及办理情况，定期通报全市各基层税务机关注销工作开展情况。截至2018年底，全市税务机关注销工作受理时限从10月份户均14个工作日降到户均5个工作日。（肖　湘）

普通发票统一换版 根据《国家税务总局江苏省税务局关于发票票种及启用新发票监制章的公告》（2018年第18号）规定，新税务机构挂牌前印制有市国税局发票监制章、发票联采用专用防伪水印纸印制、水印图案印有"SW+江苏国税"字样的江苏省南京市国家税务局通用手工发票、江苏省南京市国家税务局通用机打发票、江苏省南京市国家税务局通用定额发票、江苏省通用机打卷式发票、机动车统一发票、二手车销售统一发票2017版，其使用期限为2018年12月31日。自2019年1月1日起，统一使用印制有国家税务总局江苏省税务局新监制章，发票联采用专用防伪水印纸印制，水印图案印有"SW+江苏税务"字样的江苏通用机打发票、江苏通用手工发票、江苏通用定额发票、机动车统一发票（新版）、2017二手车销售统一发票2017版（新版）。（杨　波）

（责任编辑　柴逢国）

电子税务管理

概况 2018年7—12月，市税务局把握"需求导向、专注应用、有力保障"工作思路，围绕国地税征管体制改革新形势和改革主线，以安全和支撑保障为工作重心，提升信息化管理水平，为税收管理现代化提供技术保障。明确职责分工，调整部门职责、岗位、人员分工，确保改革期间部门内各项工作平稳过渡.配合省地税局、市地税局完成改革期间各项工作任务，参与省地税局、市地税局信息系统、网络、安全等各项合并整合工作，6人参加项目组。做好个人所得税征管改革、社保费征收划转和“金税三期”并库等改革专项工作，克服资源紧张、时间紧迫等困难，整合硬件资源确保系统上线，完成7个信息化项目的开发、测试、与验收上线运行。梳理原国税地税软硬件和网络资源，交接税收业务软件运维工作，优化市地税局金汇、复成和江宁3个机房及21个派出和直属机构的网络架构，合并原国地税网络建成统一的地市局—区县局—所（分局）三级税务机构树形网络结构和分级管理模式。推进网络信息安全工作，2018年11月底完成终端安全软件全面统一覆盖，推广360终端内网准入，集中管控、统一规范USB移动存储介质使用，完善终端安全防护体系，保障内外网平稳运行。（周凌宇）

建设信息化项目 2018年共计7个信息化项目完成开发、测试、试运行后，全部完成验收上线运行。其中，国地税合并后继续实施项目4个：社保费三方联网系统升级完善，税收法制综合知识库二期，固定资产管理系统优化改造，风险指标及监控平台七期项目开发与维护。需求调减继续实施项目3个：纳服税务质效监测系统二期、涉房交易税收电子发票项目以及人社数据接口、税务通（四期）等深化地市级电子税务局内容建设项目。调整完成机构合并“金税三期”信息系统工程，2018年7月20日实测区县挂牌“金税三期”系统配置升级，9月30日实施，10月底实现征管信息系统切换调整和统一工作平台上线运行。

（徐建国）

优化税收业务专网架构 2018年，根据国家税务总局、省地税局提出的税收业务专网架构优化工作要求，按照“科学规划、统筹推进、分步实施、防范风险”原则整合税收业务专网。制定市地税局税收业务专网架构优化方案及实施方案，优化市地税局金汇、复成和江宁3个机房及21个派出和直属机构的网络架构，合并原国地税网络建成统一的地市局—区县局—所（分局）三级税务机构树形网络结构和分级管理模式，所有办公区域实现网络纵向、横向互通。响应基层单位各类网络建设或改造需求，制定网络连通方案，完成栖霞新政务中心征收点、仙林契税征收点、高新文体中心契税征收点等新设征收点及基层单位税务所办公场所网络开通及日常保障。（周凌宇、曹　洋）

网络信息安全管理 完善网络安全防护体系，做好日常监控管理，推进网络信息安全工作。根据国家税务总局、省地税局工作部署，2018年11月底完成终端安全软件全面统一覆盖，推广360终端内网准入，严控USB移动存储介质使用，实行集中管控、统一规范，完善终端安全防护体系，保障内外网平稳运行。加强互联网应用安全管理，根据上级网络安全相关要求，定期开展网络安全检测，针对发现问题、薄弱环节和潜在风险调整网络安全策略，加强网络安全防范措施，开展关键基础设施网络安全防护工作。落实防攻击、防病毒、防篡改、防窃密等措施，关闭和删除不必要应用、服务和端口，认真排查上级通报的漏洞信息以及自行发现的漏洞，及时进行系统漏洞修补。

（周凌宇、周东峰）

基础设施建设与维护 2018年，市税务局优化硬件资源配置，维护管理基础设施，动态管理硬件资源，保障办公场所安全稳定。梳理原国税地税各类硬件资源，摸排梳理原国税地税机房内PC服务器、小型机、存储阵列等硬件资源，掌握设备应用情况，提升原有硬件实际使用率，优化计算存储硬件环境，为后续硬件资源整合做好准备。构建硬件资源动态管理机制，更新改造老旧设备，归档停机处理确定停止使用的设备，下架无法再利用设备，实现硬件设备全生命周期管理，保障设备持续稳定运行。实施机房内硬件资源按季巡检制度，按季巡检机房设备、UPS、安全、网络等设备，维护出现问题的设备。持续开展防病毒和外网管理代维工作，保障内外网正常运行使用。

（周凌宇、刘芝月）

（责任编辑　柴逢国）

数据处理和风险管理

概况　2018年，市税务局结合深化税收征管体制改革和“金税三期”畅通运行等重点工作要求，完成税收风险管理与数据管理规范化各项任务。

一是落实改革各项工作任务。通过落实全市税收风险管理条线岗责到位，完成“金税三期”系统、税源管理平台、税收数据情报平台的权限配置，确保风险管理工作的基本力量；12月5日召开全市税收风险管理工作会议，对过渡期税收风险管理工作进行部署，提出具体要求，明确风险管理工作的主要目标；通过未结任务梳理并成立督办工作组，加强组织领导，及时指导协调，完成技能培训，提升风险管理工作整体质效。2018年完成风险应对6896户，实现税收收入37亿元。

二是夯实数据利用基础。制定数据提供管理规则，明确数据提供范围、数据提供对象、各部门相应责任、分类实施要求及相应保密责任等内容；持续跟踪数据交换与采集，实现与16个部门65项数据的交换，各类交换数据共872万条；分步推动数据治理，清理单管户存量户2529户，完成重复登记、国家税务总局数据质量考核完整率、一致率和准确率、国家税务总局数据质效等清理，除国家税务总局江苏省税务局（以下简称“省税务局”）集中处理数据外，共清理问题数据15.5万条，清理率100%；服务数据运维和查询，为系统各单位及公、检、法等外单位提供298项数据查询服务，上报省税务局完成“金税三期”数据运维1611笔，修改数据百万条。

三是提升风险管理成效。认真执行年度风险计划，完善任务推送规则，做好各发起处室、各等级任务统筹，确保“千户集团”（指年度缴纳税额达到国家税务总局管理服务标准的企业集团）、重点税源的优先应对；通过对省、市风险指标多角度的整理分析，认真履行省税务局管理分中心职责，调整案头审核查询功能，完善微观风险智能报告，充分发挥风险指标的分析指向作用；通过定期编发风险应对完成情况通报，深入开展专题调研，做好风险应对及“金税三期”运行跟踪指导，为基层风险应对工作提供支撑；通过开展多层次业务培训、案例交流、专题研讨，通过“千户集团”等大企业管理的推进，促进风险应对技能及成效的不断提升。（王文岚）

过渡期税收风险管理　2018年8月28日，《国家税务总局江苏省税务局关于做好过渡期风险管理工作有关事项的通知》明确，从2018年全省各级税务机关挂牌，到全省高效、统一的税收风险管理体系建立之前，为全省税务系统税收风险管理工作的过渡期。过渡期间，市税务局共清理历史税收风险应对未结案件627件，取得税收风险应对成效1.7亿元。一是统一要求。市税务局于2018年12月4日，制定并发布《国家税务总局南京市税务局关于过渡期税收风险管理工作有关事项的通知》。二是会议部署。12月5日召开全市税收风险管理工作会议，部署过渡期税收风险管理工作，提出充分认识、整合资源、加强组织等三方面要求，并明确工作任务，统一全市流程，提出组织领导、沟通协调和技能培训等具体安排。市局处室、第一税务分局、各稽查局、各区局参加会议。三是完成“金税三期”系统、税源管理平台、税收数据情报平台的权限配置，全市14个属地区局、1个直属局及4个稽查局共配置1156人，实现风险管理条线岗责到位。四是开展过渡期风险任务应对。对未结任务进行梳理分类的基础上，组成四个工作组，分区域对14个属地区局、1个直属局的风险应对任务完成情况进行跟踪督办和指导协调。原则上，第一小组负责建邺区税务局、江北新区税务局、六合区税务局的风险应对跟踪管理，第二小组负责鼓楼区税务局、第一分局、浦口区税务局、江宁区税务局的风险应对跟踪管理，第三小组负责经济开发区税务局、秦淮区税务局、栖霞区税务局的风险应对跟踪管理，第四小组负责玄武区税务局、雨花台区税务局、江宁经济技术开发区税务局、高淳区税务局、溧水区税务局的风险应对跟踪管理，开展任务跟踪督办，结合问题研究反馈，做好指导协调。

（王文岚）

税收风险任务统筹 2018年7—12月，市税务局统筹整合国家税务总局、省税务局指令性、货物和劳务税司“快反”（快速反应类任务）、大企业司专项以及各类非分识别、上级临时性等税收风险应对任务，推送税收风险应对任务2427户次。其中，按任务来源统计，国家税务总局任务362户次，省税务局任务1528户次，市税务局任务537户次；按应对方式统计，税务稽查407户次，纳税评估（一般流程）1026户次，纳税评估（国家税务总局）934户次，提示提醒60户次。接受跨区域风险管理协作任务627条，发送任务46户次。一是落实执行年度风险计划，编制季度推送计划，综合疑点分布情况、监控项目重点、应对力量资源等情况，序时完成税务稽查、纳税评估等任务的统一下发。二是各发起处室、各等级风险任务统筹推进，确保国家税务总局“快反”任务，国家税务总局、省税务局“千户集团”任务、国家税务总局、省税务局重点税源稽查等任务的优先应对。结合所得税汇算复审、土地增值税清算、第三方及外部信息交换、发票管理、高净值自然人等事项类型的风险监控，突出重点税源任务的优先推送。三是调整风险任务互动筛选机制，完善风险推送计划选案规则，提高风险计划管理的灵活性与科学性。同时加强风险任务中止、终结、延期、再次应对申请等审批管理，严格控制一年内多次应对，规范任务管理。（王文岚）

税收风险应对管理 2018年7—12月，市税务局完成各类各级税收风险应对任务2181万户次，实现应对成效8.14亿元，其中，直接入库5.8亿元，调减增值税留抵0.91亿元，企业所得税弥补亏损换算税额1.43亿元。一是定期编发风险应对完成情况通报，对全市及14个属地区局、1个直属局税收风险管理情况进行总结，指出具体问题，提出明确要求。二是省税务局“税源管理平台”“金税三期”中风险应对流程跟踪指导，完成残保金指标应对等专项指导。深入开展风险专题调研，及时收集问题，协调研究反馈。三是开展多层面多形式交流互学活动，围绕能力提升，明确风险业务培训内容，下发风险优秀案例材料，相互启发共同提高。四是参与落实重点工作任务，参加省税务局优秀案例点评模板编写、“金税三期”决策二包风险系统调整版应用等重点工作，协助做好“便民办税春风行动”“放管服”改革等重点任务，拓展风险管理广度与深度。（王文岚）

数据查询及数据运行维护服务 2018年7—12月，市税务局共受理195个事项的数据查询服务（其中，受理公、检、法单位上门查询共计8个事项），上报省税务局后台执行完成890笔数据运维，为全市各项重点工作提供数据支持。一是落实税收业务数据查询服务工作。注重岗位服务意识，区分轻重缓急，认真反馈落实查询申请单，重要查询事项做到按时保质完成。提高主动服务意识，与市纪委、市人才办、市商务局、市经信委、市发改委、市财政局等业务需求单位及14个属地区局、17个处室沟通交流，了解部门年度重点工作及推进时序，提前做好数据准备，提高查询效率。二是落实税收业务数据运维工作。加强数据运维工作审核，分别从业务角度和数据角度审核各单位上报的运维事项，避免不合规运维带来的风险。2018年，累计上报省税务局后台执行完成数据运维单1547笔，成功修改数据300万条。

（张少柏）

（责任编辑　张　梦）

法 治 建 设

概况 2018年7—12月，市税务局以优惠政策落实、重大案件审理、规范税务执法、应对争议案件为重点，做好政策法规工作。在国税地税征管机构改革的大环境下，市税务局整合原国税地税政策法规工作，梳理过渡期工作要点，推进各项工作在过渡期平稳展开。

落实优惠政策方面，市税务局进一步推进中小微企业优惠政策落实，逐条统计税收优惠政策落实情况，做好总结，增强企业获得感。对民营企业开展走访和送政策上门服务，制定行动方案，明确具体任务和走访要求，保证政策扶持精准落地。同时，市税务局将原地税税收优惠政策库改造升级为“税惠通”税收优惠政策搜索查询系统，上线“我的南京”手机应用程序和江苏政务网平台，方便纳税人查询优惠政策。

重大案件审理方面，市税务局重大案件审理委员会与稽查局共同努力，持续开展案件审理工作，审结重要稽查案件并清理改革前积案。2018年，审结重大税务案件921件，涉税金额约1.56亿元，罚款约2.18亿元，加大涉及“双打”（打击骗取出口退税和虚开增值税专用发票）等案件的审理力度，遏制“偷逃骗抗”（偷税、逃税、骗税、抗税）和虚开发票等违法行为。

规范税务执法方面，市税务局根据国家税务总局和国家税务总局江苏省税务局（以下简称“省税务局”）统一要求，开展规范性文件清理工作，废止、修订或重新制定涉及国税地税征管机构改革的规范性文件，并以市税务局新机构挂牌后的新机构名义对外公告，保障规范性文件效力和新税务机构公信力。同时，继续规范税务行政处罚，在原国税地税税务行政处罚裁量基准的基础上重新梳理，制定市税务局关于规范税务行政处罚裁量基准的公告，实现改革后全市税务系统行政处罚裁量基准的统一。及时做好有关处罚问题的解读和对基层的培训，保证税务行政处罚工作规范有序。

应对争议案件方面，市税务局创新税务争议案件应对机制，着力提前化解矛盾、快速解决争议，维护征管秩序和征纳关系。在处理好涉税行政复议、诉讼案件的同时，加强与法律顾问团队的沟通协商和对基层争议应对指导，统筹全市税务争议案件应对工作。（陈睿祺）

税收优惠政策落实 2018年，市税务局持续推进税收优惠政策落实，确保不因国税地税征管机构改革影响企业享受税收优惠政策。2018年7—12月，市税务局在落实原市国税局、市地税局各自业务范围内税种的优惠政策基础上，进一步梳理政策，整合落实优惠政策的各项体系，补充原有各项优惠政策落实工作的惠及对象，向企业释放国税地税征管体制改革的红利。一是开展涉及中小企业扶持优惠政策落实情况自查工作，梳理近两年来出台的涉及中小企业的各项扶持优惠政策，逐条统计税收优惠数据，总结政策落实情况。二是开展“走民企送政策送服务活动月”，制定《“走民企送政策送服务活动月”行动方案》，明确具体任务和走访要求。活动共计走访企业871家，收集问题、建议768条；其中，已采纳或解决的建议562条，向上级反映的82条，反映用工难、融资难、用地难等其他部门职责范围的问题建议124条。（秦蓓蓓）

税务行政处罚裁量权规范 2018年7月5日，市税务局新税务机构挂牌当日，发布《国家税务总局南京市税务局关于发布〈税务行政处罚裁量基准操作标准〉的公告》（公告2018年第6号），统一全市税务系统行政处罚裁量基准，便利基层税务机关的操作。落实省税务局“一事不二罚”要求，针对机构改革过渡期间特殊性，协调稽查、风评及日常管理部门的衔接，先后下发《国税地税征管体制改革过渡期办税服务厅税务行政处罚若干问题的解释（一）》和《国税地税征管体制改革过渡期税务行政处罚若干问题的解释(二)》,明确操作流程、统一工作标准,通过人员互派、信息互通等方式,逐步实现从“二人二机二系统”(原国税地税各一个执法人员、各一台操作机器、各一套操作系统)向“一人一机二系统”(一个执法人员、一台操作机器、同时开展两个操作系统的操作)转变。全市税务系统行政处罚工作做法被2018年7月4日的《南京日报》A03版报道,文章名为《税务行政处罚一把尺子量到底》。(葛 龙)

税收规范性文件清理 2018年,市税务局根据国家税务总局和省税务局统一要求,开展涉及国税地税征管机构改革有关规范性文件的清理工作,统一执法依据。由政策法规处牵头,各业务处室和市税务局所属各基层单位共同参与。2018年7—8月,市税务局组织专门人员集中办公,开展清理工作。经清理,原市国税局、原市地税局共有税收规范性文件97件,废止80件,继续执行1件,重新制定2件(于7月5日市税务局新机构挂牌当日重新公布),修订2件(于7月5日市税务局新机构挂牌当日通过修改文件的方式公布),不列入清理范围12件。涉密政策性文件原市国税局共有8件,废止1件(7月4日原市国税局以目录形式对外公告),继续执行7件(于7月5日市税务局新机构挂牌当日以新机构名义重新对外公布);原市地税局共有4件,全部废止(7月4日原市地税局以目录形式对外公告)。(葛 龙)

涉税争议案件应对 2018年,国税地税征管机构改革后,以原市国税局、市地税局及所属各机构为行政主体的涉税争议案件统一由市税务局继承,市税务局集中处理遗留案件,确保涉税争议案件应对不受机构改革影响。2018年7—12月,全市税务系统新发生行政复议10件、一审行政诉讼案件14件,市税务局及时纠正错误行政行为,解决矛盾争议,维护征管秩序和征纳关系,减少负面舆情。市税务局新机构挂牌后,针对缴费人不服社保费征收等案件,市税务局严格落实中央有关文件精神,妥善处理。2018年,税务案件争议焦点从以执法程序为主向税法实体争议转变,从单一税法争议向税法与其他法律关系争议转变,争议解决难度增加。市税务局着力事前预防化解,建立争议迅速反馈机制,加强对基层的争议应对指导,统筹协调属地局和稽查局应对,提前化解纠纷10余起。(刘 青)

重大税务案件审理 2018年7—12月,市税务局继续推进原市国税局、市地税局的重大税务案件审理工作。2018年,全市税务系统市、区二级税务局和市局所属稽查局共发生稽查案件数1614件。两级重大税务案件审理委员会审结重大税务案件921件,涉税金额约1.56亿元、罚款约2.18亿元,其中,市税务局重大税务案件审理委员会审结重大税务案件883件,涉税金额约1.24亿元、罚款约2.08亿元。因国税地税征管机构改革影响,全市稽查系列清理大量积案,立案检查“双打”(打击骗取出口退税和打击虚开增值税专用发票)案件521件,市税务局重大案件审理工作量大幅增加。2018年,市税务局重大税务案件审理中涉及“双打”案件856件,经市税务局审委会和市稽查局共同审查,稽查认定对外虚开发票34847份,认定接受虚开709份。(李 晶)

“税惠通”系统在政务平台上线 原市地税局主导开发“税收优惠政策垂直搜索系统”,方便纳税人查询税收优惠政策,加强税收优惠政策的贯彻落实。2018年,国税地税征管机构改革后,市税务局政策法规处牵头将原市地税局“税收优惠政策垂直搜索系统”升级改造为“税惠通”税收优惠政策搜索查询系统,对政策数据库进行补充完善,充实涉及原市国税局业务的优惠政策,清理过期或失效的优惠政策,对优惠政策汇编进行修订。在改造升级的基础上,市税务局与市政务办和市信息中心对接,将“税惠通”税收优惠政策搜索查询系统接入“我的南京”手机应用软件和“江苏政务服务网”中“南京旗舰店”栏目,方便市民查询使用。该系统共有有效税收优惠政策683个,有效优惠条款967个,优惠政策汇编文件28个,并将持续更新。(陈睿祺)

(责任编辑 张 梦)

纳 税 服 务

综 述

概况 2018年7—12月，市税务局围绕“深化‘放管服’改革，不断优化营商环境”这一主线，全面落实国地税征管体制改革要求，切实提升纳税服务能力。开展纳税服务整合，完成办税服务厅和12366的整合任务；落实新机构新服务要求，针对纳税人反映强烈的办税堵点难点，开展了全市范围内的纳税人办税堵点难点排查；认真落实《办税事项“全程网上办”清单》及《办税事项“最多跑一次”清单》，积极引导纳税人选择网上办税、自助办税、邮寄办税、移动办税等非接触式服务渠道，有力减轻了各基层和实体办税厅的工作压力，非接触式办税比率达到88%；加强全市办税服务厅办税秩序的管理，通过定期发布叫号数据、实时监控纳税人等待时长和业务办理时长预警、加快窗口办理速度、一次取号内部流转、开展预约办税等措施，不断降低纳税人等待时长和业务办理时长；发挥纳税服务效能监测系统的效用，对四大类48个事项进行“全流程”监测，2018年全年对所监测的业务短信访问纳税人184084次，收到纳税人短信回复15652条，对未短信回复的纳税人电话访问155849次，满意率达到100%；不断强化宣传辅导，发布了《南京市国税局2017年度纳税服务报告》，按季发布《纳税人学堂计划》，按月发布全市纳税人学堂实体培训场次信息，为纳税人免费提供热点政策培训和办税操作辅导，做好个人所得税改革培训辅导工作，对重点群体包干到户辅导，全市共组建专业团队68个，成员432名，共举办各类培训437场，实现有税申报纳税人培训全覆盖；全面落实市委市政府关于优化营商环境工作的要求，《南京市优化营商环境100条》中市税务局直接落实的10项举措和配合落实的4项举措全部落实到位。通过上述措施，有力提升了纳税人的满意度，增强了纳税人的获得感。在机构合并后国家税务总局组织的首次纳税人满意度调查中，市局以综合得分87.08分获得全国省会城市纳税人满意度第二名。（史玉珠）

办税服务厅整合 在5月1日实现“一厅通办”的基础上，进一步推进办税服务厅整合，制定了《南京市办税服务厅整合工作方案》和《关于加强纳税服务工作现场管理的通知》。统一办税服务厅环境建设，对办税服务场所进行整合优化，原27个综合性办税服务厅整合为15个；规范标识标牌，统一设置办税服务厅公告栏、宣传资料架、电子显示屏等宣传设施；统一设置“发票管理”和“综合服务”两类窗口。开展内部人员培训，以集中授课、讨论交流和自我学习相结合，充分利用各种碎片化时间，开展结对互助，并及时对学习情况进行测评，促进工作人员尽快掌握原国地税业务，全面实现“一人一窗”办理业务。建立导税团队，统一导税服务，实行资料预审，避免纳税人无效等待，提高窗口办理效率。全面落实了综合业务“一窗通办”“一事不二罚”和相同业务事项“一次申请、一套资料”的要求。（史玉珠）

落实新机构新服务要求 制定《国家税务总局南京市税务局“新机构 新服务 新形象”服务建设提升专项活动实施方案》，采取调查问卷、走访调研、纳税人座谈会等多种形式，深入了解纳税人需求，同时充分收集一线税务工作人员工作需求；通过需求分析，细化各项工作任务，统筹推进落实，确保各项措施取得实效；总结好典型、好经验和好做法，逐步形成较成熟、可推广的管理制度体系、运行机制及服务举措，不断改进完善纳税服务工作。针对纳税人反映强烈的办税堵点难点，开展了全市范围内的纳税人办税堵点难点排查。重点对税务注销、服务制度落实、政策宣传辅导、优惠政策落实、“最多跑一次”落实、办税厅现场管理等12个方面36项问题，通过各区局自查和全市层面的交叉检查进行了逐个排查，同时通过走访纳税人和召开座谈会的形式收集纳税人意见建议。经过全面排查，共发现6个方面13项办税堵点难点，其中5项已完成整改，8项提交省局研究解决。

（史玉珠）

优化税收营商环境 对《南京市优化营商环境100条》中的工作任务进行分解落实，制定了《国家税务总局南京市税务局关于优化营商环境工作实施意见》。对100条中市税务局直接落实的10项举措和配合落实的4项举措，逐项规定了工作任务和责任部门，并全部落实到位，主办的10条举措包括：涉税业务“一厅通办”、涉税问题“一键咨询”、办税“全天候、足不出户”、频发业务“套餐式”办理、领用发票邮递配送、办税容缺受理、办税和社保费申报“免填单”、企业所得税优惠备案资料免报送、扩大退税当场办结，减少退税流转环节、税收优惠精准导航服务。做好“纳税”指标的情况报送和监测工作，按月对注销、新办企业办理套餐情况、发票领用“不见面审批”情况进行梳理和总结报送，向市政府报送办理时限、所需提交的申请材料等情况。新办企业办理时限大幅缩短，2018年12月，全市新办企业业务准期办结率达到99.85%，办结平均用时0.4天。发票领用“不见面审批”占比逐渐提高，12月份已达80.61%。落实国家税务总局进一步优化办理企业税务注销程序的要求，对符合免办条件的纳税人免予办理清税证明，对符合即办条件的纳税人即时出具清税证明，对其他纳税人优化注销流程，在纳税人未结事项办结后20个工作日内完成审核手续。

（唐　恬）

纳税人满意度 分析2016—2017年南京在国家税务总局两次调查中各项指标的得分情况，查找薄弱环节，有针对性地优化纳税服务。制定迎查方案，编制2018年纳税服务宣传通稿，向纳税人宣传市税务局的纳税服务举措，加强征纳互动，增进纳税人对税务机关纳税服务工作的了解。此次调查为国地税合并后国家税务总局开展的首次调查，共调查了27个省会城市，南京市位列第2名，得分为87.08分。

（朱宗启）

纳税信用建设 在完成2017年度纳税信用等级评价工作的基础上，经复核及人工调整，最终确定A级纳税人22890户，占比6.552%；B级纳税人133880户，占比38.324%；M级纳税人181728户，占比52.021%；C级纳税人5005户，占比1.433%；D级纳税人5833户，占比1.670%，全市纳税信用等级AB级户次较上年增加50103户。依托省税务局“小微企业银税互动服务”平台，开展“银税互动服务金融街”宣传服务，全市38家签约银行先后推出35款金融服务产品，累计为全市28184户A、B级中小微纳税人成功授信237.34亿元。配合政府做好“七日双公示”“红、黑”名单等信用信息报送、以及相关部门评审评先评优工作的协调配合等工作，全市税务系统信用建设工作入选全市第一等次。

（史玉珠）

（责任编辑　张智威）

税收宣传和纳税咨询

概况 2018年，纳税服务中心一方面落实机构改革各项要求，统一干部思想，调整资源配置，确保本部门各项调整及时到位；另一方面，立足中心职能，细化业务分工，创新服务手段，不断加强宣传、咨询、舆情应对以及投诉处理等工作。

筑牢阵地，打造精品，税收宣传持续加强。一是整合资源，巩固宣传阵地。加强与主流媒体的互动交流，整合报纸、电视台、电台、网站等固定宣传阵地资源，加强协同运作。围绕环保税开征、国务院六项减税、小微企业所得税优惠政策扩围、研发费用加计扣除标准提高、增值税改革、个人所得税改革等纳税人关注的热点政策，展开重点宣传。加强税收助力经济发展宣传工作，在各大主流网站、媒体上发布稿件，展现南京税务部门在落实减税降负、服务民营经济上的举措与成绩。全年制作南京电视台地税直通车栏目5期、南京日报税务专版12期、南京新闻广播电台走进直播室12期。二是创新手段，打造宣传精品。开展“青年梦税月情”在宁高校大学生税收辩论赛、税法进校园和发布公益广告等形式多样的宣传活动。围绕“优化税收营商环境 助力经济高质量发展”主题，面向全社会及系统内征集税收宣传作品创意，选取优秀创意运用到公益广告中。微电影《点灯》获南京市社会主义核心价值观主题微电影评比活动二等奖。开展税收夏令营、文博之夏等贴近青少年的活动，加强志愿者团队建设，发挥博物馆宣教功能。一名讲解员获市文广新局主办的全市博物馆讲解员大赛第6名。三是防控舆情，维护税务形象。在舆情常态化管理基础上，重点关注机构改革期间系统内外舆论情况，全面监测，及时报告。加强与政府、网信办、媒体的沟通，做好舆情风险防范工作，全年无重大涉税舆情事件发生。编发《涉税舆情周报》24期，监控和处置涉税舆情34件。

夯实基础、整合平台，咨询服务更加便民。一是夯实基础，提升服务质效。加大培训及质检力度，组织业务交叉培训73场次，提升咨询人员业务水平。全年咨询总量为67.20万次，其中语音接听量41.52万次，自动语音12.90万次。网络咨询12.78万次。语音咨询接通率为88.02%。制作政策汇编、热点问题集，定期向系统推送。全年收集热点问题633条，制作政策汇编136条，热点问题集3期，并定期向系统推送。维护知识库系统1608条，统一解答口径。按月编写税情分析报告，向全系统提供建议14条。承担省局12366咨询电话抽检、省局知识库维护、省局网站在线咨询等工作。编印2017版《轻松纳税》，补充典型案例，突出时效性、指导性和操作性三个特点，发行5000本。二是整合平台，调整工作机制。制定南京特服号规范化管理制度，调整南京特服号市区两级管理机制，明确岗责要求，确定业务流程，确保全系统特服号更加顺畅地为纳税人服务。完成热线系统合并上线工作，实现税收业务“一键咨询”。合并后的服务热线使用总局最新版的12366系统软件，为纳税人提供全面准确的税费咨询服务。

强化机制、跟踪管理，权益保护细致高效。一是建立机制，规范工作流程。迅速建立投诉举报工单处理的业务办理机制，召开专题会议，传达“12345”、“12366”投诉举报工单处理工作的规范化管理要求和考核要求，对重点工作流程、重要工作指标进行了细致讲解分析。二是跟踪管理，及时反馈结果。建立工单办理群组，交流工作疑问及需要沟通协调的事项，方便工单的实时处理。对于各局工作办理的情况每周进行点评，及时反馈处理结果，确保相关问题及时解决。全年转办各类12345工单7068件，按时办结率99.60%，综合满意率96.73%，位居全市千件以上职能部门前列。接受、转交“12366”投诉举报工单2013件，办结率超过90%。（王赟超）

南京税收博物馆宣教活动 南京税收博物馆作为行业博物馆，2018年继续开展税收文化传播和税收历史传承相关工作。一是面向青少年开展税法启蒙教育。组织税务干部和大学生志愿者在琅琊路小学、石鼓路小学等39所小学的班会、校本课上进行50余次“开启税收文化之门”的税法启蒙讲座。二是组织税务干部和大学生志愿者在寒暑假期间开展26次“税收探索之旅”“税法研学营”以及“税收文化体验营”等税法宣教活动。其中，“开启税收文化之门”进校园志愿服务项目和“税收文化体验营”志愿服务项目被南京市文明办评为2018年度志愿服务优秀项目。三是开展大学生“税收文化知多少”主题读书日系列活动。组织东南大学成贤学院、药科大学等学生在南京税收博物馆多功能厅举办税收文化轻阅读活动，通过观看展馆文物、分享和推荐《南京税收历史趣闻轶事》和《中国税收历史文化》等书籍的轻阅读，让大学生们边看边听边讲中感受税收历史，学习税收知识。四是根据市文广新局、市社科联、市文化局等上级主管单位工作要求，开展各项主题活动、按时报送相关材料、表单，确保符合博物馆各项工作要求。1名讲解员获得由南京市文化广电新闻出版局组织的“2018年南京市博物馆讲解员大赛”第6名。（丁　兴）

税收宣传视频摄制保障 围绕中心工作做好各项摄制宣传保障。一是提升宣传影响力。组织拍摄了廉政微视频《底线》，组织拍摄了系统工会活动宣传片，组织拍摄了《那些美好》等三部税收公益广告片，通过南京电视台、微信公众号、微博、网站、地铁、公交等多渠道推广播放，提升宣传影响力。二是打造宣传精品。制作拍摄的微电影《点灯》参评南京市委宣传部主办的南京市社会主义核心价值观主题微电影评比，获得二等奖。三是做好各类摄制保障。为全系统各类重点会议、培训、活动等工作做好各项摄制保障工作，通过现场录制、后期编辑整理，将摄制内容作为资

料保存至媒资系统，确保资料完整、安全存放、随时调取。（丁 兴）

税收宣传创意征集活动 围绕“优化税收营商环境 助力经济高质量发展”的税收宣传主题，面向全社会及系统内开展了税收宣传作品创意征集活动。本次活动共征集内、外部创意137篇。其中，外部98篇（剧本类32篇、视频类5篇、音频类13篇、图片类45篇、其他类3篇）；内部39篇（剧本类35篇、视频类2篇、图片类2篇）。南京局邀请了高校教授、媒体代表等外部专家，对内共评出《绿水青山 税来守护》《满满的幸福》《税收助力人才大战》等一等奖3名;《最美的“税”字在哪里》等二等奖10名;《手绘二维码》等三等奖15名。对外评出《足额缴税 国富民强》《纳税意识从小抓起》等一等奖2名、《国家建设离不开他》等二等奖5名、《诚信纳税，是一个人最好的信用证明》等三等奖10名以及入围奖10名。（丁 兴）

税收咨询服务 一是加强咨询服务。加大培训及质检力度，组织国地税业务交叉培训42场次。全年咨询总量为67.20万次，其中，语音接听量41.52万次，自动语音12.90万次。网络咨询12.78万次。语音咨询接通率为88.02%。制作政策汇编、热点问题集，定期向系统推送。全年收集热点问题633条，制作政策汇编136条，热点问题集3期，并定期向系统推送。维护知识库系统1608条，统一解答口径。按月编写税情分析报告，向全系统提供建议14条。承担省税务局12366咨询电话抽检、省税务局知识库维护、省税务局网站在线咨询、全省新进咨询员培训等工作。二是拓展咨询渠道。编印2017版《轻松纳税》，补充典型案例，发行5000本。完善“南京地税掌上微税厅”服务平台，开发涉税信息推送、查询、办税以及后台在线咨询等功能。三是制定南京特服号规范化管理制度。完善南京特服号市区两级管理机制，明确岗责要求，确定业务流程。（王赟超）

（责任编辑 张智威）

税务稽查

概况 2018年7—12月份，市税务局围绕税收中心工作，推进机构改革，坚持依法治税，严厉打击各类税收违法行为。据统计，2018年，南京市税务局稽查系列共计立案检查962户，审结案件1614户，查补收入11.46亿元，入库收入11.06亿元，入库率96.51%。

发挥稽查职能。开展国家税务总局重点税源集团随机抽查，开展股权转让、发票打假等专项整治。开展市级重点税源随机抽查，对174户企业重点检查。加强大要案查处，2018年，查补百万元以上案件20件，其中，千万元以上案件5件。打击发票违法犯罪，2018年，南京市税务局稽查系列共涉及打虚打骗立案检查案件521户，认定对外虚开发票近3.49万份，金额55.27亿元，税额8.9亿元；认定接受虚开709份，金额5207.93万元，税额864.89万元。持续推进积案清理，积案清理率为91.33%。

提升稽查效能。实施审理提前介入，完善落实三级会商制度，建立全市审理定期交流机制，审理质效稳步提升。加强稽查“双随机、一公开”机制（随机抽取检查对象、随机选派执法检查人员和抽查情况及查处结果及时向社会公开）运行和双随机平台应用，按要求在外部网站公开随机抽查情况。根据中央、省、市工作部署，开展扫黑除恶专项斗争工作，铲除黑恶势力滋生的经济土壤。

加强协作共治。加强与公安等部门协作。进一步加强数据交换，精准打击虚开发票违法犯罪。推进“黑名单”（重大税收违法案件）及联合惩戒。2018年，南京市税务局稽查系列共上报重大税收违法案件“黑名单”32件。

加强人才培养。通过问卷调查形式，向基层稽查局调研干部培训需求，于12月3—7日和12月10—14日分两批次，开展全市稽查系列骨干培训班，在南京税务干部培训学校分别教授原国税和原地税业务知识，全市稽查系列共132人参加。

（徐曼曼）

国税地税征管机构改革 落实国家税务总局王军局长关于税务机构改革期间“四个确保”（确保税务干部队伍稳定、确保税收收入平稳增长、确保征纳关系和谐、确保班子遵规守纪）要求，传达贯彻市税务局部署，市稽查局按要求于7月5日正式挂牌成立。组织全市税务系统稽查系列做好各项业务衔接工作：一是处理未结案件，梳理原国税地税双方未结案件，按所在环节一一明确责任人，按新设机构职能及时下发；二是做好过渡期业务衔接，按照国家税务总局、省税务局改革过渡期稽查执法衔接工作要求，认真调研，根据工作实际，制定发布《国家税务国家税务总局南京市税务局办公室关于做好国税地税合并稽查业务衔接工作的通知》。7月17日，市税务局组织召开为期1天的全市税务系统过渡期稽查执法相关工作部署培训会，原市国税局各稽查局和原市地税局稽查局及所属分局、原五区（浦口区、六合区、高淳区、溧水区和江宁区）国税局稽查局、地税局稽查局相关人员共120余人参加。10月30日，组织召开南京市税务局专项工作布置暨稽查工作推进会落实到位，对各稽查单位反映的问题，及时制定解决办法，保障过渡期稽查执法工作有序推进。

（徐曼曼）

稽查重点检查任务 一是完成各项重点检查。按照国家税务总局、省税务局稽查局部署，制定开展上2017年度省、市重点税源企业随机抽查重点检查阶段工作的方案，召开全市稽查系列检查工作布置会，明确职责要求、检查时限。按月上报汇总重点检查阶段检查情况统计表及分户报告，适时跟踪监督，动态掌握案件检查进展。开展2018年度省、市重点税源企业随机抽查，完成国家税务总局重点税源集团105户在宁单位自查，根据自查情况确定重点检查名单。二是开展股权转让、医药行业、普票受票企业专项整治等专项检查工作，通过开展案头分析，摸清疑点。三是

开展其他各类专项检查，组织全市稽查条线开展成品油行业专项整治、扫黑除恶专项斗争工作。（徐曼曼）

打击发票违法犯罪活动 查处“4·16”“6·25”虚开专案，快速查结空壳企业虚开，以及6个虚开团伙案件。按照国家税务总局、公安部、海关总署、中国人民银行（以下简称“四部委”）关于打击虚开增值税发票、骗取出口退税违法犯罪两年专项行动（以下简称“两年专项行动”）要求的各批次集中打击行动。根据国家税务总局江苏省税务局、江苏省公安厅、南京海关、中国人民银行南京分行（以下简称“四厅局”）联合制定的《江苏省打击虚开骗税违法犯罪两年专项行动方案》，以及国家税务总局南京市税务局、南京市公安局、金陵海关、中国人民银行南京分行营管部（以下简称“四部门”）联合制定下发《南京市打击虚开骗税违法犯罪两年专项行动实施方案》文件要求，明确工作任务和承接单位，提出具体工作要求，积极做好“两年专项行动”要求的各批次集中打击行动。认真做好“鹰击1号”专案及职业化团伙犯罪专案部署查处，协调公安部门做好案件联合查办，确保“两年专项行动”取得实效。完成协查委托受托，2018年，市税务局协查信息管理系统发起委托协查专用发票47718份，涉及企业1815户（次），涉及金额69.16亿元，涉及税额11.68亿元，选票平均准确率为97.27%。全市共收到受托协查发票22041份，涉及企业1324户（次），涉及金额52.42亿元，涉及税额8.79亿元，累计214个月按期回复率为100%。开展协查专案调查，2018年已开展湖南长沙“11·25”虚开增值税专用发票案件、国家税务总局相关专案涉及企业协查取证等多项专案协查。（徐曼曼）

税务稽查积案清理 根据省税务局稽查局要求，全面梳理原国税地税稽查部门在手未结案件，市税务局稽查局逐一到全市各稽查单位开展调研，现场解决问题，多次不定期组织召开全市税务系统稽查系列积案清理专题会议，一案一议，分析积案形成原因，组织全市稽查系列统一行动、统一步骤，落实清理措施，实时监督并定期通报，推进案件结案。市税务局制定《国家税务总局南京市税务局稽查局关于加快清理稽查未结案件工作的指导意见》，成立工作领导小组，明确积案清理工作要求和时间安排。通过逐户形成明细清理底账，加强内外部工作联系，与内部税政、法规，外部的公安、法院等相关部门配合，推进案件高效办理。2018年，全市稽查系列待清理积案1073件，已清理980件，清理率91.33%。（徐曼曼）

扫黑除恶专项斗争 建立市税务局、区税务局和科所“两级三层”组织领导体系，保证机构、人员、场所和设备“四到位”。组织协调会、专题教育、测试，开展扫黑除恶专项斗争宣传。按照南京市扫黑除恶专项斗争有关要求，制定全市税务系统的专项斗争工作任务清单，召开全市税务系统扫黑除恶专项斗争推进会，对照南京市扫黑除恶工作考核细则，部署工作任务，明确扫黑除恶专项工作任务的承办单位和资料收集、报送等要求。设计制作专项斗争工作台账，开展行业和区域结合、内部和外部结合的线索排查梳理工作。配合协助政法机关查办案件，查询各类线索，重拳打击虚开骗税等涉税违法活动，完善实名制认证、增值税专用发票“快反”等行业性管理制度，铲除黑恶势力滋生的经济土壤。（徐曼曼）

稽查案件审理指导 一是建立全市审理工作定期交流制度。每季度开展审理疑难问题研讨交流及解答，定期收集全市各稽查部门在案件查办、案件审理、“金税三期”系统操作中存在的疑难问题，与相关部门处室沟通，提出解决问题的指导意见，促进全市税务稽查审理标准的统一。二是牵头草拟审理服务运行办法、集中案件审理实施办法，加强查审衔接制度的研究，着力做好稽查预审工作标准的统一、完善和推广运行。三是组织全市税务系统各稽查局上报优秀案例，并参加省税务局优秀稽查案例评比，被评为全省优秀稽查案例。四是启动全市税务系统稽查制度建设项目，组织人员梳理原市国税局、原市地税局稽查业务处理中的差异点，制定稽查规制建设计划，按紧急程度，分阶段、分步骤组织全市稽查业务骨干，草拟相关制度文件，逐步实现稽查执法的统一和规范。（徐曼曼）

（责任编辑 张 梦）

行　政　管　理

政务管理

概况　2018年，政务管理工作紧紧围绕全局中心工作，发挥职能作用，提高执行力，各项政务、事务工作有序开展，重点工作目标按期完成，多项工作继续保持先进或实现争先进位目标。

一、做好综合文稿工作

（一）组织开展机构改革综合组各项工作

一是承担组织协调工作，对接市税务局机构改革工作小组其他专项组、市税务局联络督导组等有关工作。按时编发市税务局税务机构改革工作事项清单落实情况报告，督促各项改革工作按时间表、路线图稳步推进。二是组织相关硬件设施的更新，顺利完成全市各级税务机关的机构挂牌，全面清理原市国税局、原市地税局的旧标识，完成新机构公章、业务章的刻制工作。三是落实改革期间信息宣传工作。根据省税务局内容要求，共计编发17期专题报告、89份各类信息以及6090份零报告，及时反映各单位各部门现实情况、经验做法和工作建议。

（二）做好综合文稿撰写工作

结合机构改革后的新情况新特点，加强税收工作研究，特别是机构改革期间，做好各类文件材料的组稿工作。全年共完成改革动员部署会、信访工作会议、处级干部培训班、信访舆情专题培训会、市长蓝绍敏年终调研慰问汇报、务虚会讲话等各类文件材料80多份。

二、加强督查督办

（一）迎接上级督查

迎接2018年国务院大督查，做好全市扩大创业投资及天使投资税收优惠政策试点等情况的汇总和自查。接受国家税务总局对省税务局减税政策及“放管服”改革措施落实情况督查的延伸检查，迎接省税务局减税政策及“放管服”改革措施落实情况督查。落实市委市政府关于落实优化营商环境100条措施情况专项督查的迎查工作。

（二）推进本级督查

组织开展机构改革期间“四个确保”（确保税务队伍稳定、确保收入平稳增长、确保征纳关系和谐、确保干部遵规守纪）和全年重点工作落实情况的督查，就实地督查中发现主要问题落实自查整改。向各区局派驻机构改革联络（督导）组，编写43期督导情况报告，促进各项改革工作按要求推进。持续开展督办工作，对8条人大建议、政协提案办理情况和市税务局2018年度57条重点工作任务完成情况开展督办。

三、加强信息宣传工作

（一）做好日常信息编报

在全年上报的信息中，被市以上信息刊物共采用503篇。其中，中办国办6篇，省委省政府83篇，省税务局29篇，市委109篇市政府276篇。中办国办采用6篇，市委南京快报专刊、今日重要信息和市府直报信息采用39篇。根据通报，2018年，市税务局信息工作在全市92个部委办局考核单位中，在市委积分502分名列第四，在市政府积分排名第一，在全省税务系统名列前茅。

（二）围绕中心宣传。

一是立足实际做好阵地宣传。1—12月份，编写刊发晨报专版25期，组稿195篇；完成办税服务厅“南京税务报道”播出视频新闻13期。二是组织品牌宣传项目，扩大税收影响。继续组织策划在宁高校大学生税收辩论赛，今年赛事历时44天，举办4轮次、18场比赛，决赛通过网络平台现场直播，全程近60万网友观看并参与现场互动问答。三是配合中心工作积极组织宣传。发挥媒体优势与作用，及时发布相关政策动态、解读操作实务，打造政策宣传交流平台。全年在《焦点访谈》用稿1篇，《人民日报》用稿1篇，《经济日报》用稿1篇；《新华日报》用稿8篇，《江苏新时空》用稿8篇，《新闻空间站》用稿2篇，江苏新闻广播用稿2篇,《中国税务报》用稿44篇(头版4篇);人民网用稿4篇,新华网用稿10篇,交汇点用稿7篇,凤凰网用稿10篇;《南京日报》用稿43篇(头版4篇,A2头条2篇),南京新闻用稿6篇,龙虎网7篇,南报网5篇。四是做好内外网站维护管理。做好机构改革期间“南京税务”内外网站的切换上线及信息发布工作,并及时开展自查,确保相关要求落实到位。全年审核稿件996篇,发布683篇。五是提升新媒体活跃度。机构改革期间,摸底、梳理全市系统新媒体账号情况,组织、开展账户注销、更名工作,在市级新机构挂牌前,完成市级、区县级新媒体账号的整合,共计注销账户19个,更名6个。

四、做好信息公开、舆情监控及信访工作

(一)推进信访办理

一是夯实信访责任。组织召开全系统信访维稳工作会议,明晰各级职责。二是做好信访防范处置。强化信访市、区两级联动应对,形成信访防范处置整体合力。三是控制疑难信访。机构改革期间,针对重点人员、重点群体制定应急防控预案,按日向省税务局报告情况,层层压实责任。四是规范信访办理。严格落实信访办理有关制度规定,做到件件有落实、件件有回应。2018年,全系统通过局长信箱、和谐信访网及领导接待日等渠道,共受理各类信访件243件。其中,受理人民来信38件,领导接待日接待各类来访80余人次,化解上门缠访闹访近10件次。

(二)落实政务公开

一是夯实公开基础。制定并分解落实2018年政务公开任务,完善政务公开考评指标,获得2017年度全市政府信息公开工作先进单位。二是开展公开试点。打造建邺区税务局成为全省税务系统模板、建邺区示范样本推广,获得国家税务总局、省税务局、市政府、建邺区等各级领导的肯定认可。三是改善公开质效。全年向市政府移交主动公开信息25条,报送相关文件100份。四是加强对基层岗位人员业务指导。

(三)抓好值班值守工作

一是严格落实机构改革期间值班工作要求,统筹安排督促检查。二是按月制定值班计划并挂网发布,提醒值班人员按时到岗。三是值班编排做到公正公平合理。

(四)妥善应对处置涉税舆情

制定《涉税舆情应对处置管理办法》,结合机构改革等重点工作,制定专项工作舆情应急预案;实时关注微博微信、网络问政平台等各渠道的敏感信息,及时转办并会同责任部门形成回应方案并及时回复。全年监控发现各类舆情39条,均得到较为及时、妥当的处置;协助国家税务总局处置舆情1件。

五、加强基础管理

(一)加强文件、会务和保密管理

按时清退上年度相关中央文件,按时进行网上和交通站公文交换,及时调整公文处理权限,加强对系统各单位公文处理的指导。落实上级有关会议管理规定,做好日常会议管理工作,严格会议管理审批。做好市税务局机关每周会议安排,完成全市税务工作会议等全局性会议活动的组织安排以及各类视频会议的协调安排工作。加强涉密人员管理,做好保密教育培训宣传工作。

(二)组织开展各项档案管理工作

完成2014年度历史档案移交及审核入库工作,完成20个基层单位及市税务局机关的历史档案移交工作,共接收文书类档案1231件,业务类档案32244卷。做好档案管理分析应对工作,形成档案管理模式对比分析评估报告。组织开展年度档案归档工作,加强监督管理和业务指导,定期通过档案软件系统查看基层单位工作进度,对部分单位实地检查发现的问题提出整改意见。

(沈　彤)

综合治理与安全管理　2018年7—12月,市税务局按照市委市政府统一部署要求,切实维护安全稳定,从严管理,采取一系列措施落实中央、省、市要求,不断加大社会管理综合治理和安全维稳工作力度,履行综治职能,为营造和谐税收环境打下坚实基础。加强目标责任和考核机制,健全综合网络,细化安全保卫工作部署,严格落实各项综治措施,开展内保工作。全市税务系统组织安全稳定自查工作,各级成立国家安全小组,层层落实责任,排查消除各类安全隐患,严防各类安全事故发生。提高突发事件应急处置能力,从源头预防,排查化解各类矛盾纠纷,全系统无刑事案件发生,无集体上访,未发生重大问题或事故。(沈　彤)

综合调研 2018年7—12月，市税务局组织开展工作调研，辅助落实局领导基层联系点综合性调研。了解上级重大决策部署在基层的落实情况，重点关注机构改革、组织收入、依法治税、纳税服务、全面从严治党等工作，督促指导联系点完善工作机制，提高工作质效，确保各基层单位完成全年各项税收改革发展任务。围绕机构改革、税收工作和基层建设中的重点、难点和热点问题，深入基层联系点调查研究，听取意见建议，丰富决策依据，提高决策水平。同时，帮助基层联系点总结新经验、研究新情况、发现新问题，寻求解决思路和办法。与一线普通干部、纳税人和缴费人进行面对面沟通交流，组织召开调研座谈会，了解基层单位、服务对象的真实情况，掌握一线干部思想状况，及时排查化解不稳定因素，确保全市税务系统干部队伍和谐稳定。结合优化税收营商环境工作要求，组织开展民营企业大调研大走访活动，市税务局领导带队深入企业调研，走访民营企业185户，召开座谈会17场，收集问题建议549个。组织开展2018年年终专题调研工作，分税收业务和行政政工两个专场，结合面临的形势与挑战，进一步总结经验、统一思想、凝聚共识，科学谋划2019年及今后几年税务工作思路。（史成娟）

督查督办 2018年7—12月，市税务局紧扣国税地税征管体制改革这一攻坚任务，有序组织各项督查和督办工作，推动上级各项工作部署和市税务局重点工作任务落实。

一是迎接上级督查。做好2018年国务院大督查迎查，市税务局督查办就全市扩大创业投资及天使投资税收优惠政策试点情况、为各类市场主体减负政策措施落实情况、优化营商环境及全面推行“双随机、一公开”（随机抽取检查对象，随机选派执法检查人员，抽查情况及查处结果及时向社会公开）等情况，汇总相关素材形成市税务局自查汇报材料。9月，市税务局接受国家税务总局对省税务局减税政策及“放管服”改革措施落实情况督查的延伸检查，按督查组要求做好规定动作，配合履行督查职责。10月，省税务局对市税务局开展减税政策及“放管服”改革措施落实情况督查，市税务局就督查组发现的问题制定整改方案，督促相关处室落实整改措施，按时报告整改情况。此外，市税务局还做好市委市政府关于落实优化营商环境100条措施情况专项督查工作。

二是推进本级督查。主要围绕国税地税征管体制改革推进情况组织开展督查，具体形式是市税务局党委派联络（督导）组，指导和督导各区局机构改革工作。上半年，贯彻落实王军局长在各省国税局、地税局及各司局主要负责人打招呼会议上的讲话精神，全面检验税务机构改革推进实施工作中，“四个确保”（确保税务队伍稳定、确保收入平稳增长、确保征纳关系和谐、确保干部遵规守纪）的要求是否得到不折不扣地执行；市税务局组织对原国税系统15家属地局开展机构改革期间“四个确保”和全年重点工作落实情况的督查，实现对属地局的督查全覆盖，有力地保障改革任务与日常工作“两不误、两促进”。就实地督查中发现的2大类8个主要问题，督促相关单位自查整改。7月11日，市税务局向各区局派驻联络（督导）组。市税务局税务机构改革工作小组综合组安排专人与各督导组对接，及时收集、汇总各单位改革工作落实情况，反映答复各类问题建议，促进各项改革工作按时间表、路线图顺利推进。综合组负责收集各督导组的工作动态及各派驻单位的经验做法和工作建议，共编写43期联络督导工作情况报告。

三是开展工作督办。运用省税务局督查督办系统，对8条人大代表建议、政协委员提案办理情况，市税务局2018年57条重点工作任务完成情况开展督办，按时办结率达100%。（游敬华）

政务公开 2018年7—12月，市税务局结合国家税务总局、省税务局对政务公开工作提出的新要求及市税务局政务公开工作面临的新形势，在全面有效衔接融合原市国税局、原市地税局相关工作的基础上，建立健全改革期间政务公开工作制度机制，推动建邺区税务局基层税务机关税收管理事项政务公开标准化规范化试点工作，不断提高全系统政务公开工作水平。7—12月，通过官方网站审核发布主动公开信息372条，办理依申请公开32件，依申请有效办结率100%。

一是夯实公开基础。围绕省税务局、市政府政务公开工作新要求，结合工作实际，建立政务公开工作领导小组，制定并分解落实2018年政务公开任务，明确工作责任及完成时限。按照省税务局改革期间公开具体要求，按时限、分步骤、有计划地落实公开工作，及时公开机构挂牌、职能及领导干部等信息，确保改革事项有效落实。对于疑难公开事项，建立由办公室牵头、法规处、相关业务处室及相关基层单位共同参与的协调工作组，做好涉法涉诉风险点防控。进一步完善政务公开考评指标，提高考评针对性。在全市政务公开评比活动中，获得2017年度全市政府信息公开工作先进单位。二是开展公开试点。根据省税务局、市政府对政务公开标准化规范化试点工作要求，加强与省税务局、市政府相关部门沟通汇报，做好对建邺区税务局试点工作支撑指导。该局试点工作被作为全省税务系统模板、建邺区示范样本推广，试点经验得到国家税务总局、省税务局、市政府、建邺区等各级领导的认可。经过试点实践，建邺区局形成由行政许可、公告政策、执法信息、纳税服务4大类15项内容组成的一、二级税收管理事项主动公开目录体系，制定行政权力、行政责任及公共服务三张清单共126项，行政权力目录701条、公共服务事项目录10条及办事指南10项。撰写的试点经验材料被省税务局简报、市政府简报、市税务局简报刊用，相关论文在2018年税务学会优秀论文评选中获一等奖。三是改善公开质效。深入扩大政务公开视角、触角，注重政务公开与实际工作、纳税诉求的紧密结合，充分发挥传统平台和新型平台传播媒介效用。利用官网、电视电台、微税厅、政务微博等重要平台，主动公开发布机构改革情况、最新涉税信息及政策解读，按月向市档案馆移交主动公开信息及统计报表，回应公众关切，呼应公众信息诉求。7—12月，共向市政府移交主动公开信息25条，报送相关文件100份。四是加强沟通指导。针对新机构成立后政务公开工作面临的新形势新要求，主动加强对基层岗位人员业务指导，积极协调解决基层面临的疑难问题，提高基层单位人员政务公开工作处置能力。对照机构改革期间有关工作计划及工作安排，梳理各阶段涉及基层单位的政务公开工作重点，从时间、内容到格式统一规范要求，及时做好信息公开提醒，确保全系统政务公开工作平稳有序开展。　（付宪国）

信访管理　2018年7—12月，市税务局全面落实国家税务总局、省税务局有关工作要求，围绕机构改革工作，树立安全稳定红线意识，加强主动防控，注重预先防范，加强跟踪排查，从早从严从紧抓好信访防范处置工作。全系统通过局长信箱、和谐信访网及领导接待日等渠道，共受理各类信访件243件。其中，受理人民来信38件，领导接待日接待各类来访80余人次，化解上门缠访闹访10余件次。

一是落实信访责任。组织召开全市税务系统信访维稳工作专题会议，落实国家税务总局、省税务局对机构改革期间信访维稳工作的有关要求，进一步认清改革期间信访工作面临的新形势、新情况，理清工作思路，明确工作要求，进一步压实“一把手”负总责、属地化办理、局领导包案等信访管理制度原则，形成自上而下、协同合作、畅通高效的责任链。二是加强信访防范。加强信访市、区两级联动应对，对急需市税务局层面解决的事项，实行挂牌督办，明确答复时限，形成信访防范处置整体合力。加强对重点信访人来信来访管理，全程跟踪督办，交办处置信访事项。严格落实办理时限要求，做好信访回复，依法办好相关信访事项。注重主动服务和积极引导，记录分析访民诉求，做好解释说明，进一步提高信访矛盾化解成效。2018年7—12月，全系统未发生进京访、群体访事件。三是控制疑难信访。针对市税务局挂牌、各区税务局“三定”（职能配置、机构设置和人员编制规定）等重要改革时点，开展事先排查研判、预先主动化解工作，组织全系统开展信访情况排查梳理，针对重点人员、重点群体制定应急防控预案，按日向省税务局报告情况，确保责任到单位、到岗位、到人员。针对重点信访事项，组织相关部门及属地局召开多次专题会议，研究商讨具体解决办法，防范化解突出信访矛盾。落实领导接待日制度，对化解难度较大的信访事项，注重规范化办理，主动做好解释说明，加强全面协调沟通，争取信访人理解和支持，妥善化解信访矛盾。四是规范信访办理。严格落实信访办理有关制度规定，进一步规范信访件办理流程，加强受理、答复等关键环节审核把关，规范信访办理文书格式，落实属地化办理责任，确保件件有落实、件件有回应。加强信访数据资料报送，按月做好数据统计，每月25日前向省局报送信访月报，6月30日前、12月4日前分别向省税务局报送信访情况半年、全年分析报告，确保信访工作整体稳步有序推进。（付宪国）

保密管理 2018年7—12月，市税务局落实机构改革要求，围绕税收中心做好保密管理。一是严格落实机构改革期间保密工作要求，将保密工作作为政治要求列入机构改革全程管理，通过政治学习、会议要求、管理跟踪等进行监管；同时，改革领导小组及各专项改革小组全部签署改革保密承诺书，明确履行改革期间保密责任，保障机构改革稳定开展。二是紧抓干部保密责任。新机构成立后，建立市局保密工作委员会，并成立联络组，全员签订保密承诺书，确保保密领导、保密管理工作无缝衔接。三是加强保密宣传教育。紧抓领导干部带头，把学习保密知识和加强保密教育列入局党委学习重要内容，突出对班子成员的保密主体责任和领导责任教育。强化案例警示教育，组织《国家税务总局办公厅关于部分单位泄露税务工作秘密情况的通报》的专题学习，以案例警示的形式宣传保密工作的重要性和严肃性。组织系统保密工作会议，深入贯彻落实国家税务总局、省税务局保密工作要求，完善系统保密制度建设。四是完成市级税务系统《国家秘密一览表》的修订工作。五是加强涉密文件管理。按照涉密不上网、上网不涉密的原则进行公文电子和纸质的分道流转，做好派生定密公文处理。（束 勇）

公文管理 2018年7—12月，市税务局围绕中心工作，严格机要文电管理。一是根据国税地税征管体制改革统一部署，按照“三定”（职能配置、机构设置和人员编制规定）规范，完成新旧公文系统衔接和逾4000人的人员信息、公文权限配置等维护工作，完善新公文处理系统各类发文维护，统一机关发文规范。二是坚持规范性原则，加强文件流转。及时签收、登记、传递公文，杜绝文件滞留，做好急件的提醒、跟踪和反馈，自机构成立以来，共登记各单位来文3427件，其中，涉密件272件。三是坚持及时性原则，落实各类会议通知250余件。四是坚持有效性原则，严格公文质量。按照《全国税务机关公文处理办法》，把好公文审核、编号、封发关，自机构成立以来，正式上报、下发各类公文261件。五是严格印信管理。自机构成立以来，使用印信2100余次。（孟 菲）

政务信息工作 2018年7—12月，市税务局围绕国税地税征管体制改革、组织收入、营改增全面推行等各个时期的中心工作，做好政务信息编报，确保政务信息渠道畅通，为税务系统内外各级领导决策提供参考信息。从本级看，全方位、多渠道、多层次收集信息，共编发《南京税务简报》22期，编发《国税地税征管体制改革进展情况》74期。在信息编报中，坚持报送重点税源行业企业税收增减变化情况，同时围绕最新政策的变化、结合热点难点，积极组织相关信息，及时向上级单位提供第一手情况。在上报信息中，被市以上信息刊物采用325篇。其中，中共中央办公厅、国务院办公厅采用3篇，分别是：《江苏反映前三季度汽车行业发展总体良好但仍面临资金、用工等问题亟待解决》《江苏反映环保税正向减排激励机制成效初显但落实中也存在三方面困难》《江苏调查反映前三季度钢铁行业运行良好但仍面临四方面困难问题》。中共江苏省委、江苏省人民政府采用61篇，主要有《江苏调查反映今年前三季度石油化工行业运营稳中向好但仍存在五方面困难》《前三季度我省上市公司整体发展态势良好部分公司经营困难》《江苏反映民营企业和小微企业对国务院常务会议加大金融支持缓解融资难融资贵问题反响热烈》《基层外贸企业反映在通关过程中面临的困难问题及建议》。省税务局采用22篇，主要有《南京市税务局提升站位抓作风聚神聚力保改革》《南京市税务局践行税务精神凝聚改革动力》《南京市税务局抓好三项工作为改革护航》《南京市税务局总结经验完善机制确保各项工作规范有序运行》。中共南京市委、南京市人民政府采用239篇，主要有《江苏反映上半年汽车行业逐步回暖、企业生产保持加快态势》《我市税务部门平稳过渡机构改革后首个征期》《江苏调查反映三方面因素导致药企开展仿制药质量和疗效一致性评价进展缓慢》《基层反映当前民营企业发展面临三大难题》。从质量上看，全系统加大专题调研信息上报力度，为上级领导科学决策提供参考，被南京市委市政府采用专报、直报信息22篇，主要有《江苏反映今年上半年电子行业运行平稳向好但受电子产品价格下跌影响行业利润呈下滑态势》《江苏调查反映石油石化行业上半年生产经营总体平稳但受环保政策影响明显》《江苏调查显示企业当前社保费压力较大 企业期盼后续征缴扩面与费率下调并举进一步减轻负担》《江苏省压减电力用户办电时间优化营商环境成效明显但行政审批“协调难”和资料信息“共享难”问题仍然存在》。截至2018年年底，市税务局政务信息工作已连续15年在中共南京市委、南京市人民政府和省税务局蝉联一等奖。

（蒋晓东）

税收经济分析 根据国税地税征管体制改革统一部署，市税务局于2018年9月正式成立税收经济分析处，主要承担税收经济分析工作制度制定，参与建立并落实税收经济分析指标体系，运用税收数据对本地区经济运行情况开展动态监测分析，开展国家和地区重大经济发展战略实施情况专题分析和本地区与国外、国内同类型地区的比较分析，组织开展税收政策效应分析，跟踪评估减免税等政策实施效果，统筹指导本系统税收经济分析工作等职能。2018年9—12月，市税务局加强税收经济分析工作，为全市经济和税收工作提供决策参考。一是尽快转变观念，找准工作定位。面向新机构、新形势、新要求，坚持“谋在高处、抓在要处、落在新处”，加强现有分析人员的协调与统筹，初步构建一支由原国税、地税从事税收分析、数据和技术管理、文字等工作的干部组成的税收经济分析队伍，推进税收经济分析各项工作开展。二是撰写分析报告。在市税务局各业务处室和数据部门的支持配合下，开展税收与经济大数据融合分析，将分析工作从服务税收提升到服务经济发展层面。完成《前三季度我市税收经济运行情况分析》《从税收视角看中美贸易摩擦对我市出口企业的影响》《透过税收视角看我市民营经济发展》《个人所得税改革首月政策效应分析》等4篇专题调研信息并上报市委市政府，其中《前三季度我市税收经济运行情况分析》得到市长批示肯定。完成1篇市政府交办的专项调研报告，配合省税务局完成全省高质量发展专题调研分析。三是做好税收分析基础工作。加强与基层联系，完善上下级纵向信息互通协调机制，基层税务部门落实“三定”（职能配置、机构设置和人员编制规定）到位后，迅速与基层对口部门联系，通过召开座谈会的方式，了解基层工作开展情况、工作打算及意见建议，向基层通报处室工作安排，形成上下级共抓税收经济分析的工作合力。做好与省税务局对口处室的沟通报告，参加省税务局培训和会议，了解工作动态，沟通工作情况。

（汪树强）

档案管理 2018年7—12月，市税务局在国税地税征管体制改革的新形势下，加强档案管理，妥善处置征管体制改革中的档案，研究制定档案处置方案，组织做好各类档案收集、整理和归档工作，统一布置文件清理与交接工作。一是加强档案全宗处置管理。对2018年7月5日国家税务总局南京市税务局正式挂牌前原国税、原地税档案按照挂牌前原国税、原地税要求于2018年12月前全部完成归档，封口管理。对挂牌后形成的档案统一按新单位名称建立全宗管理。二是严格档案交接管理。明确各基层单位档案交接工作要求和时限，交接双方对照移交清册逐项核对实物资料，确实无误后办理交接手续，接收方当日将实物资料入库上架，妥善保管。三是明确档案归属与流向。明确各基层单位合并后原单位解散或者一方存续其他方解散的，原单位档案由合并后的单位统一保管。新单位负责对各门类和载体档案实行集中统一管理，并建立档案清册。（郑 峻）

税收宣传

概况 2018年7—12月，市税务局围绕税收中心工作组织开展税收宣传，在巩固和加强已有宣传阵地的同时，创新载体，不断拓展税收宣传空间，成为税务机关与纳税人沟通的桥梁。编写刊发《南京晨报》税务专版25期，组稿195篇；完成7期《南京税务视频》的组织摄制工作；完成省税务局《中国税务报》《新华日报》《江苏经济报》《江苏新时空》《黄金时间》等各类宣传约稿89篇。7—12月，全市税务系统在各类媒体用稿145篇，其中：《焦点访谈》1篇，《经济日报》1篇；《新华日报》

4篇，《江苏新时空》3篇，《新闻空间站》1篇，《江苏新闻广播》2篇；《中国税务报》16篇；《南京日报》14篇，《南京新闻》3篇。

围绕国税地税征管体制改革工作开展主题宣传，特别是机构合并期间，组织《新税务带来新体验，纳税人获得感持续提升》《新税务挂牌，纳税人感受执法新气象》《国地税合并后首个征期纳税人畅享改革便利》《财务人员细算国地税合并成本账》《门打开了，心变近了》等系列重点稿件，并在《中国税务报》《南京日报》等平台上刊发。

协助省税务局参加国家税务总局举办的税收公益广告征集活动，报送动漫《水滴五》《企业健康发展，请定期财务“体检”》《点滴税收 汇聚幸福》及微视频《“税”的声音》《环保税之歌》《汇聚的力量》《那些美好》等7条作品。根据国家税务总局、省税务局“图说税事”及省委省政府、市委市政府“改革开放40周年图片展”工作要求，按照重要活动、重大成就、依法治税、税制改革、税务文化、税收党建、税收征管、纳税服务、队伍建设、党风廉政及其他等11个类别，组织报送各类图片1500余张。

按照《国家税务总局关于印发国家税务总局南京市税务局职能配置、机构设置和人员编制暂行规定的通知》，明确市税务局办公室与纳税服务中心宣传工作的侧重点，并依此对宣传平台进行梳理、整合与分工。

结合全年工作，搜集系统内单位和部门的先进人物、先进经验，以南京德朔实业有限公司等企业素材，组织拍摄全市税务系统2018年度工作总结宣传片。（徐智瑾）

网站与新媒体管理 2018年，市税务局坚持“互联网+”驱动，依托网站、微博、微信等平台，推进政务服务建设，打造“信息公开及时、政策宣传全面、在线办事便捷、公众参与高效”的信息发布平台。

完善管理机制。明确办公室扎口管理、多方协作的管理模式。办公室作为牵头部门，具体负责微博、微信的发布、监测、后续管理等日常运作，各部门、各单位明确专人组成运行支撑团队，主要负责与办公室的沟通联络、日常供稿、互动处理以及舆论引导等工作。

严格审核把关。严格网站信息发布审核制度，坚持先审再发、逐级把关，坚决不发布导向不清、来源不明、内容不准或涉及税务工作秘密（含内部文件）的信息，杜绝不良信息的传播。

保障信息维护。保持平台信息发布频率稳定，提高发布质量。发挥绩效考核作用，明确信息维护要求、责任部门，调动职能处室、基层单位积极性，围绕业务职能、重点工作、最新政策、社会热点等发布及时、权威、准确的资讯信息，确保信息发布及时并真实全面体现全局各项工作。加强互动栏目的定期检查和管理，对“12366”咨询、举报投诉等互动栏目的答复质量进行抽查，督促责任部门及时整改。

2018年，南京税务网站发布新闻稿件683篇；接收上级检测报告并及时完成整改反馈，回复网友纠错4件，均为“问题不属实”；按要求发布网站工作年度报表，向市政府有关部门报送《网站规范建设检查报告》《季度督查报告》《年度网站自评报告》。

南京税务微博微信围绕业务职能、重点工作，紧贴社会热点、结合多种形式、突出受众需求、强化趣味互动，先后组织了《一夜雪无的背后，他们在与风雪赛跑》《青年说》《一图看懂建筑业营改增那些事儿》《税率降了：5月1日后发票开具衔接问题实务操作》《营改增文件太多，特殊业务税目找不到？》等专题稿件，推出辩论赛辩题征集令、精彩赛况回顾、票选人气选手等配套活动，开展“清诚之约履约标兵评选”，举办4期“学税法赢红包”有奖答题活动。全年共计推出微信277期，发布原创稿件291篇，国家税务总局、《中国税务报》公众号采用3篇，省税务局采用31篇，多篇稿件被兄弟省市新媒体账号转载、引用。（吕 颖）

“南京税务”网站、新媒体账号更名上线 7月5日，市税务局新机构挂牌当天，“南京税务”门户网站、内部办公网站、微博账号、微信账号更名上线。原南京市国家税务局和南京地方税务局门户网站正式下线，国家税务总局南京市税务局网站作为国家税务总局江苏省税务局网站的市税务局频道页面上线，不再存在独立域名，网站建设、安全管理、栏目设置均由省税务局统一管理。内部办公网站启动改版，先后开展方案制定、意见征询、用户信息采集、流程权限配置、栏目调整更新、页面部署等工作，进一步提高网站运行效率，提升用户使用体验。摸底、梳理全市税务系统新媒体账号情况，组织开展账户注销、更名工作，完成市级、区县级新媒体账号的整合，共计注销账户19个，更名6个。（吕　颖）

舆情管理　2018年7—12月，市税务局主动应对舆情新形势，完善运作机制、加强部门联动、关注应对技巧、促进结果应用，营造良好的舆论氛围。一是提高舆情意识。将舆情信访工作列为年度培训计划专项内容，邀请社保部门、信访部门及舆情研究部门资深专家授课，保证参训面、保证课时，普及舆情防处的意识、技能。二是完善运作机制。及时修订完善《涉税舆情管理办法》等制度，建立信息收集、跟踪监测、分析研判、引导化解的工作机制，完善处理流程和规范，确保工作程序流转高效、顺畅，确保舆情应对依法依规、有序开展。针对个人所得税改革、社保费划转等重点工作，将舆情管理的关键环节定位于“超前预案、早期介入”，对可能发生的征纳纠纷、新政震荡、行为失范等都作了防处预案。三是加大舆情监控。建立涉税舆情监测体系，委托第三方专业机构，采取系统监测和人工筛查结合的方式，收集全市涉税舆情信息。与市委网信办等相关部门建立“24小时”联动机制，做到“时时监控、随时上报”。重点关注社保费划转、个人所得税改革等改革事项，建立与信访、“12366”等相关职能部门的联动机制，对纳税人反映的热点问题做到及时掌握、早出预案，提高舆情快速反应能力。四是准确研判甄别。对监测搜集的舆情动态，按来源、责任部门、所属类型、涉及事项、跟帖转发情况、关注度等逐项记录分析，准确评估，及时汇报、转办，并会同责任部门共同确定处置方式、形成回应方案。五是开展应对化解。明确处置时限，一旦出现涉税舆情，1小时内上报，及时开展防处。规范处置流程，防止“二次舆情”发生。明确问题解决时限，及时履约反馈真实情况，耐心沟通，缓解矛盾。六是落实责任追究。建立健全涉税舆情责任追究和绩效考评机制，加大对涉税舆情管理工作的考评力度。对谎报、瞒报、漏报和迟报涉税舆情信息、涉税舆情事件处置失当，以及违反宣传纪律、妨碍舆情引导工作的，追究责任部门和有关人员的责任。造成严重后果的，除追究责任部门和有关人员责任外，追究部门或单位主要负责人的领导责任。据统计，全年监控发现舆情39件，协助国家税务总局处置舆情1件，均得到较为及时、妥当的处置，未形成热点网情。（吕　颖）

（责任编辑　桂乃耀）

事务管理

概况　2018年7—12月份，机关服务中心（以下简称“中心”）围绕“国税地税征管体制改革”这一中心工作，开展后勤管理服务，履行后勤保障职能，各项工作有序开展。

后勤管理基础夯实。一是开展后勤工作绩效管理。将年度重要工作事项列入绩效管理系统，参考省税务局机关服务中心的做法，分别编制针对基层、市税务局机关处室及事业单位和中心内部管理的绩效考核指标。日常管理中成立后勤联合小组，不定期开展基层安全、节能减排、城市标准化建设等检查和指导。二是配合纪检监察工作要求，结合实际对中心后勤各个管理事项制订防控措施，对后勤工作的各类风险点重新梳理修改，对可能存在的风险提出意见建议，努力从制度层面堵塞管理漏洞。三是参加专业培训和组织实务培训。选派中心人员参加国家税务总局、省税务局、市税务局后勤专业知识培训。上半年原市地税局后勤服务中心组织地税系统办公室主任以及行政岗等相关人员后勤实务培训。

后勤服务管控加强。一是落实公共机构节能工作，建设节约型机关。原市地税局节能工作起步早，通过一系列的改造工作，机关人均能耗逐年下降，2018年5月，原市地税局机关被授予“省级能效领跑者”称号；原市国税局上半年开展水资源利用审计工作，对重点用水环节进行监控，节约用水工作通过市水务局考核，获得“节水型机关”示范单位荣誉。按照市节能办要求完成能源消耗统计上报工作，在全省公共机构节能工作考评和基础信息的现场核查考评工作中，以满分通过。二是深化城市标准化建设，优化办公区域环境。根据市委市政府的工作要求，原市国税局、市地税局分别制定工作计划及实施方案，组织各基层单位开展城市综合治理标准化建设工作。2018年5月，原市地税局、市国税局分别获得南京市29家自管单位2017年度该项工作的第一名和第二名。三是响应市爱卫委要求，推进垃圾分类工作。加强垃圾分类投放的宣传，在公共区域张贴宣传展板，在内网发布分类常识，提高机关干部主动参与意识。按要求清运厨余垃圾，建立健全垃圾分类工作台帐。

后勤保障能力提高。一是对原市地税局复成大厦电梯进行全面更新，对职工活动室及部分楼层公共设施进行维修改造，对机关停车设置和区域进行重新设定。二是开展资产清查。对现有资产进行清理，做到权属管理明晰、资产账实相符。2018年6—9月，按照《国家税务总局办公厅关于印发〈国税地税征管体制改革资产清查工作方案〉的通知》及相关工作要求，根据合并前各自的职责权限，原市国税局机关服务中心组织开展对机关各部门资产的清查和实物盘点工作；原市地税局后勤服务中心对全市地税系统23个资产管理单位共计帐面价值16.24亿元的固定资产，开展清查审计，通过省税务局和国家税务总局的审定。三是制定办公房改造和搬迁工作方案，完成对金汇大厦共计16层的楼内办公房改造，组织完成3批搬迁任务。

政府采购规范运行。一是采购渠道多样化。针对政府采购工作新要求，加强与政府采购主管部门的沟通协调，在后勤岗位开通"政采云""苏宁易购""京东商城"等网上采购平台渠道，提高采购效率。二是采购制度规范化。进一步完善和规范物资的采购、申领、发放、使用管理制度。原市地税局全年2次邀请市财政局和市公共资源中心等专家，对政府采购现行政策、地方法规及实际操作进行现场培训和答疑，并组织地税系统各单位采购人员认真学习《2018—2019年南京市政府集中采购目录》相关内容。三是采购管理标准化。结合年度预算编制情况，开展后勤事项的采购工作。通过科学合理编制政府采购计划，确保采购工作有序运行。

物业维修资金清理。原市地税局主动与南京市物业维修资金办联系沟通，了解政策要点，寻找解决途径，指导地税系统做好清缴工作。上半年对地税系统房改房的物业维修资金按户开展清理，并对尚未缴存到位的物业维修资金予以缴存，所涉及的7个单位、587户房改房维修资金明细全部申报至南京市物业办，补缴物业维修资金210余万元，为干部房改房的后续维修提供了保障。

（汪帮俊）

办公房改造　7月，原市国税局和原市地税局机关合并，11月底，完成机关大楼改造以及全部搬迁工作。因新机构办公的需要，在保障搬迁腾挪的同时，金汇大厦办公房改造同步推进。提前完成大楼功能区方案的确定，装饰、安装，综合布线施工图的设计，消防、空调、门禁方案和市场价格调研，审图、工作量清单的编制，开工请示报告以及所需其它资料的报审等，起草并发文成立专项基建工作领导小组及办公室，明确人员及职责等，为尽快投入改造做好准备工作。此次办公房改造，主要是10个楼层（17～26层）的干部办公房改造，严格按照干部办公用房面积标准，结合机关现有人数进行全面设计改造。共调整大楼一卡通门禁系统人员权限1100次，电话号码配置700余门，电话线及网线布设约3900米，涉及办公室300余间。调拨260个铁皮柜，满足167名原市地税局干部的办公需求，基本做到统一配置，整齐划一。完成207套家具采购并安装到位。

（汪帮俊）

（责任编辑　桂乃耀）

财务管理

概况　国家税务总局南京市税务局于7月5日挂牌；7月9日，市税务局党委决定南京市税务机构改革工作小组下设财务专项组，负责过渡期财务工作事项。各单位在挂牌后也及时成立财务专项工作组，贯彻落实好过渡期的各项财务具体工作，遇到重大事项由财务组提交工作小组研究审定。制定南京市国税地税征管体制改革过渡期财务工作方案，细化财务管理业务事项清单，明确工作职责，规定时间节点，责任到人，规范操作。挂牌前，各单位根据国家税务总局精神及市税务局过渡期财务工作方案、合并期间财务事项清单，结合本单位工作实际，制定各自的过渡期财务工作方案，抓紧研究具体落实措施，细化工作台账，分解落实任务，各负其责。挂牌后，各新税务机构研究制定出本单位过渡期间党委审议财务管理事项目录清单和财务报销管理办法。过渡期间，2018年，原市国税局、市地税局预算单位、部门预算、核算体系、经费渠道不变。各新税务机构及时建立健全重大财务事项决策机制，规范统一财务报销管理办法。做好两套核算体系2018年财务决算、2019年财务并账的各项准备工作。按照资产整体接收划转的原则，将原市国税局、市地税局国有资产由新税务机构整体接收。各单位对实际占有使用的资产进行全面清理，组织开展资产清查，及时办理资产无偿划转手续。做好2019年部门预算编制工作，各新税务机构完成2019年预算单位信息变更的统计上报工作，全面测算人员、公用和项目经费需求，组织编报全市新税务机构2019年“一上”“二上”部门预算和三年滚动预算。规范基建管理，对基建项目进行全面清理，按照国家税务总局基本建设管理制度规定的权限、程序及标准对基建项目进行规范管理。严格政府采购管理，做好采购项目衔接，充分考虑机构改革可能发生的采购需求变化，合理安排采购进度。全面把握系统财务管理情况，统筹改革中各类财务事项和疑难杂症，上下沟通，横向协调，加强督促指导，及时研究解决或提出意见建议，确保改革工作平稳推进。 （姜振海）

过渡时期财务管理办法制定 2018年7—12月，市税务局根据国家税务总局《关于国税地税征管体制改革过渡期间财务若干事项的通知》文件要求，研究制定党委审议财务管理事项目录清单、过渡期间财务报销管理办法和日常财务报销操作规程，并要求基层预算单位及时出台本单位财务报销管理办法，列明由党委审议的本单位财务重大事项清单，进一步健全市税务系统重大财务事项决策机制。明确过渡期间财务岗位人员和职责、过渡期间支出报销与财务核算总体原则，拟定过渡期间财务报销审批权限、归口管理部门、开支范围与报销标准，详细规定过渡期间财务报销流程和审核要求，包括事前审批、报销申请、财务审核、财务审批、资金支付、账务处理等各环节。根据过渡期间财务报销内部控制要求，加强现金管理，严格预付款项管控，规范公务卡和财政票据管理，完善资金支付流程，规范预算执行管理，加强报销时限管理。同时明确“三定”（职能配置、机构设置和人员编制规定）规定批复前，原市国税局、市地税局的审批权限、审批人、审批流程、报销流程、归口管理部门、财务开支标准、财务各类审批单据、报销凭证以及业务融合后共同支出的列支渠道和列支方式等各项规定。通过制定、实施过渡时期财务管理办法，确保全系统各单位各项财务工作有效衔接和有序运转。

（姜振海）

资产清理和移交工作 2018年7—12月，市税务局组织原市国税局、市地税局所有预算单位，根据国家税务总局下发的《国税地税征管体制改革资产清查工作方案》要求，按时按要求完成资产清查工作。各预算单位均制定资产清查工作方案，分步实施，有序推进，详细编制财产目录和债权债务清单，形成资产清查报告，后期对于资产清查工作报表进行数据审核、汇总及上报。严格落实资产整体划转要求，在完成资产清查工作后，各预算单位以2018年5月31日为资产清查工作基准日，完整编制划转清册，并经本单位和市税务局党委会审议后，逐级汇总上报省税务局。原市国税局资产经省税务局党委会审议通过后，由省税务局批复市税务局转批复；原市地税局资产报省财政厅同意后，由省税务局统一转批复各单位取得批复后，方可办理资产移交划转手续；在整体划转完成后，各预算单位依据省税务局党委会审议确认的原市国税局机构资产划转清册和地方国有资产主管部门审批的原市地税局机构资产划转清册，对待移交的各类资产进行清点核实，资产清查基准日后发生的资产变动情况，以2018年12月31日为时点并依据相关资料由新税务机构予以确认，编制移交清册，对各类资产与移交清册核实一致后，正式办理移交手续。 （姜振海）

（责任编辑 桂乃耀）

税收科研、调研

概况 2018年，市税务局税收科调研、《江苏税务》投稿、《南京税务》内刊编发等多项科研工作有序推进。一是多篇文章在国家税务总局层面刊物上发表。《属地征税原则的国际比较借鉴》《中国税收营商环境国际比较研究与借鉴》《土地增值税改革：化繁就简，回归立法本意》《激励研发：企业所得税优惠的国际借鉴》4篇文章分别在国家税务总局《国际税收》2018年第11期、《研究报告》2018年第29期、《中国税务报·财税论坛》、《中国税务报·理论专刊》刊登。二是承担的省税务局重点研究课题全部获奖。市税务局报送的4项重点课题研究成果在省税务局评比中全部获奖：《提升大企业风险应对质效的有效途径——基于团队支持的理论和实证研究》《转变征管方式过程中的资源配置策略研究》获得一等奖；《基于大数据的南京制造业重大项目税源调查报告》《“互联网+”背景下电子发票发展研究》获得三等奖。三是市税务局被国家税务总局、省税务局确定为税务系统税收科研调研基地。（胡　浩）

税收科调研工作组织　2018年，市税务局组织落实税收科调研工作任务。一是参与国家税务总局“属地征税原则的国际比较研究”课题研究，多次参加国家税务总局研讨会并参与该项课题的研究报告组稿。二是参与国家税务总局“数字经济的相关问题研究”征文活动，累计上报论文31篇。三是参与省税务局重点课题研究。2018年，市税务局承担省税务局重点课题3项，通过拟定调研方案、建立微信沟通群、加强组织协调，充分调动系统骨干力量开展研究，按要求完成课题任务。11月2日，省税务局2018年度重点研究课题第一课题组集中调研会议在市税务局召开，省税务局科研所对市税务局工作成果表示肯定。四是开展本级科研工作，完成各课题组调研文章的收集汇总，收集各课题组调研文章65篇，其中：省税务局重点课题18篇、国家税务总局研究课题6篇、市税务学会研究课题11篇、其他立项及非立项课题30篇。（胡　浩）

《南京税务》内刊编发　2018年，市税务局做好《南京税务》内刊编发。一是完成省税务局《江苏税务》投稿，全年累计向《江苏税务》期刊投稿150余篇，累计采用稿件37篇。二是按期编发市税务局《南京税务》内刊，全年共完成6期约30万字文稿的编辑发行工作。三是结合“三定”（职能配置、机构设置和人员编制规定）落实后机构、职责、人员调整情况，对《南京税务》期刊栏目进行了重新设置，新增《党建视窗》栏目，将《税苑风采》栏目调整为《新时代先锋》，将《幸福生活》《文艺天地》栏目合并为《文化天地》，调整后共设栏目14个。对编辑部进行了调整，新增12人，减少10人，调整后共有责任编辑27人。四是《南京税务》内刊得到社会认可，被南京市社会科学界联合会、南京市文化广电新闻出版局评为南京市社科系统优秀会刊二等奖，被南京市文化广电新闻出版局评为“南京市优秀连续性内部资料性出版物二等奖”。（胡　浩）

南京市税务学会

概况　2018年，南京市税务学会承担并完成中国税务学会下达的2018年调研课题两篇，分别为《税收营商环境国际比较研究与借鉴》《关于加快扬子江新金融集聚区建设的税收政策研究》。两篇调研论文均参加中国税务学会各个课题组交流会，并全部获奖。承担并完成江苏省税务学会下达的重点课题四篇，分别为《优化营商环境背景下的纳税服务现代化研究》《税收共治问题研究及对策》《推进“放管服”提升进出口税收管理服务质效》《对晚清厘金利弊分析及其历史借鉴研究》。四篇调研文章均参加省税务学会课题组交流会，其中，《优化营商环境背景下的纳税服务现代化研究》《税收共治问题研究及对策》两篇文章获奖。（王婷婷）

江苏省税务学会课题组会议承办　2018年，南京市税务学会作为组长单位，承办江苏省税务学会“关于优化税收营商环境问题的研究”课题研讨会。11月，会议在南京汤山税务干部培训学校召开，常务副会长张敬群、副会长顾惠祥，秘书处负责人胡庆生、端传和、孙亚华，学术委员陆新葵教授以及包括南京市税务学会在内的14家成员单位负责人、论文作者参加会议。会议主要对税收与营商环境关系、构建税收营商环境评价指标体系、优化税收营商环境路径、保障税收营商环境实现优化的措施等方面进行探索和思考，分析目前税收营商环境存在的主要问题，提出优化我国税收营商环境的对策建议。包括南京市税务学会在内的七家学会的调研成果被推选参加江苏省税务学会2018年度优秀税收调研成果终审终评。（王婷婷）

群众性税收调研活动开展 2018年4—10月，南京市税务学会联合原南京市税务局暨原市国税局、市地税局两个系统组成6个课题组，分别开展税收优秀论文科调研活动，组织撰写调研论文。6个课题组的组长由市税务学会会长担任，把关论文质量，提出合理建议。10月，经过层层筛选，6个课题组共报送提交南京市税务学会120篇优秀论文。经过南京市税务学会评委打分，最终评选出优秀论文62篇，其中：荣誉奖2篇，一等奖16篇，二等奖20篇，三等奖24篇。南京市税务学会分别对优秀论文作者进行嘉奖，鼓励优秀论文作者再接再厉，提高学术水平。获得荣誉奖与一等奖共计18篇论文，被南京市税务学会列为2018年最重要的研究成果，在全市税务系统内传阅。（王婷婷）

2018年7—12月南京市税务局税收科调研成果（省部级以上公开发表）统计表

表5

标 题	发表刊物或会议交流	期号或日期	作 者	单 位	原文发表字数
属地征税原则的国际比较借鉴	《国际税收》	2018年第11期	舒安仁 蔡秋萍 李俊生	国家税务总局南京市税务局	6000字
中国税收营商环境国际比较研究与借鉴	《研究报告》	2018年第29期	舒安仁 胡 浩	国家税务总局南京市税务局	12000字
关于加快扬子江新金融集聚区建设的税收政策研究	中国税务学会关于“促进经济高质量发展的税收政策研究”课题交流会	2018年11月	肖孙熹 黄静娟 匡翠光	国家税务总局南京市税务局	10000字

干部队伍建设

人事管理

概况　2018年7—12月，市税务局围绕国税地税征管机制改革中心任务和市税务局党委的决策部署，完成定岗、定责、定员（以下简称“三定”）落实、人员选配、职能整合等重点工作，保持了干部队伍的思想稳定，基本实现“事合、人合、力合、心合”，为各项改革工作的顺利推进提供了坚强有力的组织保证和人力资源保证。

一是精心准备，稳步推进，落实征管体制改革各项工作。做好改革基础性数据准备。从3月份起，原市国税局和原市地税局人事处积极沟通配合，从机构、人员、部门职责等方面进行沟通了解，梳理原市国税局和原市地税局市区两级机构设置、人员编制和领导职数等编制情况，掌握机构运行和人员配备等现实状况，为改革提供基础资料。做好干部人事档案清理核查归档工作。对市税务局机关及各单位在职人员、离退休人员、死亡等其他人员的干部人事档案进行了数量核对，并根据人事档案整理要求，对零散材料进行收集、对档案进行全面整理。截至6月底，原市国税局和原市地税局机关及基层共完成5000余本干部人事档案的清理、核查和归档材料收集。加强改革工作人事条线组织领导。及时成立人事处机构改革领导小组和机构编制组、干部管理组、档案资料管理组、工作推进督查组、综合保障组5个专项工作组，进一步加强在机构改革中人事工作组织领导。落实机构改革“三定”工作。梳理原市国税局和原市地税局市区两级机构设置、人员编制和领导职数等编制情况，收集汇总编制文件，掌握机构运行和人员配备等现实状况，为改革提供基础资料。经过认真摸底、充分酝酿、反复推敲、慎重研究、及时报备，先后历经“两上两下”（上报总局审核，总局下发审核结果）的规定程序，《国家税务总局南京市税务局职能配置、机构设置和人员编制暂行规定“三定”暂行规定》和各区局《职能配置、机构设置和人员编制暂行规定“三定”暂行规定》分别于8月17日、9月21日分获国家税务总局、国家税务总局江苏省税务局（以下简称“省税务局”）批复同意。采取先市税务局后区税务局、先机关后基层的步骤，分步组织实施市区两级“三定”工作。调整完善“三定”职能设置。抓好“三定”落实回头看。对照市区两级“三定”暂行规定和国家税务总局、省税务局指导意见，对职能配置、机构设置情况组织开展回头看，确保按要求落实到位。

二是政治引领，完善制度，加强各级领导班子建设。推进系统党委设立相关工作。按照国家税务总局、省税务局工作部署，积极与市委组织部联系，在最短时间内获得市委对市税务局联合党委改设党委的批复，按照省税务局统一规范要求，依次指导推进区税务局完成党委批设工作。同时，按照国家税务总局、省税务局工作要求，明确联合党委和党委成立后领导班子分工，并审核基层单位领导班子分工等相关工作。制定和落实党委工作规范，于2018年11月23日制定印发《中共国家税务总局南京市税务局委员会工作规则（试行）》。同时，按照上级要求，督促指导系统各基层单位及时制定党委工作规则，规范党委会会议记录，并按照工作规则开展党委工作。进一步规范领导班子政治生活。机构改革期间，召开三场专题民主生活会，增进了班子团结和活力。从严落实领导干部监督各项工作，加强对领导干部的监督，促进领导干部遵纪守规、廉洁从政，完成录入近350份个人有关事项资料。

三是关注思想，严管厚爱，确保各级干部队伍稳定。坚持正确选人用人。在“三定”落实过程中，人事处紧扣人员配备这个关键点，按照“人随事走、人岗相宜、规范操作、平稳过渡”的总原则，坚持讲政治、讲大局、讲公道。严明组织人事纪律，坚持正确的选人用人导向，从有利于改革大局、有利于新机构运转的角度出发，按照确定的原则、标准和程序，提出领导干部配备的工作建议。按照市税务局党委的决定，及时稳妥地落实好区级领导班子配备工作，落实好市税务局机关部门领导与干部的选配调整工作，指导、协助和督促新机构、新部门平稳顺利地完成人员对接、职能对接、岗位对接，确保思想不散、秩序不乱、工作不断、干劲不减。广泛开展谈心谈话活动，落实“三个全覆盖”（“一把手”与内设部门和派出机构主要负责人、班子成员与联系点和分管部门负责同志以及内设部门、派出机构主要负责人与一般干部三个维度谈话全覆盖）的要求，机构改革期间，全市税务系统共完成谈心谈话5616人次，实现了干部队伍思想政治工作的全覆盖，干部队伍总体保持稳定。

四是调整完善，规范流程，夯实新机构人事工作基础。做好新机构人事基础信息整理工作。完成系统4146名在职人员相关信息的录入、整合和维护工作。做好数字人事系统合并工作。按照省税务局要求，按时完成原市国税局和原市地税局数字人事系统的合并和人员基础信息的调整与维护，同时，结合绩效考评工作，进一步做好数字人事结果运用工作。完成机构合并后市税务局管理的近千本在职及退休等人员人事档案的移交、清理核查工作，并督促指导各局完成档案的移交工作，确保人事档案账实相符、存放规范。编制2019年度公务员招录计划，开展报名资格审查。做好系统工资津贴补贴和干部社保工作。按规定，按时完成养老保险基数调整工作，对在职人员2017年、2018年养老保险基数进行调整和清算工作。统一组织开展退休人员一次性补贴的核算、填报工作，并邀请江苏省人力资源和社会保障厅分管养老保险领导现场审批。做好军转干部接收安置工作和开展考工定级工作。（刘小伟）

落实征管体制改革“三定”暂行规定 南京市税务系统落实市区两级“三定”暂行规定工作，共涉及23个处室、4个事业单位、7个派出机构、14个所属机构，381个科（所），4100余名干部职工。周密做好“三定”方案编制。认真梳理原市国税局和原市地税局市区两级机构设置、人员编制和领导职数等编制情况，收集汇总编制文件，掌握机构运行和人员配备等现实状况，为改革提供基础资料。做好改革调研工作，广泛听取地方党委政府和基层单位的意见建议，统筹谋划“三定”编制工作。经过认真摸底、充分酝酿、反复推敲、慎重研究、及时报备，先后历经“两上两下”的规定程序，市区两级《职能配置、机构设置和人员编制暂行规定“三定”暂行规定》分别于8月17日、9月21日分获国家税务总局、省税务局批复同意。分步组织“三定”落实。按照国家税务总局、省税务局工作部署，采取先市税务局后区税务局、先机关后基层的步骤，分步组织实施。市税务局分别于9月21日、10月8日分别召开了市税务局机关处级干部会议和落实区税务局“三定”工作培训会，就落实“三定”工作提出了明确要求。广泛开展谈心谈话活动，在市税务局机关和区税务局两个层级认真落实“三个全覆盖”和“三个重点谈”的要求，深入细致地了解干部思想状况，听取干部意见和建议，确保干部队伍思想稳定，支持改革落实。全系统共有25名正处级领导干部和60名正科级领导干部转任副职。调整完善“三定”职能设置。抓好“三定”落实回头看，对照市区两级“三定”暂行规定和国家税务总局、省税务局指导意见，“三定”落实以后，收集15个部门的29条意见和建议，界定职责归属，解决市税务局部分处室间职能交叉或界定不清的问题。修订完善制度，对比梳理原市国税局和原市地税局各项管理制度差异，按照新机构新职责新要求，统一标准、消除差异、促进融合，充实调整和完善，逐步形成“分工明确、职责清晰、协作有力”的工作格局。抓好改革自查，区税务局“三定”落地后，组成专项检查组对21个基层单位、43个人所得税务所的“三定”落实情况进行实地检查，确保改革成果扎实落地。（葛剑翀）

领导班子建设 推进系统党委设置工作。与市委组织部联系，在最短时间内获得市委对市税务局联合党委改设党委的批复，并明确市税务局党委领导班子分工；按照省税务局统一规范要求，依次指导推进14个所属机构完成党委批设工作，审核基层单位领导班子分工，促进各单位领导班子进一步提升领导班子政治站位和改革认识，凝聚改革动力和工作合力，增强改革决心和发展信心。

制定和落实党委工作规范。根据《中国共产党章程》、《中国共产党党组工作条例（试行）》《中共国家税务总局委员会工作规则（试行）》《中共国家税务总局江苏省税务局委员会工作规则（试行）》和《中共南京市委员会工作规则》及有关规定，制定印发《中共国家税务国家税务总局南京市税务局委员会工作规则（试行）》。同时，按照上级要求，督促指导系统各基层单位及时制定党委工作规则，规范党委会会议记录，并按照工作规则开展党委工作。进一步规范领导班子政治生活。机构改革期间，相继于2018年8月24日组织召开关于中央巡视整改的专题民主生活会、9月3日召开进一步消除“杨、季”恶劣影响专题民主生活会、10月23日召开国地税征管体制改革专题民主生活会等三场专题民主生活会。会前认真制定方案、组织学习、通过各种途径收集干部群众意见、建议；会上深入查摆存在的问题，认真开展批评与自我批评，制定整改方案；会后做好总结和材料整理，落实整改措施，确保取得实效。从严落实领导干部监督。组织系统内处级及以上干部按时完成领导干部个人有关事项填报和350份个人有关事项资料录入系统工作。（邹　乐）

新机构人事基础信息整理　2018年10月底前，完成系统4146名在职人员相关信息在税务人事管理系统的录入、整合和维护工作；同时，完成全市税务系统各机构、各职务层次及各类人员的数据统计汇总，并形成完整的报表，为各级领导决策、人事日常管理工作提供完整、准确、及时的信息支撑。做好数字人事系统合并工作，按照省税务局要求，按时完成原市国税局和原市地税局数字人事系统的合并和人员基础信息的调整与维护，结合绩效考评工作，进一步做好数字人事结果运用工作。截至10月底，市税务局机关已完成机构合并后市税务局管理的1000余份在职及退休等人员人事档案的移交、清理核查工作，并督促指导各区税务局完成档案的移交工作，确保人事档案账实相符、存放规范。（金　星、刘小伟）

干部队伍日常管理　2018年7—12月份，市税务局依照国家法律法规和中国共产党党内纪律规定，做好因私出国（境）管理工作。制定《南京市税务系统改革期间因私出国（境）管理办法》，对全系统机构合并后因私出国境范围、申请审核、办理流程、护照管理、纪律要求等方面做出全面的规范要求；录入全系统处级干部信息，至公安机关出入境管理部门，做好处级以上干部登记备案工作；加强证照管理，对全体干部的证照进行盘点，统一登记在册。做好干部请休假管理。提前做好政策梳理，借鉴原市国税局和原市地税局的管理经验，统一审批方式和流程；做好日常基础性管理工作，确保干部休假有审批、有台账。根据国家税务总局要求，对照模板组织干部拍摄证件照片，并统一制发全市税务系统干部新工作证，方便干部联络交流提供证明。（卢平原）

公务员招录和工资福利工作　科学编制2019年公务员招录计划，2019年共计划招录公务员18人；开展报名资格审查工作，审核考生填报的专业、学历、学位、身份、英语水平、计算机水平等报名信息，经审查共3220人通过公务员招录报名资格审查，报名通过人数位列全省税务系统第一。接收安置军转干部10人，其中团职干部1人，技术九级及正营职以下干部9人，分配到第二税务分局等7家单位安排工作。机构合并后，及时做好国家税务总局津贴补贴管理软件、机关事业单位人事工资管理系统的数据合并和维护工作，及时准确进行系统人员维护、日常工资调整。认真做好转业干部、新录用工作人员、退休人员工资津贴补贴日常审核工作。按规定按时完成养老保险基数调整工作，对在职人员2017年、2018年养老保险基数进行调整和清算。统一组织开展退休人员一次性补贴的核算、填报工作，并邀请江苏省人力资源和社会保障厅养老保险部门领导现场审批。11月底前完成原市国税局在职人员、退休人员的医疗保险的建档工作，12月份进行缴费后，2019年原国税人员可享受医保待遇。

（许　鑫、陈　艳、刘　颖）

（责任编辑　徐曼曼）

考核考评

概况　2018年7—12月，市税务局按照“三定”（定岗、定责、定员）方案的职能定位，理顺工作职能，主动转变角色定位，坚持“团结奋进、争创一流”的工作定位，在绩效管理和数字人事工作上优化机制、强化执行、固化成果，坚持务实创新，为系统推进改革、提升站位提供有力保障。

立足新起点，促进团队融合。在机构改革工作中，考核考评处将加强党的建设贯穿始终，压实主体责任、强化党员意识，通过谈心谈话把思想工作做好做实，激发干部新担当、新作为、新动力；通过专题学习交流、党课讲授、签订国税地税征管体制改革党员承诺书等方式，让干部相互激励、相互感召，理解、支持、投身改革；通过领导干部以上率下，落实“四个确保”（确保税务干部稳定，确保税收收入平稳增长，确保征纳关系和谐，确保班子遵规守纪。），遵守各项纪律要求，坚决做到“两个维护”（坚决维护习近平总书记在党中央和全党的核心地位，坚决维护党中央权威和集中统一领导），增强支部的战斗力和凝聚力，促进干部尽早实现“四合”（“事合、人合、力合、心合”）。

立足新目标，优化绩效管理。按照省税务局统一部署，围绕国税地税征管体制改革这一新形势，瞄准新目标，落实新任务，构建一套新体系、使用一套新指标、运用一个新平台，全面实施绩效工作。一是组织引领，为绩效定向。成立绩效管理工作领导小组和办公室，聘请南京师范大学两名专家作为特聘顾问，在全省率先召开系统绩效管理和数字人事工作会议，部署2018年度绩效考评规则和指标编制工作，明确绩效管理和数字人事工作要求。二是体系建设，为绩效筑基。调整国税地税征管体制改革专项绩效考评办法，制定个人所得税改革专项考评办法，确保日常工作紧密围绕改革中心工作。开展“两上两下”（处室和基层单位绩效指标编制后，考核考评处汇总修改，再次下发征求意见，完善后再次上报，审核后正式下达）意见建议征询工作，对指标进行优化调整，实现“精简优化、平稳过渡”目标。组织系统各单位近400人次开展绩效指标编制和绩效管理信息系统操作专题培训。三是分析交流，为绩效聚力。落实绩效分析讲评制度，通报绩效工作情况，编发3期《绩效动态》，被省税务局专刊采用一篇。

立足新抓手，继续强化数字人事。始终坚持“数字人事管干部”的工作理念，引领干部一心向上、一生向善，激发干部干事创业动力，为系统推进改革、提升站位提供有力保障。一是优化工作机制。在数字人事系统整合前，融合原国税、地税差异性，分两条线对数字人事工作进行规范要求，一方面巩固试点成效，另一方面扩大运用。市区两级分别成立数字人事试点工作领导小组和办公室，明确专（兼）职干部从事数字人事工作，为工作开展提供组织保障。厘清责任分工，协同相关职能部门各负其责，提供相应数据，确保数字人事管理链条运行有序、数据完整。二是强化日常管理。强化数字人事信息的定期检查、定向推送、全面通报、整改督办，对工作记实、领导评鉴、外部评价、现实表现测评等重点内容进行全面清理完善，制作任务清单，对单催办提醒近2万条数据。广泛开展宣传引导并向省税务局编报数字人事简报44期，提炼亮点工作和特色做法，并上报数字人事应用成效素材4篇。三是推进系统合并。组织召开全市数字人事系统合并准备工作布置会，现场指导基层单位开展合并前数据准备和机构维护及人员调整工作，及时完成合并准备，确保系统合并顺利展开。省税务局系统合并期间，组织3名干部到江苏省税务干部学校参加集中办公，核查系统4055人的信息，确保基础数据准确、完整迁移。

（王甜源）

编制新机构绩效管理制度和指标体系 一是优化制度。根据考评规则和“以职定责、有效承接、抓住关键、要求明确、计分规范”的编制原则，全部承接省税务局对市税务局各项考评指标，确保各项指标落实到位。二是精简指标。开展“两上两下”意见建议征询工作，充分听取机关处室和基层单位意见，在多次沟通、协调、论证的基础上，不断对指标进行优化调整，实现“精简优化、平稳过渡”目标。三是突出重点。调整国税地税征管体制改革专项绩效考评办法，制定个人所得税改革专项考评办法，突显机构改革和个人所得税专项考评等重要内容，整合服务高质量发展考核指标体系，确保日常工作紧密围绕改革中心工作。四是加强辅导。于2018年4月、10月分别组织系统各单位分管绩效考核的科长及岗位人员约400人次，开展绩效指标编制和绩效管理信息系统操作专题培训，通过集中讲解和案例讲评相结合、集中辅导和个别辅导相结合，有效确保编制工作规范有序，系统操作熟练准确，为系统绩效管理工作顺利实施奠定了基础。（王甜源）

绩效管理 一是整合工作要求。国税地税征管体制改革后，考核考评处第一时间与对口处室进行交接，整合绩效管理工作要求，梳理出考评规则制定、指标编制、季度分析报告、日常监控等10类工作事项，逐一细化、明确责任，确保绩效工作全面承接。二是强化组织领导。成立绩效管理工作领导小组和办公室，聘请南京师范大学两名外部专家作为特聘顾问，强化工作组织力度。三是推进工作落实。于4月11日在全省率先召开系统绩效管理和数字人事工作会议，及时传达国家税务总局、省税务局会议精神，部署2018年度绩效考评规则和指标编制工作，整理编发上级文件和省、市税务局辅导材料，明确绩效管理和数字人事工作要求，专题汇报阶段工作推进情况，确保考评考核工作按要求开展。四是组建绩效团队。构建联络网络，借助微信、腾讯通等现代通讯工具，分机关和基层两个层次建立内外网的绩效联络群，方便绩效学习、交流和沟通，推进绩效管理组织网络高效运行。五是强化持续改进。落实绩效分析讲评制度，通报绩效工作情况、查找问题短板、提出整改举措，确保工作及时改进、有序推进。六是强化互动交流。根据系统绩效管理工作的开展情况，广泛征集基层工作素材，编发3期《绩效动态》，被省税务局专刊采用一篇。七是强化品牌意识。分层开展绩效培训和宣传，营造“人人讲绩效、事事重绩效”的氛围，打造“卓越同行”绩效文化品牌，发挥文化的引领、融合作用，为系统绩效工作凝心聚力。（王甜源）

数字人事系统整合 一是布置抓早。在省税务局数字人事系统合并工作启动当天，市税务局随即组织召开全市数字人事系统合并准备工作布置会，现场指导基层单位开展合并前数据准备、机构维护及人员调整工作，及时完成合并准备，确保系统合并顺利展开。二是整合抓实。为保障数字人事系统的顺利整合，组织3名干部前往江苏省税务干部学校参加集中办公，核查系统4055人的信息，确保基础数据准确、完整迁移；按照“三定”方案，调整省税务局、市税务局机关局领导和处室负责人的职务信息、分管部门和分管人员，配置各区局、派出机构岗位人员配置管理权限；同步布置基层单位调整部门机构人员信息，做好人员划转，配置使用权限，调整分管关系，为系统整合后的日常运行打好基础。三是培训抓勤。在合并推进的时间节点上，及时关注信息变动，认真学习熟知数字人事系统的操作和年底工作事项，组织各个基层局参加省税务局组织的数字人事师资培训，保障新系统的平稳运行。（王甜源）

数字人事日常工作事项管理 一是健全组织构架。按照国家税务总局、省税务局要求，市区两级分别成立数字人事试点工作领导小组和办公室，明确专（兼）职干部从事数字人事工作，为工作开展提供组织保障。加强协作与沟通，横向上与人事处等相关部门加强协同，共同推进工作任务落实；纵向上与各基层单位强化沟通，确保工作有序开展。二是提升数据质量。注重系统数据信息的全面性和准确性，强化数字人事信息的定期检查、定向推送、全面通报、整改督办，对工作记实、领导评鉴、外部评价、现实表现测评等重点内容进行全面清理完善，制作任务清单，对单催办提醒近2万条数据，确保各项数据及时、完整、准确。2018年，南京市税务局数字人事系统中共提交单位重点工作任务、领导推送工作任务和个人自拟任务等数据49833条，填写工作记实人数为4093人，共完成工作记实220113篇。各级领导根据“领导评鉴标准”，结合干部实际工作表现，客观给予相应等次的评鉴，并完成工作记实点赞13331人次。三是推进年终事项。根据省税务局数字人事年终事项清单，制定了《关于做好2018年度数字人事年终事项的工作方案》，并协调组织人事处、纳税服务处、督察内审处、系统党建处和纪检组等职能部门，全面落实数字人事年终25个工作事项，确保各项工作在规定的时间节点内完成；制定下发《中共国家税务总局南京市税务局委员会关于做好2018年度数字人事年度考核有关工作的通知》，对干部考核划段办法进行了明确，指导系统各单位做好干部考核划段工作。四是探索融合对接。全面落实承接国家税务总局、省税务局关于数字人事工作的规定要求，在绩效考评规则明确部门考评结果与个人绩效相结合、个人绩效与评先评优相结合，促进与组织绩效融合；开展宣传引导并向省税务局编报数字人事简报48期，提炼亮点工作和特色做法，并上报数字人事应用成效素材4篇，开展分层分类培训，培养操作使用习惯，根植工作理念、营造工作氛围，促进与文化融合。（王甜源）

（责任编辑　徐曼曼）

教育培训

概况　2018年7—12月份，市税务局坚持服务大局、服务改革，坚持聚焦主业，致力做好教育培训工作。一是在国税地税征管体制改革期间，重新梳理了原市国税局、原市地税局各类培训项目开展情况，调研干部培训新需求，制定《国家税务总局南京市税务局国税地税征管体制改革期间干部教育培训工作实施方案》，突出融合互补，推进市税务局培训项目，助推改革平稳运行。二是不折不扣落实国家税务总局、省税务局各项培训项目。严格按照国家税务总局、省税务局要求，组织各类人员参加上级组织的各类培训。全年近900人次参加了国家税务总局和省税务局举办的83个培训班次，学风学纪良好。2018年11月，组织收看国家税务总局三轮征管体制改革视频培训和省税务局税收基础业务视频套训，做好意见收集与反馈，参训率达90%以上。三是通过原市国税局、原市地税局双方互派兼职教师、互学双方业务、联合办班等形式，全力促进培训内容、师资和参训人员相融合，补齐双方业务知识“缺口”和“短板”，为征管改革做好服务。四是进一步严格规范系统培训审批管理。进一步加强培训班管理，严格审核区税务局及直属机构办班计划、培训地点、食宿费用、课酬标准、课程内容等，避免地点超限，费用超额等情况。全年经过市税务局审核后实施的基层单位培训班共计74期，近3300人次参训，累计近11800人天。五是组织系统人员参加国家税务总局“新机构、新职责、新业务、新作为”知识网络竞赛，在先后三次业务竞赛闯关过程中，取得较好成绩。六是持续推进中国税务网络大学在线学习工作。为顺应“互联网+”时代网络信息技术发展趋势，鼓励多渠道培训和学习方式，市税务局充分利用中国税务网络大学平台资源，引导税务干部开展网络自学。2018年全市税务系统干部在线学习超过20000个小时，较去年大幅增长。11月初，根据国家税务总局网络大学改版要求，做好“三定”后机构和人员初始化工作，先后顺利完成500多个机构目录树和4000多人基本信息的导入、梳理和校对工作，为网络大学后续深入运用奠定基础。（容　蓉）

多种类型培训实施　一是落实国家税务总局、省税务局各项培训项目，严格按要求选派合适人选参训。2018年，全市税务系统近900人次参加国家税务总局和省税务局举办的83个培训班次。二是分级分类组织实施市税务局各项培训项目。根据年初制定的培训计划，区分不同需求的培训对象，科学合理设计培训课程，提升干部的岗位胜任能力。2018年，市税务局共举办35个培训班次，1770人次参训，培训规模达到8348人天。三是严格规范系统培训审批管理。改革过渡期间，做好全市税务系统教育培训工作的统一规范管理，严格审核机关处室及基层单位的办班计划、培训地点、食宿费用、课酬标准、课程内容等，避免地点超限，费用超额等情况。全年基层单位经过市税务局审核后实施培训班共计74期，近3300人次参训，累计近11800人天。四是市税务干部学校全年共举办制式培训16期24个班，培训干部1200人次，培训规模5840人/天。外接培训13期，3157人/天。学校全年共承办各类培训、会议97批次，17956人/天。（容　蓉）

“新机构、新职责、新业务、新作为”知识网络竞赛　根据《国家税务总局办公厅关于组织全国税务系统开展“新机构、新职责、新业务、新作为”知识网络竞赛的通知》（税总办发〔2018〕144号）、《2018年全省税务系统“新机构、新职责、新业务、新作为”知识网络竞赛方案》，市税务局做出迅速而全面的部署，对准备阶段及三次闯关做出具体安排。全面动员税务干部注册中国税务网络大学，登录“改革专区”学习演练；组织两次模拟测试，帮助干部提前熟悉竞赛流程与软件操作；精心选购学习资料、举办业务骨干专题培训班、收集整理学习资源、编写网络模拟试题等方式帮助干部备赛，带动基层干部掀起学习业务的新高潮。在第一次业务竞赛闯关中，市税务局共计1800多名税务干部参加竞赛，其中196名选手从全省1.8万多参赛人员中脱颖而出、顺利晋级第二次闯关，入围人数在全省税务系统位列第三；第二次业务竞赛闯关中，市税务局有16人晋级全省税务系统前100名席位，入围人数位列全省第二；第三次业务竞赛闯关，市税务局2人取得前10名，获得全税务系统省一等奖。（容　蓉）

税务学校建设　2018年7—12月，学校认真贯彻落实市税务局党组要求，聚力创新出特色、聚焦市场促转型，优化资源挖潜力、优化管理提效能，扎实做好各项工作，共实现培训规模47批次，8791人/天。一是创新优化培训工作。完成原市地税局制式培训6期，外接河南洛阳、上海嘉定区、盐城等地培训9期。主要包括处级领导干部培训班、稽查业务骨干培训班、征管业务培训班等。重点围绕原国、地税业务融合培训、处级领导干部培训、党务知识培训等内容；与教育处合作制定原国、地税业务融合培训方案，优选培训师资，全程跟踪服务，完成税务系统317名处级以上干部培训工作，形成满足改革需求的办学能力。二是加大学员管理力度。加强《学员管理规定》的宣讲，严格执行考勤工作，约束学员自觉遵守课堂纪律。认真建立学员档案，保证每期班、每个学员档案的完整性。三是提高后勤保障水平。按照政府采购规定规范运作，对托管物业进行比对采购，做好员工思想工作，平稳完成物业公司新老交接。加强物业考核管理，落实安全管理责任制，重点做好防火、防汛、防疫等校园安全管理工作，消除安全隐患，确保服务质量。四是着力提升工作效能。学习贯彻中共十九大和上级全面从严治党工作会议精神，落实习近平总书记关于抓好机关党建工作的要求。做好国地税征管体制改革期间的沟通疏导和纪律约束工作，确保思想不乱、队伍不散、工作不断、干劲不减。（冯　骅）

编写《非税收入基础知识》教材　2018年8月，为配合非税收入划转等重点工作开展，南京税务干部培训学校与江苏省税务干部学校联合申报国家税务总局教育中心非税收入教材开发任务，合作编写《非税收入基础知识》教材，开发配套教学资源。一是开展广泛调研，找准教材定位。选派精干师资组成联合编写组，前往财政、税务、社保等部门开展专题调研，拜访非税实务问题专家，听取干部意见和建议。经过充分调研，将《非税收入基础知识》定位为税务干部专用教材，重点突出与税务工作相关的特色内容，区别于全面介绍非税收入知识的通用教材。二是组织多轮研讨，商定教材大纲。联合编写组多次召开专题研讨会，共同商讨、完善教材大纲，精选与非税收入划转工作相关的知识要点，采取税务干部熟悉的税制要素介绍方法，按照征收对象、计费方法、征缴方式、优惠政策等要素，详细介绍各费种政策知识。三是围绕划转需要，编写教材教案。经过3个多月的编写、修订，完成约13万字的培训教材送审稿，重点介绍行政事业性收费、政府性基金、社保费等税务干部亟待掌握的知识，简要介绍部分暂未划转的非税收入项目；对已规范征缴办法的费种，介绍了征缴方式、法律程序与责任等内容，服务于非税收入划转工作需要。为帮助税务干部更好的理解政策，掌握征缴实务技能，按教材章节编写了配套习题，设置选择题、判断题、实务题等题型。（姚　辉）

税务学校资产清查和基础设施建设　按照《国家税务总局办公厅关于印发〈国税地税征管体制改革资产清查工作方案〉的通知》（税总办发〔2018〕107号）的有关要求，自2018年8月8日至20日，南京税务干部培训学校配合江苏公证天业会计师事务所，对全部资产、负债和净资产进行全面清查，对学校的债权债务进行了核对、询证，对现金和存货进行了抽查监盘，出具了资产清查专项审计报告和资产损益鉴证意见书。共盘点固定资产5942件，价值约3.56亿元。审计资产账面数约4.18亿元，负债账面数约38万元，净资产账面数约4.17亿元。在学校基础设施建设方面，对部分建筑屋顶进行了防水维修，对内部墙面局部进行出新，安装体育馆客用电梯，维修更新部分外围墙和铁栅栏，美化学校环境。对近120个监控摄像头和线路进行数字化改造，更新后台监控主服务器和主控台，增加后山消防监控点，提升校园安防水平。加强后山消防安全保障，增加消防增压泵，配置专业森林灭火设备。完成学校电视信号的转换，220个电视终端全部转换为电信ETV用户。在学校河道下游建设水闸，清理河道淤泥，提升排洪能力，净化河道水质。（黄国柱）

（责任编辑 徐曼曼）

纪检监察

概况 2018年7—12月，南京市税务系统纪检监察工作以落实全面从严治党监督责任为主线，顺应税务机构改革新形势新要求，聚焦主责主业，为改革顺利推进提供纪律保障。

稳干部，选优配强纪检监察队伍。贯彻落实省税务局纪检组工作要求，对现有纪检干部队伍结构进行分析，从“忠诚坚定、担当尽责、遵纪守法、清正廉洁”四个方面提出纪检干部任职的具体准入条件，提前谋划纪检监察干部调整工作。市、区税务局两级纪检监察领导与每位纪检监察干部逐一谈话交心，掌握思想动态，确保适得其所、人尽其用。在市税务局纪检组整体合并、延续较高人员素质的基础上，注重强化基层纪检监察的组织领导，优化调整基层纪检组长、纪检专员，设立基层纪检监察工作部门，实现纪检监督全覆盖。

保改革，努力发挥纪律保障作用。履行全面从严治党监督责任，强化机构改革期间常态化监督工作。紧盯改革期间干部任免、办公用房改造、公务用车管理、党建群团选举人员审核等重点事项，通过纪检部门负责人列席党委会、局长办公会，提出意见建议，增强纪检监督的“参与度”。组织机构改革等“六项纪律”（政治纪律、组织纪律、机构编制纪律、干部人事纪律、财经纪律、保密纪律）专项检查，保证改革纪律有效落实。按照省税务局要求，对机构改革期间纪检监察问题线索，经过集体研究，严格依照谈话函询、初核调查等四类处置方式，分级分情况快查快办、集中攻坚，对改革期间收到的13个问题线索，件件有落实、事事有回音。

严执纪，深入抓好纪律审查工作。严格落实省税务局纪检组关于纪检监察立案审查工作有关事项的通知精神，一着不让抓纪律审查和执纪问责。2018年，全系统共立案9起，给予党内警告处分3人次，留党察看两年1人次，开除党籍处分4人次；行政记过处分1人次，降低岗位等级处分2人次，行政撤职1人次，行政开除处分1人次。积极运用“四种形态”（经常开展批评和自我批评、约谈函询，让“红红脸、出出汗”成为常态；党纪轻处分、组织调整成为违纪处理的大多数；党纪重处分、重大职务调整的成为少数；严重违纪涉嫌违法立案审查的成为极少数）抓早抓小，全年共实施诫勉谈话1人次，提醒谈话2人次，批评教育78人次。持续推进税收违法案件“一案双查”，全年共完成146件，发出处理建议18条，问责处理相关人员94人次。

强警示，不断加大案例通报力度。强化对《中国共产党纪律处分条例》精神的学习贯彻和对照检查，全系统全年共开展新条例等党内法规专题学习256场次，参与干部10559人次。坚持“以案明纪”“以案示警”，点名道姓通报曝光十八大以来，南京税务系统内干部9起违纪典型案例，教育干部以案为鉴。主动向市纪委十室和宣传部汇报工作，做好市级廉政文化示范点“回头看”自查和迎接验收工作，四家基层单位通过市纪委抽查，受到好评。（李 欣）

纪检监察干部队伍建设 顺应税务机构改革新形势新要求，市税务局和各基层单位均按要求设置纪检组和纪检专业部门，明确了纪检监察领导分工。截至2018年年底，全系统共配备专职纪检干部80人，其中，本科以上学历78人，平均年龄44.5岁，原国税51人，原地税29人，61人具有纪检监察工作经历。经过充实优化，全系统纪检队伍在年龄结构、学历构成和从业经历上更加符合新形势纪检监察工作要求，纪检干部队伍呈现出专业化、年轻化特点，保证了监督执纪工作不断、标准不降、力度不减。（李 森）

探索推进市税务局纪检组规范化建设 市税务局以省税务局纪检组领导分工及部门职责为样板，探索市税务局纪检组领导分工及岗位职责划分。按照省税务局纪检组“查审分离”要求，在市税务局纪检组内部设立综合管理组和执纪监督组，明确领导分工和人员分工，形成“纪检组长管总、副组长分工负责、岗位人员具体经办”的工作责任链条，推动市税务局纪检组各项工作有效运转。探索市税务局纪检组内部管理制度建设，2018年12月，起草市税务局纪检组会议制度，从组长会（重要事项决策会）、组务会（专项工作研究会）、工作例会（日常工作碰头会）三个层面，建立起市税务局纪检组民主决策、团队攻关、沟通协调的工作保障体系。（李　欣）

机构改革“六项纪律”执行情况等6个专项检查　市税务局贯彻落实省税务局机构改革“六项纪律”执行情况等六个专项检查相关工作要求，市税务局党委专题学习、研究上级文件，成立由市税务局纪检组长任组长，纪检组、办公室、党建办、督察内审处等专项检查牵头部门为成员的专项检查自查自纠工作领导小组，2018年9月，制定出台市税务局《六个专项检查工作方案》。召开全系统专项检查工作布置会，专题部署机构改革“六项纪律”执行情况等6个专项检查相关工作。坚持自查自纠工作与督导工作有机结合的原则，系统各部门、各单位在认真自查的基础上，市税务局专门成立由纪检组牵头，办公室、党建办、督审处和服务中心等部门人员组成的两个综合检查组，分别对市税务局机关和江宁区税务局进行重点检查，对照纪律要求，列明检查重点，逐条逐项开展实地检查。通过检查，系统上下对发现的问题进行及时整改，在纪律上确保机构改革工作顺利推进。（李　森）

扶贫领域腐败和作风问题专项治理　市税务局强化对扶贫工作推进情况和政策落实情况的监督，深入开展扶贫领域腐败和作风问题专项治理。市税务局构建由纪检、督审、人事、党建等部门组成的联席会议制度，指导系统各级重点围绕扶贫政策落地、项目安排、资金使用、责任落实和工作作风等方面实施监督。采取自查和抽查相结合的方式，对全系统2016年以来受理的扶贫领域腐败和作风问题线索进行“大起底”和“回头看”，组织开展扶贫领域专项督审和巡察，全系统累计开展明查暗访34次，基层单位自主开展5次扶贫资金使用情况审计。系统各级通过建立扶贫项目公示制度、在扶贫点设置举报箱等形式，主动接受社会各界监督，有效杜绝扶贫工作中各类腐败和作风问题，确保扶贫项目落到实处。（鲍　进）

机构改革期间纪律审查　市税务局坚持挺纪在前，以严格纪律审查和纪律执行为抓手，为机构改革稳步推进提供纪律保证。严格问题线索管理，强化对收到信访举报的分析排查，把好“入口关”，全系统全年共收到纪检监察信访举报34件次，处置问题线索39件。保持执纪高压态势，严肃查处泄露公民信息罪、妨害公务罪、赌博、嫖娼等司法部门和公安机关“大起底”移送的案件，共立案9起，给予党内警告处分3人次，留党察看两年1人次，开除党籍处分4人次；行政记过处分1人次，降低岗位等级处分2人次，行政撤职1人次，行政开除处分1人次。运用“四种形态”抓早抓小，全年实施诫勉谈话1人次，提醒谈话2人次，批评教育78人次。开展纪律处分执行情况检查，对十八大以来纪律处分执行情况进行认真自查，纠正2起纪律处分执行不及时的问题，确保处分决定宣布和处分决定归档符合规范要求、受处分期间职务职级和有关管理规定落实执行到位，强化纪律权威性和严肃性。（欧阳颖）

警示教育　2018年12月，市税务局制定《关于开展“以案促改”专项工作的实施方案》，明确警示教育、防范风险的工作要求。筛选典型案例，对原南京市国税、地税系统2013年以来处理的31起违纪违法案件进行梳理，筛选具有代表性的7件典型案例进行通报。召开由市税务局党委班子全体成员、基层单位领导班子成员、系统副处级以上干部和各单位科所主要负责人参加的全系统警示教育大会，专题观看警示教育片，通报系统典型案例，以案醒脑，举一反三。各单位开展警示教育活动，2018年，共开展警示教育357次，受教育干部达到13251人次。深化“以案促改”工作，积极排查防范廉政风险，由市税务局纪检组牵头，组织2013年以来发生过违法违纪案件的单位和部门，对案件进行分析梳理，排查廉政风险点38个，制定风险防控措施57条，健全长效工作机制13个。督审处针对纪检组提供的案件情况，组织相关单位和部门查找涉案风险点57个，提出内控措施57条，其中，纳入国家税务总局或省税

务局内控监督指引47个，新增7个，调整3个，并提出内控风险防控指标建议7条，内控内生化建议23条。（刘胜军）

（责任编辑 容 蓉）

执法督察内审

概况 2018年，市税务局坚持风险导向推进内控、问题导向强化质效、效果导向突出整改，发挥督察内审在税收现代化建设中的支持性、服务性和保障性作用。

一是加强内控信息化建设，强化内控指标分析，按月归集平台差错数据指标，全年共对22个指标项目开展陈述分析并形成指标分析报告，为基层规范执法、规避风险及责任追究等方面提供指导意见和借鉴参考。进一步优化税收业务软件内控功能，针对“违规为个人代开专用发票”指标，市税务局业务部门主动研究“金税三期”税收管理系统操作与税收政策的对接口，查找替代解决方案，明确防控措施，并通过督审条线下发全系统。继续提升内控信息化管理水平，依托内控监督平台，风险预警提示风险点归集发布、信息报送、防控措施应对、内控专项制度录入等操作全部实现线上发布。二是组织开展内部审计。聚焦上级管理规定和财务管理要求，坚持问题导向和风险导向，确定审计项目，落实审计要求；强化审计问题整改，严格落实审计问题整改要求，关注审计问题所反映出的管理、制度、流程上的薄弱点，推动职能处室和被审计单位优化管理，举一反三，防范风险。三是发挥督审职能作用，服务税务工作全局。开展税收执法督察、内部审计和风险应对质量检查等工作，落实各项税收政策，有效防止损害纳税人合法权益的行为发生，保障税收任务的圆满完成。2018年共开展各类督察项目13个，发现违规税款4175.49万元，其中涉及多征税款2142.81万元，少征税款724.23万元，其他违规类型税款1308.45万元。开展审计项目7个（其中，领导干部经济责任审计5个），发现问题46个，问题涉及金额5908.5万元，已制定整改措施46条，完善规章制度12项，完成问题整改46个，整改涉及金额5908.5万元。四是配合南京市审计局对市税务局开展的2017年度南京市地方税收预算执行情况审计。全程专人负责，加强过程沟通协调，对在审计中发现的税收管理和政策执行的薄弱环节，主动与机关职能处室和相关基层单位做好沟通协调，明确税收政策和管理要求，规范政策执行。2017年度南京市地方税收预算执行情况审计报告涉及企业71户次，税款1.7亿元。市税务局根据整改清单，采取措施，逐个问题销号，完成整改落实。（李 政）

税收执法督察 市税务局围绕税收中心工作新热点，不断强化内部执法监督。2018年共开展各类督察项目13个，发现违规税款4175.49万元，其中涉及多征税款2142.81万元，少征税款724.23万元，其他违规类型税款1308.45万元。一是组织开展调研式督察。组织8家区税务局对退税管理、仓储用地土地使用税优惠、减免税后续管理、个人所得税分期缴纳、核定征收管理5个项目开展调研式督察，督察报告5篇、案例2个，从制度机制上提出合理化建议。二是完成年度执法督察工作。依托内控监督平台，通过指标扫描疑点提取疑点数据，2018年共生成机内与机外疑点数据25208条，通过案头审核批量删除部分疑点数据，最终核查确认疑点数据6012条。三是认真开展“回头看”检查工作。针对上年度影响面广、比较典型的执法问题开展“回头看”，通过集体会审，广泛讨论的方式，提升检查质量，确保整改环节落实到位。四是做好网巡数据核查工作。总结2017年风险数据分布，根据27项、4578条疑点数据核查情况，形成专题分析报告，推进执法规范；做好2018年网巡数据核查，完结自查纠错任务957条，其中，有问题数708条，已整改675条，自查纠错总成效为1175.21万元。完成跟踪检查107条，查出有问题条数20条，跟踪检查成效46.31万元。（李 兵）

税收执法责任制落实 一是依托平台，落实执法责任制工作。各单位对日常过错实时查看，认真核实，及时反馈，并严格按照要求进行过错责任陈述申辩及调查确认，实施执法过错的责任追究，保证责任追究工作的实体、程序公正性和规范性。二是定期开展专项执法质量评价，针对重点风险指标，逐项比较各基层单位自查纠错户数占比与系统平均水平，用以判断各区税务局在不同税务事项管理中的表现。三是加强组织领导，完善执法责任制工作机制。根据新的机构设置和人员配置，建立税收执法责任制工作领导小组并由局长担任组长，构建主要领导亲自抓，分管领导具体抓，各级部门齐配合的工作格局，加强对执法责任制工作的组织领导。（陈　阵）

内控机制建设　一是加强高风险环节防控。关注重点环节、重点流程的高风险事项，前移风险防控关口，定期发布《内控风险预警提示》，将内控防控措施嵌入重大税务处理处罚案件审理、财务报销管理等税收中心工作中，做到事前干预、事中提醒。组织主责部门完成省税务局推送内控疑点指标数据应对工作，共涉及数据121条，已在9月底全部整改处理完毕。二是推进内控信息化建设。强化内控指标分析，按月归集平台差错数据指标，针对指标项目开展分析并形成指标分析报告，为基层规范执法、规避风险、责任追究等方面提供指导意见和借鉴参考。三是完善内控工作监督管理。进一步完善内控绩效考评指标，将内部控制制度执行、风险自我评估、专项检查处理及落实整改等情况纳入2018年度系统B1、B2级绩效考核，科学制定考核指标和评价标准，用绩效管理推动内控落地生根。四是强化内控理念培育。部署落实国家税务总局“内控大家谈”征文活动，共征集上报征文56篇，案例10个。结合内控监督平台上线、内控自我评估等工作，分层分类开展培训，努力实现风险意识和内控理念入脑入心。（徐璐璐）

（责任编辑　容　蓉）

老干部管理

概况　2018年是国税、地税征管体制改革的第一年，市税务局认真贯彻落实中共中央和省、市老干部工作会议精神，按照省税务局、中共南京市委老干部局的工作要求，紧紧围绕服务大局、服务中心工作的思路，不断加强离退休干部党支部和离退休干部政治思想建设，促进老干部融合工作，把“互联网+”运用到老干部服务管理工作中，打造“南京税务老干部之家”服务品牌，借助“南京税务老干部之家”微信公众平台，开展形式多样的精神文化活动，扎实推进老干部工作。

加强离退休干部思想政治引领。向全体老干部党员发放《十九大报告》（单行本）、《十九大报告辅导读本》、《党的十九大文件学习辅导百问》、《十九大文件汇编》和《中国共产党章程》等书籍，强化老干部党员对十九大精神的学习和领会，把老党员老干部的思想和行动统一到中共十九大精神上来。开设“互联网+党建”线上教育，创新指尖上的党建工作新阵地。充分利用“南京税务老干部之家”微信公众平台，新设“砥砺奋进”党建模块，定期推送党建知识和讯息，采用图文并茂的形式宣传党的路线方针政策理论，展晒各单位形式多样的党建活动。通过平台宣传各老干部党支部，到辖区街道社区交流帮扶、到红色基地重温入党誓词、观看党建题材电影等活动，为老干部党支部党员之间交流沟通提供了新渠道。通过平台开展网上学习教育，收集党员群众意见建议，探索创新老干部党组织建设和党员的教育管理，站稳舆论阵地。组织编印了《离退休干部工作政策汇编》，收集整理2007年以来老干部工作相关文件和制度，整理筛选出仍在执行的制度文件9万多字，为系统老干部和老干部工作者提供一本政策资料和工作手册。

加强离退休干部党组织建设工作。选举成立首届机关离退休干部党总支，建立健全老干部党组织建设。根据市税务局机关党委统筹安排，市税务局选举成立机关老干部离退休干部党总支，把老干部党组织建设纳入党的建设总体布局，按照有利于教育管理、发挥作用、参加活动的原则，下设3个党支部，选配党性强、威信高、身体好、经验相对丰富、乐于奉献的老同志担任书记和委员，充分发挥老干部党组织的作用。做到年初有计划，季度有学习，月月有活动。各支部、党小组利用好每月一次的老干部活动日，开展支部活动、收缴党费、组织时政学习。结合“三严三实”“两学一做”主题学习教育，每季度安排一个学习专题，每月布置一至两个讨论课题，供老干部党支部学习参考，通过学习当前国家的大事和方针政策，让离退休干部党员紧跟组织的步伐，不掉队，党组织活动进一步规范化、制度化、常态化。召开离退休干部党员领导干部民主生活会，收集意见和建议，回应和解答老干部提出的问题。

对老干部政治上关心生活上关怀。全年召开四次情况通报会，及时通报情况改革情况。一是机构改革前夕召开了情况通报会，通报国地税合并进程中的重要事项，包括及中心职能、编制和人员划转工作的"三定"方案等，并对老干部提出的问题予以回应和传达。二是市、区两级税务机构正式合并挂牌后，邀请原市国税局、市地税局老领导和部分老干部代表，通报征管体制改革的进展情况以及老干部工作开展情况。三是改革后向老干部们通报全市税务系统整体架构、人员数量，围绕正在推进的重点工作，征求意见和建议。四是春节前召开老干部情况通报会，市税务局分管领导向老同志通报市税务局一年来的主要工作和取得的成就，并为每一位老同志送上手写"福"字和新春祝福，此活动被南京晨报报道。做好老干部走访慰问，生活上关怀。在传统重大节日（春节、端午、重阳）与在职干部同标准进行普遍慰问，春节期间，对24名离休干部、137名身患重病和有特殊困难的退休干部，由单位主要领导或分管领导带队上门走访慰问；端午节期间，看望24名离休干部，100名身患重病和有特殊困难的退休干部；为系统51人次老干部办理大病医疗补助103.49万余元。同时，做好离休干部家庭医生签约服务工作。根据中共南京市委老干部局关于进一步推进全市离休干部看病就医"三有一落实"工作相关文件精神，市税务局推进全市税务系统离休干部家庭医生签约服务，落实工作责任，摸清全市税务系统离休干部数据，建立健全全市离休干部健康台账，做到签约率百分百，实现全覆盖。（张　玮）

组织开展适合老干部参与的文体活动　一是组织开展"老干部看南京"活动。引导老同志以积极地心态、历史的眼光、辩证的思维，增添正能量。结合微信公众号平台，制作专题展晒老同志活动过程中拍摄的美好瞬间，以及活动后撰写的参观见闻和心得体会等。老干部可以通过手机随时看到系统内各单位老干部的活动实况，也可以为自己点赞，在丰富老同志业余生活的同时，激励他们进一步发挥余热、献计献策、贡献力量。二是利用"南京税务老干部之家"微信公众平台，举办首届"美哉金陵"南京税务老干部书画摄影评选活动。老干部对活动给予极高评价和参与热情，活动最大参加者年龄102岁，收到120余幅书画摄影作品，涵盖楷、行、草，山水、人物、花鸟等多种题材。网络点击率达到66万多人次，通过摄影、翰墨丹青映照描绘了南京改革开放取得的新成就，展现了税务老干部老有所学、老有所乐、老有所为的的银龄风采。三是做好老干部调查问卷工作。国税、地税征管体制改革后，针对原国税、地税老干部之间的差异，为更好地融合，为老干部提供精准服务，市税务局为机关老干部发放了调查问卷，问卷涉及与老同志密切相关的政治待遇、生活待遇、党组织生活、日常服务管理等方面。（张　玮）

开展首届寻找"最美税务老干部"评选活动　市税务局借助"南京税务老干部之家"微信公众平台开展"最美税务老干部"评选活动，宣传税务系统老干部的正能量和感人事迹，面向社会进行公开投票。该活动受到了系统内外的广泛关注，短短一个星期，累计浏览量达到25万多人次，投票量6万多人次。展现南京税务系统老干部退休后平实不平凡的生活，展示不忘初心、永葆本色的"税务美"，传递向上、向善的力量，促进了原国税、地税老干部的融合。市税务局机关孙国光和严静安两位退休老处长获得"最美税务老干部"荣誉称号。（张　玮）

（责任编辑　容　蓉）

党的建设及群团组织

概况 2018年7—12月，市税务局以习近平新时代中国特色社会主义思想为指导，认真学习贯彻中共十九大和十九届二中、三中全会精神，按照新时代党的建设总要求，坚持党的领导，坚持以党的政治建设为引领，大力推进党的政治建设、思想建设、组织建设、作风建设和纪律建设，为平稳推进国税地税征管体制改革、高质量推进税收现代化、建设“强富美高”新南京提供坚强政治保障。思想政治工作在全省税务系统党建工作会议上进行会议交流，并得到国家税务总局副局长于春生肯定性批示。

突出政治建设 市税务局党委旗帜鲜明讲政治，不断增强“四个意识”，坚定“四个自信”，做到“两个维护”，坚定执行党的政治路线、方针、政策。严格遵守政治纪律和政治规矩，始终在政治立场、政治方向、政治原则、政治道路上同以习近平同志为核心的党中央保持高度一致。自觉尊崇党章，严格执行新形势下党内政治生活若干准则，坚持民主集中制原则，增强党内政治生活的政治性、时代性、原则性。认真贯彻落实国家税务总局、省税务局党委各项决策部署，及时研究贯彻措施，做好责任分解，抓好督促落实。党委会先后对全面从严治党、中心组学习计划、意识形态、巡视巡察等工作进行专题研究。

加强思想建设 坚持年有计划、月有安排，通过学习日、主题党日、“三会一课”、干部培训、全员考试、网络学习等多种形式，大力推进习近平新时代中国特色社会主义思想和十九大精神的学习。落实党委中心组学习制度，先后组织开展了习近平总书记在中央政治局第六次集中学习和民营企业座谈会上的讲话精神、新修订的《中国共产党纪律处分条例》、意识形态工作等11个专题的学习。组织干部思想调查摸底，开展谈心谈话活动，共完成谈心谈话5616人次。

推进组织建设 按月发布《全面从严治党工作提示单》，指导基层落实党建工作要求。推进“两学一做”学习教育常态化制度化，围绕“不忘初心、牢记使命”主题，组织“我是党课主讲人”、党员承诺践诺、接受红色教育、开展系统内外联创共建等活动。突出基层党组织重点，落实支部组织生活会、民主评议党员和领导干部过双重组织生活等制度。强化文明创建活动，做好原市国税局和市地税局荣誉的梳理和承接工作，开展“青年文明号”重新申报工作，以办税服务厅为重点做好“文明城市”创建迎评工作。市文明办和市委宣传部分别对市税务局全力支持配合全市文明城市创建工作和做好“庆祝改革开放图片展”组织保障工作专门发函（信）感谢。

深化作风建设 坚持常态化与长效化相结合，采取定期和不定期检查的方式，加强对干部作风、纪律的检查力度，及时了解倾向性、苗头性动态，做到早预防、早提醒、早处置。以“新机构、新形象，新作为”为主题，参加“网络面对面”访谈活动，市税务局党委委员、副局长黄经东走进龙虎网直播间，与网友开展面对面交流。按照“工作到村、扶贫到户、责任到人、措施到位”的原则，继续对六合区马鞍街道和江宁区湖熟街道的386户低收入农户结对帮扶工作，让困难群众感受到党的温暖。开展第三方文明指数测评，切实做好全市作风评议迎评工作，市税务局获2017—2018年度南京市“机关作风建设人民满意单位”称号。

（桂乃耀）

组织建设 一是设立临时党支部。改革期间，作为先期合并的综合部门之一，履行党建组织职能，加强对机关及基层党建工作指导，指导成立临时党支部，保证改革期间党建工作不断档，将党建工作贯彻改革始终。二是做好机构改革中党组织调整和党员组织关系工作。各单位各部门在前期设立基层党组织的基础上，运用好全国党员管理信息系统，整体划转党员关系，并协助各级党组织进一步了解、熟悉和掌握党组织关系转接规范，做好原国税地税的基层党组织撤销、新账户设立、党费交接管理和档案材料移交管理等工作。三是加强党务干部队伍建设。以需求为导向，突出基层党建实务知识培训，提升党务干部做党务工作的实际能力。采取集中授课、走访调研、交流座谈等方式，举办党组织书记、党务干部培训班，有计划地培养党务干部。（汪成池）

基层党的建设 一是指导全系统完成机关基层党组织设立。落实国家税务总局党建工作属地化要求，协调市委组织部、市级机关工委，指导基层单位按程序设置基层党组织选举设立工作。截至2018年年底，全系统共有机关党委15个、机关纪委15个、党总支6个、党支部258个、党小组96个。二是推进党支部标准化规范化建设。梳理合并各级党组织责任清单，形成新机构统一规范的责任体系，重点推进支部“六个标准化”建设，推行党建工作清单化，制定《系统基层党支部标准化规范化建设实施意见（试行）》，制定党务工作手册，组织党务干部培训。三是加强部门间的党建工作协调配合。加强各级党委、党建部门、党支部和党小组、党员、群团组织“五个主体”职能作用的发挥，构建“党委—党建部门—党支部（党小组）—党员—群团”五级责任链条。（汪成池）

参加习近平新时代中国特色社会主义思想知识竞赛 市税务局党委深入学习贯彻习近平新时代中国特色社会主义思想和中共十九大精神，坚持全面系统学、与时俱进学、联系实际学。选拔党员干部代表南京市参加全省学习新思想知识竞赛，南京市取得全省第二名。一是全面系统学。实行领导班子“领学”、支部党员“集中学”和党员“自主学”。组织系统党员领导干部十九大精神专题培训班，以中心组学习等形式进行深入学习研讨，全年组织12次中心组学习，17人次进行交流发言。以基层支部为单位，开展“三会一课”、主题党日等活动，做到学有所思、学有所得。二是与时俱进学。紧跟形势要求，按照上级的部署要求及时组织学习习近平关于各项工作的最新讲话和重要指示等精神，通过集中学习和专家辅导相结合、学原文悟原理和学习辅导材料相结合、组织宣讲和座谈交流相结合、党委带头学和系统联动学相结合，加深对习近平新时代中国特色社会主义思想的理解。三是联系实际学。坚持把学习贯彻习近平新时代中国特色社会主义思想和十九大精神与推进国税地税征管体制改革、优化税收营商环境等重点工作有机结合，以开展“解放思想大讨论”“对标找差创新实干”等活动为抓手，查找制约税收现代化事业发展的思想障碍、观念束缚和工作实践中的难点痛点堵点问题，确立更高追求，提升发展标杆，把学习转化为深化改革、促进发展的强大动力，确保上级各项决策部署在南京税务系统得到深入贯彻落实。

（桂乃耀）

意识形态工作责任制落实 一是加强理论学习。将意识形态工作纳入中心组学习、“三会一课”学习的重要内容，认真学习习近平总书记和党中央关于意识形态领域工作的重要讲话、批示要求和文件精神，邀请市委宣传部邹雷在市税务局党委中心组（扩大）学习会上围绕“做意识形态工作的明白人”主题作专题讲座；加强党员干部意识形态工作的教育，组织召开市税务局机关意识形态工作专题组织生活会，学习郝继明“牢牢掌握意识形态工作的领导权”等材料，提升党员干部对意识形态工作的认知。二是明确责任分工。研究制定党委意识形态工作责任制方案，明确领导班子、领导干部和相关部门的意识形态工作职责和任务。建立意识形态工作联席会议制度。每半年召开一次意识形态领导小组工作会议，学习近期意识形态工作要求，及时掌握、准确研判单位意识形态工作形势，认真开展意识形态领域风险点的排查工作，各成员单位结合自身职能提出相应的意见建议，明确下步工作要求。每半年向上级党委专题汇报一次意识形态工作情况。完善重大决策、改革措施制定出台前意识形态和社会舆论的风险评估机制，认真抓好中央巡视发现意识形态领域问题整改。三是维护网络意识形态安全。充分运用宣传稿件、图片、微电影、公益广告、微动漫等多种形式，开展正面意识形态宣传引导。依托南京市税收博物馆，面向社会进行爱国主义教育、普法教育，开展税法宣传进校园、大学生税收志愿者等活动。完善网络舆情应急处置机制，加强对微信、微博、博物馆等宣传工作人员的日常教育，建立健全税收宣传管理制度。四是及时处置意识形态领域重大问题。结合改革期间党员先进事迹、作风评议、文明创建等工作，开展正面宣传，教育干部正确对待网络谣言、负面炒作、攻击渗透等网络乱象。把意识形态工作情况纳入干部考核，作为评价使用和奖惩的重要依据。2018年7—12月系统未发现有意识形态领域问题线索。（桂乃耀）

先进典型选树和宣传 根据省税务局转发《国家税务国家税务总局关于选树国税地税征管体制改革先进典型的通知》的通知要求，市税务局把选树宣传先进典型作为推动国税地税征管体制改革的一项重要举措，开展国税地税征管体制改革先进典型选树工作。一是坚持先进典型感人。开展“身边的标杆”活动，选树、表彰党员示范岗、优秀党支部书记，收集整理改革期间系统党员干部先进事迹，营造比学赶超的浓厚氛围。二是坚持宣传交流育人。发动全系统基层单位广泛挖掘推荐，利用市税务局网站《党员风采》等专栏宣传先进人物事迹57人。组织开展系统党建工作经验交流会，交流思想政治工作经验做法及干部先进事迹，统筹推进思想政治工作。三是坚持模范作用领人。改革期间，系统涌现出了雨花台区税务局夏恒志、第二税务分局陈进等一批先进典型。开展“争做改革先锋”倡议、“聚合力，献良策”、“树典型、比奉献”等活动，凝聚改革共识和工作合力。（桂乃耀）

党委书记抓基层党建述职评议 一是协助市税务局党委落实全面从严治党主体责任。召开全系统党建工作会议，贯彻落实国家税务总局、省税务局党建工作会议精神。市税务局党委印发了《关于成立党建工作领导小组的通知》《关于成立作风建设工作领导小组的通知》和《关于成立巡察工作领导小组的通知》，成立3个领导小组及办公室，层层压实责任。二是加强对基层党建工作的监督指导。按月发布全面从严治党提示单。开展党建监督检查，做到月度提示、季度考核、半年督查、年度巡察，加强绩效考核和干部选拔中结果运用。召开基层和机关两场党建工作专题会议，推动党建工作要求在系统落实落地。（汪成池）

国税地税征管体制改革专项巡察 根据国家税务总局、省税务局党委的统一要求，市税务局党委派出3个专项巡察组于2018年12月10—21日，分别对玄武、浦口以及经济技术开发区税务局党委国税地税征管体制改革情况开展了专项巡察。这次专项巡察，是中共十九大届期全市税务系统开展的第一轮巡察，也是国税地税征管体制改革以后特别是区税务局党组改设党委以来开展的第一次专项巡察。各巡察组紧密结合国税地税征管体制改革实际，紧紧围绕“八从八看”监督重点，对3个区局党委进行了深入的“政治体检”，对巡察发现的问题进行了分类梳理和归纳总结，根据问题底稿撰写了专项巡察报告，针对问题提出意见建议，并附问题清单。报经市税务局巡察工作领导小组和市税务局党委会研究通过后，各巡察组对被巡察单位进行巡察反馈，被巡察单位进行严肃整改，深化巡察成果运用，切实做好巡察“后半篇文章”，保证国税地税征管体制改革各项工作任务落实落地，推动全市税务系统全面从严治党向纵深发展，为开启新时代南京税收现代化新征程提供坚强政治保障。（张　伟）

成立系统党建工作领导小组 协助开展抓基层党建述职评议工作，要求14家所属机构党委书记围绕学习贯彻习近平新时代中国特色社会主义思想和中共十九大精神情况，提高基层党组织建设质量，落实基层党建工作重点任务情况，履行基层党建工作责任情况，贯彻落实全国、全省、全市税务系统党建工作会议精神情况和查摆的问题、巡视检查问题整改落实情况等五大重点内容，征求意见建议、认真撰写材料，向市税务局党委汇报，并接受民主评议。部署系统各单位各级党组织向本单位党委（领导班子）抓基层党建述职评议工作。（汪成池）

成立系统巡察工作领导小组 为加强市税务局党委对全市税务系统巡察工作的领导，做好全市税务系统巡察工作，根据《中国共产党巡视工作条例》《中共国家税务总局委员会巡视工作规划（2018—2022年）》《中共江苏省税务局委员会巡视工作规划（2018—2022年）》等规定，经市税务局党委研究，于2018年11月13日成立中共国家税务总局南京市税务局委员会巡察工作领导小组。领导小组组长为省税务局党委委员、市税务局党委书记、局长文月寿，常务副组长为市税务局党委副书记、副局长郑良，副组长为市税务局党委委员、纪检组组长陈林以及市税务局党委委员、副局长黄经东。领导小组成员有市税务局系统党建处、人事处、办公室、财务管理处、督察内审处主要负责人、市税务局机关党委专职副书记以及市税务局纪检组副组长（正处级）。领导小组在市税务局党委的领导下，负责贯彻落实党中央、国家税务总局党委、省税务局党委关于巡视巡察工作的决议决定和决策部署，对全市税务系统巡察工作进行总体规划和工作部署，研究决定全市税务系统巡察工作的重大事项。领导小组组长为落实巡察工作主体责任的主要负责人。领导小组下设办公室，办公室设在系统党建处，其主要职责：一是向省税务局党委巡察工作领导小组办公室请示汇报工作；二是向市税务局党委、领导小组请示汇报巡察工作；三是组织协调领导小组各成员单位召开联席会议、商议重要事项；四是向市税务局党委巡察组传达领导小组作出的决策部署，统筹、协调、指导巡察组开展工作；五是对市税务局党委、领导小组决定的巡察工作事项进行督办；六是承担全市税务系统巡察制度建设工作；七是对巡察工作人员进行培训、考核和管理；八是办理领导小组交办的其他事项。

（朱逸云）

成立系统作风建设领导小组　一是印发关于成立作风建设工作领导小组的通知，明确领导小组成员及其职责，领导小组下设办公室，人员由领导小组成员单位工作人员组成，确立了7项主要职责。二是围绕争创“人民满意单位”的工作目标，及时开展对系统作风建设工作的专项部署、培训，建立常态化督查机制，不断改进工作作风。在全市机关作风和行业作风建设社会评议中，列第一组26个参评部门第2位，被市委、市政府授予“机关作风建设人民满意单位”。三是参加全市机关“网络面对面”访谈活动，宣传展示南京税务新机构、新形象、新作为，全面接受社会监督。召开作风监督员座谈会，听取意见建议，及时落实整改。四是坚持问题导向，针对往年作风建设暴露出的问题、各方面反馈的批评和建议意见，同时结合全市对标找差会议精神，梳理整改举措，制定整改计划，明确整改责任，落实作风建设四个方面24条事项，确保整改成效。

（丁　伟）

（责任编辑　张智威）

机关党建

概况　2018年，市税务局以习近平新时代中国特色社会主义思想为指导，深入学习贯彻中共十九大和十九届二中、三中全会精神，落实全国、全省和全市税务系统党建工作会议和市委市级机关工委有关要求，在国税地税征管体制改革深入推进的过程中，全面加强市税务局机关党的领导和党的建设，为平稳推进改革、高质量推进新时代税收现代化、服务“强富美高”新南京建设提供了坚强保证。

（一）建立健全各级党组织，强化党建统领作用

1.召开机关党员代表大会。贯彻落实市税务局党委部署要求，于10月23日召开中国共产党国家税务总局南京市税务局机关第一次代表大会，113名党员代表选举产生了首届市税务局机关党委和机关纪委领导班子，建立起市税务局机关党建工作的领导机构，开启了南京税务机关党的建设新篇章。

2.加强基层党组织建设。结合机关实际状况，指导机关27个处室、7家直属机构召开党员大会、选举产生（总）支部委员会，共计成立了6个党总支部、70个党支部。坚持把机关支部设在处室，由行政“一把手”担任书记，加强党对税收工作的领导，促进机关党建与各项工作的有机融合。

3.压实党建工作责任。落实上级要求，坚持突出政治职能，突出机关基层党建重点任务落实情况、机关基层党建工作质量和个人履职尽责情况，组织开展2018年度机关基层党组织书记和党员述职评议考核工作。经各（总）支部党员民主测评，所有（总）支部书记满意率均超过98%。强化结果运用，结合评议情况形成评价意见，作为

行政评先评优、选拔干部的重要依据，进一步压实“第一责任人”抓党建的主体责任。

（二）抓党建基础，强化党建带动作用

1.学习宣传贯彻中共十九大精神。深入学习宣传贯彻习近平新时代中国特色社会主义思想和中共十九大，十九届二中、三中全会精神，努力在学懂弄通做实上下功夫。围绕“不忘初心、牢记使命”主题，开展“我是党课主讲人”活动，丰富党内学习教育形式。落实上级要求，在全体党员中推广“学习强国”手机APP，加强跟踪管理，推动真学真用。

2.做好党内思想政治工作。落实意识形态工作责任制，分析研判意识形态领域态势，夯实工作基础。组织开展形式主义、官僚主义问题集中整治工作，解决机关党员和基层反映强烈的形式主义、官僚主义突出问题，推动市税务局机关作风持续优化、效能不断提升。做好改革期间机关党员的思想政治教育，引导党员在机构改革中带头讲政治、顾大局，确保改革期间党员思想不乱、工作不断。

3.加强党员队伍管理。落实党员发展“十六字”方针要求，摸清13名入党积极份子和20名入党申请书提交人的情况，做好4名新党员的谈话、发展工作，提高党员发展质量。推进党建工作信息化进程，用好全国党员管理信息系统，及时理顺新机构党组织关系，完成1057名党员信息的录入、调整工作。

（三）激发队伍活力，强化党建凝聚作用

1.学习践行改革开放精神。学习习近平总书记在庆祝改革开放40周年大会上重要讲话精神，组织党员分批参观南京市“庆祝改革开放40周年发展图片展”。继续落实“万名党员干部帮万户”活动要求，机关支部与基层单位结对走访3个社区，在走访中加深融合、锤炼党性。

2.加强群团组织建设。强化机关党委对机关群团组织的领导，召开市税务局机关工会、妇女第一次代表大会，选举产生首届机关工会、经费审查，妇联执行委员会。召开市税务局机关第一次团员大会，选举产生首届机关团委班子。

3.拓展群团组织服务职能。落实“一局一主打”项目，广泛开展文体活动，举办环湖健步走等活动，依托群众兴趣小组开展羽毛球、游泳、摄影等体育和文化活动，满足干部职工对美好精神文化生活的向往。（向戎璇）

全面从严治党　市税务局加强理论学习，深入组织学习宣传贯彻习近平新时代中国特色社会主义思想和中共十九大、十九届二中、三中全会精神，开展“我是党课主讲人”活动，丰富党内学习教育形式。抓意识形态工作，落实意识形态工作责任制，解决机关党员和基层反映强烈的形式主义、官僚主义突出问题，推动市税务局机关作风持续优化、效能不断提升。做好改革期间机关党员的思想政治教育，引导党员在机构改革中带头讲政治、顾大局，确保改革期间党员思想不乱、工作不断。压实管理党治党责任。组织开展2018年度机关基层党组织书记和党员述职评议考核，形成评价意见，作为行政评先评优、选拔干部的重要依据。（向戎璇）

发展新党员工作　国税、地税机构合并后，全面盘清家底，及时梳理、融合原国税、地税发展党员的相关制度文件，统一规范了发展党员的工作要求。依托原有资料，强化发展党员关键环节、重点环节的监控，制定操作流程，明确资料清单，完善档案管理。严把党员发展工作的审核关，从时间、程序、材料、手续等方面进行检查，发现问题及时纠正，核实上报材料的真实性，保证新党员的发展质量。以公示和群众座谈会的形式来抓监督工作，让积极分子、发展对象和预备党员全方位地接受群众的监督，保证入党工作的公正性和公开性。2018年，市税务局机关及直属机构共发展党员4人。（魏明达）

第一届机关党委和机关纪委选举　中国共产党国家税务总局南京市税务局机关党员代表大会于10月23日在国家税务总局南京市税务局召开，大会主要议程：一是选举中共国家税务总局南京市税务局第一届机关委员会委员和机关纪律检查委员会委员；二是市级机关工委副书记吴悦鸥讲话；三是市税务局党委书记、局长文月寿讲话。机关党委委员、机关纪委委员候选人预备人选按照20%的差额比例，确定机关党委委员候选人预备人选11名和机关纪委委员候选人预备人选9名，并对候选人预备人选进行了任职条件审查。大会选举黄经东任机关党委会书记，王勇任机关纪委会书记。王勇、陈雁青、沈勇、宋健、张民、张丽晔、罗志刚、高永峰、黄经东9人当选为第一届机关委员会委员；马胜平、王勇、叶红、江沁沁、何欣、李玮、杨剑当选为第一届机关纪律检查委员会委员。

（孙菲菲）

机关工会、机关妇联选举 2018年10月31日，国家税务总局南京市税务局机关工会召开第一次会员代表大会进行选举。大会以差额比例为20%的选举方式，经无记名投票选举产生了国家税务总局南京市税务局第一届机关工会委员会，丁伟、刘金刚、朱岚、束勇、张斌、杨沉璧、杨建友、周生华、洪德顺等9人当选国家税务总局南京市税务局机关工会第一届委员会委员。刘金刚、杨建友、张斌同志当选国家税务总局南京市税务局第一届机关工会经费审查委员会委员。10月31日下午，国家税务总局南京市税务局第一届机关工会委员会召开第一次全体会议，以等额选举的方式进行主席、副主席选举，洪德顺同志当选为机关工会主席，朱岚、刘金刚2位同志当选为机关工会副主席。10月31日下午，国家税务总局南京市税务局第一届机关工会经费审查委员会召开第一次全体会议，以等额选举的方式进行主任选举，刘金刚同志当选为经费审查委员会主任。

（杨沉璧）

机关团委选举 2018年10月30日，国家税务总局南京市税务局机关召开第一次团员大会进行选举，以差额比例为20%的选举方式，经无记名投票选举产生了第一届共青团国家税务总局南京市税务局机关委员会，根据《中国共产主义青年团基层组织选举规则》和选举办法的规定，吉芷熠、汪成池、张亚男、张丽晔、张启航、姜墨林、颜廷波7人当选第一届共青团国家税务总局南京市税务局机关委员会委员。10月30日下午，第一届共青团国家税务总局南京市税务局机关委员会召开第一次全体会议，以等额选举的方式进行书记、副书记选举，张丽晔当选为机关团委书记，汪成池、颜廷波当选为团委副书记。

（杨沉璧）

（责任编辑 容 蓉）

群团工作

概况 2018年，南京市税务局系统工会认真贯彻落实国家税务总局关于做好国税地税征管体制改革期间群团工作的通知精神，坚持党的领导，加强组织建设，开展各项活动，选树先进典型，积极发挥工妇组织在国税地税征管体制改革中的优势和作用，团结动员广大干部职工以实际行动投身改革，服务改革。

服务工作大局，是工会工作的使命所在，系统工会充分认识国税地税征管体制改革期间群团工作的重要意义，立足职能，主动研究工会工作与改革的结合点和着力点，向系统发出“助改革、促融合”积极开展群团活动的通知，要求各级工会在聚合带动上发挥组织优势和作用，紧紧围绕改革目标任务，广泛开展工会、妇联和共青团活动，引领大家真心参与改革、积极支持改革、全力推进改革。

加强和完善工会、妇联组织建设，主动向市税务局党委和市级机关工会汇报工会、妇联成立事项，指导各基层单位成立工会和妇联，加强系统工妇的组织领导和资源整合，规范完成市区两级群团组织选举工作，强化党对群团组织的领导。

开展摄影、书画作品交流活动，组织开展“见证改革共画新时代”摄影书画比赛，“春天的故事——纪念改革开放40周年文学音乐分享活动，组织100名机关干部参加南京市元旦健身长跑；在系统工会带动下，各基层工会开展了健步走、扑克牌、读书分享会、趣味运动会等形式多样、丰富多彩的工会活动，为机构改革推进注入了活力和动力。组织作品参加市级机关改革开放40年书画摄影比赛，组织会员参加市级机关羽毛球、游泳、乒乓球比赛，取得较好成绩。

工会深入挖掘改革过程中的身边人、身边事，展示南京税务人全心全意服务改革、履职尽责推进改革的精神风貌。系统工会推荐两名干部参加“南京市文明职工”评选活动，开展“劳模创新工作室”创建活动，秦淮局何红梅创新工作室被市总工会命名。与教育处共同组织职工技能竞赛，推荐前6名作为南京市“五一”劳动奖章、南京市技术能手、南京市“五一”创新能手候选人。各基层工会开展了宣扬改革中的先进典型和先进事迹的好人好事征文活动，演讲比赛，使广大工会会员学有榜样、做有标尺、干有方向。（戴　骏）

选举产生新一届系统工会委员会和妇女联合会　10月29日，市税务局在金汇大厦五楼会议室召开系统工会会员代表、妇联妇女代表会议。市级机关工委副巡视员、市作风办副主任顾国成同志到会指导，市税务局党委书记、局长文月寿参加会议并讲话，市税务局党委成员、副局长黄经东主持会议。会议分上下半场进行，分别选举产生了系统工会第一届委员会委员、经费审查委员会委员，以及系统妇女联合会第一届执行委员会委员。聂志强、马雪玲两位同志分别代表工会、妇联新当选委员发言。市级机关工委副巡视员、市作风办副主任顾国成对市税务局系统工会、妇联工作提出四点希望，希望进一步提高工会、妇联组织的政治性、先进性、群众性和建设性。文书记对新一届工会、妇联委员会提出三项要求：一是要充分认识做好新时代工会、妇联工作的重要意义；二是要积极发挥好工会妇联服务工作大局的优势和作用；三是要强化工会、妇联组织的自身建设，团结带领全系统广大干部职工积极投身税收实践，为推进新时代南京税务现代化、加快"强富美高"新南京建设而努力奋斗。（戴　骏）

组织"见证改革共画新时代"摄影书画大赛　10月份，为纪念改革开放40周年，发挥群团组织在推进国税地税征管体制改革中的重要作用，系统工会组织开展了"见证改革共画新时代"摄影书画大赛活动。征集作品主要围绕讲大局、聚人心、促改革、展风采内容，通过纪实和艺术的形式集中展示南京税务人立足改革大局，促进工作融合、人心聚合的精神风貌。活动共征集摄影作品115幅，书画作品62幅。系统工会邀请我市摄影家协会、书法家协会会员、系统摄影书画爱好者组成评审组，对作品进行了认真的评选评审。经评审，《诚信纳税我代言》等5幅摄影作品、《习总书记讲话摘录》等5幅书法作品荣获一等奖；《同心协力》等10幅摄影作品、《深化税收征管体制改革》等10幅书画作品荣获二等奖；《不忘初心》等15幅摄影作品、《毛泽东诗词七律·长征》等15幅书法作品荣获三等奖。（戴　骏）

参加"钟山杯"南京市市级机关乒乓球比赛　11月份，系统工会组织参加"钟山杯"南京市市级机关乒乓球比赛，市税务局组队参加了10个项目比赛，荣获5项冠军、1项亚军、3项季军和6项第五名，较好地展现了南京税务干部热爱集体、热爱生活、人合心合、团结拼搏的精神风貌。对新机构成立后市级机关的首项赛事，系统工会高度重视，积极组织，雨花台区局工会具体承办，做好各项后勤保障。本次比赛，市税务局扬长避短、优化组对，明确"以双打带动单打"的总体思路，创出了三项之最。一是参赛选手最多。除市管干部C组外，AB组10项32名选手全部报满，体现了重在参与的原则。二是获得金牌、奖牌数最多。10个项目有8项有选手进入前八获奖。三是团队精神最强。在紧张激烈的赛场上，税务局组成最强啦啦队。（戴　骏）

关爱干部健康　系统工会进一步落实会员福利，关注会员身心健康，解决会员实际困难。建立困难会员档案，进一步完善困难会员帮扶工作管理办法，实现帮扶送温暖制度化常态化，年底慰问困难会员188人，慰问金额37.6万元。完善职工医疗互助计划，扩大对患病、重大变故会员的关心力度，2018年，为全系统4115名会员办理医疗互助保障，及时提供医疗互助保障的最新政策，并协助办理赔付事项，全年共赔付金额42.67万元。做好女职工专项健康检查，有针对性地开展女性身心健康讲座，引导女职工热爱学习、热爱工作、热爱生活，关爱他人、关爱自己、关爱社会。（戴　骏）

（责任编辑　张智威）

基层单位工作

稽查局

概况 2018年7—12月，国家税务总局南京市税务局稽查局（以下简称“稽查局”）围绕中心工作，通过落实省税务局稽查局和市税务局党委的部署要求，推进机构改革，坚持依法治税，严厉打击各类税收违法行为。2018年，稽查局共计立案检查187户，审结案件176户，查补收入1.6亿元，入库收入2.21亿元，入库率138.12%。

落实改革任务。根据国家税务总局、省税务局、市税务局改革任务要求，稽查局于2018年7月5日挂牌成立。成立后，制定实施《国家税务总局南京市税务局稽查局落实“三定”暂行规定实施方案》，调整稽查部门、人员设置，进一步做好“三定”后续各项工作，提高机构运转效能，努力实现新机构“事合、人合、力合、心合”。

发挥稽查职能。开展国家税务总局重点税源集团随机抽查，开展股权转让、发票打假等专项整治。开展市级重点税源随机抽查，加强大要案查处，查补百万元以上案件9件，千万元以上案件2件。打击发票违法犯罪，持续推进积案清理，积案清理率达到97.03%。

提升稽查效能。实施审理提前介入，完善落实三级会商制度，建立全市审理定期交流机制，审理质效稳步提升。深化稽查“双随机、一公开”（随机抽取检查对象、随机选派执法检查人员和抽查情况及查处结果及时向社会公开）机制运行，加强双随机平台应用，按要求在外部网站公开随机抽查情况。根据中央、省、市工作部署，开展扫黑除恶专项斗争工作，铲除黑恶势力滋生的经济土壤。汇编稽查业务制度规程，编印成册便于稽查干部全面、系统地精读各类稽查制度规程。

强化协作共治。加强与公安等部门协作。进一步加强数据交换，精准打击虚开发票违法犯罪。推进“黑名单”（重大税收违法案件）及联合惩戒。2018年，稽查局共上报重大税收违法案件“黑名单”9件。

加强干部管理。全面整理、审核干部人事档案，组织开展全市稽查系列骨干培训班，参与上级组织的各类培训，落实“四新”网络竞赛。打造良好营商环境，做好税务行政处罚后回访，发挥行政效能监控平台作用。引入法律专家支持，积极应对在手行政案件诉讼。有效跟进执法监督，推广运行稽查内控机制，贯彻落实执法责任制。

全面从严治党。选举新一届的党总支委员和党支部委员，组织各党支部召开专题组织生活会，并开展民主评议党员等工作。夯实监督执纪工作，把好纪律关。开展各类主题教育活动，利用各种形式，加强学习教育，强化“四个意识”（政治意识、大局意识、核心意识和看齐意识），引导干部积极向上，汇聚正能量。做好群团工作，增强干部凝聚力；深入社区、农户、企业开展大走访，践行群众路线。

做好行政保障。完善政务管理，推进政务公开，落实权力阳光运行机制；加强信息宣传，扩大信息宣传量、社会辐射面和税务影响力。开展原国地税稽查部门资产清查，根据市税务局统一的改革进度要求，做好办公区的分期搬迁，规范政府采购，保障新机构及时投入正常运转；规范财务管理，加强重大财务开支管理，完善财务重大项目的跟踪管理机制。

（徐曼曼）

机构设置及负责人

办公室

主　任　王毓昆
副主任　侯　靖
副主任　周　荃
副主任　张　宁

人事教育科

科　长　李　娟
副科长　殷　勤

党建办

主　任　沈晓青

副主任　张奇男

副主任　滕　浩

综合选案科

科　长　吉琳娟

副科长　史　晶

副科长　刘歆阳

副科长　陈　光

案件审理科

科　长　陶明坤

副科长　徐　潇（正科级）

副科长　朱　姝

副科长　姚大华

案件执行科

科　长　曹　阳

副科长　翟　方

检查一科

科　长　张　英

副科长　王　亮（正科级）

副科长　史玲玲

检查二科

科　长　何泽辉

副科长　把光芫（正科级）

副科长　高　祝

检查三科

科　长　李　璐

副科长　石　亮

副科长　汤晔军

检查四科

科　长　王　琛

副科长　李　薇（正科长级）

副科长　王佳一

（徐曼曼）

机构改革任务落实　2018年7—12月份，稽查局落实国家税务总局关于税务机构改革要求，及时传达贯彻市税务局部署，按要求于7月5日正式挂牌。9月20日后，稽查局确定领导分工，形成AB角的分工协作机制，并严格按照交接清单进行工作交接。根据《国家税务总局关于印发国家税务总局南京市税务局职能配置、机构设置和人员编制暂行规定的通知》（税总函[2018]451号），按照规范框架制定《国家税务总局南京市税务局稽查局落实“三定”暂行规定实施方案》，并于10月25日召开全体干部大会予以宣布，调整职责配置、机构设置和人员配备，并明确各科室职责。10月26日，稽查局所有人员到岗到位，10月29日实现同一科（室）同址办公。同时，稽查局制定实施《南京市税务局稽查局工作交接实施方案》，明确工作交接时间表和工作要求，严格按照市局规定的时间节点推进工作，完成科（室）职责划转、工作交接、人员到岗、公文系统人员信息配置等各项工作。另外，对于未结案件，按全市统一处理方法，根据所在环节一一明确责任人，按新设机构和人员及时下发，做好过渡期业务衔接。

（徐曼曼）

稽查管理　一是推进积案清理。通过详细剖析积案成因，逐户形成明细清理底账，对各类型案件制定明细的操作指导和清理方案，并明确责任体系和工作内容；加强与分管处室的沟通，组织集中审理、疑难案件专题讨论等多种方式，促进案件尽快办结。2018年稽查局待清理积案202件，已清理196件，清理率97.03%。二是开发稽查信息管理系统。以查账软件为依托，全线开发稽查信息管理系统，涵盖报表统计、数据分析整理、稽查台账梳理等功能，为后期稽查工作科学化、有序化、规范化提供平台。三是编写《税务稽查业务制度规程汇编》，组织业务骨干，对国家税务总局、省税务局和市税务局已经发布的稽查业务制度进行分类整理，收录国家税务总局发布的涉及稽查方面的制度规程51篇，对稽查执法文书体例表述形式进行规范统一，方便干部查找、精读各项制度文件，预防稽查执法风险，提高依法稽查水平。三是组织案例库的录入审核发布。组织业务人员将2014—2016年所有查结的案件详细信息录入到案例库，共录入案例1200余件，经审核发布至每个检查人员案头，通过提炼检查人员宝贵经验，为智能分析系统提供详实可靠的基础资料。

（徐曼曼）

打击违法行为　一是实施项目制管理。对打击出口骗税、打击虚开团伙、空壳企业、普票、医药行业专项整治、虚开废旧物资发票等11类任务开展检查，并实施项目制管理模式。每个项目由一名局领导牵头，负责督导落实案件查处和案件跟踪，确保所有案件建立多层案源管理台账，做到案件有落实、有反馈、有成效。二是探索实施集中查处模式，在“4·16”“6·25”专案的查处中，尝试由专业化检查团队集中完成案头分析、调查取证、查处定性、对外发出虚开证明等一系列工作流程，确保类似案件快查快结。三是定期交流机制。在开展打击虚开骗税税收违法行为两年专项行动工作中，稽查局牵头，与南京市公安局、金陵海关、中国人民银行南京分行营管部按季召开联合打击虚开骗税领导小组协调会，定期召开办公室成员会议，及时解决存在问题，确保打击虚开骗税工作制度化、常态化运行。（徐曼曼）

涉税案件审理 2018年7—12月，稽查局一是完善审理制度。根据《税务稽查工作规程》、《全国税务稽查规范（1.0版）》等相关规定，稽查局制定发布《关于成立全面依法行政领导小组的通知》《关于成立税务案件集体审理委员会的通知》《关于成立重大税收执法事项集体审议委员会的通知》《关于市局稽查局税务案件集体审理委员会审理范围的通知》等文件，进一步提升稽查局依法治税水平，规范稽查执法行为。二是参与案件研讨。参与市税务局大要案审理委员会的案件审理工作及疑难案件的研讨，继续完善落实三级会商制度，及时解决检查过程中的疑难问题。三是审理人员提前介入。对比较特殊的案件，采取提前介入的形式，对案件进行政策、程序、取证等方面的把关，减少退审案件，提高审理效率。2018年，稽查局审结案件200余件。（徐曼曼）

法律救济 2018年7—12月，稽查局做好行政执法和行政司法的衔接，根据《全国税务稽查工作规范（1.0版）》的要求严格落实告知、回避、调查取证、听证、说明理由等程序制度，保障纳税人的陈述申辩权、知情权。做到无陈述，不草率结案；有异议，慎重对待，严格核实，逐项反馈，妥善处理。通过实施大案、要案集体合议、案件会审、案件听审等制度，确保执法准确性。制定实施《关于成立税务行政应诉工作领导小组的通知》，成立国家税务总局南京市税务局稽查局税务行政应诉工作领导小组，跟踪行政诉讼案件，确保诉讼案件顺利开展，在法律专家和数据政策专家的帮助下，梳理诉讼中的疑难争议点，做好提交法院的每项答辩和证据材料，规范执法，依法行政，切实保障纳税人的合法权益。（徐曼曼）

全面从严治党 一是抓好从严治党基础工作。召开中国共产党国家税务总局南京市税务局稽查局第一次代表大会，选举新一届的党总支委员和党支部委员。多次召开专题组织生活会，开展谈心谈话，认真查摆问题，开展批评和自我批评，切实抓好整改。开展民主评议党员，评议党支部班子工作、作风等。党总支（领导班子）成员到联系点指导党建工作，并做好集体谈心谈话。二是夯实监督执纪工作。按季开展风险防控提示，开展违规吃喝问题专项整治“回头看”和上交礼金礼品专项清理。实行重要节点廉政提醒，组织全体中层干部开展廉政谈话。三是开展各类主题教育活动。立足机构改革实际，以“三会一课”（支部党员大会、支委会、党小组会和党课）、中心组学习等为抓手，组织开展“我是党课主讲人”微党课活动，并推荐参加系统微党课比赛活动。组织45名干部参观改革开放40周年图片展、部分干部参观梅园新村纪念馆、高淳桠溪西舍、老中青共话“不忘初心”座谈会等活动，教育引导党员干部积极参与到改革中来。四是做好系统工会、妇委会的选举工作。11月14日，稽查局分别召开了工会会员代表、妇联妇女代表会议。会议分别选举产生了稽查局工会第一届委员会委员、经费审查委员会委员、系统妇女联合会第一届执行委员会委员。（徐曼曼）

干部队伍建设 一是落实机构改革工作任务，整理、审核干部人事档案，核对和确认干部人事信息，做好人事业务文书资料归档。二是参与上级单位组织的各类培训。参加国家税务总局、省税务局税收稽查业务视频培训等，合计参与各类脱产培训15期，共31人次，参与国家税务总局、省税务局第二、三轮视频培训177人次。三是落实“四新”网络竞赛，组织两次模拟考试和第一轮正式竞赛，全局66位干部报名参赛，达到市税务局

50%的参赛率。四是规范请休假管理。制定实施《稽查局改革期间因私出国（境）管理办法》，规范请休假审批表填写等。五是防范执法风险。推广运行稽查内控机制，运用内控监督平台，月初对上月过错查找原因并发布，提示执法风险。发挥行政效能监控平台作用，邀请被查对象对检查各环节监督反馈，提高稽查执法规范性。

（徐曼曼）

稽查文化建设 一是成立工会小组，选举小组长，并开展工会兴趣小组活动。二是组织各类文体活动，做好职工书屋的创建准备，开展好系统俱乐部—太极拳俱乐部活动，参加系统"雨花杯"乒乓球比赛，组织"月盈中秋，幸福手作"工会主题活动，组织原国地税退休干部赴六合区"看南京"，开展"情暖冬日，携手迎新"手工花环制作、"共融训练营"拓展等活动，弘扬税务文化，增强干部凝聚力，激发干事创业热情，努力实现"事合、人合、心合、力合"。三是组织走访慰问江宁湖熟街道和平社区十户困难户，与困难家庭座谈，宣传中央和省、市有关精准扶贫的精神，了解村情民情和困难家庭的最新情况，对其建议与诉求及时反馈。开展定点帮扶和税法宣传，帮助贫困户了解税收政策，用好用足国家政策，实现增收致富。组织"春蕾帮扶"活动，解决群众实际困难。

（徐曼曼）

（责任编辑　王甜源）

第一稽查局

概况 国家税务总局南京市税务局第一稽查局（以下简称"第一稽查局"）于2018年9月正式成立。自成立以来，第一稽查局以中共十九大精神为统领，围绕工作目标，克服困难，开展工作，树立政治意识、大局意识、服务意识和责任意识，保证了机构改革的顺利进行和全局各项工作的开展。

以党建工作为引领，压实"两个责任"（全面从严治党主体责任、监督责任）。树立"抓好党建是最大政绩"理念，落实管党治党责任。成立第一稽查局党总支委员会、工会委员会、妇女委员会。完善"两个责任"清单，厘清党建工作责任，局领导班子落实"两个责任"，组织推动党建工作。引导党员干部增强规矩和自律意识，强化从严要求、从严监督工作氛围，加强作风建设的思想防线。坚持问题导向，狠抓党风廉政建设，组织开展廉政教育活动，弘扬"崇法崇廉，尽责尽美"的核心价值观，贯彻《廉洁自律准则》《党内监督条例》等党内法规，以党性党风党纪教育为重点，加强"底线""红线"意识教育

以稽查业务为主业，完成税收任务。2018年先后开展"海啸一号"受票企业专项检查、打击骗税联动检查、打击"空壳企业"虚开票活动、2018年查处虚开专项工作、打击"416暴力虚开"行动、"6.25专项行动"、"鹰击1号"行动、打击职业化犯罪团伙等8个批次的"双打"（打击虚开发票、打击骗取出口退税违法犯罪活动，以下简称"双打"）专项行动。定期召开案件推进会，加大推进力度。2018年全年，完成积压案件清理238件，清理进度达到92%；共接收受托协查294户次，合计发票3562份，金额3.89亿元，税额0.64亿元；共发出有疑问委托协查136份，发票份数566份，金额1.85亿元，税额0.3亿元；确定虚开委托协查517份，发票份数10249份，金额10.55亿元，税额1.79亿元。委托协查选票准确率、回复"正常"率、协查函按期回复率和涉案发票协查合规率均达到绩效考核要求。

以法治建设为基础，规范执法行为。固化政策研讨机制。持续深化检查人员、科室、局"三级政策研讨"机制，定期举行业务讨论，确保政策解答口径和执行一致。建立"专人专所"结对应答机制，实施疑难问题报告制度。对案情复杂、容易混淆、难以把握的政策疑点问题，及时汇总上报。定期做好政策更新，及时汇集整理发布新要求、新政策，分部门开展小型化研讨式培训，增强互动性，提高培训效果。建立岗位自查、部门核查、审理审核、局合议的案件质量审核体系，着重把握好"取证、政策、程序、定性"四个关键事项，提高案件质量，降低执法风险。制定完善案卷立案归档工作方案，提高案件归档规范化水平。切实发挥好内部控制监督平台的作用，深化执法督察、执法监察和"一案双查"。

以规范服务为目标，做好后勤保障。制定工作计划，分解工作任务，合理把握工作节点，梳理

反馈工作情况，协调推进工作开展。严格规范公文处理和政务公开，严守保密规定并按要求进行保密工作自查整改。突出规范执法、依法行政、安全履职等关键点，对绩效指标进行全面梳理、逐项分析、逐条细化，提升绩效考核的针对性和实效性。按要求完成季度绩效考核，强化绩效数据分析，定期召开绩效讲评分析会，发挥绩效考核导向作用。积极适应预算国库集中支付的财务管理新形势需要，定人定岗定责，做好每月预算计划编报、每笔用款支付申请，严格预算执行管理。严格执行重大项目财务开支管理规定，开展资金资产自查。严格执行24小时值班制度、局领导带班制度以及局长接待日制度。每天准时准点报告重大事项和舆情每日"零报告"。合理规划办公场所，做好搬迁后的设备安置工作，保证各项工作平稳有序推进。（骆静思）

机构设置及负责人

办公室

主　任　王志宏
副主任　程　璐
副主任　赵小亮

人事教育监察科（党建办）

科　长　范筱雯
副科长兼党建办主任
张紧莉（正科级）
副科长　徐　敏

综合业务科

科　长　路永进
副科长　彭昕宁（正科级）
副科长　林　勇
副科长　茆晓燕

检查一科

科　长　余晓祥
副科长　袁　勇（正科级）
副科长　杨　滢
副科长　陈　晶

检查二科

科　长　王茂林
副科长　晏海华
副科长　查倩倩

检查三科

科　长　钟　建
副科长　谈翠华（正科级）
副科长　章　佳
副科长　柏寅昊

检查四科

科　长　叶天兵
副科长　索荣荣
副科长　郭　超

检查五科

科　长　徐桂花
副科长　吉洪斌（正科级）
副科长　徐　印

（韩小玲）

税务机构改革　一是机构成立。根据中共中央、国务院《深化党和国家机构改革方案》的要求和省税务局的统一部署，第一稽查局于2018年9月30日正式挂牌成立。二是班子建设。把团结作为班子建设的根本，重视理论学习，提升道德修养。三是组织架构。严格组织流程，完成党支部、工会、妇委会等机构建设。成立绩效领导、数字人事、扫黑除恶等专项领导小组。四是人员配置。依据岗位职能以及干部学术功底和业务能力，将原国地税检查人员结成若干稽查小组。五是办公室改造。合理规划办公场所，对不达标场所进行改造，并做好搬迁后的设备安置工作，保证各项工作平稳有序推进。六是规章制度。研究制定新规定、新办法，通过建章立制规范各项工作，保障各项工作的顺利开展。（骆静思）

2018年11月12日，召开南京市税务局第一稽查局党员大会，选举党总支委员会委员。

（骆静思　摄）

稽查收入 紧紧围绕中心工作，以稽查业务为主业，以打击虚开骗税为重点，强化组织领导，持续深入推进“双打”，切实整顿规范税收秩序，努力发挥好以查促收的职能作用。以法治建设为基础，坚决落实各项稽查规范，切实发挥好内部控制监督平台的作用，加快进度清理往遗留案件，强化稽查执法质量意识，充分发挥绩效管理“助推器”的作用，在全体人员的共同努力下，全面完成各项税收任务。全年共查补税款2.39亿元、罚款727.38万元、滞纳金865.88万元，合计2.55亿元，入库2.57亿元。查补案件229户，共组织随机抽查5批次91户企业进行查前自查，其中2批国家税务总局重点税源户，3批市级重点税源户，累计入库自查税款3.32亿元。（杨 韬）

打击发票违法犯罪行为 2018年保持对打击虚开和骗税工作的高压态势，先后开展“海啸一号”受票企业专项检查、打击骗税联动检查、打击“空壳企业”虚开票活动、2018年全年查处虚开专项工作、打击“416暴力虚开”行动、“6.25专项行动”、“鹰击1号”行动、打击职业化犯罪团伙等8个批次的“双打”专项行动。一是加强组织领导。局长亲自抓双打工作，定期召开案件推进会，听取案件汇报，加大推进力度。二是加强协调配合。对内做好案源管理、审理、检查环节的沟通联系，对外加强同稽查局和大案要案审理委员会的请示汇报，做到上下联动，解决难点疑点问题。三是做好快审快结。业务管理部门克服人员少、滞留案件多造成的巨大压力，加班加点开展案件审理，取得成效。四是做好案件移送工作。加强同公安部门的沟通协调，分管副局长推进和各属地公安系统的业务对接，促进达到标准的案件及时移送。（孙 静）

涉案发票协查 一是加强协查管理。严格落实案件协查的工作要求，规范协查程序，设立专人专岗对协查案件质量进行把关，确保协查工作有序开展。二是加强学习培训。结合税务机构改革的不断深化和新协查系统的上线，开展多层次多方位的协查培训，对协查工作的最新要求和操作要点培训到每一个检查人员，提高协查工作的质量。三是加强考核管理。将委托协查准确率、回复正常率、协查函按期回复率和涉案发票协查合格率列入考核范围，加大考核力度，确保了日常协查工作的有序开展。2018年，共完成受托涉案发票协查294户次，涉及发票3562份，金额3.89亿元，税额0.64亿元。发出委托协查136户，确定虚开委托协查发票10249份，金额10.55亿元，税额1.79亿元。委托协查准确率、回复正常率、协查函按期回复率和涉案发票协查合格率均达到规定的标准。（王 柯）

涉税举报案件查处 第一稽查局不断推进检举案件的查办工作。一是加强学习，不断提高案件查办能力，为更好地开展稽查工作打下了较好的基础。二是完善管理，加强对稽查工作的考核力度，促进案件举报工作制度化、规范化管理。在日常管理上狠抓对案件查处工作的落实，使案件的稽查时间和稽查质量有了较大的提高。对于影响较大、可能会产生不良舆情的案件保持高度关注，及时进行督办、催办，及时了解案件查办进度，及时安抚检举人的过激情绪。三是适应改革需要，定时组织检查人员学习和了解各项新的政策，为推动举报案件工作的开展提供了有力的保障，较好地完成上级交办的工作任务。2018年，共接收检举案件45户，其中立案检查10户，查结27户。按要求为检举人发放检举纳税人税收违法行为奖励一次。（杨 韬）

清理遗留案件 2018年，完成积压案件清理238件，清理进度达到92%。一是强化组织领导，高效有力推进相关工作。局长亲自抓案件清理工作，定期召开案件推进会，加大案件清理力度。业务管理科全面梳理积案，区别不同类型案件，高效有序的采取应对措施，推动积案向结案、办结流转。二是加强分析和协调配合。对积案逐一分析原因、症结，找准应对措施，集中处理。明确应对措施，细化工作分工，实施跟踪督导，实施全过程留痕和可回溯管理。对内做好案源管理以及审理和检查环节的沟通联系，对外加强市稽查局和大案要案审理委员会的请示汇报，做到上下联动，解决难点疑点问题。三是做好快审快结。业务管理部门加班加点开展案件审理。在清理过程中。采取积极稳妥的措施和方式，妥善处理问题，避免执法风险。（林 勇）

政策支撑保障 坚决落实各项稽查规范，突出执法的合法性和程序性，确保稽查执法流程零瑕疵、无纰漏。加强案件管控与执法监督，严格把控案件流程，建立明细管控台帐。一是固化政策研讨机制。持续深化检查人员、科室、局“三级政策研讨”机制，邀请“专家团队”成员，配合稽查沙龙开展，定期举行业务讨论，确保政策解答口径和执行一致。二是建立“专人专所”结对应答。每个审理人员对口一个检查执行科，负责收集、整理、解答该部门的所有政策问题，避免检查人员多头询问，提高工作效率。三是实施疑难问题报告制度。对案情复杂、容易混淆、难以把握的政策疑点问题，及时汇总上报上级相关处室，寻求帮助。四是定期做好政策更新。及时汇集整理发布新要求、新政策，分部门开展小型化研讨式培训，增强互动性，提高培训效果。（茆晓燕）

执法督察 一是运用“税务系统内部控制监督平台”。加强“税务系统内部控制监督平台”的使用，发现日常过错，对责任部门和人员进行提醒，对数据提取来源进行分析，对过错产生原因进行整改，出现问题及时跟上级单位和部门联系沟通，提出平台优化意见和建议。运用平台对日常工作进行风险防控，防微杜渐，发挥内控平台服务、管理和监督三位一体的作用。二是做好执法督察、执法监察和“一案双查”（由稽查部门查处涉税当事人的税收违法行为，纪检监察部门查处税务机关和税务人员的违纪违法行为）。2018年7—12月，结合机构改革实际，组织对执法风险、廉政风险较高的长期未结案件、应移送未移送公安的案件等开展专项执法督察，对政府采购、稽查办案经费使用管理等开展专项执法监察。落实上级“一案双查”具体要求，对符合移送条件的问题线索及时办理移送手续，全年移交案件9件。坚持阳光执法监督卡制度，每案发放，保障纳税人对检查人员监督的权利。（徐 敏）

扫黑除恶专项工作 一是明确清单加强落实。按照上级单位和部门的统一部署和具体工作要求，落实扫黑除恶专项斗争任务清单，成立扫黑除恶工作领导小组。不断完善工作机构，构建两级、三层的扫黑除恶领导机制，做到专人负责具体工作。二是加强领导狠抓落实。把扫黑除恶作为一项严肃的政治任务，坚持实事求是工作原则，不断推进工作开展，严厉查处涉黑涉恶税案，铲除黑恶势力的滋生土壤和经济基础，始终保持对黑恶势力违法犯罪的严打高压态势。加强内、外部协调配合，做好线索排查和移送工作，内外协同，形成强大监管合力。三是加强干部教育。开展法治宣传教育，增强干部的法制观念，教育干部拒绝参与和积极防范黄赌毒和盗抢骗等社会治安违法犯罪活动，增强对涉黑涉恶问题的免疫力。积极组织各项宣传工作，及时上报各类报表资料，召开局长办公会4次，发放宣传材料95份，悬挂条幅、标语6条。把惩治涉黑涉恶腐败问题作为落实全面从严治党监督责任的重要内容、纳入巡察工作内容，严打黑恶势力“保护伞”做到除恶务尽。（路永进）

2018年11月17日，开展“同心携手、砥砺前行、共济同舟”工会活动 （骆静思 摄）

业务培训 一是开展全员培训。增强培训与工作的结合度，丰富培训内容，拓展培训形式，培训内容包括宏观政治与经济形势分析、廉政教育、领导管理学、最新的税收法律法规如“营改增”热点政策、取证规范等多方面。二是拓展培训渠道。为干部注册开通中国税务网络大学，提供网上学习。选送干部参加国家税务总局改革专题培训、稽查骨干业务培训、国际税收专题培训等。三是推进“以赛促学”。先后组织干部参加“岗位大练兵、业务大比武”竞赛活动，参加“四新”（“新机构、新职责、新业务、新作为”）考试，参考率达64%，5人通过第一轮考试。四是加强技能培训。

先后组织全体干部参加省局业务大培训、稽查系列原国地税业务交叉培训、局内业务互训及全员冬训等，全面提升干部综合素质，迅速提高专业技术能力。（彭昕宁）

党风廉政建设 一是提高政治站位。深入学习贯彻习近平新时代中国特色社会主义思想和中共十九大精神。结合“三会一课”制度，持续推进“两学一做”。统一使用党建台帐资料，保证在职党员100%参加组织生活。二是开展主题教育活动。组织“学习党的十九大精神”知识竞赛、参观《江淮之子——周恩来与南京、淮安图片史料展》和“江苏省庆祝改革开放40周年图片展”、观看《赵亚夫》纪实片等。开展“大走访”“万名党员干部帮万家”“城乡结对共建”“牵手行动”“党员走进社区”等主题活动。三是紧扣学习要求有的放矢。立足实际，着眼于机构改革的关键时期，就如何提升遵从度和执行力，开展干部集中谈话和分批谈心谈话。签订机构改革党员承诺书，保证机构改革顺利进行。节日前夕，召开党风廉政和作风建设会议，坚持逢大会必放党风廉政视频，定期向党员干部发送廉政警示短信，常态化进行廉政提醒。（高　涵）

行政管理 一是加强政务管理。做好计划总结和公文管理，2018年，共处理税务综合办公信息系统收发文500余份。二是开展新闻宣传。组织“税务稽查与营商环境”研讨会，邀请分管稽查区域地方政府领导及重点企业代表共同参会，并在中国税务报、江苏经济报、南京电视台等多家新闻媒体展开宣传。以“税收宣传进课堂，另眼相看家乡美”为主题开展第27个人所得税收宣传月活动。2018年，共组织报送新闻宣传稿件80余篇、信息稿件70余篇。三是严密财务管理。执行预算管理新规。定人定岗定责，规范操作流程，做好每月预算计划编报、每笔用款支付申请，严格预算执行管理。开展资金资产自查，对资金资产安全工作进行全面自查，梳理盘清资金资产情况，确保财务管理规范、资金资产安全。四是完善事务管理。严格执行24小时值班制度、局领导带班制度以及局长接待日制度，每天准时准点报告重大事项和舆情每日“零报告”。安排搬家事宜，合理规划办公场所，对不达标场所进行改造，并做好搬迁后的设备安置工作，保证各项工作平稳有序推进。（骆静思）

（责任编辑　王甜源）

第二稽查局

概况 2018年，国家税务总局南京市税务局第二稽查局（以下简称“第二稽查局”）深入学习贯彻中共十九大会议精神，坚持全面从严治党，以绩效管理为抓手，不断提高税务稽查工作水平，加快推进税收现代化建设，紧紧围绕上级决策部署和“四个确保”（确保税务队伍稳定，确保收入平稳增长，确保征纳关系和谐，确保干部遵规守纪），全力以赴抓好改革各项工作。全年班子稳定、队伍稳定、工作稳定，完成上级交办的各项工作任务。

*加强党建引领。*在第二稽查局挂牌成立后迅速成立党总支，将行政工作和党建工作一体化管理，形成“1+9”的格局（一个党总支、9个党支部（含老干部支部）），延续“支部建在连上”的光荣传统，更好发挥支部在科所建设中的战斗堡垒作用。同时选拔党性强、组织能力强、担当精神强的干部充实支部委员会。规范和落实基层党组织书记述党建、“三会一课”、组织生活会等制度，严格党员日常管理。通过节前教育、廉政提醒，聆听中央纪委及总局的相关案例通报，进行警示教育；定期进行作风巡查，强化监管；落实执法督查、“一案双查”等相关制度，提供“一案双查”线索12条，将党风廉政建设工作贯穿、融入、体现到各

2018年10月25日，第二稽查局举行“三定”宣布仪式（周　颖　摄）

项工作的全过程。全年干部职工拒吃请及礼品礼金30余人次。

做好案件查处。第一，清理积案。2018年，第二稽查局将应清理的208件案件列表造册，倒排工期，将各类案件的处理规则，嵌入到每一个案件中，明确处理方式、完成时间和责任人。同时，根据状态结果合理安排工作重心，着力解决检查和审理环节的案件，每周召开案件推进会，对各检查科的在查案件进行跟踪；组织审理人员加班封闭，定量到人，集中审理。截至2018年12月31日，共立案检查189户，清理积案267件，2016年以前案件清理率达91%，2017年以后的案件清理率达82%。实现稽查案件查补税款1.859亿元，入库税款1.096亿元（其中，自查入库3514.02万元），税款在百万元以上大要案19件。第二，开展两年专项行动（国家税务总局、公安部、海关总署、中国人民银行联合开展为期两年的打击虚开发票、打击出口骗税专项行动）。查处“双打”（打击虚开发票、打击骗取出口退税违法犯罪活动，以下简称“双打”）案件116件，查补收入1038.16万元，完成异地受托协查305户次，其中查办虚开增值税发票达亿元以上的案件5件，办理移送公安手续201件。第三，加强税警协作。与公安部门建立常态化的协同机制，提请公安提前介入12件次的案件侦破工作，为公安部门侦办刑事案件提供资料16件次，其中“6.25”专案涉案金额高达62亿元。加强涉黑线索的排查梳理，结合稽查案件，对于建筑工程、交通运输、矿产采掘等重点行业，以及敏感领域的被查纳税人，对其进行线索排查；组织精干力量查处了一起市纪委转办案件。

强化税收宣传。第二稽查局抓住机构改革的契机，召开“支持民营经济健康发展”税收座谈会，邀请辖区内11家大型民营企业参加座谈，对近期出台的民营企业优惠政策进行了宣讲，并就民营企业目前的经营情况和税收方面存在的问题及困难进行了交流。同时，为进一步贯彻落实支持民营经济健康发展的各项要求，第二稽查局立足税务稽查职能定位，结合实际，制定出台《贯彻落实支持民营经济健康发展的十项措施》。

取得相关成果。案例《“改装”出的巨额消费税——南京客车某公司少缴消费税案》成功入选“全省十佳优秀稽查案例”；案例《拍案惊奇之税案迷踪》荣获“2018年江苏省税务系统稽查优秀案例”第二名，这是南京市稽查系列唯一入选案例。选送的2篇稽查调研论文分别获市税务局国际税收调研论文二等奖和重点课题论文三等奖。

（祝　清）

机构设置及负责人

办公室

科　长　黄　露
副科长　孙　艳（正科级）
　　　　颜廷波（正科级）
　　　　周　颖
　　　　张　悦

人事教育监察科

科　长　吴庆庆
副科长　徐　璐（正科级）
　　　　陈潇潇（正科级）
　　　　陈健健
　　　　孙艺轩

综合业务科

科　长　叶　峥
副科长　张　辉（正科级）
　　　　王　慧
　　　　封世雄
　　　　朱永刚

检查一科

科　长　邵丽华
副科长　王相群（正科级）
　　　　顾　婷
　　　　王　正

检查二科

科　长　周敢荣
副科长　孙国松（正科级）
　　　　沈　怡
　　　　沈一栋

检查三科

科　长　瞿海深
副科长　陈怀俊
　　　　李京琳
　　　　张明敏

检查四科

科　长　胡克念

副科长　张　超（正科级）
　　　　叶光辉
　　　　罗柏官

检查五科

科　长　薛必龙
副科长　茅钟驰（正科级）
　　　　夏兴明
　　　　徐　琰

（孙艺轩）

税收收入组织情况　2018年度，第二稽查局贯彻落实上级机关的部署和要求，依法履职做好税务稽查本职工作。积极开展打击虚开增值税专用发票，打击骗取出口退税、打击发票违法犯罪活动等专项行动，取得丰硕成果。在组织收入方面，实现税务稽查随机抽查，落实税收违法“黑名单”制度，同时查处了几起具有重大社会影响力的大要案，组织税收收入的成效明显。截至2018年12月31日，第二稽查局实现了查补、自查收入1.86亿元，已入库收入1.1亿元（其中，自查入库3514.02万元），实现查补税款金额1.53亿元，滞纳金1865.5万元，没收违法所得金额166.8万元，罚款金额1261.27万元。2018年度，第二稽查局下达各类检查案件户数为283户，结案户数为418件，查补税额100万以上移送案件19户，积案清理成效显著，清理率位居全市稽查系列第一。

（朱永刚、祝　清）

案件查处　2018年，第二稽查局在案件查处方面认真贯彻落实《关于进一步改进税收违法案件协查工作的若干意见》（税总办发〔2015〕87号）的文件要求，完成大量协查案件的查办，取得一定协查工作成效。其中，受托协查320户次，检举案件47户次，专项检查73户次，纪检委、法院交办各1户次。第二稽查局牢固树立“协查地就是案发地”的工作思路，要求检查人员认真对待每一份协查发票，深度挖掘协查系统信息，提升协查质量，做到受托协查按期回复率100%。通过不断听取专案的检查情况，加强对专案的指导，帮助检查人员理清思路，分析疑点，重要案件及时与公安等部门沟通联系，详细部署，外调取证。大力组织“4·16”“6·25”专案、资本交易、医药专项查处，有力打击发票违法犯罪行为。

（朱永刚、祝　清）

2018年12月4日，第二稽查局青年干部参加机关青年法治大学习活动　（张启航　摄）

税收专项检查整治　2018年度，第二稽查局根据国家税务总局、省税务局和市稽查局的统一部署和相关工作要求，开展了国家税务总局“空壳虚开、股权转让、普通发票专项整治”、“4·16”专案、“6·25”专案、“鹰击1号”暴力虚开专案、“2018四部委职业化犯罪团伙暴力虚开”专案、深圳“海啸1号”专案、医药企业税收专项检查等税收专项检查整治工作。期间，加强对于专项检查、专项整治和专案检查的组织领导，通过召开专门会议，进行专题动员活动，积极落实《税收检查任务管理办法》，有层次、有重点地分步推进税收案件专项检查。召开案件检查联席会议，加强过程管控，对于案件进展情况跟踪监督，提出了相关指导意见，确保了案件质量。目前各专项检查任务均已基本完结，特别是国家税务总局“6·25”专案，该案受到党和国家领导人的高度重视，并作了重要批示，该局受领任务后主要领导亲自挂帅，组织人员采取税警合作、团队运作、统一布置、统一时间、统一检查的方法开展检查并取得显著成效。税警联合专案组成员10多次前往广州、海南等多地外调资料，累计行程超2万公里；梳理关联企业20余户，票据资料近5万份；联合公安部门开展问讯30多人次，口供笔录30余份；奔赴广州、海口、梅州、揭阳等四地数十家银行，查实资金链闭环，全面彻查企业业务和资金往来情况，确保案件查处取得实效，4名主犯被正式批捕。

（朱永刚）

电子稽查 第二稽查局充分利用现代化信息技术手段，加快推进传统稽查方式转变，创新稽查工作思路，高起点，严制度，实现全流程电子查账体系。深入运用省税务局查账软件分析疑点。结合电子底账系统、“金税三期”系统等相关联数据，掌握货源组织、发票取得、货款支付、入库出库等情况，跟踪疑点线索深挖分析，从而进行有针对性的检查工作。2018年度在重点税源企业随机抽查专项检查、建筑工程行业专项检查、交通运输行业专项检查、矿产采掘专项检查等重点工作中，第二稽查局向每户被查企业调取了电子帐册，调取后导入网络版查账软件进行自动分析并使用自动生成的疑点数据丰富补充检查预案。针对大数据时代下的“互联网+政务服务”趋势，利用第三方数据补充预案。积极探索电子取证的具体方法，利用查账软件为主，企业导出数据为辅，开创税收稽查信息化新征程。 （祝　清）

内外部沟通协作 第二稽查局注重加强内外部协调配合。拓宽各部门之间的信息沟通渠道，在涉税检查、案情交流、涉税线索移送等多方面，完善协调配合机制，形成稽查工作的合力。对内积极与市税务局处室沟通，邀请市税务局稽查局相关部门指导工作，巩固并完善与各区局沟通衔接机制，召开管查联席会议，通报对应区域税务案件查处情况，互通信息，整合任务。对外深入加强税警协作，通过执法情况互联互通机制，构筑税警协作平台。2018年，多次联合公安召开涉税案件移送会，加大违法犯罪打击力度。与公安部门建立常态化的协同机制，提请公安提前介入12件次，为公安部门侦办刑事案件提供资料16件次，其中“6·25”专案涉案金额高达62亿元。持续增强统筹调度，制定预案，在充分进行前期取证和分析预判的基础上，提请公安部门提前介入，有效提高了查办工作力度。加大对于重点案件的查处力度，与公安部门集中驻点联办“12·03”专案，通过精细化的线索摸排，充分翔实的证据，为公安部门顺利移送检察机关创造了条件，成为中央批办“6·25”系列专案唯一转入刑事立案的案件。 （祝　清）

助力民营经济发展 2018年12月7日，第二稽查局组织召开“支持民营经济健康发展”税收座谈会，邀请辖区内11家大型民营企业参加座谈。该局对近期出台的民营企业优惠政策进行了宣讲，并介绍了在进一步促进文明执法、优质服务方面采取的措施。与会的民营企业代表分别就民营企业目前的经营情况和税收方面存在的问题及困难进行了交流。针对与会代表提出的希望税务稽查部门加大对财务人员的业务指导，以及机构改革后出台的公告、政策性文件比较密集，希望税务部门能进行针对性政策辅导，降低涉税风险等问题，第二稽查局一一做了解答，提出了税务稽查“七不能”的承诺，即：不能想查谁就查谁、不能想给谁查就给谁查、不能想怎么查就怎么查、不能想查多久就查多久、决不能想怎么处理就怎么处理、不能一查了之、决不能徇私枉法。进一步加强与民营企业的沟通与联系，构建“亲”“清”的税企关系，促进税务稽查部门执法与服务水平的持续提升，为纳税人营造公平的税收环境。

（朱永刚）

2018年12月7日，第二稽查局召开支持民营经济健康发展税收座谈会 （周　颖　摄）

特色检查小组搭建 在国税地税征管体制改革之后，为解决原国税、原地税检查人员涉及的税种有所差异，专业业务方向各有侧重的问题，尽快提升机构合并后的稽查工作质效水平，第二稽查局通过多方沟通、积极探索，针对行业特点和税种特点的差异，综合考虑到原国税人员少于原地税人员的人员结构特点，指导各检查科采取多种方式，搭建检查小组，以确保今后的案件检查可以覆盖原国税、原地税的全部税收业务，有效推进稽查工作全面开展。同时，第二稽查局做好案件梳理工作，确保稽查业务的顺利衔接。从检查科内部开始实现“传帮带”，各部门原国税、原地税人员互相辅导，业务骨干开展科内培训，培训内容涵盖业务流程、检查方法、各税种知识，提升检查人员业务能力和工作水平。（祝 清）

稽查法治建设 2018年，第二稽查局为了提高稽查工作的法治化、规范化水平，在参照《“现代税收法治管理体系”建设三年规划》的基础上，通过在各检查科设立“兼职法治岗”，定期开展相关业务培训，组织召开税收法治研讨会等多重方式，着重培养打造一支法治化、专业化、团队化的高素质人才队伍。在新修订的《中华人民共和国行政诉讼法》施行之后，第二稽查局邀请市税务局法规处的同志开展法治专题讲座，为检查人员解答遇到的相关难题，提升了案件的检查进度和查办质效。第二稽查局通过成立“纳税人权益维护办公室”，组织一线检查人员到法庭旁听行政诉讼案件，建设标准化约谈室，开展依法稽查大讨论，落实负责人出庭应诉新规定等方式，进一步规范执法行为，维护纳税人合法权益。

（朱永刚、祝 清）

打击发票违法犯罪活动 2018年，第二稽查局在打击发票违法犯罪活动中取得成效。第二稽查局要求检查人员认真对待每一张发票，如发现重大线索和重要案件时及时与公安等部门沟通联系，外调取证，有力打击涉税违法犯罪行为。2018年，第二稽查局共查处“双打”案件数量为72户次，结案户数为66户次。涉及发票份数为27283份，涉及发票金额为30.06亿元，涉及发票税额为4.84亿元，发出受托协查企业户数为330户，发出协查发票份数为7732份，发出协查发票金额为13.57亿元，发出协查发票税额为2.3亿元。

（朱永刚、祝 清）

教育培训 2018年，第二稽查局积极组织开展形式多样的教育培训活动。一是开展业务知识培训。结合税收征管体制改革，对土地增值税、个人所得税、地方各税政策进行详细地讲解，剖析相关案例，拓展干部的业务知识面，提升干部履职能力。二是开展管理知识培训。2018年12月在汤山税务干部学校举行“更新知识培训”，结合绩效管理、团队建设，利用高校的师资，通过案例分析，从税务机关团队建设、如何实现创新管理、中层管理者的角色认知与技能提升等方面进行解读和探讨，开拓干部的视野，对提升站位、提高管理理论水平、更好地做好各项工作起到促进作用。三是开展“四新”知识网络竞赛。第二稽查局组织、动员和鼓励干部积极参与，引导干部适应互联网时代自主学习、岗位练兵，各部门分工协作，周密安排，营造以练促学、以比促练的良好氛围，把握工、学、赛关系，切实增进融合、提高干部业务能力和服务纳税人的能力，推动改革重点任务落地，展现“事合、人合、力合、心合”新风貌。

（徐 璐）

绩效管理 第二稽查局根据市税务局绩效管理工作最新部署要求，围绕市税务局对稽查系列的考评指标，各部门共同提升稽查工作质效。一是确保责任落实。根据市税务局的绩效规则和指标，结合单位特点，制定绩效规则和绩效指标，从责任部门的划分到责任人的确立，制定措施、细化安排，形成严密的责任链条。实现横向到边、纵向到底，任务到岗、责任到人。二是强化过程控制。坚持实行绩效管理任务清单制。将年度绩效管理的内容分解到每周、每月的工作中。绩效管理既有事前的精心谋划、科学编制绩效计划及指标，又有事中的跟踪考评，通过节点控制掌握工作进度，还有事后的沟通反馈，将改进措施纳入下一轮考评。防止有始无终，实现全过程的绩效管理。三是突出问题导向。根据该局在绩效考核

2018年12月20日，第二稽查局党总支部分党员代表赴江宁区湖熟街道和平社区开展“阳光扶贫”结对帮扶走访活动（张隆平 摄）

中的失分项进行深入剖析，倒逼工作持续改进，扬长补短以建章立制，有的放矢以整改提升。将计划与实际进行分析对比，查找问题和薄弱环节，制定有针对性的绩效改进措施。见微知著以防范风险，集腋成裘以促进发展。四是科学运用考评结果。坚持正向激励，不断拓宽结果运用，不断为将来建立健全科学的绩效考评体系打下基础，形成重德才、重实绩的用人导向。（祝　清）

党风廉政建设　2018年12月5日，第二稽查局开展了“以案促改”专项工作。一是梳理案件，问题原因再剖析。通过对系统税务干部的违法违纪案件的再梳理，从组织层面和个人层面剖析了原因，组织层面上，要将廉政教育放在首位，将日常监督作为关键，将落实“两个责任”抓在手上。个人层面，要汲取教训，牢记宗旨，勤于学习，注重自律。二是警示教育，廉洁意识再提高。组织干部对该局自行编印的《税务稽查违规违纪违法惩治白皮书》《预防职务犯罪 促进依法稽查》《税务稽查防止利益冲突若干条》三本书再次进行学习，对干部开展权力、法纪、警示等方面的教育。三是聚焦重点，风险防控再强化。围绕稽查四环节和人财物重点岗位，排查梳理出税收执法风险17项和行政政工方面风险18项，明确履责依据、制定防范措施。修订完善了《税务稽查案件管理办法》等制度，并结合督查督办、绩效考核等工作，确保制度的执行力度，形成制约机制。

（陈潇潇）

机构搬迁及后勤管理工作　第二稽查局为了理顺管理工作机制，做好各项工作的分解落实，成立了运行保障组、干部工作组、业务工作组三个专项工作组，由局领导牵头，确保各项工作稳步开展。在机构合并期间，顺利完成“三定”后的大楼办公需求改造工程。原地税稽查二分局等单位人员搬进大楼后，进行了电话扩容、线路维护、网络维护等工作，安装了直饮水系统，保证了办公需求。并确保会议室、仓库、健身房、值班室和车棚的各项设备均及时安装、改造、配备到位，从人力、物力、财力等各方面做好后勤保障工作。做好干部就餐、公务用车、物业管理、设备维修、外调办案、接待等各项后勤保障工作。根据干部反馈的要求成立了食堂管理委员会；同时，积极和物业公司沟通协调、相互配合，确保了大楼管理顺畅。

（祝　清）

（责任编辑　王甜源）

第三稽查局

概况　2018年9月31日，国家税务总局南京市税务局第三稽查局（以下简称“第三稽查局”）成立。全局设8个内设机构，为办公室、人事教育监察科（党建办）、综合业务科、检查一科、检查二科、检查三科、检查四科、检查五科。自成立以来，第三稽查局在市税务局党委的正确领导下，按照市税务局总体部署和市税务局稽查局的工作要求，以推进全面从严治党为引领，扎实稳步推进机构改革，严厉打击各类税收违法行为，取得较好的成效。

2018年，第三稽查局突出党建引领，注重加强党的建设、政治建设和作风建设。选举产生第一届总支委员会，成立党总支下属9个党支部，形成强有力的战斗堡垒。组织干部参观改革开放40周年图片展、王荷波纪念馆廉政教育基地和六合区人民检察院警示教育基地，收看王继才英雄事迹报告会，开展公祭日悼念遇难同胞等教育活动，邀请省纪委同志开展党风廉政建设讲座、南京大学法学教授就腐败风险的自我防控进行辅导，引导广大干部知敬畏、存戒惧、守底线。王秀明在中共南京市委宣传部和南京日报社、南报网联合举办的“喜迎十九大，畅谈新发展”有奖征文活动中荣获一等奖。

2018年9月20日机构改革座谈会

（杨　光　摄）

2018年，第三稽查局聚焦中心工作，积极增强稽查工作效能。2018年，原南京市国家税务局第二稽查局立案检查案件161件，共结案件366户，其中："双打"案件288户，非"双打"案件78户，查补收入4332.77万元，入库收入1972.34万元。分五批次对100户重点税源企业进行"双随机"（随即抽取检查对象、随机选派执法检查人员）抽查自查督导，完成自查督导收入5457万元。委托协查228户，发票12822份，金额2.19亿元；受托协查806户，受托协查发票2938份。2018年，原南京市地方税务局稽查一分局立案检查案件33件，查结案件70件，完成自查督导案件80件，查补收入1.06亿元，其中案件查补收入5038万元，自查督导收入5531万元。千万元以上案件1件，百万以上案件5件。改革期间，大力推进国地税积案清理和"双打"工作，协调完成原地税全部积案清理，组织原地税干部参与国税"6·25专案"协查工作，着力推进干部队伍的适应融合。

2018年，第三稽查局努力完善管理监督，提升依法治税水平。制定《税务稽查人员行为规范》《案源分配管理办法》《案件督办管理办法》《稽查预案实施办法》等规章制度及配套工作规范，初步构建了适应现实需要的业务制度框架；制订《关于考勤和休假管理的规定》《工作人员因私出国（境）管理规定》《工会慰问实施办法》《税务案件执法督察实施办法（试行）》等工作制度，确保各项工作依规依纪有序开展；修订《印章管理规定》《督查督办工作制度》《信息网络安全准则》、《财务管理办法》《信息宣传工作管理办法》等一系列行政管理制度，完善行政工作秩序和后勤管理工作。

2018年，第三稽查局不断加强队伍建设，激发干事创业活力。组织人员参加国家税务总局、国家税务总局江苏省税务局改革视频培训，参训75人次（含领导班子成员19人次），选派30人参加稽查系列业务骨干培训。组织全体干部前往六合区委党校，开展包括增值税政策、多税种联查、土地增值税实务、稽查证据、干部心理建设及党风廉政建设等培训，提高干部业务能力，筑牢拒腐防变堤坝。周密组织老干部"秋季看南京"活动，傅兴亚的作品《曾一部单车载全家》在"我家这四十年"家庭故事征文比赛中获二等奖，并获市税务局"最美税务老干部"提名奖。积极丰富群团活动，开展"风雨无阻，携手同行"登山活动、"继往开来，携手共进"掼蛋比赛、"见证大桥恢复通车"，以及组织"秀巧手，做包包"等活动，得到干部广泛响应。组织青年干部参加团省委的活动，为年轻同志搭建开拓视野、交流提升的平台。开展新春联欢会，展现新机构积极向上、和谐融洽的良好风貌，促进干部之间的快速融合。

（刘轶先）

机构设置及负责人

办公室

主　任　瞿亚剑
副主任　刘轶先
副主任　杨　光
副主任　吉　晨

人事教育监察科（党建办）

科　长　李　文
副科长　王秀明（党建办主任）
副科长　黄晓军
副科长　张荣根
副科长　王　嵩

综合业务科

科　长　刘　亚
副科长　钮　蓉
副科长　王大祥
副科长　刘楚文

检查一科

科　长　曹　峰
副科长　安晋军
副科长　史宇明
副科长　李　颀

检查二科

科　长　高黎黎
副科长　王晓见
副科长　张　镔
副科长　戴书勤

检查三科

科　长　戴旭东
副科长　田　红
副科长　于　乐

副科长　周粉根

检查四科

科　长　赵国堂

副科长　刘　辉

副科长　王　琪

副科长　段淑筠

检查五科

科　长　汤　宁

副科长　韩粉英

副科长　袁一泉

副科长　盛　林

（徐　珺）

2018年10月25日，第三稽查局"三定"宣布仪式　（杨　光　摄）

稽查收入情况　2018年，原南京市国家税务局第二稽查局和原南京市地方税务局稽查一分局两局合并，共计立案检查案件194件，共办结案件436件。其中，原南京市国家税务局第二稽查局立案检查案件161件，共结案件366户，其中："双打"案件288户，非"双打"案件78户，查补收入4332.77万元，入库收入1972.34万元，结案案件有问题率96.17%。举报案件共38件，含立案12件，调查核实26件，已结案15件。上报大要案24件，涉及税款4758.86万元。委托协查228户，发票12822份，金额2.19亿元；受托协查806户，受托协查发票2938份。原南京市地方税务局稽查一分局立案检查案件33件，查结案件70件，完成自查督导案件80件，查补收入1.06亿元，其中案件查补收入5038万元，自查督导收入5531万元。千万元以上案件1件，百万以上案件5件。（刘　亚）

重点税源企业检查　2018年9—12月，第三稽查局分五批次对100户重点税源企业进行"双随机"（随即抽取检查对象、随机选派执法检查人员）抽查自查督导，设计"企业基本情况调查表"，开展针对性政策辅导，根据检查发现的共性问题，设计"重点自查项目提醒表"，提醒企业提前在自查环节消除涉税风险，完成自查督导收入5457万元。（刘　亚）

打击发票违法犯罪活动　2018年，第三稽查局围绕打骗打虚中心工作，集中优势力量强化大要案查处，全年有37件税案与公安联合查办，1件税案与公安机关和人民银行联合查办，其中，9件处于起诉阶段，9件犯罪嫌疑人已被公安抓获，8件公安拟在近期收网。2018年，第三稽查局新办案件对当事人采取刑事强制措施（含取保的）共38人，占全市总人数的95%。全年联合查办的案件认定虚开的发票共计38067份，金额33.25亿元，税额4.88亿元，挽回国家税款损失3600万元。通过一系列大要案的办理，培养了一支能打硬仗的稽查精英团队，摸索出了一条与公安和人民银行优势互补、合作共赢的工作机制，为今后此类案件的办理积累了宝贵的经验。在"双打"案件的查办中，第三稽查局推行团队化运作模式，稽查效率明显提升。2018年，第三稽查局对双打案件采取了团队化运作方式，打破了过去两人一组开展检查、案件均分到每个检查科的模式。将案件批量下达到某个检查团队，将"双打"案件检查分解为实地调查、调查银行资金、发票情况采集、收发协查、写稽查报告等多个环节，根据检查干部的能力和特点分配从事不同环节的事项，变过去手工作坊式的检查为流水线作业，极大地提高了工作效率和质量，同时也能够有效的防范干部廉政和执法风险。在此基础上，第三稽查局拟定《稽查三局团队化办案管理办法》，将团队化运作制度化、规范化，并准备明年在更大的范围、更多的案件上实施运用。（刘　亚）

加快积案清理　一是强化组织领导。成立积案清理工作小组，明确清理目标和责任，实行领导督办，责任到人。定期通报和汇报清理进度，就税收政策、执行方式、清理方法等问题进行统筹协调，推进案件办理。二是采取分类管理。按照积案来源不同、处理目标不同、积案矛盾点不同对案件进行分类，有针对性采取更加科学有效的清理手段，全方位地处理问题。三是畅通信息交流渠道。积极加强与市税务局相关处室的信息交流，对案情的发展变化、涉及的政策请示和需协调的工作等情况及时进行沟通。符合移送标准的案件积极移送，争取公安立案处理。目前移送及提请公安的案件共32件，公安立案检查的案件15件。

（刘　亚）

制度建设　一是健全业务工作制度。在国家税务总局《税务稽查工作规程》和《全国税务稽查规范1.0》的基础上，立足简便、易懂、能用的原则，制定《税务稽查人员行为规范》《案源分配管理办法》《案件督办管理办法》《稽查预案实施办法》等规章制度及配套工作规范，初步构建了适应现实需要的业务制度框架。二是完善人事监察制度。制定《关于考勤和休假管理的规定》《工作人员因私出国（境）管理规定》《工会慰问实施办法》《税务案件执法督察实施办法（试行）》等工作制度，确保各项工作依规依纪有序开展。三是建立行政后勤制度。修订《印章管理规定》《督查督办工作制度》《信息网络安全准则》《财务管理办法》《信息宣传工作管理办法》等一系列行政管理制度，进一步牵头做好全局综合制度汇编。

（刘轶先）

党风廉政建设　一是加强党的建设。召开党总支第一次党员大会，选举产生第一届总支委员会，成立党总支及其下9个党支部，形成强有力的战斗堡垒。牢固树立“抓好党建是本职，不抓党建是失职，抓不好党建就是不称职”的责任意识，形成主要领导亲自抓、分管领导具体抓、其他领导配合抓的党建工作局面。党支部书记由各部门负责人担任，承担党建和业务双重领导责任，实现党建与业务工作同步部署、同步落实、同步推进。建立局领导基层联系点，进一步加强班子成员对基层一线的工作调研和指导督促，形成以上率下、联系基层、狠抓落实的长效机制。二是加强政治建设。以“两学一做”（学党章党规、学系列讲话，做合格党员）为抓手，结合“三会一课”（“三会”是：定期召开支部党员大会、支委会、党小组会；“一课”是：按时上好党课）、中心组学习、党员活动日等，开展解放思想大讨论等活动，深入学习习近平新时代中国特色社会主义思想和中共十九大精神，强化“四种意识”（忧患意识、创新意识、宗旨意识、使命意识），坚定“四个自信”（道路自信、理论自信、制度自信、文化自信）。组织干部参观改革开放40周年图片展、王荷波纪念馆廉政教育基地和六合区人民检察院警示教育基地，收看王继才英雄事迹报告会，开展公祭日悼念遇难同胞等教育活动，引导广大干部知敬畏、存戒惧、守底线。邀请省纪委同志开展党风廉政建设讲座，南京大学法学教授就腐败风险的自我防控进行辅导。利用微信群组织对中纪委通报曝光违反中央八项规定精神的六起典型案例进行学习，以案为鉴、以案为戒、以案明纪。三是加强作风建设。提升运用“四种形态”（党内关系要正常化，批评和自我批评要经常开展，让咬耳扯袖、红脸出汗成为常态；党纪轻处分和组织处理要成为大多数；对严重违纪的重处分、作出重大职务调整应当是少数；而严重违纪涉嫌违法立案审查的只能是极极少数）的政治自觉性，突出运用好第一种形态，抓早抓小，防微杜渐。紧盯重点领域和关键环节，重点审查案件检查、审理和执行等环节问题线索集中、纳税人反映强烈的情况，力求查处一个、教育一批、警醒一片。贯彻落实市税务局作风建设的各项要求，严抓作风问题，加强跟踪整改，营造风清气正的良好环境，在文明指数

2018年12月13日，第三稽查局组织税务干部赴六合区人民检察院廉政警示教育基地开展廉政警示教育　　（杨　光　摄）

测评工作中获得满分，位列21个基层单位之首。

（王秀明）

行政管理和保障 2018年9月，第三稽查局成立后，采取有效措施强化行政管理，保障各项工作有序运转。一是抓好信息宣传。以机构改革为契机，积极赴企业开展税收政策辅导，紧扣个人所得税改革，组织“南京大桥上流动的‘红袖章’”、“南京市民竞猜‘个人所得税’灯谜迎新年”等宣传活动，先后被《中国税务报》、《江苏经济报》、《江苏工人报》、新华网、人民网等媒体报道。加强融合促工作的稿件《践行税务精神，凝聚改革动力》被省税务局专题简报刊发，税收服务中国制造的政务信息被上级采用，多视角展现新机构的良好开局和精神风貌。二是强化绩效考核。新机构运行后，迅速完成绩效考核系统人员信息更新、14项共性指标和19项个性指标的重设和责任分解，完成2018年考评规则等文件的发布，按季开展绩效指标分析会，及时完成年度加分申请等工作。三是落实督查督办。制定《督查督办工作制度》，将8项重点工作列入督查督办工作范围，明确部门和岗位职责，发现问题、及时督促、限时整改，加强绩效考核和责任追究，积极推动各项重点工作的进展。四是完善后勤保障，服务稽查核心工作。构建4个约谈室和总指挥室的约谈控制指挥系统的互联，实现办案约谈过程全程录音录像和实时指导，提高约谈成效。改善干部生活水平。通过竞争性磋商的形式完成对食堂管理公司的重新招标，成立伙委会，制定相关制度，加强日常管理的考核，提升后勤伙食保障水平。五是做好资产管理工作。按照市税务局要求，接管好原南京市地税局稽查一分局、原南京市国税局下关区局的房产和相关资产，做好清查、运维工作。六是做细2019年预算工作。广泛征集需求及建议，研究制定2019年预算计划，为机构更好运转提供有力保障。

（刘轶先）

（责任编辑 王晓宁）

第一税务分局

概况 2018年，国家税务总局南京市税务局第一税务分局（以下简称“第一分局”）紧跟改革步伐，完成多次搬迁，严格执行制度规定，扎实推进“三定”落地，9月30日正式挂牌，10月25日宣布“三定”新机构成立后，全局上下统一思想，明确职责，较好地完成各项任务并取得积极成效。

切实担起机构新责。承接处室职能后，学习关于大企业税收服务和管理的最新工作要求，研究新模式，担起新职责。通过排查摸底，选取在该市有具有代表性的行业和集团中近600大企业作为分局服务管理对象。着手拟定征管体制改革后加强大企业服务管理工作的实施方案，起草《关于大企业税收服务和管理职责分工的建议》，召开全市系统大企业服务与管理工作会议。

多措助推队伍融合。完成党群组织设立工作后，以工会组织、共青团组织等为桥梁纽带，多次组织健步直行、包饺子、联欢会、“匠心”陶艺制作等系列活动，成立舞蹈、游泳、乒乓球、太极拳等工会兴趣小组，坚持每周固定时间组织文体活动，引导干部在团结和谐的氛围中增进了解融合，加快构建“事、人、力、心”的工作格局。

全面筑牢基础工程。规范管理建章立制，研究制定分局工作规则、领导班子工作规则、各专项工作领导小组名单，修订财务、值班、消防、食堂、请休假等管理制度。抓好绩效管理、数字人事、督查督办，培塑绩效文化，抓好指标制定，做好考评内容与机构改革工作的融合；开展对风险应对工作的专项督查，有力促进工作进度的提升；强化预算编制与执行管理，严肃财经纪律；强化后勤保障，完成部分办公区改造、食堂招标及改造、开展浴室改造等，为干部提供暖心舒适的工作环境。

坚持优化政治生态。研究党建品牌融合，将原直属下关党建品牌整合更名为“税务壹先锋”；创新党建工作形式，结合“不忘初心、牢记使命”主题教育，开展四个“在我心中”系列活动；及时启动党组织选举工作，健全总支、支部、党小组三级管理架构；严肃党内政治生活，加强意识形态责任制，深化廉政文化建设。党建工作得到上级充分认可，在全市税务系统党建工作会议上作交流发言，吴军获评市局“清诚之约履约先进个人”。

精进队伍业务技能。举办全体党员更新知识培训，通过集中授课、部门轮训的方式，对原地税业务、新机构运行制度等开展针对性培训；组织参

2018年11月14日，第一分局召开党员大会选举第一届党总支部委员会　（王　兵　摄）

加国家税务总局和省税务局组织的两轮改革及基础业务相关视频培训，积极组织参加"四新"网络知识竞赛，徐毅、肖宇、黄薇、金璐璐成功晋级第二轮竞赛；抓好各类学习团队建设，常态化开展行动学习，强化对中心主业的把关和支持的同时，促进个人组织双元发展。

统筹管理千户集团。10月份以来，共完成2208户千户集团企业基础数据分析报告；梳理财务报表报送情况1829户次；组织完成总部在南京的16个集团电子帐套的核对校验工作；组织全市12人次参与了国家税务总局行业税收风险分析；开展64户企业2014—2016年度税收风险状况分析；组织各区局完成13户千户集团企业的税收风险分析的收尾工作；协助国家税务总局、省税务局完成2户企业高税额疑点核实工作；组织完成省税务局推送的3批次风险应对任务。

积极推进风险应对。机构合并后，由原直属、下关、白下迁移来分局的未结任务共35户，通过"领导督导、梳理清册、保障系统、统一尺度、加强沟通"五项措施同步推进，有效加快风险应对未结任务完成进度。分局全年风险应对任务173户，完成150户，完成率86.71%，总成效为3.98亿元，其中入库成效0.83亿元，问题率93.33%，户均成效265.56万元，较好地完成各项指标。（王琰琰）

机构设置及负责人

办公室

主　任　李　莉

副主任（正科级）　黄　磊

副主任　高　静

政策法规科

科　长　胡　斌

副科长　郭　莲

副科长　龚榴红

综合管理科

科　长　王晓健

副科长（正科级）　柳　强

副科长　梁　颖

副科长　徐　毅

人事教育监察科（党建办）

科　长　王　兵

副科长（正科级）　张小玲

副科长　吴　军

副科长　江　萍

税源管理一科

科　长　刘九林

副科长（正科级）　王必宝

副科长　潘　懿

副科长　张吉慧

税源管理二科

科　长　姜　涛

副科长（正科级）　羊猛

副科长（正科级）　王立丽

副科长　杨　燕

税源管理三科

科　长　夏文革

副科长（正科级）　彭朝晖

副科长　肖　宇

副科长　陈　颖

税源管理四科

科　长　李　昆

副科长（正科级）　束　瑜

副科长　陈　斌

副科长　黄　刚

（王琰琰）

税务机构改革　2018年9—12月，第一分局严格按照上级关于国地税征管体制改革的工作布署，落实各项工作。一是落定办公场所。2018年8—10月间先后组织开展多次整体搬迁，通过制定搬迁方案、做好事前准备、确保搬迁进度、做好搬后

2018年11月23日，第一税务分局组织部分干部参观庆祝南京市改革开放40周年图片展

（张恒立 摄）

配套，完成多次搬迁任务，确保了无资产损坏、财物丢失、安全意外等情况发生，并迅速恢复正常运转。二是推进“三定”（定职能、定机构、定编制）。改革进程中，围绕“四合”（人合、事合、心合、力合）要求，落实重大事项报告制度、领导干部外出报备制度、每日“零报告”（重大事项“零报告”）制度、领导带班制度等，确保“四个确保”（确保税务队伍稳定、确保收入平稳增长、确保征纳关系和谐、确保干部遵规守纪）在分局贯彻到位。2018年9月30日，正式挂牌；2018年10月15日，研究上报的“三定”（定职能、定机构、定编制）方案获市局批复通过；10月25日按照全国统一时间宣布“三定”（定职能、定机构、定编制）方案及部门负责人任命；2018年10月26日各科室宣布工作人员岗责安排。三是担起机构新责。拟定征管体制改革后加强大企业服务管理工作的实施方案，起草了《关于大企业税收服务和管理职责分工的建议》，召开全市系统大企业服务与管理工作会议，为探索建立规范有序、务实高效的大企业服务管理新模式打下基础。（王琰琰）

确定大企业管理对象 2018年9—12月，第一分局组织开展国家税务总局千户集团企业和省税务局列名大企业的名册管理工作。在2153户国家税务总局总局千户集团企业基础上，根据税款集中度、省市政府关注程度、纳税人影响力等因素，确定市局列名大企业选户原则和管理名册，明确划分第一税务分局和各区局重点税源管理部门的大企业服务和管理对象。共确定列名大企业2905户，2018年入库税款合计1623.79亿元，占全市入库税款比例为62.85%。其中，第一分局直接管理服务的大企业（以下称“直管大企业”）户数为597户，2018年入库税款合计为1163.98亿元，占全市入库税款比例为45.05%。直管大企业主要包括入库税款5000万以上的大型重点税源企业，在南京上市公司，千户集团中总部在南京的企业及其重要下属企业，医院、高校等有特殊影响力的纳税人，省市政府关注度较高的企业。分局按“集团”与“行业”的相对集中、兼顾上下游产业链相对完整的原则，将597户直管大企业平均分配到四个人所得税源管理科进行专业化的服务与管理。（王琰琰）

全市系统大企业服务与管理工作会议 2018年12月19日，市税务局召开系统大企业税收工作会议。总会计师张海宁出席并提出工作要求。张海宁指出，本轮改革中，国家税务总局党委在顶层设计中强化了大企业税收服务和管理职能，市区两级大企业管理部门要发扬开拓创新、克难攻坚、勇于担当的精神，肩负起光荣使命。一是要提升站位，把大企业税收工作提升到促进国民经济转型发展、深化“放管服”（简政放权、放管结合、优化服务）改革、建设现代化税收治理体系和落实“以人民为中心”的理念的高度上来认识。二是要增强认识，抓好三项工作（风险管理、个性化服务、税收经济分析），当好“先手棋”，处理好各方关系，服务好大企业发展。三是要真抓实干，加强岗责体系建设、工作制度建设和日常管理工作。四是要勇于开拓，大胆探索，突出大企业管理特点，开创新的工作局面。五是要统筹协调，正确处理好第一分局与各区局之间的关系，处理好大

2018年11月21日，第一税务分局党员赴六合党校开展党员培训 （王 兵 摄）

企业税收管理部门与其他业务部门的关系，处理好有所作为和有所不为的关系，处理好打好基础与工作创新的关系，处理好大企业税收工作与社会协同治理的关系。第一分局传达了上级关于大企业税收服务和管理工作的新要求，介绍了市税务局列名大企业范围以及市区两级职责分工，并提出了南京市大企业税收工作的总体思路和具体举措。各区局分管副局长、重点税源管理部门负责人和相关岗位人员参加了会议。（王琰琰）

五星电器走访调研 2018年12月14日，第一分局局长宋健带队，对江苏五星电器有限公司进行了面对面、点对点的走访调研。江苏五星电器有限公司是总部在南京市的集团企业。调研中，企业财务负责人介绍了近期经营情况及发展前景，并就异地出租房屋在异地预缴税金、纳税信用等级系统扣分、发票开具的最大离线时间及最大离线开具限额等情况进行了反映咨询。宋健向企业介绍了国地税合并后大企业管理部门的设置及职能情况，听取了企业对税收工作的意见建议，表示将不折不扣落实国家税务总局支持和服务民营经济发展的五大类26项举措，主动查找税务部门在纳税服务中存在的短板及问题，做好优化营商环境、服务民营企业发展各项相关税务工作，真诚地为民营企业发展解忧、解难、解需。（王琰琰）

新一届党工团妇选举 2018年11月14日，第一分局召开党员大会。副局长常敏主持会议，全体党员参加会议。大会选举产生第一届党总支部委员会。根据选举结果，宋健、常敏、张小玲、王晓健、李昆、刘康、郭莲等7人当选为第一届党总支委员。会后，党总支委员会召开了第一次会议，研究了委员分工，明确了工作责任。随后，党总支下设两个支部分别进行了选举。2018年11月15日，第一分局分别召开工会会员大会和妇联妇女大会。副局长常敏主持工会会议，副局长许斌主持妇联会议。会议分别选举产生了工会第一届委员会委员、经费审查委员会委员、妇女联合会第一届执行委员会委员。许斌、徐鹏、王标、章孙、张吉慧、龚榴红、江萍等7人当选工会委员；吴军、龚榴红、龚逸群等3人当选经审委员；常敏、高静、江萍等3人当选妇联委员。（王琰琰）

“使命在我心中”干部宪法宣誓仪式 2018年12月4日，第一分局举行“使命在我心中”干部宪法宣誓仪式。宣誓仪式开始，全体起立，同唱中华人民共和国国歌。副局长常敏左手抚按宪法，右手举拳，带领大家宣读誓词。宣誓后，副局长史正勉励干部们牢记誓言、振奋精神，不断坚定政治方向，增强为国聚财、为民收税的使命感；不断弘扬法治精神，增强恪尽职守、廉洁奉公的责任感；不断强化责任担当，增强深化改革、服务发展的紧迫感，确保税务事业始终在法治轨道上运行，取得更多突破、赢得更大发展。宪法宣誓仪式结束后，全体干部共同观看了国防大学金一南教授《不忘初心，方得始终》专题讲座，并学唱了《中国税务之歌》。仪式由副局长史正主持，副局长常敏领誓，纪检监察专员万结青监誓。（王琰琰）

2018年12月4日，第一税务分局组织税务干部举行“使命在我心中”宪法宣誓仪式（王琰琰 摄）

多篇论文获奖 在2018年度南京市税务学会、国际税收研究会、市局重点课题论文评比中，第一分局分局多篇科调研文章获奖。其中，南京市税务学会2018年度优秀论文评比中，刘康撰写的《基于流程再造理论下的不完全电子商务税收征管研究》获一等奖。南京国际税收研究会2018年度优秀论文评比中，陈东撰写的《提升国际税收征管效能服务“一带一路”的战略研究》获二等奖，方力同志撰写的《跨境企业集团价值链转让定价分析研究》获三等奖。南京市税务局2018年度税收科调研重点课题论文评比中，王昊撰写的《浅谈以作风建设促进税收营商环境内动力》获二等奖。（王琰琰）

（责任编辑　王晓宁）

第二税务分局

概况 2018年，国家税务总局南京市税务局第二税务分局（以下简称“第二分局”）发挥职能作用，统筹协调各项工作，完成年度工作任务。

以党建为引领，确保干部队伍稳定。领导率先垂范，带头讲党性、讲原则。面上梳理细化“四必谈”内容和确定“六必谈”对象，做到了“三个谈心全覆盖”（书记与班子成员谈心全覆盖、分管局领导与部门主要负责人谈心全覆盖、部门负责人与部门干部职工谈心全覆盖），谈心谈话覆盖率达100%。机构合并后第一时间召开专题民主生活会，结合谈心谈话情况，仔细查摆机构改革中存在的问题和不足，对有不稳定倾向的重点人员和现象，实行领导包干制，责任到人，确保把问题和矛盾化解在基层、解决在一线。在缴税高峰、巡视检查等重点工作中，充分发挥党支部与党员骨干的战斗堡垒与模范带头作用。挂牌成立后，党支部及时开展“新时代先锋”行动，组织开展了陈进先进事迹宣讲会，展示了新成立的分局全体党员干部积极向上的风貌，得到了市税务局机关党委领导充分肯定。

依法组织收入，确保税收平稳增长。全年累计征收各项税款95.78亿元，人均征收约1.71亿元，其中，市区征收车辆购置税23亿元，办理新车征收13.15万辆；市区征收契税54.99亿元，征收转让方税收17.79亿元。

提升服务质效，确保征纳关系和谐。分局挂牌以来共发布主渠道税收报道25条，车购税业务均实现“一窗通办”（指进一个厅、取一个号、到一个窗、办全业务的模式）；推进房产交易与不动产登记一体化平台建设，一体化网上办理服务覆盖至全市各个房产交易税办税厅（点），自助机征收额占分局同期征收税款15%，单户不动产交易业务办理等候时间减少80分钟，涉税业务办理时间平均减少60分钟，全年累计处理“12345”投诉工单29个，满意率达99%，保持有效投诉为“零”的记录。

全面齐抓共管，凝聚组织向心力。抓好数字人事信息定期检查、定向推送，对单催办提醒、清理近8000条数据，共向市税务局报送数字人事简报12期；继续推进“阳关扶贫”结对帮扶走访活动、福利院送温暖等公益活动；组织开展参观纪念改革开放40周年展、参观王荷波纪念馆等群团活动。

（薛　丽）

机构设置 第二分局按照南京市税务局要求设置内设科室8个，分别是办公室，政策法规科、综合管理科，人事教育监察科（党建办），征收一科、征收二科、征收三科、征收四科，8个科室均为正科级。各科室职能定位：办公室主要负责政务事务行政管理等；政策法规科主要负责税收法治及税收政策管理；综合管理科主要负责税收征管及信息化、纳服等工作；人事教育监察科（党建办）负责人教、监察、党建等工作；征收一科负责税收收入分析工作，税收计会统、票证管理工作；征收二科负责车购税日常征收、管理工作；征收三科负责南京主城区市区范围内涉房交易税收的日常征管等工作；征收四科负责南京主城区市区范围内涉房交易税收的计税价格评估、退税及争议处理，涉房交易税收事项的调查核实等工作。机构设置及负责人名单详见下列条目。

（薛　丽）

机构设置及负责人

办公室

主　任　郑朝凤
副主任　董慧娟

人事教育监察科（党建办）

科　长　李敬远
副科长　刘　标

政策法规科

科　长　王　平
副科长　陈　进

综合管理科

科　长　苏鸿斌
副科长　张　伟

征收一科

科　长　杜　扬
副科长　方小璐

征收二科

科　长　张　慧
副科长　王　伟

征收三科

科　长　陈春骏

副科长　何　南

征收四科

科　长　戴道贵

副科长　穆昌龙

（薛　丽）

国税地税征管机构改革　新机构成立后，第二分局按要求健全基层党组织和群团组织，先后选举成立了中国共产党国家税务总局南京市税务局第二税务分局支部委员会、工会委员会、团支部、妇女联合会等；严格落实“三会一课”（定期召开支部党员大会、支委会、党小组会，按时上好党课）等组织生活制度。第二分局按市税务局要求换挂新机构正式牌子，涉及纳税人事项均及时对外公告。行政印章和业务印章刻制完成并按要求启用，内设机构人员信息在公文系统配置到位；机关行政、人事、财务、业务等内部衔接运转顺畅。“金税三期”（“金税三期”工程就是按照“统筹规划、统一标准；突出重点、分步实施；整合资源、讲究实效；加强管理、保证安全”的原则，建立基于全国统一规范的应用系统平台，依托计算机网络，总局和省一级税务局集中处理信息，覆盖所有税种、税收工作重要环节、各级国税局、地税局，并与有关部门联网，包括征收管理、行政管理、外部信息、决策支持系统的功能齐全、协调高效、信息共享、监控严密、安全稳定、保障有力的税收管理信息系统）系统配置升级到位并运行正常，能保障收征管和纳税服务工作平稳运行。2018年11月14日，第二分局召开机构改革专题民主生活会，主要负责人代表班子做前期机构改革工作情况总结，领导班子成员结合谈心谈话情况，仔细查摆机构改革中存在的问题和不足，特别是对不稳定的倾向和现象提出建议。该专题民主生活会共收集意见4条，涉及办公地址、人力资源、经费、人员融合等方面问题，已根据领导分工，指定牵头科室，尽快予以落实解决。分局落实机构改革“三个谈心全覆盖”要求，共谈心谈话58人次。

（薛　丽）

2018年9月20日，河西南京市政务服务中心开出全市第一张涉房交易税收业务电子缴款凭证

（董慧娟　摄）

税收收入　2018年，第二分局在依法征收方面，主要运用以下平台：一是税务“金税三期”系统；二是统一业务接入平台；三是房产交易与不动产登记一体化网上办理服务平台。全年累计征收各项税款95.78亿元，人均征收约1.71亿元。其中，市区征收车辆购置税23亿元，办理新车征收13.15万辆；市区征收契税54.99亿元，征收转让方税收17.79亿元。规范落实企事业单位改制重组税收减免，个人购买家庭一、二套住房契税优惠，销售家庭满五年唯一生活用房个人所得税减免，新能源汽车免税，挂车减税政策等涉房交易税收及车购税各项便民惠民政策。全年办理免税车1.26万辆，办理契税减免税业务11.2万件。针对服务对象几乎全部为自然人的特点，第二分局共发布主渠道税收报道25条；办税厅功能区域重新划分，车购税业务均实现“一窗通办”；房产交易与不动产登记一体化平台、一体化网上办理服务覆盖至全市各个房产交易税办税厅（点）；单户不动产交易业务办理等候时间减少80分钟，涉税业务办理时间平均减少60分钟，提高办税效率；实行领导值班与接待接访制，设置意见登记簿，全年累计处理12345投诉工单29个，满意率达99%，保持有效投诉为“零”的记录；抓好自助办税，严格自助机票证管理、日常征收、监督检查，自助机征收额占第二分局同期征收全部税款的15%。（薛　丽）

车购税收入特点与分析　2018年，南京市车辆购置税收入完成44.26亿元，增收4.18亿元，同比增长10.43%。

减税政策到期，税收收入激增。随着2016

年、2017年连续两年减税优惠政策的结束，以及2018年汽车消费市场的回暖，全年车购税收入增长超过两位数。

小排量车占有率下降，单车税额有所提升。随着1.6升及以下小排量乘用车优惠政策的结束，小排量乘用车的销售比例不断下降，大排量车的比例随之提高，与去年同期相比，单车税额有所提升。单车税额的提高带来车购税收入的较大增长。

新能源车优惠补贴方案逐渐到位，免税车数量有所增加。随着国家对新能源汽车补贴方案的逐渐明确，办理新能源汽车免税的数量在全部免税车辆中占比较大。尤其是二季度免税车辆数与一季度相比增长了4倍多，达到4113辆。（杜　扬）

涉房税收优惠政策落实　2018年，第二分局积极落实涉房交易税收优惠政策。主要是根据《财政部 税务总局关于继续支持企业 事业单位改制重组有关契税政策的通知》（财税〔2018〕17号）及《财政部 税务总局关于继续支持企业 事业单位改制重组有关土地增值税政策的通知》（财税〔2018〕57号）文件要求，自2018年1月1日至2020年12月31日，落实企业、事业单位改制重组有关契税、土地增值税优惠政策。为提升业务办理效率、化解前台税收执法风险，此类重点业务由分局政策法规科对纳税人提供的申报资料进行预审、复核，由分管局领导进行终审，审核无误后再将申报资料内部传递至征收点，同时通知纳税人进行申报。2018年，第二税务分局共审核并办理企业、事业单位改制重组类减免税业务143件，减免契税共1.68亿元。（赵　纯）

车购税税收优惠政策落实　2018年，第二税务分局积极落实车辆购置税税收优惠政策。一是根据《财政部 税务总局 工业和信息化部 科技部关于免征新能源汽车车辆购置税的公告》（财政部公告2017年第172号）文件要求，延续购置符合条件的新能源汽车免征车辆购置税的优惠政策至2020年12月31日。2018年，分局办理新能源汽车免税共计13270辆，减免车辆购置税款27351.92万元。二是根据《财政部 税务总局 工业和信息化部关于对挂车减征车辆购置税的公告》（财政部公告2018年第69号）文件要求，自2018年7月1日至2021年6月30日，对购置符合条件的挂车减半征收车辆购置税。2018年7月1日至2018年12月31日，分局办理挂车减半征收业务共计632辆，减免车辆购置税329.18万元；三是办理列入免税图册的固定装置非运输车辆免税业务。2018年，分局共办理固定装置非运输车辆免税共计1666辆，减免税款10100.89万元；四是办理回国服务的在外留学人员购买自用国产小汽车免税业务。2018年，分局共办理留学生免税540辆，减免税款1409.96万元（以上数据均来自“金税三期”系统“车辆购置税减免税清册”模块）。（赵　纯）

举行“三定”宣布仪式　按市税务局统一要求，第二税务分局于2018年10月25日上午10：00，举行“三定”（确定机关主要职责、内设机构、人员编制）宣布仪式。会议开始，首先由全体人员共同唱响国歌，接着由分局局长曹雨晴宣布分局领导分工，副局长闫杰宣布科室负责人及一般干部安排，李敬远、张伟、赵秋婷三位分别代表不同层级和岗位税务干部代表作表态发言，最后，局长曹雨晴强调，分局“三定”（确定机关主要职责、内设机构、人员编制）工作平稳落地，主要得益于三个因素：一是市税务局的正确领导；二是分局有效的组织体系；三是分局干部职工的参与和积极投入，大家都坚决服从组织安排，讲政治、讲大局、讲团结，切实将“三定”（确定机关主要职责、内设机构、人员编制）各个环节工作不折不扣落实到位。对下一阶段工作，曹雨晴提出了殷切希望：第一，勇于担当、勤政廉政，各层级都要学习“港珠澳大桥”建设者的担当精神；第二，精诚团结、合作共赢，抓牢“团结”这一组织生命线，和谐合作；第三，互相学习、加速融合，通过学习更快更好地促进融合，深化“四合”（事合、人合、力合、心合）；第四，围绕目标、争先创优，新机构新形象新作为，使命光荣，责任重大，希望大家共同为南京税收事业和分局的发展而努力奋斗。（薛　丽）

葛元力到第二税务分局开展调研　2018年8月22日上午，江苏省税务局副局长葛元力一行到原车购税分局就车辆购置税征管工作进行专题调研。

葛元力一行首先参观办税服务厅，问候征收窗口的税务干部，实地查看自助机办税服务情况。随后，葛元力一行听取分局局长曹雨晴关于分局全力做好“四个确保”（确保组织收入、确保办税服务、确保队伍稳定、确保制度执行）工作及车购税现代化信息化等重点工作开展情况的汇报。葛元力充分肯定原车购税分局近期工作成果及机构改革期间干部良好的精神面貌；肯定原车购税分局对车购税现代征管方式的探索创新精神，走在省内前列；要求南京市税务局牵头组织深入调研，把进一步提高全省车辆购置税现代化水平作为今后一个重要创新突破口，找准目前车辆购置税内部及外部工作中涉及的堵点和难点，加快推进信息化建设，切实减轻征纳双方负担。（薛　丽）

开展陈进先进事迹宣讲活动　2018年10月，第二税务分局党支部开展“新时代先锋”行动陈进先进事迹宣讲会，南京市税务局机关党委领导、第二税务分局支部全体党员参加活动。活动分为主题宣讲、观看宣传短片、配乐诗朗诵《共产党员》、党员承诺践诺仪式、现场采访等多个环节。陈进现任第二税务分局征收二科副科长，已在窗口征收部门工作了20年。2018年6月，由于分局搬迁紧迫，办税厅资料繁多，陈进主动带领征收二科工作人员利用端午节假期3天整理至深夜，后因体力不支，突然昏倒在座椅上，40不到的他被诊断为脑梗。会上，陈进表示，自己近期身体恢复的不错，感谢分局大家庭的关心。（薛　丽）

2018年9月29日，第二税务分局党支部开展“新时代先锋”行动陈进先进事迹宣讲会。图为党员承诺践诺仪式（董慧娟　摄）

开出全市第一张涉房交易税收业务电子缴款凭证　国家税务总局南京市税务局于2018年9月20日开始，在河西南京市政务服务中心先行先试，上线了涉房交易税收电子缴款凭证，开具全市第一张涉房交易税收电子缴款凭证。利用“互联网+”政务服务一体化办理平台，优化税收申报缴款的流程，用电子缴款凭证替代纸质票证，向纳税人推送电子缴款凭证。纳税人通过手机APP即可获取、查阅、保存完税凭证，也可以自行下载打印或在政务办自助机上打印。税收电子缴款凭证在成功上线使用，进一步提高房产交易与不动产登记业务的办理效率，优化办理环节，减少广大办事人和工作人员的负担，办理涉房交易税收业务更加便捷、高效。（张　伟）

实现不动产交易办税“一体化平台”全覆盖　按照国务院“放管服”改革及优化营商环境有关工作要求，第二税务分局在市政务办、市信息中心的统一要求和布置下，加强与不动产登记局、房产局银行等部门的合作，全面推进了一体化办理平台与“金税三期”系统的对接工作。通过数据共享的方式，获取不动产登记信息、网签合同信息、民政婚姻信息等多部门的数据，简化了办理手续和资料要求。根据房产登记信息，网签合同等数据信息，接入、清洗核价数据、完善核价索引，在当事人符合条件并发起核价申请后，调用不动产部门房产有关参数，对普通业务实现自动核价。将一体化平台中的相关登记信息、申报信息、税收缴款信息通过接口写入“金税三期”系统中，形成申报数据和开票数据。南京市“房产交易与不动产登记一体化办理平台”在2018年完成一体化与“金税三期”的平稳对接，全市各房产交易办税点统一使用了一体化平台办理房产交易税收业务，总体成效显著，提高了人民群众办事的便捷度和满意度。（张　伟）

在全国首推商品房交易税收业务“不见面”办理　自2018年9月30日起，依托“我的南京”APP中的“E办证”功能模块，第二税务分局与南京市不动产登记中心联合协作，实现商品房登记、交易税务业务“不见面”办理。通过加强数据共享和信息交换，减少人工干预自动计算税款；理清税费清分和税款申报缴纳流程，确保税款准确解缴入库；强化税务审核功能，二次税务审核提升商品房登记交易税收精准度；推行电子税票，或纸质完税证明邮寄送达服务。把税款计算、申报解缴、税务审核、出具票证4个功能合理高效地嵌入到"E办证"中，实现了商品房登记、交易全程"不见面"办理。南京市民从开发商处认购商品房后，通过"E办证"办理相关业务，全天24小时、全年365天随时在线申请办理相关不动产登记业务。成为全国首家无需到服务大厅上门办理登记，足不出户就能领到产权证的单位。（张　伟）

对接南京车管所构建共享共治新格局　2018年10月16日，第二税务分局税务干部走进南京车管所，结合第27个人所得税收宣传月活动，主动对接，共商加快构建共享共治新格局。税务部门与交管部门存在共同的数据共享需求，税务部门需要交管部门的车辆上牌信息以完成车购税事后监控，有效堵塞漏征漏管，交管部门需要税务部门的车购税完税证明、机动车销售发票等信息实现管理需求。立足这一信息共享需求，此次共商"建设车辆数据交换平台、实现车辆数据全面双向交换"的措施。让事在"网"中办，既是为群众与一线"双减负"，也是杜绝不法分子利用假证或伪造完税证明骗取新车上牌等的有效手段。双方就在车辆信息共享、管理共治上达成共识，还就部分省市落实上级车购税完税证明信息共享核查要求的工作模式进行讨论。车管所相关负责人表示，下一步，双方要尽快明确各业务流程以及技术端口的对接。活动中，第二税务分局还向南京市车管所分发了《2018年车购税政策解读》宣传图册；向车管所科长张瑞国颁发了外部特邀监察员聘书等，加强双方在信息化建设、业务及党建等多方面的工作交流。（薛　丽）

2018年10月16日，车购税部门对接车管所，共商构建共享共治新格局　（董慧娟　摄）

纪念改革开放40周年系列活动　第二税务分局党支部以"不忘初心、牢记使命"为主题，切实转变作风，深入群众，为民服务，开展纪念改革开放40周年系列活动。一是深入社区开展"阳光扶贫"走访。党支部到江宁区汤山街道宁西社区，深入困难家庭，访贫问苦，宣传上级扶贫精神，帮助解决实际困难。二是走进4S店、房产交易厅开展送政策上门服务。先后到江苏天泓雪莱汽车服务有限公司、南京利之星汽车销售服务有限公司、南京市房产交易中心等，宣传车购税及涉房交易税收政策，实地了解车购税自助机、房产交易与不动产登记一体化网上办理服务平台的使用情况，倾听纳税人意见。三是对标找差，聚精会神推改革。提炼外源学习成果，结合南京实际，远程自助办税团队化运作，对标成都；线上线下报税深度融合，对标武汉；车购税征管与公安车辆管理联动，对标杭州，加快改进和完善车购税征管工作的步伐。四是深化绩效管理，严管善待活基层。根据市税务局要求，研究制定了第二税务分局绩效类奖金兑现办法，拉开差距，激励干部干事创业，形成争先创优良好氛围。五是聚焦"服务"，奋战新能源车办税高峰。党员干部带头加班加点，保证车主能在年底前享受免税、及时上牌、拿到补贴，让税收实惠落进群众口袋，优质高效的服务获得纳税人点赞。六是组织党员赴南京国际展览中心参观改革开放40周年图片展，深入了解改革开放40周年以来经济社会发展取得的巨大成就和崭新面貌，共同见证时代的变迁和祖国的发展。（董慧娟）

（责任编辑　王晓宁）

第三税务分局

概况　2018年9月30日，国家税务总局南京市税务局第三税务分局（以下简称"第三分局"）成立。作为全国唯一在省域范围内的反避税专业机构，第三分局全局干部围绕"高质量发展走在前列”的目标定位，立足新税务新起点，投身改革，实现良好开局。2018年，第三分局主要职责是落实好反避税管理、服务、调查各环节相关工作；对各区税务局反避税管理工作进行统筹协调、督导考核；负责全市非居民间接股权转让等案件管理工作；负责居民境外所得税收管理等跨境税收管理工作；负责承担反避税全国行业联查、协查任务。全局设8个内设机构，为办公室、人事教育监察科（党建办）、风险监控与案源管理科、调查一科、调查二科、调查三科、调查四科、调查五科。

2018年，第三分局持续优化完善跨国公司利润水平监控，协助国家税务总局做好监控系统上线中的系统培训、技术支持、测试指导、过程监控等工作。稳妥推进反避税调查，补征入库税款及利息3.96亿元。2018年12月份，继与一台资企业签署单边APA（Advance Pricing Agreement，预约定价协议）以后，又与欧美知名跨国企业续签APA，这是在中美贸易摩擦背景下，中美最高领导人达成90天休战协议后，江苏省税务局与欧美跨国集团签署的第一个APA。江苏省税务局党委书记王学东于12月24日专门批示“很好”。

2018年，第三分局对内与苏州反避税同仁开展业务交流，对外邀请安永会计师事务所为干部开展培训，先后举办形式多样、内容丰富的专题培训等18场，累计参训人员105人次，内容涉及国际税收、反避税实务及案例等，学习方式和技能比拼推陈出新。

2018年，第三分局把加强党的领导贯穿改革全过程，发挥党支部战斗堡垒、领导带头表率、党员先锋模范作用，开展喜闻乐见的党工团活动，

2018年11月13日，第三税务分局召开支部委员会选举成立大会　　（李　凯　摄）

举行登山活动、观看《王继才同志先进事迹报告团宣讲视频》、开展“阳关扶贫”结对帮扶走访等活动。通过开展系列活动，加快实现税务征管机构改革合并后事合、人合、力合、心合。（李　凯）

机构设置及负责人

办公室

主任　徐群

人事教育监察科（党建办）

科长　徐庆

风险监控与案源管理科

空缺

调查一科

科长　张永青

调查二科

空缺

调查三科

空缺

调查四科

空缺

调查五科

空缺

机构改革　一是正确认识机构改革重要意义。分局领导班子及全体党员干部牢固树立大局意识，认真学习中央《深化党和国家机构改革方案》精神，正确认识国税地税征管体制改革重要意义，严格贯彻落实税务总局党委提出的“四个确保”要求情况，严明纪律，确保分局机构改革秩序不

2018年10月12日，省税务局副局长姜跃生、市税务局副局长郑良到第三税务分局参加挂牌仪式（李　凯　摄）

乱、队伍不散、工作不断。二是制定落实“三定”方案。严格落实市局机构改革的各项工作部署，拟定了《国家税务总局南京市税务局第三税务分局落实“三定”暂行规定的实施方案》上报市局。在分局“三定”方案批准后，按照上级统一要求，对外进行了挂牌，确保了分局新机构成立与上级各项要求工作步调一致。三是做好队伍稳定，干部有序流动。按照“三定”方案，分局作为省税务局反避税调查专业局，带来了转职能、干部管理体制变化的新特征，分局班子密切关注改革期间干部思想动态，深入宣传新机构职能及管理运行体制，组织召开干部座谈会、发放调查问卷等形式，了解干部的思想动态。按照上级的要求，有序平稳做好部分干部的流动调出工作。对留下的干部，按照“三定”方案内设机构，进行了人员配置到位。克服困难，做好机构改革中科级领导干部由正转副思想工作，保证了新机构队伍的稳定、工作有序开展。（李　凯）

发挥APA谈签软手段作用　2018年，第三分局先后开展了18户双边APA（Advance Pricing Arrangement 预约定价安排）、2户单边APA的谈签。10月上旬与某台资企业成功签署了反避税局成立以来的第一例单边APA，在未来预约定价安排执行年度，该企业利润率水平增长近30%，每年将增加税款3000多万元，通过改变贸易方式增加地方进出口额100多亿元。12月19日，与一家欧美知名跨国企业续签APA。这是中美贸易摩擦背景下，中美最高领导人达成90天休战协议后，江苏省税务局与欧美跨国集团签署的第一个APA。该集团国际税务及贸易行政高级副总裁表示APA的签署为集团在华经营提供了确定性，使得集团高层腾出更多精力思考应对复杂多变的国际贸易环境，并保证在华经营规模不减。江苏省税务局党委书记王学东12月24日专门做了批示“很好”，并要求将相关材料上报省政府。（李　凯）

姜跃生到第三分局调研　2018年10月12日，江苏省税务局副局长姜跃生到第三分局开展调研并召开座谈会。姜跃生指出，第三税务分局是唯一一个在省域范围内新增设立的正处级反避税机构，要扎实推进跨国公司利润水平监控工作。在

2018年11月28日，第三税务分局邀请会计师事务所为干部开展培训（李　凯　摄）

反避税调查上，稳字当头，抓住国家税务总局确定的反避税项目，配合国家税务总局开展全国联查，打起国家税务总局大旗，减轻江苏压力；在预约定价谈签上，柔字为要，为遵从意愿较好的企业提供APA服务，帮助企业降低双重征税风险，切实为外资企业在江苏发展营造稳定公平透明、可预期的税收环境。（李　凯）

反避税培训　2018年，第三分局精心组织，全方位开展全局教育培训工作。一是国家税务总局和江苏省局国地税征管体制改革视频培训工作。第三分局制定出详细的安排表，认真组织、及时通知、搞好保障、做好统计、按时汇报。二是组织业务骨干到大连参加国际税收、扬州参加反避税业务培训。三是对内和苏州反避税同仁一对一结成对子，以同伴互助和专业辅导相结合方式，开展业务交流，对外邀请安永会计师事务所为干部开

2018年12月14日，第三税务分局工会组织开展“新时代、新职能、新征程”主题登山活动（胡　亮　摄）

展培训。四是认真组织参加国家税务总局的“新机构、新职责、新业务、新作为”网络知识竞赛活动，区局充分发挥工会成员作用，成立了以3名年轻干部组成的工会竞赛攻关小组，负责分局参赛人员的业务辅导与模拟测试工作，带动大家互帮互学、以赛促学。第三分局共有16人参加了第一轮竞赛，取得佳绩，晋级率接近20%共有3人获得第二轮竞赛资格。（李　凯）

党建工作　2018年，第三分局坚持党建引领各项工作、党建工作与税收中心工作一起谋划、一起部署、一起检查、一起考核，实现“两结合、两促进”（党建工作与税收中心工作相互结合、相互促进）。一是加强党支部规范化建设。组织全体支委、党小组长学习《中国共产党支部工作条例》，制定分局党建工作计划。二是深化服务型党组织建设。把支部工作重心转到服务发展、服务改革、服务民生、服务群众、服务党员上来，确保全面达到“六有”标准（有坚强有力的领导班子、有过硬的骨干队伍、有功能实用的服务场所、有形式多样的服务载体、有健全完善的制度机制、有群众满意的服务业绩），实现“五个新”（加强党的领导呈现新局面、学习新思想取得新成效、强化基层党建展现新面貌、改进机关作风树立新形象、严明纪律规矩释放新成效）。三是开展各项活动凝心聚魂。举办“新时代、新职能、新征程”主题登山活动、全体党员集体观看《王继才同志先进事迹报告团宣讲视频》、前往江宁区汤山街道宁西社区开展“阳关扶贫”结对帮扶走访等活动，以实际行动践行第三分局的良好形象和全体干部积极向上向善的精神面貌，进一步增强了全局干部的向心力、凝聚力和战斗力，积极弘扬了“忠诚担当、崇法守纪、兴税强国”中国税务精神。（李　凯）

2018年12月21日，第三税务分局党支部联合市局人事处开展“阳关扶贫”结对帮扶走访（胡　亮　摄）

（责任编辑　田青松）

玄武区税务局

概况　2018年，国家税务总局南京市玄武区税务局（以下简称“玄武区局”）围绕上级决策部署，稳步推进国税地税征管体制改革。7月20日，举行挂牌仪式；10月25日，举行“三定”宣布仪式。新机构，新税貌，玄武区局坚持“应收尽收，不收过头税”的组织收入原则不动摇，全年累计实现市级税收收入148.30亿元，实现市级公共财政预算收入71.64亿元，实现区级公共财政预算收入80.63亿元。征管效能有效提升。厘清玄武区内税源税户情况，加强风险应对任务统筹，完善环节控制，全年完成风险应对任务691户次，应对总成效合计47383.06万元。税（费）种管理持续增强。排查增值税高风险纳税人795户次。企业所得税汇缴全年申报户23685户，准期申报率100%；完成1752户的核定征收重新鉴定工作，调整应税所得率24户，补缴所得税79306.05元。全年共完成1063户企业股转让个人所得税核实，入库税款1.5亿元，比2017年度增长650%。个人所得税改革期间组织开展培训16场次，参训纳税人6000户次。做好10户企业土地增值税清算的推进工作，入库税款1.8亿元。有序推进残保金征收，全年入库2993.1万元。纳税服务不断优化。推进便民办税春风行动，活化办税资源配置，推进发票免费邮递送工作，全年发票邮递送领用占比51.47%，线上领用率87.03%。全力推进电子税务局线上申请事项，非接触式办理率88.60%。玄武区局严格按照征管体制改革各项工作要求，完善责任链条，抓好意识形态，筑牢信仰之基，在执纪监督问题上，落实“两个责任”（党委主体责任和纪委监督责任），整治“四风”（形式主义、官僚主义、享乐主义、奢靡之风）行为，明确“一岗双责”（一个岗位既对承担的具体业务工作负责，又对承担的党风廉政建设责任制负责），大力传播“清心立德，税廉守正”的核心价值观。通过全方

2018年7月18日，在玄武区政府召开全区国税地税征管体制改革座谈会　（李帅威　摄）

位分析人员情况、多层次开展谈心谈话以及多维度开展教育培训，深入细致的做好干部队伍融合工作，强化典型示范效应，在全局上下营造起人人尊崇先进、学习先进、争当先进的良好氛围，引领干部职工同心协力，凝聚改革共识和工作合力，区局在改革以及服务企业中的良好形象被央视焦点访谈、江苏电视台、新华日报等多家媒体报道。

（张瑞雪）

机构设置及负责人

办公室

主　任　何　晋
副主任　张瑞雪
副主任　李明明

法制科

科　长　戚宁炫
副科长　袁炜珺

税政一科

科　长　李　红
副科长　谢　杨
副科长　纪　杰
副科长　丁　君

税政二科

科　长　于　婧
副科长　任　佳
副科长　谢　地

收入核算科

科　长　裘　艳
副科长　曹璇琳

纳税服务科

科　长　刘　锋
副科长　徐海玲
副科长　汤婷婷
副科长　张　阳

征收管理科

科　长　李静静
副科长　朱　进
副科长　翁懋懋

人事教育科

科　长　成　熹
副科长（正科长级）　秦顺玲
副科长　陈　磊

税源管理一科

科　长　李良银
副科长　胥贵忠
副科长　邬一鸣

税源管理二科

科　长　孙　慧
副科长（主任科员）　范海涛
副科长　严　涛

税源管理三科

科　长　朱宝钢
副科长　朱爱霖
副科长　张　娜

税源管理四科

科　长　庄　艳
副科长（主任科员）　陈　东

税源管理五科

科　长　董质兵
副科长（主任科员）　朱　斌
副科长　傅久祥

税源管理六科

科　长　徐　黎
副科长　李一超

税源管理七科

科　长　钱　卫
副科长（主任科员）　丁　枫
副科长　钱宏彬

机关党委（党建工作科）

科　长　徐　萍
副科长　左冰洁

老干部科

科　长　　杨　阳

纪检组

副组长（正科级）　许超群

第一税务所

所　长　　汪　新

副所长　　王轶平

副所长　　沈卫华

纳税服务中心（税收宣传中心）

主　任　　李葆俊

副主任　　季玮玮

信息中心

主　任　　沈　鹏

副主任　　朱海澂

（杨　柳）

税务机构改革　按照《党和国家机构改革方案》和《国务院机构改革方案》关于国税地税征管体制改革的决策部署，在国家税务总局、省税务局、市税务局的领导下，在玄武区委区政府的指导下，玄武区局在规定时间里，按照规定要求，完成规定事项，认真做好改革各项工作的统筹实施，积极推进改革各项工作落实。2018年7月12日，南京市税务局第二联络（督导）组进驻玄武区局，对玄武国税地税征管体制改革给予指导与督促。7月13日，玄武区国税地税征管体制改革工作领导小组成立，明确主体责任，确保了各项工作统筹协调、整体推进、督促落实。7月16日，玄武区国税地税联合党委成立。7月18日，玄武区政府组织召开国税地税征管改革座谈会，动员布置全区税务机构改革工作。7月20日，玄武区局举行挂牌仪式，国家税务总局南京市税务局联合党委委员、副局长、第2联络（督导）组组长陈步龙，玄武区委常委、常务副区长滕涛出席挂牌仪式，新机构正式运行。10月25日，根据“三定”（定职能，定机构，定人员编制）方案统一部署安排，玄武区局举行“三定”宣布仪式，落实“三定”方案。按照税务机构改革要求，玄武区局进行征管系统合并工作。一是做好并库前期准备。及时组织开展对原国地税业务事项的梳理，对比业务流程差异，整合、规范业务事项，核实并集中清理“金税三期”等业务办理系统中存在的未结事项。二是整理反馈问题。向市税务局反馈金税三期和电子税务局存在的问题，并提出意见与建议。全年共提起具体问题运维268条，已解决266条。通过运维平台提出金税三期及电子税务局优化建议5条，程序bug类2条。三是数据治理。全年共处理问题数据5802条，主要是原国地税单管户、国地税数据一致性和数据规范性的治理。四是运维保障。信息中心做好视频会议相关设备维护、调试工作，保障机构改革以来近百场多部门多层次的视频培训和会议。“三定”后，及时做好计算机设备的调整和网络线路的调试工作，统一硬件和软件配置，实现“出入口”统一、信息系统准入以及安装防病毒软件统一，提高应用系统网络安全。

（李静静、沈　鹏、李明明）

2018年7月20日，国家税务总局南京市玄武区税务局挂牌成立　（李帅威　摄）

各项收入情况　2018年，玄武区局共组织市级收入148.3亿元，比2017年同期减收3.21亿元，同比减少2.12%。实现公共财政预算收入71.64亿元，比2017年同期增收10.96亿元，同比增长

18.06%。2018年，共组织区级收入171.84亿元，比2017年同期增收52.26亿元，同比增长43.7%；实现公共财政预算收入80.63亿元，比2017年同期增收21.53亿元，同比增长36.43%。分税种看：实现增值税收入56.69亿元，比2017年同期增加8277.93万元，同比增长1.84%；实现企业所得税50.49亿元，比2017年同期减收4.03亿元，同比减少7.39%；实现个人所得税24.95亿元，比2017年同期增加3.96亿元，同比增加18.87%；实现消费税4100.54万元，比2017年同期减收5791.46万元，同比减少58.55%；实现土地增值税2.66亿元，比2017年同期减收2.11亿元，同比减少44.23%。

（曹璇琳）

税收收入特点与分析　分税种税收收入与特点。2018年，玄武区局消费税因龙头企业南京依维柯股份有限公司外迁，造成消费税成为年度减幅最大的税种。受南京银行股份有限公司税款对外分配影响，其企业所得税同比减收12.36亿元，同比减少45.12%，企业所得税减幅也由年初的2.04%扩大到7.39%。个人所得税从分税目入库情况分析，工资薪金所得、房屋转让所得、股权转让所得是增收的主要因素，这三大税目共计入库21.85亿元，占个人所得税总量的87.58%。其中，“工资薪金”入库18.48亿元，同比上涨11.21%；“房屋转让所得”入库1.74亿元，同比上涨499.44%；“股权转让所得”入库1.63亿元，同比上涨103.15%。土地增值税入库2.66亿元，同比下降44.23%，其中，房屋销售预征1.6亿，占土地增值税总额60.31%，同比下降49.45%；旧房转让入库8528万元，占土地增值税总额32.1%，同比上涨94.73%。车船使用税实现收入2.81亿元，比2017年同期减收1.48亿元，同比减少34.2%。房产税实现收入3.64亿元，比2017年同期减收8738.56万元，同比减少19.37%。

分经济类型收入情况与特点。2018年，玄武区局各经济类型收入增减不一，其中，内资企业入库119.38亿元，比2017年同期减收10.58亿元，同比减少8.14%，占总收入的比重为80.5%；而外资企业则实现增长，其中南京新浩宁房地产开发有限公司2018年度收入大增拉动外商投资企业出现106.94%的高速增长，是增幅最大的经济类型；港、澳、台商投资企业实现收入5.46%的小幅下滑；个体经营出现62.9%的快速增长。

分行业收入情况与特点。2018年，玄武区局入库税收前五位的主要行业累计实现收入120.2亿元，比2017年同期减收7.24亿元，同比减少5.68%，占总收入比重为81.05%。五大行业税收贡献呈现“三增二减”的特点，增收亮点的房地产业依旧保持高速增长态势，同比增幅为35.84%，已超越批发业跻身税收贡献第三位，是五大行业中增幅最大的行业；传统行业批发零售业出现0.97%的负增长；境外代扣代缴的一次性因素拉动商务服务业同比增长19.8%；增收主力军的货币金融服务业受南京银行股份有限公司对外分配税收影响，2018年同比增幅出现21.53%的负增长，是五大行业中降幅最大的行业；根据财政部、国家税务总局〔2017〕34号文《关于提高科技型中小企业研究开发费用税前加计扣除比例的通知》文件精神，自2017年至2019年，对于科技型中小企业的研发费加计扣除比例从50%调整至75%，导致软件开发企业所得税汇缴形成退税，影响信息传输计算机服务和软件业出现了18.44%的负增长。

（曹璇琳）

税收征管　一是发挥综合治税效能，加强税源源泉控管，加大欠税清理力度，坚持欠税管理常态化。以控制新欠、清理陈欠为目标，通过强化日常催缴力度控制新欠发生，加强外部协作努力清理陈欠。二是结合金税三期上线，进一步跟踪税源与征管状况质量监控，优化考核评价机制，坚持按月通报、按季考核，进一步提升征管效能。三是规范委托代征管理，全面清理委托代征登记，加强对委托代征单位的日常管理和监督，规范委托开票行为，提高委托代征程序的规范性。四是严格执行税务注销工作规范，做好注销即时办结工作，对于不能即时办结及时转入风险评估流程，完成原国税未办结注销事项178户、原地税未办结注销事项32户的程序清理、作废及办结工作。（李静静）

纳税服务　一是整合窗口资源。遵循“稳定优先、分类推进、便捷办税、协同高效”的工作原则，积极筹划“一厅通办”（税务机关通过信息系统整合，实现办税服务厅一窗一人一机一系统办理税收业务，达到前台后台业务融合、统一处理）工作。优化大厅功能区域，科学整合办税资源，完成“一厅四区”（根据办税厅楼层分布以及功能设置要求将办税厅划分为咨询导税区、自助办税区、综合业务区，登记及发票业务四大区域）的整体布置及改造，通过“互设、共建、共驻”等多种形式，率先在全市实行“一厅通办”，为纳税人提供更加便利的联合办税环境。二是提供便捷、高效、清新的办税环境。落实首问责任制，做到精准导税、前置审核、细致辅导，实现纳税人上柜即办。整合资源，完善立体式服务体系，发挥集成联动效应。组建“专家团队”，开设“专家门诊”，为有需求的企业提供定制化服务。制定《“一厅通办”工作实施方案》《办税厅突发事件应急预案》《办税厅业务培训实施方案》，提升办税质效。严格执行领导值班制度，及时解决问题、化解矛盾。加强部门间的沟通协调，建立业务职能部门快速沟通的双向反馈机制，确保上级布置的工作第一时间落实，一线遇到的问题第一时间反馈。

（刘　锋）

依法治税　组织保障方面，玄武区局召开依法行政领导小组会议共5次，研究确定“一厅通办”、机构改革期间实施简易行政处罚等一系列工作方案，集体讨论解决行政复议案件应对、特殊纳税人行政处罚等重大问题。日常管理方面，高度重视新进人员及军转干部的执法资格考试，保障参考人员按时参加培训学习，及时转达执法资格考试模拟测试情况，提高参考人员重视度及紧迫感。2018年，玄武区局共5人参加执法资格考试并通过考试。在规范性文件管理上，围绕机构改革，做好原文件清理和新文件制定，加强对文件执行中问题和效应的分析、反馈，反馈政策执行简报5篇。梳理原国、地税处罚流程差异，改进工作流程、设计违章信息传递单，避免纳税人“来回跑”以及“多头处罚”的问题，严格落实“一事不二罚”原则。“三定”方案到位后，及时开展培训辅导，在市税务局指导下明确了法制审核工作范围和流程要求，开展了重大税收执法决定法制审核工作。2018年发生诉讼案件1起，该案已于2018年9月10日被法院裁定撤回起诉。玄武区局据此总结了在税务登记注销管理中的6大风险点，并针对性的提出6大管控措施，明确各措施的责任部门，要求各部门严格落实、举一反三，防范执法风险。（戚宁炫）

内部控制建设　2018年7—12月，玄武区局完善体系格局，发挥内控建设“综合管理”作用。一是“三线联动”。贯彻落实国家税务总局、省税务局和市税务局的内控制度办法，建立基层落实机制，建立各职能科室联动识别、联席会议、联合督察和联合评价等制度，实现同步风险识别、同步防控应对、同步实施检查、同步风险提示和同步制度修正。通过内部控制定期自评工作，组织职能科室和基层科、所联动开展重要风险点的自查检查、风险评价和优化管理。二是“双管齐下”。强化宣传辅导沟通，固化时点工作动作，提升税务干部对内控监督平台熟悉度；完成过万字的内控监督平台重点调研材料，提出三方面12类问题，并通过17个具体例子进行阐述和逐项建议；对通过平台改进内控工作和督查内审工作提出5条具体建议；对内控机制建设提出6条具体建议。

（戚宁炫）

执法督察管理　2018年7—12月，玄武区局优化内容方法，提升执法督察“督促规范”效能。一是提升执法督察针对性和有效性。确定执法事项重要风险点日常督察计划，对重点执法事项、易错执法事项按季全面督察，对内外传递问题信息按月重点督察，与内部控制定期自评工作有机结合，统筹开展。认真实施2018年税收执法督察自查工作，对上级推送的24个指标2000条疑点数据实施筛选核查共195条，分析原因，全面及时完成整改工作。二是提升风险应对质量检查质效。优化制度办法，细化考核评价。细化检查选案规则，保证“数据加人工”筛选的科学性；统筹全年检查计划，均衡“部门与人”双重覆盖面；优化评分记录表，以“动作清单”强化规范操作指引；调整绩效考核指标，增加案卷疑点系数调整规则和满分案卷加分规则，明晰结果运用正面导向。梳理形成任务时效性、程序规范性、文书规范性、应对有效性、证据完整性、处理准确性5大类共27项标准问题归类分析表，共享督查成果。探索“三次轮查”方式，每份案卷由超过3名检查人员实施检查，确保检查质量，提升检查团队综合能力。全年共对27份风险应对案卷开展质量检查，出具3份风险应对质量检查问题通报和工作建议。

（戚宁炫）

投诉举报处理 一是针对投诉举报工单处理中存在的问题，玄武区局结合实际，制定了《关于“12345”政务热线工单处理的工作指引》，规范投诉处理流程，畅通投诉维权渠道。二是“12366”热线新系统整合后，根据南京市税务局纳税服务中心的工作要求，规范“12366”热线纳税服务投诉及涉税举报流程，及时发现新系统处理工单过程中遇到的问题并妥善处理，新系统稳步运行。三是优化投诉工单处理，强化跟踪协调督办。做好“12345”、“12366”热线投诉举报受理，坚持做到“12345”“当天热线当天转办处理”，及时回复回访，督促协调解决问题。2018年10月25日至12月31日，共计完成“12366”投诉热线工单处理182单，“12345”政务热线工单处理138单，上门投诉工单10单。（季玮玮）

税户基础管理 一是根据“金税三期”系统并库的要求，做好税户的统计、梳理和核实。核实原国税、地税税户的差异数据，反馈三轮税户情况。对于原国税、地税税户状态不一致的进行一一核实、反馈和修改，对于原国税、地税税户未在征管系统中实现对照关系的，做好系统的关联对照。二是落实非正常户分类管理措施，加大非正常户清理的力度，开展非正常户专项清理，提高税户质量。全年清理非正常户410户；清理跨局迁移非正常户119户。三是针对生产经营地址发生变更的纳税人，做好日常的跨区变更工作，2018年，累计完成跨区变更核查683户，累计调入332户，累计调出351户。（李静静）

风险应对工作 一是围绕省税务局、市税务局风评应对办法及“金税三期”系统规程，深入研究具体操作办法，加强培训指导，及时沟通解决风评相关问题，提升风评质效。二是强化风险应对任务统筹，完善环节控制，强化日常推进率的监控；对风评中发现的疑难户及时讨论合议，牵头梳理亟待解决和时间跨度较长的案件事项，加强风评合议企业的持续跟踪和后续管理。三是总结各项风险应对工作开展情况，通过融合资源，聚集力量，高质量完成中等风险应对工作的后续管理。2018年，全年开展线上审议60户次，网上约谈5户，采集电子账册19户，开展主动支持5户次，被动支持1户次，发起跨区域协作4户，接收并反馈国家税务总局异地协作107户，完成省税务局增值税开票异常任务233户，较好地完成各项考核要求。全年共计完成国家税务总局下发增值税快速反应任务59户次，国家税务总局货劳司、征科司专项任务27户次，省税务局税源管理平台风险应对流程605户次，应对总成效合计47383.06万元。（李静静）

社会保险费征收管理 一是紧扣进度要求，跟进职能划转。建立健全组织领导机制，细化工作方案，明确任务要求，各部门各司其责，加强对数据交接、系统交接等重点任务的衔接。二是多方协商对接，开展外部合作。部门间合作方式多样化，联系方式制度化，管理协作多频化，以协调机制和联络沟通制度，全面深化对接协同，切实做到社保和非税收入划转和征缴工作有序开展和整体实施。三是理顺工作思路，确保稳妥有序。明确相关的程序、时限及相应的责任部门，依据数据在采集录入、流转处理和应用分析不同阶段所处的特点，采取针对性措施。通过定岗、定责、梳理形成新的工作行使依据、程序、时限及相应责任的流程清单。按照岗位、环节之间相互关联属性，使工作运行轨迹、工作运转程序更加清晰可见。

（谢 地）

环境保护税管理 2018年，玄武区局入库环境保护税699.53万元。自环境保护税工作启动，玄武区局实施了一系列环保税开征的准备工作，包括建立环保税部门协作机制、联合环保局全面摸清税源底数、实施税源分类管理、对内对外扎实开展辅导培训、加强环保税开征舆情监控、规范征收管理、科学分析开征运行情况、制定工作预案等，按期达到了省税务局要求的“三三二”目标要求，即环保税管理“三须”（对环保部门移交的户数必须明确具体联系人、对所有识别完成的纳税人必须全程培训到位、必须征询每户纳税人对培训效果的评价）、申报纳税辅导“三会”（纳税人会计算、会填表、会网上申报）、费改税“两目标”（按排污费移交户数全面申报、环保税款平稳入库）。在环境保护税开征过程中，玄武区局与区环保局建立工作联动，进一步细化对环境保护税纳税人的管理，落实辖区内扬尘费征收办法，安排专人组建环保税联络群，做好纳税辅导，重点关注新增的排污单位以及同期排污费相差较大的单位，定期对缴纳税款与去年同期相差较大的企业进行逐户排查，确保每户纳税人准确申报。（任　佳）

土地增值税管理　玄武区局将辖区内项目分到对应税源科、所，按季对辖区内的房地产项目做好跟踪，了解各项目的开发情况。关注项目动态，实行土地增值税工作例会制度，及时交流解决清算中的问题，有符合清算条件的项目，及时启动清算流程，保障清算的实效性。清算中坚持“税源科、所—税政二科—玄武区局合议小组”三层把关机制，由清算人员对纳税人提供的报告进行沟通和审核，出具审核报告，再由税政二科进行交叉审核，做到政策执行准确到位。做好政策培训，定期邀请系统内外的专家老师对政策实务进行培训，以案例的形式进行讲解，结合政策和实践逐条解释培训，注重实践经验的分享，有效推进土地增值税工作。（任　佳）

增值税发票专项治理工作　针对增值税发票虚开态势，2018年10月启动增值税发票专项治理工作，防范增值税发票管理风险。一是增值税发票限额用量管理。多措并举，对新办税务登记户初次核定以及“一址多照”企业，纳税人同法定代表人或财务负责人、法定代表人为外地身份证，以及法定代表人、财务负责人、办税人员为同一人的纳税人增值税专用发票进行严格管理；对存量户发票用量或限额调整，必须首先完成法定代表人实名采集；对风险户实施控票以及登记风险纳税人等。二是失控票登记及异常凭证抵扣审核检查。全年共登记失控票9278份，共核查抵扣凭证10759份，处理“未通过红字通知单”348份，发票协查（外区告知函）共41份。三是增值税发票风险管理工作。排查高风险纳税人，针对“一址多照”特点，筛选5个高风险地址，对高风险地址的纳税人采取控票、控申报、登记风险纳税人等措施。排查2018年新办税务登记户，共对504户存在风险的纳税人采取降票、控票、风险纳税人暂停网上申报、登记失控票等措施。排查长期零申报户。对1289户长期零申报户，逐户联系法人进行约谈，核实经营情况，重新核定票量或者采取控票措施。（李　红）

个人所得税改革　一是做好个人所得税扣缴明细申报基础数据清理工作，玄武区局共有27000多户企业每月进行个人所得税的明细申报，2018年7月开展数据清理工作时，每月明细数据比对通过率为96.3%，错误数据改正率不足5%，通过4个月的规范梳理，截至12月，比对通过率上升至99.5%，改正率提高到31%。二是做好过渡期政策的宣传和辅导。10月，组织300户企事业单位参加省税务局过渡期政策培训视频会；组织个人所得税服务专家团队对部分重点企业进行了点对点的政策宣讲和申报系统操作辅导；根据市税务局筛选的名单，指导扣缴单位按上级执行口径调整申报期间。三是做好专项附加扣除政策落实的政策预培训和操作辅导工作。12月3—10日组织2400户企事业单位和中介机构参加附加扣除政策和申报系统操作的培训，并组织服务团队通过各种方式提供政策解答和操作指导。（李　红）

落实减免退税政策　一是采取多种措施，确保纳税人及时知晓小微企业增值税、小型微利企业所得税优惠政策及申报操作，确保了全区小微企业和小型微利企业享受优惠面达到100%。二是结合区域管户特点，联系区科技部门，与徐庄软件园针对高新、研发、软件等科技类税收优惠开展了多场次的专题培训，助力创新名城建设。全年共推荐上报高新认定符合初审条件的企业136户，推动区域高新技术企业的发展。三是积极落实研发费加计扣除政策，通过点、线、面的立体辅导，确保2017年151户企业享受研发费加计扣除金额39106.56万元。其中，146户企业足额享受了科技型中小企业加计优惠、享受加计扣除金额达21914.33万元。辅导47户企业对于2016年度和2017年度研发费用加计扣除进行追溯调整，共追溯享受金额3269.55万元。四是做好两批次增值税留抵退税工作，最终确定了27户企业退

税名单，启动留抵退税工作流程并按规定办理退库事宜。（李　红）

网上办税管理　一是加强网上办税推广和引导。优化整合线上办税、自助办税区，推进“全程网上办”。改造自助办税区及纳税人辅导区，增设外网电脑及自助终端设备，强化体验区专人辅导，一对一辅导办税，推广线上各类服务产品，有效提升各类办税事项不见面审批办理率，非接触式办理率达90.08%；大力推进发票寄邮递送及自助设备领用，线上领用占比达87.22%；加大对纳税人增值税发票认证勾选、电子化抄报税、发票自主验旧的力度，对在推进过程中出现的问题及时反馈、及时解决，切实减轻纳税人和办税窗口负担，发票线上认证率99.56%，发票验旧线上办理率92.97%，发票抄报税线上办理率99.20%。二是促进征纳和谐。采取预约办税服务模式，对重点税源企业业务办理开辟绿色通道，对发票用量较大且无法进行邮递配送的，建立预约购票微信群，实现即来即办。对出现系统故障、瘫痪等不可抗力情况，办税厅采取预约取件模式，详细登记预约办税事项，系统正常后及时办理并第一时间通知纳税人到柜取件。三是加强宣传培训。加强辅导，采取发放各种宣传材料、播放宣传视频、线上线下纳税人学堂、扫描二维码等方式，将各种政策宣传到位。（刘　锋）

优化营商指标落实　一是加强沟通协调。与玄武区委区政府及各部门之间加强沟通联系，取得政府部门对新税务机构的支持与信任。以专项工作会议及联席会议等形式，深化与区编办、财政、工商、政务中心、街道等多部门的交流和合作，建立长效工作机制，加大日常数据信息交换力度，推进信息共享、管理互助，全力推进“营商环境”各项举措落实到位。二是提升行政效能。加强工作整合，持续简化优化。减少审批项目、压缩审批环节、缩短办税时限，对于增值税一般纳税人登记、发票的核定领用、退回验旧等业务基本达到即时办结；推进新办企业套餐，实现全程线上无纸化办理，确保“3550”各项指标（3个工作日完成一般性新设企业注册开业需要办理的营业执照、刻制公章、开立银行账户、办理涉税4个事项；5个工作日内获得不动产登记权证；50个工作日内取得建设项目许可证）落实到位；实现即办注销登记，推行“承诺制”办理方式，注销业务平均办理时长从新办法实施前的12.8个工作日缩短到0.9个工作日。三是助力经济发展。以“新时代·新税貌”为主题继续深入开展“便民办税春风行动”，加强咨询辅导和调研走访力度，快速响应纳税人需求。与区政府相关部门联合开展“支持实体经济发展主题服务月”以及“民营企业大调研大走访”活动，由局领导带队，各部门参与，采取多种形式进行了企业沟通107户次，了解企业生产经营、涉税需求等方面存在的问题，宣传纳税服务举措及税收政策，帮助协调化解企业涉税困难，共收到各类问题和需求56件，现场解决41件，事后答复12件，向上级部门反馈3件。（刘　锋）

特服号管理　2018年10月25日至12月31日，玄武区局特服号人工接听总量为16078次，发票开具和保管、税务登记、电子税务局申报类操作、发票领用为纳税人咨询的四大热点问题。在基础配备方面，根据特服号咨询话务量猛增的实际情况，新增咨询人员2名，缓解接听压力。硬件配置上，第一时间配置好电脑、话机、耳麦等办公设备，做好特服号办公场地、网络线路、设备配置等辅助工作，扫除一切障碍，保证接通率的提升。在业务培训方面，结合特服号实际情况拟定业务培训计划：系统性培训，培训主要围绕重点、热点、难点问题，要求特服号全体人员能够掌握相关解答要点；规范性培训，通过培训帮助咨询人员养成规范用语的习惯，减少口头语和语言表达的随意性；前台实习培训，理论与实践相结合，增强实战操作经验。在日常管理方面，定期跟踪话务量与接听率，随时监控特服号的咨询情况，出现情况立即处理，分析每半天的话务量与接听率，日统计、周总结，强化过程监控，提高接听率。（季玮玮）

人力资源配置　2018年7——12月，在国税地税征管机构改革合并的大背景下，玄武区局加强人事管理工作，着力做好人力资源配置。一是做好“三定”前期各项准备工作，分层分类开展干部谈心谈话，先后与260人次干部开展了谈心谈话，了解各层级干部的思想动态，引导干部拥护和支持改革工作。二是做好人员思想情况全方位分析，对人员结构、岗位设置、干部需求等情况进行全面分析，综合队伍融合、工作开展、后期管理等因素，按照“人随事走、人岗相宜、规范操作、平稳过渡”的原则，做好“三定”人岗配备。三是人力资源做好搭配组合。人员配置中充分考虑国地税干部搭配、年龄结构、业务运转操作等因素，采取整编划转和部分拆分重新组合的方式，做到人尽其才，才尽其用，将玄武区局53名中层、187名干部配置到21个部门，顺利完成“三定”人员配置工作。加强优秀人才培养，充分盘活和优化人才资源，强化人才数据分析和运用，发挥专业人才的支撑、引领和带动作用。（杨　柳）

廉政作风建设　一是迎接省级廉政文化建设示范点和廉政教育基地“回头看”工作。2018年9月19日，中共南京市纪委宣传部纪检员陈国军带领第四检查组一行四人，对玄武区局廉政文化示范点“回头看”工作进行专项检查。玄武区局纪检组长戚光连作了题为《突出“三融入”探索廉政文化建设落地新模式》专题汇报。二是开展集中整治工作。机构改革期间，玄武区局对“六项纪律”执行情况进行自查自纠。对领导干部利用名贵特产类特殊资源谋取私利开展整治。此外，对照国家税务总局党委指出的4个方面15类形式主义、官僚主义突出问题，开展集中整治，共查找3类7条需要整改的问题，并进行整改。三是开展“以案促改”专项工作，排查管理漏洞，层层压实责任。对2013年以来信访工作进行梳理，剖析原因，排查管理漏洞，重新梳理确定风险等级。查找出工作纪律落实不严、干部“八小时以外”监督管理不力、法制意识淡薄3个方面问题，梳理出理想信念缺失、主体责任落实不严两个方面风险，并提出了加强思想教育、严肃工作纪律、加强干部“八小时以外”的监督、层层压实责任整改方法。（覃　伟）

从严治党　根据市税务局和玄武区委、区政府全面从严治党工作部署，玄武区局构建了“党委全面领导，机关党委组织沟通，基层支部执行落实”的党建工作格局，打造“集中述、随机查、反向考、现场看”四大责任环，自上而下实现压力深度传导，

2018年10月8日，玄武区局机关党委开展党员承诺践诺专题活动，图为党员依次签订“党员承诺书”（李帅威　摄）

推进了党建工作和中心工作的融合联动。紧跟机构改革序时进度，扎实做好机关党委、机关纪委、基层党支部、工会、妇委会等机构设置和选举工作，确保了党的领导全覆盖，党的统领更有力。把学习贯彻习近平新时代中国特色社会主义思想和十九大精神作为首要政治任务，落实“三会一课”制度（定期召开支部党员大会、党支部委员会和党小组会，按时上好党课），打牢理论基础，增强党性修养，确保党内组织生活从严从实。坚持“政治建委、从严治委、活力兴委”总原则，开展“不忘初心、牢记使命”主题教育，以“聚合力，献良策”“树典型、比奉献”“党员承诺践诺”等一系列活动增强党员身份意识和责任意识。以座谈、走访调查等形式及时收集掌握干部心声，突出意识形态引领，挖掘先进事迹，强化典型示范效应，引导党员干部牢固树立“四个意识”，坚定“四个自信”，同心协力助力改革任务圆满完成。（邹　群）

群团工作　立足国地税合并新形势，按照“团结、稳定、创新、发展、和谐、共荣”的总思路，创造性开展群团工作。公平公正公开地完成首届工会和妇委会选举，坚持“例会制度”和“重大事项适时上会”原则相结合，按季研究工作方向，共商工作事宜，筹划群团活动。围绕“讲大局、聚人心、促改革、展风采”的主题，探索干部喜闻乐见的活动形式，以扑克牌比赛、古籍修复、微景观制作、中式面点制作、健步行等多种形式促进人员交流互动，激发提升群团活力。工会、妇委会积极发挥各自工作优势，从细微处入手，以“公开场合旗

帜鲜明讲大局，私下场合雨打芭蕉润心声”为工作原则，严格落实“五必访”制度（工会会员情绪不稳定必须交流沟通，工会会员家庭困难必须给予帮助，工会会员生病时必须到医院看望，工会会员遇到工作困难必须及时了解、消除顾虑，会员家庭遇到困难必须给予关心照顾和帮助），关心干部个性问题，及时了解工作困难，想方设法排忧解难，削除工作消极同志的思想顾虑。2018年，工会共慰问职工70人次，用组织关怀增强干部归属感和凝聚力，营造积极向上的工作氛围，为中心工作的顺利完成提供强大的内在支撑。

（邹　群）

税收宣传　玄武区局结合经济热点、行业特点和社会关注点，开展税收宣传工作。坚持以服务纳税人为导向，立足各大媒体平台，积极做好改革工作和日常税收工作的对外宣传。征管体制改革期间，挖掘特色工作及先进典型，按周报送信息宣传稿件20余篇。结合热点活动，开展了2018年“宪法宣传周”暨“法制宣传月”活动，联合区司法局、三法律师事务所，举办宪法宣讲活动，推进“尊崇宪法、学习宪法、遵守宪法、维护宪法、运用宪法”，做好依法行政工作的宣传引领。2018年7至12月玄武区局在《人民日报》（海外版）刊稿1篇，《中国税务报》刊稿1篇，《新华日报》刊稿2篇，省市各级媒体30余篇次。（季玮玮　李帅威）

2018年11月20日，玄武区局领导赴汇通达公司走访调研　（李帅威　摄）

财务管理　一是落实经费保障体制，准备2019年度预算编制所需各类数据，做好各项预算的统计和测算工作。详细测算经费需求，科学编制2019年区税务局总体预算。二是组织开展资产清查，配合审计事务所完成资产清查审计的现场调查工作，“摸清家底”，出具资产清查审计报告并报市税务局备案；完善相关会计档案移交清册和资产划转清册，完成财务交接工作，确保了资产整体接受划转有序。三是严肃纪律，建章立制，推进财务管理工作规范整合。研究并落实市税务局制定下发的《国税地税征管体制改革财务工作实施方案》《党委审议过渡期财务管理事项目录清单》《机关财务报销管理办法》等文件。据此制定《玄武区局过渡期财务报销管理办法》《玄武区局党委审议财务管理事项目录清单》《玄武区局过渡期日常财务报销操作规程》等财务工作文件，加强财务内控建设。四是加强后续管理，统筹落实新机构各类账户变更工作。完成社会信用代码证书的变更申领手续，做好新机构基本户、工会账户的账户变更。对原国税在职、退休干部医保信息进行采集、填写、建档。（李晨笛）

（责任编辑　田青松）

秦淮区税务局

概况　2018年，国家税务总局南京市秦淮区税务局（以下简称“秦淮区局”）紧扣税务改革工作主线，按照“目标引领、党建铸魂、制度管理、文化聚力”工作思路，一手抓改革深入推进，一手抓中心工作开展，稳步推进以组织收入为中心的各项工作，做到了“两手抓、两不误、两促进”，保证各项工作任务的完成。

全面推进机构改革，整体工作有序运转。秦淮区局严格贯彻落实上级有关要求和决策部署，从讲政治、顾大局、重担当的高度组织推进机构改革各项工作，始终按照规定的时间节点、有力有序落实改革要求，不折不扣完成各项改革任务。7月20日，秦淮区局挂牌成立。10月25日按照“人随事走、人岗相宜、规范操作、平稳过渡”的原则，宣布了“三定”方案，10月29日所有人员到岗到位。年底前按省市局统一部署完成社保费部分移交。半年时间顺利完成新机构挂牌、“三定”落地、社保费移交三场改革攻坚战。

坚持组织收入原则，税收收入稳步增长。今年以来，秦淮区局克服宏观经济下行、“营改增”

等结构性减税等诸多不利因素，坚持组织收入原则，强化重点税源管理，全面完成各项组织收入任务。全年组织各类税费收入合计245.34亿元，同比增长11.02%；其中，税收收入160.23亿元，同比增长4.97%；社保费收入81.32亿元，同比增长25.94%；基金非税收入3.78亿元，同比增长0.29%。

落实税收优惠政策，服务地方经济发展。积极落实增值税、企业所得税和个人所得税各项税收优惠政策，不断激发企业活力。47户企业享受增值税留抵退税，退还增值税1783万元；525户一般纳税人转登记为小规模纳税人；183户企业享受增值税即征即退政策，退还增值税7605万元；办理出口免抵退税5.08亿元；5588户企业享受小微企业所得税优惠，减免企业所得税6200万元，实际享受面100%；非居民纳税人享受税收协定待遇，减免企业所得税1.54亿元；积极开展新个人所得税法宣传培训落实工作，11—12月个人所得税改革过渡期，全区入库个人所得税2.56亿元，减税1.02亿元，环比降幅达28.49%。

深化税收管理改革，征管质效全面提升。秦淮区税务局着眼于“营改增”后征管工作面临的新形势，全面落实征管工作要求，持续优化税收风险管理，不断提高征管质效。强化税源税户基础管理，全年新办登记合计13202户，其中，单位纳税人登记5740户，个体纳税人登记6007户，扣缴义务人登记9户。强化欠税清理，从深度分析、预案编制到追征执行等环节严格按规定程序操作，全年欠税追征入库成效12751.62万元，追征总成效13374.93万元。强化税收风险管理，发挥秦淮区局政策团队、数据团队主动支持作用，开展主动支持4户，局领导实体化参与风险应对2户。加强第三方数据情报的管理和运用，主动发起非分析识别风险任务3户、欠税追征1户，实现净入库成效22847.92万元。积极开展跨区域税收风险管理工作，共发起跨区域协作任务17条，接收外省税务机关跨区域协作任务107条，全部完成并及时反馈。

强化税收法治建设，深入推进依法行政。2018年，秦淮区局加强党委领导下的全面依法行政领导小组建设，构建常态化运行机制，成立重大税务案件审理委员会、税务行政复议委员会、税务行政应诉工作领导小组等组织机构。率先落实税务行政处罚“一事不二罚”原则，实行处罚集中管理，确保执法规范统一。着力推进内控机制建设，强化组织领导和部门联动，细化内控清单，加强内控平台应用。稳步推进执法督察，组织开展年度税收执法督察、调研式督察、风险应对交叉互查、二手车市场发票管理情况督察等，针对督察发现的问题，深入分析问题根源，加强后续跟踪监督，促进税收执法工作不断规范。

聚焦打造营商环境，纳税服务不断优化。机构改革前，开启全市首家政务中心国地税“一窗式”联办，在全市率先开展办税服务厅“一厅通办”试点，推行“一窗通办”“一人通答”。机构改革后，在全市率先实现个体全业务“一厅通办”；9月3日，新办税服务厅改造完毕，并投入使用。印发“新机构、新服务、新形象”纳税服务意见16条，推行“简事快办”、“容缺受理”、24小时自助办税服务等举措，被写入区委优化营商环境文件。拓展充实南京市优秀服务品牌“黄和平班”内涵和外延，设立青年税干办税帮手专窗；开展对民营企业的大走访大调研活动，围绕“问需求、查短板、帮发展”，局领导带队对辖区内84家民营企业进行走访座谈，收集解决涉税诉求和意见建议，不断提升纳税人满意度、获得感。

提高干部队伍素质，促进干部队伍融合。秦淮区局强化思想政治工作，构建“多轮次、全覆盖”谈心谈话机制，“三定”期间累计开展谈心谈话400余人次。加强改革期间干部思想政治工作，组织扑克牌比赛促进干部融合；开展“三比三看”职工岗位竞赛（比技能，看谁学习意识强，较快掌握和精通征管机制改革后新的岗位业务技能；比作风，看谁纪律意识强，在征管机制改革中讲纪律、顾大局，一心一意服务群众；比业绩，看谁执行意识强，在征管机制改革中积极作为，岗位贡献多）、“学习王继才，奉献在岗位”主题教育实践活动，调动干部立足岗位做贡献的积极性。抓好干部教育培训，定期组织干部参加系统内部各项培训。建立青年干部学习小组，对35岁以下青年干部实行培训常态化，建立“月训月考”模式，促进青年干部成长成才；成立“何红梅创新工作室”，以骨干带团队方式开展业务攻关、专项任务工作，被市总工会授牌“南京市职工创新工作室”。组织全体干部参加总局知识网络竞赛，22人进入第二轮，1人进入全省前100名，获得省税务局优胜奖、市局二等奖。

全面推进从严治党，党建工作在全市税务系统交流。健全党群组织设立，选举产生第一届机关党委和机关纪委、工会委员会和经费审查委员会、妇女联合会执行委员会、共青团支部委员会，建立健全基层党建工作组织架构和运行机制。强化党支部建设，按照机关职能部门与基层科所共建模式，新建成立11个党支部。认真组织学习《中国共产党支部工作条例(试行)》，严格落实"三会一课"、组织生活会、民主评议党员等制度，严格党员日常管理。根据新形势新要求，推行"135"党建工作法(坚持一个理念:党建铸魂，发挥三个作用:党委领导核心作用、党支部战斗堡垒作用、党员先锋模范作用。抓好五个抓手:学习教育、阵地打造、制度规范、典型示范、主题活动)，秦淮区局党建工作在系统党建工作会议上进行代表交流发言。

综合保障规范有力，行政效能不断提升。改革启动后，作为主城区干部人数最多，且唯一需要整体搬迁的区局，在"三定"方案落地实施后，全面保障办公场所搬迁、机器设备拆装、派出机构挂牌等工作。制定过渡期工作规则和党委会、局务会、局长办公会运行机制，做好国税地税征管体制改革座谈会等重要会议的会务组织工作。全面落实值班值守、信访和舆情工作责任制，坚持落实"零报告"制度，未发生一起舆情事件。利用国庆节假日改造食堂餐厅，重新布置改善理发室，维护修缮健身设备，多次向区委区政府汇报停车难问题寻求解决方案，进一步强化后勤保障，努力提升干部对组织的归属感、幸福感。

(胡　琪)

机构设置及负责人

办公室

主　任　梁国林
副主任　车　旻
副主任　商　进
副主任　郭馨馨

法制科

科　长　董　麟
副科长　徐　笑(正科级)
副科长　杨晓丽
副科长　孙　玉

税政一科

科　长　严　炯
副科长　俞　红
副科长　王　翔

税政二科

科　长　翟小荣
副科长　李婷婷
副科长　李云洁

收入核算科

科　长　张晶阳
副科长　戚兴娟

纳税服务科

科　长　马　明
副科长　刘　涛(正科级)
副科长　童文静
副科长　沈笑庆
副科长　尚佑涛
副科长　于筱晖
副科长　柳　剑

征收管理科

科　长　肖宁宁
副科长　姜卫宏(正科级)
副科长　朱　莹
副科长　蒋晓赟

人事教育科

科　长　朱珍萍
副科长　叶　娜

党建工作科(机关党委)

科长、机关党委专职副书记
赵立扬
副科长　张志芳(正科级)

老干部科

科　长　马洪琛

纪检组

副组长　孙　荃(正科级)

税源管理一科

科　长　李运芳
副科长　周建国

税源管理二科

科　长　冒慧云

副科长　芮苏林

税源管理三科

科　长　耿　洁

副科长　郭　军(正科级)

副科长　洪　盛

税源管理四科

科　长　姚丽杰

副科长　宋鹏飞

副科长　蒋　森

税源管理五科

科　长　范　华

副科长　高　焱

税源管理六科

科　长　陆　菁

副科长　郑　杰

副科长　杨　凛

税源管理七科

科　长　姚　剑

副科长　时　倩

副科长　王　延

副科长　邓　芳

第一税务所

所　长　于　宁

副所长　周建忠(正科级)

副所长　葛建峰

副所长　谢　颖

夫子庙税务所

所　长　胡文勇

副所长　牛　勇

副所长　王　蕙

副所长　徐　雷

五老村税务所

所　长　侯冬梅

副所长　杜　涛(正科级)

副所长　王　玲

副所长　胡　亮

中华门税务所

所　长　杨　剑

副所长　李　洋

副所长　罗贤军

红花税务所

所　长　储建林

副所长　路雪林

副所长　王宇梅

(叶　娜)

征管机构改革　7月20日,国家税务总局南京市秦淮区税务局挂牌成立,这标志着原南京市秦淮区国家税务局和南京市秦淮地方税务局正式合并。秦淮区委书记林涛,秦淮区委副书记、区长司勇,国家税务总局南京市税务局联合党委委员、纪检组长、第3联络(督导)组组长陈林,秦淮区副区长宗宁虎出席挂牌仪式。　(胡　琪)

各项收入概况　2018年,秦淮区局累计完成南京市税务局口径税收收入160.24亿元,同比增长4.98%,总体增长较为平稳。增长较快的月份分别是1月、3月、5月,分别同比增长4亿元、3.53亿元、1.82亿元;增幅分别为16.5%、46.68%、13.10%。完成市级公共财政预算收入76.80亿元,同比增长5.72%。完成区级公共财政预算收入87.01亿元,同比增长21.83%。

(戚兴娟、胡　琪)

税收收入特点与分析　分行业收入情况和特点:重点行业表现各异,其中,批发零售业为传统主导行业,累计入库税款46.90亿元,同比下降3.17%,约占秦淮区局税收收入1/3的比重;房地产行业税收高幅增长,累计入库税款28.60亿元,同比增长34.27%;金融保险业税收与去年持平,累计入库税款24.54亿元,同比增长0.94%;制造业税收跌幅明显,累计入库税款11.80亿元,同比下降8.13%。

分税种情况和特点:三大主体税种全部增收,增值税小幅增长,累计入库68.47亿元,同比增长4.34%。其中,一般增值税28.69亿元,同比下降2.65%,改征增值税39.78亿元,同比增长10.04%;企业所得税增长平稳,累计入库44.30亿元,同比增长9.10%;个人所得税增长明显,累计入库26.97亿元,同比增长16.72%。其余体量较小的税种增幅各异,其中,城市维护建设税同比微降,累计入库5.58亿元,同比下降1.23%;消费税累计入库4.85亿元,同比下降3.64%;房产税累计入库5.63亿元,同比增长10.26%;印花税累计入库1.22亿元，同比增长11.32%；城镇土地使用税累计入库5625.73万元，同比下降11.87%；土地增值税累计入库3.01亿元，同比下降38.95%；车船税累计入库8413.77万元，同比下降9.27%；环境保护税累计入库745.44万元。（戚兴娟、胡 琪）

税收征管 采取各项措施提升征管工作质效。通过分析数据平台，强化税务登记、税种认定、申报、催报催缴、国地税数据匹配等核心征管流程监控，切实提高征管工作质效。加强对考核及监控类指标的分类研究、具体分析，加强对基础税源所及征收所征管质量监控平台应用的督导，实现指标平台日日登录，指标问题实时处理。把指标个案分析作为常态工作，促进各所将指标与日常工作合理有效联系，提高征管工作完成效率与准确率，为日常征管工作提供自我监测平台。优化征管质量指标考核管理模式，提高各所对指标的关注度，为征管质量指标提升提供有效激励。注重过程指导服务，强化跟踪监督。实现各基础税源所齐头并进，消除短板，确保征管质量指标稳步提升。加强欠税分析清理。加强欠税分析监控，认真做好欠税总体概况及欠税分类结构分析，及时排查和发现征管薄弱环节，找准清欠工作突破口，并及时对追征任务完成数量和质量进行跟踪分析。制定秦淮区局欠税管理工作规程，规范欠税后续管理业务操作，明确业务流程，进一步加强和完善欠税管理，降低执法风险，提高企业纳税遵从度。对于机内欠税10万元以上的欠税户，采取逐户降低发票领购量的方式实施控管。按月开展欠税相关异常数据核实清理工作。敦促纳税服务部门在每月申报期结束后，及时开展留抵抵欠工作。按月提取、下发"同时存在欠税和多缴税金"异常数据核实清理工作，有效减少"金税三期"税收管理系统中不实欠税和虚假欠税，提高数据质量。整合清理企业欠税情况，结合企业信用等级评定、失信行为提醒、失信企业认定以及阻止出境等举措，加强欠税清缴。经以上举措提醒后，3个月内欠税清缴共计144.97万元。强化自然人欠税催缴，清缴自然人个人所得税欠税33.90万元。合并前原地税共清欠2885.25万元，原国税共完成欠税追征工作39户，其中足额清缴欠税31户，应对中止8户。盯紧欠税大户（苏宁置业集团）7月初实现12202.67万元税款入库，全年共计补缴增值税12389.11万元，补缴企业所得税68.26万元，滞纳金294.25万元，留抵抵欠623.31万元。欠税追征入库成效12751.62万元，追征总成效13374.93万元，户均成效342.94万元。（肖宁宁、胡 琪）

税源税户基础管理 一是夯实税源税户基础。2018年，新办登记合计11562户，其中，单位纳税人登记5173户，个体纳税人登记5101户，扣缴义务人登记9户，跨区税源登记51户，临时税务登记纳税人登记1户，做到逐户甄别辅导前置，严把非正常户认定关。通过原国地税系统中差异户比对、交换税户状态信息，组织开展非正常户联合认定及清理工作；开展税户摸底清查工作，进一步整合辖区税户分布和构成情况，梳理统计本辖区原国地税差异户管户；同时对各区局上报的异地户进行核实确认并反馈市局，为统一接入平台上线税户切入夯实税基做好准备。同时配合区财税办做好企业转引工作，主动对接服务上门，全年调入256户。配合市场监督部门完善市场监管信息系统；在新办户登记、股权变更等方面及时交换数据，严防税收征管漏洞。二是加强非正常户管理。做好源头控制，按月导出原国地税金税三期系统中未申报信息并进行比对。对于2018年认定的795非正常户，逐户查询纳税人在其他部门信息中的经营状态，同时对纳税人实际生产经营地址进行上门核实。2018年，共完成解除非正常状态纳税人825户。规范环节管理，从核查、认定、公告、处罚、解除等相关环节规范非正常户处理流程，加强各环节协调和衔接，确保手续完备、程序合法。信息宣传到位，通过加强对新办户税收宣传，告知不履行申报义务的法律责任及可能造成的信用污点，同步通过网站、服务大厅屏幕对非正常户名单进行公告，从反面告诫纳税人应及时履行申报义务。加强与各区局跨区信息协作，加强非正常户信息交换，形成对非正常户管理合力。强化责任意识，严把非正常户的入口关。加强与法制科联系，对于破产清算企业，做好欠税数据的推送。发挥公安办、街道等部门力量，加强非正常户欠税清理。三是简政提效推改革。2018年7月整合马道街1号个体办税延伸点窗口资源和功能，打造辖区个体纳税人“一体化”办事服务场所，率先在全系统实现个体纳税人全业务“一厅通办”，惠及辖区3.2万户个体纳税人。全面贯彻“一套资料办税”规定，简并文书优化流程，提前实现“同一事项一次申请两套系统同时办理”。（肖宁宁、胡　琪）

完善风险管理机制　一是对标找差，量化考评指标。对照国家税务总局、江苏省局、南京市局各项考评要求，梳理、整合、量化、分解秦淮区局各项风险考评指标，形成《秦淮区局2018年度风险管理绩效考评指标》，按“风险管理主观努力程度”、“风险管理规范程度”、“现场管理落实程度”三大类13个指标，明确考评口径，量化考评指标，精确考评对象、考评周期，指导2018年度风险管理工作。二是加强监控，严格目视管理。对照考评指标，按月形成《秦淮区局风险管理工作运行报告》，按月召开风险管理工作会议，紧抓工作落实和工作进度。加强风险应对的事后监督，严格把关风险应对质量。优化秦淮区局《风险应对集体审议办法》，针对零成效、低成效户，通过二次审议、跟踪质疑等多种方式提升应对质效。三是规范流程，提高工作效能。及时完善秦淮区局《风险应对查无下落处理流程》《移送稽查操作流程》《欠税管理工作规程》，规范各热点、难点问题执行路径，规范欠税后续管理业务操作，确保各项工作有章可循，切实推进风险防控工作效能。

（肖宁宁、胡　琪）

风险防控管理　探索风险融合机制，制定《过渡期风险管理办法》，明确过渡期总体要求和工作目标，组建专业支持团队，确定未结案件清理职责和实施计划，确定过渡期风险应对培训计划。联合工会开展评估之星评选，通过应对成效、应对工作量两项指标计算、排序，评选出14名“评估之星”，充实到工会“业绩之星”中去。通过“集中授课、案例交流、团队互学、经验交流”的形式，多渠道开展风险应对培训，小班化、团队化互学互助，在实务操作中强化实体法规和业务流程的学习，强化税源平台风险应对系统的流程操作。提升风险管理质效，加强第三方数据情报的管理和运用。积极与纳税服务、政策法规等业务部门沟通交流，并通过区政府、外部网站等多种渠道获取有价值的涉税信息，发现可能存在税收遵从风险的企业，迅速启动非分析识别任务流程开展风险应对。充分发挥秦淮区局政策团队、数据团队主动支持作用，及时解决风险应对中遇到的各类政策问题、数据问题，有效保障风险工作顺利进行。主动发起非分析识别风险任务3户、欠税追征1户，全年完成风险应对任务763户，实现净入库2.29亿元。（肖宁宁、胡　琪）

税收优惠政策落实　秦淮区局为确保纳税人对减税政策应知尽知、应享尽享，切实加强宣传辅导，在日常自主宣传培训基础上，重点加强与政府相关部门的协作。例如与秦淮区科技局、南京理工大学国家大学科技园合作，开展“优化营商环境·助力创新名城”——“两落地一融合”税收政策专场解读宣传暨南京理工大学国家大学科技园税收服务站成立活动，三方共同搭建网上服务平台，通过建立税务服务QQ群和微信群，即时发布最新税收政策，第一时间让企业掌握各项减税政策。秦淮区局将增值税、企业所得税、个人所得税等减税政策制作成展板，放置在各街道政务中心，扩大纳税人减税政策知晓面。2018年，全区共有47户纳税人享受增值税留抵退税，退还增值税1782.79万元；340户一般纳税人转登记为小规模纳税人；183户纳税人享受增值税即征即退政策，共计退还增值税7605.19万元，其中160户软件企业享受软件产品退税6748.50万元；办理出口免抵退税50770.79万元，其中退税41188.81万元，免抵税额9281.91万元；享受小微企业所得税优惠政策纳税人5588户，实际享受面100%，减免企业所得税6200万元，户均减免1.11万元；非居民纳税人享受税收协定待遇减免企业所得税15359.56万元。2018年7—12月，共有51户企业享受房产税优惠政策，减免税款461.56万元；45户企业享受城镇土地使用税优惠政策，减免税款670.42万元；89户企业享受车船税优惠政策，减免税款67.15万元；7户企业享受环境保护税优惠政策，减免税款369.68万元；2户享受土地增值税优惠政策，减免税款1805.11万元；22户享受印花税优惠政策，减免税款14.3万元。

（严　炯、李云洁）

个人所得税改革 自2018年9月《中华人民共和国个人所得税法》颁布后，秦淮区局梳理完善个人所得税管理岗责体系，加强申报信息事中事后核查，健全自然人涉税争议处理、风险管理等配套机制，广泛宣传辅导个人所得税专项附加扣除政策操作，推进新税制落地，确保人民群众享受到税制改革转化的民生红利。一是加强思想认识，成立个人所得税改革专项工作小组。立足于国家惠民政策的精准落地，秦淮区局制定并于2018年12月24日发布《国家税务总局南京市秦淮区税务局关于成立个人所得税改革工作领导小组暨专项工作组的通知》，成立秦淮区局个人所得税改革工作领导小组及专项工作组，由党委书记、局长王火生任领导小组组长，抓主责，分管副局长具体负责，职能部门通力协作，同时制定秦淮区局《个人所得税改革工作实施方案》，打好个人所得税改革攻坚战，形成“一盘棋”部署、分级组织、分类推进的工作格局。主动向中共秦淮区委秦淮区政府汇报个人所得税改革阶段工作任务及全面税改影响，取得中共秦淮区委秦淮区政府对新税制落实工作的支持，协调相关部门共同推进个人所得税改革各项工作，构建个人所得税社会共治格局。二是加强宣传辅导，提升政策知晓面。为进一步扩大宣传效应，秦淮区局在办税服务大厅醒目位置摆放专题宣传材料，成立个人所得税改革辅导师资团队，配备个人所得税申报辅导专员，专业解答纳税人的咨询、专职辅导相关办税业务。同时针对纳税人涉及面广、分布地散、时间安排难的实际情况，依托街道社区完善的“网格化”管理体系和1200余名网格管理员进行个人所得税新税法宣传辅导，使得每一个“网格”成为流动的个人所得税新政宣传点。主动加强与各媒体沟通联系，充分利用“秦淮发布”微博、“秦淮发布”微信公众号等官方新媒体发布个人所得税改革新政策，多渠道、多方式广泛宣传，确保税收红利应享尽享。个人所得税新政改革以来，共组织33场内、外部个人所得税新政专题培训，共培训扣缴义务人5994户，涉及纳税人15.57万人次，发放宣传彩页6万余份。9.63万人次自然人安装注册手机APP，8.9万人完成专项附加扣除信息采集。三是加强部门职能，提升管理规范性。推进自然人信息采集、预扣预缴、专项扣除信息报送等征管工作，建立自然人涉税争议处理、事后抽查、风险管理、纳税信用等配套征管机制。此外，制定落实个人所得税改革过渡期舆情监控应急处置预案，加强舆情日常监测，坚决防范负面舆情发生，改革落实中未发生任何负面舆情。2018年11—12月个人所得税改革过渡期，秦淮区入库个人所得税2.56亿元，减税1.02亿元，环比降幅28.49%。全区缴纳工资、薪金个人所得税人数由25.32万人降至14.4万人，有近10.92万纳税人不再缴纳工资、薪金所得个人所得税。

（严　炯、胡　琪）

社会保险费征管职责划转 秦淮区局有序推进社保费职责划转工作。一是成立工作小组。前期秦淮区局成立机构改革工作小组，由非税组负责社会保险和非税收入职责划转事宜，相关科室牵头人任组长，分管领导统筹负责，为社保费顺利开征奠定组织基础。二是主动沟通对接。秦淮区局与秦淮区社保局就如何顺利划转社保费进行多次沟通交流，充分交换意见，积极探索与社保局、财政局联合征缴的工作机制，促使社保费工作职责平稳划转。三是实地走访调研。秦淮区局与秦淮区人社局对社保网上申报业务量、大厅咨询和上访量、补缴业务量、“12333”咨询量、秦淮区局纳税服务窗口、社保大厅窗口配置等进行统计调研，收集并整合数据，为南京市税务局非税组研究制定部门间数据交换方案、全面掌握社保费源提供第一手信息。四是严控时间节点。结合工作实际，制定社保职责划转工作专项时间表，列明各项工作任务具体时间节点，细化工作任务和要求，明确各阶段工作重点，有针对性、有计划地推进工作任务落实。

（李云洁、胡　琪）

依法行政 坚持以依法治税为灵魂，加强党委领导下全面依法行政领导小组建设，落实领导小组例会制度，分析研判税收工作形势、研究部署依法行政工作，着力解决税收法治化建设中的重大问题。推进依法治税管理体制建设，在全面依法行政领导小组的统一领导下，成立重大税务案件审理委员会、税务行政复议委员会、税务行政应诉工作领导小组议事机构，推动重大决策科学化、民主化、法治化。率先落实税务行政处罚“一事不二罚”原则，严格按照省、市局《税务行政处罚自由裁量基准》，规范统一的处罚节点、操作程序，坚持税收执法“一把尺子量到底”，确保改革过程中执法标准不走样，最大程度保护纳税人合法权益。规范风险应对工作的合法性，按照“深度融合、分步实施”的工作思路，以新机构挂牌后联合应对风险为方向，通过原国地税业务骨干融合交流、互相参加审议、疑难问题互商和部分疑点户联合案头分析及约谈的方式，开展对双方风险应对工作的深度交流。强化风险应对工作中政策依据的适用，注重风险应对程序合法性，通过制度融合、业务整合，最大程度规避税务机关的遗漏点，尽可能减轻纳税人的约谈负担。开展“走民企送政策，优服务助发展”活动，与企业负责人、财务人员面对面交流，了解企业在税收优惠政策执行过程中的难点和堵点，助力企业精准破解涉税难题。（董　麟、胡　琪）

税收执法督察　一是推进内控机制建设。加强组织领导，构建内控格局。将内控相关内容纳入党组中心组学习议程，并召开内控工作会议，细化明确主责部门和管理部门工作职责，构建全局各部门各负其责，齐抓共管的工作局面。促进部门联动，营造内控氛围。各部门明确内控联络员，建立工作团队；管理部门做好沟通协调，推动并协助主责部门用好内控平台相关功能；设立内控工作交流群，加大指导宣传力度，充分发挥内控平台作为加强内控管理和监督信息化重要载体的作用。制作风险提示，突出事前预警。结合内控平台执法责任制考核指标编写《风险提示》，整合专项执法督察发现的风险点编写内控典型事例，为基层执法提供参考指引。定期开展评估，深化风险防控。组织各部门按季开展内控评估工作，梳理排查风险点和问题隐患，进行风险定级并提出具体防控措施，强化监督防线。强化督导考核，推动机制建设。将内控工作开展情况与绩效考核挂钩，把内控跟踪各项要求纳入绩效管理指标，建立绩效考核台账，做到真抓实考，让内控工作成为规范权力的有力抓手。二是组织落实年度执法督察工作。为保证年度执法督察项目有计划、有步骤、有重点的实施，秦淮区局成立了税收执法督察工作领导小组，以专项工作会议的形式进行统一部署。通过制定可操作的工作方案，明确执法督察具体内容、范围、时间安排等方面，并结合秦淮区局工作实际编制内容分解表，细化职责分工。因多项内容涉及具体疑点的核实，工作量较大，时间紧，为确保质效，科室对疑点予以全面初审，将部分疑点直接消化，其余下发至管理所开展核查。三是实时做好沟通。在核查过程中，管理所与科室之间就存在问题实时做好沟通，全局上下协作配合，确保工作深入开展。对于督察中发现的问题强化反馈跟踪，督促责任部门落实整改，分析根源，加强后续监督，促进税收执法工作不断规范化。年度执法督察项目原国税业务涉及市税务局推送的疑点有4大项21类共计328条数据，经核查，存在问题的有208条数据，整改退税61.35万元，补征税款0.08万元；原地税业务涉及市税务局推送的疑点有4大项26类共计1134条数据，根据市税务局要求的核查比例，核查疑点603条，存在问题的有93条，其中，18条涉及少缴税款，整改补征税款2.12万元。（董　麟、胡　琪）

税收执法责任制落实　秦淮区局推动税收执法责任制的落实：一是依托内控平台，定期开展税收执法质量评价。通过每日对国家税务总局设定的税收执法责任制考核评价指标进行扫描，紧盯内控各环节落实情况，发现问题及时处置，为执法安全提供保障。二是运用执法责任制工作成果，改进日常管理。对检查发现的过错，在归纳、梳理和汇总的基础上，进行原因分析、针对屡查屡犯的问题，查找涉税业务中岗位职责、操作流程等方面的风险隐患，建立健全相关制度，完善内控机制。三是规范工作流程，确保考核评议及责任追究的公平公正。对执法监督过程中发现的过错畅通陈述申辩渠道，认真听取责任人的陈述申辩意见，仔细开展调查确认工作，提高执法质量评价的科学性和严肃性。经统计，2018年7—12月期间，对原国税内控平台中的336条过错经按规定流程予以确认后，有两条调整了责任人，其余调整为无过错行为；对原地税内控平台中的288条过错经按规定流程予以确认后，均调整为无过错行为。

（董　麟、胡　琪）

干部队伍建设 加强理论学习，组织党委中心组学习扩大会、月度工作点评会、中层干部更新知识培训，不断提升干部素养。加强改革期间干部思想政治工作，构建“多轮次、全覆盖”的谈心谈话机制，“三定”期间累计开展谈心谈话400余人次。开展“三比三看”职工岗位竞赛、“学习王继才，奉献在岗位”主题教育实践活动，召开警示教育大会。建立青年干部学习小组，对35岁以下青年干部实行培训常态化，建立“月训月考”模式，促进青年干部成长成才；成立“何红梅创新工作室”，以骨干带团队方式开展业务攻关，被市总工会授予“南京市职工创新工作室”称号。组织全体干部参加总局知识网络竞赛，22人进入第二轮，一人进入全省前100名，获得江苏省税务局优胜奖、南京市税务局二等奖。5人受到南京市税务局表彰。（叶 娜、胡 琪）

党的建设 2018年7月，原秦淮区国税局、地税局成立联合党委。7月20日秦淮区局挂牌成立，联合党委过渡为党委。改设党委后，秦淮区局发挥党委领导核心作用，担负起党组改设党委后的党建工作新使命新职责，提出坚持把“党建铸魂”作为核心工作思路，以党的政治建设为统领，统筹推进政治、思想、组织、作风、纪律、制度“六项建设”，以抓党建促各项中心工作开展。建立党委班子重点企业沟通联系机制，党委成员与重点企业挂钩联系；落实基层党建联系点制度，结合改革深入联系点开展党课宣讲、谈心谈话、组织生活、工作调研、党建指导，并以普通党员身份参加支部政治学习、指导基层支部党建工作。进一步规范基层支部建设，先后制定发放《党支部8+X制度手册》《党支部工作清单》《支部书记责任清单》等制度文件；组织支部书记、委员开展党务知识培训，每月制订党建工作提示单，规范和指导支部“三会一课”、统一党日等组织生活制度落实。各支部组织学习贯彻十九大精神，开展“对标找差”民主生活会、民主评议党员、“讲规矩守纪律”主题教育月、解放思想大讨论组织生活会等活动。11月29日，全市税务系统党建工作会议在秦淮区局召开，秦淮区局作为基层局代表作题为《党建铸魂 党委表率 制度保障 努力争当基层党建工作排头兵》的交流发言。

（赵立扬、胡 琪）

党工团妇换届选举 按照机构改革工作部署，秦淮区局先后召开了党员大会、团员大会、工会代表大会和妇女代表大会，按照选举办法和规定程序，通过不记名投票和差额选举的方式，分别选出了新一届机关党委、机关纪律检查委员会、团支部委员会、工会委员会和妇女委员会，顺利完成党工团妇组织的成立和换届选举工作。具体选举结果如下：丁晓军、朱珍萍、孙荃、陈兵、杨晓丽、范华、赵立扬、侯冬梅、储建林9人当选为中共国家税务总局南京市秦淮区税务局第一届机关委员会委员；孙荃、杨剑、吴克忠、徐笑、童文静5人当选为中共国家税务总局南京市税务局第一届机关纪律检查委员会委员；王霄霄、尹航、吴聪、杨晓丽、胡琪5人当选为秦淮区局团支部委员会委员，杨晓丽同志当选为团支部委员会支部书记；丁晓军、车旻、刘涛、李亚鸣、张晶阳、赵立扬、赵滨、耿洁、梁国林9人当选为秦淮区局工会第一届委员会委员，丁晓军同志当选为国家税务总局南京市秦淮区税务局工会第一届委员会主席，赵立扬同志当选为副主席；邓芳、叶娜、纪芳、黄明仁、梁国林5人当选为第一届经费审查委员会委员，梁国林同志当选为第一届经费审查委员主任；于宁、李洋、张志芳、张媛、陆隽、陈智龄、金艳7人当选为妇女联合会第一届执行委员。

（赵立扬、胡 琪）

优化营商环境 一是优化办税流程。深化“一窗通办”。所有综合类涉税业务实现“一窗一人一机”的办税模式，最大限度缩短纳税人办税时间，提升办税便利度。推行“简事快办”。优化窗口设置，原则上按照“综合服务”和“发票管理”设置窗口的同时，开设“简事快办”绿色通道，对单一实名信息采集、纳税人信息变更登记、网上税务局开通、报表打印、税银协议维护、税户申请迁移等业务处理简单、办理耗时不长的事项，不需取号等待，直接快速办理。实行“容缺受理”。遵循纳税人办税便利的原则，将优化办税服务和纳税信用等级管理结合起来，对信用等级B级以上纳税人，在办理涉税业务出现办税资料遗漏缺失、企业章证准备不全等情形时，优先考虑纳税人需求，一律先行完成业务受理及处理，切实提升纳税人获得感。二是打造24小时自助办税空间。全面加强电子税务局纳税人体验区建设，通过网上办税平台为纳税人提供包括涉税事项办理、办税预约、信息查询等自助办税服务。拓展服务空间，布设自助办税终端，实现发票申领、发票代开、发票认证、个人完税证明打印等业务办理，并做好日常维护，确保自助办税终端24小时提供服务。同时，积极开展与银行、邮政、政务中心的合作，配置自助办税终端，提高自助办税服务覆盖面。三是加大推进“不见面”服务力度。积极宣传、引导、辅导纳税人使用网上办税、自助办税、邮递办税等非接触式服务资源，培养纳税人采取非接触式服务方式办税的习惯和能力。完善以“线上办税为主、自助办税为辅、社会协作补充、实体办税兜底”的线上线下一体化高效运转模式。设立秦淮区局电子税务局后台处理中心，统一处理纳税人网上提交的各类涉税事项办理申请。（马　明、胡　琪）

纳税服务　一是优化办税环境建设。按照《国家税务总局关于统一使用办税服务厅标识有关问题的通知》的要求，更新达美广场办税服务厅、马道街1号个体办税服务厅和秦淮区政务中心税务窗口内外部的标识，打造统一、规范、明亮的视觉识别体系。规范科学划分区域。在充分研究纳税人、缴费人现场办事需求的基础上，科学划分办税服务厅办税服务区、咨询辅导区、自助办税区、等候休息区、网上办税体验区等功能区域，加强实体办税动线管理，提升纳税人办税体验。二是全面提升办税厅现场管理水平。全面落实领导值班、每周晨会、首问责任、一次性告知、限时服务、预约服务等各项服务制度；健全业务流量分析预警机制，加强办税服务厅突发事件风险排查和应对。三是打造服务品牌。持续深入推进国家税务总局“便民办税春风行动”，继续深化南京市税务局“办税e站”纳税服务品牌建设，拓展充实秦淮区局南京市优秀服务品牌“黄和平班”内涵和外延，探索和打造富有区域特色、秦淮区局特点的纳税服务组织文化。（马　明、刘　涛）

纳税咨询　一是强化导税服务。充分发挥导税台在引导办事、渠道分流等方面的作用，加强办税前台、咨询台、特服号咨询人员政策、流程的定期培训，确保业务操作规范熟练，政策、流程解答口径一致。二是强化咨询专业性。深化业务支撑，充分发挥职能管理部门骨干组成的专家团队作用，及时研究、协助解决咨询一线疑难问题，提高咨询答复的及时性、准确性。三是设立青年税务干部办税帮手专窗。将组织文化建设与加强年轻税务干部培养相结合，将纳税青年志愿服务和满足纳税人需求相结合，通过青年税务业务骨干轮流进驻的形式，在办税服务厅现场为纳税人提供各项税费优惠政策咨询，帮助解决各类疑难问题，让纳税人以最便利的方式获得最专业的解答。四是升级特服号“一键咨询”服务。国地税征管体制改革后，秦淮区局特服号采用“7+1”的配置（7个固定坐席外加1名组长）接受纳税人电话咨询。自2018年7月至2018年12月，秦淮区局特服号共计接听量39652次，接听总量位于全市前列。随着原国、地税业务的高度融合，各种优惠政策落地，特服号接听量逐月提高。（刘　涛、胡　琪）

（责任编辑　田青松）

建邺区税务局

概况　2018年，国家税务总局南京市建邺区税务局（以下简称“建邺区局”）深入学习贯彻中共十九大会议精神，坚持以科学发展观为指导，以组织收入为中心，推进依法治税，落实国税地税征管体制改革，科学提升管理效能，不断优化纳税服务，深入推进干部队伍和党风廉政建设，稳步推进全局各项工作。

夯实基础，党建引领税收改革。建邺区局优化机关党的基层组织架构，建立“四责协同运行工作机制”（党委书记第一责任、党委成员和各部门负责人主体责任以及纪检组长监督责任，形成合力运行机制）；开展“党建标准化建设”，构建系统化的党建工作制度、规范化的党建工作程序、高效化的党建工作方法、精准化的党建工作考核机制；形成具有建邺税务特色的“税跃·建业·党旗红”品牌，加强群团建设凝心聚力。

助力发展，提高税收管理效能。建邺区局把组织收入作为第一要务，加强税源监控，提高分析预测，把握税源变动趋势；做好重点行业的监控分析，建立重点企业的走访机制，主动对接辖区内引进重点税户，加强纳税服务促进早落地；加强与区财政、工商的信息交换，与各经济功能园区联动，发挥综合治税效能。2018年，组织市级税收收入294.41亿元、区级税收收入177.96亿元。

善始善终，提升依法治税水平。建邺区局不断创新税收法治工作理念，积极争创全省“七五”普法先进集体；做好各税种对应的基础事项，规范增值税发票管理，做好新个人所得税法改革专项工作；推广内控监督平台上线，明确重点加强执法督察，组织开展中等风险应对质量复查，建立内控管理常态化机制。

善作善成，持续优化营商环境。建邺区局落实首问负责制、限时服务、延时服务等办税服务制度，强化应急管理和舆情防控；全面推行“套餐式”业务，严格落实综合业务“一窗通办”、相同业务事项“一次申请、一套资料”、“一事不二罚”服务承诺；构建纳税人事前、事中、事后全方位、主动有效的权益维护体系，畅通纳税人维权渠道，缩短投诉受理及处理时限，全年收集纳税人培训需求842件。

以人为本，大力加强队伍建设。建邺区局严抓人事基础事项管理，修订建邺区局因私出国境管理办法、请休假管理制度，严格日常考勤管理，深化“6S”（整理、整顿、清扫、清洁、素养、安全）标准化管理，强化队伍作风建设；制定建邺区局教育培训实施方案，积极部署开展全员分层分类教育培训工作，开发“大家税训吧”微考手机端，通过“周周考”、“月月测”、“季度赛”，检验培训实效性。

立足全局，增强服务保障能力。建邺区局围绕“三级四同”（即省市县三级行政许可事项名称、类型、依据、编码相统一）公开理念，细化梳理“三清单一指南”（权力清单，责任清单、公共服务清单、办事指南），制作成80余万字、近2000页的工作文本和文件汇编，打造“建邺模板”，全力推进政务公开“标准化规范化”试点；充分利用办税服务厅、各类宣传媒体开展税法宣传，注重挖掘和发现、宣扬先进典型和先进事迹，促进税收和谐发展。

（王明静、张　梦）

机构设置及负责人

办公室

主　任　乔　鸿

副主任　王明静

副主任　张　旻

法制科

科　长　熊国农

副科长　张　芳

税政一科

科　长　孙丽萍

副科长　徐璐璐（正科级）

副科长　朱玲玲

税政二科

科　长　丁　楠

副科长　陈　烨

收入核算科

科　长　马　强

副科长　宋玉娜

副科长　李　阳

纳税服务科

科　长　曾　睿

副科长　朱　颖

副科长　程　涛

副科长　赵　兴

副科长　滕宏全

征收管理科

科　长　徐浩波

副科长　胡红梅

副科长　张　堃

人事教育科

科　长　郑　姞

副科长　潘爱和

税源管理一科

科　长　张　震

副科长　高　静

税源管理二科

科　长　倪慧君

副科长　胡源芳（正科级）

副科长　杨　远

税源管理三科

科　长　叶桂玲

副科长　苏振汉

税源管理四科

科　长　叶　涛

副科长　张　平（正科级）

副科长　王红梅

税源管理五科

科　长　夏宏娟

副科长　王　燕

税源管理六科

科　长　王志勇

副科长　陆　节

税源管理七科

科　长　朱晓涓

副科长　户丽华

党建工作科

科　长　李秋璟

副科长　贾爱玲

老干部科

科　长　齐文娟

副科长　周祖生

纪检组

副科长　夏　铁

第一税务所

所　长　陈　伟

副所长　张　骊

纳税服务中心

主　任　霍盼宁

副主任　胡晓丽

信息中心

主　任　王华军

（王明静　张　梦）

各项收入情况　2018年，建邺区局共组织各项收入372.44亿元，其中，市级税收收入294.41亿元，同比增长3.59%；组织区级税收收入177.96亿元，同比上升39.9 %。国家税务总局江苏省税务局（以下简称“省税务局”）金融业36.98亿元，社会保险费及基金31.57亿元，非税收入9.48亿元。累计完成市级公共财政预算收入104.99亿元，同比增长9.10%。累计完成区级公共财政收入86.50亿元，同比上升38.46%。建邺区局抓统筹，提高主动性和前瞻性，按月通报收入完成进度。加强预测分析，以重点行业和重点税源企业为轴心，形成企业、行业、区域等多维化综合性彼此验证的预测体系，确保税收收入均衡入库；按季做好对重点行业和重点企业税收分析，编制税收分析报告和重点税源直报。2018年，建邺区局组织各项收入主要特点如下。一是总体收入。收入增幅前高后低，特殊因素促区级收入增幅超三成。2018年，前三季度，市级收入实现增幅16.20%，进入四季度后，税收增幅降至3.59%。2018年区级收入增幅高出市级收入增幅36.31个百分点。二是分行业情况。行业构成高度集中，房地产业和金融业占主导地位。2018年，建邺区局第二产业和第三产业分别入库税收154.38亿元和139.63亿元。房地产业和金融业是建邺区两大支柱税源行业，全年分别入库税收76.82亿元和20.36亿元。三是分税种情况。增收税种覆盖面超五成，主体税种表现好于小税种。2018年四大主体税种（增值税、消费税、企业所得税和个人所得税）合计入库258.23亿元，占比87.71%，比重较2017年同期增长0.71%。其他小税种仅土地增值税、城市维护建设税体量稍大，分别入库15.75亿元和13.33亿元。

（宋玉娜、张　梦）

服务区域发展　建邺区局近年来始终着眼区域经济和企业长足发展，突出政策宣传引导，加强专家主动服务，助推实体经济振兴。建邺区局挂牌成立后，继续以全心全意为纳税人服务为宗旨，落实“放管服”（简政放权、放管结合、优化服务）改革，推行“一厅通办”（指将原国地税业务窗口重新整合，共用一套服务资源、适用一个服务标准、融合一张办税清单，为纳税人提供无差别办税服务）、“一键咨询”（指通过“12366”纳税服务热线即可咨询所有涉税疑问）、“一网通办”（指通过江苏省电子税务局一个入口登录即能办理多项涉税费业务），为纳税人提供更加便捷、高效的纳税服务。一是服务经济发展。建邺区局结合区域特点，及时完成收入任务；编印《建邺税务改革简报》，送呈区班子主要领导和相关部门，为地方经济发展提供政策建议。二是服务企业发展。坚持精准落实各项税收优惠政策，鼓励小微企业、高新技术产业、现代服务业的发展，为企业减负增效。2018年，办理房产税减免2户，减免金额2287.80万元；办理城镇土地使用税减免3户，减免金额121.91万元。三是服务民生改善。建邺区局与区劳动局、区残疾人联合会加强沟通联系，认真落实下岗职工、残疾人等低收入群体就业税收优惠政策。2018年，征收社会保险费312704.36万元，残疾人就业保障金1835.48万元，工会经费1095.80万元。（王明静、张　梦）

税收征管　一是深化重点税源监控。建邺区局做好重点行业的监控分析，建立起重点企业的走访机制；做好月度、年度、区级公共财政收入预测，预测企业的税收规模占全局税收的比重达到80%以上；同时开展税收分析，强化数据核算，加强税收票证管理，完成异常数据核查；处理组织收入风险数据8条，减免税异常数据共7批次，近28条。二是不断夯实征管基础。建邺区局做好核心征管系统优化调整的测试验证应用，参加省税务局金税三期系统并库试点工作，专门成立并库上线试点工作领导小组，制定工作方案，明确各业务科室职责，组织骨干力量开展"小双轨"（指抽取部分县区局在原大集中系统和"金税三期"两个系统同步进行业务数据前台录入）系统测试。完成测试业务验证量422条，其中问题数量23条，涉及清单中列明业务事项47项，未在清单中列明事项4项。建立制度落实征管业务流程优化，整合相同事项不同流程，组织业务骨干保障团队，确保各项征管业务有序衔接。加大欠税催缴力度，强化欠税后续管理工作，2018年，完成欠税追征22户，入库增值税91万元，企业所得税29万元，滞纳金11万元，调减留抵757万元，总成效888万元。强化征管指标监控，多次校验清理金税三期系统中的数据，着力提升数据管理水平。三是着力加强风险管理。建邺区局新建、完善风险管理模型，加强数据管理，提升信息管税效能；加强风险应对贡献率通报，及时分析影响风险应对成效原因。2018年，完成428户风险管理平台中纳税评估任务，入库成效合计15000万元；调减留抵755万元，调减亏损7210万元，合计总成效8269万元。（王明静、张　梦）

税收政策落实　一是确保增值税改革措施平稳落地。建邺区局精细分解任务，强化政治担当，迅速分解工作事项、倒排工期、挂图作战。组织政策团队研习政策，梳理细化归纳，召开内部培训会进行全面培训辅导。在办税服务厅及时公告税收新政及配套的解读文件，通过QQ和微信群、特服号、咨询台等渠道收集纳税人问题，实时作出反馈，及时回应纳税人诉求。二是落实一般纳税人回转小规模工作。积极组织内外部培训，讲解政策和规程，做好信息系统升级和开票纳税人培训、功能测试等工作，确保纳税人顺利操作。对于难以把握的一般纳税人回转涉及到的回转条件、回转后续处理，第一时间制定操作规范，并全程跟踪需要回转的纳税人，为纳税人提供精准服务，共办理一般纳税人转小规模纳税人110起。三是有序开展留抵税款退税工作。建邺区局积极组织落实留抵税款退税工作，2018年，共组织开展留抵税额退税三批次，涉及31户次，其中，退还百万以上9户次，10～100万留抵企业22户次，共退税金额3376.71万元。四是做好政策效应分析。及时收集各部门在日常工作中遇到的政策难点问题，发挥政策专家团队作用，深入分析研讨，确保政策答复口径的准确性和一致性。2018年，建邺区局共向国家税务总局南京市税务局（以下简称"市税务局"）报送一般纳税人转小规模4起，金融业减税分析10起，租赁行业增值税效应分析2起，先进制造业2起，3起增值税改革调研报告。五是全面落实小微优惠。对辖区内小微优惠落实情况进行实时监控，对于应享受未享受优惠的企业，查找原因，及时联系企业辅导其享受优惠政策，确保增值税和所得税小微优惠全面落实到位。2018年共有3676户企业享受小型微利企业优惠，优惠面达100%，减免税额达3270.37万元。（王明静、张　梦）

纳税服务　一是多措并举，确保办税无缝隙。建邺区局按照省税务局、市税务局"稳定优先、分类推进、便捷办税、协同高效"的原则，实现一厅通办、一键咨询，落实首问负责制、限时服务、延时服务等办税服务制度；强化应急管理和舆情防控，及时响应纳税人需求，维护和保障纳税人权益。二是优化创新，提升服务效能。建邺区局全面推行"套餐式"业务，严格落实综合业务"一窗通办"、相同业务事项"一次申请、一套资料""一事不二罚"服务承诺；联合推行发票业务"离厅办理"；提高特服号接通率，提升特服号坐席人员业务水平。2018年，特服号呼入总量91458个，转人工语音总量67816个，人工接听量60896个，接通率89.80%，"12345"政务服务热线转办投诉举报工单713件，"12366"纳税服务热线投诉举报工单458件。三是完善机制，维护权益。构建纳税人事前、事中、事后全方位、主动有效的权益维护体系，畅通纳税人维权渠道，缩短投诉受理及处理时限，每周定期对最新可公开税收政策文件办税服务厅公告栏进行公告，注意收集纳税人需求，2018年收集纳税人培训需求842件。

（王明静、张　梦）

税收征管机构改革　2018年7月20日，新组建的国家税务总局南京市建邺区税务局在雨润大街99号挂牌成立，这标志着原南京市建邺区国税局和原江苏省南京市建邺区地方税务局正式合并。建邺区局挂牌成立后，一是深分析，细致制定具体实施方案。第一时间召开全体中层干部培训会，制定"三定"暂行规定实施方案，并按照统一的路线图、时间表要求，编制工作安排推进表，明确具体责任部门和完成时间节点。二是深排查，细致梳理岗位职责需求。在部门主要负责人的选任上，按照某一方干部不超过60%的红线，除侧重现任科室主要负责人外，更加注重干部德才表现、工作实绩和资历。在人岗匹配过程中，深入研读各部门"三定"（定部门职责、定内设机构、定人员编制）职责，先后召开三场调研会，并按照人随事走、人岗相宜、平稳过渡的原则，进行最低限度的岗位调整和人员交流任职。三是深谈话，细致做实思想政治工作。分层级先后开展三轮全覆盖

2018年7月20日，建邺区税务局举行挂牌成立仪式　（王明静　摄）

式谈心谈话，教育引导干部全力支持改革，积极投身改革。四是深引导，细致抓好办公区域搬迁。制定关于"三定"落实的办公区域搬迁方案，对涉及到的部门人员作了办公用房安排；对涉及各部门的资产进行清理清查，登记造册，做好报废处置；对各部门个人物品、日常办公所需工作资料、电脑、电话机等办公设备及时装箱打包。

（王明静、张　梦）

税收法治　一是依法行政，落实规范开展行政处罚与案件审理等工作。建邺区局强化税收执法责任制落实，严格执行处罚裁量基准，探索建立柔性执法制度。截至2018年10月，共实施行政处罚740户，其中一般程序行政处罚26户，简易程序行政处罚714户。二是落实推进法制审核制度。建邺区局自法制审核工作开展以来，建立健全重大税收执法决定法制审核制度，对重大执法事项进行法制审核、集体审议，共审核重大税收执法决定30件，其中，中等风险应对实地核查案件1件、减轻行政处罚18件、退税1件，个人所得税残疾人减免审批10件，有效规范了执法文书应用和证据采集。三是做好各税种对应的基础事项。规范增值税发票管理，确保增值税风险管控到位；做好新个人所得税法改革专项工作，开展税户清理，做好内外部培训和申报提醒，落实所得税汇算清缴工作；落实"一事不二罚"工作，及时审核完成出口退税，加强国际税收管理，服务"一带一路"建设。制定《房地产开发项目土地增值税管理办法》《土地增值税清算工作指南》等办法。四是建立内控管理常态化机制。做好内控监督平台上线推广工作，明确重点加强执法督察，组织开展中等风险应对质量复查，做好审计局推送疑点核实处理，深入推进执法责任制，开展督审和内控宣传教育工作。五是积极争创全省"七五"普法先进集体。建邺区局不断创新税收法治工作理念，强化宣传教育培训举措、推进税收执法服务进程，营造良好法治环境，2018年迎接省、市检查组开展"七五"普法中期检查验收工作，受到省人大、市司法局领导的称赞。　（王明静、张　梦）

政务公开　一是首创企业涉税智能全景导航，创造改革试点新收获。定制办税导航菜单，将涉

税事项按“我要创业了”“公司开业了”“公司大礼包”“公司发展了”“重开新公司”5个阶段进行划分，打造对应的5个办事指南集成模块，实行“一次性告知”和“全景式导航”。二是智能“1+1+1”，创造自助办税新体验。采取“1个智能导税机器人+1条智能二维码+1个智能综合办税体验区”的导、讯、办一条龙自助办税新模式，进一步优化提高办税缴费便利化水平。三是智慧微媒体，打造税收资讯新服务。改进完善微信服务号查询及信用登记管理，升级优化“微税厅”便民办税功能；打造“萌萌小税官”卡通形象品牌，以动漫形式展现权力公开、政策解读、办税指南等内容。四是注重融合统一，构造高效运转新机制。开展多平台、多渠道、多形式的涉税信息公开创新尝试，积极打造“政在身边”税收政务公开服务品牌；创新打造全省首个“税收听证室”，用于公开组织税务行政听证、复议，模拟行政诉讼，把涉税案件晒在“阳光”下。（王明静、张　梦）

个人所得税改革　一是高度重视，齐抓共管全面推进。成立个人所得税改革工作领导小组，下设综合组、纳税服务组、信息化组3个专项工作组；组建20人的个人所得税培训师资团队，开展三场有针对性的内部培训。二是广泛宣传，分层分类培训到位。个人所得税新政公布前，全面摸底排查辖区内企业1月份工资发放时间节点情况，组织三场次324户重点企业的培训，广泛收集意见，并向区四套班子专题汇报个人所得税新政的推进落实情况，积极争取地方党委政府的支持；个人所得税新政正式公布后，采取点面结合的方式，组织开展个人所得税培训会22场，共培训扣缴义务人3845户，纳税人7.1万人次，实现有税申报扣缴义务人面对面培训全覆盖，并对有税员工人数在600人以上的扣缴义务人通过上门培训的形式将新政宣传辅导到具体纳税人。三是抓住关键，拓宽渠道推广个人所得税APP。逢培训必推广，在每场培训开始前组织参加人员安装个人所得税APP，指出APP采集专项附加扣除信息的优势；在各办税服务厅显著位置张贴个人所得税APP二维码，设个人所得税专岗辅导纳税人如何安装；通过短信平台、企业微信群、QQ群等宣传专项附加扣除新政、APP推广和扣缴客户端升级信息。四是聚焦

2018年7月29日，建邺区局向创业军嫂推送税收政策，助推军嫂就业创业　　（王明静　摄）

服务，着力提升纳税遵从。按阶段开展个人所得税新系统测试，想方设法保障扣缴单位便捷办税；开发“个人所得税新政培训签到二维码”，在了解纳税人到会情况的同时收集扣缴义务人个人所得税新政方面存在的问题；建立个人所得税辅导专区，对纳税人做到“有问必答”“有难必解”，并建立日报制度，重大问题随时报告；主动加强与地方各职能部门的密切配合，进一步增强推进个人所得税改革的强大合力。（王明静、张　梦）

干部队伍建设　一是扎实做好干部管理工作。建邺区局严抓人事基础事项管理，修订因私出国境管理办法、请休假管理制度，严格日常考勤管理，深化6S管理，强化队伍作风建设，编制《工作人员手册》，严明各项工作纪律。全面核查、整理干部人事档案180余本，做好公务员平时考核及数字人事维护运用工作。落实《党政领导干部选拔任用条例》《党政领导干部选拔任用条例》，任命建邺区局中层干部49名；开展6名科级领导干部试用期满转正等工作。二是确保“三定”落实到位。在省税务局、市税务局“三定”暂行规定编制原则和落实建邺区局“三定”指导原则的基础上，制定建邺区局《落实“三定”暂行规定实施方案》，开展机构情况、人事基础数据等信息整理、分析、上报工作，为改革提供基层依据。落实机构编制法定化要求，优化人岗配置。按照人随事走、人岗相宜、平稳过渡的原则，进行适度的岗位调整。确保了在规定的时间节点，顺利完成人员到位、派出机构到位、系统及公告到位。三是创新开展教育培训工作。制定建邺区局教育培训实

施方案,积极部署开展全员分层分类教育培训工作。组织实施国家税务总局、省税务局视频培训20余场,牵头组织各职能科室开展分类培训20余场,各科所开展内部培训80余场。开发"大家税训吧"微考手机端,通过"周周考"、"月月测"、"季度赛",检验培训实效性,为个人设立培训账户,为年底评选"学习标兵"提供数据支持。

(王明静、张　梦)

党的建设及作风建设　一是精心部署基层党组织选举。优化和调整党支部设置,每个部门成立一个党小组;选优配强基层党务干部,挑选一批党性强、业务佳、作风正的党委提名为委员候选人;严格规范选举程序,按照规定程序、选举办法和政策要求规范操作。二是严密组织党员思想政治教育。坚持党委中心组学习常态化,按月及时学习传达上级文件和领导讲话精神,认真践行党对税收工作的新要求;严格落实"三会一课"、党员统一日活动等制度,组织召开意识形态工作专题组织生活会,提高党员干部政治敏锐性和判断力;围绕"不忘初心、牢记使命"主题教育活动,陆续组织"我是党课主讲人"党课评比、"老党员讲述我的税务故事"、外出廉政参观学习等活动。三是全力推进作风建设新常态。落实"越往后执纪越严"要求,加强各项重点工作和重点环节的常态化监督管理;立足税务部门职能,将纳税服务、6S管理规范、工作纪律等要求有机融合。严格落实中央八项规定以及作风要求;开展作风建设对标找差;整合内部监管,将纳税服务、6S管理规范、工作纪律等要求有机融合,严格落实上下班考勤、24小时值班值守制度和办税服务各项制度。四是着力深化"大家"(寓意大道至简,家和事兴)文化内涵。对文化展示厅进行大改造,对"大家"文化进行全新的演绎呈现;打造建邺区局文化新阵地——大家读书吧,在工作之余为干部提供富裕、积极的文化陶冶。　(王明静、张　梦)

基层创建　建邺区局深入贯彻省税务局、市税务局、区委区政府关于文化建设的统一部署,围绕税收中心工作、征管体制改革重点工作,在融合原建邺区国税局、原建邺区地税局文化的基础上进一步丰富、深化"大家"文化体系内涵。一是对文化展示厅进行大改造,对"大家"文化进行全新的演绎呈现;打造建邺区局文化新阵地——大家读书吧,在工作之余为干部提供富裕、积极的文化陶冶,在改革攻坚战中发挥良好的文化引领、导向作用。二是打造党建文化品牌。融合原国地税党建文化,形成新的具有建邺税务特色的"税跃·建业·党旗红"品牌,引导全体党员佩戴党徽"亮身份、树形象",展示建邺税务新风采。2018年,建邺区局被评为南京市"七五"普法中期先进集体,获得2018年度建邺区"双百制"考核第一等次、建邺区"新时代先锋基层党组织""2018年度作风建设综合评议第三名"等荣誉。

(王明静、张　梦)

(责任编辑　史玉珠)

鼓楼区税务局

概况　2018年,按照国税地税征管体制改革要求,分设24年的原南京市鼓楼区国家税务局(以下简称"原鼓楼区国税局")和原江苏省南京市鼓楼区地方税务局(以下简称"原鼓楼区地税局")重新合并在一起,成立了国家税务总局南京市鼓楼区税务局(以下简称"鼓楼区局"),荣获"2018年度鼓楼区机关作风建设先进单位"称号。

2018年,鼓楼区局完成区政府全口径收入225.90亿元,同比增收32.11亿元,增幅16.6%,对应完成一般公共预算收入114.38亿元,同比增收16.05亿元,增幅16.3%。2018年,累计征收社保费85.59亿元,综合征缴率为99.88%,累计清欠2281.27万元,处理投诉93件;2018年,累计入库工会经费3276.81万元,残疾人保障金3676.80万元。

鼓楼区局规范基础管理,理顺内部流转流程,做好纳税服务、基础管理与税收风险管理的衔接。加强征管质量监控,及时整改问题指标及工作短板。落实改革过渡期各项税收征管措施,加大风险管理力度。累计完成风险应对任务825户次,应对税款1.41亿元,调减留抵3960.32万元,调减亏损1088.44万元。加强税户管理,加强"多证合一"(指证照整合改革,在企业工商营业执照、组织机构代码证、税务登记证、社会保险登记证、统计登记证"五证合一"基础上,将个体工商户也纳入改革范围）管理，缩短企业开业登记时间，提高税户信息质量。发挥专业个体工商户服务厅的优势，实施个体工商户集中管理与服务。清理原国地税信息差异税户，规范属地化征管，为系统并库做好准备。

鼓楼区局依法行政，规范行政处罚，做好法制审核，培育公职律师。落实好深化增值税改革各项工作，全年落实增值税减免税优惠23.15亿元。加快出口退税进度，2018年出口退（免）税共计21.19亿元。细化个人所得税管理，个人所得税明细申报率平均为99.56%，准确率均为100%。实现财产行为税“全方位”管理，2018年完成土地增值税清算审核4户，合计审核清算税款1.2亿元；2018年房产税、城镇土地使用税累计入库6.74亿元；2018年1～4季度环境保护税申报率为100%，入库税款2347.03万元。

2018年，鼓楼区局取消1149项税源管理事项，推广实施简化注销，对符合条件的税户实行当场注销和承诺制注销。对4.4万户纳税人进行纳税信用评定，其中评定A级纳税人3093户，适时开展复评和补评工作，2018年共收到116户复评及补评申请。同时做好纳税服务效能监测工作，处理纳税人反馈满意率99.9%；全年处理各类投诉工单1953户次，结果满意率97.03%。

鼓楼区局按时完成对原鼓楼区国税局干部的医保参保登记，明确工资津补贴、考核奖金发放、请休假、出国境管理等口径，及时出台《鼓楼区局在职干部行政慰问办法》。开展教育培训，参加税务系统国地税税收基础业务视频培训，参训人数达4047人次。组织人员参加国家税务总局业务能力升级考试和大比武，以考促学提升干部业务能力。《国家税务总局江苏省税务局关于印发〈国家税务总局南京市税务局县级税务局职能配置、机构设置和人员编制暂行规定〉的通知》（以下简称“三定方案”）落实以后，组织全员培训，为各项改革措施和新政的落地打好坚实基础。

鼓楼区局全面强化责任落实，与各部门负责人签订从严治党责任书，把廉政建设融入日常业务管理的全过程。推进廉政建设，开展各种活动警示干部严守红线，开展分层次廉政约谈，全体干部职工填写“廉政承诺书”。开展作风建设专项检查，定时组织专项检查，进一步督促各科所对各项工作的有效落实。持续推进执纪问责，加大执纪问责力度，抓好干部日常管理。积极尝试监督执纪“四种形态”（第一种：党内关系要正常化，批评和自我批评要经常开展，让咬耳扯袖、红脸出汗成为常态；第二种：党纪轻处分和组织处理要成为大多数；第三种：对严重违纪的重处分、作出重大职务调整应当是少数；第四种：严重违纪涉嫌违法立案审查的只能是极少数），尤其是“第一种形态”的实践运用，让涉事干部得到教育。

（沈　朔）

机构设置及负责人

办公室

主　任　郑拥军
副主任　杜婕
　　　　鹿巍瀚
　　　　冯广友

人事教育科

科　长　马　薇
副科长　史新浩

机关党委

负责人　于　群
副科长　李易祟

征收管理科

科　长　张　恒
副科长　王　晨
　　　　刘国帅
　　　　邱　实

税政一科

科　长　仲崇阳
副科长　杨　红（正科级）
副科长　徐　飞

税政二科

科　长　孟洁洁
副科长　杨　柳
　　　　李玥姣

法制科

科　长　阮春芳
副科长　唐　棣（正科级）
副科长　陈　阳

收入核算科

科　长　许　亮

副科长　范　莉
　　　　陈　莉

纪检组
副组长　丁　原（正科级）
副组长　邵　煜

老干部科
科　长　吕晓莉
副科长　钟思思

纳税服务科
科　长　王　卿
副科长　魏　敏
　　　　张　炯
　　　　李清源
　　　　茌晨曦
　　　　陈书垒

纳税服务中心
主　任　叶华应
副主任　王晓洁

信息中心
主　任　杨　瑾

税源管理一科
科　长　郑　岚
副科长　王　俐
　　　　谭彬彬

税源管理二科
科　长　马　晓
副科长　王云华
　　　　贾淑琴

税源管理三科
科　长　陈露明
副科长　赵　新
　　　　江悄悄

税源管理四科
科　长　陈　琦
副科长　蒋　辉

税源管理五科
科　长　邓　谦
副科长　朱　勇
　　　　王　蓉

税源管理六科
所　长　惠　庆
副所长　景　锦

税源管理七科
所　长　邱　蓓
副所长　范徐林（正科级）
副所长　张小军

第一税务所
所　长　贾东升
副所长　张文庆（正科级）
副所长　徐　颖

宁海路税务所
所　长　丁一宏
副所长　庄　梅

热河南路税务所
所　长　夏杰林
副所长　张　铭
　　　　王长重

挹江门税务所
所　长　董　怡
副所长　陈晓蕾

鼓楼区税务局挂牌成立　2018年7月20日，国家税务总局南京市鼓楼区税务局正式挂牌成立。9月10日，鼓楼区局联合党委向鼓楼区委上报了《中共南京市鼓楼区国家税务局、地方税务局联合党委关于改设南京市鼓楼区税务局党委的请示》。9月14日，鼓楼区委正式批复，成立中共国家税务总局南京市鼓楼区税务局委员会。有序推进鼓楼区局“三定方案”的落实，制定《国家税务总局南京市鼓楼区税务局落实“三定”暂行规定的实施方案》，明确工作原则，人员配备原则、主要任务和时间安排。根据上级统一部署，10月26日，鼓楼区局“三定方案”落实到位。

鼓楼区局依法组织收入，坚持组织收入原则，抓住分析预测，加强欠税管理，加强重点税源监控，挖掘增长动能，堵塞征管漏洞，全年累计清理欠税2.39亿元。2018年，鼓楼区局完成国家税务总局南京市税务局（以下简称“市税务局”）考核口径税收收入296.81亿元，同比2017年253.39亿元增收43.42亿元，增长17.1%，完成区政府全口径收入225.90亿元，比2017年同期193.79亿元增收32.11亿元，增幅16.6%，对应完成一般公共预算收入114.38亿元，比2017年同期98.33亿元增收16.05亿元，增幅16.3%。按照

2018年年初108.1亿元(原鼓楼区国税局66.54亿元,原鼓楼区地税局41.55亿元)的税收任务计算,超过目标5.8%。落实税费同征同管理念,加强基金费征收力度,有效提高入库率,做好民生保障服务。2018年累计征收社会保险费85.59亿元,综合征缴率为99.88%,累计清欠2281.27万元,处理投诉93件;2018年累计入库工会经费3276.81万元,残疾人就业保障金3676.80万元。
(许　亮)

税收征管基础管理　2018年,鼓楼区局规范税收征管基础管理。一是理顺征管流程。组织专题会议解决跨部门跨层级重大复杂事项,理顺税收业务内部流转流程,做好纳税服务、基础管理与税收风险管理的衔接。二是加强征管质量监控。密切跟踪国家税务总局江苏省税务局(以下简称"省税务局")、市税务局征管指标最新动态,及时发现问题,定位问题及时整改。对于指标反映出的工作短板,及时规范,堵漏增效。三是落实改革过渡期税收征管措施。做好实名办税、简化优化注销税务登记、统一非正常户认定、统一欠税公告等各项工作,做好单管户差异分析、数据清理等系统数据整合准备工作。四是加大风险管理力度。建立风险应对案件专题研究会制度,对重大疑难案件一案一议,加快推进。2018年,累计完成风险应对任务825户次,应对成效1.41亿元,调减留抵3960.32万元,调减亏损1088.44万元。
(张　恒)

税户管理　2018年,鼓楼区局加强税户管理。一是加强"多证合一"管理。派驻窗口进驻鼓楼区政务服务中心,实现与工商部门无缝对接,确保企业在最短时间内完成登记,实现开业。加强税户信息质量管理,税务登记信息完整率达到100%。二是加强个体工商户税收征管。发挥专业个体工商户服务厅的优势,实施个体工商户集中管理与服务,推广委托代征平台,加强定额个体工商户管理,规范查账征收户自主申报,做好委托代征单位管理。三是开展税户清理工作。对全部原国地税征管税户信息进行全面比对,梳理征管差异户清册,根据市税务局要求,开展清理工作。摸排核查异地经营户清册,规范属地化征管。开展数据清理,实现原国地税登记信息一致,为金税三期系统并库做好准备。
(张　恒)

增值税管理　2018年,鼓楼区局全年累计入库增值税1043659.61万元,较2017年同期增长95355.39万元,同比增收10.06%。其中,制造业全年累计入库51561.51万元,较2017年同期增长17437.41万元,同比增收51.10%;建筑业全年累计入库77384.42万元,较2017年同期增长14005.39万元,同比增收22.10%;批发和零售业全年累计入库310199.23万元,较2017年同期增收7393.53万元,同比增长2.44%;房地产业全年累计入库141980.08万元,较2017年同期增收39544.36万元,同比增收38.6%。鼓楼区局全年落实增值税减免税额23.15亿元。其中:享受增值税免税企业7962户,减免增值税税额19.4亿元;享受小微企业增值税优惠减免增值税税额1.39亿元;享受软件产品即征即退税优惠政策企业207户,退税金额合计1.66亿元;享受安置残疾人就业即征即退优惠政策企业3户,退税金额0.038亿元;享受资源综合利用即征即退优惠政策企业1户,退税金额0.075亿元。加强发票异常数据监控,加强增值税抵扣凭证异地核查及红字发票通知单核实等工作。组织落实上级下发及自行筛选疑点数据核查全年共计47批,监控走逃失联企业173户;做好新版增值税抵扣凭证协查工作,上线后处理6990份协查;加强失控发票管理,共处理接收失控发票1015份,进项税额转出380万元,监控走逃失联企业28户;切实做好国家税务总局下发15批次、63户企业增值税风险任务的承接部署及督促落实责任。2018年1~12月(申报期)鼓楼区局共办理外贸型企业出口退税369户(次),实退增值税合计16.5亿元;生产型企业43户(次),免抵退税额合计4.69亿元,其中:当期应退税额合计1.95亿元,当期免抵退税额合计2.74亿元。加强事前预警监控,2018年全年,鼓楼区局接收出口货物税收函调共254户,完成214户核查。向上游发函51户,回复异常函8户。
(仲崇阳)

企业所得税管理　2018年,鼓楼区局企业所得税入库116.12亿元,较2017年增收7.63亿元,同比增长7.03%。其中,制造业全年累计入库

23.64亿元，较2017年同期增长1.56亿元，同比增收7.05%；建筑业全年累计入库28422.59万元，较2017年同期增长7191.12万元，同比增长33.87%；批发和零售业全年累计入库139941.15万元，较2017年同期减少27438.82万元，同比减收16.39%；房地产业全年累计入库145935.4万元，较2017年同期减少22330.32万元，同比减收13.27%。重点做好企业所得税汇算申报工作，2017年度企业所得税汇算清缴完成36102户，申报率100%，差错率0，全年实际应纳所得税额105.91亿元。积极落实各项企业所得税优惠政策，企业所得税减免税合计10053户次，减免税额25.29亿元，其中：符合条件的投资收益171户，减免税额17.65亿元；高新技术企业61户，减免税额1.58亿元；研究开发费用加计扣除235户，减免税额1.9亿元；小微企业所得税优惠9497户，减免税额0.85亿元；软件企业20户，减免税额0.8亿元。（仲崇阳）

个人所得税管理 2018年，鼓楼区局全年个人所得税入库384768.23万元，较2017年同期增收45568.95万元，同比增长13.43%。鼓楼区局针对12万申报及多处工薪逐年增多的现实，加强统筹，细致工作，提升申报率：12万自行申报人数同比增长25.13%，申报率达到96.53%；完成多处工薪申报4606人次，同比增长38.15%，补缴入库多处工薪个人的所得税1818.25万元。加强对自然人股权交易的涉税管理，2018年1～12月份累计受理完成股权转让交易1078笔，调整入库个人所得税3136.94万元；加强个人所得税基础管理，不断提高鼓楼区局个人所得税明细申报率和申报准确率，1～12月各期申报率平均为99.56%，准确率均为100%。为落实个人所得税专项扣除政策，鼓楼区局组织各税源管理科（所）开展了第一阶段及第二阶段个人身份数据清理工作，提高基础数据质量，制定了《国家税务总局南京市鼓楼区税务局关于细化落实1月1日新税制全面实施前工作任务方案》，同时制作《国家税务总局南京市鼓楼区税务局1月1日全面实施前工作任务分解表》，明确目标任务，确保区局6225户有税扣缴义务人及时培训辅导到位，同时按照上级要求积极推广个人所得税APP的下载安装。（仲崇阳）

财产行为税管理 2018年，鼓楼区局实施财产行为税“全方位”管理。一是土地增值税管理。2018年，组织土地增值税入库税款10.04亿元，较2017年增长2.44亿元，同比增收32.05%。完成土地增值税清算审核4户，合计审核清算税款1.2亿元。依托项目管理平台，抓好项目登记及预征管理、清算管理和尾盘销售管理3个重点环节，开展土地增值税的全流程管理。二是房产税、城镇土地使用税的管理。深入开展以地控税、以税节地工作，深化房产税、城镇土地使用税、契税联动管理“三位一体”的动态管理新机制，以房土税源登记为抓手，确保房产税、城镇土地使用税稳中有长，2018年房产税、城镇土地使用税累计入库6.78亿元，较2017年同期增收0.53亿元，增长8.48%。充分发挥税收调节职能，贯彻落实困难减免税收优惠政策。2018年度经上报审核同意，免征城镇土地使用税20.71万元；减免房产税7户，合计减免金额374.85万元。三是财产行为税小税种管理。及时宣传和全面贯彻落实城市维护建设税、印花税等免税、优惠新政，对已缴资金账簿印花税的404户纳税人提醒其享受退税，组织开展印花税核定征收12758条数据进行核实，确保纳税人及时享受政策红利。2018年，全年入库印花税3.40亿元，比2017年同期增长0.19亿元，同比增收6%。（孟洁洁）

纳税服务 2018年，鼓楼区局做好纳税服务工作，落实“放管服”改革要求。一是落实关于取消涉税事项和报送资料的要求，取消多项税源管理事项，落实国家税务总局、省税务局“不见面审批”清单和“最多跑一次”便民清单，让纳税人充分享受改革红利。推广实施简化注销，对符合条件的税户实行当场注销和承诺制注销。二是做好营商环境评价工作。配合市税务局做好营商环境试点调查相关准备工作，学习和理解中国科学院调查指标体系，加强辅导培训，做好企业信息搜集和报表填报，按时高质地完成调查工作。三是开展纳税信用评定。应用信用评价平台，以数据为依托，严格按照评审条件、程序、步骤开展评价，对42630户纳税人进行了评定，其中，评定A级纳税人3242户；在信息公开的基础上，充分保护纳税人合理诉求，适时开展复评和补评工作。四是积极响应纳税人诉求。做好纳税服务效能监测工作，实时监控办税业务，及时处理纳税人反馈，定期通报数据，满意率99.9%；及时响应纳税人投诉，第一时间调查、处理和回复，确保各类服务投诉件件落实，全年处理各类投诉工单1953户次，结果满意率97.03%。（王 卿）

南京市市级特色党员教育实境课堂 2018年，鼓楼区局被评为南京市市级特色党员教育实境课堂。作为江苏省廉政文化建设示范点，鼓楼区局定期更新升级特色党员教育实境课堂，用图文、视频、声光手段、网络互动等方式，从精神文化、制度文化、行为文化等几个方面，全方位展示党建工作。2018年，依托鼓楼区党性教育、党员活动和志愿服务等3类23个开放式党组织活动阵地，实现资源共享，创新资源整合型党建新模式，提高党建工作水平。构建“党建标准化管理系统”信息平台。通过“鼓楼党建标准化管理系统”信息平台建设，开辟党建动态、廉政教育、作风建设、群团活动等8个栏目，后台管理系统设置党员档案、党建台账、党员管理等7大功能模块，做到党建资料数字化、党建宣传实时化、党建资源共享化，实现各支部活动的线上线下实时互动。持续优化党建工作体系，鼓楼区局对党务工作全面梳理，制定《基层党支部建设工作标准》，对支部党建的10个工作事项和46个党建事项定流程、定岗位、定标准，形成包括党支部、支部书记、党员3张工作清单、1个工作标准、1个考核办法的“311”党建规范化体系。此外，还通过持续开展“党员示范岗”“优秀党务工作者”“优秀共产党员表彰”等创先争优活动，有效发挥党员模范带头作用。（于 群）

监督执纪 2018年，鼓楼区局扎实抓好党风廉政和作风建设。一是全面强化责任落实。鼓楼区局各部门负责人签订从严治党责任书，明确责任部门和具体要求，把廉政建设融入日常业务管理的全过程。二是大力推进廉政建设。邀请建邺区检察院副检察长李勇就税务部门职务犯罪进行廉政警示教育专题讲座、组织旁听鼓楼区法院渎职案件审理、参加清明思廉活动、通报违法违纪案件等方式，警示干部严守红线。党委书记、班子成员、各科所主要负责人开展分层次廉政约谈，全体干部职工填写“廉政承诺书”，作出公开承诺。三是开展作风建设专项检查。对各科所落实关于节假日期间党风廉政和作风建设工作的情况，定时组织专项检查，通过查阅科所会记录、廉政约谈记录、个别交流等方式，进一步督促各科所对各项工作的有效落实。四是持续推进执纪问责。加大执纪问责力度，采取突击检查和抽查等手段，抓好干部日常管理。积极尝试监督执纪“四种形态”的实践运用，尤其是“第一种形态”的实践运用，通过谈话函询、书面检查、开所务会作通报等形式，让涉事干部得到教育。（丁 原）

（责任编辑 史玉珠）

雨花台区税务局

概况 2018年，国家税务总局南京市雨花台区税务局（以下简称“雨花台区局”）以习近平新时代中国特色社会主义思想为指引，围绕国税地税征管体制改革的各项部署要求，把握全面从严治党新要求，立足本职，认真履责。

一是把控区域经济方向，组织收入稳步增长。雨花台区局严格执行组织收入原则，依法有序抓收入，努力实现应收尽收，坚决不收“过头税”。加强组织收入的全面监控，实现税收收入平稳、高质增长。2018年，雨花台区局累计完成市级税收总收入80.37亿元，同比增收25.73亿元，增幅47.08%。

二是深入落实征管改革，征管质效优化提升。机构合并后，通过对6批次跨区经营户的实际经营地点核实，明确管辖注册纳税户。开展“金税三期”系统合并上线的测试评估，整合国地税系统，确保如期运行，明确规范注销、迁移、申报等17个工作事项和工作流程。加强“两头管理”（登记进口、注销出口）和欠税追征工作，共启动欠税追征任务49户，应对总成效近4580万元。落实“五证合一”（工商营业执照、税务登记证、组织机构代码证、社会保险登记证、统计登记证）和“两证整合”（由营业执照和税务登记证整合为含社会性用代码的营业执照）。加强风险评估管理，开展深度分析和专业支持团队建设，设立集体审议制度。

2019年12月，江苏省税务局局长侍鹏到雨花台区局调研　　（许征林　摄）

三是深化法治理念引领，税政工作稳步推进。严格落实取消下放行政审批事项，及时更新清单、服务指南，统一申请资料，规范工作要求，提高质效。加强督查内审工作，扎实推进内控平台上线运行，切实采取有效措施，确保内控监督平台顺利运行。利用内控监督平台定时发布税收执法风险提示，充分发挥督察监督的内控防范作用。开展对6批次7个指标26条网上巡查疑点数据核实工作，规范操作，确保网上巡查工作质量。

四是精准企业政策辅导，确保税收红利落地。以企业所得税汇算清缴培训为契机，针对150户次中小型科技创新企业开展研发费用加计扣除75%的政策宣讲工作，对所有中小型科技创新企业进行主动申报提示，为高新技术企业、科技型中小企业及研发费加计扣除企业提供精准服务。随着小型微利优惠政策的范围扩大，共有3086户次企业享受了小型微利企业优惠政策，同期增加了1873户次，共减免企业所得税税额0.24亿元。71户软件企业享受了软件企业所得税“两免三减半”政策（依法成立且符合条件的集成电路设计企业和软件企业，在2018年12月31日前自获利年度起计算优惠期，第一年至第二年免征企业所得税，第三年至第五年按照25%的法定税率减半征收企业所得税，并享受至期满为止），减免企业所得税税额4.66亿元。367户企业享受了研发费用加计扣除优惠政策，加计扣除金额合计26.46亿元。

五是聚焦“放管服”目标，全面优化纳税营商环境。优化办税服务厅，建立以企业纳税人为办税主体的雨花南路8号办税服务厅和以个体工商户纳税人为办税主体的雨花南路7号专业化办税服务厅，提升业务办理针对性，缩短办税时间，提升办税体验。规范整合相关业务事项，按照公告的相同业务事项清单，实现纳税人一次申请、一套资料就能一次办结。提高线上“不见面”服务和网上办税覆盖面，实现新办企业线上综合申请套餐0.5个工作日办结。

六是深入贯彻从严治党、组织建设更加完善。夯实党建基础，构建完善了党委统一领导，支部落实责任，覆盖所有党员，各负其责，有效互动的党建工作机制，压实“两个责任”（党委负主体责任，纪委负监督责任），完善组织生活机制，严肃党内组织生活。加强思想教育，组织党员干部开展“缅怀革命先烈、弘扬革命精神”“踏寻红色印迹，传承铁军精神”等主题党日活动，精心培育“和合税阅”阅读品牌，组织开展了“雨花台健身走”“快乐融合、喜迎国庆”棋牌比赛等工会活动。加强监督执纪，开展“讲规矩守纪律”学习教育活动，严格落实中央“八项规定”精神，坚持不懈反“四风”（形式主义、官僚主义、享乐主义、奢靡之风）。

七是精工打造队伍建设、倾情促进队伍融合。严格落实“三定”，扎实做实思想政治工作，分层分级推进谈心谈话，确保思想稳定。加强教育培训，利用网络教育平台、中国税务网络大学为学习阵地，全面学习综合业务，完成国家税务总局组织的各类改革培训30余场次，完成国家税务总局江苏省税务局组织的税收基础业务培训19场次，严格组织，确保参训率，做好培训结果的反馈。做好老干部服务工作，有针对性、细致地做好宣传和思想政治工作，健全退休老干部党的建设工作和学习退报制度，坚持每月一次的主题党建学习日活动，依托“老干部之家”微信公众平台做好老干部服务创建工作，积极宣传税务系统退休干部正能量，弘扬税务人员工作精神，打造南京税务系统退休干部服务品牌。　（张淑卿）

机构设置及负责人

办公室

主　任　方智勇
副主任　黄银柏
　　　　张淑卿

法制科
科　长　薛　涵
副科长　王　影
税政一科
科　长　王咏东
副科长　许　昱
　　　　凌爱东
税政二科
科　长　葛广银
副科长　王海敏
　　　　潘亭洁
收入核算科
科　长　王海波
副科长　黄　敏
　　　　吴洁奇
纳税服务科
科　长　李海燕
副科长　时　翔
　　　　周　露
征收管理科
科　长　陆　山
副科长　蒋丽莎
　　　　朱燕燕
人事教育科
科　长　瞿建峰
副科长　林志祥
党建工作科
科　长　纪为林
副科长　傅怀原
纪检组
副组长　王　旭
税源管理一科
科　长　徐瑛辉
副科长　万礼文
税源管理二科
科　长　张志强
副科长　劳　莉
税源管理三科
科　长　谢健平
副科长　王　兵
税源管理四科
科　长　邱　蔚
副科长　王继年
税源管理五科
科　长　赵　鹏
副科长　洪　剑
税源管理六科
科　长　曹　波
副科长　蒋辉群
税源管理七科
科　长　赵益军
副科长　谢景海
第一税务所
所　长　李　勇
副所长　柳小梅
信息中心
科　长　方　玉
纳税服务中心
科　长　吴文生

（张淑卿）

征管机构改革　2018年7月20日，原南京市雨花台区国家税务局（以下简称“原雨花台区国税局”）、原江苏省南京市雨花台地方税务局（以下简称“原雨花台区地税局”）合并，国家税务总局南京市雨花台区税务局挂牌成立，领导班子和办公室、人事教育科、党建工作科、纳税服务科四个综合部门实现集中办公，在原雨花台区地税局办公区，实行局领导带班制度，每人一周、轮流值守，确保工作高效运转。10月25日，雨花台区局宣布“三定”方案，共设21个科所，其中，15个内

2018年7月20日，雨花台区税务局举行挂牌成立仪式　（许征林　摄）

设机构，1个派出机构，2个事业单位，3个另设机构。全局共有正式干部172名，平均年龄45岁，录入员45名。雨花台区局负责雨花台区范围内6个街道、3个管委会的税收、社会保险费及其他非税收入的征管，管辖注册纳税人5.1万户，其中，企业纳税人2.4万户、个体工商户纳税人2.7万户。雨花台区局正式干部职工169人。（张淑卿）

组织税收收入 2018年，雨花台区局严格执行组织收入原则，依法有序抓收入，加强组织收入工作的过程、结果和质量的全面监测和管理，实现税收收入平稳而高质量地增长。2018年，雨花台区局累计税收总收入156.88亿元，同比增收15.59亿元，增幅11.03%；累计完成区级公共财政预算收入80.33亿元，完成区政府计划77.80亿元的103.25%，同比增收9.98亿元，增幅14.18%。从税种方面看，实现增值税74.41亿元，同比增收4.87亿元，同比增幅7%；实现企业所得税28.04亿元，同比增收5.79亿元，同比增幅26.03%；实现个人所得税34.07亿元，同比增收6.50亿元，同比增幅23.55%。全年完成一般公共预算收入80.14亿元，同比增收9.78亿元，同比增幅13.90%。从行业看，信息传输、软件和信息技术服务业实现税收收入46.1亿元，占总收入的29.44%；房地产业实现税收收入27.89亿元，占总收入的17.81%；制造业实现税收收入25.75亿元，占总收入的16.45%；批发和零售业实现税收收入19.66亿元，占总收入的12.56%；租赁和商务服务业实现税收收入11.8亿元，占总收入的7.54%。（张淑卿）

中国（南京）软件谷税收总量60.44亿元 2018年，中国（南京）软件谷累计入库全口径税收60.44亿元，增收4.23亿元，同比增长7.52%。其中，中兴软件集团南京12家公司（以下简称“中兴”）受中美贸易战影响，2018年，完成全口径税收12.16亿元，同比下降0.67亿元，降幅5.3%；2018年累计入库一般公共预算收入5.78亿元，同比下降0.37亿元，降幅6%。华为南京研究所和华为南京有限公司（以下简称“华为”）由于云新项目大量采购设备，进项税金抵扣持续增长，导致华为2018年增值税同比减收4.42亿元，完成全口径税收17.08亿元，同比下降2.67亿元，降幅13.5%；2018年累计入库一般公共预算收入7.2亿元，同比下降1.47亿元，降幅17%。华为、中兴的税收贡献度均为首次出现下降。2018年，中国（南京）软件谷已形成通信软件及运维服务、云计算大数据及信息安全、互联网、人工智能及智能终端四大创新产业集群，集聚各类软件企业超过2600家，涉软从业人员超过26万人。（张淑卿）

社会保险费及非税收入入库48.54亿元 2018年，雨花台区局牢固树立大局意识，坚决守住“总体上不增加企业负担”的底线，确保在社会保险费征收机构改革到位前保持现有征收政策不变。加强与区财政、区人力资源和社会保障局、区总工会、区残疾人联合会等相关部门的联系沟通，确保社会保险费及非税收入工作顺利实施。加强社会保险费及非税收入的日常征缴管理工作，做好催报催缴，对照国家税务总局南京市税务局（以下简称“市税务局”）绩效指标进行梳理，明确完成目标，定期对基金费完成情况进行通报，加强日常管理做到应征尽征，确保各项指标圆满完成。2018年，共组织社会保险费及非税收入48.54亿元，同比增长117.42%。其中，社会保险费收入48.17亿元，同比增长17.34%，征缴面达到99.91%；工会经费入库1460.44万元，同比增长11.19%，超雨花台区局任务指标54万元；残疾人就业保障金入库2247.78万元，同比增长38.95%，征缴面超82%。（张淑卿）

税收征管 2018年，雨花台区局按照服务融合、流程整合、信息聚合原则，持续提升征管质效。一是夯实执法基础。机构合并后，经6批次共6000余户跨区经营户的实际经营地点核实，明确雨花台区局管辖注册纳税户。开展两次“金税三期”系统合并上线的测试评估工作，确保“金税三期”系统如期运行。整合原国地税工作流程，明确规范注销、迁移、申报等17个工作事项和工作流程，确保日常征管工作正常开展。二是加强征管质效。加强“两头管理”和欠税追征工作：在税户进口环节上落实“五证合一”，个体工商业户“两证整合”，加强与区工商部门的合作；推广应用欠税追征应对模板和法律指引，共启动欠税追征任务49户，应对总成效近4580万元；分类办理企业注销事项，全年办理注销700余户，办理时限缩短到20个工作日。三是加强风险评估管理。全面落实省税务局风险管理规范化建设新标准，加强日常风险应对技能的培训和辅导，对重点案件和典型风险开展讲评讲解，对前期应对质量不高的案件认真开展跟踪质疑工作。开展深度分析和专业支持团队建设，设立集体审议制度，使其真正成为雨花台区局提高风险评估工作质量的抓手。四是规范影视业税收秩序。10月份以来，开展规范影视行业税收秩序工作，加强政策宣讲，做细告知辅导，帮助纳税人做好自查自纠工作。

（张淑卿）

依法行政　2018年，雨花台区局推进税收法治建设。一是落实简政放权。雨花台区局认真贯彻落实上级各项税收法治建设精神，将深入推进现代税收法治管理体系建设、依法行政工作和税收中心工作相结合，坚持以执法规范、征纳和谐为目标，不断推进制度建设。全面实行办税服务厅执法主辅制度运行效果良好，提高了办税效率，化解执法风险，保护了纳税人权益。严格落实取消下放行政审批事项，统一了税务行政审批程序、审批条件和申请资料，明确受理部门、时限和结果形式，严格按照“窗口受理、内部流转、限时办结、窗口出件”的要求，加强内部分工协作，规范开展税务行政审批工作，提高审批工作的质效。严格执行基准确定的裁量幅度范围内实施行政处罚，积极开展说理式执法，在执法过程中力求做到“说明事理、说通情理、说透法理”，努力达到事理、情理与法理相互交融的说理要求，减少了行政争议事件的发生。二是加强督察内审工作。推进内控平台上线运行，切实采取有效措施，全力确保内控监督平台顺利运行。利用内控监督平台定时发布税收执法风险提示，充分发挥督察监督的内控防范作用。开展对6批次7个指标26条网上巡查疑点数据核实工作，规范操作，确保网上巡查工作质量。开展专项执法督察，在明确整改责任人和整改时限，密切跟踪整改动态的同时，进一步完善作业指导书、相关操作流程要求，及时堵塞漏洞，提高执法规范性。开展综合监督，对2017年度各类督察审计中发现问题的整改落实情况和责任追究情况开展“回头看”检查、开展国标行业代码转换核实校验专项督察工作。

（张淑卿）

税收政策落实　2018年，雨花台区局加强税收政策的落实，快速精准释放税收红利，确保企业应享尽享，助推企业发展升级。增值税方面，累计办理增值税各类退税1639户次、10.48亿元，残疾人、随军家属、失业人员等重点群体就业享受增值税减免526万元。企业所得税方面，3086户次小微企业减免企业所得税0.24亿元，71户软件企业减免企业所得税税额4.66亿元，367户企业享受了研发费用加计扣除优惠政策，加计扣除金额合计26.46亿元。房产税、城镇土地使用税方面，房产税减免备案5户，城镇土地使用税减免备案13户，城镇土地使用税困难性减免1户，减免金额65万元。社会保险费及非税收入方面，在市税务局的指导下，加强社会保险费及非税收入的政策学习研究，加强与外部部门的沟通和协调，积极做好社会保险费及非税收入的划转工作的对接，为下一步的划转工作做好前期准备工作。

（张淑卿）

个人所得税新政落实　2018年8月31日，十三届全国人民代表大会常委会第五次会议表决通过新修订的《中华人民共和国个人所得税法》，并将于2019年1月1日起实施，2018年10月1日起实行过渡期政策。雨花台区局第一时间成立个人所得税改革专项工作领导小组，确保工作上下衔接有序、政策落实平稳。企业QQ群、微信群通过线上渠道无死角宣传、集中开展10场次个人所得税培训与宣讲会议、主动走进华为、中兴等重点企业，按照新旧政策扣除标准测算，用他们听得懂、听得进的语言进行讲解，让员工更为直观地感受到此次改革带给他们的减税红利，全面及时释放个人所得税改革红利，将大礼包精准送达到每位纳税人手中。过渡期政策实施以来，雨花台区局共缴纳工资薪金个人所得税3.7亿元，同比下跌0.83亿元，降幅18.32%；工资薪金纳税3339户，同比降幅43.97%。各软件企业在今年员工增加的基础上，个人所得税缴纳也呈现不同程度的下降。过渡期政策实施以来，华为缴纳个人所得税6502万元，同比下降6%；中兴缴纳个人所得税2293.81万元，同比下降27%；江苏润和软件股份有限公司缴纳个人所得税219.38万元，同比下降15%。

（张淑卿）

纳税服务　2018年，雨花台区局聚焦“放管服”改革，持续优化营商环境，增强广大纳税人和缴费人的改革获得感。一是优化办税服务厅。全面实现国税地税业务“一厅通办”（一个办税厅办理所有涉税业务）和“一键咨询”（通过“12366”服务热线咨询所有涉税业务），将原雨花台区国税局、原雨花台区地税局办税服务厅分别打造成服务企业纳税人为主和服务个体工商户纳税人为主的办税服务厅，提升业务办理针对性，缩短办税时间，提升办税体验。二是主动作为，为纳税人“保驾护航”。雨花台区局两个办公区隔街相对，纳税人有时需要穿过车来车往的马路，存在一定程度的安全隐患，针对此情况，主动邀请南京市交警八大队进行实地勘查，给出了重新印刷斑马线和安装雨花台区第一个“不礼让行人”抓拍摄像头的解决方案。三是推进网上办税事项。大力提高线上“不见面”服务和网上办税覆盖面，全面实现新办企业线上综合申请套餐0.5个工作日办结，特服号20秒以内接通率始终保持在90%以上。四是积极落实民营企业大调研大走访。快速落实国家税务总局关于开展大调研大走访活动支持民营经济发展的要求，走访20家民营企业，举行两场民营企业座谈会，向企业“问需求、查短板、帮发展”，受到企业好评。

（张淑卿）

思想建设和干部稳定工作　2018年改革期间，雨花台区局努力做好干部思想政治工作，确保税务干部队伍稳定，税务机构正常运转，税款征收正常进行。一是广泛开展谈心谈话，保持队伍稳定。雨花台区局把干部队伍的稳定作为重大政治任务抓细抓实，扎实做实思想政治工作，分层分级推进谈心谈话，确保把干部思想谈通谈透。多渠道听取干部声音，做好情绪疏导，确保思想稳定。二是实行24小时值班和每日零报告制度，定期召开干部思想分析会，及时收集、报告、研究、解决机构改革过程中出现的各种情况，确保机构正常运转，队伍不乱，人心不散。三是做好舆情管控工作。雨花台区局要求干部不信谣、不传谣、不编谣，为改革营造良好氛围。通过严抓责任落实，全局干部思想稳定，自觉做到思想上绝对统一、行动上绝对服从、任务上绝对担当、团结上绝对和谐、纪律上绝对严格。

（张淑卿）

干部队伍建设　2018年，雨花台区局着眼于税收事业长远发展和干部队伍建设大局，积极适应新常态、新变化、新挑战，一是大力开展岗位培训。采取专家讲座、参观学习、风险案卷交流等多种形式组织学习培训，根据干部队伍中不同群体、不同层次、不同基础等结构特点，开展覆盖以党性提升、廉政教育、组织文化为基础的全员培训、以工作重难点为内容的青年岗位培训以及针对能手考试的专项提升培训三个层面内容，最大限度调动干部的学习积极性。定期组织新政的理论考试，以考促学，增强服务改革意识，提升服务改革本领，提高服务改革质效。翁晓宇参加江苏省中共十九大知识竞赛荣获二等奖；在省税务局网络竞赛中，税政一科黄娅玲、法制科封其建取得了前100名的好成绩；夏恒志因机构改革期间表现突出，参选省税务局机构改革中国好税官。二是加强考核工作。进一步强化公务员平时考核，通过完善组织绩效、数字人事个人绩效考核工作，提升队伍科学管理水平。在日常管理中突出正向激励，通过干部选拔、评先评优等方式调动干部积极性。三是注重老干部管理服务工作。通过对退休老干部进行个别访谈、问卷调查等形式，广泛收集老干部“建言十九大”以及对于老干部工作的意见建议。建立专门的老干部活动室，坚持每月一次的主题党建学习日活动，召开退休干部大会，依托“老干部之家”微信公众平台做好老干部服务创建工作，积极宣传税务系统退休干部正能量，弘扬税务人员工作精神，打造南京税务系统退休干部服务品牌。

（张淑卿）

从严治党　2018年，雨花台区局加强党的建设，全面从严治党。一是党的政治建设全面强化。推进“两学一做”学习教育常态化制度化，定期开展党委中心组学习，学懂弄通做实习近平新时代中国特色社会主义思想和中共十九大精神。二是党的组织建设有力有效。机构改革以来，雨花台区局成立联合党委、改设党委，坚持把党的领导贯

2018年8月8日，雨花台区税务局召开党建工作会议（许征林 摄）

穿改革始终。选举产生该单位机关委员会、机关纪律检查委员会，成立基层党支部。强化班子议事规则、“三重一大”（重大事项决策、重要干部任免、重要项目安排、大额资金的使用，必须经集体讨论做出决定）决策执行、廉政约谈等工作制度落实，建立党委工作规则。三是党风廉政建设持续深化。持续抓好中央八项规定及实施细则精神的贯彻落实，驰而不息纠正“四风”，用好监督执纪“四种形态”（批评和自我批评要经常开展；党纪处分和组织处理要成为大多数；对严重违纪的重处分、做出重大职务调整应当是少数；严重违纪涉嫌违法立案审查的只能是极少数），抓早抓小，防微杜渐，把影响改革的苗头性、倾向性问题解决在萌芽状态。（张淑卿）

行政管理 2018年，雨花台区局推进行政保障效能充分发挥。一是积极组织协调促改革。严格执行24小时值班和每日零报告制度，确保联络畅通。重大事项及时报告，积极稳妥做好网络舆情管理工作。信访、保密、档案工作扎实推进。绩效考核和数字人事有序开展。二是优化整合稳改革。整合雨花台区局办公室，保障挂牌前集中办公和“三定”后干部及时到岗。加强食堂管理，改选伙食委员会，强化对食堂的监督，干部伙食质量大幅提升。优化改造办公楼，建设专门的老干部活动室、工会活动室、干部休息室，提升大楼利用效率和干部的满意度。三是做好财务管理。严把审核报销关，持续做好预算执行情况跟踪。严格执行八项规定，杜绝超预算、超范围、超标准列支的情况。四是加强宣传强改革。注重发现、选树改革中身边涌现的先进典型，雨花台区局5名干部改革先进事迹被编入市税务局改革督导材料。（张淑卿）

（责任编辑 史玉珠）

栖霞区税务局

概况 2018年，国家税务总局南京市栖霞区税务局（以下简称“栖霞区局”）开展税务机构改革与税收日常工作“两不误、两促进”。栖霞区局被栖霞区政府评为2018年度完成“五个建设”（思想建设、组织建设、作风建设、反腐倡廉建设、制度建设）工作目标先进单位、机关作风建设先进单位、2016—2018年度文明单位。纳税服务科被评为2018年度栖霞区机关作风建设优秀窗口科室。

2018年7月13日设立栖霞区国家税务局、地方税务局联合党委。7月16日，实现原国税局、原地税局办公室、人事科、党建办、纳服科四个职能科室集中办公。7月20日，完成“国家税务局总局南京市栖霞区税务局”新税务机构挂牌。9月12日，栖霞区委正式批复同意成立中共国家税务总局南京市栖霞区税务局委员会，原国税局、原地税局联合党委转为正式党委。10月25日上午，栖霞区局召开全体干部大会，宣布“三定”方案并落实。

完成组织收入任务。2018年，组织税费收入81.1亿元，同比增长19.97%；完成区级预算收入37.49亿元，同比增长19.32%，完成年度预期目标的109.65%。

优化税收营商环境。优化办税流程，提高办税效率。实现办税业务一厅通办，税收咨询热线一键咨询，综合业务一窗通办、一事不二罚，相同业务事项一套资料、一次申请，提升服务能力，提高服务质量。通过集中培训、实务操作、小组讨论、业务竞赛等多种方式，对税务人员进行税收政策、办税流程、系统操作等全方位、多角度的业务培训，增强人员业务技能和办税能力。深化“放管服”（简政放权、放管结合、优化服务）改革，优化营商环境。针对纳税人办税的痛点、堵点和难点问题，对症下药，强化办税缴费便利度，升级

2018年10月25日上午，根据“三定”方案统一部署安排，栖霞区局举行“三定”宣布仪式（王　骁　摄）

改造发票代开自助机，引入智能办税机器人“税小易”，提供更加便捷的自助办税。

加强税收管理。树立风险管理意识，夯实征管基础工作，深化信息安全建设，推动税收征管提质增效，紧盯税收高风险事项，及时发出督审意见书、口头提听等风险提示；强化增值税发票风险管理，加强源头控管、过程跟踪和事后监管；组织开展“一案双查”（在查处纳税人、扣缴义务人和其他涉税当事人偷逃税、虚开发票和骗取出口退税等税收违法案件的同时，对税务机关或者税务人员违纪违法行为依照规定进行调查和责任追究），开展企业所得税复审抽查。加强对新增税源、潜在税源和零散税源的跟踪监控，完善基础台账管理，防止税款流失；加强欠税管理，严格控制新欠，核实欠税底数，逐户进行清理；开展税收收入质量监控工作，强化关键节点收入异常信息的监控。

推进全面从严治党。强化政治担当，压实管党治党责任，以党的政治建设为统领，坚定不移推动全面从严治党向纵深发展。通过中心组学习、党委书记讲党课、专题讨论、集中学习、参观教育基地、清除“杨、季”等恶劣影响等多种形式，进一步强化政治担当，把牢政治方向。强化学习教育，筑牢思想理论定盘星。以中心组学习为龙头，以支部学习为载体，以党员冬训、“三会一课”为契机，做好学习计划，丰富学习形式，加强政治建设，坚定理想信念“主心骨”。把党的政治建设摆在首位，召开全面从严治党工作会议，签订全面从严治党责任书，明确党要管党责任。构建机制建设“防火墙”。出台《关于进一步加强国税地税征管体制改革期间党建工作实施意见》，制定详细任务分解表，层层落实责任。坚持正风肃纪，对“四风”（形式主义、官僚主义、享乐主义、奢靡之风）新形式、新特点、新动向，特别是形式主义、官僚主义的新表现，要求每个支部每个党员进行深入查找了5个方面28条突出问题，并上报整改报告。

加强干部队伍建设。以人为本，推动人员深度融合。在系统率先制定《推进深度融合加强干部队伍建设意见》，从人员、文化、能力、制度等多个维度提出30条促进融合的具体举措。青黄相接，搭建合理人才梯队。开展“青年干部培养计划–青蓝工程”工作，创新干部教育培训形式，宽严并济，规范干部队伍管理。以绩效考核为抓手，结合税务机构改革后出现的新情况、新常态，修订区局绩效管理指标，优化绩效指标体系与考评标准，强化绩效结果运用，促进工作落实。

（戴　飞、王　骁）

机构设置及负责人

办公室

主　任　金富卫
副主任　牛坤杰
　　　　夏业凡

法制科

科　长　仲新辉

税政一科

科　长　陈永林
副科长　杨丽琳
副科长　李　超

税政二科

科　长　刘立峰
副科长　刘新鸿

收入核算科

科　长　彭永斌
副科长　张　月

纳税服务科

科　长　黄　薇
副科长　潘　媛
　　　　李森林

征收管理科

科　长　孙元庆

副科长　孙兰兰

人事教育科

科　长　徐振栩

税源管理一科

科　长　钱啟清

副科长　朱一安

副科长　徐连海

税源管理二科

科　长　刘世喜

副科长　马　蓉

税源管理三科

科　长　沈家明

副科长　陈志标

税源管理四科

科　长　胡　红

副科长　王　龙

税源管理五科

科　长　庄淼亭

副科长　吕　奎

税源管理六科

科　长　韩明森

副科长　张忠安

税源管理七科

科　长　黄峰巍

副科长　张　军

副科长　田志军

机关党委(党建工作科)

专职副书记(正科级)　刘德坤

老干部科

副科长　周　鹏

纪检组

副组长(副科级)　李珊珊

第一税务所

所　长　杜　磊

副所长　周　海

纳税服务中心(税收宣传中心)

副科长　彭蓓蓓

信息中心

副科长　崔振兴

(徐振栩、李佩咨)

税务机构改革　根据国家税务总局、省税务局和市税务局关于国税地税征管体制改革的工作要求,贯彻改革部署,把握时间节点,抓住关键环节,制定时间表,明确路线图,落实各项改革任务。2018年7月13日,设立原栖霞区国家税务局、地方税务局联合党委并任命书记、副书记和委员。联合党委在栖霞区局新班子正式运行前的过渡期内,领导改革和日常工作。7月16日,实现原国税局、原地税局办公室、人事科、党建办、纳服科四个职能科室集中办公。7月20日,完成"国家税务局总局南京市栖霞区税务局"新税务机构挂牌仪式。8月7日,成立9个人所得税务机构改革工作小组,明确各小组工作职责、工作机制及工作任务。9月12日,栖霞区委正式批复同意成立中共国家税务总局南京市栖霞区税务局委员会,联合党委转为正式党委。10月25日,按照上级统一部署,栖霞区局召开全体干部大会,宣布"三定"(主要职责、内设机构和人员编制所作规定)方案,落实工作要求。11月中下旬,选举并设立栖

2018年7月20日,栖霞区税务局挂牌

(王　骁　摄)

霞区局机关党委、机关纪委，以及机关行政一支部、机关行政二支部、机关业务一支部、机关业务二支部、第一税务所支部、税源管理一科支部、税源管理二科支部、税源管理三科支部、税源管理四科支部、税源管理五科支部、税源管理六科支部、税源管理七科支部、纳税服务科支部、老干部支部等14个基层党支部。（王　骁）

税收收入及主要特点　2018年，栖霞区局组织税费收入134.6亿元，同比增收15.82亿元，增长13.32%。其中，税收收入81.1亿元，同比增收13.5亿元，增长19.97%；社保费收入51.48亿，同比增收1.88亿元，增长3.8%；其他非税收入2.02亿元，同比增收0.44亿元，增长27.85%。税收收入主要特点：

分行业看，2018年，栖霞区局前四大税收重点行业合计入库税收62.76亿元，同比增收10.01亿元，增长18.98%，占栖霞区税务局税收总收入的77.39%。其中房地产业入库税收35.01亿元，同比增收7.71亿元，增长28.25%；批发和零售业入库税收11.22亿元，同比增长7.05%；建筑业入库税收9.04亿元，同比增长22.09%；制造业入库税收7.48亿元，同比下降0.98%。重点税收行业占比依次为43.17%、13.84%、11.15%、9.22%。

分经济类型看，2018年，国有经济（包含国有企业、集体企业和其他所有制经济中的国有控股企业）入库税收4.02亿元，同比减收4.29%，增长趋势略有下降，占栖霞区局组织税收收入的5%；外资经济入库税收6.28亿元，同比增长35.93%，占栖霞区局组织税收收入的8%；民营经济入库税收67.9亿元，同比增长24.68%，占栖霞区局组织税收收入的83.72%。民营经济在拉动区域经济税收增长中重要作用进一步增强。（王　骁）

主要税种税收收入特点　一是房地产业拉动栖霞区局增值税收入上涨，制造业增值税呈现负增长。2018年，栖霞区局入库增值税36.11亿元，同比增收6.84亿元，增长23.35%。入库免抵调库增值税0.23亿元，同比下降59.58%。剔除免抵调库减收因素，增值税直接收入同比增收7.17亿元，增长24.97%。2018年，房地产业入库增值税11.43亿元，同比增收3.02亿元，增长35.99%，拉动栖霞区局增值税收入增长10.32%；商业增值税平稳增长。商业增值税入库6.38亿元，同比增收0.59亿元，增长10.2%，其中，批发业入库增值税4.57亿元，同比增长10.3%，零售业入库增值税1.80亿元，同比增长9.95%，零售业增幅略低于批发业；制造业增值税呈负增长。2018年，制造业入库增值税直接收入3.97亿元，同比减收0.64亿元，下降13.83%。主要原因：2018年栖霞区制造业一般纳税人申报销项税金增幅8.84%，申报进项税金增幅9.9%，进项税金的增幅较销项高出1.06个百分点，下拉制造业增值税增幅。重点企业减收影响也较大，企业搬迁造成部分车间停产，合资品牌冲击及市场波动影响等成为2018年增值税下降重要因素。

二是受益于重点行业支撑及偶然性因素，企业所得税稳步增长。2018年，栖霞区局入库企业所得税20.02亿元，同比增收3.22亿元，增长19.15%。分行业看，房地产业增收额最大，同比增收1.59亿元。偶然性增收因素，合计增收1.48亿元。所得税减收的行业主要为建筑业同比减收0.52亿元，下降31.98%。其中，建筑行业所得税重点税源企业中建安装2017年度会计利润同比下降62.04%，所得税同比减收0.62亿元。

三是受不可比因素和个人所得税自2018年10月1日起个人所得税扣除费用标准调整至5000元/月的影响，个人所得税税收收入下行。2018年，栖霞区局入库个人所得税8.58亿元，同比减收0.8亿元，下降8.53%。工资薪金所得入库税收6.78亿元，同比增收1.13亿元，增幅19.9%。分季度看，前三季度工资薪金所得入库税收5.72亿元，同比增幅30.06%，第四季度工资薪金所得入库税收1.06亿元，同比降幅15.69%。不可比因素影响其他转让所得个人所得税。其他转让所得入库税收0.15亿元，同比减收1.41亿元，降幅90.27%，主要原因是2017年度有多笔大额股权转让一次性收入形成高基数，其中2017年度其他转让所得入库税收超过1000万元的共有3家，合计入库税收1.5亿元，形成不可比因素。

四是土地增值税一季度集中入库，税收增幅位居四大主体税种之首。2018年，栖霞区局入库土地增值税8.48亿元，同比减收3.54亿元，增长71.75%。2017年四季度，璞樾钟山、君颐东方等明星楼盘集中开盘，相应税收于2018年一季度集中入库，拉高土地增值税增幅。一季度土地增值税同比增收1.6亿元，贡献2018年土地增值税累计增收额的近五成。土地增值税入库税款2000万元以上的企业共15家，合计入库土地增值税税收收入6.15亿元，占土地增值税税收收入的72.52%。

（王　骁）

税收征管　一是推进征管业务整合。搜集整理征管业务合并基础数据，确认原国税局、原地税局征管信息差异，分析原因，提出应对解决措施。落实征管系统应急响应机制，强化问题监控及快速反应能力，做好系统运行维护的保障工作，确保业务顺利流转。强化数据情报管理，健全完善数据标准、采集规范及交换流程。落实网络安全“双清单”（网络安全实施保障清单、网络安全风险防范清单），推行综合防控，健全数据备份机制，保障征管业务整合工作。二是完成“过渡期”征管业务工作。贯彻落实《国家税务总局江苏省税务局关于国税地税征管体制改革过渡期税收征管有关问题的通知》等通知要求，加强征管系统运行保障。在市税务局、栖霞区税务局挂牌、栖霞区局“三定”及江苏省税务局统一工作平台上线等系统调整关键时点，完成系统配置及测试验证等工作，确保征管系统运行稳定，保障改革顺利实施、纳税人正常办税。贯彻落实《国家税务总局江苏省税务局关于优化完善有关税收征管业务流程的通知》要求，统一和优化全面推广应用新办企业综合申请套餐、简化优化注销税务登记流程、统一非正常户认定要求等13项征管业务流程，进一步优化纳税服务，提高征管效能。

（马　骏）

税户基础管理　据江苏税务数据情报管理平台统计，截至2018年12月，栖霞区局管辖纳税人（不含注销户）共57217户，其中，单位纳税人44218户、个体纳税人12999户。一是持续开展栖霞区管户与数据核实清理工作。对原国税局、原地税局征管差异户、异地征管户以及重复登记户等异常和不一致数据，开展核实清理工作，为“三定”（主要职责、内设机构和人员编制所作规定）后管户调整以及后期“金税三期”系统并库打基础。二是根据栖霞区局“三定”方案，开展管户调整工作。将原栖霞区地税局管辖的南京市经济技术开发区及栖霞街道、龙潭街道、西岗街道的纳税人划转至南京市经济技术开发区税务局管理。将栖霞区局管辖的纳税人按所属街道、重点税源及特定行业等属性，划分至栖霞区局税源管理一科至税源管理七科、第一税务所开展税户日常管理。

（马　骏）

税收风险应对　2018年，栖霞区局完成税收风险应对370户次，实现应对成效2884.67万元。一是明确税收风险应对任务职责划分，完成税源管理平台、数据情报平台和“金税三期”系统中税收风险应对岗位权限的配置调整工作，确保各税源管理科（所）税收风险管理权限配置到位。二是积极开展技能培训。培训以实务操作、相关法规、业务流程、典型案例为主要内容，着重于提高干部的风险应对实际操作技能。2018年5月29日、2018年5月31日于B楼4楼会议室组织开展风险应对技能培训。参培人员包括区局领导、征管科全体、各税源管理科科长及业务骨干。培训进一步落实对标找差的要求，提高干部的风险应对实际操作技能。三是将原栖霞区国税局、原栖霞区地税局干部组成团队，通过实务化操作，使每一位干部熟悉应用系统，掌握工作流程。四是加强税收风险应对工作的跟踪监督，监控工作进度，及时汇总各部门反映的问题，督促尽快完成各项风险应对任务，保证所有清理任务、专项任务及新增任务均按时完成。

（冯莉娟）

纳税服务整合　一是整合办税场所。栖霞区局正式挂牌后，因地制宜对原国税局、原地税局两个办税服务场所进行整合归并，推进窗口资源和功能的深度融合。在按照要求统一设置“发票管理”和“综合服务”两类窗口的基础上，增强窗口设置的机动性，根据现场情况及时启用备用窗口或调节各类窗口的数量，实现“一厅通办”。二是落实各项规范。落实“首问负责制”、“领导值班制”等制度规范，通过统一表证单书、升级叫号服务系统、落实最新办税指南，实现业务流程、执法标准的统一，推进“一窗通办”。三是加强人员融合。制定完善《栖霞区税务局办税服务厅日常行为规范管理办法》等制度规定。四是提高服务质量。通过集中培训、实务操作、小组讨论、业务竞赛等多种方式，对税务人员进行税收政策、办税流程、系统操作等全方位、多角度的业务培训，增强人员业务技能和办税能力。针对前台高频事项编制操作“小宝典”、提醒“小贴士”，缩短办税时间，提高工作效率。（张馨月）

办税服务 一是加强宣传辅导。通过纳税人学堂、张贴公告、微信微博公众号、“96888708”特服号咨询等多种宣传辅导方式，为纳税人解疑答惑。加大内部培训力度，利用午休时间，组织开展税收新政、办税流程等应知应会内容的培训，使工作人员熟练掌握税收政策内容，准确把握宣传口径。二是开设服务专窗。开设2个人所得税务注销专窗、2个个人所得税办理专窗和1个新办套餐取件专窗，提供“套餐式”服务，促进办税服务效能的整体提升。在办税服务厅的导税台设立“个人所得税申报绿色通道”，协调兼顾咨询辅导和个人所得税申报两个功能。三是升级硬件设备。升级改造增值税发票代开自助机，在仙林政务服务中心启用5台增值税发票自助认证设备，缓解尧化门办税厅发票认证压力。将智能办税机器人“税小易”引入纳税服务工作，提供窗口引导取号、纳税申报、变更登记等服务，同时定期整理汇总搜集的咨询问题，持续完善机器人的咨询功能，推动纳税服务由自助化向智能化转变。

（张馨月）

特服号管理 2018年，栖霞区税务局“96888708”特服号实际使用7条坐席线路，全年呼入总量电话81274个，人工接听量56744个，接通率92.91%，工作量同比增加29575个，同比增幅108.86%。栖霞区局特服号立足于咨询工作业务需求的有效分析，围绕纳税服务热线的答复准确率、服务规范性以及接通率3个核心指标，在优化人力资源配置的基础上以加强培训和规范化管理为两大抓手，建立制式培训制度、高级坐席制度、新政速递、质检巡查模式等管理制度。通过集中培训、视频培训和实操培训等相结合的方式，对特服号人员进行税收政策、办税流程、系统操作等应知应会内容的培训。提高电话咨询答复的质量和规范性，不断提高特服号的服务水平，提升热线服务人员专业知识水平、沟通服务技巧及整体工作素质，为社会公众和纳税人持续提供优质高效的热线服务。（彭蓓蓓）

依法治税 根据国家税务总局《“十三五”时期税务系统全面推进依法治税工作规划》（税总发2016年169号）的通知和法治政府建设各项要求，栖霞区局成立全面依法行政领导小组、税务行政应诉工作领导小组等组织领导机构，加强对依法行政工作的全面领导。完善争议案件提前报告和介入机制，2018年未发生行政复议、诉讼案件。制定删除违法行为台账操作标准，规范错误违法行为记录的处置流程。针对税收执法管理现状，围绕法治税务建设和执法资格考试，采取在岗与脱产相结合的方式，开展法律基础知识、税务行政诉讼案例等日常学习与专题培训活动。2018年11月，为强化“两权”监督、防范执法风险，确保“三定”后有效衔接重大税收执法事项集体审议工作，制定《重大税收执法事项集体审议（暂行）办法》。截至12月31日，审议工作领导小组依法依规对低于裁量权基准的税务行政处罚、临时调增专用发票限额、取消非正常户法人关联、不予加收滞纳金、未按期申报抵扣增值税扣税凭证继续抵扣事项等五大类57户次的重大税收执法事项开展集体审议工作。（徐　华）

内部控制建设 一是推进税务系统内部控制监督平台上线，落实风险系统控制。栖霞区局成立平台上线专项工作小组，开展运行测试及指标验证，组织对平台试运行期间产生的数据进行内部测试，围绕预警信息开展指标研读和风险排查。定期总结工作，抓好控制成果运用，对通过内控发现的问题，形成风险提示进行发布，促进普遍性、规律性问题得到有效控制和解决。二是加大宣传力度、营造内控氛围。倡导内控文化建设，采取全员培训、局务会等形式，多渠道宣传内控的重要意义和作用。建立内控平台工作群，各科室指定内控岗专人负责，加强工作联络沟通，培养运用内控理念防风险的习惯，增强税务干部自我发现、自我纠正、自我完善和持续改进的能力。依托平台建设，筛查疑点数据并推送核实，2018年推送疑点数据618条（其中，246条督促执法人员在责任追究前改正，363条经核查不存在执法过错指导执法人员做无过错陈述申辩，9条确认为过错），及时查漏补缺、完善内控体系，定期进行通报。同时盯紧弱项，有针对性地开展专项督察，有效化解风险，减少执法过错。三是突出税收高风险事项，开展针对性专题培训。栖霞区局针对税收管理高风险事项，结合现阶段税收工作实际，于9月12日组织开展增值税发票管理业务培训，原地税业务科室、基层税务所共63名干部参加专题培训，围绕增值税发票发售、增加的审核和调查，日常申报与发票的关系，后续的跟踪管理，发票的常用风险规则等内容进行重点讲解。

（何彩霞）

2018年8月21日，中建安装工程有限公司给栖霞区局送锦旗（王　骁　摄）

执法督察　一是强化税收执法监督管理，有效防控税收执法风险。针对违章案件文书逾期送达，指导执法人员及时对违章案件处罚决定性文书进行送达并对“金税三期”操作权限串用的情况进行排查，进一步规范行政处罚程序和权限的使用。针对非正常户超期认定，对非正常户认定相关省税务局职责清单规定进行梳理，重点强调相关环节的办理时限问题。针对企业所得税漏管、通用申报表使用、业务资料保管等问题，运用督审建议书为抓手，督促职能部门不断修订、完善企业所得税管理制度并切实履行。二是做好2018年度税收执法督察工作。制定栖霞区局实施方案，对原栖霞区国税局涉及的21个指标251条数据、原栖霞区地税局涉及的21个指标217条数据展开自查。经自查，原栖霞区国税局确认存在问题167条，合计补缴税款3.98万元；对2户次企业做更正申报，合计补缴税款4.21万元并加收滞纳金0.08万元。三是开展执法过错责任追究，落实税收执法责任制。2018年度，通过税收执法督察、风险应对质量检查和上级推送审计疑点数据核查等方式，依据税收执法责任制实施办法和过错责任追究实施细则，追究执法人员过错责任12人次，分别给予批评教育处理，并将税收执法过错责任追究纳入部门和个人绩效考核，在栖霞区局范围内进行通报。

（何彩霞）

投诉举报处理　2018年，栖霞区局共受理有效投诉工单373件，所有工单全部按照市税务局规定的时间和要求处理完毕，综合满意率排在全市第二。一是建立投诉举报联络员制度，加强投诉举报的处理效率和质量。各税源管理科（所）指定并固定一名投诉处理联络员，提高工单处理效率，增强处理问题的规范性、时效性。二是加强案件处理的跟踪落实。对投诉举报的处理专人负责、接到投诉工单后第一时间联系投诉人，听取投诉人的诉求，核实投诉事项后将投诉工单下派到责任科（所）。在工单的处理过程中实时跟踪处理进度，协调责任科（所）在投诉工单处理过程中遇到的问题，确保全程跟踪处理情况。责任科（所）工单处理完毕后，及时和投诉人进行联系，告知工单的处理过程和处理结果，听取投诉人对处理结果的意见和建议，提高处理办结的效能，提高满意度。

（曹光松）

社会保险费和基金费征收管理　栖霞区局社会保险费2018年7—12月，征收入库金额24.81亿元，管辖户数9633户。严格贯彻落实国务院常务会议关于社保费征收机构改革到位前，保持现有征收政策不变，确保征收工作平稳要求，排查社会保险费欠缴情况，按欠缴金额大小和欠缴时期长短分类监控，对欠费金额较大、时期较长的户进行重点监控。与栖霞区信访办、人社局和所在街道进行对接，对可能存在的矛盾隐患提前做工作。对“12366”和特服号社保类咨询及投诉与纳服部门同步监测，对投诉工单在回应处理的同时，加强原因分析，举一反三，防患未然。针对“一个栖霞区分为栖霞区局和经济技术开发区局”的特殊情况，逐条梳理全部社保缴费户清册，分析社保欠费的管理和往期欠费数据，严格按照税务管辖范围进行重新切分，并移交资料，确保社保基金的数据正确无误、切分工作顺利开展。（朱　锐）

环保税管理　2018年7—12月，栖霞区局环保税入库2276.25万元，其中大气污染物10.41万元，水污染物1.53万元，扬尘环保税2264.31万元。一是对内组织召开环保税工作推进会，统筹协调税政、征管、纳服等部门，形成工作合力。同时积极组织相关人员进行培训，进一步夯实税务人员的知识基础。二是以现代化媒介为载体，通过税企微信群向纳税人推送环保税政策，实现环保税政策宣传全覆盖。三是针对栖霞区税务局工业企业少、建筑工地多的情况，对纳税人进行分类辅导，建立一对一全程辅导机制等办法，确保所有纳税人懂政策、会申报。四是联合环保部门，及时对环保税纳税人申报数据进行分析，开展风险分析识别，按照环保信息复核程序，排除涉税和执法风险。五是根据税户管辖范围对涉及环保企业的资料向经济技术开发区局进行移交。（朱　锐）

土地增值税管理　2018年，栖霞区局审核完成房地产项目5个，审核确认应缴土地增值税9459.9万元。2018年7—12月栖霞区局组织44个项目入库普通住宅预征土地增值税10007.74万元，非普通住宅预征土地增值税3821.93万元，其他类型房产预征土地增值税10147.68万元。一是组建土地增值税清算团队。为进一步贯彻税收管理专业化、精细化要求，破解当前人力资源紧缺矛盾，优化和增强人力资源使用效能，提高对土地增值税清算等重大复杂业务应对质效，栖霞区局组建由政策法规科、征管科负责人、具备“三师”资格人员、在系统各类业务竞赛获奖人员、曾从事过土地增值税政策管理、房地产行业管理人员，以及其它业务骨干组成的土地增值税清算团队，在全局范围内集中并统筹使用专业骨干力量，应对土地增值税清算事项。二是加强土地增值税预征管理工作，把土地增值税预征管理和房地产项目管理相结合，对土地增值税预征与房地产项目开票金额进行比对。三是细化操作办法，完善清算流程，第一步，以责任所的名义下发清算通知，企业自行申报之后，团队成员介入，对该项目进行全面审核。第二步，如遇到重大政策问题需请示，以责任所和团队联合名义进行政策请示。第三步，责任所负责对外沟通，如需纳税人补正资料、发放文书、沟通约谈等情况，团队人员可参与。第四步，该项目的土地增值税清算审核初稿，由团队和责任所讨论协商后以责任所名义出具，清算审核报告中的审核人员应为责任所负责人和负责审核的团队成员。第五步，责任所负责向纳税人发放土地增值税清算结论通知书。通过流程的完善，严格审核房地产开发项目收入和扣除项目，提升清算水平。四是邀请多位专家对清算人员开展土地增值税培训。7月20日，在汤山税务培训学校邀请市税务局财产行为税处副处长王佩福、经办人张翔、安永税务师事务所清算人员、秦淮区局何红梅等专家对清算人员开展土地增值税培训。（朱　锐）

增值税发票专项治理　栖霞区局结合自身情况，根据省税务局、市税务局发票管理规定，制定加强增值税发票风险管理的相关意见，明确企业申领发票流程。依据企业注册登记性质、纳税人信用等级、行业类型，制定发票风险白名单。白名单纳税人申请发票数量、限额，由纳税服务科发票审核岗核实纳税人税务登记信息、抄报税、税款缴纳、违法违章、公司规模等情况，结合工作经验，确认纳税人发票月供应量、开票限额。非白名单纳税人风险较高的，由税源管理科约谈法人，使用《增值税专用发票调整税务事项约谈模板（法人）》，并计算得分，根据得分情况核定票量。对经税源管理科（所）核查不同意纳税人领购所需发票但企业提出异议的，由法制科提请栖霞区局重大税收执法事项集体审议小组审定。加强增值税异常扣税凭证管理。对开具发票存在异常的进行核实，确属不履行税收义务并脱离税务机关监管的纳税人，认定为走逃（失联）户，按规定确定增值税异常扣税凭证；对于接受异常凭证的纳税人，限期转出，逾期不转出，采取控票等监管措施。经过系列举措，辖区内企业虚开发票现象得到有效遏制，暂未发现虚开发票现象。（李　超）

个人所得税改革　2018年，栖霞区局入库个人所得税8.58亿元，同比减收0.8亿元，下降8.53%。工资薪金所得入库税收6.78亿元，同比增收1.13亿

2018年8月16日，栖霞区局青年先锋队举办“改革攻坚，青年在行动”送政策上门服务活动

（王 骁 摄）

元，增幅19.9%。分季度看，前三季度工资薪金所得入库税收5.72亿元，同比增幅30.06%，第四季度工资薪金所得入库税收1.06亿元，同比降幅15.69%。其中，2018年11月所属期，辖区内工资薪金所得明细申报37289户（有税申报户2685户），申报工资薪金个人所得税3241.51万元，比去年同期降低47.9%。个体生产经营所得税个人所得税（查账征收）申报255户（有税申报户31户），申报生产经营所得税个人所得税5.42万元，改革“减负”效应已经初步体现。一是统筹改革部署，做好组织保障。成立栖霞区局个人所得税改革专项工作领导小组，确保个人所得税改革各项政策顺利落地、平稳实施。二是加强宣传辅导，做好政策保障，确保财务人员明政策，会计算，懂操作。三是强化验证清理，做好数据保障，推进自然人数据清理工作，提高自然人基础信息和申报数据质量，进一步夯实个人所得税税源基础。（李 超）

税收优惠政策落实 栖霞区局将税收优惠政策的贯彻落实作为日常工作中的重点，逐条梳理税收优惠政策，严格落实小微企业所得税和增值税优惠政策。结合企业经营项目、性质规模和行业类型，将符合优惠条件企业与实际享受优惠企业进行比对，查漏补缺。核实企业应享未享情况，对于未及时享受优惠政策的企业，点对点予以提醒辅导，确保企业应享尽享。小微企业所得税和增值税优惠实际享受率达到百分之百。同时，服务科技型中小企业发展，贯彻高新技术企业、科技型中小企业等优惠政策。开展政策宣讲，针对部分企业对政策不了解，已入库但未享受税收优惠的22户科技型中小企业，面对面进行辅导，确保符合条件的纳税人补充申报享受加计扣除优惠。大力宣传软件产品、技术转让等增值税优惠政策，2018年累计218户次企业享受优惠，累计减免增值税5000余万元。（李 超）

人力资源管理与教育培训 国税地税征管机构改革后，栖霞区局共有正式人员162人，其中，中共党员116人，民建会员1人，共青团员13人，群众32人。干部平均年龄为43.25岁，30岁及以下干部共计28人，占比17%；31～40岁干部人数共计27人，占比17%；41～50岁干部人数为51人，占比31%；50岁以上干部人数为56人，占比35%。男女干部人数分别为105人和57人，占比分别为65%和35%。拥有硕士研究生学历的有18人，大学本科学历129人，大专学历14人，高中学历1人。正式在编的162名干部职工中，处级以上12人（含3名非领导职务），科长17人，副科长23人，主任科员49人，副主任科员16人，科员（包括见习）40人，工人及职员5人。领导职务占比30%。栖霞区局拥有注册税务师20人，注册会计师10人，法律职业资格1人，其中，同时拥有注册税税务师、注册会计师资格的4人。2018年10月，在国家税务总局“新机构、新职责、新业务、新作为”知识网络竞赛中，王剑秋、薛梦影、刘明珠、戴飞、李莉等5人进入全省前100名，2人通过法律职业资格考试，3人全科通过税务师考试。为保持队伍活力和战斗力，栖霞区局加强人力资源管理的

2018年9月21日，栖霞区局成功举办了“融合杯”税收业务技能竞赛暨先进事迹宣讲

（王 骁 摄）

同时，继续强化对干部队伍的教育培训。一是业务骨干交叉培训。在改革前期，根据工作实际，熟悉原国税局、原地税局业务的骨干科长，利用中心组学习开展专题业务培训，介绍双方征管模式及核心业务。二是利用平台开展网络培训。提升干部教育培训的针对性和实效性，将组织调训与个人选学相结合，利用中国税务网络大学平台开展网络学习，为干部购买税务师教材，鼓励干部自主学习。三是充分调研按需培训。将组织需求、岗位需求与个体需求相结合，针对征管改革初期存在的难点、热点问题，发放干部培训需求表，开展干部培训需求分析，不断调整充实培训内容。（王剑秋、秦　莉）

监督执纪　一是聚焦税收征管体制改革，开展改革"六项纪律"（政治纪律、组织纪律、机构编制纪律、干部人事纪律、财经纪律、保密纪律）执行情况专项检查，围绕组织纪律、人员安排、财务和资产管理、保密纪律等方面重点监督，保障改革顺利到位。二是抓好日常监督。对18件案件开展"一案双查"（在查处纳税人、扣缴义务人税收违法案件中，一并对税务人员违法违纪行为和执法行为规范性、履职行为廉洁性进行检查），给予2名副科级干部责令待岗3个月处理，对1名副科长进行提醒谈话。三是严肃执纪。组织开展对形式主义、官僚主义的集中整治，共查找征集到问题12个，立行立改整改到位的5个，限期整改的3个。解释说明的事项4个，严防"四风"问题反弹。对市税务局移送的一起发票案件线索进行立案调查。四是开展警示教育。以课堂形式组织党员干部学习税务系统违法违纪案件，进一步教育引导干部讲政治、守规矩、知敬畏。（李珊珊）

从严治党　一是聚焦主责，推进全面从严治党责任延伸。机构改革期间，成立临时党支部，确保组织生活有序开展。"三定"后成立机关党委、机关纪委以及14个党支部，出台《关于进一步加强国税地税征管体制改革期间党建工作实施意见》，制定详细任务分解表，层层落实责任。为基层支部发放"基层支部党建手册"、基层支部工作流程图，推行党支部工作"8+X"制度体系（"三会一课"制度、党费收缴使用和管理制度、党员记实管

2018年11月27日，栖霞区局与南京财经大学财政与税务学院举行校地党建工作联盟启动签约仪式（王　骁　摄）

理制度、党员教育培训制度、发展党员工作制度、统一活动日制度、完善特色制度、组织生活会和民主评议党员制度），发挥领导干部的表率作用。通过强化领导班子"六个意识"（看齐意识、职责意识、担当意识、战斗意识、短板意识、创新意识），强化主体意识，引导党员干部统一思想认识。二是拓展载体，做好党性教育再强化。围绕中共十九大精神和习近平新时代中国特色社会主义思想，以计划为龙头，以中心组学习、"三会一课"（党员大会、支委会、党小组会、微型党课）等制度为依托，通过支部学习会、专题讨论会的形式，开展"亮身份 做承诺 树形象"党员承诺等活动。突出小型、分散、多样的党课特色，以领导干部带头讲、支部书记带头讲为引领，2018年9月16日，区局长殷壁峰开展题为《突出政治建设 聚力改革攻坚 展现新时代新机构新作为新形象》的党课，形成"广泛讲、深入学"的浓厚氛围。深挖改革中的先进党员典型，发挥党员先锋模范和示范引领作用组织"税改融合展风采，不忘初心勇担当"先进典型事迹征集及宣讲活动，主要包括"三好科长"（刘立峰）、"小身板"蕴含"大能量"（纳税服务科科长黄薇）、"退役不退志，争做改革先锋"（办税服务厅四名新军转干部）、"用平凡青春，书写如歌'税'月"（人事科秦莉、李佩容）、"勤奋演绎精彩，真情谱写华章"（税源管理所周家常）等。三是标本兼治，巩固党建基础新成效。按月发放党建工作提示单，对当月党建各项工作及早提出要求和规范，提醒各部门结合具体工作方案做好统筹落实。按季开展支部进行全面检查和督导，将检查

结果进行通报并落实到绩效考核中，形成从检查到考核的检查督导机制。同时选第四税务所党支部树优秀支部典型，倡导各支部向优秀看齐，及时查漏补缺。（李　莉）

老干部工作　截至2018年12月31日，栖霞区局共有离退休干部48名，其中离休干部3人，退休干部45人。设有离退休干部党支部1个，共有党员39人。栖霞区局以党支部为依托，落实“三会一课”、主题党日等制度，以“学习十九大精神，紧跟时代步伐”为主题，开展“奉献新时代，共建新南京”主题实践活动、“我看改革开放新成就”调研活动、“老干部看南京”等活动。落实离退休干部“两项待遇”（政治待遇、生活待遇），定期组织老干部月度活动。召开国税地税征管体制改革情况通报会，向老干部通报征管体制改革进展情况，帮助老干部加深对征管机制改革的了解和认识，争取老干部对栖霞区局工作的理解与支持。重阳、春节等节日集中慰问高龄、生活困难以及患病的离退休干部16人次，老干部整岁生日、患病住院、去世走访慰问9人次，加强对老干部的关心、关怀和关爱。（周　鹏）

群团工作　一是规范完成群团选举工作。根据市税务局系统工会妇联工作要求，选举出马晓蕊、王龙、刘德坤、李森林、陈志标、金富卫、袁莹7人组成栖霞区局第一届工会委员会，袁莹同志任主席，刘德坤同志任副主席；由李莉、张旭辉、张兴才3人组成经费审查委员会，张兴才同志任主任；由马晓蕊、王剑秋、彭蓓蓓3人组成女职工委员会，马晓蕊同志任主任。选举出王剑秋、芮燕、张月、袁莹、彭蓓蓓5人组成栖霞区局妇女联合会第一届执行委员会，袁莹同志任主席。二是开展形式多样工会主题活动。开展“融合杯”税收业务技能竞赛等活动，进一步强化“力合”，促进“心合”，助力改革落地。竞赛设置笔试、擂台赛两轮比拼，其中笔试环节栖霞区局干部参与率70%。三是充分发挥先进典型引领作用。通过宣讲机构改革推进中涌现出的宣传纳税服务科第一责任人黄薇，身兼征管、收入核算、纳税服务等多项业务管理主要负责人刘立峰等先进事迹，鼓舞士气，激励干劲。加强与区机关工委、团区委、系统工会及系统妇联的联系与沟通，积极参与创建活动，获得“南京市青年文明号”“南京市巾帼文明岗”等荣誉称号。四是落实“五必访”（一是员工情绪 不稳定时，工会必须主动与其交流沟通，二是会员有家庭生活经济困难时，工会必须通过各种途径想方法解决，三是会员生病时，工会领导必须代表工会到医院看望，四是会员工作上遇到困难时，工会必须应当及时了解，给予支持，五是会员家庭遇到事故时，工会领导必须给予关心帮助）工作制度。开展困难干部及退休干部的慰问工作，为广大干部职工解决后顾之忧。2018年，栖霞区局工会累计“五必访”人数46人次。（潘　敏）

（责任编辑　张　婧）

江宁区税务局

概况　2018年，国家税务总局南京市江宁区税务局（以下简称“江宁区局”）坚持党对税务工作的全面领导，投身“对标找差，创新实干”活动，推进征管体制改革，履行税收职能，服务经济发展，实现征管体制改革落地、干部队伍管理有序、税收收入增长。被江宁区委、区政府授予“2018年度江宁区机关作风建设先进单位”称号。

征管体制改革。成立改革工作小组，下设综合组、人事组、党建组、法规组、纳服组、征管组、非税组、财务组和信息技术保障组9个专项组，制定江宁区国税地税征管体制改革组织实施工作方案，建立改革工作总台帐，明确任务书、路线图、时间表，实施挂图作战、对表推进。2018年7月20日，江宁区局挂牌，新税务机构正式运行。随后兼顾组织原则和干部利益，以及工作需要和个人专长，形成人员安排意见和方案，10月25日“三定”正式落地。同时，制定《改革国税地税征管体制征管业务工作方案》，明确改革过程中46个改革事项181条具体任务责任单位及开展启动完成时间。统一国税地税相同业务执法标准，修订发布与挂牌和“三定”规定相配套的税收征管制度文件。开展社会保险费非税职能划转工作，会同区人社、财政等部门做好政策衔接，完成社保系统上线对接。推进个人所得税改革，11—12月工资、薪金个人所得税入库0.75亿元，较2017年同期下降33.94%；缴纳工资、薪金个人所得税人数由15万人降至10万人。

干部队伍管理。开展谈心谈话248人次，多渠道听取基层声音。制订改革过渡期有关纪律要求，组织新修订的《中国共产党纪律处分条例》和意识形态工作专题学习会，举办进一步消除“杨、季”恶劣影响专题党课，制定干部请休假和因私出国（境）管理暂行规定，注重数字人事管理与绩效管理相融合，领导推送工作任务9684条，干部自拟任务6027条、工作记实11385条。落实信访维稳工作，执行请示报告、零报告和24小时值班制度。

组织税收收入。定期开展收入形势分析和预测，分税种、分行业实施动态监控，注重收入质量管理，保持税收均衡入库。2018年，组织各项税收收入264.6亿元，较上年增收37.1亿元，增长16.31%；实现区政府一般预算公共收入161.3亿元，较上年增收23.2亿元，增长16.8%；完成区政府年初目标任务157.2亿元（含原江宁区地税局1—10月征收的全区地方税收）的102.6%，占全区一般公共预算收入的63.2%，公共财力增量占全区公共财力总增量的80.8%。此外，征收社会保险费和各项基金费51.28亿元，同比下降11.01%，减收6.39亿元。

全面从严治党。建立健全民主集中制、中心组理论学习制度、党委会工作规则等。开展“不忘初心、牢记使命”主题教育，推进“两学一做”学习教育常态化制度化，中心组集中学习18场次、党支部学习153场次。制定支部党建工作规范和支部标准化建设体系，构建“机关党委—党支部—党小组”组织体系，推行党委委员定点联系党支部工作制度。选树6名改革典型、12名“青年之星”、17名“优秀共产党员”。完善党建全程记实制度，全程记录落实全面从严治党主体责任、监督责任等情况。落实“下抓两级、抓深一层”工作机制，建立党建工作专题报告、分析研判和考核评。建立作风建设工作机制，开展作风建设常态化督查。

税收服务工作。落实税收优惠政策，办理各项退税18.11亿元：其中出口退税7.31亿元，先征后退3.55亿元，汇算清缴退税5.24亿元；办理各类税收减免80.36亿元，其中征前减免72.69亿元。落实“一厅通办”所有涉税业务，涉税问题“一键咨询”，办税“全天候、足不出户”，频发业务“套餐”服务，发票领用免费邮递配送，容缺受理办理服务，办税和社会保险费申报“免填单”机制，逐级签订从严治党责任书，层层压实责任。与中国银行江宁支行党总支实施党建共建，与秣陵街道元山社区开展城乡基层党组织结对工作企业所得税优惠备案资料免报送、扩大退税当场办结范围等服务措施，打造“网络办税为主、自助及其他社会办税为辅、实体办税服务厅兜底”的多元办税新模式。开展走访企业主题活动月活动，走访企业90户，召开纳税人座谈会11场次，征集意见建议50条，并解决反馈到位。

依法行政工作。落实行政审批（许可）清单管理制度，制定改革过渡期税务行政处罚实施方案，采取“集中处理”模式对辖区内纳税人统一实施行政处罚。推行办税服务厅执法主辅制，开展说理式执法。完成纳税评估和风险应对任务951户次，风险应对总成效达3.76亿元。开展经济责任审计整改落实情况“回头看”、减税措施落实情况等二级内控评估3次，开展非居民税收协定待遇情况、行政处罚检查等三级评估42次，梳理排查股权转让、税务登记注销、一般退税三个事项风险点52个，形成有效防控措施14条；开展年度执法督察项目2个，以及国标行业代码转换和房地产交易税收管理专项执法督察2项。（李洪进）

机构设置及负责人

办公室

主　任　邹余祥

副主任　张云鹏

　　　　郭　军

　　　　谭智勇

法制科

科　长　陈　宁

税政一科

科　长　周世敏

副科长　蔡　阳

　　　　詹　成

　　　　陈立平

税政二科

科　长　盛小根

副科长　刘文丽

收入核算科
科　长　周宏海
副科长　凌　蕾
纳税服务科
科　长　张　军
副科长　王　勇（正科级）
黄　瑶
侯良勇
陶　满
征收管理科
科　长　张　健
副科长　孙武军（正科级）
方　玲
陈　程
督察内审科
科　长　罗振坤
人事教育科
科　长　王道平
副科长　张　莹
考核考评科
科　长　周帮金
机关党委（党建工作科）
科　长　徐　志
副科长　杨　峄
老干部科
科　长　梁明霞
纪检组
科　长　笪　莉
副科长　胡　娟
税源管理一科
科　长　欧小浩
副科长　陈广彬
税源管理二科
科　长　杨方全
副科长　许小保
邢　彦
税源管理三科
科　长　杨万海
副科长　丁振鹏
刘　苏
税源管理四科
科　长　马昌亮
副科长　葛家荣
钟　慧
税源管理五科
科　长　陶家祥
副科长　邹正财
陈晓龙
第一税务所（办税服务厅）
所　长　韩　云
副所长　沈克雷
江海涛
杨万俊
第二税务所
所　长　经　波
副所长　盛　阳
提文亮
东山税务所
所　长　潘家贵
副所长　王　强
卞礼洪
汤山税务所
所　长　孔祥龙
副所长　陈富生
沈继承
麒麟税务所
所　长　王全盛
副所长　石晓东
邵清龙
纳税服务中心（税收宣传中心）
主　任　王　勇
副主任　侯良勇（兼）
陶　满（兼）
信息中心
主　任　孙武军

（李洪进）

征管机构改革　江宁区局成立改革工作小组，下设综合组、人事组、党建组、法规组、纳服组、征管组、非税组、财务组和信息技术保障组9个专项组，制定国税地税征管体制改革组织实施工作方案，建立改革工作总台帐，明确任务书、路线图、时间表，实施挂图作战、对表推进。

7月20日上午，南京市委常委、江宁区委书记李世贵和国家税务总局江苏省税务局联合党委委员、副局长倪静石共同为新组建的国家税务总局南京市江宁区税务局揭牌。至此，原南京市江宁区国家税务局和原南京市江宁地方税务局正式合并。挂牌仪式上，国家税务总局江苏省税务局联合党委委员、南京市税务局联合党委书记、局长文月寿，以及江宁区委副书记、区长祁豫玮分别致辞祝贺。参加挂牌仪式的还有江宁区委常委、副区长张会祺，以及国家税务总局南京市税务局第11联络（督导）组全体成员、江宁区国税地税征管体制改革专项小组成员单位主要负责人。挂牌仪式由国家税务总局南京市江宁区税务局联合党委书记、局长罗斌主持。

7月23日，对改革过渡期间有关纪律要求进行明确：一是严明政治纪律。贯彻党对税收工作的全面领导要求，落实“六个严禁”“三个不准”和“四不”要求。二是严明组织纪律。落实上级和区局党委会决议及民主集中制原则，维护党委集中统一领导。加强基层组织建设、思想政治工作和重大事项请示报告。三是严明人事纪律。对拒不执行党组织分配、调动、交流等决定的，给予警告、严重警告或撤销党内职务处分。在特殊时期或紧急状况下，拒不执行党组织决定的，给予留党察看或开除党籍处分。公务员拒绝执行上级依法作出的决定、命令的，拒不执行交流决定的，给予警告、记过或者记大过处分；情节较重的，给予降级或者撤职处分；情节严重的，给予开除处分。四是严肃财经纪律。严肃查处机构改革中漏报、瞒报、隐匿和违规处置国有资产，造成国有

2018年7月20日，国家税务总局南京市江宁区税务局挂牌成立 （耿欣摄）

资产流失，隐瞒挪用资金或虚列支出，转移套取资金，突击花钱、巧立名目发放和私存私放钱物。五是严守保密纪律。执行保密纪律，不对外透漏机构改革内部情况和有关工作、不传播小道消息，不将有关涉密信息上传至互联网或微信群等。对泄露、扩散或者窃取党组织关于干部选拔任用、纪律审查等尚未公开事项或其他应当保密的内容的，给予警告或者严重警告处分；情节较重的，给予撤销党内职务或留党察看处分；情节严重的，给予开除党籍处分。六是严守廉洁纪律。严禁干部违规收受礼品、礼金、消费卡、干股、有价证券和支付凭证；严禁干部公款吃喝、公款旅游、高消费娱乐健身，以及违规出入私人会所；严禁税务干部违规操办婚丧喜庆事宜或借机敛财；严禁违规参加老乡会、校友会、战友会；严禁税务干部巧立名目到企业“吃拿卡要报”，严禁酒后驾车、参与赌博和各类封建迷信活动，以及其他违反公序良俗的行为；严禁违规参加社会集资、担保等活动；严禁在企业和社会团体中兼职，领取报酬。七是严保正常秩序。严格着装规定、文明办公、工作纪律、辅助用工管理、会风会纪管理，以及环境卫生制度、值班和报告制度落实。八是严格督查问责。党委班子成员必须履行“一岗双责”要求，抓好分管部门及联系点全面从严治党责任落实及党风廉政工作。各部门主要负责人严格落实“四个确保”要求，全面落实“两个责任”，时刻绷紧纪律之弦。

8月3日上午，组织20名老干部代表，召开国税地税征管体制改革情况通报会。该局联合党委书记、局长罗斌代表该局联合党委班子，向老干部们通报了改革国税地税征管体制的背景，以及党中央、国务院和省、市、区委政府对国税地税征管体制改革工作的重视程度和具体指示要求；区局国税地税征管体制改革组织领导和工作机制、组织实施主要步骤、改革推进进展情况等，以及落实国家税务总局“四个确保”要求，稳步推进组织收入、纳税服务、队伍管理等日常工作情况；下步改革工作重点事项和时间节点，重点抓好“三定”方案制定落实、社会保险费和非税收入征管职责划转、推进税费业务和信息系统整合优化、强化经费保障和资产管理、清理修订法律法规等方面工作。

明确改革过渡期干部请休假规定。根据《南京市税务局过渡期人事管理工作流程》规定，就过渡期干部管理，出台干部请休假和因私出国（境）管理暂行规定，并于8月1日起执行。该规定对干部申请年休假、事假、探亲假、病假、婚假、产假和丧假等请休假的手续履行、申请时间、审批流程、批准权限等作出规定，规定个人因各种原因需要请假，必须事前履行纸质请假手续，并提前5日填写请休假审批表，按照干部管理权限逐级进行报批。同时，还区分事假、病假和其他假期类型，对相关假期的具体要求以及休假结束后的销假手续办理进行了具体明确。此外，还对干部因私出国（境）管理作出具体规定，明确了干部因私出国（境）申请时限、审批流程、证件台帐管理等要求。

10月24日下午，省税务局第1联络（督导）组副组长徐进，在市税务局第11联络（督导）组副组长刘军陪同下，到江宁区局专题督查县局级“三定”落实情况。江宁区局党委书记、局长罗斌，就江宁区局15个内设机构、5个派出机构、2个事业单位设置、人员岗位配备、办公场所安排、具体实施时间和工作进度、与江宁经济开发区局人员和税户切分，以及干部思想状况和省、市税务局相关规定要求落实情况进行了汇报。徐进在对江宁区局工作给予肯定的同时，提出三点要求：一要围绕“三定”方案实施，按照规定动作要求，进一步排查问题，通过再排查、再梳理，检查是否存在遗漏，做好拾遗补缺。二要按照规定要求，做好社会保险费征缴工作，落实好国务院常务会精神，不抢跑、不创新，一切按制式要求做，坚决防止发生负面舆情。三要畅通干部谈心沟通渠道，一丝不苟、持续深入做好思想政治工作，密切注意和切实掌握干部思想动态，确保“三定”落实过程中不出问题，确保机构改革工作成果。

（李洪进）

各项收入情况　2018年，江宁区局共组织各项收入264.6亿元，较2017年同期增收37.1亿元，同比增长16.31%。其中：税收收入完成213.32亿元，同比增长25.61%，增收43.5亿元；非税收入51.28亿元，同比下降11.01%，减收6.39亿元。非税收入构成：征收社会保险费46.5亿元，同比下降13.13%，减收7.03亿元（除社会保险费缴纳比例降低外，自由职业者社会保险费自2018年1月1日起，不再通过税务系统申报入库，改为直接缴入财政，2017年，自由职业者社会保险费5.68亿元）；征收教育费附加、地方教育费附加、文化事业建设费合计4.38亿元，较2017年同期增收0.51亿元，同比增长13.24%；征收工会经费0.14亿元，较2017年同期增收0.01亿元，同比增长5.12%；征收残疾人保障金0.25亿元，较2017年同期增收0.12亿元，同比增长90.63%。（张　俊）

税收收入特点及分析　2018年，江宁区局税收收入完成213.32亿元，同比增长25.61%，增收43.5亿元。其中：入库增值税75.3亿元，增长5.2%；入库消费税3.55 亿元，增长13.96%；入库企业所得税49.54亿元，增长34.47%；入库个人所得税17.17亿元，增长38.07%；入库车辆购置税13.42亿元，增长58.78%；入库城市维护建设税6.16亿元，增长13.28%；入库房产税4.41亿元，增长19.22%；入库契税30.02亿元，增长130.07%；入库土地增值税5.21亿元，增长-38.91%；入库其他税收8.54亿元。主要特点如下。总体税收收入增长较快，增幅较高；全年税收高开低走，一、二季度增长较快，三、四季度的逐渐回落。一、二季度税收同比增长12.06亿元、18.48亿元，增幅26.75%、45.25%，到三、四季度税收同比增长8.77亿元、4.18亿元，增幅19.22%、10.93%。如9月、3月、4月当月税收分别增长9.09亿元、9.66亿元、5.21亿元，增幅分别为97.6%、77.63%、53.4%。

2018年，税收主要呈现四个方面特点：一是第三产业增速第一占比提升，产业结构持续优化。第一产业入库税收1570万元，同比下降11.6%，税收占比0.08%。第二产业入库税收64.8亿元，同比减收2.5%，税收占比32.4%。第三产业入库税收134.9亿元，同比增长42.5%，税收占比67.5%，较上年提高8.8个百分点。第三产业入库税收贡献度为第二产业的2.1倍，对经济社会发展起到了主要的支撑作用。二是制造业发展平稳，实体经济内力增强。制造业剔除调库因素后税收入库49.9亿元，同比增长5%，税收平稳。一般纳税人申报增值税销售额累计1029.8亿元，同比增长25.3%，外围基本面形势较好；申报进项税额抵扣

123.6亿元，同比增长28.4%，反映出企业固定资产及生产资料投资意愿加强，经济发展的内生力量也随之增强。三是新兴产业及软实力增强，民营经济贡献增大。战略新兴产业税收表现较好，新一代信息技术入库8.2亿元，同比增长了32.7%（其中，制造业相关行业占比80%，增长40.6%，计算机服务及软件业占比20%，同比增长9%），生物产业中医药制造业入库6.5亿元，同比基本持平。此外，科学研究和技术服务业入库7.3亿元，同比增长49.6%，其他服务业入库7.7亿元，同比增长131.99%，区域经济软实力进一步增长。民营经济发展良好，年入库30万元以上的民营企业全年合计入库税款116亿元，同比28.8%，税收占比58%，比2017年同期提升了3个百分点，整体实力和税收贡献程度均增强。四是减税降负成效明显，营商环境进一步优化。全年累计办理各类退税18.2亿元，同比增长42.1%，其中，出口退税7.4亿元，汇算清缴退税4.3亿元，改善民生退税0.5亿元，鼓励高新技术退税1.67亿元，节能环保退税1.3亿元，支持金融资本市场、文化教育体育及其他各项事业退税0.1亿元。（张　俊）

税收征管　2018年，江宁区局以构建“优化高效统一”的税收征管体系为目标，以保证业务连续性和系统稳定性为前提，制定国税地税征管体制改革过渡期税收业务衔接意见，并选取需要后道流转且高频的12项业务，从前台受理、后道流转、文书使用进行明确规定，实行“一厅通办”“只叫一个号，只排一次队”“一套资料办”“主税附加税费一次办”，妥善处理国税地税征管体制改革过渡期税收征管工作，保证纳税人业务的连续性。

优化注销流程。根据《国家税务总局关于进一步优化办理企业税务注销程序的通知》（税总发〔2018〕149号）要求，简化税务注销办理流程，减少报送资料，并对注销业务实行“一窗受理、内部流转、限时办结、窗口出件”的“套餐式”服务模式。对未处于税务检查状态、无欠税（滞纳金）及罚款、已缴销增值税专用发票及税控专用设备，优化即时办结服务，采取“承诺制”容缺办理，即：纳税人在办理税务注销时，若资料不齐，可在其作出承诺后，税务机关即时出具清税文书。同时，落实首问负责制和一次性告知制度，区分事项和复杂程度，分类出具需要办理的事项告知书，对不符合即办条件的纳税人，做好沟通和辅导工作，在税务机关发起审核后，在20个工作日内完成审核手续。2018年，办理即办注销260户，其中企业户176户，个体工商户84户。

征管数据治理。根据国家税务总局开展单管户核实调整的工作要求，组织开展原国地税数据一致性治理工作，重点针对原国地税信息不一致问题进行集中整改，主要包含“单管户、登记不一致、认定不一致”等3个大类、18个小类。对原国税局、原地税局不一致信息实施全面梳理，对梳理出的18761条问题数据进行逐条甄别，清理企业所得税认定问题数据467条，个人所得税生产经营所得认定重复数据120条，其他类数据165条，清理纳税人识别号、档案编号、纳税人名称等国地税重复数据211条，清理纳税期限、征收方式等不一致数据100余条，并及时进行了数据更正维护。（李洪进）

税户基础管理　2018年年底，江宁区局共有正常税户106243户，其中：企业税户45440户，个体税户60803户；停业税户8户；非正常税户5496户，税户占比为4.92%；注销税户41372户，其中：企业税户16343户，个体税户25029户。2018年，新办登记税户31268户，其中：企业税户16112户，个体税户15156户；办理注销税户7453户，其中：企业税户4834户，个体税户2619户。

在税户管理工作中，在江宁区市民中心设置新办登记窗口，做好新办税户登记服务。成立由征收管理科和四个管理科所组成的税户接受实施小组，负责统筹协调原省直属局管辖税户属地调整过程中的业务工作衔接、税户划转、税种鉴定更新、纳税人申报辅导等工作，无缝接受上级下放税户43户。建立数据质量管理长效机制，做好存量税户登记质量管理。根据《国家税务总局关于进一步优化办理企业税务注销程序的通知》（税总发〔2018〕149号），简化税务注销办理流程，减少报送资料，优化办理企业税务注销程序，对注销业务实行“一窗受理、内部流转、限时办结、窗口出件”的“套餐式”服务模式。做好个体税户管理，签订个体“税库银”协议8894户，调整个体征收方式差异8424户次，修改个体税种认定4652

户次，个体准期申报率达99.9%，各项个体征管指标均列市税务局前三位。（陈　程）

税收政策落实　一是抓好政策推送。利用门户网站、微信平台、公告栏、电子显示屏、纳服QQ群等载体发布新政策和相关解读，以及热点、疑点、难点问题剖析与解答。同时，依托纳税人学堂载体开展专题业务培训，并结合所得税汇缴工作，汇编《所得税汇算清缴申报须知》，规范纳税人税收优惠备案事项，让纳税人按图索骥。二是抓好辅导服务。联合区科技局，为拟申请高新技术企业提供面对面服务；走进创新园区，为中小型科技企业享受加计扣除政策提供上门辅导服务；走进大企业提供点对点服务。三是开展专项自查。对降低增值税税率、扩大增值税留抵退范围、放宽享受减半征收企业所得税优惠的小微企业标准等一系列优惠政策开展自查，查找并改进在政策落实过程中存在的不足，确保各项减税政策落地。2018年，累计办理各项退税18.11亿元：其中出口退税7.31亿元，先征后退3.55亿元，汇算清缴退税5.24亿元；办理各类税收减免80.36亿元，其中征前减免72.69亿元。（周世敏）

2018年11月16日，江宁区局召开支持民营经济发展大调研 大走访座谈会　（耿　欣　摄）

社会保险费和基金费征收管理　2018年，江宁区局坚持社会保险费和基金费管理与税收征管同布置、同落实、同考核，注重与社保所、残联、财政、工会等主管部门沟通协作，实时跟踪征收序时进度，开展社会保险费清缴工作，按月通报、按季考核社会保险费和基金费征缴情况，做好社会保险费和基金费征收管理工作。征缴入库社会保险费46.50亿元，完成年度计划数的99.67%；征收残疾人保障金2519万元，较上年增长90.63 %，完成年度计划数190.63%；征收工会经费1448万元，较上年增长5.12%，完成年度计划数的102.38%。

专题调研社会保险费划转工作。组织职能科室人员，与区人社部门沟通协作，注重历史数据统计分析和未来业务量测算，开展社会保险费划转工作专题调研。在外部，根据市税务局下发的新农合与城乡医疗征缴情况衔接调研提纲内容，就2018年及2019年江宁区新农合与城乡医疗政策及差异、征管流程、资金流转、信息系统，以及将要移交业务的范围及对象、征收管理（含征管机制、征收渠道等）、窗口工作量（2017年度）等方面，到区人社部门开展专题调研。在内部，就需移交险种业务的范围及对象（灵活就业、建筑工伤、机关事业单位机关养老、城乡居民等），以及目前本区域征收范围及对象、窗口工作量、征收渠道、窗口及人员配备情况等开展调研，并形成书面调研材料。（李洪进）

货劳税管理　2018年，江宁区局坚持事前防范高发对象、事中防控异常对象、事后打击虚开案件，抓好增值税发票风险快速反应专项工作，完成增值税发票风险快速反应任务13户，占全市税务系统的5.58%、排名第五位。落实财政部和国家税务总局《关于2018年退还部分行业增值税留抵税额有关税收政策的通知》精神，指定专人、设置专岗，做好辖区内符合条件企业增值税留抵退税专项工作。先后完成3个批次退税任务，合计退还67户企业9069.47万元税款。开展增值税抵扣凭证核查管理工作，通过新版抵扣凭证审核检查管理系统完成分检、分派发票3831份，完成各类审核检查任务3334份，未出现逾期回复情形。落实红字增值税专用发票异常处理工作，按月提取红字增值税专用发票异常数据，推送至各税源科（所）开展数据核实反馈、系统录入等工作，完成623条异常数据核实处理工作。全年入库增值税75.3亿，增长5.2%。落实成品油消费税征收管理工作，完成四批次36户次成品油经销企业"期初油品库存数据运维申请表"上报工作，及时解决纳税人库存录入、发票开具过程中遇到的各类问题。全年入库消费税3.55亿，增长13.96%。

（李洪进）

国际税收管理　2018年，江宁区局按季度对非居民税收合同备案和付汇备案开展后续管理，建立工作审核底稿制度并进行会审。全年开具对外支付证明205份，扣缴所得税4209.21万元，扣缴增值税769.4万元；抽取3户企业进行全年对外支付合同审核跟踪管理，并对其中1户设计的劳务与特许权划分进行案例分析；督促和辅导16户非居民企业完成2017年度汇算清缴，申报缴纳所得税110.85万元；完成2份专项情报和5份自动情报的制作。加强跨境税源风险管理，国际税收成效132.63万元，查补所得税111.87万元，增值税20.74万元，滞纳金0.02万元；按季度对外管传递的涉税风险数据开展审核，全年审核三批次16条数据，对发现问题的1户及时更正补税；按月做好美资企业税收监控分析，年度上报典型美资企业（霍尼韦尔）税户分析案例。做好税收协定落实工作，全年受理协定备案7户次，合计减免税额7799.79万元，其中：股息类6户次，减免税额1846.67万元；财产收益类1户次，减免税额5953.12万元。做好“走出去”企业风险管理与服务，对23户“走出去”企业开展税收辅导和帮助服务，核实及更新本地“走出去”企业清册。（李洪进）

推进个人所得税改革　新个人所得税法发布后，江宁区局多措并举推进改革落地。一是成立个人所得税改革专项工作领导小组，制定个人所得税改革专项工作方案，建立集中工作组工作机制，实行“日报”制度，分级组织、分类推进改革工作。二是在以科所为单位组织个人所得税新政专题培训的基础上，向全区六万多户扣缴义务人发送短信，多渠道、多方式宣传过渡期政策和申报操作流程。三是在办税服务大厅增加人员力量配备，设置个人所得税改革辅导专岗，配备个人所得税申报辅导专员，专业解答纳税人的咨询、专职辅导相关办税业务。四是组织开展自然人税收管理系统（ITS）数据清理、系统测试及扣缴义务人客户端应用培训工作。辖区内行政事业单位、重点税源户、涉税中介以及扣缴人数20人以上的重点纳税人的财务人员参加培训。五是制定落实个人所得税改革过渡期舆情监控应急处置预案，建立负面舆情快速处理机制，防范负面舆情发生，改革落实中未发生负面舆情。（李洪进）

环境保护税征管　2018年，江宁区局成立环境保护税专项工作领导小组，统筹安排江宁区环境保护税征管工作。建立由财政、税务、环保三部门组成的环保税征管协作机制，定期就数据交接、税款计算、重点企业等问题开展部门联席会议。成立由发改局、工信局、住建局、农业局、扬尘办组成的环保税协税护税网络。开展环境保护税政策培训，举办环境保护税政策培训3场、建筑扬尘环境保护税专项培训3场，培训人次累计692人。建立环境保护税纳税人政策辅导微信群，“点对点”答疑环境保护税信息采集、申报、计算等问题，并对辅导效果进行评价反馈。按时开展环境保护税税源预测及收入分析，逐户逐个比对企业申报数据和环保部门传递数据，对复核差异户通知其自行调整。全年征缴环境保护税6718.29万元。（李洪进）

纳税服务　2018年，江宁区局落实“一厅通办”所有涉税业务、涉税问题“一键咨询”、办税“全天候、足不出户”、频发业务“套餐”服务、发票领用免费邮递配送、容缺受理办理服务、办税和社会保险费申报“免填单”、企业所得税优惠备案资料免报送、扩大退税当场办结范围等服务措施，打造“网络办税为主、自助及其他社会办税为辅、实体办税服务厅兜底”的多元办税新模式。

开展走访企业主题月活动。10月22—31日，江宁区局领导班子全体成员与江宁高新区管委会负责人，联合开展走访企业主题活动月活动。走访中，该局领导班子成员结合走访企业规模、企业性质和个性需求等，采取上门走访“一对一”

2018年11月1日，江宁区局召开“问需求 优服务”座谈会（耿欣摄）

沟通、举行座谈“面对面”交流、现场答疑“点对点”服务的方式，了解企业生产经营状况，宣传支持企业政策，介绍“一厅通办”“一键咨询”等系列税收服务举措，从政策落实层面帮助企业防范风险，并了解企业对税收服务的需求、对税收工作的建议、对国地税征管体制改革的意见。累计走访企业90户，其中：规模以上企业14户、重大产业项目1户、资质以上建筑业企业4户、房地产开发企业10户、中小微企业61户。共征集到企业存在的困难及问题21条，对优化营商环境、提供纳税服务、落实税收优惠政策等方面意见和建议3条。

举办“问需求 优服务”纳税人座谈会。11月1日下午，召集辖区内20家企业代表召开“问需求 优服务”纳税人座谈会，征集纳税人涉税需求和对征管体制改革的意见建议。参加座谈会的纳税人代表既有重点税源户也有一般税源户，既有规模以上企业也有中小微企业。纳税人代表从机构改革、政务公开、优惠落实、便捷办税和作风行风等方面，结合自身办税感受，既肯定了税务机构改革和纳税服务等方面的成绩，也对纳税服务、税收管理等提出了意见建议，有的还提出了一些具体涉税问题。针对纳税人代表提出的意见建议和涉税问题，该局职能科室一一给予了回应和解答。同时，该局党委书记、局长罗斌表示，抓好涉税业务“一厅通办”、涉税问题“一键咨询”、办税“全天候、足不出户”、频发业务“套餐式”办理、领用发票邮递配送、办税容缺受理、办税和社会保险费申报“免填单”、税收优惠精准导航服务、企业所得税优惠备案资料免报送、扩大退税当场办结范围和减少退税流转环节等纳税服务措施落实，把改革红利转化为为民、便民、利民的成效。

做好投诉应对处理。建立纳税投诉受理、督办、反馈机制，畅通纳税人诉求渠道，对“12345”、“12366”、特服电话以及办税现场接受的纳税人诉求，在2～4个工作日内办结完成，及时化解征纳矛盾，保护好纳税人合法权益。2018年，受理投诉工单1687件，其中：“12345”工单995件、“12366”工单418件、市局转办单274件，全部按规定答复。“12345”热线综合满意度98.39%，位居全市税务系统第三；“12345”办结提速率87.68%，位居全市税务系统第一。（李洪进）

首个征期平稳运转 8月份是区县级税务机关合并后的首个申报期，江宁区局多措并举保申报期工作平稳运转。一是“一窗通办”。整合办税服务厅资源，设置“发票业务”窗口7个、“综合服务”窗口16个、备用窗口6个。让纳税人在一个窗口、交一套资料即可同时办理增值税、城建税、个人所得税等所有税种的申报、更正、退税等业务，避免发生“两头跑”、多次排队等候情况。二是导税分流。增加导税台人员，做好简单业务咨询，发放需要填写的表格，并在对纳税人提交涉税资料预审后，根据业务类型发号分流，减少纳税人在办税服务厅滞留等候时间。三是网上办税。注重办税服务厅网上办税体验区软、硬件管理，引导签订税银合作协议的纳税人在网上申报，并安排专人在网上办税体验区进行网上办税辅导，让纳税人在家、在办税室即可完成纳税申报、发票领购、验旧、涉税信息变更等业务，实现“不见面办税”。四是领导值班。落实领导值班制度，值班长全天候在办税服务厅巡视，解决办税服务厅人员滞留、窗口业务量不平衡、纳税人急难事项等问题。申报期受理涉税业务8186笔，其中发票业务2499笔，综合服务业务5687笔。

（李洪进）

党的建设 发挥区局党委领导核心作用，学习“党委会的工作方法”，建立健全民主集中制、中心组理论学习制度、党委会工作规则等，完善党委工作机制。推进“两学一做”学习教育常态化制度化，中心组集中学习18场次、党支部学习153场次。制定支部党建工作规范和支部标准化建设体系，构建“机关党委—党支部—党小组”组织体系，选树6名改革典型、12名“青年之星”、17名“优秀共产党员”。完善党建全程记实制度，全程记录落实全面从严治党主体责任、监督责任等情况，并按月督查、按季交叉检查。落实“下抓两级、抓深一层”工作机制，建立党建工作专题报告、分析研判和考核评议机制，逐级签订从严治党责任书，层层压实责任。加强与区委组织部、区级机关工委沟通联络、工作衔接，参与江宁区“跟党在前行”“1+X”党建品牌建设，推进“一部门一品牌、一支部一特色”党建品牌创建。与中国银行江宁支行党总支实施党建共建，与元山社区开展城乡基层党组织结对工作。成立消除“杨、季”恶劣影响工作领导小组，举办进一步消除“杨、季”恶劣影响专题党课。

组织全体党员干部，专题学习新修订的《中国共产党纪律处分条例》。邀请省纪委案件审理室主任杨光对新修订的条例作专题学习辅导，重点解读了条例修订的重要变化，首先是把坚决维护以习近平同志为核心的党中央权威和集中统一领导作为出发点和落脚点，在总则部分增加了以近习平新时代中国特色社会主义思想为指导，坚持和加强了党的领导，坚决维护习近平总书记党中央的核心、全党的核心地位，坚决维护中央权威和集中统一领导，牢固树立政治意识、大局意识、核心意识、看齐意识等内容；政治纪律部分增加了对重大原则问题上不同党中央保持一致，搞山头主义、拒不执行党中央确定的大政方针，落实党中央决策部署打折扣、搞变通等行为的处分规定。其次是严明政治纪律和政治规矩，在分则政治纪律部分共26条，新增5条，修改12条，新增和修改条款在六项纪律中居于首位。第三是坚持问题导向，将一些新型违纪行为列入“负面清单”，针对突出问题和新型违纪行为扎紧制度篱笆。第四是把执纪和执法贯通起来，做到纪法贯通，坚持纪严于法、纪在法前。

组织全体党员开展意识形态工作专题学习。中共南京市委宣传部调研员邹雷为该局全体党员上了题为《做意识形态工作的明白人》的专题党课。邹雷联系国际国内政治生态、舆论环境、社会制度，从理论到实际，以案例解剖法，深入浅出、由点及面，论述了当前意识形态斗争的长期性、复杂性和艰巨性，阐述了加强意识形态工作的紧迫性、重要性和必要性。在此基础上，需结合党中央和省委、市委对意识形态工作巡视巡察情况，通报了当前意识形态工作存在的普遍性问题，并结合当前意识形态工作实际，联系如何落实好党中央和省委市委对意识形态工作的决策部署和指示精神，从党委落实意识形态工作责任制、加强意识形态阵地建设和队伍管理、维护网络意识形态安全和重大问题处置等方面，讲解了意识形态工作任务。（李洪进）

干部人事管理　2018年，江宁区局在新机构“三定”落实过程中，兼顾组织原则和干部利益，考虑工作需要和个人专长，并在开展谈心谈话、取得干部认同支持的前提下，形成全局人员安排意见和方案，并调整到位。对部门单位主要负责人的配备，秉持公心公正，坚持平移原则，按照配备选任条件，参照上级通用做法，依据资历、经历等客观因素来进行权衡配备。

数字人事管理。按照工作标准不降低、数据累积不断档、数据应用不打折，推进数字人事管理与数据运用。一是在“三定”方案制定过程中，借助数字人事系统，对干部工作经历、年龄分布、学历层次进行分析，并综合现实和历史表现，多角度、多维度分析评价干部，为党委选人用人提供决策参考。在“三定”方案落实后，按照定岗定责定标原则，核定细化各岗位人员责任，对25个部门234名干部相关信息进行调整与维护。二是领导班子和部门正职通过下发重点工作、查看工作记录，推进重点工作落实；干部自身则通过“工作记实”“日志展晒”“点赞播报”等模块展示日常工作情况。领导推送工作任务9684条，干部自拟任务6027条、工作记实11385条。三是依托数字人事已建立的职业基础、业务能力、领导胜任力、日常绩效、公认评价等方面多层指标体系，对干部成长轨迹进行记录量化、定期分析，实现同级同类人员横向综合对比及干部不同时期纵向对比。

举行中层主要负责人履职集体谈话，该局党委书记、局长罗斌提出五点希望和要求：一是讲政治，守纪律，坚定立场高站位。把旗帜鲜明讲政治作为第一位的要求，把讲政治体现在日常言行、

2018年10月25日，江宁区局举行“三定”宣布仪式（耿　欣　摄）

扎根于本职岗位、融入到工作学习生活之中，自觉强化“四个意识”，守土有责、守土尽责、守土负责，坚决履行好主体责任。二是讲学习，增技能，与时俱进强素质。把学习当作需要和责任，作为提高本领、做好工作的前提，加强党性修养，注重业务学习，切实提升自身综合素质和工作能力。三是讲履职，促发展，围绕中心顾大局。把讲履职贯穿想问题、办事情的全过程，胸怀全局，找准坐标，牢记使命，优化服务，自觉做到工作思路与区局党委的决策一致，工作目标与区局党委的要求吻合，工作重点与税收中心工作合拍。四是讲责任，勇担当，履职尽责出合力。保持高度的政治觉醒和思想定力，落实好“两个责任”，加强党风廉政建设，切实改进工作作风，倾心尽力带队伍。五是讲团结，强融合，高点定位勇争先。坚持以上率下，坚持以人为本，坚持争先创优，坚决落实“事合、人合、力合、心合”要求，把“加快磨合、加速融合”作为所有工作的重中之重，用“双融合”确保改革顺利推进，以新的业绩展示新时代新机构的新形象。 （李洪进）

获评“江宁区机关作风建设先进单位” 在12月29日江宁区召开的全区作风建设大会上，江宁区局被区委、区政府授予“2018年度江宁区机关作风建设先进单位”称号。在作风建设中，紧扣江苏省“3550”改革目标，把优化营商环境与推进便民办税结合起来，把“便民办税春风行动”作为推进作风建设主抓手，打造“网络办税为主、自助和其他社会办税为辅、实体办税服务厅兜底”的多元办税新模式。落实国家税务总局办税事项“最多跑一次”清单，只要纳税人的涉税资料齐全，当场受理并在承诺的期限内出件。推进办税服务大厅标准化、规范化建设，优化办税服务举措，为纳税人提供延时服务、预约服务、午间服务、上门服务、跟踪服务等。设立咨询辅导室，对不常发生、疑难复杂业务，由导税台指引、安排业务骨干一对一提供咨询辅导。做好“96888710”特服号服务，专业承担纳税人电话咨询、投诉工作。贯彻Easy便捷、Efficient高效、Enthusiastic热情的税收服务理念，推进征收服务品牌“办税e站”建设。 （李洪进）

（责任编辑 梁晓玲）

浦口区税务局

概况 2018年，国家税务总局南京市浦口区税务局（以下简称“浦口区局”）在省、市税务局的领导下，坚持稳中求进工作基调，以新发展理念为指引，以打好税收征管体制改革攻坚战为主线，履行税收职能，深化新经济和新业态研究，加强干部队伍建设，实现了税收与经济协调发展，完成各项工作任务。

履行税收职能，推进中心工作。浦口区局2018年累计组织入库税收117.67亿元，同比增收32.59亿元，增长38.3%，完成收入目标。一是依法依规组织收入，加大对重点行业（企业）收入质量分析监控，防止收过头税和虚报空转情况发生。二是做好月度税收预测工作，采取多种形式，判断税收预期。三是跟踪经济税源发展态势，关注宏观政策对税收影响，报送分析报告，为领导研判税收经济形势和宏观决策提供参考。四是抓好重大项目管理，实行项目库管理，分析预判项目潜在税收效益，按时完成反馈。五是树立整体税源观，推动“一品牌、三名单”创新项目组织开展。通过税收视角看浦口经济发展的税收分析“一品牌”，建立税收分析指标体系，加强重点行业及重点税源企业的动态监测，从税收视角反映经济运行质量和态势。开展经济税源调查，确立重点税源“蓝名单”稳升总量，做好重大项目“绿名单”税收储备，建立大数据分析团队，定期分析筛选“黑名单”，为风险管理提供靶向性来源，提高组织收入的质量和水平。六是改进退税服务，提升退税质效。累计受理各类退税4137户次，退税金额17.38亿元。浦口区局对台积电公司开通退税服务“直通车”，以“快一拍”节奏超前服务，实现退税办理“浦口税务速度”。2018年，台积电留抵退税、减免退税及出口退税金额共9.92亿元（2017—2018年累计已退税款19.01亿元）。

推进改革任务，促进深度融合。浦口区局围绕中心，顺应改革发展形势，在全市税务系统中第一家确定合并后办公地点，完成新机构挂牌、“三定”方案宣布及落实等各项工作，改革工作成效受到浦口区委区政府及市税务局的认可与肯定。浦口区局融合工作全面开展，为实现“事合、人合、力合、心合”目标奠定基础。

推进全面从严治党，加强党风廉政建设。浦口区局围绕上级要求，抓好管党治党责任落实，推进党的全方位建设，确保全面从严治党各项部署落到实处，为改革工作开展提供政治保障，强化思想理论武装，筑牢干部思想政治基础，加强基层组织建设，创新开展“不忘初心”系列党建活动，提升站位、对标找差，推进作风建设，以特色活动为载体，加强精神文明建设，明确党风廉政建设责任，强化落实监督，严格执纪严肃问责，彰显力度加强教育，推进廉政生态建设。

推进依法治税，权力运行规范有效。坚持依法行政，规范执法行为，提高执法效能，将法治思维和法治方式运用于各项税收工作。释放政策红利，落实各项减税降费政策，助推企业发展和民生改善。坚持重大事项集体审议制度，进一步规范行政处罚行为、重大税务事项执法行为，降低执法风险。聚焦风险防范管理，进一步加强增值税发票风险管理，加强联动推进司法合作。

深化税收管理改革，提高税收风险管理水平。一是强化税源动态监控，提高征管数据质量，强化欠税管理，按规定落实欠税公告制度，开展欠税清理工作，2018年共清理欠税2796户次，入库税款7731.5万元。二是加强委托代征单位管理，防范代开发票风险，做好个体征收管理工作，2018年，委托代征单位共征收税款47276.37万元。三是持续加强风险应对管理，优化纳税评估程序，强化团队化运作，推进重点税源企业汇缴前预审，落实评估项目竞标制，推动纳税评估工作跃上新台阶。2018年，完成评估325户，涉及绩效15714.23万元，入库绩效10315.07万元。

提升纳税服务质效，优化营商环境。通过简化企业开办税务环节流程、上门送政策送服务等服务企业相关举措，在优化营商环境、推广线上办税和提升纳税人满意度等方面取得成效。2018年，浦口区局企业开办速度和不见面审批率连续12个月居于全市税务系统第一，浦口区局办税服务厅、政务服务中心在全市税务系统首个实现原国税地税业务“一厅通办”“一人一机两系统”对外办税模式。在2018年全国纳税人满意度调查中，浦口区局位列南京市参与调查的四个区局第一位、江苏省第三位，在全国参与调查的500个区县中排名第23。

（李　畅）

机构设置及负责人

办公室

主　任　汪悦兵
副主任　蔡建军
副主任　江　露

法制科

科　长　肖　巍

税政一科

科　长　袁永梁
副科长　王溢峰
副科长　庄高强

税政二科

科　长　龚维健
副科长　滕　琳

收入核算科

科　长　李　君
副科长　赵　鼎

纳税服务科

科　长　戚　杰
副科长　沈　飞

征收管理科

科　长　王　勇
副科长　魏　璟

督察内审科

科　长　陈宗兵
副科长　张　菡

人事教育科

科　长　王　莉
副科长　杨　清

考核考评科

副科长　宋　虎
副科长　高　弈

税源管理一科

科　长　陈德虎
副科长　徐小忠

税源管理二科

科　长　李　云
副科长　孙启红

税源管理三科

科　长　高　宏

副科长　林　莉

税源管理四科

科　长　韩顺琴

副科长　董正祥（正科级）

税源管理五科

科　长　郑　红

副科长　祁　静

党建工作科

科　长　周璟阳

副科长　朱玲玲

老干部科

科　长　王　强

副科长　辛　勤（正科级）

第一税务所（办税服务厅）

所　长　傅文锐

副所长　张小红

副所长　何　锦

第二税务所

所　长　周　棣

副所长　郑自虎

江浦税务所

所　长　汤永锋

副所长　孙贤明

副所长　张　伊

桥林税务所

所　长　陈德龙

副所长　张位喜

汤泉税务所

所　长　邓　悦

副所长　兰全斌

（廖文君）

国税地税征管体制改革　2018年，浦口区局顺应改革发展形势，推进各项工作要求落实，确保征管体制改革、重点工作平稳推进。一是按照省、市税务局统一部署和浦口区委区政府工作要求，在市税务局第12联络（督导）组指导下，整合相关资源，提前谋划、统筹考虑，制定改革任务书、时间表。学习国家税务总局会议精神以及局长王军讲话精神，将会议精神传达到每一名干部，领导班子带头讲政治、讲大局、讲奉献，严肃纪律，齐心协力序时推进改革任务。二是成立浦口税务机构改革工作小组，负责统筹协调、整体推进、督促指导改革工作。设立综合组、人事组、党建组、法规组、纳服组、征管组、非税组、财务组和信息技术保障组共9个专项组，具体负责改革任务的细化落实。各专项组实行团队工作模式，根据业务特点和工作需要组建工作团队，集中人员、明确职责，确保按计划进度和工作要求高质量完成改革任务。三是按照职责分工，抓好改革期间各项重点工作。按照上级要求制定方案及预案，确保挂牌仪式、“三定”宣布仪式举行。落实重大事项报告制度、领导值班制度和值班长制度等各项制度要求，重视信访维稳工作，建立联席会议制、领导负责制，分层分级管理。强化组织领导，做好个人所得税改革过渡期工作及社会保险费职责划转准备工作，建立投诉快速反应、解决机制，确保打赢征管改革第三场主攻战。四是严明政治要求、纪律要求，强化制度执行力，明确岗位职责，强化责任落实，加强日常执法督查、劳动纪律检查，紧盯主业主责，明确工作目标，确保思想不滑坡、工作不走样。分层次开展谈心谈话，了解干部职工思想状况，倾听干部心声，推动工作，为完成浦口区局国税地税征管体制改革任务提供思想和组织保证。　（李　畅）

各项收入情况　2018年，浦口区局共组织各项收入140.29亿元。其中，税收收入117.67亿元，较上年度增收32.59亿元，同比增长38.3%；完成一般公共预算收入64.48亿元，较上年度增收19.79亿元，同比增长44.27%。从税种贡献来看，增值税、企业所得税、契税入库86.43亿元，占总税收的73.45%。其中，增值税入库35.9亿元，占总税收的30.51%；企业所得税入库36.68亿元，占总税收的31.17%。从经济产业来看，税源向第三产业集中。第三产业企业入库税收95.81亿，税收占比81.42%，同比增加70个百分点，增幅、税收占比保持领先。组织非税收入22.62亿元，其中征缴社会保险费20.74亿元，征缴面为98.56%；残疾人保障金入库1052.30万元，增幅为39.44%，征缴面达80%以上；工会经费入库812.55万元，增幅为8.12%；教育费附加1.07亿元。稳妥做好社会保险

费划转工作，规范基金费征缴工作，完成收入工作任务。（赵梅娟）

税收收入特点与分析 2018年，浦口区局组织税收收入117.67亿元，同比增收32.59亿元，增幅38.3%；完成一般预算收入64.48亿元，同比增收19.79亿元，增幅44.27%。主要特点：一是收入增幅创近年新高，财政贡献持续提升。2018年，各季度税收均保持较高增速的增长，全年各季度税收增速分别是29.61%、57.05 %、26.92%、28.20%。整体增速较快，税收增幅位居全市第一，税收总量在全市16个征收单位中位居第10位，在新五区中，税收总量保持第二位，仅低于江宁区。税收一般预算收入占全区一般公共预算收入的88.36%，较2017年同期提高13个百分点，对地方财政贡献进一步提升。二是从产业结构来看，税源向主体行业集中。重点行业表现各异，房地产业与其他重点行业税收分化较大。2018年，税收占比最高的五个行业依次是房地产业、建筑业、制造业、租赁和商务服务业、批发和零售业。2018年，房地产业税收58.68亿元，占总税收的49.86%；建筑业税收10.87亿元，占总税收的9.24%；制造业税收9.52亿元，占总税收8.09%；租赁和商务服务业税收8.48亿元，占总税收7.21%；批发和零售业税收8亿元，占总税收6.8%。以上主体行业税收占总税收超八成。三是除土地增值税外，主体税种全面增收，其他地方税收增势稳健。从税种贡献来看，增值税入库35.9亿元，同比增长29.31%，占总税收的30.51%；企业所得税入库36.68亿元，同比增长48.44%，占总税收的31.17%；契税入库13.85亿元，同比增收9.41万元，占总税收的11.77%。从税种增收贡献来看，国内增值税、企业所得税、契税合计增收20.34亿元，占全部税收增量的90.59%，其中，企业所得税增量最大，增长11.97亿元，其主要来源于房地产业。入库地方主要税种收入21.28亿元，同比增长9%，其中，土地增值税由于项目清算退税因素，入库6.43亿元，同比下降6.65%；新增税环境保护税入库0.51亿元。消费税收入3.60亿元，同比增长31.66%。四是民营企业主体地位突出，税源向纳税大户集中。截至2018年年底，浦口区共有17012户民营企业纳税人，占企业总户数的90.23%，2018年，入库税收70.01亿元，占比81.53%，同比增长31.42个百分点。民营企业已经成为浦口区经济税源的主要来源。全区纳税大户呈逐年递增趋势，重点税源企业支撑作用明显。单户全年缴纳税款超过1000万元以上的纳税人有109户，占规模企业总户数的比例为0.58%，同比增加26户；税收贡献度达到总税收的70.11%，同比增加47%。2018年，缴纳税款达亿元的重点税源企业有15户，税款合计25.15亿元，税收贡献度达总税收的29.29%。2017年同期税款超亿元企业6户，税款合计12.03亿元，2018年同比增加9个百分点。（赵梅娟）

税收征管 一是加强征管日常工作管理。按月提供增值税留抵抵欠、以退抵欠数据，以及需要开展强制执行的欠税纳税人名单和筛选符合认定非正常户条件的纳税人信息，发布税务登记“一址多照”数据；核实江北新区直管户异议名单261户的注册地址和管辖税务机关情况，完成847户江北新区国库调整工作。上报市税务局44户异地征管户及935户原浦口区国税和地税管户不一致的核实情况。落实个体双定户税额核定、年度分月汇总申报等事项。运用委托代征系统实现10128户个体双定户的征管，关注双定户的自开发票情况，按月完成开票收入与申报数据不一致清理，运用委托代征系统做好881户双定管户分配工作。按月下发双定户开票未及时上传103户名单，下发核实更正申报。二是加强对委托代征单位的管理，做到税款日清月结，2018年未发生征收异常数据。完成10户委托代征单位的协议签订工作，解决委托代征单位日常问题，保障委托代征系统正常运行，防范代开发票风险，2018年，委托代征单位共征收税款44106.7万元，为组织收入工作起到补充作用。按规定落实欠税公告制度，按季公告欠税人欠税情况，开展欠税清理工作，清理欠税2273户次，入库税款7219.3万元。二是抓好风险应对工作。实施风险应对每周例会制。采取线下线上相结合的方式进行集体审议，对集中讨论风险疑点并定下审议结果；由各税源科、所向分管局领导汇报未完成的评估任务的进度和计划，区局风险管理团队对政策和执行方面的疑难问题当场予以明确。完善风险应对配套管理制度，拟定纳税评估绩效考核办法及考核标准，完善特色纳税评估户分类方法、分级审议办法，作为南京市四个基层单位之一，参与全省税务系统线上风险应对应用试点。结合风险应对工作实际，使用线上风险应对相关功能，对新流程先行先试，承担征管改革有关任务。总结提炼实践经验，参与编写全省税务系统行业模型与案例库。2018年，共完成评估325户，总涉及绩效15714.23万元，总入库绩效10315.07万元。（王　勇）

税收政策落实　一是增值税留抵退税政策落实，2018年，按照上级要求，一次性退还符合条件企业在一定时期内形成的增值税留抵税额。通过开展集中培训确保退税流程顺畅，提高重点企业退税比例。在4个工作日完成42户纳税人全部退税流程，合计退税3.39亿元。二是落实小微企业优惠政策。建立小微企业分户台账有效掌握税源基本情况。实行全程监控，在季度及年度申报期内持续对企业辅导，确保纳税人应知尽知。在申报期后逐户筛查小微企业数据，及时推送疑点数据进行整改，确保优惠政策应享尽享。2018年，小微企业共11362户，盈利2673户，除1户企业享受其他优惠外，其余2672户均享受小微优惠政策，实际政策受惠面100%，减免税额3878.95万元。三是落实高新技术企业税收优惠政策，鼓励发展创新。针对重点纳税人、当年预计将申请及上年申请未通过企业等不同群体，各有侧重开展培训辅导。2018年浦口区局进行高新技术企业申请认定初审87户，公示通过63户，通过率72.41%。

（王溢峰）

纳税服务　一是推进多元化办税。在浦口区政务中心工商登记和税务窗口间增设“网上办税区”，提供工商税务“一站式”服务，打破部门壁垒，衔接工商税务流程，缩短办税距离，减少办税时长。成立办税流程后台审批团队，由青年骨干作为主力，成立专项业务小组，后台当场办结办税信息补录、税控发行、发票发放、CA证书领取、税银协议签署等各环节业务，下放审批权限，简化办税流程，提高办税效率。2018年7—12月，浦口区局共受理企业开办综合业务套餐申请2378户，准期办结率100%，企业开办办结平均用时0.53小时。二是落实“两个清单”“三个强化”。推行“全程网上办”和“最多跑一次”清单，强化“线上办税引导”“业务辅导力量”“宣传培训工作”，通过投入自助办税设备，鼓励纳税人在线上办税区体验线上办税，安排专人在自助办税体验区进行现场业务指导及后台业务咨询，帮助纳税人进行业务实战操作，熟悉电子税务局操作流程，实现全区87.3%的涉税业务可以网上全程办理。2018年7—12月，浦口区局合计发生办税业务52.0335万笔，其中网上（电子化）办理量47.0766万笔，网上办理比率达90.47%。三是提升服务质效。积极推行纳税服务规范化建设，完善基础设施，健全应急管理机制，制定《文明服务规范二十条》和《纳税服务评审工作办法》，编写纳税服务浦口样板方案与清单，打造“纳税服务浦口样板”工程，按日组织窗口服务人员召开标准化晨会，按月开展全体服务人员纳税服务评审，按季进行全局干部职工的服务明星评选活动，进一步规范工作人员的语言、行为和服务，提升全体工作人员的文明素养，树立税务人员新形象。四是优化税收营商环境。区局领导主动向区内纳税人公布个人手机号码直接回应纳税人疑难问题，组织召集企业座谈会15场172户，实地走访企业61户，其中，大部分为民营企业。通过大走访、大调研问计问需纳税人，现场解决问题45个，向上级反馈问题5个，切实解决企业实际需求和涉税困难。

（张子荷）

个人所得税改革　2018年改革期间，浦口区局全力落实好改革工作各项任务，确保个人所得税新政落地。

合力组织推进。一是主动向浦口区委区政府汇报个人所得税改革阶段工作任务、过渡期税改效应报告以及全面税改影响，争取地方党委政府支持。推进区委区政府将个人所得税改革纳入2018年度民生发展重点工程之一，形成人社、教育、公安、民政等相关部门配合的改革落实机制，构建个人所得税社会共治格局。二是建立主要领导负责制。成立个人所得税改革专项工作领导小组，分局主要领导作为第一责任人。采取“阶段方案+每周重点”推进方式，工作方案明确阶段性工作任务、完成时间、责任人；根据序时工作完成情况，细化、分解工作任务步骤，形成每周任务工单，照表推进、跟进落实，确保各项工作序时完成。三是推进部门融合。税政、征管、纳服、信息、宣传等部门共同联动，建立个人所得税改革专项集中工作组，打破部门边界、充分融合，围绕改革落实中心，抓牢绩效考核与督查督导两项手段，做好政策落地各项工作。四是发挥绩效考核“指挥棒”作用。制定浦口区局《个人所得税改革专项绩效考评办法》，将个人所得税改革专项任务细化分解，作为2018年重点督查事项，落实责任追究，确保改革任务落实落细。同时，结合系统大走访活动，通过召开纳税人座谈会，走访重点企业的形式，收集社会各界对个人所得税改革政策的意见建议共100余条，均已限时回复、将留存问题归纳上报。

组织新政策业务培训。一是对内因岗施教重点学。分阶段开展多轮特服号人员、办税服务厅工作人员等一线人员以及征管、纳服、税政、法规、信息技术部门、风险管理等岗位人员的全员培训。培训中突出重点，将办税服务厅工作人员等一线征管服务人员作为重点培训人群，政策变化点、征管规范、系统操作等作为重点培训内容。对举办的培训，形成课件、影音培训资料由税政部门下发，所有税务干部可以随时随地进行新政策学习。二是对外线上线下深度学。通过各种手段引导纳税人网上收看个人所得税政策直播大讲堂，对重点纳税人、扣缴义务人组织多场现场培训，对部分人员集中的扣缴单位进行上门培训、辅导。统筹培训课程安排，2018年组织开展扣缴义务人过渡期政策培训、重点征管项目“预培训”，扣缴客户端操作“预培训”共13场，培训辅导人员近3000人。

开展税收新政宣传。一是做好各类宣传资料投放。将税务宣传从税务系统延伸至公众的日常生活。在办税大厅电子屏滚动播放个人所得税政策；通过建立QQ群、微信群，对政策、系统各方面内容进行宣传；在当地报纸报刊上宣传、引导社会舆论；与当地广播电视台联系，滚动播出税改政策，提高政策知晓面；二是宣传内容突出重点。把握政策实施期间，分阶段有重点地做好宣传。过渡期间，就过渡期政策进行宣传，包括政策适用首月、全年一次性奖金问题，将个人所得税新政宣传与全国法制宣传日活动相结合，集中宣传资源进行重点宣传，突出宣传效果；三是正面引导社会舆论。做好舆情日常监测，确保不错过重要舆情信息。精准查找个人所得税舆情信息，由专人负责收集社会各界对个人所得税改革政策出台的意见，对消极舆论、负面报道以及落实中发现的问题，及时介入并处置，建立日报制度，按规定做好上报，充分保障税制改革平稳实施。

推进数据治理。一是应用“金税三期”系统申报登记信息，与当地公安部门进行联系对接，对差错数据进行二次分析加工，查找差错数据成因及行业人员分布，将差错数据精准定位到每个扣缴义务人、每条登记。针对部分扣缴单位差错数据较集中的情形，开展预约服务、上门辅导等帮助纳税人通过身份信息验证。二是成立数据治理工作小组，根据数据类型、数据归属等，按照“删除重复数据、纠正差错数据、清除无效数据、补全缺失数据”的工作原则，对照数据库，统一数据口径，补齐数据信息，提高数据治理有效性。自2018年8月开始的数据治理工作开展期，修正近5万条登记数据，自然人身份数据准确率达99.62%。

完善个人所得税明细申报业务咨询支撑。一是开启专人专岗专线模式。特服号增设个人所得税咨询专线，办税服务厅增设个人所得税咨询专岗。落实首问负责制，畅通纳税人、扣缴义务人涉税咨询渠道，实时关注个人所得税改革相关咨询热点问题。二是开启多部门合作模式。由税政部门统一政策答复口径，特服号、办税服务厅工作人员依托现场政策和技术人员，税政、征管、法制等部门做好后台支撑，快速回应纳税人关切的涉税热点。日常咨询中收集热点问题定期整理成册，保证特服号、办税服务厅人员人手一份，提高咨询质效。（盛　婕）

社会保险费征管　2018年，浦口区局征缴入库社会保险费20.74亿元。在社会保险费及非税收入征管职责划转工作过程中：一是成立职责划转领导小组，调配税政、征管、纳服相关部门人员，组建工作团队，明确各自职责，负责征管职责划转工作。二是建立区局领导—业务科室—基层科所工作架构模式，并在各科所确定一名具体工作联系人，按照各自的职责开展工作。三是根据上级工作要求，编制浦口区局社会保险费划转工作方案和清单式的划转工作任务表，明确各项重点工作任务，压实工作责任，倒排工期，确保职责划转工作开展。同时，建立“三个机制”：一是建立部门协作机制。与浦口区社保中心、有关街道加强部门协作，定期召开联席会议，了解社会保险费的征缴方式、征缴流程、业务流量、办公场所、缴费渠道、缴费人数量等情况，协商解决工作中出现的情况和问题。二是建立学习、交流机制。派工作人员到社保窗口进行学习，并邀请业务科室为税务干部培训、讲解社会保险费有关知识。对内开展分级分类培训，对外运用多种形式开展对缴费人的宣传服务。三是建立投诉快速反应、解决机制。制定社保投诉上访应对解决方案，要求相关部门严格落实首问负责制，对待缴费人的投诉快速响应，尽快核查、处理和答复，同时协同浦口区社保中心，解决多起缴费人投诉工作。

（龚维健）

党建工作 2018年，浦口区局围绕上级党建工作部署，结合党的建设各项工作，落实基层党建重点任务，巩固党建工作基础，推动党建工作创新。

把党的政治建设摆在首位。一是做到“两个维护”（坚决维护习近平总书记在党中央和全党的核心地位，坚决维护党中央权威和集中统一领导），保证党员的团结统一和行动一致。按照计划开展习近平新时代中国特色社会主义思想和中共十九大精神专题学习。抓好党章党纪党规的学习，树立“四个意识”（政治意识、大局意识、核心意识、看齐意识），把讲政治的要求落到实处。二是加强理想信念和党性教育。开展“党性教育”活动，利用清明节、“七一”等重要节点，到求雨山纪念碑、王荷波纪念馆开展缅怀先烈、重温入党誓词等活动。开展“学习王继才同志先进事迹”活动，征集党员干部学习感言，并编印成册。三是严肃党内政治生活。守住政治纪律和政治规矩，执行请示报告、个人有关事项报告等制度，营造风清气正的政治生态。

加强思想建设。一是组织党员干部教育培训。开展党员和党务干部培训，按月组织理论中心组学习、党员干部政治理论学习，参加“新时代中国特色社会主义思想和中共十九大精神”知识竞赛，开展党员谈心谈话活动。二是开展主题教育。推进“两学一做”学习教育常态化制度化，丰富学习内容，完善学做机制。开展作风建设对标找差主题教育实践活动。三是加强党建工作宣传。在机构改革期间宣传党员先进典型事迹，发挥党员干部的示范作用。参与市税务局系统党建调研。举办浦口区局“微党课”赛课活动，选拔优秀党员参加浦口区级机关赛课活动，5名党员分别被聘为浦口区委宣传部“草根宣讲员”和浦口区级机关理论宣讲团成员。

加强党的组织建设。一是提高基层党组织自身建设水平。按照工作部署完成浦口区局党群组织的选举和党支部设置等有关工作。学习贯彻《中国共产党支部工作条例（试行）》，落实《机关党建责任清单》和《机关党务工作操作规范》，规范党支部工作职责。组织开展“新时代先锋”创建活动，浦口区局被浦口区委评为“新时代先锋先进基层党组织”。执行“三会一课”（“三会”指定期召开支部党员大会、党支部委员会和党小组会，“一课”指按时上好党课）、“党员统一活动日”（统一建立规范化、常态化的党员活动制度）等组织生活制度，提高教育管理精准度和有效性。组织党建共建活动，拓展党支部的工作载体和活动平台。二是做好基层党组织工作。抓好离退休干部党建工作，利用老干部月度活动日，组织老党员开展组织生活，开展离退休党建示范点创建工作。加强群团组织建设，开展丰富多彩的群众性文体竞赛。2018年7—12月，共开展各类群团活动8场（次）。落实困难帮扶有关要求，对困难党员、符合要求的干部进行帮扶或慰问，充分体现组织的关怀。三是加强党员干部队伍建设。选优配强党务干部，举办党务干部培训班，提高党务干部做党务工作的实际能力。探索建立“不忘初心，我的政治生日”“党员亮身份”等制度，引导党员干部亮身份树形象起作用。加大入党申请人、入党积极分子和发展对象“三支队伍”的全过程培养力度，注重对5名入党积极分子的教育和培养，1名发展对象被批准成为预备党员，3名预备党员按期转正。落实党建信息化建设要求，做好全国党员管理信息系统日常维护，信息完整度保持100%。

（葛　星）

党风廉政建设 加强作风建设,推进为民服务。一是落实中央八项规定精神。贯彻中央八项规定实施细则和省委、市委、区委具体办法以及税务系统工作要求,结合实际,细化实化具体措施,形成用“硬规定”管人、管物、管事的规范和自觉。根据上级部署,开展违规收受礼品礼金专项整治,督促浦口区局税务干部在公务活动中自觉抵制不良风气影响。二是持续反对和整治“四风”。组织开展作风建设对标找差主题教育实践活动,党员对照清单进行自查自改,以活动成效推动作风建设实效。关注“四风”隐形变异、改头换面的新动向新表现。开展违规参与涉税中介活动专项治理,督促干部自觉抵制不良风气,树立敢担当勇担责的工作作风。三是进一步密切联系群众。主动开门办公,做好服务群众工作。依法履行税收职能,落实国务院减税新政,继续开展“便民办税春风行动”,进一步扩大纳税评价范围,推进“放管服”改革,优化税收营商环境,助力高质量发展。落实精准脱贫要求,按季度组织入户走访。开展“为民办实事”活动,突出为民服务质量。

加强纪律建设,增强自我净化能力。一是继续保持监督执纪高压态势。落实税务系统关于问题线索扎口管理的规定,坚持无禁区、全覆盖、零容忍,对照《中国共产党纪律处分条例》依规依纪办理,做到违纪必究。强化纪律教育,引导党员干部知敬畏、存戒惧、守底线,推动党员干部模范遵守《中国共产党廉洁自律准则》。二是开展廉政文化建设。创新廉政文化活动的内容和形式,开展更新楼宇廉政文化、党委书记讲廉政党课活动等,营造“不能腐、不敢腐、不想腐”的氛围。三是压实管党治党责任。对接上级党委,抓好全面从严治党和党风廉政建设责任落实。编写《全面从严治党责任清单》,明确工作职责,并对履责情况进行跟踪督促和检查考核。层层签订全面从严治党责任书,2018年,召开两次全面从严治党和党风廉政建设责任落实情况汇报会,定期向市税务局报告管党治党责任落实情况。 (葛 星)

税收法治 完善税收法治组织体系建设。成立依法行政工作领导小组、重大税务案件审理委员会、税务行政复议委员会、税务行政应诉工作领导小组,加强工作统筹,解决实际问题。以法制科为依托,由具有法律职业资格的专业人才组成专家团队,加强法制机构建设。继续开展行政处罚管理。按照《江苏省税务行政处罚裁量权实施办法》及市税务局《税务行政处罚裁量基准操作标准》,确保税务行政处罚的规范统一。结合实际开展行政处罚培训,提高干部法治意识和能力。编制《处罚文本规范》,对各类常见的处罚文书做出具体要求,不断提高税收执法文书的质量。强化内部执法监督,开展案卷评查工作,重点就税务行政处罚事实是否清楚、证据是否确凿、适用法律是否正确、程序是否规范等内容进行复核,保障纳税人合法权益。落实重大税收执法事项集体审议,对超基准的税务行政处罚须作为重大税收执法事项进行集体合议,2018年共提起重大税收执法事项集体审议2次。加强增值税发票管理。下发《浦口区税务局关于进一步完善增值税发票管理措施的通知》,明确法人实名采集要求,规范约谈专项工作提纲和流程;通过纳税服务、风险应对等防线联动,构建“源头防范”“动态管理”“精准打击”三级防治屏障,降低存量户和新办户发票管理风险;以国家税务总局增值税发票风险快速反应专项工作为契机,建立风险数据模型,筛选分析发票风险数据,推送风险应对任务。2018年共筛选风险企业61户,涉及抵扣凭证异常、开票未申报、欠税式虚开、未开票负数等风险指标。向市税务局货物和劳务税处报送涉嫌虚开纳税人7户,并对其采取了登记风险纳税人、控票、推送异常扣税凭证、提交非分析识别等风险控制措施。(郭毓颖)

税收宣传 2018年新修订的个人所得税法出台后,为确保个人所得税新政红利精准释放,浦口区局抽调业务主干,专门成立个人所得税新政辅导团队,加强对企业和纳税人的实地走访,强化精准辅导,在第一时间,为纳税人和广大扣缴义务人提供纳税申报、政策解读和个人所得税新政咨询服务。同时,利用微信群、QQ群、手机短信、新政培训、纳税人讲堂、税企座谈会、个人所得税专项附加扣除项目宣传手册等方式,传递个人所得税优惠政策。2018年度累计开展11场个人所得税新政宣传活动,参与人数超2000人。着重对《个人所得税扣缴申报管理办法(试行)》进行详细讲解，尤其是对社会关注的热点《个人所得税专项附加扣除操作办法（试行）》细化分解一一解读。推广个人所得税APP，从下载注册、界面操作、数据修改、资料填写、信息申诉等方面向广大纳税人进行详细讲解。个人所得税新政宣传活动取得预期效果，为首个个人所得税新政申报期的平稳进行，打牢基础。（孙子涵）

干部队伍建设 一是开展干部思想政治工作和谈心谈话活动。分三个层次开展谈话，即：党委书记、副书记负责与所有科（室）、分局主要负责人开展谈心谈话，班子成员负责与分管科（室）、联系点副职开展谈心谈话，各科（室）、分局主要负责人与所属科（室）、分局全体人员开展谈心谈话。二是完成“三定”人岗配置计划。遵守机构改革有关要求，按照市税务局批复“三定”暂行规定确定的职能配置和机构设置，逐一分析岗位技能需求，列出岗责清单，综合考虑人员结构、岗位设置、干部需求、任职回避等因素，提出部门人员配置计划。三是严格各项纪律要求，执行机构改革期间政治纪律、组织纪律、机构编制纪律、干部人事纪律和保密纪律，有序推进“三定”工作。四是按时完成税务人事系统（2.0）干部相关信息的核对和维护工作，确保信息完整准确。五是组织开展干部人事档案审核清点及领导干部的档案整理装订工作，对干部人事档案逐卷逐份审核，确保档案清点完整准确。（廖文君）

教育培训 一是开展原国税地税业务交叉培训。为让干部尽快适应改革新变化、熟悉掌握基础政策业务知识，按照先纳服后全员的模式分类推进原国税地税业务交叉融合业务培训共计10余场次。二是组织保障国家税务总局、省税务局各项视频培训，做好税收基础业务视频培训组织和保障工作。采取相互交叉学的学习模式，即原地税干部学习原国税业务知识、原国税干部学习原地税业务知识，共组织干部培训1098人次；做好税务总局第一和二、三轮国税地税征管体制改革视频培训工作，共组织参训400人次。三是牵头开展各项短平快业务培训。人事科联合法制科、税政一科、税政二科、征管科等职能部门牵头开展了各类更具针对性和可操作性的短平快专项业务培训，共开展培训6场次，共计参训260余人次。四是重视干部能力素质提升。鼓励干部参加学历教育和“三师”资格考试，2018年，浦口区局2名干部取得研究生学历，5名干部分别取得了注册会计师、税务师、律师资格。（廖文君）

文化建设 2018年，浦口区局完善文化建设日常制度，加强学习教育，打造文化品牌。一是制定制度规范。对外制定《浦口区税务局文明服务规范二十条》，规范接待纳税人行为，严肃工作纪律，树立良好服务形象。对内建立《税务干部文明行为二十条》，从社会公德到个人道德方面设立标准要求，打造税务干部“品质名片”。二是加强文化建设。制定《南京市浦口区税务局融合工作三年规划》，明确文化融合内容。发挥“80后政策服务团队”“90后讲师团”“巾帼文明岗”“学雷锋示范岗”“慢食文化”“楼道文化”“厕所文化”“沙龙文化”“电梯文化”“母婴文化”共计10个文化建设小组的作用，形成具有税务特色的青年文化，以点带面，构筑浦口区局文化内涵。成立篮球、摄影、书画、健身等工会兴趣小组，加强干部的凝聚力、向心力、战斗力，营造团结奋进的氛围。组建6组老干部志愿小组，做好老干部精准服务工作，把对老干部的关心关爱落到实处。三是打造文化宣传阵地。更新单位宣传栏，添设宣传展板、广告牌、易拉宝，拍摄文明宣传视频，滚动播放文明标语，设置无障碍通道、禁止吸烟等标识，宣传社会主义核心价值观。整修食堂外观，改换电梯、楼道壁画、墙绘，修缮厕所设备环境。利用网络、报社、电视台等开展税政宣传，2018年7月31日，《南京日报》、“龙虎网”、“紫金山新闻网”分别报道浦口区局“新税务带来办税新体验，纳税人获得感持续提升”。走进企业开展政策宣传，2018年8月24日，《中国税务报》B5版报道浦口区局为中铁十四局大盾构公司提供政策辅导的相关信息。组织南京工业大学的学生走进税务机关体验，了解税收征管的基本流程，树立诚信纳税理念。四是开展文明创建活动。开展“特服号人工服务 税务局的‘新窗口’”宣传活动，结合自身特色开展公益政策宣传。贯彻落实南京市、浦口区精神文明创建活动要求，组织41名干部参加“美善浦口人故事分享会”活动，感受道德力量，收获文明成果。35名干部在星甸街道万成生态园现场参与《丰收中国过大年——走进浦口》大型春节特别节目录制。完善浦口区局志愿江苏网站信息，按要求定期发布文明创建动态。组织197名干部职工参加慈善一日捐活动，共计捐出18100元。组织8名干部开展无偿献血活动。23名干部自愿报名组成扫雪防冻小组，包干门前路段积雪清理。参加文明交通执勤，做好道路安全秩序维护。五是开展先锋模范学习。组织收看王继才同志先进事迹报告团宣讲视频会议，向25个部门征集学习心得，制作学习宣传册，分享交流学习体会。开展“不忘初心，我的政治生日”入党誓词重温活动，举办“微党课”赛课，3人获聘区级“机关理论宣讲员”，2人获聘区级“草根宣讲员”。开展“习近平新时代中国特色社会主义思想和中共十九大精神”知识竞赛活动，以赛促学。按季开展星级服务明星评选，树立标杆，宣传典型，促进部门之间、岗位之间、干部之间的良性互动。

（葛　星）

全面融合　2018年，浦口区局坚持从严治队和以情带队相结合，通过严明制度、完善管理、培育人才、打造文化等工作激发干部队伍活力，让广大干部职工迅速融入新环境，投身新岗位，增强集体荣誉感，凝心聚力为税收工作作出新贡献，推进深度融合，实现事合、人合、力合、心合。严明制度规范，明晰岗位职责。成立浦口区局工作手册编写领导小组，梳理各部门相关操作流程及业务规范，内容整理及汇编审核后进行动态更新，根据实际情况形成指导全局工作的操作规程。成立区局融合工作领导小组，出台区局融合工作三年规划及融合工作清单，发布《文明行为二十条》《文明服务规范二十条》，督促每名干部坚守岗位职责。优化资源配置，增强行政效能。立足改革稳定，整合原有资源，转变观念提效能，有序进行资产划转，制定过渡期管理规则，推进网络舆情监控处置和信访工作，加强科研调研工作。以服务基层需求为出发点，实施大楼内部改造项目二十余项，新设体育活动室、母婴室，改建职工书屋，合理调配办公资源，优化办公环境，做到内设机构与派出机构按时保质开展工作，后勤保障更加有力。强化人才培育，提升队伍综合实力。组织开展各类短平快及针对性业务培训，抓好教育培训，提高干部专业化水平。完善定期轮岗和适时轮岗制度，提升中层干部领导能力、履职能力以及在岗适应能力和整体素质，激发干部技能练兵、创先争优的热情，促进全面发展。组织开展青年座谈，强化青年人才培育，组织各项主题教育活动，以高标准严要求，树立浦口税务新形象。重视文化引领，展现机构新形象。强化组织作用，重视文化引领，落实打造区局文化。促成80后90后政策服务团、学雷锋示范岗等十余个文化建设项目，打造“慢食文化”“沙龙文化”等标志性文化品牌，组织干部参加各类竞赛活动，取得良好成绩。开展融合登高、秋游、青年摄影比赛等活动，营造和谐向上的环境和氛围。（李　畅）

（责任编辑　梁晓玲）

六合区税务局

概况　2018年，根据党中央、国务院决策部署，在统一要求下，推进国家税务总局省税务局市税务局国税地税征管体制改革，原南京市六合区国家税务局、原南京市六合区地方税务局合并成立国家税务总局南京市六合区税务局（以下简称“六合区局”），于2018年7月20日挂牌成立，10月25日举行“三定”宣布仪式，10月26日明确区局党委领导班子分工。在机构改革过程中，六合区局坚持“常规工作优质高效，创新工作亮点纷呈”的工作要求，围绕争当“全市标杆、省内一流”的组织发展愿景，在新的起点上深入推进各项工作，在2018年度全市税务系统基层单位绩效考核中位列第一，同时获得“南京市机关党建工作先进集体”“六合区基层党建示范点”、六合区“人民满意单位”等多项荣誉。

新组建的六合区局有班子成员8人，设25个部门（内设机构15个、派出机构5个、事业单位2个，另设机构2个，党及纪检监察工作机构1个，级别均为正科级），在职干部197人，劳务派遣人员60人。在职干部平均年龄41.23岁，其中，处级干部11人（8名局领导，3名副调研员），科级领导干部49人（科长25人，副科长24人，含2名正转副）；研究生12人，占比6.09%，大学175人，占比88.83%；党员143人，预备党员2人，共青团员25

人;“三师”(注册会计师、律师、税务师)29人,占比15.74%(其中,注册会计师4人,律师7人,税务师20人),国际注册会计师(ACCA)1人。主要负责六合区范围内9个街镇、园区(新材料产业园和经济开发区)的税收收入、社保基金(费)等非税收入的征管和服务工作。截至2018年年底,辖区内企业税户1.45万户,个体工商户2.15万户。

突出量增质优导向,组织收入质量巩固提升。适应六合区域经济发展新常态,挖掘税收增收潜力。扩大重点税源监控范围,强化税收分析预测。协调六合区财政、工信、街道园区等部门定期召开收入分析会,构建和完善协同共治组织收入机制,坚持税费同征同管,推进收入持续稳定增长。

突出质量监控基础,税收征管水平不断提高。落实指标监控责任制,做到事前防范、事中监控、事后处置,2018年,四个季度征管质量监控工作排名位居全市税务系统第一。优化风险应对质效监控指标体系,实现应对过程及成效的分级查询、适时跟踪。联合六合区法院、公安、财政和街镇园区各部门,对于企业破产、欠税追缴通过限制出境等加以监控,堵塞征管漏洞。建立发票案件、重大疑难案件专案检查团队,形成团队化效应。规范稽查执法行为,推进案件查处工作。积压案件清理率93.33%,位列全市税务系统第一。

突出协同协作配合,机构改革审慎推进。严守稳定底线,对重点工作实行挂图作战,倒排时间,确保按计划推进,累计制作工作图3张,部门任务表8个,个人任务分解表65个,开展干部谈心谈话384人次,党支部改革专题党课56次。六合区局国税地税征管体制改革工作经验被市税务局第一期简报专题刊载,在全市税务系统推广。

突出规范严明保障,法治税务建设持续加强。开展联合办案,加大对虚开发票等违法犯罪行为的打击力度。推进重大税收执法决定法制审核工作,2018年,开展重大执法决定法制审核案件15户次。构建“职责清晰、流程顺畅、征管规范、协作有力、便民高效”的社会保险费征缴体系,相关经验在全市税务工作会议上作书面交流。在全省税务系统首创工地扬尘类环保税委托代征,率先建立区环境保护税收征管协作机制。探索建立个人所得税网格化精准管理模式,构建协同内外的联动式综合治税责任链条,该做法被《南京税务专报》刊登推广,并获副市长冉华表扬性批示。

突出“放管服”改革要求,区域营商环境不断优化。持续推进办税服务深度融合,推进改革期间办税服务厅平稳过渡。开展纳税人培训,强化“一对一”涉税事项辅导。贯彻“互联网+税务”理念,率先在全市办税服务厅内开展智能机器人办税服务。建立纳税权益保障机制,服务态度和处置速度均处在全市税务系统前列。发挥各类型政策团队的作用,为国企改革、拟上市企业、重组并购、重大投融资等重点工作、重大项目提供税收政策服务。

突出党的建设引领,促进干部队伍融合。按照学懂、弄通、做实的要求,深入贯彻中共十九大精神。常态化开展作风建设,把中央八项规定精神变成日常习惯和行动自觉。互派干部开展“体验式学习”,促进干部主动进位,融入角色,提升干部业务能力素质,加速干部队伍融合。强化内控监督平台应用,做好督察审计工作。(王　尼)

机构设置及负责人

办公室

主　任　董承斌

副主任　陈礼明(正科级)

　　　　汤德喜

法制科

科　长　王山青

税政一科

科　长　叶山梅

副科长　方　丽

　　　　张传林

税政二科

科　长　王小永

副科长　董晓红

收入核算科

科　长　陈　兵

副科长　王建国

纳税服务科

科　长　黄宝琴

征收管理科

科　长　王海啸

副科长　周淑华

穆丽萍

督察内审科

科　长　胡　东

副科长　金晓平

人事教育科

科　长　徐维荣

副科长　李文红

考核考评科

科　长　屈滨华

税源一科

科　长　仇家福

副科长　于传平

税源二科

科　长　古　亭

副科长　张　萍

税源三科

科　长　薛其俊

副科长　陈国芳

税源四科

科　长　戴红军

副科长　胡　浩

税源五科

科　长　王　祥

副科长　高　强

党建工作科

科　长　王小平

副科长　沙蕊妍

老干部科

科　长　路　清

纪检组

组　长　商春锋（兼）

副组长　王开明（正科级）

第一税务所（办税服务厅）

所　长　吴继祥

副所长　许开勇

顾　燕

王海洋

第二税务所

所　长　杨志祥

副所长　仇远龙（正科级）

雄州税务所

所　长　王传正

副所长　任家斌

龙池税务所

所　长　陈宏楼

副所长　陈　晨

马鞍税务所

所　长　董宣标

副所长　张　浩

纳税服务中心（税收宣传中心）

主　任　戴晓鸣

副主任　柏永林

信息中心

主　任　唐　昕

（王　尼）

各项收入情况　落实国家税务总局“坚决依法征收税、坚决不收‘过头税’、坚决落实减免税、坚决打击偷骗税”的组织收入原则要求，扩大重点税源监控范围，增强税源掌控能力。强化税收分析预测，按月开展收入分析，进一步扩大收入预测覆盖范围，提高组织收入的预见性。建立全区税收经济分析月例会制度，做实产业税收贡献度分析、做细政策效用分析，为区委区政府决策提供支撑。加强外部协作，初步构建和完善协同共治的组织收入机制。2018年，累计组织收入56.51亿元，同比增收9.22亿元，增长19.51%。其中：一般公共预算收入31.10亿元，同比增收5.95亿元，增长23.65%；入库社会保险费收入14.60亿元，同比增长21.58%；征收残疾人保障金979.69万元，同比增长19.53%；征收工会经费845.05万元，同比增长7.55%。（陈　兵）

税收收入特点与分析　一是税收总量再创历史新高。从总量上看，年度税收收入首次突破50亿元大关。从增量上看，同比增收9.22亿元，再创历史新高，是2013年同期增量（3.60亿元）的2.56倍（2011—2015“十二五”规划和2016—2020十三五规划同期数据比对）。从增幅上看，比全市税收平均增幅高8.81个百分点；高于江宁区局、高淳区局，位于新五区（原南京市老五县，撤县设区）中游。二是增强区域经济发展后劲。累计为3476户次纳税人办理各类退税4.33亿元，为1112663户（人）次纳税人办理各类征前减免

2018年7月20日，国家税务总局南京市六合区税务局挂牌成立　　（王　锐　摄）

17.06亿元。三是主体税种税收集中度较高。增值税、企业所得税、契税、个人所得税、土地增值税五大税种的总量、增量均达到全区税收总量、增量的八成以上，分别入库28.62亿元、9.66亿元、4.26亿元、3.66亿元、2.40亿元，合计入库48.60亿元，占全区税收总量的86.02%，同比增收7.88亿元，占全区税收增量的85.47%。增值税占全区税收总量的50.65%，占五大税种总和的58.89%。四是重点行业保持较快增长。房地产业、制造业、建筑业、批发和零售业、金融业、租赁和商务服务业等六个主要行业实现税收47.29亿元，占全区税收总量的83.70%，同比增收6.96亿元，增长17.26%；实现一般公共预算收入27.11亿元，占全区公财总量的87.17%，同比增收4.81亿元，增长21.57%。其中，房地产行业的税收总量继续放大，占全区税收总量的32.11%，贡献的公共财政预算收入占全局总量的38.65%，与2013年总量相比，增长了1.06倍。五是百万元以上纳税大户组织收入支撑作用发挥显著。入库百万元以上纳税人计501户，占年末正常登记户的1.35%，共入库税收37.45亿元，占全区税收总量的66.28%。（陈　兵）

税务机构改革　国税地税征管体制改革是深化党和国家机构改革的重要内容，原六合区国税局、原六合区地税局加强配合，落实上级机关改革要求，对重点工作实行挂图作战，倒排时间确保按照计划有序推进。累计制作工作图3张，部门任务表8个，个人任务分解表65个，开展干部谈心谈话384人次，党支部改革专题党课56次。改革过程中，始终坚持服务地方发展的职责使命，各项工作目标不变、标准不降、力度不减。将改革与“三争三创”（区委区政府“对标找差，争先进位；对标找差，争做贡献；对标找差，争创品牌”系列主题活动）工作有机结合，原六合区地税局荣获“全省地税系统先进集体”。7月20日，国家税务总局南京市六合区税务局举行挂牌仪式，10月25日举行“三定”宣布仪式，10月26日，明确区局党委领导班子分工，并报市税务局党委备案，10月29日，完成机构调整、工作交接、人员到岗工作。六合区局国税地税征管体制改革工作经验被市税务局第一期简报专题刊载推广。12月12日，六合区委书记朱志宏到六合区局开展调研，对机构改革工作给予肯定。（汤德喜）

新机构运转　一是履职能力提升。针对税收业务结构差异，从税收政策、非税收入规定、办税流程等方面持续开展培训，采用岗位练兵、集中培训和一对一辅导等方式，提升全局干部履职能力。二是责任落实强化。各部门进一步梳理部门职责，掌握人员思想动态，明确新机构请销假、车辆管理、印章使用、网络安全等工作制度，全体人员养成规矩意识，按制度有序推进各项工作。三是工作短板补齐。新机构成立后立即召开部门负责人会议，学习借鉴税务系统内兄弟单位的先进经验做法，围绕市税务局下发的绩效考核指标，梳理组织目标，补齐短板，倒逼干部提升工作质量和效率。四是干事氛围浓厚。细化工作标准，明确岗位职责，重点围绕程序执行不严、工作推进不平衡、标准定位不高、台账资料不规范等典型问题，激发干部活力，推进机构运行的制度化、标准化、规范化。（汤德喜）

税收征管　一是提高征管质效。按照“全面监控、重点评价、应用应对、分步实施、持续改进”的工作要求，对“金税三期”系统、税收征管质量监控评价体系进行应用推进，使业务绩效评价数字化、透明化。落实指标监控责任制，做到事前防范、事中监控、事后处置，2018年，四个季度征管质量监控工作排名位居全市税务系统第一。针对六合辖区内原国税地税征管差异户进行逐一比对，联合街道开展实地排查，对于征管差异户登记造册，确保税款正确入库，登记信息准确无误。

2018年12月20日，纳税人和六合区局办税服务厅里的智能机器人合影留念　（孙　军　摄）

2018年10月8日，六合区局政策宣传小组深入企业了解企业经营情况，量身定制减税套餐

（沙蕊妍　摄）

二是扩大综合治税外延。联合六合区法院、公安、财政和街镇园区各部门，通力协作，对于企业破产、欠税追缴，通过限制出境等手段严加监控，避免税款流失，堵塞征管漏洞。依托“跨区域协作系统”，对于法人代表走逃、偷税漏税、风险核实等重大疑点，发起网上协查程序，在全国范围内进行系统协作。三是提升稽查工作质效。加强预案管理，以网络平台为依托，找出疑点，制作预案，确定检查重点，制定检查方案。建立发票案件、重大疑难案件的专案检查团队，形成团队化效应。加强与公安经侦等司法部门的沟通，实现信息资源共享，形成打虚合力，提高案件检查、审理以及移送的质量和效率。规范稽查执法行为，推进案件查处。积压案件清理率93.33%，位列全市税务系统第一。（黄　赛）

税收政策落实　严格执行国家各类税收优惠政策，减轻纳税人负担。一是分类电话提醒。按照优惠类型和企业规模梳理出优惠政策企业电话提醒清册，对辖区内企业分类别精准推送提醒短信和拨打提醒电话，告知纳税人优惠政策内容和政策解读渠道，确保纳税人及时获取税收新政。二是重点上门辅导。以重点行业、重点企业为抓手，对辖区内的重点减税企业，开展上门辅导，实现更全面的纳税服务，及时解决纳税人的减税难题。三是高效开展核查，确保税款应退尽退。对多缴税金企业名单仔细核实，通过查询分析、与企业沟通了解等方式核实数据的准确性。对政策掌握不到位的企业开展辅导，从根源上避免企业多缴税金；对确实需要退税的企业，将退税所需材料一次性告知企业，提升企业退税效率；对需要退税企业及时追踪跟进，防止出现企业遗忘退税的情况。（方　丽）

优化营商环境　发挥各类型政策团队作用，为企业重组并购、重大投融资等重点工作、重大项目提供税收政策服务。开展形式多样的税收营商环境调查工作，走访重点纳税人，召开纳税人座谈会，结合线上、线下平台，开展调查问卷，为优化营商环境征集意见建议。落实国家各项结构性减税政策，抓好国务院“1+4+6”减税政策落地见效，依法依规落实高新技术企业、涉农企业、困难企业等各项税费优惠政策，实现各项所得税优惠减免15488万元，为9292户小型微利企业减免税款3489万元，小型微利企业政策受惠面100%。持续推进办税服务深度融合，落实“最多跑一次”“一人一窗一机”“一事不二罚”“同城通办”等新举措。贯彻“互联网+税务”理念，率先在全市办税服务厅内开展智能机器人办税服务，相关经验在全市税务系统推广。该做法被《中国税务报》、人民网、新华网、《新华日报》、《南京日报》等多家中央、省、市级媒体报道。（王　锐）

纳税服务　一是搭建载体，建立纳税权益保障机制。第一时间联系纳税人了解诉求，转交相关责任部门处理，按照“12345”工单办理要求进行跟踪、落实和优化。2018年，共受理“12345”工单诉求176起，“12366”工单82起，综合满意率98%，服务态度和处置速度均处在全市税务系统前列。在纳服效能监测试点工作中，报送回访信

2018年9月12日，六合区局深入企业，了解企业生产情况和行业特点，为企业提供个性化服务　　（王　尼　摄）

息12213件，满意率99.97%。实际二次回访满意率100%，在省税务局纳税人满意度调查中再次名列前茅。二是探索路径，提升服务质效。发挥各类型政策团队作用，主动为国企改革、拟上市企业、重组并购、重大投融资等重点工作、重大项目提供税收政策服务。找准税收工作“难点”和“堵点”，结合“便民办税春风行动”，开展形式多样的税收营商环境调查，线上通过税企QQ群、微博、微信等网络平台收集意见建议，线下结合“民俗文化”文艺展演活动，进社区发放宣传手册，为优化营商环境征集涉税诉求和意见。三是简化程序，“放管服”改革不断深化。精减涉税资料，落实专人导税、错峰办理制度，大力推行网上办税和电子税务局应用，增加自主办税设备，提升办税效能。　　（刘　薇）

增值税改革　全面实施降低增值税税率、统一小规模纳税人标准、试行留抵退税三项改革措施。一是强化组织领导，制定工作方案，确保任务分解到位。按照改革的关键时间节点，倒排工期，做到分工明确、各司其职、各负其责，统一扎口管理，做到认识一致、行动一致、步调一致。二是借力网络优势，主动发声宣传。坚持正向引导、分类施策，围绕宣传重点主动发声，做到政策宣传解读全覆盖、无死角。三是突出重点内容，培训辅导到位。开展内部培训，对于一线窗口人员培训覆盖面达到100%，确保窗口人员政策熟、业务通、操作精，组织开展多轮培训辅导，确保符合条件的企业应知尽知，政策应享尽享。四是加强跟踪监控，政策落实到位。关注深化增值税改革各项政策的落实和执行情况，通过走访、座谈、调研等方式广泛收集典型案例，深入分析和反映改革取得的各项成效。　　（徐　欢）

个人所得税改革　一是突出协同导向，制度保障全方位。组建个人所得税改革专项工作领导小组，建立周例会制度，统筹改革任务落实。定期向六合区委、区政府汇报个人所得税改革情况，争取理解、支持。发挥区域综合治税优势，建立联动机制，形成责任传导、基础扎实的区域个个人所得改革共治格局。二是突出创新导向，政策宣传全覆盖。拓展宣传渠道，借助办税服务厅智能机器人，帮助纳税人实时了解最新政策内容1600余次。利用微信、短信为纳税人定制个人所得税改革“套餐服务包”，提升服务的针对性，对全区17万纳税人发送宣传短信，在电视台各频道滚动播放推广手机APP的通知。在各机关事业单位、企业、人群密集场所张贴宣传海报3000余张，累计辅导2.8万余位纳税人现场填写专项扣除信息采集表。三是突出服务导向，培训交流全过程。建立个人所得咨询团队，保障全区“同一个声音”对外解读个人所得政策。组织业务骨干成立个人所得“网格管理员”团队，对全区1.5万家扣缴单位开展培训。在开展普惠式、大范围专题培训15场的基础上，对人数超过500人的扣缴单位提供“点对点”分层级业务培训，累计培训纳税人超2000人次。开展数据集中治理，分所包干、责任到人、按日通报进度，累计处理自然人登记数据15.23万条，通过校验比达99.8%。　　（王　锐）

党建引领　一是贯彻落实中共十九大精神。按照学懂、弄通、做实的要求，把学习贯彻中共十九大精神和“两学一做”学习教育常态化、制度化结合起来，和“不忘初心、牢记使命”主题教育结合起来，以党委理论中心组学习、“三会一课”等形式，推动中共十九大精神入脑入心。2018年，六合区局荣获“南京市机关党建工作先进集体”。二是常态化开展作风建设。开展作风建设专项治理，畅通内外部监督渠道，完善长效管理机制，严肃查处各种隐形、变异的“四风”问题，把中央八项规定精神变成日常习惯和行动自觉。三是创新教育培训工作。以提升干部履职能力为出发点，组织全税种业务培训，增强教育培训实效性。强化争先创优的目标定位，统一干部思想认识，增强干部的归属感和荣誉感。学习传承优良作风，提升干部的精气神。四是加强内控制度建设。强化内控监督平台应用，注重通过过错数据整改提升执法规范水平。做好督察审计工作，完成存量房交易、股权转让等多项执法督察。（沙蕊妍）

队伍建设 一是以"绩效管理"为导向，优化指标体系和考评规则，坚持绩效管理和数字人事双轮驱动，发挥绩效考核指挥棒作用，激发干部干事创业的动力。二是以"先进典型"为引领，选树身边典型，宣传身边优秀干部，用身边的人和事教育、感染干部，增强干部队伍凝聚力。2018年，六合区局共8人获南京市五一劳动奖章、南京市五一创新能手、南京市读书成才标兵、清诚之约履约标兵等市级荣誉。三是以"群团组织"为纽带，发挥群团组织聚合力，通过开展"很高兴遇见你""百花迎新年""扬帆奋进、改革同行"等活动，激发干部集体荣誉感。四是以"业务融合"为重点，通过开展"体验式学习""分享课堂"等活动，促进干部主动进位，融入角色。2018年，4人分别通过司法、税务师考试；在国家税务总局组织的"四新"（"新机构、新职责、新业务、新作为"）知识网络竞赛中，28人入围第二轮，4人入围全省前100名，1人荣获一等奖，4人受到国家税务总局通报表彰。197名干部中，拥有"三师"资格31人，占比15.74%；中级职称32人，占比16.24%；56人获得业务能手称号，占比28.43%，其中，省税务局业务能手21人，占比10.66%。（缪迎晨）

2018年10月15日，六合区局开展模拟竞赛强化教育培训，加速干部融合（杨 锦 摄）

特色工作 坚持以学促干工作理念，按照"改革推进一步，培训跟进一层"的要求，扎实开展"青蓝工程·师徒结对""体验式学习"等活动，巩固拓展"每日一题，每周一学、每月一考、每季一评、每年一赛"常态化培训机制，在实践中锻炼培养干部。一是突出目标导向，建立反馈机制。制定翔实的学习计划和考勤制度，按照"理论讲习、以干带训、实践锻炼、期满测试"的原则，既学习理论知识，又学习流程操作技能。实行全程纪实，建立实践学习档案，确立定期交流汇报机制，及时总结经验，解决问题。二是注重"以老带新"，传承优良作风。发挥"传、帮、带"作用，对每名学习人员指定老师进行"一对一"指导，将所学知识转化为工作能力。进一步加强对优良工作作风的学习、传承，提升干部的"精气神"。三是选树先进典型，发挥榜样作用。深化对实践学习先进典型的挖掘、宣传力度，通过先进激励，解决机构合并后人员思想认识不统一、工作理念不合拍、人员素质不适应等问题。（汤德喜）

（责任编辑　梁晓玲）

溧水区税务局

概况 2018年7月20日，根据中央、省、市机构改革方案要求，国家税务国家税务总局南京市溧水区税务局挂牌成立，落实"三定"方案后，共有8名局领导，设有办公室、人事教育课、党建工作科、纳税服务科、税政一科、税政二科、老干部科、征收管理科、纳税服务中心、法制科、督审科、纪检组、收入核算科、信息中心、考核考评科15个职能科室，第一税务所（办税厅）、第二税务所、柘塘税务所、永阳税务所、洪蓝税务所5个基层分局，税源一科、税源二科、税源三科、税源四科、税源五科5个人所得税源管理科。目前在职工223人，平均年龄46.59岁。在职223人中，领导班子成员8人。

依法组织税收收入，2018年溧水区税务局累计组织税收收入90.53亿元，同比增收17.1亿元，增

2018年10月12日，省局党委书记王学东到联系点南京市局溧水区税务局开展工作调研，省局党委委员、南京市局党委书记、局长文月寿参与调研　　（胡东涛、龚　萍　摄）

长23.29%。坚决贯彻落实各项税收政策，全年落实各项税收优惠政策13.86亿元。加强基础征管工作，完善风险管理机制，拓展风险管理深度，加强风险计划管理，加强风险案源点、线、面统筹。风险应对工作持续向好。不断优化税收法治环境，持续推进依法治税，完善司法与税收协作，落实国家税务国家税务总局行政执法“三项制度”（行政执法公示制度、执法全过程记录制度、重大执法决定法制审核制度），落实行政处罚办法和自由裁量基准，不断规范重大税务案件审理。按照《重大税务案件审理办法》要求，在保证审理质量的基础上，进一步提高审理效率。加强纳税服务，全面实施国地税大厅联合办税工作，合理设置联合自助办税区，优化自助办税区功能布局；持续强化办税服务厅现场管理。严格执行领导值班制，建立突发事件应急预案和复杂业务协调机制，严格落实“最多跑一次”工作要求。加强干部队伍稳定工作，严格贯彻落实江苏省税务局、市税务局会议精神，坚决贯彻上级各项部署，溧水区税务局建立“零报告”汇报制度，重点对本部门的重大事项，干部职工的思想动态进行报告。各部门“一把手”作为安全稳定工作责任人，密切关注干部职工思想动态及本部门重点工作开展情况，定期与本部门干部进行思想交流。溧水区局加强对各部门作风纪律督查，确保严格遵守各项作风纪律。挂牌合并后，溧水区局实行“以思想建设保障融合，以业务学习促进融合，以交流活动加速融合”的“三融合”计划，取得良好效果，目前溧水区税务局干部队伍团结稳定，精神风貌积极昂扬。

（胡东涛）

机构设置及负责人

办公室

主　任　严　栋
副主任　沈　涛
副主任　胡东涛

人事教育科

科　长　万　镔
副科长　李　超

纳税服务科

科　长　赵　平
副科长　童朝娜

党建工作科

科　长　陈　岚
副科长　陶腊芳

税政一科

科　长　陈长海
副科长　赵雪松

税政二科

科　长　周和英
副科长　郑月侨

老干部科

科　长　韩小坚
副科长　梅笑寒

征收管理科

科　长　许青凤
副科长　尤田生

纳税服务中心（宣传中心）

科　长　邢学好
副科长　胡　斌

法制科

科　长　黄　雳
副科长　章　艳

督审科

科　长　邢华清
副科长　孔红生

纪检组

组　长　彭聿新
副组长　童永保

收入核算科

科　长　张基虎

副科长　曾　辉

信息中心

科　长　陈源忠

考核考评科

科　长　李　钢

副科长　徐　娟

第一税务所

所　长　何金巴

副所长　陈　铭

副所长　张　嫣

第二税务所

所　长　王承双

副所长　蔡行剑

副所长　朱晓佳

洪蓝税务所

所　长　张　云

副所长　魏信民

副所长　芮　芳

柘塘税务所

所　长　史廷青

副所长　孙润腊

副所长　文生超

永阳税务所

所　长　吴永生

副所长　杨兆云

副所长　尹莹莹

税源一科

科　长　俞　进

副科长　杨　宏

税源二科

科　长　朱金玉

副科长　孙雪峰

税源三科

科　长　朱杏保

副科长　秦　岭

税源四科

科　长　谢纪生

副科长　潘小保

税源五科

科　长　倪雨春

副科长　李　静

（胡东涛）

组织收入情况　2018年，溧水区局累计组织税收收入90.53亿元，同比增收17.1亿元，增长23.29%。组织一般公共预算收入50.68亿元，同比增收10.22亿元，增长25.26%。征收社保基金17.4亿元，同比增少1.76亿元，下降9.17%。征收非税收入2.55亿元，同比增收421万元，增长1.68%。在组织收入工作中，加强收入预测，把握组织收入主动权。以重点行业和重点税源企业为切入点，加强税源动态跟踪，及时掌握经济运行、企业经营状态和税收变动情况，提高税源监控管理和分析预测的能力，为地方政府在组织收入中提供有效的参考数据，不断提升溧水区税务局组织收入的主动权。同时，加强收入分析，提升税源形势的研判力。利用会计统计数据，加强税收收入运行特点分析，通过税源结构、增减变化原因等重点内容的分析，对全区税源经济结构、税收发展趋势进行分析、研判，为领导决策提供参考。

（胡东涛）

税收收入特点及分析　2018年，溧水区局税收收入呈现增长率大幅提升、第三产业税收占比增加、重点行业税收贡献突出的特点。2018年，溧水区税务局通过坚持依法征收、应收尽收，加强收入运行质量的分析监控，深入开展重点税源企业调研，及时掌握税源变化情况，深化税收调研分析，严格欠税管理。通过对欠税的过程监控，采取措施防范欠税。对有欠税的企业严格要求企业制定清欠计划并按计划缴纳税款。加大清缴力度，及时掌握欠税企业资金动态情况，对于违法企业，依法采取强制措施。把强化税收收入质量管理贯穿于组织收入的全过程：在税款申报缴纳环节，对纳税人申报的异常税款严格审核，把好入口关；对已入库的税款认真甄别，及时清理多缴税金，该退的退，该调的调；在税款监督环节，强化税收会计监督，及时消除税收执法风险；在税收考评环节，加强对收入质量的监督和考核。（胡东涛）

税收征管　2018年，溧水区局加强与政府、法院等部门协作清欠。按月制定欠税情况清册，落实责任到税源科(所),结合关联税户对欠税户采取控票、限量限额供应发票等措施,切实控制新欠,压缩陈欠,确保税款及时足额入库。强化个体及代征管理。理顺个体工商户定期定额核定程序。定期筛选出未及时抄报税信息开展提醒与更正申报;强化代征系统运用,按月筛选双定户申报异常信息提醒柜面申报;对代征系统票证使用中出现的异常情况进行友情提醒,明确操作规范;顺利完成二手车交易市场税控系统安装及测试工作;积极推进代征系统支付宝缴税。抓好个体申报处罚工作,逾期申报处罚率控制在达标范围内。规范、优化机构设置,成立专业管理的职能科室,根据“放管服”的总体要求,减少前置审批环节,提升基础事项管理事项应对地位、细化、深化职能办税,丰富实名办税渠道,实施网络预叫号,加强对纳税人基础信息采集,积极探索无纸化流程。规范欠税追征流程,提升执行人员依法行政意识,提高欠税追征效率,全年发起欠税追征流程33户次,流程结束13户次,追征欠税243.41万元。(胡东涛)

国税地税征管机构改革 根据上级统一安排,溧水区原国税局原地税局按照上级统一部署,经过双方的充分调研、协商,将集中办公地点确定在国税局办公地址。南京市税务局挂牌后,7月9日,两个局的主要领导立即按照南京市税务局征管改革工作通知的要求,召集相关科室和分管局长一起,商讨南京市税务局部署的相关细节工作和分工,并决定于7月13日集中办公。7月14日,

2018年7月20日上午,国家税务总局南京市溧水区税务局挂牌成立 (胡东涛、龚 萍 摄)

两局对所有国税局、地税局标示清理完毕。7月10日,成立溧水区国、地税税务机构改革联合工作小组,制定《溧水税务局挂牌方案》。7月11日,旗杆安装完毕,7月12日,开展升旗手培训工作,7月18日,成立溧水区国地税改革领导小组,所有挂牌准备工作就绪,7月20日上午10时8分,溧水区税务局顺利完成挂牌工作,标志着机构改革工作取得了阶段性的胜利。10月20日,落实“三定”方案后,共有8名局领导,设有15个职能科室,5个基层分局,5个人所得税源管理科。

(胡东涛、龚 萍)

税收政策落实 全年落实各项税收优惠政策13.86亿元,其中,企业所得税减免税2.27亿元,出口退免税4.59亿元,一般纳税人固定资产抵扣1.31亿元,农林牧渔直接免税5.1亿元。贯彻落实小微企业税收优惠政策,13.58万户次纳税人享受免征增值税的优惠政策,累计减免税额5929.72万元。办理减免税备案24户,其中,土地增值税减免8户,房产税减免1户,城镇土地使用税减免10户,契税减免3户,印花税减免2户。审批办理拆迁契税减免1372户,房产面积16万多平方米,减免契税732.26万元。在优惠政策落实上,溧水区税务局主动与区级拆迁单位沟通协调,积极宣传和解释拆迁户契税拆迁安置相关政策,使减免政策宣传到位、实施到位、深入人心。及时做好拆迁户审查工作,对照政策,对符合减免条件的立办立批立结;对超拆迁补偿款的部分按规定征收,依法征收。服务地方政府。积极参加到区政府安置房办证微信群,对地方政府在拆迁户税收优惠落实中存在的各种问题,实施“首问负责制”即时处理和办结,确保区政府组织实施拆迁涉及的税收优惠得到最大化落实,提高老百姓的获得感、地方政府的满意感、税务形象的社会度。有效发挥了税收稳增长、促改革、调结构、惠民生的职能作用。

(胡东涛)

税收法治建设 规范税务行政审批实施,落实税务行政审批改革举措,加强取消审批事项的后续管理;加大对行政处罚的标准化培训,深入推进处罚裁量权准确运用和说理式文书应用,保证处罚尺度的统一性;溧水区税务局持续推进依法治税,

不断完善司法与税收协作，落实国家税务总局行政执法“三项制度”(行政执法公示制度、执法全过程记录制度、重大执法决定法制审核制度)，落实行政处罚办法和自由裁量基准；不断规范重大税务案件审理。按照《重大税务案件审理办法》要求，在保证审理质量的基础上，进一步提高审理效率；持续加强稽查力度，2018年，有序下达案源计划立案检查，稳妥推进国家税务总局股权转让专项检查。先后开展了两批次、计30户企业自查工作，自查补报税款、滞纳金计274万元。全面落实依法行政工作制度。溧水区税务局按照有关规定成立依法行政工作领导小组，并严格落实依法行政工作领导小组定期例会制度，每季度召开一次工作会议，集体研究依法治税工作各项重要问题。规范依法科学民主决策。溧水区税务局召开了3次依法行政工作领导小组会议，对年度重点工作、年度考核任务等事项予以讨论，对纳税服务、行政处罚、行政裁量、重大税务事项集体审议、说理式文书、执法督查、争议处理等多个事项的开展做了具体而严格的要求，避免了行政决策的盲目性和随意性。建立健全税务干部学法用法制度。坚持推进领导班子学法制度。坚持全员学法，形成常态。溧水区税务局认真落实把依法行政知识作为全员培训必修课程的要求，规范设置法治培训内容，确保了培训实效。加强过渡期内法制知识的查漏补缺。为尽快完成国税、地税征管机构改革的攻坚任务，从年中开始，原国税、地税联合开展多次税务干部学习交流会，实现了国地税税收法治任务的加快推进，减少税务干部在机构改革后的执法过程中遇到的相关执法问题。(胡东涛)

风险应对标准化流程 开展培训与解读。溧水区税务局从《风险应对工作模板》2017版总体变化情况、线上审议、跨区域风险管理协作、被动支持、情报采集、电子账册采集、各项考核指标解读等分三场次进行培训解读。开展低成效户评审。溧水区税务局按照适度的规模，制定对入库税款5万元以下的户确定为低成效户，由业务骨干组成风险团队，对低成效户进行复审，主要对资料的完整性，疑点的排除理由及解释的深度提出复审意见，将评审意见提交给原风险应对人员进行释疑。强化团队“支持”。按照南京市税务局要求，溧水区税务局成立风险管理综合支持团队。2018年，溧水区税务局完善项目化团队运作，发挥好“主动支持”与“被动支持”的团队运作优势，有效化解个人能力缺陷的矛盾，有效提升风险应对能力。加强情报采集。规范应对环节情报采集内容，明确操作规范；加强与第三方的信息交换，定期从政府公共平台获取信息进行情报采集。打造标准化流程应用体系，建立了以专业培训、卷宗审查、质量评审、强化支持为主要流程的标准化风险应对程序，着力提升风险应对质效。2018年，溧水区税务局强化落实江苏省税务局《税收风险应对工作模板》和《纳税评估法律指引》，规范风险平台操作，优化风险管理运行，全年累计完成风险应对任务335户；入库税款(含滞纳金)7047万元。调减留底247.47万元，调减亏损836.46万元。(胡东涛)

2018年7月1日，溧水区局工会组织“牢记使命不忘初心跟党走　激励新时代新担当新作为”主体活动　(胡东涛、龚　萍　摄)

社会保险费和非税收入征管职责划转 2018年，溧水区税务局稳步推进社保和非税收入职责划转工作。加强组织领导。建立组织领导机制和工作推进机制，主要领导负总责、分管领导具体抓，密切内部协作，明确任务分工，确保任务到岗、责任到人。认真学习消化省税务局市税务局动员讲话精神，以南京市税务局《社会保险费和非税收入征管职责划转工作方案》为指导，准确把握职责划转工作的主要目标和工作任务，挂图作战，对表推进，扎实推进职责划转各项工作，确保改革平稳落地。调配人员，组建非税组，明确职责，牵头组织实施全区职责划转工作。加强与政府汇报及沟通，强化部门协作。加强工作调研。根据改革要求，对市税务局下发的前期各项社保费具体调研事项与人社部门做好衔接，对溧水区社保费征缴基本情况进行摸底，对各费种、征收对象、征收程序（登记、申报、征收、对账等）、征缴规模、欠费等开展全面调研；了解社保事项办理窗口配置，以及涉及社保费征管职能划转体系覆盖下的村镇级社保业务办理人员岗位配置，做好职能划转后窗口业务安排的预估工作，做到政策先行、业务跟进，积极探索业务衔接、“一站式”（让纳税人办事少跑路，集合各个职能部门统一办公，在同一个地方办结所有涉税业务）办理新方式新手段，全方位地为社保费征管职能划转做准备；与区各相关单位做好沟通交流，从非税收入的种类、用途、原征收单位、信息采集、缴纳、入库等各个方面进行了解，收集相关政策规定，并向南京市税务局提出征管体制改革的优化建议。优化缴费服务。加强日常征管中社保费政策宣传，向缴费人和缴费单位做好政策解释工作，确保社保费与非税收入征管职能划转过渡期工作平稳有序开展。2018年7月，溧水区税务局挂牌成立后，征收社会保险费2.96亿元，同比实现稳步增长。严格政策执行。落实中央精神，严禁自行对企业历史欠费进行集中清缴。根据上级要求已暂停对社保往期欠费开展自行清理，截至目前，拟有3户企业欠费已达申请强制执行的条件，共计欠费106.9万元。前期溧水区税务局已提交法院申请强制执行但仍未执行到位的有6户，共计506.6万元。（胡东涛）

纳税服务 2018年，溧水区税务局进一步深化“放管服”改革和优化税收营商环境，切实提升纳税人获得感。完善窗口整合，实现办税场所优化。实行统一办税厅对外服务后，通过原国地税人员互坐对面的窗口人员设置，对“一事不二罚”、相同业务清单内事项作出及时快速响应，逐步由“两人两机两系统”向“一人一机两系统”过渡。对于退税、注销等综合岗位业务，也由以前的“两套资料两次受理”转变为“一套资料一次受理”。增设自助办税区域设备，完善区域功能，大力推行互联网办税，开展办税导航服务，引导错峰办税，提供各类完税信息自助查询，分流窗口压力。打通办税堵点，实现业务流程融合。安排业务骨干在96888712特服热线接听岗位，提供“一键咨询”服务，提高接通率、回复质量和满意度。整合涉税事项业务流程，合并原国税、原地税相同业务流程，取相通之处加以保持，不同之处加以融合。对原国税、原地税退税业务办理流程不一致情况进行整合。一般退税经整合后全部改为办税厅窗口统一受理，后台审批，既节约了后台审批人员工作量，也大大提高了退税办理效率。严格执行“放管服”，不断优化营商环境。进一步简化资料报送和办税流程、坚持当场办结的主要原则，对部分审批或核准事项实施形式要件审核后先行办理，简化审批手续，严格按照法定时限做到“零超时”。中秋节后，按照区委区政府统一部署，溧水区税务局办税厅整体进驻市民之家，溧水区税务局及时整合内部工作职责。目前，溧水区税务局办税厅前台办税人员在资料完整且符合法定受理条件的前提下，纳税人最多只需要跑一次即可办结涉税业务。新办企业业务办结平均用时1.3小时，在全市15各溧水区税务局中名列前三。（胡东涛）

货物劳务税管理 做好“营改增”后续管理工作；推行增值税电子发票系统，落实溧水区税务局商品和服务税收分类与编码推广工作，对未使用税收分类编码的客户端金税卡进行清理。梳理流转税优惠政策后续管理事项，健立健全流转税优惠管理台账；处理增值税抵扣凭证审核系统、增值税逾期抵扣审核上报、小规模纳税达标认定及一般纳税人登记认定、失控发票管理等基础事项。加强消费税企业日常监控，对车辆购置税档案开展检查。结合征管分工，对年应税销售额超过标准登记一般纳税人有关事项、抵扣凭证审核委托协查的有关事项进一步梳理、完善操作规范相关制度。完成溧水区税务局18户2472.61万元增值税期末留抵退税工作。按“双打”（打击虚开增值税专用发票和打击骗取出口退税违法犯罪行为）工作要求，对南京市税务局下发的涉嫌虚开和异常纳税人进行核实、并按相关规进行处理。其中，涉及2018年模型涉嫌虚开专票案头分析3户、2017年4季度小规模纳税人申报数与开票数差额10万元异常数据5户、31户“一址多照”高风险纳税人。（胡东涛）

企业所得税管理 2017年度汇缴申报7690户，较上年增加1189户，同比增长18.3%，汇缴申报面100%。其中：查账征收企业7123户，核定征收应申报567户，查账征收面92.63%，同比增长2.87%。汇缴入库所得税额6.71亿元，较上年的5.68亿元，同比增加1.03亿元，增幅为18.13%。原地税2017年度汇缴申报1535户，汇缴面达100%，汇缴入库所得税税款3.01亿元，同比上升7.32%。2018年，原国税共有1933户企业享受小微企业优惠政策，较去年增加347户，共减免企业所得税1695.26万元，增幅达75.87%，小微优惠享受面100%。65户企业申报享受研发费加计扣除优惠，加计扣除额共计1.99亿；82户科技型中小企业申报享受研发费加计扣除75%优惠政策，加计扣除额共计1.80亿元，科技型中小企业优惠享受面100%。1772户企业享受2017年度汇缴申报企业所得税减免税优惠，合计减免企业所得税8038.06万元。原地税户2018年共减免小微企业所得税5088.03万元，落实研发费用加计扣除额1.02亿元，减免企业所得税1.27亿元。

（胡东涛）

国际税收管理 做好非居民税收管理和对外支付管理，做好合同备案审核和协定待遇备案审核，同时强化对重点合同的监控。溧水区税务局共办理对外支付税务备案65份，为企业办理协定待遇备案，减免非居民企业所得税28.52万元；根据国家税务总局公告2016年第42号《国家税务总局关于完善关联申报和同期资料管理有关事项的公告》要求，通知5户符合标准企业准备同期资料，并开展审核；组织开展关联交易申报数据的审核，审核出对90多户企业300多条关联申报疑点，并及时辅导企业更正申报，确保数据的完整性和准确性。对引进来企业，加强风险提醒，引导自觉遵从。组织重点企业同期资料审核，建立同期资料数据库，持续进行跟踪提醒，督促合作遵从。对“走出去”企业，多渠道搜集信息，不断完善数据库，了解服务需求，提供有针对性的涉税服务。及时调查并摸清4户“走出去”企业的基本情况，建立专户档案，深入分析、排查潜在税收风险，完成国家税务总局版、江苏省税务局版“走出去”企业清册报送。对引进来企业，加强风险提醒，引导自觉遵从。夯实国际税收工作基础。做好非居民税收管理和对外支付管理，按照南京市税务局要求做好合同备案审核和协定待遇备案审核，同时强化对重点合同的监控。防范国际税收风险。主要做好关联企业申报宣传，辅导工作，多项措施保质保量的完成溧水区税务局2018年企业所得税关联申报。参加南京市税务局组织的中外合作办学座谈会，编写的案例在会上交流。按时完成税收情报交换。

（胡东涛）

进出口税收管理 2018年，参与南京市税务局出口退税处组织的案源筛选工作，以确保评估案源更精准，同时在具体涉及评估过程中积极参与并为评估人员提供相应政策。2018年，风险评估选案共计2户，开展异常进出口贸易数据分析2户，完成深度分析1户，上报出口企业评估案例。结合出口退税审核系统，选取疑点较多、涉嫌从虚开企业进货及异地报关、跨大类等风险指标，制作出单户疑点分析表。生产企业免抵退税额29019.25万，免抵税额16657.99万，应退税额12361.26万；外贸企业应退20397.45万元。2018年1月1日至2018年12月30日实际办理退库44828.91万元。积极落实退税规范1.1，为规范税务机关出口退（免）税管理工作，更好地服务纳税人，支持外贸发展，及时组织人员学习，科学分解

2018年8月20日，溧水区局开展了“合在溧税，甜蜜生活”蛋糕DIY活动，区局全体74名女同志参加。区局特别聘请蛋糕师现场指导，干部们自创5寸蛋糕，并合力制作4个大蛋糕。活动促进彼此关系的融合，增强了组织凝聚力

（胡东涛、龚　萍　摄）

任务，明确落实责任，明确任务书、时间表、路线图和责任人，确保各项工作要求落实到位。

（胡东涛）

个人所得税管理 2018年，溧水区税务局应申报4845人，比去年同期增加1550人，增幅47.04%，实际应申报人数4775人。已申报4661人，占应申报人数的96.20%，其中：支付宝和网络申报4546人，占已申报人数的97.55%；上门申报115人，占已申报人数的2.42%。2017年度，年所得12万元以上的纳税人自行申报应纳税所得额14.77亿元，申报缴纳个人所得税税款3.12亿元。涉及多处工薪242人，补缴税款83.36万元，其中，大厅门临申报补税0.48万元，网络申报补税82.88万元。溧水区税务局建立应急机制，保障申报工作。强化办税大厅引导分流和咨询服务，设置12万申报备用专窗，并加强人员岗责配置，有效应对申报高峰；同时建立专项应急预案，由征收分局长轮流值班，及时协调解决涉税诉求和紧急事宜。开展集中培训，夯实服务基础。集中基础税源局及征收局人员开展专项培训，确保吃准吃透“12万个税”相关政策，熟练掌握支付宝和自然人办税平台中12万的外网操作流程，全面提高业务素质。完善绩效管理，保障任务进度。前期以周为单位，三月中下旬以日为单位，明确各期申报任务进度，建立“每周（日）一通报、每半月（周）一小结”制度，分析各阶段申报工作中的重点难点问题，研究部署具体实施方案。将每期累计申报进度及申报任务完成情况纳入绩效考核，并严格落实首问责任制，对在12万申报中引发舆情的给予效能问责处分，最大限度地保障12万申报工作有序推进。

（胡东涛）

环保税首年征收 2018年，溧水区税务局264户环保税纳税人共申报入库环保税4875.07万元，比上年同期排污费增收3122.65万元，增幅为178.20%；累计有94户次纳税人申报减免税400.25万元。2018年度施工扬尘共入库税款4308.90万元，占入库总量的88.39%，占全市扬尘3.39亿元的12.71%，超过去年全年扬尘排污费1500.15万元的征收数。面对辖区环保税纳税人数量多、情况复杂、征管难度大的情况，从税源管理入手，狠抓征管质量，扬尘征收取得重大突破。溧水区税务局于二季度全面启动扬尘征收工作，2018年，施工扬尘共入库税款4308.90万元，占入库总量的88.39%，占全市扬尘3.39亿元的12.71%。溧水区税务局的环保税准备工作、纳税特色辅导工作、扬尘征收工作多次得到市级表扬。

（胡东涛）

土地增值税清算管理 建立房地产开发项目土地增值税管理台账，梳理2018年所有房地产开发项目共计216个（已清算83个），比上年增加3个，2018年，符合土地增值税清算条件的项目有12个，其中，应清算项目5个，可清算项目7个。强化土地增值税清算审核。合理调配全局人力资源，实现各种特长人员的科学配置，跨部门成立土地增值税清算审核团队。尝试“兵团作战”模式，形成7个小组同时开展清算审核，对全年12个清算项目进行审核。同时针对干部的学习需求，从外部邀请南京税务事务所的业务骨干专题培训土地增值税清算审核技巧，从内部成立“小讲师”团队传授清算审核实战案例经验，内外联动进一步提升土地增值税清算审核水平。截至2018年11月，共征收土地增值税88883.42万元，同比增长151.72%，其中，预征税款45862.46万元，清算税款3389.69 万元，旧房转让税款37999.43万元，尾盘销售税款1631.84万元。完成清算审核项目12个，同比增长200%。全年自主申报率100%、实地审核完成率100%。

（胡东涛）

存量房交易税收管理 2018年，溧水区税务局进一步增强规范执法的意识。对照《房地产交易税收服务和管理指引》和《江苏省存量房交易纳税评估系统业务规程》的要求，增强税收法治化的意识，提高执法风险意识。做到岗责体系合规，执法主体法定，执法行为准确，档案文书规范。突出风险防控，严密内部管理。全年将防范风险放在突出的位置，建立健全房地产交易税收管理和服务的内控机制和工作制度，通过明确岗位职责，建立互相制约、相互监督的机制，严格日常操作，定期梳理税收风险点，有效防范和化解风险。加强信息共享和管理。根据《房地产交易税收服务和管理指引》和《江苏省存量房交易纳税评估系统业务规程》的要求，加强与溧水区不动产局、房产局的协作，促进信息共享，提高房地产交易税收征管效能。在新的一窗式受理的新模式下，突出加强对信息的审核。全年引进第三方评估公司对存量房交易税收进行规范评估。制定房地产交易环节税收征管制度，规范房地产交易环节税收业务分类、业务流程、岗位设置、业务实施、监督管理，重点规范存量房税收管理中特殊事项审核复审的要求、复审结论报告。做好房地产交易税收管理制度的学习和落实，自查自纠全区房地产交易税收中的问题，并及时整改到位；收集全区53个存量房无价格或价格存在异常小区信息，上报南京市税务局进行存量房系统价格维护。2018年，共完成增量房交易契税征收7206笔，存量房交易税款征收2791笔（其中，单位资产转让23笔），土地契税缴纳79宗，征收税款60362.57万元，其中契税30872.41万元，其他税费29490.16万元，同比增收3000万元。（胡东涛）

全面从严治党 以夯基础，促规范为根本要求，强化基层党组织建设。盘清党建基本情况，设立临时党支部，调整局领导联系点分工，强化党建指导督查；第一时间召开各支部党务干部培训部署会，统一支部建设标准，按月下发支部工作任务清单，开展党建工作“回头看”，实地督查，加强过渡期基层党组织建设；党建相关举措2次被南京市税务局刊登。以凝人心，促整合为要务，扎实开展思政工作。以“四合”（事合、人合、力合、心合）为目标，突出四项重点（关注思想动态、深入谈心谈话、强化纪律执行，先进典型选树），建立三级责任体系（班子成员、支部书记党小组长、群团负责人）；制定两项工作机制（定期集中沟通、日常报告），通过集中会议部署，统一思想，强化落实。开展“繁星—党员微事迹”展播，及时选树宣传身边先进典型，弘扬正能量，4名党员先进事迹在南京市税务局内网宣传。组织全体党员亮出身份，组织改革期间党员承诺。（胡东涛）

2018年9月3日，溧水区局团支部于郊野书屋举办“品味经典，感受信仰”主题读书活动。搭建了青年干部之间的沟通桥梁，加深了干部之间的熟悉和了解，积极推动了机构融合

（胡东涛、龚 萍 摄）

（责任编辑 王赟超）

高淳区税务局

概况 2018年7—12月，南京市高淳区税务局（以下简称“高淳区局”）在南京市税务局和高淳区委、区政府的正确领导下，以习近平新时代中国特色社会主义为指导，紧紧围绕国税地税征管体制改革与税收重点工作，迎难而上，奋勇拼搏，圆满完成全年各项目标任务。在机构改革后国家税务总局组织的首次纳税人满意度调查中，该局纳税人满意度排名全国500家被调查单位第33位、全省第5位、全市第2位。

完成征管机构改革各项工作。根据《国税地税征管体制改革方案》和省、南京市税务局统一部署，向区委区政府汇报国税地税征管体制改革工作情况，成立全区国税地税征管体制改革专项小组，加强对改革工作的统一领导和指挥协调。7月13日，4个部门先行合并，实现集中办公。7月15日，成立国税地税联合党委，任命党委书记、党委委员。7月18日，召开全区国税地税征管改革座谈会，动员布置机构改革工作。7月20日，举行挂牌仪式，国家税务总局南京市高淳区税务局正式成立运行。10月25日，举行“三定”仪式，宣布机构设置和人员任命安排。10月29日，机构调整、工作交接、人员到岗全部到位，“三定”工作平稳落地。

完成组织收入任务。聚焦主责主业，大力组织收入，全年累计组织各项收入68.57亿元，同比增长20.7%；其中，税收收入入库53.43亿元，同比增长15.1%；社保费和非税收入入库15.14亿元，同比增长45.7%。累计组织地方一般公共预算收入28.25亿元，同比增长21.5%，占全区一般公共预算收入的90%。不折不扣落实各项减税政策，全年办理税收减免14.26亿元，办理退税6.84亿元，同比增长65%。

优化税收营商环境。认真落实《全区优化营商环境100条》，对涉及税务部门的14项工作任务，落实责任，制定措施，抓好改进，促进全区营商环境持续优化。按照全市统一部署，推进办税服务厅整合，实现“一厅一人一窗”办理税收业务。升级改造办税服务大厅咨询辅导区、自助办税区、网上税务局体验区，提升服务大厅办税服务效能。推进新办户套餐服务，优化税务注销程序，大幅缩短纳税人办税时限，全年受理新办企业业务2887户，单户办理时限压缩到1.36小时。认真落实办税事项“全程网上办”和“最多跑一次”清单，引导纳税人选择网上办税、自助办税、移动办税，非接触式办税比率达到89%，高于全市平均水平。深入开展“支持实体经济发展主题服务月”活动、“走民企送政策送服务活动月”活动，累计走访民营企业80户，举办座谈会1场，收集意见建议59条，都制定了切实改进措施，。

提升税收管理水平。推进法治税务建设，邀请法律专家举行专题培训1次，组织党委中心组学法2次，税收法律业务培训4次。积极开展政策调研，上报南京市税务局政策简报8篇，专题报告1篇。全年稽查查办案件57件，查补收入1543万元。加强税种管理，常态化推进“双打”“快反”工作，向公安机关移送“双打”涉票案件6件。加强国际税收管理，代扣代缴非居民企业所得税3216万元，同比增长12倍。抓好环保税开征、土地使用税和城建税税率调整工作，入库环保税1098万元，新增土地使用税1445万元、城建税6894万元。加强税收风险管理，全年开展风险应对502户，税款入库7916万元。强化税收执法督查，抽查执法案卷308户，核查疑点数据908条，查补税款、滞纳金27.85万元，税收执法规范性进一步提升。

推进全面从严治党。区局“党组”改设“党委”、成立机关委员会、机关纪委和基层党支部，完善党建和纪检监察工作组织体系。推进“两学一做”学习教育常态化制度化，按月开展党委理论学习中心组学习，持续学懂弄通做实习近平新时代中国特色社会主义思想和中共十九大精神。落实意识形态工作责任制，严肃党内政治生活，召开中央巡视反馈整改、清除“杨、季”恶劣影响、机构改革等专题民主生活会。加强党风廉政建设，定期开展警示教育，组织“六项纪律”执行情况专项检查，开展“学条例、守纪律”纪律学习月活动，建立健全科级及以上领导干部廉政档案，全年开展“一案双查”11起，查处问题50个，提出征管建议25条。深入开展群团活动，举办了全区税收技能竞赛、《梁家河》读书分享会、“改革正当时，青春应飞扬”演讲比赛，“庆元宵·猜灯谜”——党性知识抢答等活动。

加强干部队伍建设。加强改革期间的干部思想政治工作，按照“三个全覆盖”的要求，开展谈心谈话活动400多人次。加强干部教育培训，组织冬训、春训、制式脱产培训、更新知识培训，教育培训实现全覆盖。在国家税务总局“新机构、新职责、新业务、新作为”知识网络竞赛中，全局有31名干部进入第二轮复赛，排在全系统第一。加强老干部工作，组织“老干部看南京”活动2次，帮助3户已故离休干部遗属办理了居民医疗保险。严格落实“五必访”“六必访”工作要求，全年工会“五必访”50人次、老干部“六必访”5人次。狠抓绩效管理和数字人事双轮驱动，完善绩效考核考评制度，建立数字人事周提醒月通报制度，有力地推动了各项工作提档升级。

（杨丽华）

机构设置及负责人

办公室

主　任　王红华

副主任　李灵花

副主任　杨丽华

法制科

科　长　李代全

副科长　朱代全

税政一科

科　长　赵建明

副科长　沈一平

副科长　王耀耀

税政二科

科　长　陈昆恒

副科长　马平生

副科长　刘剑锋

收入核算科

科　长　甘秋桂

副科长　崔秀红

纳税服务科

科　长　邢建顺

副科长　邢精国

征收管理科

科　长　刘玉火

副科长　魏玲燕

副科长　徐小超

督察内审科

科　长　赵华龙

副科长　许祥禄

人事教育科

科　长　吕志浩

副科长　孔萍萍

考核考评科

科　长　奚　飞

副科长　李小兵

党建工作科

科　长　陈月影

副科长　杨剑龙（正科级）

老干部科

科　长　钱晓春

纪检组

组　长　王朝忠

副组长　陈征兵

纳税服务中心

主　任　李箕新

副主任　肖永强

信息中心

主　任　雍冬林

税源管理一科

科　长　陈立新

副科长　韦　谷

税源管理二科

科　长　孙　皓

副科长　唐新贵

税源管理三科

科　长　史天桢

副科长　汪晓春

税源管理四科

科　长　夏跃南

副科长　赵新宝

税源管理五科

科　长　赵斌皓

副科长　钱志英

第一税务所

所　长　谢　军

副所长　夏新年

副所长　张令洪

副所长　陈晓娟

第二税务所

所　长　陈树华

副所长　孔德勇

副所长　朱红华

淳溪税务所

所　长　孔华梅

副所长　李晓松

副所长　杨在荣

古柏税务所

所　长　唐景林

副所长　王红兵（正科级）

副所长　翟建中

副所长　王明星

阳江税务所

所　长　王泓镔

副所长　刘晓鸽

（杨丽华）

组织各项收入68.57亿元　2018年，高淳区局全年组织各项收入68.57亿元，同比增长20.7%；其中，税收收入53.43亿元，同比增长15.1%；社保费和非税收入15.14亿元，同比增长45.7%。组织地方一般公共预算收入28.25亿元，同比增长21.5%，占全区一般公共预算收入的90%。在抓收入过程中，坚持把完成预算确定的税收目标当作全局中心工作，促进了税收持续平稳增长。一是强化税收预测分析。科学把握宏观经济、重点行业、重点税源户特点，及时研判发展态势，提升税收收入管理的前瞻性和主动性。主动向地方党委政府汇报收入工作情况，加强沟通协调，取得理解，赢得支持，全年1篇税收专报得到区主要领导批示肯定。二是强化重点税源监控。根据上级要求，结合全区经济税源状况，将47户重点税源企业纳入到2018年江苏省税务局重点税源监控名单，按月上报重点税源报表，强化月度审核和季度会审。提升了重点税源监控和管理水平。三是强化收入质量管理。健全异常收入日常监控制度，紧盯关键月份开展靶向扫描，及时处置收入入库、减免、退库等环节存在的风险。全年对税收入库增长异常的45户企业开展了风险提示和分析。对南京市税务局下发的127笔减免税疑点数据进行逐一核实，收入质量稳步提高。

（杨丽华）

税收收入特点及分析 2018年，高淳区局全年组织税收收入53.43亿元，同比增长15.1%；一般公共预算收入28.25亿元，同比增长21.5%。从收入级次看，中央级收入实现25.17亿元，地方级收入实现28.26亿元，分别同比增收2.37亿元、4.64亿元，增长10.4%、19.6%，地方级收入增幅、增量均接近中央级收入的两倍。从产业结构看，第二、第三产业分别实现税收18.25亿元、34.32亿元，同比增长16.9%、14.2%。在第二产业中，制造业入库税收7.96亿元，同比增长1.1%，建筑业入库税收8.81亿元，同比增长32.9%；在第三产业中，批发和零售业、房地产业、租赁和商务服务业分别入库税收9.18亿元、7.99亿元、6.98亿元，同比增长22.1%、36.0%、20.9%。从税种收入看，增值税、企业所得税、个人所得税、契税等四个人所得税种构成总收入的86%。其中，增值税入库26.29亿元，同比增长28.2%；企业所得税入库8.62亿元，同比增长4.4%；个人所得税入库7.28亿元，同比下降15%；契税入库2.45亿元，同比增长53.8%。从重点税源看，纳入国家税务总局监控的47户重点税源企业实现收入7.51亿元，同比增长0.02%，占税收总收入比重14.1%，较上年下滑2.1个百分点。（杨丽华）

税收风险管理 2018年7—12月，高淳区局加强风险管理支持团队和风险应对团队建设，组织专门培训1场60余人参加，提高风险团队运作质效。修订《风险应对业务规范及质量控制管理办法》，逐步建立“任务竞标、团队应对、过程管控、支持保障”的应对模式，突出风险应对全流程质量控制和监督，积极运用“线上风险管理”促进风险应对质效提升，全年风险应对电子账册采集达到41.79%、网上约谈达到31.34%、线上审议达到50.75%。推进情报管理，开展情报知识和情报综合平台使用专题培训，提升一线干部主动收集情报意识和提升情报分析应用的能力。依托区税源办，利用“互联网+”手段，完善第三信息交换机制，拓展情报采集范围和深度，全年与税源办等相关部门交换情报信息1000多条。强化跟踪问效，以效能监察为载体，规范实地检查流程，建立有问题率、准期结案率、实际入库贡献率等指标跟踪问效机制。全年完成风险应对205户，有问题率95.75%，跟踪质疑5户，应对入库税款7916万元，结案率和零成效均列系统前列。（杨丽华）

税收优惠政策落实 2018年，高淳区局不折不扣抓好各项税收优惠政策落实，为促进大众创业、万众创新，推动实体经济转型升级和增强社会创造力营造良好环境。全年实现各项税收减免14.26亿元。其中，增值税改革三项措施自2018年5月1日实施，全年实现减税1亿元；落实小微企业税收优惠政策，实现减税1.15亿元，全区受惠小微企业达到1.5万户；落实扩大研发费用加计扣除比例税收优惠政策，实现减税1.8亿元，受惠企业166户；落实个人所得税起征点调高到5000元优惠政策，13万工薪所得纳税人受益，享受减税红利3600万元。同时全年办理各项退税6.84亿元，同比增长65%。其中，出口退税3.86亿元，增长28.3%。办理软件与集成电路、福利企业等增值税退税0.50亿元，同比下降4.7%；办理增值税留抵退税0.42亿元，同比净增长。（杨丽华）

纳税服务 2018年，高淳区局结合国税地税合并后办税服务大厅纳税人激增情况，加强办税服务厅现场管理，增设办税窗口，保证综合受理岗有6个窗口正常对外办公，2个金税岗同时服务；加强办税引导，安排中层干部轮流到大厅值班，加强对办税服务厅的巡查，及时发现和解决存在的各类问题，引导纳税人错峰办税，减少在办税厅等候办税的时间。对办税服务大厅区域功能设置进一步优化调整，整合咨询辅导功能设立新的咨询辅导区，将原分散的值班长咨询辅导、导税人员咨询辅导、原地税咨询辅导、税控发行处理、涉税异常情况处理等功能整合集中到新的咨询辅导区。改造设立新的自助办税区，将原自助发票扫描认证、税控抄报税、发票申领、发票代开等自助终端集中整合，亮化标识。重新改造网上税务局体验区，把分散的电脑、打印机等设备集中到新的体验区，并配备辅导人员，方便纳税人办税。对照《南京市税务局纳税人办税堵点难点排查问题清单》，开展纳税人办税服务难点排查整改工作。（杨丽华）

税收法治建设 2018年，高淳区局围绕依法治税，把提高干部的法制意识和法治能力放在重要位置，全年邀请法律专家为全体干部作专题培训1次，党委理论中心组学习专题学法2次，组织各种形式的税收法律业务培训4次，700多人次参训，组织开展法制测试1次，干部业务技能和法治素质稳步提升。加强政策调研，向上级部门反馈政策执行情况和建议，全年召开专家团队会议7次，解决政策难题15个，上报业务问题3个；上报南京市税务局政策简报8篇，专题报告1篇。开展法制审核，认真贯彻重大案件审理制度，全年审结重大税务案件11件，涉及查补税款663.3万元，处以罚款62.15万元，共向公安机关移送“双打”（打击虚开增值税发票和骗取出口退税）涉票案件6件。开展中等风险应对实地核查案件法制审核，制定法制审核工作办法，明确职责分工、审核范围、审核流程等内容，全年开展中等风险法制审核案件3起，审核出程序问题1个，并进行整改。认真贯彻科学民主法治决策，全年共开展依法行政领导小组会议合议事项11件，主要涉及企业所得税依职权退税、土地增值税清算、其他复杂案件等事项。开展税收规范化文件清理1次。（杨丽华）

执法督查 2018年，高淳区局开展房产交易专项督查，成立专项督查小组，调取100户房地产交易案卷进行督查；根据南京市税务局确定的待查清册与契税疑点清册，提取48户案卷资料及50份代开增值税发票参加集中督察；对督察中发现的问题，及时研究制定整改措施，并形成《房地产交易税收执法督察发现的问题及整改建议》报告，为基层进一步规范房地产交易税收管理提供建议参考。做好南京市税务局下发的疑点数据的核查反馈，对5个督察项目涉及到的35个指标277条疑点数据进行核查，涉及多征税款1.97万元，少征税款10.02万元，全部整改到位。开展日常执法督察，筛选出18户有疑点企业进行房产税、城镇土地使用税执法督查，经核实有3户企业房源信息登记错误，4户企业已申报房产税未申报城镇土地使用税，补缴税款0.69万元，全部整改到位。开展风险应对质量检查，全年抽查风险应对案卷17户，其中，高等风险应对案卷1户，检查发现问题87个，补征入库税款1.27万元，加收滞纳金0.22万元。做好外部审计疑点数据核查，南京市税务局下发外部审计疑点数据三批，分别涉及房土两税、税款提前入库、股权转让个人所得税、土地增值税等14个方面共计52条，补缴税款11.31万元，加收滞纳金1.44万元。（杨丽华）

个人所得税改革 2018年，高淳区局加强组织领导，成立个人所得税改革领导小组和集中工作组，强化内外部协调。拟定工作任务分解表，实行“日报”制度，分级组织、分类推进改革工作。积极主动向区委、区政府汇报个人所得税改革工作情况，争取地方党委政府对工作的理解和支持。广泛开展宣传培训活动，大力推广使用手机APP个人所得税软件。通过短信提醒、平面媒体发布、办税厅现场宣传折页发放、电子屏滚动播放、现场咨询和电话解答等多种方式，加大政策宣传力度。组成63人的“个人所得税培训师资库”，组织培训13场，培训有税扣缴义务人2011户，培训面100%，专扣采集人数22069人，完成注册人数的24.3%。抓住学校、医院、政府机关、银行和大型民营企业等重点群体，下户辅导培训241户次，培训纳税人17000多人次，做好了现场个人所得税政策的解读，以及手机APP个人所得税软件下载、安装、注册、填报等指导工作。建立保障机制，强化舆情监控。在办税服务大厅增加设置个人所得税改革辅导专岗，配备个人所得税申报辅导专员，专业解答纳税人的咨询、专职辅导相关办税业务，确保税收政策的及时回应。建立个人所得税信息的保密机制，严防信息的泄露；制定落实个人所得税改革舆情监控应急处置预案，防范负面舆情发生。（杨丽华）

社会保险费和非税收入征管职责划转 2018年，高淳区局根据南京市税务局统一安排，坚持稳字当头，平稳有序推进职责划转工作。加强组织领导，建立组织领导机制和工作推进机制，密切内部协作，明确任务分工，确保任务到岗、责任到人。认真学习消化省、南京市税务局动员讲话精神，准确把握职责划转工作的主要目标和工作任务，挂图作战，对表推进，确保改革平稳落地。主动沟通协调，积极主动加强与地方党委政府汇报，与区财政局、区人社局等部门沟通联系，争取各有关部门对工作的支持和配合。自2018年8月以来，高淳区局到区人社、财政等部门开展工作调研十余次，基本摸清了城乡居民养老、城乡居民医疗保险和其他非税收入的征收管理情况。强化业务培训。一方面积极参加上级组织的专项政策辅导会；另一方面积极邀请区社保等部门业务人员到区局开展专项培训，并安排人员到社保服务窗口跟班学习，掌握征缴政策及办事流程。审慎做好宣传，结合民营企业大走访活动，及时回应纳税人关切，稳定纳税人心理预期，重点宣传《市委市政府关于支持民营经济健康发展若干意见》中第三条减轻企业社保缴费负担的政策。（杨丽华）

干部队伍建设 2018年7—12月，高淳区局加强干部政治思想教育，组织认真学习贯彻党的十九大精神，教育引导广大党员干部坚定理想信念，进一步增强“四个意识”，坚决拥护改革、自觉服从改革、积极投身改革。加强领导班子建设。落实党委书记负责制，加强班子间的沟通和融合，科学合理做好领导分工。开展谈心谈话活动，按照“三个全覆盖”的要求，开展谈心谈话活动400多人次。做好机构改革期间人事档案工作。对231名在职干部及54名离、退休干部的人事档案资料进行了完善、整理、归档。做好人事基础工作，完成非领导职务晋升工作。6名干部晋升为主任科员，2名干部晋升为副主任科员。做好新录公务员试用期转正和2017年选拔科所长转正工作，全年有7名新录公务员试用期转正，4名科级正职、5名科级副职领导干部转正。深入开展各类培训，围绕习近平新时代中国特色社会主义思想、税收征管、税收新政、纳税服务、税收法治、绩效管理、廉政建设和网络安全等方面，共举办培训讲座7期，1000余人次参加了培训。组织干部外出脱产培训，组织干部参加更新知识培训、制式脱产培训，实现了教育培训全覆盖。组织干部参加国家税务总局“新机构、新职责、新业务、新作为”知识网络竞赛活动，31名干部进入第二轮复赛，排在全系统第一。（杨丽华）

学习《梁家河》读书分享会 2018年9月11日，高淳区局联合区级机关工委、团区委、区讲师团在高淳文化馆举办了“学习《梁家河》读书分享会”。活动共由“学、思、践、悟”四大部分组成。第一部分——学，通过读原著、学原文、悟原理，发扬我党理论武装工作的优良传统，高淳区局4位青年代表分别带领大家进行了原文学习。第二部分——思，交流心得体会，高淳区5位新进党员代表结合工作实际交流了《梁家河》学习心得。5名党员真挚动人的事例分享，折射了当代青年党员始终牢记宗旨，主动贴近群众，服务群众的使命担当。第三部分——践，典型事迹宣讲。高淳区第十二次党代会代表、南京市青年五四奖章获得者、江苏高淳陶瓷股份有限公司主创设计师庄志诚，作为一名青年党员，分享了他脚踏实地、积极上进的个人先进事迹。第四部分——悟，党员庄严承诺。全区51名近三年新发展的党员上台，集体宣誓，进一步增强了使命感和责任感。

（杨丽华）

“改革正当时、青春应飞扬”主题演讲比赛 2018年10月25日，高淳区局以“改革正当时，青春应飞扬”为主题举行演讲比赛。演讲比赛共有3大部分。首先，参加比赛的10位青年干部围绕主题发表演讲，并请评委打分，同时听取评委点评，共同启迪，开启智慧，推动工作。其次是主持人朗诵塞缪尔.厄尔曼的《青春》，激发青年干部工作热情，在改革的浪潮中，踏实进取，勇立潮头，争做改革的先锋。最后，全体青年干部合唱《中国税务之歌》，激励全体干部职工牢记使命，发扬税务精神，以实际行动拥护改革、支持改革、参与改革，展现新税务、新机构的新形象、新风采，为高淳税务服务高质量发展贡献个人应有的力量。在主题演讲环节，参赛的10名选手结合习近平新时代中国特色社会主义思想、国税地税征管体制改革、税务发展历程以及自己税收工作的亲身经历，以饱满的热情、鲜活的事例、亲身的感受，抒发了对税务系统机构改革的理解、支持、拥护及深厚情怀。经过激烈的角逐，最终评出一等奖1名，二等奖2名，三等奖3名，优秀奖4名，并在现场进行了颁奖仪式。（杨丽华）

“学条例、守纪律”主题教育月活动 2018年10—12月，高淳区局组织全体干部开展了学习新颁布的《中国共产党纪律处分条例》和《行政机关公务员处分条例》活动，引导干部旗帜鲜明讲政治，严守政治纪律和政治规矩。活动开展过程中，各部门、各支部结合实际，坚持学习与教育相结合、自学与集中学习相结合，利用“三会一课”、部门会议、党员活动日等载体，采取多种形式，因地制宜开展教育学习活动。各部门就《行政机关公务员处分条例》上交了一篇学习心得，各支部就《中国共产党纪律处分条例》上交了两篇学习心得。各支部书记利用好“三会一课”，在主题教育月期间以《中国共产党纪律处分条例》为主要内容上一次党课。12月21日，高淳区局聘请了南京财经大学马克思主义学院教授耿步健开展了《中国共产党纪律处分条例》专题辅导，组织全体党员参加集中学习，引导广大党员干部坚守纪律底线，提升规矩意识。同时以党委理论学习中心组集中学习为载体，组织开展了一次学习心得交流。12月28日，组织全体党员开展了《中国共产党纪律处分条例》学习测试。（杨丽华）

支持民营经济发展 2018年7—12月，高淳区局根据南京市税务局“走民企送政策送服务活动月”活动统一部署，贯彻落实上级税务机关服务民营企业及中共南京市委、市政府《关于支持民营经济健康发展的若干意见》，制定高淳区局“走民企送政策送服务活动月”活动方案，选择一批区域内具有行业代表性的民营企业作为走访对象，由局领导带队，相关职能科室和税源科所参与，深入企业开展走访活动。从12月15—28日，共走访民营企业50户次，全面了解企业生产经营情况，倾听民营企业对全市推进供给侧结构性改革降成本、深化“放管服”改革、优化营商环境等各项工作的意见和建议。共收集问题建议43条，其中：税负问题类11条，对民营经济的宣传问题9条，融资困难类3条，土地规划类1条，涉企收费类4类，行政审批类4条，涉企执法检查问题类2条，用工问题类4条，其他类5条。对企业提出的问题，能当场解决的，走访人员结合税收政策进行现场解释和宣传辅导当场解决，当场解决问题34条。部分无法现场解决的问题，走访人员详细做好记录，研究后向纳税人进行了反馈，对本级不能解决的税收优惠政策等问题，及时向上级部门进行了反馈；对不属于税务部门解决的土地问题、融资问题和用工问题等，建议企业向相关职能部门进行反馈。（杨丽华）

（责任编辑　王赟超）

南京江北新区税务局

概况 2018年，国家税务总局南京江北新区税务局（以下简称“江北新区局”）在国家税务总局南京市税务局（以下简称“市税务局”）党委正确领导下，根据市税务局总体工作部署，深入学习贯彻中共十九大会议精神，牢牢把握“四个确保”的要求，坚持“两不误”“两促进”，推动国地税征管体制改革各项进程落地，全面完成全年各项工作。

圆满完成组织收入任务。江北新区局围绕江北新区“两城一中心”战略，持续助力创新名城先导区建设，加强在人才引进、技术创新、大项目落地、民营企业发展等领域的税收政策支撑，积极服务新区经济发展。出台《江北新区税务局支持民营经济14条》，为辖区内民营企业、战略新兴产业等提供税收服务外，全年累计走访、座谈民营企业345家，办理各项税收优惠6.43亿元，为民营企业免税12.09亿元。2018年，共实现各类收入365.09亿元，同比增长35.83%。

落实减税降费措施。成立实施减税降费工作领导小组，做好对民营企业、小微企业的普惠性税收减免政策宣传解读，落实小微企业税收优惠扩围、增值税起征点调整、留抵税金退税政策等减税降费措施，激发市场主体活力，服务实体经济，推动现代服务业发展；落实高新技术、研发费用加计扣除等相关税收优惠，助力先进制造业、高新技术企业发展，服务创新名城建设；持续优化出口退税服务，加强“走出去”企业服务，促进

2018年12月29日，南京市市委常委、南京江北新区党工委专职副书记罗群一行赴江北新区局开展工作调研　（郭勇军　摄）

"一带一路"战略实施。

推进依法治税。夯实法治基础，坚持领导干部学法，强化法治思维，落实税务系统权责清单，依法界定各级税务机关职责权限，做到权责法定，公开透明。强化政策管理，完善税收政策确定性管理机制，规范行政处罚、风险管理、行政许可等过程中遇到的复杂疑难问题。突出过程监管，全面推进行政执法公示制度、执法全过程记录制度、重大执法决定法制审核制度，推进行政复议与行政诉讼、行政执法与刑事司法衔接等工作。加强税费管理，稳步推进社保费和非税收入征管职责划转，提高非税收入征管水平。

纳税服务举措。优化办税服务流程，提升办税服务厅服务容量和能力，深化"不见面"办税服务，全面推进"网上办税为主，自助办税为辅，社会化办理为补充，实体办税厅兜底"的办税（缴费）服务模式。开展税收培训，做到应知尽知、应享尽享，实现"政策普惠、服务量身"的辅导效果。构建全方位的税收宣传格局，创新"便民办税春风行"模式，打造具有新区特色的服务品牌。结合新个人所得税、房地产税、环保税等民生税收的实施，组织开展税收进校园、进社区、进机关等活动，树立"民生型税收"形象。

税收征管体系建设。全面构建"1+5"征管体系，贯彻实施新的征管业务规范，进一步梳理业务流程、岗责体系，优化风险管理，明晰科室、派出机构、事业单位的职能定位，理顺职责界限，着力消除国税地税征管差异。加强税收风险综合防控，坚持问题导向，精准定位重点税收风险事项，全面梳理虚开增值税发票、超范围核定企业所得税、土地增值税清算等重点风险事项，分析问题，找准症结，有的放矢，分类施策。强化信息管税支撑，推进"金三"并库平稳上线，狠抓初始化、双轨运行和恢复服务"三个节点"，做到初始化数据、管户对照和数据迁移"三个到位"。加强信息化运维保障能力，保障好电子税务局、个人所得税申报系统的网络安全管理，维护系统稳定性，减少因系统故障引发的纳税人不满意、不遵从。加强协同治税能力，发挥税务机关税费同征同管同服务优势，积极融入社会信用体系建设，加强联合激励和惩戒。主动对接社会化征缴网络，依托政府部门网格化管理体系，构建适应自然人特点的税费管理和税收协同共治新机制。

干部队伍建设。完善激励机制，激发队伍活力。根据岗责要求、干部特性，双向比对、专才专用，实现人员合理流动，不断优化人力资源配置；加强干部管理，完善干部培养、激励、选拔和使用机制，建成高质量的新区税务队伍。突出"三项能力"提升，打造人才高地，明确培训目标，创新培训形式，持续开展业务能力竞赛，既要加快培养干部税收业务能力，又要切实提升治税带队的行政管理能力，还要积极拓展对外协作能力。完善考核考评机制，发挥绩效引领作用，持续优化指标体系和考评规则，充分发挥绩效考评的导向作用，提升绩效管理与重点工作的结合度，运用好数字人事，形成个人成长与组织争先的双赢发展，引导系统干事创业、求质增效。着力加强品牌建设，构建区局税务文化，发挥党团工青妇组织作用，加强人文关怀，做好离退休干部工作，不断增进广大干部对新机构的身份认同、价值认同和情感认同。　（吕　璐）

机构设置及负责人

办公室

主　任　尹显高

副主任　韩银安

　　　　张怀江

法制科

科　长　曹　雷

副科长　陈喆文

税政一科
科　长　周　伟
副科长　冯　洁
王文龙
傅红华
税政二科
科　长　刘　烨
副科长　马德斯
巫晓帅
收入核算科
科　长　张广荣
副科长　陈海兵
纳税服务科
科　长　曹金阳
副科长　俞雪东（正科级）
鲁　灵
征收管理科
科　长　葛诗海
副科长　胡恒辉（正科级）
王　波
吴方敏
督察内审科
科　长　肖孙熹
副科长　赵　明
人事教育科
科　长　沈　亮
副科长　汪晓华
王启明
考核考评科
科　长　丁　勇
副科长　董晶涵
王善良
税源管理一科
科　长　徐小琴
副科长　陈　涛（正科级）
孙　亮
税源管理二科
科　长　何栋章
副科长　胡省华（正科级）
汪　海
税源管理三科
科　长　杨宝龙
副科长　郭峻雨
税源管理四科
科　长　朱家仁
副科长　苏美玲
税源管理五科
科　长　王振宇
副科长　张伟利
机关党委（党建工作科）
科　长　吴鲁怀
副科长　席姝笑
老干部科
科　长　汤明明
副科长　孙　涛
纪检组
副组长　许兴鹏（正科级）
副组长　曹小勇（副科级）
第一税务所
所　长　王业斌
副所长　葛　静
殷金蝉
周嫦娥
第二税务所
所　长　边　伟
副所长　陈　红（正科级）
陆　飞
泰山税务所
所　长　李　鸿
副所长　倪渐胜（正科级）
沈义林
盘城税务所
所　长　徐明荣
副所长　徐选敏
沿江税务所
所　长　王学宏
副所长　肖大海（正科级）
高敏霞
纳税服务中心
负责人　俞雪东（正科级）
信息中心
负责人　胡恒辉（正科级）

（吕　璐）

2018年10月15日，江北新区税务局召开新班子宣布会，市税务局党委副书记、副局长郑良兼任南京江北新区税务局局长　　（周　瑾　摄）

国税地税征管机构改革　江北新区局由原南京市高新技术产业开发区国家税务局（以下简称“原高新区国税局”）、原南京市高新技术产业开发区地方税务局（以下简称“原高新区地税局”）、原南京化学工业园区国家税务局（以下简称“原化工园区国税局”）、原南京化学工业园区地方税务局（以下简称“原化工园区地税局”）四个单位合并组成，具有“机构多、人员多、规格高、要求高”的特点，区局按照“把握节点、明确责任、实事求是、稳妥推进”的工作思路，严格按照时间节点，认真落实《国税地税征管体制改革方案》，统筹推进各项工作。采用“两步走”的方法：第一步，于2018年7月20日，由原高新区国税局、原高新区地税局、原化工园区国税局、原化工园区地税局分别组建原南京市高新技术产业开发区税务局、原南京化学工业园区税务局；第二步，于9月30日，两局合并挂牌成立国家税务总局南京江北新区税务局。改革后，江北新区局管辖江北新区核心区，总面积386.25平方千米，涉及长芦街道、葛塘街道、大厂街道、盘城街道、沿江街道、泰山街道、顶山街道以及部分江浦街道范围。共管理和服务纳税人6.73万户，其中，企业4.33万户，个体2.40万户。按税种划分，增值税纳税人6.72万户，消费税纳税人351户，企业所得税纳税人4.30万户。共设25个机构，其中内设机构18个、派出机构5个、事业单位2个。共有干部职工275人，其中，公务员271人、机关工人4人，平均年龄41.54岁；党员占比73.82%，本科及以上学历占比93.38%；同时，还有聘用劳务人员100人。　（吕　璐）

税收收入情况　根据江北新区经济发展形势，江北新区局坚持组织收入原则、细化税源分级分类管理，建立“责任传导、税源监控、定点联系、收入分析、护税协税”等收入管理机制，构建“基础管理属地化、纳税服务规范化、征纳互动网络化、风险应对专业化”的管理格局。全年组织各项收入365.59亿元，同比增长33.04%；完成江北新区管委会公共预算收入171.35亿元，同比增长34.73%，超江北新区管委会年度目标（160亿元）7.09%。其中，税收收入355.63亿元，同比增长33.65%。各税种情况分别是：增值税131.64亿元，消费税63.02亿元，企业所得税84亿元，个人所得税18.79亿元，城建税13.93亿元，土地增值税14.24亿元，契税17.83亿元。　（张广荣）

税收收入特点与分析　一是主税种占比大，2018年增值税、消费税、企业所得税三大主税种累计税收达278.66亿元，其中，增值税131.64亿元，消费税63.02亿元，企业所得税84亿元，占全部税收收入的78.36%。二是税源高度集中，龙头企业税收占比近四成。江北新区四大重点税源行业石油化工业、钢铁行业、化学原料和化学制品制造业、医药制造业的龙头企业中国石化扬子石油化工有限公司、南钢集团、扬子石化—巴斯夫有限责任公司、南京绿叶制药有限公司等户2018年税收累计143亿元，占全部税收收入的40.21%，税收占比近四成。　（张广荣）

税收法治　江北新区局强化法治思维，落实税务系统权责清单，依法界定各级税务机关职责权限，做到权责法定，公开透明。全面推进行政执法公示制度、执法全过程记录制度、重大执法决定法制审核制度，推进行政复议与行政诉讼、行政执法与刑事司法衔接等工作。成立江北新区局依法行政工作领导小组，严格落实行政执法公示、重大税收执法事项集体审议与重大税收执法决定法制审核制度，2018年，共审议重大事项27件，完成法制审核10件。规范税务行政处罚裁量权，全年共处理一般处罚390件，罚款金额48.46万元，简易处罚2623件，罚款金额50.51万元，不予处罚2263件。积极应对行政复议和行政诉讼，江北新区局2018年，发生作为被告的行政诉讼应诉案件

1起、作为被申请人的行政复议案件1起，均已圆满完结。（曹　雷）

税收政策落实　江北新区局突出重点，建立“线上线下、点面结合、内外互补”的培训模式，做到应知尽知、应享尽享，实现“政策普惠、服务量身”的辅导效果，强化税收政策落实。做好纳税培训，围绕个人所得税改革、税收优惠等热点政策和办税变化，统筹规划培训内容，突出需求导向，全年组织31期纳税人学堂，开展18场自然人税收管理系统扣缴客户端的培训工作，深入管辖7个街道，开展14场行业专项培训。做好税收宣传，税收宣传月开展“创响美利，税励发展”“税收红包问答”“走进青年 创赢未来”等活动，推广“中国普法”微信公众号，走进医药谷、软件园、化工园、大学城等创业热点区域开展专项税收宣传和政策辅导活动。（曹金阳）

税费管理　江北新区局规范执法，全面加强税费管理。一是重点抓好个人所得税改革落实。建立四级责任体系、确立“普及+容错”的理念，组织30人专家团队，完善“微信+APP”线上通道，共完成两轮内部全员培训和4268户纳税人培训。二是规范抓好社会保险和非税收入管理。建立社保征管工作联席会议制度，确保社保费征管划转工作顺利进行，2018年共征收社保费48.94亿元，大额欠费催缴率达到100%。2018年，残保金征缴面达81.3%，入库2013万元，工会经费入库4478万元。三是踏实抓好各项基础税种管理。加强增值税专用发票管理，2018年，总局列明的“快反”任务（快速专业化反应任务），江北新区局只有一户；企业所得税汇缴申报率100%，创造江北新区局近几年最好业绩。全年共完成出口退（免）税1894户次，免抵退税额合计233482.17万元。土地增值税清算申报15个项目，入库土地增值税5.8亿元，退税0.8亿元。受理房产税减免12户次，减免税款691.19万元，受理土地税减免事项60户次，减免税款2414.72万元，办理两户困难减免，减免税款142.37万元。全年环保税有税申报227户，入库税款1.78亿元，户数全市占比15%，征收金额全市占比30%。（周　伟）

税收管理改革　江北新区局全面构建“1+5”（省税务局印发《关于完善税收征管体系的意见（试行）》及其附件）征管体系，进一步梳理业务流程、岗责体系，优化风险管理，明晰科室、派出机构、事业单位的职能定位，理顺职责界限，着力消除国税地税征管差异。统一征管流程，完成“金税三期”核心征管系统国地税人员交叉授权、系统内管户调整和统一工作平台上线工作，于2018年11月1日实现江北新区局统一对外办理征管业务。开展税户清理，准确划分税收管辖范围，完成顶山街道4817户企业划转，清理调整7798户异常数据。做好征管业务年度分析，就欠税管理、委托代征管理、外埠建筑安装企业税收征管提交的三个专题的年度分析报告。（葛诗海）

税收风险应对　江北新区局加强税收风险综合防控，坚持问题导向，精准定位重点税收风险事项，全面梳理虚开增值税发票、超范围核定企业所得税、土地增值税清算等重点风险事项，分析问题，找准症结，有的放矢，分类施策，提升风险应对工作水平。推进团队化建设，形成以“专业支持+综合应对”的风险应对运行机制。完成风险应对线上集体审议和风险应对电子账册采集，跨区域分析管理协作系统顺利运行，跨层级线上风险管理支持空间得以打开，初步实现交互式业务技术分工协作和信息情报分享合作的目标。2018年，共接受各类风险应对任务428户次，完成398户次，实现风险应对成果11859.16万元（已折算）。（葛诗海）

纳税服务　江北新区局持续发力，做好纳税服务工作。一是优化整合办税厅功能区域布局，采取领导值班、首问责任、延时服务、限时办结、24小时办税、预约服务、资料预审、每日晨会等举措，实现“一厅通办”“一窗通办”“一网通办”“一键咨询”。二是革新企业新设和注销流程，新办企业套餐实现0.5个工作日办结，全年共办理8990户；企业注销受理实现当日办结，全年注销登记流程共计2786条。三是加强税收信用管理，全年完成纳税信用评价22490户，实名办税累计采集纳税人46739户，总体完成82.56%。四是践行“网上批、快递送、不见面”服务理念，7大类93个事项，纳税人可通过电子税务局办理，5大类7个办税事项，纳税人最多只需要到税务机关跑一次。全年，非接触式办税1511004户次，占比90.52%，同比提高15%。五是服务民营企业发展，累计走访民营企业345家，收集问题21条，已解决14条，为民营企业减免税12.09亿元。（曹金阳）

信息化建设 江北新区局加强信息化运维保障能力，保障好电子税务局、个人所得税申报系统的网络安全管理，维护系统稳定性，减少因系统故障引发的纳税人不满意、不遵从，提升信息管税能力。强化信息管税支撑，推进“金税三期”并库平稳上线，狠抓初始化、双轨运行和恢复服务“三个节点”，做到初始化数据、管户对照和数据迁移“三个到位”。建立完善信息安全管理工作制度及工作台账，建立涵盖29个网络、60个人所得税收业务软件、1000多台计算机类设备的信息管理台账。完成“专网整合”工作，按照市税务局要求，4个办公点的4个局域网要合并为1个局域网，加强信息安全管理，防范内网违规外联，360安全管理软件安装率达到100%。（胡恒辉）

2018年8月16日，江北新区局马冬冬、刘雯雯参与组成的南京市代表队在全省“习近平新时代中国特色社会主义思想电视知识竞赛”中获得二等奖（刘雯雯 摄）

教育培训 江北新区局江北新区局强化培训，提升干部能力素质。一是突出全员能力提升，打造人才高地，明确培训目标，创新培训形式，持续开展业务能力竞赛，既加快培养干部税收业务能力，又切实提升治税带队的行政管理能力，还积极拓展对外协作能力。二是做好各层面培训工作，开展“小班化”“点单式”培训，有针对性地开展培训，提升干部专项能力，确保培训效果。三是积极组织“新机构、新职责、新业务、新作为”知识网络竞赛，第一轮164人参加，10人入围第二轮竞赛，1人入围第三轮。此外，做好执法资格考试组织工作，2018年，江北新区局共有11人参加2018年的全国税收执法资格考试，全部通过，通过率达100%。（沈 亮）

绩效管理和数字人事 按照“绩效管理抓班子、数字人事管干部”的要求，持续优化指标体系和考评规则，充分发挥绩效考评的导向作用，提升绩效管理与重点工作的结合度，运用好数字人事，形成个人成长与组织争先的双赢发展，引导系统干事创业、求质增效。一是强化绩效管理，成立绩效管理工作领导小组及绩效办，制定国税地税征管体制改革专项绩效考评办法和个人所得税改革专项绩效考评办法。二是整合数字人事系统，健全工作机制，强化数据质量，完善人员信息，于11月30日完成数字人事系统整合，确保数字人事正常运行。三是完成考评考核和数字人事工作分析报告，全面剖析江北新区局的系统站位、存在问题、工作难点、历史成因、当前形势和下一步努力方向。根据江北新区局的实际情况，提出重点突破、提升站位的工作目标。

（丁 勇）

内部控制与督察审计 围绕江北新区局内部控制管理工作“打基础、抓制度、重规范、拉框架”，结合机构部门整合前后变化，重点对组织内控体系递延建设、内控制度迭次更新与内控管理执行力等方面，开展内部控制管理“会诊”报告。一是创新“督审控”三线联动，建立6项督审运行机制，构建“集中统一、协调配合、规范高效、督察有力”的督审工作治理格局。二是加强内部控制监督平台运维管理，2018年是内控制度“落实年”，作为第三批内部控制监督管理平台上线单位，江北新区局系统内控管理迅速由“人控”转向“机控”，全年总计发生疑点指标信息1240条。三是开展省（市）内外部审计与部门审计延伸，涉及股权转让11户，企业自然人股东补税1.16万元。四是实时完成日常督察、专项督察和重点执法督察，补缴个人所得0.42万元，补征增值税款7.26万元，退还多征增值税款116.26万元。

（肖孙熹）

老干部工作　江北新区局耐心细致，做好老干部工作。一是高度重视老干部工作，学习关于老干部工作的法律法规，耐心细致做好政策解释工作的同时做到执行政策不走样，认真落实老干部各项政策和待遇。二是摸清现有老干部情况，深入开展调查研究，切实了解个性化需求，组建老干部微信群、退休老干部清册，使老干部找到认同感和归属感。三是认真开展各项活动，举办老干部座谈会，开展老干部支部建设，充分发挥老干部的智慧。组织“秋季老干部看南京”活动和“退休干部谈改革开放”活动，丰富老干部生活。

（汤明明）

政务管理　有效保障改革顺利推进，充分发挥参谋助手作用，提升行政管理能力。一是提高政务管理水平。加强计划推进和过程督办，按月发布工作总结和计划，发挥参谋助手作用。4篇科调研论文获奖，2篇论文被《江苏税务》刊登，2篇税务专报被上级领导批示。加强信访舆情管理，妥善应对各种信访、投诉案件，提高舆情防范和预测能力。规范公文档案管理，认真做好2018年度档案归集和历史档案迁移工作，完善内部网站和外部的息联络平台，积极推进政务公开。二是提升后勤管理质效。安全快速完成两次大的调整和十几次微调的办公搬迁工作，主动与新区和设计单位协调沟通，保质保量推进新大楼装修工作。围绕保密、车辆、食堂、水电等重要环节，制定规章制度，指定专人负责，为区局各项工作顺利开展打下坚实基础。三是夯实基础，增强财务管理效能。贯彻落实财务管理制度，做好年度经费预决算，完成2019年预算编制，原4个财务主体顺利关账，新机构金库、账户、工资、医保等实现统一。认真组织机构合并的资金资产清查，规范资产领用制度，提高资产管理水平。（尹显高）

全面从严治党　江北新区局把加强党的全面领导贯穿于机构改革全过程，在上级党委和新区党

2018年7月20日，化工园区局局领导班子和全体科所长在五楼党员活动室举办“牢记使命担当 力交满分答卷”响应活动　　（盖珂立　摄）

工委的支持下，及时设立区局党委和区局机关党委、机关纪委。制定党委议事规则，发扬党内民主，规范党内政治生活。健全党的基层组织，设立20个党支部，充分发挥战斗堡垒作用。利用多种形式深入开展习近平新时代中国特色社会主义思想、中共十九大精神的学习宣教活动，落实中心组学习、“三会一课”，组织开展4次民主生活会和8次专题组织生活会，促进全体党员干部牢固树立“四个意识”，坚定“四个自信”，做到“两个维护”，自觉投身改革、服务改革、服从改革。开展“万名党员帮万家”活动，全年共走访4个社区、50户贫困户，送上生活物品及慰问金49500元。马冬冬、刘雯雯荣获全省学习习近平新思想知识竞赛二等奖，马冬冬同志还当选全市“梧桐论语”理论宣讲者，鲁灵同志入选市局“清诚之约履约标兵”。

（吴鲁怀）

党风廉政建设　持之以恒，充分发挥纪检监察职能作用。坚持挺纪于前，深化廉政教育。开展“依法行政与预防职务犯罪专题讲座”，邀请市委党校高信奇教授举办新修订的《中国共产党纪律处分条例》解读，组织清廉从税的读书交流、书法摄影等活动。立足弛而不息，严纠“四风”问题。围绕公开曝光的违反中央八项规定精神典型案例开展通报，持续开展扶贫领域腐败和作风问题专项治理工作。践行四种形态，推动责任落地。结合机构改革“三定”方案落实，开展全体中层集体廉政谈话。开展以案促改活动，举办3场警示教育专

题会议。畅通监督渠道，认真开展问题线索处置。狠抓日常监督，体现严管善待。紧盯关键节点，落实好请示报告制度、婚丧喜庆报告和廉政承诺制度。开展了30件次税收违法案件"一案双查"工作，加大对税收执法权的监督力度。（许兴鹏）

干部队伍建设 提高带队伍促融合能力，干部队伍建设更稳定，更团结。一是加强领导班子建设，落实"三重一大"事项集体决策，提高领导决策的科学化、民主化水平。二是加强干部管理，完善干部培养、激励、选拔和使用机制，统筹做好老干部工作，着力实现队伍"融合聚力提气"，践行"忠诚担当、崇法守纪、兴税强国"的中国税务精神。三是发挥绩效引领作用，优化年度绩效指标体系，提升绩效管理与重点工作的结合度，使绩效思维成为行动共识，运用好数字人事，形成个人成长与组织争先的双赢发展。（沈 亮）

群团工作 严肃活泼，充分发挥群团组织作用。一是发挥工会组织作用，积极组建乒乓球、羽毛球、瑜伽等兴趣小组，开展趣味运动会，增强组织凝聚力。成功举办了江北新区局首届干部职工趣味运动会，在市级机关乒乓球比赛中，张永华、曹雷获得金牌。二是坚持党建带团建，加大对青年干部的培养引导，先后开展12项青年志愿活动，引导青年干部积极投身改革。三是开展"万名党员帮万家"活动，全年共走访4个社区、50户贫困户，送上生活物品及慰问金49500元。（吴鲁怀）

（责任编辑 王赟超）

南京经济技术开发区税务局

概况 2018年，南京经济技术开发区税务局（以下简称"经开区局"）围绕"聚心聚智，谐力共进"目标，坚持组织收入中心，紧抓征管体制改革，推动更高层次、更高水平的税收现代化，统筹落实2018年各项工作任务。2018年直接组织税收收入279.6亿元，同比增长5.5%，居全市第三，占全市总体税收收入的十分之一；累计组织公共财政预算收入95.5亿元，同比增长11.1%，超额完成94.5亿元公共财政目标。

经开区的发展带来了区域税源结构的变化，经开区局密切关注区内重点行业的变动态势及重点企业的经营变化情况，加强收入质量管控，及时跟进重点税源和同比环比变动大户，开展收入预测，完成每月重点税源直报。全年月度税收预测准确率达到99%以上，位列全市第三。

2018年共落实税收优惠政策金额50.14亿元，其中：1924户企业申报享受小型微利企业税收优惠，合计减免税额1303.78万元，全区小微企业政策享受面达到100%；落实出口退税29.1亿元，增值税留抵税税额退税9.77亿元；2017年度所得税汇缴2178户次享受各类税收优惠，同比增长20.8%，减免税款达9.24亿元；166户企业申报享受研发费用加计扣除税收优惠，同比增长84.44%，合计加计扣除金额达7.6亿元，同比增长56.38%。落实税收优惠的同时，强化发票管理，优化营商环境，无一起发票虚开案件发生。

经开区局按照省税务局和市税务局关于征管体制改革的总体部署及工作要求，一方面，建立"1+9+N"的工作运行机制，成立经开区局机构改革工作小组，设立9个专项工作组，按周列明改革工作清单N个，瞄准关键环节，厘清岗位职责，优化资源配置；另一方面，不断巩固改革成果，通过上级督导、巡察和自身"回头看"等方式全面检查评估各项工作要求的落实情况，进而推动开发区局向着税收管理现代化建设进程。

2018年年末，开展走访民营企业51户次，组织60余户民营企业共计召开座谈调研会3场。其中，10月15日，举办南京经济技术开发区"营商环境服务月"启动仪式暨减税降费服务周政策解读会，为纳税人进行减税降费政策咨询；10月16日，在区内兴智创业园人力资源四楼培训教室，针对区内申报缴纳房产税的相关企业，召开2019年度财产行为税政策解读会；10月17日上午，联合德勤永华会计师事务所，在兴智科技园B座创咖啡举办了一场"一带一路"走出去企业税收沙龙活动，为区内企业解读公司在境内外吸收、合并、重组过程中涉及的相关税务知识。在新机构设立后首次实地满意度调查中满意率100%。市税务局重点关注的纳税人实名采集指标，开发区局总计完成比例达95.35%，居全市第一；领取税务发票"不见面审批"办件户数7904户，占比96.37%，居全市第三。

与此同时，经开区局以履行社会责任为己任，弘扬具有行业特色的职业道德和税务文化，“夏卫平职工创新工作室”获得市总工会第三批认定“南京市职工创新工作室”；工会先后被南京市总工会授予“职工书屋”“模范职工之家”“模范职工之家标兵单位”“工人先锋号”等荣誉称号；获南京经济技术开发区政务服务中心2018年度优胜单位、开发区作风建设先进单位；纳税服务科被市委宣传部、市文明办命名第二批南京市“学雷锋活动示范点”。（肖　榕）

机构设置及负责人

办公室

副主任　单海军

　　　　仇慧宁

人事教育科

科　长　孙婷婷

党建工作科

科　长　芮　江

纪检组

副组长　王　定

法制科

科　长　陈小林

税政一科

科　长　梁　斌

副科长　周　磊

税政二科

科　长　吴　凡

副科长　张文娟

收入核算科

科　长　朱　华

副科长　罗　媛

征收管理科

科　长　胡晓晨

副科长　张振伟

纳税服务科

科　长　刘　涛

副科长　张　炜

副科长　匡　京

税源管理一科

科　长　薛　东

副科长　李金荣

税源管理二科

科　长　尹德胜

副科长　刘　彤

税源管理三科

科　长　陈光煜

副科长　陈　宁

税源管理四科

科　长　王　玉

副科长　王远志

税源管理五科

科　长　李向晖

副科长　王一帆

税务机构改革　2018年，经开区局贯彻《国家税务总局江苏省税务局关于印发〈国家税务总局南京市税务局县级税务局职能配置、机构设置和人员编制暂行规定〉的通知》的文件精神，落实国税地税征管体制改革各项工作，形成全体干部拥护改革、支持改革、投身改革的良好氛围。

把加强党的领导贯穿改革全过程。紧扣时代主旋律，结合自身实际，提炼出“聚心聚智，谐力共进”的年度目标，与改革融合发展的要求相契合。加强党的领导，坚持用党的组织凝聚人心。多次向市税务局机关党委和开发区管委会机关工委专项请示党群机构成立事项，至11月27日，经开区局机关党委及下设的9个党支部、工会、妇联、共青团完成设立工作。坚持丰富党的活动凝聚共识。集中开展好“三个一”活动。组织3期“我是党课主讲人”活动，共11人主讲；分赴茅山新四军纪念馆（第一批2018年11月8日，30人；第二批2018年11月22日，31人）组织情景党课。通过多样化主题党日活动，统一思想、凝聚共识，促进心与心的相融。

把细而实的工作贯穿改革全过程。一是组织上谋实干。在市税务局第九督导组直接指导下，经开区局建立“1+9+N”的工作运行机制。成立经开区局机构改革工作小组，设立9个专项工作组，按周列明改革工作清单N个，明确职责和工作内容；将任务细化到岗、落实到人。二是节点上谋落地。以“马上就办，办就办好”的高度自觉，每周开展总结评估、跟踪问效，督促整改，确保各事项日清周结。改革期间经开区局制定工作时间表

98条，周工作清单列明事项143条。三是细节上谋保障。抓住关键细节，发挥综合组的保障作用。畅通沟通渠道解决群众问题，广泛听取干部职工的意见建议。运用好绩效指挥棒作用，前三季度无扣分事项，在全市14个区局中排名并列第三。发挥先进典型示范作用，积极挖掘改革中无私奉献的集体和个人，王远志、江娜、张振伟、胡晓晨等同志的事迹通过简报、督导报告、网站等渠道宣传弘扬。强化安全保障维稳。重新梳理各项制度机制的同时，对可能存在网络和办税安全隐患的重点区域全面排查，发现问题即时整改。注重信访保密常态化管理。规范信访管理流程，注重事前防范意识，强化应急管理。成立至今无失泄密事件发生。

把做好“人”的工作贯穿改革的全过程。改革涉及全体税务干部的切身利益。经开区局先后组织机构改革群众座谈会和民意座谈会、新领导班子集体谈话、“聚心聚智、谐力共进”解放思想大讨论，局长、副局长分别与科室主要负责人逐一谈心谈话，副局长与各科室副职谈心谈话，科室负责人与本科室全体干部谈心谈话，确保了全局上下风清气正。

9月30日，新机构顺利挂牌，开发区管委会副主任蒋伟及人社局领导参加挂牌仪式。10月18日，原栖霞地税局26名干部划转至经开区局实现人员初步融合。10月25日，经开区局举行“三定”方案宣布仪式，任命机关内设机构副科级以上干部，公布所有干部的人事安排。11月30日，经开区局实现同一科室同址办公。至此，经开区局职能配置、机构设置和人员编制到位。

把持续优化纳税服务贯穿改革全过程。一是责任为先，落实领导值班制度。由局领导和各科室主要负责人轮流坚守办税厅。二是首问负责，做好导税工作。主动引导，合理分流，积极辅导，提高办理质效。三是整合资源，一窗通办高效办税。综合窗口国地税业务“一窗通办”，即“进一个厅、取一个号、到一个窗、办全业务”，整体提升办税服务效能。改革期间，领取税务发票“不见面审批”办件量3128件，占比93.74%，在全市属地局排名第二。四是积极主动，努力提升服务水平。主动提前和延长窗口办税时间，利用业余时间互助强化原国税局、原地税局综合业务知识学习。开展走访民营企业12户，组织召开民营企业座谈调研会。在新机构设立后首次实地满意度调查满意率100%。

把有序推进非税工作贯穿改革进程。经开区局成立非税专项工作组，明确职责，设置专职管理岗。先后组织开展社保划转前台工作量测算和全区社保费征管状况调研。主动向管委会领导汇报职责划转工作情况，与人力资源和社会保障、财政等相关部门协调沟通。5月11日，安排原栖霞地税局业务骨干给全体业务人员对个人所得税、印花税、城建税等地税每个人所得税种进行强化培训。

把法制建设贯穿改革始终。开发区局推进税收法治、执法督察和内控工作。优化执法主辅制工作，提升纳税服务水平。清理税收规范性文件7件。遵循“首违不罚”，做出317条不予行政处罚决定。依托内部控制监督平台，及时梳理核实并纠正问题52条。8名新进干部全部通过执法资格考试。

把规范征管流程管理贯穿改革全过程。制定开发区局征管工作实施方案，以纳税人和缴费人为中心，绘制“征管业务作业图”，时间到点，责任到人。完善发票和税收票证管理，统一国税、地税相关业务执法标准，加强税收风险管理任务应对工作。对未明确的流程，制定暂行办法，梳理7个流程，组织开展两次更名和一次系统优化测试工作，参与测试人数近60人，测试流程和文书100余件。共排查争议户2000余户，做到“税清户明”。

经开区局成立个人所得税改革专项工作领导小组和专项工作组，主动与开发区政府、栖霞区税务局共筑改革桥梁，组织参加国家税务总局、省税务局视频培训工作近200人次。办税服务大厅发放宣传资料5000余份，通过微信、短信、网上办税服务厅等方式累计发布和推送个人所得税新政6000余条次，联合栖霞区税务局对纳税人开展专场培训，对98户个人所得税扣缴重点税源户进行上门走访，累计宣传和辅导纳税人上万户次。

依托信息化建设，把技术支撑税收主业贯穿改革全过程。经开区局严格“谁主管、谁负责，谁使用、谁负责”要求，完善应急预案，加强设备和信息使用安全管理。成立信息化保障组，建立信息化团队，率先完成授权操作。先后完成核心征管系统测试、财税库银横向联网系统功能优化以及基础设施、网络、安全调整。

把经费保障税收主业贯彻改革全过程。开发区局组织新领导班子成员及相关岗位人员学习相关财经文件，调整财经工作领导小组成员。按上级指示修订过渡期间日常财务报销操作规范（暂行），明确大额支出审批范围。调整规范接待用餐工作办法，加大公务车使用管理力度，严格执行会议管理办法、经费审批流程，依程序编制上报2019年财务预算报告。依托瑞华会计事务所，开展资产全面清查。（肖　榕）

各项收入情况　2018年，经开区局累计组织税收收入285.6亿元（净入库数，以下同），同比增长8%。其中：直接组织入库279.6亿元，同比增长5.5%；增值税68.7亿元，同比下降13.4%（含营改增10.7亿元，同比增长4.5%）；消费税119.7亿元，同比增长8%；企业所得税44.4亿元，同比增长7.4%；个人所得税10.7亿元，同比增长31.9%。税收总量位居全市第三，仅次于鼓楼区局和建邺区局（不含江北新区局）。组织市县级一般公共预算收入86.8亿元，同比增长12%。体量居全市中游，主要原因是经开区局税收收入中消费税（120亿元）比重较高，其预算级次为中央级，地方税占比相对较小；组织区县级一般公共预算收入95.5亿元，同比增长11%，完成全年任务的101%。（肖　榕）

税收收入特点与分析　2018年，经开区局累计组织税收收入285.6亿元（净入库数，下同），同比增长8%。主要行业和主要税种收入和特点如下。

分行业收入情况和特点。2018年，各行业贡献税收（不含免抵调）300亿元，同比增长14%。制造业、房地产、建筑业合计入库税收257.5亿元，占到全局税收的88.8%。三大主要行业税收均正增长，区域经济基本稳中向好，具体来看：制造业全年税收240亿元，同比增长5.8%，行业分化比较明显。“石油煤炭”业2018年入库税收184.2亿元，同比增收22.2亿元，占经开区局税收超六成；房地产业得益于开发区东扩和“产城融合”，税收24.79亿元，同比增长129%，税收体量仅次于制造业。

分税目收入情况和特点。增值税方面，直接入库68.7亿元，同比下降13%。不利因素有三个：一是石化企业在2018年10月和11月份增值税延期缴纳；二是装备制造和研发企业享受增值税留抵税额一次性退还政策，2018年度增值税留抵退税约10.9亿元；三是增值税税率下调，装备制造业、医药企业增值税减收约2亿元。有利因素两个：一是房地产行业增值税入库增长明显。开发区5家房地产企业全年入库增值税税收4.2亿元，同比增加3.2亿元，增幅达302.9%。二是金融、建安拉动“营改增”税收小幅增长。“营改增”增值税入库10.7亿元，同比增加0.45亿元，增幅为4.5%。消费税方面，入库120亿元，同比增长8.0%。企业所得税收入44.4亿元，同比增长7.4%，增收主要来自于房地产业。个人所得税方面，个人所得税收入10.7亿元，同比增长31.9%，增收主要来自于房地产业，税收增幅居共享税之首。其他税种收入情况。地方税10个人所得税种入库35.8亿元，同比增长42%。其中，城市维护建设税是地方税中体量最大的，入库15.4亿元，同比增长仅1.9%。契税是地方税种增幅最大的，入库8.6亿元，同比增长310.2%，主要因素是存量契税税源一次性入库。土地增值税在地方税中增幅第二，入库5亿元，同比增长129.2%。房产税和土地使用税是地方税中比较稳定的税种，房产税入库3.3亿元，同比增长7.1%，主要因素是一些企业产能扩张，新建房产投入使用；土地使用税入库1.5亿元，同比下降5.7%，主要原因是落实《财政部 税务总局关于物流企业承租用于大宗商品仓储设施的土地城镇使用税优惠政策的通知》要求，物流仓储承租用地土地使用税减半征收，物流仓储企业税收下滑。（吕秀杰）

税收征管　2018年，经开区局组织开展税收风险应对144户，完成应对90户，完成率62.5%。其中，有问题户70户，问题率79.55%。补缴增值税568.36万元，企业所得税57.76万元，滞纳金283.67万元，调减留抵910.28万元，调减亏损2173.63万元，涉及税款3437.74万元。新税务机构挂牌后，分别于10月、11月，测试系统授权、机构名称、科（所）名称和流程等内容，做到常规业务和高频业务测试全覆盖，确保挂牌过程中完成信息系统配置。

从征管机构设置及职能配置、风险管理运行机制、主要业务流程、信息化平台应用、数据管理等5个方面，对原国税局、原地税局征管差异情况进行分析比较，共计梳理实名办税、新办企业综合申请套餐、注销税务登记、新办个体工商户征收方式和定额管理、网上更正申报、网上逾期申报、退税办理、延期申报、延期缴纳税款、催报催缴、非正常户管理、违法违章处理等高频征管业务制度十余项次。（肖 榕）

税收政策落实 落实增值税改革各项政策措施。一是落实增值税一般纳税人转小规模优惠政策。截至2018年年底，共办理50户增值税一般纳税人转小规模工作，其中，2户在自查时发现企业不符合政策规定，已整改完毕，符合条件并已办理转登记手续的共计48户。二是执行增值税简并税率政策。2018年5月，原适用17%和11%行业的税率分别下调1个百分点，针对税率调整后，国家税务总局和省税务局下发的税负异常疑点数据开展核实工作，完成47户纳税人增值税改革效应分析相关行业认定信息核实，完成7批合计172户次增值税改革效应分析数据核实，完成效应分析、重点行业税率影响情况调研报告等稿件8篇。三是贯彻增值税留抵税额退还。按照财政部和国家税务总局公告要求，7月25日市税务局召开的留抵退税工作布置会议精神，明确对专用设备制造业、研究和试验发展等18个行业以及电网企业的增值税期末留抵税额予以退税。由法规科牵头，第一时间组织开展退税工作。做好政策宣传、退税审核、内外协调和执行反馈，以确保退税额计算准确，符合条件的企业能享受到此次税收红利。共计退还65户企业，合计9.77亿元增值税留抵税额。

贯彻企业所得税改革优惠政策。一是落实小型微利企业及研发费用加计扣除等优惠政策。全年小型微利企业税收优惠享受面100%，2017年度所得税汇缴共1924户企业申报享受小型微利企业税收优惠，同比增加169户，合计减免税额1303.78万元，同比增加522.19万元；166户企业申报享受研发费用加计扣除税收优惠，同比增加76户，合计加计扣除金额达7.6亿元，同比增加2.74亿元；94户科技型中小企业中除3户企业经核实不符合科技型中小企业要求已提请市税务局取消编号外，87户企业按75%享受加计扣除优惠，确实因使用财政性拨款等原因暂未享受的4户企业提交说明。二是按期完成高新技术企业认定。为助力市委市政府建设创新名城战略，做好开发区高新技术企业培育工作，切实为科技企业做好服务，经开区局与开发区科技人才局分别于3月、4月、12月开展创新名城政策宣讲暨高新技术企业政策宣讲会，结合工作实际，对相关政策做专题解读，同时持续联合开展开发区高新技术企业申报辅导会，就高企申报涉税事项、研发费用等政策做深入说明，进一步深入企业、服务企业。2018年度共组织开展三批次100户高新技术企业认定初审工作，其中97户同意推荐、3户暂不予推荐；2户高新技术企业复杂更名情况核实工作。

按期完成出口退税审批。严格按照国家税务总局出口退（免）税管理工作规范要求，规范出口退税管理，及时修正调整出口退税管理岗位的设置，制定《出口退（免）税管理岗位职责（试行）方案》，以风险控制为目的，在各个流程环节设置复审岗。组织开展系统审核指导，定期集中会诊疑点，对外开通服务专线，不断提升管理的质量和效率。出口退税函调准期回函率100%，回函准确率100%。出口退税审批进度自受理企业申报之日起，按分类类别，均在不同的工作日内按期审核审批完毕出口退（免）税，审批免抵退税额29.1亿元。完成进料加工手（账）册核销工作。《国家税务总局关于出口退（免）税申报有关问题的公告》的出台将手册核销时间提前到4月20日前，接到市税务局软件升级的紧急通知后，督促企业按时完成手册核销，未出现企业未及时核销影响退税的情形。解决"金税三期"出口退税账户与退税备案退税账号不一致等原因导致的企业无法退税约30户次，确保企业退税款及时到位。

加强土地增值税清算管理。针对管辖范围内房地产从业企业，组织房地产项目进行梳理，对区域内房地产项目做到自拿地立项起的全方位跟踪管理。制定《土地增值税管理暂行办法》，对房地产项目管理每一环节的要求和责任都进行了明确，对项目的基本情况、清算过程、审核结果进行详细说明，让每名清算人员都能依据模板要求和步骤，对存在风险的扣除项目进行重点审核，确保清算工作质效。目前开发区在售房地产项目17个，其中1个已于2018年完成清算。

环境保护税平稳开征。环境保护税是2018年新开征税种，为保证环境保护税的平稳开征，经开区局针对"四废"（废油、废液、废气、废水）、"扬尘"不同情况纳税人，开展培训确保纳税人了解纳税义务、明确申报方法。通过微信群、定点服务人等方式，让政策及时宣传、服务贴身到户，实现环保移交户100%全面申报。同时对于重点税源户做到跟踪服务，确保问题第一时间解决，大额税款及时入库。

落实印花税核定率调整。根据《关于对营业账簿减免印花税的通知》的要求，对根据《国家税务总局江苏省税务局关于调整印花税计税依据核定征收标准的公告》要求调整印花税计税依据核定征收标准，开发区局共推送印花税核定征收率调整3376户，确保纳税人及时享受优惠。同时对核定征收印花税纳税人进行了情况梳理及系统数据行业比对，梳理印花税多凭证核定户、核定应税凭证疑点户推送核实，防止纳税人因政策理解不清导致核定错误。

聚焦社会保险费及非税收入划转。一是关注社保费职责划转。根据市税务局工作要求，经开区局成立专项工作领导小组并拟定《社保费和非税收入征管职责划转工作方案》。税政二科协同纳税服务科主动对接人力资源和社会保障局对城乡居民养老、医疗保险情况进行调研，同时对人社大厅及相关部门业务情况做了初步了解。二是加强基金费征收管理。根据2018年残疾人保障金和工会经费征收方式及申报系统的不同，开发区局分类制定不同征缴方案。残疾人保障金采取入库任务和残保申报面指标双项并抓的举措，结合省税务局考核指标计算口径，针对30人以上企业重点催报，确保完成任务同时提高申报面指标。针对工会经费以个人所得税系统收入数据为依托，有的放矢对未申报、少申报户逐户进行催缴。2018年度经开区局残疾人保障金入库2220.17万元，完成市税务局任务79.25%；申报面82%，达到市税务局考核指标。工会经费入库金额4456.18万元，完成市税务局任务91.49%。

加强城镇土地使用税管理审核，坚持以地控税。一是坚持依法征收、严格落实"放管服"改革措施。严格依据城镇土地使用税等级税额标准征收，对因税额标准调整和跨区税源误登记而导致多征的税款及时足额退还给纳税人。明确部门职责分工，强化绩效管理考核，严格落实"放管服"的各项要求，规范退税流程，加快退税速度，增强纳税人获得感，精准为实体经济减负。二是深化协作、强化税源管理。加强与国土资源局、住房与城乡建设规划局、房屋管理局等部门的协调沟通，定期获取纳税人在房产、土地取得、变更、租售等信息，实现源头管控。加强信息比对，对登记不符企业，及时进行跟踪管理。定期与街道联系，从源头取得集体土地出租信息，通知辅导租赁集体土地企业登记申报。（肖　榕）

纳税服务　做好办税服务厅窗口事项，接受柜面申报15682户次，变更登记5277户次，报表鉴定，代扣代缴税款，发票供票资格共计7181户次，新办登记，三方协议（银税协议4466户次），金税发行1333户次，一般纳税人认定315户次，付汇证明，付汇合同备案，付汇后续管理，各类退税，流转税优惠备案，车辆采集，迁入迁出，所得税优惠备案，注销受理办结，税收协定，留抵抵欠，退税资格认定，不予加收滞纳金，发票认证，发票发售（其中，资格认定7243户次，柜面领用发票4710户次），资料归档，实名制采集等均按要求完成。及时做好后台处理事项。2018年，经开区局电子税务局后台审批中，跨区域税收事项报（原外经证）累计3921户次，退税1240户次。其中：政策性即征即退257户次，累计退税2193.15万元，误收退税398户次，累计金额998.99万元，汇算退税205户次，累计退税9714.21万元，2018年留抵退税新政637户次，金额10.02亿元，会统报表12次，各类投诉150余户次。

经开区局团支部2018年累计联合原栖霞区地税局、开发区团工委、凤凰传媒、南京银行、中铁宝桥、兴智科创园草堂书院等系统内外多家单位一同开展活动，并根据开发区团工委要求，维护好"智慧团建"平台，构建团员网络；横通方面，经开区局团支部与党委、工会、人事科、办公室等积极配合，围绕重点工作合理安排活动，形成较好的工作合力，无论是活动前期策划中期执行或是后期宣传跟进方面均获得很大支撑。2018年组织的活动中，“谷雨悄然至、诗歌正当时”诗歌交流会、“大手拉小手之书海探春”活动被南京日报、交汇点等媒体报道。（肖 榕）

依法治税 一是借助内控平台，开展执法督察。借助税务系统内部控制监督平台，对执法过程进行有效监督。截至12月，税务机关考核过错累计29条，执法人员考核过错累计27条，共计56条。通过内控平台，完成对税务业务工作的监督，保证执法人员严格执法，推进依法行政工作的进程。二是推进督查自查，加强问题整改。推进执法大督查自查工作，涉及疑点指标119条，涉及组织收入类、增值税发票风险管理类、减税政策落实情况、“放管服”落实情况等四大类19小项，占全市2769条的4.3%。经过自查，有问题指标37条，涉及纳税人37户次，问题率31.09%。自查发现违规税款168.4万元，多征税款35.93元，少征税款4.05万元，因申报错误导致的虚假税款129.13万元。整改34户次，补征税款4.05万元，退还税款0.07万元，更正申报减少虚假税款116.85万元。（肖 榕）

社会保险费征收管理 关注社保费职责划转。根据市税务局要求，开发区局成立专项工作领导小组，拟定《经开局社保费和非税收入征管职责划转工作方案》。税政二科协同纳税服务科主动对接人力资源和社会保障局对城乡居民养老、医疗保险情况进行调研，同时对人社大厅及相关部门业务情况做了初步了解。加强基金费征收管理。根据2018年残疾人保障金和工会经费征收方式及申报系统的不同，经开区局分类制定不同征缴方案。目前在残疾人保障金上采取入库任务和残保申报面指标双项并抓的举措，结合省税务局考核指标计算口径，针对30人以上企业重点催报，确保完成任务同时提高申报面指标。针对工会经费以个人所得税申报系统收入数据为依托，有的放矢对未申报、少申报户逐户进行催缴。2018年度经开区局残疾人保障金入库2220.17万元，完成市税务局任务79.25%；申报面82%，达到市税务局考核指标。工会经费入库金额4456.18万元，完成市税务局任务91.49%。（肖 榕）

个人所得税改革 2018年9月12日，成立个人所得税改革专项工作领导小组。9月28日，安排栖霞区局个人所得税专家重点围绕个人所得税法、过渡期政策和征管系统操作等对区局全体个人所得税工作组成员进行培训；利用午休时间，由个人所得税专岗人员对办税厅和特服号工作人员进行集中辅导，将个人所得税政策和自然人税收管理系统操作手册印成人手一份发到每一个工作人员手中。设立专项服务窗口，抽调21名业务骨干，组成专项工作组，服务办税第一线，发放税收宣传资料，专业解读个人所得税新政；对区内1241户有税扣缴义务人和100人以上的155户集团公司、大型民营公司，按时间、按类型安排组织政策宣讲和专项辅导，对1月15日前发放1月工资的10家扣缴单位，进行面对面上门辅导。10月1日起，区内纳税人精准享受5000元免征额的优惠。2019年1月1日前，实现对扣缴义务人的全覆盖辅导，“个人所得税”APP注册使用率80%。从10月开始，经开区局组织征收管理科、税政二科、纳税服务科配合参加国家税务总局开展的三轮测试。对涉及办税服务厅、网厅web端（电子税务局）、扣缴义务人客户端、自然人APP四大板块，包括自然人注册登记、实名认证、专项扣除采集、扣缴申报、税收优惠、汇算清缴、退税等174个业务模块进行测试，并于12月14日和12月20日完成人海压力测试，为2019年1月1日全面上线打下基础。（肖 榕）

教育培训与人力资源管理 加强教育培训，提升业务能力。经开区局从基础知识、岗位实务和拓展提升3个方面开展培训，提升岗位胜任力。改革期间更是把教育培训贯穿始终，注重组织干部参加国家税务总局、省税务局税收基础业务视频培训，针对合并后税收业务的新形势，在镇江税校开展业务干部知识更新培训班。组织参加开展“新机构、新职责、新业务、新作为”网络竞赛。持续深化税务文化建设，选树和弘扬先进典型，打造忠诚干净担当的干部队伍，挖掘改革中无私奉献的集体和个人，王远志、江娜、张振伟、胡晓晨等人的事迹通过简报、督导报告、网站等渠道宣传弘扬。丰富党建活动凝聚共识。通过多样化主题党日活动，统一思想、凝聚共识。结合大

走访活动，深入企业、社区，走到基层群众中去，解决实际税收问题。（肖　榕）

全面从严治党　一是加强对主体责任落实情况的监督。紧盯重点对象。经开区局把领导干部作为重点监督对象，层层传导压力、一级抓一级。监督领导班子认真落实《税务系统领导班子和领导干部监督管理办法》及其实施细则，压实“两个责任”等执行情况。2018年2月召开全面从严治党工作会议，副局长张顺龙主持，领导班子成员和全体干部参加。签订“从严治党责任书”，落实监督的责任主体。抓住重点环节。坚持抓住用人、用钱、决策、审批等关键岗位，紧盯重大决策事项、重要人事任免、重大项目安排和大额度资金使用、政府采购、执纪执法等权力行使重点环节进行监督，加强内控机制建设，防止风险产生。突出重点内容。坚持把纪律挺在前，始终以纪律为尺子，重点对党员干部执行机构合并期间“四个确保”（确保税务队伍稳定，确保收入平稳增长，确保征纳关系和谐和确保干部遵规守纪）、“六大纪律”（政治纪律、廉洁纪律、组织纪律、群众纪律、工作纪律及生活纪律）情况开展监督检查，党委班子组织开展任前谈话、廉政谈话、机构改革谈心谈话50余人次，强调组织纪律、政治纪律，确保机构合并期间队伍维持安定，工作推进有序。

二是加强内控制度建设，强化监督制约。市税务局第三巡察组于12月对开发区局开展机构改革期间的专项巡察。开发区局党委制定迎察方案，成立专项工作组，设置巡察意见箱，组织中层以上干部学习巡察文件等精神。接受巡察期间，查摆不足，坚持发现问题不遮掩，遇到问题不回避，抓落实整改。以本次巡察工作为契机，推动经开区局各项工作健康发展。二是运用好内部控制监督平台这一“制度+科技”的工具，推进全面从严治党和税收执法考核工作。4月上线后，开发区局成立内控监督平台推广应用工作领导小组。通过“讲解+操作+演示”的方式，开展督审干部和业务干部“双讲解”，明确工作要求与职责。重视对考核指标的调查审批，严格把关，防控风险。2018年，收到上级下发日常执法考核过错数据56条，经核实调查，55条日常执法考核过错为系统原因，进行无过错调整，1条为干部过错，进行批评教育。运用省税务局网上巡察子系统加强风险防控。2018年，经开区局通过网上巡察子系统接受疑点数据33条，准期完成率100%，问题率93.94%，成效54.63万元。内控监督平台与网上巡查双轨运行后，内控机制建设成效显著。开展国标行业代码转换核实校验专项督查工作，成立常设督查领导小组，加强指导，完成对五批453条疑点数据全面督查，并对发现问题整改审核把关，确保行业分类转换精准到位，提高征管质效。

三是加强廉政警示教育，筑牢思想防线。一是强化日常教育。做好元旦、春节、“五一”劳动节、端午节、中秋节节前廉政教育。通报中央纪委违反中央八项规定精神及《关于规范党员干部网络行为的意见》等内容，对通报案例引以为戒，规范“网络言行”，营造健康向上的网络环境。引入违纪违法典型案例，利用微信工作群，推送提醒信息，重要节点发送廉政微信，做到廉政提醒警钟长鸣。扎实做好四个季度的考廉日学习，局领导均认真参加科室学习，做到真抓真学。将党风廉政作为重要指标纳入绩效考核，分值占考核总和的近20%。二是探索“税监共建”（税务局与纪委监委开展廉洁共建）。邀请栖霞区纪委监委第五监察室主任到开发区局授课，建立起沟通渠道。三是推广廉政品牌，3月23日下午，纳税服务科副科长匡京、政策法规科副科长周磊走进南京新闻广播台“国税在线”节目直播室，收集纳税人对经开区局的意见建议，介绍经开区局纳税服务举措，宣传“营改增”、企业所得税汇算清缴等税收热点政策。四是紧扣“新时代、新担当、新作为”这一主题，以各党支部为单位，按季开展“我是党课主讲人”活动，强化廉政、提高执行，引导党员干部进一步坚定理想信念、锤炼党性修养、强化宗旨意识、牢记党员身份，在改革中当先锋、做表率。通过市级廉政文化示范点验收。贯彻执行省局《开展机构改革“六项纪律”执行情况等六个专项检查工作方案的通知》，引导和督促党员严格执行六项纪律和专项检查的各项要求，保持坚强的政治定力，在全局形成守纪律、讲规矩的良好氛围。纪检组副组长王定当选“清城之约履约标兵”，入选省税务系统纪检监察人才库。开展扶贫领域专项整治工作、“形式主义、官僚主义”专项整治工作，整治工作横向到边，纵向到底。

四是加强执纪问责，持续改进作风。贯彻落实全市机关作风建设工作会议要求，通过局务会、局长办公会、科务会等形式，传达到位。督导到位。班子带头、层层传导、压实责任，要求领导值班，党员带头，做到守土有责。落实到位。结合实际情况，开展三项工作，包括干部座谈常态化（每季度，分层级），畅通干部诉求渠道，掌握干部思想动态。完善信访制度，妥善处理纳税服务行风问题信访件，批评教育2人次，扣发绩效工作1人次，进一步理顺信访工作流程，强化底线思维，强化责任意识。完善突发事件联系渠道建设，印发《全体干部联络地址及应急联系人通讯方式清册》，便于事前防范和事后管控。（肖　榕）

绩效管理　加强绩效管理和数字人事的融合，做到“三个坚持”：一是坚持主业导向，科学设计，实现指标有效对接。二是坚持规范实施，优化流程，实现工作有效落实。三是坚持正向激励，持续深化，实现绩效提升可比。保障重点工作顺利实施，策应经开区局税源职责优化。进一步完善科学、系统的人力资源管理体系，鼓励干部成长成才。积极参与重点课题调研，全年累计完成调研论文13篇，吴唯娜撰写的《关于南京跨境电子商务企业出口退税的调研报告》及朱淳撰写的《“放管服”改革背景下的税收风险管理》获评全市税务系统调研论文二等奖。注重信息宣传工作，“大手拉小手”“谷雨诗会”等活动及服务区内“独角兽”企业等举措被“南京日报”“南京晨报”“扬子晚报”“现代快报”等多家媒体报道。“办税厅里拜师忙”活动图片被《中国税务报》6月27日A1版刊登，经开区局内外部形象得到提升。4篇政务信息被国务院办公厅采用，分别为《中美贸易战对企业的影响》《营改增税赋效益分析》《电子和石油化工行业运行情况》《我市两大石化企业经营情况及相关问题建议》。两篇被江苏省政府办公厅采用，分别为《医药企业开展一致性评价进展情况》《医药企业对抗癌药税收新政的反馈》，为上级领导提供决策依据。强化安全保障，对可能存在网络和办税安全隐患的重点区域全面排查。注重信访保密常态化管理，规范管理流程，注重事前防范意识，强化应急管理，无失泄密事件发生。（肖　榕）

（责任编辑　张　婧）

南京江宁经济技术开发区税务局

概况　2018年7—12月，南京江宁经济技术开发区税务局（以下简称“江宁开发区局”）以“税收治理能力成型年”建设为主题，紧盯“一强四高”（治税带队能力强、政府认可度高、纳税人满意度高、干部幸福感高、社会美誉度高）工作目标，着力推进“三聚三新”（聚焦民生发展，培育创新创业新动能；聚合多方力量，开创税收治理新局面；聚力治党带队，激发干部队伍新活力）工作布局，固本强基、提升站位、争先创优，高质量推进新时代税收现代化的“江开实践”，在服务水平、征管效能、队伍建设等方面取得成效。

江宁开发区局始终坚持以习近平新时代中国特色社会主义思想引领新时代税务工作，牢固树立“围绕税收抓党建，抓好党建促税收”的理念，教育引导党员干部增强“四个意识”（政治意识、大局意识、核心意识、看齐意识），坚定“四个自信”（道路自信、理论自信、制度自信、文化自信），做到“两个维护”（坚决维护习近平总书记党中央的核心、全党的核心地位，坚决维护党中央权威和集中统一领导），全面加强党的政治建设。坚持法治引领，全局上下遵守税法，严格规范依法治税。全面落实系列改革部署，贯彻落实省税务局出台的优化税收营商环境试点方案15大具体目标，深入开展“便民办税春风行动”。

2018年，组织各项收入254.49亿元，较2017年的238.51亿元增加15.98亿元，同比增长6.7%，在全市14个区局中位列第五；实现一般公共预算收入131.97亿元，较2017年118.46亿元增加13.51亿元，同比增长11.40%，在全市14个属地局中位列第四；免抵退税22.44亿元、出口退税3.32亿元、落实各类政策性退税12.46亿元。

2018年7—12月，江宁开发区局始终坚持党建引领促思想融合、交心谈心促心灵融合、业务培训促工作融合、人文关怀促情感融合，广大党员干部齐心协力、分级负责、勇于担当，凝聚起改革的强大力量，把措施想具体、把工作做到位，有效解决工作理念不一致、人员结构不一样、工作衔接不合拍、政策制度不完善等问题，全体干部思想稳定，扎实履行岗位职责，各项工作有序开展，呈现出事合、人合、力合、心合的良好状态。

2018年，江宁开发区局被评为江宁区机关作风建设“争先进位单位”，江宁开发区“先进集体”，纳税服务厅被评为江宁区机关作风建设优质服务窗口。（郑 鹏）

机构设置及负责人

办公室

主 任 左 璐

副主任 范 震

法制科

科 长 周 俊

税政一科

科 长 张莹莹

副科长 夏和平

税政二科

科 长 李 骞

副科长 王力生

收入核算科

科 长 杨江涛

纳税服务科

科 长 冯志成

副科长 赵洪武

陈 平

征收管理科

科 长 葛远庭

副科长 何施明

人事教育科

科 长 曾金华

副科长 张沁洁

税源管理一科

科 长 杜敞龙

税源管理二科

科 长 张学银

税源管理三科

科 长 马 军

副科长 孟家芬

税源管理四科

科 长 卢毓炎

税源管理五科

科 长 张 蕊

党建工作科

副科长 于 淞

纪检组

副科长 刘 坤

税务机构改革 全面落实税务机构改革工作部署。一是加强组织领导，成立税务机构改革工作小组，工作小组下设9个专项组（综合组、人事组、党建组、法规组、纳服组、征管组、非税组、财务组和信息技术保障组），完成新机构挂牌，全面落实“三定”（定部门职责，定内设机构，定人员编制）方案，确保改革决策部署在江宁开发区局落实。在改革期间上报的各类信息被市税务局《改革进展》和《督导报告》采用20余条。二是深入推进增值税改革措施，加大减税降费力度。三是妥善破解新税制、新人员、新系统“三新叠加”难题，落实新个人所得税法过渡期政策，确保纳税人享受税改红利。四是强化沟通协调，有条不紊地做好各项工作的对接，持续推进社会保险费和非税收入征管职责划转工作。（郑 鹏）

各项收入情况 2018年，江宁开发区局坚持依法征税的组织收入原则，克服经济转型升级、房地产业、汽车制造业发展降速等困难因素，应收尽收、应退尽退，坚决不收“过头税”，坚决落实减免税，坚决打击偷骗税，保证税收收入高质量增长。累计实现组织收入254.49亿元（含省属企业入库4.21亿元），较上年238.51亿元增加15.96亿元，同比增长6.7%，其中增值税106.93亿元（含申请免抵调8.02亿元和省局直接入库免抵调2亿元）、消费税20.64亿元（不含延期缴纳2.1亿元）、企业所得税59.74亿元（含从秦淮金库调整0.32亿元）、个人所得税20.23亿元、契税13.15亿元（含区财政直接调节秣陵库0.92亿元）、城市维护建设费9.48亿元、教育“两费”6.73亿元、房产税5.21亿元、耕地占用税3.51亿元。实现一般公共预算收入131.97亿元，较去年118.46亿元增加13.51亿元，同比增长11.4%。严格贯彻落实各类税收优惠政策并结合区局实际，审核通过免抵退税22.44亿元、出口退税3.32亿元、落实各类政策性退税12.46亿元，维护纳税人权益。（郑 鹏）

税收收入特点与分析 2018年，江宁开发区局税收收入主要呈现出以下几个特点。一是发展走势稳中有升。2018年税收收入保持近7%的增长速度。分季度来看，第一季度、上半年、前三季度税收增幅分别为8.61%、9.63%和10.66%，未呈现较大波动。二是税种构成高度集中。分税种来看，江宁开发区局税种构成集中度较高。增值税、企业所得税、消费税和个人所得税分别入库106.89亿元、59.74亿元、20.64亿元和20.24亿元，位居前四位，合计占比81.54%。其他16个中小税（费）种合计占比18.46%，其中契税、城建税、教育两费、房产税、土地增值税和耕地占用税总量相对较高，分别入库13.15亿元、9.48亿元、6.73亿元、5.21亿元、4.50亿元和3.51亿元，其他税（费）种占比则均不足1%。三是支柱行业贡献弱化。不考虑省属企业、免抵调等特殊因素影响，江宁开发区局21个行业门类2018年共入库各项收入239.35亿元，同比增加17.16亿元，增幅7.72%。组织收入前5位的行业中，制造业入库147.18亿元，同比增收3亿元，增幅2.08%；房地产业入库34.41亿元，同比减收1.96亿元，降幅5.39%；批发和零售业入库14.17亿元，同比增收4.54亿元，增幅47.12%；租赁和商务服务业入库7.82亿元，同比增收2.41亿元，增幅44.44%；建筑业入库7.79亿元，同比增收1.04亿元，增幅15.41%。江宁开发区局两大支柱行业制造业和房地产业的收入贡献在降低，制造业入库占比从2017年的64.89%下降至61.49%，房地产业入库占比从2017年的16.37%下降至14.38%。制造业31个行业大类中23个同比增收，8个同比减收，其中汽车制造业2018年组织收入81.77亿元，同比减收3.90亿元，降幅4.55%。但电气机械和器材制造业、食品制造业、通用设备制造业、专用设备制造业等行业处于良好发展态势，使得制造业整体小幅增收。（郑　鹏）

税收征管 2018年7—12月，江宁开发区局落实改革要求，加强基础管理，做好税收征管各项工作。一是税源基础管理再优化。为进一步适应征管体制改革以及“统一工作平台”系统上线后带来的税收征管新要求，支撑各项纳税服务工作和税收检查任务顺利运转，确保省税务局税收职责清单执行到位，根据2018年度工作计划制定《江宁开发区局过渡期征管衔接工作方案》，结合辖区税户特点及江宁开发区局人力资源情况开展职能调整以进一步优化征管资源配置，完成自然人税收管理系统过渡期用户测试以及三定信息系统调整验证工作。对原国税局税源管理平台（风险平台）、数据情报平台、电子税务局（税务端）、出口退税管理、增值税发票管理（异常凭证）、原地税局大集中系统等其余未列出的应用系统，根据上级部门整合计划和江宁开发区局实际工作需要及时进行授权调整。“三定”方案宣布以后，为进一步适应机构改革“三定”后过渡期的税收征管新要求，有效支撑各项纳税服务工作和税收检查任务顺利运转，经江宁经开区局2018年11月12日局长办公会研究决定，在省税务局、市税务局明确新征管模式、核心征管系统整合前，对江宁开发区局过渡期纳税服务、税源管理工作职责进行临时界定，并结合原国税局、原地税局征管状况及辖区税户特点制定过渡期征管衔接工作方案和工作清单，着力解决跨部门跨层级重大复杂事项，理顺税收业务内部流转流程，做好事中事后管理事项与税收风险管理事项的全面对接。省税务局征科处2018年每日下发累计200多批次增值税异常开票纳税人，涉及江宁开发区局企业46户，高风险纳税人户数全市最低。二是欠税清理工作再强化。严格控制新欠和加大欠税追缴力度，在对欠税情况调研分析的基础上，执行《欠税清理工作方案》执行。完成欠税数据核实分析工作，详细分析本单位欠税的结构、数量以及发生欠税的原因，为追征工作提供数据支撑。加强欠税催缴、欠税建档、欠税追征、欠税抵缴等方面的工作，明确业务科室工作职责，实现欠税追征一户一档、追征过程全记录，确保欠税管理整个闭环做到事项明确、责任到人。江宁开发区局于2018年11月29日组织全体税源管理科干部开展过渡期征管衔接工作方案、职责清单培训，并就欠税追征中行政强制等措施做了重点介绍，指导税源管理部门探索强制措施的运用，依法开展行政强制工作，形成对欠税纳税人震慑力。三是继续完善风险支持团队建设。按照省税务局风险管理团队建设要求完善以“专业支持+综合应对”为结构特征的风险应对运行机制，进一步提升风险管理的质量和效率，加强风险管理工作现场管理工作，规范约谈室、查账室、集体审议室使用；开展税源管理平台风险管理支持团队模块运用，规范主动支持和被动支持等重要环节的运作，确保风险管理工作流程顺畅运行；邀请系统内专家为江宁开发区局风险评估团队开展专题业务培训和风险案例点评，在新机构人员到位后，在全员知识更新培训中邀请系统内专家为区局全体干部开展风险管理专题业务培训和纳税评估典型案例点评，提升风险管理人员的专业技能。四是促进风险应对工作提质增效。优化风险应对团队建设，配齐配强专业应对人员。每月组织召开风险管理工作会议，跟踪风险任务完成进度，深化应用“风险应对工作模板”和“税收风险应对法律适用指引”，严格落实职责清单及操作规程。新机构成立后，逐步调整工作模式，税源科由原来的三个增至五个，按照管辖范围开展风险应对工作。探索工作新方法，开展集中预告会集中预告辅导会议以及线上风险应对试点工作。采取以案说法的形式对纳税人常见22类涉税风险疑点做重点提示提醒，并对自查工作规范做详细解读。2018年，江宁开发区局完成税源管理平台纳税评估任务74户次，其中应对增值税入库成效958.51万元，企业所得税入库7464.56万元，加收滞纳金113.84万元，合计入库8536.91万元；调减留抵1326.94万元，调减亏损741.3万元，风险应对总成效1.06亿元。（郑　鹏）

税收政策落实　2018年，江宁开发区局严格规范依法治税，落实国家税收政策。对于骗取出口退税、虚开增值税发票等扰乱市场秩序的违法行为，开创税收综合治理新局面。一是强化依法行政领导小组的组织领导，每季度召开一次会议，定期听取各部门依法治税工作汇报，对工作中存在的问题，统筹协调各部门采取措施、明确方案予以改进。先后对《南京江宁经济技术开发区国家税务局工作规则》《关于进一步推进政务公开工作的实施办法》等进行多次审议修改，确保相关工作目标明确、职责清晰、部门协同，为税收重点工作的推行提供法治保障。二是落实增值税发票风险快速反应专项工作。2018年10月，国家税务总局、省税务局、市税务局先后下发增值税发票风险快速反应专项工作，江宁开发区局成立以局长岳守东为第一负责人的专项工作小组，在市税务局《国家税务总局南京市税务局增值税发票风险快速反应专项工作方案》基础上进一步明确部门职责，规范各部门流程，要求到人，责任到位。截至年底累计采取发票管控措施1801户，其中，经约谈解除控票227户，实际控票1574户。三是内部控制成效初步显现。2018年5月份，完成内控监督平台的全员培训；4月平台正式上线至11月，按日对税收执法考评与过错责任追究子系统提示的疑点数据进行整改调整，对无法整改调整的12项疑点指标共计83条数据进行无过错申辩；三季度，完成2018年执法督察任务，自查核实疑点指标20个、疑点数据202条，对存在问题的130条就疑点数据使用内控监督平台进行录入及跟踪整改。内控监督平台按日扫描执法行为，自动将疑点过错推送到相应税务人员口令下，使其持续感受到监督的存在，时刻督促依法、依规、依纪行使责权。四是贯彻省税务局、市税务局处罚实施办法和处罚裁量基准，落实《国家税务总局南京市税务局关于发布〈税务行政处罚裁量基准操作标准〉的公告》，结合工作进一步明确标准、规范模板、组织实施。2018年，共实施税务行政处罚758件，其中，一般程序处罚296件，简易处罚342件，落实“首违不罚”要求，作出不予税务行政处罚决定120件。（郑　鹏）

纳税服务　开展“便民办税春风行动”。一是创新打造融合“互联网+税务”理念的新型办税服务厅，2018年，江宁开发区局利用电子税务局和自助设备进行非接触式办税110万笔，占办税业务总量的87.34%。二是推广业务线上办理，持续提升电子税务局使用比例，推广手机办税APP，推进24小时自助办税设备进驻开发区行政审批中心及未来科技城，2018年共开展系统操作培训15场，培训纳税人6100余户次，电子税务局办税95万笔，网上领用发票2.4万户次，网上申请代开发票1.5万户次，企业使用自助机领用发票2.4万户次。三是进一步做好发票“网上批、快递送、不见面”服务，持续做好南京市发票区域配送中心运营保障工作，为纳税人提供更加高效智能的线上线下相结合的发票服务。2018年，为南京市18.96万户纳税人免费邮寄发票71.54万次，共计发票4806.6

万份。四是继续强化办税服务厅现场管理，配强导税、预审、辅导力量，科学分流纳税人，进一步缩短等待时长，提高业务办理效率。（郑　鹏）

优化营商环境　落实省税务局出台的优化税收营商环境试点方案15大具体目标。一是对照评价指标体系，逐条落实、对标找差，继续简并办税事项流程，降低税法遵从难度，降低制度性交易成本。二是服务江宁区“三区一中心”（加快建设江苏高端产业集聚区、长三角自主创新引领区、美丽中国典范区和现代化国际性南京主城南部中心）重大发展战略，充分落实税收支持、优惠政策，助力“两落地一融合”（科技成果项目落地、新型研发机构落地、校地融合发展）等重点工作开展。承办“第27个人所得税收宣传月启动仪式暨高新技术企业政策解读沙龙”。三是坚持问题导向，以“大走访”“四解四促”（了解社情民情、破解发展难题、化解社会矛盾、理解机制束缚、促进干群关系融洽、促进基层发展稳定、促进机关作风转变、促进机关执行力提升）等为契机，深入企业调查研究，脚踏实地察实情、办实事。四是继续构建纳税信用管理模式，配合上级单位开展“百名线上模范纳税人”“百名线上模范办税员”评比活动，给予高信用等级纳税人更多的支持和便利，形成守信者畅行无阻的示范效应。五是探索试行促进“五新”（新产业、新模式、新业态、新技术、新产品）企业发展的税收包容审慎监管方式，全力打造税收营商环境“新高地”。（郑　鹏）

全面从严治党　2018年7—12月，江宁开发区局坚持以习近平新时代中国特色社会主义思想引领新时代税务工作，牢固树立“围绕税收抓党建，抓好党建促税收”的理念。一是高举党的旗帜，引领改革砥砺前行。利用党委会、办公会、理论中心组学习等时机，深入学习党的先进思想、改革精神和业务知识，保持先进性，增强对干部队伍领导和政治引领的能力；坚持民主集中制，严格执行党委工作规则，研究决定事项时，注重发挥班子整体合力。深入推进“两学一做”学习教育常态化制度化，改革至今，先后组织全局党员干部学习习近平新时代中国特色社会主义思想、中共十九大精神、党章以及机构改革有关精神等内容，坚持书记带头讲党课，引领广大党员干部提升党性修养，凝聚改革共识。二是建好党的堡垒，不断增强组织战斗力。建立党建工作责任体系链条，召开党委会专题研究党建工作。明确党委书记党建工作主责及其他党委成员“一岗双责”，压实党建责任。积极向地方党委、开发区党工委请示汇报，通过选举设立机关党委、纪委、团委、工会、妇委会、党支部，各项组织生活平稳运行，确保党的建设与改革同步跟进。采取成立党员突击队、设立党员示范岗、开展党员承诺等多种方式，号召广大党员干部在改革中冲锋在前，发挥引领示范作用。三是严肃党的纪律，深入推进全面从严治党。强化“两个责任”。年初，班子成员与各部门负责人分别签订“全面从严治党责任书”，下发“2018年度党风廉政建设责任清单”，从贯彻领导班子对于党风廉政建设工作的部署和要求、履行日常监管职责等方面明确工作重点和工作方法，每项工作都落实到责任领导和责任科室，推动全面从严治党责任全覆盖。邀请地方纪委领导，宣讲新修订的《中国共产党纪律处分条例》，结合中共十八大以来全市税务系统干部违纪违法的典型案例，深入剖析在理想信念、监督管理、责任意识和作风建设等方面存在的突出问题，教育引导党员干部不断增强遵守党纪国法的自觉意识。2018年，开展廉政谈话10人次，一案双查9户次，下发监察建议书7次、问责追究4人次。机构改革启动后，未接到一起与改革有关的违纪举报，未发生一起与改革相关的违纪案件，做到了改革推进到哪里，纪律要求就严格执行到哪里。在“三定”落实过程中，根据国家税务总局、省税务局和市税务局关于落实“三定”实施方案的指导要求，严格按照人随事走、人岗相宜、平稳过渡；不进行大面积人员岗位调整和轮岗；兼顾原国税局、原地税局干部融合、男女比例、年龄等原则，规范机构设置，优化人员配置，尽力实现人岗相适、人尽其才。（郑　鹏）

群团工作　2018年7—12月，江宁开发区局坚持党建引领促思想融合、交心谈心促心灵融合、业务培训促工作融合、人文关怀促情感融合，广大党员干部齐心协力、分级负责、勇于担当，凝聚起改革的强大力量，把措施想具体、把工作做到位，解决工作理念不一致、人员结构不一样、工作衔接不合拍、政策制度不完善等问题，全体干部思想稳定，扎实履行岗位职责，各项工作有序开展，呈现出事合、人合、力合、心合的良好状态。一是稳步推进机构改革的落实，认真拟定、落实“三定”（定部门职责，定内设机构，定人员编制）方案，扎实细致做好人员数据统计工作，全面整理干部人事档案，确保机构改革期间机构、人员编制数据准确无误。二是队伍建设不断加强。组织干部参加“四新”知识竞赛活动，完成4天春训。6月，分两批组织全体干部到中国人民大学（苏州校区），开展以“新形势下的国际形势”“当代中国价值观的变迁”“‘孙子兵法’与人生智慧”“压力管理与阳光心态”“学习领会党的十九大精神”等为主要内容的全员知识更新培训；12月，分两批组织全体干部到镇江税务学校，开展以个人所得税、土地增值税、增值税发票管理、纳税评估技巧等为主要内容的全员知识更新培训。三是开展思想政治教育。特别是在落实“三定”暂行规定工作中，紧紧围绕改革期间干部思想风险点、认识模糊点和干部关注点，开展思想大摸底大排查，及时掌握队伍思想脉搏。针对部分干部存在压力大、思想紧、精神疲的实际问题，局领导、科室负责人与干部“零距离”交流，分类分批逐一开展谈话，把思想政治工作做到广大干部的心坎上，确保思想不乱、工作不断、队伍不散、干劲不减。四是加强干部队伍日常管理。强化工作规范，严格考勤、请休假及出国（境）有关制度，严守着装风纪，建立良好的工作秩序。（郑　鹏）

包容审慎监管试点　根据《国家税务总局江苏省税务局关于优化税收营商环境试行包容审慎监管的意见》及省税务局、市税务局的工作要求，江宁开发区局是“包容审慎监管”改革的先行试点，也是“放管服”实践的样本。江宁开发区局在升级普惠性服务举措之外，结合江宁开发区产业发展现状，筛选出区内绿色智能汽车制造、临空产业、智能电网产业、智能制造产业、现代生活服务产业、生物医药产业等符合新产业、新模式、新业态、新技术、新产品的企业范围，调研辖区内“五新”（新产业、新模式、新业态、新技术、新产品）企业的涉税产业政策需求，探索试行促进“五新”企业发展的税收包容审慎监管方式，多措并举推进“五新”企业向好向优发展，全力打造税收营商环境“新高地”。一是涉税服务优化升级。江宁开发区局承诺半个工作日内完成“五新”企业提出的一般纳税人申请、发票调增、发票领用等新办审批事项，打造最简、最快、最优的办税环境。对于“五新”企业最高开票限额调整申请，结合企业规模和营业额等实际经营情况，精简调查核实资料，缩短业务办理时间。对于“五新”企业发票票量调增申请，取消约谈程序，当场即时办理。对于“五新”企业中存在行业季节性变动（如航空产业）的情形准予一次性提交材料享受多次调增。对于“五新”企业办理即办事项时非主要资料缺件、漏件情况，推行容缺受理，实行以来为“五新”企业纳税人办理缺件登记60余笔，涉及发票代开、变更登记、申报类、备案类等即办业务，缺件补齐平均时间为15日，补齐率达到100%。二是税收政策精准推送。江宁开发区局每月通过微信群、QQ群等即时通信方式将最新税收政策精准定向推送给“五新”企业纳税人，同时结合纳税人学堂等提供政策介绍和解读服务，提升税收政策落实的精度和力度。同时对“五新”企业开通“绿色通道”，享受点对点、面对面的政策咨询服务，畅通“五新”企业诉求沟通渠道和快速反馈机制，对于复杂疑难税收政策问题，由纳税服务科协同税政科、法制科等科室，通过局务会研判审议予以明确，给予纳税人确定性的书面答复。三是创新转变评估方式。在对“五新”企业的纳税评估工作中，江宁开发区局采取税收包容审慎监管方式，按照简政放权的相关规定和要求，主动公开行政审批“负面清单”，在“法无明文禁止皆可为”的空间内鼓励创新、包容不同，激发“五新”企业创新活力，壮大发展动能，以更大力度、更惠政策、更优服务全方位支持“五新”企业高质量发展。（郑　鹏）

（责任编辑　张　婧）

附　　录

重要论文摘要选登

2018年第11期《国际税收》发表：

属地征税原则的国际比较借鉴（摘要）

舒安仁 蔡秋萍 李俊生
（国家税务总局南京市税务局 江苏南京 210001）

【内容提要】 各国对企业境外所得征税制度可分为属人税制（Worldwide Tax System）与属地税制（Territorial Tax Systems）。当前，发达国家境外所得税制改革向属地税制倾斜的趋势比较明显，其改革动因以及可能对我国产生的影响值得关注。为提升我国税制国际竞争力，建议应从试行"参股免税法"属地税制等方面进行应对。

【关键词】 属地税制 利润转移 参股免税法
【中图分类号】 F810.42
【文献标识码】 A
【文章编号】 2095－6126（2018）11－0040－05

一、发达国家境外所得税管辖演变趋势

（一）以属地制为主的发达国家数量不断扩大

经济合作与发展组织（OECD）36个成员国中，2000年实行属地税制的国家为13个，这一数量在2018年上升为31个，这些国家的GDP合计占全球的63%以上。全球前十大资本输出国（地区）中，目前只有中国实行属人税制。

（二）OECD成员国属地征税制度的主要做法

在属地税制下，符合条件的境外股息所得100%或一定比例免税，未免税部分作为不可扣除费用计入居民企业应纳税所得额申报纳税，也有的OECD成员国将免税向积极所得延伸。

二、发达国家属地税制改革的动因分析及对我国的影响

（一）动因分析

吸引更多的跨国公司将总部设在本国；增加海外公司的利润汇回；促进中长期税收增长。

（二）美国属地税制改革对我国的影响

中美作为世界上最大的两个经济体，美国大规模的税改无疑会对我国税制竞争力、产业竞争力以及经济增长潜力带来不容小觑的影响。

三、我国现行境外所得税制存在的不足

我国现行境外所得税制下，"走出去"企业难以享受东道国低税率的好处、股息红利等投资收益汇回意愿不强、税收征管和遵从成本都较高。

四、完善我国境外所得税制的建议

立足我国现有国内法规及境外投资现状和发展趋势，深入分析美国税改对国际经济和税收秩序可能产生的溢出效应及对我国资本流动、产业链布局、税制改革的压力，我们应审慎研判、系统评估、积极作为，统筹开展境外所得税制改革，积极构建属地为主的混合税制，提升我国企业的国际竞争力。

（一）转变税制的利弊分析

1.对税收收入的影响：从不同的时间维度来看，转变税制短期可能会对税收收入造成负面影响，但中长期来看有利于税基的稳定和收入的增长。以江苏省数据为例推算转变税制后，全国税收收入直接减少额约为7.5亿元。

2.对资本流动的影响：美国税改对中国的直接影响主要体现为美国在华直接投资利润汇回的规模及其对人民币汇率和资本流动的影响。如果我国进行税制转变，促进外资输入以及我国"走出去"企业海外利润汇回，一定程度上可以对冲美国税改带来的负面效应。

3.对经济竞争力的影响：转变税制一方面可以吸引行业领先企业总部入驻中国，发展总部经济。另一方面可以促进国内企业产业升级，鼓励和引导更多企业"走出去"。

4.对征管成本和遵从成本的影响：我国现行的属人税制，抵免计算复杂，遵从成本和征管成本较高。转变为属地税制后，从纳税人遵从和税

务机关征管角度，都将会带来正面影响

（二）转变税制的初步设想

1.顺时应势，试行属地为主的混合征税制

2.建立完备的境外股息所得“参股免税法”制度：通过合理设置“参股免税”的限制条件、明确适用“参股免税”的主体类别等方面建立完备的“参股免税法”制度。

3.加强风险管理防止利润转移：强化税收管理，积极推进“全球一户式”风险管理，应用CRS信息交换准则，准确掌握中国税收居民海外资产收入信息，加强境外所得企业所得税和个人所得税监管水平。

4.着力提升我国税制的国际竞争力：转向属地为主的境外所得混合税制，仅是我国应对新一轮国际税收竞争的措施之一，更大挑战仍在于全面推进我国的税制改革，建立适应我国经济高质量发展和提升企业国际竞争力需要的稳定、完善的税制。

国家税务总局《研究报告》2018年第29期发表：

中国税收营商环境国际比较研究与借鉴
——基于世界银行2018版《营商环境报告》

舒安仁 胡浩

一、世界银行税收营商环境指标简介

（一）纳税指标体系下的四项子指标

1.缴税次数

反映企业缴纳的税及强制派款总数，包括企业所得税、增值税、营业税及企业为雇员代扣代缴的劳务税等。

2.缴税时间

反映的是准备、申报和缴纳企业所得税、增值税或营业税、劳务税，这3个主要税项和派款所需要的时间，用每年的小时数记录。

3.总税负和缴款率

反映的是企业所负担的税和强制派款总额与商业利润之间的比率。

4.报税后程序指数

报税后程序指数子指标由增值税退税合规时间、获得增值税退税时间、企业所得税审计合规时间和完成企业所得税审计时间4个部分组成。

（二）税收营商环境指标体系的两项评价标准

对营商环境的评价主要体现在两方面：一是前沿距离分数；二是基于上述分数的营商便利度排名。对税收营商环境的评价就取决于各项纳税指标的前沿距离分数和纳税便利度排名。

二、国际税收营商环境的比较与分析

（一）横向比较

我们选取了国际排名相对靠前、经济总量较大、国际影响力较强的英国、美国、德国、俄罗斯、日本、印度与我国进行比较：营商便利度排名中，在上述7个国家中仅排在印度之前；纳税便利度排名中，我国排在上述各国之后，存在较大差距。从各子指标看：

1.缴税次数，我国为9次，低于美国（10.6次）1.6次、印度（13次）4次和日本（14次）5次，高于英国（8次）1次和俄罗斯（7次）2次，与德国（9次）持平。

2.缴税时间，我国为207小时，高于美国（175小时）32小时、俄罗斯（168小时）39小时、日本（151小时）56小时和英国（110小时）97小时，低于印度（214小时）7小时和德国（218小时）11小时。

3.总税负和缴款率，我国为67.3%，高于其他各国，从构成该子指标的3个分项看：利润税占利润百分比我国为11.1%，仅略高于俄罗斯（8.8%）2.3%，优于其他国家；其他税占利润百分比我国为8.1%，低于印度（11.4%）3.3%，较高于其他国家；劳务税和缴款占利润百分比过高，我国为48.1%，远高于其他各国，这是造成该子指标高于其他国家主要原因。

4.报税后程序指数，我国为49.08，低于其他各国。主要原因是我国没有采用增值税退税方式，增值税退税两子项分值计为0。

（二）纵向比较

近五年报告中，我国营商便利度排名呈逐年上升趋势，近两年排名持平；纳税便利度排名呈小幅下降趋势，近三年排名较为稳定。从各子指标看：

1.缴税次数，自2016版起增加了2次，分别为利润税和其他税各增加1次，这是由于世界银行统计口径的调整导致，并不是实际增加的，不作考虑。

2.缴税时间，呈逐年下降趋势，2018版（207小时）较2014版（318小时）下降了34.9%，数据客观上反映了我国优化纳税服务，提升行政服务效率的成效。

3.总税负和缴款率，仍居高不下，总体变化幅度不大，2018版（67.3）与2014版（63.7）相比略有上升。

4.报税后程序指数（2017版新增），近两年基本持平，企业所得税审计合规时间略有改进。由于我国未实行增值税留抵退税制度，增值税退税两子项前沿距离分数为0，经测算两子项分别拉低2017、2018报税后程序指数分值48.6、49.08。

三、优化我国税收营商环境的建议

1.将计算简单的小税种合并申报以降低缴税次数

2.通过优化纳税服务缩短缴税时间

3.降低总税负和缴款率，重点降低社保费费率

4.通过改革增值税留抵退税制度提高报税后程序指数分值

四、结论

按照提升我国税收营商环境的空间和幅度，首先，考虑降低总税负和缴款率，重点是降低社保费及住房公积金缴款率；其次，改革增值税留抵税额抵扣制度，实行全行业增值税留抵税额退税；再次，通过改进电子技术、精简办税流程优化纳税服务，进一步缩短缴税时间；最后，对相关小税种（款项）采用合并申报方式降低缴税次数。这样我国的税收营商环境排名将会有大幅提升，与我国在国际上的经济地位相匹配。

中国税务学会关于“促进经济高质量发展的税收政策研究”课题交流会交流论文：

关于加快扬子江新金融集聚区建设的税收政策研究

南京市税务学会课题组
肖孙熹　黄静娟　匡翠光

【内容提要】 规划建设扬子江城市群，优化促进区域金融生态先行。税收制度和政策作为区域金融基础设施建设的重要组成部分，也是加快扬子江新金融集聚区发展的关键要素。为此，围绕扬子江新金融中心的“资产管理与资产证券化、消费金融、绿色金融、航运金融和（公）私募基金”五大金融产业发展规划，如何实现税收优化与变革，全面助力区域金融产业“新技术、新组织、新产业、新业态、新模式”的“五新”创新与发展，具有明确现实的理论价值和实践意义

【关键词】 新金融　集聚区　税收政策

南京作为长江经济带和苏南国家自主创新示范区的关键交汇结点，立足东部地区中心城市和长三角特大城市定位，“十三五”期间，全面提升城市首位度、大力发展高端服务业和高科技产业，已成为南京市经济社会发展的主要目标。随着2016年江苏省明确提出规划建设扬子江城市群的战略宏图，“扬子江新金融集聚区”开始由概念理论快速走向建设实践。2018年，南京江北新区出台了扬子江新金融集聚区建设综合优惠政策，具体涵括金融企业落户、金融办公用房、经济贡献分享，高端人才引进、金融项目（业态）创新、投资风险补偿、金融科技发展等诸多方面，即扬子江新金融集聚区“金融十条”[1]政策。相较于税收成本管理，“金融十条”综合政策的着力点更多是通过加大财政专项扶持，减免（返还）地方税收分成等方式，多渠道降低金融产业集聚发展的创设成本、营运成本和创新成本，重点促进新金融发展与现代金融科技示范区建设。当前，“减税降费”政策已成为税收体制改革的核心内容，从税收供求侧结构性改革角度出发，创新发展金融税收政策体系，实现税收助力区域城市群新金融中心建设，可谓适逢其会。

一、扬子江城市群金融业发展概况

扬子江城市群，通指长江经济带下游沿江八市（具体涵盖江苏南京、镇江、常州、无锡、苏州、扬州、泰州、南通）地区。众所周知，扬子江城市群概念是在全面进入改革开放新阶段、推动经济社会高质量发展的大背景下提出来的，其发展先导就是以金融服务业对外开放为标志。2017年，江苏地区已实现GDP8.59万亿元，同期金融业实现增加值6786.4亿元，全省金融业增加值GDP占比为7.9%。作为扬子江金融集聚区所在的南京市，目前国家规划定位为长三角唯一特大城市和东部重要中心城市，2017年金融业实现增加值

1355.05亿元，金融业增加值的地区GDP占比为11.6%，占到同期全省金融业增加值总量的五分之一。并且，南京市具有科教、人才、商务、区域性（金融组织、产业集团等）机构总部、市场交易平台等竞争性规模优势，更有利于形成扬子江城市群区域金融业资源要素的汇聚、集成、创新和多元化发展。

二、国内外城市群金融业发展与税收政策概况

目前，美国东部大西洋沿岸、欧洲西北部、北美五大区、英国伦敦城市圈、日本太平洋沿岸是全球公认的世界级五大城市群，主要分布在OECD（经济合作与发展组织）成员国家，其城市群金融业税收政策主要有三类共性特征[2]：

1.从城市群地区金融税制特点看，基本上以直接税（即所得税）征收为主、间接税（即流转税）征收为辅，间接税（即流转税）多遵循"就轻不就重"征税原则，并按不同的金融服务分类分别确定征税制度。

2.从城市群地区金融所得税制看，对呆帐准备金的税务处理，原则上遵循中性原则，即税收扣除在时间和数量上都同银行贷款损失的实际市场价值或者名义市场价值保持一致，允许银行的实际经济损失在税前列支。

3.从城市群地区金融税收优惠看，主要采取对资本收益实行减税、或税收补贴等税收政策，并且形式多样，主要包括：税收豁免、加速折旧、税收抵免、费用扣除（差额计税）、准备金制度、优惠退税等。

在2008年世界金融危机爆发前，税收机制作为OECD国家金融市场规则（制度）的重要组成部分，在主要城市群地区，一般都是嵌入并依托"区域内科技、人才、产业等要素竞争优势+优良的金融生态系统"的基本路径，实现税收助推城市群地区金融业的蓬勃发展和创新纷呈。尤其是在金融衍生产品（工具）开发、跨境国际金融、资本市场分层、保险主题基金和金融信用评级等细分领域，OECD国家相应的金融发展创新程度，已具备了一定支配性优势，并表现出国际化、杠杆化、虚拟化等特征。随着2008年世界金融危机的爆发，OECD国家金融业发展与创新出现了一定的萎缩和滞后，财税助力新金融创新发展的实效举措也是乏力不前。相较于同期的中国"珠三角""长三角""京津冀"等主要东部地区的本土化金融创新，在互联网金融、理财金融、非银融资、小微金融、农村金融和战略性新兴产业基金等领域，中国特色的新金融标准则在迅速萌芽成长。但我国金融业税制自"营改增"以来，税收政策的改革步伐的政策重点仍然还是主要聚焦在"小微普惠金融"、"农村发展金融"和"金融服务创新"三个方面，并且，以直接税收优惠形式（如：金融同业往来利息收入、自然人投资的资本利得免税和农村小贷营业收入减比计税等）和流转税降税（如：符合规定资质要求的农村合作银行、农村商业银行的金融服务收入，适用简易计税方法按3%税率计算缴纳增值税）为主，助力区域金融中心建设的税收政策仍然处在零碎分散阶段，尤其是在"税收优化地区城市群金融生态"等方面，依然缺乏税收政策体系的综合性、系统性规划与设计。

三、扬子江新金融集聚区规划发展与税收政策分析

当前，税收助力扬子江新金融集聚区建设，其政策管理已不能仅仅局限于通过直接税收优惠减免，降低金融产业税收成本。而应转向新时期税收综合助力（包括税收优惠、税收征信、纳税服务等）政策与举措，主动融入区域金融产业发展生态建设中来，具体细分对接到区域金融产业发展规划中去，以"金融+产业"为建设主线，以"一心两镇"（即：CBD资产管理与证券化中心+创业创新基金小镇、南京北站金融镇）为发展平台，重点围绕"税收大数据+金融产业链"、"税收政策引导+金融（机构）资本汇聚"、"税收优惠激励+金融人才培育"、"税收成本降负+金融基础设施"四个主要着力点，积极打造构建多区域联动发展的现代"新"金融特色品牌。由此可见，税收助力扬子江新金融集聚区建设的关键落点，其实就是金融产业（服务）发展与税收政策（改革）优化的协作融合。现根椐扬子江新金融集聚区金融产业发展初步规划，结合区域产业金融发展重点，对税收政策分析综述如下：

（一）资产管理与资产证券化

扬子江新金融集聚区规划定位为CBD资产管理与证券化中心，就体现出其发展重点的结构化、差异化"聚焦"。随着2018年资管业务新规的出

资产管理与资产证券化发展与税收政策建议

表6

<table>
<tr><th>业务类型</th><th>业务分类</th><th>业务实例综述</th><th>税收政策建议</th></tr>
<tr><td rowspan="3">资产
管理
AM</td><td>定向资产管理业务</td><td>如：特定收益权定向业务、股权质押定向业务、债券通道类定向业务等</td><td rowspan="3">1.建议遵循“投资无税原则”，在投资人向资产管理公司转移资产（及相关资产权益）环节免征增值税和土地增值税。
2.在所得税方面，建议对投资人征税，对从事资产管理的实体免税。
3.建议区域性资产管理公司税收管理政策比照华融、信达、东方、长城四大资产管理公司在收购、承接和处置政策性剥离不良资产和改制银行剥离不良资产业务中享有原有税收优惠，从事商业经营性业务则依法纳税</td></tr>
<tr><td>集合资产管理业务</td><td>如：股票质押回购式定向资产管理计划、政府平台资产支持证券业务、小额贷款公司信贷资产支持证券等</td></tr>
<tr><td>专项资产管理业务</td><td>如：重大基础设施PPP、BOT或以公共交通为导向的TOD等项目专项资产管理计划</td></tr>
<tr><td rowspan="3">资产
证券化
ABS</td><td>权益类</td><td>如：船舶融资租赁费证券化、公共基础设施收费证券化等</td><td rowspan="3">1.建议对权益类ABS项目的各类交易主体取得的收益可考虑不征增值税。
2.建议以运营类ABS项目的不动产过户，不论资产权益方主体类型和性质，均不征收土地增值税。
3.在所得税方面，建议对ABS项目（间接投资）自然投资人适用直接投资税收政策，法人投资人取得的项目公司分红收益参照直接投资，免征企业所得税</td></tr>
<tr><td>质押类</td><td>如：商用、农用、医用房产抵押贷款证券化、中小企业贷款支撑证券等</td></tr>
<tr><td>混合类</td><td>如：、知识产权证券化、汽车消费贷款证券化等</td></tr>
</table>

说明：**TOD**（Transit Oriented Development）：交通引导开发模式

台、以及资产证券化监管体系的逐渐完善，当前，地区性资产管理（AM）业务发展更需要与区域重点新兴产业（服务）目标相辅相成，如：立足江苏技术产权交易市场的江北新区分中心平台，发展知识产权资产管理与融资业务，打造区域知识产权金融服务中心和知识产权金融示范新区。与此同时，侧重发展投资管理公司（PIMC）与地方性金融资产（AMC）管理业务（如：组建成立扬子江区域金融资产管理公司，在全省区域内实现金融资产的流转、处理与交易）。而对于资产证券化（ABS）发展，扬子江新金融集聚区更具备发展“生活服务消费类、PPP类、融资租赁类（如：航运金融）、企业应收帐款类、基础设施类（如：长江经济带下游、国家级江北新区等支撑体现国家战略的基础设施类资产）”五类ABS业务的基础环境条件，即重点与当前扬子江城市群区域内的新旧动能转换特征和地区消费服务业转型升级趋势保持一致。相较之下，资产管理与资产证券化税收政策[3]的关键就集中在两个方面，即：筹资人（托管人）资产权益变更税收管理、投资人分配投资收益税收管理。

（二）消费金融

一般消费金融运营类型，主要指商业银行消费贷（和信用卡业务等）、消费金融公司和互联网消费金融三种，从互联网角度理解，即：自然人居民的C端（以B2C为主）消费金融，其税收刺激消费金融发展往往取决于个人所得税政策的环境变化。如：个人所得税由分类税制向综合税制改革，在自然人消费增长和转型升级过程中，税制规定对社会（居民）消费收入端、支出端鼓励或抑制的政策调节，具体表现为：在消费收入端的利息所得和资本利得分别适用的应税、免税规定，而在消费支出端，规定可抵减收入或个人所得税税款的消费信用、借贷等金融利息支出。例如：早年在上海地区（居民）的购房按揭利息抵减个人所得税政策、以及最近（2018年5月）推出的试点地区个人税收递延型商业养老保险政策等。当前，消费金融正处在从C端向B端（以B2B为主）服务转型时期，如：供应链金融的发展。而消费金融“最后一公里”创新也已成为新金融业态创新最为集中的领域之一。扬子江城市群地区消费金融发展税收政策从四方面来规划推进：

1.加快复制推广自贸区、国家级新区、国家综合保税区等区域助推消费金融发展税收新政，适度放宽对跨境零售电商C端税收政策中归属于“物品”的界定类型和清单范围，从而减轻适用进口税收（主要指增值税、消费税）负担。并可尝试探索实行B端应税资本利得收入的税收起征点制度。

2.依据个人所得税法第七次大修方案，在子女教育、继续教育、社会养老、大病医疗、住房贷款利息和住房租金等专项附加扣除逐渐纳入社会视野的同时，可以围绕民生保障、消费转型等民众需求，重点争取加大区域内居家医养、护理保险、环保消费（如：新能源汽车消费）等民生类、环保类消费金融领域的税前信用成本列支的扣减试点政策、先行先试探索实践并完善个人所得税综合税制。

3.优化消费金融公司资格准入认定管理，对规范化运行的消费金融机构发放的小额贷款利息收入纳入增值税免税范围，对逾期90天以上的欠息，在会计核算中冲减利息的同时，减免其在90天内产生利息的增值税销项税额。进而逐渐探索并完善消费金融服务业增值税抵扣链条。

4.以打造集聚若干大型金融消费公司为载体，对消费金融业务及金融创新产品采取合并课税法，并适时提高消费金融税前核算扣除的坏帐准备金率（或按不同消费类型确定税前扣除计提比例），重点打造区域性大型消费金融“超市”平台（广场）。

（三）绿色金融

绿色金融既是区域社会经济高质量发展的标准要素，也是金融业供给侧结构性改革的发展重点。南京作为第二批绿色金融改革创新试验区，扬子江新金融集聚区率先加速绿色金融能力建设的作用则更显突出。开发符合地区绿色产业需求的金融产品，深入探索推动碳资产、碳排放权、排污权、合同能源管理等环境权益以及未来收益权、担保物权等新型融资，发行地区绿色债券，试行区域环境污染强制责任保险，开发绿色企业贷款保险产品等，都具有较大的绿色金融创新空间。为此，税收政策“护航”绿色金融发展，除绿色信贷、债券、证券、保险等传统金融工具外，还应细分聚力发展绿色金融产品和工具创新，具体建议为：

1.实施定向减（免）税政策，尤其是培育发展区域绿色担保、绿色保险、环境权益融资等新型资产质抵押或绿色信用保证领域，特定适用低税率或定向免税（如：对环境污染强制险精算结果确定减税或免税政策）。

2.围绕“节能减排、科技环保、能源互联网”技改投资领域和绿色融资项目，以地区环境保护税和节能减排收益（如：合同能源管理EMC等）确定性减税政策和税收金额，逆向开发税收权益类质抵押性或投融资性金融产品，以及相关绿色金融产品投资人分类适用免税政策等。

3.对接绿色信用与纳税信用，推动区域绿色金融与绿色税收的大数据建设，探索税务数据在环境权益交易金融、绿色产业链金融等方面的深度合作与利用。通过以绿色金融与绿色税收大数据的形式，重点助推区域内节能环保、资源循环、清洁能源等产业金融服务发展，如：绿色税收增信担保、绿色融资通道与税收优惠、政府绿色贷款贴息和价格补贴按不征税收入认定，绿色债券免税等。并且，对建立的区域内绿色权益（含指数类金融衍生产品）交易金融平台、市场、中心等场所，可统一对照适用非货物现货、期货交易金融市场一系列税收政策。

（四）航运金融

扬子江城市群地处长江经济带下游，2018年长江下游沿线（南京至上海）13.5米深水航道已疏浚贯通，“长江黄金水道的江海航运+船舶业（2017）第一大省地位”为扬子江新金融集聚区发展船舶融资租赁提供了典型的“产业+金融”样本。为此，可重点鼓励地区大型船舶企业独立或与金融机构联合成立金融租赁及融资租赁公司，探索开展大型（多样化船型）船舶的跨境船舶融资租赁业务。目前，扬子江新金融集聚区核心所在的南京江北新区，正在进行国家自贸区和综合保税区申报工作，未来航运金融发展可复制上海浦东新区、重庆两江新区等自由贸易试验区的保税融资租赁政策，对进口关税和进口环节增值税按租赁合同期限实行递延缴纳税收政策，也可直接根据融资租赁业务实质，不再区分试点经营主体审批与否，统一实施融资租赁业务增值税实际负担超过3%的部分，适用增值税即征即退政策。

并且，对跨境融资租赁船舶试行出口退税政策。

（五）产业（股权、债权、并购等）基金

产业（公募、私募）基金目前已经成为孵化新经济和支持“双创”的重要载体，并在多层次资本市场中扮演愈加重要的角色。扬子江新金融集聚区规划发展的“一心两镇”核心平台，其中“两镇（即：创业创新基金小镇、南京北站金融镇）”就是“科创（创意）+（总部）商务+（公募、私募）基金”的产业孵化模式。为此，作如下税收政策建议：

1.从短期角度分析，基于基金财产的纳税义务，其纳税义务人只能是份额持有人，基金管理人只是代扣代缴主体。基金财产虽然由基金管理人运营，但并非管理人资产，所认，当前资管税收政策将基金管理人作为基金产品纳税义务人，对基金财产征收增值税，违背了《基金法》规定的税收法则。建议在税收征管上，将基金份额持有人调适为纳税义务人，基金管理人调适为扣缴义务人，

2.从长期角度分析，我国（公）私募基金发展迅速，但一个突出问题就是缺乏有利于长期资本形成的综合税制。建议探索实施资本利得税（注：遵循“双创”企业生命周期规律，通常分1～3年、3～8年、5～10年等分别设计相应的基金投资持有期，并对基金资本利得实行差别化税收政策），并通过税收递延来引导和鼓励长期投资，即通过资本利得税和所得税递延，逐渐形成一个抑制投机、鼓励长期投资的地区“双创”基金市场。

3.从基金结构分析，应重点鼓励发展区域技术创新基金，尤其是科技型中小企业创新基金。建议对企业投资人比照适用直接投资分利税收政策，包括合伙制私募技术创新基金。此外，创建发展非财政类型的扬子江城市群一体化发展投资基金，也是一种创新形式，可以单独比照适用专项用途财政性基金免税模式。

四、扬子江新金融集聚区建设的税收政策建议综述

税收助力扬子江新金融集聚区建设，在立足“四个着力点”的基础上，应重点围绕区域金融产业“新技术、新组织、新产业、新业态、新模式”的“五新”创新与发展，全面构建区域金融生态的税收环境与税收优惠政策体系。即：

（一）大力引进新型金融科技企业，培育金融产业技术生态，重点发展金融科技的区域应用场景

伴随着金融大数据、人工智能、区块链、移动互联网、物联网等新兴科技的应用推广，以及与财富管理、供应链金融、保险科技、跨境结算支付等领域的融合发展，智慧（无人）银行、金融云、P2P等科技金融形态不断推陈出新，即“跨界整合、科技赋能”。为此，税收政策的调控职能就是合理引导金融业态和科技业态的发展结构。所以，扬子江新金融集聚区一方面要重点加大新型金融科技企业的技术设备投资支持力度，如：争取把金融技术设备投资从目前的500万一次性税前列支标准提高到2000万，鼓励区域金融科技的“产学研”一体化发展，重点落实“两落地一融合”（即科技成果项目落地、新型研发机构落地，校地融合发展）政策，实行以股权激励为核心的创业导向和薪酬制度，以及人才股权激励递延纳税政策等。另一方面，税收政策要重点引导新型科技企业凸显技术服务本质，这样企业在高新技术（软件）企业、先进性服务企业、技术企业研发扣计扣除、（研发）科技设备进口、金融科技输出与交易等现行优惠政策的适用上，基本上可以实现应享尽享。

（二）大力发展新型金融机构（组织），鼓励资本、产业组合创新，全面推进金融组织形态多元化发展

目前，新型金融机构（组织）目前分四类：

1.跨国金融机构与非银国际金融组织等。尤其是2018年国家放开金融业准入和实施金融业负面清单制度的背景下，国际（私人）银行等外资型各类金融组织和投融资组织将出现井喷式增长。

2.非银金融组织。如：中小型民营银行、金融租赁公司、消费金融公司等民营金融机构，以及境内外金融机构在省内组建的财富管理中心、资产管理公司、投融资机构、保险机构、融资信用评级等各类专营式金融服务机构、村镇银行、扶贫小额贷款公司、科技小额贷款公司等。

3.新型政策类金融机构。如：组建区域性住房（储蓄）银行、科技银行、“公益银行”、消费金融公司、地方信用保险公司等政策性金融机构，甚至包括政策性与商业性并重、各类经济性质并存的混合制专营金融机构类型。

4.新型金融（服务）平台。如：互联网企业依

法合规设立互联网支付机构、网络借贷平台、股权众筹融资平台、网络金融产品销售平台、以及金融众创空间、金融科技研究创新中心或金融创意街区等。

为此，税收支持新型金融组织发展，要与税收自身创新相结合，建议如下：

1.对新型跨国金融机构从事跨境金融业务和资本项目开放试点等国际业务，借鉴推广上海外高桥、深圳前海等保税区实行的税收扶持政策。如：在研究前述区域内试点企业阶段性优惠税收政策效应的基础总结上，探索制定不同货币离岸金融、国际商业保理、金融服务外包等国际金融业务税收政策，可以采取企业所得税、印花税、增值税、利息税、资本利得税和股息预扣税等税收优惠政策。

2.实行税收制度分割收益办法，即注册运营在扬子江金融集聚区内的新型金融组织，可以从国家税收优惠政策或税式支出中获得货币或其它经济收益，一般多体现以财政扶持方式。另外，也可以采取区域金融税收的定期增量税款专款专用形式，建立扬子江新金融集聚区“金融发展和风险防范基金”或“平准基金”，构建金融税收循环机制。

3.对新型金融机构（组织）税收政策主要分金融服务交易税和金融服务收益税[4]，金融服务交易实际上是金融商品产权的交易，对金融服务交易可以参照国际金融交易税政策，并根据区域内产业发展和业务需要确定或调整税收征免。而金融服务收益税收则可以根据不同来源实行差异化税收待遇（如：差异化税率、税前扣除或收入处理待遇等），同时，在纳税形式上，对区域内新型金融机构（组织）可以采取增值税汇总纳税模式。

（三）大力培育新型（新兴）金融产业，加速金融基础设施建设，着眼新兴资产所有权的投融资体制

金融基础设施的建设对于新兴经济与转型经济的金融稳定和经济发展至关重要，具体包括法律、会计和监管三块基础设施组成，如：温州金融综合改革试验区就出台了《温州市民间融资管理条例》。所以，税收制度要融入金融基础设施建设，成为新型（新兴）金融产业萌芽茁壮的“毛细血管”。当前，新型（新兴）金融产业发展前瞻主要分布在私人银行（注：指面向高净值人群或主体，为其提供财产投资与管理等服务的金融机构）、家族财富传承信托或基金、全球财富保障计划等）、艺术（品）金融、（教育）移民金融、碳金融、离岸金融和以互联网保险等代表的新型保险领域，为此，重点建议税收政策向区域性新型（新兴）金融产业（交易、服务）平台初创期建设倾斜，以降低平台交易或服务成本为主要政策目标，建立网络税务平台和网络税务认证中心，并逐步推广基于区块链技术的税务电子发票，在上述新兴金融行业的应用，进而实现以区块链技术为基础的科技金融与科技税务的无缝征管对接。

在发票和信息管税的基础上，可进一步针对金融产业的业务分类，探索推进新型（新兴）金融服务增值税改革，实行组合征税方法，即对服务实体经济的生产性金融业，试点增值税进项税额抵扣法，对生活消费类金融业仍然延用简易计税办法。与此同时，对关联特定资金的金融业务，如：社保基金、养老基金、企业年金等，可明确落实具体税收优惠政策。对一般新型（新兴）金融产业发展，在初始期（通常在1～3年内），可政策单独规定企业在税前核算的运行费用摊销年限或风险准备计提比例，进而加快产业初创期的经营成本覆盖。

（四）集聚完善各类新型金融业态，鼓励金融业态创新发展，深度集聚新型金融业态的规模优势

根据南京江北新区新金融中心发展规划，扬子江金融集聚区以集聚金融资产管理、区域股权交易、金融科技和保险创新等金融新业态为发展基础，即：“两中心、一基地、一试验区”（注：资产交易中心、股权交易中心、金融科技创新发展基地和保险创新试验区）格局。当前，纵观以陆金所为代表的网上金融超市新业态，以人人贷为代表的P2P新业态，以Kickstarter（注：美国众筹网站平台）为代表的众筹模式，以Bitcoin为代表的虚拟货币，以微信、支付宝为代表的第三方支付等新业态，平台式交易或服务集聚仍然是新业态的主要体现形式，所以，税收政策可重点围绕平台初创期的创业基金或种子基金政策、平台运营期投资税收抵免、基础设施硬件加速折旧和新金融业态人才税收政策等，实施政策组合落地。

（五）"产融结合"打造新型金融模式，探索场景化金融新模式，充分引领释放"无界金融"消费新优势

随着虚拟现实技术向金融领域的应用推广，以"网络化、场景化、标准化、流程化"为特征的消费金融继续蓬勃发展，这种消费金融模式的深入创新和纷繁变化，对税制改革的需求和呼声也在不断增加，例如：汽车消费金融的新零售、车抵贷等业务，已先后出现了"分期付款"、"以租代售"、"售后回租"等消费金融新模式，而目前的增值税简易计税办法及征收率，在客观上已不利于企业的创新降负，所以，应尽快遵循"宽税基、低税率"原则推动增值税深化改革。尤其是当前新兴发展创新的以互联网大数据为基础的流量金融模式，尽管尚处于"跑马圈地"的野蛮成长阶段，但对资金综合成本与税收负担效应更为敏感。环顾当今现代增值税制发展，设置一档或两档增值税税率已是主流模式。并且，从国际流转税税负比较分析可见，进一步"简并增值税税率分档，适度降低增值税税率（注：预计可降低2%—5%），试行金融业抵扣链条"仍然具有较大改革空间。

参考文献：

[1] 关于印发《南京江北新区加快建设扬子江新金融集聚区的若干意见（试行）》的通知（宁新区管发〔2018〕95号）

[2] 中国金融税制改革研究小组 中国金融税制改革研究[M] 北京 中国税务出版社，2004.

[3] 俞娜 张莉 我国资产证券化业务税收政策漫谈 金融法苑（总第95辑）[J] 2017.

[4] 贾宜正 任寿根 创建前海新型金融业发展的税收政策探讨，税收经济研究[J]2014.

（胡　浩）

（责任编辑　桂乃耀）

各项收入统计表

2018年收入完成情况表—税种、级次

表7

金额单位：万元

	12月份月度收入					年度累计收入				
	本期	上期	增减额	增减%	占税收比重%	本期	上期	增减额	增减%	占税收比重%
一、各项收入总计	2391884	1949402	442482	22.7	—	33905972	30716709	3189262	10.4	—
二、税收收入合计（含免抵）	1504239	1243068	261171	21.0	—	25836724	23337821	2498902	10.7	—
其中：税收收入合计（不含免抵）	1476658	1229459	247200	20.1	—	25506524	22991221	2515302	10.9	—
（一）分级次完成情况	—	—	—	—	—	—	—	—	—	—
中央级	772496	549595	222901	40.6	—	13585149	12559087	1026062	8.2	—
省级	2422	−1077	3499	324.9	—	248500	451543	−203044	−45.0	—
市县级	729321	694550	34771	5.0	—	12003074	10327191	1675883	16.2	—
（二）分税种完成情况	—	—	—	—	—	—	—	—	—	—
1. 国内增值税	697948	683331	14616	2.1	46.4	9279316	8677456	601861	6.9	35.9
直接收入	670367	669722	645	0.1	—	8949116	8330856	618261	7.4	—
其中：营改增增值税	304108	246665	57443	23.3	—	4206167	3467073	739094	21.3	—
调库收入	27581	13609	13972	102.7	—	330200	346600	−16400	−4.7	—
2. 国内消费税	268826	105723	163103	154.3	17.9	3283238	3292733	−9495	−0.3	12.7
3. 企业所得税	15880	−13492	29372	217.7	1.1	6075336	5334019	741317	13.9	23.5
4. 个人所得税	188420	115945	72475	62.5	12.5	2462761	2028690	434071	21.4	9.5
5. 车辆购置税	34172	43456	−9284	−21.4	2.3	442208	401639	40569	10.1	1.7
6. 资源税	582	374	208	55.6	0.0	4955	4041	914	22.6	0.0
7. 城市维护建设税	116505	121370	−4865	−4.0	7.7	930144	884381	45763	5.2	3.6
8. 房产税	6640	−354	6994	1975.7	0.4	470913	453030	17883	3.9	1.8
9. 印花税	18088	16620	1468	8.8	1.2	182618	161821	20797	12.9	0.7
10. 土地使用税	352	923	−571	−61.9	0.0	175635	169097	6538	3.9	0.7
11. 土地使用增值税	43573	6281	37292	593.7	2.9	884161	874724	9437	1.1	3.4
12. 车船税	7649	7995	−346	−4.3	0.5	81932	81719	213	0.3	0.3
13. 契税	110156	154941	−44785	−28.9	7.3	1447745	918234	529511	57.7	5.6
14. 耕占税	23	1409	−1386	−98.4	0.0	48845	22066	26779	121.4	0.2
15. 环境保护税	16	0	16		0.0	60523	0	60523	—	0.2
16. 营业税	−4591	−1454	−3137	−215.7	−0.3	6393	33320	−26927	−80.8	0.0
17. 其他税收	0	0	0	—	0.0	0	852	−852	−100.0	0.0
三、非税收入	814150	590702	223448	37.8	—	6621386	5829243	792143	13.6	—
社会保险基金收入	725724	496744	228980	46.1	—	5869963	5073710	796253	15.7	—
教育费附加	49523	52495	−2972	−5.7	—	397031	403424	−6393	−1.6	—
地方教育附加	33032	34985	−1953	−5.6	—	264705	268909	−4204	−1.6	—
文化事业建设费	1201	1840	−639	−34.7	—	18852	18341	511	2.8	—
其他非税收入	4670	4638	32	0.7	—	70835	64859	5976	9.2	—
四、海关代征收入	73494	115632	−42138	−36.4	—	1447862	1549645	−101783	−6.6	—
五、出口退税	−204078	−146985	−57093	38.8	—	−2422300	−2146600	−275700	12.8	—
其中：出口货物退税	−176497	−133376	−43121	32.3	—	−2092100	−1800000	−292100	16.2	—
免抵调减增值税	−27581	−13609	−13972	102.7	—	−330200	−346600	16400	−4.7	—

2018年一般公共预算收入完成情况表

表8　　　　单位：万元

项目 \ 类别	12月份月度收入			年度累计收入				
	本期	上期	增减%	年度计划	本期	上期	增减%	完成计划%
分部门完成情况	1309942	1259325	4.0	13750000	14700152	12719113	15.6	106.9
1. 财政部门	582585	556819	4.6	—	2269089	2264560	0.2	—
财政比重%	44.5	44.2	—	—	15.4	17.8	—	—
2. 税务部门	727357	702506	3.5	11390000	12431063	10454553	18.9	109.1
其中：省直属	5677	8354	-32.0	—	506793	201695	151.3	—
税务比重%	55.5	55.8	—	—	84.6	82.2	—	—
市本级	121060	147209	-17.8	—	1214210	1178933	3.0	—
其中：省直属	425	1456	-70.8	—	58873	59236	-0.6	—
区县级	606300	555297	9.2	—	11216852	9275620	20.9	—
其中：省直属	5252	6897	-23.9	—	447920	142459	214.4	—
（1）原国税部门	353488	359519	-1.7	—	6323226	5475188	15.5	—
原国税比重%	48.6	51.2	—	—	50.9	52.4	—	—
（2）原地税部门	373869	342987	9.0	—	6107836	4979366	22.7	—
原地税比重%	51.4	48.8	—	—	49.1	47.6	—	—

2018年税收收入分税务机关统计表

表9

单位：万元

类别 项目	12月份月度收入			年度累计收入		
	本期	上期	增减%	本期	上期	增减%
全市	1504239	1243068	21.0	25836724	23337821	10.7
玄武区局	58027	45325	28.0	1440128	1505858	-4.4
秦淮区局	85487	95364	-10.4	1603143	1683713	-4.8
建邺区局	156573	182326	-14.1	2869549	2796614	2.6
鼓楼区局	166298	116489	42.8	2968053	2533873	17.1
栖霞区局	28129	28322	-0.7	808404	621587	30.1
南京经开区局	196338	70746	177.5	2711335	2652787	2.2
雨花台区局	61278	53443	14.7	1535408	1394517	10.1
化工园区局	109340	87992	24.3	2025707	1888055	7.3
高新区局	65460	50815	28.8	1206218	857571	40.7
江宁区局	92555	60412	53.2	1828247	1577853	15.9
江宁经开区局	159992	158713	0.8	2409327	2283631	5.5
浦口区局	35682	4507	691.8	1129124	801881	40.8
六合区局	32701	30926	5.7	551184	461386	19.5
溧水区局	103672	68257	51.9	896307	724945	23.6
高淳区局	28797	29903	-3.7	527826	457539	15.4
征收分局	90896	116860	-22.2	886880	694372	27.7
车辆购置税	34172	43456	-21.4	442208	401639	10.1

2018年税收分经济类型完成情况表

表10　　　　单位:万元

项目＼类别	12月份月度收入			年度累计收入		
	本期	上期	增减%	本期	上期	增减%
税收合计	1470068	1199612	22.5	25394515	22936182	10.7
国有集体小计	228001	249276	-8.5	3559825	3634864	-2.1
国有企业	226566	247686	-8.5	3521214	3577647	-1.6
集体企业	1435	1590	-9.7	38611	57217	-32.5
股份联营小计	600043	424718	41.3	12013396	10932995	9.9
股份合作企业	262	430	-39.1	9277	10358	-10.4
联营企业	148	305	-51.5	4678	8977	-47.9
股份公司	599633	423983	41.4	11999441	10913660	9.9
涉外经济小计	210436	193864	8.5	4204043	4200640	0.1
港澳台投资企业	58389	19807	194.8	1141323	1071000	6.6
外商投资企业	152047	174057	-12.6	3062720	3129640	-2.1
个私经济小计	399141	305607	30.6	5392677	3906754	38.0
私营经济	267991	220410	21.6	4015779	3179563	26.3
个体经营	131150	85197	53.9	1376898	727191	89.3
其企业	32447	26147	24.1	224574	260929	-13.9

说明:不包括车辆购置税、海关代征

2018年税收收入分产业完成情况表

表11　　　　单位：万元

类别 / 项目	12月份月度收入			年度累计收入		
	本期	上期	增减%	本期	上期	增减%
税收合计	1470068	1199612	22.5	25394515	22936182	10.7
第一产业	365	761	-52.0	14919	15132	-1.4
第二产业	682964	577307	18.3	11055772	10717588	3.2
采矿业	1659	2154	-23.0	26598	26773	-0.7
制造业	580240	478340	21.3	9030810	9012070	0.2
其中：石油、煤炭及其他燃料加工业	184322	33863	444.3	2476272	2454798	0.9
烟草制品业	110656	145476	-23.9	1646968	1793561	-8.2
汽车制造业	73160	65335	12.0	1081816	1135026	-4.7
化学原料及化学制品业	28191	33983	-17.0	684569	671294	2.0
计算机、通信和其他电子设备制造业	18478	-7849	335.4	266901	316558	-15.7
电气机械及器材制造业	25616	47580	-46.2	462697	478633	-3.3
通用设备制造业	15404	24170	-36.3	294254	350271	-16.0
黑色金属冶炼及压延加工业	2212	15791	-86.0	360301	211127	70.7
电力、热力、燃气及水生产和供应业	6838	7728	-11.5	637370	579240	10.0
建筑业	94227	89085	5.8	1360994	1099505	23.8
第三产业	786739	621544	26.6	14323824	12203462	17.4
交通运输、仓储及邮政业	21163	5742	268.6	256661	229854	11.7
信息传输、软件和信息技术服务业	50072	39499	26.8	934130	883096	5.8
批发和零售业	184412	191698	-3.8	2625429	2454694	7.0
其中：批发业	138938	141176	-1.6	1927238	1775854	8.5
零售业	45474	50522	-10.0	698191	678840	2.9
金融业	57635	23106	149.4	1593342	1409894	13.0
房地产业	267588	200678	33.3	5887043	4684165	25.7
其他行业	205869	160821	28.0	3027219	2541759	19.1

说明：不包括车辆购置税、海关代征

2018年增值税分产业完成情况表

表12　　　　　　单位：万元

类别 / 项目	12月份月度收入			年度累计收入		
	本期	上期	增减%	本期	上期	增减%
税收合计	697950	683332	2.1	9279316	8677456	6.9
第一产业	332	684	-51.5	5829	6001	-2.9
第二产业	304650	353869	-13.9	4132739	4280932	-3.5
采矿业	1231	1521	-19.1	15782	17994	-12.3
制造业	222143	270956	-18.0	3114852	3409613	-8.6
其中：石油、煤炭及其他燃料加工业	1154	19933	-94.2	375075	532461	-29.6
烟草制品业	353	10688	-96.7	261951	289654	-9.6
汽车制造业	44794	44194	1.4	430719	468205	-8.0
化学原料及化学制品业	22480	29590	-24.0	359010	350449	2.4
计算机、通信和其他电子设备制造业	12046	-16780	171.8	-1810	82392	-102.2
电气机械及器材制造业	21209	47752	-55.6	237830	283685	-16.2
通用设备制造业	13553	22101	-38.7	169570	228359	-25.7
黑色金属冶炼及压延加工业	1033	11599	-91.1	215728	176620	22.1
电力、热力、燃气及水生产和供应业	4870	5185	-6.1	209402	200715	4.3
建筑业	76406	76207	0.3	792703	652610	21.5
第三产业	392968	328779	19.5	5140748	4390523	17.1
交通运输、仓储及邮政业	16558	1797	821.4	105911	103005	2.8
信息传输、软件和信息技术服务业	32028	17223	86.0	375136	389808	-3.8
批发和零售业	144179	146150	-1.3	1530430	1406096	8.8
其中：批发业	111796	114744	-2.6	1183910	1069274	10.7
零售业	32383	31406	3.1	346520	336822	2.9
金融业	9219	8188	12.6	705812	583772	20.9
房地产业	95639	63769	50.0	1352402	1027535	31.6
其他行业	95345	91652	4.0	1071057	880307	21.7

说明：不包括车辆购置税、海关代征

2018年增值税分金库完成情况表

表13　　单位：万元

类别 区域	12月份月度收入			年度累计收入		
	本期	上期	增减%	本期	上期	增减%
全市	697948	683331	2.1	9279316	8677456	6.9
江北新区	79051	108264	-27.0	1315814	1132636	16.2
玄武区	37277	33641	10.8	567586	562326	0.9
秦淮区	51601	58775	-12.2	685264	710452	-3.5
建邺区	39975	46988	-14.9	832010	722392	15.2
鼓楼区	100005	52012	92.3	1043660	948304	10.1
栖霞区	21330	22114	-3.5	361092	292734	23.4
南京经开区	42268	52023	-18.8	748622	794992	-5.8
雨花台区	39779	47071	-15.5	747500	695795	7.4
江宁区	73099	63317	15.4	752950	715742	5.2
江宁经开区	104174	105395	-1.2	1027968	1026802	0.1
浦口区	20938	-3742	659.5	258227	259995	-0.7
六合区	25697	21679	18.5	286486	229018	25.1
溧水区	40511	52993	-23.6	382680	370405	3.3
高淳区	23407	22991	1.8	271781	215863	25.9

2018年消费税分产业完成情况表

表14 单位：万元

类别 / 项目	12月份月度收入			月度累计收入		
	本期	上期	增减%	本期	上期	增减%
税收合计	268826	105723	154.3	3283238	3292733	-0.3
第一产业	0	0		0	0	
第二产业	255291	92928	174.7	3118763	3136808	-0.6
采矿业	0	0		0	0	
制造业	255291	92928	174.7	3118763	3136808	-0.6
其中：石油、煤炭及其他燃料加工业	167832	7510	2134.8	1727434	1644507	5.0
烟草制品业	60829	68388	-11.1	1058550	1163225	-9.0
汽车制造业	24405	14180	72.1	301776	312006	-3.3
化学原料及化学制品业	2003	2550	-21.5	24153	9179	163.1
计算机、通信和其他电子设备制造业	2	10	-80.0	31	37	-16.2
电气机械及器材制造业	9	10	-10.0	79	88	-10.2
酒、饮料和精制茶制造业	197	230	-14.3	6459	7228	-10.6
文教、工美、体育和娱乐用品制造业	0	48	-100.0	213	521	-59.1
通用设备制造业	2	0		20	2	900.0
电力、热力、燃气及水生产和供应业	0	0		0	0	
建筑业	0	0		0	0	
第三产业	13535	12795	5.8	164475	155925	5.5
批发和零售业	13517	12783	5.7	164202	155834	5.4
其中：批发业	12301	11469	7.3	149589	141836	5.5
零售业	1216	1314	-7.5	14613	13998	4.4
金融业	1	1	0.0	73	37	97.3
房地产业	3	3	0.0	40	40	0.0
其他行业	14	8	75.0	160	14	1042.9

不包括车辆购置税、海关代征。

2018年消费税分金库完成情况表

表15　　　　单位：万元

区域＼类别	12月份月度收入			年度累计收入		
	本期	上期	增减%	本期	上期	增减%
全市	268825	105723	154.3	3283238	3292733	-0.3
江北新区	64574	6545	886.6	630171	601491	4.8
玄武区	309	233	32.6	4101	9892	-58.5
秦淮区	3852	3781	1.9	48521	50355	-3.6
建邺区	60888	68431	-11.0	1059321	1163726	-9.0
鼓楼区	105	193	-45.6	1577	1609	-1.9
栖霞区	1029	947	8.6	12340	12247	0.8
南京经开区	110020	5082	2064.7	1197230	1108543	8.0
雨花台区	1139	969	17.5	11615	11507	0.9
江宁区	2742	2459	11.5	35534	31181	14.0
江宁经开区	18251	10625	71.8	206353	229519	-10.1
浦口区	2567	2886	-11.0	34779	27378	27.0
六合区	1418	1362	4.1	17099	16263	5.1
溧水区	984	1276	-22.9	13350	18597	-28.2
高淳区	948	934	1.5	11246	10424	7.9

2018年企业所得税分产业完成情况表

表16

单位：万元

类别 项目	12月份月度收入			年度累计收入		
	本期	上期	增减%	本期	上期	增减%
税收合计	15882	-13492	217.7	6075336	5334019	13.9
第一产业	4	1	300.0	4728	6969	-32.2
第二产业	1240	-737	268.2	2275152	1980258	14.9
采矿业	0	0		3077	438	602.5
制造业	1575	-1473	206.9	1652674	1414402	16.8
其中：石油、煤炭及其他燃料加工业	0	0		173288	90930	90.6
烟草制品业	0	0		227529	211212	7.7
汽车制造业	-2193	114	-2023.7	237456	248309	-4.4
化学原料及化学制品业	926	1211	-23.5	243807	248668	-2.0
计算机、通信和其他电子设备制造业	39	10	290.0	112586	103753	8.5
电气机械及器材制造业	151	-5827	102.6	140786	116421	20.9
通用设备制造业	-51	145	-135.2	77992	90340	-13.7
黑色金属冶炼及压延加工业	92	23	300.0	76633	1322	5696.7
电力、热力、燃气及水生产和供应业	100	-246	140.7	364201	320307	13.7
建筑业	-435	982	-144.3	255200	245111	4.1
第三产业	14638	-12756	214.8	3795456	3346792	13.4
交通运输、仓储及邮政业	21	222	-90.5	68536	63562	7.8
信息传输、软件和信息技术服务业	1133	5701	-80.1	165687	155211	6.7
批发和零售业	2436	5369	-54.6	524868	512249	2.5
其中：批发业	297	3905	-92.4	369662	357263	3.5
零售业	2139	1464	46.1	155206	154986	0.1
金融业	2920	2176	34.2	566686	528165	7.3
房地产业	5408	-29483	118.3	1860789	1525754	22.0
其他行业	2720	3259	-16.5	608890	561851	8.4

不包括车辆购置税、海关代征。

2018年企业所得税分金库完成情况表

表17　　单位：万元

类别 区域	12月份月度收入 本期	12月份月度收入 上期	12月份月度收入 增减%	年度累计收入 本期	年度累计收入 上期	年度累计收入 增减%
全市	15880	-13492	217.7	6075336	5334018	13.9
江北新区	1985	-2222	189.3	839731	580501	44.7
玄武区	1138	-1997	157.0	504870	545135	-7.4
秦淮区	2993	5406	-44.6	442960	406001	9.1
建邺区	4362	-5576	178.2	546044	459615	18.8
鼓楼区	-464	1213	-138.3	1161194	1084927	7.0
栖霞区	-1249	-3083	59.5	200181	168041	19.1
南京经开区	1605	481	234.0	444433	413729	7.4
雨花台区	214	-8338	102.6	280721	222981	25.9
江宁区	797	5962	-86.6	495377	368399	34.5
江宁经开区	6594	-5342	223.4	589967	561097	5.1
浦口区	801	-881	190.8	221939	237403	-6.5
六合区	-59	315	-118.7	96555	103720	-6.9
溧水区	-1179	1017	-215.9	164654	99822	64.9
高淳区	-2092	149	-1507.0	86285	82648	4.4

2018年个人所得税分产业完成情况表

表18　　　　金额单位：万元

项目　类别	12月份月度收入			年度累计收入		
	本期	上期	增减%	本期	上期	增减%
总计	188419	115944	62.51	2462761	2028689	21.40
（一）采矿业	101	295	-65.76	2428	2180	11.38
（二）制造业	15357	20146	-23.77	359792	314663	14.34
（三）电力、热力、燃气及水的生产和供应业	1000	1456	-31.32	24034	22737	5.70
（四）建筑业	10535	6735	56.42	123107	101823	20.90
（五）批发和零售业	8206	10900	-24.72	179180	178291	0.50
（六）交通运输、仓储和邮政业	2063	2478	-16.75	41324	34903	18.40
（七）住宿和餐饮业	796	1186	-32.88	15498	14600	6.15
（八）信息传输、软件和信息技术服务业	12011	13187	-8.92	327362	280525	16.70
（九）金融业	42696	9333	357.47	207933	208276	-0.16
（十）房地产业	15456	7001	120.77	305273	186795	63.43
（十一）租赁和商务服务业	12228	15030	-18.64	233749	211625	10.45
（十二）科学研究和技术服务业	8367	8039	4.08	145433	113277	28.39
（十三）居民服务、修理和其他服务业	30503	1354	2152.81	144311	62648	130.35
（十四）教育	6618	8221	-19.50	133633	117105	14.11
（十五）卫生和社会工作	2934	4450	-34.07	64828	53040	22.22
（十六）文化、体育和娱乐业	12646	1403	801.35	72147	48990	47.27
（十七）公共管理、社会保障和社会组织	6616	4382	50.98	77601	73633	5.39
（十八）其他行业	286	348	-17.82	5128	3578	43.32

2018年个人所得税分税目完成情况表

表19　　　　单位:万元

类别 项目	12月份月度收入			年度累计收入		
	本期	上期	增减%	本期	上期	增减%
总计	188420	115944	62.5	2462761	2028689	21.4
(一)工资、薪金所得	78356	99454	-21.2	1753322	1504532	16.5
(二)个体工商户生产、经营所得	5349	2077	157.5	69529	56112	23.9
(三)企事业单位承包、承租经营所得	5059	1469	244.4	35169	26404	33.2
(四)劳务报酬所得	56497	4572	1135.7	115275	46536	147.7
(五)稿酬所得	390	214	82.2	3880	2531	53.3
(六)特许权使用费所得	1113	138	706.5	4559	4800	-5.0
(七)利息、股息、红利所得	10159	7761	30.9	137580	151385	-9.1
(八)财产租赁所得	853	73	1068.5	4745	3556	33.4
(九)财产转让所得	29952	-725	-4231.3	330642	225869	46.4
(十)偶然所得	553	718	-23.0	5737	4750	20.8
(十一)其他所得	0	0		0	0	
(十二)滞纳金、罚款	139	193	-28.0	2323	2214	4.9

2018年12月个人所得税分金库完成情况表

表20　　　　　单位：万元

类别/区域	12月份月度收入			年度累计收入		
	本期	上期	增减%	本期	上期	增减%
全市	188420	115945	62.5	2462761	2028690	21.4
江北新区	8800	11338	-22.4	187854	126675	48.3
玄武区	12949	10806	19.8	249496	209889	18.9
秦淮区	15476	15565	-0.6	269727	231094	16.7
建邺区	7010	5365	30.7	163009	122146	33.5
鼓楼区	20056	20742	-3.3	384768	339199	13.4
栖霞区	4576	5190	-11.8	85817	93833	-8.5
南京经开区	5820	5415	7.5	106763	80930	31.9
雨花台区	13102	14501	-9.6	341094	275756	23.7
江宁区	7704	6735	14.4	171684	124345	38.1
江宁经开区	10797	10671	1.2	194052	172696	12.4
浦口区	5207	2886	80.4	58739	69993	-16.1
六合区	1691	1633	3.6	36615	28177	29.9
溧水区	71098	2545	2693.9	140379	68311	105.5
高淳区	4134	2552	62.0	72764	85646	-15.0

2018年12月车辆购置税分金库完成情况表

表21

单位：万元

类别 区域	12月份月度收入			年度累计收入		
	本期	上期	增减%	本期	上期	增减%
全市	34172	43456	-21.4	442208	401639	10.1
市本级	15154	25809	-41.3	229788	247000	-7.0
江宁区	12563	9957	26.2	134223	84536	58.8
浦口区	3857	4623	-16.6	48548	43679	11.1
六合区	1057	1324	-20.2	13885	11549	20.2
溧水区	948	980	-3.3	8871	8693	2.0
高淳区	593	763	-22.3	6893	6182	11.5

2018年资源税分金库完成情况表

表22　　金额单位:万元

类别 区域	12月份月度收入			年度累计收入		
	本期	上期	增减%	本期	上期	增减%
全市总计	582	376	55.12	4955	4041	22.62
城郊区小计	352	301	16.82	3578	3062	16.84
玄武区	0	0	0.00	0	0	0.00
秦淮区	0	0	0.00	0	0	0.00
建邺区	0	0	0.00	0	0	0.00
鼓楼区	0	0	0.00	0	0	0.00
栖霞区	231	117	97.06	1955	1031	89.68
其中:栖霞区	0	0	0.00	0	0	0.00
南京经开区	231	117	97.06	1955	1031	89.68
雨花台区	121	184	-34.27	1623	2032	-20.11
江北新区	0	0	0.00	0	0	0.00
五区小计	231	74	210.01	1377	979	40.71
江宁区	140	43	226.76	898	606	48.00
浦口区	81	19	318.23	327	215	52.64
六合区	0	2	-100.00	35	53	-35.05
溧水区	10	11	-8.60	118	104	12.49
高淳区	0	0	0.00	0	0	0.00

2018年城市维护建设税分产业完成情况表

表23　　金额单位：万元

项目　　类别	12月份月度收入			年度累计收入		
	本期	上期	增减%	本期	上期	增减%
总计	116505	121370	-4.01	930144	884381	5.17
（一）采矿业	77	98	-21.43	965	1142	-15.50
（二）制造业	80608	91115	-11.53	477953	506255	-5.59
（三）电力、热力、燃气及水的生产和供应业	348	610	-42.95	12615	11888	6.12
（四）建筑业	5959	3919	52.05	60080	43888	36.89
（五）批发和零售业	11137	10328	7.83	115356	103807	11.13
（六）交通运输、仓储和邮政业	560	594	-5.72	8157	6727	21.26
（七）住宿和餐饮业	247	235	5.11	3132	3118	0.45
（八）信息传输、软件和信息技术服务业	2974	2480	19.92	29726	31100	-4.42
（九）金融业	563	228	146.93	40036	33855	18.26
（十）房地产业	6714	5046	33.06	99948	72866	37.17
（十一）租赁和商务服务业	2953	3287	-10.16	41020	32000	28.19
（十二）科学研究和技术服务业	2365	1760	34.38	21669	16540	31.01
（十三）居民服务、修理和其他服务业	967	1015	-4.73	11263	10344	8.88
（十四）教育	173	153	13.07	1646	1296	27.01
（十五）卫生和社会工作	15	9	66.67	176	110	60.00
（十六）文化、体育和娱乐业	156	243	-35.80	2132	2516	-15.26
（十七）公共管理、社会保障和社会组织	580	146	297.26	2888	5927	-51.27
（十八）其他行业	109	104	4.81	1382	1002	37.92

2018年城市维护建设税分金库完成情况表

表24　　　　金额单位:万元

类别/区域	12月份月度收入			年度累计收入		
	本期	上期	增减%	本期	上期	增减%
全市总计	116505	121371	-4.01	930144	884382	5.17
城郊区小计	91948	100112	-8.15	685022	665592	2.92
玄武区	2731	2076	31.51	43685	37898	15.27
秦淮区	3949	4173	-5.37	55848	56546	-1.23
建邺区	52399	68049	-23.00	133294	154710	-13.84
鼓楼区	5230	6099	-14.26	69575	62229	11.81
栖霞区	12864	6047	112.75	180640	171935	5.06
其中:栖霞区	1667	1595	4.50	26172	20292	28.98
南京经开区	11197	4452	151.53	154468	151643	1.86
雨花台区	3727	3803	-2.00	62643	59208	5.80
江北新区	11048	9864	12.00	139337	123065	13.22
五区小计	24557	21259	15.51	245122	218790	12.04
江宁区	16278	14027	16.05	154872	143838	7.67
浦口区	1935	1937	-0.11	25268	26417	-4.35
六合区	1862	1577	18.09	20760	16925	22.66
溧水区	2885	2490	15.84	25813	20095	28.45
高淳区	1597	1228	30.08	18409	11515	59.87

2018年房产税分金库完成情况表

表25　　　　金额单位:万元

类别/区域	12月份月度收入			年度累计收入		
	本期	上期	增减%	本期	上期	增减%
全市总计	6640	-355	1971.46	470913	453030	3.95
城郊区小计	5071	-1133	547.50	332153	333335	-0.35
玄武区	609	-2494	124.44	36368	45106	-19.37
秦淮区	1423	142	902.94	56280	51042	10.26
建邺区	798	84	850.31	40432	49579	-18.45
鼓楼区	833	239	249.06	61569	55827	10.28
栖霞区	331	119	178.83	52100	56070	-7.08
其中:栖霞区	285	155	83.59	18714	24892	-24.82
南京经开区	46	-37	224.60	33386	31178	7.08
雨花台区	794	675	17.67	39531	40532	-2.47
江北新区	283	103	174.37	45874	35179	30.40
五区小计	1569	778	101.61	138760	119695	15.93
江宁区	1290	51	2436.88	95685	81883	16.86
浦口区	70	44	60.91	14553	11302	28.76
六合区	48	491	-90.15	7676	7355	4.37
溧水区	100	138	-27.92	13095	11474	14.13
高淳区	61	54	11.97	7750	7681	0.90

2018年印花税分金库完成情况表

表26　　　　金额单位：万元

类别／区域	12月份月度收入			年度累计收入		
	本期	上期	增减%	本期	上期	增减%
全市总计	18088	16617	8.85	182618	161819	12.85
城郊区小计	13828	11812	17.07	126725	108788	16.49
玄武区	822	663	23.97	13403	10676	25.54
秦淮区	957	868	10.25	12245	10997	11.34
建邺区	980	576	70.23	12494	10710	16.66
鼓楼区	6620	5765	14.82	33797	31883	6.00
栖霞区	1514	1261	20.06	19158	16089	19.08
其中：栖霞区	481	521	-7.78	8089	6540	23.69
南京经开区	1034	740	39.66	11069	9548	15.92
雨花台区	1162	899	29.30	14094	12752	10.52
江北新区	1772	1780	-0.40	21534	15681	37.33
五区小计	4260	4805	-11.35	55892	53031	5.40
江宁区	2501	3035	-17.58	29118	29384	-0.90
浦口区	411	627	-34.39	10947	10769	1.66
六合区	295	217	36.09	3606	3504	2.93
溧水区	669	595	12.35	7578	5680	33.42
高淳区	384	332	15.69	4642	3695	25.64

2018年城镇土地使用税分金库完成情况表

表27

金额单位：万元

类别 / 区域	12月份月度收入			年度累计收入		
	本期	上期	增减%	本期	上期	增减%
全市总计	352	925	-62.01	175635	169098	3.87
城郊区小计	168	388	-56.74	83857	85600	-2.04
玄武区	6	4	59.80	6006	7145	-15.93
秦淮区	1	7	-84.03	5626	6383	-11.87
建邺区	0	-5	98.93	5329	4887	9.05
鼓楼区	3	91	-97.09	6261	6653	-5.90
栖霞区	-62	123	-150.60	20514	21933	-6.47
其中：栖霞区	-5	15	-134.28	5284	5774	-8.49
南京经开区	-57	107	-152.94	15230	16158	-5.75
雨花台区	54	10	450.94	10987	12021	-8.60
江北新区	166	159	4.76	29134	26578	9.62
五区小计	184	537	-65.83	91777	83499	9.91
江宁区	75	196	-61.57	39399	37805	4.22
浦口区	30	3	918.12	9767	13506	-27.68
六合区	84	32	167.73	7700	8195	-6.04
溧水区	17	111	-84.41	27943	18469	51.29
高淳区	-23	196	-111.94	6968	5523	26.16

2018年土地增值税分金库完成情况表

表28　　金额单位：万元

区域＼类别	12月份月度收入			年度累计收入		
	本期	上期	增减%	本期	上期	增减%
全市总计	43573	6282	593.67	884161	874725	1.08
城郊区小计	41257	3676	1022.47	642338	543890	18.10
玄武区	978	109	800.81	26569	47638	-44.23
秦淮区	2176	1370	58.84	30082	49273	-38.95
建邺区	-2916	-1058	-175.45	157528	142206	10.77
鼓楼区	6745	59	11349.65	100367	76008	32.05
栖霞区	26812	-46	58935.44	134530	71038	89.38
其中：栖霞区	2790	-2192	227.28	84783	49365	71.75
南京经开区	24022	2146	1019.22	49747	21672	129.54
雨花台区	4379	-3770	216.18	50834	77764	-34.63
江北新区	3083	7012	-56.04	142429	79963	78.12
五区小计	2317	2606	-11.11	241824	330835	-26.91
江宁区	10989	384	2763.43	96006	181683	-47.16
浦口区	3040	-5167	158.83	32193	67577	-52.36
六合区	-55	2493	-102.22	23980	31696	-24.34
溧水区	-11719	3664	-419.81	77164	38975	97.99
高淳区	63	1232	-94.90	12480	10903	14.46

2018年车船税分金库完成情况表

表29　　　　金额单位：万元

区域＼类别	12月份月度收入 本期	12月份月度收入 上期	12月份月度收入 增减%	年度累计收入 本期	年度累计收入 上期	年度累计收入 增减%
全市总计	7649	7995	-4.33	81932	81719	0.26
城郊区小计	6205	6507	-4.63	65701	74944	-12.33
玄武区	2860	2631	8.70	28111	42864	-34.42
秦淮区	769	888	-13.50	8414	9274	-9.27
建邺区	1019	1023	-0.38	9745	15070	-35.34
鼓楼区	603	1000	-39.70	7436	3882	91.56
栖霞区	316	270	17.19	3555	1302	173.08
其中：栖霞区	316	269	17.31	3532	1283	175.32
南京经开区	1	1	-21.19	23	19	21.40
雨花台区	230	200	14.61	2812	958	193.61
江北新区	410	495	-17.18	5629	1595	252.83
五区小计	1443	1489	-3.03	16231	6775	139.57
江宁区	613	673	-8.91	7543	2873	162.51
浦口区	3	3	-9.05	35	538	-93.47
六合区	294	339	-13.44	3775	1420	165.81
溧水区	243	236	3.17	2510	1017	146.86
高淳区	291	238	22.40	2369	927	155.53

2018年环境保护税分金库完成情况表

表30　　　　金额单位：万元

类别 / 区域	12月份月度收入			年度累计收入		
	本期	上期	增减%	本期	上期	增减%
全市总计	16	0	0.00	60523	0	0.00
城郊区小计	11	0	0.00	41165	0	0.00
玄武区	0	0	0.00	700	0	0.00
秦淮区	0	0	0.00	745	0	0.00
建邺区	6	0	0.00	2570	0	0.00
鼓楼区	0	0	0.00	1897	0	0.00
栖霞区	0	0	0.00	8521	0	0.00
其中：栖霞区	0	0	0.00	2298	0	0.00
南京经开区	0	0	0.00	6224	0	0.00
雨花台区	0	0	0.00	8177	0	0.00
江北新区	5	0	0.00	18554	0	0.00
五区小计	5	0	0.00	19358	0	0.00
江宁区	0	0	0.00	6763	0	0.00
浦口区	2	0	0.00	4361	0	0.00
六合区	2	0	0.00	2253	0	0.00
溧水区	0	0	0.00	4876	0	0.00
高淳区	0	0	0.00	1104	0	0.00

2018年教育费附加分金库完成情况表

表31

金额单位：万元

类别 区域	12月份月度收入			年度累计收入		
	本期	上期	增减%	本期	上期	增减%
全市总计	49522	52494	-5.66	397031	403425	-1.59
城郊区小计	39098	42808	-8.67	291437	304779	-4.38
玄武区	1138	873	30.37	18486	16045	15.21
秦淮区	1650	1768	-6.70	23550	23944	-1.64
建邺区	22416	29156	-23.12	56909	87077	-34.64
鼓楼区	2189	2598	-15.76	29448	26449	11.34
栖霞区	5444	2579	111.11	77001	73462	4.82
其中：栖霞区	660	676	-2.38	10894	8527	27.75
南京经开区	4785	1903	151.40	66108	64935	1.81
雨花台区	1589	1621	-1.98	26686	25233	5.76
江北新区	4672	4212	10.91	59357	52569	12.91
五区小计	10423	9686	7.61	105593	98646	7.04
江宁区	6850	5983	14.49	65734	61295	7.24
浦口区	802	824	-2.71	10700	11236	-4.77
六合区	771	673	14.64	8794	7193	22.25
溧水区	1255	1476	-14.98	11869	12105	-1.95
高淳区	746	730	2.10	8497	6817	24.64

2018年契税、耕地占用税分金库完成情况表

表32

金额单位：万元

类别 区域	12月份月度收入			年度累计收入			12月份月度收入			年度累计收入		
	本期	上期	增减%	本期	上期	增减%	本期	上期	增减%	本期	上期	增减%
全市总计	110156	154942	−28.90	1447745	918235	57.67	23	1408	−98.33	48845	22065	121.36
城郊区小计	108605	150448	−27.81	915337	657491	39.22	0	0	0.00	2478	7037	−64.78
玄武区	3553	7596	−53.22	59704	40154	48.69	0	0	0.00	0	0	0.00
秦淮区	23215	6981	232.53	99509	44401	124.11	0	0	0.00	0	0	0.00
建邺区	23126	27574	−16.13	111042	186508	−40.46	0	0	0.00	102	4377	−97.68
鼓楼区	41138	81802	−49.71	214715	177046	21.28	0	0	0.00	29	0	87491.87
栖霞区	2073	16363	−87.33	161734	70846	128.29	0	0	0.00	2308	945	144.31
其中：栖霞区	2045	16366	−87.50	76210	49999	52.42	0	0	0.00	2308	945	144.31
南京经开区	27	−4	856.15	85524	20847	310.24	0	0	0.00	0	0	0.00
雨花台区	10769	8459	27.31	90363	73199	23.45	0	0	0.00	39	1715	−97.72
江北新区	4731	1673	182.71	178271	65337	172.85	0	0	0.00	0	0	0.00
五区小计	1551	4494	−65.49	532408	260744	104.19	23	1408	−98.33	46366	15028	208.52
江宁区	7	2080	−99.67	300196	130479	130.07	0	0	0.00	35079	11204	213.08
浦口区	9	−22	138.97	138516	44285	212.79	0	0	0.00	0	0	0.00
六合区	1551	657	136.02	42616	15126	181.74	0	0	0.00	2214	91	2336.97
溧水区	−16	1778	−100.89	26560	54912	−51.63	0	1408	−100.00	6458	1408	358.53
高淳区	0	0	−100.00	24519	15942	53.80	23	0	0.00	2617	2325	12.55

2018年全省税务部门收入分地区完成情况表

表33 单位：万元

地区	税务部门收入				税收收入				非税收入			
	12月		年度累计		12月		年度累计		12月		年度累计	
	收入额	增减%	收入额	增减%	收入额	增减%	收入额	增减%	收入额	增减%	收入额	增减%
全省合计	1291 7761	10.1	17819 8407	11.8	898 2636	5.6	13986 7354	11.2	393 5124	21.9	3833 1052	14.0
省直属	21 8580	39.9	425 6429	−0.2	7 5171	274.6	255 4075	−3.3	14 3409	5.3	170 2354	4.9
南京市	231 8390	26.4	3245 8109	11.3	150 4240	21.1	2583 6723	10.7	81 4150	37.5	662 1386	13.6
无锡市	166 7941	11.8	2141 0174	12.8	123 8809	11.9	1642 7962	12.6	42 9132	11.6	498 2212	13.5
徐州市	84 2619	6.3	1019 2225	14.4	67 1845	4.5	831 3707	13.7	17 0774	14.1	187 8518	17.7
常州市	96 1369	−2.6	1155 5151	10.3	74 9752	−5.8	915 1722	10.4	21 1617	10.5	240 3429	9.6
苏州市	271 0387	5.4	4444 9894	11.8	208 2789	4.4	3663 2397	11.4	62 7597	8.7	781 7496	13.7
南通市	100 0285	1.2	1215 3138	10.1	59 3978	−10.0	911 4583	8.4	40 6307	23.6	303 8555	15.9
连云港市	40 7666	47.9	470 8868	20.0	27 1291	32.1	360 5455	19.2	13 6375	94.1	110 3413	22.6
淮安市	34 1978	−10.8	566 9314	13.4	18 7279	−27.8	443 3842	12.2	15 4699	24.7	123 5472	18.1
盐城市	55 1019	−4.3	710 2607	8.4	37 7730	−10.3	534 1648	10.9	17 3289	11.9	176 0959	1.4
扬州市	62 9789	15.7	694 8168	13.5	43 0481	12.9	511 6236	12.3	19 9308	22.2	183 1932	17.0
镇江市	48 6004	21.8	583 3472	15.5	25 4513	0.1	437 8384	11.6	23 1491	59.6	145 5088	29.2
泰州市	58 0283	9.0	711 2128	11.7	42 7395	10.1	542 3353	11.1	15 2888	6.0	168 8775	13.6
宿迁市	20 1451	1.4	434 8730	15.9	11 7361	−10.2	353 7266	13.8	8 4090	23.8	81 1464	26.4

2018年全省税收收入分级次分地区完成情况表

表34　　　　单位：万元

地区	税收合计				中央级				地方级			
	12月		年度累计		12月		年度累计		12月		年度累计	
	收入额	增减%	收入额	增减%	收入额	增减%	收入额	增减%	收入额	增减%	收入额	增减%
全省合计	898 2636	5.6	13986 7354	11.2	413 2194	13.8	6765 3185	10.4	485 0442	–0.5	7221 4169	12.0
省直属	7 5171	274.6	255 4075	–3.3	4 0131	327.5	143 8213	–3.9	3 5040	228.2	111 5862	–2.6
南京市	150 4240	21.1	2583 6723	10.7	77 2498	40.7	1358 5149	8.2	73 1742	5.5	1225 1574	13.7
无锡市	123 8809	11.9	1642 7962	12.6	57 7977	19.6	780 4632	12.4	66 0832	5.9	862 3330	12.8
徐州市	67 1845	4.5	831 3707	13.7	29 7773	14.7	413 5115	13.3	37 4072	–2.4	417 8592	14.1
常州市	74 9752	–5.8	915 1722	10.4	35 8214	–0.3	424 6183	9.9	39 1538	–10.3	490 5539	10.9
苏州市	208 2789	4.4	3663 2397	11.4	90 7119	7.1	1731 3683	9.0	117 5670	2.4	1931 8714	13.6
南通市	59 3978	–10.0	911 4583	8.4	26 6389	2.1	405 6840	9.8	32 7589	–17.9	505 7743	7.2
连云港市	27 1291	32.1	360 5455	19.2	11 9321	32.5	170 2710	23.0	15 1970	31.7	190 2745	15.9
淮安市	18 7279	–27.8	443 3842	12.2	8 7453	–19.8	239 0621	11.5	9 9826	–33.6	204 3221	13.1
盐城市	37 7730	–10.3	534 1648	10.9	16 0269	0.7	228 1572	11.6	21 7461	–16.9	306 0076	10.3
扬州市	43 0481	12.9	511 6236	12.3	18 4808	14.6	238 5771	13.4	24 5673	11.7	273 0465	11.3
镇江市	25 4513	0.1	437 8384	11.6	10 8610	8.8	195 7620	14.6	14 5903	–5.4	242 0764	9.2
泰州市	42 7395	10.1	542 3353	11.1	18 7678	13.3	255 3720	12.5	23 9717	7.7	286 9633	9.8
宿迁市	11 7361	–10.2	353 7266	13.8	6 3954	–17.7	180 1356	17.7	5 3407	0.8	173 5910	10.0

2018年副省级城市税收情况表

表35

单位：万元

地区	国内税收收入				其中：市县级国内税收收入			
	2018年	2017年	增减%	增减额	2018年	2017年	增减%	增减额
深圳市	80188148	74932618	7.01	5255530	29089415	26623159	9.26	2466256
广州市	44649137	42449020	5.18	2200117	13012588	12189985	6.75	822603
杭州市	32060088	27928331	14.79	4131757	15515756	13692217	13.32	1823539
宁波市	25008607	22643786	10.44	2364821	11718420	10385855	12.83	1332565
成都市	28220014	25364664	11.26	2855350	10692896	9006534	18.72	1686362
南京市	25836724	23337821	10.71	2498903	12003074	10327191	16.23	1675883
大连市	11372266	10798788	5.31	573478	5376390	5150599	4.38	225791
武汉市	27319027	25068141	8.98	2250886	13522723	12252047	10.37	1270676
沈阳市	11438953	10773872	6.17	665081	5785001	5358602	7.96	426399
青岛市	17200586	15921243	8.04	1279343	9035464	8219775	9.92	815689
厦门市	11587384	10715816	8.13	871568	6017594	5557398	8.28	460196
济南市	12301700	11221499	9.63	1080201	6218949	5442855	14.26	776094
西安市	12575885	10921903	15.14	1653982	4867829	3989893	22.00	877936
哈尔滨	7599998	7267699	4.57	332299	3263876	2972903	9.79	290973
长春市	11057645	11147310	−0.80	−89665	3708828	3403580	8.97	305248

2018年南京市经济运行主要指标一览表

表36

金额单位：亿元（除注明者外）

指标名称	本年	上年	增减%	指标名称	本年	上年	增减%
规模以上工业增加值	3091.83	2868.12	7.8	海关进出口总额（按经营单位）（亿美元）	654.91	608.65	7.6
国有及国有控股企业	1662.20	1522.16	9.2	1. 出口总额（亿美元）	378.79	341.87	10.8
民营企业	741.25	681.92	8.7	三资企业	130.37	128.95	1.1
外商及港澳台企业	939.90	889.21	5.7	2. 进口总额（亿美元）	276.12	267.04	3.4
大中型企业	2425.16	2226.96	8.9	全社会固定资产投资	4718.05	4312.66	9.4
高技术产业	538.35	462.90	16.3	房地产开发投资			
全社会用电量（亿千瓦时）	606.40	556.84	8.9	1. 房地产开发投资额	2354.17	2169.74	8.5
工业（亿千瓦时）	331.27	317.92	4.2	2. 土地购置费	1024.76	774.57	32.3
第三产业（亿千瓦时）	173.44	150.29	15.4	3. 按工程用途分			
全社会消费品零售总额	5832.46	5380.50	8.4	住宅	1574.64	1569.93	0.3
批发业	758.58	673.69	12.6	办公楼	152.35	150.10	1.5
零售业	4503.63	4177.76	7.8	商业用房	351.93	263.03	33.8
住宿业	106.37	97.32	9.3	其他	275.25	187.50	46.8
餐饮业	463.88	432.72	7.2	4. 房屋建筑面积			
限额以上社会消费品零售总额	3568.32	3363.17	6.1	施工面积（万平方米）	8656.96	8159.25	6.1
批发业	483.75	535.71	-9.7	新开工面积（万平方米）	1942.31	2027.47	-4.2
零售业	2916.76	2671.03	9.2	竣工面积（万平方米）	1176.85	1077.70	9.2
住宿业	35.87	34.59	3.7	5. 商品房屋销售面积（万平方米）	1220.73	1429.43	-14.6
餐饮业	131.93	126.73	4.1	住宅（万平方米）	982.65	1208.67	-18.7
财政收入	2783.84	2439.82	14.1	6. 商品房屋销售额（万平方米）	2731.98	2237.50	22.1
1. 中央收入	1313.83	1166.81	12.6	住宅（万平方米）	1936.64	1844.42	5.0
2. 一般公共预算收入	1470.02	1271.64	15.6	7. 待售面积	352.49	322.21	9.4
3. 一般公共预算支出	1532.71	1353.98	13.2	电信业务收入	134.76	128.47	4.9
国内生产总值	12820.40	11870.74	8.0	邮政业务收入	110.58	96.32	14.8
1. 第一产业	273.42	271.79	0.6	城镇居民人均可支配收入（元）	59308.37	54561.52	8.7
2. 第二产业	4721.61	4433.44	6.5	城镇居民人均消费支出（元）	33536.69	31372.02	6.9
工业	4055.14	3779.25	7.3	金融机构本外币存款余额（月度数）	34524.86	30770.82	12.2
3. 第三产业	7825.37	7172.66	9.1	金融机构本外币贷款余额（月度数）	29065.66	25165.07	15.5
金融业	1473.32	1404.50	4.9	城市居民消费价格指数（%）	102.3（本月）	102.4（累计）	
房地产业	813.11	830.55	-2.1	商品零售价格指数（%）	102.2（本月）	102.8（累计）	

2019年

南京税务年鉴

重要文献特载

文月寿在2019年全市税务工作会议上的讲话

（2019年1月31日）

这次会议的主要任务是，深入贯彻落实党的十九大精神，以及全国全省税务工作会议、全市“两会”精神，回顾总结2018年全市税务工作，研究今后一个时期工作思路，部署2019年工作任务。市委市政府对税收工作特别是对国税地税征管体制改革工作十分关心，张敬华书记、蓝绍敏市长多次作出重要指示批示。杨学鹏常务副市长、冉华副市长两位领导亲自担任推进全市国税地税征管体制改革专项组组长、副组长，指导协调改革工作，今天杨市长又亲自到会，并作了重要讲话。全市各级税务机关和全体税务干部，要深入学习贯彻全市“两会”精神和市领导讲话要求，围绕“创新名城、美丽古都”建设目标，立足新税务新起点，开拓进取，奋发作为，高质量推进改革发展，努力谱写新时代南京税收现代化新篇章。下面，我代表市局党委，谈三点意见。

一、勠力同心，扎实改革，南京税务迈入新时代

2018年是极不平凡、令人难以忘怀的一年，系统全体干部职工共同见证、并积极参与了国税地税征管体制改革大业，同时还全面忠诚履职尽责，圆满完成了全年各项工作任务，取得了显著成效。在机构改革后总局组织的首次纳税人满意度调查中，我局位列全国省会城市第二名；在全省税务系统的年度绩效考评中，市局得了第三名的好成绩；先后19次受到总局省局和市委市政府领导批示肯定。

（一）国税地税征管体制改革稳步推进。

根据《国税地税征管体制改革方案》和总局、省局部署，有组织、有步骤地抓好改革各项工作。一是平稳完成新机构挂牌。制定“1+9+15”改革推进机制，统筹推进机构改革工作。7月5日，市局完成挂牌；7月20日，各区局挂牌成立，全市新税务机构正式运行。二是平稳落实“三定”规定。充分考虑南京特点和实际，认真做好市、区两级“三定”编制工作。10月底市、区两级“三定”方案全部落地，干部队伍总体稳定。三是平稳开展社保费职责划转。建立完善工作协调机制，落实好数据迁移工作，推动信息共享平台建设，确保按序时进度开展到位。四是平稳推进个人所得税改革。强化组织领导，做好宣传培训，确保新政落地。全市超过200万名工薪所得纳税人受益。

（二）税收职能作用得到充分发挥。

一是组织收入再创新高。紧盯收入任务不放松，一着不让依法征收，全年组织各项收入3245亿元，同比增长11.3%。其中，税收收入2583.7亿元，同比增长10.7%；社保费和非税收入662.1亿元，同比增长13.6%。累计组织市县级一般公共预算收入1243亿元，同比增长18.9%，占全市一般公共预算收入的84.6%。二是落实优惠政策成效明显。积极落实国务院减税降费等政策，全面落实各项税收减免591.8亿元，办理增值税期末留抵退税21.1亿元，办理出口退税209.2亿元、免抵调库33亿元。三是各税种政策精准实施。全面落实增值税改革三项新政，惠及全市14.4万户一般纳税人，退还部分行业增值税期末留抵税款21.1亿元。全市超过36万人完成年所得12万元自行申报。企业所得税研发费用加计扣除131.48亿元，较上一年度增长54%。加强对全市207户“走出去”企业政策宣传服务，组织非居民企业收入21.54亿元。加强土地增值税清算管理，累计办理房土两税减免7.17亿元。组织好环保税开征工作，全年入库税收7.44亿元。此外，辅助决策水平不断提高。加强税收经济分析，全年向省局和市委市政府提供专报26篇、专题调研信息4篇。

（三）税收营商环境持续优化。

一是持续深化“放管服”改革。积极落实《南京市优化营商环境100条》，推进便民办税春风行动，全市各办税厅实现“一厅一人一窗”服务，推进新办户套餐服务，优化税务注销程序，大幅缩短纳税人办税时限。认真落实办税事项“全程网上办”清单，非接触式办税比率达88%。整合市区两级特服号咨询热线，实现“一键咨询”。全年热线咨询171.3万次，语音咨询接通率达87.93%。提升投诉处理工作水平，组织办理市政府12345工单8271件，按时办结率99.95%，综合满意率96.88%。二是积极开展走访帮扶服务。组织支持实体经济发展主题服务月活动，为602户小微企业解决问题174个。开展民营企业大调研大走访，走访企业871家，现场解决问题169个；出台《关于贯彻落实支持和服务民营经济发展相关税收政策措施意见》，回应民营企业关切。三是拓展税收增值服务。开展税邮合作，办理发票邮递配送61.4万户次。深化税银互动，为中小微纳税人授信15.3亿元。

（四）税收管理水平显著提升。

一是法治基础更加坚实。完善规范性文件清理，确保执法依据完整准确。构建政策支持平台，服务基层日常执法和政府重大项目。优化税务行政处罚裁量基准。督察内审作用更加明显，开展税收执法督察，严格落实税收执法责任制，有效降低税收执法随意性。二是征管效能不断增强。“金税三期”并库工作稳步推进，统一工作平台上线运行。加强数据管理与应用，累计与全市31个部门交换数据872万条，“我的南京”APP个税查询功能运转通畅。房产交易一体化电子票证使用稳步推进。三是税收秩序进一步优化。强化风险管控，全年风险应对6896户，入库收入37亿元。加大税务稽查力度，全力查办虚开骗税案件，全年立案检查962户，查补收入11.5亿元，做好大要案积案审理，共审结案件900多件，有效应对税收争议案件31件。

（五）全面从严治党向纵深发展。

一是党的政治建设全面强化。推进“两学一做”学习教育常态化制度化，定期开展党委中心组学习，学懂、弄通做实习近平新时代中国特色社会主义思想和十九大精神。组织参加省、市学习新思想知识竞赛，均取得第二名的优异成绩。突出巡察工作的政治属性，深入开展国税、地税征管体制改革等专项巡察，召开清除“杨、季”恶劣影响等专项民主生活会，全面加强党的政治引领。二是党的组织建设有力有效。按时间节点完成两级（联合）党委及机关党委、纪委的设置，完善工作规则。积极落实谈心谈话制度，实现“三个全覆盖”，累计开展5616人次。组织“六项纪律”执行情况等专项检查，不断优化党内政治生态。围绕改革开展“我是党课主讲人”、党员亮牌上岗、承诺践诺、党建品牌增光彩等活动。三是党风廉政建设持续深化。研究制定贯彻落实八项规定实施细则，细化各项纪律要求。深化内控机制建设，内控监督平台上线运行。充分运用“四种形态”，推进监督执纪问责，全年对8人次给予党纪处分，5人次给予政纪处分。持续推进机关作风建设，全面树立新税务新形象。玄武、鼓楼、溧水、六合等四家单位顺利通过了市级廉政文化示范点的验收复查。雨花台区局夏恒志同志被推荐参加“中国好税官”评比。

（六）干部队伍展现新时代风采。

一是团结奋斗的思想基础进一步巩固。面对征管体制改革，全体干部讲政治，顾大局，积极理解改革、拥护改革和投身改革；面对正转副等改革考验，25名正处级、60名正科级领导干部没有计较个人的名利得失；面对办公地址搬迁、工作岗位变迁、人文环境变化等新形势，每位干部自觉融合，互帮互助，克服种种困难，保质保量完成各项工作任务，充分彰显了和谐奋进的良好精神风貌。二是队伍能力不断提升。分类分级组织各类培训，积极参加省局网络竞赛，带动基层干部掀起学习业务的新高潮，市局2位干部在全省1.8万参考人员中脱颖而出，取得了前10名的好成绩。三是基层群团作用有效发挥。选举产生第一届各类群团组织，市局团委荣获2017年度江苏省红旗团委称号。积极举办系统羽毛球联赛、“见证改革共画新时代”书画摄影大赛、“和合杯”棋牌联谊赛等活动，促进工作融合、人心聚合。

另外，行政保障工作发挥出改革重要支撑作用。积极组织办公场所改造，努力争取地方财政经费支持，加强资产清理与调度，有力保障了机构改革的平稳实施。督查督办力度持续加强，绩效管理扎实开展。围绕改革大力宣传新税务、新作为、新形象，大学生辩论赛等品牌效应进一步提升。税收调研工作成绩显著，多篇文章被总局、省局刊物刊登。成功举办首届“最美税务老干部”评选活动，离退休干部工作不断优化。系统安全管理不断完善，舆情管理更加科学有效，信访、保密、档案等工作扎实推进。

同志们，过去一年在全局上下共同努力下，我们完成了全市税务系统机构改革工作，在南京税务发展的历史长卷上，留下了属于我们自己浓墨重彩的一笔！这些成绩的取得，得益于省局和市委市政府的正确领导，得益于全市广大纳税人的理解支持，更得益于全市税务系统4135位干部职工的无私奉献和辛勤付出。回眸过去，这一年，我们把深入推进国税地税征管体制改革贯穿始终，坚持服务大局，响应时代号召，紧跟上级步伐，团结多方力量，找准前进方向，大步迈入税务新时期。这一年，我们把服务经济高质量发展要求贯穿始终，坚持立足主业，充分发挥职能，精准实施政策，强化协同合作，广泛宣传引导，税务部门服务力和影响力明显提升。这一年，我们把激励新时代、新担当、新作为贯穿始终，坚持税务自信，保持高昂斗志，发扬优良作风，敢于攻坚克难，既有功成不必在我的慷慨豪迈，也有功成必定有我的决心壮志。在此，我代表市局党委，向为南京税务事业发展做出贡献的干部职工、离退休老领导、老同志，以及各位税务干部家属，向给予我们鼎力支持的各级领导、相关部门、广大纳税人、新闻媒体朋友以及各界人士，致以衷心的感谢和崇高的敬意！

在总结成绩的同时，我们也必须清醒认识到存在的问题和挑战。一是受经济下行压力加大、更大规模减税降费政策陆续出台等因素的影响，组织收入工作压力依然很大。二是税收信息化支撑能力还不强，税收大数据集成、分析、运用能力有待加强，软硬件配套设施需进一步优化。三是一些干部工作动力不足，业务能力有待提高，部分条线在全省税务系统的首位度、影响力不够突出。四是全面从严治党推进力度还需进一步加大，执法、廉政等各类风险的综合防控能力亟待提升，监督执纪问责需要创新深入。对此，我们要高度重视，切实解决。

二、认清形势、把握方向，明确新时期税收发展目标思路

去年年底，中央经济工作会议召开，明确了稳中求进的工作总基调，要求保持经济持续健康发展和社会大局稳定，为全面建成小康社会收官打下决定性基础。1月11日，在十九届中央纪委三次全会上习近平总书记发表重要讲话，强调要以党的政治建设为统领全面推进党的建设，取得全面从严治党更大战略性成果，巩固发展反腐败斗争压倒性胜利。党中央、国务院的决策部署，为筹划和推动税收工作指明了努力方向、提供了根本遵循。前不久，全国、全省税务工作会议先后召开，会议认真学习贯彻中央会议精神，充分分析了税收工作面临的机遇与挑战，梳理了当前和今后一个时期的工作思路，并提出了2019年的总体要求。这些分析很全面、很透彻，发展思路政治性高、务实性强，总体要求主题鲜明、重点突出，在此不再重复阐述，希望大家结合上述会议精神认真学习体会。下面结合南京实际，就贯彻落实上级会议精神，做好当前和今后一段时期的税收工作，强调三点意见。

（一）认清形势，明确角色使命

一要提升政治站位，切实扛起政治担当。王军局长在全国税务工作会议上强调，要更加突出税务机关首先是政治机关的属性。税务部门是国家重要的执法部门，税收是国家治理的重要组成部分，起着基础性、支柱性和保障性作用。同时，随着社保与非税收入征管职责的划转，税收正逐步覆盖社会各阶层、牵动社会每根神经，税务部门将承担更多维护社会公平正义、维护社会安全稳定的政治任务。因此，我们要比以往任何时候都要强化政治意识，提升政治站位，自觉接受上级党组织的领导，全面强化本级党委的核心领导，深入推进系统党的建设，为推进税收改革发展提供坚强的政治引领和组织保障。

二要明确职能定位，全面履行光荣使命。总局明确要以减税降费政策措施落地生根为主题，以圆满完成全年税费预算任务为主业，对此，我们要进一步树立全面的税收职能观。认真贯彻中央减税降费政策措施，助力经济发展，是新时代赋予税收调节经济职能的重要使命。圆满完成预算确定的税费收入任务，是税务部门的天职。深化个税改革，推进社保和非税收入职责划转等，承载着人民对美好生活的期望；加强打虚打骗力度，维护公平正义等，为税收注入了社会职能的新内涵。随着我国全面深化对外开放，中国税收需要进一步融入国际税收，加强跨境税源的管理，切实履行起维护国家税收利益的职能。

三要把握历史方位，坚定税收现代化建设。税收现代化是旗帜，也是文化，新时代赋予其新内涵；税收现代化是目标，更是过程，不进则退、慢进也是退。总局明确要以优化税收执法方式与加快健全完善税务监管体系为主线，开启高质量推进税收现代化新征程。我们必须适应新的形势，以新思想新理论为指导，以新技术新资源为依托，以优化执法服务和管理方式为路径，以综合防控治税带队中的各类风险为底线，更高水平扎实推进我市新一轮税收现代化建设。

（二）把握方向，明确发展目标

综合上级要求、社会期待和南京实际，我们近阶段有三个发展目标：

一是努力打造更高水平的“税收现代化先行区”。南京税务曾经是税收现代化的探索者。我们要坚持传承发展，厚植优势，弥补短板，系统思考和统筹推进各体系建设，打造一批具有核心竞争力的管理与服务品牌，推出一批具有现代化标志性的办税办公平台，拓展一批具有战略性、前瞻性和指导性的研究成果，不断提升自身的软、硬实力，在全省乃至全国保持税收现代化先行区的优势。

二是努力打造“服务高质量发展示范区”。南京作为江苏省会城市、长江经济带中心城市和“一带一路”重要节点城市，其经济的复杂程度、社会影响的重要程度等，是其他省辖市无法比拟的，这既给我们带来了挑战，也为我们打造示范区创造了条件。我们要加强向地方党委政府汇报，强化与有关部门的沟通，深入企业社会调研，收集服务发展的需求与建议，系统制定方案，统筹组织实施，全面打造“服务高质量发展示范区”。

三是努力打造“一强四高”南京税务新形象。积极推进先行区、示范区建设，并综合运用各类媒体平台，全面持续宣传建设过程和取得成果，传播税收好声音、正能量，全面提升在系统内外的影响力，高质量建成具有治税带队能力强、党委政府认可度高、纳税人满意度高、干部幸福感高、社会美誉度高等“一强四高”特质的现代化南京税务。

（三）厘清思路，明确方法路径

根据总局省局和市委市政府的新部署，结合南京实际，在今后一段时间内，我们要全面推进“六治”，切实转变管理与服务的思维和方式，较高水平地打造具有南京特色的税收现代化。一要全面加强“严治”。要切实提升政治站位，全面加强党的领导，持续深化党的“六项”建设，严守党的纪律条例，挺纪于前；要积极运用“四种形态”抓早抓小，形成良好政治生态。要全面加强政治巡察，深化日常监督执纪问责，推进全面从严治党带队。二要持续深化“法治”。法治是税收的灵魂，全员要增强法治精神，严守法律法规，严格法治程序，严肃法律责任。要以推行执法全过程记录等制度为抓手，推进规范公正文明执法，提升执法品质。要加强外部税收风险的打击力度，也要同步加强内部风险控制，推进税收安全建设。三要大力推进“数治”。要充分运用大数据资源、互联网物联网平台、云计算等技术，创新信息化手段方式，改进管理，优化服务，切实提升办税缴费、办公生活体验，增强人们的幸福感。四要坚持追求“睿治”。要用智慧管理的思路，去思考、设计、优化甚至重组业务流程，改进工作的组织模式和管理方式，在便捷化管理上下功夫，在风险综合防控上下功夫，在事前提示校正、事中预警干预、事后查处支撑上发挥重要作用，努力打造便捷税务、安全税务和快乐税务。五要努力引导“自治”。一方面要加强业务培训提升治税能力、繁荣税务文化、激发队伍活力，引导干部自主管理；另一方面要加强宣传辅导、推进税务信用体系建设，增强单位和个人自主办税缴费能力，提升全社会的税法遵从度，从而实现征纳和谐、社会稳定。六要积极推进“共治”。即要发挥税务“双重”领导体制的优势，积极推动形成政府主导、税务主责、各部门参与的税收行政保障体系；又要主动引领，构建由社会组织、行业协会、中介机构等共同参与的税收社会协作体系。

推进以上“六治”是一个持久的长期工程，我们要立足当前、着眼未来，以功成不必在我的胸襟，主动作为的担当，积极组织推进，为南京税务事业发展画上重重一笔。

三、聚焦重点、精准发力，开启新时代税收现代化新征程

2019年是新中国成立70周年，是全面建成小康社会、实现第一个百年奋斗目标的关键之年，也是新税务开启新局面的第一个完整年。做好今年工作，意义重大、影响深远。根据中央精神、总局省局要求和南京实际，今年全市税收工作的总体要求是：以习近平新时代中国特色社会主义思想为指导，全面贯彻党的十九大和十九届二中、三中全会及中央经济工作会议、全国全省税务工作会议和市委十四届七次全会精神，以加强全市税务系统党的领导和党的建设为引领，以减税降费政策措施落地生根为主题，以圆满完成全年税费预算任务为主业，以统筹推进优化税收执法方式与加快健全完善税务监管体系为主线，巩固扩大国税地税征管体制改革成果，努力打造更高水平的税收现代化先行区、服务高质量发展示范区，不断提升"一强四高"南京税务新形象，努力为"强富美高"新南京建设作出新的更大贡献，以优异成绩庆祝中华人民共和国成立70周年。对今年工作，总局、省局已做了布置，我们要认真梳理，细化分工，全面落实。结合南京实际，立足先行区、示范区建设，我们要着力做好"巩固、提升和突破"三篇文章，突出抓好以下九个方面重点工作。

（一）巩固系统党建成果，深化全面从严治党

全面加强系统党的建设。强化政治引领。深入开展"不忘初心，牢记使命"主题教育，深入组织学习习近平新时代中国特色社会主义思想，进一步增强"四个意识"，坚定"四个自信"；扎实做好意识形态工作，加强思想政治教育，坚决做到"两个维护"，确保党中央、国务院和总局省局、市委市政府的各项决策部署贯彻执行到位，为高质量推进新时代税收现代化提供坚强政治保证。完善党建制度机制。落实好总局省局关于加强新形势下税务系统党的建设的意见，制定全市税务系统党建工作三年规划。发挥体制优势，层层压实党的建设和全面从严治党主体责任。健全完善新"纵合横通强党建"的机制体系，形成党委统一领导、部门紧密配合、内外上下支持、党员积极参与的大党建工作格局。加强基层党组织建设。落实好中国共产党支部工作条例，健全全市税务系统党的基层组织体系，做到包括流动党员在内的党组织建设全覆盖。坚持一切工作到支部的导向，重点推进支部"六个标准化"建设，明确党建工作事项、责任清单、工作标准，不断提升基层党建工作水平。组织好优秀共产党员、优秀党务工作者和先进基层党组织"两优一先"评选等活动，激励各级党组织和广大党员充分发挥作用。

全面加强党风廉政建设。层层压实责任。深入贯彻中纪委三次全会和总局省局全面从严治党工作会议精神，落实总局党委即将下发的《税务系统全面从严治党主体责任和监督责任实施办法》，制定全面从严治党责任清单，毫不放松推进税务系统全面从严治党。加强作风建设。认真贯彻新形势下党内政治生活的若干准则，发展积极健康的党内政治文化，倡导清清爽爽的同志关系、规规矩矩的上下级关系。对照总局党委和省委贯彻落实中央八项规定实施细则的实施办法，集中整治形式主义、官僚主义，纠"四风"、优作风、树新风。加强内控机制建设。承接好总局、省局对内控工作的要求，系统梳理政策制定、税收执法、行政管理中存在的风险点，做好本级内控机制建设，建立内部风险防范应对机制。积极配合做好原国地税内控监督平台合并和优化，充分运用内控平台，提高日常风险筛查频率，加大重要风险提醒频次，强化内部风险应对。积极开展内控自我评估和"以案促控"，建立通报制度，提升干部内控意识和风险防范意识。强化监督、执纪、问责。认真落实市局党委巡察工作五年规划，以"强基提质年"为主题，深入开展政治巡察，发挥巡察利器作用。积极推进跨区域、集约化执法督察，强化内部审计。开展"一案双查"，用好监督执纪"四种形态"，及时发现和查处各种失职渎职、违纪违法行为，尽职尽责、忠诚干净做好工作。上午，市局党委已经召开全市税务系统全面从严治党会议，对相关工作进行了专门部署，大家要结合起来，全面抓好贯彻落实。

（二）巩固税收改革成果，强化税种精细化管理

稳步推进社保费和非税收入征管职责划转。依靠政府主导的统筹协调机制，研究推进社保费和非税收入综合改革重大事项。规范执行社保费和非税收入征缴业务流程，积极探索多部门"一站式"以及关联业务"一窗式"缴费服务，最大限度便利缴费人。对城乡居民两险，要落实到税务分局（所）。建立社保费重点费源制度，开展费负结构分析，跟踪政策效应，确保企业缴费负担有实质性下降。继续推进信息共享平台建设，优化

社保费和非税收入征管信息系统，实现缴费系统稳定运行。落实"扩面减负、公平费负"的要求，提高非税收入征管水平。

确保个人所得税新税制平稳运行。全面落实新税制各项政策要求，辅导扣缴单位依法依规履行好扣缴义务。加强个人所得税申报信息事中事后核查，规范冒用身份信息管理，健全个人所得税管理岗责体系。建立自然人涉税争议处理、风险管理等配套机制。特别是做好与民生联系紧密的6个专项附加扣除政策的宣传解读和培训辅导工作，让税改政策切实转化为民生红利。

持续加强其他各税种管理。用好增值税发票管理新系统，积极做好货劳税新政落地。建立完善后续管理机制和事项推送渠道，提升企业所得税汇算清缴及后续管理质量。围绕土地要素，构建契税、土地增值税、房产税、土地使用税等链式闭环共管新模式，进一步提升征管质效。提高大企业税收遵从度。加强反避税和跨境税源管理。

（三）全面履行税收职能，提升服务发展水平

落实减税降费，服务经济发展。加强组织领导与督办。市区两级党委成立实施减税降费工作领导小组，"一把手"负总责，加强统筹协调和组织实施。今年对减税降费政策落实情况，要加强过程监控，列入绩效管理进行专项考核，同时要作为执法组织督查、巡察和纪检监察，强化督促落实。对该落实没落实或落实不到位的，依法依纪严肃问责。强化宣传简便操作。贴近纳税人、缴费人需求，开展线上线下相结合的个性化宣讲辅导，做到应知尽知、应享尽享。进一步扩大纳税资料备案改留存备查范围，申报即享受优惠等举措，简化程序、精简资料，确保纳税人、缴费人便捷享受。分类精准施策。全面落实小微企业普惠性减税政策，做好所得税优惠对象扩围、增值税起征点调高、留抵税金办退等措施落地，激发市场主体活力，服务实体经济，推动现代服务业发展；落实高新技术、研发费用加计扣除等相关税收优惠，助力先进制造业、高新技术企业发展，服务创新名城建设；持续优化出口退税服务，加强"走出去"企业服务，促进"一带一路"战略实施；积极稳妥推进海关特殊监管区域企业增值税一般纳税人资格试点，促进港口经济发展；继续推进资源税改革工作，加强环保税征收，助力"美丽古都"建设。做好政策效应分析。全面加强减税降费政策统计、核算、分析，算好服务经济的税收帐。充分利用税收与经济大数据，针对党委政府关心、社会关注的议题，组织深度调研分析，推出一批真实权威有分量的"拳头产品"，积极建言献策，发挥好以税资政作用。

严格依法征收，完成预算目标。加强组织收入与预算安排的衔接。要认真做好减税降费规模测算工作，主动向党委政府及财政、人社等部门汇报沟通，推动财政预算和社保费预算的调整与完善。强化税收形势研判。实时跟踪税收进度，及时掌握重点税源、重点项目税收变动情况，牢牢把握组织收入主动权。优化重点税源预测机制，提高税收预测的准确性和及时性。加强收入质量监控。严格坚守组织收入原则，落实"四个坚持"要求，加强对收入风险的日常监控预警。加强对异常收入的分析甄别，防止和制止虚收空转等违规行为。加强对各类税费征收情况的监督检查，确保税费资金安全。

优化营商环境，促进资源积聚。优化服务机制。加强部门联动，构建"全员参与、全程服务、全面联动、协同作战"的纳税服务工作新格局。加强办税服务效能监测，完善纳税人需求管理，探索建立服务需求快速响应机制。优化咨询服务和投诉处理，完善机制，强化各环节服务标准的有效落实，稳步提升咨询服务和投诉处理质效。深化"放管服"改革。认真对接"3550"改革要求，继续推进优化营商环境各项举措，持续开展"便民办税春风行动"。围绕营商环境评价主要指标，特别是企业开办、注销登记、线上发票领用等，进一步缩短纳税人办税时间，简化纳税人办税步骤。优化多元化服务平台。全面构建"网上办税为主，自助办税为辅，社会化办理为补充，实体办税厅兜底"的办税（缴费）服务体系。积极拓展完善手机APP、微信办税等产品功能，使移动办税成为纳税人缴费人易于接受、乐于选择的办税渠道。加强纳税信用体系建设。继续做好纳税信用等级评定和动态管理，推进银税互动，引导社会依法诚信纳税。

（四）构建税收征管体系，提升税收管理水平

扎实推进新征管体系落地。全面构建"1+4"征管体系。在省局"1+4"税收征管体系一揽子制

度框架下，结合南京实际，积极稳妥组织推进征管体制、制度和方式的适应性调整，建立起符合南京实际的现代化税收征管体系。规范完善运行机制。全面贯彻实施新的征管业务规范，进一步梳理征管、纳服、风险管理岗责体系、事项清单、征管流程，明晰处室、派出机构、事业单位的职能定位，理顺市区两级部门职能设置和职责界限，研究完善岗位职责，明确分工合作、协同推进的工作机制，确保“1+4”体系在南京落地生效。

加强税收风险综合防控。系统上下要充分认识当前防控税收风险的严峻形势和复杂性，全面落实省局关于防范税收风险完善税收监管体系的实施意见，切实提升税费监管的能力和水平。精准定位重点税收风险事项。坚持问题导向，全面梳理虚开增值税发票、超范围核定企业所得税、土地增值税长期未按规定清算等重点风险事项，分析问题，找准症结，有的放矢，分类施策。完善事前、事中、事后的全过程监管链条。事前全面推行实名认证、黑（灰）名单库等措施，严格税务登记、税种认定、税收核定和票量版面核定等环节管理，对增值税一般纳税人不再核定征收企业所得税；事中强化申报比对、异常清卡、代开发票、注销清算等业务的管理；事后完善全流程风险分析识别体系，及时扫描识别重大风险并实施应对；不断优化发票虚开预警模型，全面落实快反任务；巩固信息化打虚打骗新战法，持续开展打虚打骗专项行动；根据“双随机一公开”监管要求，对偷逃税问题多发、高发的行业和领域适度提高抽查比例，对发现的涉税违法问题坚决查处。坚持打防结合、源头控管。加强各税种各环节各层级的联动。发挥发票信息集成优势，重点加强个人所得税综合申报、企业所得税税前扣除和财产行为税交易凭证等管理；对税种间重要关联项目进行分析比对；明晰机关各部门和系统各层级在重点风险事项防范工作中的职责；动态修正税收风险管理的侧重点，强化内部监督制约，定期对管理类风险进行预警通报，对防范措施落实不力的，问责追责。

（五）全面深化依法行政，提升税收法治水平

夯实法治基础。坚持领导干部学法，强化法治思维，积极组织创建全国法治税务基地。加强税收规范性文件管理，确保各级制定的税收执法依据规范合法有效，从根本上防范制度性违法和侵权。认真落实省局制定的税务系统权责清单，依法界定各级税务机关职责权限，做到权责法定，公开透明。强化政策管理。完善税收政策确定性管理机制，积极推进政策支持平台运行，及时解答行政处罚、风险管理、行政许可等过程中遇到的疑难问题，统一执法口径，树立规范、专业和权威的税收主管部门形象。突出过程监管。深入推进行政执法公示制度、重大执法决定法制审核制度，积极研究和推行执法全过程记录制度，使执法留痕，强化监督，促进规范公正文明执法。注重法律救济。积极研究应对个税改革、社保费职责划转等带来的法治工作新形势，有效运用和解、调解等方式解决税收争议，化解矛盾，保障纳税人合法权益。加强全系统公职律师队伍建设和内外部法律顾问管理，切实做好重大税务案件审理把关和行政复议监督纠错工作。推进行政复议与行政诉讼、行政执法与刑事司法衔接。

（六）着力加强治理能力建设，努力在推进队伍管理上取得新突破

突出“三项能力”提升，打造人才高地。明确培训目标。贯彻总局省局2018—2022年干部教育培训规划的实施意见，制定南京税务系统干部队伍能力提升计划。既要加快培养干部税收业务能力，又要切实提升治税带队的行政管理能力，还要积极拓展对外协作能力，不断提升干部综合素质。创新培训形式。鼓励处室（科室）走上讲台，通过系统梳理和讲解分管工作，将自身业务弄通，将大家业务教精。组织岗位知识培训，推进持续学习，不断增强岗位胜任力。继续组织开展岗位能手竞赛，在大比武中锤炼精兵，在各条线、各岗位上培养一批业务娴熟、能力出众的骨干人才。加强培训资源建设，发挥汤山税务培训学校基地作用。完善配套机制。加大对青年干部培训，为青年业务骨干创造更多学习深造的机会、参加重点项目攻关的实战机会，促进其加快成才。健全人才使用机制，优化人力资源配备，使优秀人才在合适岗位发挥更大作用、人尽其才。

丰富完善激励机制，激发队伍活力。加强干部选拔使用。落实新修订的《公务员法》，全面推行职务与职级并行制度，结合实际启动非领导职务选拔和后备干部选拔培养工作。在现有机构编

制调整到位的情况下，研究干部多渠道发展意见措施，建立与地方政府的干部交流机制，拓宽干部发展空间。做好总局领军人才、“青年才俊”的选拔培养工作。增加学习和工作实绩在干部选拔任用中的权重，引导干事创业、求质增效。完善考核考评机制。按照“绩效管理抓班子、数字人事管干部”的要求，持续优化指标体系和考评规则，充分发挥绩效考评的引领作用。研究改进绩效考评与兑现办法，抽取适当比例的完成目标奖和绩效奖，建立奖励“基金”，激励作出重大贡献的个人或团队。全面上线运行数字人事系统，深化结果运用。

完善基层建设机制，筑牢改革发展根基。加强基层班子建设。研究制定加强基层党委班子建设指导意见，组织实施“头雁计划”，推进党委班子自身建设，不断提升把方向、管大局、抓落实的能力和水平。贯彻落实省局关于新形势下加强全省税务系统基层建设的若干措施，细化针对性服务举措。加强税源科（所）规范化建设。提供资产和经费等保障，改善优化办公条件与生活环境。关心关注在偏远科（所）属地办公的同志，切实帮助解决实际困难。大力开展基层调研工作，通过走实地、察实情、办实事，推动形成务实、严谨、担当的良好风气。

（七）着力加强信息化建设，努力在提升现代化品质上取得新突破

推进“金三”并库平稳上线，确保系统平稳运行。狠抓初始化、双轨运行和恢复服务“三个节点”，做到初始化数据、管户对照和数据迁移“三个到位”，强化核心系统与外围系统衔接，新旧系统操作衔接，“金三”与个税系统、社保划转上线“三个衔接”，确保按时顺利上线和平稳高效运行。加强信息化运维保障能力，提高系统稳定性，减少因系统故障引发的纳税人不满意、不遵从。加强自动化运维管理，提高自动监控、自动报警、自动处理能力。加强网络安全管理，提升网络安全防护和应急处置能力。

强化“三个服务”，形成一批现代化标志性信息化产品。研究制定信息化建设方案。在用好上级核心系统的基础上，积极响应现实需求，深度挖掘数据价值，探索新技术应用，坚守网络和信息安全底线，积极研究和开发办税办公辅助系统，稳步推进“智慧税务”建设，把南京建成省局信息化工程的延伸点。大力强化数据情报管理。要高度重视数据情报质量，健全完善数据标准、采集规范及交换流程。要全面加强内外部数据的采集，做好采集数据质检、加工、存储，实现数据的分级分类管理，形成高质量、高可信度、有规则的数据仓库，为推进税收自主管理提供支撑。积极推进“三个服务”。在服务税收业务上，利用税收大数据仓库，认真调研、论证和开发电子管户APP，使干部进一户门知一户事，随时可查进出发票、纳税申报等异常信息，切实解决管户不清的问题。在服务行政管理上，加强研究和稳步开发南京税务掌上行政办公系统，探索研究执法全过程记录平台建设及相关信息的管理与运用。在服务办工环境优化上，结合三楼展示厅改造等，有机整合相关系统平台的成果进行集中展示，并适当补充开发，逐步建立起全市的税收风控中心、指挥中心、办税服务体验中心等。加强机房、服务器等资源的整合使用，为推进信息化建设切实提供保障。

（八）着力加强品牌建设，努力在提升新税务新形象上取得突破

切实提升税务部门的机关形象。推进现代化办税服务厅建设。统一办税厅设计风格、区域设置，统一服务文明用语、行为规范，统一公用网络、导税机器人配备，提供各办税厅业务量适时查询、办税进程友情提醒、办税体验等服务，努力打造简约明快、现代温馨、便捷高效的办税服务形象。加强涉税舆情监管与调处。落实“属地管理、分级负责”原则，完善税收舆情监管机制。加强涉税舆情渠道管理，紧盯重要事项、关键时点、敏感环节，正面引导、及时回应，牢牢把握工作主动权。完善应急预案，积极稳妥处置涉税涉费投诉、争议和信访事件。

切实提升干部队伍的内在形象。深化税务文化建设。践行社会主义核心价值观，弘扬中国税务精神，提炼南京税务特色文化品牌。坚持“一局一特色”做法，繁荣基层税务文化，提振干部的“精气神”。持续办好“道德讲堂”，大力宣扬先进典型，激励干部向上向善。发挥群团组织作用。组织开展学唱“中国税务之歌”活动，举办庆祝“建国70周年”等系列活动，加速干部队伍融合。

建立完善文体活动示范基地，推进“一局一（主打文体）项目”，持续开展“和谐机关、健康机关、活力机关”建设。加强人文关怀。做好困难干部职工帮扶，强化离退休干部工作，不断增进广大干部对新机构的身份认同、价值认同和情感认同。

切实提升税务部门的社会形象。着力优化纳税服务，改善营商环境，提高纳税人缴费人的满意度，提升“服务型税收”形象。整合推进税务廉政文化品牌建设，推进作风行风建设，展现党风廉政建设措施与成效，巩固“廉政型税收”形象。结合新个税、房地产税、环保税等民生税收的实施，组织开展税收进校园、进社区、进机关等活动，树立“民生型税收”形象。常态化推进文明创建，相对固化服务社会的捐资助学、扶贫济困等活动，经过一定时间的积累形成规模，强化“责任型税收”形象。

（九）着力推进协同共治，努力在优化税务发展环境上取得突破

切实提升纳税人缴费人自主办税缴费能力。打造便学易学平台。加强市局微信公众号、税务网站建设，做好税收新政在线定制与精准速递，完善“多平台、立体化、全方位”的税法宣传体系，有效提升税法宣传针对性、有效性。大力加强网络纳税人学堂建设，推进视频直播培训，扩大培训宣传面。拓展便捷办税渠道。大力推进网上办税，发展移动办税；主动对接社会化征缴网络，推进“网格化”办税圈。开发办税助手类软件，实行纳税人网上自主更正申报和补缴税款、简易处罚自认处理。

大力推进党政和社会税收协同共治。建立共治机制。发挥双重领导体制优势，推进《江苏省税收协同共治工作意见》在南京落地，积极争取各方支持，努力构建“党政领导、税务主责、部门合作、社会协同、公众参与”的税收协同共治新格局。协同办税缴费。主动对接社会化征缴网络，依托政府部门网格化管理体系，构建适应自然人特点的税费管理服务新格局。有序引导和鼓励行业协会、涉税中介、志愿者组织等，为纳税人自助办税提供帮助，缓解办税服务压力。强化部门协作。进一步扩大与相关部门的合作领域和范围，积极参与各级政府的信息共享平台建设。积极融入社会信用体系建设，加强联合激励和惩戒，引导社会依法诚信办税。加强与公检法等部门衔接与协调，为涉税违法案件查处、税款保全和强制执行等提供强力支撑。

同志们，新税务、新机构要有新担当新作为。让我们以习近平新时代中国特色社会主义思想为指引，在总局、省局和市委市政府的坚强领导下，不忘初心，勇于逐梦、奋力前行，高质量推进改革与发展，共同谱写新时代税收现代化新华章，为“强富美高”新南京建设作出新的更大贡献，以优异成绩庆祝中华人民共和国成立70周年！

文月寿在2019年全市税务系统全面从严治党工作会议上的讲话

（2019年1月31日）

刚才，陈林同志所作的工作报告，回顾总结了去年全面从严治党取得的成绩，深刻剖析了存在的问题，传达贯彻了十九届中纪委三次全会、全国和全省税务系统全面从严治党工作会议精神，重点部署了今年任务。这个报告是经过市局党委研究同意的，请大家认真抓好落实。就做好今年的全面从严治党工作，我再提三点意见。

一、提升政治站位，准确把握全面从严治党的新形势新要求

十九届中央纪委三次会议提出，要以党的政治建设为统领全面推进党的建设，取得全面从严治党更大战略性成果。我们要站在政治和全局的高度，认真学习领会党中央、税务总局和省局党委关于政治建设的要求精神，以此统一思想，研判形势，推进全面从严治党工作。

（一）深刻理解税务机关的政治属性。

习近平总书记在十九届中央纪委三次会议上强调，要以党的政治建设为统领全面推进党的建设，保证全党集中统一、令行禁止。税务机关首先是政治机关，税收工作是政治性很强的工作，任何时候都要把党的政治建设摆在首位，增强“四个意识”，坚定“四个自信”，做到“两个维护”，坚决贯彻落实党中央的决策部署。国税地税征管体制改革后，面对新的机构、新的队伍、新的任务，我们只有坚持把政治属性作为第一属性，全面加强党的政治建设，打造政治坚定、勇于担当、执行力强的干部队伍，才能不折不扣完成好各项

工作任务，发挥全市税务部门服务南京高质量发展走在前列的助推作用。

（二）牢固树立以人民为中心的发展理念。

当前税务工作在深度改革调整中发生了全方位的变化和重构，这就更需要在深化全面从严治党中，维护人民群众利益。一方面，税务职能转换带来新挑战。环保税开征、增值税三项改革、个税新政实施、社保费划转等重要政策相继出台，特别是税务机构改革后，税务部门管理对象从以企业纳税人为主向企业纳税人、自然人缴费人并重转变，关系到经济发展和社会生活的方方面面，人民群众和社会各界对税收政策的关注度、对税务机关的期望值都日益提高，必须坚守人民立场，以全面从严治党保证工作执行和政策落地，释放改革红利。另一方面，深化“放管服”改革提出新要求。随着简政减税降负、优化税收营商环境、服务民营经济发展等举措深入推进，打造更加智慧便民高效的办税服务要求更高，必须以全面从严治党立政风、树行风、转作风，始于纳税人和缴费人的需求，终于纳税人和缴费人的满意，以规范的执法、高效的服务、务实的作风，让人民群众更有获得感。

（三）始终保持把“严”字长期坚持下去的工作韧劲。

习近平总书记反复强调，全面从严治党决不能半途而废，必须以永远在路上的坚韧和执着，把“严”字长期坚持下去。总局王军局长、省局王学东书记都明确要求，毫不放松推进全面从严治党，着力营造风清气正的良好政治生态。从市局前期开展的巡察情况来看，省局王学东书记在全省税务系统全面从严治党工作会议上点到的问题在我局也或多或少、不同程度地有所表现，一些单位落实党委工作规则不严肃，重大事项不上党委会研究；有些制度执行不严格，有时还比较随意；基层党组织基础工作薄弱，“三会一课”落实不规范等等，对此不可有丝毫松懈，下一步要加大整治和查究力度。从系统近年来查处的案例来看，利用税收执法权以税谋私问题占相当比重，违规收受礼品、违规接受礼金等违反中央八项规定精神和“四风”问题屡禁不止，“关键少数”违法违纪现象时有发生，从严教育、从严管理、从严监督、从严执纪必须是我们长期坚持的主线，各级纪检机构要继续加强监督检查，严肃查处。

（四）大力构建一体推进不敢腐、不能腐、不想腐的监督体系。

习近平总书记强调，要坚持标本兼职、固本培元，构建不敢腐、不能腐、不想腐的有效机制。不敢腐、不能腐、不想腐一体推进，是全面从严治党从治标为主向标本兼治转变的重要方法论。全市税务系统有4千余名税务干部职工，税务机构改革完成后，税收业务更广，税源管理难度更大，由此带来的执法风险和廉政风险也相应增加。系统各级党委班子必须准确把握惩与治的辩证统一关系，坚持惩治和预防相结合、治标与治本同推进的原则，发挥反面典型警示作用，建立“三察联动”机制，完善责任落实体系，构建网格化风险防控机制，形成标本兼治的综合效应，推动形成不敢腐、不能腐、不想腐的体制机制和常态氛围。

二、突出精准施策，着力推进全面从严治党任务落地落实

新机构要彰显新气象、展现新作为，全市税务系统全面从严治党要向纵深发展，要重点抓好以下5个方面工作：

（一）着力增强“两个维护”的坚定性。

全市税务系统各级党组织要把党的政治建设摆在首要位置，突出统领地位，牢牢扛起“两个维护”的根本政治责任，以政治上的全面加强来引领、带动其他建设，更好地深化改革和推动税收各项事业发展。一是坚定正确政治方向。全市税务系统各级党组织和广大党员干部要增强贯彻落实“两个维护”的自觉性、坚定性，切实把坚持正确政治方向落实到各自职责中，体现在实际行动上，在各项工作中毫不动摇贯彻落实上级决策部署，不打折扣，不耍小聪明，不搞小动作，真正把“两个维护”融入到税收工作的各领域和全过程。二是严肃党内政治生活。要以党章为根本遵循，认真落实新形势下党内政治生活若干准则，深入贯彻民主集中制的原则，坚持集体领导、民主集中、个别酝酿、会议决定，严格执行党委议事规则和决策程序，不断提高党委决策质量和水平。要严格落实民主生活会、双重组织生活等制度，认真开展批评和自我批评，着力增强党内政治生活的政治性、时代性、原则性、战斗性。三是涵养良

好政治生态。要继续巩固发展在改革中业已形成的良好政治生态，在党员干部中倡导忠诚老实、公道正派、实事求是、清正廉洁等价值观，努力建设先进的、健康的、富有生机活力的党内政治文化，树立正确选人用人导向，加强政治生态分析研判，努力营造积极向上、干事创业、风清气正的良好政治生态。

（二）着力增强思想武装的实效性。

当前和今后一个时期，全市税务系统加强思想建设最重要的任务就是要继续在学懂、弄通、做实习近平新时代中国特色社会主义思想，切实做到学而信、学而用、学而行。一是要明确目标要求。各级党组织要始终把理想信念教育作为思想建党的战略任务，落实好意识形态工作责任制，教育引导党员干部自觉用习近平新时代中国特色社会主义思想改造主观世界，确立思想理论的“定盘星”，坚定理想信念的“主心骨”，筑就“四个自信”的“压舱石”。要按照中央、总局、省局和市委的安排部署，结合推进“两学一做”学习教育常态化制度化，扎实开展好“不忘初心、牢记使命”主题教育。二是要创新方法措施。充分发挥党委理论学习中心组和领导干部上党课的示范引领作用，依托线上线下平台载体，积极开展辅导宣讲、研讨交流等多种形式的学习培训活动，增强理论学习的吸引力、感染力和说服力。三是要坚持学以致用。要坚持理论联系实际，推动理论学习和工作实践相结合，党建工作和税收中心工作相融合，真正做到学思用贯通、知信行合一，把这一思想的真理力量转化为全市税务系统深化改革、促进发展的强大动力。

（三）着力增强作风建设的靶向性。

党中央把整治形式主义、官僚主义作为重要政治任务来部署，抓住了全面从严治党的要害和根本。我们要努力提高认识，大力整治。一要对标找差。严格对照党中央和总局列举的各种表现，落实总局王军局长强调的“五个决不允许”的要求，认真查找不足，切实制定、落实工作措施，取得实实在在的整治效果。需要强调的是，形式主义、官僚主义具有顽固性反复性，不能陷入“抓一抓、松一松”的误区，务必以永远在路上的坚韧与执着一抓到底、一以贯之。二要突出重点。要抓住落实“放管服”改革、优化税收营商环境这个重中之重，针对纳税人（缴费人）办税缴费的难点堵点痛点，持续优化办税服务，不断提升纳税人、缴费人的满意度和获得感。要紧盯侵害群众利益的“乱作为”、漠视群众诉求的“不作为”、消极懈怠的“慢作为”等问题，严肃查处吃拿卡要、任性任意执法、选择执法、情绪执法及收过头税、人情税、关系税等违纪违法行为，进一步打造稳定公开透明的税收营商环境。三要直击焦点。要持之以恒贯彻落实中央八项规定及其实施细则精神，严肃整治领导干部利用名贵特产类特殊资源谋取私利的问题，持续抓好扶贫领域腐败和作风问题等专项治理。

（四）着力增强监督管理的协同性。

要围绕加快构建全面覆盖、严密高效、齐抓共管的监督体系，深化改革创新，不断增强监督的合力和实效。一要增强监督意识。信任不能代替监督，党内监督没有禁区、没有例外。系统上下特别是党员领导干部都要摆正位置，正确认识监督、开展监督、接受监督。要通过民主生活会、组织生活会、民主评议党员等多种形式，真正把自己摆进去，深入查找问题，积极解决问题，使咬耳扯袖、红脸出汗成为常态。二要健全监督体系。认真落实总局、省局关于做到“三个贯通”，筑牢“三道防线”的要求，加强对各个监督主体、各种监督资源的整合协调，统筹推进纪检机构“专责监督”、巡察、督审“职能监督”和机关内设部门“日常监督”，着力构建全市税务系统“1+N”大监督格局。三要用好巡察利剑。突出巡察工作的政治属性，坚持问题导向，聚焦“六个围绕、一个加强”要求，对基层党组织开展常规巡察、专项巡察、机动式巡察，对改革后基层局领导班子成员进行政治评价，做好巡察“后半篇文章”。四要促进标本兼治。要运用“大数据”理念和思维，整理归纳、分析提炼监督中发现的各类问题，加强对税收工作中重点领域和关键环节的执法风险、廉政风险防控，强化成果运用，做到既见“树木”又见“森林”，既除“病灶”又挖“病根”。

三、强化责任担当，持续推动全面从严治党向纵深发展

落实两个责任是推进全面从严治党的关键，要通过责任体系形成合力，保证全面从严治党工作落到实处。

（一）落实主体责任是根本，各级党委要做表率、树标杆。

各级党委班子要切实增强落实主体责任的政治自觉和行动自觉，“既要挂帅更要出征”，切实做到真抓真管、实抓实管。一是加强政治领导。坚持带头学，示范学。强化党管宣传、党管意识形态，落实意识形态工作责任制，牢牢掌握意识形态工作领导权、主动权。加强和改进思想政治工作，带头坚定理想信念，严守政治纪律和政治规矩。坚持民主集中制原则，严肃党内政治生活，严格落实党员领导干部双重组织生活制度。二是选好用好干部。坚持党管干部原则，落实新时期好干部标准，严格规范选拔，严肃处理和追究“带病提拔”、突击提拔、违规破格提拔等问题。教育培养干部并严格监督，严格领导干部个人有关事项报告制度和党员干部因私出国（境）管理。按照习总书记提出的“三个区分开来”的要求，落实好鼓励激励、容错纠错、能上能下三项机制。对不担当不作为的干部视情形给予免职、调整、降职等处理。三是规范权力运行。深化税收权力和责任清单管理，创新事中事后监管，确保权力在阳光下规范运行。强化对权力运行的制约和监督，结合典型案件推进“以案促改”，实施源头治理，扎紧制度笼子。加强内控机制建设，完善岗责体系，优化流程，防范风险，建立可察、可控、可考、可究的完整内控链条。四是做好支持保障。围绕“条主责、块双重，纵合力、横联通，齐心抓、党建兴”要求，构建新、纵、合、横、通、强党建机制体系。强化统筹协调和组织领导，定期分析研究全面从严治党工作，落实“下抓两级、抓深一层”工作机制，健全各部门横向联通机制，形成齐抓共管格局。要按照中央、总局和省局党委的统一部署，结合推进国税地税征管体制改革，逐步健全完善税务纪检体制机制，持续深化“三转”，进一步发挥纪检机构职能作用。要热情支持纪检工作，配齐配强纪检干部，主动关心纪检干部成长进步。

（二）落实监督责任是保障，各级纪检组要善监督、严执纪。

各级纪检组要准确把握职责定位，提升履责能力，强化专责监督，做到精准执纪，增强把关意识，提高自身建设水平，切实担负起监督责任，协助党委推进全面从严治党。一是严格监督检查。要加强对中央、总局重大决策部署执行情况的监督检查，对党委履行主体责任情况、执行民主集中制、落实中央八项规定、“三重一大”“两权”运行等进行严格监督，持续推进“一案双查”，着力发现问题、纠正偏差，抓早抓小、防微杜渐。分类健全“四种形态”配套办法，提升规范化运用水平。二是严肃执纪审查。要紧盯行政管理、税收执法等重点领域和关键环节，加大案件查办力度。严肃查处“优亲厚友”“任人唯亲”等选人用人不正之风以及在资金使用、基建工程、大宗物品采购等领域的腐败问题。对违反中央八项规定精神、严重违纪被立案审查开除党籍的，严重失职、失责、被问责的，以及发生在群众身边、影响恶劣的不正之风和腐败问题，要点名道姓通报曝光。三是加强自身建设。各级纪检组要做到打铁必须自身硬，强化自我约束，带头执行党章党规党纪，严守审查纪律，主动接受组织和群众监督，建设忠诚、干净、担当的队伍。加强纪检监察干部培养使用，加大交流任职力度，注重多岗位锻炼。加强纪检监察干部业务培训、实战锻炼，切实提高纪检监察工作能力。

（三）健全责任体系是关键，各级党组织要敢担当、真担当。

要健全完善责任体系，切实把压力层层传导到位，将全面从严治党的各项要求落实到每个支部每名党员。一要明责定责，强化责任意识。今年市局将根据国税地税机构合并后的新形势新要求，修订下发落实全面从严治党主体责任和监督责任的实施办法，进一步配套完善责任清单，明确各责任主体落实全面从严治党工作的具体职责任务。二要担责压责，强化责任传导。坚持全面从严治党责任落实汇报制度，推行党委履责记实制度，把履行两个责任情况列为干部考核、约谈、述职述廉的重要内容，加大全面从严治党工作在各级领导班子和领导干部工作和绩效考评中的比重，层层传导压力，促进责任担当。三要追责问责，强化责任落实。系统上下要深入贯彻落实《中国共产党问责条例》，适时组织开展“两个责任”落实情况专项检查，对维护党的政治纪律和政治规矩失责、贯彻中央八项规定精神不力、选人用人问题突出、管辖范围内腐败蔓延势头没有得到有效遏制、损害群众利益的不正之风和腐败问题突出的党组织和党员领导干部要严肃问责追责，以推动全面从严治党责任落到实处。对巡察整改责任不落实、敷衍整改，甚至边改边犯的，坚决问责。要准确把握运用好“四种形态”，突出抓早抓小，防微杜渐，特别是要在运用好第一种形态上下功夫，让“咬耳扯袖、红脸出汗”成为常态，最大限度防止干部出问题，最大限度激发干部积极性。问责要以实事求是的态度和方式，避免泛化、虚化、简单化。

同志们，全面从严治党永远在路上。让我们在总局、省局和市委、市政府的坚强领导下，以更加坚定的信心、更加务实的作风、更加有力的举措，坚定不移推动全市税务系统全面从严治党向纵深发展，为推进新时代南京税收现代化建设，以优异成绩庆祝中华人民共和国成立70周年！

文月寿在市局机关“不忘初心、牢记使命”主题教育动员部署会议上的讲话

（2019年6月11日）

这次会议的主要任务是，深入学习贯彻习近平总书记在5月31日召开的“不忘初心、牢记使命”主题教育工作会议上的重要讲话精神，认真学习落实总局、省局和市委主题教育动员部署会议精神，对市局机关开展主题教育进行动员部署。总局“不忘初心、牢记使命”主题教育第5巡回指导组王贤军副组长及组员史明羽、卢东同志、市委主题教育领导小组办公室综合组副组长、市委组织部干部二处冯中原副处长莅临会议进行指导，让我们对各位领导的到来表示热烈欢迎和衷心感谢！一会儿，王贤军副组长还将作讲话、提要求，我们要认真学习领会，抓好贯彻落实。下面，我先代表南京市局党委，讲四点意见。

一、提高站位，深刻认识开展主题教育的重大意义

在中央主题教育工作会议上，习近平总书记从践行党的根本宗旨、实现党的历史使命的高度，深刻阐述了开展“不忘初心、牢记使命”主题教育的重大意义。总书记强调，开展这次主题教育，是用新时代中国特色社会主义思想武装全党的迫切需要、是推进新时代党的建设的迫切需要、是保持党同人民群众血肉联系的迫切需要、是实现党的十九大确定的目标任务的迫切需要。总局、省局先后召开了动员部署会，对税务系统开展主题教育提出了明确要求、部署了有关任务。结合南京税务系统实际，我理解，开展主题教育主要有以下几方面重要意义。

（一）开展主题教育是南京税务系统深入学习贯彻习近平新时代中国特色社会主义思想和习近平总书记关于税收工作重要论述的迫切需要。习近平新时代中国特色社会主义思想是当代中国马克思主义、21世纪马克思主义，是党和国家必须长期坚持的指导思想。党的十八大以来，我们坚持把学习贯彻习近平新时代中国特色社会主义思想作为首要政治任务，努力在学懂、弄通、做实上下功夫，引领和促进各项税收工作平稳有序开展，取得积极成效。但也要清醒地认识到，有的基层党组织抓学习的及时性、全面性不够，有的党员学习自觉性、主动性不强，运用习近平总书记关于税收工作重要论述指导税收工作实践、创造性解决难题的能力不足。要通过开展主题教育，坚持“学思用”贯通、“知信行”统一，对习近平新时代中国特色社会主义思想和习近平总书记关于税收工作重要论述，做到全面系统学、及时跟进学、深入思考学、联系实际学，不断增强“四个意识”，坚定“四个自信”，做到“两个维护”，筑牢信仰之基、补足精神之钙、把稳思想之舵。

（二）开展主题教育是加强新时代南京税务系统党的建设的迫切需要。

习近平总书记指出，主题教育要认真贯彻新时代党的建设总要求，同一切影响党的先进性、弱化党的纯洁性的问题作坚决斗争，努力把我们党建设得更加坚强有力。总局王军局长要求，毫不放松推进全面从严治党，着力营造风清气正的良好政治生态。党的十八大以来，特别是国税地税征管体制改革以来，我们认真学习贯彻习近平总书记关于“把抓好党建作为最大的政绩”的重要指示精神，联系实际落实总局、省局和南京市委关于党的建设新要求，全面落实“两个责任”，把加强党的领导和党的建设工作与国税地税征管体制改革、各项税收工作同谋划、同部署、同落实、同检查，有力发挥了党建的引领和推动作用。但我们也看到，征管体制改革后全系统党员干部

人数倍增，思想更加多元化，税收业务管理范围增大，执法风险、廉政风险增加；在双重领导管理体制下，新、纵、合、横、通、强党建机制体系和有关制度有待进一步完善，“两个责任”在基层落实还不够到位；极少数党员干部违纪违法行为仍有发生，干部教育管理监督还需加强。要通过开展主题教育，以党的政治建设为统领，以构建、新、纵、合、横、通、强党建机制体系为抓手，全面加强党的各项建设，一体推进“不敢腐、不能腐、不想腐”，推动全市税务系统全面从严治党取得更大成果，不断提高党的建设质量。

（三）开展主题教育是高质量推进新时代南京税收现代化的迫切需要。

党的十九大进一步描绘了“两个一百年”奋斗目标的宏伟蓝图，这是当代中国共产党人最重要、最现实的使命担当。今年是中华人民共和国成立70周年，明年我国将实现第一个百年奋斗目标，全面建成小康社会。税收在国家治理中发挥着基础性、支柱性、保障性作用，在实现“两个一百年”奋斗目标中肩负着重要职责。党的十八大以来，全市税务系统广大党员干部开拓进取，奋发作为，全面忠诚履职尽责，推动税收现代化建设取得新进展。但是面对高质量推进新时代税收现代化日益严峻的新挑战和日益繁重的新任务，有的党员领导干部有求稳守旧思想，锐意开拓、登高望远的闯劲和冲劲不够，在提前研判、长远谋划上还显不足；对一些历史遗留问题、棘手难题，缺乏一抓到底、动真碰硬的精神；对工作潜心研究不够，对解决发展中的问题思路不够开阔，举措不够创新，反应不够及时。要通过开展主题教育，进一步强化政治引领，引导党员干部尽心尽力尽责，努力打造较高水平的税收现代化先行区、服务高质量发展示范区，不断提升“一强四高”的南京税务新形象。

（四）开展主题教育是更好服务纳税人缴费人、服务基层税务人，建设“强富美高”新南京的迫切需要。

习近平总书记指出，主题教育要继续教育引导广大党员干部自觉践行党的根本宗旨，着力解决群众最关心最现实的利益问题。市委张敬华书记在全市主题教育动员会上强调，要动员全市上下守初心担使命深入践行新思想，找差距抓落实聚力建设新南京。党的十八大以来，全市税务系统坚持以人民满意为目标，以加强作风建设为抓手，深化“放管服”改革，推进便民办税春风行动，税收营商环境持续优化，在机构改革后总局开展的首次纳税人满意度调查中，我局取得全国省会城市第二名的好成绩；被评为2017—2018年度南京市机关作风建设“人民满意单位”。围绕事合、人合、力合、心合，大力开展思想政治工作，干部队伍团结奋斗的思想基础进一步巩固。但是面对新形势新任务新要求，有的党员干部特别是有的党员领导干部责任意识不够、担当勇气不足；对照“四实四硬”要求，推进减税降费的措施还要进一步落实落细；征管体制改革后，办税流程还需要进一步优化，干部业务能力还需要进一步提升，办事效率还需要持续提高；市局机关在加强工作统筹、精简各种会议、为基层减负上还有较大的提升空间。要通过开展主题教育，自觉践行党的根本宗旨，把群众观点、群众路线深深植根于思想中、具体落实到行动上，发挥税收职能作用，真正把主题教育成效转化为创造高质量建设“强富美高”新南京的务实成果。

二、聚焦重点，准确把握开展主题教育的目标要求

习近平总书记在“不忘初心、牢记使命”主题教育工作会议上强调，要牢牢把握“守初心、担使命，找差距、抓落实”的总要求。结合南京税务实际，我理解，守初心，就是要牢记全心全意为人民服务的根本宗旨，始终坚持以纳税人和缴费人为中心，把解决好纳税人缴费人最关心、最直接、最现实的问题作为税收工作的出发点和落脚点。担使命，就是要牢记“为国聚财、为民收税”的神圣使命，重点围绕确保减税降费政策措施落地生根这一主题、圆满完成全年税费预算任务这一主业、统筹推进优化税务执法方式与加快健全税务监管体系这一主线，认真履职尽责，抓好各项工作。找差距，就是要对照习近平新时代中国特色社会主义思想、党中央国务院、总局省局党委和市委的决策部署，对照党章党规，对照纳税人、缴费人和基层税务人的新期待，对照先进典型、身边榜样，坚持问题导向，坚持高标准、严要求，着力查摆自身不足，查找工作短板，深刻剖析整改。抓落实，就是要把习近平新时代中国特色社会主义思想转化为推进南京税收事业发展和党的建设、干部队伍建设的实际行动，把初心使命变成锐意进取、开拓创新的精气神和埋头苦干、真抓实干的自觉行动，确保上级的各项决策部署在南京税务系统落地生根。市局机关是推动党中央决策部署在南京税务系统贯彻落实的领导机关，机关党员领导干部必须在主题教育中走在前、作表率。市局机关开展主题教育要紧扣中央确定的目标任务，把开展主题教育同深化思想解放结合起来，同落实当前重点工作结合起来，同学习先进典型结合起来，切实做到“五聚力五确保”。

（一）聚力强化理论武装，确保理论学习有收获。

开展“不忘初心、牢记使命”主题教育，根本任务是深入学习贯彻习近平新时代中国特色社会主义思想，锤炼忠诚干净担当的政治品格，团结带领全国各族人民为实现伟大梦想共同奋斗。机关党员领导干部要在原有学习的基础上，进一步加深对习近平新时代中国特色社会主义思想的理解和把握，不仅要深刻认识和领会其时代意义、理论意义、实践意义，而且要深刻理解其核心要义、精神实质、丰富内涵，更要深刻领悟背后所贯穿的对中国共产党人的政治品格、价值追求、精神境界的要求。新时代要以新思想定向领航，着力破解理解不深入、行动跟不上、落实缺乏创造性等问题，推动思想和身体同步进入新时代，切实增强贯彻落实的自觉性和坚定性，提高运用党的创新理论指导税收实践、推动税收改革发展的能力。

（二）聚力锤炼党性修养，确保思想政治受洗礼。

党性是党员干部立身、立业、立言、立德的基石。广大党员要坚定对马克思主义的信仰、对中国特色社会主义的信念，通过开展党员红色教育、讲述身边人身边事等活动载体，传承红色基因，始终忠诚于党、忠诚于人民、忠诚于马克思主义。要始终牢记自己的第一身份是共产党员，第一职责是为党工作，进一步增强“四个意识”、坚定“四个自信”、做到“两个维护”，自觉在思想上政治上行动上同党中央保持高度一致，履职尽责当先锋。要强化组织意识，相信组织、依靠组织、服从组织，自觉接受组织安排和纪律约束，自觉维护党的团结统一，更加自觉地拥护核心、跟随核心、捍卫核心。

（三）聚力推动改革发展，确保干事创业敢担当。

新时代需要新担当新作为。机关党员干部要以强烈的政治责任感和历史使命感，苦干实干、开拓进取，以钉钉子精神抓工作落实，努力创造经得起实践、人民和历史检验的实绩。党员领导干部要发挥带头作用，立足岗位实际，找准薄弱环节，补短板、强弱项，直面矛盾、化解难题。当前，落实减税降费政策正处在滚石上山的关键时刻，依法规范组织税费收入等工作任务艰巨。可以说，今年全年我们都处在紧张繁忙的工作状态中，各单位各部门一把手，既不能歇脚，更不能松劲，要继续下苦功、啃硬骨头，再接再厉，圆满完成全年各项工作目标。

（四）聚力转变工作作风，确保为民服务解难题。

习近平总书记强调，要始终把人民立场作为根本立场。对税务部门来说，坚守人民立场，就是要做到税务人为纳税人缴费人服务，市局机关为基层单位特别是一线税务人服务。当前，全市税务系统减税降费工作稳步推进，总体情况良好，1—5月，全市因减税降费措施累计减税97.3亿元。深化增值税改革首月，全市5月份征期增值税减税19.02亿元，减税面达97.01%。下一步，要按照总局、省局部署，对税负有所上升的纳税人逐户开展专项调查，一对一帮助纳税人找清原因，开展辅导，做好说明。社保费降率同样也要做好这方面的工作。要将这项工作作为为民服务解难题的一项重要举措，认真抓好落实。

（五）聚力涵养政治生态，确保清正廉洁作表率。

一心为公方能守住初心。机关全体党员干部要保持为民务实清廉的政治本色，清清白白为官、干干净净做事、老老实实做人、规规矩矩从税。税务部门是执法部门，税务干部手中或多或少拥有一定的税收执法权和行政管理权，税收执法和纳税服务始终处在聚光灯下，处在社会关注和百姓评判之中，防范风险的任务非常艰巨。这就要求我们的税务干部更要做到知敬畏、存戒惧、守底线，严守廉洁纪律，加强作风建设，严格落实中央八项规定及其实施细则精神，力戒形式主义、官僚主义，做到廉洁从税。

三、融合贯通，扎实推进主题教育措施落地落实

这次主题教育不划阶段、不分环节，要把学习教育、调查研究、检视问题、整改落实贯穿主题教育全过程，将边学边改边查边改相互贯通、融为一体。市局机关作为第一批参加单位，既要把“规定动作”做好，又要突出南京税务特色，创新推出“自选动作”，推动主题教育高质量扎实开展，努力走在税务系统前列。具体要做到“四个突出”：

（一）突出入脑入心，加强学习教育。

要把学原著、悟原理作为主题教育的基础，推动学习贯彻习近平新时代中国特色社会主义思想往深里走、往心里走、往实里走。一是原原本本学。要以自学为主，深入学习《习近平关于“不忘初心、牢记使命”重要论述选编》《习近平新时代中国特色社会主义思想学习纲要》，跟进学习习近平总书记最新重要讲话，持续学习习近平总书记关于税收工作的重要论述，认真学习习近平总书记对江苏工作的重要指示精神，做到学深悟透、入脑入心。二是集中研讨学。市局党委将在6月下旬集中安排一周时间，围绕“初心是什么、使命干什么、奋斗比什么”主题，结合深化解放思想大讨论，开展交流研讨。市局机关各支部要围绕“保持对党忠诚，做政治上的明白人”“勇于担当作为，做税收现代化建设的排头兵”“坚守人民立场，做服务基层和纳税人缴费人的贴心人”“树立清风正气，做兴税强国的干净人”等专题进行讨论。紧密联系南京税务系统党的领导、党的建设、全面从严治党和税收工作实际，深入思考研究，确保学习教育知行合一。三是力求实效学。结合庆祝新中国成立70周年，总结新中国成立、改革开放、党的十八大以来税收改革发展历程，从中汲取经验，增强高质量推进新时代税收现代化的动力。开展“我和我的祖国”歌咏比赛。围绕“追寻税务初心”，利用红色培训资源组织现场体验式教学，举办“红色经典诵读”，深化革命传统教育。开展“税收现代化、党旗领航向”实践活动、承诺践诺、志愿服务，推进学习成果转化。结合庆祝建党98周年，组织开展优秀共产党员、优秀党务工作者和先进基层党组织“两优一先”评选表彰活动。坚持把自己摆进去、把工作摆进去，认真开展党员“四重四亮”活动。适时组织开展警示教育，切实做到警钟长鸣。

（二）突出求真求实，开展调查研究。

继续深入基层和纳税人开展大调研、大走访活动，了解民情、掌握税情，拿出破解难题的真招、实招、硬招，推动上级决策部署落实落地。一是突出调研重点。围绕贯彻落实党中央决策部署和习近平总书记重要指示批示精神，紧扣今年税收工作的主题、主业、主线，抓住落实减税降费政策、完成税费收入任务等方面的突出问题和纳税人、缴费人反映强烈的热点、难点问题进行调研，真正把情况摸清楚，把症结分析透，研究提出解决问题、改进工作的办法措施。二是深入开展调研。由市局领导带队，实地走访基层联系点和重点企业，开展广泛调研。市局机关各处室也要有针对性地开展调研。要坚持问题导向，注重实效，到矛盾最集中、困难最突出的基层税务机关开展蹲点调研；结合落实减税降费政策措施开展专题调研；围绕落实思想政治工作制度开展干部思想状况调查，切实掌握第一手材料。三是形成调研成果。调研结束后，要认真梳理基层工作中存在的困难和问题，收集、汇总基层干部和纳税人、缴费人的意见建议，逐条研究和反馈，把调研成果切实转化为解决问题的具体行动，确保调查研究深入扎实。四是讲好专题党课。在学习调研基础上，市局领导班子要讲专题党课，我带头讲，班子成员要到分管处室或联系点讲党课，机关各党支部书记要给所在支部党员讲党课。要突出针对性，重点讲学习体会和收获，讲运用习近平新时代中国特色社会主义思想指导实践和改进工作的思路措施。

（三）突出对标对表，深入检视问题。

要坚持高标准严要求，认真查摆、反思剖析，确保检视问题深刻到位。一是广泛听取意见。设立局长信箱，落实谈心谈话制度，做到“五必谈”。开展“三听两问”，听纳税人、听基层党员、听普通群众意见，问领导班子、领导干部存在突出问题，问改进作风、改进工作的意见和建议。组织召开基层税务干部、纳税人代表、机关青年干部、离退休干部、民主党派人士等不同层面的

座谈会，通过多种渠道广泛听取意见建议。二是认真检视反思。通过群众提、自己找、组织点、相互评，结合专项巡察、专项整治、作风评议等发现的问题，聚焦党的政治建设、思想建设、作风建设存在的突出问题进行检视反思。检视问题要防止大而化之，避重就轻；防止以上级指出的问题代替自身查找的问题、以班子问题代替个人问题、以工作业务问题代替思想政治问题、以旧问题代替新问题。检视剖析要列出问题清单，不搞“官样文章”，不硬性规定字数。三是召开专题民主生活会和专题组织生活会。8月底前，以“不忘初心、牢记使命”为主题，召开市局党委专题民主生活会、党支部专题组织生活会，运用学习调研成果，针对检视反思的问题，认真开展批评和自我批评。

（四）突出从严从实，深化整改落实。

要把群众满意的标尺立起来，把真改实改的要求贯穿始终，坚持边学边查边改，对照问题清单，逐项整改，确保整改落实动真碰硬。一是聚焦整治重点。要按照上级要求，结合南京税务实际开展专项整治，重点整治减税降费落实不到位，为纳税人和缴费人服务不到位，机构合并后促进“四合”不到位，解决形式主义、官僚主义突出问题不到位等。重点对习近平总书记对税收工作重要指示批示精神贯彻落实情况，进行一次全面梳理和“回头看”。二是落实整改措施。市局党委要做表率，列出整改清单，逐项抓好落实。6月底前，各党支部要对已经整改的和正在整改的问题进行梳理，能改的立即改，一时解决不了的限期改，一件一件整改到位，坚决防止“纸上整改”“口头整改”。要强化巡察整改，发挥巡察利器作用。专项整治情况，要以适当方式向党员干部群众进行通报。三是注重健全制度。坚持边实践、边整改、边总结，把主题教育中形成的好经验好做法用制度形式运用好、坚持好。同时，要积极落实关于加强新形势下税务系统党的建设的意见，压实“两个责任”，健全完善新、纵、合、横、通、强党建机制体系。落实党支部标准化规范化建设实施意见，推进党支部“六个标准化”。建立完善税务系统基层建设、落实“基层减负年”、激励干部担当作为，以及优化便民办税服务、加强税收监管等方面的制度机制。

四、压实责任，切实加强开展主题教育的组织领导

根据中央统一部署，这次主题教育在南京税务系统自上而下分两批进行，第一批为市局机关、派出机构，从今年6月至8月底；第二批为基层区局，从9月至11月。市局机关主题教育时间紧、任务重、要求高。市局党委、机关各级党组织和党员领导干部要将其作为重大政治任务摆在突出位置，加强组织领导，科学谋划推进，确保主题教育取得实实在在的成效。

一是要落实领导责任，做到示范推动。市局机关“不忘初心、牢记使命”主题教育要按照上级统一部署，在总局第5巡回指导组指导下开展，自觉接受、主动配合指导组的指导，把指导组提出的各项指示和要求领会好、落实好、整改好。市局党委、机关各级党组织要切实担负起主体责任，主要领导同志，特别是我本人要主动扛起第一责任人职责，倾心谋划、全力推动；党委委员要认真履行“一岗双责”，对分管范围加强指导督促，做到示范带头、以上率下，把各项目标任务落细落实。市局“不忘初心、牢记使命”主题教育工作领导小组要切实加强工作研究、统筹协调和督促检查，及时解决问题，确保主题教育有力有序有效开展。

二是要强化统筹协调，做到有序有效。根据市局机关主题教育方案，要制定任务清单，明确时间表、路线图和责任单位，落实各项重点措施。要统筹落实好总局、省局党委和地方党委的部署要求，加强向总局第五巡回指导组、省局党委、地方党委和主题教育工作领导小组请示汇报。要突出“关键少数”，针对处级以上党员领导干部，提出切合实际的要求，增强学习教育的针对性和实效性，做到既全面覆盖，又各有侧重。要根据实际情况，以适当方式组织离退休党员干部职工参加主题教育。要抓好系统两批主题教育的衔接，第一批主题教育要注重工作总结，为第二批主题教育提供好经验，第二批主题教育要借鉴第一批主题教育好做法，结合自身实际取得好成效。

三是要力戒形式主义，做到求真务实。要把讲求实效贯穿主题教育始终，推动各部门各单位把主题教育融入到贯彻税收主题主业主线工作的具体实践之中，防止“两张皮”和搞形式走过场。

要把开展主题教育同落实减税降费政策、组织税费收入、优化营商环境、规范税收执法、健全完善税务监管体系、加强国际税收合作、促进队伍融合等税收任务结合起来，坚持以主题教育推进税收重点任务落实，以税收改革发展成果检验主题教育成效，真正做到两手抓两促进。

四是要加强宣传引导，做到氛围良好。在开展主题教育中，要充分运用信息刊物、新媒体等平台，深入宣传、精准解读党中央和各级党委的部署要求，统一广大党员干部思想和行动，充分反映市局机关主题教育情况。要通过在市局内外网开辟主题教育宣传专栏、组织学习交流、开展调研成果评比等形式，分享做法和成效。要注重选树和宣传先进典型，引导广大党员干部见贤思齐、奋发进取。

同志们，初心不改、使命不渝。我们要深入学习贯彻习近平总书记重要讲话精神，按照上级的部署要求，在总局第5巡回指导组悉心指导下，高标准、高质量开展好主题教育，确保取得扎扎实实的成效，凝聚“为国聚财、为民收税”的强大力量，不断开创新时代税收现代化的新局面，为“强富美高”新南京建设再立税务新功，以优异成绩庆祝新中国成立70周年！

郑钢在市局党委理论学习中心组扩大学习会暨系统处级领导干部四中全会精神学习研讨会上的讲话

（2019年11月28日）

为深入学习贯彻党的十九届四中全会精神，加快推进税收治理体系和治理能力现代化，今天，我们将市局党委理论学习中心组扩大学习会和系统处级领导干部专题学习研讨会，合二为一、融合开展。上午，我们学习了习近平总书记近期几个重要讲话，传达了总局专题研讨班和省局专题研讨会的主要精神，聆听了省委宣讲团叶南客研究员的全面解读。下午，各部门、各单位座谈交流了学习体会和初步认识。大家一致认为，本次会议召开很及时、形式很生动、内容很深刻，启发很多、收获很大。下面，按照总局、省局的有关工作部署和要求，我立足南京税务工作实际，就学习贯彻党的十九届四中全会精神，切实做好岁末年初工作，讲三个方面意见。

一、把准税收职能发展的新趋势，充分认识全会重大意义

11月26日下午，习近平总书记在主持召开的中央全面深化改革委员会第十一次会议上强调，党的十九届四中全会和党的十八届三中全会历史逻辑一脉相承、理论逻辑相互支撑、实践逻辑环环相扣、目标指向一以贯之、重大部署接续递进。习近平总书记这一重要论述中蕴涵的“三个逻辑”思维方法，为我们把准税收职能发展的新趋势，更好地学习领会全会重大意义，提供了方法，指明了方向。

（一）从历史逻辑看，税收的聚财职能与生俱来。

习近平总书记曾指出，政府要有税收。税收随着国家产生而产生，自产生之日起，就具备筹集财政收入的职能。1934年苏维埃政权建立初期，毛泽东同志在第二次全国苏维埃代表大会的报告中就指出苏维埃的财政来源一是向一切封建剥削者没收或征收，二是税收，强调了聚财职能对于新生政权的必要性。1949年11月中财委和财政部召开首届全国税务会议，制定《全国各级税务机关暂行组织规程（草案）》，要求把最得力的干部调到税务局，来确保收入任务的完成。可见，税收的聚财职能无论是在革命战争年代，还是建国之初乃至现在，一直都是最根本、最基本的职能，是税务部门的天职。

（二）从理论逻辑看，税收的调节职能与时俱进。

随着社会主义市场经济的发展，积极财政政策的相继实施，税收调节职能逐步成为主攻手、主力军。《中共中央关于坚持和完善中国特色社会主义制度、推进国家治理体系和治理能力现代化若干重大问题的决定》提出要“健全以税收、社会保障、转移支付等为主要手段的再分配调节机制，强化税收调节，完善直接税制度并逐步提高其比重”；要“完善相关制度和政策，合理调节城乡、区域、不同群体间分配关系。重视发挥第三次分配作用，发展慈善等社会公益事业”；要“鼓励勤劳致富，保护合法收入，增加低收入者收入，扩大中等收入群体，调节过高收入，清理规范隐性收入，取缔非法收入”。都对税收调节职能的发挥，提出了更新、更多、更高的要求。

（三）从实践逻辑看，税收的治理职能与日凸显。

改革开放40年的持续发展，我国已迈步全球第二大经济体，经济社会更加多元。表现出经济越发展、要素越多样，税收治理职能的应用越直接越广泛。特别是，纳税遵从度纳入社会诚信体系，税收治理职能正加速成为维护经济秩序、维护公平正义的重要抓手之一。

税收是国家财政的主要来源和治国理政的重要基础。全会决定全面勾画了在习近平新时代中国特色社会主义思想的科学指引下，我国治理体系和治理能力现代化的演进逻辑和发展蓝图，为发挥税收职能作用提供了理论指引、实践指引。筹集财政收入的强制性、无偿性、固定性是税收最基本、最基础的职能，并随着中国特色社会主义市场经济的发展，税收调节职能和治理职能越来越凸显、越来越有效，需要我们结合全会精神去把准、去用准。

二、把好税务改革深化的新优势，加快构建税收治理体系

党的十八大以来，习近平总书记多次强调要充分发挥税收在国家治理中的基础性、支柱性、保障性作用。税收是国家宏观调控的重要工具，税收治理是国家治理的重要组成部分，在国家治理体系和治理能力现代化中有着更为重要的角色和作用。在总局研讨班上，王军局长提出，税务系统要在更好服务国家治理体系和治理能力现代化中，担起更大的责任、贡献更大的力量、争取更大的作为。要做到这“三个更大”，就要求我们在全会精神的指引下，发掘出、发挥好税务改革深化的新优势，在加快构建税收治理之路上把握新机遇，作出新贡献。

（一）把好新税务全职责拓展的优势，担起税收治理新责任。

党的十八届三中全会，党和国家从推进国家治理体系和治理能力现代化的高度，部署实施了税制改革，推动税务部门更加直接更加深入地嵌入到国家治理的方方面面，真正成为治国理政的重要基础、重要支撑、重要保障。特别是2018年国税地税机构改革实施后，税务部门服务国家治理体系和治理能力现代化的职能优势得到了进一步拓展和增强。总局为主与省（区、市）人民政府双重领导管理体制的新优势，新设立处室部门职责拓展的新优势，大企业大数据集成管理的新优势，必将转化为更好服务国家治理体系和治理能力现代化的新动力、新推力。

（二）把好税种费种险种全新集成的优势，贡献税收治理新力量。

目前，我国共有18个税种，既有所得税又有流转税，是具有中国特色的税制设计。机构改革后，税务部门共负责征管16个税种、66个非税费种和5个社保险种。这一系列管理单元的集成，就是我们的新优势。可发挥税制优势促进创新发展，鼓励研发、科技创新和大众创业、万众创新；可发挥税制优势助力绿色发展，完善资源税、环保税，促进资源节约和环境保护；可发挥税制优势引导开放发展，助力“一带一路”战略实施；可发挥税制优势服务共享发展，促进社会保障体系建设，各项优势汇集之力必将助力地方经济社会高质量发展。

（三）把好现代税收制度体系多年探索经验的优势，实现税收治理新作为。

习近平总书记指出，科学的财税体制是优化资源配置、维护市场统一、促进社会公平、实现国家长治久安的制度保障。早在2012年，总局就提出建设“六大体系”，去年省局创新提出“1+5+N”新税收征管体系建设要求。通过多年的建设，六大体系“四梁八柱”初见雏形，通过积极的探索，江苏“1+5”新征管体系先行先试积累的经验，都必将转化为推动税收治理体系和治理能力现代化的驱动力、加速度。

三、把握税费工作面临的新形势，圆满完成全年各项任务

年关将至，全市税收工作进入冲刺阶段。总局王军局长、省局王学东书记强调，要以学习贯彻四中全会精神为指引，铆足精神、真抓实干，有力落实好各项工作任务。为把握好新形势，抓好贯彻落实，强调六个方面工作。

（一）深入贯彻四中全会精神，持续深化主题教育。

当前，系统上下要结合主题教育开展，认真学习领会全会精神，确保学深学透。一是融合主题教育深入学。要把全会精神的学习作为重点内容纳入主题教育，各级党委特别是主要负责人亲自抓、带头学，以身作则、当好示范，掀起全会精神学习贯彻的高潮。二是结合税务实际系统学。要结合税收职能发展新趋势的认识、税务改革新优势的发掘，深化全会十三项“坚持和巩固”制度优势和十三个“完善和发展”奋斗目标的系统学习。三是坚持学以致用持续学。各级党委、党支部、党小组要制定学习计划，党建部门要加强统筹协调、跟踪督导，持续深入学、学思践悟行。要以主题党日等形式，组织党员干部学习全会精神，入脑入心、融会贯通，学以致用、知行合一。

（二）全面落实依法征收原则，圆满完成收入任务。

比对分析我市1—10月相关经济数据，税收收入运行与之基本匹配。近期，总局、省局明确要求收入数据不得随意对外公布，各部门、各单位务必严格遵守。关于年前组织收入和减税降费，重点做好三项工作。一是下好规模与级次的“通盘棋”。要严格按照市局统一部署，统筹好收入的减与收，分析好增幅的高与低，把握好规模与级次的平衡点，确保全年收入规模的总体误差率不超过千分之三，圆满准确地完成全年任务。二是把好速度与结构的“质量关”。近期，总局、省局反复强调税收收入质量，总局明确提出务必把该减的税减到位，务必把该降的费降到位，务必把该征的税费依法依规征收到位，坚决打击虚开骗税，坚决不收“过头税”，坚决做好留抵退税工作等“三个务必、三个坚决”的要求。各单位要牢牢绷紧收入质量这根弦，严控提前征收、更改征期、收过头税、虚收空转等行为，把好“质量关”。三是做好纵向与横向的“沟通课”。今年是国税地税合并后的第一个完整年度，各单位要加强与地方党委、政府的汇报沟通。既坚持原则，又讲究方法，客观分析、科学预测，用数据说话，以实情说理。既要立足今年收入目标的完成，又要预见明年组织收入的困难，为地方政府领导准确决策收入预算，提供客观的、合理的参考。

（三）有效推进各项改革举措，切实提升管理质效。

今年以来，全局上下在推进金三并库上线、个税改革征收、社保费划转等工作上，付出了艰辛，取得了成效。岁末年初，既要坚持和巩固，也要完善和发展。一是做优信息管税、管票。要围绕“快速、精准、高效”三个关键词，强化增值税发票管理系统2.0版和增值税电子发票公共服务平台的培训，确保干部会操作全掌握能应用，并进一步提高发票管理风险意识，持续完善增值税发票岗责体系，细化优化工作流程，不断提高信息管税管票能力。二是做好城乡两险征缴。按照省局“收入只增不减，服务只升不降”的要求，各司其职、密切配合，强化过程监控，确保落实落地。要按时按期完成2019年度机关事业单位养老保险缴费基数年度申报工作，通过共享、共治、支撑、支持人社部门正常的待遇发放。特别是要严守国务院、总局关于不得自行开展集中清理社保费历史欠费等管理红线、政策红线，严防舆情发生。三是做足个税汇算准备。个人所得税综合所得汇算清缴是新税制第二步改革全面落地的关键环节。各单位要对照市局个税汇算清缴各项准备工作的通知，落实55项任务清单和58项汇缴业务场景风险预判应对预案。对补税额度较大、或有较大争议的纳税人，点对点做好辅导引导。对重点人群比较集中的区局及办税厅，要开辟相对独立的个税汇算清缴服务室，并安排有经验、有耐心的干部组成服务小分队，有力保障重点人群服务及应对工作。

（四）持续深化全面从严治党，营造风清气正氛围。

全面从严治党永远在路上，全市税务系统党风廉政建设和作风建设有好的传统、有好的做法，要坚持、要发展。一是深化全面从严治党。坚持政治引领，严肃党内政治生活，加强基层党组织建设，完善党建工作制度，促进党建工作规范化长效化。目前市局党委专项巡察组正对四个基层局开展巡察，深入检视全面从严治党、减税降费等方面的短板和问题，暂未被巡察的基层局也要认真自查，促进整改。二是强化党风廉政建设。要深化廉政制度建设，扎紧扎密制度“笼子”，为全面从严治党提供制度保障。要充分运用监督执纪“四种形态”，对违法违纪行为依规依纪严肃处理，使纪律成为带电的“高压线”。要加强日常监督工作力度，切实强化干部“八小时”之外监督，抓早抓小，防微杜渐。要有针对性地开展警示教育，加大以案说法、以案明纪通报力度，让广大干部知敬畏、存戒惧、守底线。三是优化干部作风建设。要落实“基层减负年”相关要求，破除形式主义、官僚主义，切实为基层减负。要结合作风评议，针对纳税服务工作中反复出现的问题，对标总局、省局关于查短板促提升自查工作要求，持续优化办税服务。要加大与作风评议人特别是地方四套班子的沟通力度，主动争取理解和支持，做好迎评准备。要针对“两节”前后的重要时点、重点人群，提前开展自查排查，构建信访工作防控格局，确保安全稳定。

（五）坚持严管善待倾情带队，激发队伍干事热情。

一是全面推进领导班子建设。以党的政治建设为统领，以优化结构、提高执行力为核心，进一步加强新形势下系统各级党委班子建设，不断提升各级党委班子带队治税的能力和水平。二是稳步推进职务职级并行。紧跟总局、省局职务职级并行工作部署，把握“政策随地方、进度跟地方，要稳不要急”的工作原则。加强政策宣传和解读，深入细致地做好干部思想工作，引导干部调整心态、调适预期。要严明工作纪律，凡因责任落实不到位、出现重大问题、造成严重后果的，立即停止该单位的职级晋升工作，并依规严肃追究主要负责人、分管领导及相关人员责任。对违规组织参与联名信访、越级上访、聚众闹事的干部，本次职级晋升不予考虑，并视情节轻重按规定给予组织处理和纪律处分。三是有效推进群体活动开展。要充分发挥群团组织的桥梁纽带作用，依托系统12个文体活动示范基地，开展形式多样的活动，丰富干部业余生活，健康体魄、愉悦身心，更好地投入工作。

（六）统筹做好年度工作评估，前瞻谋划明年思路。

一是科学推进绩效管理。在全省税务系统和地方政府层面，相关处室要及时汇报沟通，充分展现特色亮点和工作成效，确保基础工作不扣分、表扬表彰多加分，力争南京局组织绩效走在全省税务系统和市级机关第一方阵。在市局机关和系统绩效考评层面，各考评处室要严格按照本年度制定的考核办法，真考严考、考出成效。在干部个人数字人事考核层面，要将个人考评与干部表彰统筹安排，科学合理运用考评结果，提前向干部做好解释沟通，避免不必要的误解。二是科学安排财务预算。要对照今年年初部门预算安排，加快支出进度，严控结转资金，不断提升资金绩效。要与财政部门提前沟通、提前谋划，力争更大经费上的支持。三是科学谋划明年工作。市局党委计划于12月下旬召开工作务虚会，各部门、各单位要对照今年重点工作任务，总结经验做法及特色亮点工作，分析存在的薄弱环节和亟待解决的问题。要结合全会精神的贯彻，着眼税收治理体系和治理能力现代化，前瞻谋划明年及今后一段时期的工作思路、主要任务和具体措施。市局党委将认真研究、充分吸纳，并对照省局党委和市委、市政府的要求，进一步厘清工作思路、明确努力方向。

年关将至，千头万绪。各部门、各单位主要负责人要牢固树立“四个意识”，坚定“四个自信”，做到“两个维护”，思想要动起来，行动要快起来，带好队、收好税，用推动的实效、工作的实绩，践行南京税务人的担当，检验学习贯彻全会精神的效果。

郑钢在全市税务系统
2020年工作务虚会上的讲话

（2019年12月27日）

今天，我们在这里召开全市税务系统2020年工作务虚会，主要任务就是贯彻习近平新时代中国特色社会主义思想和落实党的十九届四中全会精神，传达学习总局、省局及市委市政府有关会议要求，谋划南京局明年及今后一段时间的工作思路。为开好这次会议，前期召开了三个准备会，聚焦行政和业务两个方向研讨谋划，并推出“我为明年建一言”活动，全系统共2061名干部参与，参与率达51.8%，表现出较强的主人翁精神和建言能力。今天各位局领导、各处室负责人也分别作了发言，大家的发言站位高、思路清，为做好明年工作提供了指导。下面结合大家的发言，我从三个方面谈谈初步想法，供大家参考。

一、面对新机遇新挑战，增强投身发展的新动能

中央经济工作会议指出，我国经济稳中向好、长期向好的基本趋势没有改变。我们有党的坚强领导和中国特色社会主义制度的显著优势，有改革开放以来积累的雄厚物质技术基础，有超大规模的市场优势和内需潜力，有新税务四合形成的人力资本和善作善为的人才资源，聚集起的优势，转化形成的全新动能动力信心，在税收实践中逐步展现、不断增强。

（一）经济决定税收，动能动力信心源于经济预期的认同感

从宏观经济形势看，长期向好有预期。前三季度，我国国内生产总值保持6.2%中高速增长，在全球主要经济体中位名列前茅；规模以上工业增加值同比增长5.6%，高技术制造业占比不断提高；服务业增长较快，生产指数同比增长7%；固定资产投资同比增长5.4%；人均GDP达到1万美元，这些都会成为坚实的税源基础。在经济实力不断增强的同时抵御风险能力也持续提升，作为经济运行税收预示指标的印花税同比增长10%，可以预见，我国经济长期持续向好的态势正在巩固和增强。

从地方经济发展看，“强富美高”有成效。五年来，按照习近平总书记建设“强富美高”新江苏重要指示的指引，南京市从2014年经济总量不到9000亿元到2016年超万亿元，去年达1.28万亿元，预计今年GDP增长8%，连续11个季度保持8%以上，增速位列东部GDP过万亿元城市和全省13个设区市首位；经济竞争力排名全国第7位、全球第42位；营商环境指数位列全国第5位。同时南京身处“一带一路”、长江经济带、长三角一体化、自贸区等重大国家战略之中，市委全会指出，全市招商引资实现新突破、项目建设实现新进展、投资结构实现新优化，充分说明南京经济将持续向好，作为税务工作者有信心在建设“强富美高”新南京中实现更大作为。

从税源运行趋势看，量升质优有势头。今年以来，在大规模减税降费的政策背景下，我局依然完成市委市政府确定的既定收入预期，地方一般公共预算中税收贡献度不降反升，占比达87%左右，比去年提高近3个百分点，收入质量得到进一步提升。从产业结构看，全市第二产业税收1123.7亿元，增幅8.3%，第三产业1354.3亿元，与去年持平，房地产业量和价保持在稳定可控的区间，有力地说明税源运行稳升相间、稳定可靠。同时近五年我市税收与GDP的弹性指数趋于稳定，反映出税收增长与经济发展同步同向，映证了我市税源有量有质、更实更稳、走势未变，我们有信心在经济长期向好的大趋势下做好自己事、贡献更大力。

（二）国家要有税收，动能动力信心源于事业发展的自豪感

从新职能拓展优势看，事业开拓路更宽。新税务党的建设不断加强，探索构建了纵合横通强党建新的体制机制，各级党组改设为党委，设立机关党委并新设系统党建处，配强配实党建力量，党建引领作用得到充分发挥。三定方案职责不减反增，国家机构改革三定方案总体是做减法，但税务部门三定方案字数增加条款增多，总局增加了司局、省局市局增加了处室，相关部委的三定职能中甚至出现了税务职能的表述。同时双重领导双向服务的体制设计有力地促进了新税务职能作用不断增强。应该看到，伴随着新职能拓展的优势释放，税收事业发展道路更宽更广了。

从新业务集成优势看，事业壮大招更多。新税务强化集成管理，负责征管16个税种、66个非税费种、5个社保险种，其中南京目前负责征管8个非税费种，这一系列管理单元的集成，必然成为税务部门强大的管理优势。通过强化大税务管理，从过去的单部门单岗位到新税务人员交流岗位，职能拓展必然倒逼工作协作，逐步形成的大税务理念必将倒逼全局意识，聚集的能量不言而喻。通过强化大数据分析，多维共享数据增加，发挥数据聚集、数据运用权能，服务地方经济决策的作用更加突出。通过强化大企业管理，抓住税收贡献六成以上的大企业，税种费种集成管理、共建共享的优势得到充分彰显，可以说随着事业壮大，我们服务经济社会高质量发展的招数也更多了。

从新体系探路优势看，事业发展步更快。早在2012年总局就提出完备规范的税法体系、成熟定型的税制体系、优质便捷的服务体系、科学严密的征管体系、稳固强大的信息体系、高效清廉的组织体系“六大体系”建设。去年省局提出“1+5”新税收征管体系建设要求，市局上一届班子提出打造治税带队能力强、党委政府认可度高、纳税人满意度高、干部幸福感高、社会美誉度高

等“一强四高”南京税务新形象，可见税收治理体系建设走在了前列，为发挥税收基础性、支柱性保障性作用打了前战、探了先路，这些先行优势必将转换为迈步税收治理现代化的动力源和助力器，使我们的税治之步走得更稳更快。

（三）人才兴税强税，动能动力信心源于干部成长的方向感

从全面业务培养看，履职能力将增强。加强政治理论学习，开展“不忘初心、牢记使命”主题教育，深入学习贯彻习近平新时代中国特色社会主义思想和总书记关于税收工作的重要论述，进一步增强“四个意识”、坚定“四个自信”、做到“两个维护”，政治觉悟和理论素养不断增强。加强岗位技能培训，坚持按需施教、精准施教，全面提升了干部队伍的履职能力。坚持学中干、干中学，注重在各项税收改革实践中锻炼综合能力、锤炼过硬本领。今年省局大比武中，我局有18名干部入选省局“专业骨干”，1名干部进入全国个税类10强，总均分全省第一；2名干部入选总局领军人才。我们的干部底子更牢、能力更强、素质更高，为税收事业发展增添了动力，为带好干部队伍增添了信心。

从职务职级改革看，择优激励将释放。习近平总书记强调要公道对待干部、公平评价干部、公正使用干部，体现出激励择优的导向。我理解，职务职级并行是新形势下一项全新的干部制度而不是福利制度，要依据德才表现、职责轻重、工作实绩和资历等因素综合确定，是择优选优干部的新制度。职务职级并行后，晋升通道由单轨制变成了双轨制，职级层次由原来科级非领导的8级变成现在职级的11～12级，职级总量和层次都有增加、有增量。同时开展职级晋升工作实行属地同步原则，参照地方做法与地方政策保持统一，既能对接地方细化政策，又能减少政策差异带来的不必要矛盾。总的来说，用好职务职级并行制度，充分释放政策红利，将使干部发展方向更明、发展道路更宽，是有利于进一步激发干部活力和干事热情的制度设计。

从价值实现路径看，个人发展将多样。新税务新业务更多更广了，并随着南京经济社会的发展，不同经济形态经济业态的出现，税务部门涉足领域更多、业务范围更宽、管理对象更广，干部的接触面不断延伸拓展。干部能力素质也通过内外合作、部门协作得到相应提升，税务干部正从以往单兵作战转向联合作战，从过去单科专家逐步变成全科行家。同时干部发展路径更加多元，地方机构改革后有很多好的岗位能让我们能够实现个人价值，有的政府部门主动提出干部输送需求，前期已有51名干部走出去，对干部发展起到了示范作用，为干部发展拓展了方向、丰富了路径、带来了美好的愿景。

二、践行新思想新理念，迈步税收治理的新征程

2020年是不同凡响的一年，既要交卷又要开始新的答卷，新税务将进入快步合起来、启步治起来、迈步强起来的关键之年。根据中央精神、总局、省局和市委市政府工作部署，全市税务系统明年和今后一段时期的工作，将坚持以习近平新时代中国特色社会主义思想为指导这一条主线；坚守着力推进税收治理体系和治理能力现代化这一个目标；完善和发展一套更有定力更具活力更添效力的管理和改革方法，重点在党建引领长效化的建法、部门共治社会化的治法、三项制度法治化的推法、系统集成智能化的做法、征管体系专业化的改法、营商环境便利化的优法等方面传承完善和创新发展。林岗副局长发言中指出的“五个聚焦、五个突出”实现省内领先全国争先，为这套方法的完善和发展提出了更明路径、更准方向。

（一）完善和发展党建引领长效化的建法，突出党的全面领导。

习近平总书记强调，要通过健全制度、完善机制，使“不忘初心、牢记使命”这个党的建设的永恒课题、党员干部的终身课题常抓常新。黄经东副局长在发言中指出党建工作要围绕5个位字、协调好4个关系，在方法和方向上提供了指导。要在政治生态建设上盯着干，针对前期政治生态巡视发现的问题，加强政治建设、思想建设、制度建设，进一步压实责任，打造良好的政治生态。要在基层阵地打造上盯着干，市局常规巡察发现被巡察单位不同程度存在基层党建薄弱环节，黄经东副局长提到的加强基层支部建设是明年的工作重点，林岗副局长指出打造老干部“四性”先进品牌，就是要通过打造模范机关、加强基

层建设、发挥党员作用，不断增强基层党支部的政治功能和组织能力。要在党建业务融合上盯着干，当前党建与业务“两张皮”问题依然存在，左明副局长在讲话中提到要创新培训方式方法，党建与业务的融合也要加强培训创新，就是要在融合学上下功夫、在融合抓上出实效。特别是在注重风险防范方面，胥德明纪检组长刚才讲话中强调要突出“八小时以”外管理，通过廉政文化、内控机制、监督制约，扎紧制度“笼子”，让干部守住底线、筑牢防线，这就是下一步工作的重点。

（二）完善和发展部门共治社会化的治法，深化部门协同共治。

四中全会明确指出要坚持和完善共建共治共享的社会治理制度，完善党委领导、政府负责、民主协商、社会协同、公众参与、法治保障、科技支撑的社会治理体系。要在建好税收共治机制上下功夫，我们在推动税收共治方面已经做了大量探索，要进一步加强机制建设，把原有的办法变成机制，原有的机制变成制度，更好地指导工作。要在搭好税收共治平台上下功夫，南京市政府专门成立了大数据局，政府部门集合了海量有价值的数据，要在保证数据安全的前提下加强数据共享，畅通第三方数据交换渠道，推动税收共治。要在用好税收共治资源上下功夫，在开展税法宣传、纳税咨询、权益保护、信用管理等服务工作中，积极争取政府及相关部门的支持，同时要运用“税银互动”等载体服务地方发展，帮助民营企业、中小企业缓解融资难融资贵的问题。

（三）完善和发展三项制度法治化的推法，全面落实三项制度。

明年是推行三项制度的关键之年。蔡建勋副局长发言中谈到法治建设也要提升政治站位。税务部门首先是政治部门，落实三项制度是一项政治工作，思想上要认识到、行动中要落实好。要在统筹融合中依法推进，要将推进三项制度与权责清单、税收征管和税务稽查等执法规范，与税务执法信息化建设，与执法资格管理、执法案例指导、执法裁量权基准等制度建设的融合，发挥三项制度对税收法治建设的基础性、整体性、突破性作用。要在规范流转中依法推进，要抓住税务执法工作中的主要矛盾，着力解决税务执法存在的任意执法、任性执法和选择性执法等突出问题，从源头过程结果对税务执法权行使进行全方位监督制约，以规范的监督促进执法的规范，防止权力任性。要在深化完善中依法推进，要结合省局正在建设的三项制度平台，在基础可行的前提下加快推进、持续深化、不断完善。

（四）完善和发展系统集成智能化的做法，注重系统集成创新。

大数据、区块链、人工智能等新技术为提高社会治理智能化智慧化水平开辟了广阔空间。要在强化风险管理上增加“准度”，在税收治理总体框架下，明确税收风险综合防控的定位和工作目标，找准税收风险综合防控的准确定位与切入点，优化风险管理制度体系，建立具有南京特色的税收风险监控方法和手段。要在优化信用评价上增加“维度”，借助信息化手段完善纳税信用修复管理机制，建立完善纳税信用交换和共享机制，拓展联合惩戒范围，建立“黑名单”制度，促进纳税遵从。要在深化数据应用上增加“广度”，主动服务政策执行、服务办税服务、服务政府决策，特别要用好数据集成优势服务地方领导科学决策。钱家俊总经济师也提到明年要加强税收经济分析，提出更多更好的思路，要的就是落地生效。

（五）完善和发展征管体系专业化的改法，优化税收征管体系。

省局王学东书记在四中全会精神专题研讨会上指出，建立优化高效统一的新税收征管体系，是国税、地税征管改革的目标，也是推进税收治理体系和治理能力现代化的必经之路。学东书记经过深入调研分析后指出，“1+5”新征管体系是适合江苏实际、经过实践检验、科学有效的管理体系。唐跃副局长提出要立足巩固、优调、提效，实现征管效能持续提升，这是明年落实新征管体制的方向和重点。要在加快完善体系上促改进，省局下发了多个“1+5”新征管体系制度文件，要认真学习、全面梳理，要在全省统一的前提下，完善差异化的功能，使新税收征管体系能够在南京落地、能够适应南京经济社会发展和税收工作发展需要。要在加大试点范围上促改进，加强示范申报工作，按照省局以点促面、高质量推进新征管体系建设的工作部署，加大动员力度，发挥先行试点作用，总结提炼先行经验，不断推进优化新征管体系建设。要在加力创新优化上促改进，坚持传承发展原有做法和经验，将其中适合全市推广的办法转化为制度，进一步优化机构设置、理顺职责关系、配置配好资源，保障税收征管查体系有效运行。刚才徐春燕总审计师专门提到要适应稽查工作新形势的需要优化稽查体系。这些都是我们应该尽快思考、有效改进的。

（六）完善和发展营商环境便利化的优法，优化税收营商环境。

习近平总书记指出营商环境只有更好没有最好。近期国务院常务会议审议通过的《优化营商环境条例》，将进一步推进我国营商环境建设。陈奇总会计师提出，营商环境对税种管理和征管提出了更高要求。要在对标世行评价指标上优服务，按照王军局长要求，既要当“考生”也要当“学生”，要全面分析世行营商环境评价和国家发改委相关考核指标，比对分析、找出异同、对标改进。要在落实总局纳服规范上优服务，以落实纳税服务规范3.0版和税收征管操作规范2.0版为契机，强化纳税服务智能化、便利化、精细化建设，最大限度便利纳税人、规范税务人。要在助力南京营商新规上优服务，市政府将出台《南京市优化营商环境新100条》，其中由我局牵头主办的服务举措5条，配合其他部门共同完成的举措8条，要认真对照、细化落实。

三、对标新任务新要求，开创南京税务的新篇章

做好明年工作，责任重大、意义深远。中央经济工作会议指出，全党全国要坚定信心、同心同德，战胜各种风险挑战，同时要求坚持稳中求进工作总基调，坚持新发展理念，坚持以供给侧结构性改革为主线，坚持以改革开放为动力，推动高质量发展，坚决打赢三大攻坚战，全面做好“六稳”工作，确保全面建成小康社会和“十三五”规划圆满收官。王学东书记在省局务虚会上提出“七个坚持、七个推进”，谋划明年工作。要更高目标更高标准更高质量做好明年各项工作，就要在增强政治定力、激发蛰伏合力、提升治理效力上下功夫。

（一）增强政治定力，为发展导航定向。

刚才沈宁副局长提出明年工作要把握“三个关系”，认清明年形势，组织收入工作要有定力会操作，关键就是看我们的能力和定力。要增强党建引领的定力，党的领导是中国特色社会主义制度的最大优势，也是中国税务治理最大的优势。要牢牢把握税务部门首先是政治部门的定位，强化税务系统党的建设，把党的领导进一步业务化、具体化、指标化，使之真正贯穿到税收工作的各领域、各环节，确保党的意志在南京税务系统落地生根。要增强深耕主业的定力，征税收费和减税降费都是税务部门的基本职责，该收的要收好，该减的要减到位，越是面对组织收入压力，越要坚持组织收入原则、严肃组织收入纪律，坚决做到“三个务必、三个坚决”。要增强持续改革的定力，明年税收立法工作将全面推开，要适应立法后的税种管理要求，用改革的办法改进工作，特别是明年个税汇算清缴工作，既有收又有退还有补，要通过有定力的制度设计使硬的方面有力度软的方面有温度。

（二）激发蛰伏活力，为发展聚力赋能。

中央经济工作会议提出“蛰伏”二字，生动描述了经济运行中潜在的新动能，既有潜在的能力也有激发合力的要求。郑良副局长刚才提出要增强队伍活力，就是要将全市干部队伍蛰伏的潜能激活激发出来，形成合力与活力。要激发干事创业活力，通过税务文化建设、职务职级并行、群团组织建设，加强人文关怀，激发干部活力。刚才聂志强工会主席提到明年工会三大重点工作任务，就是要形成愿干事想干事的活力之源。要发掘税治能力优势，前面我们分析了新税务参与国家治理的能力和优势，要进一步挖掘好运用好这些优势，更好地服务国家治理。要发挥防控风险作用，落实好省局60条税收监控管意见，强化内控监督，加强廉政监督，发挥风险防控在企业运行风险预警提示分析上的作用，促进市场经济主体高质量发展。要通过这一系列工作，使干部在“我+工作”上主动性更强，“工作+我”时配合力更大，让“我+、+我”加出南京税务干事热情创业活力。

（三）提升治理效力，为发展减负提效。

习近平总书记强调，要把为基层减负作为主题教育的重要内容，坚决整治形式主义、官僚主义，加强真抓实干的作风建设，让广大干部以更大热情投入到伟大事业中来。要转变四风为一线“卸压加劲”，今年从中央到地方、从总局到市局，出台了一系列实招硬招为基层减负，要持续加以推进，原则上不能向基层随便派活、随便要数、随便借人。要力戒形式主义、官僚主义，特别是要反对没有实效拍脑袋的形式主义，让基层干部有更多的时间聚焦干事创业、推动发展。要善做加法敢做加法，通过卸压给基层增添动力。要厘清制度为干事“松绑拓路”，四中全会决定强调，要构建系统完备、科学规范、运行有效的制度体系。调研中有单位提出省局征管职责清单就涵盖500多项，需要系统梳理清理现行的制度办法，该修订的修订，该完善的完善，该制定的抓紧制定，为基层干部干事创业松绑拓路。要科学统筹为管理“化繁提效”，市局党委班子、各处室、各基层单位一把手都要有统筹的思想，通过统筹管理增加工作效力。

2019即将过去，这几天大家要再想一想、再理一理、再看一看，有没有未做之事、未完之事、未好之事，为2019画上圆满的句号。特别是胥组长刚刚提到的外部审计工作，这又是一次对我们工作的全面体检，大家要高度重视、认真对待、积极配合。面向2020，我们相信在总局、省局党委和市委市政府的正确领导下，进一步增强“四个意识”、坚定“四个自信”、做到“两个维护”，必将为“强富美高”新南京建设作出新税务更大更多更新的贡献！

（责任编辑　楚天佑）

大　事　记

1月

1月29日　省税务局党委委员、纪检组长郑力坚在南京市税务局党委委员、纪检组组长陈林的陪同下，亲切慰问市税务局纪检干部及其家属。

1月29日　市税务局联合江宁区局和玄武区局，共同走进南京南站，开展以“税岁平安，温馨回家路”为主题的税收宣传活动，工作人员向广大旅客宣传个税专项附加扣除、小微企业普惠政策等税收新政，并送上对联、中国结等小礼品。

1月31日　全市税务工作会议在金汇大厦五楼多功能厅召开，南京市委副书记、常务副市长杨学鹏到会并作了讲话。市税务局党委书记、局长文月寿在全市税务工作会议上作主报告。

2月

2月1—2日　省税务局总会计师程明红到南京市玄武区、雨花台区调研减税降费工作开展情况，市税务局副局长沈宁陪同调研。

2月14日　秦淮区局召开2018年度党员领导干部民主生活会。市税务局党委书记、局长文月寿，秦淮区机关工委书记黄正到会督导。

2月15—18日　国家税务总局减税降费暨个税改革工作督导组到南京开展减税降费、个税改革专项督导工作。

2月20日　市税务局召开系统2019年度绩效管理和数字人事专题会议，分析讲评2018年度绩效考评情况，解读省税务局2019年度绩效考评规则和指标体系主要内容，布置市税务局对基层单位、机关处室考评规则和指标编制工作。

2月21日　市税务局系统工会在江宁经开区局召开第一届系统工会委员会委员、经费审查委员会委员会议。市税务局系统工会主席聂志强出席会议。

2月25日、27日　面向机关相关处室及基层局，市税务局分别召开两场社保费征管职责划转工作推进会议。市税务局副局长左明就稳妥推进社保费征管职责划转工作提出具体意见。

2月26日　市税务局召开全系统减税降费工作推进会议，传达上级对实施减税降费工作要求，布置近期减税降费重点工作，并对相关工作进行业务培训。

2月27日　市税务局召开部分重点金融机构落实小微金融免征增值税优惠情况调研会，南京银行、中信银行南京分行、交通银行江苏省分行、紫金农商行等四家金融机构参加会议。

2月27日　省税务局党委委员、市税务局党委书记、局长文月寿带队走访艾欧史密斯（中国）热水器有限公司，共话税收，问计问需。

3月

3月6日　省税务局副局长姜跃生、国际税收管理处处长尹晓宇一行在建邺区常务副区长李方毅的陪同下，走访小米有品科技有限公司，了解企业新型的商业发展模式及国内外市场的经营状况，为企业“走出去”做好服务。

3月19日　国家税务总局在北京召开全国税务系统干部人事工作专题会议，市税务局党委副书记、副局长郑良代表市税务局党委就改革以来推荐干部到地方任职工作作交流发言。

3月21日　省税务局党委委员、副局长葛元力到玄武区局调研，了解落实减税降费政策、货物劳务税管理等方面工作情况。市税务局党委委员、副局长林岗陪同调研。

4月

4月　国家税务总局开展“减税降费走基层”（江苏站）活动，邀请中央主流媒体、市场化媒体记者集中调研江苏省减税降费工作开展情况。4月9日，建邺区局作为南京地区代表，接受《证券时报》《中国证券报》《新华日报》等7家媒体的采访调研。

4月18日　国家税务总局大企业司司长缪慧频看望正在培训的市、区两级大企业管理岗位干部。

4月18日　江西省税务局副局长王显和一行到南京参观交流，省税务局副局长陈茂锋、市税务局局长文月寿、市税务局副局长沈宁参加交流活动。会议围绕新个人所得税法实施后相关制度办法、平台建设情况、ITS系统运维管理和建筑业等跨区域经营所得个人所得税征管等话题进行了深入探讨。

4月26日　市税务局机关团委携手高淳区局团支部开展以“青春心向党 建功新时代”为主题的团员活动，纪念伟大的五四运动100周年。市税务局党委委员、副局长、机关党委书记黄经东，高淳区局党委书记、局长张连静参加活动。

4月26日　浙江省税务局党委委员、杭州市税务局党委书记、局长许祖原一行来南京市税务局考察交流，省税务局党委委员、市税务局党委书记、局长文月寿，市税务局党委委员、副局长郑良等参加交流，双方就全面从严治党、新税务干部队伍建设、落实减税降费政策、税收经济分析、数字人事和绩效考核等工作进行交流，并就宁杭两地税收数据交换、合作开展税收经济分析等达成共识。

4月23日　江苏省委、省政府和南京市委、市政府举行庆祝渡江战役胜利暨南京解放70周年升国旗仪式，市税务局70名干部组成税务方阵参加。

5月

5月5日　全省国际税收工作联席会议在市税务局第三税务分局召开。省税务局副局长姜跃生出席会议，省税务局国际处处长、南京市税务局第三税务分局局长尹晓宇主持会议。南京、苏州、苏州工业园区、无锡、常州、南通等6个市、区税务局参加会议。

5月9日　市税务局召开系统作风建设工作会议。各区局、派出机构分管领导、党建部门负责人以及市税务局各处室、事业单位相关领导参加会议。

5月9日　市税务局党委书记、局长文月寿到秦淮区局第一党支部进行基层党支部联系点工作调研，并参加市税务局人事处党支部与秦淮区局第一党支部的结对共建活动。

5月10日　省税务局小微企业减税降费政策效应分析课题研讨会在南京市税务局召开。省税务局收入规划核算处、科研所，南京、苏州、丹阳等课题组成员单位参加会议。

5月17日　审计署驻南京特派员办事处副局级审计员于新生率江苏省贯彻落实国家重大政策措施审计组来南京市税务局调研，省税务局党委委员、副局长张滢，市税务局党委委员、纪检组长陈林陪同参加。

5月22日　国家税务总局政策法规司在建邺区局召开全面推行“三项制度”专项工作调研会，深入了解各级税务机关相关工作实际开展情况。

5月29日　市税务局召开车辆购置税完税证明电子信息交互工作联席会议。市税务局货物和劳务税处、第二税务分局、市公安局车管所，江宁、浦口、六合、溧水、高淳等五区的税务局及车管所有关负责人参加会议。

6月

6月4日　市税务局参加南京市文明办、南京市广播电台联合举办的“南京好人365”专题访谈节目。

6月11日　市税务局机关在金汇大厦召开“不忘初心、牢记使命”主题教育动员部署会。国家税务总局“不忘初心、牢记使命”主题教育第5巡回指导组副组长王贤军出席会议并讲话。

6月12日　市税务局与市工商联举行对口联系工作会议，就落实减税降费政策措施，服务地方经济高质量发展进行深度交流。

6月12日　市税务局与《南京晨报》、江苏省湖南商会、南京银行南京分行共同举办“走进商会 与爱同行”企业服务大讲堂。55家企业代表参加，涉及物流、医药化工、纺织印染、文化教育、餐饮休闲等多个行业。

6月14日 市科技局局长洪礼来一行到市税务局就科技税收工作进行座谈交流。市税务局局长文月寿、副局长沈宁、总经济师胥德明，以及有关处室负责人参加座谈交流。

6月20日 南京市税务局和江宁街道新铜社区联合开展“减税降费进社区 践行初心我先行”道德讲堂活动，弘扬社会主义核心价值观，推进新时代文明实践中心建设；有效落实减税降费政策，助力“乡村振兴”战略。

7月

7月11日 省税务局副局长姜跃生，省税务局副巡视员、省税务局第一税务分局局长赵灿奇到南京第一税务分局调研，了解大企业税收工作开展情况，并就下一步工作提出指导性意见。市税务局总会计师张海宁陪同调研。

7月25日 由市税务局机关党委主办的“新长征、新税务、新风貌”红色经典诵读活动在第二稽查局举行。活动展示了党员干部爱国主义热情和昂扬的精神面貌。市税务局机关及7家派出机构参与活动。

7月25日 市税务局在江宁开发区税务局召开“阿里巴巴钉钉—丁税宝”项目推广调研会，探索用信息化手段构建征纳智能化交互平台。会议由市税务局总经济师王超主持，市税务局纳税服务处、征管科技处、风险管理局、信息中心、纳税服务中心有关负责同志参会。

7月31日 市税务局组织召开税务文化新体系新品牌外部专家评审会。

7月31日 北京市税务局第一税务分局副局长李任斌一行，在省税务局第一税务分局副局长秦永宏的陪同下，到市税务局第一税务分局就大企业税收服务与管理工作座谈交流。市税务局总会计师张海宁参加座谈。

8月

8月1日 省税务局党委委员、市税务局党委书记、局长文月寿为机关副处级以上党员领导干部上“不忘初心、牢记使命”主题教育专题党课。

8月13日 市税务局召开全市税务系统“不忘初心、牢记使命”主题教育工作推进会。省税务局党委委员、市税务局党委书记、局长、市税务局主题教育工作领导小组组长文月寿出席会议并讲话，市税务局党委委员、副局长、市税务局主题教育工作领导小组副组长黄经东主持会议。

8月15日 省税务局就“互联网+税务”丁税宝项目在南京试点情况在江宁开发区局召开会议。会议由市税务局总经济师王超主持，省税务局副局长周柏柯，省税务局纳服处、市税务局纳服处、第一税务分局、南京经开区局、江宁开发区局有关负责人，阿里巴巴及丁税宝公司参加会议。

8月22日 市税务局和中国邮政南京市分公司共同签订税邮战略合作协议。市税务局局长文月寿、中国邮政南京市分公司总经理莫志坚出席签约仪式，市税务局总经济师王超和中国邮政南京市分公司副总经理袁兵分别代表双方在战略协议上签字。

9月

9月5日 国家税务总局机关服务中心副主任、党总支副书记欧阳华民一行3人赴南京市税务局，就南京市税务系统参加南京市城市治理标准化建设工作情况进行专题调研。

9月11日 市税务局召开全市税务系统“不忘初心、牢记使命”主题教育第一批总结暨第二批部署会议。省税务局党委委员、市税务局党委书记、局长、主题教育工作领导小组组长文月寿出席会议并讲话，市税务局党委副书记、副局长郑良主持会议。

9月17日 市税务局召开全市税务系统城乡居民两险集中征收工作推进会，传达贯彻省税务局城乡居民两险集中征收工作推进会议精神，回顾总结社保费征收体制改革进展情况，分析研判集中征收期面临的新形势、新要求，部署安排下一步工作。

9月24日 南京市人大常委会主任龙翔率队到建邺区局调研优化营商环境、纳税服务便利化改革等工作的开展情况。市税务局局长文月寿、副局长沈宁、总经济师王超陪同调研。

10月

10月1日 市税务局30余名干部在达美广场举行升旗仪式,庆祝新中国成立70周年。此次"祖国在我心中——同升国旗、同唱国歌"活动,是由南京市委市政府举办的国庆庆祝活动之一,南京市税收博物馆作为全市爱国主义教育基地之一,与全市70个示范点一同举办该活动。

10月17日—18日 全省税务交流跨境税源"一户式"监控系统运用情况研讨会在南京市税务局第三税务分局召开。省税务局副局长姜跃生出席会议,省税务局国际处,全省各设区市税务局参加。

11月

11月5日 市税务局机关离退休干部来到六合大泉湖畔枫彩漫城,开展秋季"看南京"活动。

11月12日 市税务局主要负责人调整宣布会议在五楼多功能厅召开。省税务局党委书记王学东主持会议,国家税务总局人事司系统处一级调研员刘铁英宣读国家税务总局关于南京市税务局主要负责人调整的任免文件,郑钢任国家税务总局江苏省税务局党委副书记、国家税务总局南京市税务局党委书记、局长,文月寿不再担任国家税务总局江苏省税务局党委委员、国家税务总局南京市税务局党委书记、局长,另有任用。市税务局局领导、市税务局机关副处级以上领导干部,各区税务局、派出机构主要负责人参加会议。

11月23日 市税务局系统工会在南京体育学院举办了以"活力新税务、阔步新征程"为主题的趣味运动会。省税务局党委副书记、市税务局党委书记、局长郑钢,市税务局党委委员、副局长黄经东,系统工会主席聂志强出席运动会并为获奖代表队颁奖。来自市税务局机关和基层工会的22支代表队600多名干部职工参加了活动。

11月28日 国家税务总局"不忘初心、牢记使命"主题教育第5巡回指导组组长邱大南一行,前往南京市建邺区税务局检查指导主题教育开展情况。省税务局系统党建工作处处长张谦、主题教育领导小组办公室常务副主任顾一兵随同检查。市税务局系统党建处、建邺区局进行了专题汇报。

11月28日 市税务局在省税务干部学校南京校区举办学习贯彻中共十九届四中全会精神专题研讨会,市税务局领导,各区税务局、市税务局各处室、派出机构、事业单位主要负责人参加会议。省税务局党委副书记、市税务局党委书记、局长郑钢立足南京税务工作实际,解析了学习全会精神的体会,部署了贯彻全会决定的工作要求。

12月

12月5日 江苏省工商业联合会副主席李晓林到江宁区局开展减税降费专题调研,深入了解基层税务部门减税降费有关工作情况。省税务局总会计师程明红,市税务局副局长沈宁陪同调研。

12月7日 国家税务总局业务能力升级和领导胜任力测试(南京考点)在南京师范大学仙林校区顺利举行。省税务局党委书记王学东,省税务局党委副书记、市税务局党委书记、局长郑钢,市税务局党委委员、副局长左明以及省、市税务局相关处室负责人巡视检查了各考场。此次国家税务总局组织的8级及以上业务能力升级和正处级及以上领导胜任力测试,省税务局机关和市税务局系统干部898人次参试。

12月7日 按照"不忘初心、牢记使命"第二批主题教育的相关要求,省税务局党委副书记、市税务局党委书记、局长郑钢指导秦淮区局党委"不忘初心、牢记使命"主题教育专题民主生活会。市税务局主题教育第1巡回指导组组长聂志强、市税务局办公室主任梁国荣、系统党建处处长高永峰随同参加。

12月30日 韩立明代市长一行走访市税务局,看望慰问正在进行年终决算的税务干部职工。冉华副市长、翁国玖秘书长等领导参加慰问。调研中,韩立明一行与税务干部职工亲切交流、合影留念,并借此机会向全市税务干部职工表示衷心的感谢和亲切的慰问。市税务局各位局领导、各处室主要负责人参加调研。

(沈 彤)

(责任编辑 楚天佑)

概　况

南京市概览　2019年10月31日，联合国教科文组织，批准南京为世界文学之都，成为中国首座世界文学之都。南京的市民精神是“开明开放、诚朴诚信、博爱博雅、创业创新”。南京的市树是雪松，市花为梅花，南京旅游城市的标志是“龙蟠虎踞”。五年来，南京市以高度的政治自觉和使命担当，持续推动习近平总书记谆谆嘱托在南京落地落实，“强富美高”的宏伟蓝图正在展现出越来越清晰的现实模样。2019年是建设“强富美高”新南京的第五个年头，各项事业取得新的重要进展。全市地区生产总值14030.15亿元，比上年增长7.8%；一般公共预算收入1580.03亿元，比上年增长8.1%；规模以上工业增加值3092.26亿元，比上年增长7.0%；社会消费品零售总额6135.74亿元，比上年增长5.2%；全体居民人均可支配收入57630元，比上年增长8.9%。推进创新名城建设，深入实施“两落地一融合”等重点工程，新增新型研发机构100家，净增高新技术企业超过1400家、独角兽企业2家、瞪羚企业87家，成功举办首届南京创新周。推动产业转型升级，出台集成电路、人工智能等产业地标专项行动计划，获批国家农业高新技术产业示范区、国家级临空经济示范区。全面深化改革，年度297项改革任务稳步推进，政务服务“宁满意”工程全面实施，优化营商环境评价排名和信用体系建设位居全国前列，机构改革任务圆满完成。江苏自贸区南京片区获批建设，出台体制机制创新“1+9”政策举措。重点支持六合、高淳加快高质量发展，高标准规划建设“一江两岸”和紫东地区，区域协调发展步伐进一步加快。融入长三角一体化国家战略，深化南京都市圈、宁杭生态经济带和宁镇扬同城化建设。组织庆祝渡江战役胜利暨南京解放70周年，热烈庆祝新中国成立70周年，激发全市人民的爱国热情和为实现中华民族伟大复兴中国梦而团结奋斗的信心。

（史成娟）

南京市税务局简介　截至2019年年末，该局共有干部职工3976人，其中，行政编制人员3795人，参公管理人员51人，事业及工勤人员130人。干部平均年龄44.5岁，党员占比71%，本科以上学历占比89.2%，注册会计师、注册税务师、律师“三师”比例达18%。全市税务系统共设有23个内设机构、4个事业单位、7个派出机构、14个所属单位、323个基层科所。该局共管理和服务纳税人86.89万户。2019年，在国家税务总局、国家税务总局江苏省税务局（以下简称“省税务局”）党委和中共南京市委、南京市人民政府的坚强领导下，全市税务系统聚焦税收工作主题主业主线，勇于担当、攻坚克难，圆满完成各项工作任务。各级领导对南京市税务局给予充分肯定，国家税务总局、中共江苏省委、江苏省人民政府领导对南京市税务局表扬性批示6次，南京市委书记张敬华、南京市长韩立明专门对市税务局2019年工作批示肯定。在2019年度全市对标找差创新实干高质量发展考核中列垂管单位第一名。（史成娟）

全市税收工作综述　2019年，市税务局组织各项收入3420.3亿元，同比增长5.4%。其中，税收收入2665.3亿元，同比增长3.27%；社保费676亿元，增长15.2%，非税收入79亿元，增长4.7%。累计组织市县级一般公共预算收入1373.8亿元，同比增长3.5%。落实各项减税降费政策，全年新增减税357亿元、社保降费72亿元。

党的领导在主题教育中得到切实加强。认真学习贯彻习近平新时代中国特色社会主义思想，分两批扎实开展“不忘初心、牢记使命”主题教育，开展集中学习研讨104次、领导干部讲党课338次，形成问题清单297个，制定整改措施834条，推进问题整改和专项整治，主题教育工作列入国家税务总局典型经验汇编。加强基层党组织标准化建设，开展结对共建、互学互鉴、互促互补。强化党的政治建设，严肃党内政治生活，发挥巡察利器作用，政治生态不断净化。深入运用监督执纪“四种形态”，强化党员干部“八小时以外”监督管理，10个单位通过市纪委“省级廉政文化建设示范点”回头看检查。落实“基层减负年”要求，收入规划核算处被评为2019年度市级机关作风建设标兵处室，第一税务分局党总支被市委授予“先进基层党组织”称号。

税收作用在减税降费落实中得到有力提升。严守收入原则，既从严从实减税降费，又有序有力组织收入，圆满完成全年预算目标任务，为“强富美高”新南京建设奠定了财力基础。建立减税降费“1+9”工作机制，成立减税办实体运作统筹推进，创推应用减税降费小助手，确保政策红利应知尽知、应享尽享，有效激发市场主体活力。推进个人所得税改革，落实专项附加扣除政策，188万人变为无税，获得感明显提升。深化增值税改革，为七大行业363户企业办理留抵退税26亿元。企业所得税汇算清缴质量不断提升，为近6000户企业办理研发费加计扣除，减免税款59.6亿元，有效保障“六稳”（稳就业、稳金融、稳外贸、稳外资、稳投资、稳预期）目标实现，有力推动南京“创新名城”建设。

税收治理在各项改革考验中得到稳步推进。完善征管制度体系，优化岗位职责权限，初步实现全市征管方式规范统一。推进社保费和非税收入征管职责划转，实现机关事业单位养老保险和城乡居民两险全面平稳划转征收。实施网格化管理，依托“我的南京”APP顺利上线城乡居民社保在线缴费功能，在全省率先实现全流程在线操作。强化征管信息化建设，金税三期如期并库、平稳运行。创新建立“按需供票”管理机制，增值税发票管理系统2.0版和增值税电子发票公共服务平台同步上线。风险应对成效突破50亿元。夯实数据治税基础，与18个部门交换数据430万条。网络安全防护和应急处置能力不断提升。内部管理相关工作创新得到国家税务总局总经济师刘丽坚批示肯定，运转效能不断提升。

税收法治在“三项制度”（执法公示制度，执法全过程记录制度，重大执法决定法制审核制度）推行中得到持续深化。全面推行“三项制度”，拓展行政执法公示渠道，加强复议应诉管理，建立公职律师队伍。开展“走民企送政策送服务”活动，打造“税惠通”和税收政策支持服务平台，建立府院联动协调机制，营造法治化营商环境。规范法制审核和备案管理，严格行政处罚裁量权，完善重大税务案件审理程序。构建契税、土地增值税、房产税、土地使用税等链式闭环共管新模式，土地增值税清算工作不断规范。深化资源税改革，加强环保税征管，助力美丽古都建设。开展减税降费政策落实情况督察督办，确保落地生效。推进内控制度和内控平台建设，落实税收执法责任制，有效防范执法风险。严厉打击税收违法行为，全年共检查2738户，查补入库收入3.7亿元。

税费服务在营商环境优化中得到不断增强。持续开展“便民办税春风行动”，落实优化营商环境100条，主动参与推动新100条出台，着力为纳税人真减负、为办税增便捷，有效支撑“宁满意”工程建设。创推非接触式办税新渠道，推出邮寄配送发票，1天内纳税人足不出户即可领到发票；推出新办企业线上电子税务局套餐服务，25分钟内办结税务事项。推出“人工+智能、专家+专席”集成式智能型咨询应答方式，回答的深度准度速度持续改善。对接社会诚信体系建设，加强失信企业黑名单管理。打造税企服务智能平台，获省局工作创新项目第一名。主动服务“走出去”企业，助力“一带一路”建设，获得国家税务总局副局长孙瑞标批示肯定。出口退税平均时间3个工作日以内，远快于全国平均水平。服务自贸区建设，得到江苏省委书记娄勤俭批示肯定。

干部队伍在接续实战锤炼中得到充分认可。坚持党管干部原则，坚持正确用人导向，队伍潜力得到进一步释放。机构合并后共有51名干部交流到省市区三级党委政府部门任职挂职，得到国家税务总局局长王军批示肯定。税务领军人才达8名，列全省税务系统第一，业务大比武团体成绩全省第一，1名干部进入全国前10。稳步推进职务职级并行及准备工作。优化离退休干部管理。推进系统文化建设，组建12个文体活动示范基地，举办丰富多彩的文体活动，干部活力有效激发。深化精神文明创建，国家税务总局南京市六合区税务局及其办税服务厅分别获评“全国税务系统先进集体”“全国巾帼文明岗”，国家税务总局南京市溧水区税务局获得“全国职工书屋”

称号，15个单位获得“江苏省文明单位”荣誉称号，20个单位获得“南京市文明单位”荣誉称号，7名干部被授予南京市“五一劳动奖章”。

（史成娟）

人员机构概况（2019年）

中共国家税务总局南京市税务局委员会委员名单

江苏省税务局党委副书记、南京市税务局党委书记　郑　钢

党委副书记　郑　良

党委委员　蔡建勋

左　明

唐　跃

黄经东

林　岗

王　超

沈　宁

陈　奇

胥德明

徐春燕

钱家俊

中共国家税务总局南京市税务局党委纪检组负责人

纪检组组长　胥德明

国家税务总局南京市税务局机构设置和负责人

局　长　郑　钢

副局长　郑　良（二级巡视员）

蔡建勋

左　明

唐　跃（二级巡视员）

黄经东（二级巡视员）

林　岗

沈　宁

纪检组组长　胥德明

总经济师　王　超

总会计师　陈　奇

总审计师　徐春燕

总经济师　钱家俊

系统工会主席（南京副局级）　聂志强

二级巡视员　陈　林

二级巡视员　张海宁

副巡视员　曹晓扬

副巡视员　夏玉霞

副巡视员　周勇鸿

办公室

主　任　梁国荣

副主任（正处级）　费明华

副主任　何　欣

王学根

陈存刚

调研员　顾长元

金　泳

梁　钰

副调研员　楚天佑

政策法规处

处　长　董剑飞

副处长　吴立亚

货物和劳务税处

处　长　杨仁良

副处长　张勋江

郭燕萍

进出口税收管理处

处　长　徐贻璧

副处长　马志舜

范　军

企业所得税处

处　长　查学清

副处长　姜学峰

张建强

副调研员　孙建忠

个人所得税处

处　长　郭智华

副处长　王建兵

张　健

财产和行为税处

副处长　王佩福

社会保险费和非税收入处

处　长　陈　云

副处长　卓　越

王　冬

副调研员　陈珊艺

收入规划核算处

处　长　黎　凡

副处长　钟智宏

调研员　毛宏成

纳税服务处

处　长　钟　山

副处长　魏军波

宗　明

副调研员　姜志才

征管和科技发展处

处　长　张　民

副处长　姜　进

周　妍

调研员　杨霆钧

副调研员　张　军

国际税收管理处

处　长　顾梅平

副处长　缪寿亮

宋　雁

税收经济分析处

处　长　王　俊

副处长　戴迎新

副调研员　张　斌

税收风险管理局

处　长　徐惠华

副处长　戴文新

调研员　伍　琦

财务管理处

处　长　洪德顺

副处长　叶　红

调研员　姚　泓

督察内审处

处　长　吴春高

副处长　张黔安

李　玮

调研员　杨冬梅

人事处

处　长　陈雁青

副处长（正处级）　周建伟

副处长　黄晓兰

施荣明

副调研员　郭志勇

考核考评处

处　长　季志春

副处长　张红兵

教育处

处　长　胡连强

副处长（正处级）　黄　昀

副处长　万利明

张丽晔

洒荣汶

机关党委

主　任　罗志刚

副调研员　姜丽莎

老干部处

处　长　马鲁港

调研员　王　震

刘金刚

副调研员　张金川

系统党建工作处

处　长　高永峰

副处长　方立新

苏妍红

副调研员　吴　红

纪检组

副组长（正处级）　聂　正

王　勇

副组长（副处级）　江沁沁

王　勇

副调研员　金　泓

纳税服务中心（税收宣传中心）

主　任　马雪玲

副主任　高文莉

承　蕾

副调研员　高善平

信息中心

主　任　席宝庆

副主任　朱　岚

张　锋

机关服务中心

副主任　杨　琳

副调研员　任　军

李兴虎

王　坚

税收科学研究所

所　长　王宝林

调研员　姜　健

舒安仁

第一税务分局

局　长　宋　健

副局长　史　正

魏　捷

许　斌

常　敏

专职纪检监察员　万结青

副调研员　明　靖

胡洪斌

徐　鹏

第二税务分局

局　长　曹雨晴

副局长　王　辰

王　波

闫　杰

专职纪检监察员　于江泉

第三税务分局

局　长　尹晓宇

副局长　范久红

曲　霞

严　勇

刘　宁

朱　海

专职纪检监察员　杨　剑

稽查局

副局长（正处级）　朱　延

臧桂芹

卞立群

副局长　黄建军

张红军

潘　锋

温　莉

专职纪检监察员　马胜平

副调研员　朱基全

王振民

第一稽查局

局　长　沈　勇

副局长（正处级）　李维社

副局长　陆晓民

罗向军

王　蓓

专职纪检监察员　魏　巍

调研员　全　晓

郭业林

副调研员　谢文亮

匡翠光

朱玉梅

第二稽查局

局　长　夏建国

副局长（正处级）　薛剑秋

副局长　肖继光

纪耀录

董晓庆

张文凤

专职纪检监察员　张　健

调研员　吴跃发

副调研员　奚　雷

第三稽查局

局　长　范仕平

副局长（正处级）　周　皓

副局长　仇必胜

吕　云

李爱娟

程松敏

专职纪检监察员　蒋源军

调研员　朱广生

副调研员　李文军

祁振雷

玄武区税务局

党委书记、局长　曾　翀

党委副书记、副局长（正处级）　张予田

党委委员、副局长　严　铀

吕　艳

洪　斌

许晓燕

葛菲菲

党委委员、纪检组组长　戚光连

调研员　王礼根

林　斌

汪临清

副调研员　王　玲

王小洪

魏　玮

步劲柏

秦淮区税务局

党委书记、局长　王火生
党委副书记、副局长（正处级）　范道林
党委委员、副局长　杨发荣
陆　隽
丁晓军
陈娟娟
魏　明
党委委员、纪检组组长　何继光
调研员　朱中元
滕　燕
副调研员　祁寅龙
闻　华
陈旭东
李　琦
陈　兵
鲁　新

建邺区税务局

党委书记、局长　田　园
党委副书记、副局长（正处级）　马玉宁
戴世敏
党委委员、副局长　郝永宁
石庆华
贾振祥
孔志刚
彭远娣
王　颖
朱　剑
党委委员、纪检组组长　王少华
调研员　赵建华
副调研员　岳有铭
卜兴耀
赵　红

鼓楼区税务局

党委书记、局长　李　军
党委副书记、副局长（正处级）　马学民
党委委员、副局长　尤　克
张建国
徐　健
严维国
陈卓兵
周　密
尹　婧
肖　莉
党委委员、纪检组组长　邹　勇
调研员　周　斌
副调研员　吴　兵
夏　莉
周卫国
潘祥云
柳　峰
鲁世君
颜月平

雨花台区税务局

党委书记、局长　姜莱斌
党委副书记、副局长（正处级）　王桃之
党委委员、副局长　吴勤锋
李　毅
周　薇
邵龙喜
郭智怡
党委委员、纪检组组长　马志奇
调研员　张迎乔
副调研员　夏恒志
郭菊霞
毕云亮
孟宪忠
陆瑞东

栖霞区税务局

党委书记、局长　殷壁峰
党委副书记、副局长（正处级）　董晓力
党委委员、副局长　胡　亮
刘家宏
袁　莹
欧阳慧珠
谢寒生
朱　丽
党委委员、纪检组组长　李　军
副调研员　陈　东
张兴才
刘明星

江宁区税务局

党委书记、局长　罗　斌

党委副书记、副局长（正处级）　庞宝林
党委委员、副局长　喻　祥
陶向武
尤胜宇
谭　军
佘风琴
徐　伟
党委委员、纪检组组长　钟家宝
副调研员　王兆贵

浦口区税务局

党委书记、局长　倪云国
党委副书记、副局长（正处级）　王晓苏
党委委员、副局长　孙　猛
赵夕政
刘克富
张　捷
莫增华
沈希初
刘　波
马婷怡
党委委员、纪检组组长　陈　虎
副调研员　吴玉华
陆培洪

六合区税务局

党委书记、局长　王桂祥
党委委员、副局长　许　辉
刘明祥
汪学明
孙在元
党委委员、纪检组组长　商春锋
副调研员　王成亮
邵北平

溧水区税务局

党委书记、局长　王拥军
党委委员、副局长　刘德才
喻召双
张显美
党委委员、纪检组组长　彭聿新
副调研员　李　根

高淳区税务局

党委书记、局长　张连静
党委委员、副局长　陈步荣
王志平
丁建华
谷办金
党委委员、纪检组组长　诸培苗

南京江北新区税务局

党委书记、局长　郑　良（兼）
党委委员、副局长（正处级）　张绍云
谢海航
程建华
汪义娟
党委委员、副局长　吴庆和
李厚亮
丁厚祥
李声银
任梦华
贾　婷
王　震
张　波
党委委员、纪检组组长　王　笑
副调研员　许帮炎

南京经济技术开发区税务局

党委书记、局长　李红军
党委副书记、副局长（正处级）　石　良
党委委员、副局长　张顺龙
张登明
邹海波
党委委员、纪检组组长　翁明祥
调研员　刘　勇
副调研员　戴小龙

南京江宁经济技术开发区税务局

党委书记、局长　岳守东
党委副书记、副局长（正处级）　虞华荣
党委委员、副局长　虞　华
祝必华
田志兵
吕小卫
党委委员、纪检组组长　张　弘
调研员　曹　平

（邹　乐）

南京市税务局2019年人力资源管理统计表——人员基本情况

表1

单位	在职合计	女	少数民族	政治面貌			最高学位			最高学历				年龄			离退休人员
				中共党员	共青团员	民主党派	博士	硕士	学士	研究生	本科	专科	中专及以下	51-54岁女性（非处级）	55-59岁	平均年龄	
机关	400	166	11	356	1	5	2	116	86	115	250	31	4	13	66	44	143
第一税务分局	105	60	2	75		4		20	39	14	78	11	2	7	15	43	19
第二税务分局	61	26	2	45	1	1		11	24	12	44	5		2	8	39	15
第三税务分局	34	19		29				12	8	12	21	1		2	1	41	4
稽查局	111	55	5	93	3	1		19	40	20	86	4	1	6	12	42	66
第一稽查局	106	55	4	79	3	1		12	38	11	89	6		12	24	44	35
第二稽查局	117	50	2	76	4	4		18	29	17	90	10		10	24	45	9
第三稽查局	117	47		77	4	2		19	29	16	84	17		10	18	45	22
玄武区局	230	117	3	155	3	6		29	63	32	179	19		26	37	44	99
秦淮区局	306	141	10	215	8	7		26	68	26	243	37		40	68	45	145
建邺区局	187	92	7	149	2	3		30	59	30	142	14	1	9	36	44	70
鼓楼区局	308	143	10	215	5	5		40	61	34	244	30		36	61	45	148
雨花台区局	165	68	2	106	5	2		31	41	30	115	18	2	14	22	45	58
栖霞区局	161	56		114	10	1		21	47	22	130	8	1	12	8	44	48
江宁区局	255	93	3	194	13	2		14	74	14	197	41	3	14	35	44	93
浦口区局	192	87	2	151	14	1		23	66	23	152	17		5	27	41	72
六合区局	191	73	3	142	19			15	65	13	170	7	1	10	22	41	111
溧水区局	211	75	2	141	20			4	67	3	177	29	2	10	32	43	69
高淳区局	225	63		147	12			2	55	2	199	23	1	8	36	45	58
江北新区局	275	101	3	186	16	2	2	38	125	41	215	19		11	35	42	40
经开区局	107	30	2	78	13	1	1	11	40	11	88	8		0	15	42	5
江经开区局	112	39	1	82	10			13	31	13	90	9		3	7	41	11
合计	3976	1656	74	2905	166	48	5	524	1155	511	3083	364	18	297	609	43	1340

南京市税务局2019年人力资源管理统计表——人员身份组成

表2

单位	在职小计	公务员	参公人员	事业管理人员	事业专业技术人员	事业工人	工勤人员
机关	400	367	8	9	1	9	6
第一税务分局	105	102		1		2	
第二税务分局	61	45	13			3	
第三税务分局	34	34					
稽查局	111	107		1		2	1
第一稽查局	106	103		1			2
第二稽查局	117	116					1
第三稽查局	117	114					3
玄武区局	230	218	1	2		2	7
秦淮区局	306	288	3	2		2	11
建邺区局	187	178	1	2	1		5
鼓楼区局	308	294	1	4		2	7
雨花区局	165	157	1			2	5
栖霞区局	161	154	2	2		1	2
江宁区局	255	242	5	1		2	5
浦口区局	192	186	3			2	1
六合区局	191	184	2			1	4
溧水区局	211	204	5	1			1
高淳区局	225	222				2	1
江北新区局	275	265	4			2	4
经开区局	107	105	1			1	
江经开区局	112	110	1				
总计	3976	3795	51	27	2	35	66

机构职能

市税务局主要职责

1.负责贯彻执行党的路线、方针、政策，加强党的全面领导，履行全面从严治党责任，负责党的建设和思想政治建设工作。

2.负责贯彻执行税收、社会保险费和有关非税收入法律、法规、规章和规范性文件，研究制定具体实施办法。组织落实国家规定的税收优惠政策。

3.负责研究拟定本系统税收、社会保险费和有关非税收入中长期规划，参与拟定税收、社会保险费和有关非税收入预算目标并依法组织实施。负责本系统税收、社会保险费和有关非税收入的会统核算工作。组织开展收入分析预测。

4.负责开展税收经济分析和税收政策效应分析，为国家税务总局江苏省税务局和市委、市政府提供决策参考。

5.负责所辖区域内各项税收、社会保险费和有关非税收入征收管理。组织实施税（费）源监控和风险管理，加强大企业和自然人税收管理。

6.负责组织实施本系统税收、社会保险费和有关非税收入服务体系建设。组织开展纳税服务、税收宣传工作，保护纳税人、缴费人合法权益。承担涉及税收、社会保险费和有关非税收入的行政处罚听证、行政复议和行政诉讼事项。

7.负责所辖区域内国际税收和进出口税收管理工作，组织反避税调查和出口退税事项办理。

8.负责组织实施所辖区域内税务稽查和社会保险费、有关非税收入检查工作。

9.负责增值税专用发票、普通发票和其他各类发票管理。负责税收、社会保险费和有关非税收入票证管理。

10.负责组织实施本系统各项税收、社会保险费和有关非税收入征管信息化建设和数据治理工作。

11.负责本系统内部控制机制建设工作，开展对本系统贯彻执行党中央、国务院重大决策及上级工作部署情况的督查督办，组织实施税收执法督察。

12.负责本系统基层建设和干部队伍建设工作，加强领导班子和后备干部队伍建设，承担税务人才培养和干部教育培训工作。负责本系统绩效管理和干部考核工作。

13.负责本系统机构、编制、经费和资产管理工作。

14.完成国家税务总局江苏省税务局和中共南京市委、南京市人民政府交办的其他工作。

内设机构职责

（一）办公室

负责拟订本系统综合工作制度、年度工作计划；组织起草和审核重要文稿；负责公文处理、会务管理、信息调研、档案管理、机要保密、来信来访、值班值守、国家安全等工作；组织实施政务公开、政府信息公开、税收宣传工作；组织实施督查督办工作；组织办理人大代表议案、建议和政协委员提案。

（二）政策法规处。

负责组织实施依法行政工作；负责涉及多个税种、社会保险费和有关非税收入综合性政策文件会办、起草和落实工作；负责规范性文件合法性审查、合规性评估、备案审理、清理等工作；负责重大执法决定法制审核工作；组织协调重大税务案件审理；负责税务行政处罚的管理；组织办理行政复议、行政诉讼等事项；组织办理涉税反补贴案件应对工作；负责公职律师和法律顾问相关工作。

（三）货物和劳务税处

负责组织实施增值税、消费税、车辆购置税等征收管理工作，拟订征收管理具体实施办法；负责相关税种具体业务问题的解释和处理；组织落实相关税种的税收优惠政策；负责增值税发票管理，组织相关信息系统的推广应用及管理；指导相关税种的日常管理、日常检查；参与相关税种的风险管理和纳税辅导、咨询服务、税收法律救济等工作。

（四）进出口税收管理处

负责组织实施进出口税收管理工作，拟订具体实施办法；负责进出口税收具体业务问题的解释和处理；参与海关特殊监管区域税收管理工作；参与拟订出口退（免）税年度安排，分配下达并组织实施年度退税安排；指导出口退税的日常管理、日常检查；参与进出口税收风险管理和纳税辅导、咨询服务、税收法律救济等工作。

（五）企业所得税处

负责组织实施企业所得税征收管理工作，拟订征收管理具体实施办法；组织落实企业所得税收入、扣除和优惠等各项税收政策，开展政策执行情况的分析；负责企业所得税具体业务问题的解释和处理；负责企业所得税的季（月）度预征、汇算清缴等管理工作；参与企业所得税风险管理和纳税辅导、咨询服务、税收法律救济等工作。

（六）个人所得税处

负责组织实施个人所得税征收管理工作，拟订征收管理具体实施办法；负责个人所得税具体业务问题的解释和处理；组织落实个人所得税优惠政策；组织实施个人所得税源泉扣缴、自行申报、汇算清缴、事后抽查等工作；指导个人所得税的日常管理、日常检查；参与个人所得税风险管理和信用管理、纳税辅导、咨询服务、税收法律救济等工作。

（七）财产和行为税处

负责组织实施房产税、城镇土地使用税、土地增值税、契税、城市维护建设税、印花税、资源税、环境保护税、车船税、耕地占用税和烟叶税等征收管理工作，拟订征收管理具体实施办法；负责相关税种具体业务问题的解释和处理；组织落实相关税种的税收优惠政策；指导相关税种的日常管理、日常检查；参与相关税种的风险管理和纳税辅导、咨询服务、税收法律救济等工作。

（八）社会保险费和非税收入处

负责组织实施基本养老保险费、基本医疗保险费、失业保险费、工伤保险费、生育保险费等社会保险费征收管理工作；负责组织实施文化事业建设费、废弃电器电子产品处理基金、教育费附加和地方教育附加、残疾人保障金等有关非税收入的征收管理工作以及工会经费代收工作；负责研究拟订具体实施办法；指导有关非税收入的日常征管、日常检查工作；参与有关非税收入征收的政策辅导、咨询服务、法律救济等工作。

（九）收入规划核算处

负责研究拟订本系统税收、社会保险费和有关非税收入中长期规划，参与拟订税收、社会保险费和有关非税收入预算目标并依法组织实施；负责拟订出口退（免）税年度安排，组织落实免抵调库年度安排；负责统筹协调组织收入工作，开展收入预测分析、预警分析和收入质量管理；负责重点税源监控、企业税收资料调查工作；组织落实会统核算、缴库退库、票证管理等制度，实施会计监督。

（十）纳税服务处

组织开展纳税服务（含缴费服务，下同）工作；组织实施纳税服务制度和规范；组织开展面向纳税人和缴费人的税法宣传、纳税辅导、咨询服务、办税服务和权益保护等工作；负责办税服务厅、纳税服务热线等面向纳税人和缴费人的服务渠道管理及服务效能评价与监测；负责税收信用体系建设；组织办理纳税服务投诉；负责落实涉税专业服务监管政策及制度，统筹协调社会化纳税服务。

（十一）征管和科技发展处

负责组织落实综合性税收征管法律、法规、规章及规范性文件，拟订具体操作办法；统筹管理面向纳税人的各类征管措施；组织实施税务登记、申报纳税、欠税、普通发票、个体工商户等征管工作；负责征管质量监控评价；负责组织落实信息化规划、方案和制度，实施本系统信息化建设、考核评价和验收工作；承担税务行业标准和业务需求管理；负责各类税收征管信息系统业务维护工作，负责信息化立项和预算管理。

（十二）国际税收管理处

组织实施国家（地区）间税收条约（安排）；负责非居民所得、居民境外所得税收管理等跨境税收管理工作；组织实施反避税调查和预约定价管理工作；组织实施税收服务“一带一路”建设；组织国际税收情报交换等国际税收征管协作；参与国际交流合作和对外技术援助；负责外事管理。

（十三）税收经济分析处

负责贯彻落实税收经济分析工作制度，拟订具体实施办法；参与建立并落实税收经济分析指标体系；运用税收数据对本地区经济运行情况开展动态监控分析；开展国家和地区重大经济发展战略实施情况专题分析和本地区与国外、国内同类型地区的比较分析；组织开展税收政策效应分析，跟踪评估减免税等政策实施效果；负责统筹和指导本系统税收经济分析工作。

（十四）税收风险管理局

负责信息数据和风险管理的目标规划、制度

规定的实施工作；负责国家税务总局江苏省税务局下发风险应对任务的整合和推送；负责本系统税费风险模型构建、分析识别、任务推送、监控评价结果反馈等工作；承担各类税收数据、社会保险费和有关非税收入数据的采集、集中存储、加工处理、质量控制、分析应用、共享交换及税务云平台管理等事项；负责组织、协调、指导、考核本系统大数据和风险管理工作。

（十五）财务管理处（装备和采购处）

负责贯彻落实本系统预决算管理、基建管理、会计核算管理、财务内控管理和政府采购、资产管理等规章、制度，拟订具体实施办法；审核汇编部门预算、决算，组织实施部门决算执行和公开工作；组织实施会计核算、会计基础规范工作；组织实施国库集中收付工作，办理具体收付事项；拟订年度采购计划，办理具体采购事项；负责资产管理工作；承担税务着装管理工作；组织实施基建项目管理；管理机关财务事项。

（十六）督察内审处

负责本系统内部控制工作的组织、管理和监督；组织实施税收执法督察，开展对社会保险费和有关非税收入法律、法规、规章及规范性文件执行情况的监督检查；组织实施预算执行、基本建设、政府采购等内部财务审计和领导干部经济责任审计；组织实施本系统税收执法责任制工作；督促落实督察审计发现问题的整改工作；协调配合外部监督和上级监督，统筹协调内部监督检查工作；参与实施“一案双查”工作。

（十七）人事处

负责组织落实干部人事制度及税务人才队伍建设规划，拟订具体实施方案；承担人事、机构编制、公务员管理、干部考核等工作；承担工资、人事档案、专业技术职务管理等工作；承担下一级领导班子及领导干部和后备干部的管理、监督等工作；监督检查干部人事规章制度执行情况；办理因公出国（境）政审和因私出国（境）管理事项。

（十八）考核考评处

负责贯彻落实绩效管理和数字人事工作发展规划、制度规范，拟订具体实施办法；分解落实上级下达的考评指标，拟订本局机关和下一级税务机关年度绩效计划及考评指标，组织实施绩效考评工作；组织开展数字人事推行工作，负责数字人事日常管理；开展其他考核考评工作。

（十九）教育处

负责拟订并组织实施干部培训、学历教育管理制度、工作规划、年度计划；组织开展培训质量考核与评估；承办教育培训项目的开发与管理；承担教育培训经费管理和培训机构业务管理工作；组织、指导、检查本系统教育培训工作。

（二十）机关党委

组织实施机关党建和党风廉政建设工作；统筹负责机关党员教育、管理、监督和服务工作；组织开展机关思想政治工作和精神文明建设；承担机关统战工作；协调机关工会、共青团、妇委会开展机关群团工作。

（二十一）老干部处

负责组织落实有关老干部工作的方针政策和工作部署，拟订具体实施办法；承担加强离退休党员干部日常管理和基层党组织建设等任务；负责机关老干部的服务和管理工作，指导本系统老干部工作。

派出机构及职能

（一）第一税务分局（重点税源企业税收服务和管理局）

负责拟订并组织实施本系统列名大企业税收服务和管理的中长期规划和年度计划；承担辖区内国家税务总局“千户集团”企业、省局列名大企业的名册管理、数据补充采集、风险分析和风险应对等事项；组织实施本系统列名大企业的风险分析、风险应对等专业化管理和个性化服务工作；开展大企业税收经济分析及与市外同类企业的比较分析；指导大企业完善税收风险防控体系；负责组织、协调、指导、考核本系统大企业税收服务和管理工作。

第一税务分局（重点税源企业税收服务和管理局）设8个内设机构（正科级）。

（二）第二税务分局

负责组织落实车辆购置税征收管理规章制度及规范性文件；承担车辆购置税的日常管理、日常检查、纳税服务等工作；承担车辆税收一体化管理工作；对核定各类车辆最低计税价格提出建议；管理车辆购置税票证。负责市区范围内涉房交易税费的征收管理工作；组织落实涉房交易税费的征收管理规章制度及规范性文件；承担涉房交易税费的日常管理、日常检查、纳税服务等工作。

第二税务分局设8个内设机构（正科级）。

（三）第三税务分局（反避税调查局）

负责反避税管理、服务、调查各环节相关工作；对各区税务局反避税管理工作进行统筹协调、督导考核；负责全市非居民间接股权转让等案件管理工作；负责居民境外所得税收管理等跨境税收管理工作；负责承担反避税全国行业联查、协查任务。

第三税务分局（反避税调查局）设8个内设机构（正科级）。

（四）稽查局

负责组织落实税务稽查法律、法规、规章和规范性文件；负责组织、指导、协调和考核全市税务稽查工作；负责统筹全市稽查案源管理工作；负责组织查处督办重大税收违法案件及重大社会保险费和有关非税收入违法案件；负责实施“双随机、一公开”工作；负责税收违法“黑名单”公布及联合惩戒工作；组织落实税务部门和公安部门联络机制；参与实施“一案双查”。

稽查局设10个内设机构（正科级）。

（五）第一稽查局

承担市税务局列名大企业的税务稽查、税收高风险事项应对和协查等工作；负责南京市雨花台区、江宁区、溧水区、高淳区、南京江宁经济技术开发区区域内税收、社会保险费和有关非税收入违法案件的查处以及查办案件的执行工作。

第一稽查局设8个内设机构（正科级）。

（六）第二稽查局

承担市税务局列名大企业的税务稽查、税收高风险事项应对和协查等工作；负责南京市玄武区、秦淮区、建邺区、栖霞区、南京经济技术开发区区域内税收、社会保险费和有关非税收入违法案件的查处以及查办案件的执行工作。

第二稽查局设8个内设机构（正科级）。

（七）第三稽查局

承担市税务局列名大企业的税务稽查、税收高风险事项应对和协查等工作；负责南京市鼓楼区、浦口区、六合区、南京江北新区区域内税收、社会保险费和有关非税收入违法案件的查处以及查办案件的执行工作。

第三稽查局设8个内设机构（正科级）。

事业单位及职责

（一）纳税服务中心（税收宣传中心）

负责“12366”纳税服务热线日常管理和“12366”纳税服务平台业务运维；承担“12366”税收知识库和智能咨询库的建设和业务运维；具体承担面向纳税人和缴费人的税法宣传、纳税辅导、咨询服务等工作；接受、转交纳税服务投诉和涉税违法举报；组织实施纳税人需求收集、分析和应对；参与拟订并组织实施税收宣传工作规划和年度计划，协助指导本系统税收新闻宣传工作；具体承办涉税舆情管理、政务公开工作；组织实施税收法律知识普及工作；负责市税务局网站、微信、微博、客户端等管理工作。

（二）信息中心

负责机关及本系统信息化建设的技术支持、保障工作；承担税收管理信息系统的技术和设备运行维护工作；组织实施机关及本系统信息安全管理。

（三）机关服务中心

负责后勤事务的管理、保障和服务工作，承担拟订机关事务具体工作制度并组织实施和监督检查；参与机关后勤体制改革工作；指导本系统后勤服务工作；承担机关的安全保卫工作。

（四）税收科学研究所

负责拟订并组织实施本系统税收、社会保险费和有关非税收入科研工作规划、方案；承担税收、社会保险费和有关非税收入基础理论、应用理论和专题研究等工作；编辑税务内部期刊等。

所属机构及职能

南京市税务局直接管理的税务局共有14个。分别是：国家税务总局南京市玄武区税务局（正处级）；国家税务总局南京市秦淮区税务局（正处级）；国家税务总局南京市建邺区税务局（正处级）；国家税务总局南京市鼓楼区税务局（正处级）；国家税务总局南京市雨花台区税务局（正处级）；国家税务总局南京市栖霞区税务局（正处级）；国家税务总局南京市江宁区税务局（正处级）；国家税务总局南京市浦口区税务局（正处级）；国家税务总局南京市六合区税务局（正处级）；国家税务总局南京市溧水区税务局（正处级）；国家税务总局南京市高淳区税务局（正处级）；国家税务总局南京江北新区税务局（级别与管委会的工作部门一致）；国家税务总局南京经济技术开发区税务局（正处级）；国家税务总局南京江宁经济技术开发区税务局（正处级）。

所属机构的主要职责是：

1.负责贯彻执行党的路线、方针、政策，加强党对本单位税收工作的全面领导，履行全面从严治党责任，负责党的建设和思想政治建设工作。

2.负责贯彻执行税收、社会保险费和有关非税收入法律、法规、规章和规范性文件，研究制定具体实施办法。组织落实国家规定的税收优惠政策。

3.负责研究拟定本单位税收、社会保险费和有关非税收入中长期规划，参与拟定税收、社会保险费和有关非税收入预算目标并依法组织实施。负责本单位税收、社会保险费和有关非税收入的会统核算工作。组织开展收入分析预测。

4.负责开展税收经济分析和税收政策效应分析，为上级税务局和地方党委、政府提供决策参考。

5.负责所辖区域内各项税收、社会保险费和有关非税收入征收管理。组织实施税（费）源监控和风险管理，加强大企业和自然人税收管理。

6.负责组织实施本单位税收、社会保险费和有关非税收入服务体系建设。组织开展纳税服务、税收宣传工作，保护纳税人、缴费人合法权益。承担涉及税收、社会保险费和有关非税收入的行政处罚听证、行政复议和行政诉讼事项。

7.负责所辖区域内国际税收和进出口税收管理工作，组织反避税调查和出口退税事项办理。

8.负责增值税专用发票、普通发票和其他各类发票管理。负责税收、社会保险费和有关非税收入票证管理。

9.负责组织实施本单位各项税收、社会保险费和有关非税收入征管信息化建设和数据治理工作。

10.负责本单位内部控制机制建设工作，开展对本单位贯彻执行党中央、国务院重大决策及上级工作部署情况的督查督办，组织实施税收执法督察。

11.负责本单位基层建设和干部队伍建设工作，加强领导班子和后备干部队伍建设，承担税务人才培养和干部教育培训工作。负责本单位绩效管理和干部考核工作。

12.负责本单位机构、编制、经费和资产管理工作。

13.完成上级税务局和地方党委、政府交办的其他工作。

税收税源

概述　2019年，市税务局组织入库各项收入3420.3亿元，同比增长5.4%。其中，组织税收收入2665.3亿元，同比增长3.2%，组织市县级一般公共预算收入（含省税务局征收部分）1373.8亿元，同口径增长3.5%；组织社保费收入676.4亿元，同比增长15.2%；组织其他非税收入78.6亿元，同比增长4.7%。此外，全年全市共办理出口退税274.6亿元，同比增长13.4%。在江苏省内城市中，2019年南京市税收总量继续位居第二位，落后于苏州，增幅位居全省第四位，领先全省平均水平2.5个百分点。在全国15个副省级城市中，2019年南京市税收总量和增幅均位居第六位，总量前五位是深圳、广州、杭州、成都和武汉，增幅前五位是杭州、济南、深圳、广州和西安。（南冰峰）

税收运行主要特点　2019年，南京市税收运行主要呈现以下四个特点：一是四大税种占比超八成，个人所得税减收幅度较大。2019年，全市国内增值税、国内消费税、企业所得税和个人所得税分别入库949.7亿元、393.3亿元、608.7亿元和187.2亿元，同比分别增长2.3%、19.8%、0.2%和-24.0%，占总税收的比重分别为35.6%、14.8%、22.8%和7.0%，合计占比80.2%。受税收政策因素影响，个人所得税减收幅度较大，税收总量已远落后于三大税种，与契税、土地增值税和城市维护建设税等税种已趋于接近。此外，车辆购置税入库45.5亿元，同比增长2.8%，地方十税合计入库480.8亿元，同比增长12.2%。二是主要行业税收增减不一，制造业和房地产税收占比约六成。分行业看，在经济运行、减税降费、一次性因素等共同作用下，我市主要行业税收有增有减，走势不一。制造业、房地产业和金融业税收分别入库973.2亿元、619.2亿元和167.3亿元，同比分别增长7.8%、5.2%和5.0%；批零业税收入库265.0亿元，与去年同期基本持平；建筑业、软件业和交通运输业税收分别入库134.0亿元、88.7亿元和25.3亿元，同比分别下降1.5%、5.0%和1.4%。从税收总量看，制造业和房地产业依然是市税务局的主要税源行业，税收贡献分别为36.5%和23.3%，合计占比约六成。三是各区税收增减不一，运行出现分化，增幅“主城低、新区高”的特点明显。从税收总量看，江宁区（445.8亿元）、栖霞区（405.4亿元）和江北新区（370.5亿元）税收总量继续位居全市前三位。从税收增幅看，主城六区合计入库税收1497.7亿元，同比增长1.2%，其中鼓楼、玄武、秦淮和雨花台区入库税收分别下降12.9%、3.4%、2.9%和10.6%。建邺区（17.1%）、溧水区（16.3%）和江北新区（14.6%）税收增幅较高，位居全市前三位。四是民营经济税收运行相对良好，国有和外资经济均出现一定幅度减收。分经济类型看，2019年全市国有经济、民营经济和外资经济分别缴纳税收643.7亿元、1651.9亿元和378.7亿元，占总税收的比重分别为23.8%、62.0%和14.2%。国有经济、外资经济受宏观经济、外部环境等因素影响，税收运行态势不佳，同比分别下降6.3%和9.9%，后续状况值得重点关注。而民营经济在充分分享受减税降费政策红利的同时，入库税收依然实现了较快增长，同比增长10.5%，表现出较强的发展韧劲和较大的增长空间。

（南冰峰）

减税降费　2019年，市税务局认真贯彻落实党中央、国务院和上级机关各项指示批示精神，以确保减税降费政策措施落地生根作为全市税收工作主题，推动政策惠民和服务便民落地，希望通过全市税务人的辛勤工作，换来纳税人缴费人在政策红利和办税便利上的双重获得感。全市税务系统坚持上下一盘棋，优化工作机制，确保减税降费落地生根，取得实效，全年减税降费超400亿元，提升纳税人缴费人获得感，助推全市经济发展。

强化党建引领，凸显减税降费政治要求。始终将减税降费作为全市税务系统党的建设重要内容，纳入全面从严治党主体责任和监督责任清单以及党委中心组理论学习计划，把落实减税降费作为增强“四个意识”、坚定“四个自信”、做到“两个维护”的具体体现。市、区两级税务局多次以党委会、专题办公会等形式谋划减税降费工作，积极落实国家税务总局《关于加强党的领导确保减税降费政策落地生根的通知》等文件要求，市税务局层面先后收集减税降费问题和建议418个，并及时解决或认可吸纳其中350个。在各项工作开展中，坚持把纪律规矩挺在前面，严明工作要求，扛牢压实责任，确保纳税人和缴费人“应知尽知”“应会尽会”“应享尽享”，以最严肃的纪律确保党中央、国务院减税降费决策部署得到最严格的贯彻落实。

强化协同治税，争取党委政府关心支持。全系统在市、区两级共成立15个减税降费工作领导小组，形成1个领导小组加9个工作组的“1+9”工作机制。根据减税降费工作节点要求，先后15次向地方党委政府及相关部门进行汇报沟通，南京市委书记张敬华、时任市长蓝绍敏先后对市税务局减税降费工作做出表扬性批示。同时，为更好倾听外部意见建议，主动对接外部监督部门，由市税务局减税降费督察督办组牵头，制定《国家税务总局南京市税务局减税降费督察督办工作方案》，全方位无缝对接外部监督部门工作要求。为更好了解企业需求，协同南京市工商联拟定《关于建立服务民营经济发展合作机制的意见》以及责任分解表，通过不断优化协同机制，做实做细减税降费工作。

强化数据应用，提升“落实落细”技术手段。在不断“落实落细”各项政策过程中，市税务局进行大数据治税尝试，自主开发“减税降费小助手”软件。通过构建“一维定到户、二维联政策、三维明征管”的逻辑关系，使系统可以集中展示目标纳税人的全部应享信息，对纳税人享受税收优惠政策情况逐个“画像”，实现政策分析从定性向定量跨越，有利于税务部门对管辖对象形成基本认识并展开针对性分析。该系统还可以实现定向推送“减税降费效应回馈单”功能。全年已推送“减税降费效应回馈单”24423份，其中向纳税人推送24337份，向行业协会推送77份，向政府部门推送9份，受到相关各方普遍好评。

强化难点突破，提升纳税人、缴费人获得感。一是对政策出台前纳税人已缴纳的税款采取批量简易退税，由税务机关主动发起，批量退还，争取让纳税人少跑路、不跑路。二是将小微企业增值税月报改为季报，让纳税人在享受税收优惠政策的同时，充分享受纳税服务变化带来的更多便利。三是在增值税降率的基础上，引入分类管理思想，通过建立“白名单”制度，尝试向纳税信用好、实体经营的纳税人优先供票。四是开展减税降费获得感问卷调查。在全市范围内对1900余户企业展开调查，及时、准确、客观地了解减税降费情况，并将调查结果反馈上级税务机关，为上级更好推动减税降费政策落地基层提供决策依据。

强化目标导向，提升税收宣传辅导效果。制定《“减税降费”服务宣传辅导工作实施方案》，在先后开展三轮减税降费宣传辅导过程中，组织各基层单位结合区域特点，自主开展特色宣传辅导活动，实现减税降费宣传辅导全覆盖。对内开展针对性培训，确保所有办税厅业务人员和特服号业务人员政策懂、解答准、操作熟；对外坚持纳税人需求导向，组织开展分阶段、有重点的宣传辅导。同时，以“便民办税春风行动”为契机，市税务局领导拜访在宁全国“两会”代表委员，进一步提升减税降费社会知晓度。全年共完成对办税服务厅业务人员培训1.07万人次，对特服号业务人员培训0.86万人次；走访纳税人、“一对一”精准辅导2万人次，办税厅辅导16.48万人次；在新华社、《人民日报》等中央级媒体上发表减税降费方面宣传稿件260篇，在《新华日报》《中国税务报》等省级媒体上发表减税降费类稿件近800篇。

强化统计核算，发挥税收辅政作用。根据省税务局统一部署，构建减税降费统计核算分析体系，进一步增强开展政策效应分析的主动性。一是把握关键时间节点，多层次多角度开展政策效应分析，持续做好典型行业企业的解剖分析；二是建立专门信息化平台，实现减税降费数据“机生机汇”，保证数据真实性、准确性和可验证性；三是落实减税降费会商会审机制，利用信息化手段，做到疑点数据在申报期内按日下发，缓解申报期后数据筛查及联系纳税人更正压力，不断夯实核算数据基础。针对南京市更好落地减税降费政策提出五点政策建议得到地方党委政府回应认可。《减税降负力度空前 市场主体普遍受益——2018年我市减税降负政策效应分析》的分析报告得到时任南京市市长蓝绍敏批示。

强化过程监督，确保工作不留死角。一是不断完善减税降费督察督办工作机制，通过落实定期风险提示、工作定期报告及问题整改问责等制度机制，加大对主要风险点和问题隐患排查整治力度，共对19名税务干部或劳务派遣人员进行批评教育、调离岗位和扣发绩效奖金的处理。二是持续开展专项督导调研。按照“一月一督导、月月有主题”的工作思路，持续开展减税降费督导调研工作。全年组织开展督导调研6次，编制《督导调研报告》5份，出具“督导调研意见书”27份，监督面覆盖全市14个基层局。三是持续加强纪检执纪力度，围绕第三方借减税降费巧立名目乱收费行为专项排查整治，对第三方涉税服务乱收费排查整治等三项工作展开“回头看”，对抽查发现的3类23个问题，及时印发“责令限期改正通知书”，要求6个基层单位立行立改，确保减税降费基础工作和监督工作落实到位。同时，针对省税务局《情况通报》中反馈的明察暗访问题，向2家基层单位开出3份“纪检建议书”，责令限时整改。

强化配合意识，社会保险费降费工作稳步推进。在减税降费工作领导小组增设社保费专项工作组，将降低社会保险费率工作纳入减税降费“大盘子”。主动加强与市人社等部门配合，梳理《江苏省降低社会保险费率实施方案》中适用南京实际的降率政策，规范统一政策解读宣传口径，通过新媒体信息发布、主流媒体专题报道、电子税务局“降率弹窗提示”等手段，及时开展社保费申报缴费方式宣传，覆盖全市所有申报企业及机关事业单位，让缴费人听得懂、看得明、记得牢。根据省税务局反馈数据，2019年南京市15.33万户企业和机关事业单位同比共计降费71.66亿元。

（南冰峰）

税源概况　截至2019年年底，市税务局在册登记户868904户，与2018年相比增加105734户，增幅13.85%。从登记注册类型来看，内资企业479160户，占比55.15%；外商投资企业4810户，占比0.55%；非企业单位9254户，占比1.07%；个体工商户365763户，占比42.09%。从行业来看，批发和零售业、租赁和商务服务业、建筑业、居民服务、修理和其他服务业、科学研究和技术服务业所占比重较大，户数分别是386138户、88954户、57618户、55602户、54123户，占比分别是44.44%、10.24%、6.63%、6.40%、6.23%。从税户状态来看，正常户775567户，占比89.26%；非正常户93337户，占比10.74%。从税户分布情况来看，国家税务总局南京市江宁区税务局、国家税务总局南京市秦淮区税务局、国家税务总局南京市鼓楼区税务局、国家税务总局南京江北新区税务局、国家税务总局南京市雨花台区税务局税户总量较大，税户分别为134669户、107612户、90137户、80105户和63833户，占比分别为15.50%、12.38%、10.37%、9.22%、7.35%。　（杨文亮）

（责任编辑　付宪国）

收入规划与核算

概述 2019年，市税务局聚焦组织收入主业，全面建立健全工作机制，持续加强收入工作统筹，严格落实减税降费政策，扎实推进会统核算基础工作，组织收入各项工作平稳有序运行。

抓好工作落实，减税降费工作取得成效。 一是做好组织保障。建立包括1个领导小组加9个工作小组的“1+9”工作机制，发挥减税办综合协调作用，畅通调度运行机制，提高运转效能，减税降费各项工作有序推进。

二是规范统计核算。优化统计核算方法，完善统计核算体系，建好减税降费硬账单、铁账本，保证减税降费相关数据真实准确。

三是开展效应分析。按月梳理、统计全市减税降费实施情况，开展各类减税降费效应分析，算好税务机关减税账、纳税人收益账、地方政府改革效应账。全年向省税务局和市委、市政府报送税收专报20余篇，多篇专报得到省税务局和市委市政府主要领导批示。

四是增强纳税人缴费人获得感。落实落细减税降费工作，分析、梳理纳税人缴费人迫切需求，找准难点痛点。依托国家税务总局南京市栖霞区税务局自主开发应用的“减税降费小助手”，通过向纳税人、缴费人、行业协会和政府有关部门推送“减税降费效应回馈单”的形式，直观呈现优惠政策落实情况。全年已推送“减税降费效应回馈单”24423份，其中向纳税人推送24337份，向行业协会推送77份，向政府部门推送9份，受到相关各方普遍好评。省税务局税收简报专题刊登这一做法，省工商联、省税务局相关领导给予积极评价。

依法依规组织收入，完成全年各项目标任务。 一是加强收入工作统筹管理。落实国家税务总局局长王军提出的“三个务必、三个坚决”的要求，即务必把该减的税减到位，务必把该降的费降到位，务必把该征的税费依法依规征收好，坚决打击虚开骗税，坚决不收“过头税”，坚决做好留抵退税工作。严格坚守组织收入原则，狠抓收入质量管理，强化过程监控，做好横向互动、纵向联动，实行动态管理，全面完成各项任务目标。2019年，全系统共组织入库税收收入2665.3亿元，同比增长3.2%。

二是做好税收预测分析工作。密切关注经济税源变化，做好税收运行动态分析，及时对收入走势做出定性定量判断，制定收入预案，牢牢掌握组织收入主动权。加强横向互动和纵向联动，对现有重点税源预测平台进行优化，与税政处室和基层区局密切配合，提升税企互动效率，提高税收预测工作的准确性和及时性。

规范基础工作，巩固提升会统核算效能。 一是开展业务梳理和制度汇编。集中梳理原市国税局、原市地税局收入规划核算有关业务文件和工作流程，结合工作实际，进一步明确责任、优化流程，形成覆盖收入规划核算全业务的制度汇编，在全系统下发并进行业务培训，指导条线工作有序开展。

二是高效完成“金税三期”并库相关会统工作。完成核算事项。对机内多缴税金、待征税金、待解税金等进行核实清理，确保并库过程中会统核算基础数据准确。重新配置预算分配比例配置表和收款国库配置表进，做好税款所属机关、票证机关、企业地理位置、隶属关系、市本级企业等设置工作。

三是完成社保划转相关会统工作。做好税银联系工作。与银行办理税、库、银三方协议事宜，对税银子系统后台待报解账户信息进行配置，梳理社保上线后资金流转流程，确保社保划转顺利上线运行。加强对账管理。加强银行日切数据与标准版征收子系统数据核对，做好汇总对账工作。三是提高系统运维效率。引进专业化驻场运维服务，及时解决各类问题，保障相关业务平稳运行。

四是着力做好重点税源监控。严格落实国家税务总局、省税务局相关工作要求，切实加强对全市1237户重点税源监控企业申报报表的及时性管理和准确性审核，提高报表数据质量。完成重点税源监控联合会审，加强重点税源申报数据分析利用。

五是做好税收资料调查。加强对8372户涉及企业进行宣传辅导，强化前道管理和后道审核，严格把好数据质量关，提高工作质效。深入挖掘税收资料调查数据价值，提高数据利用效率，形成基于税收调查数据的分析报告。

六是继续优化升级退税系统。升级改造原市国税局无纸化退税系统，整合系统框架，将原市地税局税种纳入系统操作流程，实现各税种退税一体化。加强需求调研和方法创新，将个人所得税和车购税纳入无纸化退税系统，切实提高个人纳税人退税效率，有效减轻基层税务部门负担。

强化会计监督，确保税费资金安全。一是完成税收票证换版。下发《关于做好旧版税收票证清理销毁工作的通知》《关于做好近期税收票证管理有关工作的通知》等文件，规范业务操作，确保税务机关旧版税收票证及税收票证专用章戳有序收缴、新版税收票证及税收票证专用章戳按期到位。组织开展岗位人员培训，明确分工，落实责任。三是组织开展300万份停用税收票证销毁业务，防范票证流失风险。

二是实现税收票证管理系统合并。按照省税务局工作部署，组织各区局开展税收票证管理职能部门、管理员及所有用票人梳理确认工作。组织开展原系统票证结报缴销数据清理、纸质票证归档等工作，为新系统成功上线打好基础，保证税款征收工作顺利开展。

三是开展税收票证和涉税账户检查。详细梳理原市国税局、原市地税局相关工作差异，制定统一规范，明确工作要求，加强工作部署。开展税收票证和涉税账户检查，及时改正发现的问题，保证税收票证管理有序、涉税账户管理合规。三是针对梳理检查中发现的风险点和薄弱环节，制定针对性管控措施，形成常态化监督机制。

四是清理多缴税金。加强工作部署，制定工作方案，明确工作内容，落实相关责任。开展多缴税金清理工作，分类核实清理，做到真实多缴及时清退、虚假多缴更正或运维消除。严格落实“月清月结”制度，按月及时做好处理。（南冰峰）

收入规划管理　2019年，市税务局坚守组织收入原则，密切关注全市经济税源发展，做好税收动态监控分析，有效完成全年收入目标任务。全年共组织入库税收收入2665.3亿元，同比增长3.2%，入库市县级一般公共预算收入（含省税务局征收部分）1373.8亿元，同口径增长3.5%，占全市一般公共预算收入的86.9%。一是在算清经济税源账、税收政策账、增收措施账及摸清组织收入底数的基础上，加强组织收入工作与财政预算安排的规划衔接，主动向地方党委政府汇报，加强与财政部门沟通，参与年度预算制定工作，提出年度预算收入目标计划建议。二是加强组织收入动态管理，利用相关机制和措施综合施策，统筹协调组织收入结构矛盾，特别是兼顾和处理好中央和地方、税收和非税、当前和长远的关系，既确保年度收入目标的顺利实现，又促进经济税收的协调增长。三是依托税收大数据对收入运行情况、经济税源变动情况进行深入分析，对后期收入走势做出定性和定量判断，及时做好收入预案，掌握组织收入主动权。加强横向互动和纵向联动，提高税收预测准确率。（姜　乐）

收入质量管理　2019年，市税务局加强部门联动和信息化应用，切实提高收入质量管理水平，为安全完成全市税收收入提供保障。按照国家税务总局局长王军“三个务必、两个坚决”的要求，根据国家税务总局、省税务局下发的文件精神，严格坚守组织收入原则不动摇，进一步严肃组织收入纪律，依法组织收入，坚决不收“过头税”，坚决防止和制止越权减免税，坚决落实好各项税收优惠政策。严防发生为完成收入目标任务而违反组织收入原则，违规向企业预征税款、在年度内随意变更征收方式、在法定申报期前征收税款等不符合组织收入原则事项的发生。定期分析排查违反组织收入原则问题，全面清理违规征收税费，提高组织收入质量规范化管理能力。（吴　翔）

减税降费统计核算　2019年，市税务局深入落实国家税务总局、省税务局减税降费统计核算相关工作部署和要求，优化完善统计核算工作方案，明确目标任务和责任分工。在落实减免税核算数据质量保障机制、确保统计核算数据质量的前提下，会同相关政策管理部门做好减税降费日常统计核算。认真开展减税降费政策效应分析，及时反映工作实效并上报上级部门，供领导决策参考。2019年，全市累计新增减税降费影响组织收入约429亿元，其中，减税影响约357亿元，占同期税收总量的13.4%。新增减税主要包括增值税改革减税194亿元（其中调整增值税税率翘尾减税21.5亿元，深化增值税改革减税172.5亿元），小微企业普惠性政策减税24亿元，个人所得税两步改革叠加减税91亿元。（张　明）

税收票证换版　2019年，市税务局落实“放管服”改革要求，根据国家税务总局对部分税收票证管理工作进行调整的实际情况，整体统筹，切实做好税收票证业务办理规范衔接、相关岗位人员培训等各项工作，顺利完成票证换版。一是下发《关于做好旧版税收票证清理销毁工作的通知》《关于做好近期税收票证管理有关工作的通知》等文件，规范业务操作，确保税务机关旧版税收票证及税收票证专用章戳的有序收缴、新版税收票证及税收票证专用章戳的按期到位。二是组织开展大厅、票证管理相关岗位人员培训，明确操作规程，落实工作责任，防止差错发生。三是组织开展全部停用税收票证300万份的缴回销毁业务，避免票证流失。（王红华）

税收票证和涉税账户检查　2019年，根据省税务局工作要求，市税务局组织开展全市税务系统税收票证和税款账户专项检查工作。认真梳理原市国税局、原市地税局税收票证管理差异，及时制定统一规范，指导工作有序开展。组织税收票证专项检查，全市税收票证管理工作总体有序，票证管理操作基本规范，各环节风险可控，未发现重大违法违规行为。组织涉税账户专项检查，全市在用税款账户均按要求解缴税款，情况总体良好。待报解专用账户开设、使用、解缴、核算符合要求，没有违规开设税款过渡账户或将税款存入其他账户的行为，税款资金在征收、入库、退库环节及时、手续完备、税款资金安全，未发现有贪污、截留、挤占、坐支和挪用税款资金等违法违规行为。（王红华）

税收会统年终结转　一是建立会计监督指标，坚持按日对账，发现差错及时查找原因，对入（退）库错误数据，如预算级次、预算科目、收（付）款国库错误，及时送人行更正。二是利用查询库定期查找有无异常数据，发现问题推送至各区局维护，减少入（退）库环节核算错误。三是升级优化无纸化退库系统，将车辆购置税并入无纸化退库范畴，确保退库工作高效准确。四是汇编收入规划核算规范性文件，厘清机构改革后部门职责和业务规则。五是发布年终结算及报表编报工作通知，明确全市Tips申报扣款、Pos机刷卡、社保、门临及退库等业务要求及时间节点，为12月31日税收会统核算年终对账、结账工作打好基础。六是对“金税三期”产出的原始会统报表进行数据校验，在年终结转前，及时修正报表中错误数据，进一步提高会统核算基础数据准确性，编制全市会统报表上报省税务局。（孙　恬）

多缴税金清理　2019年，根据上级税务机关统一部署，组织开展多缴税金清理工作，切实减轻企业负担，推动减税降费政策落实落细，将全市多缴税金余额由21.54亿清理至0.88亿元，清理比例达95.92%。一是统筹安排，落实责任。成立相关业务部门共同参与的工作小组，召开多缴税款清理工作推进会，细化分解任务，责任到人，为工作有序开展提供有力保障。二是科学归档，分类施策。认真分析多缴税金产生的原因，区分错误多缴、预缴多缴等不同情况，分别采取相应方式处理，做到真实多缴及时清退、虚假多缴更正或运维消除。三是部门联合，通力合作。积极开展多缴税款核实和确认，及时处理有差异或关联错误的信息，有效提升多缴税金清理质量。四是完善制度，形成常态。完善多缴税金月清月结制度，按月及时处理，形成工作常态，巩固工作成效。（孙　恬）

开展社会保险费划转相关会计统计工作　一是加强对账管理。加强经办银行日切数据与标准版征收子系统数据核对，做好汇总对账，遇到问题及时处理。督促经办银行配合省行做好日切、资金划转和总额确认工作，配合做好资金对账工作。二是加强系统运维。按照省税务局、市税务局文件要求，购买专业化驻场运维服务，及时响应和解决社保征缴税银子系统上线后碰到的问题，为业务平稳运行提供必要的运维保障，推动相关工作顺利开展。三是做好社保退费工作。协调市税务局社保非税处等部门做好城乡居民“两险”退费业务的过渡安排，同时做好企业社保退费。

（赵　曼）

（责任编辑　付宪国）

税 政 管 理

货物和劳务税管理

概述 2019年，市税务局积极落实国家税务总局、省税务局各项部署，以党建为引领，聚焦减税降费、风险防控、基础管理，多措并举，平稳推进，加强宣传，主动作为，为基层减负，有力推动各项货物和劳务税改革政策的顺利落地。全年组织货物和劳务税收入1388.47亿元。其中，增值税入库949.66亿元，同比增长2.3%；消费税入库393.34亿元，同比增长19.8%；车辆购置税入库45.47亿元，同比增长2.8%。

一是在增值税管理方面，聚焦减税降费，持续深化落实货物和劳务税减税政策。2019年，全市增值税留抵退税额位列全省第一。深化增值税改革，落实减税成效显著，累计减税117.51亿元。聚焦经济发展，落实货物和劳务税优惠，加强资源综合利用、新型墙体材料、残疾人就业等三类税收优惠政策年度公示工作，有效降低南京市月销售额10万（含）或季销售额30万（含）以下的增值税小规模纳税人应享未享小微企业税收优惠问题率；聚焦风险防范，加大增值税发票管理力度，加强快速反应任务的跟踪监督，不断完善风险模型，做好增值税抵扣凭证异常信息核查，推进增值税发票分类管理。出版《增值税实务操作手册》《消费税和车辆购置税实务操作手册》，并积极探索开展营业税改征增值税试点行业管理。

二是在消费税管理方面，加强成品油消费税管理。开展一键申报试点工作，有效防控成品油违法行为链条向我市蔓延，确保在全国22个省市成品油案件多发、频发严峻态势下，南京市成品油消费税征管平稳。同时，总结工作经验，市税务局管理经验在全国会议上交流。

三是在车辆购置税管理方面，加强机动车发票管理，开展车辆购置税风险管理工作，推进车辆购置税网上申报全省试点工作，加强车辆购置税法实施贯彻落实。（王晓宁）

增值税管理 2019年，市税务局按照国家税务总局“四实四硬”（“四实”指：政策制定要实、简明操作要实、宣传辅导要实、优化服务要实；“四硬”：信息系统要硬、数据账本要硬、检查问责要硬、改进完善要硬）工作要求，在省税务局统一领导部署下，按照减税降费办公室的各项工作规定，对照“开好票、报好税、算好账，分析好、改进好、总结好”的路线图，精心准备、全力以赴，推进全市减税降费深化增值税改革工作有序开展。2019年全市深化增值税改革累计减税117.51亿元。

一是聚焦减税降费，持续深化落实增值税减税政策。全年完成16.3万户一般纳税人税控开票系统升级，升级率100%。完成对42345户生产、生活性服务业纳税人逐户核实，确认是否符合加计抵减政策条件。开展各类政策宣传辅导，全市对内开展培训53场次，对外达180场次，覆盖税务干部5000多人次，纳税人13万余户。对4000余户电子发票用户收费情况进行清理，对4家税控服务单位、电子发票第三方平台有关服务乱收费等情形开展专项排查整治，未发现违规收费问题。

监控分析，严把申报数据质量。做好深化增值税改革首月申报数据监控，对筛选销项比例异常500户进行逐户核实，为后续政策效应统计分析夯实基础。

多措并举，跟踪新政落实情况。选取20户有代表性、能够反映深化增值税改革各项措施成效的增值税一般纳税人，建立定点联系制度，筛选数据，分析原因，形成全市深化增值税改革的效应分析报告供市政府及相关部门参考决策。

重点分析，增强纳税人减税降费获得感。市税务局组织对全市增值税税负上升可能涉及的4918户纳税人进行一对一核实调查，帮助企业找清原因，更好适应减税降费政策，逐步实现税负由增变减。

二是聚焦经济发展，不折不扣落实增值税优惠政策。按上级统一工作部署组织做好南京市享受资源综合利用、新型墙材、安置残疾人就业三类税收优惠政策年度公示工作，进一步提高优惠政策执行透明度及公平性。

依托数据平台，及时发布小微优惠政策执行风险数据，形成有数据发布、有结果反馈、有问题跟踪的闭环管理工作流程，共组织完成23批次334户小微异常数据核实，补充退还增值税税款24.19万元，有效降低南京市小微应享未享问题率。

针对近年来纳税人经济业务不断变化的特点，围绕税收优惠政策执行工作中出现的新课题，主动研究，积极请示，确保执行口径统一，规范、准确。

三是聚焦风险防范，加大增值税发票管理力度。做好国家税务总局增值税发票风险快速反应（以下简称“快反”）任务的跟踪监督工作。按照省税务局发票快反工作要求，采取有效措施，整合企业基本信息、变更登记信息、税务认定信息、发票领票、开票信息、申报征收信息的特征和要素，建立补充发票风险模型，定期在发票快反平台开展发票快反任务复评工作，坚决遏制、快速打击虚开增值税发票的违法犯罪行为，营商环境得到进一步优化和提升。2019年，全市接收“快反”任务8户，较2018年244户任务下降了96.72%。

不断完善风险模型，做好事中事后风险防范。市税务局增值税发票风险管理小组坚持运用信息化管理模式，深度挖掘现有税务数据资源，不断完善优化自有增值税发票风险模型。努力在全市形成了一张全覆盖、无死角的风险防控网络。目前，已建立20余个增值税发票风险监控模型，按日、周、月不同时点，对全市17万增值税税控开票纳税人实施全面地数据扫描和风险筛查。其中，14个成熟的风险监控模型已推广至基层，市区两级联动防控。2019年，新建立长链条、多环节虚开发票模型，提取百万元版企业清册并案头分析发票快反数据，涉嫌虚开企业及时发主管局核实并采取措施，增值税发票风险管理质效明显提高。

做好增值税抵扣凭证异常信息核查工作。2019年，全市增值税抵扣凭证核查系统共核查异常增值税发票4.96万份，查补税款1241.16万元，核减留抵592.30万元，滞纳金0.51万元。增值税异常扣税系统，认定走逃失联户572户，较2018年认定902户下降36.59%；推送异常扣税凭证8829份，较2018年推送85247份下降89.64%，增值税发票管理成效明显。

完善发票管理内控机制。市税务局按照省税务局部署，完成省税务局下发的194户和市税务局自选96户疑点纳税人的排查工作，全市共排查出税务机关在52户次增值税发票管理上存在问题，其中48户存在管理性问题，7户次存在执法过错，对相关主管局结合绩效管理进行考核，有效加强税务干部防范税收风险意识。根据2019年增值税发票管理风险排查专项工作问题，针对日常管理中的主要风险点撰写了《增值税发票常用业务操作指引》，进一步规范南京市增值税发票风险日常管理工作。（王晓宁、葛　屹）

消费税管理　2019年，市税务局以成品油管理、一键申报、落实税收优惠为重点，强化消费税管理，消费税入库393.34亿元，同比增长19.8%。一是加强成品油消费税管理。认真开展成品油消费税管理，扎实推进消费税基础事项管理，通过源头整治，摸清全市成品油消费税征管情况；过程控制，规范全市成品油消费税日常管理；重点盯防，布置落实总局成品油异常预警数据的应对处置，对明显异常企业要求第一时间从专用发票上予以阻断。同时启动风险管理程序，有效防控成品油违法行为链条向南京市蔓延，确保在全国22个省市成品油案件多发、频发严峻态势下，南京成品油消费税征管平稳。市税务局总结呈报《南京市税务局多措并举 加强成品油消费税管理出成效》在江苏税务简报上刊发，省税务局副局长葛元力作出肯定性批示。南京市税务局成品油消费税管理经验在全国消费税会议上交流，受到国家税务总局、省税务局表扬。

二是开展一键申报试点工作。2019年，市税务局承担成品油消费税电子税务局“一键申报”全省试点工作，从方案研读、业务需求编写到组织辅导企业线上测试，反馈软件使用问题，提出改进意见，圆满完成任务；7月份申报期，该系统在全省上线。

三是贯彻落实消费税税收优惠。2019年，全市消费税累计减免116.85亿元。其中：自产石脑油、燃料油生产乙烯、芳烃产品免税113.69亿元；节能环保电池免税2.87亿元；节能环保涂料免税0.22亿元。（张晓宾）

车辆购置税管理 2019年，市税务局以车辆购置税风险管理、发票管理、宣传培训、推行网上申报为重点，强化车辆购置税管理，全年征收入库车辆购置税45.47亿元，同比增长2.8%。

一是采取五项措施，加强车辆购置税风险管理、机动车发票管理。第一，核查存量纳税人机动车发票信息。对月核定量大于开票量150%的833户企业开展核查，对未开具机动车发票的640户纳税人调整或取消其票种核定。第二，核查新办纳税人机动车发票信息。按省税务局通知逐户核实，重点排查"三无"（无经营场地、无车辆销售、无经销专业人员）企业。发现较大风险的，参照快反机制实施应对工作。第三，加强纳税人机动车发票首次领用管理。第四，在数据平台建立监控模型，下发基层开展风险分析。第五，开展车辆购置税风险数据核查。国家税务总局下达任务3户，下发车辆购置税风险发票数据174份，全市共计依法补缴追征车辆购置税14笔，车辆购置税税款1万余元，并依法采取控票、罚款等措施。上述防控措施有力推进，有效防范、遏制了纳税人虚开、低开机动车发票违法风险。

二是五项措施推进车辆购置税法实施。第一，提前筹划，做好工作调研，对车辆购置税法相关配套的征管办法等实地调研。第二，主动协调，税警协作共同推进。召开两次税务公安联系会议，建立工作联络协作机制，推进车辆购置税电子完税信息交互。第三，加强宣传培训，在南京税务微信公众号、南报网、紫金山政务、南京晨报、扬子晚报、金陵之声997广播电台等媒体进行宣传播报。第四，加班加点，保障到位，确保系统环境良好。同时，做好纸质完税证明收缴工作。第五，开展车辆购置税工作调研，确保车辆购置税完税证明电子信息交互工作、车辆购置税完税证明无纸化运行平稳。

三是推行车辆购置税网上申报全省试点工作。主要措施：第一，加强内部部门沟通配合。成立工作领导小组，制定工作方案，确定时间表、任务书；加强内部部门沟通，取得理解，加强配合。第二，加强外部协调、协作，达成共识，税务与公安深化协作，共同推进。第三，加强网上申报业务培训。第四，加强对外宣传。试点以来，市税务局通过中国税务报、南京日报、中国江苏网、南京交通台102.4电台、南京金陵997电台、南京电视台等媒体进行宣传、报道，社会反响良好。第五，加强推进过程中问题收集、解决和反馈。网上申报试点以来，全市双休日申报675笔，满足了纳税人选择在周末购车、上牌"一站式"办结的需求。全市主管局办税服务厅均可为纳税人提供车辆购置税网上申报服务，满足了纳税人随时随地办税需求。2019年，南京市网上申报率接近30%，网上申报率持续上升。（张　锐）

增值税留抵退税管理 2019年，市税务局加强增值税留抵退税管理，实现增值税留抵退税政策辅导全覆盖，增值税留抵退税额位列全省第一。主要管理措施：

一是对接地标产业、聚焦全市经济社会发展重大项目。为服务南京经济发展大局，根据《南京市2019年经济社会发展重大项目计划》，梳理出全市重大项目322户企业，在重点摸底企业增值税留抵退税情况的基础上，专门组织召开了三场政策集中宣讲会，与所有企业点对点交流，面对面答疑。

二是"多维式"宣传与"滴灌式"辅导相结合，点面全覆盖。全市通过办税服务厅、"12366"纳税服务热线、电子税务局、微博、微信、客户端等渠道开展政策宣传辅导。有针对性地开展精准一对一辅导，分期分批组织开展涉税专题讲座，让纳税人应享尽享、有知有感。

三是"定点式"跟踪分析与"快速式"问题研究相结合，及时响应纳税人涉税诉求。在全市范围内选取有代表性、类型全的43户一般纳税人建立定点联系制度，跟踪了解企业享受税收政策情况和生产经营变化，做好典型企业分析，收集鲜活案例。针对纳税人关切的政策问题，共搜集相关问题103个，均在第一时间解决答复，受到企业好评。

四是开展增值税留抵退税管理"无缝对接"，

精准服务，统筹协调优质服务力量，在办税服务厅设置绿色通道，跟进退税进度，与人民银行、财政等部门全流程密切协作，全力落实留抵退税政策。2019年，全市交通运输业、先进制造业、现代服务业等七大行业，办理留抵退税363户次，合计金额25.97亿元，退税规模位列全省首位。

（王晓宁、王　伟）

编印出版货物和劳务税实务操作手册　2019年，市税务局加强货物和劳务税政策规定和文件管理，梳理实务操作流程，货物和劳务税处牵头主编《增值税实务操作手册》《消费税和车辆购置税实务操作手册》，确保货物和劳务税政策落实工作无缺失、无漏项、无死角。2019年5月南京市税务局主编的《增值税实务操作手册》《消费税和车辆购置税实务操作手册》，在多次校对反复修订的基础上，由江苏人民出版社正式出版发行。该书收集并梳理了1994年至2019年4月期间现行有效的货物和劳务税政策、管理文件，以及政策前后变化点。同时鉴于对部分政策适用的溯及既往性，对近5年以来货物和劳务税相关的作废失效文件也进行了整理，所有文件执行起止时间书中均予标注，以方便对照执行。该书集货物和劳务税相关政策规定、热点问题和实务操作等内容为一体，方便随时学习、查询、执行税收政策，被纳税人称为“货物和劳务税政策直通车”。

（王晓宁）

营业税改征增值税试点行业管理探索　2019年，市税务局探索开展营业税改征增值税试点行业管理，提升增值税管理水平。为尽快建立起与新纳入营业税改征增值税试点政策相配套的征管制度措施，在全省率先开展试点行业管理指南编写工作，选取社会关注度较高、政策难点问题较多、政府产业地标项目的15个营业税改征增值税试点行业，涉及餐饮、保险代理、建筑、劳务派遣、医学研究和实验发展、无车承运、物业管理、旅行社及相关服务、小额贷款、装卸搬运、快递、园林绿化、房地产开发经营、普通义务教育、中小学及幼儿园教育等，从强化政策落实、夯实基础管理、堵塞征管漏洞等角度，开展行业概述、行业税收政策及会计处理、行业征管和常见税收风险点、典型案例分析调研，组织全市工作交流，评选优秀管理指南，并将选编成册，加强成果运用、分享。另外，对民办中小学幼儿园开展专项调研，完成《民办学校行业税收管理办法》。

（王晓宁）

增值税发票管理　2019年，市税务局采取新举措，推进增值税发票分类管理。主要措施：一是建立确定“按需供票”管理机制。市税务局深度挖掘数据资源，推进增值税发票分类管理制度。综合运用系统，科学确定“按需供票”白名单纳税人范围。将信用等级良好、与民生密切相关、税收贡献度高等纳税人纳入“按需供票”范围。确保纳税信用A级的纳税人正常用票需求，不断优化营商环境。二是推出2019版供票核实模板，规范简化发票核定。推出2019版供票核实模板及《南京市增值税专用发票最高开票限额实地查验表模板》，大幅提高基层一线发票“增版增量”核实的准确性和效率。

（葛　屹）

增值税收入及特点　2019年，全市征收入库增值税949.66亿元，同比增长2.3%，增幅和2018年同期6.9%相比有所下降，占总税收的比重为35.6%。经分析，增值税收入主要呈现以下三个特点。

一是主要行业增值税收入增减不一。第二产业合计入库443.96亿元，同比增长7.4%，其中：制造业税收入库342.53亿元，同比增长10%，占全市增值税税收比重36.07%。第三产业合计入库505.26亿元，同比下降1.7%，其中：房地产税收入库124.09亿元，同比下降8.2%，占全市增值税税收比重13.07%；批发零售业入库149.74亿元，同比下降2.2%，占全市增值税税收比重15.77%。

二是减税降费影响增值税收入。2019年，市税务局紧紧围绕减税降费工作主题深化落实，取得积极成效。2019年，全市增值税各项减免税总额达171.88亿元；全市60.67万户小规模纳税人享受小微企业免税，占全市小规模纳税人总户数的95%；免税额达23.22亿元。增值税即征即退29.11亿元，其中：促进安置残疾人就业增值税退税2.22亿元；促进创新技术发展方面软件产品增值税退税23.91亿元；促进循环经济发展方面资源综合利用产品和劳务增值税退税2.98亿元。

三是全市各区域运行状况分化明显。从增值

税税收总量看，江北新区（132.19亿元）、江宁经济开发区（99.03亿元）、鼓楼区（94.21亿元）位居全市前三位，高淳区（28.81亿元）、六合区（27.67亿元）、浦口区（32.22亿元）位于全市后三位；从增幅看，江宁区（13.7%）、建邺区（13.4%）、栖霞区（11.4%）位居全市前三位，浦口区（-10.2%）、鼓楼区（-8.1%）、秦淮区（-8.0%）位于全市后三位。 （王晓宁）

消费税收入及特点 2019年，市税务局征收入库消费税393.3亿元，同比增长19.8%，占总税收的比重为14.8%。从近三年消费税占收入比重趋势看（2018年12.7%，2017年14.11%），基本维持在一个较稳定水平。经分析，消费税收入呈现三个特点。

一是税收收入高度集中在成品油、卷烟、小汽车三个税目上。从消费税收入的品目分布上，全国征收的15个消费税税目中，南京市目前涉及到7个。但全市消费税收入主要集中在成品油204.37亿元，烟草157.13亿元，小汽车29.79亿元，贵重首饰1.38亿元，酒0.62亿元5个税目，其中成品油收入占消费税比重达51.96%，卷烟占比重达39.95%，小汽车占比重7.57%。上述三个税目贡献了全市消费税收入的98%以上。

二是税源主要集中石化、烟草两大行业、四大企业，即金陵石化、扬子石化、南京卷烟厂、江苏烟草南京公司。从重点企业情况看，成品油生产企业主要为中石化股份公司金陵分公司和中国石化扬子石油化工有限公司，消费税主产品为汽油、柴油，两大企业2019年实现消费税分别为137.45亿元和64.56亿元，合计同比上升16.7%。卷烟消费税涉及企业主要为江苏中烟工业有限责任公司南京卷烟厂及江苏省烟草公司南京市公司，2019年卷烟生产环节消费税141.80亿元，同比增长30.4%。2019年，上述四大企业贡献消费税343.81亿元，占消费税总收入的87.42%。

三是小汽车消费税呈下降趋势。据分析，家用乘用车市场经过多年快速扩张已趋饱和，目前正处于产品产能结构调整时期。2019年，全市小汽车消费税集中于上汽大众汽车有限公司南京分公司，缴纳消费税16.07亿元；长安马自达汽车有限公司缴纳消费税5.8亿元，南京汽车集团有限公司缴纳消费税4.88亿元，南京依维柯汽车有限公司缴纳消费税1.34亿元等几家大型车企，多为合资及外资企业。上述四家大型车企合计缴纳消费税28.09亿元，同比下降2.8%，仅占全市消费税总额的7%。 （张晓宾）

车辆购置税收入及特点 2019年，全市车辆购置税应税车辆26.08万辆，比2018年同期减少2.92万辆，同比下降10%；征收车辆购置税收入454676万元，增收1.25万元，同比增长2.8%。2019年车辆购置税免征、减征车辆17009辆，免、减税额34392.05万元。其中：免征车辆14524辆，免征车辆购置税33494.72万元；减征车辆2485辆，减征车辆购置税897.31万元。车辆购置税应税车辆和税收收入主要特点：

一是车辆购买增速回落，应税车辆总量下降。中国经济短期下行的压力和外部环境的不确定性的影响，经济增速下降，2019年7月1日起国六（国五标准车辆限制上牌）等因素对汽车消费产生了一定的影响。

二是单车税额有所提升。汽车消费市场容量有限，国内汽车市场消费出现下滑，低排量车型已无税收优惠项目，汽车消费中高端车型购买力相对增强。2019年车辆征收总量下降，但税收收入与上年略有增收。

三是新能源车辆征收数量与减免税额双降。新能源汽车受竞争加剧和补贴退坡的影响，新能源汽车行业销量不及预期，较2018年同期有一定幅度的下滑。

四是设有固定装置的非运输车辆受益于基建工程、公共交通等基础建设投入力度大，工程机械、特种用途的专用作业车辆等需求增加，免征车辆和免征税额较同期增长较快。

五是挂车减征政策效应显现突出。受2018年年中出台挂车减半征收减税政策在2019年的翘尾新增减税344.7万元，挂车减征较同比增长近1.5倍。挂车减半征收车辆购置税政策减少了物流企业的购置成本和运营成本，助推物流行业降本增效，拉动物流行业购车积极性，带动挂车销量的增长，促进甩挂运输模式加速发展。

（张 锐）

（责任编辑 李帅威）

企业所得税管理

概述 2019年是国税地税征管体制改革后企业所得税工作的首个完整年度，适逢党中央、国务院决定实施更大规模的减税降费措施，市税务局认真落实国家税务总局、省税务局企业所得税工作部署，以统一征管流程为基础，健全管理制度，完善岗责体系；以全面落实优惠政策为重点，强化精准服务，妥善处理政策执行差异；以风险管理为导向，加强风险监控，提升后续管理质量；以组织收入为中心，做好年度汇算清缴工作，深化所得税经济分析，坚定不移地服务改革大局，服务创新发展，服务社会民生，落实各项税收优惠，推动所得税遵从管理水平、税收法制建设水平和信息管税水平再上新台阶。

2019年，通过聚焦减税降费关键任务，对标对表、节节相扣，把减税降费工作抓牢夯实；通过短信平台多轮次推送税收普惠性政策提示提醒，建立减税降费纳税辅导微信群、QQ群，解答疑问；突出小型微利企业普惠性优惠政策、研发费用加计扣除、固定资产一次性税前扣除等重点所得税优惠政策的分类指导，提供精准专项服务。全面落实企业所得税优惠政策，提升纳税人的获得感。

以“金税三期”并库为契机，全面梳理企业所得税管户和申报信息、台账信息，确保企业所得税应申报户和申报信息的准确性和完整性；指导各区合理安排汇算清缴进度，引导企业有序申报，扎实做好汇算清缴，保证汇算清缴面达到较高水平。实时监控汇算清缴数据差错，强化汇算清缴数据质量管理工作，认真总结汇算清缴工作，分析汇算清缴数据，评估企业所得税征管质量和政策执行效应。同时，以政策效应为重点，增强政策效应分析和前瞻性研究；以“放管服”为要求，优化营商环境，持续优化政策服务。 （陈 鑫）

企业所得税收入及特点 2019年，市税务局参与2018年度企业所得税汇算清缴申报企业358963户（含分支机构），较上年的314096户增加了44867户，增幅达14.28%；缴纳企业所得税603.97亿元，较上年的574.36亿元增加了29.61亿元，增幅达5.16%。税户总量与入库企业所得税总量均位居全省第二。

全面落实企业所得税各项税收优惠政策，若将各类税基式减免优惠换算为减免税额，全年共76193户享受各类企业所得税优惠，减免企业所得税289.04亿元，减免税金额位列全省第一。

根据企业所得税汇算清缴申报数据，企业所得税收入呈现如下特点：

一是传统产业结构进一步优化。南京市一、二、三产业企业所得税入库税款占比分别为0.09%:35.63%:64.29%，对比2014年度汇算清缴的0.04%:46.32%:53.64%，说明近五年来第三产业税收贡献已由占比五成提高至六成以上，第三产业得到蓬勃发展，产业结构进一步优化。从产业内部来看，全市第二产业主体仍是制造业、电力热力、燃气及水生产和供应业及建筑业。其中制造业共入库税款144.35亿元，占第二产业入库税款的七成。而建筑业入库税款23.56亿元，较上年同期增长151.71%，涨幅最为显著。

二是新兴产业构建势头良好。南京市政府明确了以高端化、智能化、绿色化、集群化为发展方向，加快推动先进制造业和现代化服务业主导产业优化升级。新兴产业实现营业收入32028.72亿元，增幅16.81%，占比64.62%；实际应纳所得税额226.88亿元，占比37.56%。

三是百强企业数量质量双高。2019年度全省企业所得税百强企业中，南京占27席，位列第一；实缴税额182.43亿元，占百强企业的21.28%，剔除省直属管户，在各地市中排名第一。2018年度企业所得税汇算清缴中，南京市级企业所得税百强企业实现营业收入13740.93亿元，同比增幅高达43.84%，规模效应扩大；利润总额1293.46亿元，同比增长14.89%，平均盈利水平略有下降；实缴税额304.92亿元，下降3.89%，减税效应凸显。

（陈 鑫）

企业所得税汇算清缴 2018年度的企业所得税汇算清缴工作是税务机构改革后的首次企业所得税汇算清缴，南京市税务局加强领导，统筹协调，合理配置管理资源，夯实征管基础，聚焦减税降费工作落实与创新名城建设，确保全市企业所得税汇算清缴工作时效和质量。

一是加强组织领导，强化机制保障。成立了

以分管局长为组长的汇算清缴工作领导小组，统筹全市汇算清缴各阶段工作，制定详细工作方案，明确各阶段工作任务，分解落实各级各部门责任，确保组织到位、责任到位、工作到位。召开全市汇算清缴现场工作布置会，向基层单位推进，瞄准汇算清缴各项绩效考核内容，紧密配全，统筹协作，层层压实责任，确保各项汇算清缴工作有序推进。

二是统一政策口径，确保税收公平。及时梳理基层反馈的原国地税政策执行口径不一致问题，结合改革后新出台的省税务局文件及征管职责清单，统一政策口径及征管操作要求。2019年7月拟定《关于加强企业所得税政策研讨提升政策服务质效的意见》，通过每个季度搜集市税务局政策平台、政策执行简报、季度政策问题上报等途径反馈的疑难问题，收集来自于纳税人的真实案例，组织业务骨干定期开展税收政策研讨并形成《政策研讨汇编》发布，引导岗位干部对政策问题展开思考，让基层及时掌握企业所得税相关重点内容。

三是夯实基础事项，做好事前准备。积极参与金税三期并库工作，开展并库上线前的集中测试，提供并库中的政策指导，对原国地税同时存在弥补亏损台帐信息的2008户、原国地税同时存在企业所得税认定信息的58户、原国地税同时存在企业所得税核定信息的25户进行协调处理，确保并库数据的真实准确。对企业所得税申报、企业所得税核定、企业所得税汇总纳税总分机构信息备案等做好验证并跟踪上线后运行情况，及时协调解决区局实际操作中遇到的问题。完成并库后，组织新情报管理平台及大数据分析系统专场培训，详细解读数据提取分析操作，使得基层能深挖税收数据，全面掌握企业所得税管户和申报信息、台账信息，保证企业所得税应申报户和申报信息的准确性和完整性。

四是注重实时监控，提升汇算清缴质量。实时关注申报进度、申报风险企业、申报数据差错等情况。结合国家税务总局上线的“所得税专项分析系统”，对汇算清缴指标及质效进行监控考评，主动将该系统数据与“金税三期”数据比对分析，提醒基层查漏补缺，做好数据融合。同时导出申报差错数据，通知基层分类核实修正，切实提高数据质量。（殷宪韬）

企业所得税减税优惠 2019年，市税务局企业所得税处统筹安排落实减税降费工作，努力做到日清、周结、月报。聚焦减税降费关键任务，突出小型微利企业普惠性优惠、研发费用加计扣除、固定资产一次性税前扣除等重点企业所得税优惠事项，加强日常监控和分类指导，定期通报减税降费落实情况，把工作抓牢夯实。2019年，有近10万户次企业享受各类企业所得税优惠330亿元，比去年增加40亿元。其中，小微企业享受企业所得税优惠面一直保持在100%，全年预计减免所得税近20亿元，小微企业优惠扩围，帮助企业充分释放发展活力，进一步增强企业获得感，更大激发市场活力的同时，也更好发挥了小微企业吸纳就业的重要作用。2019年，共有5995户企业申报研发费用加计扣除238.57亿元（折算减免税59.64亿元），分别比上年增长66.9%和81.44%。当年新认定高新技术企业2128家，远超市政府确定的目标。全年高新技术企业享受企业所得税减免预计达35亿元，得益于对高新技术企业的财政激励及税收优惠，对引导高新技术企业加大研发投入作用明显。（陈 鑫）

基层减负和政策指引 按照“处室能做的事情决不让基层去做”的工作要求，承接省税务局或市政府有关部门发来的工作事项，首先在处内进行整合、分类分析处理，处内人员加工处理后可以直接报出的，不再让基层进行复核；处内无法处理的，有指向性地发布核查要求，尽量减轻基层负担。

加强税收政策业务学习，是为纳税人做好有效服务的基础。相对于其他税种，企业所得税由于涉及会计、税法等方面的知识相对较多、计算方法相对复杂、税会差异调整难度较大、申报表内容较多、企业重组等业务形式复杂，因此较难全面掌握。2019年，市税务局企业所得税处面对纷繁复杂的经济业务，特别是在国家大力实施减税降费、切实减轻纳税人负担的背景下，通过企业所得税政策执行情况的反馈机制，收集来自于纳税人的真实案例，充分调动基层干部研究政策的积极性和主动性，引导岗位人员对政策问题展开思考，深入推动全系统岗位干部形成学业务、钻业务、精业务、乐奉献、勤思考的氛围，按季收集政策执行中的问题，定期组织集中开展政策研讨，并形成《政策研讨汇编》向基层发布，提高政策执行口径的统一性，科学指导基层规范执法。2019年，共发布三期政策汇编，包括一期总局新政汇编、两期政策研讨汇编，形成文稿近两万字。其中政策研讨汇编对对赌协议分红返还的处理等19项疑难政策进行了执行口径统一。（陈 鑫）

政策效应分析与前瞻性研究 密切关注国家和省市经济发展战略及动态，追踪改革创新发展中的新情况、新问题，加强企业所得税政策研究和效应分析，努力为上级部门和市委、市政府决策提供参考。2019年7月，完成《2018年企业所得税政策效应分析》汇编，《透过企业所得税账单看南京经济发展高质量》《市场活力释放 税收政策加持 南京经济从高速增长转向高质量发展》等多篇分析文章发表在《南京日报》《江苏经济报》、交汇点新闻等媒体上发表，《我市高新技术企业情况及省内外比较分析》《从税务视角分析我市高新技术企业认定情况及相关建议》《研发费用加计扣除优惠政策执行情况报告》《总分支机构设置对我市企业所得税税源的影响》四篇文章以专报和直报等形式上报市委、市政府，均得到市委书记和市长的批示。（陈 鑫）

（责任编辑 李帅威）

个人所得税管理

概述 2019年，市税务局围绕减税降费与个人所得税改革关键任务，更新理念、完善机制，深化政策落实、突出管理转型，完成了个人所得税各项工作任务。

落实减税降费任务。按要求组织开展重点减免税数据的核实工作。完成减税降费宣传辅导工作，全年组织开展了三场减税降费政策条线人员业务培训。按要求填报“个人所得税减免税需重点核实数据清册及处理情况台账”“2019年出台及翘尾个人所得税政策落实情况汇总表”“2019年分政策新增减税降费统计核算情况表”“2019年减税规模测算表”“关于个税减税情况的分析和案例”“关于累计预扣法个人所得税税额减幅情况的汇报”“地方政府减税降费涉及个人所得税改革情况的汇报”等专项工作资料。

推进个人所得税改革。一是加强组织领导，强化责任落实。积极向各级党委政府汇报个税改革阶段工作任务及全面税改影响，争取地方党委政府对第二阶段改革工作的支持。二是精准宣传辅导，紧扣重点热点。找准目标定位，实施精准发力，对未享受专项附加扣除人数较多的重点扣缴义务人开展宣传辅导。三是加强政策研究，建立反馈机制。建立上下通畅的问题收集解答机制，专扣政策实施初期共下发16期问题解答。四是加强数据清理，强化风险防范。对国家税务总局下发的粗颗粒度指标筛选为14.52万户扣缴义务人、116万自然人，安排逐户落实。五是推广试点经验，开展信息核验。分别在栖霞、溧水区局开展专扣事后核验抽查试点工作。六是完善投诉处理，做好舆情应对。2019年，个人所得税处制定了《个人所得税身份信息冒用涉税违法检举管理机制的工作方案》，推动管理规范化。七是加强效应分析，助推税改落地。

防范系统性执法风险。2019年2月，制定《个人所得税政策管理办法》；2019年3月，制定《关于规范有关征管事项的通知》；2019年4月，制定《关于进一步强化自然人股权转让个人所得税管理的工作意见（试行）》，推行股权变更税收前置，完成股权转让收入分析，规范经营所得征收方式认定管理，落实省税务局关于外地来宁建筑安装业个人所得税的管理要求，加大对外地来宁施工单位个人所得税明细申报的宣传与辅导。

构建个人所得税岗责新体系。市税务局牵头组成岗责体系编写工作组，结合个人所得税征管实际，全面梳理个人所得税管理事项，明确各事项、各环节承接部门和岗责配置，理顺业务流程，统一工作规范，完善工作机制，持续提升个人所得税管理效能。选取雨花台区、六合区两个区局代表，按照“先行先试、面上推开”的原则，通过实际工作来磨合验证岗责设置的科学性、合理性。

规范经营所得预缴汇缴申报。充分预判ITS系统上线后的申报影响，主动应对，采取有力措施，全力保障预缴、汇缴申报平稳。2019年3月制定并下发《关于加强经营所得个人所得税申报管理的相关措施》，多措并举，提高经营所得申报率和申报质量。组织基层单位全方位、多层次、多角度开展税法宣传、纳税咨询和申报辅导。从核准应申报户基数、利用税种差异获得针对性催报提醒信息、探索多途径催报措施等方面入手，形成系统、有效申报质量管理机制。

推进创投优惠政策落地。加强与市政府部门沟通合作，开展数据交换，取得发展改革委和证券基金业协会的创投企业备案清单。开展合伙创投企业和天使投资个人优惠政策落实情况调研，开展有针对性的宣传辅导。（史伟莹）

个人所得税收入及特点 2019年，市税务局组织个人所得税收入187.25亿元，同比减收59.03亿元，降幅为23.97%。收入特点如下。

一是从各税目结构来看，贡献最大的为工资薪金所得，入库110.04亿元，在个人所得税总量中占比达58.77%，占比比上年同期减少超12个百分点。

二是从增减幅来看，工资薪金所得、劳务报酬所得、稿酬所得、特许权使用费所得、经营所得、利息股息红利所得、财产租赁所得、财产转让所得和偶然所得9个税目有偶然所得、特许权使用费所得、财产转让所得、利息股息红利所得和稿酬所得5个所得项目出现增长，增幅前三位的分别是：偶然所得、特许权使用费所得和财产转让所得，分别为81.4%、42.3%、28.3%。受减税政策影响，其余4个税目呈现负增长，减幅较大，前三位分别是劳务报酬所得、工资薪金所得和经营所得，降幅分别为38.3%、37.2%和17.6%。

三是从增减量来看，主要影响税目是工资薪金所得，减收达65.29亿元，同比减幅达37.2%，减税惠民效果明显。

四是从区域结构看，各税务机关税收运行呈现下降态势，仅溧水和江北新区增长，增长率分别为40.0%和0.8%，降幅前三位的是鼓楼区、第二税务分局和秦淮区，分别为36.8%、34.5%和34.4%。

2019年度个人所得税收入减收的主要原因是税收政策因素影响（新个人所得税法全面实施），即费用减除标准由3500元调整为5000元、降低最低档税率、拉大低档次税率级距、专项附加扣除全面实施。（史伟莹）

个人所得税改革与减税 新修订的个人所得税法于2019年1月1日正式实施，在2018年四季度过渡期调整了起征点和税率结构的基础上，新增子女教育、继续教育、大病医疗、住房贷款利息或者住房租金、赡养老人专项附加扣除项目，覆盖了各收入群体，兼顾教育、医疗、住房、养老四大民生领域。市税务局个人所得税制改革工作突出“早”“准”“稳”，各项工作早筹谋，稳推进，抓准税务机关—扣缴义务人—自然人纳税人的主线。通过扣缴义务人的“懂”，辐射到自然人纳税人的“顺”，取得了税改效果的“好”。2019年以来，全系统各单位围绕个税改革做了大量艰苦细致的工作，改革工作扎实有效，减税“红包”精准落袋。2019年，南京市个人所得税减税89.22亿元，惠及455万纳税人，人均减税1960.31元。其中因专项附加扣除项目减税11亿元，惠及101万纳税人。改革初期，全市就有188万人从有税变为无税。国家税务总局、省税务局和南京市委、市政府，对市税务局个人所得税改革工作予以肯定。（袁　锋）

个人所得税汇算清缴准备工作 2019年，市税务局采取多项举措，充分做好新个人所得税法实施后第一个年度汇算清缴准备工作。一是“精”字着眼，两步归集，精细开展数据清理。对国家税务总局下发的189万条疑点数据进行精细化分析，采取先将身份验证、收入疑点、专扣未享受等多项疑点数据按单个自然人维度归集，再按扣缴单位进行两步归集的方式，集中推送处理。最大程度减轻基层数据查询工作量，基层局既可分重点分层次对扣缴单位进行数据清理，提高工作效率，又避免对扣缴义务人的反复打扰，取得扣缴义务人对工作的理解和支持。

二是“准”字着手，三维分析，准确把握汇缴重点。依托明细数据建立模型全量分析，按照补税高、退税高、税负高三个纬度，深度分析汇缴数据，精准研判面临形势，准确定位汇缴重点。结合扣缴单位、纳税人区域分布、行业属性以及国务院常务会议最新政策等因素，按区域分布形成汇缴明细清册，绘制全市“汇缴地图”。对区域汇缴人群体量、扣缴单位分布、补退税人群分布等情况清晰明了，合理配置资源。

三是“稳”字着力，四项联动，协同保障汇缴平稳。市区联动，市税务局成立实体化集中办公组，发挥指挥中心作用；各区税务局建立专项服务组、异议处理组和应急服务组三支队伍，应对处置汇缴中的紧急突发状况。虚实联动。办税服务厅单独设立个税汇缴、异议处理两个专业服务区。突出线上虚拟办税厅服务，最大程度缓解实体办税厅压力。点面联动。对锁定的重点人群和涉密人员，点对点辅导；通过数字化税企服务智能平台线上开展直播培训等方式，确保培训辅导100%。内外联动。内部汇缴政策、办理流程业务培训的同时，突出心理疏导技能和争议化解技能培训。外部宣传，将国家税务总局自然人电子税务局和数字化税企智能服务平台、“我的南京”三个平台组合使用，确保汇缴信息迅速传达到扣缴义务人和纳税人。（袁　锋）

规范经营所得征收方式认定管理　2019年3月，制定下发《关于规范有关征管事项的通知》。一是细化要求，明确口径。根据省税务局要求，结合市税务局实际，细化操作办法，明确政策口径，方便基层单位对照执行；二是分解责任，分片筛查。要求基层单位对辖区内符合条件纳税人进行数据筛查，并逐户核实确认，做到守土有责；三是技术支撑，批量维护。由于全市数据量较大，为提高工作效率，减轻基层负担，市税务局向省税务局提交运维申请，由后台进行批量处理。全市共有2312户个人独资、合伙企业个税征收方式改为查帐征收。其中：增值税一般纳税人2264户、上年销售收入500万元以上增值税小规模纳税人3户、股权投资企业35户、鉴证类中介机构6户、影视行业4户。2019年10月，还对规定落实情况进行跟踪管理，向基层单位推送疑似不得核定征收清册进行核实，并提醒基层单位对核定征收情形需报市税务局备案的及时提交备案资料。（郑　升）

经营所得申报管理　2019年1月，自然人税收管理系统上线后，经营所得的申报渠道、缴税方式等发生了变化。同时新、老申报渠道并存，给广大纳税人申报带来影响。市税务局充分预判，主动应对，采取有力措施，全力保障预缴、汇缴申报平稳。一是高度重视，提早采取措施。2019年一季度，市税务局及早下发经营所得年度汇缴工作通知，明确申报方式，要求基层单位尽早组织落实，实施错峰管理；2019年二季度，申报期前制定并下发《关于加强经营所得个人所得税申报管理的相关措施》，多措并举，提高经营所得申报率和申报质量。二是多层互动，强化政策宣传辅导。组织基层单位全方位、多层次、多角度开展税法宣传、纳税咨询和申报辅导。三是持续跟踪，主动排解难点堵点，主要从核准应申报户基数、利用税种差异获得针对性催报提醒信息、探索多途径催报措施等方面入手，努力形成系统、长期有效的申报质量管理机制。（郑　升）

经营所得风险排查　2019年三季度，从汇缴面、行业税负等多个维度对经营所得年报数据进行分析，对律师、会计师、税务师、投资和影视文化等多个重点行业进行了深入研究，从中查找税收征管中存在的风险。2019年四季度，有针对性形成问题清册并发基层单位，指导完成相关应对工作，主要包括：一是组织汇缴年报收入、利润与纳税人财务报表进行比对，形成汇缴年报收入总额小于财务报表收入149笔、汇缴年报利润小于财务报表利润406笔；二是对发生较大数额的减免税款、投资分配比率为0、可能存在少缴税款等数据进行整理，涉及分配比例为0或空，需要重点核实48笔；三是对有两处以上经营所得但未汇总纳税申报的数据进行整理，涉及753个投资者自然人共1702笔数据。根据基层单位反馈统计，本次应对工作纠正纳税人错误适用政策减免税款300余万元，补缴税款约200万元。（郑　升）

个人所得税政策管理　2019年，市税务局积极落实省税务局“权威发布、全员参与”机制要求，制定了《个人所得税政策管理办法》，以进一步规范税收执法行为，加强政策服务效能。一是明确个人所得税政策管理工作应遵循合法性、合理性、时效性和集体决策原则。二是个人所得税政策管理工作内容包括：研究政策文件，分析执行过程中可能出现的不同理解，确定执行口径；收集基层政策执行中的热点难点问题，对需明确的政策问题提出处理意见；调研政策执行时可能存在的问题，帮助基层和纳税人或扣缴义务人解决实际困难，并向上级税务机关提出政策建议；对执法中具有典型意义的税收政策问题，制作典型案例范本。三是建立个人所得税政策研究机制。由个人所得税处牵头，挑选专业性强、业务能力高、实践经验丰富的专业人才，组建全市的个人所得税政策研究团队，定期开展个人所得税政策调研、政策研讨和政策解读。四是建立个人所得税政策风险管理督察机制。梳理全市政策执行中的风险点，提出风险防控措施和管理要求，下发基层自查整改，并将风险事项纳入风险应对和执法督察。

（张　黎）

资本利得项目个人所得税征管　2019年，市税务局制定了《关于进一步强化自然人股权转让个人所得税管理的工作意见（试行）》，以进一步完善高收入高净值人群个人所得税征管机制，规范自然人股权转让个人所得税管理。一是建立前置查验机制。建立与市场监管部门的自然人股权转让税收前置联动机制，即自然人转让股权时，先办理企业股权结构变更涉税确认，凭主管税务机关出具的传递单办理工商变更登记。二是建立信息交换机制。加强与本级市场主体登记机关合作，落实和完善股权信息交换制度，积极开展股权转让信息共享工作。三是加强链条式动态管理。建立股权转让台账，以被投资企业为归集主体，对转让方受让方信息、转让份额金额、变动情况及收入核定情况进行全面采集登记，强化对每次股权转让间股权转让收入和股权原值的逻辑审核，对股权转让实施链条式动态管理。　（张　黎）

创业投资优惠政策调研落实　2019年，为全面、准确贯彻落实国家关于创业投资企业和天使投资个人相关个人所得税优惠政策，市税务局结合实际，通过建立机制、摸清底数、宣传辅导、重点调研等方式采取切实可行的措施，确保相关税收优惠政策精准落地。一是加强与市政府部门协作，建立定期联络和数据交换机制，共同研究贯彻落实创新名城建设创投企业个税相关政策措施，筹建成立备案创投企业重点名录库，持续跟踪进入名录库已备案的创业投资企业，并提供全方位政策服务。二是结合发展改革委、证券基金业协会的备案清单以及省税务局下发的潜在初创科技型企业清册进行筛选确认，摸清本地区存在个人合伙人的合伙创业投资企业和符合条件的天使投资个人情况。三是举行培训，让纳税人知晓合伙创投企业和天使投资个人税收优惠政策，组织相关企业参加政策宣讲会。针对专题调研中纳税人反馈的有关税收优惠政策及其办理流程方面的困惑，现场进行集中解答。对符合条件但未享受政策的纳税人，及时辅导帮助纳税人充分享受优惠政策。

（张　黎）

（责任编辑　李帅威）

财产行为税管理

概述　2019年，市税务局以组织税收收入为中心，以风险管理为导向，贯彻落实减税降费工作要求，加大土地增值税清算力度，加强环境保护税、房产税、城镇土地使用税征管，推进存量房评估统一管理，完成财产和行为税管理工作任务。

一是齐抓共管，地方十税（土地增值税、房产税、城镇土地使用税收、城市维护建设税、印花税、契税、车船使用税、耕地占用税、资源税、环境保护税）收入稳步增长。2019年，财产行为税收入480.8亿元，比去年同期增长12.14%。完成土地增值税清算审核项目193个，入库税款111.07亿元。通过完善房产和土地基础税源信息、建立健全存量房交易个案评估管理机制及工作流程、加强环境保护税比对工作，完善收入质量评价体系。

二是凝心聚力，积极落实减税降费要求。通过持续开展申报异常数据监控工作，跟踪落实政策追溯调整退税工作，积极落实房产税、城镇土地使用税优惠政策，落实好适当下调南京市城镇土地使用税单位税额工作，将减税降费落实到实处。增值税小规模纳税人地方六税（房产税、城镇土地使用税、印花税、城市维护建设税、资源税、耕地占用税）共计减免4.7亿元。

三是攻坚克难，税政管理水平持续提升。持续强化土地增值税管理，建立全市统一的存量房交易评估工作机制，进一步完善非住宅基准价格维护更新机制，建立房产税困难性减免审核管理机制，房产税、城镇土地使用税基础管理不断夯实，其他税种征管不断加强，开展专题业务培训，不断提高业务水平。　（承　曦）

财产行为税收入及特点 2019年，南京市组织财产行为税收入总计480.8亿元，与2018年同期相比，增收52.05亿元，同比增长12.14%。其中：土地增值税收入111.07亿元，同比增长25.6%；房产税收入50.88亿元，同比增长8%；城镇土地使用税收入16.54亿元，同比下降5.8%；城市维护建设税收入97.52亿元，同比增长4.8%；印花税收入15.77亿元，同比下降13.6%；契税收入161.46亿元，同比增长11.5%；车船使用税8.27亿元，同比增长0.9%；耕地占用税11.91亿元，同比增长143.8%；资源税0.53亿元，同比增长7.4%。增长幅度较大的有：土地增值税、耕地占用税。土地增值税增长的主要因素是2019年加强土地增值税清算管理。通过梳理确定了118个未完成清算的5年以上老项目，完成土地增值税清算审核项目8个，入库税款10.17亿元。耕地占用税增长的主要原因：一是由于城市发展需要，出让了多幅土地；二是2019年9月1日《中华人民共和国耕地占用税法》正式实施，各区局加强对以往年度税款的催缴入库，耕地占用税税款同比大幅上升。 （承 曦）

土地增值税收入及特点 2019年，南京市土地增值税收入完成111.07亿元，同比增长25.6%，其主要特点如下。

总体收入情况和特点。2019年，土地增值税收入增长幅度21.27%，与2018年收入增长幅度1.1%相比，增长幅度大幅度提高。土地增值税收入除一季度下降外，其他三个季度均大幅度增长。一季度收入下降3.12亿元，下降幅度为13.08%。二、三、四季度收入增长分别为5.56亿元、9.03亿元、7.33亿元，同比增长幅度分别为25.47%、48.12%、30.63%。

分地区收入情况和特点。2019年，土地增值税收入分各区局看，各区局增长和下降的差异很大。土地增值税收入增长幅度前三位的区局是玄武区税务局、浦口区税务局和经济开发区税务局：玄武区税务局增长金额为6.29亿元，同比增长329.99%；浦口区税务局增长金额为4.53亿元，同比增长177.38%；经济开发区税务局增长金额为5.61亿元，同比增长109.46%。土地增值税收入下降前三位的区局是雨花台区税务局、建邺区税务局、栖霞区税务局：雨花台区税务局下降金额为2.86亿元，同比下降42.25%；建邺区税务局下降金额为3.29亿元，同比下降20.83%；栖霞区税务局下降金额为1.52亿元，同比下降19.38%。

分税目收入情况和特点。2019年，土地增值税各税目收入占总收入的比重和收入比重变化如下：预征收入比重为61.61%，同比增长3.11%；清算收入比重为27.71%，同比增长126.49%；旧房转让收入比重为8.21%，同比增长7.74%；尾盘销售收入比重为2.47%，同比下降13.53%。

2019年，土地增值税收收入增长的税目有预征、清算和旧房交易，收入下降的税目为尾盘销售。具体情况如下：预征收入增长金额为1.99亿元，同比增长3.11%；清算收入增长金额为16.59亿元，同比增长126.49%；旧房交易收入增长数据为0.63亿元，同比增长7.74%；尾盘销售收入下降数据为0.41亿元，同比下降13.53%。 （朱国生）

房产税收入及特点 2019年，南京市房产税收入累计50.9亿元，同比增加3.8亿元，增长8.0%。

全年房产税总体收入保持平稳态势。其中收入增长较快的季度是第4季度，入库税款125631万元，同比增加8425万元，增幅7.2%。收入增长较快的月份是10月和11月：10月入库税款121639万元，同比增加7273万元，增幅6.4%；11月入库税款4070万元，同比增长851万元，增幅26.4%。

分行业、企业类型收入情况和特点。2019年房产税收入分行业看，其中房产税收入排名前五名的行业分别是：制造业、租赁和商务服务业、批发和零售业、建筑业、科学研究和技术服务业，涉及房产税收入285310万元，占比56.1%；房产税收入排名后五名的行业分别是：文体和娱乐业、卫生和社会工作、水利环境和公共设施管理业、采矿业、农林牧渔业，涉及房产税收入9334万元，占比1.8%。房产税收入分企业类型看，涉及内资企业房产税收入410708万元，占比80.7%，涉及外商投资企业55064万元，占比10.8%，涉及港、澳、台商投资企业房产税收入43，069万元，占比8.5%。

（周 晓）

城镇土地使用税收入及特点 2019年，南京市城镇土地使用税收入累计165383万元，减收10252

万元，同比下降5.84%。其主要特点如下。

一是总体收入情况起伏较大。城镇土地使用税收入金额增长较高的季度是第一季度，入库税款44101万元，同比增收504万元，同比增长1.16%。收入增长幅度较高的月份是2月、5月、9月：2月入库税款1276万元，同比增收469万元，同比增长58.1%；5月入库税款1904万元，同比增收1355万元，同比增长246.9%；9月入库税款588万元，同比增收282万元，同比增长92.2%。

二是分行业、企业类型收入情况和特点，差异明显。城镇土地使用税收入分行业看，2019年城镇土地使用税收入排名前五名的行业分别是：制造业、房地产业、租赁和商务服务业、批发和零售业、电力、热力、燃气及水的生产和供应业，涉及城镇土地使用税收入131669万元，占比79.61%；城镇土地使用税收入排名后五名的行业分别是：公共管理、社会保障和社会组织、教育、卫生和社会工作、农、林、牧、渔业、文化、体育和娱乐业，涉及城镇土地使用税收入1314万元，占比仅0.79%。城镇土地使用税收入分企业类型看，涉及内资企业城镇土地使用税收入135746万元，占比82.08%，涉及外商投资企业17897万元，占比10.82%，涉及港、澳、台商投资企业城镇土地使用税收入11735万元，占比7.1%。（严志敏）

印花税收入及特点 2019年，南京市印花税收入累计15.77亿元，比上年同期减少2.49亿元，下降13.6%。其主要特点是该税种整体较为平稳。

2019年，印花税下降较快月份分别是：1月入库22532万元，同比减少8560万元，减幅27.5%，3月入库10664万元，同比减少4368万元，减幅29.1%；5月入库10690万元，同比减少6627万元，减幅38.3%。从行业来看，占印花税收入比重较大的有制造业、建筑业、批发和零售业、房地产业，分别占比19.5%、9.52%、18.9%、18.19%。从企业类型来看，内资企业占比最大，达85.93%。

印花税的政策性减征因素：印花税因财税〔2019〕13号文《财政部 税务总局关于实施小微企业普惠性税收减免政策的通知》，增值税小规模纳税人享受印花税减半征收优惠，减免税款2633万元。（承　曦）

环境保护税收入及特点 2019年，南京市环境保护税收入累计6.85亿元，同比增加8013.44万元，增幅13.24%。环境保护税的主要特点是大气污染物占环境保护税全部收入较高，大气污染物入库税款6.52亿元，占全部入库税款的95.17%；水污染物、固体废物、噪声等三个税目入库税款较少，合计入库税款2655万元，占全部入库税款的3.87%。从行业结构来看，房地产业、制造业、电力、热力、燃气及水的生产和供应业、租赁和商务服务业这四个行业入库税款较多，分别为24182万元、23792万元、7698万元、7007万元，合计6.27亿元，占全部入库税款的91.45%。2019年纳税人通过自行申报享受减免税2.56亿元，减免税金额占入库税款总量的37.37%。（邱萌宇）

贯彻落实《中华人民共和国耕地占用税法》 2019年，南京市耕地占用税累计实现收入11.91亿元，增收7.02亿元，同比增长143.8%。南京市税务局全年采取多项举措做好《中华人民共和国耕地占用税法》贯彻落实工作。一是加强《中华人民共和国耕地占用税法》政策宣传和培训。一季度由各基层局自学为主，了解掌握《中华人民共和国耕地占用税法》的基本知识；5月份组织开展专项耕地占用税培训班，帮助岗位人员加深对新税法的了解；8月22日在《中华人民共和国耕地占用税法》实施前夕，又进行了耕地占用税政策变化及申报流程培训，确保9月1日《中华人民共和国耕地占用税法》顺利实施。二是对全市耕地占用税征管模式统一规范。根据《中华人民共和国耕地占用税法》及其实施办法的要求，南京市税务局逐步取消以往由委托自然资源部门代征的模式，2020年开始全部改为直接征收。同时，加大了对以往年度税款的清缴力度，2019年共入库以往年度税款8.3亿元，占全年入库税款的69.69%。三是建立耕地占用税征管协作机制。为切实做好《中华人民共和国耕地占用税法》及其实施办法的贯彻落实工作，南京市税务局与南京市财政局、规划和自然资源局多次沟通协调，联合发布《关于建立耕地占用税征管协作机制的通知》，明确各部门的职责分工，加强部门之间的信息共享，强化耕地占用税的税源管控水平。（李　丹）

存量房税收管理特点　存量房税收管理多措并举，达到存量房交易税款应收尽收的目标。全年工作主要呈现以下三个特点：一是统一执行口径，建立健全全市政策研究发布机制。全面贯彻存量房交易税收管理相关要求，按季召开全市工作例会，梳理政策执行难点和热点，全年明确和统一执行口径30余条，保障全市存量房交易政策执行的一致性和规范性。二是规范评估方法，建立南京市统一的交易评估机制。制定评估机构选定办法，明确入库、清退机制和总体要求，通过第三方公开招标及公开摇号建立评估机构库，确保评估服务市场公平竞争，保证存量房评估结果客观公平。制定评估管理办法，规范评估参数、统一报告模板、加强评估管理，确保评估工作公正有序运行。经统计，全年申报交易套数13.7万笔，其中调整低于标准价格警戒线交易1.1万笔、调整争议处理交易0.5万笔，调整套数比例12.0%，评估后调增计税价格63.7亿元，调增税额1.9亿元，调增税额比例54.3%。三是江苏省率先行动，完善非住宅基准价格维护机制。江苏省先行启动非住宅基准价格维护工作，建立非住宅基准价格更新机制方案，南京市精确划分片区，建立315个非住宅观测点，按季全面更新非住宅标准房基准价格，力求与市场价格保持相对一致，解决非住宅价格滞后于市场价格的难题。　（周　晓）

（责任编辑　胡琪）

社会保险费和非税收入管理

概述　2019年，市税务局以习近平新时代中国特色社会主义思想为指引，深入贯彻党中央、国务院有关社会保险费和非税收入征缴，以及落实减费等各项决策部署，全面落实国务院办公厅、江苏省政府办公厅和南京市市委市政府具体工作意见，按照江苏省税务局的统一部署，坚持“稳划转、稳方式、稳负担”原则，履职尽责，稳妥有序地推进改革，深入细致地落实减费降率政策，做好社会保险费和非税收入管理。全年累计征收社会保险费及各项非税收入755.21亿元，其中征收社会保险费676.39亿元，征收各项非税收入78.38亿元。落实社会保险费降率政策，全市14.68万户企事业单位享受政策，1—12月同比减征社会保险费80.99亿元。

自2019年4月1日、2019年7月1日起，分别完成机关事业单位基本养老保险和城乡居民两险征收系统的切换，标志着机关事业单位基本养老保险和城乡居民两险实现税务机关全责征收。机关事业单位养老保险申报率100%，征收31.34亿元；职业年金发盘银行批扣回盘15.26亿元，回盘率98.9%。新增城乡居民养老保险缴费人40.12万、城乡居民医疗保险缴费人251.11万。全年城乡居民基本养老保险缴费到账40.67万人，缴费率达101.68%，个人缴费金额4.54亿元，比上年增长3.7%；城乡居民基本医疗保险缴费到账305.09万人，缴费率达101.62%，个人缴费金额8.27亿元，比上年增长13.14%。

10月1日至12月25日，划转后的城乡居民基本养老保险和城乡居民基本医疗保险职能平稳渡过首个集中参保缴费期。城乡居民基本养老保险缴费到账40.67万人，缴费率达101.68%，个人缴费金额4.54亿元，比上年增长3.7%；城乡居民基本医疗保险缴费到账305.09万人，缴费率达101.62%，个人缴费金额8.27亿元，比上年增长13.14%。

南京市城乡居民两险网格化管理体系初步建立。税务机关内部“以缴费人为中心”的工作理念深入人心，建立了全方位、立体化的线上、线下缴费渠道，依托银行网点，实现了缴费业务全市通办，缴费服务形式更加全面、多样和便捷。2019年7月城乡居民两险新系统上线以来，线上缴费超过121.39万人次，缴费金额达3.68亿元。

石油特别收益金、免税商品特许经营费两项非税收入征缴职能顺利完成划转，其中石油特别收益金涉及企业1户，免税商品特许经营费涉及企业2户，入库石油特别收益金796万元，免税商品特许经营费27万元。

减费降率政策落实取得新成效。落实社会保险费降率政策，全市14.68万户企事业单位享受政策，2019年度同比减征社会保险费80.99亿元。落实减费政策，全市40.83万户企业享受未达起征点免征政策，免征教育费附加、地方教育附加11584万元；享受小微企业普惠性政策，7.55万户企业减征教育费附加4618万元，7.57万户企业减征地方教育附加3080万元；1492户企业享受政策按50%减征文化事业建设费4205万元；33.18万户企业享受残疾人就业保障金30人以下免征政策，免征2.88亿元。　（吕小军）

社会保险费征缴职能划转 社会保险费征缴职能划转，涉及两个方面工作。一方面是2019年4月15日，实现机关事业单位基本养老保险费征收和职业年金代征，涉及机关事业单位3490户。至2019年12月底，累计征收机关事业单位基本养老保险31.28亿元。

另一方面是2019年6月30日实现城乡居民基本养老保险和基本医疗两险征收，涉及南京市城乡居民基本养老保险缴费人40万、城乡居民基本医疗保险缴费人251万。

一是从总体来看，南京市城乡居民社会保险费征缴系统自6月30日切换上线以来，运行比较平稳，全渠道缴费基本畅通。市人力资源与社会保障局相关部门开展数据迁移演练，反复清洗数据，发现问题会商人社部门及时调整，税务转换等手段及时处理。划转过程涉及数据量近900万条，其中，数据转换累计2239万条；数据清洗累计1095万条。

二是强化部门工作协同。对接国家税务总局江苏省税务局项目组，由南京市税务局项目组牵头相关处室定期通报工作进展，制发划转工作方案、系统上线工作方案及上线应急预案等，从组织层面确保工作推进，争取政府支持。以各区税务局为主体，依托街道牵头，建立起街道、社区两级社保经办联动工作机制；在征收信息共享，保费收缴入库、退费资金保障等方面强化与财政部门的沟通；与南京市人力资源与社会保障局等相关部门会商疑难工作，召开业务20余场例会，议定城乡居民两险征收业务规则54条。

三是组织联调测试。采用集中办公模式，抽调业务骨干组建市级系统运维保障工作团队，会同政府职能部门、银行、第三方缴费渠道完成五轮虚拟业务场景测试、三轮以真实数据为基础的全流程、全业务场景联调测试，为后期正常上线奠定基础。

四是稳定缴费渠道。在对南京市人力资源与社会保障局原有各类缴费渠道进行分析的基础上，结合国家税务总局江苏省税务局项目组可提供的各类缴费渠道，通过科学论证，在保留原南京市人力资源与社会保障局全部缴费渠道的基础上进一步进行拓展，已能正常使用的渠道包括银行柜面和税务大厅的线下渠道，自然人网厅、支付宝、微信和我的南京等线上渠道。

五是做好对接工作。按周编发工作动态，联合南京市人力资源与社会保障局开展覆盖街道、社区社会保险业务经办点的上线业务操作培训，区分银行端、税务大厅、街道社区经办点等不同层面编写并印发缴费指引，编写印制支付宝、微信、自然人网厅和“我的南京”等线上缴费服务手册，积极引导缴费人尽量通过线上渠道进行缴费。

六是解决疑难问题。坚持从缴费端问题入手，实施数据质量倒查，积极推动南京市人力资源与社会保障局端口信息共享平台和业务系统的升级改造，数据处理成功率居全省前列。新系统上线以来，实施银行缴费批扣人次累计超37.19万，批扣金额为2.60亿元，帮助缴费人、社区工作人员核实数据或解决各类缴费实际问题累计超3000人次。（孙　鲲、李海燕）

保障城乡居民两险集中征期 10月1日至12月25日，南京市城乡居民基本养老保险和城乡居民基本医疗保险进入职能划转以来的第一个集中参保缴费期。一是下发《国家税务总局南京市税务局关于做好城乡居民基本养老保险和城乡居民基本医疗保险集中征缴期相关工作的通知》压实工作责任。二是联合南京市人力资源与社会保障局、南京市医疗保障局等相关部门共同排定工作事项、制定推进方案、组织新闻宣传、召开工作部署会议、组织征前业务验证。三是成立市级运维团队，做好运维保障。加强对媒体信息的监控，强化舆情监控。至征期结束，城乡居民基本养老保险缴费到账40.67万人，缴费率达101.68%，个人缴费金额4.54亿元，比上年增长3.7%；城乡居民基本医疗保险缴费到账305.09万人，缴费率达101.62%，个人缴费金额8.27亿元，比上年增长13.14%。（曾　煜、李海燕）

社会保险费网格化管理体系初步建立 2019年，全市初步建立城乡居民两险网格化管理体系。其中，一级网格12人、二级网格98人、三级网格330人。税务干部逐一对接社区，确保一个不漏，采取“人员进网格、事项进网格、收入进网格、责任进网格”的方式，推动城乡居民两险选档、缴费宣传、催缴、争议化解等服务事项落实。主要举措：

一是全面落实国家税务总局江苏省税务局"1+5"税收征管体系建设部署，借助基层社会综合治理资源，积极推进城乡居民两险网格化管理，不断提高服务质量和管理水平，为广大人民群众提供更优质、更快捷、更有序的网格服务。二是制定下发《国家税务总局南京市税务局城乡居民社会保险费网格化管理办法（试行）》，主动对接街道（乡镇）、社区、按照区局对应区、属地税源管理科（所）对应街道、税务干部对应社区的模式构建"横向到边、纵向到底、责任到人、不留死角"的社会保险费网格化管理体系。三是加强日常巡检和监督，市、区两级税务机关通过加强与街道政府的协调，采取不定期走访或电话抽访方式适时了解网格化管理运转情况，及时发现和纠正工作中的问题。（李海燕、陈珊艺）

非税收入征缴服务管理 坚持"以缴费人为中心"的工作理念，不断提升服务水平。主要举措如下。一是加强涉费收入分析。紧密结合政策变化，将涉费分析与社保费基数调整、征缴扩面、减费降率政策出台等紧密结合起来，按照"互联网+社保+非税收入"的要求，发掘应用涉税、涉费大数据，做好收入数据的分析，开展多维度的社保费和非税收入征缴情况分析，着重做好重点行业、征缴大户和欠费清缴的入库情况分析，通过分析掌握征缴面上情况和发现的征缴问题，提出管理建议。二是重视涉费政策宣传。依托办税服务厅公告栏、宣传页等载体以及纳税人之家、纳税人学堂、微信群、公众号等多种传播媒介对纳税人进行政策宣传和申报提醒、辅导，确保优惠政策应知尽享；三是重点加强社保费和非税政策培训，培训对象为基层局一线相关业务人员、"12366"咨询人员，各基层局结合宣传培训计划对缴费人开展集中辅导或上门一对一服务。四是积极辅导企业申报。针对新划转非税项目，为企业做好申报缴费辅导，与江苏省税务局非税收入处共赴江宁经济开发区中免集团南京机场进境免税品有限公司上门服务，现场辅导财务人员通过电子税务局完成免税商品特许经营费申报。五是建立全方位、立体化的线上、线下缴费渠道，使得缴费服务渠道更加全面、多样和便捷。城乡居民两险依托银行网点，实现缴费业务全市通办；依托微信、支付宝、"我的南京"APP、自然人网厅，实现缴费业务掌上办理；依托办税服务厅，实现缴费业务兜底办理，实现城乡居民两险个人社保缴费业务专窗办理、优化缴费服务场所的导费服务、窗口设置、人员配备，引导错峰缴费，做到"一键通""一口清"，最大限度便利缴费人。自2019年7月1日新系统上线以来，线上缴费超过120万人次，缴费金额达3.68亿元。（曾 煜、宗 慧）

两项新增非税收入项目实现平稳划转 一是根据国家税务总局江苏省税务局非税收入划转工作的统一部署，做好2项新非税收入项目石油特别收益金、免税商品特许经营费的划转接收工作，其中，石油特别收益金涉及企业1户，免税商品特许经营费涉及企业2户。二是积极开展新接收的非税收入项目调研和税户情况排查，5月份与国家税务总局江苏省税务局及江宁经济开发区税务局人员共赴中免集团南京机场进境免税品有限公司，辅导企业财务人员通过电子税务局，完成省内入境免税店首笔"免税商品特许经营费"申报入库。三是加强新接收非税收入项目基础管理工作，做到政策管理规范、征管流程规范、缴费服务规范。已入库石油特别收益金796万元，免税商品特许经营费27万元。（宋 昕、章苏红）

降费减负政策落实 落实社保费降率政策。全市14.68万户企事业单位享受政策，1—12月份同比减征社会保险费80.99亿元。一是建机制，严密制度保障。根据江苏省税务局工作要求，及时建立组织构架；下发《国家税务总局南京市税务局关于认真做好社保费降率方案实施工作的通知》《国家税务总局南京市税务局实施减税降费工作任务职责清单》；实行社会保险费降率"零报告"制度；进一步明确相关部门工作职责分工、积极落实各项降率工作措施；与人社部门建立沟通联系机制，做好信息互通，统一政策执行口径和征管业务分工。二是抓培训，确保服务到位。积极组织参加国家税务总局社会保险费降率测算培训会议，做好特服号人力资源配置，全市特服号共配置线路148条，一线坐席人员144人，管理及业务支撑人员37人；针对企业和机关事业单位不同申报群体和征管模式，分别做好相应的社会保险费申报系统的运行保障。三是促宣传，扩大知晓范围。通过电子税务局网站，及时就社会保险费降率减费政策相关内容，向缴费人进行宣传，并提醒申报注意事项，确保每一户网报户都能知晓政策内容；拓展宣传渠道，通过南京税务微信公众号和南京税务微博等渠道宣传社保费降率政策及执行成效。四是做测算，开展优惠分析。降率政策执行前，提前做好规划和应对，做好降费的数据准备工作，参加国家税务总局江苏省税务局与江苏省人力资源与社会保障局共同召开的社保费降率工作会议，与南京市人力资源与社会保障局做好降率测算的工作分工协作，做好数据的税务信息完善和报送工作，为降费测算工作的顺利推进做好充分的数据准备。

落实非税收入降费政策。全市40.83万户企业享受未达起征点免征政策，免征教育费附加、地方教育附加11584万元；享受小微企业普惠性政策，7.55万户企业减征教育费附加4618万元，7.57万户企业减征地方教育附加3080万元；1492户企业享受政策按50%减征文化事业建设费4205万元；33.18万户企业享受残疾人就业保障金30人以下免征政策，免征2.88亿元。一是认真落实党中央、国务院减税降费决策部署，按照国家税务总局江苏省税务局业务条线工作部署和减税办工作要求，着力提升减税降费政策落实的精准度和实效性，严格落实附加优惠政策享受，从政策宣传、辅导到问题反馈、追溯退税，严格按照相关规定和进度扎实推进，确保企业应享尽享。二是主动与本级税务机关相关部门强化横向协调机制，统一开展报表分析会审、宣传咨询等工作，确保政策落实落地。三是研究制定核查整改工作方案，对附加费相关新旧优惠政策进行梳理对接，加强对基层人员的培训辅导，提升政策解答与执行的规范性。四是通过对疑点数据整合汇总，并与增值税申报清册、一般纳税人清册、退抵税（费）审批情况进行逐户比对，对应享未享的纳税人区分不同情况逐户进行核查整改，办理退库，已退教育费附加7883万元、地方教育费附加5258万元，其中针对小微企业普惠性减征政策已退教育费附加325万元、地方教育费附加212万元。

（宋　昕、孙　鲲）

（责任编辑　胡　琪）

进出口税收管理

概述　2019年，市税务局着力落实国家税务总局《全国税务机关出口退（免）税管理工作规范（2.0版）》、江苏省税务局《税收征管职责清单（试行）》，结合全市出口企业实际情况，创新退税管理模式，优化退税服务，完善退税流程，加快退税进度，严厉打击骗税，各项工作开展顺利。2019年，共为全市出口企业办理退税219.4亿元，较上年209.2亿元，同比增长16.2%。一是积极落实出口退税政策，服务全市开放型经济发展。全面落实减税降费相关进出口税收政策及深化增值税改革和调整出口退税率政策，做好政策宣传，加大政策落实力度，密切跟踪政策执行成效；跟踪企业生存发展现状，利用出口数据及基础税源数据深度分析外贸形势变化对经济税收影响；持续开展出口税收制度创新改革工作，参与南京自贸区建设；配合政府相关部门做好自贸区内综合保税区的申报审批工作，切实执行好跨境电子商务综合试验区零售出口“无票免税”政策；继续做好海关特殊监管区域企业增值税一般纳税人试点工作，贯彻落实好《海关特殊监管区域增值税一般纳税人资格试点管理办法》，进一步推动试点规范运行。二是优化营商环境，不断提升出口退税工作质效。认真落实加快出口退税进度各项措施，贯彻落实国务院关于持续加快出口退税办理进度的要求，打造以加快出口退税进度为核心的出口退税优质服务，科学规范管理出口退税计划，确保及时足额办理出口退税；不断优化出口退税管理方式，全面实现无纸化退税申报“两个覆盖”，积极稳妥推广国际贸易“单一窗口”退税在线远程申报，促进线上、线下退税申报方式有效融合；认真执行出口退税“全程网上办”清单和“最多跑一次”清单，增强纳税人获得感。三是强化出口退税风险防控，营造良好税收环境。加强出口企业征退税衔接，加强出口企业的税务登记信息、退（免）税备案信息、纳税申报信息、退（免）税申报信息、发票信息等征退税信息的共享，实现出口企业税收征收管理、退（免）税管理和风险管理的互动衔接，加强适用免税或征税政策出口业务的核实工作；落实国家税务总局征退税衔接工作要求，实现出口退税审核系统与“金税三期”系统、国家税务总局增值税发票系统2.0版等系统之间的数据衔接;切实加强出口退税日常税收风险监控,全面应用增值税发票电子底账数据进行出口退税申报、审核,加强出口退税事中管理;结合增值税发票风险快速反应机制,以及情报平台中虚开发票预警模型扫描结果,不断优化本地区出口退税风险分析识别指标和模型,提升出口退税风险分析识别质量;强化出口退税日常预警分析监控,切实加强本地区出口退税风险应对的专业指导、支持和过程跟踪与质量监控;增进征退税部门和稽查部门之间对出口企业立案与查处工作的有效配合,有效堵塞管理漏洞、防范出口骗税风险,加强综合治税。四是加强干部队伍建设,提高政治业务水平。旗帜鲜明强党建,把政治建设摆在首位。以党建强化责任意识、自律意识、大局意识。以案示警、以案释法、以案明纪,进一步增强出口退税干部自觉抵制各种诱惑的能力;组织出口退税人员分级分类开展业务培训,提升业务水平。

（张智威）

免抵退税审核办理 根据国家税务总局审批权限下放的有关规定,全市目前的审核审批管理模式为:浦口区税务局、江宁区税务局、六合区税务局、高淳区税务局、溧水区税务局、江北新区税务局负责所管辖的生产企业出口退税的申报受理、审核、复审和核准,外贸企业的申报受理、审核、复审;以上6个区以外的区税务局只负责所管辖的生产企业的申报受理、审核、复审和核准;南京市税务局进出口处负责以上6六个区以外的区所辖外贸企业的申报受理、审核、复审,以及全市研发机构采购国产设备和境外旅客购物离境退税的申报受理、审核和复审;南京市税务局分管局领导负责全市外贸企业和研发机构采购国产设备、境外旅客购物离境退税的核准。2019年,全市办理出口退税备案企业8869户,比上年新增354户。累计为4799户申报出口退税企业办理退(免)税274.6亿元,同比增长13.4%。其中,办理出口退库219.4亿元,同比增长4.9%(其中生产企业退库91.5亿元,同比增长4.8%;外贸企业退库127.9亿元,同比增长4.9%)。办理免抵调库55.2亿元,同比增长67.2%。

（张智威）

出口退(免)税政策管理 一是全方位解读减税新政下深化增值税改革和出口退税率调整的相关政策,上门为“一带一路”企业提供出口退税政策服务,为企业扩大经营和出口规模提供政策支持。二是加大政策落实力度,密切跟踪政策执行情况,解决减税降费新政执行过程中的疑难问题,确保政策落实到位。三是及时总结汇报政策执行成效,为减轻企业负担,促进外向型经济发展出谋划策。2019年,南京市税务局累计为4799户实际出口企业办理出口退(免)税274.6亿元,同比增长13.4%。据测算,全市外贸型出口企业出口平均利润率12.4%,若剔除出口退税因素,企业出口平均利润率仅为0.84%,出口退税为出口利润率贡献11.56个百分点。与此同时,全年办理免抵调库增加增值税收入55.2亿元,占当年全市增值税收入的5.8%。

（张智威）

离境退税商店挂牌 根据南京市政府办公厅《关于印发南京市境外旅客购物离境退税政策工作方案的通知》的职责分工要求,南京市税务局主要负责境外旅客购物离境退税政策的具体执行和规范操作,做好境外旅客购物离境退税信息管理系统的研发和试运行工作,争取江苏省相关部门支持完成退税代理机构的选择和退税商店的备案工作,并在离境口岸设立退税业务办理窗口。南京市积极推进步行街改造提升和城市国际化建设,秦淮区夫子庙步行街作为全省唯一代表,入选商务部高品位步行街建设试点。南京市税务局配合商务部门,加快退税商店发展步伐和离境退税商业街区建设进程,优化商店备案手续,积极开展商户培训。2019年,新增水平方、秦淮礼物、水游城、屈臣氏、驰信通信、盖璞GAP6家退税商店。在秦淮区备案的退税商店已达10家,占全市近半,为夫子庙争创国家级高品位步行街助力。（张智威）

出口退(免)税服务管理 一是加强分类管理。落实国家税务总局出口退(免)税分类管理办法,对照2018年第48号公告要求,做好出口企业分类动态管理工作,及时调整企业管理类别。按照分类管理要求,分类做好出口企业退税服务。二是依托线上操作。开展出口退税无纸化管理,实行申报、审核、退库“三个无纸化”,出口退税实现全流程线上操作。三是提高服务效能。规范全市岗位职责体系，着手理顺出口退税岗位流程。以科学管理实现一、二类企业出口退税“日审日结”。四是加强宣传辅导，启动服务平台建设。积极推广公众服务号平台，向纳税人推送办税提醒、政策动态、出口退税预警信息等内容。编制宣传手册，介绍政策及申报流程，加强税企沟通交流。举办出口退税政策宣讲会，深入走访外贸综合服务企业，帮助企业解决实际问题，提高退税效率。目前，全市出口退税平均时间3个工作日内，远快于全国平均水平，南京出口退税“日审日结”工作得到国家税务总局副局长孙瑞标的表扬性批示。

（张智威）

出口退（免）税风险管理　一是坚持问题导向，切实贯彻国家税务总局、江苏省税务局关于防范骗税的各项措施，修订完善出口退（免）税风险应对实施方案，加强选案、任务分派、深度分析、预案审议、应对实施、集体审议、跟踪质疑全过程监控。二是按照风险管理工作要求，积极配合以江苏省税务局为主集中开展的出口退税风险分析识别，合理确定年度风险管理工作任务。加强风险指引，落实分层应对模式，开展出口退税的日常预警和应对指导，适时组建全市出口退（免）税风险应对专家团队，推进市、区级应对支持团队建设。三是突出以市级为主的出口退税风险日常监控，以增值税发票2.0的推广应用为重点，做好征退税衔接和出口退税事前事中事后的监控，建立及时报警、快速应对的工作机制，及时将重点信息按江苏省税务局《非分析识别类风险应对任务管理办法》要求，录入非分析识别系统。并针对以上工作，定期开展各区税务局案例交流，逐步形成机制。2019年，全市出口退税风险应对直接成效超1.6亿元。江宁开发区税务局提交的《突破传统方式　深入业务实质　揭开贵金属制品出口的真相》作为优秀案例在2019年全省出口退（免）税风险管理专题进行案例交流。这是南京市税务局自2016年以来连续4年入选省局优秀案例。

（张智威）

出口退税相关创新试点改革　一是积极做好南京自贸区退（免）税服务。及时调整下放区域内审核管理权限，2019年年底，将江北新区所辖外贸企业出口退（免）审核工作下放至江北新区税务局，方便纳税人足不出区办理所有退（免）税事项。二是积极推进海关特殊监管区域一般纳税人试点工作。做好政策宣传，辅导纳税人办理试点申请，联系特殊监管区域管委会和南京市商务局等部门，搭建试点工作联系平台，稳步推进试点工作发展，跟踪分析试点进度和成效，并按月向江苏省税务局汇报。首家企业于2019年5月1日起正式享受试点政策。三是持续跟踪政策实施效应，密切关注新兴业态。通过各类调研、走访，收集企业对现行政策和操作的意见建议，了解企业生存发展现状，确保政策执行到位。2019年，南京市税务局配合市政府相关部门完成南京空港保税物流中心申报审批工作。

（张智威）

出口退（免）税管理队伍建设　一是理顺管理机制。在全市层面，将涉及出口业务的生产（及部分外贸）企业归并到各区税务局重点税源管理所管理，将整体税源纳入重点税源管理的范畴，实现进出口税收的专业集中化管理。二是充实人力资源。结合全市机构调整，依托各区税务局重点税源管理所，充实出口退税岗位人力资源，确保综合业务素质较高、相对稳定的人员从事出口退税工作。三是提升岗位技能。联系工作实际，组织分级分类培训。上半年，针对出口退税条线新进人员较多的实际，本着急用先学原则，组织开展有针对性的岗位操作技能培训。下半年，南京市税务局依托扬州税院培训团队，开展出口退税风险管理深度培训。由此，从机制、人员、技能三方面为全市进出口税收管理工作提供支撑。截至2019年年底，全市各区税务局共计150余人参与出口退（免）税管理，2019年全年共组织出口退税业务培训146人次，培训覆盖面达97.3%。

（张智威）

（责任编辑　胡　琪）

国际税收管理

概述　2019年，市税务局完成全市非居民企业税收收入23.8亿元，国际税收风险应对成效合计6.32亿元，开展享受税收协定待遇备案等一系列减税降费工作，为企业减免税款3.63亿元。

助力“一带一路”倡议。为企业开展海外投资提供基础性和创新性的服务工作。组织“走出去”企业座谈和政策宣讲会14场、409人次纳税人参加宣讲；结合首届“一带一路”税收征管合作论坛召开，利用《南京日报》《新华日报》《南京晨报》《南报网》等多家媒体开设专栏进行系列报道；梳理17项涉税风险点，制作《“走出去”企业税收风险提示》，帮助企业规避税收风险。

聚焦减税降费优化营商环境。瞄准跨境税源监控，促进税收遵从管理，深入推进全市国际税收管理体制机制建设。2019年，市税务局开具中国税收居民身份证明57份，协助“走出去”企业在境外享受税收协定待遇7821.44万元；组织团队开展关于中美贸易摩擦和“一带一路”沿线国家税收争端方面现状、趋势以及风险和应对机制方面研究，帮助企业化解及降低风险提出工作建议，解决实际问题。通过日常管理和专项审核关注跨境利润转移新情况，确定风险应对重点户，重点关注无形资产本地化受益权、走出去企业涉税风险、非居民企税和个税一体化管理，由市税务局国际税收团队牵头，全程跟踪风险预案、应对实施及结案审议全过程，有力推进跨境税源风险应对进度和成效。

落实国际税收管理工作职责。组建市区两级风险应对团队，完善系统国际税收风险监控应对网络。组织编写《国际税收基本业务办税须知手册》，涵盖常见的国际税收业务及办理流程，规范指导基层操作。规范国际税收专项审核，2019年，审核对外支付合同560户次、税收协定待遇235户次、关联申报124户、同期资料核81户次、非居民间接股权转让14户次、非居民股权转让适用特殊性税务处理1户次；根据对外支付数据清册制作并交换自动情报80份，组织搜集案源线索60余条，上报省税务局专项情报7份。

（陈蕊蕤）

国际税收基本征管及非居民纳税人税收管理 2019年，全市非居民企业税收收入23.8亿元，同比增幅10.5%。其中，征收非居民企业所得税19.7亿元，增幅为9.4%；征收非居民企业增值税3.8亿元，增幅为5.5%；征收非居民个人所得税4483万元。

一是完善国际税收管理工作职责。明确国际税收管理职能定位、工作目标、岗位职责、业务标准等，落实机构改革“三定”方案赋予的职责要求，与企业所得税处、个人所得税处、货物和劳务税处等部门开展内部横向沟通，明晰国际税收管理的边界；与基层单位科（所）就受理申报、数据管理、日常事务服务等要求强化纵向岗位支撑。组建市区两级风险应对团队，完善国际税收风险监控应对网络系统。组织编写《国际税收基本业务办税须知手册》，涵盖常见的国际税收业务及办理流程，规范指导基层操作。

二是非居民企业及个人管理。规范国际税收专项审核工作，做好对审核底稿复查。2019年，审核对外支付合同560户次、税收协定待遇235户次、关联申报124户、同期资料核81户次、非居民间接股权转让14户次、非居民股权转让适用特殊性税务处理1户次，上述六项审核涉及调整41户企业，调减亏损3559万元，补缴税款18277万元，加收滞纳金及利息15万元，84户次提高申报、备案、同期资料质量，增加企业应纳税所得额共计808万元。

三是税收情报交换国际合作。2019年，根据对外支付数据清册制作并交换自动情报80份，组织搜集案源线索60余条，上报省税务局专项情报7份。2019年，接收外来专项情报3份、自发情报1份。核查外来专项情报2份，其中，通过核查日本发来的专项情报，对我国居民个人纳税人进行调查并补缴个人所得税及滞纳金9676.88元，成为南京市利用外来专项情报对个人成功补税的案例。

（田青松）

跨境税源管理 2019年，市税务局推进跨境税源管理，全年国际税收风险应对成效合计6.32亿元，其中：对外支付风险应对成效合计8733.46万元，加收利息和滞纳金22.54万元；非居民股权转让入库税款3.73亿元；“走出去”企业风险应对成效1.62亿元；其他专项评估成效907.18万元，加收滞纳金和利息44.51万元。

一是提升风险项目精准性。制定国际税收风险管理规划，开展跨境税源风险分析应对工作，抓住职能承担、价值链分析、经济定位与税收贡献等核心，分析应对利用关联交易、资本弱化、受控外国公司和无形资产等方式进行利润转移行为。

二是提升关联交易申报质量。所得税汇算清缴申报前，分析之前年度关联交易申报清册并选取10个关联申报错误较多项目，将企业名单下发各区税务局进行针对性提醒；申报期间实时监控申报率及申报数据，不定期进行管理审核提高申报质量。申报期后选择关联交易金额大、增减变化大、对外支付多企业，统筹开展关联交易申报、国别报告和同期资料审核，累计审核关联申报124户，同期资料81户，纳税调增1014万元，查补入库税款23.49万元，滞纳金1.22万元。

三是做好“全球一户式”数据录入工作。2019年6月，组织涉及“全球一户式”录入工作的单位人员赴苏州工作部现场学习，了解系统整体架构、设计思路、主要模块及功能、分析方法、表格录入规则等，后分别于7月、9月多次采用集中办公形式，组织各区税务局开展一户式录入工作，现场讨论录入过程中的问题及难点，在规定时间内完成10户企业“全球一户式”企业录入工作并在全省交流展示。

四是提升风险应对总成效。重点关注无形资产本地化受益权、走出去企业受控外国公司CFC风险、非居民企业所得税和个人所得税一体化管理，对11户重点企业进行风险应对，其中1户“走出去”企业CFC风险管理取得重大突破，企业于2019年度将堆积在低税地9700万美元利润全部分回，分期入库税款合计1.62亿元；配合总局反避税联查税款入库工作，乐金显示反避税调查结案补征税款及利息4.36亿元并于2019年6月底顺利入库。 （蔡秋萍）

“走出去”企业服务与管理 2019年，市税务局围绕“走出去”企业投资设立和经营发展中的涉税问题，发挥国际税收服务经济高质量发展的作用。

一是完善“走出去”企业清册。内外部两方面着手保证基础数据准确性，外部获取市商务局等部门数据信息，内部整合原国地税“走出去”企业征管数据，全市“走出去”企业共计257户，企业户数同比增长24.15%，境外投资企业和项目同比增长57.52%。

二是宣传境外投资税收政策。2019年，组织“走出去”企业座谈和政策宣讲会14场、409人次纳税人参加宣讲；市税务局在首届“一带一路”税收征管合作论坛召开期间，利用《南京日报》《新华日报》《南京晨报》、南报网等多家媒体开设专栏进行系列报道；梳理17项涉税风险点，制作《“走出去”企业税收风险提示》，帮助企业规避税收风险；召开企业需求征集会，开展税企“高层沟通”，提升宣传效果。

三是增强“走出去”企业竞争实力。2019年，市税务局开具中国税收居民身份证明57份，协助“走出去”企业在境外享受税收协定待遇7821.44万元；组织团队开展关于中美贸易摩擦和“一带一路”沿线国家税收争端方面现状、趋势以及风险和应对机制方面研究，帮助企业化解及降低风险提出工作建议，解决实际问题。

四是开展“走出去”企业风险分析应对。从投资地、投资架构设计、投资政治性、投资主体、投资行业角度分析“走出去”企业潜在税收风险；采集申报义务履行情况、境外企业经营状况、低税地堆积利润等多项数据，建立“走出去”企业风险库；重点核查34户存在未申报境外所得、低税率地堆积利润等问题的“走出去”企业，查补税款16223.73万元，滞纳金6.78万元。 （薛小妹）

落实“放管服”“减税降费”政策 2019年，市税务局贯彻落实“放管服”和“减税降费”政策要求，把“该减的减到位”。一是鼓励外商扩大投资，做好对外资企业财务人员以及外方代表的接触宣传，辅导19户非居民纳税人享受利润再投资暂不征收预提所得税政策，涉及税款1.12亿元，外方增加再投资金额11.21亿元。二是做好非居民享受协定待遇管理，宣传新《非居民纳税人享受协定待遇管理办法》，简化申报手续，加强后续管理，全年办理非居民企业享受税收协定待遇备案781户次，减免税款3.63亿元。三是梳理非居民个人所得税政策，梳理新修订的《中华人民共和国个人所得税法》实施后非居民个人所得税涉税政策，形成《非居民个人所得税政策汇编》和《非居民个人所得税的判定及个税代扣代缴实务问答》，为征纳双方提供政策支持。

（陈蕊蕤）

（责任编辑　柴逢国）

征收管理与科技发展

征收管理

概述 2019年,市税务局着眼机构改革后征管科技工作新形势,围绕平稳转换、保障运行、提升效能,深化国地税税收征管体制改革,转变税收征管方式,推进税收征管信息化建设,大力提升全市税收征管现代化水平。

一是构建新型征管体系。根据国家税务总局、省税务局"三定"方案和《关于完善税收征管体系的意见(试行)》及5个配套文件(以下简称"1+5"新税收征管体系)要求,构架组织,落实职能,建立体系,理顺关系,整合系统,整合原市国家税务局、市地方税务局两套征管体系,实现体制平稳转换和体系全面融合。根据新征管体系运行状况,以省税务局5个体系主要内容和体系关系为主线,梳理新征管体系各子体系间逻辑关系。根据省税务局新职责清单和业务规程完善征管制度体系,优化调整业务岗位职责权限,在全市税务系统面上统一规范征管方式。加强对制度执行的监督考核,将落实省税务局职责清单和业务工作规程列入绩效考核指标,强化跟踪督导。

二是建设征管信息化。依据省税务局"金三"并库上线安排,制定和落实《南京市局"金三"并库工作方案》及《大小双轨验证测试工作方案》等10多个专项工作方案,组织市区两级专项工作组300余人,集中清理数据854万条、核实初始化数据5万余条、完成各类业务测试208项15万条,完成"金三"并库上线准备工作事项,确保4月1日"金三"并库平稳上线。落实省税务局关于金税三期并库版上线运行保障的工作措施,保证金税三期并库版在首个征期平稳运行。根据改革进展,做好社保费划转、个人所得税改革等信息化保障工作,配合完成自然人税收管理系统扣缴端和税务局大厅端的上云迁移上线工作,精心组织业务和技术力量开展个税专门系统安装、测试以及个税查询功能上线验证等工作,为个税汇算清缴工作做好准备。依托"我的南京"APP上线"城乡居民社保在线缴费"功能,在全省率先实现城乡居民社保费在线缴费办理、订单查询、证明开具以及下载打印的全流程业务操作,受到省局领导肯定。整合业务流程和系统数据,将"一照一码"税务清分等税务登记前道审核工作事项,融入到政务服务"一网通"平台,为全省首家线上实现该功能的地区。

三是提升税收管理效能。根据国家税务总局"金三"并库工作部署,争取市委市政府支持,对1.2万户、涉及20余亿元税款的原国税、地税隶属不同区域主管税务机关的交叉征管税户,统一按照属地原则确认并调整主管税务机关,落实改革要求,理顺管辖关系,规范税收秩序,推进税收征管与财政管理体制匹配协调。推进"多证合一、一照一码"商事制度改革,2019年度企业"一照一码"新确认设立登记7.46万户,个体"两证整合"新设立登记5.64万户。加强委托代征单位管理,全年全市委托代征单位共代征税款65.22亿元。落实国家总局、省税务局简化注销工作要求,在全市税务系统15个办税服务大厅设置29个注销受理专窗,对符合条件的注销申请,即收即办、"承诺制"容缺办理,全年共受理注销税务登记5.2万户,其中即办注销占比72.4%,注销登记的户均注销时长约为1.1天。落实国家税务总局、市委市政府关于支持民营经济健康发展通知要求,为遇到困难纳税人办理延期缴纳税款2.5亿元,缓解了纳税人资金困难。落实减税降费工作要求,对符合应退增值税条件的1170户个体工商户、应退附加税费的1.38户个体工商户办理退税。

(杨文亮　梁晓玲)

落实省税务局"1+5"新税收征管体系 2019年,市税务局落实省税务局《关于完善税收征管体系的意见(试行)》及《关于全面规范税收征管业务流程的实施意见（试行）》《关于全面深化纳税服务体系建设的实施意见（试行）》《关于全面深化税收风险管理体系建设的实施意见（试行）》《关于全面深化税收大数据应用的实施意见（试行）》《关于全面加强税收信息化建设和应用的实施意见（试行）》5个配套文件（以下简称“1+5”新税收征管体系），构建“1+5”新税收征管体系。一是搭建工作班子。围绕如何贯彻落实省税务局“1+5”新征管体系文件、如何立足南京实际优化完善征管体系等问题开展分析研究工作。二是领会文件精神和要求。组织学习，吃透精神，绘制“1+5”新税收征管体系逻辑关系图，直观地展示新征管体系下5个子体系间的逻辑关系。三是广泛征集意见。面向全系统各部门广泛征集新征管体系贯彻落实中存在的问题、建议和意见，共征集各项建议和意见102条。四是组织开展培训，组织市、区两级机构的115名领导干部分批次参加省税务局培训，在市税务系统组织开展四期共300人参加的新税收征管体系、职责清单、征管规程及金税三期业务培训班。（肖　湘）

推行统一职责清单和操作规程　一是按照省税务局要求，在市、区两个层面组织人员对省税务局职责清单和业务规程征求意见稿进行学习讨论，向省税务局反馈155条意见和建议。二是按照省税务局岗位设置、职责清单和业务规程的要求，在“金税三期”并库上线工作中，梳理调整全市税务信息系统中岗位配置、权限设置等，配置相应操作流程。在双轨测试期间，重点测试省税务局相关规定与“金税三期”配置操作一致性内容。三是省税务局职责清单和业务工作规程正式下发后，分四批次组织约300人参加师资和骨干培训，提高干部对职责清单和业务工作规程的知晓度。四是将落实省税务局职责清单和业务工作规程列入市税务局绩效考核指标，强化跟踪督导，不定期抽查基层落实执行情况。（肖　湘）

新税收征管体系业务培训　一是组织南京市税务系统市、区两级机构115名领导干部，分批次参加省税务局组织的新税收征管体系业务培训。学习领会省税务局新税收征管体系文件精神，熟悉了解新税收征管体系背景、内涵、构成、目标、特征和主要任务。二是2019年11月份，在全市税务系统组织开展四期共300人参加的新税收征管体系、职责清单、征管规程及金税三期业务培训班，培训辅导市税务局业务处室、基层税务局业务科室和税源管理科所业务骨干。三是安排系统师资参加各基层单位自行组织的全员业务培训授课，讲解新征管体系目标、关键点、总体框架和主要任务，提高基层一线人员对新税收征管体系的认识。（肖　湘）

并库上线金税三期　2019年，市税务局依据省税务局金税三期并库上线统一部署，推进全市金税三期并库上线。一是制定和落实《南京市局”金三”并库工作方案》及《大小双轨验证测试工作方案》等10多个专项工作方案，及时、准确、全面落实各项上线工作任务和工作责任。二是集中组织市、区两级“金三”并库专项工作组300余人，开展专项数据清理、初始化、大小双轨验证测试、本地特色软件对接、业务操作培训、上线业务衔接等工作，清理数据854万条，核实初始化数据31张表近5万条数据，完成各类业务测试208项15万条，完成并库上线准备工作事项。三是在“金三”并库上线运行初期，按照“十六个到位”的工作要求，建立综合运维团队，加强业务和技术协同，扎实推进期初业务补录、预约办税、错峰办税等各项业务工作，按时保质完成各项上线保障工作，实现“金税三期”并库工作预定目标。（陶　满）

上线支持社保信息化系统　2019年，市税务局通过强化内外部合作、业务和技术协同，为实现城乡居民社保费征收职能平稳转接提供信息化支撑和保障。一是建立并完善社保信息共享平台，与市人社局沟通确认数据交换规范，组建运维团队，保障税务部门与人社部门之间数据传输畅通。二是与市人社局协作配合，完成前期社保业务数据迁移工作，共迁移数据近530万条，数据迁移率100%，为社保费标准版上线以及顺利运行打牢数据基础。三是主动对接10家银行，协调改造本地社保数据传输和分账处理方式，梳理个性化需求，提出统一标准和技术方案，适配各大银行的技术接口，针对各项难点数据进行清洗比对，完成银

行批扣协议清理，打通银行代收渠道，确保后期批扣业务顺利开展。（范佳伟）

规范税收秩序 一是统一交叉征管户主管税务机关。根据国家税务总局“金税三期”信息系统并库的工作部署，对1.2万户在原南京市国家税务局、南京市地方税务局隶属不同区域主管税务机关的交叉征管户，统一按照属地原则确认并调整主管税务机关，落实征管体系改革要求，理顺税户税收管辖关系，规范宏观税收秩序，推进税收征管与财政管理体制匹配协调。二是规范税户日常跨区迁移。根据省税务局业务工作流程和市委市政府关于规范财税秩序工作要求，严格跨区迁移工作要求，落实税户跨区迁移工作流程，强化税户跨区迁移工作督导，确保日常跨区迁移顺畅有序。全年共办理日常跨区迁移6431户，涉及税款5.41亿元，其中年税额300万元以上跨区迁移办理61户，涉及税款5.11亿元。（肖　湘）

改革商事登记制度 一是推进“多证合一、一照一码”登记工作。2019年度，企业“一照一码”新确认设立登记7.46万户，占比56.98%，同比增长10.52%；个体工商户“两证整合”新办设立登记5.64万户，占比43.02%，同比下降0.88%。二是协助做好证照换发工作。根据经营者的实际意愿，采取多种途径鼓励存量户主动换领加载统一社会信用代码的营业执照，协助做好换证前后税收业务的延续和衔接。三是线上登记一体化办理工作。联合市场监管、公安、银行、信息中心等部门，借助“我的南京”企业开办平台，实现工商登记、公章刻制、银行开户、税务登记事项全流程实时在线一体化办理。四是开展联合信用惩戒工作。与市信用办、市市场监督管理局等多部门联合开展信用惩戒，认领并实施六项“互联网+”监管事项，分批次向江苏省市场监管信息平台上传行政处罚数据近6000条，并在国家税务总局江苏省税务局官方网站行政处罚公示栏目统一进行对外公示。（杨文亮）

委托代征机关管理 一是升级委托代征系统。针对“减税降费”、“金三”并库、“委托代征系统数据库服务器迁移”、“增值税发票系统2.0停机升级”所涉委托代征系统升级，组织各区税务局完成预留业务实测工作，明确专人关注委托代征系统使用情况，及时分析、核实、反馈相关问题。二开展定期定额户批扣。及时维护定期定额个体工商户基础数据，顺利完成委托代征月度批扣工作。2019年，全年共维护定期定额户批扣范围信息缺失数据1538条，维护税种征收品目与定额征收品目不符数据377条，维护定期定额个体工商户委托代征月度批扣失败数据2.46万条（其中涉及增值税数据1.2万条、附加税费数据1.26万条）。三是检查委托代征单位。梳理和检查全市税务系统284个委托代征单位，针对问题明确整改要求，制定规范管理意见，有效实施对委托代征单位的税收风险点防控。2019年度，全市委托代征单位共代征税款65.22亿元。（刘澄斌）

税务登记注销管理 一是根据《国家税务总局关于进一步优化办理企业税务注销程序的通知》《国家税务总局关于深化“放管服”改革更大力度推进优化税务注销办理程序工作的通知》和省税务局税务登记注销管理相关工作要求，在全市15个办税服务大厅设置29个注销受理专窗。二是落实一次性告知要求，在各办税服务大厅窗口摆放提示牌和张贴一次性告知提示；在办税服务大厅导税台接受纳税人涉税咨询，一次性告知办理税务登记注销相应的流程及所需资料，对于较复杂事项向纳税人发放流程指导单。三是对符合“承诺制”容缺办理条件的纳税人，按要求即时出具清税文书。截至2019年12月底，全市税务系统共受理注销税务登记申请3.87万户，其中符合即办注销当场办结的2.69万户，占已受理注销户70%；通过一般注销流程注销1.18万户，占已受理注销户30%；通过容缺承诺完成注销10户。户均注销受理时长1.2天。（肖　湘）

延期缴纳税款管理 2019年，市税务局贯彻落实《国家税务总局关于实施进一步支持和服务民营经济发展若干措施的通知》和南京市委、市政府《关于支持民营经济健康发展的若干意见》要求，对确有特殊困难而不能按期缴纳税款民营企业，通过依法办理税款延期缴纳等方式积极帮助企业缓解资金压力，保障纳税人权益实现。一方面加大政策宣传力度确保政策落实到位，一方面坚持依法审核原则，对纳税人提出的延期缴纳税款申请，进行调查核实，细致比对，确认纳税人当期货币资金余额在发放应付职工工资并缴纳社会保险费后，确实不足以缴纳应纳税款的情况下，及时向省税务局报告，为纳税人办理延期三个月缴纳税款手续。2019年度，共收到18户次纳税人办理延期缴纳税款申请，经省税务局审批延期缴纳税款2.5亿元，缓解了纳税人的资金困难。（梁晓玲）

死欠核销 2019年，市税务局根据《中华人民共和国税收征收管理法》和《国家税务总局关于印发〈欠缴税金核算管理暂行办法〉的通知》要求，在欠缴税款的纳税人发生破产、撤销情形时，经过法定清算，被国家主管机关依法注销或吊销其法人资格，纳税人已消亡的，税务机关可依照法律法规规定，根据法院判决书或法定清算报告，核销纳税人的欠缴税金及滞纳金、欠缴的税收罚款及没收违法所得。纳税人消亡后，税务机关又查处应补缴税款，且无可执行财产的，其无法追缴的查补税款、滞纳金、罚款及没收违法所得，税务机关应根据注销工商和税务登记的相关证明文件进行死欠核销。2019年，“金三”并库上线后首次受理1户死欠核销事项，经征管科技部门和收入核算部门共同审核，层报省税务局批准核销死欠86.32万元，为后续该项工作实施奠定基础，为解决历史遗留欠税问题找寻到出口。（梁晓玲）

自然人税收管理改革信息化支撑 一是建立有效的自然人税收管理系统运维体系，加强业务和技术协同，搭建市区两级ITS运维团队，建立和完善ITS专门运维工作群等沟通渠道，收集梳理自然人税收管理系统问题，依托金税工程运维管理平台进行数据修改运维，审核数据运维资料，全年共运维164条数据维护类申请。二是组织全市税务系统14个办税服务厅、14个属地税务局及商业银行参与ITS并库测试、自然人网签三方协议同步测试工作，保障并库后系统顺利运行及网签功能顺利上线。三是按照省税务局统一布置安排，配合完成自然人税收管理系统扣缴端和税务局大厅端的上云迁移上线工作。组织多轮次上线前测试反馈及相关业务技术准备工作，并在上线后分两个阶段组织预约纳税人验证测试，针对生产环境查询统计功能和各种渠道税款申报扣缴功能进行全面验证，所有验证测试均一次通过，确保了云迁移上线后系统平稳运行。（徐楹弢）

“一照一码”等税务登记前道事项融入政务服务“一张网”办理 2019年11月，市税务局会同南京市大数据管理局、南京市市场监督管理局、南京市公安局、银行等多部门，整合业务流程和系统数据，将“一照一码”税务清分等税务登记前道审核工作事项，融入政务服务“一网通”平台，实现企业开办事项全流程实时在线一体化办理，成为全省税务系统首家线上实现该功能的地区。纳税人通过登陆“我的南京”APP，进入“企业开办”平台，提交“一照一码”和税务登记补充数据，经税务清分并审核通过后即可在国家税务总局江苏省电子税务局线上提交开户及新办套餐申请，系统确认完成可线下办理法定代表人实名采集、税控设备申领发行、发票领用等后续涉税事项，足不出户便捷办理企业开办相关业务。（杨文亮）

实现“城乡居民社保在线缴费”功能 2019年，市税务局根据省税务局关于城乡居民社保征收职能实现无感转接的工作要求，探索优化多部门“一站式”以及关联业务“一窗式”缴费服务方式，与市人社局、市政务中心加强沟通和工作协调，成立“我的南京”APP联合项目小组，经多轮次设计、开发和测试联调工作，有效解决单点登录、应用集成等建设难题，推进政务平台前端与税务缴费后台系统的无缝衔接，2019年7月1日，“城乡居民社保在线缴费”功能在“我的南京”APP顺利上线。依托“我的南京”APP，南京市在全省率先实现了城乡居民社保费在线缴费办理、订单查询、证明开具以及下载打印的全流程业务操作，最大限度地便利缴费人，具有较强社会影响，受到省税务局肯定。（范佳伟）

（责任编辑 柴逢国）

电子税务管理

概述 2019年，市税务局以“稳中求进”工作定位，以“整合调优”为主线，按照“保障安全、强化服务、整合系统、持续探索”工作思路，整合优化硬件资源及网络，提升网络安全防护和应急处置能力，为税收管理现代化提供技术支撑。一是提升资源使用效率。整合网络资源，调配全系统网络资源，优化提升网络运行质量；清理硬件资源和软件应用，统一规划、融合扩充备份系统。二是进网络信息安全工作。开展全系统机房网络安全状况调研，加强机房日常管理；落实制度规范，加强人员与终端安全管理；落实等级保护制度，加强应用与数据安全管理。三是提升技术支撑保障水平。为基层单位提供技术服务，为分局改造项目提供技术支持，提升综合保障能力；加强网络日常巡检、检查机房监控和服务器运行状况，及时处置故障隐患、化解风险，为重点工作推进做好基础设施保障工作。四是开展信息化培训。针对网络调整、网络安全等重点工作，开展信息技术专业培训，普及当下前沿技术，提升干部业务素养，与华为、移动等业内领先企业进行技术交流，探索新兴技术在税收业务工作中的应用。

（曹　洋、殷　非、周东峰、周凌宇）

推进网络整合　2019年，市税务局在2018年税收业务专网整合基础上继续整合与优化网络。一是梳理网络资源。针对网络设备数量多、线路情况繁杂的情况，逐一现场核实全市网络设备和线路进行，梳理网络线路270余条、核心路由器42台、核心交换机77台。二是整合网络。根据融合要求研究网络结构特点，设计网络路由，制定网络优化整合方案，克服时间紧、基层网络节点数量大的困难，撤销重复线路40余条，整合全市101个办公点所有业务专网及互联网线路，形成“全市一张网”的网络格局。三是提升业务专网运行效率。优化网络主干，线路带宽从50兆升级为千兆，提升业务专网系统运行速度，改善业务专网承载环境，提高税收业务办理效率。四是改造互联网认证系统。针对互联网用户众多、账号不统一以及争夺带宽、负载不均等问题，升级改造互联网认证系统，逐一清理互联网用户，统一用户认证系统，互联网使用更合理，网络更稳定。

（曹　洋、周凌宇）

软硬件资源配置优化　2019年，市税务局全面盘清家底，盘活资源，优化资源配置，提升资源使用效率。一是清查计算存储资源。克服服务器种类繁多、运用庞杂等不利因素，逐台盘查服务器年限结构、位置分布、设备性能状态等关键要素，全面盘清现有服务器、存储设备总量，做好登记造册工作，清理实体设备379台、虚拟设备398台。二是清理应用软件。梳理应用软件情况及部署情况，核实各应用软件资源占用情况，共清理应用软件183个。三是推进硬件资源虚拟化工作。开展服务器和存储硬件资源虚拟化整合工作，逐步实现资源按需分配、灵活调整，实行虚拟化管理，服务器从年初83台扩大到96台，实现虚拟化服务器398台。四是盘活现有资源。在前期清理应用软件基础上，回收再利用停用应用硬件资源，制定年度报废计划，对老旧设备进行更新，提升资源使用效率。

（殷　非、周凌宇）

构建网络安全体系　2019年，市税务局统一网络安全策略，强化网络安全措施，提升主动防御能力。一是完善网络安全制度体系。发布外部技术支持人员安全管理规定、机房管理制度和税务内网延伸点安全管理规范等一系列网络安全制度规范，建立统一网络安全制度体系。二是优化网络安全策略。结合省税务局最新要求，优化整合原国地税网络安全策略，形成网络安全总体策略和网络安全事件综合应急预案，推动网络安全策略一体化实施。三是运用新技术提前阻断安全风险。运用大数据技术，构建网络安全态势感知平台，集中应用分散监控和管理手段，强化税务系统网络安全态势感知能力，对潜在网络安全风险“动态监测、提前发现、主动介入、精准防御”。四落实网络安全责任制。全员签署网络安全责任书，落实应用系统安全职责，加强终端安全管理，更新全市各单位上行防火墙，统一下发安全防护规则，提升网络边界安全防护能力。五是应对网络安全威胁。持续开展勒索病毒和高危木马专项整治工作，实时监测并积极应对网络安全威胁，感染勒索病毒主机从7月份28台次降低至年底基本绝迹。

（周东峰、周凌宇）

信息技术管理现代化探索　2019年，市税务局探索技术支撑模式，运用新型信息技术手段，保障系统平稳运行。一是开发硬件资源管理平台。

改变以往硬件资源手工管理模式，建立配套硬件资源管理制度，理清管理职责，明晰管理边界，明确硬件资源申请、维护、回收等流程和规范，不断加强硬件资源实物管理、流程管理，实现对硬件资源全过程自动化管理。二是探索网络自动化管理。开发数据专线管理功能，对系统范围内建筑、线路等资料进行信息化管理，对网络线路增、拆、移等相关申请、审核、审批、实施全部实现信息化流转，提升网络自动化管理水平。三是制定软件开发技术规范。制定原国地税软件改版整合与新软件开发技术标准，完成综合应用平台（门户）整合改版工作，为软件统一集成和有效管理打下基础。四是做好软件技术支撑和自管软件运维工作。参与社保费征收划转、个人所得税改革、增值税发票2.0系统、“丁税宝”上线等重点专项工作，做好安全、资源、网络保障，为重点工作提供技术支撑。做好云盘、邮件等系统的日常使用指导和运维保障工作。

（曹　洋、殷　非、周凌宇）

（责任编辑　柴逢国）

数据处理和风险管理

概述 2019年，市税务局结合深化税收征管体制改革和“金税三期”运行等重点工作要求，完成税收风险管理与数据管理规范化各项任务。

一是成立“税收大数据和风险管理工作领导小组”。1月14日，发布《国家税务总局南京市税务局办公室关于成立税收大数据和风险管理工作领导小组的通知》，成立税收大数据和风险管理工作领导小组，下设税收大数据和风险管理工作领导小组办公室，办公室设在税收风险管理局，明确领导小组和办公室成员和成员单位职责，统领全市税收风险和大数据管理工作。

二是统筹全市税收风险应对任务。统筹国家税务总局、省税务局指令性、货劳司“快反”（快速反应类任务）、大企业司专项以及各类非分识别、上级临时性等税收风险应对任务，并审批推送各属地区局提交任务。2019年，全市发布各级各类税收风险应对和核查任务2.84万户次。其中，综合类风险应对任务8282户次、核查类风险应对任务2.01万户次。接受跨区域风险管理协作任务720条，发送任务224户次。

三是落实过渡期税收风险应对任务。根据市税务局风险应对人力资源配置以及未结任务情况，统一全市税收风险管理规则与流程。从2018年各级税务机关挂牌至2019年税收风险管理体系建立的过渡期间，共完成历史遗留未结案件清理1311件，实现风险应对成效3.5亿元。

四是提升全市税收风险应对质效。落实省税务局等税收风险管理系列要求，初步建立税收风险管理运行机制，统一全市税收风险应对工作流程与操作方法。2019年，完成各类各级税收风险应对任务2.8万户次，实现应对成效55.7亿元。

五是“税收风险管理综合服务系统（一期）”建设。按照税收风险过程管理要求，在数据与系统有力支撑基础上，建设能够反映税收风险管理全流程及其过程管理的“税收风险管理综合服务系统”。2019年完成项目论证、项目立项、项目招标、业务需求编写及技术需求编写，进入项目开发阶段。

六是历史税收数据资源本地化。建立数据规范存储、日常监控和同步机制，完成“金税三期”核心征管数据返还库建设，以OGG（Oracle Golden Gate，基于日志的结构化数据复制软件）的模式提供准实时数据的回流机制，数据量6T，涉及1.3万余张表（含代码表），成为进行数据分析、对外交换、增值应用的基础数据源。推进原省国税局“税源管理平台”中原市国税局风险应对的全部历史数据本地化，以物化视图的模式建立新增数据的回流通道，为风险全流程监控和应对管理平台提供数据支撑。数据量约30GB（含索引），涉及表（含代码表）300多张。

七是外部数据共享。2019年9月，与南京市大数据管理局签订数据共享交换及应用合作协议。根据南京市“我的南京”项目建设需要，更新数据交换软硬件环境。硬件方面，市信息中心提供两台全新服务器，其传递数据全部转移到新前置机，并停用原市国税局、原市地税局的数据交换服务器。软件方面，根据省税务局、市税务局网络安全管理要求，结合南京市政务信息交换的安全标准，全面更新市税务局对外涉税信息提供的策略和方式。通过综合治税平台、专项点对点等方式，实现18个部门67项数据共享，各类数据交换430万条。批量对外提供数据90万条，外单位通过接口查询146次。其中，对外提供数据7大项，涉及企业税务登记信息、企业税收征收信息、企业纳税信用信息、列名规模工业企业纳税信息、重大税收违法案件当事人信息、企业法人欠税公告信息、企业金库归属地信息等。获取数据方面，除历史数据完成迁移并保持数据持续更新外，新增采集市公安局的公用车辆登记信息、市场监督管理局的个体工商户信息。采集并应用于税收风险应对的12个外部门21项数据共85万条，取得入库风险应对成效17.2亿元。通过互联网采集涉税数据11.4万条，取得税收风险应对入库成效3.6亿元。

八是为全局各项重点工作提供数据支持。制定《国家税务总局南京市税务局关于转发〈国家税务总局江苏省税务局税收信息提供管理办法（试行）〉的通知》，明确对内、外部税收信息提供具体要求、流程和相关部门的业务对口职责。2019年，受理344个事项的数据查询服务，上报省局后台执行完成580笔数据运维。为“减税降费”“打击虚开发票”“个人所得税改革”、全市税收经济分析、市科技产业高层次人才奖补（个人所得税）、人才安居办公室、房产税和土地增值税清算、消费税测算等重点工作提供数据支持。梳理业务需求，开展需求讨论，明确数据查询口径，加工整理结果清册，反馈查询结果640项，涉及明细数据3200万条，后台编写SQL脚本4.5万行。

九是数据质量与安全防控。健全数据安全监管机制，配套建立数据应用管理权限规则，开展数据分级分类管理。制定系统用户安全管理办法，加强相关系统及数据库用户权限管理、后台数据库操作监控，清理“僵尸账户”（即长期未登录账号），提升数据安全水平。加强数据交换过程中的信息安全，以及对各业务环节和岗位的责任控制。清理国家税务总局“云平台”（即“金税三期”决策支持系统—总局平台）、“金税三期”核心征管数据返还库、省税务局“风险管理平台”“税收大数据情报平台”、税收风险管理数据返还库等使用权限，规范各类“僵尸帐号”、重复配置、违规配置和垃圾数据帐号1707个。（张　婧）

过渡期风险应对未结任务清理　2018年8月至2019年3月过渡期间，市税务局共清理历史税收风险应对未结案件1311件，取得税收风险应对成效3.5亿元。2018年8月28日，省税务局《国家税务总局江苏省税务局关于做好过渡期风险管理工作有关事项的通知》文件明确，从2018年全省各级税务机关挂牌，到全省高效、统一的税收风险管理体系建立之前，为全省税务系统税收风险管理工作的过渡期。市税务局于2018年12月4日，制定并发布《国家税务总局南京市税务局关于过渡期税收风险管理工作有关事项的通知》。2019年，市税务局落实关于过渡期的各项管理要求，统一操作流程和方法，解决原市国税局、原市地税局税收风险管理方面差异等问题，开展未结在办任务分类清理。市税务局税收风险管理局组成4个工作组，分区域对14个属地区局、1个直属分局的风险应对任务完成情况进行跟踪督办和指导协调：原则上，第一小组负责建邺区局、江北新区局、六合区局的风险应对跟踪管理，第二小组负责鼓楼区局、第一分局、浦口区局、江宁区局的风险应对跟踪管理，第三小组负责经济开发区局、秦淮区局、栖霞区局的风险应对跟踪管理，第四小组负责玄武区局、雨花台区局、江宁经济技术开发区局、高淳区局、溧水区局的风险应对跟踪管理。（王文岚）

风险类任务整合　2019年，应用省税务局风险管理平台和税收大数据情报平台，统筹整合国家税务总局、省税务局指令性、货物和劳务税司快反、大企业司专项以及各类非分识别、上级临时性等税收风险应对任务，并审批推送各区局提交各类税收风险应对任务。2019年，推送税收风险应对任务2.84万户次。其中，按任务来源统计，国家税务总局任务2033户次，省税务局任务2.42万户次，市税务局任务2132户次；按应对方式统计，税务稽查1781户次，纳税评估（简易流程）256户次，纳税评估（一般流程）3659户次，纳税评估（专项流程）546户次，纳税评估（国家税务总局）2033户次，专项流程（欠税追征）5户次，提示提醒2.01万户次。接受跨区域风险管理协作任务720条，发送任务224户次。一是全市税收风险管理人力资源统计梳理。通过风险管理平台系统权限监控、报表填报等方法，调查全市14个属地区局、1个直属分局与4个稽查局从事税收风险管理人力资源结构与基本状况。二是年度税收风险应对任务下发前加强分析统筹。针对省税务局2019年9月发布的年度任务，根据各单位人力资源状况，明确年度税收风险应对任务发布原则，部署各时间段的任务分配。三是市税务局各业务处室间沟通加强。结合省税务局年度任务与市税务局年度重点工作项目，协调各业务处室，整合和补充符合业务特色的其他疑点和工作要求，实施税收风险应对任务的一次性整合发布。四是市税务局税收风险应对任务筛选整合。综合省税务局税收风险应对任务量与各单位资源状况，将市税务局风险应对任务作为省税务局指令性任务的补充，淡化数量着重绩效，由市税务局各业务处室和各单位提供风险信息后，统一识别、整合发布具体的税收风险应对任务。（陈　仑）

税收风险应对　2019年，市税务局落实省税务局税收风险管理工作规范，统一风险应对工作流程与操作方法，完成各类各级税收风险应对任务2.8万户次，实现应对成效55.7亿元，其中：直接入库47.1亿元，调减增值税留抵3.03亿元，企业所得税弥补亏损换算税额5.56亿元，应退税款抵欠4万元。一是工作组跟踪管理，对14个属地区局、1个直属分局风险应对任务开展情况进行跟踪督办和指导协调。二是2019年1月至3月，按月发布《关于过渡期风险应对任务推进情况的通报》；2019年4月至12月，按月发布《全市风险任务完成情况通报》，对风险应对分单位的推进总体情况、任务完成情况、风险应对成效、下一步工作要求等进行分析通报，对当月税收风险应对过程中出现的问题进行纠正，明确下阶段工作重点和要求。三是开展税收风险管理培训。2019年6月10—11日、6月12—13日在南京市汤山税务培训中心，分别举办两期全市风险管理培训班，培训对象包括市税务局税收风险管理局从事风险管理人员、各区局征收管理科分管科长（第一税务区局综合管理科分管科长）、税源管理科（所）从事风险应对工作的分管科长或经办，共166人次；培训内容包括风险应对流程及相关规范剖析、风险指标解析及应对方法等。9月23—26日在省税务局税务干部镇江培训中心，举办一期税收数据与风险管理培训班，培训对象包括市税务局税收风险管理局人员、各区局征收管理科（第一税务区局综合管理科）分管科长、风险应对骨干各一名，共40人次；培训内容包括税收风险应对任务解析、数据情报平台应用实例、风险应对流程与难点解析、风险管理实务解析、风险应对方法、案例与移送等。（王文岚）

签订“数据共享交换及应用合作协议”　2019年9月16日，原市税务局局长文月寿和市大数据管理局局长唐建荣共同签署《数据共享交换及应用合作协议》正式实施，推进税务数据与涉税数据共享的法治化、规范化进程。一是规定由市税务局向市大数据局提供南京市纳税人在日常涉税行为中，利用税务信息化系统生成的相关数据。南京市其他部门或单位在履行职责过程中产生的、与税务工作有关的数据，由市大数据局向市税务局提供。除特定并已开通的双向数据交换渠道，市税务局对外部门涉税数据的采集和外单位向市税务局提出的涉税数据采集申请，原则上都通过市大数据局的政务数据共享交换平台予以实现。二是明确数据交换的安全要求，对于涉及商业秘密或个人隐私的数据共享，须经行政相对人授权同意，原则上通过接口查询方式实现共享。政府部门因履行职能确需批量数据交换的，需求方必须提供详细的采集依据、特定用途、使用方法、使用时限、使用范围、安全保障措施等，经数据提供部门和数据管理部门审核通过，按约定时间、方式实现数据共享。需求方未经数据提供部门和数据管理部门同意，不得将所获数据提供给其他单位和个人使用。三是明确数据交换的责任部门。市税务局由税收风险管理局牵头，市大数据局由南京市信息中心牵头对接，分别承办涉税数据的交换工作。根据协议要求，涉税信息共享及应用工作转向全面推广阶段。通过会议方式明确数据共享项目、范围、交换频率及安全标准等，依托南京市信息中心的政务数据共享交换平台实施数据交换。2019年，市税务局依协议对外提供涉税数据7项（其中批量数据提供5项，通过接口查询2项），涉及税务登记、税款征收、信用评定、行政处罚等，加强政府公共管理和公共服务水平。同时采集外部门数据28项，其中房产局、住建局、交通管理局、公安局、自然资源管理、财政局、市场监督管理局、科技局等部门的21项共85万条数据应用于风险管理工作，取得实际入库成效17.23亿元。（李　星）

互联网数据采集　2019年，市税务局通过上交所官网、深交所官网、淘宝司法拍卖网、消防工程备案信息公示网和房地产门户网站等互联网公开信息渠道，采集上市公司股东股权转让、上市公司限售股解禁、新三板限售解禁、一般股权转让、消防工程完工备案信息、境外投资方股息红利分配、不动产拍卖、关联企业股权结构和房地产企业公开披露楼盘信息等互联网数据9项，共计11.44万条。其中，7577条数据导入省税务局税收大数据情报平台，成为税收风险分析识别的基础数据源；10.68万条数据按照数据需求分别提供给各区税务局进行风险分析、识别和应对。2019年，通过对“证券之星”取得的上市公司股东股权转让数据、“东方财富网”取得的上市公司限售股解禁数据、“东方财富网”取得的新三板限售解禁数据、“南京市公共资源交易平台”取得的一般股权转让数据、“消防监督结果公开”取得的消防工程完工备案信息、“境外上市境外企业公开披露信息”取得的境外投资方股息红利分配、“淘宝司法拍卖”取得的不动产拍卖、“天眼查”等取得的关联企业股权结构数据的结果应用，取得入库应对成效3.6亿元。（钱笑玺）

数据服务 2019年，市税务局共受理344个数据查询服务事项，上报省税务局后台执行完成580笔数据运维，为全市各项重点工作提供数据支持。一是制定《国家税务总局南京市税务局关于转发〈国家税务总局江苏省税务局税收信息提供管理办法（试行）〉的通知》。除按省税务局《国家税务总局江苏省税务局税收信息提供管理办法（试行）》要求，明确对内、外部税收信息提供具体要求和流程外，结合市局机关各部门职能及业务对口，分别明确列明与未列明的外单位向市税务局申请税收信息提供的受理部门。二是为“减税降费”“打击虚开发票”“个人所得税改革”、全市经济分析、市科技产业高层次人才奖补（个人所得税）、人才安居办公室、房产税和土地增值税清算、消费税测算等重点工作提供数据支持。三是梳理市税务局数据应用业务需求，开展需求讨论，明确数据查询口径，加工整理结果清册，反馈查询结果640项，涉及明细数据3200万条，后台编写SQL脚本4.5万行。（黄赛杰）

数据资源本地化管理 2019年，完成“金税三期”和原省国税局“税源管理平台”中涉及市税务局历史数据资源本地化，成为市税务局进行数据分析、对外交换和增值应用的基础数据源。一是建立数据规范存储、日常监控和同步机制，确保数据能及时、完整、可靠地存储到目的地。二是梳理全市各级、各部门和单位的数据需求，完成“金税三期”核心征管数据返还库建设，以OGG（Oracle Golden Gate，基于日志的结构化数据复制软件）的模式提供准实时数据的回流机制。整体数据量6T，涉及1.3万余张表（含代码表）。其中，2019年9月向省税务局报送《国家税务总局南京市税务局关于申请金税三期社保相关数据的请示》。三是2019年4月，向省税务局报送《国家税务总局南京市税务局关于申请税收风险管理系统相关数据的请示》，申请“税源管理平台”中涉及原市国税局2016—2018年度风险应对过程中的全量数据、2019年后省税务局“税收大数据情报平台”涉及市税务局岗位权限配置数据和“税收大数据平台”涉及市税务局访问和查询日志数据，并建立2019年1月1日后的新增数据及时返还机制。2019年，实现上述历史数据本地化，并以物化视图的模式建立新增数据的回流通道，为税收风险应对的全流程监控等提供数据基础。目前数据量约30GB（含索引），涉及表（含代码表）300多张。四是完成数据安全加固。归并原市国税局、原市地税局历史数据库和返还数据库，外围设置防火墙，仅能通过堡垒机访问相关数据，记录后台用户登录情况、相关访问日志以及回溯操作轨迹。（黄赛杰）

“税收风险管理综合服务系统（一期）”建设 2019年6月，市税务局启动“税收风险管理综合服务系统（一期）”建设，形成对现有风险管理操作系统的功能补充，以满足税收风险管理监控管理和数据管理信息化业务需求，为市税务局决策层、税收风险应对人员和数据管理人员提供应用支持。7月完成业务需求编写，8月完成业务需求技术论证，9月启动系统建设，进入项目开发阶段。制定《税收风险管理综合服务系统业务需求》，将系统整体框架分为“分析监控功能区”与“分析监控成果展示区”两部分，主要实现对税收风险管理人力资源及税收风险应对任务计划、税收风险应对任务完成情况、税收风险应对成效、税收风险应对过程等方面的监控、展示与资源共享。制定《税收风险管理综合服务和数据交换、采集与查询项目服务方案》，其中，“技术方案”明确服务目标、服务范围、服务内容分析、技术方案设计、软硬件环境部署建议等内容;“项目实施方案”明确实施总体思路、项目组人员及分工、项目实施时间计划、实施过程控制等要求。（陈　仑）

系统和数据库权限规范　2019年,开展国家税务总局“云平台”(即“金税三期”决策支持系统—总局平台)、“金税三期”返还库、省税务局“风险管理平台”“税收大数据情报平台”、税收风险数据返还库的使用权限规范。清理各类“僵尸帐号”(即长期未登录账号)、重复配置、违规配置和垃圾数据帐号1707个。一是税收风险管理涉及信息系统和数据库的权限配置规范。明确“风险管理平台”“税收大数据情报平台”“云平台”等前台应用系统,以及“金税三期”核心征管数据返还库、税收风险管理数据返还库等后台数据库的权限申请、审批、使用等流程。各应用系统授权遵循“因岗设权、最低授权、安全保密”的原则,市税务局和各区局分级授权。各后台数据库授权遵循“最小够用、账户实名、专岗专用、能力匹配、严格受控”的原则,由市税务局集中授权。二是开展“超级账户”(数据访问范围广、权限大、可以调整分配授权等特殊岗位的帐户)、“僵尸账号”(长期未登录账号)清理,减少冗余账号和超范围授权的系统风险,加强数据安全管理。6月13日,发布《关于进一步加强系统账号权限配置管理工作的通知》,通报“税收大数据情报平台”“风险管理平台”“原地税局风险监控平台”检查情况,逐一明确涉及三大类九项问题的整改要求。11月1日,发布《关于开展总局云平台不规范账号清理工作的通知》,对国家税务总局“云平台”涉及身份信息错误和“僵尸账号”等问题进行清理。12月4日,发布《关于开展总局云平台和省局大数据平台不规范账号清理工作的通知》,对国家税务总局“云平台”的身份信息错误账号、“僵尸账号”和系统管理员账号,省税务局“税收大数据情报平台”的“僵尸账号”等问题进行清理。(张　瑞)

(责任编辑　张　梦)

法 治 建 设

概述 2019年，市税务局加强税收法治建设，健全税收政策管理机制，提升税收服务发展能力和规范执法水平。围绕政策执行和法治管理两项职能，从政策收集、问题反馈、执法标准、文件管理、业务培训、效应分析和纳税人权益保护7个方面，加强重大复杂疑难问题的研究解决，确保各项政策措施及时落地，全面落实减税降费政策措施。

一是加强税收政策的收集和宣传培训。对内，组织编印《减税降费相关政策汇编》，税务干部人手一本。2019年3月12日，在复成大厦举办减税降费专题培训班，辅导培训增值税小规模纳税人优惠政策、小微企业普惠性优惠政策以及“六税二费”（资源税、城市维护建设税、房产税、城镇土地使用税、印花税（不含证券交易印花税）、耕地占用税和教育费附加、地方教育附加）等重点政策。搭建税收政策支持服务平台，实行政策问题周报制度，收集整理相关问题66个，并逐一向基层单位反馈答复意见。对外，推广“税惠通”税收优惠政策搜索查询系统，该系统已收纳32个专题汇编、1048个优惠政策文件，其中本年度维护各类政策文件58个，优惠条款132条。

二是服务民营经济发展。出台《关于贯彻落实支持和服务民营经济发展相关税收政策措施意见》，推出加强政策落实、改进税收执法、开展精准帮扶、调整纳税服务的22条具体举措：对民营企业符合税收优惠条件的，不得以未按照规定备案为由，剥夺或限制其依法享有的权利；对缺乏明文规定或者政策意见不一致等情形的，从有利于纳税人的角度提出处理意见或过渡性措施；严格落实首问责任、一次性告知、限时办结、延时服务等制度，努力化解注销难等问题。与市工商联举行对口联系工作会议，制定《关于建立服务民营经济发展合作机制的意见》，建立会商、税收政策宣传培训、涉税权益保护、专项调研以及信息交换共享等5项机制，进一步发挥税务机关、工商联在调整营商环境、服务民营经济发展中的积极作用。

三是调整内部业务文件体系。统一原市国税局、原市地税局执法管理制度，清理与现行开放政策不符的规范性文件，开展税收业务管理类内部文件清理，失效或者废止文件481件（其中，转发文件387件），继续有效文件32件（其中，拟重新修订文件13件），修改文件5件，保证税收业务文件体系的规范和税收执法管理的统一。

四是建立破产联动协调机制。梳理破产涉税主要问题，分析制度差异成因，探讨解决操作路径，市税务局与南京市中级人民法院共同制定《破产清算程序中税收债权申报与税收征收管理实施办法》，梳理破产审判、税收征管和管理人履职关系，明确各自职能定位和职责范围，规范破产清算程序中的税收债权处理和税收征管操作，畅通破产企业退出渠道。该办法自2019年8月1日至2019年12月31日施行，施行期间，南京市税务系统共计完成184户企业的破产债权申报，合计涉税金额2.17亿元；为6家破产企业解除非正常户状态，为10家破产企业出具清税证明；破产企业申领并开具发票298份，开票金额3.92亿元。

五是规范税收执法行为管理。落实行政审批改革，取消“非居民企业选择由其主要机构场所汇总缴纳企业所得税的审批”项目，做好有关行政许可文书式样的调整。加强对2批35项取消税务证明事项的管理和落实，营造良好的税收营商环境。严格行政处罚及裁量权管理，加强对处罚裁量权运行情况的调研指导和监督，杜绝“选择性”执法和随意执法，确保全市处罚标准的统一，防范涉税争议的发生。全面推行行政执法“三项制度”（行政执法公示制度、执法全过程记录制度、重大执法决定法制审核制度），制定工作落实方案，明确工作时限；推进全市税务系统约谈室建设和执法记录仪配备，拓宽行政执法公示渠道，加强大数据、区块链等技术应用。

六是开展重大税务案件审理。完善重大税

务案件审理工作机制，出台《国家税务总局南京市税务局重大税务案件审理工作规则》，制定打击骗取出口退税和虚开增值税专用发票（简称“双打”）等案件提请审理证据及案卷标准，指导稽查部门规范确证。加快审理提升质效，集中审理一批大案、要案；做好大要案审理数据的迁移和“金税三期”中重大税务案件审理流程的运行工作，规范案件审理的系统操作。

七是行政复议诉讼案件办理。加强行政复议应诉管理，规范应对复议诉讼案件。针对税务复议诉讼案件数量增多的形势，加强行政复议应诉管理，从案件报告、复议答复、听证审理、诉讼办理、系统管理等方面进行规范和明确。出台《市税务局机关落实行政机关负责人出庭应诉制度的意见》，加强系统复议应诉工作意见，统一扎口管理系统内外聘法律顾问、税务系统行政复议诉讼经费，提高应对专业化水平和工作质量。加强案件统计分析，运用司法部行政复议应诉统计系统，按时报送案件情况。2019年共发生行政复议案件32起，行政诉讼案件（含一审、二审和再审）35起。加强公职律师和法律顾问管理，出台法律顾问管理办法，加强系统内法制人员的配备和使用；建立系统内部法律团队，开展公职律师选拔，于2019年7月29日至8月2日在汤山税务干部培训学校组织税收法治业务培训班，全系统法制部门负责人和经办人60人参加培训；2019年9月16日—20日在汤山税务干部培训学校组织公职律师培训班，全系统公职律师20人参加培训。累计指派律师接受系统法律事务咨询80余件，参与公有房产清理、信访案件处理、政府信息公开申请答复等。（陈睿祺）

减税降费政策措施落实　一是制定市税务局政策落实组工作方案，从政策收集、问题反馈、执法标准、文件管理、业务培训、效应分析、纳税人权益保护等7个方面提出具体工作举措。二是加强对税收政策的收集整理和宣传，组织编印《减税降费相关政策汇编》，在全市税务系统发放，并赠送市有关部门。三是2019年3月12日在复成大厦举办减税降费专题培训班，就重点政策对税务干部进行辅导，市税务局政策法规处处长董剑飞主持培训，市税务局党委委员、副局长蔡建勋作开训动员，共计90余人参加。四是大力推广“税惠通”税收优惠政策搜索查询系统，将其嵌入“我的南京”手机应用程序，已收纳32个专题汇编、1048个优惠政策文件。五是建设税收政策支持服务平台，开通减税降费专栏，4月11日正式印发修订后的《税收政策支持服务平台运行管理办法》。实行政策问题周报制度，共收集整理相关问题66个，并逐一反馈各基层单位。（秦蓓蓓）

服务民营经济发展　一是开展“走民企送政策送服务活动月”活动，共计走访企业871家，收集问题、建议768条；对收集的问题建议，分类处理、快速落实，并将办理情况反馈企业。二是出台22条工作举措支持民营企业发展，制定《关于贯彻落实支持和服务民营经济发展相关税收政策措施意见》，提出：对民营企业符合税收优惠条件的，不得以未按照规定备案为由，剥夺或限制其依法享有的权利；对缺乏明文规定或者政策意见不一致等情形的，从有利于纳税人的角度提出处理意见或过渡性措施；严格落实首问责任、一次性告知、限时办结、延时服务等制度，努力化解注销难等问题。三是与市工商联合作建立服务民企合作机制。举行对口联系工作会议，制定《关于建立服务民营经济发展合作机制的意见》，建立会商、税收政策宣传培训、涉税权益保护、专项调研以及信息交换共享等5项机制，进一步发挥税务机关、工商联在调整营商环境、服务民营经济发展中的积极作用。向市政府报送《税务携手工商联 服务民企促发展》专报一篇。（秦蓓蓓）

内部文件清理　结合国家税务总局江苏省税务局（以下简称“省税务局”）关于开展与现行开放政策不符的规范性文件清理工作要求，开展国税地税征管机构改革前所有原市国税局、原市地税局分别制定的税收业务管理类内部文件清理，统一原国税地税执法管理制度，保障国税地税征管机构改革后各项工作平稳有序运行。经过清理，失效或者废止的文件481件（其中，转发文件387件），继续有效文件32件（其中，拟重新修订文件13件），修改的文件5件。截至2019年12月31日，有效内部业务文件32个。加强内部业务文件管理，规范内部业务文件制定，规定不得以便函、会议通知等非正式行文下发内部业务文件。对于临时性、阶段性或者政策不明确、不宜正式行文的工作，加强对文件的法制审核和备案管理，严格文种、文头、内容、有效性、是否公开、能否作为执法依据等问题管理，确保内部业务文件体系规范和税收执法管理统一。（陈睿祺）

破产联动协调机制建设 梳理企业破产程序中主要涉税问题，厘清税法和司法制度差异及成因，研究解决程序操作问题，与南京市中级人民法院共同制定《破产清算程序中税收债权申报与税收征收管理实施办法》（以下简称《实施办法》），理顺破产审判、税收征管和管理人履职关系，明确各自职能定位和职责范围，规范破产清算程序中税收债权处理和税收征管操作，畅通破产企业退出渠道，推动完善市场优胜劣汰机制、形成法治化营商环境。《实施办法》自2019年8月1日至12月31日施行，施行期间南京市税务系统共计完成184户企业的破产债权申报，合计金额2.17亿元。为6家破产企业解除非正常户状态，为10家破产企业出具清税证明；此外，破产企业申领并开具发票298份，开票金额3.92亿元。

（夏亚非）

重大税务案件审理 梳理重大税务案件审理工作机制。出台《重大税务案件审理工作规则》，从审理范围、职责、流程等方面进行规范和明确。结合工作实际，制定“双打”等案件提请审理证据及案卷标准，指导稽查部门规范确证。加快审理提升质效，全年组织开展对796户重大税务案件的审理工作。其中：虚开发票移送司法的走逃失联类案件726户，包括“鹰击一号”虚开增值税专用发票专项打击行动、“407”暴力虚开增值税专用发票、职业化虚开增值税专用发票等专案的审理。完成674户移送司法机关处理案件资料的复核及报批工作，做好税务执法与刑事司法的有效衔接。做好数据迁移运行新系统，根据“金税三期”并库统一部署和重大税务案件审理模块调整上线的要求，做好大案要案审理数据迁移和“金税三期”中重大税务案件审理流程的运行工作，规范案件审理的系统操作。（李　晶）

行政执法“三项制度” 根据国家税务总局、省税务局工作要求，全面推行行政执法公示制度、执法全过程记录制度、重大执法决定法制审核制度（简称“三项制度”）。2019年9月4日，市税务局政策法规处组织市稽查局、第二稽查局、秦淮区局、玄武区局共9人赴无锡市税务局学习先进经验，制定《国家税务总局南京市税务局关于调整税收执法方式、全面推行“三项制度”工作落实方案》，明确工作要求、分解任务，确定全市税务系统所属各局在2019年12月31日前完成推行“三项制度”工作准备。方案要求，全市税务系统所属各局做好执法记录仪配备和约谈室建设，配齐、配全执法记录设备和约谈室影音记录设备，尽早投入使用。截至2019年12月31日，全市税务系统共配备执法记录仪56个，建成约谈室10个。拓宽公示渠道，在“我的南京”手机应用软件上选择与纳税人密切项目进行公示，加强大数据、区块链等新技术应用，提升行政执法“三项制度”质效。

（陈睿祺）

行政复议诉讼案件应对 2019年，南京税务系统共发生涉税行政复议案件34起，涉税行政诉讼案件（含一审、二审和再审）39起。国税地税征管机构合并后，税务复议诉讼案件数量大幅攀升，新型化税收争议案件层出不穷。市税务局一是加强行政复议应诉管理，出台《关于市税务局机关落实行政机关负责人出庭应诉制度的意见》和《关于加强行政复议和行政应诉工作的意见》，从案件报告、复议答复、听证审理、诉讼办理、系统管理等方面进行规范明确。二是规范复议应诉案件办理，对系统外聘法律顾问、行政复议诉讼经费实行市税务局统一扎口管理，实行机关负责人+系统公职律师和外聘法律顾问“双律师”出庭模式，提升应对专业化和工作质量。三是加强案件统计分析，按照上级统一部署，运用司法部行政复议应诉统计系统，按时报送案件情况，截至2019年12月31日已完成2018年度以来所有案件信息录入；对2018年度案件，分析案件特点、问题成因，总结规律提出工作建议，促进税收执法规范。（刘　青）

公职律师和法律顾问管理 加强全系统公职律师队伍建设和内外部法律顾问管理，出台《南京市税务局系统法律顾问管理办法》，在全市外部法律顾问单位和经费统一管理基础上，加强系统内法制人员的配备和使用。2019年6月24—28日，组织全市税务系统10名公职律师参加省税务局举办的公职律师专门业务培训，与上级单位和省内兄弟单位的公职律师交流工作经验，提升业务水平。建立系统内部法律团队，组织全市税务系统通过国家法律职业资格考试的人员进入法律人才库，充实法律顾问团队后备力量。开展公职律师选拔，充实公职律师队伍，提升公职律师案件应对能力和诉讼经验水平。2019年，市税务局公职律师办公室累计指派律师接受全市税务系统法律事务咨询80余人次，参与公有房产清理、信访案件处理、政府信息公开申请答复等工作。

（刘　青）

（责任编辑　张　梦）

纳　税　服　务

纳税服务

概述　2019年，市税务局以“不忘初心、牢记使命”主题教育活动为强大动力，以优化税收营商环境为重要抓手，全面深化纳税服务体系建设，不断推进纳税服务工作提质、增效，较好地完成了各项工作任务。一是积极对接落实市委市政府的部署和要求，组织四场税收营商环境知识培训，落实好南京市优化营商环境100条，配合制定好南京市优化营商环境2.0版，接受南京市委优化营商环境专项巡察，并参加全国营商环境评价集中填报工作。大力提升税收执法和服务的规范化、公平化、便利化水平，努力优化税收营商环境。二是继续深入开展便民办税春风行动，落实国家税务总局、省税务局各项优化服务举措，持续推进办税缴费便利化改革，按照规范统一实体办税服务厅、大力推广线上办税、深入探索社会化办税的总体思路，不断优化完善各类办税渠道建设，方便纳税人、缴费人便捷高效地办理税费业务。三是全年围绕个税改革、减税降费、社保费划转等重点工作，通过发放宣传辅导手册、开展线上线下纳税人学堂培训、“面对面”辅导、推送宣传辅导提醒信息、上门辅导、制作宣传短视频等多种方式，充分发挥宣传辅导职能作用。采用信息化手段畅通征纳沟通，探索使用数字化税企服务智能平台，利用平台的高效沟通、协同特性，结合移动互联网、人工智能技术，实现纳税服务的组织在线、沟通在线、协同在线、业务在线和生态在线等“五个在线”，打造税企沟通与协同的主渠道，有效解决征纳双方信息不对称的问题，帮助纳税人缴费人充分享受税收红利。四是持续开展纳税信用建设，完成2018年度纳税信用评价工作，并在后续的动态管理过程中，细化服务，及时调整，确保管理到位。截至2019年12月31日，共有435432户企业纳税人纳入评定范围，其中A级纳税人23329户，B级纳税人167891户，M级纳税人171142户，C级纳税人5450户，D级纳税人67617户。丰富纳税信用结果应用产品内容，充分发挥纳税信用支撑力，诚信激励、失信惩戒，并积极对接社会诚信体系建设。五是以纳税人需求为导向，健全需求管理机制，更好地发挥需求管理对纳税服务工作的指导作用，切实保障纳税人合法权益。（史玉珠）

税收营商环境优化　2019年，市税务局全面优化税收营商环境，落实南京市优化营商环境100条中的10条税收举措，加强举措落实情况的推进和跟踪，按月汇总“南京市税务局优化营商环境举措推进情况表”，适时总结分析，确保各项工作举措落地见效，持续推进完善，纳税人办税便利度显著提升。“一厅通办”、办税“全天候、足不出户”、新办企业“套餐”式办理、发票邮递配送等服务举措不断优化。拟定南京市优化营商环境2.0版5条税收举措，从缩短办税时间、简化办税流程两个方面入手，明确完善网上申报服务、优化发票领用管理、精准实施对外开放税收服务、简化跨区域迁移流程、实施房产税困难性减免五个方面的优化举措，促进南京市税收营商环境的提档升级。接受市委优化营商环境专项巡察，针对问题制定专项整改工作措施，明确整改责任部门及时间安排，切实提升南京城市软实力和核心竞争力。参加全国营商环境评价集中填报工作，本次营商环境数据填报涉及“纳税次数”、“纳税时间”、“总税收和缴费率”、“报税后流程”4个二级指标，南京市的具体数据指标是：纳税人在一年内“纳税次数”7次、“纳税时间”45.2小时、“总税收和缴费率”53%、“税后流程”中的所得税更正申报1小时、退税申请1.6小时、退税到账4.6天。

（史玉珠、唐　恬、徐　震）

办税渠道建设　2019年，市税务局持续推进办税缴费便利化改革，不断拓宽纳税人缴费人办税渠道。一是优化实体办税渠道。制定全市《办税服务厅管理办法》，该办法包括一个综合管理办法和7个细则，全面规范了办税服务厅服务内容和服务行为。全面上线使用办税服务厅管理系统，根据新的办税服务厅管理系统中的业务量、平均等候时间、平均办理时间、预警及纳税人评价等主要指标，进行统计分析，为纳税服务工作提供数据支撑、做出预判性提醒，加大工作统筹力度，提升全市办税服务厅科学化管理水平。2019年下半年，全市办税服务厅平均等候时间减至4.9分钟，较上半年缩短5.2分钟；平均办理时长减至1.4分钟，较上半年缩短0.5分钟。发挥好办税服务厅兜底保障作用，成功应对了国地税征管系统并轨、二季度大申报期、电子税务局故障等带来的办税厅人流高峰，服务好社保划转、个税改革、注销简化以及影视行业税收专项治理等重点工作，按照要求设置专窗、专区，配足人力，做好咨询、辅导和快速处置等相关工作。

二是推广电子办税渠道。加大电子税务局运维和宣传培训力度，有力减轻了实体办税厅的工作压力，电子税务局已经成为南京市税务局向纳税人提供优质在线服务的主要场所。全年新办企业套餐累计办理数8.25万户次，全市新办企业业务准期办结率达到99.74%，办结平均用时仅为24.50分钟；发票邮递配送64万余件，自助领用79万余件，发票领用“不见面审批”占比已达82.79%。统筹全市自助办税终端管理，规范自助办税终端的采购部署、功能优化、现场管理、运行维护和安全保障。积极引导纳税人选择网上办税、自助办税、邮寄办税、移动办税等非接触式服务渠道，非接触式办税比率已达到90.47%。

三是丰富社会协作渠道。落实“宁满意”工程要求，全面对接市政务服务平台“一网通”、“一门通”、“一证通”、“一指通”等“十个一”工程事项，推动纳税服务与政府公共服务的深度融合，提升便利化办税水平。通过理顺市税务局、市政务服务中心窗口、各区税务局的工作职责和工作流程，进一步明确工作要求，实现在市政务服务中心税务窗口0.5个工作日内办结工商注册的全市各区“新办企业综合申请套餐”业务，且延伸到发票领用环节，进一步提升纳税人办税体验。深入开展税邮合作，年内通过签订税邮合作协议、共同下发税邮合作方案、组织区税务局和区邮政部门积极落实等工作，充分利用邮政网点多、分布广的特点，将办税服务延伸至邮政网点，逐步构建起“代开发票代征税款+发票寄递+文书送达+税法宣传”的服务新机制，逐步实现在邮政网点即可办理代开发票等业务，获取最新的税法宣传辅导等服务，有效地扩展了办税服务的时间和空间。

（史玉珠、徐　震、王　溯、汪友全）

宣传辅导服务　2019年，市税务局发布《2018年度纳税服务报告》，向社会公开服务绩效，接受公众监督，推行阳光政务。全年围绕重点工作共发放宣传辅导手册数量209866份，实体纳税人学堂培训纳税人51943次，网络课堂视频课件学习27210次，办税厅辅导164765人次，短信推送宣传辅导提醒信息3016927条，上门辅导20012户次，办税厅业务人员培训10694人次，电话、微信、qq等辅导211758次，在报刊、网站、微信等各类渠道发布宣传辅导材料768个数，网站及新媒体宣传辅导点击量175001次。制作了套餐式服务、发票配送、银税互动、增值税发票2.0之功能优化简述、纳税信用评价介绍等五部宣传短视频。推广应用数字化税企服务智能平台，更好地解决涉税通知难、税务咨询难、文书送达难、移动办税难等问题，为纳税人提供在线咨询、智能客服、数据直报、培训会议、视频直播等多项涉税服务功能，并将基层的税务干部从机械繁琐重复的工作中解放出来，实现了纳税人和税务干部的双向减负。截止2019年12月31日，该平台已覆盖企业409615户，激活301172户，激活率73.53%。累计通知企业1000086户次；集中发布相关视频221个，浏览量共计9888次；根据专项工作需要组建专题群组717个，群组中人员数达271279人，税小蜜机器人日均解答纳税人200个税务问题。

（史玉珠、王大川、贾　琦）

纳税信用建设　2019年，市税务局持续开展纳税信用建设。一是发挥诚信企业激励标杆作用。2019年，南京市首次公布2016年度、2017年度、2018年度连续三年纳税信用级别为A级的纳税人

（简称“三连A”纳税人）名单，共计5381户，激励诚信企业，积极营造更具广泛社会影响的营商大环境。继续推进银税互动工作，与15家签约银行合作为诚信企业提供方便快捷的金融服务产品，全年授信额度达109.53亿元，累计向纳税人发放贷款3.56万笔，金额205.07亿元，惠及企业1.62万户次。二是对接社会诚信体系建设，贯彻落实“黑名单”及联合惩戒制度。印发《2019年度社会信用体系建设工作要点》，统筹推进全市纳税信用体系建设。落实信用信息报送等制度，强化联合惩戒作用。全年上传税务登记（变更）信息、法人注（撤/吊）销信息、信用评价（评定）信息、社会法人欠税公告信息、重大税收违法案件当事人信息、企业纳税信息、黑红名单信息、法人行政许可信息、法人行政处罚信息、重大税收违法失信企业黑名单、社会法人表彰信息等。完成南京市委市政府相关部门评审评先评优工作的协调配合，共计36批次。三是监督专业机构规范执业。依托涉税专业服务管理平台，全面推进涉税专业服务机构基本信息和业务信息采集，组织各区税务局对涉税专业服务机构数据进行比对审核，夯筑监管基础，提升监管质效。全年共采集涉税专业服务机构548户，审核发布4932户。（史玉珠、王大川、李高欣）

纳税需求管理 2019年，市税务局积极响应纳税人诉求，保障纳税人合法权益。组织纳税人需求采集分析工作，结合减税降费工作和全国纳税人满意度调查，收集整理各办税服务厅小微企业意见和诉求，研究改进措施。开展纳服税务质效监测系统优化升级，根据机构改革后岗位职责、业务类型、业务流程、信息系统的变化，对原纳税服务质效监测系统进行升级改造，实现对各类纳税服务事项的全面监测，优化工单处理流程。改造项目已于2019年9月完成招标，2019年12月底上线并测试运行。做好纳税人权益保护工作，建立对外公开电话动态更新和巡查复核机制，不定期开展对外公开电话巡检，针对发现的问题及时督促相关单位整改，全年组织电话巡查3次。

（史玉珠、朱宗启、贾　琦、李高欣）

（责任编辑　张智威）

宣传咨询

概述 2019年，市税务局聚焦个税改革、减税降费等工作重点，严格落实“不忘初心、牢记使命”主题教育活动要求，立足中心职能，扎实做好税收宣传、咨询服务、投诉举报转办等工作。

坚持聚焦重点，以税收宣传助力政策落实。筑牢“主”阵地，发挥好固定平台宣传作用。夯实传统媒体宣传平台，加强电台、电视台、报纸等固定阵地宣传。打造政策解读、发布立体平台，充分利用南京税务官方微博、南京税务微信公众号等平台，全面解读税收政策、发布办税提醒。规范网站发布渠道，落实省税务局外网改版要求和管理制度，建立市区两级网站联络员管理制度，确保外网南京市局频道信息正确、及时、可靠。规范税收宣传管理，严肃税收宣传纪律规范，强化舆情管理，提升舆情处置能力。凝聚“微”力量，加强政策宣传辅导。巧“蹭”热点宣传政策，紧扣节假日税收热点知识，开展政策宣传。创新形式，提升宣传活力。打造“精”产品，唱响南京宣传声音。

坚持服务优先，以税收咨询助力政策落实。建机制，优化完善特服号统筹管理。制定全市特服号规范化管理制度，完善咨询、投诉服务工作联络员制度，不断增强全系统快速响应诉求和解决诉求的整体合力。强化咨询、投诉服务各环节标准化的有效落实，确保全市特服号工作规范、高效运行，逐步实现咨询服务资源利用的集约化、服务流程的标准化。强基础，关注特服号质量监督和技能提升。落实好市级特服务号咨询质检工作规范，加强业务和服务致命性问题抽监，将准确性或规范性的致命性问题列为重点监控对象。质检反馈和点评日常化，对发现的问题进行及时提醒和纠错，不断提升咨询服务技能。聚焦点，突出特服号数据分析与应用。强化特服号信息化平台数据分析，对相关服务风险及时提醒防范。关注纳税人缴费人关心的热点问题。分类梳理归集，编写答复口径标准，编撰《轻松纳税》免费向纳税人缴费人、税务干部发放。跟踪解决难点问解，制定应急预案，妥善处理遇到的各类问题。求突破，探索深化智能咨询服务建设。优化完善南京"12366"问答库，强化问和答的匹配和精准性，提升问答知识库对咨询服务的支撑能力。开展税收在线智能咨询知识库维护工作，依托钉钉网络平台，以"12366"知识库和智能问答库为基础，建立在线智能咨询问答库，定期进行知识库维护。

坚持不断改进，以权益维护助力政策落实。建章立制，规范工作流程。建立市区两级诉求专业处理队伍，进一步规范全系统纳税服务投诉管理，缩短了办理时限，确保投诉按期办结，从制度层面实现诉求处理的规范化、高效化。多措并举，提高诉求处理满意率。举办投诉业务专题培训班，建立投诉工单办理群组，畅通"12366"纳税服务热线和"12345"政府热线，及时接受和转办各类投诉举报。对于即将到期的工单及时提醒各单位，避免出现投诉处理过期的现象。对于已办结的工单回访中出现仍不满意的工单，退回重新办理，不断提升投诉处理的满意率。加强问题分析，为服务改进提供参考。编制工单台帐，加强诉求处理的分析，将个人所得税身份信息冒用、不开发票逃避缴纳税款等疑难复杂问题的工单信息，及时提供给相关部门，为纳税服务和宣传工作改进提供参考。

2019年，市税务局特服号来电总量在全省各省辖市城市中位居前列，"12345"工单考核成绩在政府机关组千件以上工单单位中位居前列。9月，税收博物馆被南京市教育局命名为首批南京市中小学生研学实践教育基地。（曾李炜）

税收宣传专版专栏 2019年，市税务局继续加强传统媒体平台税收宣传，巩固电台、电视台、报纸等固定阵地宣传。与南京电视台新闻综合频道、南京新闻广播电台、南京晨报等几个市级传统媒体以开设专版专栏的形式，开展合作宣传，进一步提升宣传实效。紧抓主题教育、减税降费、个税改革等宣传工作重点，从政策宣传解读、纳税人获得感、便民服务举措、税收新闻动态等多角度、多维度开展宣传工作。2019年，共制作南京电视台税收直通车栏目9期、南京晨报税务专版26期、南京新闻广播电台《税收动态》52期，《走进直播室》26期。在扬子晚报、金陵晚报、现代快报等媒体报道税收新闻动态70余篇。在中央级媒体共刊登稿件1篇，省级媒体4篇，市级媒体335篇。《减税降费为外向型企业提振底气》稿件，在中央人民广播电台经济之声《每日财经》栏目播出。（丁 兴）

减税减费专项宣传 2019年，市税务局围绕落实减税降费、促进经济高质量发展等宣传主题，通过报刊、电台、电视台、微博、微信、网站等多种宣传平台做好新政宣传和政策解读。突出发挥新媒体平台优势，开展全方位、多形式的税收宣传，以图文、长图、H5、动漫、自编自导自演拍摄小视频、公益广告等多种表现形式，及时传递国家减税降费好声音。其中，《微型春晚亮相南京南站税收志愿者讲解税收新政》被全国重点网站推荐。《"便民办税春风行动"走进梅花山 南京税收宣传志愿者传递惠民好声音》《南京税务精准落实减税降费 助推"软件谷"企业腾飞》等8篇稿件被"龙虎网"首页焦点区大图推荐。《微型春晚亮相南京站税收志愿者讲解税收新政》《南京党员志愿者唱响国家减税降费好声音》《借力马拉松赛事，让减税降费跑起来》《让青春在减税降费主战场闪光》、快闪《不忘初心》等税收宣传社会公益活动，先后被央广新闻、光明网、中国新闻网、中国青年网、新华日报、南京日报等百余家媒体转载报道。制作深化增值税改革新政解读、增值税发票新系统、青少年税法普及等各类培训课件共近20余部，总长近50个小时。制作发布《减就是加》《税收的声音》《数字背后的你》3部税收公益广告。进行公益片微信朋友圈广告定向投放，受众50.2万人次，并在南京市邮政大厦户外广告大屏投放。（丁 兴、金 天）

新媒体管理 2019年，市税务局加强传统媒体和新型媒体的资源共享和互动融合，充分发挥微博、微信、网站等新媒体平台宣传优势，成立新媒体策划团队；在及时转发国家税务总局、省税务局最新政策和办税资讯的同时，围绕减税降费、优化营商环境等宣传主题，聚焦最新政策、税收热点，结合重要时节和社会关注的热点问题，加强原创策划，坚持每天微信原创发帖，及时回应纳税人关切。同时，形式上定时定量推送，培养受众阅读习惯；表现方式上不断创新，设计制作宣传图文、长图、H5、动漫、小视频、公益广告等多种新媒体产品，增强可读性和趣味性，提高受众阅读体验感。2019年，“南京税务”微信公众号推送消息1056条，其中原创296条，被省税务局微信采用25条，国家税务总局微信采用13条，中国税务报微信采用3条；“南京税务”微博发布978篇，其中原创296篇；外部网站发布工作动态、税务新闻 225条，公告通知675条；龙虎网发布稿件78篇。2019年南京税务微信公众号粉丝数达8.6万，发帖总阅读量较2018年增加27万次，南京税务官方微博、南京税务微信公众号在12月双双进入全市政务新媒体排名民生部门前十名。

（金　天）

税收宣传月“微系列”宣传活动　2019年，市税务局围绕“落实减税降费，促进经济高质量发展”宣传主题，在第28个全国税收宣传月期间创新宣传形式，充分利用新媒体平台开展“微系列”宣传活动。一是通过南京税务官方微博开展“税收知识有奖问答”，围绕减税降费政策中大家关心的热点问题，比如税率变化、申报方式、纳税期限、个税专项附加扣除等内容，以全系统各单位税务干部视频出镜的方式出题，每天一题，为期12天，形式新颖、互动性强，网友参与积极性较高，设置的话题阅读量达到960万，网友参与讨论15万次。二是开展“减税降费在身边”创意作品征集活动，持续一个月，收到创意作品400余件，作品形式多样、创意无限，通过南京税务官方微博进行展示，以群众喜闻乐见的形式展现税收、宣传税法，受到网友欢迎，该活动设置的话题页面阅读量约140万次。三是开展微信朋友圈广告定向发布活动。将南京局原创的税收公益广告进行微信朋友圈广告定向投放。

（金　天）

新中国成立70周年新媒体宣传　2019年，市税务局结合“不忘初心、牢记使命”主题教育，在新中国成立70周年之际，围绕南京税务工作实际，在新媒体平台精心策划、开展了形式多样的宣传活动。南京市税务系统各单位共同参与拍摄制作“初心如磐、使命在肩——祖国，我对你说”小视频在微信微博平台发布，共同表达对祖国、对税收事业的热爱，展示新时代税务人风采；微信微博平台发布全系统上下结合“不忘初心、牢记使命”主题教育开展的国庆活动集锦；设计制作手绘漫画长图，借助南京税务卡通形象“六六”和税种漫画形象，以拟人化的手段和生动有趣的语言，展现新中国税制改革发展；开辟“时光‘税’道”专栏，制作“税务蓝守护中国红”系列长图发布，并通过南京税收博物馆的珍贵税收史料、系统干部收藏的老照片、口述历史、体会感言等，讲述新中国税收发展的故事，讲述税务人与新中国共成长的感人故事；南京税收博物馆作为爱国主义教育基地代表，参加全市组织的“同升国旗、同唱国歌”活动。

（金　天）

公益作品参加全国大赛获二等奖　2019年，市税务局制作了多个税收宣传公益广告短视频，在各类媒体平台发布推广，取得良好的社会宣传效果。制作漫画作品《老王和税的那些事儿》系列、微视频《60秒读懂减税降费》等，组织拍摄了《减税降费，智造中国速度》《减税降费点亮金箔古艺，税收助力“非遗”文化传承》《祖国在我心中——同升国旗、同唱国歌》等税收宣传片，通过江苏税务、南京税务微信公众号等平台发布；拍摄制作了《税的声音》《减就是加》《数字背后的你》《一分钟的长度》等电视类、广播类税收公益广告，通过南京电视台、南京新闻广播电台等平台发布推广，取得良好的宣传效果。拍摄的公益视频《汇聚的力量》，参加全国税收广播类公益广告大赛，获二等奖；《“税”的声音》获得南京市“宁好·新时代”政务新媒体作品大赛最佳短视频，《听，税收的声音》被学习强国平台采用。

（丁　兴）

外部网站市局频道改版管理　2019年8月起，省税务局官方网站改版，南京市局频道增设14个区局信息公开栏目，丰富网站信息公开内容；根据《国务院办公厅关于印发政府网站发展指引的通知》和江苏省税务局网站管理规范，南京税务完善网站信息发布流程管理，强化信息发布审查责任，建立信息更新机制，明确各级各部门网站信息公开责任，组建市、区两级网站信息管理联系人网络，推进网站管理规范化建设；及时开展外网操作培训，对审批流程、格式规范、信息更新标准予以明确；实施动态监管，下发国办标准、省税务局规范等考评指标体系，加强日常监管，按周对全网进行扫描监测，及时发现、消除隐患，定期通报，确保官网信息发布的准确性、规范性、及时性。2019年，全市税务系统通过官方网站主动公开发布各类信息1489条，其中，市局层面545条，区局层面944条。 （徐 岚）

涉及办税服务厅舆情处置 2019年，市税务局完善制度建设，修订完善了《加强涉税舆情监控工作意见》和《涉税舆情管理办法》等制度，明确了处理流程和工作规范。健全防控机制，发挥以微博、微信、特服号热线、网站专栏等平台架设的“防控网”作用；加强外部合作，与本地主流媒体、龙虎网舆情工作室等舆情监控部门建立合作关系，全天候动态监测，密切关注网络舆情态势。完善处置流程，明确“第一时间发现、第一时间研判、第一时间处置”的“三个第一时间”要求，实施涉税舆情分级管理；严格按照“立项、承办、督办、反馈、报告”等程序进行办理，明确办结和反馈时限，密切关注办理动态，积极推进矛盾化解。落实处置责任，根据舆情危机处理效果和对组织形象的影响实施考评。组织开展舆情业务培训，提升舆情岗位人员业务能力。2019年1—7月监控和处置涉税舆情61件，全系统无重大涉税舆情事件发生。 （金 天）

“12345”平台工单综合得分居全市前列 2019年，市税务局共转办“12345”工单10477件，12345工单考核成绩总分970.43，在政府机关组千件以上工单单位中位居前列。2019年，市税务局进一步健全和完善投诉处理的快速办理、限时响应、结果回访、跟踪监督等环节控制机制，完善、强化了各环节服务标准，及时接受、转办、调查、处理和反馈投诉。建立了市区两级诉求专业处理队伍和由处室的业务骨干组成的联络员团队，对疑难问题进行审核，为投诉处理提供政策、流程和信息化的支撑和保障，进一步压缩处理时间，稳步提升投诉处理质效。持续开展诉求分析，从征管和服务等方面找问题、找差距、找薄弱，提出应对措施建议，为相关职能部门研究便捷举措和防范相应风险提供依据。 （潘叔鸣）

全市特服号咨询电话接听量位居全省前列 2019年，南京税务全市特服号来电总量为215.35万人次，转人工语音量为170.77万人次，人工接听量157万人次，较上年分别增长35.76%、43.88%、50.63%，接通率91.94%，较2018年提高4个百分点，在省内各省辖市中位居前列。2019年，南京税务规范全市特服号管理制度，加快建立政策闭环，充分落实好减税降费优惠政策。优化市、区两级特服号管理机制、岗责要求，统一业务流程、质检服务标准，加强市区两级特服号运行管理。强化数据分析，按月编写《咨询及投诉情况分析报告》，做好服务风险防范。关注热点问题，分类梳理归集，编撰《轻松纳税》，编写答复口径标准，确保市、区特服号精准解答。关注特服号质量监督和技能提升，制定《南京特服号质检工作规范》，对市、区两级质检的比例、数量、扣分标准进行细化明确。做好咨询热点难点问题归集和推送，向相关处室推送并妥善处理解决日常各类难点、风险问题共102条。 （陈晓菁）

（责任编辑 张智威）

税务稽查

概述 2019年，市税务局围绕国家税务总局、省税务局工作部署和税收中心工作，坚持依法治税，严厉打击各类税收违法行为，不断提升税务稽查管理水平，促进干部队伍素质提升。2019年，南京市税务局稽查系列共计安排检查2738户，共查补收入4.35亿元，已入库3.67亿元。

发挥稽查职能。开展国家税务总局、省税务局部署的多批次重点税源企业随机抽查，组织落实医药专项检查，查处“9·03”、“8·03”等多项专案。大要案查处方面，2019年，全市稽查系列查补百万元以上案件18件，千万元以上案件3件。打击增值税发票违法犯罪行为，推动打击虚开骗税税收违法行为两年专项行动取得实效。2019年，全年税务部门各类打虚打骗立案案件2234户，查处“12·03”（市税务局第二稽查局于12月3日成立税警联合专案组）、“5·21”（市税务局第二稽查局于5月21日成立税警联合专案组）等一批重大发票虚开案件。

提升稽查效能。全市税务稽查系列以稽查规制建设为抓手，推动稽查执法和管理标准统一，解决基层执法难题。推动原五区（浦口区、江宁区、溧水区、高淳区和六合区）稽查局审理环节未结案件的清理，建立全市案件审理工作定期交流制度。加强稽查“双随机、一公开”（随机抽取检查对象、随机选派执法检查人员和抽查情况及查处结果及时向社会公开）机制运行，运用双随机平台，做好双随机工作信息公示。根据中央、省、市政府工作部署，开展扫黑除恶专项斗争工作，铲除黑恶势力滋生的经济土壤。推进税收违法行为举报案件管理，落实制度要求，妥善处理举报事项。

加强协作共治。进一步密切与南京市公安局、金陵海关、人民银行南京分行营管部等部门的协作，增加数据交换范围和频率，打击虚开发票违法犯罪。规范涉税案件移送工作，贯彻落实《国家税务总局关于发布〈重大税收违法失信案件信息公布办法〉的公告》（国家税务总局公告2018年第54号）工作要求，严格“黑名单”（重大税收违法案件）信息收集公布及联合惩戒。2019年，南京市税务局稽查系列共上报重大税收违法案件“黑名单”96件。

加强人才培养。根据全市税务稽查系列工作需求，2月，组织2019年度全市稽查系列春训班，全市稽查系列124名干部参与培训；10月，组织2019年度稽查专项培训班，全市稽查系列40名干部参训；12月，开展2批次全市稽查系列信息化培训班，全市稽查系列所有业务及部分行政人员102人参加。2019年5月，在稽查局、第一、二、三稽查局开展稽查规制巡回宣讲会，深化规制在一线执法部门的应用，解决各单位执法疑难，全市稽查系列有400余人参会学习。（徐曼曼）

打击发票违法犯罪活动 2019年，市税务局根据国家税务总局、海关总署、人民银行和公安部（以下简称“四部委”）的工作部署，继续抓好打击虚开增值税专用发票和骗取出口退税违法犯罪行为两年专项行动（以下简称“两年专项行动”），做好国家税务总局部署的“齐天永恒”团伙专案和国家税务总局、省税务局部署的医药企业专项检查、“8·03”和“9·03”专案等检查任务。6月，拟定《关于开展2019年部分医药企业税收专项检查的通知》《南京市“9·03”专案涉案受票企业检查工作方案》等，成立检查工作小组，明确检查工作要求；7月9日，召开企业纳税人自查辅导会议，对纳税人自查明确要求和标准，确保案件自查取得实效。市税务局做好与南京市公安局、金陵海关、人民银行南京分行营管部（以下简称“四部门”）的联系协调，分别于1月24日、7月24日2次召开四部门联席会议，完成四部门协作调研，推进合作过程中疑难问题解决和重点工作完成。四部门联合制定《关于敦促涉嫌虚开骗税税收违法犯罪活动行为人如实供述主动投案的公告》，分别于10月8日在南京税务微信、10月10日在南京税务微博发布，促使违法活动嫌疑人尽早投案自首，扩大打击行动成果。2019年，南京市四部门打击虚开骗税工作成果被多家媒体报道，如8月14日《中国税务报》A2版“南京持续发力出重拳‘打虚打骗’”、8月14日中国法制网“南京持续发力出重拳‘打虚打骗’”、8月2日人民日报、中国经济网“江苏南京四部门联合重拳‘打虚打骗’”等。据统计，2019年，全市四部门配合案件查处信息查询共计1022条，四部门案件线索移送累计35条。认真做好前期数据分析工作，公安技侦部门给予数据支撑，在全市稽查系列各稽查局之间合理分配各批次打虚打骗案件。2019年，全市各类打虚打骗立案检查案件2234户，认定虚开增值税发票64336份，定性虚开金额70.22亿元，定性虚开税额9.07亿元。累计查处超亿元打虚案件11起，抓捕犯罪嫌疑人95人，查处“12·03”、“5·21”等重大虚开案件，打虚打骗工作取得成效。

（徐曼曼）

重点稽查任务完成情况 2019年，一是推进国家税务总局、省税务局布置的四批次重点税源随机抽查、医药行业专项检查及“9·03”、“8·03”等各类专案工作，开展企业自查辅导，跟进检查人员案件办理进展；协调、指导解决查处过程中遇到的问题，动态掌握每户案件查处情况。其中：经过自查，省税务局重点税源随机抽查立案检查69户、国家税务总局第三批重点税源随机抽查立案40户、国家税务总局部分重点行业税收随机抽查立案12户，国家税务总局第四批重点税源随机抽查组织自查企业88户，立案8户，医药专项检查涉及南京14户。2019年，全市各类重点税源随机抽查自查及查补税收收入共2.7亿元，进一步规范重点税源企业税收秩序。二是做好协查委托受托，对全南京辖区内的协查进行分拣、管理和督办。截至12月10日，全市税务稽查系列共发出委托协查2642起，涉及增值税发票28871份，金额30.55亿，税额4.48亿；收到受托协查3700起，涉及企业数量2069户次，涉及增值税专用发票份数24145份，金额29.75亿，税额4.19亿。累计227个月按期回复率为100%；认真开展协查专案调查工作，配合做好辽宁“2·17”专案协助取证、“9·03”、“8·03”专案涉及南京受票企业调查取证，对涉及企业开展数据分析工作。

（徐曼曼）

稽查案件审理指导 2019年，一是规范审理沟通机制。规范报审环节，制定审理环节案件报审标准并进行专题培训，与检查环节密切沟通，实现查审衔接的顺畅。全市稽查系列建立与业务处室良好的沟通机制，推动重大疑难案件的查处结案。二是推动原五区税务局稽查局审理环节未结案件的清理，完成原五区税务局稽查局上报案件的集体审议和意见下发。三是建立全市审理工作定期交流制度，通过参与巡回调研、建立微信工作群等，开展审理疑难问题研讨交流及解答工作，对第一、二、三稽查局在案件查办、案件审理、金三系统操作中所存在的疑难问题，由稽查局提出指导意见。做好第一、二、三稽查局上报市税务局重审案件、重点案件集中审理的各项准备工作。四是开展稽查规制建设。以稽查规制建设为抓手，推动稽查执法和管理标准统一，解决基层执法难题。在市稽查局成立稽查规制建设领导小组，并下设办公室，设置在稽查局案件审理科，领导小组组长为稽查局主要负责人，副组长为稽查局各分管副局长。稽查局从全市税务稽查系列各单位抽调政治素质高、精通政策业务的12名稽查业务骨干组成起草小组，完成4个批次、22万字、约40个稽查规制，包括《国家税务总局南京市税务局税务稽查案源管理暂行规定》《国家税务总局南京市税务局税收违法行为检举管理暂行规定》《国家税务总局南京市税务局稽查协查管理暂行规定》《国家税务总局南京市税务局税务稽查案件检查方案管理暂行规定》等制度，覆盖主体业务和稽查各环节全事项，初步建立合规性、体系化、可操作的南京税务稽查规制。5月，分别在稽查局、第一稽查局、第二稽查局和第三稽查局组织4场新稽查规制宣讲，明确规制应用，以运行促完善，并在宣讲单位现场解决运用方面的疑问，在实际稽查工作中检验制度的有效性。

（徐曼曼）

与外部门协作办案 2019年，市税务局加强与公安、海关等部门协作，提高涉税办案效率和效果。一是建立健全驻税公安联络机制，稽查局拟定《南京市公安局派驻南京市税务局联络机制实施方案》，明确联络办工作职责，发挥驻税公安办作用，推动案件查处。二是规范涉税案件移送工作，明确案件移送工作规程和要件形式。三是密切与金陵海关的协作。10月30日，稽查局与金陵海关缉私分局共同签署《关于进一步加强工作协作的备忘录》，协作备忘录在市级层面成立工作联络小组，设置联络员，便于开展相关问题会商与合作；建立情报会商机制，交换数据和信息情报，制定案件线索移交及反馈流程及业务培训协作机制，拓展和深化税务、海关各项合作。四是维护良好营商环境。认真履行税务部门作为全市打击传销百日攻坚行动、打击侵权假冒工作、打击非法集资成员单位的职责，做好防范非法集资集中宣传月、二季度涉嫌非法集资风险集中排查整治等工作事项，努力维护正常稳定经济社会秩序。五是贯彻落实"黑名单"（重大税收违法案件）及联合惩戒制度，全市稽查系列贯彻落实总局重大税收违法失信案件信息公布办法要求，切实做好黑名单公布及联合惩戒，推进信用体系建设。2019年，全市稽查系列共对外公布重大税收违法案件96件。（徐曼曼）

扫黑除恶专项斗争 2019年，市税务局按照国家税务总局统一部署，开展扫黑除恶专项斗争。一是强化组织领导。根据工作需要，4月，制定扫黑除恶全年工作方案；5月，及时调整全市扫黑除恶专项斗争领导小组成员，分级建立台账，压实工作责任。二是落实工作任务，先后开展长沙"11·25"虚开增值税专用发票案等专案协查取证，同时配合公检法等部门做好企业税务数据信息查询取证工作，税务部门提供涉税数据42条。三是处理涉黑线索，组织市税务局扫黑除恶专项斗争领导小组办公室对纳税服务、税源管理和纳税评估环节及审批事项进行全面梳理排查，并重点围绕税收违法行为举报、稽查立案和协查环节案件，全面挖掘涉黑涉恶线索。2019年，全市稽查系列共上报南京市政府扫黑除恶专项斗争领导小组办公室6条线索，接到市政府扫黑办转来线索4条，区政府扫黑办转来线索2条，均已按规定处理。四是加大宣传力度，组织干部学习扫黑除恶专项斗争相关文件及应知应会手册，开展应知应会测试；在办税服务厅等场所滚动播放扫黑除恶专项斗争宣传信息；结合日常工作，向纳税人发放扫黑除恶专项斗争应知应会手册，依托网站等载体，开设扫黑除恶专项斗争知识讲堂，营造舆论氛围。五是迎接督导工作，开展全市税务系统扫黑除恶专项斗争督导工作，对全市税务系统所有派出机构和区税务局的扫黑除恶专项斗争开展情况进行检查，剖析问题、改进工作、完善台账，完成中央督导组检查迎查和问题整改。（徐曼曼）

（责任编辑 张 梦）

行　政　管　理

政务管理

概述　2019年，市税务局立足部门职能与工作实际，充分发挥参谋助手、协调、督办服务作用，确保各项政务、事务工作有序开展，重点工作目标按期完成，各项工作取得新成效。

点面共进加强税收宣传。2019年，围绕减税降费、主题教育、新中国成立70周年等社会关切热点，在做好日常宣传的同时，不断拓展信息宣传内容的广度和深度，推出一批质量高、反响好和意义大的税收宣传作品，在全市乃至全省全国范围取得良好效果。例如：《“税”的声音》荣获“宁好·新时代”政务新媒体作品大赛最佳短视频奖；《汇聚的力量》荣获全国税收公益广告广播类二等奖，《环保税之歌》获入围奖；在走访18位工商界、经济界等全国“两会”代表委员基础上，刊发多篇专题报道宣传税收工作成效；制作《减就是加》《税收的声音》《数字背后的你》等三部税收公益广告、优化营商环境亮点举措及成果H5、《60秒读懂减税降费》系列小视频、《老王和税的那些事儿》动漫等进行生动宣传。

合力共推落实督查督办。围绕全年工作任务，重点推动减税降费、扫黑除恶等专项工作落地落实。一是配合上级做好迎查工作，建立问题清单，组织各条线限时整改。二是组织开展减税降费专项督导，通过案头查询、问卷调查等多种方式开展减税降费督导调研，减轻基层负担。持续跟进，完成全市重点工作任务、议案、提案办理等督查落实工作。三是做好督促检查基础工作，出台全市税务系统《督促检查工作办法（暂行）》。

依法依规开展政务工作。一是完善公文管理。加强文件流转管理，及时签收、登记、传递公文，杜绝文件滞留，做好急件的提醒、跟踪和反馈。严格公文质量，把好公文审核、编号、封发关。二是落实政务公开工作。进一步完善政务公开工作制度，探索税收工作与基层政务公开标准深度融合，获得全市政府信息公开工作先进单位称号。三是加强信访工作。畅通线上线下信访渠道，及时受理来信来访。加强重点时点信访管理，妥善化解信访人矛盾。四是规范值班值守管理。统筹做好值班编排，对接上级开展好节假日值班轮守，加强安全防范。五是加强保密工作管理和培训力度。建立健全保密工作组织领导体系，加强保密工作统筹部署，制定下发10项涉密管理制度，实现全事项、全流程、各环节的制度覆盖。

（沈　彤）

综合调研　2019年，市税务局组织开展工作调研，辅助市局领导落实基层联系点综合性调研。一是跟踪调研上级重大决策部署贯彻落实情况，重点关注组织收入、减税降费、依法治税、纳税服务、全面从严治党等工作进度与质效，确保完成全年各项税收重点工作任务。二是深入基层联系点开展调研，围绕税收改革发展和基层建设的重点、难点和热点问题。听取意见建议，丰富决策依据，提高决策水平。同时帮助基层联系点总结新经验、研究新情况、发现新问题，寻求解决思路和办法，提升服务的针对性和有效性。三是组织一线普通干部与干部群众沟通交流、纳税人和缴费人面对面沟通交流，通过召开调研座谈会等渠道，全面了解基层单位、服务对象的真实情况，掌握一线干部思想状况。四是深入企业走访调研，结合优化税收营商环境工作要求，组织开展“走民企送政策送服务”活动，市局领导带队深入企业调研。五是组织开展年终调研，召开3场专题座谈会，听取各层级干部意见建议，总结经验、统一思想、凝聚共识，科学谋划2020年工作思路。

（史成娟）

公文管理　2019年，市税务局围绕税收中心工作，严格机要文电管理。坚持规范性原则，加快文件流转。及时签收、登记、传递公文，杜绝文件滞留，做好急件的提醒、跟踪和反馈，共登记各单位来文6268件，其中涉密件430件。坚持及时性原则，落实各类会议通知420余件。坚持有效性原则，严格公文质量。按照《全国税务机关公文处理办法》，把好公文审核、编号、封发关，自新机构成立以来，正式上报、下发各类公文389件。严格印信管理，规范使用印信6200余次。（孟　菲）

会议管理　2019年，市税务局加强会议管理，切实保障上情下达和全局工作有序运转。一是制定下发《市局机关会议管理办法》，对机关会议管理职责分工、计划编报、预算管理、会议审批、会议召开地点、会议要求、会议费管理和报销程序等进一步明确和规范。二是履行会议管理职责，本着厉行节约、制止奢侈浪费和精简会议的要求，严格机关会议管理审批，全年编制发布《南京市税务局一周会议培训日程表》49次，组织安排各类会议336场次，协调安排各类视频会议86场次。三是规范视频会议管理。统一视频终端IP地址，规范视频会场名称和终端标识，拓展视频会议系统覆盖范围，规范视频会场布置，明确视频会议联调要求，并纳入绩效考评系统进行考核。

（厉黛已）

督查督办　2019年，市税务局完善督促检查工作办法，健全督促检查工作机制，重点推动减税降费、扫黑除恶等专项工作落地落实。一是做好上级督查督办迎查配合工作。国家税务总局对省税务局开展“去痛疏堵 提升服务”见效情况明察暗访，市税务局督促各办税服务厅（包括含涉税业务的政务中心）做好延伸检查的迎查准备。针对省税务局对市税务局开展减税降费政策落实情况明察暗访发现的问题，督促相关部门举一反三，建立清单，组织各条线限时整改。二是督促做好专项工作督导督察。配合市税务局减税降费工作领导小组，组织开展6次减税降费专项督导工作。根据《减税降费工作任务职责清单》、减税降费工作重点以及上级部门检查发现问题，动态调整督导调研重点，做到“一月一督导、月月有主题”。在督导形式上，不安排专题汇报，通过案头查询、问卷调查、实地暗访、电话回访等多种方式开展减税降费督导调研，切实为基层减负，提高督导督察质效。督促稽查局做好“扫黑除恶”专项工作。三是强化督办工作。据统计，全年通过税务综合办公信息系统督查督办平台发送督办件72件，其中，2019年度重点工作任务40件、人大建议及政协提案32件。组织开展对市政府领导批示件、省税务局督办件以及市税务局领导批示督办共35件。四是做好督促检查基础工作。出台全市税务系统《督促检查工作办法（暂行）》，推行综合办公信息平台的督查督办模块，指导并督促各区局、派出机构使用。（游敬华）

政务公开　2019年，市税务局学习贯彻落实新修订的《中华人民共和国政府信息公开条例》，完善政务公开工作制度，优化公开载体平台建设，开展基层政务公开标准化规范化试点工作，探索税收工作与基层政务公开标准深度融合，不断提高全市税务系统政务公开工作质量。在南京市政府信息公开工作评比活动中，获得全市政府信息公开工作先进单位。

一是完善组织领导机制。更新完善政务公开工作领导小组成员及职责，建立健全工作机制。加强对涉及面广的依申请事项统筹协同办理，建立由办公室牵头、政策法规处、相关业务处室及相关基层单位共同参与的协调工作组，进行会商会办，保证办理程序规范、答复合法合规。制定市税务局政府信息公开指南，详细告知政府信息公开办理路径、方式等重要信息，按时主动公开办税服务指南、主要工作举措、税收政策及配套解读文件等涉税工作信息。

二是统筹政务信息公开。制定全市税务系统政务公开工作要点，2019年全市税务系统通过官方网站主动公开发布各类信息1489条，其中，市局层面545条，区局层面944条。通过“南京税务”微信公众号推送消息945条，“南京税务”微博发布信息908篇。龙虎网发布稿件70篇，其中，《微型春晚亮相南京南站税收志愿者讲解税收新政》被全国重点网站转载。按月及时向市档案馆移交主动公开信息及统计报表。2019年，向市政府移交主动公开信息14条，报送相关文件56份。市税务局层面受理各类依申请公开41件次，均按时办结。

三是深化试点成果推广。加强对基层政务公开试点成果推广应用的跟踪指导，开通各区税务局官方网页，设置区税务局层面政务公开专门通道，以政务公开品牌为载体开展公开、解读及宣传等活动。12月份，按照国家税务总局、省税务局工作要求，督促指导各区税务局在官方网页设置税收管理基层政务公开4大类标准目录，并将相关内容更新发布。

四是加大监督考核力度。调整政务公开考评指标，注重对依申请公开办理规范性、主动公开时效性的考核。开展系统政务公开工作岗位业务培训，梳理各阶段涉及基层单位的政务公开工作重点，及时提醒指导，提高政务公开岗位人员工作能力。（付宪国）

信访工作 2019年，市税务局通过线上线下信访渠道，共受理来信来访1035件次。其中，通过局长信箱、和谐信访及人民来信等渠道，共受理各类信访件935件次；通过市局领导接待日接待来访70次，其中，重复信访40余件次。

一是压实责任。严格落实“谁主管、谁负责”信访工作原则，实行属地办理、源头化解，落实重点信访事项包案责任制。各单位主要负责人对本单位信访工作负总责，分管领导具体抓落实，其他班子成员对涉及分管工作的信访事项履行“一岗双责”，建立从市税务局到区税务局、从处室到科室的责任链条，逐级明确责任，形成信访防控整体合力。

二是规范工作流程。根据国家税务总局、省税务局信访工作规范化办理有关要求，严格做好登记、受理、办理、答复等重要环节的记录、跟踪、反馈。加强日常督促指导，对照各环节办理时限要求，及时督促指导基层单位回应答复信访人。

三是细化过程管理。基于税收工作面临的新形势新要求，加强重要时点、重要事件期间的主动排查防控，注重内紧外松，重点加强源头治理，督促引导基层单位主动开展重点信访矛盾跟踪排查，加大排查力度及频次，对交办到相关部门单位的信访件，明确办理时间节点及答复时限，对重点人员、重点信访件实行全程跟踪督办，对于办理期间出现的疑难问题，及时做好沟通汇报和统筹协调。全年开展不定期排查6次，每月及时向省局报送信访月报，共报送12件次。

四是做好矛盾防控。加强与处室、基层单位的双向沟通互动，对于老访户及缠访人员，主动沟通联系；对于进京访人员，按要求派专人进京劝返维稳，争取信访人理解支持，妥善化解信访矛盾。改进信访工作方式，注重主动服务，耐心倾听信访人诉求，引导信访人以正确的方式反映诉求，及时做好处置答复。（付宪国）

值班值守工作 2019年，市税务局贯彻落实上级机关关于值班值守的各项要求，抓好值班值守责任落实，加强督促检查，保障税务机关运转安全稳定，特别是确保国庆70周年等重要时点。据统计，全年市局机关共编排值班968人次，其中法定节假日值班120人次。

一是规范值班值守管理。根据国家税务总局、省税务局、市政府有关值班工作要求，结合实际制定《市局机关值班管理办法》，明确部门、岗位和人员责任。二是严格落实节假日值班责任。根据国务院节假日安排及市委市政府要求，及时发布节假日值班通知，明确节假日期间全系统值班工作实行一级值班带班，市税务局、各区税务局负责同志要在岗带班，值班员要24小时坚守岗位。2019年，编排局级领导在岗带班30人次，处级干部值班90人次。三是统筹做好值班编排。按部门人员次序轮流排班，逐月编排值班表，征求意见后及时挂网发布，并及时报送省税务局、市政府相关部门。四是加强值班跟踪检查。采取普遍检查、随机抽查等方式进行跟踪管理，组织开展日常值班抽查，对存在问题的单位及时通报。严肃值班工作纪律，督促检查基层单位值班编排情况，确保值班工作要求切实落地。（付宪国）

综治与安全管理 根据市委市政府统一部署要求，市税务局从严管理，不断加大社会综合治理和安全维稳工作力度，切实维护安全稳定，履行综治职能，为营造和谐税收环境打下坚实基础。强化目标责任和考核机制，健全综合网络，细化安全保卫工作部署，严格落实各项综治措施。全市税务系统组织安全稳定自查工作，压实各级责任，全面排查消除各类安全隐患，严防各类安全事故发生。提升突发事件应急处置能力，排查化解各类矛盾纠纷，全年全系统无刑事案件发生，无集体上访，未发生重大问题或安全事故。

（沈 彤）

保密管理 2019年，市税务局按照党管保密的原则，围绕税收中心，结合国税地税征管体制改革后税务机构现状，一是建立健全保密工作组织领导体系。加强保密工作统筹部署，市局机关及全系统各基层单位均成立了新机构的保密委员会及其办事机构（保密办），市局机关明确定密责任人和各部门保密联络员、保密监督员，建立系统性的保密管理干部队伍。目前，市税务局机关涉密人员共28名（主要在市税务局机关及市税务局稽查局）。二是建立健全保密工作管理制度体系。依照国家税务总局、省税务局和市委保密委、市保密局有关规定，结合市税务局实际，制定下发《保密工作责任制规定》《定密管理工作制度》《涉密人员管理规定》《泄密事件报告和查处管理制度》等10项涉密管理制度，涵盖保密工作的方方面面，实现全事项、全流程、各环节的制度覆盖。三是开展保密工作宣传教育。组织开展国税地税征管体制改革保密基础工作建设调研，撰写专题论文上报市委保密部门；落实国家税务总局组织开展的"保密伴我行"主题宣传活动，上报征文6篇，漫画2篇，PPT教育片1个；组织开展党委专题、办公室专题、稽查专题、劳务派遣人员专题等分类培训，宣讲保密制度和日常保密行为规范。利用近年来国家税务总局、省税务局通报的泄密典型案例进行警示教育。四是严格处理涉密文件。今年以来，共收到涉密文件430件，制发涉密文件87件，未发生一起泄密事件。五是全面开展保密工作自查自评。根据省税务局和市保密局要求，开展税务系统保密自查自评工作，组织三场保密工作座谈会，加强自查督查和整改反馈。

（来 勇、孟 菲）

建议、提案办理 2019年，市税务局承办省政协提案以及市人大建议、政协提案共25件（省政协提案1件，市人大建议政协提案24件），其中，主办件5件（人大建议4件，政协提案1件），会办20件（人大建议7件，政协提案13件），内容涉及民营经济、营商环境、特殊教育、电子商务、环境保护、发票管理等方面。从办理结果看，均属于"解决或基本解决的"的A类件或者给予解释的C类件。从委员的反馈情况看，满意率达100%。在办理过程中，一是领导重视，职责分工明确。多次召开专题会议研究部署办理工作，制定建议提案办理工作计划，针对每个建议提案成立由主要领导负总责，分管领导牵头具体负责，相关业务处室具体落实的工作制度，并明确办公室重点负责建议提案分办、催办、汇总、报送和协调工作，确保办理工作按时、保质、高效。二是规范办理程序，确定"统一受理、归类办结、限时反馈、跟踪回访"的工作原则，要求承办人员严格按照制度和程序办理，确保办理环节严谨规范。三是实行分类办理。凡是已经解决的问题，及时与代表、委员沟通，做好汇报工作；应该解决又有条件解决的，采取切实措施尽快解决；因条件不成熟暂时难以解决的，分别制订计划，逐步解决；对确实解决不了的，做好解释，及时答复。四是主动联系沟通，确保实现"办理前联系、办理中征求意见、办理后跟踪回访"。对于主办件，采取电话联系、上门沟通、集中见面等方式，加强与建议提案领衔人的对接与沟通，直接听取意见，了解建议提案提出时的初衷和办理要求，在征询代表委员对初步答复内容的意见建议后，形成正式的办理答复。对于协办件，加强与主办单位的联系沟通，使办理答复更有针对性。五是加强督查督办。将建议提案纳入督查督办系统作为2019年重点督查项目进行督办，加强过程监控，及时指导办理过程中存在的问题，确保工作早完成、早落实。

（厉黛己）

政务信息 2019年，市税务局围绕加强党建、组织收入、减税降费政策落地、优化税收营商环境等中心工作，以及当前经济和税收方面的热点难点问题，组织编报政务信息，全年共编发《南京税务简报》58期，其中减税降费工作专辑13期、"岗位大练兵、业务大比武"工作专辑3期、重点税源动态2期、税收宣传月活动专辑2期。同时，及时向市委市政府和省税务局上报各类信息，为各级领导科学决策提供依据和参考。据统计，全年共组织上报各类信息916篇，被市以上信息刊物采用696篇。其中，国务院办公厅22篇，国家税务总局4篇，省委省政府151篇，省税务局35篇，市委156篇，市政府328篇。领导批示信息9篇，《企业研发费用加计扣除税收优惠扩面成效初显》《江苏调查显示增值税新政实施一个月以来减税红利释放明显 三方面问题影响减税效应》《江苏调查显示增值税新政实施以来建筑企业税负有增有减 两方面因素导致部分企业减税效应不明显》《江苏反映落实制造业留抵退税政策情况问题及建议》《江苏反映集装箱进出口环节收费秩序明显改善》《江苏反映残疾人就业保障金征收使用的问题建议》《江苏反映外贸企业在手订单充足新接订单预期下行》《基层税务部门反映落实制造业留抵退税政策情况良好企业获得感明显增强》8篇专报材料被国务院办公厅采用后，被国务院领导批示；《总分支机构对我市企业所得税税源的影响及相关建议》得到市长蓝绍敏批示。根据通报，2019年市税务局信息工作在全市92个部委办局考核单位中，在市政府排名第1；全省税务系统得分2890分，排名第2；市委积分642分，排名第3。（蒋晓东）

档案管理 2019年，市税务局持续做好档案基础工作，服务税收中心工作和改革发展大局。一是完善档案管理制度。根据国家档案局8号令的规定及《南京市机关文件材料归档范围和文书档案保管期限规定实施细则（试行）》相关要求，修订市税务局文件档案归档范围和保管期限。修订后的归档范围按内容分为149项，保管期限分为永久、30年、10年三类。二是规范机关档案归档。按照江苏省《归档文件整理规则》实施细则及南京市档案管理规范化标准进行立卷、归档。2019年归档市税务局机关文件453件，其中永久类183件，30年类145件，10年类125件。三是加强档案安全管理。贯彻落实档案安全工作要求，通过多种形式开展宣传，增强基层单位档案安全意识；严格档案借阅管理，防止档案流失和泄密情况发生；实地查看市税务局及区税务局档案库房，对发现的问题进行归集和分析，提出具体改进建议，明确档案管理工作要求。（郑 峻）

内部办公网站建设 2019年，市税务局加强内部办公网站建设，提升用户体验，提高运行效率，打造内容丰富全面、信息共享及时、用户使用便捷的内部信息发布平台。一是以需求为导向，夯实基础建设。2019年上半年，在原系统基础上对内部网站进行升级改版。期间，完成组织用户等大量基础数据的采集维护，根据工作需求重设版块、栏目，对工作流程、角色进行调整、重授权，重新设计部署网站页面模板，并对后台功能进行优化。2019年11月，省税务局统一建设、集约化管理的新内部网站上线运行后，市税务局完成全市税务系统的部门、人员的权限设置，以及市级栏目的内容维护发布，组织开展新网站操作培训，确保新网站管理责任明确、流程顺畅、内容完整。二是严格审核，加强内容管理。严格信息发布审核制度，坚持分级分类审核；做好重点栏目的发布审核，确保重点栏目信息更新及时并真实全面体现全局各项工作，全年审核稿件998篇，发布稿件698篇；做好全站栏目的巡查、监测，提高信息更新的及时性、准确性、规范性。（吕 颖）

行政办公系统优化改版启动 2019年8月，行政办公系统优化改版工作启动，进一步规范全系统政务、事务管理。根据“统一规划、按需开发、分步实施、逐步推进”的总体建设思路，经过1个月的前期需求调研、可行性研讨，确定督查督办、信息采编、值班管理、会议管理、用印管理、介绍信开具、请休假管理、出国境管理、用车管理、物品申领、临时用餐、一卡通管理、停车管理等13个功能模块。10月31日，行政办公系统的软件开发阶段结束，进行系统的网络部署，进入项目组运行测试阶段。12月25日，经过逐模块测试初验、数据校准，系统上线运行。新系统集成日常工作中常用政务、事务工作，实现流程管理的规范化、程序流转的高效化、数据信息的共享化，为部门之间的高效沟通和协作提供平台。（吕 颖）

税收宣传

概述 2019年，市税务局紧扣全国税务工作主题主业主线，以深化征管体制改革为契机，围绕减税降费、主题教育、新中国成立70周年等社会关切热点，发挥主流媒体舆论引导作用，探索新媒体宣传路径，主动担当作为、持续发力发声，全市税收新闻宣传质效不断提升。

一是广泛拓展主流媒体宣传渠道，体现宣传"首位度"。全年共在各类媒体上发表文字、图片、视频以及音频新闻1550篇次，其中在《新华社》《人民日报》《新华每日通讯》《经济日报》《光明日报》《人民网》等中央级媒体发表新闻150篇次，在《新华日报》《交汇点》《中国税务报》等省级媒体发表新闻1080篇次，在《南京日报》等市级媒体发表新闻320篇次。

二是立体覆盖本地媒体宣传平台，掌握宣传"主动权"。制作南京电视台《税收直通车》栏目8期、《南京晨报》税务专版22期、南京新闻广播电台《税收动态》44期，《走进直播室》22期。建国70周年之际，《南京日报》专版反映南京税务70年来的发展成就。在南京市委网络安全和信息化委员会办公室组织的"宁好·新时代"政务新媒体作品大赛中，市税务局拍摄的《"税"的声音》获最佳短视频奖。

三是充分利用新媒体宣传平台，凝聚宣传"微力量"。南京税务微信公众号全年共推文990条，其中原创240条，被省税务局微信采用24条，国家税务总局微信采用11条，《中国税务报》微信采用3条。2019年，粉丝数增至8.6万，年阅读量达273万次，日最高阅读量高达 8 万次。在由国家广播电视总局、国家税务总局联合组织的全国税收公益广告作品征集评选中，市税务局拍摄的《汇聚的力量》获广播类公益广告二等奖，《环保税之歌》获入围奖。（王赟超）

全国"两会"在宁代表委员走访专题宣传 2019年，市税务局在全国"两会"召开前夕，主动走访18位工商界、经济界及有关界别的在宁全国人大代表和政协委员，汇报国家、江苏省、南京市有关税收优惠政策落实、纳税服务优化、税收改革发展等情况，听取代表、委员对税收工作的意见建议，进一步提升税收管理与服务质效，持续优化税收营商环境，助力高质量发展。配合走访工作的开展，市税务局在《南京日报》重要版面进行专题系列报道，充分展现新税务新形象，营造良好的税收舆论氛围，从2月19日起先后刊发《"减税降费，为企业长足发展带来利好"》《"该享受的政策，我们都享受到了！"》《以民为本做工作，老百姓都感受得到》《个税改革落地速度快、成效好，让百姓惊喜》等12篇报道。此外，《新华日报》、交汇点等多家媒体平台也围绕此次走访，刊发《便民办税春风拂面 减税降费落地生根》等综合报道。（徐智瑾）

第28个税收宣传月活动 2019年4月1日至5月20日，市税务局围绕"落实减税降费，促进经济高质量发展"主题，创新方式，开展多种多样的税收宣传活动。

宣传上做到传统与创新相结合。除了传统的开展政策解读会、上门走访企业等常规税收宣传形式，市税务局还尝试制作《减就是加》《税收的声音》《数字背后的你》等三部税收公益广告、优化营商环境亮点举措及成果H5、《60秒读懂减税降费》系列小视频、《老王和税的那些事儿》动漫等进行生动宣传。在活动场所上，走出办税厅、走出企业，走上街头、走进景区，以快闪和文艺演出等形式开展宣传。

宣传渠道上做到严肃与活泼相结合。市税务局坚守《新华日报》《南京日报》、南京电视台新闻频道、中国江苏网、交汇点APP、紫金山APP等党媒官媒阵地，根据工作节点和宣传需要，配套开展"南京税务服务一带一路建设""减税降费企业谈"等系列报道。用好合作平台，在南京电视台、电台和《南京晨报》等专版、专栏，宣传减税降费工作。在户外广告大屏集中投放一周的税收公益广告。同时，充分发挥新媒体的优势，开展"微系列"活动，在官方微博开展"税收知识有奖问答"，组织持续一个月的"减税降费在身边"创意作品征集活动，定向在朋友圈向50.2万人次投放减税降费公益广告。

宣传重点上做到日常与热点相结合。把税收宣传贯穿税收工作始终，围绕便民办税、税务形象等加强日常宣传；突出各阶段工作重点、难点、热点，着重宣传深化征管体制改革、减税降费、优化营商环境等内容。（徐智瑾）

宣传工作绩效管理 2019年，市税务局进一步加强税收宣传，明确由办公室对全市税收宣传工作实行统一扎口管理，动态调整对区税务局和派出机构的考核指标，用好绩效“指挥棒”，充分调动基层单位宣传工作积极性，提高宣传工作成效。一是制定《南京市税务局2019年度信息宣传考核办法》，采用计分排名的方式对各区税务局和派出机构进行考核，并将考核结果纳入绩效指标。二是按月制作税收新闻月刊，对每月重要的宣传稿件及各单位完成情况予以通报，在全市形成争先竞优的工作氛围。三是按季点评宣传工作。按季度召开宣传工作点评通报会，总结问题、明确下一步努力方向。（徐智瑾）

舆情管理 2019年，市税务局从完善运行机制、强化监控能力、处置质效提升三项基础工作入手，加强舆情管理。一是早预案，完善运作机制。制定《涉税舆情应对处置管理办法（试行）》，建立信息收集、跟踪监测、分析研判、引导化解的工作机制，完善处理流程和规范，确保程序流转高效、顺畅，实现舆情应对依法依规、有序开展。针对“两会”期间、国庆期间等重点阶段，个税改革、社保费划转等重点工作，制定专项制度，提出具体要求，将舆情管理的关键环节定位于“超前预案、早期介入”，做好防处预案，提高舆情防控的针对性和有效性，降低舆情发生概率。二是早发现，加大监控力度。扩大范围，寻求专业、稳定、全天候不间断的监控技术支持，确保舆情监控的时效性和覆盖面，为舆情处置争取充足时间；系统内部建立重点防控内容的即时更新机制，加强与信访管理、纳税服务部门的联动，对重大事件、热点问题做到及时掌握、早出预案，提高舆情快速反应能力。三是早处置，准确研判应对。对监测搜集的舆情动态，按来源、责任部门、所属类型、涉及事项、跟帖转发情况、关注度等逐项记录分析，准确评估，及时汇报、转办，并会同责任部门共同确定处置方式、形成回应方案。一旦出现涉税舆情，1小时内上报，及时开展防处。处置过程中，明确问题解决时限，及时履约反馈真实情况，有理有据做好解释，用真诚态度消除顾虑、拉近距离，有效缓解矛盾。全年监控发现舆情53件，协助国家税务总局处置舆情1件，均得到较为及时、妥当处置，未形成热点网情。

（吕 颖）

（责任编辑 桂乃耀）

税收经济分析

概述 2019年，市税务局按照“出谋、划策、牵线、搭桥”八字定位，做好税收经济分析工作。通过多方收集，深入思考，敏锐捕捉，精准选取税收经济热点和党委政府关注点等作为研究课题。确定课题后，建立快速反应机制，协调各方资源，充分发挥指导、服务、协调、督促的职能作用，牵好基层这条线，帮助其加强本地区税收经济分析，为当地党委政府提供决策参考。通过企业调研，了解、掌握企业的生存发展、运营状况和困难诉求，将第一手资料、实际情况向党委政府反映，将企业的政策、服务需求和征、管、评、查成效向税务职能部门反馈。围绕“五个一”开展工作，一是围绕一个重心。围绕党中央大政方针和市委、市政府的关切，针对“一带一路”建设、经济高质量发展等重大问题，深入开展调研，撰写分析报告，提供决策参考。二是制定一个办法。研究制定《税收经济分析实施办法》，从目标、任务、内容、职责、组织、协调、保障等各方面，对如何开展税收经济分析工作进行明确，作为工作开展的依据。三是依托一个载体。搭建税收经济分析成果交流和展示平台，定期编发《税收经济参考》，及时共享优秀税收经济分析报告，今年已编发11期，供全系统各单位相互学习借鉴。四是构建一个机制。市税务局成立税收经济分析工作领导小组，负责统筹规划协调全系统税收经济分析工作。主动与省税务局联系，积极参与全省课题；做好对基层指导服务，建立对口联系基层制度。加强与市统计局等经济部门联系，及时掌握全市经济数据信息。与12个省辖市局、15个副省城市税务局保持日常联系，为开展区域比较分析提供帮助。五是打造一个团队。建立近20人的税收经济分析人才库，由相关业务部门和基层懂业务、有思想、擅写作的骨干组成，为开展分析研究和课题攻关提供人才支撑。一年来，全系统共完成分析报告93篇，上报58篇，获得各级领导批示32篇。另外，参与省税务局撰写的关于自贸区的报告得到省委娄勤俭书记和樊金龙副省长的批示。有2篇报告被省税务局《税收经济分析》内刊编发。

（汪树强）

税收经济分析机制形成 2019年，市税务局进一步完善税收经济分析机制建设。一是加强组织管理。成立全系统税收经济分析领导小组，负责统筹规划协调全系统税收经济分析工作，下设办公室，负责落实领导小组的工作部署与要求，并由各成员单位确定1名熟悉本部门工作的业务骨干作为联络人。二是加强制度建设。出台《税收经济分析实施办法》，提出服务为先、数据为基、精品为要和人才为本的原则，明确经济税源分析、政策效应分析和其他创新分析三方面任务。三是建立人才队伍。经过选拔向省税务局推荐8名省税务局人才库人员，建立全系统税收经济分析人才库，组织相关业务培训。（汪树强）

《税收经济参考》内刊交流平台建设 2019年，市税务局加强全系统税收经济分析交流学习平台建设，加大《税收经济参考》内刊交流力度，全年共编发11期。一是加大编辑力度。该处增加编辑人数，由原来的1人增加至3人；扩大稿件来源，把国家税务总局、省税务局下发的优秀报告也作为备选稿之一，建立与基层共商选题、定期约稿的机制。二是分两个层面刊发。市税务局层面主要刊发全市行业等情况报告；基层层面主要刊发反映各区特色的分析报告。如第3期《我市企业参与“一带一路”建设有六大期盼》获得国家税务总局和省税务局领导的表扬性批示。第6期《总量有差速度占优 经济发展各具特色》是江宁区和昆山市的经济税收对比。三是增加刊发期数。适当向基层倾斜，把更多的资源留给基层，共分3期集中编发各基层单位的优秀分析报告。（石 磊）

外部数据共享渠道初步搭建 2019年，市税务局积极拓展外部数据资源，切实发挥辅助党委政府决策职能作用，初步建立外部数据共享机制。一是与市政府研究室和经济综合部门如市统计局、市发改委、市经信局等建立课题共商机制，共同研究领导关注的课题。2019年，先后与市商务局、市统计局、市经信局、市政府研究室等合作研究全市重点行业经济运行情况。二是与市委办公室和市政府办公室综合信息部门建立合作机制，及时掌握党委政府的需求。2019年，借助市政府信息平台开展独角兽企业、网约车平台等课题的研究。三是与全国同等城市建立城市合作圈，利用国家税务总局平台及时共享各市税收数据。分别建立副省级城市、长江经济带城市等数据联系机制。四是与中国知网、WIND、同花顺等三方数据服务机构合作，掌握更全面的宏观经济数据和重点行业、上市公司重要数据。（汪树强）

减税降费多维度分析 2019年，市税务局围绕减税降费这一重点工作做好税收经济分析。一是开展减税降费政策效应日常分析。根据减税降费任务职责清单的要求，每月在申报期结束后开展减税降费月度综合效应分析，收集政策贯彻落实中的问题，分析工作成效和不足，提出完善政策的意见建议。二是开展减税降费重点行业分析。聚焦地方党委政府关注焦点和民生关注热点，开展重点、热点行业政策落实效应分析。对制造业、水电气等行业走访调研，完成《增值税税率下调对我市制造业的影响分析》《南京市水电气行业减税降费情况分析》等报告。三是开展热点新政效应分析。针对税收新政，如消费税改革、增值税降率等开展分析，完成《关于“消费税下划”对地方财政影响的分析》等报告，利用大数据分析测算对地方经济的影响，向党委政府提供决策参考。（王杉杉）

多篇税收经济分析成果获得领导批示 2019年，市税务局共完成21篇税收经济分析报告，上报11篇，有5篇报告获得各级领导批示，其中国家税务总局领导批示1篇，市委市政府主要领导批示3篇。例如，1月30日，市长蓝绍敏在上报的《减税降负力度空前 市场主体普遍受益——2018年南京市减税降负政策效应分析》上批示：“减税降负成效很大。请宣传部会相关媒体加大宣传力度，以便让更多的市场主体有获得感。纳税人满意度排全国省会城市第二，成绩可圈可点，对税务系统的同志们表示感谢和慰问。”4月13日，国家税务总局副局长孙瑞标在市税务局报送的《企业参与“一带一路”建设有六大期盼》上批示：“江苏省税务局、南京市局积极服务‘一带一路’建设，南京市局全面推行出口退税申报、审核、退库无纸化，实现了‘日审日结’，值得肯定。企业所提六盼涉及税收的，请予重视。”（汪树强）

2019年税收经济分析报告选登

南京市人民政府《政务信息》专报发表：减税降负力度空前 市场主体普遍受益

——2018年南京市减税降负政策效应分析

2018年，南京市税务部门不折不扣坚决落实党中央、国务院出台的一系列减税降负政策，增强政治责任感和工作主动性，通过加强政策宣传，提高政策知晓度和到位率，最大限度将国家减税政策落到实处，切实减轻纳税人负担，优化税收营商环境，为服务南京市经济社会发展和民生改善做出了积极贡献。

一、近600亿元减税规模服务高质量发展。2018年，国家陆续推出增值税改革、个人所得税改革等一系列重大减税政策，力度空前，各市场主体普遍受益。南京市税务部门坚持一手抓收入，一手抓减免，全年组织税收收入2583.7亿元，同比增长10.7%，为高质量推进“强富美高”新南京建设提供了可靠的财力保障，同时落实各项税收优惠政策减税591.8亿元。在减税效应的作用下，呈现出“一降一升”的特点：税收增速逐季下降，由二季度的增长16.9%，回落至三季度的15.2%，再到四季度的-7.3%；纳税人满意度进一步提升，在国家税务总局通报的2018年度全国纳税人满意度调查中，南京市以87.08的综合得分位列27个被调查省会城市的第2名。

二、释放政策红利全力支持创新名城建设。南京市税务部门积极响应市委、市政府关于建设具有全球影响力创新名城的决策部署，用足用活用好研发费用加计扣除比例提高到75%的政策扩大至所有企业、高新技术企业减按15%税率征收企业所得税等优惠政策，全力支持科技创新。去年南京市3592户企业申报研发费用加计扣除131.5亿元，折合减免税额32.9亿元，与上年相比申报数增长1632户，增幅达83%，加计除金额增长45.5亿元，增幅达53%。全市高新技术企业享受企业所得税低税率优惠，减税30.2亿元，税收优惠在鼓励研发投入、引导技术创新方面发挥了积极作用。去年，南京市创业创新活力加速释放，科创型企业新增2.4万家，同比增长17%，净增高新技术企业1282家，增长近70%，增量和增幅均居全省第一。

三、落实税收优惠促进产业转型升级。2018年，南京市委、市政府着力打造产业特色和提升产业高度，大力推进产业转型升级。市税务部门认真梳理税收政策，精准发力促进产业发展。5月1日起深化增值税改革，降低增值税税率，制造业等行业从17%降至16%，政策实施后，全市制造业增值税增速呈逐步下降趋势，7—12月分别为3.9%、1.2%、-2.4%、-6.1%、-7.9%和-8.7%，减税效应明显。6月份，按照国务院部署，对国家重点鼓励的专用设备制造业等18个行业的增值税期末留抵税额予以退税，南京市共涉及5963户，去年已办理退税21.1亿元，其中制造业享受留抵退税17.7亿元，占84%。优惠政策直接降低了企业税负，有力促进了先进制造业等实体经济发展。

四、民营经济税收贡献度最大享受优惠最多。民营经济是国家税收的重要来源，2018年，南京市民营纳税人以占97.5%的税户，贡献了57.9%的税收，远高于国有企业的26.2%、外资企业的15.9%，在拉动经济税收增长中贡献度最大。与此同时，民营企业纳税人也享受了最多的优惠，国家税收政策普遍向民营经济倾斜，去年民营企业纳税人享受减免税约480亿元，占全部减免税额的81%。由7名大学生创办的南京三宝科技集团是一家民营企业，去年集团享受高新技术企业减征所得税667.8万元，研发费用加计扣除总额835.1万元，集团旗下的几家公司合计享受增值税留抵退税144.3万元。实实在在的减税降负为民营经济注入了活力，促进了民营经济的发展壮大。去年南京市新增纳税人12.1万户，其中民营纳税人11.9万户，占98.3%。

五、百姓民生分享减税“礼包”获得感增强。去年10月1日，新一轮个人所得税改革启动，起征点提高至5000元，低档税率适用范围进一步扩大。改革实施首月，全市共有178万工薪所得纳税人受益，其中75万人从有税变为无税，103万人减少税收，全市工资薪金个人所得税减税4.5亿元，领取工资薪金所得在2万元以下的中低收入人群减税幅度达65.6 %，占纳税人总数的98.7%，减税金额占当月总减税规模的67.2%。个税新政落地后等于给员工间接涨薪，在一定程度上增加了工薪人群的实际可支配收入。大力支持和促进弱势群体就业创业，落实安置扶持残疾人、随军家属及退役士兵等创业就业减免税收2.2亿元。税收优惠政策充实了百姓的“钱袋子”，进一步增强了获得感。

六、小微企业得到普惠性实质性降税扶持。小微企业是发展的主力军、就业的主渠道、创新的重要源泉。2018年，国家支持小微企业发展力度不断升级，出台多项税收优惠政策为小微企业减轻负担。一年来，税收优惠政策共为小微企业带来减税25.6亿元，其中扩大小微企业所得税优惠政策范围，享受减半征收企业所得税优惠的小型微利企业8.1万户，减税8.8亿元，同比增长23.8%。月销售额3万元以下小微企业免征增值税优惠政策减税超过13亿元，政策红利进一步降低了小微企业创业成本，有力支持了小微企业的生存和发展。

七、国家鼓励发展的节能环保企业享受政策优惠。2018年1月1日，中国首部绿色税法《中华人民共和国环境保护税法》实施，全年共征收环保税6.05亿元，减免环保税2.04亿元，减税额占征税额的33.7%，是南京市减免税占比最大的税种。“多排多征、少排少征、不排不征”的原则，使得环保税发挥了重要的调节作用，倒逼企业转型升级。以南京钢铁为例，公司严格按照国家政策规定，实施了50项环保提升项目，公司入选国家级“绿色工厂”示范名单，获得“绿色标杆企业”殊荣，2018年享受环保税减免692万元，占企业缴纳环保税的31.2%。近年来，国家鼓励发展新能源汽车，去年南京市累计减免车购税3.9亿元，其中新能源汽车减免2.7亿元，占69.2%，新能源和节能车辆减半征收车船税约1700万元。政策导向进一步推动了节能环保业的发展，加速新旧动能转换，促进了社会资源的综合利用。

八、税收优惠政策助力外贸企业发展。去年国务院进一步完善出口退税政策，两次提高出口退税率，将货物出口退税率分别提高1至5个百分点不等。南京市累计办理出口退税242.2亿元，同比增退25.2亿元，增长12.8%。去年南京获批跨境电子商务综合试验区，10月起执行“无票免税”政策，外贸综合服务业务累计办理出口退税14.8亿元，出口额、退税额均居全省第一。南京市税务部门为外贸企业做好贴近式服务，如南京南化建设有限公司中标承建了文莱达鲁萨兰王国的恒逸（文莱）PMB石油化工项目，按照企业工程项目在境外建筑服务取得收入免征增值税的政策，去年企业5.11亿元收入享受了免税政策，税务部门还为该企业办理出口退税5142万元，为企业带来了真金白银的优惠支持。税收政策促进了外贸企业发展，去年南京市推动外贸稳增长，实现进出口约665亿美元，增长8.7%。（王杉杉）

（责任编辑　桂乃耀）

财务管理

概述　2019年，市税务局围绕税收中心工作，规范财务管理各项工作。

推进财务制度建设。对系统财务管理制度、市税务局机关财务管理制度和机关政府采购工作规程进行修订。加强预算管理，超额完成预算执行考核任务，完成2020年部门预算编制。指导全系统开展新旧会计制度衔接工作，加强培训，明确职责，抓好落实，推进新会计制度实施工作。落实《税务部门经费保障实施办法》，与市财政局多次沟通协商，确定对于地财保障部分实行市区分级保障办法。

实施资金资产管理。做好结转结余资金控制工作，盘活存量资金，严格审批。进一步健全系统重大财务事项决策机制，规范审批流程和支出标准，完善银行帐户管理，做好原市国税局账户年检工作，按照省税务局账户清理意见清理原市国税局、原市地税局各类账户，做好资金监控系统的管理工作。完成资产划转移交并账工作，开展借用租用公有住房清理工作，严格信息化通用设备配置审核，妥善做好资产移交划转后续工作，系统内各单位对本单位资产再次开展全面盘点清理，确保资产账户、卡片、实物一致。

加强基建和政府采购管理。构建全系统基建管理的基础框架，努力解决项目建设过程中遇到的困难，按要求落实基建执行进度。加强管理，提高新机构政府采购质量，深化批量集中采购改革，加强政府采购业务培训，重视网上平台采购，开展供应商调研交流，加强数据审核，优化政府采购服务保障质量。

完成2018年决算和2019年预算批复工作，确保各类财务数据统计的及时准确上报。严格实施精细管理，完成考核目标，按要求规范管理票据，发挥财务工作在服务保障和监督管理上的职能。先后接受督查内审专项检查和国家税务总局对文月寿局长进行的经济责任审计，严肃对待审计工作，确保审计提出问题整改措施落实到位。

（姜振海）

财务制度建设　2019年，市税务局启动新机构财务制度制定工作，财务制度设计是在现行财务法律、法规和规章框架下，紧密结合实际，能够适应新情况、新要求，对财务工作能够起到明确的规范指导作用，为未来发展预留一定制度空间。经过多轮讨论修改、广泛征求意见后，系统财务管理制度、系统预算编制规程、市税务局机关财务管理制度和市税务局机关政府采购工作规程正式印发，明确财务管理基本原则、基本任务、岗位职责，规范预算、收入、支出、会计核算、资产、基本建设、政府采购、银行账户、国库集中支付、公务卡、票据等财务管理各方面内容。分别召开系统、机关两场制度讲解会，开展财务宣传，释疑解惑，为准确规范开展财务管理工作打好基础。（姜振海）

预算管理　2019年，市税务局全面加强预算管理，超额完成2019年预算执行考核任务，完成2020年预算编制。

一是加强2019年预算执行。召开系统财务会议解析考核规则，通报阶段执行情况，分析问题并提出要求；加强定期统计分析预算执行数据，实时掌握系统预算执行情况；针对执行差的项目，分类重点督导相关单位采取有效措施。经过努力，按考核办法全系统最终超额完成考核任务：1—9月基本支出、项目支出预算执行进度分别达到77.84%、93.14%，分别超出考核要求0.84个、8.14个百分点。

二是完成2020年预算编制。做好各项预算准备，梳理形成各项人员、公用支出预算编制（定额）标准；组织开展超过20万元重大支出的论证审核，经市税务局局长办公会审批，全系统共有重大支出174个，预算总额17095万元。组织两次预算布置会议，第一次明确各单位上报重大支出的范围，对必要性、可行性论证资料内容和上报时间提出要求；第二次召开系统财务工作会议，对下发的预算编制标准、支出预算编制方式、预算报表填报、预算编审报告编写等内容详细布置。召开预算审核会议，对市税务局机关、各基层单位预算进行严格细致审核，确保2020年预算体现围绕中心、厉行节约、从严控制、准确规范的编制原则。

（马　静）

新经费保障机制确立　2019年，市税务局落实税务部门经费保障实施办法。上半年，市税务局与市财政局多次沟通协商，最终确定经费保障方案：对于地财保障部分实行市区分级保障办法，市税务局机关和7个派出机构经费由市财政保障，各区税务局经费由对应区财政保障。方案确定后，市税务局与市财政局联合下发通知，要求各单位积极与本级财政沟通，并制定本单位经费保障制度。同时，为保障市税务局机关和各派出机构经费，市税务局争取市财政补助经费，协调经费拨款时间和金额，保证市税务局机关和派出机构日常工作正常运转。按照国家税务总局、省税务局要求，做好全系统22家预算单位上、下半年零余额用款计划申报工作，为财务工作的正常开展做好资金保障和衔接工作。根据省税务局《关于进一步做好盘活存量资金和压缩实有资金规模工作的通知》文件要求，做好结转结余资金控制工作。多次召开全系统会议，布置存量资金消化工作，严格控制结转结余规模；加快预算执行，优化支出结构，在从严控制“三公”经费和非刚性支出，压缩一般性支出的基础上，优先保障“三代”手续费等关系纳税人切身利益的重大支出，同时通过积极缴纳原市地税局职业年金利息等方式，加快地方补助资金消化进度。

（周颖帆）

新会计制度实施　2019年1月1日《税务系统会计制度》（以下简称“新会计制度”）正式实施。2019年，市税务局根据国家税务总局、省税务局要求，指导全系统开展新旧会计制度衔接工作，推进新会计制度实施工作。一是加强基础管理，充实会计人员，对各单位财务人员的配备人数和素质提出要求，为新会计制度的实施提供人才保障。二是加强培训宣传，先后组织各单位参加省税务局集中培训，开展岗位和全员培训，从制度基础理论、新旧制度对比、新财务软件操作等多维度进行讲解，实现新会计制度培训“内容全覆盖、岗位全覆盖、人员全覆盖”，为执行新会计制度夯实基础。三是做好新旧制度衔接基础工作。明晰各财务岗位人员职责，在规定时间内完成年初数录入工作；加强与原市国税局、原市地税局2018年决算新旧衔接表核对，确保数据录入准确性；升级维护计算机系统，为新财务软件的上线应用打好信息基础。四是加强财务监督，要求各单位对2019年账务做到及时“回头看、回头查”，对不确定事项上报沟通，对已录入凭证仔细检查，切实提高各单位财务核算准确性。（周颖帆）

国有资产管理 2019年，市税务局分阶段完成资产划转并账工作。一是组织各单位编制资产移交清册，如实准确地反映并账过程中资产信息变化的情况，经省税务局批复后作为资产并账依据，并根据最终移交数据，在资产信息管理系统中完成资产并账。妥善做好资产划转并账后的数据整理和清查盘点工作。二是开展资产数据维护，再次组织对系统资产的清查盘点，做到全面覆盖、不留死角。根据盘点结果于11月完成数据维护，确保资产数据真实、完整、准确。对于已达到报废期限且确实无法使用的资产按照规定的权限流程进行报废处置，对于省税务局审批权限的资产调拨和车辆报废事项于12月完成上报审批和账务处理。三是对全系统各类房产开展多轮的专项调查与核实清理。根据国家税务总局和省税务局要求，对全系统房产使用情况、领导干部办公用房情况进行统计，对全系统的房屋类资产进行摸底。根据市税务局工作部署分阶段对全系统借用租用公有住房进行清理。四是严格信息化通用设备配置审核。根据各单位资产并账后的实际资产数量，结合2019年预算编制，开展信息化通用设备配置计划审核工作，严格按照中央行政单位通用办公设备配置标准进行审核，确保资产配置合规。（周　益、魏　巍）

基建管理 2019年，市税务局持续规范征管体制改革后的基本建设项目管理，稳步推进各基本建设项目的执行进度。及时转发国家税务总局最新的基本建设管理制度《税务系统基本建设管理办法》（税总发〔2019〕86号）和省税务局的有关文件，构建全系统基本建设管理制度的基础框架。按季开展全系统基本建设项目自查工作，定期反馈基本建设项目的工作进度和结余资金上交情况，加强基本建设项目的执行监控。多次召开基建项目工作现场办公会，详细了解项目执行过程中存在的问题，努力解决项目建设过程中遇到的困难，督促在建项目按进度执行。按期完成市税务局机关修缮项目，按规定保留必要的工程质保金，及时履行相关工程决算手续，并通过省税务局的财务决算审批。（周　益）

政府采购管理 2019年，市税务局着力提高政府采购管理质量。一是落实批量集中采购改革。转发国家税务总局、省税务局关于实施线上批量集中采购的通知，布置对该项改革的相关工作要求，并监督检查执行情况。二是加强机构改革后的业务培训。参加国家税务总局网上采购工作“一竿子到底”视频培训，在机构合并背景下，就政府采购最新政策和实务操作中常见问题，组织系统采购岗参加培训，提高政府采购业务能力。三是加强线上采购。要求系统充分利用好税务采购网平台，将平台使用作为系统政府采购绩效考核主要指标。市税务局从税务采购网的质量价格把控和开辟空调专区两方面提出完善升级的意见，上报省税务局。四是做好经济责任审计迎检工作。接受国家税务总局审计组的经济责任审计，按照要求提供政府采购相关的审计资料，回复审计询问，提出反馈意见，对照审计结果积极做好整改。五是开展供应商调研交流。在省税务局带领下到苏宁易购集团开展调研，了解供应商的运转管理模式和企业发展愿景，对提高采购效率，发展采购人和企业之间的良性合作提出意见和建议。

（周洁瑜）

机关财务管理 2019年，市税务局严格执行中央八项规定、党政机关厉行节约反对浪费条例，严控一般性支出，严格审批手续。加强预算执行，提高资金使用质效，控制其他收入结转规模，扎实做好日常财务核算、决算等财务基础工作。为切实提高财务服务保障能力，保证机关财务工作正常有序地开展，先后制定印发《国家税务总局南京市税务局办公室关于印发〈国家税务总局南京市税务局机关财务管理制度（暂行）〉的通知》《国家税务总局南京市税务局办公室关于修改〈国家税务总局南京市税务局机关财务管理制度（暂行）〉的通知》等文件。提高机关日常开支审批权限，对有前置规范环节的开支不再履行审批手续。根据系统预算编制规程有关规定，将重大支出的审批环节前置到预算编制环节，市税务局机关各部门在编制预算前，对重大支出开展必要性和可行性论证工作，提高市税务局机关2020年部门预算编制的科学性、合理性和准确性。对南京税务系统内（外）因公务活动到市税务局机关工作期间伙食费和市内交通费的收缴进行规范管理。2019年，先后接受督查内审专项检查和国家税务总局对文月寿局长进行的经济责任审计，对照政策规定对"三公"经费、会议费、培训费、差旅费等重点支出逐条梳理自查，逐笔清理往来款项；及时提供原始凭证、账册、报表、台账、说明等资料；认真对待审计询问，认真核实审计确认单，确保整改措施落实到位。（姚莉萍）

（责任编辑　桂乃耀）

事务管理

概述　2019年，市税务局围绕中心工作，以队伍建设为根本，以"管理、服务、保障"为重点，扎实做好后勤保障服务，不断提高机关后勤服务效能。9月份，国家税务总局机关服务中心副主任、党总支副书记欧阳华民等一行三人到市税务局进行工作调研，对市税务局后勤标准化建设所取得的成绩，给予高度评价和充分肯定。11月份，在辽宁盘锦召开的全国税务系统后勤工作会议上，市税务局的标准化工作受到国家税务总局表扬；同时，市税务局《以标准化建设为引领，提升机关后勤保障能力》的专项工作经验材料在大会进行交流，被省税务局以专报形式签发并报送国家税务总局，国家税务总局总经济师刘丽坚批示："南京税务以机关后勤事务标准化为抓手，积极推动标准融入服务管理的各领域、各环节，为保障机关高效运行、服务税收中心工作发挥了重要作用。"

加强后勤队伍建设。一是通过学习、交流和谈心等方式，弘扬讲团结、善协作、讲纪律、守规矩及相互积极配合的团队精神。二是通过外出学习、交流及轮岗培训，提高业务水平。全年组织相关岗位人员参加省税务局、市税务局组织的财务管理、行政办公知识、后勤业务岗位技能等培训。2019年2月，按照省税务局要求，参与制定《全国税务系统机关办公楼物业服务采购需求编写指南》，受到国家税务总局通报表扬。三是在重要工作或重大关切的问题上，广泛听取群众意见，发挥党员参与管理的积极性，形成团结向上的氛围。四是试行后勤管理标准化，将人力、财力和标准有机结合，使保障事项在优化中得到落实；加强对机关聘用人员、委托劳务派遣人员和驾驶服务外包人员的管理。

提高后勤服务保障水平。一是强化培训。通过内部专项工作培训和以会代训，有针对性地开展检查指导。2019年，针对"节能减排、垃圾分类、物业服务"等专项工作，邀请了国家税务总局、省政府机关事务管理局、市政府机关事务管理局等专家型领导，对市税务局系统分管领导和相关岗位人员进行点对点的操作实务培训。同时，针对节能减排等阶段性重要工作，通过以会代训等形式，从实施方案、节能标准、创建要求以及现场观摩等方面讲解布置工作。二是开展资产清查。针对机构和人员合并后资产现况，合理调整使用，使现有资源利用最大化。协助完成资产划转移交以及并账工作，共梳理各类资产信息6万余条。加强固定资产管理，实行统一标准化管理，明确"日梳、月核、年盘"的常态化工作要求，做到"重大问题彻底杜绝、一般性问题消灭在事前、操作性问题纠正在现场"。三是推进城市综合治理标准化工作。2019年，市税务局整合原市国税局、市地税局城市标准化基础工作，结合税务行业特色，出台《南京市税务局城市综合治理指导标准》，把消防安全、食品安全、卫生疾控、纳税服务、文明创建等相关领域各项法律法规的要求吸收纳入体系，明确从建（构）筑物、容貌秩序、环境卫生、园林绿化、各类设施、食堂、洗手间、物业、办税服务厅等九个方面的单位管理标准。同时，各基层单位以市税务局标准为基础，结合自身实际制定适合本单位特点的各项管理标准。四是推进垃圾分类管理。试行完善垃圾分类的网格化管理制度，建立“两人一组一楼层”的模式。落实源头治理，减少一次性物品，提倡重复使用物品，减少工作和厨余垃圾产生。建立垃圾分类工作台账，实行有资质公司清运，并留有交运手续，杜绝厨余垃圾去向不明。定期与不定期对单位垃圾分类投放进行指导和检查，巡查中发现的问题，迅速落实整改。五是规范政府采购。根据新的机关财务管理制度要求，30万元以下的政府采购工作由机关服务中心负责组织实施，拟订30万元以下采购管理办法征求意见稿，报财务处审核通过。邀请采购专家对相关人员进行新财务管理办法和政府采购管理办法培训。坚持优先在国家税务总局税务采购平台上选购的基本采购要求，完成30万元以下的各项采购任务。

保障机关工作有序运转。一是物业管理持续改进。重新梳理物业管理制度，建立自查、互查和专查的管理体系。加大对物业监管力度，坚持对金汇大厦各类物管台账的登记管理，督促物业做好相关记录表的登记记录工作。做好满意度调查工作，加强对受托管理单位服务质量、服务水平的综合评审工作。加强对设备设施运行维护，组织分析会研究和解决重点设备存在的技术疑难问题和安全隐患。按计划对办公设备设施进行升级改造，2019年，完成7个大项设备设施的更新改造。二是注重安全驾驶。严格公务用车审批工作，做好对驾驶服务外包人员的日常考核，完成系统公务用车驾驶服务外包招标及合同签约工作。完成国家税务总局7个部门分别在南京召开的全国部分省市税务工作调研会议的车辆保障工作。全年保障工作用车1864台次，安全行程17万余公里。三是加强食堂监管。采取日常监管与定期考评相结合，每季度召开满意度测评和征求意见会议，听取干部职工的意见和建议，及时整改，2019年，四个季度的满意度测评都达到95%以上。加强横向交流，市税务局2019年先后多次参加由南京市机关事务管理局主办的食品安全学习班，并赴安徽省税务局进行对口交流，对改进食堂管理、强化食品安全等起到促进作用。9月份，市税务局组队参加2019年江苏省机关后勤膳食大赛，取得三个奖项中的热菜项目第二名，综合名次第三名，市税务局荣获金奖；两位厨师获得“江苏省美食工匠”荣誉称号。四是做好医疗保障服务。市税务局主动与南京市医保中心沟通协调，申请医保定点单位资格；9月份完成医保资质审核、岗前培训、专线开通、系统开发、设备购置、药品采购等工作，10月份完成运行调试，11月份正式运行，为机关干部职工提供门诊血压血糖测量、心电图检查、健康及体检咨询、大型外出活动医疗保障、临时用药保障、外伤处置以及慢性病的康复治疗等服务。全年完成就医门诊860人次、理疗1949人次、心电图测量8人次、外出大型活动保障6次，前往医院陪诊55次。（汪帮俊）

参加国家级节能减排示范单位能效领跑者遴选 2019年，市税务局贯彻落实国家税务总局、省税务局关于节能减排工作的实施指导意见，大力推进“公共机构节能示范单位”创建工作，在全市税务系统形成机制健全、责任明确、管理规范、齐抓共管的节能减排工作新局面。9月份，市税务局参加国家税务总局机关服务中心组织的全国2019—2020年节约型公共机构示范单位创建能效领跑者遴选工作，所选送的江宁区局，以全省税务系统评分第一名的成绩，被省税务局推选至国家税务总局，除参国家级示范创建外，还将参与“全国公共机构能效领跑者”的荣誉称号创建遴选；秦淮区局作为全省税务系统前15名之一，也被选送参与“全国节约型公共机构示范单位”荣誉称号创建。（汪帮俊）

十项改造装修工程完成 2019年，市税务局调整办公楼布局和设施配置，按照廉洁、安全、环保的目标要求，完成十项改造装修工程。一是办公房全部按标准改造，过半数的办公设备更新安装。二是市税务局机关大楼、院落及办公区域封闭设备设施改造，加装人车道闸及人脸识别系统，完成机关大楼、机房、消防、车辆行人通道等门禁系统增补，增补并安装门禁设备144套、安装人行摆闸7套、人脸识别系统6套、大厅访客系统1套。录入4000张次照片。三是完成金汇大厦四楼大会议室的改造，按要求配备相关会议用品以及三间会议室音视频系统整合。四是完成金汇大厦三楼文化展示厅的装修工程，为展示南京税务文化提供硬件平台。五是完成职工之家的整体装修，完成健身器材的招标采购以及更衣室家具的采购等，制定职工之家相关管理制度。六是完成理发室、廉政谈话室以及信访室的装修工作。七是完成市税务局立体车库及负一楼地面停车位改造，一次性增加近60个停车位，解决干部停车难的问题。八是完成金汇大厦东大厅的装饰出新和功能升级。九是全新打造综合楼四楼机关职工之家。十是完成食堂油烟净化系统的更新改造。其中，管道改造400平方米、后场吊顶300平方米、老旧电路改造1450米、开关插座35个、电缆线75米、动力配电箱7个、烟感探测器5套、自动喷淋系统4套等。（汪帮俊）

（责任编辑　桂乃耀）

税收科研调研

概述　2019年，市税务局围绕税收中心工作，以征管改革、减税降费、税收法治为重点，加强税收科研调研工作，税收科调研、《江苏税务》投稿、《南京税务》内刊编发、统筹安排“两会”（国际税收研究会和税务学会）事务等多项科研工作，有序推进。一是多篇文章在国家税务总局层面刊物上发表。《PPP项目的税收增额融资工具:美国的案例与启示》《基于数字经济的税收征管探讨》《属地征税原则的国际比较研究》3篇文章分别在国家税务总局《税务研究》2019年第2期和第5期、国家税务总局《研究报告》2019年第26期刊登。二是承担完成省税务局的重点研究课题。市税务局报送的3项重点课题研究成果在省税务局评比中全部获奖。《中国税收营商环境国际比较研究与借鉴》获得一等奖;《推动我国税收法治建设 优化营商环境策略研究》《现行税收营商环境下干部队伍建设的思考》获得二等奖。三是《南京税务》内刊被南京市社会科学界联合会、南京市新闻出版局评为南京市社科系统优秀会刊。（胡　浩）

税收科调研工作组织　2019年，市税务局组织落实税收科调研工作任务。一是承担国家税务总局“小微企业减税效应分析”重点课题研究任务，组建科研团队，开展资料收集、调查问卷发放、数据采集、统计分析、论文撰写，完成省税务局下达的数据统计和稿件撰写任务。二是组织参加国家税务总局“‘一带一路’涉税争议解决机制研究”征文活动，累计收到征文20余篇。三是参与省税务局重点课题研究。2019年，市税务局承担省税务局重点课题3项，通过拟定调研方案、建立微信沟通群、加强组织协调，充分调动系统骨干力量开展研究，取得良好效果。11月6日，省税务局2019年度重点研究课题第一课题组集中调研会议在市税务局召开，由江北新区局代表市税务局参会的调研文章在初评后位列小组第一。四是开展本级科研工作，完成各课题组调研文章的收集汇总，收集各课题组调研文章32篇，其中:省税务局重点课题17篇、国家税务总局研究课题4篇、市税务学会研究课题9篇、其他立项及非立项课题2篇。（胡　浩）

《南京税务》内刊编发　2019年，市税务局做好《南京税务》内刊编发。一是完成省税务局《江苏税务》投稿，累计向《江苏税务》期刊投稿150余篇，累计采用稿件40篇。二是按期编发市税务局《南京税务》内刊，共完成6期约30万字文稿的编辑发行工作。三是调整栏目设置和编辑队伍。结合实际情况，期刊编辑部对《南京税务》期刊栏目进行适当调整，因岗位变动等原因调整责任编辑3人。四是开展意见征集。期刊编辑部召开座谈会，累计征集完善意见建议15条，对征集的各方意见进行整理、反馈，逐条加以落实、改进。（胡　浩）

2019年南京市税务局税收科调研成果（省部级以上公开发表）统计表

表3

标　题	发表刊物	期号或日期	作　者	单　位	原文发表字数
PPP项目的税收增额融资工具:美国的案例与启示	《税务研究》	2019年第2期	张民、余益伟、彭　翔	南京市税务局	6000字
基于数字经济的税收征管探讨	《税务研究》	2019年第5期	胡连强、杨霆钧、张　恒、李海燕	南京市税务局	4000字

南京市税务学会

概述 2019年，南京市税务学会以习近平新时代中国特色社会主义思想为指导，组织广大会员开展群众性税收科调研活动，积极参与省内外兄弟学会调研成果交流，完成多项上级学会布置的调研课题任务。一是完成上级税务学会布置的调研课题10篇。其中，完成中国税务学会课题任务1篇，完成中国税务学会“百题”课题任务1篇；完成江苏省税务学会布置的课题任务5篇，完成江苏省税务学会自主调研课题3篇。二是组织会员开展群众性科调研活动。全年收到90篇调研文章，经过层层筛选，最终选出获奖论文60篇。同时，南京市税务学会调研工作获得上级部门的肯定，中国税务学会邀请南京市税务学会代表，参加2019年1月份在北京举办的中国税务学会第八次会员代表大会，此次会议深入学习贯彻中央关于社会组织改革创新的精神，总结中国税务学会第七届理事会工作，选举产生第八届理事会及负责人，南京市税务学会会长许庭新当选为中国税务学会第八届理事会理事；2019年3月，江苏省税务学会在常州举办江苏省税务学会第五届理事会第九次常务理事会暨2019年度工作会议，会议表彰2018年度税收优秀论文，研究落实2019年重点科调研任务，江苏省税务学会领导在会上对南京市税务学会在全省科调研工作做出的努力和成绩，予以充分肯定。2019年南京市税务学会联合南京市税务局科研所主办的《南京国税》期刊在南京市社科联的会刊评比中，获得三等奖。在学会自身建设方面，每季度召开一次会长会，对上季度的工作进行总结，讨论学会重要事项，同时对下一季度工作进行布置；年终召开一次学术年会，进行群众性税收调研活动的优秀论文交流。

（王婷婷）

完成多项调研课题任务 2019年，南京市税务学会参与并完成中国税务学会《进一步完善个人所得税制研究》的调研课题，以《新个人所得税法影响力及深化完善个人所得税改革的思考》为题，撰写成文调研文章，参加中国税务学会在西安举办的课题组交流会，入选会议交流文章，2019年未出评奖结果。南京市税务学会自行组织研究力量，在中国税务学会的指导下，参与并完成2019年中国税务学会“百题”课题任务1篇，文章为《减税降费：结构性向普惠性转变的税收深化改革路径》。南京市税务学会参与并完成2019年江苏省税务学会全部5个调研课题，具体为《中外税收发展史的研究》《规范公正执法、构建法治税务的调查研究》《完善监管机制、防范税收风险的调查研究》《小企业减税效应的调查研究》《关于稳步推进税制改革措施落实的调查研究》，5篇调研文章分别为《浅谈南京国民政府所得税制的建立和发展》《“善意取得”虚开增值税专用发票的法律和税收思考》《充分运用画像技术提升税收风险管理质效》《小微企业减税降费效应分析》《浅谈社保费税务征管》，5篇文章均参加江苏省税务学会课题组交流会。南京市税务学会自行组织研究力量，在江苏省税务学会的指导帮助下，完成自主调研文章3篇，具体为《机构改革背景下税务干部队伍建设的思考》《增值税留抵退税制度的国际比较与借鉴》《优化营商环境背景下的纳税服务现代化研究》。

（王婷婷）

开展群众性税收调研活动 2019年4—10月，南京市税务学会联合南京市税务局在系统内组成5个课题组，分别开展税收优秀论文科调研活动，组织撰写调研论文。5个课题组的组长由市税务学会的会长担任，把关论文质量，给出合理建议。截至10月份，经过层层筛选，5个课题组共上报南京市税务学会90篇优秀论文。经过南京市税务学会组织的专业评委打分，最终评选出优秀论文60篇，其中一等奖16篇，二等奖18篇，三等奖26篇；南京市税务学会分别对优秀论文作者进行嘉奖，鼓励优秀论文作者再接再厉，能够在学术水平上更上一层楼，写出更多具有研究价值的税收学术论文。在科调研成果中，一等奖论文《机构合并后加强基层税务文化软实力建设的思考》《新个人所得税法影响力及深化完善个人所得税改革的思考》等16篇，被南京市税务学会列为2019年最重要的研究成果，在全系统内传阅。（王婷婷）

兄弟学会交流研讨 2019年，南京市税务学会参加兄弟学会交流研讨会共6场。其中，参加西安市税务学会承办的中国税务学会《进一步完善个人所得税制研究》课题研讨会1场；参加省税务学会的课题研讨会5场，具体为淮安市税务学会承办的《关于小企业减税效应的调查研究》课题研讨会、无锡市税务学会承办的《关于规范公正执法、构建法治税务的调查研究》课题研讨会、苏州市税务学会承办的《关于稳步推进税制改革措施落实的调查研究》课题研讨会、镇江市税务学会承办的《关于完善监管机制、防范税收风险的调查研究》课题研讨会、盐城市税务学会承办的《关于中外税收发展史的研究》课题研讨会。

（王婷婷）

（责任编辑　桂乃耀）

干部队伍建设

人事管理

概述 2019年，市税务局认真贯彻落实国家税务总局、省税务局关于税务机构改革的各项政策精神，继续做好人力资源整合、干部选拔、职能整合等重点工作，保持机构稳定和干部队伍思想稳定，为各项工作深入推进提供坚强有力的组织保证。一是突出政治引领，加强领导班子建设。结合南京市税务系统实际，研究制定下发市税务局《关于加强基层领导班子建设的指导意见（试行）》，指导和督促基层领导班子健全党内政治生活，严格落实党委议事规则，领导班子民主决策水平进一步提高。高标准严要求组织好2018年度市税务局党委党员领导干部民主生活会和“不忘初心、牢记使命”专题民主生活会，落实领导班子民主生活会制度。二是盘活人力资源，优化干部队伍结构。开展人力资源分析，探索建立人力资源要素流动平台，科学开展人力资源优化配置工作。开展干部选拔，分两个批次开展处级非领导职务选拔，共选任市局调研员11名、副调研员10名，共晋升科级非领导职务426人，新选拔117名综合素质好、业务能力强、敢担当作为的干部充实到科级中层队伍中，17名事业干部聘任到更高一级岗位工作。拓宽干部发展渠道，助力税务干部“走出去”。机构改革以来，共安排51名干部到省、市、区三级党政机关挂职、任职。扎实做好职务与职级并行工作准备，做好临近退休人员的套转晋升工作。三是落实管理要求，做好干部队伍监督。从严落实领导干部个人有关事项报告制度，开展个人有关事项查核比对，共对34名处级领导干部进行随机抽查及22名晋升干部重点查核。从严清理税务干部经商办企业、参与经营（兼职）情况，落实干部监督“回头看”工作，相关工作做法及落实国家税务总局工作任务的情况受到国家税务总局“不忘初心 牢记使命”主题教育巡回指导组点名表扬。四是规范工作规程，夯实人事工作基础。制定《南京税务系统人事规程汇编》，进一步提高人事工作规范性和有效性。加强人才管理培养，共有2名干部入选国家税务总局第六批领军人才。规范统一系统通讯费补贴、奖励性津补贴发放工作，统一全系统干部的公积金和住房补贴政策，并于3月份落实公积金和住房补贴新标、职务和级别工资标准普调以及相应的补发工作，系统人员的收入比机构合并前均有所提升。 （刘小伟）

领导班子建设 2019年，市税务局研究制定《关于加强基层领导班子建设的指导意见（试行）》，健全落实干部监督管理机制，提升基层班子建设水平。健全党内政治生活，高标准严要求组织好2018年度中共国家税务总局南京市税务局委员会党员领导干部民主生活会和市税务局党委“不忘初心、牢记使命”专题民主生活会，在用习近平新时代中国特色社会主义思想武装头脑还缺乏整体性、系统性，用习近平新时代中国特色社会主义思想指导税收工作还缺乏深入性、精准性，以及贯彻执行总局、省局和市委决策部署还缺乏创造性、针对性等方面，整理出6大类20个方面的“大清单”“总台账”，从“坚决贯彻落实习近平总书记关于税收工作重要指示批示精神，以及中央和国家税务总局、省税务局、市委市政府工作部署，加强对基层征管工作的指导，牢固树立落实减税降费是政治任务的理念，根据“工作聚焦、资源聚集、力量聚合、基层聚力”的原则，加强对系统减税降费工作的指导，提升基层减税降费政策效应分析的工作效率和质量，确保工作运转顺畅高效”等方面工作入手，制定51条具体的整改措施，明确整改部门、责任人和整改时限，效果较好。规范贯彻好民主集中制、党内生活等方面的规章制度，严格落实党委议事规则。 （邹　乐）

干部选拔 2019年，市税务局坚持正确用人导向，分两个批次开展处级非领导职务选拔，共选任市局调研员11名、副调研员10名。最大化的调剂使用系统科级职数资源，全系统共晋升科级非领导职务426人，解决一批任职时间较长、年龄较大干部的职务晋升问题。开展科级领导职务选拔，新选拔117名综合素质好、业务能力强、敢担当作为的干部充实到科级中层队伍中。针对原国地税事业干部长期职务未得到晋升的问题，开展选聘工作，系统17名事业干部聘任到更高一级岗位工作。在干部选拔过程中，既用好各年龄段的干部，也突出用好年轻干部，新选拔的副科级干部平均年龄31.97岁，正科级干部平均年龄40.85岁，干部队伍活力进一步提升。加强机关与基层干部交流，选拔机关和派出机构10名优秀正科级干部，分别充实到南京市经济技术开发区局、南京市江宁经济技术开发区局担任科所长职务，进一步充实基层中层干部力量。（邹　乐、葛剑翀）

干部交流任职推荐 2019年，按照国家税务总局党委关于商请各地党委政府安排税务干部到地方任职的指示精神，针对国地税机构合并后职数资源不足、干部队伍老化、发展通道狭窄等问题，通过“内练素质、外树形象、内引外联、拓宽路径”的工作举措，市税务局、区税务局主动向地方党委政府做好干部队伍情况汇报，积极争取多方资源，拓宽发展渠道，助力税务干部“走出去”。全年全市税务系统共安排51名干部到省、市、区三级党政机关挂职、任职。3月19日，在国家税务总局全国税务系统干部人事工作专题会议上南京局就此项工作作交流发言。8月26日，省税务局简报刊发有关经验做法，并参与省税务局组稿，得到王军局长的批示。探索搭建人力资源优化配置要素平台，在市税务局机关开展遴选、选派机关业务骨干至基层单位任职、机关部门间进行人力资源交流优化、系统内人力资源合理流动、系统外任职交流以及各类挂职锻炼等5个方面的人员调配工作过程中，通过平台实现人岗要素匹配，科学开展人力资源优化配置工作，实现人岗相适、人事相宜、人尽其用。2019年，南京市税务系统调出人员61人，调入人员24人；依托平台，完成系统内22人的单位调整与岗位适配，满意度较高，平台优化效果初步显现。（葛剑翀）

人事工作规程汇编 2019年，市税务局制定《南京税务系统人事规程汇编》（以下简称“《规程汇编》”）。《规程汇编》共分为领导班子建设（包括党委会工作规则、民主生活会工作规程等4项）、干部管理监督（包括各级领导干部选拔、干部任免、干部监督、人才队伍建设等17项）、人员录用调配（主要事项包括人员进出流动、人力资源配置工作等11项）、人事基础工作（包括工资社保、体检、补助慰问、档案管理以及人事信息系统、年报工作等10项）四大部分，收录内容共有42个事项，其中新修订的人事工作事项规程13项（党委会工作规程、因私出国（境）管理、职工医疗补助等），沿用以往的人事工作事项规程17项（公务员录用、新进人员导师制管理、在职干部职工健康体检等），暂缓收编的人事工作规程12项（领导班子建设规划、人才队伍建设规划、系统人事统计工作（年报）等）等。《规程汇编》正文部分总字数44000余字，收集各类表证单书86个。《规程汇编》的制定，为南京市税务系统人事工作提供政策依据和制度保证，进一步提高人事工作的规范性和有效性。（许　鑫、卢平原）

干部监督和专项整治 2019年，市税务局从严落实领导干部个人有关事项报告制度，组织系统332名处级干部（含非领导）按程序完成年度录入工作；开展个人有关事项查核比对，共对34名处级领导干部进行随机抽查及22名晋升干部重点查核。从严清理税务干部经商办企业、参与经营（兼职），落实干部监督“回头看”工作，完成系统4000多名在职干部及1000多名退休干部“回头看”自查个人承诺签字；完成因私出国（境）登记备案4343人（其中厅局级在职干部3人，县处级在职干部346人，厅局级离退休人员6人，其他科级及以下和退休人员3988人）。加大监督处理工作力度，对全系统发现存在因私出国（境）问题的67人给予相应的组织处理，其中2人移交纪检组待组织处理，64人给予提醒或批评教育，诫勉1人，全系共退回2017年、2018年未休假补助128万余元。南京市税务局组织开展专项清理的工作作法及落实国家税务总局工作的情况受到国家税

务总局“不忘初心牢记使命”主题教育巡回指导组点名表扬。（吴　丹、卢平原）

人事信息管理系统整合　2019年，市税务局落实国家税务总局要求，4月1日在全市税务系统启用数字人事整合版。系统正式上线后，有机整合原人事管理和原数字人事两个系统，分3批次共完成全系统4000名在职干部32.6万条信息数据的整理、核对、录入工作，实现人事管、考、查的一体化全方面管理，确保系统运行平稳有序。全面核实数字人事信息系统数据，做好数据维护和干部档案管理工作，11月5日，组织全系统干部档案管理员开展档案业务专项培训，进一步学习《干部人事档案工作条例》，同时对系统干部人事档案工作从内容建设、日常管理、利用审核、纪律监督等方面加以规范完善。此外，对全系统档案开展抽查，全年共查核干部档案116册，发现11类32个需要整改和规范的情形，及时做好政策与要求的统一和规范，提升系统人事信息管理系统数据准确性与档案管理水平。（金　星）

（责任编辑　徐曼曼）

考核考评

概述　2019年，市税务局围绕系统中心工作，充分发挥绩效管理的引领推动和数字人事的推进凝合作用，努力做好绩效管理和考核考评工作。市税务局在2018年度全省税务系统绩效考评中被评为“江苏省税务系统绩效管理先进单位”，在2018年度市级机关对标找差绩效考核中荣获“优秀”等次。

聚焦初心使命，压实党建责任。一是突出入脑入心。坚持原原本本学、集中研讨学、力求实效学，既把“规定动作”做好，又突出处室特色，推动主题教育高质量扎实开展，把学习成果转化为谋划改革、破解难题、高质量推进工作的思路和措施；组织干部参加“我和我的祖国”歌咏比赛、观看影片《武陵山上的星光》等活动；和江北新区局第一党支部开展共建活动，走进王荷波纪念馆暨廉政教育基地和江北新区规划展览馆，传承红色基因、坚定理想信念；与江宁区淳化街道滨淮社区党委开展结对共建活动，推动双方在党建工作中共享资源、相互促进、共同发展。二是突出求真求实。落实主题教育主体责任，支部在市税务局机关“学习强国”APP参与度通报中始终名列前茅。8月30日，以“不忘初心、牢记使命”为主题，召开党支部专题组织生活会，运用学习调研成果，针对检视反思的问题，认真开展批评和自我批评。坚持边实践、边整改、边总结，推进党支部标准化规范化建设。三是突出整改落实。对于市税务局主题教育中涉及考核考评工作的问题，对照清单，逐项整改，确保整改落实动真碰硬。在绩效管理工作中，及时开展了对基层单位、机关处室绩效考评指标两轮优化调整工作，进一步精简指标考点，优化考评方式，持续为基层减负。四是突出长效机制。为进一步巩固主题教育成果，考核考评处坚持问题导向，建立“立查立改、边查边改、迅速整改”长效机制。在数字人事工作中，及时辅导机关处室和各基层单位规范执行省税务局的规定要求，广泛收集基层应用问题和建议，通过各种方式积极向省税务局进行反馈，有效促进数字人事制度和信息系统的持续优化，最大限度减轻干部和基层负担。

坚持目标引领，提优绩效管理。一是做好指标编制和优化调整。在国家税务总局、省税务局的绩效管理框架和规则的基础上，市税务局坚持“关注重点、服务大局、全面对接”的编制原则和“指标精简、标准明确、基层减负”的编制要求，经过“两上两下”（处室和基层单位绩效指标编制后，考核考评处汇总修改，再次下发征求意见，完善后再次上报，审核后正式下达）程序征询基层和机关意见建议，制发《国家税务总局南京市税务局关于印发2019年对机关处室组织绩效考评规则和考评指标的通知》、《国家税务总局南京市税务局关于印发2019年对基层单位组织绩效考评规则和考评指标的通知》两套考评规则和考评指标。为贯彻国家税务总局减税降费工作部署和为基层减负等方面要求，对市税务局考评基层单位和机关处室绩效指标进行两轮精简优化，第一轮优化调整内容涉及20个“二级指标”、58个考点。同时将“工作创新”列为特别加分项目。第二轮优化调整结合“不忘初心、牢记使命”主题教育活动，对标“统筹、精简、规范”要求，重点围绕贯彻落实中央关于绩效管理和党政领导干部考核工作新精神，着眼绩效管理“抓班子”的功能定位，进一步精简指标考点，优化考评方式，持续为基层减负。二是做好工作创新。在组织市税务局各处室和基层单位上报创新项目及专项评审的基础上，推荐“聚力服务智能化 提升征纳满意度——创新构建税企服务新平台”项目参加省税务局“工作创新”项目评审，获得全省税务系统一等奖。

深化平台运用，推进数字人事运用。一是建立横向到边、纵向到底的推动机制。强化领导带动，强化部门联动，强化上下互动，市区两级分别成立数字人事工作领导小组和办公室，明确专（兼）职干部。与人事部门分工协作，通力做好年度考核中的各项工作，稳步推进原市国税局、原市地税局数字人事系统合并和整合版上线的数据准备、运行维护和推广应用；与教育处、系统党建处、纳税服务处、纪检组、督查内审处等部门密切配合，共同推进数字人事年终各项工作的顺利开展。畅通市、区两级沟通协调机制和沟通渠道，做到上下同步、准确高效、一体推进。二是落实数据管控和日常督导机制。根据人员职务、岗位等调整变动情况，及时在系统中维护相关数据，优化数据动态管理机制，确保后续使用的准确性。完善日常督导推进机制，在市税务局内网上设置“制度文件和工作动态”专栏，关键时点拉清单、重要人员做提醒、核心事项列说明，做到随时提醒、按周检查、每月小结、季度讲评、定期通报，引导系统干部养成良好的数字人事使用习惯。开展数字人事数据安全保密教育和权限清理，签订保密协议，规范用户密码管理，确保数据安全。三是完成国家税务总局2019年度数字人事业务能力升级和领导胜任力测试报名审核。加强与组织人事处、教育处的工作衔接，保持信息互通、工作互动，确保国家税务总局2019年度数字人事业务能力升级和领导胜任力测试（以下简称“两测”）各项工作的统筹推进。严格对照审核标准，全面开展报名审核和复核工作。全系统共组织690名人员参加业务能力升级测试，204名人员参加领导胜任力测试。在2019年全省税务系统考核考评师资培训班上，市税务局作为唯一一家市级局单位作大会交流发言；省税务局到市税务局开展数字人事创意创新项目实地调研，玄武区局的“数字人事辅助提醒桌面屏保小程序”得到省税务局的充分肯定，并列入省税务局项目支持和推广计划。

（王甜源）

绩效指标编制和优化调整 一是做精指标编制。在国家税务总局、省税务局绩效管理框架和规则的基础上，坚持“关注重点、服务大局、全面对接”的编制原则和“指标精简、标准明确、基层减负”的编制要求，经过“两上两下”程序征询基层和机关意见建议，制发对基层单位和机关处室的两套绩效考评规则和指标。二是做细指标优化。根据省税务局要求，组织系统上下全面梳理2019年度绩效考评规则和指标，先后开展两轮绩效考评规则和指标编制质量自查整改，确保绩效考评规则和指标符合上级要求。二季度，根据国家税务总局、省税务局工作部署，着眼于贯彻落实全国“两会”精神、国家税务总局实施减税降费工作部署和解决形式主义突出问题为基层减负等方面要求，对接国家税务总局、省税务局关于绩效指标优化调整工作部署，对市税务局考评基层单位和机关处室绩效指标进行精简优化，优化调整后的考评指标共31项，较年初下发的指标减少1项，调整内容涉及20个“二级指标”、58个考点。同时将“工作创新”列为特别加分项目。8月份，市税务局又根据国家税务总局、省税务局绩效考评指标进一步优化调整要求，结合“不忘初心、牢记使命”主题教育活动的开展和专项整治任务清单，对标“统筹、精简、规范”要求，对考评基层单位和机关处室绩效考评指标开展新一轮优化调整，重点围绕贯彻落实中央关于绩效管理和党政领导干部考核工作新精神，着眼绩效管理“抓班子”的功能定位，进一步精简指标考点，优化考评方式。优化调整后的考评基层单位指标共19项、99个考点，较6月份优化调整稿减少12项指标、51个考点，指标减少39%、考点减少34%；较年初制定稿减少13项指标、58个考点，指标减少41%、考点减少37%。

（王甜源）

绩效管理 一是注重培训辅导。继续通过专题培训和集中辅导的方式，加强绩效管理队伍建设，提升绩效管理水平。在年初绩效规则和指标编制过程中，认真开展专题培训，采取现场辅导、集中办公、逐一审核等方式，确保工作效率和质量；在年中指标优化调整指标工作中，先后召开机关处室和基层单位绩效指标优化调整专题工作会议，开展专题辅导和专项工作部署，有效提升工作水平，推进工作开展。二是注重沟通交流。加强与省税务局相关处室的沟通协调，及时掌握考核重点，结合从严治党、减税降费等重点工作开展实地督导调研，及时征求意见建议，拓展双向交流。三是注重持续改进。在2018年度绩效分析的基础上，查找在绩效理念深化、工作规范、指标编制、创新创优等方面存在的不足，切实采取措施，加以持续改进，并形成市税务局《2018年度绩效改进报告》。坚持季度分析讲评，序时跟进绩效推进情况，及时发现不足，整改提升。（王甜源）

"工作创新"项目申报和评审 一是组织开展项目申报和推荐。组织各基层单位和机关处室围绕重要性、创新性、实效性和规范性等标准开展"工作创新"项目申报工作；12月17日召开市税务局"工作创新"参评项目推荐会，对9个处室申报的9个创新项目进行推荐评分，经综合审定，市税务局推荐"聚力服务智能化 提升征纳满意度——创新构建税企服务新平台"项目参加省税务局"工作创新"项目评审，体现了工作的创新性和实效性。二是参加省税务局现场评审。考核考评处与纳税服务处紧密配合，不断修改完善文字申报材料、优化调整PPT内容，先后组织三次陈述试讲，并加强与省税务局考核考评处紧密联系，全面了解评审规则，充分做好现场评审各项准备。在全省"工作创新"现场评审中，市税务局参评项目获得一等奖。三是开展基层单位"工作创新"项目评审。召开基层单位"工作创新"项目评审会，对基层单位申报的21个创新项目进行评审，评出一等奖2项、二等奖3项、三等奖4项。（王甜源）

数字人事工作管理 一是注重组织推动。按照国家税务总局、省税务局要求，市区两级分别成立数字人事工作领导小组和办公室，明确专（兼）职干部从事数字人事工作，形成市区两级联动，一级抓一级，层层抓落实的良好工作格局。考核考评部门和人事部门作为数字人事工作的主要牵头部门，分工协作、各司其职，通力做好年度考核中的各项工作，稳步推进原市国税局、原市地税局数字人事系统合并和整合版上线的数据准备、运行维护和推广应用的跟踪反馈；与教育处、系统党建处、纳税服务处、纪检组、督查内审处等部门密切配合，共同推进数字人事年终各项工作的顺利开展。畅通市、区两级沟通协调机制和沟通渠道，设立基层联络工作群，及时交流分享数字人事工作方式方法，使得数字人事的管理工作做到上下同步、准确高效、一体推进，高效推进各项工作的执行落实。二是注重制度落实。不定期在后台提取工作记实、任务推送等日常数据完成情况，及时推送任务提醒，扫除数据盲点和疑点，优化数据动态管理机制。关键时点拉清单、重要人员做提醒、核心事项列说明，确保数据及时完整，实行重点工作监控制度。做到随时提醒、按周检查、每月小结、季度讲评，提升数据质量和规范，完善日常督导推进机制。开展数字人事数据安全保密教育和权限清理，签订保密协议，规范用户密码管理，确保数据安全。三是注重辅导培训。建立线上线下双线并行的培训辅导模式，引导系统干部养成良好的数字人事使用习惯。在"线上"，运用市税务局内网上设置"制度文件和工作动态"专栏，方便干部职工查找对照，利用碎片化时间进行学习；在工作联络群及时答疑解惑，通报阶段工作运行情况，明确工作方向。在"线下"，及时召开专题工作动员部署会议，组织考核考评和人事条线的操作培训，全面了解系统运行情况，及时查漏补缺；定期对系统基层单位数字人事系统运行情况进行通报，按季开展讲评，及时分析数字人事工作情况。（王甜源）

"两测"报名审核 一是注重工作统筹和协调。加强与组织人事处、教育处的工作衔接，保持信息互通、工作互动，确保国家税务总局2019年度数字人事业务能力升级和领导胜任力测试报名审核报名与审核工作的统筹推进。二是注重宣传辅导和上下沟通。通过工作群组先后两次转发省税务局报名政策解答四期，指定专人在线进行政策答疑，并及时向省税务局请示政策、反馈问题。三是注重审核质量和情况反馈。系统"两测"报名基本结束后，组织全系统考核考评部门人员，严格对照审核标准，全面开展报名审核和复核工作，考核考评处在完成市税务局机关报名审核的基础上，对各基层单位的审核结果进行抽查和复核，对审核中发现的问题，点对点进行反馈整改、即时纠错，进一步确保了审核质量。市税务局共组织690名人员报名参加业务能力升级测试，其中：基层单位579人，机关处室111人；组织204名人员报名参加领导胜任力测试，其中：基层单位147人，机关处室57人。经审核，604名人员通过业务能力升级测试报名审核，其中：基层单位507人、机关处室97人；193名人员通过领导胜任力测试报名审核，其中：基层单位136人、机关处室57人。（王甜源）

（责任编辑　徐曼曼）

教育培训

概述　2019年，市税务局围绕征管体制改革后的新使命、新要求，充分发挥干部教育培训统一思想、提升能力、助推改革的重要作用，顺利完成全年各项工作任务。全年教育培训工作有以下四个突出特点：一是突出政治引领。通过政治引领把握培训方向，坚持把学习贯彻习近平新时代中国特色社会主义思想作为教育培训工作头等大事，深入学习贯彻党的十九届四中全会精神，毫不放松加强党性教育。二是突出制度建设。根据国家税务总局、省税务局文件精神，制定《南京市税务局关于贯彻“全省四年业务能力提升行动计划”的实施意见》；2019年3月，修订市税务局干部教育培训工作管理办法（暂行）；围绕年度重点工作，印发了《2019年国家税务总局南京市税务局教育培训项目计划》，明确了67个培训项目。三是突出精准培训。分清职责抓好分级培训，对象上以领导干部、青年干部、业务骨干和兼职教师作为培训重点；内容上围绕征管体制改革、个人所得税改革、落实减税降费等重点任务，聚焦业务融合互补，提高培训时效性、实效性、针对性。四是突出专业能力提升。以组织开展领军人才选拔、“岗位大练兵、业务大比武”、数字人事“两测”（国家税务总局2019年度数字人事业务能力升级和领导胜任力测试）为契机，通过导学、促学、督学等方式，在系统上下掀起业务学习高潮，不断提升干部税收专业本领和岗位胜任能力。2019年全市税务系统共举办193个培训班次，9231人次参训，培训规模总计36161人天；共选派1075人次参加国家税务总局和省税务局举办的127个培训班次（5600人天）。江苏省税务干部学校南京分校承接各培训班95个，比2018年增长51%，培训规模16475人天。实现了教育培训“质”与“量”的双提升。同时，积极探索适应有效方式，充分利用国家税务总局税务网络大学资源体系，推行线上线下相结合的培训模式。2019年全系统税务网络大学在职干部用户4100多人，实现了全员覆盖，全局干部在线学习累计时长超过300253多小时，达到并超过省税务局考核要求的人均学习时长。（容　蓉）

多种类型培训实施　一是落实国家税务总局、省税务局各项培训项目，严格按要求选派合适人选参训。2019年，共选派1075人次参加国家税务总局和省税务局举办的127个培训班次。其中国家税务总局“一竿子到底”视频培训班，市税务局组织了全系统1694人次参加了12个场次视频培训，拓展了基层干部的学习深度。二是分级分类组织实施市税务局各项培训项目。根据年初制定的培训计划，区分不同需求的培训对象，科学合理设计培训课程，提升干部的岗位胜任能力。2019年南京市税务局共举办70个培训班次，4157人次参训，培训规模总计15865人天。三是严格规范系统培训审批管理。规范培训项目管理，对办班计划、培训地点、培训费用、师资选聘、课程设置等加强审核管理。2019年基层单位经过市税务局审核后实施培训班123班次，5074人次参训，累计培训20296人天。（容　蓉、范　敏）

参与国家税务总局第六批领军人才选拔　根据《国家税务总局关于选拔第六批全国税务领军人才学员的通告》、《国家税务总局江苏省税务局办公室关于做好第六批全国税务领军人才学员选拔工作的紧急通知》，第六批全国税务领军人才学员选拔设综合管理（侧重税务系统党的政治建设和干部队伍建设方向）、税收法制（分为税收法治、税政综合管理、自然人税费管理3个方向）、税收信息化管理、国际税收管理4个专业，选拔155人。通过个人报名、推荐、笔试、素质和业绩评价、面试、考察等环节，按考生的考试成绩和综合情况，择优录取。南京市税务局按照上级要求，开展选拔有关工作。动员和选派了27位干部参加报名，并组织前往北京参加笔试，4人入围面试，最终梁金春、张少柏两位干部成功录取为国家税务总局第六批领军人才学员。（范 敏）

全员“岗位大练兵、业务大比武”活动 按照国家税务总局、省税务局工作部署，2019年“岗位大练兵、业务大比武”活动包括练兵检测和分级比武，其中，练兵检测分为综合检测环节和专业提升环节；分级比武在综合文秘、货物和劳务税、个人所得税、大企业税收管理、税务稽查等5个专业岗位中进行。南京市税务局高度重视，把练兵比武作为提升素质、促进四合、推动工作的重要抓手，相关处室密切配合，广大干部立足岗位积极参与，各单位认真组织，大力开展形式多样、各具特色的练兵活动，推动了干部实现“要我练”到“我要练”的转变，系统上下掀起了学业务、练本领、比技能、争先进的热潮。在国家税务总局网络竞赛及岗位大练兵阶段，全市综合检测环节共组织3300多名干部参赛，参赛率和达标率分别为83%和98.17%。市级比武阶段，市税务局通过组织两轮测试，从全系统262名参考人员中选拔出五个岗位类别的“岗位能手”，并择优选出47名选手组成南京税务代表队参加省级比武。经过层层选拔和激烈竞争，南京市税务局在省级大比武中取得优异成绩，获省税务局“优胜单位”一等奖，省税务局三等功一人，嘉奖2人，18名干部获得省税务局“专业骨干”称号，其中，栖霞区税务局薛梦影在国家税务总局大比武决赛中取得了个人所得税岗位类别第九名的成绩，受到国家税务总局的通报表扬。市税务局授予62名同志为“岗位能手”称号。（容 蓉）

数字人事“两测”考务工作 根据《国家税务总局办公厅关于印发〈国家税务总局2019年度数字人事业务能力升级和领导胜任力测试实施方案〉的通知》（税总办发〔2019〕80号），南京市税务局组织符合条件的税务干部积极报名参加，共有797人次报名，人数为全省最多。其中，业务能力升级测试604人（行政管理183人、纳税服务64人、税务稽查29人、征管评估318人、信息技术10人），领导胜任力测试193人（报考正处级154人、副厅级39人）。此次考试为机考，时间紧，任务重。南京市税务局对本次“两测”高度重视，各部门联动，做好考务统筹、宣传报道、纪律监督、交通指引、后勤支持等；做好考务协调，勘察考场，摸清情况明确事项，要求考务公司明确职责、规范流程、把握时点，上传数据等，做好各项助考工作。2019年12月7日，国家税务总局业务能力升级和领导胜任力测试（南京考点）在南京师范大学仙林校区顺利举行，全场考风考纪良好。（范 敏）

兼职教师队伍建设 为适应国地税征管体制改革后税务教育培训工作的新需要，加强南京市税务系统兼职教师队伍建设，发挥兼职教师在干部培训工作中的支撑作用，在原市国税局、市地税局已有兼职教师队伍的基础上，本着基于存量、优势互补、动态优化的基本原则，南京市税务局在全省率先建立了一支各业务门类齐全的73人的兼职教师队伍。同时，于2019年4月17—19日举办了一期兼职教师培训班，重点围绕成人教育心理、课程设计与开发、教学组织与授课等内容，开设成人教育心理学在干部培训中的应用、教学素材准备与课堂感染技巧漫谈、“互联网+培训”与教学创新、信息时代的学习变革等课程，提高兼职教师专业素质。此外，组织兼职教师参加国家税务总局“三比一展”（比知识、比技能、比效果、展风采）竞赛活动，市税务局江沁沁同志成功入围，代表省税务局进入国家税务总局“效果决赛”，并入选国家税务总局教育培训师资人才库。（容 蓉）

青年干部培训 2019年，市税务局努力构建以领军人才、专业骨干、岗位能手及兼职师资、复合型人才为主体的青年人才梯队，培养造就忠实贯彻习近平新时代中国特色社会主义思想、符合新时期好干部标准、忠诚干净担当、充满活力的高素质专业化青年税务干部队伍。一是做好新录入公务员初任培训的组织工作，确保按时高效完成好培训任务，增强新进公务员的工作能力。二是主抓青年业务骨干，通过“精英团队”团队化运作方式，不断培养和挖掘青年干部的创新力和学习力，发挥青年干部先锋队、生力军的重要作用。2019年，为加强青年业务骨干税收业务水平，强化理想信念宗旨教育，市税务局组织了两批三期系统青年业务骨干财税知识强化提高班，共计146人次参训，学习最新最前沿行业动态，进一步丰富和完善知识结构。（容　蓉）

干部培训与教学　一是稳步实施培训计划。参与省税务局、市税务局年度培训计划制定，对学校开展培训的内容、时间、方式等进行系统设定。针对培训班数量增多、班级规模减小、培训时长缩短等特点，由侧重于培训项目策划、培训课程开发，转变为做好内外沟通协作、细致对接办班需求、严格费用列支审批、规范报送结班资料，始终抓牢工作重点。二是规范教学过程管理。加强培训过程管控，合理设计课程，创新培训方法，安排交流互动，在补齐短板、提高素质的同时，促进税务干部之间的思想融合和业务融合。加强培训质量评估，从学员满意度、知识技能接收度、培训成果运用度、税收工作改变效果等维度，听取各级组织和学员的意见建议，促进培训成果在税收实践中的转化。三是抓好培训资源建设。配合市税务局教育处开展第一届73名兼职教师的遴选、聘任工作，组织教学技能专项培训，举行教师聘任仪式，打造业务过硬的师资队伍。发挥南京师范大学合作教学辅助作用，优选外部培训师资，加强与江苏省委党校、南京市委党校、南京财经大学等院校的联系，满足各类培训班对公共课程的教学需要。全年邀请高校教师授课92人次，实施教学368学时。梳理、更新公共课程近200门，新增"党建工作"课程菜单5类40门，共承办各类培训、会议145批次，25616人次。（姚　辉）

税务学校学员管理　一是落实学员管理制度。落实中央、中组部和国家税务总局关于教育培训、学员管理工作的各项要求，针对学员管理工作中面临的新情况、新问题，重点围绕遵守八项规定和课余时间管理，重新修订学校《学员管理规定》，进一步规范培训秩序。二是加大学员管理力度。将安全教育作为培训班开班的重要内容，宣讲《学员管理规定》，组织学员签订《学员廉洁自律承诺书》，加强班级考勤和学员出入管理，在学校大门设立"警示提醒牌"，对严禁饮酒，出行安全和返校时间等事项作出特别提醒，强化纪律要求，提高纪律意识。三是做好班级细节管理。严格班主任工作规范，加强与学员之间的沟通，及时处理各种问题。强化班委协助监管机制，明确职责分工，加强对班级情况的掌握，提高工作的预见性。制定《培训项目参训学员情况汇总表》，对学员管理工作作出完整、准确的评价记录。（于　健）

培训机构改革　一是与无锡税校进行整合。根据培训主业需要和专业、功能、区域分布特点，与无锡税校进行整合，强化功能、优化配置、合理布局，建立统一管理、分工明确的全省税务干部教育培训体系，实现资源优化配置。借力无锡税校，在账户、发票、资金等关键要素上，满足学校维持实质性运转的需求。二是修订学校财务管理制度。依据《江苏省税务学校财务管理制度》，修订学校财务管理制度，建立由无锡税校统一管理、分工明确、可操作性强的财务管理制度体系。制定《江苏省税务学校（南京校区）经费报销流程（试行）》，在审批权限、审批手续、出差审批、印信使用等方面作出修改与调整。三是加强培训项目资金管理。编制2020年与培训工作直接相关的预算报无锡税校，依托无锡税校的资金保证学校的运转。通过理顺与无锡税校之间的关系，建立合理的培训项目分工机制和规范的资金审批流程。（冯　骅）

培训保障　一是加强校园安全管理。落实卫生局防疫部门要求，严把厨房食品安全防疫关。积极宣讲减灾防灾知识，完善防灾减灾预案，开展"减灾防灾安全月"活动，全方位做好校园安全工作。细致排查消防隐患，设立微型消防站，提升消防安全保障能力。加强物业考核管理，定期蹲点监管，督促指导一线员工的技能培训和考核，确保岗位工作安全和质量。做好地质灾害区域监测治理，有效防止次生灾害。加强有害生物病虫害的治理，有效控制有害生物可能导致的安全事故。二是积极开展节能减排。上线启用能耗监测系统，加强大型能耗设备的管理，与去年同比水费减少24%，约5万元，电费减少约4%，约4万元。严格物料领用定额管理，优化运营成本核算流程，健全仓库和资产的管理办法，强化物料日常核算。根据机构改革需要，配合市税务局有关部门及外部会计师事务所做好资产盘点工作，完成资产清点和账务移交手续，向市税务局申请处置报废资产421件，价值1000余万元。三是优化基础设施建设。将客房地毯更新为防霉烂的强化地板，提升学员住宿环境。优化教学楼公共区域，改造装饰布局，美化公共环境。对餐厅、总台、校门口的单机版"一卡通"机器进行升级联网，优化配置，监控记录在校学员活动轨迹。清理和维修厨房排污管道，提高排污能力，净化河道水质。根据绿色植物的特点，利用春、冬两季，分区域进行集中整治，美化园林景观环境。

（黄国柱）

（责任编辑　徐曼曼）

纪检监察

概述　2019年，南京市税务系统各级纪检机构履行全面从严治党监督责任，坚守政治担当，突出监督重点，紧扣主题主线，聚焦主责主业，运用监督执纪"四种形态"（经常开展批评和自我批评、约谈函询，让"红红脸、出出汗"成为常态；党纪轻处分、组织调整成为违纪处理的大多数；党纪重处分、重大职务调整的成为少数；严重违纪涉嫌违法立案审查的成为极少数），一体推进不敢腐、不能腐，全市税务系统纪检工作按照"固本强基"的建设目标有序推进。

突出政治建设，坚决维护党的纪律权威性。坚持把党的政治建设摆在首要位置，组织政治生态专项调研检查，压实"两个责任"（全面从严治党主体责任、全面从严治党监督责任），成立新机构党风廉政建设领导小组，召开全面从严治党会议，逐级签订全面从严治党责任书。参与印发《南京市税务系统落实全面从严治党主体责任和监督责任事项清单》，强化"两个责任"的层层传导和逐级压实。制定市税务局《2019年纪检监察工作要点》，为年度党风廉政建设明确工作重点。

聚焦监督重点，抓重大决策部署监督执纪。坚决贯彻习近平总书记等中央领导同志关于税收工作的重要指示精神，统筹推进减税降费、主题教育、扫黑除恶专项斗争、扶贫领域腐败和作风问题专项治理，开展第三方借减税降费巧立名目乱收费、利用名贵特产类特殊资源谋取私利等专项整治工作，做到党中央、国务院重大决策部署到哪里，监督检查就跟进到哪里。

持续巩固深化，持续纠治"四风"。持续推进对形式主义、官僚主义的集中整治，关注监督税务系统差旅费伙食费和市内交通费收交管理工作、"待报解"账户、房产交易征管等重点事项，结合"八小时以外"管理，开展税务干部违规接受管理和服务对象宴请、安排旅游和礼品礼金等问题专项治理工作，督促相关职能部门严格执行内部管理制度。

聚焦主责主业，提升监督质效。紧盯关键少数，严格个人有关事项报告、婚丧喜庆事项报告、因私出国（境）审批等制度的落实。参与对干部选拔任用工作的监督，做好党风廉政意见回复工作。紧抓重要节点，在重要年节假期，以召开专题会议、廉政约谈、发布短信提醒等形式，加强廉政教育提醒。落实国家税务总局关于规范税务干部交往的通知，编制任务清单，强化对干部"八小时"之外的监督管理。通过参观监狱等形式，开展警示教育，持续推进"以案促改"，让税务干部知敬畏、存戒惧、守底线。推动廉政风险防控，在第二稽查局开展蹲点式调研，2019年12月，指导编制《税务稽查廉政风险防控指南》。

践行"四种形态"，保持纪律审查和执纪问责高压态势。规范信访及问题线索管理，坚持问题线索处置、信访调查、审核审理"三分离"，并依托团队化管理，相互制约。加强纪律审查安全建设，建设符合规范标准的"纪检谈话室"。案卷管理在省税务局信访和案件卷宗交流评比中被评为优秀并上台交流。运用"四种形态"，突出加强"第一种形态"的运用力度，重点查纠以税谋私、为税不廉、徇私乱作为等群众身边的各类"微腐败"，始终保持从严监管的高压态势。转发并落实国家税务总局新的《税收违法案件一案双查实施办法（试行）》（税总发〔2019〕27号），对案源管理事项进行细化，落实联席会议制度，积极开展税收违法案件一案双查。（夏　轶）

开展政治生态专项调研 2019年，市税务局按照国家税务总局、省税务局全面从严治党工作会议关于加强政治生态分析研判的工作部署，结合全面从严治党工作会议以及2019年巡察工作的相关要求，组织政治生态专项调研检查。推动构建纪检机构“专责监督”，巡察、督审部门“职能监督”和市税务局机关内设部门“日常监督”相结合的大监督格局，探索搭建强化政治意识、改进工作作风、落实监管责任、查找风险隐患、推进队伍融合、分析政治生态“六位一体”的监督工作目标体系。对9个市税务局部门和派出机构党（总）支部通过现场检查、问卷调查、询问抽查等多种方式，组织开展政治生态专项巡察，形成政治生态调研报告，从政治站位的角度检视问题，就探索政治生态评价体系提出建议，助推全系统营造风清气正的良好政治生态。（鲍 进）

“不忘初心、牢记使命”主题教育专项监督 2019年，市税务局从教育情况、调查研究、检视问题、整改落实四个方面入手，对“不忘初心、牢记使命”主题教育情况开展监督。根据上级和市税务局党委统一部署，市税务局党委纪检组把扎实开展第一批、第二批主题教育监督工作摆在履行监督职责的主攻方向。市税务局党委纪检组参与制定主题教育学习计划，提出学习内容应紧紧围绕党的政治建设、全面从严治党、理想信念等8个方面开展，明确学习专题、时间、责任部门、参加对象，推动学深悟透，以知促行。召集系统纪检监察专题工作会，全面部署监督工作，确保主题教育不走神不散光。组织市税务局领导、机关和派出机构支部书记到江宁监狱开展警示教育，通过参观监狱犯人生活区、培训区、工作区，召开现场警示教育会以及服刑人员现身说法，增强警示教育影响力。

对调查研究情况开展监督。市税务局党委纪检组召开专题会议，成立联合调研检查工作组，研究调研检查方案。调研检查突出“短、实、准”，检查内容覆盖“主题教育开展情况、中央八项规定精神贯彻执行情况、第三方借减税降费服务巧立名目乱收费专项整治情况”三方面内容，共走访基层单位、派出机构13家，查找问题31条，形成调研报告1篇。

对检视问题情况开展监督。坚持刀刃向内，2019年8月，起草《国家税务国家税务总局南京市税务局2019年以来党风廉政建设和反腐败工作情况》，对2019年党风廉政建设总体情况，尤其是纪检监察信访情况进行分析，查找出党风廉政建设方面问题四类，剖析问题产生原因，在市税务局党委会上作专题研究。结合主题教育专项整治工作开展，督促梳理形成主题教育第一批、第二批问题整改清单。市税务局党委纪检组长除参加市税务局党委民主生活会、认真开展批评和自我批评外，还专程到基层联系点参加主题教育专题民主生活会，现场指导、点评，推动主题教育走向深入。

对整改落实情况开展监督。针对纳税人缴费人和基层一线反映突出的堵点、痛点、难点问题，市税务局党委纪检组持续跟踪，以监督促问题整改到位。推动制定“不忘初心、牢记使命”主题教育专项整治工作方案，开展六项专项整治，细化31项整改要求和59项具体措施。市税务局党委纪检组对照专项整治方案，以市税务局党委第一批、第二批问题整改清单为抓手，督促责任部门一项一项抓紧整改，一件一件抓好整治，以专项整治工作开展促进税收事业发展。（夏 轶）

减税降费政策落实情况监督执纪问责 2019年，市税务局以大监督格局凝聚监督合力。搭建内外监督互动平台，通过市区两级分别向属地纪委主动汇报工作、每月呈送监督工作专报、配合进行明察暗访、选派干部到纪委帮助落实减税降费工作等形式，畅通内外部监督渠道，推进信息双向互通。市税务局党委纪检组牵头召开减税降费监督执纪工作部署会，2019年2月，印发监督工作方案，成立监督工作领导小组，统筹运用督察内审、党建、考核考评等职能监督力量，形成监察、巡察、督查“三位一体”的减税降费监督工作体系。

以贴近式检查强化监督落细。坚持问题导向，贴近纳税人“获得感”，在实施贴近式、伴随式的“零距离”监督检查上下功夫。随机抽取纳税人进行电话问卷调查，征集关于政策宣传辅导、减税效应体验等方面问题，督促职能部门整改落实。开展第三方借减税降费巧立名目乱收费行为专项排查整治，随机抽取110户使用电子发票第三方平台的企业进行电话回访。贴近办税大厅一线，组成检查小组随机暗访办税厅，收集问题建议，及时反馈并限期整改。贴近税收主体业务管理，加强对市税务局减税办各职能部门履行职责清单情况的监督，收集具体意见。全年全市共开展减税降费专题调研53次，座谈会133场，明察暗访33次，实地走访1542户企业，发放问卷7297份，调研企业954户，收集意见建议406条。

以跟进式清单强化责任落实。实施工作报告点评制度，落实“日小结、周例会、月报告、季点评”要求，实施清单式管理，对重点监督任务实行项目化推进。针对市税务局减税降费督查组在专项督查中发现的问题，市税务局党委纪检组向6家基层单位开出6份“纪检建议书”。针对省税务局明察暗访发现的问题，向2家基层单位开出3份“纪检建议书”。对第三方涉税服务乱收费排查整治等三项工作“回头看”抽查发现的三类23个问题，印发“责令限期改正通知书”，要求6个基层单位立行立改，确保减税降费基础工作和监督工作落实到位。相关基层单位纪检部门按相关规定对15名人员给予了批评教育或提醒谈话的组织处理。牵头开展小微企业政策追溯和应享未享退税（费）工作督查，做到减税降费工作推进到哪里、监督就跟进到哪里。（徐　潇）

纪律审查和执纪问责保持高压态势　2019年，市税务局落实省税务局关于“四种形态”的文件精神，加强“第一种形态”的运用力度，围绕政治巡察中发现的问题，对三家基层单位领导班子分别开展集体廉政谈话，指出问题进行批评教育。在形式主义、官僚主义集中整治中，对7名干部进行提醒谈话，1名干部给予批评教育。加大执纪问责力度，在信访及问题线索查办中，给予开除党籍和行政撤职处分1人，党内警告处分1人，诫勉谈话2人，提醒谈话2人。在干部违规经商办企业专项整治中，给予党内警告和行政记过处分1人，行政警告处分1人。对给予党政纪重处分的干部，向所在单位发出纪检建议书，并指导该单位对违纪人员所在部门负责人进行问责。受处分人员的案例被省税务局集中通报。加强纪律审查安全建设，积极建设符合规范标准的“纪检谈话室”。案卷管理在省税务局信访和案件卷宗交流评比中被评为“优秀卷宗”并上台交流，市税务局纪检组在省税务局组织的纪检监察培训中表现突出，领学交流和经验介绍受到好评。畅通信访举报渠道，不断完善信访举报监督网络，2019年以来，全系统纪检机构共接受信访举报35件（不含22件重复件），全部按照四种处置方式（谈话函询、初步核实、暂存待查、予以了结）及时规范办理，其中，采取初核调查28件，函询4件，了结3件。目前已办结17件。对5人进行了组织处理（谈话提醒1人，批评教育1人，诫勉谈话3人）。（欧阳颖）

完善作风建设长效整治措施　2019年，市税务局党委出台《关于形式主义、官僚主义问题的长效整治措施》，形成四项长效整治举措，从源头上防止形式主义、官僚主义滋生蔓延。对“形式主义、官僚主义集中整治、领导干部利用名贵特产类特殊资源谋取私利、办公用房清理、礼品礼金上缴”四个专项工作统筹开展整改落实情况专项检查，对建邺区税务局和六合区税务局开展实地抽查，对9个机关及派出机构党组织的整改情况进行重点督查。印发《形式主义、官僚主义问题集中整治工作情况的通报》，总结整治工作主要做法、指明存在问题、提出整改要求和下一步工作方向，进一步推进问题整改到位。强化对税务人员“八小时”以外监督，9月，开展全市税务系统“八小时以外”情况的专题研究和线索排查工作。就干部违规经商办企业，酒驾、酒后滋事等违纪违法行为发送廉政提醒短信，为干部“八小时以外”活动划出红线。12月，制定《南京市税务系统进一步加强税务干部交往情况管理监督事项清单（试行）》，从落实管党治党政治责任、针对性开展纪律教育、强化监督检查、严肃执纪问责、建立健全长效机制五方面，细化监督工作责任主体和相关要求，推动干部“八小时以外”监督工作责任落实落地落细。（鲍　进）

税收违法案件“一案双查”　2019年，市税务局落实国家税务总局新的《税收违法案件一案双查实施办法（试行）》（税总发〔2019〕27号），对案源管理事项进行细化，落实联席会议制度，开展税收违法案件一案双查。建立与稽查部门一案双查工作沟通联系机制，明确案件移交的具体标准及期限，加强协助与配合。加强对税收执法权和税务行政管理权的监督，针对税收执法和行政管理重点风险领域组织开展一案双查。2019年，共组织开展税收违法案件一案双查17件，累计发现执法类问题55项次，通过批评教育方式追责20人次、书面检查4人次、通报批评1人次，相关检查人员提出各类建议7条；发现违纪问题线索1件，已初核完毕进入立案审查程序。针对一起重点涉黑线索，牵头组织与线索相关的7家企业的税收违法案件一案双查，未发现税务干部存在涉黑涉恶等违法违纪行为。 （鲍　进）

（责任编辑　容　蓉）

执法督察内审

概述　2019年，市税务局坚持风险导向推进内控、问题导向强化质效，发挥督察内审在税收现代化建设中的支持性、服务性、保障性作用。

一是市税务局强化制度建设，落实内控要求，对制度建设、风险报备、预警发布等作出更加细化的操作要求。引导各主责部门完善内控制度体系，2019年，市税务局制定并录入各类内控相关制度126项。其中，行政管理类65项，税收执法类61项；梳理内控风险点及防控措施82条，将“痕迹记录控制”“授权审批控制”等内控措施嵌入岗责体系和业务流程，确保内控的要求落实到税收工作的方方面面。二是立足全局、紧扣热点，稳步开展内部审计。聚焦上级规定和热点问题，确定“三公”经费和会议费、扶贫资金使用管理为审计项目，坚持问题导向、风险导向、管理咨询导向。强化结果应用，将审计发现问题及时告知职能处室，促进职能处室及时发现制度、管理的薄弱点，有针对性地制定相关管理举措，并推动系统各单位落实举措，做到举一反三，完善管理。三是着眼长效管理，开展以案促控。以内控机制建设为重点，对照市税务局纪检组提供的十八大以来税收业务案件，组织案发地基层单位或派出机构开展自查，共查找涉案风险点55个，对应内控措施55条：其中由于政策变化调整3个，已纳入总局或省税务局内控操作指引47个，各单位自行梳理后建议增加5个，并提出内控风险防控指标建议7条，内控内生化建议23条。在此基础上，市税务局各业务处室进行再次审核，修改4条，新增2条。四是发挥督审职能作用，服务税务工作全局。深入开展税收执法督察、内部审计和风险应对质量检查等工作，严格落实各项税收政策，防止损害纳税人合法权益的行为发生，保障税收任务圆满完成。2019年，共开展各类督察项目7个，查补税款702.58万元，加收滞纳金9.45万元。开展内部审计项目11个，问题涉及金额425.89万元，对审计发现的问题，被审计单位按照审计报告要求落实整改，整改涉及金额425.89万元。 （李　政）

税收执法督察　一是横向联动，协调配合。加强处室间横向配合，市税务局督察内审处与货物和劳务税处共同组成增值税发票管理风险排查专项工作组，对全市14个主管税务局涉及的1241条疑点数据逐户复核，形成21份工作底稿，发现问题290个，涉及纳税人66户次。二是纵向贯通，统筹推进。加强对基层单位的工作指导和业务支撑，采用市局初步筛查、基层全面自查、市局重点抽查“三位一体”工作模式，统筹推进。2019年筛选疑点数据7575条，经分析判断后，实际下发数据3607条，切实减轻基层负担。三是定向分析，数据加持。开展“六税两费”专项督察，建立疑点指标大数据分析模型，筛选核实数据10155条，确认问题8435条，共计补征入库税款696.93万元，滞纳金9.45万元。 （李　兵）

税收执法责任制落实　探索研究问责基准，推动工作责任落实，防范执法风险，保护税务干部。一是依托平台，落实执法责任制工作。各基层局对日常过错实时查看，认真核实，及时反馈，并严格按照要求进行过错责任陈述申辩及调查确认，实施执法过错的责任追究，保证责任追究工作的实体、程序公正性和规范性。二是定期开展专项执法质量评价，针对重点风险指标，逐项比较各属地局自查纠错户数占比与系统平均水平，用以判断各属地局在不同税务事项管理中的表现。三是利用内控监督平台中的考核指标扫描税收执法情况，认真核实，分清责任，及时反馈，实施执法过错责任追究程序，全年共确认执法过错行为共计66个，过错责任追究共计29人次，其中，批评教育21人次，责令做出书面检查7人次，通报批评1人次。（陈　阵）

内控机制建设　一是推动平台建设，实现风险预警。充分发挥内控监督平台效用，推动各内控主责部门从风险事项入手，分析政策依据，找到运算关系，斟酌取数口径，完善内控指标体系。截止12月末，通过内控监督平台四系统，全市税务系统实现过错预警3116条，自我纠错1174条，无过错调整1886条，最终确认过错56条，有效实现风险预警，防范在前。在内控监督平台一系统内自建指标9个，其中执法类指标6个，廉政类指标3个，提出内控管理建议2条，推送数据79条，有问题率100%，补征税款及滞纳金336204.25元。二是着眼长效管理，开展以案促控。以内控机制建设为重点，对照市税务局纪检组提供的十八大以来税收业务案件，组织案发地基层单位或派出机构开展自查，共查找涉案风险点55个，对应内控措施55条：其中由于政策变化调整3个，已纳入总局或省局内控操作指引47个，各单位自行梳理后建议增加5个，并提出内控风险防控指标建议7条，内控内生化建议23条。

（徐璐璐）

减税降费工作督导　一是明确重点、及时跟进，持续开展减税降费督导。根据市税务局《减税降费工作任务职责清单》、减税降费工作重点以及外部监督部门（审计署特派办、财政部专员办）和上级税务部门检查发现问题动态调整督导调研重点，做到“一月一督导、月月有主题”。二是着眼实效，客观评价。在督导形式上，采用客观因素评价法，不安排专题汇报，通过数据查询、问卷调查、实地暗访、电话回访等多种方式开展减税降费督导调研，为基层减负，提高督导调研质效。2019年，组织开展督导调研6次，编制“督导调研报告”6份，出具“督导调研意见书”27份，发现各类问题42个，提出意见建议19条，对19名干部或聘用人员进行问责，监督面覆盖全市14个基层局。（何旭芳）

（责任编辑　容　蓉）

老干部管理

概述　2019年，市税务局贯彻国家税务总局、省税务局老干部相关工作要求，围绕省委、市委老干部局会议精神，以“让组织放心、老干部满意”为工作目标，扎实开展各项工作。强化思想政治学习，以支部共建为纽带，互帮互学，参观小岗村和城建展览馆；坚持用心用情，办实事解难事，编写《医保就医指南》《老干部服务手册》《政策汇编》，组织扑克牌比赛、开展兴趣小组活动，市税务局机关老干部孙国光被评选为第二届南京市“最美老干部”提名奖等，展现银发风采。

（一）强化政治引领。

一是举办系统老干部党支部书记和组织委员培训，筑牢党建根基。3月20—22日，在江苏省税务干部学校南京分校举办系统离退休干部党支部书记、组织委员学习培训班。进一步帮助老干部党员认清党支部的重要地位和作用，明确支部建设的主要任务，加深对目前面临形式的理解和把握，提升老干部党支部建设管理水平，为更好发挥老干部党支部的战斗堡垒作用打牢基础。二是做到年初有计划，季度有学习，月月有活动。市税务局按照机关党委年度学习要求，制定系统老干部党组织学习计划，下发给基层各党支部。要求各支部、党小组要充分利用好每月一次的老干部活动日，开展支部活动、收缴党费、组织学习当前的一些国家大事和时政，并给每一个老干部党支部订阅《学习参考》以及发放了《十九大报告辅导读本》《中国共产党章程》等学习资料，让离退休干部党员紧跟组织的步伐，不掉队。三是开展老党员“不忘初心、牢记使命”主题教育，与浦口区局老干部党支部结对共建。9月将初心学堂与红色基地小岗村相结合，加强对党员理想信念的建设。11月参观了南京市规划建设展览馆，共同走过410张新老照片搭建起来的“我和我的祖国——南京城建记忆”时光隧道，加强对新中国成立70年来的光辉历程和成就的了解，加深对祖国、对党的赤诚之爱。四是推动离退休干部党支部实现“六有一提升”（有党的组织、有领导班子、有工作制度、有组织活动、有作用发挥、有工作保障，提升组织力战斗力）。贯彻市委离退休干部工委《关于加强和改进离退休干部党组织建设的意见》，提升离退休干部政治意识，进一步提高离退休干部党建工作的政治站位，提升离退休干部党组织的组织力和活力。市税务局机关第二老干部党支部被市委老干部局评选为"先进党支部"，鼓楼区局老干部李德祥被省委老干部局评选为"先进个人"。

（二）坚持用心用情。一是召开情况通报会，开展老干部走访慰问工作，政治上尊重，生活上关怀。年初、年中市税务局文月寿局长和林岗副局长向老同志通报各个重要阶段市税务局的税收工作和老干部工作，并带队上门走访慰问了部分离休干部和老领导。在日常走访方面，全年传统重大节日（春节、端午、重阳）与在职干部同标准进行普遍慰问，上门慰问机关老干部69人次，看望住院4人次，去世慰问1人次等。二是组织开展"传承红色基因、感受南京巨变"活动。上、下半年分别组织机关老同志参观了李元龙纪念馆、止马岭生态公园和大泉湖畔的枫彩漫城、竹镇抗日民主政府纪念馆。通过参观考察活动，引导老同志以积极的心态、历史的眼光、辩证的思维，看待改革开放，展示阳光心态。三是开展体检服务和解读工作。组织机关老干部体检，前期与医院进行沟通，开通绿色通道，制定套餐项目，并邀请专家继续为离退休人员做好体检报告的解读工作，并就合理饮食、运动保健、保持良好精神状态进行授课，开展医疗保障服务。四是为老同志多办实事：印发医保就医指南。年初医保改革后，市税务局梳理了职工医保报销流程，对门统、门慢、门特、转诊、住院以及二次报销事项进行了详细说明，印制成医保就医指南发放给老同志；及时落实福利待遇。针对机构合并后老干部政治、生活待遇等一揽子问题，按照就高不就低的原则进行了统一，并及时落实到位；做好医疗保障。协助市税务局财务处办理机关老干部医药费报销，涉及126人次；为系统14人次老干部办理大病医疗补助；与干保处协调，及时为全系统离休干部和享受特约医疗待遇的退休干部换发医疗证、临时报销、异地就医等事项；坚持问题导向，精准推动改进。针对2018年老干部座谈会以及调查问卷收集到的建议，市税务局2019年做出改进。如：针对每次节日慰问品的发放形式方面（增加了快递到家的形式），体检服务方面（多家医院自行选择），活动组织方面等，收到老同志的好评。五是编印亲情服务指南。为更好地服务老干部，让每一位即将退休或者已经退休的人员可以迅速找到组织，对接上人员，全面了解自己享有的待遇情况以及日后需要配合的事项，编写了离退休人员服务手册，内容包括退休报到流程、党支部管理要求、因私出国境的申办程序、医药费报销流程以及老干部工作联系人电话等，努力让老干部心中有数、不操心、少跑腿。

（三）注重队伍建设。一是3月份在浦口区局召开了全市离退休干部工作分管科长工作座谈会，传达市委老干部局全年工作要点以及省税务局工作要点，共同谋划2019年全市税务系统老干部工作，参会人员结合各单位实际情况，献计献策，提出了意见建议，统一思想，凝聚队伍力量。二是为帮助工作人员尽快了解和掌握现行政策，市税务局在原有汇编的基础上，及时补录了近两年的新政策和规定，更新印发《离退休干部工作政策汇编》，更新后整本书共计9万多字，印制后及时下发给各基层单位，落实好离退休干部各项待遇。三是7月份市税务局在镇江税务干部学校举办了系统离退休干部分管科长和工作人员的业务培训班，为期五天。系统解读老干部工作的政策文件和相关业务知识，帮助工作人员吃透文件精神、拓宽视野，推动工作更好发展。

（张　玮）

机关离退休干部第二党支部获评全省先进集体　市税务局机关离退休干部第二党支部改选于2018年，截至2019年年底，该支部有38名党员，5名支部委员。2019年，机关离退休干部第二党支部认真贯彻党的十九大以来相关会议精神和要求，积极适应新机构、新形势下的老干部工作，积极抓好"老年人"这块阵地，在推进支部建设，发挥离退休干部优势等方面起着先锋、模范作用。一是牢党建根基。把加强离退休干部党组织建设作为一项重要任务来抓，选配党性强、威信高、身体好、经验相对丰富、乐于奉献的同志担任书记和委员，克服困难、积极参加离退休干部党支部书记、委员学习培训班，提升了老干部党支部建设管理水平和能力，为发挥老干部党支部的战斗堡垒作用打牢基础。机关离退休干部第二党支部积极谋划，做到年初有计划，季度有学习，月月有活动，让离退休干部党员紧跟组织的步伐，不掉队，党组织活动进一步规范化、制度化、常态化。二是开展有益活动。机关离退休干部第二党支部先后组织成员参加了“我看新中国成立70周年新成就”专题调研、“我看南京新变化”书画摄影集邮展、《税月韶华》编写等活动。调研成果和书画摄影作品得到了省委、市委老干部局的肯定并获奖，组建的写作班子形成了近10万字的稿件，较完整的记录了老同志们在国家建设和税制变迁中付出的青春汗水，做出的巨大贡献。三是发挥党员引领作用。积极建言献策，第二支部经常组织老同志到街道社区考察调研，广泛听取、收集人民群众对税务局在“减税降费”“如何更好的服务基层和纳税人缴费人”方面的好的建议和对策，为税务局的建设提出合理化建议6条，为如何加强离退休支部的党建工作及进一步加强老干部处的建设提出了3条建议。注重典型引路，第二支部充分挖掘、发挥支部党员的先进典型，通过交流会、访谈等形式广泛宣传正能量典型，充分发挥示范带动作用，鼓励和带动更多的老同志参与到正能量活动中来，形成离退休干部“群星效应”。讲奉献，比贡献，积极参与扶贫工作，机关离退休干部第二党支部每年都组织老同志到税务局扶贫点进行调研，牵线搭桥，捐钱捐物捐书，截止2019年底，该支部的老同志捐款已近20万元，捐书1900多册。支部还开展了“讲奉献，比贡献”活动，充分调动了老党员们的积极性。坚持力所能及的原则，第二支部根据老党员的身体状况、个人特长和兴趣爱好，分别安排了“督导员”“宣传员”“调解员”等工作岗位给党员同志，各施所长，发挥老干部余热。（张　玮）

第二届离退休干部书画摄影评选活动　组织举办系统“庆祝新中国成立70周年”书画摄影评选活动，丰富业余生活 。以南京建设、改革、发展为主题，结合新中国成立，面向全市税务系统老同志征稿。老干部们积极参与征集评比活动，以丹青笔墨、斑斓影像的艺术表现形式，抒发了爱党爱国爱税、不忘初心的高尚情怀，展现了老有所学、老有所乐的精神风貌。共收到作品103幅，包括书画29幅，摄影74幅，参加活动最大年龄85岁。活动以网上投票加专家评审相结合的方式进行，评选取出获奖作品36个。其中，书画类获奖作品15个，一等奖2名，二等奖4名，三等奖8名，最佳人气奖1名；摄影类获奖作品21个，一等奖3名，二等奖6名，三等奖10名，最佳人气奖2名。市税务局为33名获奖的老同志颁发了证书和奖品，并将优秀获奖作品在复成大厦进行了实物展览，印制成册。（张　玮）

（责任编辑　容　蓉）

党的建设及群团组织

党的建设

概述 2019年，南京市税务系统党建工作以习近平新时代中国特色社会主义思想为指导，全面贯彻中国共产党十九大和十九届二中、三中、四中全会精神，深入落实全国、全省和全市税务系统全面从严治党工作会议部署，以党的政治建设为统领，扎实开展“不忘初心、牢记使命”主题教育，大力加强党的各项建设，推动全市税务系统全面从严治党取得新成效，为推进南京税务高质量发展提供坚强政治保障。

一是扎实推进两批主题教育工作。在国家税务总局第五巡回指导组的帮助指导下，建立健全工作机制，坚持上下联动，严格督促指导，突出“五聚力五确保”：聚力强化理论武装，确保理论学习有收获；聚力锤炼坚强党性，确保思想政治受洗礼；聚力推动改革发展，确保干事创业敢担当；聚力转变工作作风，确保为民服务解难题；聚力涵养政治生态，确保清正廉洁作表率。精心组织好学习教育、调查研究、检视问题、整改落实四项重点措施的落实，较好实现主题教育各项目标任务。

二是加强政治生态建设。认真落实《中共中央关于加强党的政治建设的意见》，把“两个维护”（坚决维护习近平总书记党中央的核心、全党的核心地位，坚决维护党中央权威和集中统一领导）体现到不折不扣贯彻落实党中央、国务院和国家税务总局、省税务局、市委市政府关于减税降费等各项决策部署上来。制定全面从严治党“两个责任”（主体责任和监督责任）清单，落实地方党委对党建工作的部署要求，推动管党治党责任落地生根。结合政治生态专项巡察和常规巡察进行政治生态评价，从政治站位的角度检视问题，助推风清气正的良好政治生态养成。

三是推进基层党组织建设。梳理完善党建工作制度体系，促进党建工作规范化管理。基层单位以打造“税务壹先锋”“麦芒”等党建品牌为抓手，进一步提升组织力。通过市局网站、南京税务期刊，常态化宣传“新时代先锋”先进典型。发挥党建主体作用，深化结对共建，内外共建机制持续健全

四是发挥群团文化纽带作用。成立税务文化领导小组，印发指导意见，完成近6万字的新税务文化报告，基层税务文化建设百花齐放，涌现出“和美情怀”“大家”等品牌。大力弘扬社会主义核心价值观，1篇案例被推荐申报市委宣传部“社会主义核心价值观创新案例”，2人被推荐参加南京好市民评选，7名同志荣获南京市“五一劳动奖章”。六合区局荣获全国税务系统先进集体，六合区局办税服务厅荣获“全国巾帼文明岗”，溧水区局荣获“全国职工书屋”。群团活动精彩纷呈，开展“我和我的祖国”歌咏比赛、趣味运动会等系列文体活动，充分展现税务系统形象、促进“四合”（事合、人合、力合、心合）。（桂乃耀）

“不忘初心、牢记使命”主题教育 2019年，南京市税务系统围绕“守初心、担使命、找差距、抓落实”的总要求，分两批开展主题教育。一是上下联动推进。成立全市税务系统“不忘初心、牢记使命”主题教育领导小组及办公室。市税务局党委和领导小组13次研究主题教育工作，制定两批实施方案、任务清单，召开两次动员部署会和3次专题推进会，成立3个巡回指导组对第二批主题教育进行指导。二是融合四项措施。全系统共举办读书班15个，开展集中学习研讨104次，组织31次学习测试，党员领导干部撰写心得体会251篇。组织党员观看电影《武陵山上的星光》，前往梅园新村纪念馆、雨花台烈士陵园等红色教育基地开展实景教育。针对问题确定29项调研选题，党员领导干部走访企业433家，走访地方党委政府部门161个，形成调研报告154篇。共举办党课338场。召开对照党章党规找差距专题会议和专

题民主生活会，开展批评和自我批评。对梳理收集的意见建议形成的1075个整改问题，以及围绕11项专项整治任务制定的包括45项任务的整治方案，清单管理、压实责任，采取“项目制”“包干制”“联动制”，两批接续落实整改整治措施，组织开展两次“回头看”。有关做法被编入国家税务总局主题教育经验做法汇编，并被南京市委主题教育简报采用。三是坚持开门办教育。以党支部书记、广大党员、纳税人缴费人和社会为对象，结合实际做实事办好事。举办4期党务干部专题培训班、18期党支部书记专题培训班，对所有党支部书记进行培训。制定结对共建工作办法。各级党组织与本单位内外党组织开展跨支部联学共建活动。组织党员走进社区、学校、军营、福利院等组织和群体，开展办一件好事实事和一次志愿服务活动，共为民办实事好事1830件，开展志愿服务1674人次。（汪成池、谢　地）

政治建设　2019年，南京市税务系统深入推进习近平新时代中国特色社会主义思想学习，跟进学习习近平最新重要讲话精神，组织系统学习贯彻中共十九届四中全会精神学习研讨班，修订完善市局党委理论学习中心组学习规则，加强学习计划与组织。召开系统全面从严治党工作会议，制定年度全面从严治党工作要点和两个责任事项清单。严肃党内政治生活。制定《南京市税务系统政治建设责任分解表》，明确12大类51项工作任务，推进政治建设制度化建设，压实政治建设主体责任。结合庆祝新中国成立70周年，通过组织参观梅园新村纪念馆、雨花台烈士陵园等市内红色教育基地，加强理想信念教育。严格落实组织生活会、谈心谈话等制度，深入查改突出问题；组织党员干部对照党章党规找差距，着力查找和解决各种违背初心和使命的问题。

（汪成池、桂乃耀）

基层党组织建设　2019年，南京市税务系统规范和落实支部“三会一课”、组织生活会、民主评议党员和主题党日活动等制度。梳理完善党建工作制度体系，促进党建工作规范化管理。举办3期基层党务干部培训班，培训基层党务干部180名。做好系统基层党组织、党小组、党员和委员等的数量统计，更新全市税务系统党建科和党务干部信息表。认真开展党员“四重四亮”活动，推动党员重读入党志愿、重温入党誓词、重忆入党经历、重问入党初心，党员亮身份、服务亮承诺、工作亮标准、担当亮作为。评选表彰优秀共产党员，引导党员干部追寻税务初心。在市局网站设立“党魂铸税”“税务党建”等专栏，加强工作交流。加强党建工作宣传，多篇稿件被“人民网”、“学习强国”、南京市委简报等信息刊物和新闻媒体刊用。围绕减税降费、征管改革等重点工作，持续开展创先争优活动。第一税务分局党总支荣获“南京市先进基层党组织”称号。（汪成池）

党建制度建设　2019年，市税务局党委梳理归纳《南京市税务系统落实全面从严治党主体责任和监督责任事项清单》《市局党委理论学习中心组学习规则》《班子成员基层党支部工作联系点制度（试行）》等全系统29条党建工作制度。落实国家税务总局、省税务局关于加强新形势下税务系统党的建设的意见，参与制定省税务局党建工作三年规划，按要求制定市局党建工作三年规划初稿。制定系统基层党支部标准化规范化建设实施意见的初稿，形成包括党支部、党小组、党支部书记和党员等4个主体的事项与职责清单，以及基层党支部党建工作操作规范。建立并落实市局党委基层党支部工作联系点制度，加强基层党支部落实全面从严治党要求。按月发布党建工作提示单，指导督促各单位按要求落实。健全完善“条主责、块双重，纵合力、横联通，齐心抓、党建兴”的新“纵合横通强党建”的机制体系。

（汪成池）

意识形态工作责任制落实　2019年，市税务局党委坚持党管意识形态，进一步落实意识形态工作责任制，加强对意识形态领域情况研判分析，维护网络意识形态安全，为推进税收治理能力现代化、建设强富美高新南京提供有力的思想保证。一是加强意识形态工作组织领导。将意识形态工作纳入年度工作要点，纳入党建工作责任制和年度考核，作为领导班子成员民主生活会重要内容。党委每半年专题研究一次意识形态工作，每半年向市委报送意识形态工作总结。结合第一批“不忘初心、牢记使命”主题教育，党委理论学习中心组开展意识形态工作专题研讨。二是加强意识形态引导管理。深入学习贯彻习近平关于意识形态工作重要讲话精神，结合十九届四中全会关于“坚持和完善繁荣发展社会主义先进文化的制度”以及《中国共产党宣传工作条例》中意识形态工作要求，组织好中心组、党支部及党员干部的教育学习。将意识形态作为党员干部教育培训的重要内容，邀请市委党校专家围绕“牢牢掌握意识形态工作的领导权”主题为180名基层党务干部进行解读。三是加强意识形态制度管理。研究制定《全市税务系统意识形态工作任务清单（试行）》，围绕八大类33项工作内容，梳理出48项工作举措，为推动基层意识形态工作开展提供指导。四是加强意识形态督促检查。各区局和派出机构每年向市税务局党委报告一次意识形态工作。组织市税务局机关和派出机构党（总）支部开展意识形态工作自查，结合政治生态巡察和常规巡察对9家机关处室、事业单位和派出机构党（总）支部和4家区局党委落实意识形态工作情况进行检查，对发现的问题提出整改建议并督促落实。

（桂乃耀）

“巡察强基提质年”建设活动 2019年，市税务局围绕国家税务总局、省税务局“三强基三提升”要求，开展“巡察强基提质年”活动，着力打造忠心、匠心、齐心、暖心“四心”巡察，切实做好巡视巡察信息管理系统上线工作，以“数字巡察”促进巡察工作提质增效，有关做法在全省巡察工作培训会进行交流，政治生态专项巡察案卷质量较高，得到省税务局巡察办通报肯定。全年分两批对货物和劳务税处、个人所得税处、国际税收管理处、信息中心、科研所、第一税务分局、第二税务分局、第一稽查局、第二稽查局等9个市局机关部门、事业单位、派出机构党（总）支部及处级领导干部开展了政治生态专项巡察，对秦淮、建邺、鼓楼、栖霞等4个区局党委进行常规巡察，共发现问题191个，有效发挥了巡察政治体检的利器作用。对巡察发现的问题，不仅反馈给被巡察单位，推动点上整改，还将巡察共性问题向其他处室和基层单位通报，推进面上整改，不断深化巡察成果运用，切实做好巡察“后半篇文章”。（张　伟）

作风建设工作落实 2019年，市税务局深化作风建设，一是就全市作风评议情况开展了研究分析，制定了作风评议结果分析报告，就评议意见进行了归纳和查找问题根源，为系统全年作风建设工作开展奠定基础。二是根据群众对全市机关作风建设提出的总体批评和建议意见，结合反馈给本单位的具体评议意见，梳理归类，对照检查，列出问题清单，包括五大类27条，明确责任单位及部门，聚焦群众反映的共性问题和实际问题，举一反三，查找深层次原因，找到找准问题症结，有针对性地制定整改措施，结合职能作用发挥，逐条逐项落实。三是制定为基层为纳税人办实事计划33项，明确目标时限，年底逐项督查，并交由21家基层单位评议，确保了所有项目均按计划落实到位，获得基层单位一致好评。四是参加全市机关“网络面对面”访谈活动，围绕“不忘初心、牢记使命”主题教育及减税降费重点工作，宣传展示南京税务形象，全面接受社会监督。召开作风监督员座谈会，听取意见建议，及时落实整改。

（丁　伟）

处室作风评议及机关作风建设满意度评议 2019年，市税务局加强作风评议工作。一是制定《2019年处室作风评议实施方案》，明确目标，组建机构，落实责任，做好部署。二是对业务组14个处室和行政组11个处室组织开展处室作风评议，通过内部发放评议表录入统计、纪检监督，外部采纳市作风办统一组织的网上要素评议结果，综合后得出处室评议结果。三是根据评议结果，经市税务局党委研究，推荐市税务局收入规划核算处（减税降费办）和办公室参与“机关作风建设先进处室”进行后续评选，收入规划核算处被中共南京市委、市政府授予“2019年度机关作风建设标兵处室（单位）”称号，办公室被评为2019年度机关作风建设先进处室。四是同步组织全系统参与全市机关作风建设满意度评议，通过召开作风建设领导小组会议、系统作风建设部署会、推进会等，把作风建设工作作为一项政治任务，高度统一思想和行动。制发工作通知，解读评议内容及要求，最终在全市评议中，市税务局列第一组23个参评部门第3位。五是探索实践基层机关作风建设方法、路径，汇编基层作风建设案例，玄武区局、浦口区局、六合区局、江北新区局在向作风监督员汇报工作时作现场交流。今年以来，市税务局作风建设工作动态先后被市作风办微信公众平台推广4次。（丁　伟）

税务文化建设　2019年，市税务局紧密围绕税务文化新体系新品牌构建课题项目，按照文化诊断和体系构建两大税务文化体系构建规定动作，先后落实项目招标、合同签订、集中座谈、专项访谈、问卷调查、数据分析、课题撰写、体系构建、品牌创建、意见征集等各项内容，形成了《南京局税务文化诊断报告》《南京局构建税务文化新体系研究报告》《创建南京局税务文化品牌研究报告》等3份报告。一是制定计划有序推进，制定工作计划表，将课题任务细化为24个步骤、45项工作内容、25条目标要求。二是深入开展访谈座谈，走访市局机关、稽查局、秦淮局等7家单位，累计召开访谈座谈15场次，集中座谈75人次，一对一深度访谈10人次。三是全面组织问卷调查，先后组织了两次系统层面的问卷调查活动，全系统累计6646名干部参与活动。四是科学编撰课题报告。收集整理各类基础资料54份，内外部团队分工协作组织编撰课题报告，并多次组织修改，最终确定了两套备选方案。五是严密组织课题评审，7月27日召开了由市局局领导、机关处室负责人和区局一把手参与的内部评审会；7月31日召开了南京市社科联副主席、南京市社科院副院长季文，南京市委宣传部宣传处处长吴伟等专家参与的外部评审会；8月26日，通过电话沟通、网络交流等形式，点对点征求国家税务总局党校周敏教授建议。六是修改完善相关内容，认真收集汇总各类意见建议，通过集中研讨、分工修改的形式，进一步修改完善文化课题内容。截至2019年年底，文化课题报告先后修改7次。（张　崴）

文明创建成果丰硕　2019年，南京市税务系统始终把文明创建工作作为全局重要工作来抓，持续强化与省税务局及省市文明办的沟通协调，强化基层创建工作的指导督促，不断丰富文明创建内容和形式，着力提升系统文明创建水平，在文明创建的规范化、科学化、长效化等方面取得新的成效。2019年，市税务局、第一税务分局、第二税务分局、稽查局、玄武区局、建邺区局、雨花台区局、栖霞区局、江宁区局、六合区局、溧水区局、高淳区局、江北新区局、经开区局、江宁开发区局等15个单位获得2016—2018年度“江苏省文明单位”荣誉称号；市税务系统被南京市精神文明建设指导委员会评为10个“南京市文明行业”之一，市税务局、第一税务分局、第二税务分局、第三税务分局、稽查局、第一稽查局、第二稽查局、第三稽查局、玄武区局、建邺区局、雨花台区局、栖霞区局、江宁区局、浦口区局、六合区局、溧水区局、高淳区局、江北新区局、经开区局、江宁开发区局等20个单位获得2016—2018年度“南京市文明单位”荣誉称号。（翁旭波）

“青春心向党 建功新时代”主题团日活动　4月26日，市税务局机关团委携手高淳区局团支部，开展以“青春心向党 建功新时代”为主题的团员活动，纪念五四运动一百周年。市税务局党委委员、副局长、机关党委书记黄经东代表市税务局党委致辞，阐述五四运动的历史背景、五四精神的时代意义、五四精神的当代传承等内容，要求税务青年不忘五四运动初心，传承发扬五四精神，结合新时代发展要求，突出政治性、彰显先进性、厚植群众性，为南京税务发展贡献青年力量。高淳区局党委书记、局长张连静致欢迎辞。活动中，团员青年通过《五四之光》《起航》诗歌，相声《税务局的那些事儿》，二胡演奏《空山鸟语》，三句半《税务赞》，歌曲《税收带来祖国美》《最初的梦想》等节目，表达青春热情，展示全市税务系统团员精神风貌。（汪成池）

（责任编辑　张智威）

机关党建

概述　2019年，市税务局机关以党的建设为统领，加强党的思想、组织、作风、纪律建设，为南京税务现代化建设提供政治、思想和组织保证。

讲政治，加强党建工作引领力。一是强化政治意识。把讲政治、顾大局放在各项工作和部门建设的首位。履行职责，落实市税务局机关党委会的各项决策，印发《机关党委会议事规则》，规范机关党委会的议事原则、范围、形式和程序。学习贯彻《关于新形势下党内政治生活的若干准则》，按照党内政治生活的“四性”（政治性、时代性、原则性、战斗性）要求，开展政治生活质量专项检查。二是抓主题教育。按照市税务局“不忘初心、牢记使命”主题教育方案要求，落实各项工作。发挥市税务局党委中心组学习的示范带头效应，开展专题交流研讨，举办处级主要负责同志读书班，按照及时学、随时学的要求完成28次中心组学习的组织和服务工作。以“三会一课”（定期召开支部党员大会、支部委员会、党小组会，按时上好党课）为平台，组织市税务局机关和7个派出机构党支部开展4个专题的学习研讨，引导党员守初心、担使命。落实讲好专题党课要求，市税务局党委书记、班子成员和各支部书记分别联系工作讲专题党课。广泛征集意见，听取普通干部和一般党员建议，组织各支部下基层、赴企业开展调研，形成调研报告。召开专题组织生活会，运用学习调研成果，检视反思问题，开展批评与自我批评，在组织生活中锤炼党性。三是压实党建责任。加强“一岗双责”党建工作责任体系。开展2018年度机关基层党（总）支部书记和党员述职评议，组织机关党支部书记向全体党员述职，普通党员向支部述职，进行民主评议。

建制度，提升各级党组织组织力。一是推进支部标准化建设。学习《中国共产党支部工作条例（试行）》，制定学习计划，通过党委中心组、党组织书记培训和党支部“三会一课”三个层面开展专题学习，把《中国共产党支部工作条例（试行》学深学透、弄懂弄通、落实做实。进一步梳理支部制度建设要求和组织生活规范，明确有关要求，重点推进党支部标准化建设。以总局、省局巡视督导为契机，开展支部组织生活情况大检查，指导、督促机关和派出机构党支部建制度、明规范、严落实。二是推进党务工作规范化。落实税务系统纵合横通强党建要求，主动向市级机关工委各部门汇报工作，加强对机关和派出机构党支部的指导，形成齐抓党建的合力。坚持把政治标准放在首位，严格入党积极分子培养和新党员发展工作，全年发展新党员5名，转正5名。利用党员管理信息系统，完成69人次党员关系的划转工作。加强党员经费管理，完成党费调整、收缴、检查等工作。抓基础工作，统一配发党建基础台账。落实《中国共产党党务公开条例》要求，抓党务公开。三是培养党务工作者。加强对机关和派出机构党务干部的教育培训，全年举办2次优秀党务干部培训班。参加市级机关工委组织的党支部书记集中轮训班，1名同志被工委选中为全市支部书记传授经验。组织机关党员参观“江苏省纪念改革开放40周年和建国70周年成就展”，组织机关、稽查局、第三稽查局、秦淮区局70名干部参加纪念渡江战役胜利暨南京解放70周年活动，组织256人次干部参加党务知识应知应会测试，激励党员立足本职、学好党务。

强基础，加强党支部凝聚力。一是服务中心工作。落实市级机关工委关于开展“维护核心铸忠诚、抓实支部促担当”主题实践活动要求，以支部为单位，发挥党支部在确保减税降费政策措施落地生根、依法组织税收收入、推进“放管服”改革、深化“便民办税春风行动”等重点工作中的战斗堡垒作用。根据市税务局党委部署要求，成立工作组，克服时间紧、人员少、任务重的困难，如期完成市税务局3楼展示厅的设计、建设和展厅解说员的选拔、培训工作，展现改革后南京税务的良好整体形象和干部精神面貌。二是开展争先创优。参加各级各类争先创优活动，2019年，第一分局党总支被评为全市先进基层党组织，2名同志分别被评为市级机关优秀共产党员和优秀党务工作者。紧密结合税收工作开展“两优一先”评选活动，选树在不同岗位上涌现出的先进典型，4家基层党组织和49名党员受到表彰，宣传先进事例，激励党员积极投身新时代税收现代化建设。三是改进工作作风。以“四重四亮”（重读入党志愿、重温入党誓词、重忆入党经历、重问入党初心，党员亮身份、服务亮承诺、工作亮标准、担当亮作为）主题党员活动为抓手，召开支部大会，开展读书活动，组织党员前往雨花台纪念碑、梅园新村等红色教育基地，重读入党志愿、重温入党誓词、重忆入党经历、重问入党初心，按照“党员亮身份、服务亮承诺、工作亮标准、担当亮作为”的标准，制作党员标牌、证件，提醒党员以身作则、严格要求、带头示范。继续开展结对帮扶工作，组织党员前往玉王社区开展扶贫，发放扶贫财物共计18.4万元。

带队伍,激发机关党员活力。一是开展结对共建。推动机关党支部与基层单位党支部一对一结对共建,促进党建工作与税收工作的有机融合。二是聚人心聚力量。以党支部为单位开展"新长征、新税务、新风貌"红色经典朗读和"税收现代化党旗领航向"实践等活动,动员广大党员实现全员参与。落实党内谈心谈话制度,根据职能、岗位和人员变动情况,针对性地开展党员谈心谈话,倾听基层党员的意见建议,化解机关党员的思想顾虑。完善党内激励关怀帮扶机制建设,开展困难党员走访慰问活动,让困难党员感受到党的温暖。三是抓机关群团工作。加强党对机关群团工作的领导,以党的基层组织建设带领和推动基层群团组织建设,以党的组织活力激发群团组织的工作活力,努力构建"党建带群建,党群一体化"的工作格局。开展形式多样的文体活动,组织机关干部踊跃参与春节晚会、"巾帼聚力、家和税兴"团建活动、"我和我的祖国"合唱大赛等大型文体活动,开展环紫金山健步行、机关趣味运动会等系统活动,让广大职工在快乐中提升幸福感。 (杨沉璧)

"南京税务党员之家"建设 2019年,市税务局响应市级机关工委"维护核心铸忠诚、抓实支部促担当"主题实践活动要求,在市局机关大楼409室,开辟了一块党员、支部的专属活动阵地。"党员之家"面积约60平方米,室内宽敞明亮,分为会议区、学习园地、读书区三大区域,党旗、国旗、入党誓词庄严醒目,党建制度竖立在突出位置,两部触摸屏展示支部风采和党内重要法规。党员活动室的建设,以"凝聚党员、锤炼党性、发挥作用"为根本,坚持"时代性、创新性、综合性"原则。一是融合学习交流、展示风采、宣传培训等功能为一体,增加党建工作的内涵与外延。二是加入更多"技术含量",接入互联网,对接5G技术,未来将远程实时开展党建活动;使用触摸屏作为展示支部风采、先进事迹的重要载体,宣传版面采用新型材料可以实时更新,力求全方位、多层次、常态化做好党建宣传工作。三是为营造"党员之家"庄重、温馨的氛围,大胆采用现代中国风元素,以红黄白为主色调,既传承了"红色"经典,又增加了"新时代"特点。"党员之家"的建成,推动了党支部规范化建设,为推进模范机关创建工作提供了硬件保证。

(杨沉璧)

党务干部培训 2019年10月下旬至11月中旬,市税务局在中国人民大学苏州校区组织开展两期优秀党员及优秀党务干部培训工作。参加人员为2019年市级机关工委、机关党委表彰的优秀党员及优秀党务干部,机关及派出机构处级以上党员领导干部,机关党委负责人、经办人员,共87人。培训内容围绕习近平新时代中国特色社会主义思想,学习党史、中国史,党内重要法规,习近平总书记关于税收工作的重要论述,减税降费重要举措以及时事政治等。通过此次培训,巩固拓展"不忘初心 牢记使命"主题教育成果,加强党员理想信念、纪律意识、群众观念、优良作风教育,帮助党员干部学深悟透习近平新时代中国特色社会主义思想,进一步树牢"四个意识",坚定"四个自信",自觉做到"两个维护"。 (杨沉璧)

评选表彰优秀和先进 2019年是新中国成立70周年,也是决胜高水平全面建成小康社会的关键之年。根据《中国共产党党内功勋荣誉表彰条例》和市级机关工委相关实施办法,市税务局机关党委安排部署,明确各单位推荐名额、推荐条件和程序。经过民主推荐、组织考察公示,第一税务分局被市级机关工委评为先进基层党组织,王秀明被评为市级机关优秀共产党员、向戎璇被评为市级机关优秀党务工作者。市税务局向工委上报了表彰优秀共产党员和优秀党务工作者的报告,评选出49名优秀共产党员和优秀党务工作者。名单如下。

优秀共产党员:付宪国、夏亚非、张连兴、毕琦烨、周洁、郑升、张海霞、卓越、杨林、史玉珠、杨文亮、田青松、汪树强、张婧、宣国建、李兵(督察内审处)、金星、杜婕、容蓉、尹治鹏、张玮、戴骏、朱淮民、丁兴、陈勤东、李兵(服务中心)、胡浩、孙国光、张才林、胡平华、陶明坤、陈光、石亮、彭昕宁、魏星、朱小丽、朱永刚、张明敏、顾民、高黎黎、王大祥、周强、王晓健、王立丽、朱德富、张慧、张伟、谢聪、吕奋伟。

优秀党务工作者:沈彤、梁金春、杨仁良、范军、陈鑫、史伟莹、周晓、陈姗艺、王红华、羊明理、周生华、林静、张斌、苏青、周益、李政、陈艳、王甜源、冯骅、孙菲菲、季华、汪成池、刘胜军、陈军、周凌宇、王静靓、周游、张萍、郑晓慧、徐兆新、沈晓青、王佳一、张宁、沈勇、王志宏、钟建、徐璐、周颖、徐琰、王量、安晋军、田红、李昆、常敏、钱波、张亚男、王平、徐庆、孙雪

先进基层党组织：国家税务总局南京市税务局第一税务分局。（孙菲菲）

党务工作制度化规范化建设 研究制定《机关党委会议事规则》，进一步规范机关党委会的议事原则、议事范围、议事形式、议事程序和议事纪律，提高机关党委会决策的科学化民主化水平。学习贯彻《中国共产党支部工作条例（试行）》精神，通过党委中心组、党组织书记培训和党支部“三会一课”三个层面开展专题学习，把《条例》学深学透、弄懂弄通、落实做实。结合实际贯彻落实《中国共产党支部工作条例（试行）》，梳理支部制度建设要求和组织生活规范，进一步明确要求，推进党支部标准化建设。运用市局内部“税务党建”栏目，抓党务公开和党建信息宣传。（向戎璇）

支部结对共建 研究制定《市局机关党支部结对共建工作办法》，要求市局机关党支部与基层单位党支部一对一结对共建，鼓励市局机关党支部与企业、社区等外部单位党支部开展结对共建。指导机关支部丰富结对共建工作形式，推动组织共建，共同促进党支部班子和制度建设；推动活动共办，共同促进“三会一课”等制度落实和激发党员参与积极性；推动人才共育，共同促进支部党员的学习锻炼培养；推动发展共促，共同促进相互学习好经验和好做法，切实增强本支部的创造力、凝聚力、战斗力。通过广泛的结对共建，密切了机关与基层之间、税务与企业之间的联系交流，搭建了机关与基层党员相互融合、党建与税收工作相互融合的平台，提升机关服务基层、税务服务纳税人的能力。截止2019年底，机关27家党支部均已按要求开展了结对共建工作，组织了51次共建活动。（向戎璇）

（责任编辑 容 蓉）

工会、妇联工作

概述 2019年，南京市税务局系统工会、妇女联合会（以下分别简称“系统工会”“妇联”）以“忠诚担当、崇法守纪、兴税强国”的中国税务精神为引领，主动当好党联系职工群众的桥梁和纽带，引导广大会员聚焦主职主业，选树先进典型，开展创先争优，积极开展丰富多样的群众性文体活动，为促进“四合”（事合、人合、力合、心合）发挥了重要作用。2019年，系统工会、妇联把学习宣传贯彻习近平新时代中国特色社会主义思想以及习近平关于工人阶级和工会工作的重要论述作为工会组织的重大政治任务，创新学习方式、深化学习效果。发挥宣传阵地作用，采用职工喜闻乐见、乐于接受的方式，宣传先进集体、优秀干部典型事迹，依托职工书屋、书香机关、优秀阅读组织等开展形式多样的读书活动。弘扬劳模精神和工匠精神，梳理劳模档案，大力宣传劳模事迹，更好发挥劳模带头作用。举办2019年度南京市职工职业行业技能大赛暨岗位大练兵、业务大比武活动，指导和鼓励基层单位开展二级职工职业技能竞赛，为高质量推进新时代税收现代化提供人才保证和智力支持。组织开展系统文体活动，组织收看2018年“大国工匠年度人物”发布晚会，组织干部参加市级机关工委举办的“群英杯”南京市市级机关乒乓球羽毛球比赛，并取得优异成绩。组织基层妇联开展“巾帼聚力 家合税兴”主题活动。（戴 骏）

庆祝新中国成立70周年活动 2019年，为隆重庆祝新中国成立70周年，系统工会组织开展了南京税务系统“我和我的祖国”歌咏比赛，南京市副市长冉华，省税务局党委委员、纪检组长郑力坚，市级机关工委、团市委、省税务局机关党委、市文明办创建处负责人，市税务局领导班子成员和1200名税务干部参加并观看了比赛。活动以全场合唱《中国税务之歌》开始，市税务局机关和系统21个基层单位的演出曲目依次精彩展现，声情并茂地把对党和祖国的热爱，融入到歌声中，活动在颁奖后全场高歌《我和我的祖国》声中达到高潮。活动主题突出、节奏紧凑、精彩纷呈，税务干部以

饱满的热情、昂扬的斗志和高涨的情绪，唱出了气势，唱出了豪情，充分展示了新税务机构锲而不舍的开创事合、人合、力合、心合的新局面。国庆前夕，在南京税务公众号发布“初心如磐，使命在肩！祖国您好！”专刊，集中展示各基层单位开展庆祝新中国成立70周年活动情况。

（戴　骏）

开展多种文体活动　2019年，经自愿申报、基层评议、系统工会审核、市税务局领导研究确定等程序，系统工会新成立了合唱、羽毛球、篮球、书画、游泳、乒乓球、走跑、瑜伽、太极拳、自行车骑行、摄影、网球12个文体活动示范基地，共有1274名干部报名成为其会员。一年来，除开展日常活动外，合唱基地组织会员观看昆曲、歌剧等演出；羽毛球基地开展了系统首场友谊赛，并与乒乓球基地组队参加了“群英杯”南京市市级机关乒乓球羽毛球比赛；篮球基地与驻军篮球队进行十余场友谊比赛；书画基地开展中国书法发展史及书法一般创作要素基础讲座培训，同时举办“迎接建国70周年”书画专题大赛。走跑基地开展了“秋栖霞．健康走”活动；瑜伽基地开展了“瑜伽娱佳 愉悦有家”主题交流活动；自行车骑行基地开展了“激情税月 骑乐无穷”主题骑行活动，并报名参加了首届环石臼湖挑战赛；摄影基地开展“走进美丽乡村”摄影采风活动；网球基地开展第四季度网球积分赛。

（戴　骏）

开展创先争优活动　2019年，系统工会、妇联组织开展各级工会、妇联先进荣誉的争创活动，建立承继市级以上荣誉表彰项目统计台账，夯实创建基础工作。加强创建活动的规划指导，切实将创先争优意识融入到会员的思想和行动中。对全市税务系统12家全国巾帼文明岗集体进行信息采集，六合区局第一税务所荣获“全国巾帼文明岗”，溧水区局荣获“全国职工书屋”，江宁区局第一税务所荣获“江苏省工人先锋号”，南京经济技术开发区局荣获“江苏省职工书屋”，第一税务分局税源管理二科、秦淮区局纳税服务科、江宁区局征收管理科、南京经济技术开发区局纳税服务科4个集体荣获“南京市工人先锋号”，溧水区局征收管理科荣获“南京市五一巾帼标兵岗”，溧税宁乔工作室荣获“南京市三八红旗工作室”，玄武区局彭高峰、第二税务分局陈进2名同志荣获“南京市五一劳动奖章”。

（戴　骏）

关心关爱干部　2019年，系统工会进一步落实会员福利，关注会员身心健康，解决会员实际困难。建立困难会员档案，完善困难会员帮扶工作管理办法，实现帮扶送温暖制度化常态化，年底慰问困难会员185人，慰问金额37万元。完善职工医疗互助保障计划，加大对患病、重大变故会员的关心力度，全年为系统3999名会员办理医疗互助保障，及时提供医疗互助保障的最新政策，并协助办理赔付事项，共赔付金额42.67万元。惠及干部职工190人，其中重疾（癌症）16人，赔付30.2万元。关爱女会员，指导基层工会做好女职工专项健康检查，鼓励有条件的基层工会建立“爱心母婴室”。关爱劳模先进，扎实做好劳模管理服务工作，建立健全劳模档案资料库，组织开展“壮丽70年·礼赞劳动者”关爱劳模系列活动，走访慰问全系统5名70岁以上劳模。组织劳模先进参加健康休养，全年共选派90名劳模先进参加上级工会组织的健康疗休养。

（戴　骏）

荣誉榜

一、2018年度国家税务总局南京市税务局先进工会名单

1.国家税务总局南京市税务局机关工会委员会

2.国家税务总局南京市税务局稽查局工会委员会

3.国家税务总局南京市秦淮区税务局工会委员会

4.国家税务总局南京市建邺区税务局工会委员会

5.国家税务总局南京市鼓楼区税务局工会委员会

6.国家税务总局南京市雨花台区税务局工会委员会

7.国家税务总局南京市高淳区税务局工会委员会

8.国家税务总局南京江北新区税务局工会委员会

二、2018年度国家税务总局南京市税务局巾帼文明岗名单

1.财务管理处（装备和采购处）
2.第一税务分局税源管理三科
3.第二税务分局办公室
4.第三税务分局调查一科
5.稽查局党建办
6.第一稽查局综合业务科
7.第二稽查局人事教育监察科（党建办）
8.第三稽查局综合业务科
9.玄武区局法制科
10.秦淮区局收入核算科
11.建邺区局税政一科
12.鼓楼区局纪检组
13.雨花台区局税政二科
14.栖霞区局纳税服务科
15.江宁区局纳税服务科
16.浦口区局人事教育科
17.六合区局纳税服务科
18.溧水区局税政二科
19.高淳区局第一税务所
20.江北新区局党建工作科
21.经济开发区局征收管理科
22.江宁经开区局税源管理五科

（戴　骏）

（责任编辑　张智威）

基层单位工作

稽查局

概述 2019年，国家税务总局南京市税务局稽查局（以下简称“稽查局”）围绕中心工作，落实省税务局稽查局和市税务局党委的部署要求，突出党建引领，坚持依法治税，严厉打击各类税收违法行为，努力打造高素质干部队伍。2019年，稽查局共计立案检查225户，审结案件229户，查补收入7143万元，入库收入6690万元。稽查局获得2016—2018年度“江苏省文明单位”、2016—2018年度“南京市文明单位”称号。

发挥稽查职能。组织稽查系列做好国家税务总局、省税务局部署的四项重点税源随机抽查、专案、打击虚开骗税税收违法行为两年专项行动及协查委托受托等重点工作任务。2019年，全市稽查系列各类重点税源随机抽查自查及查补税收共2.7亿元，进一步规范重点税源企业税收秩序。

提升稽查效能。规范稽查局案件审理，建立案件科审会制度，将所有案件纳入案件审理科科审集体会讨论。深化稽查“双随机、一公开”（随机抽取检查对象、随机选派执法检查人员和抽查情况及查处结果及时向社会公开）机制运行，开展扫黑除恶专项斗争，铲除黑恶势力滋生的经济土壤。完成“金税三期”系统并库工作，不断提升稽查工作信息化水平。以稽查规制建设为抓手，推动全市稽查执法和管理标准统一，解决基层执法难题。

强化协作共治。建立健全驻税公安联络机制，规范涉税案件移送，与海关签订协作备忘录，进一步加强数据交换，打击虚开增值税发票违法犯罪行为。推进重大税收违法失信案件“黑名单”及联合惩戒工作，2019年，稽查局共上报重大税收违法案件“黑名单”12件。

加强干部管理。组织稽查局非领导职务晋升、副科级领导职务选拔、到龄退休干部职级晋升。严格考勤管理，组织开展全市稽查系列骨干培训班等培训，参与上级单位组织的各类培训，落实“岗位大练兵、业务大比武”活动。应对行政案件诉讼，建立内部风险防范应对机制，贯彻落实执法责任制。

全面从严治党。提升政治站位，开展政治建设。组织习近平总书记讲话精神等理论的学习贯彻和研讨，各党支部召开专题组织生活会、开展民主评议党员等工作。召开稽查局2019年全面从严治党工作会议，签订《全面从严治党责任书》。开展各类主题教育活动，利用各种形式，加强学习教育，强化“四个意识”（政治意识、大局意识、核心意识和看齐意识）。推进监督执纪迈上新台阶，做好形式主义、官僚主义集中整治。组织党群活动，增强干部凝聚力。

做好行政保障。完善政务管理，推进政务公开，落实权力阳光运行机制；开展信息宣传，推进稽查局信息员团队建设，树立稽查局对外积极正面形象。规范政府采购流程和档案管理，完成资产划转后续工作。提升后勤保障水平，营造安全舒适的办公环境。完善会计岗位设置，制定财务管理办法，确保财务管理合规性。（徐曼曼）

机构设置及负责人

办公室

主　任　王毓昆
副主任　周　荃
　　　　张　宁

人事教育科

科　长　李　娟
副科长　殷　勤

党建办

主　任　沈晓青
副主任　张奇男
　　　　滕　浩
　　　　华　兰

综合选案科

科　长　吉琳娟

副科长　侯　靖

史　晶

刘歆阳

陈　光

陆燕萍

夏培元

案件审理科

科　长　陶明坤

副科长　徐　潇（正科级）

朱　姝

姚大华

翟珏琮

案件执行科

科　长　曹　阳

副科长　李　薇（正科级）

翟　方

检查一科

科　长　张　英

副科长　王　亮（正科级）

史玲玲

检查二科

科　长　何泽辉

副科长　把光芫（正科级）

高　祝

检查三科

科　长　李　璐

副科长　石　亮

段淑筠

检查四科

科　长　王　琛

副科长　王佳一

陈　宇

（徐曼曼）

重点稽查任务完成情况　一是打击虚开骗税税收违法行为。做好国家税务总局、海关总署、人民银行和公安部（以下简称“四部委”）联合部署的打击虚开骗税税收违法行为两年专项行动（以下简称“两年专项行动”）的工作部署和跟踪落实，实施团队化运作模式，优化整合检查小组资源配

2019年4月16日，稽查局走进南京新街口正洪广场，举办主题为“落实减税降费 促进经济高质量发展”的税企互动性讲堂活动（徐曼曼　摄）

置，提升战斗力；实施部门联动，做好税务部门和公安部门的沟通，与金陵海关签署协作备忘录，开放嫌疑人主动投案渠道，提升震慑力；通过提升多方数据资源支撑，实施查前数据采集、整理及分析。二是有序推进国家税务总局、省税务局布置的四项重点税源随机抽查、医药专项检查及“9·03”“8·03”等各类专案工作，做好企业自查辅导，及时跟进检查人员案件办理进展；协调、指导解决查处过程中遇到的问题，动态掌握每户案件查处情况。2019年，全市各类重点税源随机抽查自查及查补税收收入共2.7亿元，进一步规范重点税源企业税收秩序。三是做好协查委托受托，对稽查局职责内的协查进行分拣、管理和督办。截止12月31日，稽查局共发出委托协查357起，涉及增值税发票4452份，金额5.6亿，税额8671万元；收到受托协查46起，涉及企业数量22户次，涉及增值税发票份数201份，金额2042万元，税额145万元。累计227个月按期回复率为100%；开展协查专案调查工作，配合做好辽宁“2.17”等专案协助取证，对涉及企业开展数据分析工作。

（徐曼曼）

税收违法行为检举处理　一是理顺检举工作机制。10月份，稽查局制定《关于全市税收违法行为检举管理有关工作的意见》，建立第一、二、三稽查局、各区局之间的检举事项沟通机制，进一步明晰工作职责。二是日常检举管理。对每一位举报人耐心接待，分类处理检举事项；规范检举台账，实行接待来访、资料交接痕迹管理；定期召

开稽查局多部门参与的合议会，做好案件交办、督办、回复等工作。三是重点处理疑难案件。对于疑难检举案件，动之以情、晓之以理，并严格把握职责界限，通过邀请省税务局、市税务局业务处室专家研讨案情，严格把握案件进展流程，确保规范应对，有效推进案件处理。2019年，稽查局共计受理“12366”“12345”工单697单，网络举报502户次，接待来访月均约28户次，来信410件，接听及回复电话共计1892次。（徐曼曼）

减税降费政策宣传辅导 2019年，稽查局坚持执法与服务并重，在对69户省、市重点税源企业进行检查的同时，请企业填报《纳税人减税降费政策调查表》和《减税降费政策落实情况核实表》，对重点税源企业熟悉及落实减税降费情况进行点对点的摸查，并针对性地开展政策辅导宣传。同时，在税收宣传中加大减税降费政策宣传，4月份，走进新街口正洪广场，举办主题为“落实减税降费 促进经济高质量发展”的税企互动讲堂，向商圈企业纳税人宣传减税降费相关税收政策，并从税务稽查角度，“面对面”把脉企业可能存在的涉税风险，帮助企业处理涉税事项，参与企业超过35家；11月份，在全国第六个“国家宪法日”即将来临之际，稽查局“税法宣传服务队”走进南京市秦淮区国家领军人才创业园，与园区联合开展“增强法治观念，推进依法治税”主题活动，宣传减税降费相关政策，帮助企业提高税收遵从，吸引30余家企业纳税人参与。（徐曼曼）

2019年11月28日，稽查局“税法宣传服务队”携手企业、社区的学校联合开展“增强法治观念，推进依法治税”主题活动（孙　军　摄）

依法行政 一是完善依法行政制度规范。5月份，制定《全面依法行政领导小组议事规则》《税务案件集体审理委员会议事规则》《税务行政应诉工作领导小组议事规则》等制度，全面推进依法行政，规范重大、复杂、疑难案件的集体审理，提升税务争议案件处理效率。二是开展稽查规制建设。牵头组织稽查系列各单位，选取12名业务骨干组成规制建设小组，完成4个批次、22万字、约40个稽查规制建设，推动稽查执法标准统一。三是落实“行政许可与行政处罚双公示”机制。严格落实国务院、国家税务总局、省税务局、市税务局关于全面推行“三项制度”（行政执法公示制度、执法全过程记录制度和重大执法决定法制审核制度）的工作要求，落实省税务局、市税务局“行政许可与行政处罚双公示”标准实践，完成双公示案件7件。四是发挥督察内审作用。成立稽查局内部控制工作领导小组，建立内部风险防范应对机制，做好内控监督平台的日常过错监控，建立通报制度，对被查对象发放执法监督卡，切实做好执法监督。五是做好行政执法和行政司法的衔接。严格落实告知、回避、调查取证、听证、说明理由等程序制度，保障纳税人的陈述申辩权、知情权，跟踪、应对行政诉讼案件。2019年，稽查局组织听证1次，应对复议案件3件，应对行政诉讼案件5起，已司法判决3例，无一例败诉。畅通涉税违法案件移送通道、理清移送程序、明确移送手续。六是拓宽疑难案件执行渠道。针对走逃、失联等疑难案件，与上海证券交易所、深圳证券交易所、车辆管理所建立信息传递机制，加大清缴欠税力度，推进疑难积压案件的执行。（徐曼曼）

2019年10月30日，稽查局和金陵海关缉私分局在稽查局签署双方合作备忘录（徐曼曼　摄）

全面从严治党 一是政治理论学习。组织《习近平关于税收工作论述摘编》的学习贯彻和研讨，推进“两学一做”（学党章党规、学系列讲话，做合格党员。）学习教育常态化、制度化，认真落实组织生活会、谈心谈话等制度；制定落实稽查局理论学习中心组学习规则，做好“学习强国”APP平台的推广使用。二是管党治党责任落实。召开稽查局全面从严治党工作会议，签订“全面从严治党责任书”。成立稽查局党建工作、党风廉政建设领导小组，多次召开专门会议，研究部署稽查局党风廉政建设工作。三是加强组织建设。开展党支部“三会一课”（支部党员大会、支委会、党小组会和党课）、组织生活会和民主评议党员、主题党日活动等，开展支部标准化建设工作，严格党员日常管理，清理规范微信工作群。四是开展“不忘初心，牢记使命”主题教育。推进领导干部学习，参加市税务局读书班研讨，并开展多次专题自学；丰富党建形式，开展“党建引领，合力共进”党支部合作共建。组织各层次的调研活动，对群众反映强烈的问题、巡察反馈的问题等，列出清单，做好整改。五是推进监督执纪，紧盯重大事项，抓好个人有关事项报告、婚丧喜庆事项等报告。探索监督的有效途径和载体，及时掌握工作人员“八小时以外”情况。落实“一案双查”（既查处纳税人税收违法行为，又查处税务人员违纪违法行为），制定实施《关于落实市局“一案双查”实施办法的补充规定》。开展政治生态专项调研检查自查自纠，深入推进形式主义、官僚主义集中整治；做好领导干部利用名贵特产类特殊资源整治工作，经检查，未发现有上述问题存在。六是组织党群活动。践行“四重四亮”活动，开展以“铭记入党初心 践行庄严承诺”主题活动，组织参观“共产党人的初心与使命”档案文献展、“中国古代科技展”、江苏省党风廉政警示教育基地以及金陵廉政文化教育馆，制作党员风采墙等。

（徐曼曼）

干部队伍建设 一是做好组织人事工作。做好8名干部的非领导职务晋升、5名干部的副科级领导职务选拔、1名到龄退休干部职级晋升；以数字人事为抓手，严格考勤管理，建立健全请休假管理制度。关爱离退休老干部，组织“传承红色基因，感受南京巨变”《我的岁月》书刊编纂等多项老干部活动。二是多维度开展业务培训。在征集干部培训需求基础上，组织2019年度全市稽查系列春训班、信息化培训班、中青年干部培训班暨大比武封闭培训班、业务骨干培训班等，共参加省税务局、市税务局举办的培训班49期，共计122人次；全局干部合计参与培训总天数为1712天，人均14.89天。依托中国税务网络大学平台资源，组织全体干部开展自选课程网上在线自学。组织参加省税务局、市税务局2019年度“岗位大练兵、业务大比武”活动，5名干部获省税务局比武参赛资格。三是发挥考核考评效能。组织考核考评工作座谈，征集意见建议，完善2019年度绩效指标。将2018年单位、科室组织绩效成绩录入个人成长账户，探索绩效管理和数字人事融合，实现个人进步与组织发展衔接。四是配置人力资源。根据原国、地税干部业务特点，合理搭配，优化稽查主辅查制度，最大程度发挥干部专业特长。

（徐曼曼）

税务稽查文化建设 2019年，稽查局一是启动2019年“巩固提升、融合共进”系列主题活动。包含“稽查能手”评比、优秀稽查案例评选、文化品牌塑造等14项活动，实施项目化推进，推动重点工作提质增效。二是启动稽查局文化品牌建设。召开座谈会，研究编制年度工作计划，开展文化品牌征集活动；突出科室文化建设，形成统一性与多样性结合的稽查文化。三是争创各类荣誉。2019年，稽查局案件审理科获得2018年度“市级

2019年9月20日，稽查局与社区联合开展红色故事汇进社区系列活动（徐曼曼 摄）

青年文明号”称号，综合选案科被评为“南京税务系统国税地税征管体制改革先进集体”，稽查局参与市税务局展示厅建设工作被通报表扬。四是丰富干部生活。组织参加系统合唱比赛、趣味运动会、羽毛球比赛，组织青年干部参加红色经典诵读活动，开展“品位书香世界、悦读智慧人生”读书月活动，策划主题秋游活动，用文化浸润干部的心灵，合力共建“幸福稽查”。（徐曼曼）

（责任编辑　王甜源）

第一稽查局

概述　2019年，国家税务总局南京市税务局第一稽查局（以下简称“第一稽查局”）围绕市税务局2019年工作思路，突出主题，聚焦主业，把牢主线，在“抓党建、促规范，严打击、促公平，强队伍、促融合，勇担当、促发展”上用功用力，发挥税务稽查职能，推动各项工作开展。

抓党建，促规范。突出管党治党主线，坚持把党的政治建设放在首位。修订完善“两个责任”清单，厘清党建工作责任。推进各党支部标准化建设，推进“不忘初心、牢记使命”主题教育，结合实际，以学促干。将党风廉政建设与稽查业务工作同谋划、同部署，监督干部的执法、廉政、落实减税降费工作情况。迎接市税务局党委巡视组政治生态专项巡察工作，按要求整改、举一反三，深化扩大巡察整改成果。

严打击、促公平。按要求完成了重点税源和重点行业的检查任务。2019年，接受新下达案件807户，接受江宁区局、浦口区局、溧水区局、六合区局、高淳区局转来案源94户，承办检查案件45户。结案率达到90.29%，查补税款4093.39万元、罚款2404.26万元、滞纳金476.71万元。入库税款4138.74万元、罚款294.38万元、滞纳金476.71万元。

强队伍、促融合。把稳定队伍摆在突出位置，加强正面舆论引导，消除疑虑困惑、疏导矛盾问题。加强政治思想建设和作风建设，落实意识形态工作，在市税务局文明指数测评中位居前列。通过多种渠道多种形式加强培训拓展，梳理完善业务流程、人事管理、行政事务等各项规章制度。通过绩效考核和监督等管理方式，增强制度的执行力和效能。借助内控平台，增强执法督察力度。多措并举，加强基层建设与文明创建活动，激发工作热情。

重保障，促发展。强化政务管理，规范政务公开流程和机要保密工作。加强信息宣传，树立良好形象。加强制度建设，规范财务管理。科学编报预算决算，把控预算执行进度。提升服务质量，增强保障能力。加强国定资产管理，做好合并后固定资产基础数据核准、移交清册编制和管理软件并账等工作。做好办公用房改造、公车管理、食堂管理、信息系统维护等一系列保障工作，服务税务稽查主责主业。（程　璐）

机构设置及负责人

办公室

主　任　王志宏
副主任　赵小亮
　　　　程　璐

人事教育监察科（党建办）

科　长　范筱雯
副科长　陈　晶
　　　　徐　敏

综合业务科

科　长　路永进
副科长　彭昕宁（正科级）
　　　　王　柯

检查一科

科　长　余晓祥
副科长　袁　勇（正科级）
　　　　冒慧云
　　　　杨　滢

检查二科

科　长　王茂林
副科长　林　勇
　　　　章　佳

检查三科

科　长　钟　建
副科长　谈翠华（正科级）
　　　　柏寅昊
　　　　林萍萍

检查四科

科　长　叶天兵

副科长　索荣荣

检查五科

科　长　徐桂花

副科长　徐　印

郭　超

（范筱雯）

案源管理和案件检查　第一稽查局围绕全市稽查中心工作，以打击虚开发票、打击骗取出口退税违法犯罪活动（以下简称“双打”）两年专项行动以及国家税务总局重点税源检查工作为重点，通过压实责任、加强控制，推动案件管理工作有序开展。一是均衡案件分配，有序推进案源管理工作。2019年，全年共下达案源807户，其中，确定虚开受托协查案源523户、举报案源6户、公安机关转办2户、纪检委转办1户、国家税务总局重点税源随机抽查重点检查12户，省税务局重点行业专项检查3户、打击虚开普票案源37户、打击接受虚开普票案源12户、打击专票虚开团伙案源52户，医药行业专项检查1户、深圳“5·23专案”受票企业案源11户、“8·03专案”144户、“9·03专案”受票企业3户。二是压实工作责任。制定了《国家税务总局南京市税务局第一稽查局推进案件管理、压实工作责任工作意见》，分管副局长分头督导，业务科牵头跟进，以检查科为单位，组织召开案件推进会，由检查人员逐户汇报在手案件进度，对检查中存在的问题和检查中遇到的困难能解决的当时解决，推进案件查结工作的进度。三是开展“百日冲刺、克难攻坚”业务竞赛。进一步激发全体稽查干部干事创业的积极性、创造性，增强切实履行职责、防范风险的能力，促进稽查质效的持续提升。通过组织全员竞赛，在保质保量完成省税务局、市税务局绩效考核指标的基础上最终评出优秀检查人员8名、优秀审理人员2名。

（王　柯）

“双打”专项工作　2019年，第一稽查局继续推进打击虚开增值税专用发票和骗取出口退税违法犯罪“双打”专项工作两年行动，保持遏制虚开骗税违法犯罪的高压态势，开展涉票案件的查处。一是信息数据集成优势，充分运用所掌握的数据资源，以大数据分析应用支撑案件查办全过程，实现追踪溯源、定向制导、直打源头，快速应对虚开骗税风险，提升整体工作质效。全年共查处虚开骗税案件256件，涉及发票12268份，金额12.05亿元，税额5509.92万元。二是加强过程控制，强化督办管理。通过压实工作责任，明确检查人员主体责任，加强绩效考核，严格案件办理过程监督，定期听取案件进度汇报，及时发现解决案件查处中出现的问题，提高案件查处质效。三是加强税警联动。对涉票案件提前介入，发挥联动效应，提高涉票案件打击力度。（王　柯）

税务公安部门联动机制建设　第一稽查局加大与公安部门的协同配合，加强税警联合办案，震慑涉税违法犯罪行为。一是强化主责担当，增强联合办案理念。开展税警深度合作，建立了以市税务局公安办为枢纽、以南京市公安局经济案件侦查部门为牵头协同部门、以各区公安部门为主体的联动工作机制，定期开展涉税案件联络会议，及时传递涉案线索。二是创新打击手段。以银行资金分析为核心，整合税务数据、互联网资源，结合虚开发票犯罪特点，协调处理案件移送相关问题。三是加强考核引导。加大对大要案的考核力度，特别是和公安联合办案的加分力度。2019年以来，第一稽查局和市公安局经侦支队密切配合，对相关涉案企业开展联合调查，在取得重要案件线索的前提下，全年共向公安部门移送案件线索5起。其中，2019年由市公安经侦支队牵头，高淳区经侦大队主办，对某羽绒制品公司立案侦查，集中收网，共有4人被逮捕，2人被刑事拘留，3人取保候审，涉案金额2亿元。（路永进）

协查案件查处　第一稽查局按照税务案件协查工作的具体要求，加强税收违法案件发票协查工作。一是提升协查回复质量。为了将协查工作落实到位，设立专人专岗对协查案件质量进行把关，争取做到“一不规范即回退”，确保协查工作高质量开展。二是组织协查培训。为了提升协查工作质效，设置节点下沉，针对协查系统的升级开展多层次的协查培训，使全体检查人员及时掌握协查工作的最新要求和操作要点，提高协查工作的质量。三是加强监管力度。一方面，加强日常协查的推进工作，落实限时办案制度，定期公布各案件查处进度；另一方面，狠抓按期回复率、选票准确率、涉案发票协查合格率等考核指标，确保达到规定的标准。四是强化区域联系。对于稽查控票等操作，加强与主管局的联系，与主管局保持良好的沟通，促进协查工作有序开展。2019年共完成受托协查1523户次，涉及企业875户次，发票份数11723张，金额115186.69万元，税额15569万元；共查补税款59.87万元、滞纳金5.56万元，入库税款14.96万元、滞纳金5.56万元。受托协查回复合规率100%、按期回复率100%。2019年共发出委托协查676起，涉及企业428户次，发票份数3478份，金额30963.89万元，税额3677万元。发票选票准确率97.1%。协查准确率、回复正常率、协查函按期回复率和涉案发票协查合格率均达到规定的标准。（业　蕾）

涉税案件举报管理　第一稽查局加强检举案件查处力度。一是加强日常检举管理。做好案件交办、督办、回复等工作以及检举案件跟踪管理，全年共接收检举案件53户次，其中实名举报43户次，匿名举报10户次，调查结束共38户，共立案检查8户。向检举人发放检举税收违法行为奖励共计人民币8500元。二是重点处理疑难案件。加强重点案件的跟踪管理，有效推进案件处理。对历史遗留的疑难案件，加强对线索的分析和政策运用，层层推进案件查处进度。三是畅通外部沟通渠道。认真贯彻落实《税收违法行为检举管理办法》和《关于全市税收违法行为检举管理有关工作的意见》，综合利用电话、信函、网络、来人等方式拓宽对纳税人举报诉求的接收。严格按照规定除特殊情况外，在检举事项受理之日起15个工作日内完成分级分类处理，原则上在收到检举材料之日起三个月内办理完成查处，并按规定做好答复检举人工作，避免出现程序瑕疵和重大舆情，理顺工作职责，提高案件查处质量。（王　柯）

依法行政　第一稽查局结合工作实际，加强法制建设，顺应机构改革后的新形势，在税务稽查各环节灌输法治建设理念，加强全局法治业务培训、检查程序的规范、执法风险主题应对，全面贯彻依法治税工作。一是加强组织领导，着力提升法治建设理念。成立第一稽查局依法行政工作领导小组、税收违法案件集体审理委员会、重大执法事项审议小组。健全班子议事规则，认真落实《国家税务总局关于印发〈优化税务执法方式全面推行“三项制度”实施方案〉的通知》的相关规定。严格落实案件集体审理制度，保证案件处理口径一致，自由裁量权的尺度统一。做到审议的结论规范、明确，审议的记录文书和审议人员签字完整、规范。二是加强内控建设，夯实依法行政基础。认真落实各项制度，及时收集一线干部在实际工作中遇到的问题、文书问题等，编制《第一稽查局稽查业务动态》，对业务管理中遇到的问题进行解答。制定了“第一稽查局协查受票案件报审意见表”以及“第一稽查局双打走逃失联户报审意见表”，规范取证标准，提高审理效率，维护纳税人的合法权益。三是完善内部制度，规范依法行政行为。整理一系列内部管理、考核制度和办法，在工作中，紧扣规范性文件，规范执法行为。检查过程中，注重听取纳税人的陈述意见，对案情复杂、有争议的、数额较大的、有影响的案件，要求稽查报告按说理式文书要求编写，并上报重大案件集体审理委员会集体讨论，使依法行政工作进一步规范标准。（孙　静）

税收违法“黑名单”及联合惩戒工作　第一稽查局按照上级要求，积极开展税收违法“黑名单”（是指对达到一定涉案金额的偷税和逃避追缴欠税、骗取出口退税、抗税、虚开增值税专用发票以及普通发票等税收违法案件进行登记，并予以公布）上报及公布工作，强化惩戒严重涉税违法失信行为，推进社会信用体系建设，维护社会公平正义，规范市场经济秩序。一是深入学习。重点学习《重大税收违法失信案件信息公布办法》，通过学习最新的管理办法来指导实践、推动工作，用学习提升税务稽查能力和水平。二是规范案件程序。一方面，通过黑名单上报流程来规范案件执行程序，运用“黑名单”及联合惩戒等措施，提升稽查力度；另一方面，狠抓案件落实，监管案件的稽查时间，加强对稽查工作的考核力度，强化税收违法的标准，促进案件举报工作制度化、规范化管理。三是加强与检查科的沟通。适应改革需要，及时组织检查人员学习《国家税务总局关于修订〈重大税收违法案件信息公布办法（试行）》的公告》，将各项制度内化于心，提升依法行政意识；同时加强与检查人员的沟通，做到一达标准便及时上报。2019年较好地完成了上级交办的工作任务，共上报4个“黑名单”。（业　蕾）

“不忘初心、牢记使命”主题教育　第一稽查局将“不忘初心、牢记使命”主题教育与“两学一做”学习教育常态化制度化相衔接，把外部“灌输”与内心“感悟”、课堂“讲授”与现场“体验”、“理性”思维与“情感”冲击有机结合。以学习宣传贯彻十九届四中全会和习近平总书记系列重要讲话精神为主线，认真执行组织生活基本制度。全年开展中心组学习16次，组织专题讨论四次。以支部为单位，组织党员干部学习十九届四中全会精神，组织专题研讨，撰写心得体会，做到党员干部学习无遗漏、无死角。组织干部参观梅园新村纪念馆、王荷波纪念馆等，感受老一辈无产阶级革命家坚忍不拔、顽强奋斗的精神。观看爱国主义电影、重温入党誓词、重问入党初心。到梅花山组织开展“减税降费”宣传活动，参观江苏省庆祝新中国成立70周年成就展。推进志愿服务制度化，充分发挥党员志愿者示范带动作用。领导干部带头参加“党员志愿者服务队”，通过党支部结对共建凝心聚力，为企业办实事、解难题。国庆前夕开展“微型党课进社区”活动，唱响爱国情怀；国家公祭日来临之际组织参观南京利济巷慰安所旧址陈列馆，组织开展“铭记历史祈和平”为主题的公祭活动。积极响应国家“精准扶贫”号召，前往江宁宁西社区开展困难家庭走访活动，全年累计走访4次，帮助困难群众57户。发放扶贫款11万余元。（陈　晶）

党建工作　第一稽查局以主题教育为契机，以制度建设为保障，把好思想“总开关”。深入学习贯彻习近平新时代中国特色社会主义思想，全面贯彻中共十九大和十九届四中全会精神。持续推进“学党章党规、学系列讲话、做合格党员”学习教育常态化制度化，打好“深学、细做、实改、抓常”组合拳。进一步健全和完善第一稽查局党总支理论中心组学习制度。立足支部职能，推动党支部标准化建设，开展支部书记讲党课、专家讲理论、先进典型讲事迹、党员干部讲领悟等多种形式的学习活动，提高党支部战斗堡垒作用。牢固树立“抓好党建是最大政绩”理念，落实管党治党责任。对照“不忘初心、牢记使命”主题教育的要求，对标《中国共产党章程》和《中国共产党廉洁自律准则》《中国共产党纪律处分条例》的规定，结合南京市税务局政治生态专项巡察反馈意见，第一稽查局领导班子深入查摆问题，认真制订整改方案，细化整改内容和措施，明确责任落实，加强政治担当，抓好整改落实。坚持问题导向，狠抓党风廉政建设，努力营造风清气正良好氛围。（陈　晶）

干部队伍建设　第一稽查局加强干部队伍建设和管理，助力中心工作。一是严抓落实，全面加强对队伍思想动态的把控。把稳定队伍摆在突出位置，通过谈心谈话、座谈会等形式，加强干部队伍思想动态信息收集反馈工作，切实摸清干部队伍当前思想状况，持续强化正面舆论引导，把思想政治工作做深做细做透，及时消除疑虑困惑、疏导矛盾问题。二是建章立制，把规矩挺在前。以机构改革为契机，各职能科室牵头，梳理完善业务流程、人事管理、行政事务等各项规章制度。制定《在职人员行政慰问办法》。原先有的，进行补充修订。补充修订《国家税务总局南京市税务局第一稽查局工作人员各类假期规范管理办法》《国家税务总局南京市税务局第一稽查局关于工作纪律及作风建设的管理规定》等规章制度。严格按制度办事，通过绩效考核和监督等管理方式，增强制度的执行力和效能。三是党建引领，加强队伍建设。领导班子成员要求熟练掌握所分管工作的相关政策、业务知识，提高工作指导的针对性和预见性，坚持深入基层，开展遗留案件清理、青年干部等专题调研。加强中层干部队伍建设，强化责任意识和服务意识，认真落实一岗双责，做好上传下达，增强对一线干部的服务、指导、督促和管理，充分发挥监督、考核作用。（范筱雯）

教育培训　第一稽查局开展全员培训，提高干部队伍综合素质。结合稽查工作任务进展，分春夏两季组织全员培训，培训前制定详细的培训计划，确保教学的内容和质量，不断丰富培训内容，拓展培训形式，培训内容涵盖宏观政治与经济形势分析、廉政教育、领导管理学、最新的税收法律法规、“减税降费”热点政策、取证规范、廉政和保密教育等多方面。逢训必考，督促参训人员对新知识进行复习巩固，确保学有所获。发挥骨干带头作用，加强人才培养。为报考“三师”人员提供教材，鼓励他们利用业余时间抓紧学习，认真备考。本年度有1名年轻同志顺利通过法律职业资格，成为了“三师”队伍中的生力军。截至2019年年底，全局取得注册会计师、税务师、律师（以下简称“三师”）资格的人员30人（其中2人为“双师”，即同时获得“三师”中两个资格），占单位在职干部比例为28.3%。该局在“岗位大练兵、业务大比武”中有5人荣获市税务局“岗位能手”称号，4人代表市税务局参加省税务局的比赛，2人荣获省税务局“专业骨干”称号。（陈关猛）

纪检监察 第一稽查局聚焦监督执纪问责。对违反中央八项规定精神、形式主义、官僚主义问题等实行“月报告”“季报告”“零报告”；对办公用房使用情况进行监督检查，排查办公用房37间，排查服务用房629.06平方米，均严格按照核定标准使用，无违规调配、管理办公用房情况；对公务用车购置及运行费、公务接待费和会议费使用情况进行专项监督检查，未发现违规行为；对减税降费政策落实情况监督，5月，对减税降费工作完成情况与干部执法、廉政情况结合，向纳税人开展电话回访，未收到违纪反馈；对扫黑除恶工作落实情况监督，组织开展廉政督查和执纪监督巡察工作，排查涉黑涉恶腐败问题线索与黑恶势力违法犯罪线索，未发现干部充当黑恶势力保护伞等涉黑涉恶问题；对扶贫工作开展监督，利用内部网站做好对扶贫资金、扶贫对象等情况的公示；对“不忘初心、牢记使命”主题教育开展情况进行监督，通过列席会议、查阅笔记、谈心谈话等方式，持续紧盯关键少数，重点监督处级领导干部带头参加主题教育、发挥示范带动作用情况，督促领导干部落实主体责任；探索税务人员“八小时以外”监督管理，开展全员自查自纠、签订《“八小时以外”自律承诺》，召开干部家属“家庭助廉”座谈会，交流干部工作生活交往情况，延伸监督管理渠道；坚持“逢训必设廉政课堂”，每逢传统节日前向党员干部发送廉政警示短信，常态化进行廉政提醒；开展风险防控，对行政、人事、检查、审理等各环节廉政风险进行发布提醒，严格执行案件合议、重大项目决策议事、招投标管理等制度，对过程进行监察监督；在全局范围内开展廉政感言征集活动，营造崇廉向廉氛围。（徐　敏）

税收违法案件“一案双查” 第一稽查局认真贯彻落实《国家税务总局关于印发〈税收违法案件一案双查实施办法（试行）〉的通知》（税总发〔2019〕27号）（以下简称“实施办法”）以及省税务局、市税务局相关工作要求，立足职能定位，做好税收违法案件“一案双查”工作，即在查处纳税人、扣缴义务人和其他涉税当事人偷逃税、虚开发票和骗取出口退税等税收违法案件的同时，对税务机关或者税务人员违纪违法行为依照有关规定进行调查和责任追究。在查处涉税当事人税收违法行为的同时，做好“一案双查”案源线索收集上报，对照“罚款金额200万元（含）以上的处罚案件；查补税款1000万元（含）以上的处理案件；定性虚开金额2亿元（含）以上或者骗税税款500万元（含）以上的案件”这一标准，每月排查在查在审案件线索，及时收集案源，进一步加强对税务机关及税务人员征收管理和执法行为的监督检查。2019年，共移交市税务局1起重大税收违法案件作为“一案双查”案源。（徐　敏）

工团妇工作 第一稽查局做好工会、团员、妇委会工作（以下简称“工团妇工作”）。按照扩大覆盖面、增强凝聚力”的要求，加强工会建设，使工会工作覆盖到每一个干部职工。组织干部职工参加市税务局组织的系统歌咏比赛和趣味运动会，均获得三等奖的好成绩。制定《国家税务总局南京市税务局第一稽查局工会慰问会员实施办法》，慰问困难职工。全年组织开展乒乓球兴趣小组、羽毛球兴趣小组、健身小组、韵律操小组、瑜伽小组等丰富多彩的各项兴趣小组活动，组织“新起点、新挑战、新成绩”拓展活动，组织“喜迎新中国七十周年”书画摄影展，通过一系列活动的开展，增强组织凝聚力、向心力，促进四合。团支部紧紧围绕稽查中心工作，争创“青年文明号”，丰富活动内容，组织团员活动，凝聚青年力量，激发工作热情。发挥妇联作用，强化妇联工作。组织妇女干部职工在“三八”妇女节开展“巾帼聚力，家合税兴”主题活动，走进新农村，感受新时代美丽乡村。积极参与市税务局组织的“康乃馨行动”品牌宣传活动。坚持开展“送温暖行动”，定期走访慰问探望女职工家庭，给予物质帮助和精神鼓励，探望生病住院或者生育的女职工，同时做到特殊时期特殊关爱。关爱女职工生命健康，增加女性体检项目，组织发放卫生用品和独生子女奖励。开展“巾帼风采、税风和煦”宣传活动，组织本单位先进税务女干部作为巾帼典型，前往梅花山进行税法宣传。（陈　晶）

绩效考核　完善绩效考核机制，发挥导向作用，承接上级工作要求，紧跟时代发展，科学合理制订《国家税务总局南京市税务局第一稽查局2019年绩效考评办法》，明确考评规则和考评指标。加大扣分颗粒度，减少加分比重，增加了科室评价，强化日常工作考核和过程控制。按季组织绩效考评，召开绩效分析会，形成绩效分析报告上传至系统。报送《以绩效管理引领改革潮流》绩效征文1篇。抓好抓实数字人事，发挥其导向作用。完成2018年度数字人事考核划段、“两测”报名组织及资格审核等重点工作。审核领导胜任力测试通过6人，业务能力测试通过10人。及时督促数字人事工作纪实、领导评鉴等基础性工作的完成。每月按时报送数字人事简报。局领导、部门领导以身作则，带头做好数字人事的思考和实践，履行好任务发布、工作记实、领导评鉴等平时考核事项，引导全员树立责任意识、规矩意识。（程　璐）

政务管理　一是积极开展新闻宣传活动。联系媒体拓宽信息宣传渠道，在《中国税务报》《人民政协报》《新华日报》《南京日报》《南京晨报》、南京电视台、南京广播电视台、中国新闻网、凤凰网、交汇点、紫金网、南报网等多家媒体开展新闻宣传。全年考核得分超过4000分，下半年考核列市税务局派出机构考核第一段。二是规范政务公开和机要档案事项。在全局范围内签订保密承诺书，开展保密制度及知识培训，提升干部保密意识。完善保密台账，迎接市税务局保密检查。进一步完善政务公开管理制度，2019年度发布政务公开公告59篇。做好公文处理及档案管理各项基础工作，2019年，接收转发公文1420份，封发公文49份，妥善处理涉密公文12份。三是认真落实科调研工作要求。召集青年业务骨干，组织三个科调研小组，召开科调研工作布置会，把任务分解到位。牵头组织税务学会第三课题组论文评选活动。2019年，发布文章3篇，完成考核任务。有条不紊推进《江苏税务》《南京税务》期刊组稿工作，在《江苏税务》上发表文章1篇，《南京税务》发表文章3篇。（程　璐）

财务管理　一是制定完善相关制度。参照上级制度规定和文件精神，制定完善《国家税务总局南京市税务局第一稽查局财务管理制度（暂行）》《国家税务总局南京市税务局第一稽查局日常财务报销操作规范（暂行）》《国家税务总局南京市税务局第一稽查局政府采购工作规程（暂行）》等规范性文件，夯实财务管理基础工作。二是科学编报预算决算，把控预算执行进度。据实编报原国税局、原地税局2018年度部门决算，填制报送新旧制度衔接表。根据相关要求和定额标准，结合2020年工作计划和重点事项，编制2020年度财务预算。合理合规统筹经费使用，加强预算执行的有效性。2019年，中央财政拨款基本支出和项目支出的预算执行率实现双100%，完成市税务局考核要求。三是严格日常财务管理。规范报销程序，贯彻执行重大项目财务开支管理规定和大额经费市税务局审批制度，加强对相关工作的论证、审核和检查。严格财经纪律，认真做好财务支出、公务报销、工资发放、凭证管理等日常工作。按要求做好原地税局基本户、代管资金、工会等银行账户的清理注销，以及合并后新单位银行账户名称的变更工作。遵照政府采购规程，加强税务政采网的运用，做好计算机类设备、税务制服、公车保险以及食堂外包服务等政府采购工作。（赵小亮）

后勤服务保障　加强国定资产管理，做好税务机构改革后固定资产基础数据核准、移交清册编制和管理软件并账等工作。据市税务局统一部署，邀请中介机构，共同完成固定资产的清查盘点和审计工作。按要求落实好原中华路办公点待报废空调以及3辆公务用车的处置工作。将单位整体搬迁工作作为重点攻关工作，多次召开工作推进会、搬迁协调会，倒排维修改造、机房建设、综合布线、电话网络、家具采购等重点项目节点，明确办公室分布、搬迁时间、搬家步骤等具体事项，在5月份顺利完成单位整体搬迁。做好各项基础保障工作。加强安全保卫工作。严格执行日常值班管理规定和节假日局领导带班制度，落实留痕管理，确保安全值守。贯彻落实关于加强安全生产工作的通知精神，开展安全教育培训，突出网络信息安全，排查整改安全隐患。开展城市规范化综合整治，为干部办公营造良好环境。加强沟通协调，提高物管要求，提升服务水平。开展伙食调查，力促食堂整改，提高干部用餐满意度。规范公车派车管理，确保车辆行驶安全。（赵小亮）

（责任编辑　王甜源）

第二稽查局

概述　2019年是国地税合并后新税务机构完整运行的第一年，国家税务总局南京市税务局第二稽查局（以下简称“第二稽查局”）在市税务局党委的正确领导下，坚持全面从严治党，以“立制度、强队伍、提质效”的工作思路，不断提高税务稽查工作水平，加快推进税收现代化建设，同时紧紧围绕上级决策部署和“四个确保”，全力以赴做好各项改革工作。

2019年，第二稽查局共立案检查969户，清理积案267件。实现稽查案件查补税款1.45亿元，入库税款1.36亿元（其中，自查入库252.08万元），税款在百万元以上大要案6件。积极开展两年专项行动，查处“双打”（打击虚开发票、打击骗取出口退税违法犯罪活动，以下简称“双打”）案件176件，查补收入818.48万元，完成异地受托协查1638户次，其中查办虚开增值税发票达亿元以上的案件5件，办理移送公安手续261件。加强税警协作，与公安部门建立常态化的协同机制，提请公安提前介入14件次，为公安部门侦办刑事案件提供资料65件次，“12·03”专案涉案金额高达10亿元。加强涉黑线索的排查梳理，结合稽查案件，对于建筑工程、交通运输、矿产采掘等重点行业，以及敏感领域的被查纳税人，对其进行线索排查；组织精干力量查处了市政府、市扫黑办、法院交办案件各1件，向公安部门移送4件、区税务局移送5件。

该局在2019年完成了两个税务稽查标准化约谈室的建设，使得约谈环境和约谈效果得到明显提升，也得到了纳税人的肯定。在税收宣传月中，该局为栖霞区众创空间、南京市温州商会、江浦高级中学新疆班开设的三场宣讲会均取得了良好的税收宣传效果。该局检查三科的瞿海深撰写的多篇税收信息也被省市委、省市政府等上级部门采用。在2019年的全省案例交流评比中，该局参评的“两国”（即两个单位名称中含有“国”字的企业，以下简称“两国”）企业案例获得了第二名的成绩。该局薛剑秋、沈怡撰写的《“一带一路”视角下国际税收争端解决机制研究》获得国际税收科调研论文评比一等奖，为该局税收科研水平及对外形象宣传起到了正面积极的作用。

2019年，该局通过推行各类建设，颁布各项制度，推广各种创新，使得工作成效显著。通过组织两批次的跨岗实训，涉及职能科室参训学员、检查科指导老师共计15人，让职能科室的干部增强税务检查基本能力锻炼，帮助检查科和职能科室的干部充分换位思考，促进了部门之间的合作理解。以“多帮一，师带徒”的体制帮助年轻干部把牢方向，快速提升岗位技能。同时，以多岗锻炼机制为依托，尊重干部个体差异，激励他们在合适岗位上获得更长远发展。并结合“岗位大练兵，业务大比武”，以考促学，力求显著提升干部的业务能力。

2019年，该局建立了职工书屋，并借助其开展读书交流心得、好书荐读、品味书香等活动，丰富了全体职工精神文化。围绕“和合共进，逐梦同行”的主题，开展“共建绿色家园”植树活动等多项活动，增强了组织凝聚力和干部归属感。开展了“万名党员干部帮万户”结对帮扶活动，联系江宁汤山街道宁西社区，实地走访32户困难群众，发放扶贫资金63000元。（孔　燊、朱永刚）

机构设置及负责人

办公室

科　长　黄　露

副科长　孙　艳（正科级）

徐　璐（正科级）
周　颖
张　悦

人事教育监察科（党建办）

科　长　吴庆庆
副科长　陈潇潇（正科级）
陈健健
孙艺轩
蔡　薇

综合业务科

科　长　叶　峥
副科长　张　辉（正科级）
王　慧
封世雄
朱永刚

检查一科

科　长　邵立华
副科长　王相群（正科级）
顾　婷
王　正

检查二科

科　长　周敢荣
副科长　孙国松（正科级）
沈　怡
沈一栋

检查三科

科　长　瞿海深
副科长　李京琳（正科级）
陈怀俊
张明敏
高　众

检查四科

科　长　胡克念
副科长　叶光辉
罗柏官
吴　添

检查五科

科　长　薛必龙
副科长　茅钟驰（正科级）
夏兴明
徐　琰

（孙艺轩）

稽查收入　2019年，第二稽查局持续落实上级机关的部署和要求，依法履职做好税务稽查本职工作。积极开展打击虚开增值税专用发票，打击骗取出口退税、打击发票违法犯罪活动等专项行动取得成效。实现税务稽查随机抽查，落实税收违法“黑名单”制度，同时完成了5起税款在100万元以上、具有重大社会影响力的税收大要案的查处，完成了作为税务稽查部门的各项主要工作任务。截至2019年12月31日，第二稽查局实现了查补、自查收入1.45亿元，已入库收入1.36亿元（其中，自查入库252.08万元），查补税款金额为1.25亿元，滞纳金金额为1446.8万元，没收违法所得金额为11.94万元，罚款金额为572.34万元。2019年，第二稽查局下达各类检查案件户数为1092户，结案户数为761件。积案清理成效显著，清理率名列全市稽查系列第一。

（朱永刚、孔　燊）

重大税收违法案件查处　2019年，第二稽查局查处税款在100万元以上的案件5件，查补总额共计1.11亿元，其中税款1000万元的案件3件。其中，两起案件经过五年多的不懈努力，终于在2019年结案。查处两起股权交易案件时，克服了两个难关：一是税企双方沟通关，两家企业均在海外注册，机构所在地在中国香港，工作人员语言均为粤语或英语；二是适用政策关，由于各国税收政策与国内政策的差异，加之企业涉及的股权机构错综复杂，检查难度较大。为此，第二稽查局积极应对，一是成立专案团队，依靠上级税务机关的政策指导和协调保障，进行大量的调查取证和政策梳理；二是通过国家税务总局相关部门取得境外政府组织的协助，聘请翻译人员，提升沟通协调力；三是联系其境内关联企业，施加影响力，促使其正视税务部门依法提出的处理意见。通过五年多的博弈，最终使对方接受处理。2019年9月，两案涉及的企业所得税9188.04万元，均全部追缴入库。

（叶　峥）

打击发票违法犯罪　2019年，第二稽查局承办受托确定虚开协查任务1638件次，立案查处接受虚开案件796件、对外虚开案件162件。向公安部门移送涉嫌犯罪线索210条，公安部门提前介入累计13件，查处虚开金额超亿元案件11件，涉案发票3430份，发票金额20.81亿元，税额3.61亿元。与公安部门联办了“12·03”“5·21”等重大虚开发票专案。“12·03”专案办理具体情况：2019年，第二稽查局积极贯彻习近平主席、李克强总理等中央领导的批示，全面落实国家税务总局对“6·25”专案的相关要求，对两家南京的涉案企业进行立案检查。2019年12月3日，第二稽查局与南京市公安局经济侦查支队第三大队组成联合专案组。2018—2019年一年多时间里，专案组十余次前往广州、海南等多地外调资料，累计行程超2万公里；梳理关联企业20余户，票据资料近5万份；联合公安开展问讯30多人次，口供笔录30余份；奔赴广州、海口、梅州、揭阳等四地数十家银行，企业业务和资金往来情况进行全面查证，取得了资金链回流的关键证据。涉案两家公司从多地购买增值税专用发票4502份，经开票企业所属的税务稽查部门认定，上述开具的发票均为虚开。公安经侦部门在全国范围内抓捕涉案人员23人，捣毁开票窝点7个，其中南京公安部门抓捕6人，现已全部由检察机关提起公诉。2019年3月14日，主犯被警方成功抓捕。该案件的成功破获，是“6·25”专案在全国率先取得成果、成果最大的一起案件，也由此揭开了整治医药行业虚开发票的序幕。“5·21”专案办理情况：根据国家税务总局稽查局部署的关于查处“福建&201902-X08”虚开骗税团伙的工作任务，2019年5月21日，按全国税务稽查统一行动计划，南京市税务局第二稽查局对涉案的三家企业进行突击检查，发现并捣毁涉嫌虚开发票窝点1处，现场查获伪造公章60枚、身份证1份，银行U盾10个，电脑4台，其他涉案资料9箱。同日，第二稽查局提前公安部门提前介入，与南京市公安局经侦支队、栖霞区公安局经侦大队组成了“5·21”专案组。专案组由涉案企业为起点，向上、下游链条两头拓展，查证各环节的发票、资金流向、物流情况。通过大数据分析，获取了30余家关联企业的发票开具情况，对涉案的万余张发票进行追踪，获取了近60个企业与个人银行账户的50余万条交易记录，并前往福建、深圳、上海等多地进行外调，共计二十余次，获取了资金链闭合的关键证据。涉案人员从上游140多家公司接受虚开增值税专用发票，价税合计1.45亿元，向下游40多家公司虚开增值税专用发票2794份，金额1.53亿元，税额4024.31万元。2019年9月2日，专案组开始收网行动，三个批次共出动稽查干部26人次，公安干警78人次，抓捕犯罪嫌疑人50人。由此，公安机关发起集群战役，沿着该案件的虚开链条，向分布全国的190家涉案企业开展侦查，虚开的增值税发票涉案金额约2000亿元。相关地区的税务稽查部门也对下游企业接受虚开的违法行为进行查处，仅在苏北某市的某个区，就追回流失的税款2000万元。

2019年10月12日，第二稽查局举行百日会战总结表彰大会（张隆平 摄）

2019年6月，第二稽查局查处的“两国”专案的主犯被判刑。2019年，第二稽查局对62户涉嫌虚开发票并走逃失联企业，作为重大税务违法失信“黑名单”进行披露，并与相关部门对相关责任主体开展联合惩戒。

2019年，第二稽查局加强税收和发票宣传，先后组织栖霞区众创空间、南京市温州商会、江浦高级中学新疆班等多场专场税收宣传会，重点宣讲了增值税发票使用中的风险防范、虚开骗税警示案例等内容。

2019年，第二稽查局开展区域治理工作。结合国家税务总局、省税务局专项检查和专案稽查案件，对虚开走逃企业扎堆的楼宇进行实地排查，梳理出空挂户和虚假注册的企业集中的区域，向相关主管税务机关提出专题稽查建议。（叶 峥）

税收专项检查整治 2019年，第二稽查局根据上级单位的统一部署，兼顾税源监控和税收秩序治理两大职能，先后组织开展了打击增值税专用发票虚开、打击增值税普通发票虚开、广西“201903-X12”专案、医药企业、第三批和第四批重点税源企业、贵州“8·03”专案等多个专项检查和整治行动，查处各类案件229件。为做好专项检查整治工作，第二稽查局一是加强线索和推送信息的分析，做好专项检查的计划统筹和预案制定工作；二是加强对专项检查、专项整治的组织领导，压实责任，严明纪律，分层、分步、有重点地推进相关工作；三是加强经验综合和成果增值应用，及时总结涉税违法行为的新动向、新手段，总结案件查办的经验，总结评选出稽查优秀案例10篇，向相关部门和主管税务机关提出加强管理措施17条；四是积极落实《国家税务总局关于发布〈重大税收违法失信案件信息公布办法〉的公告》精神，与相关部门对重大税收违法失信企业开展联合惩戒，进一步加大稽查案件欠税的清理力度。

（叶　峥）

扫黑除恶专项整治　第二稽查局提升政治站位，将扫黑除恶作为政治建设的重要方面，切实履行主体责任，紧扣职能定位，充分发挥稽查在治理税收环境中的作用，大力推进扫黑除恶专项斗争向纵深发展。一是组织领导。紧抓学习教育，通过中心组学习、月度局务会，学习新指示、把握新动向，及时明确阶段性工作重点，全面审查工作落实情况，确定下一步工作的主攻方向。组织了扫黑除恶专题学习，中心组成员做了发言交流。二是宣传基础工作。坚持宣传主阵地，营造扫黑除恶的声势，张挂横幅、宣传画，分发应知应会手册。组织栖霞区众创空间、南京市温州商会、江浦高级中学新疆班等三场专场税宣会，对增值税专用发票使用中的风险防范、打击虚开骗税警示案例、减税降费政策等内容进行宣讲。三是加强日常线索排查。从行业、地区、时段多个维度，梳理涉税风险的集中区域和高危群体，认真开展涉黑、涉恶线索的摸排工作，摸排被查企业16户。建立健全各类台账22件，紧扣工作动态，加强资料的收集。在市税务局两次督导中获得好评。对某汽配商城专案再次启动资产调查，对新近掌握的5个银行账号4.36万元划款入库。对外地某建筑公司在宁的分支机构的欠款（含税款、滞纳金、罚款）近900万元紧盯不放，对该机构的债权清偿进度进行实时监控。四是加强税警协同。联办“12·03”“5·21”专案，有力打击涉税违法行为。加强涉嫌犯罪线索的移送工作，对重大涉税违法犯罪案件，通过线索分析会、税警协调会，提请公安部门提前介入。2019年，共提请提前介入并立案案件4件，往年由公安立案的2件案件，已由检察机关提起公诉。另外，组织精干力量，全力查办了一批涉黑、舆情等有重大社会影响的案件。五是工作成效。与警方联办的“12·03”专案，取得关键性成果，涉案主要犯罪嫌疑人已被检查机关批捕，目前正上溯下追，扩大案件成果。截获上海、南京虚开发票窝点各1处，突击搜查丹阳、盐城两地涉案企业4户。5年多来，该局对两件境外资本交易的检举案件深挖彻查，对当事人晓以利害、政策攻心，8月底，两起案件顺利办结，入库税款共计9200余万元。在市税务局的9月专题督导中，所有考核指标全部合格，无一差漏。

（朱永刚）

“不忘初心、牢记使命”主题教育　2019年，第二稽查局坚持“守初心、担使命、找差距、抓落实”的总要求，结合中心工作，创新载体和手段，开展“不忘初心、牢记使命”主题教育。一是学思践悟，坚持思想领航。依托中心组学习、“读书会”、专题学习研讨、知识测试等载体，系统学习习近平新时代中国特色社会主义思想和习近平总书记关于税收工作的重要论述，做到学深悟透、融会贯通。二是开展调研，促进成果转换。由局领导

2019年9月26日，第二稽查局举办“升国旗，唱国歌”活动，增强组织凝聚力和干部队伍活力

（张隆平　摄）

带队，走访辖区内八家重点企业，了解企业对税务工作的所需所盼，宣传税收优惠政策和该局服务经济举措，征求企业的意见和建议，并就税收政策问题释疑解惑。领导班子成员结合学习和调研成果，查摆存在的差距和不足，用理论指导实践，分析推动改进工作的思路措施，形成践行中国税务精神的具体举措。三是检视反思，查准查实问题。针对征集到的纳税人及干部的意见建议、政治生态专项巡察反馈意见，从自身查摆问题，举一反三，认真反思分析整改。2019年8月27日下午，召开了主题教育专题民主生活会，领导班子成员全面查找在思想、政治、作风、能力、廉政等方面的问题，并在专题民主生活会上逐一做了对照检查，班子成员还就个人重大事项、政治巡察等六项内容一一作出说明。召开了组织生活会，每名党员对照党章党规找差距的工作要求，开展批评和自我批评。结合工作职责履行情况，8月5—6日，召开科级以上领导干部主题教育反思会。四是做到求真求效，确保整改落实到位。对照9项专项整治和40项整治任务，98项整改措施，结合该局工作特点和重点工作，拟定20项整改任务和16项具体举措，并对落实情况进行跟踪问效，贯彻落实上级部门的重要决策部署。开展领导干部配偶、子女及其配偶违规经商办企业，扫黑除恶、形式主义、官僚主义等专项整治工作，开展减税降费政策落实监督检查工作，确保党中央的决策部署落实到位。针对主题教育中发现的问题以及亟需完善的工作，修改制定《因私出国（境）管理办法》《政府采购工作规程（暂行）》等制度，建立长效机制。（陈潇潇）

廉政建设 2019年，第二稽查局面对新税务、新稽查、新监督，在市税务局纪检组“蹲点式调研”的指导下，局领导班子带头编制《税务稽查廉政风险防控指南》（以下简称《指南》），作为扎实推进基层党风廉政工作的重要抓手。《指南》紧扣稽查四环节廉政风险点，建立了制度性管控、信息化防控、外延式监控的一体化监督网，其中税务稽查廉政承诺卡制度、廉政回访制度已经进入实施环节，各项运行显示良好；执法记录、平台监管、限时办结机制已在该局稽查案件查处过程中实践应用，对案件监管成效显著；防止税务稽查利益冲突已经具备相对完善管控机制，家庭助廉、特约监察员制度已经签约实施，“八小时外监管”反馈渠道畅通。该《指南》得到了市税务局纪检组组长胥德明同志的肯定性批示，在实施过程中促进了该局税务稽查干部的廉洁稽查，2019年，未发生一起干部违纪违法案件。9月27日下午，召开廉政警示教育大会，邀请省税务局纪检组副组长陈欣荣讲授了以“税务干部廉洁从税五线谱”为主题的党风廉政教育课，结合税务基层工作实际，重点从“瞄准理想信念高线”“守护作风建设生命线”“不逾规矩红线”“不碰纪律高压线”“不破廉洁底线”5个方面，用发生在系统内身边的大量案例进行深入的剖析和阐述，提醒税务干部自觉抵制各种诱惑，切实管住管好自己的“八小时以外”，做严以律己“规矩人”。严格按照《中共国家税务总局江苏省税务局委员会关于加强税务人员“八小时以外”监督管理的意见》文件精神，从“社交圈”“生活圈”“休闲圈”自我监督着手，重点排查干部“八小时以外”生活的12个方面是否存在问题，并与全体干部签订自查承诺书，把纪律和规矩挺在前面，严防“八小时以外”违纪违法行为。开展“廉洁有你、幸福共守”家庭助廉活动，与干部家属签订“家庭助廉倡议书”，召开家属座谈会等形式，帮助干部家属算好“七笔帐”，守住工作底线、生活底线，让干部家属主动融入监督。健全特约监察员队伍，聘请了该局职责辖区内12名党政机关、人大代表、政协委员、企事业单位有关人员作为特约监察员，发挥组织监督、家庭监督、群众监督作用。（蔡 薇）

教育培训 2019年，第二稽查局秉持“分类管理、分层教学”的原则，按照干部的岗位、职业技能诉求等，安排了三大类，共计7批次的培训。其中，规模以上培训为全员培训和更新知识培训，全员培训以提高全体干部综合素质为目标，按照全面建设税务现代化的工作思路，由中国人民大学苏州校区承办，通过对宏观经济形势、职务犯罪、业务技巧、取证规则等方面的培训，帮助稽查干部开拓视野、更新知识，提高业务水平和综合素养；更新知识培训依托江苏省级机关事务管理局莘园培训中心，通过对税务机关高绩效团队管理、管理者的创新思维、中层管理者的角色认知、领导执行力等的培训，帮助中层以上干部及职能部门干部开拓视野、更新知识，提高管理水平，为提升站位、更好地做好各项工作奠定基础。该局围绕省税务局、市税务局“四年业务能力提升行动计划”，以提升岗位胜任力为重点，以加强干部专业化能力建设为主线，实施岗位能力达标，其中，岗位技能以岗位职责为基础，分为公共技能与专项技能。2019年12月18日，该局开展全员岗位应知应会达标测试，应考105人，分为两批次：第一批为稽查业务岗人员，以闭卷笔试与上机操作形式，各占比50%，重点考察税种基础知识、稽查实务以及数据基础处理能力；第二批为职能科室人员，以闭卷笔试形式重点考察行政管理相关知识及公文写作。经过评判，105人全部达标。通过岗位技能达标测试，促进干部利用业余时间加强学习、补足短板。该局为全方位提升青年干部素质，更好服务一线稽查，解决大面积轮岗不能实现的困难，建立跨岗实训机制。一是师徒结对。职能科室参训人员编入各检查科，检查科科长指定一位业务功底扎实、责任心强、经验丰富的稽查人员作为指导老师，对参训人员进行指导和检查工作安排。二是一线实践。参训人员按照实训要求，在指导老师的安排下，参与1件税务案件检查执行，以及1项异地协查，主要学习调查取证、文书制作及送达、纳税人约谈询问、税款计算、适用法律论证、报告拟写、案件报审等事项，确保实训深度和实效。三是多元施教。除案件检查和协查以外，对目前从事行政岗位的同志，由综合业务科牵头，进行稽查管理课程集中培训。截至2019年年底，已开展三轮跨岗实训。

（蔡　薇）

科级干部队伍交流选拔　2019年，第二稽查局为干部寻求外部发展平台，在系统外部选调工作中，有2名干部参加区政府处级干部选拔工作，其中1名干部选拔至玄武区投资促进局担任副局长；在系统内干部选调工作中，一名干部选调至江宁经济开发区局。开展科级职务选拔晋升工作，通过层层筛选，该局共有8名干部晋升科级非领导职务，2名副科级领导职务，其中，主任科员7名，副主任科员1名。做好职务与职级并行准备工作，对照上级要求，对2名临退人员进行职级套转，并对其中1名符合晋升条件的临退人员，按照规定开展晋升工作。通过“导师制”“跨岗实训”等形式，该局人事教育监察（党建办）联合综合行政科，以查办1件案件、制作1套文书等岗位实践，加大对年轻副科级干部培养力度，提升干部队伍后备军实力。

（蔡　薇）

“6S”管理落实　2019年，制定《南京市税务局第二稽查局“6S”管理规范》，自2019年7月1日起执行，“6S”即整理（Seiri）、整顿（Seiton）、清扫（Seiso）、清洁（Seiketsu）、素养（Shitsuke）、安全（Security）6个项目，简称“6S”。推行该规范的目的是为了推进税务文化建设，将“6S”管理理念引入行政管理工作之中，通过发挥“6S”现场管理功能，实现改善办公环境、提高工作效率、促进全体工作人员养成良好工作习惯以及建设“一流办公环境”和“一流人员素养”的目标。该规范推行以来，该局各部门各司其职，每名干部划分个人责任区，物业管理公司负责公共责任区达到规范要求，办公室牵头组织开展日常巡查，公布巡查结果。2019年，通过推行该规范，该局全体人员良好的办公习惯逐步养成，办公环境得到优化美化。

（孙　艳）

（责任编辑　王甜源）

第三稽查局

概述　2019年，国家税务总局南京市税务局第三稽查局（以下简称“第三稽查局”）以中共十九大精神为指导，按照国家税务总局南京市税务局（以下简称“市税务局”）的总体部署和国家税务总局南京市税务局稽查局（以下简称“市稽查局”）的工作要求，以全面从严治党为统领，不断巩固机构改革成果，严厉打击税收违法行为，落实减税降费、扫黑除恶等专项工作，取得较好成效。2019年9月，被国家税务总局、公安部、海关总署、中国人民银行联合表彰为“2018年打击虚开骗税违法犯罪工作成绩突出的集体”。

*狠抓党建，推进全面从严治党。*深入贯彻《中共中央关于加强党的政治建设的意见》等重要文件精神，开展“不忘初心、牢记使命”主题教育。代表市税务局参加庆祝渡江战役胜利暨南京

解放70周年升国旗仪式、新中国成立70周年国庆升旗仪式，得到南京市委宣传部表扬。围绕纪念建党98周年、五四运动100周年等重要时点，组织参观、观影、歌咏比赛等活动。2019年，该局被评为“2016—2018年度南京市文明单位”。加强党纪处分条例和相关法律法规学习，通过剖析典型案例、观看警示教育片、到江宁监狱参观学习开展警示教育。通过微信工作群开展节日廉政提醒，筑牢清廉从税防线。

*紧扣主业，加强税务稽查。*全年立案检查案件791件，同比增长460%；审结案件646件，同比增长210%；查处百万元以上案件9件，查补税款、滞纳金、罚款合计6780.82万元，入库合计3523.89万元。组织稽查“百日竞赛”，截至“百日竞赛”收官，完成案件报审398件，审结345件，查补税款、滞纳金、罚款合计3971.96万元，入库合计1598.73万元。

*提升能力，强化队伍建设。*晋升主任科员9名，完成科级干部晋升工作。落实人事基础工作。调整工资调标、晋级晋档，及公积金和住房补贴，完善和迁库合并人事2.0和数字人事系统数据工作，落实转正定级、退休、职务晋升等人员待遇核定工作。推进干部“健康工程”建设。做好退休干部服务管理，定期召开老干部支部学习和座谈会。加强教育培训，提升综合业务能力。4名同志入围市税务局“岗位大练兵、业务大比武”稽查类岗位能手名单。发挥群团作用，丰富业余文化生活。组织2019年新年联欢会、元宵节灯谜竞猜、包粽子手工活动等。做好会员服务，组织会员参加市税务局总工会医疗互助保障计划，协助办理赔付事项。

*调查研究，提升综合保障效能。*每季度召开考评分析会议，组织绩效征文，申报“探索团队化运作提升稽查质效”市局创新项目。全年报送11篇数字人事简报，编制年度主要工作任务，共计6大项43条并发文。在中央级媒体人民网发表稿件2篇，法制网发表1篇，在省级媒体发表稿件50余篇。在《江苏税务》发表调研文章1篇，《南京税务》发表2篇。（杨　光）

机构设置及负责人

办公室

主　任　瞿亚剑
副主任　刘铁先
副主任　杨　光
副主任　吉　晨
副主任　蔡　鑫

人事教育监察科（党建办）

科　长　李　文
副科长　王秀明（党建办主任）
副科长　黄晓军
副科长　张荣根
副科长　王　嵩
副科长　胡　霞

综合业务科

科　长　刘　亚
副科长　钮　蓉
副科长　王大祥
副科长　刘楚文

检查一科

科　长　曹　峰
副科长　安晋军
副科长　史宇明
副科长　李　颀

检查二科

科　长　高黎黎
副科长　张　镔
副科长　戴书勤

检查三科

科　长　戴旭东
副科长　田　红
副科长　于　乐
副科长　周粉根

检查四科

科　长　王晓见
副科长　刘　辉
副科长　王　琪

检查五科

科　长　汤　宁
副科长　韩粉英
副科长　袁一泉
副科长　盛　林

（董　昕）

税务稽查 2019年，第三稽查局共立案检查案件791件（含浦口区局、六合区局遗留案件53件），与去年同期相比同比增长460%；共审结案件646件，同比增长210%。查补税款、滞纳金、罚款合计6780.82万元，入库税款、滞纳金、罚款合计3523.89万元，查处百万元以上案件9件。组织协查系统培训，规范操作流程，及时完成协查事项。全年共对外委托协查743户次，发票9869份，金额10.44亿元，涉及税额1.60亿元。接收受托协查1228户次，发票7061份，金额10.17亿元，涉及税额1.39亿元；完成受托协查773户次，发票5058份，金额8.29亿元，涉及税额1.23亿元，协查准期完成率100%。2019年，共查处举报案件68件，同比增长103%。其中，全年新下发42件，已结案件44件。通过业务培训、现场指导逐步规范统一举报案件检查、办结、回复环节具体标准，有效处置重点缠访人殷某案件和3起12345投诉。

（刘　亚）

打击发票违法犯罪活动 2019年，第三稽查局强化主责担当，革新联合办案理念，开展税警深度合作。主动发现违法线索，及时办理案件移送，加强与检察院、法院的业务协调，为涉税案件顺利查办提供政策支撑。创新打击手段，以银行资金分析为核心，整合税务数据、互联网资源，结合虚开发票犯罪特点，建立虚开分析模型，实施精准打击。加强考核引导，加大大要案考核力度，特别是和公安联合办案的加分力度，强化绩效运用。2019年，向公安移送案件18件，其中，公安已立案检查15件，联合开展专项行动7次，破获虚开团伙11个，涉案金额54.3亿元，对69人采取强制措施。在移送案件数量和质量、追究刑事责任人数、涉案金额和挽回税款损失等方面，占到全市总数的80%以上。2019年，第三稽查局被国家税务总局、公安部、中国人民银行和海关总署四部委联合表彰为“全国打击虚开骗税违法犯罪工作成绩突出集体”。

（刘　亚）

扫黑除恶专项斗争 2019年，第三稽查局认真贯彻落实《国家税务总局南京市税务局关于印发扫黑除恶专项斗争工作方案的通知》精神，开展扫黑除恶专项斗争，保障社会安定有序。制定扫黑除恶工作方案，细化任务步骤，强化过程监控，纳入绩效管理，做好各类台账。加大宣传力度，通过在办公场所悬挂扫黑除恶标语、宣传画，向纳税人发放宣传手册并向纳税人耐心宣讲等多形式宣传，营造扫黑除恶专项斗争氛围。认真开展案件自查，全面梳理2017年以来的协查案件和建材、家俱、汽配等批发市场检查案件，防范执法风险。组织扫黑除恶相关培训考试，了解干部对扫黑除恶工作的实际认知程度，及时发现问题。通过理论与实践相结合，不断提高干部对扫黑工作知晓度和参与度。

（刘　亚）

2019年3月14日，第三稽查局联手公安部门，联合宣传发票查验，保护消费者权益

（杨　光　摄）

稽查“百日竞赛”活动 2019年，第三稽查局以“全力奋战一百天，打赢打虚打骗攻坚战”为中心，明确利用2019年6月、7月、8月完成300户案件检查的奋斗目标。广泛凝聚共识，形成管理合力，继续发挥检查团队集团作战优势，提高办案效率。成立银行资金检查团队，专攻案件资金回流查询。针对部分疑难案件和移送公安案件，组建跨部门检查团队，推进案件查办，培养后备人才。通过新闻信息、工作简报、广告屏等载体，宣传报道先进模范事迹，营造积极进取的工作氛围，传递赶学比超的正能量。截至“百日竞赛”收官，共完成案件报审398件，与2018年同期相比，增加了468%，与2019年3月、4月、5月3个月相比，环比增加374%，审结345件，查补税款、滞纳金、罚款合计3971.96万元，入库合计1598.73万元。

（刘　亚）

稽查团队化运作模式探索 2019年，第三稽查局继续发挥检查团队的集团作战优势，提高办案效率。由第三稽查局各检查科科长带队，团队合作，将市税务局2019年8月下发的49户“803增值税普票虚开”案件从立案到报审的时间缩短到40天以内。成立银行资金检查团队，专攻案件资金回流查询。针对银行账户检查数量大、专业性强、重复性高的特点，第三稽查局从各检查科抽调6名不同年龄、不同专长的检查人员组成银行检查团队。“百日竞赛”期间，银行检查团队共接收312户企业350个银行账号的查询任务，涉及各类银行14家，上百家银行网点，共收到纸质电子流水287份。针对部分疑难案件和移送公安案件，整合业务、行政各部门优势资源，组建跨部门检查团队。以老带新、以新促老，推进案件查办，培养后备人才。（刘　亚）

2019年9月18日，第三稽查局邀请南京长江大桥当年建设者，开展“守初心 担使命”教育活动
（杨　光　摄）

法治建设 2019年，第三稽查局加强法治建设，努力提升风险防范和规范执法综合效应。一是完善管理制度，防范执法风险。加强制度建设。全面优化整合各项管理制度，推进工作规范化、科学化。规范稽查业务。出台《增值税受票企业检查取证及定性规范》《案件报审规范》《走逃失联企业稽查报告模板》等工作规范，提高案件质量和效率。参与稽查系列规制建设，提升稽查管理规制水平。2名同志参加稽查系列规制建设。二是落实依法治税，提高执法水平。积极应对涉税争议。全年受理并组织开展听证工作2次，做到维护纳税人合法权益和税收法治秩序相互统一。发生诉讼2起，配合律师认真准备证据材料和应诉文书。发生行政复议案件1起，按上级要求配合做好复议工作。投入使用办案指挥系统。完成稽查系统首套“稽查办案视频指挥系统”采购工作，组建指挥室、4间问询室、1间来访接待室的通信互联，实现约谈过程全程录音录像和实时指导。落实“金税三期”并库工作。制定并库工作方案，分解落实各时段各事项工作责任，“金税三期”并库工作顺利完成。三是严格执法督察，促进安全履职。完善工作机制。制定《案件执法督察实施办法（试行）》，成立领导小组，对案件各个环节进行随机抽查，做到隐患早发现、漏洞早堵塞、问题早解决。加强减税降费政策落实督审工作。加强对纳税人应享受政策监督。在检查环节，不因查处违法行为而忽视纳税人享受优惠政策的权利；在审理环节监督免、抵、退税情况，高新技术企业、小微企业优惠税收政策落实情况；在执行环节，监督是否存在违规弥补亏损或应退未退情况等，确保纳税人缴费人获得真实惠。强化内控监督平台管理。制定审计计划，对2018年以来协查案件进行筛查，全年对5户检查后回复“无问题”的案件开展重点执法督察，提高防范风险和规范执法功能效应。（刘　亚　刘轶先）

党风廉政建设 2019年，第三稽查局加强政治建设，提升党的领导力。一是坚决做到“两个维护”。深入贯彻《中共中央关于加强党的政治建设的意见》等重要文件精神，把“两个维护”体现到不折不扣贯彻落实减税降费、扫黑除恶等各项决策部署上来。二是开展“不忘初心、牢记使命”主题教育。成立主题教育领导小组，制定实施方案和任务清单，开展中心组和党支部交流研讨、党员“四重四亮”活动，举行“不忘初心、牢记使命”主题党课竞赛。三是扎实开展理想信念教育。通过开展分层次、分领域、分专题的学习讨论、组织领导班子专题学习、邀请市委党校教授开设讲座以及举办知识竞赛等形式，深入学习贯彻习近平新时代中国特色社会主义思想、中共十九届四中全会精神。四是压实意识形态工作责任制。领导班子成员以上率下，旗帜鲜明支持正确思想言论，反对和抵制错误观点，对出现的苗头性现象进行严肃处理。

加强组织建设，提升党的组织力。一是健全组织机构。对缺额的总支委员进行补选，指导党员人数或支委有变动的党支部进行支委补选或改选。二是严肃党内政治生活。落实民主生活会、组织生活会、“三会一课”、主题党日等制度，健全重大事项决策程序和“三重一大”（重大事项决策、重要干部任免、重大项目投资决策、大额资金使用）决策监督机制，建立党支部工作联系点，落实党员领导干部参加双重组织生活制度。三是加强支部建设。贯彻落实《中国共产党党和国家机关基层组织工作条例》《中国共产党支部工作条例（试行）》，加强各支部党建工作指导监督，规范党支部建设。四是开展先进评选。1人被评为市级机关优秀共产党员，3人被评为市税务局优秀共产党员，3人被评为市税务局优秀党务工作者，开展本单位先进评选，发挥党员的先锋模范作用。

深化作风建设，提升党的凝聚力。一是开展基层创建。做好巾帼文明岗、青年文明号等申报工作，开展“我推荐我评议身边好人”活动，选树宣传先进典型。做好全市“文明城市创建”测评工作的迎评工作，被评为“2016—2018年度南京市文明单位”。二是有序推进税务文化建设。完成“党员之家”的一期建设工作。代表市税务局参加庆祝渡江战役胜利暨南京解放70周年升国旗仪式、新中国成立70周年国庆升旗仪式。围绕纪念建党98周年、五四运动100周年等重要时点，组织参观、观影、歌咏比赛等活动，为税收工作凝心聚力。三是发挥基层党支部战斗堡垒作用。在四部委“打虚打骗两年专项行动”、业务工作“百日竞赛”和税警联合打击虚开发票违法犯罪等工作中，局领导坚持靠前指挥，党员同志勇挑重担，充分发挥基层党支部战斗堡垒作用，为全年稽查业务工作做出了贡献。四是落实结对共建、困难帮扶等工作。与六合区平山社区开展结对共建，对46名扶贫对象进行阳光扶贫。完善困难干部职工走访慰问机制，对家庭有重大变故、重大疾病或困难的同志开展慰问31人次。五是加强“八小时以外”（即工作时间以外的时间）监督管理。结合身边典型案例，开展以案说法，抓早抓小抓苗头，严防“八小时以外”违纪违法问题发生。

加强纪律建设，提升党的战斗力。一是强化纪律意识。加强党纪处分条例和相关法律法规的学习，通过剖析典型案例、观看警示教育片、到江宁监狱开展警示教育，引导党员干部不令而自行、不禁而自止。通过微信工作群开展节日廉政提醒，筑牢清廉从税防线。二是坚持把纪律挺在前面。紧盯重点领域和关键环节，运用好监督执纪“四种形态”的第一种形态（即党内关系要正常化，批评和自我批评要经常开展，让咬耳扯袖、红脸出汗成为常态），对1名党支部书记进行执纪问责，对3名干部进行诫勉谈话，对5名干部进行谈话提醒。三是扎实开展专项整治工作。开展领导干部利用名贵特产类特殊资源谋取私利整治工作、扶贫领域腐败和作风问题专项整治、办公用房使用情况监督检查等，深入查找税务稽查、案件管理、经费使用、队伍管理中的顽症固疾。四是做好巡视巡察工作。做好全省税务系统巡视巡察信息管理系统上线工作，3名党员抽调参加市税务局巡视巡察工作组。（王秀明）

干部队伍建设 2019年，第三稽查局强化队伍建设，晋升主任科员9名、副科长2名和副主任科员2名，5名科级领导干部通过试用期考察按期转正，3名同志免去主任科员，改任副科长（正科级）职务。在年度考核中，5名同志荣立“三等功”，评选优秀公务员19名、先进集体3个。评选优秀稽查团队2个、稽查能手10名、优秀稽查案例9个。定期召开老干部支部学习和座谈会，组织“看南京”活动，成立江苏省首支“夕阳红”税收宣传服务队，完成“我的岁月”征文、建国70周年书画摄影展等工作。在“岗位大练兵、业务大比武”活

2019年9月29日，第三稽查局“税务稽查百日竞赛”总结表彰大会（杨 光 摄）

动中，4名同志入围市税务局稽查类岗位能手名单，2名同志参加全省竞赛。2019年，组织全体干部培训两期、稽查骨干培训一期、虚开案件专项培训一期，参训干部266人次，累计学时1226天。配合各类外办培训34次，累计学时575天。

（李　文）

提高行政保障水平　2019年，第三稽查局加强行政管理，提高行政管理水平。规范考核引导。一是绩效考核提形象。紧跟市税务局指标变化，持续优化绩效指标体系和考评规则。每季度召开考评分析会议，有效指导部门工作。组织绩效征文，申报“探索团队化运作提升稽查质效”市局创新项目。二是数字人事促成长。全年报送11篇数字人事简报，落实数字人事各项工作。强化数字人事结果运用，推动组织绩效和干部个人能力双元发展。三是督查督办重落实。编制年度主要工作任务，共计6大项43条并发文。完成积案清理事项和科级领导干部专题会议相关内容精神传达落实的督办，促进中心工作落实。

抓好政务工作。一是加强税收宣传科调研工作。2019年，在中央级媒体人民网发表稿件2篇，法制网发表1篇，在省级媒体发表稿件50余篇，上、下半年积分均位居派出机构第一序列。在《江苏税务》发表调研文章1篇，《南京税务》发表2篇。二是强化税收保密安全。开展保密自查自评工作，签署涉税数据网络安全保密承诺书，完善保密管理台账，加强保密基础管理。三是做好舆情信访工作。注重舆情信访监控收集、分析研判和瞬时响应，完成毛龙起三级信访程序，解决桂花鸭案件的信访诉求。

规范财务后勤。一是做好会计核算。及时完成2019年工资调整，严把审核报销关，做好年度财务决算。二是强化预算管理执行。做好2020年度“一上”、“二上”预算上报，制定用款计划，确保资金使用按序时进度推进。三是完善资产管理工作。完成资金资产安全督查，确保摊销折旧核算数字准确无误。四是提高后勤保障水平。完成电梯安装梯禁、办公楼主要出入口及楼道安装人脸识别系统等工作。对水电气、食堂卫生、消防等设施设备开展全方位安全排查。（刘轶先）

（责任编辑　王晓宁）

第一税务分局

概述　2019年是国税地税征管体制改革后的第一个完整年度，面对新形势新任务新要求，国家税务总局南京市税务局第一税务分局（以下简称“第一分局”）按照国家税务总局省税务局、市税务局决策部署，紧紧围绕大企业税收服务与管理这个中心，着力强化制度和能力两大建设，探索创新个性化服务、风险管理和大企业税收经济分析三项工作，推动各项工作取得成效。

认真开展大企业风险税收服务与管理工作。进一步明确市区两级大企业部门职责范围，理顺运行机制，完善数据基础。着力做好大企业风险分析，分析预估税款合计11.52亿元，位居全国省会城市第一名。风险应对质效显著提升，2019年，风险应对任务入库成效9.8亿元，总成效合计14.39亿元，全年风险应对总成效、准期完成率居全市首位。推进大企业税收经济分析，重点围绕行业、税种、集团、减税降费等领域，共计撰写税收经济分析13篇，其中4篇被推荐到省税务局。建立并实施大企业税收联络员制度，主动尝试、推广应用“丁税宝”大企业沟通平台，做好大企业减税降费工作，取得良好效果。

推动全面从严治党向纵深发展。按照“守初心、担使命、找差距、抓落实”12字总要求，健全组织机构，制定方案计划，扎实开展“不忘初心、牢记使命”主题教育。精心打造“税务壹先锋”党建品牌，召开品牌专题发布会，制作专题沙画宣传片，结合“七一”、新中国成立70周年等重大节日组织开展“四个在我心中”（人民在我心中、党在我心中、祖国在我心中、使命在我心中）主题实践活动，让全体党员在富有仪式感的活动中接受教育。研究制定落实全面从严治党主体责任和监督责任事项清单，认真配合完成政治生态专项巡察并抓好整改落实。抓好支部自身建设，过好党员“政治生日”，抓好党员培训，搞好应知应会测试。充分发挥工会、妇联、共青团等群团组织作用，成立各类兴趣小组，经常性开展活动，持续开展“暖心、活力工程”促进“四合”。

不断促进干部队伍能力素质提高。加强宣

传教育引导，认真开展职务职级并行工作和职务晋升选拔工作。通过导师制结对、组建行动学习小组、“岗位大练兵、业务大比武”等活动，突出岗位实践，加强人才培养。制定干部业务能力提升计划，组织全市大企业税收管理业务培训、分局内部培训，继续办好和放大科内培训，干部轮流讲课，把学习融入工作。选送业务骨干至扬州税校参加三期高级研修班，为培养一支业务精湛、能打硬仗的大企业税收服务管理人才队伍奠定基础。

全面提升监督治理能力。制定《加强纪律作风建设的实施意见》，每月在“警示台”编发警示案例，每季开展“考廉日”活动，组织党员干部走儒家廉文化栈道，开展“小手拉大手 廉风进我家”家庭助廉活动，强化日常监督管理。组织对主题教育、减税降费、政治生态巡察、扶贫领域腐败、办公用房超标，开展形式主义、官僚主义等方面专项整治，继续坚持特邀监察员制度，强化专项整治监管。成立内部控制工作领导小组和税收执法责任制工作领导小组，及时完善并发挥内控监督平台作用，按季度召开全面依法行政领导小组会议，有条不紊推进“行政执法公示、执法全过程记录、重大执法决定法制审核”等三项制度，强化督查内审管理。

做好综合保障。注重建章立制，制定下发会议管理、绩效考评、舆情信访、公务接待、公务用车等12项行政管理制度。稳步推进绩效管理，组织绩效征文。按期督促数字人事工作，建立联络员制度，压实责任。开展风险应对进度专项督查督办，有效促进工作落实。制定分局财务管理制度，严格预算执行管理和监控，规范政府采购工作规程。严格执行各项安全管理制度，制定并贯彻落实节能减排实施意见，完成会议室、党建活动室、浴室、图书阅览室等改造工作，改变食堂供给模式，认真做好综合保障，确保事务管理到位有力。（韩欢欢）

机构设置及负责人

办公室

主　任　李　莉
副主任　高　静
副主任　钱　波

政策法规科

科　长　胡　斌
副科长　郭　莲
副科长　肖　宇

综合管理科

科　长　王晓健
副科长　柳　强（正科级）
副科长　梁　颖
副科长　徐　毅

人事教育监察科（党建办）

科　长　王　兵
副科长　张小玲（正科级）
副科长　江　萍
副科长　杨　燕

税源管理一科

科　长　刘九林
副科长　王必宝（正科级）
副科长　龚榴红
副科长　张吉慧

税源管理二科

科　长　姜　涛
副科长　羊　猛（正科级）
副科长　王立丽（正科级）
副科长　潘　懿

税源管理三科

科　长　夏文革
副科长　彭朝晖（正科级）
副科长　陈　颖
副科长　金璐路

税源管理四科

科　长　李　昆
副科长　束　瑜（正科级）
副科长　陈　斌
副科长　王琰琰

（韩欢欢）

大企业服务与管理机制　2019年，第一分局全面落实征管体制改革后国家税务总局和省税务局提出的大企业服务与管理新理念、新任务。一是明确工作目标。出台《关于明确我市大企业税收服

2019年2月28日，第一分局召开大企业税企见面会 （王琰琰 摄）

务与管理有关工作事项的通知》《全市大企业服务与管理工作的规划和工作要点》等文件，明确市区两级大企业部门工作职责和目标任务。二是明确管理对象。在国家税务总局千户集团企业、省税务局列名企业的基础上，综合税款集中度、政府关注度、社会影响力、企业成长性等因素确定373户市税务局列名企业。将大企业集中在各区局税源管理所（科）和行业管理科进行管理。三是明确工作机制。主动与相关处室沟通协调，向市税务局党委提交《关于大企业管理职责划分的建议》，明确基础信息采集、风险分析和应对任务、个性化服务、税收经济分析四项重点工作机制。分片区召开座谈会，赴建邺、玄武、雨花等区局开展调研，了解困难和听取建议，促进工作有效运转。四是明确工作方法。立足于理顺工作思路，举办面向分管局长和科长的专题培训，对重点工作要求及工作内容进行讲解。立足于解决实际问题，举办面向业务骨干的实务培训，对实际操作中的难点问题进行剖析讲解。同时，以集中办公方式"以干带训"，通过案例交流促进工作经验共享，初步解决大企业管理工作具体"做什么"和"如何做"的问题。 （王晓健）

千户集团数据管理 2019年，第一分局采取多种措施保证千户集团企业数据的及时性、完整性、准确性，为专业化管理奠定坚实基础。一是加强督办，确保日常数据采集无差错。每月发布集团总部基础涉税数据报送进度、千户集团企业财务报表报送进度，解决企业遇到的报送系统故障、涉税数据报表填写错误等71户次，按期完成总部在南京的集团企业数据直报。二是注重细节，完成千户集团名册核实更新工作。完成扩围亿元的千户集团成员企业信息核实任务，对新增的387户企业，逐户查核确认经营信息、联系信息和登记申报状态，对于状态非正常、信息不匹配、一条识别码对应多个企业的问题，逐条比对、逐户修正，共审核修正问题企业99户。三是有序组织，完成所辖集团电子账套采集工作。对于总部在南京的16个集团345户成员企业，通过多方协调，解决版本不匹配无法适用采集软件、软件内置信息与企业实际情况不符等问题，校验核对账套数据1035条，按时完成账套上报加载。四是强化分析，定期掌握企业信息变动情况。完成总部在南京的16个集团年度分析报告，其中，3篇被省税务局评为优秀。定期梳理大企业基础数据、经营状况、税收变化，从集团、行业、属地管理等角度，按年度对其进行比对，分税种统计，及时掌握大企业税收变化情况。 （王晓健）

大企业风险分析和风险应对 2019年，第一分局充分发挥大企业专业化管理优势，风险管理工作取得成效。一是大企业风险分析成果位居全国省会城市第一。调动市、区两级大企业管理部门工作积极性，上下联动发力，组织2次集中办公、成立4个专业团队开展风险分析。探索开展多税种联动分析，构建通用风险分析和行业专属风险分析两种底稿，规范风险分析流程，提升风险分析质效。完成分析任务331户，涉及48个集团，累计分析税收风险点3700余条，分析预估税款合计11.52亿元，位居全国省会城市第一名。二是风险应对总成效全市排名第一。制订风险应对进度积分法，把控管理关键节点计算积分，全程目视管理，促进应对工作增效提质。定期在《风险应对流程操作提醒》，对流程要点及常见问题共35项次进行提醒，规范应对操作。组织开展全市大企业风险管理案例交流分享会，有效发挥了案例指引示范作用。2019年，第一分局大企业风险应对总成效合计14.4亿元，入库成效9.8亿元，全年风险应对零成效全市最低，风险应对总成效、准期完成率居全市首位。 （王晓健）

大企业税收经济分析 2019年，第一分局加强调研，聚焦热点，有序推进大企业税收经济分析工作。一是加强学习，探索建立大企业税收经济分析工作机制。组织成立税收经济分析课题小组，开展税收经济分析学习、撰写和交流，积累税收经济分析工作经验。组织学习国家税务总局和省税务局有关文件，结合实际拟定《第一税务分局税收经济分析实施办法（初稿）》。整合系统资源，建立跨层级跨部门的团队联合开展分析。对内发挥各科室在不同领域的业务专长，有效推进工作开展。二是立足自身，建立税收经济分析数据库。通过后台抽取、网上抓取、抽样核实相结合的方式，有效解决国、地税合并数据分散、金三并库数据不完整等问题，完成我市大企业近三年基础数据清洗和整备工作，夯实多维度经济分析的数据基础。三是聚焦热点，提升大企业税收经济分析关注度。聚焦地方政府关注的热点问题，紧跟时势，提升分析时效。分别从行业、税种、集团、减税降费等角度出发，撰写13篇税收经济分析，质量较高的有《南京市税收百强企业经济分析》《南京市化工行业税收情况分析》《南京市银行业"营改增"及降税率政策效应分析》和《南京市建筑行业减税降费存在问题及成因分析报告》，为上级提供了决策参考。（王晓健）

推出"构建'亲·清'税企关系承诺倡议书" 2019年，第一分局利用四场税企见面会，对597家列名大企业发出"构建'亲·清'税企关系承诺倡议书"。向大企业纳税人发出积极倡议，合力推动税企良性互动，提升大企业纳税人遵从度和满意度。向企业纳税人作出以下承诺：一是承诺坚持公平公正，践行阳光执法。公正执法，维护税收秩序，规范执法，提高税收"透明度"，严格执法，打击不法行为；二是承诺精准落实政策，彰显税务温度。及时落实减税降费各项政策，确保大企业纳税人尽享政策红利，全力护航企业健康快速发展，不断提升纳税人满意度、获得感。三是承诺坚决防腐拒变，守住清廉本色。向大企业纳税人提出倡议：一是勤互动，建诤言。希望大企业纳税人能关心和支持各项工作，及时反馈，合力推动税企良性互动。二是遵法纪，守诚信。在生产经营中，遵守各项法律法规，依法诚信纳税，配合税务部门开展工作，建立和谐互信的征纳关系。三是常监督，廉共建。请全体大企业纳税人协助做好廉政监督工作，共同维护风清气正的税收执法环境和良好的工作作风。（王　昊）

2019年7月2日，第一分局参加市税务局"我和我的祖国"歌咏比赛，获得佳绩（李士琦　摄）

减税降费 2019年，第一分局认真贯彻落实上级税务机关关于减税降费各项部署要求，主动做好大企业减税降费工作，贯彻实施"差异化、递进式"服务管理策略，快速回应大企业涉税诉求，注重改革导向，推进精准服务，提高执行效率，充分释放红利，优化营商环境，激发市场活力。针对大企业服务需求多元化特点，搜集大企业政策落实情况，加强税收政策确定性服务，建立征纳双方良性互动机制。针对千户集团企业，开展以"一户一册、一户一档和一户一方"（为联络企业送上量身定制的《减税降费辅导手册》，按户登记《服务与管理手册》，对企业涉税复杂诉求提供个性化服务）为主要内容的精准服务，为联络企业送上量身定制的《减税降费辅导手册》，按户登记《服务与管理手册》，确保大企业对政策措施应知尽知。组织开展"税收体检送上门、减税降费促发展"、"税达你我，美美与共——减税降费，我想对你说"、"税法宣传进校园，减税降费助启航"等多项活动，取得良好社会反应。（陆　珺）

大企业税收个性化服务 2019年，第一分局着眼进一步密切税企联系，满足大企业个性化涉税诉求，建立并实施大企业税收联络员制度。第一分局48名联络员与服务管理的103户集团总部、行业龙头和骨干企业建立有效沟通渠道，统一制定《大企业税收服务与管理手册》，向纳税人发送"征求意见建议表"，加强产品跟踪服务和联络员服务质量监测，为大企业提供便捷周到服务。成立大企业服务与管理专家团队，围绕大企业提交的疑难杂症进行集体讨论，全年完成对南京中核华兴核电设备制造有限公司、莱绅通灵珠宝股份有限公司、南瑞集团有限公司、中车南京浦镇车辆有限公司、南京江北新区产业投资集团有限公司等5家千户集团企业的点对点服务。打造大企业网上沟通平台，主动尝试、推广应用“丁税宝”，现已实现税企沟通、政策咨询、信息报送、纳税人学堂等4大功能，不定期向大企业推送政策资讯，取得良好效果。（陆　珺）

“税务壹先锋”党建品牌建设　2019年，第一分局树立党建品牌意识，巩固党建品牌成果，扩大党建品牌效应，全体党员干部集思广益，共同打造“税务壹先锋”党建品牌。该品牌延续“税务先锋”理念，喻指分局党组织要争当南京税务的“先锋队”，每个党员要争做有共产主义觉悟的先锋战士。“壹”代表了第一税务分局，体现了机构改革后我们融为一家人；“壹”喻示着我们把“建一流团队、创一流业绩”作为目标追求，宣示“保先、争先、领先”的品牌理念；“壹”同时也是e的谐音，亮出互联网时代“智慧党建”的品牌特点。围绕品牌树立和推广，该局举行品牌发布会，拍摄制作《税务壹先锋》沙画宣传片，讲述品牌故事，展示管党治党成果。加强税企党支部共建，持续开展“风险应对增质效，党建品牌增光彩”、“税收体检送上门，减税降费助发展”等主题实践行动。建立品牌同名微信群、定期编发《党建之声》电子期刊。发挥“税务壹先锋”党建品牌的政治引领力、思想凝聚力和改革推动力。（王　昊）

2019年6月28日，第一分局发布党建品牌“税务壹先锋”（韩欢欢　摄）

“不忘初心、牢记使命”主题教育　2019年，第一分局扎实组织开展“不忘初心、牢记使命”主题教育。及时成立主题教育领导小组及其办公室，制定工作规程，认真研究制定工作方案计划。注重利用“两微一端”（微信、微博、APP客户端）“学习强国”等新媒体新技术开展学习。加强理论武装，夯实思想根基。学习强国平台活跃度90%以上，学习报表10000分以上26人。先后集中研讨交流7次，12人次做重点交流发言。第一分局领导班子成员走访调研大企业、属地局6次，撰写调研报告6篇。围绕检视问题，制定三批整改清单，党支部（总支）及时召开专题会议，认真对照检查。及时召开领导班子专题民主生活会、党支部（总支）专题组织生活会，运用学习调研成果，针对检视反思的问题，认真开展批评和自我批评。利用南京机关党建平台，分两批组织第一分局党员党建应知应会知识在线测试，同时认真组织线下闭卷考试，选派12名代表参加市税务局组织的党建知识竞赛，通过测试，第一分局党员参考率100%，优秀率100%。（王　昊）

开展“行动学习”活动　2019年，第一分局引入行动学习理念，组成行动学习小组创新攻坚，短时间内促进个人、团队、组织三个层面学习发展，打开工作新局面。结合自身特色和重点工作设立6个专题小组，小组成员主要由青年干部及部分经验丰富的骨干组成，通过团队化运作，群策群力，力促知行合一，为促进个人与组织的共同发展注入生机活力。其中：党建特色品牌建立小组确立发布党建品牌“税务壹先锋”；绩效考核结果运用

2019年9月27日，第一分局开展“祖国在我心中”系列活动，欢庆新中国成立70周年（王　兵　摄）

小组形成了在全局适用的绩效奖金兑现办法；税收经济分析小组完成数篇不同行业的经济分析报告；税收风险分析模板小组探索形成风险分析专业化分工协作的组织模式，促进风险分析质效提升。该局大企业服务管理工作做法先后被省、市税务局简报专题刊登，并获省税务局副局长姜跃生表扬性批示。（王 昊）

（责任编辑 王晓宁）

第二税务分局

概述 2019年，国家税务总局南京市税务局第二税务分局（以下简称“第二分局”）在市税务局党委正确领导下，以增强基层党的领导和党的建设为引领，以减税降费政策落地生根为主题，以组织涉房税费及车购税收入为主业，以优化税收执法方式与完善税收监管体系为主线，推动各项工作取得积极成效。

坚守主业，组织收入突破百亿元。2019年，第二分局累计入库税费达114.45亿元，其中，市区入库车辆购置税17.02亿元，入库涉房交易税费97.43亿元。

聚焦主题，减税降费落地生根。一是强化责任担当。加强统筹协调，切实履行领导班子主体责任。二是深入开展宣传。对内，通过每周一次减税降费专题会议等多种形式，及时传达上级减税降费政策精神及工作要求，详细培训各项政策，确保干部职工准确掌握；对外，结合“点多面广线长”特点，持续通过办税厅宣讲、咨询电话接听、配置专人对特殊业务纳税人“一对一”重点辅导等方式向纳税人开展优惠政策宣传，编写《车辆购置税和涉房交易税费减税降费优惠政策问答》宣传手册。三是加强跟踪问效。纪检监察贯穿减税降费工作始终，制发《国家税务总局南京市税务局第二税务分局关于落实减税降费政策措施加强监督执纪问责工作方案》，从制度层面加强管理；开展减税降费第三方排查工作。组织减税降费台账专项检查，发现问题2个，提出意见2条，均已整改。四是落实到位。全年累计落实车辆购置税和涉房交易税费减税降费新政超过2亿元。同时，按照市税务局要求，积极稳妥落实涉房交易税费“两税两费”（城市维护建设税、印花税、教育费附加、地方教育附加）政策性追溯性退税工作，累计退税204.67万元。

创新工作，推进办税缴费便利化改革。运用互联网区块链技术，在江苏省内率先开发使用涉房交易税费“两票E办证”核心产品（房产交易税收电子缴款凭证、房产交易增值税电子普通发票、“我的南京”手机APP线上办理房产交易及不动产登记业务），压缩了纳税人、缴费人办理时间，提升风险防控能力，减轻一线窗口人员工作量。纳税人可以通过江苏省政务服务网和“我的南京”手机APP等渠道获取电子票证，电子票证的法律效力等同于纸质票证。2019年，累计开出电子税票10.82万张，累计开出电子发票1482张，累计在线办理商品房不见面审批业务720笔，征收税款2656.10万元。2019年，该局以《“互联网+税务服务”创新南京房产交易办税方式》参加市税务局“工作创新”评比，获得第3名。南京打造房地产交易办税方式最佳体验等便民办税举措先后被《新华日报》《中国税务报》等媒体报道。

加强考评，干部队伍展现新风采。2019年，按照考评全流程组织绩效考核，对1名绩效考核分数低的干部予以谈心谈话与经济惩戒扣发一个季度考核奖的处理，合理引导考评部门与被考评部门双向沟通，做到人人重视绩效、参与绩效。同时，弘扬正能量，树立新先锋。张慧、张伟获“2019年度南京市税务局优秀共产党员”称号；张亚男、王平获“2019年度南京市税务局优秀党务工作者”称号；陈进获2019年南京市五一劳动奖章；董慧娟、颜国彬获“国税地税征管体制改革有功人员”称号；人事教育监察科（党建办）获“国税地税征管体制改革先进集体”称号；获“2016—2018年度南京市文明单位”称号；获“2016—2018年度江苏省文明单位”称号。（董慧娟）

机构设置及负责人

严格按照市税务局要求设置内设科室8个，分别是办公室、政策法规科、综合管理科、人事教育监察科（党建办）、征收一科、征收二科、征收三科、征收四科，8个科室均为正科级。

在各科室职能定位方面：办公室主要负责政务事务行政管理等，政策法规科主要负责税收法治及税收政策管理，综合管理科主要负责税收征管及信息化、纳税服务等工作，人事教育监察科（党建办）主要负责人事、教育、监察、党的建设等工作，征收一科主要负责税收收入分析工作，税收计会统、票证管理等工作，征收二科主要负责分局车辆购置税日常征收、管理等工作，征收三科主要负责市区范围内涉房交易税费的日常征管等工作；征收四科主要负责市区范围内涉房交易税费的计税价格评估、退税及争议处理，涉房交易税费事项的调查核实等工作。（张亚男）

办公室

主　任　李敬远

副主任　王立松

副主任　董慧娟

政策法规科

科　长　王　平

综合管理科

科　长　苏鸿斌

副科长　王　伟

副科长　张　伟

人事教育监察科（党建办）

科　长　陈春骏

副科长　刘　标

征收一科

科　长　杜　扬

征收二科

科　长　郑朝凤

副科长　陈　进

征收三科

科　长　张　慧

副科长　何　南

征收四科

科　长　戴道贵

（张亚男）

开展“不忘初心、牢记使命”主题教育　按照上级党委部署要求，2019年6月，第二分局成立“不忘初心、牢记使命”主题教育领导小组，支部书记、局长曹雨晴担任组长，其他领导班子成员担任副组长，成员包括支部委员、党小组长、党务岗、纪检监察岗人员。2019年6月26日，第二分局党支部召开“不忘初心、牢记使命”主题教育动员部署会，深入学习贯彻习近平总书记在“不忘初心、牢记使命”主题教育工作会议上的重要讲话精神和上级主题教育动员部署会精神，制定《国家税务总局南京市税务局第二税务分局“不忘初心、牢记使命”主题教育实施方案》，明确16大项49小项具体任务，按部门责任到人，确保主题教育取得实效。

学习交流活动深入扎实。组织召开党员大会、支部委员会、理论中心组学习会，集中学习领会中共十九大会议精神、习近平总书记重要讲话精神，运用《习近平关于“不忘初心、牢记使命”论述选编》《习近平新时代中国特色社会主义思想三十讲》《习近平新时代中国特色社会主义思想学习纲要》等辅导读本加深理解掌握，重温党章和入党誓词，党员干部结合学习工作谈体会、谈认识，促进交流互鉴。与南京银行南京分行城东中心支行机关第二党支部共建，一同在江苏省委党校组织党课学习，参观党史教育纪念馆。利用“学习强国”“南京机关党建”“中国税务网络大学”等平台开展自学，采取专题授课、事迹报告、参观展览、观看影片、收听讲座、组织测试等形式，拓宽学习载体。参加南京市市级机关“‘维护核心铸忠诚、抓实支部促担当’主题实践活动交流会暨‘党支部书记讲坛’”，代表市税务系统进行演讲汇报，扩大学习交流范围。

先进表率作用充分发挥。通过与南京银行城东中心支行机关第二党支部共建，开展党员“三比三做”（一是比担当，争做“承诺践诺”党员；二是比效能，争做“高效执行”党员；三是比实绩，争做“创新创优”党员）活动，营造争先创优氛围。在中华人民共和国成立70周年之际，挖掘税收工作先进人物、典型事迹汇编成册，通过党支部主办的“新机构、新形象、新作为”主题活动进行先进事迹宣讲，推动先进表率作用发挥。以“南京市五一劳动奖章”获得者陈进和各科室骨干、窗口值班长为班底，组建“陈进工作室”，总结工作方法，组织交流学习，推动党员干部转变工作作风，发挥党员先锋模范作用，党支部被评为南京市市级机关“2019年度先进党支部”。

检视整改问题精准有力。2019年8月27日，第二分局党支部召开“不忘初心、牢记使命”专题民主生活会，领导班子成员针对学习调研发现的问题、谈心谈话指出的问题、普通群众反映的问题、2019年市税务局党委第二巡察组政治生态专项集中巡察中指出的6大类15个问题以及2018年度民主生活会指出的未整改到位的问题进行梳理汇总，深入剖析原因，提出改进措施，认真整改落实。（张亚男）

税收收入 2019年，第二分局认真贯彻党中央、国务院决策部署，在抓好减税降费各项政策落实、持续释放政策红利的同时，积极组织税收收入，顺利完成全年税收工作任务，实现税收收入稳中有增。2019年，第二分局累计征收各项税费98.42亿元，较2018年同期增加2.63亿元，增幅2.75%。其中，征收车辆购置税17.02亿元，较2018年同期减少5.99亿元，降幅26.01%；办理车辆购置税新车征税8.74万辆，较2018年同期减少4.41万辆，降幅33.55%；征收涉房交易税费81.40亿元，较2018年同期增加8.62亿元，增幅11.84%。在涉房交易八个税费种中，4个税费种较2018年同比上涨，另4个税费种较2018年同比下降，其中：契税59.84亿元，同比增长8.82%；增值税7.69亿元，同比增长15.04%；个人所得税9.60亿元，同比增长26.43%；土地增值税3.55亿元，同比增长38.34%；印花税0.16亿元，同比下降1.48%；城市维护建设税0.32亿元，同比下降28.85%；教育费附加0.14亿元，同比下降28.87%；地方教育附加0.09亿元，同比下降28.85%。（严 竞）

车购税收入特点与分析 2019年，第二分局共组织车辆购置税收入17.02亿元，同比下降26.01%；车辆购置税征收征税车辆数87392辆，同比下降33.55%。

一是汽车销量下降。2019年，中国宏观形势复杂，受中美经贸摩擦、环保标准切换、新能源补贴退坡等因素的影响，汽车行业承受较大压力，汽车产销量明显下滑。根据汽车工业协会统计，2019年，全国汽车产、销量同比分别下降7.5%和8.2%。

二是网上申报开通。2019年9月23日，南京市车辆购置税网上申报功能开通，许多纳税人选择从网上申报渠道缴纳车辆购置税，减少了第二分局车辆购置税征收点办理量。2019年9月23日至12月31日，市区车辆购置税网上申报7565辆，征收税款1.5亿元。

三是税款在区域间调整。由于南京车辆购置税已实现全市通办，纳税人可以选择在全市任意征收点缴纳车辆购置税税款，导致部分车辆购置税由主城流入周边区域。江宁征收点2019年车辆购置税增幅明显，尤其是网上申报开通之前，2019年1—9月江宁征收点车辆购置税同比增长54.64%。

四是消费者需求提档。随着人们生活水平的提高，消费者对汽车需求也在不断提档升级，单车税额均值从2018年的1.75万元提高到2019年的1.95万元，单车税额的提升使得车辆购置税税款的降幅低于办理数量的降幅。（严 竞）

涉房税费收入特点与分析 2019年，第二分局共组织涉房交易税费收入81.40亿元，同比增长11.84%。其中：契税59.84亿元，同比增长8.82%；增值税7.69亿元，同比增长15.04%；个人所得税9.60亿元，同比增长26.43%；土地增值税3.55亿元，同比增长38.34%；印花税0.16亿元，同比下降1.48%；城市维护建设税、教育费附加及地方教育附加共0.56亿元，同比下降28.86%。

一是房屋交易稳中有升。2019年，南京市房屋交易（含房屋买卖、房屋交换、房屋赠与）产生的契税共44.85亿元，同比增长20.92%。

二是土地成交有所下滑。2019年，南京市土地交易（含土地转让、土地出让）产生的契税共14.98亿元，同比下降16.26%。

三是减税降费政策的影响。2019年，我国实施了更大规模的减税降费政策，这些政策在释放改革红利的同时，也造成了税收收入的减少。2019年，第二分局积极落实减税降费政策，共减免各项涉房税费4161.68万元。（严 竞）

落实涉房税费优惠政策 2019年，第二分局积极落实涉房交易税收优惠政策。一是根据《财政部 税务总局关于继续支持企业事业单位改制重组有关契税政策的通知》（财税〔2018〕17号）及《财政部 税务总局关于继续支持企业事业单位改制重组有关土地增值税政策的通知》（财税〔2018〕57号）文件要求，自2018年1月1日至2020年12月31日，落实企业、事业单位改制重组有关契税、土地增值税优惠政策。2019年，该局共审核并办理企业、事业单位改制重组类减免税业务142件，减免契税共6084.83万元、土地增值税10141.38万元。二是根据《关于实施小微企业普惠性税收减免政策的通知》（财税〔2019〕13号）及《江苏省财政厅 国家税务总局江苏省税务局关于贯彻实施小微企业普惠性税收减免政策的通知》文件要求，自2019年1月1日至2021年12月31日，对增值税小规模纳税人，按照税额的50%减征城市维护建设税、印花税和教育费附加、地方教育附加。自2019年2月21日至2019年12月31日，该局共办理涉房交易减半征收印花税21608户，减免印花税税款405.04万元；办理涉房交易减半征收城市维护建设税、教育费附加、地方教育附加9331户，减免城市维护建设税2191.38万元、教育费附加939.16万元、地方教育附加626.11万元。

（赵　纯）

落实车购税优惠政策　2019年，第二分局积极落实车辆购置税税收优惠政策。一是根据《财政部 税务总局 工业和信息化部 科技部关于免征新能源汽车车辆购置税的公告》（财政部公告2017年第172号）文件要求，延续购置符合条件的新能源汽车免征车辆购置税的优惠政策至2020年12月31日。办理新能源汽车免税共计10362辆，减免车辆购置税款1.55亿元。二是根据《财政部 税务总局 工业和信息化部关于对挂车减征车辆购置税的公告》（财政部公告2018年第69号）文件要求，自2018年7月1日至2021年6月30日，对购置符合条件的挂车减半征收车辆购置税。办理挂车减半征收业务共计1418辆，减免车辆购置税款527.83万元；三是办理列入免税图册的设有固定装置的非运输专用作业车辆免税业务。共办理设有固定装置的非运输专用作业车辆免税共计2667辆，减免车辆购置税款1.5亿元；四是办理回国服务的在外留学人员购买自用国产小汽车免税业务。共办理留学生免税726辆，减免车辆购置税款1933.57万元；五是根据《财政部 税务总局关于公安现役部队和武警黄金森林水电部队改制后车辆移交地方管理有关税收政策的通知》（财税〔2018〕163号）文件要求，对公安现役部队和武警黄金、森林、水电部队改制后移交地方管理的车辆实行一次性免征车辆购置税。共办理部队改制改挂车辆免税472辆，减免车辆购置税款994.18万元（以上数据均来自“金税三期”系统“车辆购置税减免税清册”模块）。

（赵　纯）

推进车购税网上申报征收模式　自2019年9月23日起，市税务局开展车辆购置税网上申报试点工作，纳税人可通过江苏省电子税务局“车辆购置税申报”模块线上办理新车征税等车辆购置税申报纳税业务。

在前期《中华人民共和国车辆购置税法》施行，取消最低计税价格、应用车辆购置税电子完税信息办理车辆登记注册业务的基础上，多措并举推进车辆购置税网上申报，开展内外部宣传培训，编制详实操作流程指南，建立4S店网上申报工作联系群，架设自助办税区外网电脑，设置专人指导纳税人使用网上申报，收集上报各类问题，促进网上申报系统优化完善，为纳税人提供更加方便快捷的申报纳税渠道及纳税服务体验。

车辆购置税网上申报征收模式相比传统线下窗口征收模式来说优势明显，办税方式更加多元，征管效率有所提高。系统支持24小时业务办理，办理新车申报纳税不再受到时间、地点限制。系统通过纳税人身份信息自动查询并导入车辆信息及机动车销售统一发票信息，联网传输确保申报资料准确性及信息安全性。系统支持多种缴款方式，纳税人可自行选择TIPS扣款、银联在线支付等方式完成税款缴纳。系统还为纳税人提供电子完税信息的查询功能，纳税人可随时在线查看电子版车辆购置税完税证明及缴税凭证，并凭电子信息办理车辆登记注册手续。

自2019年9月23日至2019年12月31日，南京市通过网上申报办理车辆购置税申报纳税共计13812辆，征收税款2.51亿元。

（赵　纯）

干部队伍管理　干部职务晋升有序开展。2019年3月，第二分局根据《中共国家税务总局南京市税务局委员会关于系统2019年科级非领导职务晋升工作实施意见》，开展2019年科级非领导职务晋升工作，完成1名主任科员、2名副主任科员晋升工作。2019年11月，按要求组织临退休人员职级晋升，完成1名一级主任科员晋升工作。

工资福利待遇得到统一。严格按照市税务局要求及相关政策，对原国税、地税人员津贴、补贴、养老、房贴、临时性补贴等进行规范调整，使机构合并后人员工资福利待遇得到统一。

劳务派遣人员顺利转接。对原市税务局车辆购置税征收管理分局劳务派遣人员、原市地税局征收局涉房交易税收部门20名劳务派遣人员进行合同清理，完成续约、续签手续，原市地税局征收局契税征收部门外借19名劳务派遣人员由原劳务派遣公司转至第二分局指定的劳务派遣公司进行扎口管理。2019年3月，第二分局对食堂实行托管外包，按照《中华人民共和国劳动法》及市税务局要求，清退3名厨师。

干部教育培训稳步推进。2019年4月17日—20日，在东南大学九龙湖校区组织开展2019年第二分局春季业务培训班。2019年11月20日—22日，在中国人民大学苏州校区组织开展2019年第二分局综合素质提升培训班。2019年，参加省税务局、市税务局各类培训班50个，参训90人次，总计392天。组织干部通过中国税务网络大学网站参加在线教育培训学习。2019年，人均在线学习时间达到50学时。

离退休干部工作持续经常。根据《关于在全市建立离退休干部服务管理“六必访”工作制度的通知》和市税务局工作要求，组织慰问离退休干部5次，其中春节慰问活动1次、季度慰问活动4次。在一名退休干部病重期间，组织了看望慰问，在其过世后协助家属料理后事。定期组织离退休干部活动。2019年5月、2019年10月，分两批组织“老干部看南京活动”，参加人数21人次。2019年1月、2019年8月，组织召开老干部座谈会2次，参加人数11人次。2019年2月、2019年11月，组织退休干部欢送会2次。

干部监督管理严格规范。组织全体党员干部学习《以案明纪——税务系统警示教育案例选编》中典型案例，发挥教育和震慑作用，并通过推送手机端“廉政微党课”，推动警示教育学习常态化。加强“八小时以外”监督。制发《第二分局关于加强对税务干部“八小时以外”监督的通知》《第二分局关于进一步加强税务干部交往情况管理监督事项清单（试行）》，与税务干部及家庭成员签订“家庭廉政承诺书”，要求党员干部带头履行“一岗双责”（“一岗”就是一个领导干部的职务所对应的岗位；“双责”就是一个领导干部既要对所在岗位应当承担的具体业务工作负责，又要对所在岗位应承担的党风廉政建设责任制负责；也就是一个单位的领导干部应当对这个单位的业务工作和党风廉政建设负双重责任），执行纪律规定，主动接受监督。规范出国（境）与请假、休假管理。对违反《国家税务总局南京市税务局第二分局因私出国（境）管理办法（暂行）》和请假、休假纪律的个别干部进行情况调查，开展谈心谈话，扣回其已发放的应休未休年休假工资报酬。

（张亚男）

“金税三期”并库平稳有序运行 2019年4月1日，按照省税务局、市税务局工作部署，在并库工作领导小组领导下，由综合管理科牵头组织实施，开展了“金税三期”系统并库上线运行工作。

一是制定《南京市税务局第二税务分局金税三期并库及大双轨测试上线运行方案》，成立工作领导小组和具体工作实施组，搭建纵向、横向的并库上线运行工作体系构架。完成人员岗位权限配置、数据清洗、系统初始化设置。上线期间，分级分类处理岗权配置、人员工号、数据清洗等问题160多个，解决系统功能缺失、重大业务阻断性故障20多个。二是建立票证四级管理模型，完成了票证维护、票证管理员设定、用票人维护、等各类票证流程和初始化的工作任务，完成票证结报、解缴入库、票证配发、领用、开具、作废等收核业务的准备工作。三是完成车辆购置税全业务类型测试。上线当天，办理车辆购置税申报811笔（含免税37笔），自助机办理申报152笔，税款合计1847万元。四是优化和改进房地产交易业务程序。完成房产交易一体化特色软件与“金税三期”系统接口开发、环境搭设和性能测试，累计测试业务1750笔。以“金税三期”系统为核心进行核价核税原则，贯穿整个开发测试过程，保证一体化平台和“金税三期”两套系统税款数据一致性，后续结报、对账、上解国库工作良性循环。并库上线后房地产交易业务如期开展，有效应对房地产市场业务高峰。上线当天，南京市主城区房产交易申报1294笔，税款合计突破6000万元大关。五是制定“金税三期并库上线办税厅应急预案”，开展情景模拟演练，提升大厅一线人员的应急处理能力，确保办税高效顺畅。

“金税三期”并库上线运行后，第二分局各项业务如期顺利开展，得到市税务局项目组认可。市税务局副局长唐跃在视察第二分局工作时，对“金税三期”并库上线工作给予了“平稳、有序、繁忙而不乱”的评价。（张　伟）

扫黑除恶专项斗争　2019年度，第二分局全面贯彻中共十九大精神，以习近平新时代中国特色社会主义思想为指导，坚决落实党中央和地方各级党委决策部署，紧扣“深挖根治”这个阶段性工作主线，针对涉黑涉恶问题新动向，按照市税务局统一要求，既有力打击震慑黑恶势力犯罪，形成压倒性态势，又有效铲除黑恶势力滋生土壤，形成长效机制，维护社会和谐稳定，巩固党的执政基础，扎实推动扫黑除恶专项斗争工作全面纵深发展。

一是统一思想认识，提升政治站位。全面扎实推动扫黑除恶专项斗争工作，是税务系统贯彻落实党的十九大精神的重要举措。第二分局高度重视，成立扫黑除恶专项斗争工作领导小组。由局长曹雨晴担任组长，副局长闫杰任副组长，成立第二分局专项斗争领导小组办公室，明确各科室主要负责人为扫黑除恶专项斗争第一责任人，分别明确征收科室与职能科室工作职责。

二是加强组织领导，层层压实责任。召开第二分局领导小组会议，及时传达市税务局推进会精神，组织领导小组成员学习及中心组学习，专题研究扫黑除恶专项斗争问题。根据专项斗争各阶段工作重点，制定2019年《国家税务总局南京税务局第二税务分局扫黑除恶专项斗争工作方案》，对开展扫黑除恶专项斗争工作进行了明确分工部署。“一把手”亲自挂帅，靠前指挥，全面组织协调税务工作中扫黑除恶事项，领导小组成员切实履行主体责任，主动承担扫黑除恶专项斗争职责任务，为涉房交易及车辆购置税纳税人切实履行深化“放管服”纳税服务、优化营商环境职责，同时搜集办税厅纳税人是否存在涉黑涉恶、涉税涉票团伙线索，并按第二分局“扫黑除恶”领导小组制定的相关机制，要求书面上报摸排线索。纪检部门在查办党员干部、公职人员违纪案件中，及时发现并优先查处“保护伞”问题。有序推进市局、分局布置的扫黑除恶专项斗争、打击“套路贷”（套路贷，是对以非法占有为目的，假借民间借贷之名，诱使或迫使被害人签订“借贷”或变相“借贷”、“抵押”、“担保”等相关协议，通过虚增借贷金额、恶意制造违约、肆意认定违约、毁匿还款证据等方式形成虚假债权债务，并借助诉讼、仲裁、公证或者采用暴力、威胁以及其他手段非法占有被害人财物的相关违法犯罪活动的概括性称谓。）违法犯罪、非法集资等日常工作，认真做好宣传、培训、台账、总结、报表、迎查、整改等各项具体工作任务。积极配合市税务局稽查局开展举报案件调查，组织政策法规科、综合管理科等业务部门召开会议，专题研究分析，及时完成两份转办案件调档核实工作，并上报《市税务局稽查局转办案件核实情况报告》。

三是积极营造氛围，遏制黑恶势力。通过在办税服务厅悬挂扫黑除恶横幅、电视屏滚动播出扫黑除恶专项斗争标语、动漫宣传片、张贴宣传画等多种形式，宣传扫黑除恶专项斗争。利用微信建立扫黑除恶专项斗争工作学习群，定期推送南京市公安局扫黑除恶专项斗争微课堂：“重拳出击，扫黑除恶”系列报道，营造扫黑除恶专项斗争氛围，通过引领舆论和聚集正能量，进一步提升群众知晓率、参与率和支持率，为深入开展扫黑除恶专项斗争提供有力支持，从源头尽早尽快铲除黑恶势力滋生土壤，形成遏制黑恶势力滋生蔓延的长效机制。

四是认真迎接检查，及时整改问题。制定《南京市税务局第二税务分局扫黑除恶专项斗争督导工作方案》，重点围绕政治站位、依法严惩、综合治理、深挖彻查、组织建设、组织领导、工作亮点、工作资料等八个方面，对八个科室进行全面督导，做好《专项斗争督导记录》，及时总结整改。认真进行准备，迎接市税务局督导组首次实地督导检查，其中微信宣传亮点工作得到市税务局督导组肯定。同时，对市税务局督导组提出的“办税厅宣传手册未到位”整改清单，立行立改，主动请示市税务局扫黑办加印并联系印刷厂设计补印，累计印发宣传手册2100份、应知应会手册200本，采取措施进一步加大办税厅主阵地宣传力度。迅速学习传达中央、省、市各级扫黑办下达的关于切实防止在扫黑除恶专项斗争中随意性扩大范围等苗头性问题的通知精神，统一思想认识，强化组织纪律，认真把握“四关”（“四关”：黑恶问题界限关、法律政策适用关、新闻宣传审核关、各级领导责任关），采取措施，对标梳理排查，杜绝苗头性问题发生。制定《国家税务总局南京市税务局第二税务分局扫黑除恶专项斗争工作迎查方案》，安排专人24小时在岗备勤，充分准备迎接中央扫黑除恶第17督导组下沉南京督导，全力配合做好督导工作，顺利完成市税务局交办各项迎查工作任务。制定《国家税务总局南京市税务局第二税务分局关于中央扫黑除恶第17督导组反馈问题的整改方案》，确定目标、明确任务、对标找差、强化问责、狠抓落实，分三个阶段全面开展各项整改工作，及时上报整改小结、整改清单。

五是加强组织建设，防范廉洁风险。深化“不忘初心、牢记使命”主题教育成果，把主题教育同当前正在开展的各项工作紧密结合起来，着力解决工作中的突出问题，深入持续开展扫黑除恶专项斗争，确保全面落实中央扫黑除恶第17督导组反馈问题的整改任务。组织全体干部职工认真学习习近平总书记关于扫黑除恶专项斗争的重要批示、指示和讲话精神以及中央政法工作会议精神、全国扫黑除恶专项斗争视频会议精神、扫黑除恶相关文件及应知应会手册。组织开展2019年度扫黑除恶专项斗争工作专题教育书面测试。通过对干部的教育、管理和监督，严明扫黑除恶专项斗争工作的政治纪律、工作纪律和保密纪律，力戒形式主义、官僚主义。2018年以来，给予1人党纪政纪处分，切实防范税收执法风险和廉政风险。通过开展执纪监督和巡察工作，未发现干部充当黑恶势力保护伞的问题。（苏鸿斌）

主城区房产交易业务核价核税接口及电子税票上线 2019年4月10日，该局房产交易业务自动核价核税接口及电子税票部署上线应用，为房产交易税收业务一体化办理带来了一系列创新性变化，减负增效明显。

一是房产交易业务自动核价核税核价接口上线。根据商品房和二手房的业务特点，开发标准封装接口和非标准接口，房产交易的数据信息、税款申报信息通过数据接口共享互通。核价核税接口以“金税三期”为核心精准计算税款，确保一体化平台和“金税三期”两套系统房产交易业务税款数据“三同”（同源、同步、同样）。商品房业务在“金税三期”中自动计算税款和形成申报表，减少税务人员人工申报环节，省去一体化前台人工输入。二手房业务一体化前台全程通过接口写入税款信息。核价核税接口的全面上线，过程简便、顺畅，减少50%数据录入工作，释放工作人员压力；避免人工录入差错问题，杜绝误操作长短款问题，保证税款数据“三同”（同源、同步、同样），让后续的结报对账工作轻松简便；缩短业务办理时间，加快办理速度，纳税人办理时间、等候时间进一步压缩，获得感得以提升。

二是电子税票上线使用。在自动核价核税接口应用基础上，进一步深化房产交易电子税票上线，两者相辅相成，产生了良好的乘法效应，优化房产交易业务办理效率和信息化水平。优化税收申报缴款流程，将“金税三期”中的票证信息推送至数据共享平台，用电子缴款凭证替代纸质票证，向纳税人推送电子税票。纳税人通过江苏省政务服务网和“我的南京”手机APP即可获取、查阅、保存完税凭证，也可以自行下载打印或在政务办自助机上打印。每张电子税票左上角有二维码，该二维码通过对纳税人名称、纳税人识别号、实缴金额、所属期等关键字段算法加密生成，通过“我的南京”扫码功能还原票样，进行防伪查询。提升房产交易业务办理效率。电子税票保存在手机端，随时可以查阅、展示、调用、办理后续业务时简单便捷，可以多次打印。电子税票与纳税人身份捆绑，以数据信息方式存在数据库中，不用担心丢失。纳税人在办理公积金业务时，出示电子税票即可轻松办理。一体化业务减负效应明显，不动产登记部门不再归档纸质税票，直接在一体化平台读取数据。EMS减少收取和邮寄纸质税票工作环节和工作量。公积金业务部门通过直接获取电子税票信息，轻松辨别税票信息的真伪，业务办理更加便捷顺畅。

2019年，南京市核价核税接口及电子税票在主城区全面推行使用，通过数据接口开具了108223张房产交易电子税票，使得纳税人和税务工作人员都有获得感，实现“双减负”（减轻工作人员工作负担、减轻纳税人办税负担）。（张　伟）

房产交易与登记电子发票项目上线 2019年11月27日，房产交易与登记增值税电子普通发票项目在南京市政务中心正式上线试点运行。该项目依托政府大数据共享平台，运用区块链安全共享技术，打通税务与政府平台相关系统之间的数据通道，实现增值税普通发票电子化。纳税人办理房产交易业务后，电子发票归集在由区块链技术统一管理的电子证照库中，与购房人身份证明或购房企业营业执照捆绑，分布式记录电子发票信息，有效防控增值税发票篡改风险，确保办事群众信息安全。电子发票同步推送至省、市公积金中心以及全市各大银行机构，纳税人通过“我的南京”手机APP或江苏政务服务网获取查看，后续办理房产抵押、银行贷款等相关业务时，无需再提供纸质发票，避免票据在流转环节丢失，减轻办事群众负担。截至2019年12月31日，南京市主城区4个办税厅上线使用电子发票，累计开出电子发票1482张，填补全省房产交易电子发票空白，在全国处于领先水平。（张　伟）

房产交易与登记不见面办理业务上线 2019年5月，依托南京市政府信息中心一体化平台，推行商品房预售首次转移登记线上“不见面”办理。

通过“我的南京”APP中“E办证”功能模块，将税款计算、申报解缴、税务审核、出具票证四个功能合理高效地嵌入到“E办证”中，实现商品房登记、交易全程“不见面”办理，税务部门与规划和自然资源局、房产管理局、银行等部门通力合作，加强数据共享和信息交换，通过数据接口方式获取商品房登记信息，减少人工干预，确保原始数据无差错，自动计算税款，形成报表后推送至一体化平台。同时，再次优化商品房办理流程，明确银行之间税费清分规则和税款申报缴纳流程，确保税款准确无误解缴入库，并设置办税复核环节，在一体化平台中，增加税务审核功能，通过二次税务审核提升商品房登记交易税收精准度。

房产交易与登记不见面办理上线使用后，实现“外网提交申请、内网受理初审、统一申报缴款、多部门并联审批、无纸化电子税票、证件邮寄送达”的“一条龙”“不见面”服务。（张　伟）

（责任编辑　王晓宁）

第三税务分局

概述 2019年是国际反避税规则不断调整、国内反避税管理服务调查“三位一体”防控体系持续升级、新修订的《中华人民共和国个人所得税法》正式施行反避税条款的重要之年，也是国家税务总局南京市税务局第三税务分局（以下简称“第三分局”）深耕履职的首个完整年度。2019年，第三分局以习近平新时代中国特色社会主义思想为指导，贯彻落实中共十九届四中全会、中央经济工作会议和各级税务工作会议精神，坚持以责立身、以能强体、以实务本、以绩求进，圆满完成各项任务。

面对职能任务，坚守初心使命，聚焦全面从严治党主题，纯粹反避税政治引领新境界。坚持领导班子领先率先、支部堡垒建强建实、党建品牌落深落细，主题教育创特色显亮点，多渠道党建交流活跃有新意，4名党员获得市税务局机关党委“七一”表彰，党风廉政建设保持“无投诉、无案件、无举报”良好态势，在全年市级机关2次行风评议明察暗访中均得满分。

面对崭新领域，坚定自强自信，聚焦跨国税源监控主业，构筑反避税省域监控新阵地。综合运用扩围监控内容、优化监控系统、修正监控数据、规范报告模板、优化营商环境等手段，密植监控网络，提升企业主动遵从意愿，10户企业主动补缴税款近7亿元，做好全国联查以及省内积存案件、重点案情的调查，全年反避税调查结案6

2019年2月15日，第三分局召开2019年度税务工作会议暨全面从严治党工作会议（李　凯　摄）

户，补征税款和利息10.08亿元。

面对复杂环境，坚决探索创新，聚焦业界前沿领域，拓展反避税调查新手段。成立CFC项目组、个税项目组、合约研发项目组、数字经济项目组，围绕热点难点问题集智攻关；成立翻译组，追踪IBFD、OECD前沿动态，完成《国际经济与税收动态》第1期编译，为反避税提供专业参考和国际视角。

面对队伍建设，坚持以人为本，聚焦合作共赢的国际税收体系与能力建设要求，探索反避税人才培养新模式。坚持自学自训求精、集中培训求专、专业借鉴求广，鼓励干部参加各类继续教育和研学比武活动，全年组织3个阶段集中培训和常态化专题培训，形成人人向学、深钻善研的学风。

面对机构运转，坚实内控管理，聚焦正规化建设，规范反避税工作运转新秩序。以绩效管理为抓手，明确职责划分，厘清量化关系，构建全员覆盖岗责体系；以数字人事为抓手，做好组织绩效采集、数据轧账，激发成长潜力；以日常管理为抓手，狠抓制度建设，规范文件办理，落实保密要求；以经费节用和服务问效为抓手，完善财务后勤工作保障水平。（王　坤）

机构设置及负责人

办公室

主　任　徐　群

副主任　李　凯

人事教育监察科（党建办）

科　长　徐　庆

副科长　杨　烁

王珊珊

风险监控与案源管理科

科　长

副科长　张　毅

谢　聪

调查一科

科　长　张永青

副科长　季卉卉（正转副）

乔　文

调查二科：空编

调查三科：空编

调查四科：空编

调查五科：空编

（王　坤）

"全球一户式"监控系统数据采集　2019年，该局在党中央提出"六稳"（稳就业、稳金融、稳外贸、稳外资、稳投资、稳预期）的大背景下，以跨国公司"全球一户式"利润监控为抓手，贯彻国家反避税工作理念战略性调整，落实国家税务总局国际司依托江苏试点、落实"放管服"改革的部署要求，集中开展南京17户重点监控企业数据收集、系统录入、风险分析，借助省税务局国际处数据支持，筛选监控企业部分同期资料，联系属地局搜集列名企业信息，赴监控企业实地采集，从"金税三期"数据库、自然人数据库和BVD数据库甄选，开展"全球一户式"监控系统填表，逐步将企业10年跨境交易数据纳入"全球一户式"分析，修正监控数据，累计修正144类32万余条企业申报错误或应申报未申报数据，数据质量得以提高。在系统分析判定的基础上，增加人工修正，完善风险指标，通过风险指标分析，逐步圈定存疑名单。在全省跨国企业利润水平监控系统研讨会上，该局展示"全球一户式"工作成效，得到省税务局领导和各地同行肯定，在全省国际税收研讨会交流汇报某案例获好评。（王　坤）

反避税宣传和利企便民服务　2019年，该局有策略地监控应对220户企业涉税风险，探索开展事前风险提示提醒，在全省220户监控企业中，向30户企业下发风险提醒函，均得到主动反馈。19户企业主动整改，10户企业主动补缴税款近7亿元，70户企业利润率占集团比重不同程度提升。南京1户韩资企业经风险提醒后，增强对未来跨境交易税收预期，在自行调整补税400余万元的同时，促成集团追加投资3000万美元。配合国家税务总局"税法宣传月"活动，制作个人居民身份判定导图和小程序，从用户视角、使用体验等方面便利纳税人，先后为省人大、省委外事办整理"走出去"企业相关资料，为筹备柬埔寨税务总局座谈、昆山赴埃塞投资企业专场税收宣传活动、编写新版《赴奥地利投资税收指南》提供支持，做好"一带一路"税收宣传服务工作。贯彻落实"放管服”改革要求，按户上门开展跨国企业税收政策与监控服务宣讲，对某监控企业提出的个人所得税政策执行、常设机构判定和集团内劳务费率等问题，组织案例会诊和剖析研判，深入企业开展“面对面”政策培训和现场答疑，获得企业好评。（王　坤）

重点企业避税风险监控　2019年，该局从扩围监控内容入手，在江苏省首批150户企业“全球一户式”监控基础上，新增70户企业，监控面达全省跨境关联交易量的54%，监控户数是北京与深圳反避税调查局合计数的5倍，远超国家税务总局确定的30%指标。除制造业外，逐步将研发类企业、数字经济企业等纳入监控范围。围绕“看全球”、“看中国”、“看本地”的分析逻辑，不断优化监控系统，提升系统准确性，验证风险运算结果，确保监控系统准确运行。提升系统稳定性，确保录入数据安全。提升系统便捷性，演示功能更加便捷和人性化。完成重点监控企业的风险论证，划分重点企业风险等级，分析企业利润转移途径和确认企业主要涉税风险，根据风险识别结果，拟定分析报告模板以及风险提醒函，规范出具给企业的文书，完成重点企业的“全球一户式”通用报告、优化报告和综述类报告。以实时缜密监控管理，传导释放“内紧外松、稳妥有度”的监管张力，提升企业主动遵从意愿，为全省乃至全国反避税监控工作做出示范。（王　坤）

重大税基侵蚀案源调查　2019年，该局按照“稳字当头、积极求进”的总策略，配合国家税务总局做好全国联查和省内积存案件、重点案情的调查，先后6次参加国家税务总局国际司召开的中韩、中瑞、中日双边协商（MAP），帮助跨境企业消除重复征税；顺利完成2例双边预约定价安排（APA）谈签，巩固中国在全球价值链分配中的有利份额。全年反避税调查结案6户，补征税款和利息10.08亿元，占全国同期入库数20%，有力维护国家税基安全。南京1户企业经分析确认存在转让定价风险，多次与企业约谈，企业已补缴居民个人境外分红税款，预计特别纳税调整补税超亿元，1户台资企业已预缴入库税款3100余万元，税企双方正在商定后续税款入库事宜。一些企业尚在缜密监控分析并继续约谈中。2019年12月6日，国家税务总局国际司签报《关于“全球一户式”跨境税源监控系统试点情况的报告》，点名表扬第三分局，该签报得到国家税务总局局长王军，副局长孙瑞标、任荣发批示圈阅。（王　坤）

项目化运作探索　2019年，该局以项目化运作方式，探索求深、前瞻求新。成立翻译组，追踪国际税收前沿动态，围绕美国税务部门合作遵从管理运行机制，完成《国际经济与税收动态》第1期编译，为反避税提供专业参考和国际视角；成立CFC项目组，撰写《离岸信托的反避税探讨》，剖析常见避税架构，分析利润转移通道，探讨完善相关法律条目；成立个税项目组，开展重点企业和高净值个人风险分析，拓展信息获取途径，运用数据挖掘技术，利用情报交换手段向美国、加拿大和香港等3个国家（地区）发出情报6份；成立合约研发项目组，寻求合约研发企业利润水平监控新方法；成立数字经济项目组，参加省税务局数字经济测算研讨会，与国家税务总局沟通国别报告归类分配问题。各项目组主动选定课题、主动分析研判、主动向成果转化，贯通知行合一、学用相长的实践通道。（王　坤）

2019年8月21日，第三分局党员开展“不忘初心，牢记使命”主题党日活动（李　凯　摄）

反避税人才培养　2019年，该局规范内设机构设置，统筹调配人力资源，组织分局科级非领导职务、原南京中心非领导职务晋升及交流换岗，推荐1人参加玄武区政府干部选拔，晋升副处级领导干部，4名党员获得市税务局机关党委“七一”表彰；组织春训、苏州大学全员培训、汤山税校综合能力提升3个阶段集中培训，组织BVD数据库使用培训、"今天我主讲"主题讲坛等常态培训，参加各级举办的20余次培训班和研讨会，在南京市国际税收学会、南京市税务学会、南京市税务局科调研论文评选中，第三分局共获1个一等奖、2个二等奖、3个三等奖、1个鼓励奖、1个优胜奖，1人参加市税务系统"岗位大练兵、业务大比武"考试，获市大企业税收管理"岗位能手"称号，10人参考总局"两测"通过率达90%。（王　坤）

（责任编辑　田青松）

玄武区税务局

2019年10月14日，玄武区局组织税务干部参观"礼赞新中国，奋进新时代"新中国成立70周年成就展（尹　毅　摄）

概述　2019年，国家税务总局南京市玄武区税务局（以下简称"玄武区局"）在市税务局和玄武区委区政府的正确领导下，全面贯彻中共十九大精神，以习近平新时代中国特色社会主义思想为指引，落实全面从严治党要求，积极做好组织收入中心工作，全力推进减税降费贯彻落地，切实深化征管体制改革，扎实优化良好营商环境，确保税收事业得到新发展和高质量提升。坚持组织收入中心工作，全年累计组织收入143.19亿元，比2018年，同期增收8863.67万元，增长0.62 %；实现区级公共财政预算收入75.49亿元，比2018年同期增收6.98亿元，增长10.19%；累计落实新增减税降费20.7亿元；累计办理各项退库1.42万笔，退税金额5.12亿元；累计组织发放宣传辅导手册1.2万份，短信推送宣传提醒信息15万条。"走进东南大学宣传个税新政""微型税收春晚亮相南京站"等活动和减税降费助力独角兽企业、5G研发、城市客厅等案例被人民日报、环球网、中国新闻网、中国税务报等多家媒体报道。深化党建，扎实推进全面从严治党。落实党委中心组学习，强化思想政治教育，贯彻习近平新时代中国特色社会主义思想和中共十九大精神。层层压实党的建设和全面从严治党主体责任。加强党对税收工作的领导，健全新"纵合横通强党建"机制体系。扎实开展主题教育，分层分类推进主题教育学习研讨，创新开展"守初心、担使命、忆征程、再出发"主题党日活动，有序开展领导干部上党课、我的电影党课、我和国旗同框、廉政警示等专题党课。强化基层支部建设，推动党建工作做深做细。充分发挥基层党组织的战斗堡垒作用和共产党员的先锋模范作用，积极开展党员志愿服务。做好税费种管理。加强发票管理，完成增值税税率下调的发票系统升级和增值税发票管理系统2.0上线工作，优化增值税发票控管。完成23873户企业2018年度企业所得税汇算清缴和1658人次个人所得税年度汇算清缴，完成审核出口退税信息管理审核153户次，审核通过免抵退税额4032.05万元。完成出口函调复函等相关任务259条，涉及发票1098份。完成房产税和城镇土地使用税困难性减免核查12户次，推进土地增值税清算，全年完成清算项目6个。做好企业职工社会保险征收，完成机关事业单位养老保险接收，完成城乡居民社会保险费税银系统上线工作，稳步开展城乡居民社保费的征缴和服务。落实正风肃纪要求，提升党风廉政和作风建设工作水平。落实征管体制改革，夯实征管基础。完成原国税地税征管系统并库，完成845户次税收调查。规范税收应对程序，2019年累计完成风险应对271户，应对成效2.83亿元；移送稽查涉嫌偷逃骗抗案件6起，虚开发票案件1起。规范专项工作流程，按要求做好扫黑除恶和打击非法集资的广泛宣传，完成线索摸排工作。（李明明）

机构设置及负责人

办公室

主　任　何　晋
副主任　李明明
副主任　张　健

法制科

科　长　戚宁炫

副科长　袁炜珺

税政一科

科　长　李　红

副科长　谢　杨

副科长　纪　杰

副科长　丁　君

税政二科

科　长　于　婧

副科长　任　佳

副科长　周晓萍

收入核算科

科　长　裘　艳

副科长　曹璇琳

副科长　朱海龙

纳税服务科

科　长　刘　锋

副科长　汤婷婷

副科长　张　阳

副科长　谢　地

征收管理科

科　长　李静静

副科长　朱海溦

副科长　朱　进

副科长　翁懋懋

人事教育科

科　长　成　熹

副科长　陈　磊

税源管理一科

科　长　李良银

副科长　胥贵忠

副科长　邬一鸣

副科长　万　勇

税源管理二科

科　长　孙　慧

副科长　朱爱霖

副科长　严　涛

副科长　张　承

税源管理三科

科　长　朱宝钢

副科长　张瑞雪

副科长　张　娜

税源管理四科

科　长　庄　艳

副科长（正转副）　陈　东

税源管理五科

科　长　董质兵

副科长（正转副）　朱　斌

副科长　傅久祥

税源管理六科

科　长　徐　黎

副科长　李一超

税源管理七科

科　长　钱　卫

副科长（正转副）丁 枫

副科长　徐海玲

机关党委（党建工作科）

科　长　徐　萍

副科长　左冰洁

副科长　邹　群

老干部科

科　长　杨　阳

纪检组

副组长（正科级）　许超群

第一税务所

所　长　汪　新

副所长　王轶平

副所长　沈卫华

纳税服务中心（税收宣传中心）

主　任　李葆俊（主持工作）

副主任　季玮玮（借用工作）

信息中心

主　任　沈　鹏（主持工作）

（陈　磊）

党的建设　2019年，玄武区局党委以习近平新时代中国特色社会主义思想为指引，以政治建设为统领，全面落实新时代党的建设总要求，制定全面从严治党工作要点，签订2019年度全面从严治党责任书，健全新“纵合横通强党建”的机制体系，着力做好三个方面工作。一是规范基层组织建设，夯实党建基础。以党员教育管理为重点，不断规范基层组织建设，发挥支部战斗堡垒作用。结合“不忘初心、牢记使命”主题教育，通过严格落实“三会一课”（定期召开支部党员大会、支委会、党小组会、按时上好党课）、举办支部书记轮训班、配发《习近平关于“不忘初心、牢记使命”重要论述摘编》等重要理论书籍、开展专题集中研讨、大力推进“学习强国”APP应用、组织应知应会测试等形式常态化开展党员学习，不断提升学习质效，夯实党建基础。二是丰富党建活动形式，强化阵地建设。局机关党委全新打造党员活动室，创新开展“传承红色基因、牢记初心使命”寻访南京红色文化资源点活动，举办“守初心、担使命、忆征程、再出发”和“我的电影党课”两次主题党日活动，通过学习红色历史、缅怀革命先烈、回顾入党初心、共度政治生日的形式强化党员身份意识、引导党员积极作为。各党支部积极探索互联互促新路径，与社区、企业党支部开展联合党建，动员引领党员先锋强化责任担当，开展税收宣传、结对帮扶、扶贫济困、义务献血、扫雪执勤等志愿活动，为纳税人、缴费人、困难群众办实事、办好事。三是守好意识形态阵地，坚持党的领导。局党委把意识形态工作作为党的建设中一项极端重要的工作狠抓落实，全面落实意识形态工作责任制要求，纳入党建工作责任制和领导干部绩效考核，每半年进行专题研究，每月上报维护意识形态安全专项行动开展情况，广泛开展谈心谈话，全面了解党员、干部思想动态，排除意识形态风险点。充分发挥税务文化在举旗帜、聚人心、兴文化、展形象等方面的重要作用，搭建组织文化新构架，打造多功能文化展厅，举办新春联欢晚会、体验扎染、古茶艺等群团文化活动，以文化为引领开展文明单位、青年文明号、工人先锋号、巾帼文明岗等系列文明创建活动，不断增强干部职工责任感、荣誉感。2019年，荣获“2016—2018年度江苏省文明单位”称号，税政二科、纳税服务中心荣获南京市“青年文明号”称号，税政二科副主任科员彭高峰荣获“南京市五一劳动奖章”和“南京市技术能手”称号。

（徐　萍）

“不忘初心、牢记使命”主题教育　2019年，玄武区局党委深入学习领会习近平总书记关于“不忘初心、牢记使命”主题教育工作系列重要讲话精神，认真贯彻“守初心、担使命，找差距、抓落实”的总要求，突出领导班子和处级党员领导干部，突出问题导向，扎实推进主题教育工作取得实效。一是丰富学习形式，提升学习质效。在读原著、学原文、悟原理上下功夫，制定学习计划，开展专题集中研讨，举办党委书记专题党课，撰写心得体会。通过“电影党课”形式开展革命传统教育；通过组织专家讲座，开展形势政策教育；通过设置“守初心、担使命、学先进、齐聚力”主题教育宣传板，开展先进典型教育；通过纪检组长讲授廉政党课开展警示教育，不断拓宽教育形式，增强主题教育的吸引力和感染力。二是立足工作实际，开展调查研究。局领导班子成员围绕确定的9个重点调研课题，通过召开纳税人缴费人座谈会和实地走访，征求了江苏鸿信系统集成有限公司、德基广场有限公司等21家服务对象的意见建议，以发函形式向玄武区委组织部、玄武区委办公室等5家同级党政机关部门征求意见建议，以9次干部座谈会形式向全体干部职工征求意见建议，在深入调研的基础上，形成了9篇调研报告和20条意见建议清单。同时把调研中发现的问题和形成的对策建议转化为整改措施，确定重点整改任务分解给对口班子成员牵头整改。三是坚持问题导向，抓好检视整改。坚持问题导向，开展“三听两问”（听取纳税人、基层党员、普通群众意见，问领导班子、领导干部存在突出问题，问改进作风、改进工作的意见和建议），通过自己找、群众提、上级点、互相帮、集体议，共计检视问题25条，党委班子成员分别认领整改任务，督促责任部门按照时限要求逐条对账销号，其中20条已整改到位，5条需长期整改的已取得阶段性成果。同步开展专项整治，确定40项整治任务和74条整改措施，其中36条整治任务68条整改措施已落实，其他需长期整治的任务也已取得阶段性成果。四是科学分层分类，抓实支部教育。各党支部严格落实学习教育和检视整改要求，有序推进“五个一”活动（一次支部书记轮训班、一次专题党课、一次社区公益服务、一件实事好事、一次专题组织生活会），全体党员在主题教育期间思想受洗礼，干事勇担当，着力解决纳税人缴费人的操心事、烦心事、揪心事，全面优化税收营商环境。持续推进“一厅通办”、办税容缺受理、税邮合作等服务举措，企业新办登记平均办理时长有力控制在0.5个工作日，注销业务平均办理时长缩短至0.9个工作日，网上纳税申报率达98%，非接触式办理率达92.08%，发票网上领购率达90.22%，纳税人缴费人办税便利度和获得感进一步增强。（徐　萍）

各项收入情况及收入特点分析　2019年，玄武区局组织入库税收总收入139.0亿元（其中，免抵调库收入2800万元），同比减少3.3%。入库地方公共财政预算收入（不含教育费附加和地方教育费附加两费）101.9亿元，同比增长17.0%。2019年玄武区局共入库区政府考核口径区级公共财政预算收入92.2亿元，同比增长14.0%。

分税种看：实现增值税收入55.25亿元，比2018年同期减少3248万元，同比减少0.6%；实现企业所得税46.16亿元，比2018年同期减收4.31亿元，同比减少8.6%；实现个人所得税16.05亿元，比2018年同期减少7.09亿元，同比减少30.6%；实现消费税5172.4万元，比2018年同期增加1071.9万元，同比增加26.1%；实现土地增值税7.85亿元，比2018年同期增加6.13亿元，同比增加356.8%。非税收入63.87亿元，比2018年同期增加7.25亿元，同比增加12.5%。

收入特点分析。从税收走势看，减税降费影响深入，税收运行下行态势明显。2019年，随着减税降费工作落实的逐渐扩大，政策性减收对玄武区局税收运行的影响也持续深入。全年，玄武区局共组织入库税收收入139.0亿元，同比减少3.3%。增值税、企业所得税和个人所得税三大税种均为负增长。具体来看，全年有6个月税收收入均为负增长，税收增幅从一季度的-15.66%回落至半年末的-14.98%，三季度出现增收，税收增幅为23.92%，至四季度增幅为-8.17%。可见政策性减收的影响在上半年体现尤为明显，全年税收运行呈下行态势。

从税种结构看，三大主体税种占比超八成，个人所得税总量大幅回落。2019年，玄武区局组织入库增值税、企业所得税、个人所得税分别为55.3亿元、46.2亿元和16.1亿元，占玄武区局总税收收入的比重分别为39.7%、33.2%和11.6%，合计占比达84.5%。个人所得税入库16.1亿元，同比减收7.1亿元，减少30.7%。由于我区大专院校、研究院所等高收入机构较为集中，个税减税降费政策影响显著，个税收入占比由2018年的16.1%下降至11.6%，虽然仍是玄武区局的第三大税种，但总量大幅减少。

从行业结构来看，两大行业税收占比超半，前五大行业三增两减。2019年，该局入库税收收入前五的行业分别为金融业、批发和零售业、房地产业、信息传输、软件和信息技术服务业以及科学研究和技术服务业。五大行业全年实现税收收入113.9亿元，占玄武区局总税收收入的比重为82%，其中金融业和批发零售业全年实现税收收入75.5亿元，占玄武区局总税收收入的比重达54.3%，两个主要行业占据半壁江山。从行业增减情况来看，金融业和房地产业同比分别减少3.1%和0.8%，批发零售业、信息传输、软件和信息技术服务业与科学研究和技术服务业同比分别增长3.6%、3.3%和7.0%。

分经济类型看，民营经济税收运行状况相对良好，外资经济出现较大幅度减收。2019年，该局国有经济、民营经济和外资经济分别缴纳税收49.3亿元、65.6亿元和15.2亿元，同比分别增长9.1%、7.4%和-21.1%，占总税收的比重分别为35.5%、47.2%和10.9%。民营经济是2019年减税政策的主要受益者，全年民营企业共计减税11.66亿元，在充分享受减税降费政策红利的同时，入库税收依然实现了小幅增长，表现出一定的发展后劲；而外资经济受国内外大环境的影响，发展态势比较低迷，税收表现不佳，后续运行状况值得重点关注。

从重点企业来看，亿元企业增税动能稳步提升，龙头企业一枝独秀。2019年，该局管户中，入库税收收入超500万元的共计286户，合计入库113.0亿元，占玄武区局总税收收入的81.3%。

单位：万元

收入区间	户数	入库税收收入	占比
1亿元以上（含）	22	671722.5	48.3%
5000万元（含）~1亿元	18	122617.1	8.8%
1000万元（含）~5000万元	115	244706.7	17.6%

收入区间	户数	入库税收收入	占比
500万元（含）~1000万元	131	91188.0	6.6%
合计	286	1130234.3	81.3%

2019年具体收入区间情况

2019年，全区入库税收收入超亿元企业合计入库税收67.2亿元，同比增长11.3%，收窄全局减幅10.6个百分点，对总税收收入提供了有力支撑。其中南京银行股份有限公司入库税收24.4亿元，同比增长6.7%，占全局税收收入的比重为17.6%，占比同比增加了1.6个百分点，其龙头地位可见一斑，因此对玄武区税收收入的影响呈现“一荣俱荣、一损俱损”的态势。（袁　艳）

税收政策落实　税收政策执行。在增值税发票管理方面。2019年3月28日，玄武区局圆满完成全区10618户纳税人开票软件升级工作，确保自4月1日起能按新税率开票；做好增值税发票管理系统2.0上线工作。坚持发票领用分类管理，利用发票模型，按月筛选发票异常数据，采取控票措施；建立百万元以上限额企业清册；玄武区局圆满完成23873户企业2018年度企业所得税的汇算清缴工作。完成2019年度个人所得税综合所得汇算清缴前期数据清理共89872条。做好国际税收的风险管理，选择重点风险户直接开展实体化应对，全年应对15户次，调减亏损2150.15万，补缴税款342.14万，滞纳金8.54万，利息1.17万。完成间接股权转让税款入库，共1259.91万元。做好“走出去”企业管理服务工作，完善走出去企业信息更新17户次。强化关联申报和同期资料报送管理，组织两场200余户次关联申报培训，完成109户纳税人关联申报数据更正。落实《全国税务机关出口退（免）税管理工作规范（2.0版）》的通知要求，2019年，实际出口退税信息管理系统审核153户次。做好出口函调政策指导和监管工作，按日监控复函时间，严格控制复函次数，共完成出口函调复函等相关任务259条，涉及发票1098份。做好出口退税分类管理等级评定工作。规范土地增值税管理。对土地增值税管理工作认真自查，严格遵循相关的规定和要求，按规范流程将土地增值税的管理纳入征管体系中，2019年，玄武区局共完成清算审核项目11个。在环境保护税上，玄武区局通过与玄武区环保局建立工作联动、对规划许可信息进行筛选等途径，进一步细化对环境保护税纳税人的管理，重点关注新增的排污单位。做好企业职工社会保险费征收工作、372户机关事业单位养老保险职责划转工作和805户企业、1085户企业缴纳残保金缴纳工作。

税收优惠政策落实。落实小微企业普惠性税收减免政策等税收政策，完成3517户次生产、生活服务业行业核实，及时提醒纳税人准确适用加计抵减政策。落实留抵退税政策，2019年，玄武区局共受理19户纳税人的留抵退税申请，共计退税2.94亿元。做好安置残疾人、自主择业军官、退役士兵、就业困难群体、脱贫群体就业等方面税收政策落实，开展特殊就业群体抽样摸底，宣传增值税扣减政策，保障特殊就业群体稳定。做好一般纳税人达标登记工作，按要求导出一般纳税人达标数据，严格按国家税务总局要求进行达标提醒。落实2018年度企业所得税汇算清缴319户享受研发费加计扣除，优惠金额为12.46亿元。4933户享受小型微利企业所得税优惠，优惠金额为5847.6万元。2019年，小型微利企业标准提高后季度预缴共有3667户享受优惠，优惠金额为10945.9万元，优惠面达到100%；开展2017年度以及2018年度研发费用加计扣除追溯30户，合计追溯补申报加计额2412.7万元，并核实负面清单研发费用加计扣除企业33户次；开展高新认定地方初审三批共计198户，经过审核有178户通过初审；通过政策宣传以及辅导上报非营利组织免税资格申请13户，申请软件、集成电路享受优惠核查22户，文化改制企业优惠政策落实核实8户，社区家庭服务业税收优惠政策调研1户。2019年，工资薪金个人所得税政策性减税共计7.87亿元，改革红利惠及全区25.7万人。该局积极落实房产税及城镇土地使用税的优惠政策，对辖区内符合房产税、城镇土地使用税困难性减免政策的企业，进行事先提醒，按要求逐户组织管理科所调查，审核上报。

纳税服务管理。2019年，该局不断提升纳税服务的及时性和有效性，持续开展减税降费宣传辅导。以“新税务·新服务”为主题，以“便民办税春风行动”为契机，重点围绕“减税降费”政策落地落实，针对享受不同类型税费优惠的纳税人和缴费人开展政策宣传解读和操作辅导培训。2019年，累计组织发放减税降费宣传辅导手册1.2万份，短信推送宣传提醒信息数量15万条，开展纳税人面对面集中辅导近6000户次，办税服务厅辅导近万人次，点对点上门服务企业千余户。扎实推进实施国家关于普惠性减税和结构性减税相结合的各项政策，落实减税降费监督和反馈机制，帮助纳税人正确执行申报，确保纳税人准确享受减税降费红利，减轻纳税人税收负担。进一步落实“减证便民”政策。截至2019年年底，按照“减证便民”的要求，分三批取消了60项税务证明事项，涉及231个具体办税事项，进一步减少了纳税人涉税资料报送，减轻了纳税人的办税负担，让纳税人有了实实在在的“简”获得感。三是全面落实纳税服务规范。全面落实国家税务总局发布的《纳税服务规范（3.0版）》，按照规范要求进一步精简业务事项，减少纳税人资料报送，压缩纳税人办税时间。实现网上申报征收业务全覆盖，全面推广“全天候、足不出户”涉税事项办理模式，做好咨询在线答、政策在线查、服务申请网上约等线上模式的宣传和辅导。2019年，涵盖“全程网上办”事项范围已经有7大类110个事项，“最多跑一次”事项范围也扩大到5大类16个事项。（李红 于婧 刘锋）

减税降费 2019年，玄武区局深入贯彻党中央、国务院关于减税降费的重大决策部署，将推进政策落实作为重要政治任务，打好个税改革、小微企业普惠性减税、深化增值税改革三大战役，切实减轻纳税人负担，落实各项新增减税降费优惠政策减免20.7亿元。

分税（费）种看，2019年，新增减税降费政策中，增值税和个人所得税减税金额较高，分别减税89542.8万元和88815.49万元，合计占新增减税总量的86%；企业所得税减免17276.02万元；六税两费（城市维护建设税、房产税、城镇土地使用税、印花税、资源税、耕地占用税、教育费附加和地方教育费附加）惠及面广但减税金额不大，减免11633.77万元。

分行业看，批发零售业，信息传输、软件和信息技术服务业，交通运输、仓储和邮政业分别减税6.44亿元、2.98亿元、2.57亿元，合计占新增减税总量的57.8%。增值税下调3个百分点，作为产品销售渠道终端环节的批发零售业减税最多，占全区减税总量的31%。

分政策年度看，2019年，新出台的减税政策减税效应越来越明显，7—12月减税79831.86万元，全年减税109035.42万元；2018年出台政策的翘尾因素仍是减税主体，全年减免税额95761.73万元；2018年到期后在2019年延续的减税（费）政策减免税额2470.95万元。

2019年，玄武区局减税降费工作主要特点有七：

（一）小微企业减税政策受惠面广，行业集中度高

2019年，玄武区小型微利企业普惠性减免1.9亿元，涉及1.26万户，占全区总户数的25.7%。其中，放宽小型微利企业标准加大企业所得税优惠力度减税6762.47万元；增值税小规模纳税人免税标准销售额3万提升到10万元，其减免税额直线上升，是小微普惠中减免最多的政策，从4月份减免1582.44万元上升到9226.52万元；小规模纳税人“六税两费”减半征收，减免税费3144.78万元，呈稳步上升趋势。批发零售业小微企业普惠性减免1亿元，占比53%；租赁和商务服务业、科学研究和技术服务、住宿和餐饮业合计减免5712万元，占比29.9%。

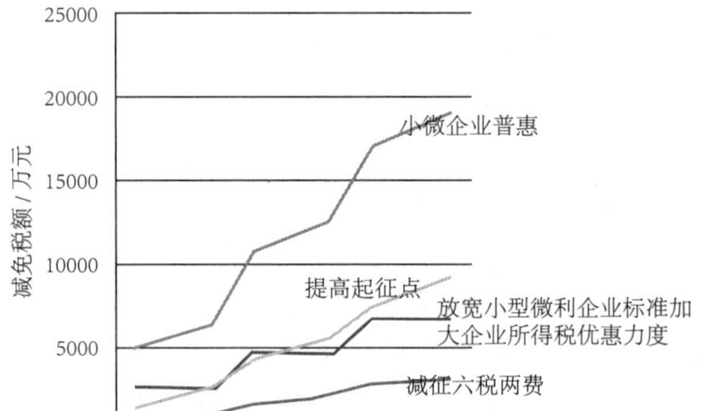

2019年小型微利企业普惠性累计减免走势图

（二）增值税税率调整等配套措施减轻实体经济负担

增值税税率的下调，对促进行业降成本、调结构、促发展起到积极直接的作用。2019年，玄

武区局增值税降率及配套措施共计减免5.6亿元，占新增减免总额20.7%，增值税税率从17%降至16%、11%降至10%，累计减免10438户，减税5534.91万元；从16%再次降至13%、10%降至9%，加计抵减等优惠政策，新增减免10813户，减税50390.68万元。分行业来看，批发零售业减税3.95亿元；制造业减税1988.72万元。适用9%税率的建筑业、房地产业、交通运输业分别实现净减税1727.79万元、869.65万元、86.62万元。适用6%税率的生产、生活性服务业，虽然此次改革税率保持不变，但受益于加计抵减、国内旅客运输服务纳入抵扣、允许不动产一次性抵扣等配套措施，均实现减税，现代服务业、生活服务业分别实现净减税5109.31万元、2532.23万元。

（三）留抵退税直接增加企业现金流

2019年，全面试行增值税留抵退税制度，符合规定的一般纳税人可以申请退还增值税增量留抵税额，给增值税进项销项差额较大的企业带来“真金白银”，直接增加企业流动资金。玄武区2019年增值税留抵退税共计退还15户企业，退税金额2.81亿元。其中，退还南京地铁集团1.53亿元、江苏苏宁易购电子商务和南京苏宁电子信息技术5523.86万元，大大缓解了企业资金压力，使纳税人切切实实享受到了政策红利。

（四）个人所得税改革增加居民可支配收入

个人所得税改革充实了老百姓的“钱袋子”，增加了员工的可支配收入，进一步增强了人民群众获得感。从调整个人所得税减除费用和税率到专项附加扣除，两步税改因素叠加，2019年，玄武区累计约有31.5万人享受个人所得税优惠政策，累计减免8.88亿元。个人所得税减除费用和税率调整政策翘尾期到10月份结束，从11月份开始新增个税减免金额缩小，从原先的平均每月7800万

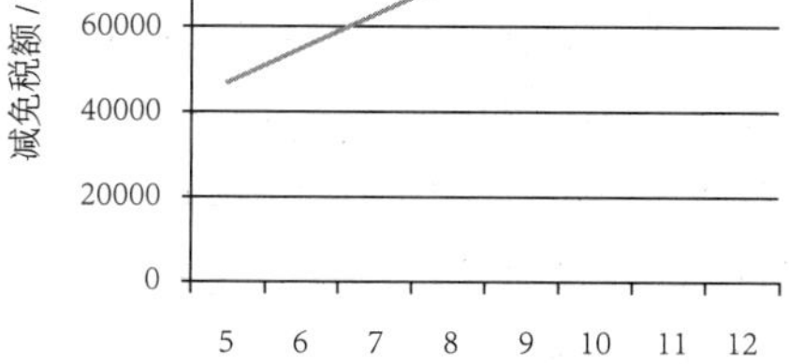

2019年个人所得税累计减免税额走势图

增长额缩小至1000万元左右。玄武区教育资源丰富，高校较多，教育行业个税减收1.55亿元；软件和信息技术服务业减税1.5亿元，两个行业合计占个税减税的35%。

（五）优惠政策支持促进民营企业发展

民营企业是减税政策的主要受益者。2019年，玄武区民营企业共计减免11.66亿元，占全部减税数额的比例56.27%。分税种看，增值税减免占比60.8%，其中增值税税率调整及配套措施民营企业减税40809.85万元，占比80.99%；企业所得税减免占比94.28%，其中因放宽小型微利企业标准、加大企业所得税优惠力度使民营企业减税6171.33万元，占比91.26%，研发费用加计扣除比例提高使民营企业减免9469.26万元，占比96.02%；个人所得税和六税两费减免分别占总减免税额的43.96%和58.92%。大规模减税降费减轻了企业负担，为经济增长提供了动力，从新办登记看，2019年新增私营企业（包含个体经营）5995户，同比增加1230户，增加25.8%；2019年，注销私营企业（包含个体经营）141户，同比减少489户，减少71.17%。

（六）释放政策红利支持企业创新

系统而有针对性的优惠政策，在鼓励研发投入、支持企业创新、优化产业结构、提高生产率等方面发挥了积极作用。2019年，研发费用扣除比例由50%提高到75%扩大至所有企业，新增翘尾减免9861.47万元，与原有政策叠加，2018年研发费用汇缴加计扣除共计减免3.09亿元。2019年征期内高新技术企业预缴享受企业所得税低税率优惠，减税1.15亿元。

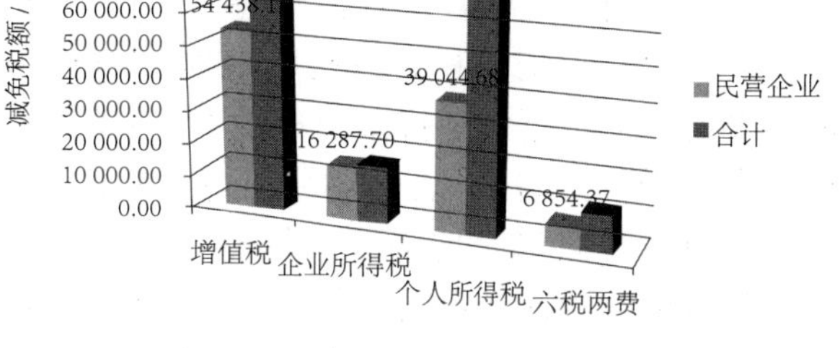

2019年分类型分税种减免数额

（七）稳步推进社保降率工作

2019年5月1日起降低社保费率，玄武区局

积极主动和区社保部门沟通联系，认真做好社保费降率各项工作，摸查掌握本区社保费征收的总体情况，确保社保征收工作顺利开展，2019年，共计入库社保费收入59.97亿元。（裘　艳）

二、减税降费工作开展情况

（一）组织领导。2019年，玄武区局落实各项减税降费政策，从三个方面着手加强减税降费工作。成立由一把手任组长的实施减税降费工作领导小组，下设办公室和8个工作组，树立减税降费工作全局一盘棋思想，压实主体责任，强化责任担当，增强玄武区局凝聚力。聚焦纳税人办税难点堵点，做实功，重实效，不断地将主题教育激发的热情和动力转化为落实减税降费政策的成效，进而将税收政策“含金量”转化为纳税人缴费人的获得感。

（二）统筹协调。明确职责分工。明确工作时间表、路线图，细化分解工作任务，各工作组团结合作，各司其职，确保工作有序推进。加强知识更新。业务科室分政策分业务开展多次全员培训和针对性培训，确保全体干部对减税降费政策应知尽知、应会尽会，加强税务人员的减税降费知识更新培训。强化培训辅导。玄武区局开展多样化的普惠式税收宣传与针对性的重点税收宣传相结合，2019年，开展实体纳税人培训辅导1.5万人次，组织收看网络学堂视频课件学习2000人次，办税服务厅辅导3800人次，点对点上门辅导企业近600户；2019年，累计组织发放减税降费宣传辅导手册和办税流程介绍等纸质资料1.5万份，短信推送宣传辅导提醒信息数量22.3万条。优化办税服务。玄武区局结合减税降费政策优化办税服务，将减税降费的宣传融入日常工作之中。简化退税等业务办理流程，精简办税资料，取消多项税务证明，切实减轻纳税人办税负担；征期期间多次通过短信对纳税人进行申报提醒，防止纳税人未报、漏报；通过安排由业务骨干组成的业务小组合理做好办税分流，对纳税人进行减税降费政策的有效提醒和宣传辅导，增派专人对电子税务局和自助办税终端系统操作进行现场指导等工作，显著改善办税体验，达到了将宣传与日常工作相结合的效果。推进宣传宣讲。玄武区局开展多渠道、广覆盖的税收优惠新政策宣传，促进税收新政落地生根。玄武区局税政骨干在广播电台讲解个人所得税专项附加扣除，年终奖的特殊申报方法，国内旅客运输服务允许抵扣等个人生活中的税收知识，把减税降费的“大礼包”送至千家万户；关于个人所得税新政、增值税普惠性改革、企业所得税减免以及发票热点问题等政策针对性的宣传稿件多次被微博、微信、南京晨报及相关媒体报道、转载。此外，开展一系列减税降费宣传志愿者活动，进一步展现税务部门新形象和新作为。走进徐庄青创园，为青创园的创新企业和中小微企业详细解读减税降费的最新政策；与招商银行联合开展了一场“减税降费”公益讲座，围绕减税降费的热点问题、具体的业务操作等企业关心的内容进行了详细的讲解；走进大学讲堂宣传创业优惠，助力高校“创客”搭上减税降费“顺风车”；走进南理工小学，带领玄外附小的学生们参观税收博物馆，带领孩子们打开税法知识的大门；走进南林大宣传个税新政，鼓励大家用足用好个税专项附加扣除的好政策。持续做好政策追溯退税工作，做到户户有落实，持续加强对政策关注度，主动筛选排查，确保减税红利落到实处。2019年，累计完成小微退税2657户次，退税金额67.5万元。

（三）督查督办。减税降费督查督办组一方面采取“日、周、月、季”工作法，对玄武区局减税降费工作开展伴随式监督，提高督察督办有效性；另一方面围绕专项督导任务清单，组织减税办所有成员单位对照开展完成情况自查，将专项督导任务细化，并在自查的基础上进行督导，限时整改，及时督办，提高监督工作的针对性，确保企业切实享受到减税降费政策红利。（裘　艳）

税收征管　2019年，夯实征管基础工作，提升征管质效，完善征管改革体制，优化工作流程，理顺工作职能，完善岗位设置，提高信息运用效能，深化大企业管理，发挥新征管体制功效；明确绩效目标管理要求，注重规范操作引导，做好税户管理、委托代征、不予加收滞纳金等事项；稳步推进“金税三期”并库上线，严格落实各项工作部署，积极参与税收征管业务工作规程制定；推进电子税务应用，规范数据运维工作，保障“金税三期”、电子税务局等系统平稳运行，2019年，完成各系统数据运维310条；进一步规范注销登记管理，严格执行注销简化资料、办理时限等要求，2019年，完成注销登记3274户，其中，即办注销2569户，一般注销705户；严格执行非正常户认定条件，加大非正常户清理力度，加大陈欠清理力度。

（朱海溦）

税源税户基础管理 2019年，全面落实登记制度改革，提高税户管理水平。截至年底，玄武区局管辖税户58763户，其中单位纳税人税务登记32310户、个体经营纳税人税务登记21883户，外埠纳税人经营地报验登记4365户，其他种类纳税人205户。单位纳税人税务登记中正常户27903户，非正常户4398户，其他9户；个体经营纳税人税务登记中正常户21237户，非正常户642户，停业户4户。共受理新办户8879户，其中，单位纳税人税务登记2709户、个体经营纳税人税务登记3415户，外埠纳税人经营地报验登记2755户。新办单位纳税人税务登记中正常户2576户，非正常户11户，注销121户；新办个体经营纳税人税务登记中正常户3320户，注销93户，停业2户。加强税源源头控管，发挥综合治税效能，联合区市场监督局对本区长期停业未经营企业开展清理，共清理出非正常户318户。（朱海溦）

风险应对 2019年，深入研究江苏省税务局、南京市税务局风险评估应对办法及"金税三期"、税源平台、大数据平台系统规程的具体操作办法，加强培训指导，及时沟通解决风险评估相关问题，提升风险评估质效。强化风险应对任务统筹管理，完善环节控制，强化日常推进率的监控，对风险评估中发现的疑难户及时讨论合议，牵头梳理亟待解决和时间跨度较长的案件事项，加强风险评估合议企业的持续跟踪和后续管理。总结经验，针对薄弱环节完善工作制度规范，通过融合资源，聚集力量，高质量完成中等风险应对工作的后续管理，对进度和成效的监控形成日常化工作机制。全年开展风险应对报告集体审议35户次，开展跟踪质疑7户次，发起金税三期跨区域协作11户次，接收并反馈总局异地协作44户次，完成智能分析模型制作4种，较好地完成各项考核要求。全年共计完成总局下发增值税快反任务8户次，国家税务总局征管和科技发展司、国际税务司、大企业税收管理司专项任务36户次，完成江苏省税务局税源管理平台风险应对流程231户次，"金税三期"自然人申诉风险提示提醒任务84户次，移送稽查涉嫌偷逃骗抗案件6起，虚开发票案件1起，风险应对总成效合计2.83亿元。

（朱海溦）

纳税服务 2019年，紧盯"放管服"各项办税堵点、难点，以纳税人需求为导向，不断优化税收营商环境。一是办税服务提速度。通过落实制度，强化办税厅现场管理；通过整合资源，提升办税厅现场效率；通过推广分流，提高网上办税厅的快捷运用。全区网上申报率98%。推广线上各类服务产品，推进办税事项"全程网上办"，有效提升不见面审批办理率，非接触式办理率达93.54%。大力推进发票寄邮递送及自助设备领用，线上领用占比达91.67%。二是税企互动更便捷。一方面积极推进创新项目运用，深化合作平台功能开发，不断探索税企互动心连心，搭建税企沟通连心桥，解决了以往沟通不便捷、咨询回答不准确、信息送达不到位等问题。推进"丁税宝"平台运用，让税企互动更精准。2019年年底，玄武区已有超过81.53%的企业激活使用"丁税宝"平台。深化税邮合作平台运用，让纳税服务更便民。另一方面全面启动税邮双方深度合作，依托邮政寄递服务资源，合作开展涉税"不见面"审批等服务，通过邮政通道寄送涉税文书。在玄武区的6个邮政网点建立"邮政便民办税服务网点"，提供就近便利现场办税缴费服务。三是税收营商显提升。畅

2019年11月7日，玄武区局深化税邮合作，延伸便民办税服务点（李帅威 摄）

通问题收集反馈渠道，让服务整改更高效。开展“纳税人开放日”活动，邀请企业代表走进来，零距离体验税收工作。通过现场调查、实地走访、调研座谈等渠道收集纳税人办税需求，汇集办税热点、难点问题。2019年，聚焦并收集纳税人办税等候时长、注销、发票、处罚等堵点、难点问题及建议263条，通过优化服务措施，有效解决问题86条。推行“一表”办理，提高企业新办效率。强化与玄武区市场监管、公安、社保、银行等部门的联动，在江苏政务服务网共享“全链通”网上集中办理平台，实现新办企业“一次登录、一表填报”，高效完成企业登记、刻章备案、银行开户、社会保险登记等事项。一表办理后，新办企业最快半天即可领票经营。落实便利注销，解决企业注销难题。积极落实便利注销各项措施，简化税务注销业务办理流程和资料报送，共为82户非正常状态期间未开展生产经营活动、无相关纳税义务的纳税人办理了批量补申报；为326户实名认证企业免除税务登记证、发票领用簿等材料的报送。设立“税务注销服务专窗”，采取“承诺制”容缺办理，为纳税人提供注销一站式预检和即办服务，累计共受理即办注销2036户，即办率超过90%。四是纳税热线更畅通。2019年，玄武区局特服号共接听电话70795件，每人日均接听电话40件.其中上半年接听量38122件，接通率86.77%；下半年接听量32673件，接通率89.68%；全年接通率88.09%。其中，个人所得税专项附加扣除，电子税务局及发票综合服务平台操作，社保费缴款，减税降费优惠政策为纳税人咨询的四大热点问题。

（刘　锋、季玮玮）

税收宣传　2019年，玄武区局充分利用各大媒体报纸、网站、电台、电视台、微博、微信等各个宣传平台，开展形式多样的宣传活动，提高宣传的实效和精准度。与南京新闻频道合作的《无人收费停车场普及，电子发票怎么报销？》《网购电子发票到底怎么开？注意甄别好维权》以及《今年起医保划归税务部门征收，线上缴费更简单》三段视频新闻在黄金时段的金牌栏目直播南京播出，向市民朋友宣传了电子发票热点问题，介绍了税务部门征收城乡居民医疗保险的新变化，受众面广、影响力大。2019年2月，“税收宣传志愿者”走进南京高校宣传个税宣传活动，被中国税务报、环球网、央广网、新华网、中国新闻网等媒体刊载。2019年3月25日，税收宣传志愿者参加玄武湖樱花节，分发最新的税收新政手册，解答游客们关心地税收问题，传递减税降费的好消息，被《新华日报》《南京日报》等媒体刊载。2019年4月30日，通过走进大学校园，开展大学毕业生创业税政服务专场，向晓庄学院创业者宣传最新的创新创业的税收优惠政策，鼓励大学生创业者用好用足税政政策。2019年7月23日，带领假期里的小学生们来到南京税收博物馆，零距离地观看、感触生活中的税收实物和税收知识，给小学生讲解税收的意义和作用，在和孩子的互动中普及税法知识。减税降费助力独角兽企业和5G研发等税收宣传稿件被人民网、中国新闻网刊载。南京市广播电台栏目《税收动态》中，玄武区局税政骨干讲解个人所得税专项附加扣除，年终奖的特殊申报方法，国内旅客运输服务允许抵扣等个人生活中的税收知识。 2019年，各大媒体宣传平台刊用玄武区局税收宣传活动200余次。

（周慧颖、李帅威）

2019年10月31日，玄武区局税务人员走进1912街区，向街区管理企业、特色店铺和游客宣传税收优惠政策，助力1912街区打造南京市“旅游名片”　（李帅威　摄）

服务区域发展　2019年，进一步优化玄武区税收营商环境，积极培育和涵养税源，促进企业健康和可持续发展，积极落实玄武区委、区政府工作部署，促进减税降费政策落实落地，助力建设“强富美高”新玄武。税收优惠提供政策支持。紧紧围绕减税降费和组织收入两大重点工作，不折不扣坚决落实好减税降费政策，落实好增值税税率下调、小微企业税收优惠扩容、附加税减半征收等各项税收优惠政策。在释放政策红利支持企业创新上，积极落实研发费用扣除比例由50%提高到75%扩大至所有企业相关政策，2019年，玄武区高新技术企业预缴享受企业所得税低税率优惠，减税1.15亿元。走访调研提供智力支持。通过召开纳税人缴费人座谈会和实地走访，征求了南京地铁集团、江苏鸿信系统集成有限公司、德基广场有限公司等21家服务对象的意见建议，以发函形式向玄武区委组织部、玄武区委办公室等5家同级党政机关部门征求意见建议，以9次干部座谈会形式向全体干部职工征求意见建议，在深入调研的基础上，形成9篇调研报告和20条意见建议清单。社区服务提供人力支持定期走进大石桥社区，慰问十余户困难家庭。与六合区大圣村开展城乡结对活动，认真倾听民意，切实解决问题，通过走访最大限度地实现了发展共进、互惠双赢，助力脱贫攻坚。组织4位干部参加“无偿献血树表率，挽救生命我先行”活动。加入南京马拉松志愿者队伍和文明城市创建志愿者队伍，为提升城市形象、服务区域发展提供税务力量。

（李帅威）

依法行政建设　2019年，玄武区局制定依法行政工作领导小组、行政复议委员工作领导小组和重大案件审理委员会议事规则和工作规则，确保领导小组对全局工作的法治领导及指引。坚持开展侧重点不同、形式不同的法治教育，增强基层执法人员的法律思维能力，促进规范执法。在全面依法行政领导小组的领导下稳步推进“三项制度”（行政执法公示制度、执法全程记录制度、重大执法决定法制审核制度）在基层落实，强化文件学习培训，建立联络员工作机制，制作《全面推行“三项制度”工作落实简表》，组织开展行政执法公示事项执行情况、符合法制审核条件人员情况、税务约谈室建设情况等事项梳理，重点开展自主执法公示事项完善，探索制作“脚本式”个案规范，降低税务干部和税务机关执法风险。强化税务行政处罚管理，定期编制行政处罚事项提醒及操作流程，统一行政处罚自由裁量口径。积极履行职责，依法向破产管理人申报税收债权、参与债权人会议，组建破产清算税收工作团队，为管理人搭建有效政策咨询和服务平台，主动研究破产清算中税收难题，畅通破产企业常见税收问题处理渠道，参与系统破产清算涉税工作会议研究和操作规范的编写工作。探索税收违法行为检举规范管理，分析检举行为各类信息来源和处理现状，明确检举信件登记和分类处理原则，规范检举案件处理、反馈、告知、归档程序，强化检举管理工作过程控制，畅通检举处理流程与其他工作有机衔接。妥善处理各类涉税争议，听取纳税人诉求，保障纳税人权益，组织公职律师及法律业务骨干组成工作小组，全年开展1起行政诉讼相关应对，开展3起行政复议相关应对。清理了2019年2月28日以前执法的税收业务管理类内部文件，经过清理，全文继续有效的文件1件，失效废止的文件43件，进一步加强内部业务文件管理。

（戚宁炫）

执法督察管理　2019年，玄武区局采取“日、周、月、季”工作法，对本级减税降费工作开展伴随式监督，提高督察督办有效性。每日对接上级处室、减税办和其他工作组，及时关注外部监督的动态和减税降费各项工作的推进；每周组织各职能科室开展减税降费工作风险点识别和问题排查，及时整改，制定防控措施；每月组织减税办所有成员单位对照减税降费工作任务清单开展完成情况自查，梳理未完成原因和未解决问题，跟踪后续情况；每季开展减税降费专项指标绩效考核，压实工作责任，督促各部门认真履职尽责，“实打实”地落实好各项减税降费政策措施。根据不同阶段的重点工作陆续开展各类专项监督，对减费降税政策宣传培训知晓度、减税办集中办公情况、税控开票软件升级进度、增值税降率政策纳税服务及培训辅导情况、税收宣传月准备情况、房产税、城镇土地使用税误享受政策、减税降费多缴税金退税履职尽责、六税两费误享受小微企业政策、六税两费减半征收应享未享受小微政策等开展专项督察督办。通过督察督办工作单固化具体问题、责任部门、工作建议和整改情况，有效保障减税降费落地生根。分上下半年开展多批次执法督察疑点核查反馈工作，主要涉及优惠政策享受、发票审批等方面疑点。强化名单调整分派反馈和业务档案调取等细化工作，根据疑点核查工作中发现的问题，督促整改。参与南京市税务局对江宁区税务局、秦淮区税务局开展的执法督察的复查工作，取长补短，提升执法督察工作质量。开展委托代征执法督察，对是否按规定委托代征点检查管理监督职责、委托代征业务办理是否规范等方面进行督查，对经过督察发现的业务管理问题向职能部门发放督察督办工作单，督促即时整改对漏填事项进行补正，认真做好日常管理和年度检查的记录，加强对委托代征的日常管理工作，并注重对日常管理及检查资料的整理归集。完成2019年执法督察工作自查报告和案例。（戚宁炫）

投诉举报处理　2019年，玄武区局以高度的责任心和为单位负责、为广大纳税人负责的精神，认真受理“12345”、“12366”热线投诉举报工单。为提高投诉工单的办理效率及质量，玄武区局纳服中心明确了各类投诉处理工单的完成时限及要求，坚持做到“12345”当天热线当天转办处理，所有工单及时回复回访，经办人及时督促协调解决问题，尽量将每一环节工作做细做好，让纳税人满意。按季度总结，形成纳税服务投诉情况分析，针对突出案例具体分析，为提升工单处理满意度不断总结经验。2019年玄武局共计完成“12366”工单处理684单，“12345”工单处理765单，纳税服务平台工单13单，上门投诉工单61单，办理率、回复回访率均为100%。在涉税舆情方面，玄武区局纳服中心共接到市税务局推送微博涉税舆情3则，中心接到舆情后迅速成立调查小组进行处置，于第一时间成功处置舆情，并完成舆情调查报告。（季玮玮）

网络安全管理　2019年，玄武区局信息中心从硬件、软件两方面加强并完善网络安全管理。硬件方面，按照南京市税务局要求，对合并之后的网络线路进行调整优化，拓宽主、备线路，拆除部分废弃线路；增设安全管理设备，所有网络终端均安装网络安全小助手软件、360税务桌面管理系统软件；调整办公大楼内UPS线路，确保重要网络设备电力供应不中断，保证数据安全；优化玄武区局内、外网网络环境，提升网络可靠性，数据安全性。软件方面，按照市税务局下发文件要求，2019年12月，成立网络安全和信息化领导小组，下设网络安全和信息化领导小组办公室、网络安全应急管理办公室，细化分工，责任到人；2019年12月，组织并完成区局电力中断专项应急演练，保证在电力中断等突发情况下网络正常和数据安全；进行2019年度网络安全风险评估，根据评估结果调整、加强、完善网络安全环境。（沈　鹏）

干部队伍管理　2019年，玄武区局根据市税务局要求制定《休假管理办法》《因私出境管理办法》《在职干部行政慰问办法》《玄武区局委员会工作规则（试行）》等相关制度，同时结合市税务局人事处下发的人事工作规程，组织科内干部学习研讨，规范日常工作流程，提高工作效率。强化教育培训，积极落实各级教育培训，强化干部业务培训，实施分层分类培训。组织区局干部参加省税务局、市税务局培训班达53场次，近80人次；结合各岗位工作更新知识需求，自行组织脱产培训班，上半年分期组织全体干部职工到中国人民大学国际学院苏州校区进行集训，下半年分两期组织全体干部职工到镇江税务学校进行集训，每次培训合理设置培训课程，在内容方式上注重针对性、互动性和灵活性，参培率达85%以上，得到干部认可。根据国家税务总局关于选拔第六批全国税务领军人才学员的通告要求，保障符合条件的人员开展报名、笔试及面试等相关事宜。根据2019年南京市税务系统“岗位大练兵、业务大比武”活动方案，制定玄武区局“岗位大练兵、业务大比武”活动方案，做好辅导书籍征订工作，并推荐选拔12名优秀干部分岗位类别参加市税务局业务比武。（杨　柳）

老干部服务管理　2019年，玄武区局退休干部81人，全年新增20人（1人提前退休），去世2人，年末合计99人。其中共产党员71人、民主党派2人，群众26人；男性53人、女性46人；90岁以上1人（96岁）、80～90岁8人、70～80岁10人、60～70岁53人、60岁以下27人。针对老同志的特点和需求，积极谋划，高效有序开展工作。齐心协作，打造老干部服务团队建设。推进团队建设。一方面充实老干部服务队伍，增岗优岗，做到上下对口有承接，左右协同有配合，A B岗有效补充。另一方面形成合力，部门协作，积极推进老干部党支部建设和各项活动开展。凝心提升，强化老干部党建工作。积极强化老干部党支部建设，凸显支部工作特色，发挥党员带头作用，有效推进“六有一提升”（每一名离退休干部党员都要有党的组织，每一个离退休干部党支部都要有领导班子、有组织活动、有作用发挥、有工作制度、有工作保障），以此提升离退休干部党组织的组织力，增强政治功能，把离退休干部党组织建设成为宣传党的主张、贯彻党的决定、参与基层治理、团结动员群众、推动改革发展的坚强战斗堡垒，为建设“强富美高”新江苏汇聚强大正能量。达标创优建设。2019年6月20日，以“看党旗飘扬”为主题组织老同志重温入党誓词，8月20日、10月21日开展《红星照耀中国》《中国机长》红色电影党课，中共十九大学习书籍发放等形式，不断提升老党员党性修养，做到离岗不离党，退休不褪色。暖心关爱，落实尊老敬老助老服务要求。积极落实服务要求，开展暖心行动。2月20日、7月25日、12月20日召开情况通报会及征求意见座谈会，向离退休老同志全面介绍玄武区局各项工作开展情况，及时答复疑问，倾听心声，收集建议。了解退休生活，解决实际困难，送去组织温暖，百日走访百余人，其中80岁以上老同志36人次，患重大疾病老同志19人次。5月20日，88人次老同志参加健康体检，7月19日，组织开展“健康大家谈”健康讲座，开展高温慰问等持续关注老同志的身心健康。舒心同行，丰富老干部精神文化生活。开展舒心同行系列文体活动，1月21日，“新春送福”，泼墨写福送联；4月25日，春暖花开，参观六合红色教育基地；7—9月夏日炎炎，征集“70周年”“我的税月”等书画、征文、摄影作品30余件，3名老同志获玄武区老干部局征文活动表彰；喜迎国庆，9月20日，红歌颂唱“唱响新时代”，国旗飘扬“我与国旗同框”；11月6日，秋叶金黄，溧水游山水赏金粉，见证南京的日新月异。（杨　阳）

人力资源配置　2019年，玄武区局做好职务晋升各项工作。根据市税务局统一布置完成科级非领导、科级领导职务晋升及事业人员岗位竞聘工作，制定详细的工作方案及实施细则，严格晋升工作各项程序。最终晋升主任科员19名干部，副主任科员4名，晋升为副科长领导岗位6名，晋升为八级职员事业岗位干部2名。在整个晋升工作实施过程中，干部队伍思想稳定，各项工作平稳有序推进。

落实职务职级并行各项准备工作。根据省税务局、市税务局对职务职级并行工作整体部署，落实职务职级并行相关工作。首先按要求对干部信息进行全面确认核对，做到人事管理系统信息、数字人事系统信息、个人档案信息及个人确认信息一致，按时完成对在职干部的个人信息签字确认工作及套改前期的各项准备工作。其次，对职务职级并行相关政策进行了宣传，提升干部对此项工作的认识，树立正确的晋升导向，为后期的推进工作做好前期思想准备。最后，根据市税务局统一部署，完成6月至年底前到龄退休人员职务职级套改及晋升工作。截至2019年12月31日，全体人员套改完毕，其中临近退休晋升一级主办9人，整个晋升过程严格按照市税务局要求执行，完成职务职级晋升工作。（陈　磊）

（责任编辑　田青松）

秦淮区税务局

概述　2019年，国家税务总局南京市秦淮区税务局（以下简称“秦淮区局”）深入贯彻落实上级各项决策部署，确立打造“责任、和谐、卓越”税务组织、建设现代化一流税务机关的组织目标，提出“目标引领、党建铸魂、制度管理、文化聚力”的治局理念，坚决落实减税降费，全力确保组织收入，圆满完成全年各项工作任务。

完成组织税费收入任务。克服中美贸易摩擦、宏观经济下行等困难，坚持组织收入原则，加强重点税源管理，同时建立健全税收会计监督和定期开展申报数据监控。针对欠缴税款大户开展走访调研，坚持优化服务与严格执法相结合，帮助企业分析欠税成因，研究方法措施，实现税款入库。与秦淮区政府相关部门共同制定《秦淮区推进税收协同共治工作实施方案》，发挥综合治税联动作用，依法协助财政、街道和板块开展税户转引、留户工作，确保实现组织收入目标任务。全年累计组织税费收入256.13亿元。其中，组织税收收入155.28亿元，同比下降2.67%。主体税种中，增值税完成62.44亿元，同比下降12.16%；个人所得税完成16.36亿元，同比下降33.25%；企业所得税完成50.67亿元，同比增长14.30%；社会保险费收入100.10亿元；征缴残疾人就业保障金和工会经费等非税收入0.75亿元。

减税降费助力区域经济发展。按照上级部署要求，以“工作推进实打实，宣传辅导全覆盖，优惠享受百分百”为目标，坚持规定动作与自选动作相结合，成立秦淮区局减税降费工作领导小组，选配业务骨干集中办公，确立纳税人定点联系机制，实施全链条督查考核。组织117家涉税中介机构、协会的专场辅导培训；开展面向企业财务人员的培训14场，涉及企业达5000余户；开展小微企业优惠政策培训13场，涉及企业6000余户；开展增值税改革专场培训11场，涉及企业4000余户；举办专题纳税人讲堂12场，涉及企业600余户。同时成立督查督办小组，紧扣减税降费政策落实重要时间节点进行提醒和监督，深入办税服务厅开展现场巡查，及时跟进专场培训并回访抽查，推动政策措施落地生根。依托街道社区进行“网格化”宣传辅导，并在办税服务厅增设专岗辅导申报。运用“减税降费小助手”等平台发送红利账单，主动告知企业负责人享受的优惠数据，切实提升纳税人缴费人获得感。

税收营商环境持续优化深入贯彻“放管服”改革要求，积极落实《南京市优化营商环境100条》，推行新办户套餐服务。全年共办理新办套餐企业6391户，单户审批平均用时28分钟，无一延误；实行税务注销前置预审和“容缺受理”，专岗服务提升办理效率。深入推行“税邮”合作，建立日常工作对接机制，完成中华门邮局、光华门邮局两处便民办税服务点设置，此外在白下高新园区、秦淮区局红花税务所进行办税服务厅延伸服务点的探索实践，全面增强辖区纳税人办税便利度。改造升级办税厅，优化设置5大功能区，添置公示栏、纳税人休息长椅、税法宣传栏等，形成标识统一、功能完备、设施一流的办税场所，进一步提升了纳税人良好的办税体验。积极承办全省“纳税人开放日”活动，采取“观摩体验”和“共话税收”相结合的方式，提升纳税人税法遵从度。并在夫子庙景区打造“秦税先锋”纳税服务品牌，向辖区内纳税人宣传减税降费政策。同时，秦淮区局高度重视特服号接听工作，增添人手、加强管理、实时培训。面对意见投诉，区局建立快速反应机制，全年工单处理综合满意度97.93%。

税收征管体系不断加强。高度重视税收征管体系建设，抓推进、防风险、强管理。在“金税三期”并库方面，围绕国家税务总局工作要求，成立领导小组，分解落实任务，组建青年突击队和党员突击队，高质量完成9418户数据清理、5411户数据测试，确保“金税三期”并库平稳上线。在风险管理方面，制定全年大数据风险管理绩效考评指标，配套完善各类风险管理操作办法和指引流程，组建大数据风险工作团队，开展小班化教学培训，全面提升征管质效。共完成风险应对任务315户，准期完成率93.05%，总成效5.19亿元，成效贡献率3.24%，评估零成效面21%，风险成效综合排名位于全市第一方阵。在税费种管理方面，为加强增值税发票风险防范，秦淮区局制定《增值税发票管理指导意见》，构建数据模型，开展疑点数据预警分析，并及时下发进行风险应对。全年接受国家税务总局增值税发票风险快速反应专项工作，涉及一户企业，增值税风险管理初见成效。全年圆满完成企业所得税汇算清缴，申报率达99.29%。个人所得税新政不断释放：全年共有664285人次，减免个人所得税78331.80万元。此外，秦淮区局平稳顺利完成机关事业单位社会保险、职业年金和城乡居民社会保险以及非税收入征管职责划转工作，其中，社会保险费收入100.10亿元，首次突破百亿大关，企业社会保险费当期入库92.76亿元，当期征缴率达99.83%。秦淮区局以何红梅创新工作室为引领，带领各个科所承担起土地增值税清算任务，共完成土地增值税清算项目19个，是2018年的3倍，清算税款3.68亿元，是2018年税款的11倍，项目数量和入库税款都创历史新高。在扫黑除恶方面，成立专项斗争领导小组、出台方案清单，组织全局干部学习、测试，全方位滚动宣传，与秦淮区扫黑办搭建涉黑涉恶信息交换、共享机制。依托内部税收风险应对系统，对辖区内10起涉黑涉恶案件、85名嫌疑人信息开展涉税情况专项检查和线索摸排，依法开展风险应对、补缴税款。高度重视打击套路贷、非法集资等工作，在动态管控上下功夫，推进涉黑涉恶信息搜集、线索挖掘、源头治理等方面工作常态化、制度化。

法治建设工作有序推进。制定落实《全面依法行政领导小组议事规则》，深入推进重大决策科学化、民主化、法治化。制定《行政处罚规范操作指引》，保证执法标准规范统一，减少征纳矛盾。按月编制《法规汇编》，为全局干部学习、工作提供及时的法规、政策遵循。紧紧围绕税务法治示范基地创建目标定位，制定计划方案，通过有计划、按时序、分步骤的部署落实，形成责任明确、部门联动、全员参与的创建格局。积极参与市税务局行政执法“三项制度”的研讨、筹备，迅速拟定实施方案，并加紧布置实施，通过对执法公示事项清单式梳理，已将28个相关项目进行公示，按照国家税务总局约谈室建设参考标准，在全市税务系统内率先建成两个标准化税务约谈室，对风险应对等执法事项进行全过程记录。区局被选为南京市唯一一家参与国家税务总局“三项制度”专项工作试点的单位。

全面从严治党向纵深发展。坚持贯彻“135”党建工作法（“135党建工作法”是秦淮区局针对新时期党建工作新要求推行的基层党建工作模式。“一个理念”，即坚持把“党建铸魂”作为重要治局理念和核心工作思路。“三个作用”，即发挥党委领导核心作用、支部战斗堡垒作用和党员先锋模范作用；“五个抓手”，即把学习教育、阵地建设、制度建设、典型示范、主题活动作为党建工作重要抓手）。一是健全完善新“纵合横通强党建”的机制体系，落实总局《税务系统全面从严治党主体责任和监督责任实施办法》，落实党委委员在联系部门和所在支部的“一岗双责”，制定全面从严治党工作要点，层层压实责任。同时，秦淮区局四个支部与南京市税务局处室支部结对共建，多次开展有声有色党建活动凝聚力量。二是落实规范化要求，夯实党建基础。严格落实“三会一课”（即：支部党员大会、支部委员会、党小组会、党课）、组织生活会、谈心谈话、民主评议党员等制度。建设党员活动室、内网党建文化等阵地，持续推进“学习强国”平台学习使用，各支部党员累计积分近200万。开展“学习王继才，奉献在岗位”主题教育，组织党员“亮身份、亮承诺”等活动。三是扎实开展“不忘初心、牢记使命”主题教育，提早动员，制订方案细化清单，成立领导小组实施集中办公；制定督促学习计划落实，组织中共十九届四中全会精神学习交流会、主题教育读书班和支部书记轮训，主题教育期间党员干部共撰写心得体会226篇，全体党员参加网络测试，32人次参加书面测试。领导干部带头实地走访基层和重点企业，收集意见研究解决；坚持刀刃向内，通过上下联动、自我检视、专项整治等环节，梳理检视问题清单和专项整治问题清单；针对问题清单，制定整改措施193条，明确任务、措施、时限和责任，逐项抓紧抓好，各项急难险重实现跨越，党建引领作用得到发挥。“135党建工作法”经验做法在《南京税务》2019年第五期专题刊发。此外，严守政治纪律和政治规矩，积极配合市税务局党委巡察组关于十九大届期第三轮常规巡察工作，召开动员会、成立联络组，做好巡察组办公场所、办公设备、系统维护等各项保障工作。根据巡察组要求共组织安排多场谈心谈话，涉及干部近70人，纳税人10人。协助协调联系秦淮区纪委等4家单位开展座谈。及时对接巡察组及各部门，督促立行立改，按要求落实整改。

税务文化建设取得成效。以上级文化建设精神为指导，结合具体实践，制定秦淮区局《2019年税务文化建设工作方案》和《税务文化建设推进表》，在全局范围内展开问卷调查和意见征集，全面评估机构合并后秦淮区局税务文化现状，共有270名干部参加调查，参与面达85.99%。在充分调研的基础上，秦淮区局完成《税务文化理念体系》和《2019—2021年税务文化建设三年规划》初稿，提炼具有秦淮税务特色的文化品牌“和美情怀”和理念要素，并召开文化品牌发布会，建设具有秦淮税务特色的文化品牌——“和美情怀”，获南京市税务局创新项目第一名。拍摄“不忘初心”快闪视频，庆祝新中国成立70周年，成为全市税务系统首支登上“学习强国”平台的快闪视频，并被首页推荐。品牌发布会情况和快闪视频被国家、省、市十余家媒体报道。秦淮区局充分利用办公室、会议室、楼道等区域，悬挂税务标识、中国税务精神和税务文化核心理念。打造以“和美税月”“和美墨韵”“和美光影”为主题的文化长廊，选编格言警句上墙，营造“和美”氛围。丰富内网“税务文化”版块内容，组建“和美情怀”微信群，制作文化活动美篇，多渠道、多平台展示文化建设内涵和成果。组织“三比三先”（即:比学习，看谁善思善学，在提高自身素质上争先;比作风，看谁遵纪守法，在热情服务群众上率先;比业绩，看谁尽心尽职，在减税降费等急难险重任务上领先。）职工岗位竞赛，举办春节联欢晚会，保障7个兴趣小组每周活动，开展玄武湖环湖走、赏樱摄影、团建活动等全员活动，促进队伍交流融合。在11月南京市税务局举办的趣味运动会上，秦淮区局代表队勇夺一等奖。完善工会慰问流程，慰问会员39人次，对40名困难职工开展帮扶，并申请党内关爱资金4人。落实工会职工医疗互助保障政策，积极为会员申领住院补助20人次，大病医疗3人次。区局工会被评为2018年度系统先进工会，同时被认定为12家系统文体活动示范基地（书画）之一。在文明创建上，秦淮区局法制科、税政二科分获南京市青年文明号荣誉称号，纳税服务科获南京市工人先锋号荣誉称号。

干部队伍建设彰显活力。根据上级要求，优化干部梯队结构，充分调动工作积极性，组织实施多轮次人员晋升和调整。秦淮区局全年共组织8次晋升工作。上半年组织实施4次职务晋升，分别为科级领导职务、科级非领导职务、副科级领导职务、副科级非领导职务晋升，合计选拔晋升2名正科级领导干部、4名副科级领导干部、18名主任科员，5名副主任科员;1次事业单位竞聘，选拔九级职员1名;下半年分3批，共计完成13名临近退休人员职务职级套转和10名干部职级晋升任免工作。调整岗位人员29人次，涉及部门17个。同时，秦淮区局积极构建常态化、多元化、跨部门干部交流机制，走出去8名优秀干部，其中6人到地方政府任职，1人挂职地方政府，1人借调南京市税务局，秦淮区局交流干部总量位于系统前列。在教育培训上，秦淮区局优选课程、分四批开展全员教育培训提高党性修养、履职能力;鼓励干部参加学历教育以及与税收管理有关的职业考试，在书籍购买、任务分配上给予支持;制定“青年干部成才培养计划”，以能手选拔为目标，对35周岁以下青年干部和业务骨干实行培训常态化、考试制度化管理，做到月训月考、常学常新共有7名同志通过“三师”资格考试，在系统业务“大比武”中有6名同志脱颖而出，代表南京市税务局参加江苏省税务局竞赛，位居全市第一方阵。在关心年轻干部的同时，秦淮区局一如既往关心老干部，健全党支部开展多彩活动，动态掌握了解老干部家庭、生活、身体情况，认真落实老干部的生活待遇，热心做好关心慰问工作。

行政管理工作稳中有进。根据市税务局要求，先后制定了《工作规则》《财务管理办法》《政府采购工作管理规程》《值班工作制度》《保密规则》《停车场管理制度》和《印信使用管理办法》等规章制度并严格执行。依托绩效管理指标优化、数字人事联系挂钩、试行推广钉钉办公软件，确保各项任务高效落实。深入推进政府信息公开，践行信访日常管理，有效防范舆情风险。严格落实终端安全管理要求，强化网络边界控制，实现无线外网配置，打造安全顺畅工作环境。统筹协调办公用房搬迁及清理，加强食堂管理，提供坚实后勤保障。围绕减税降费、主题教育等中心工作，做好信息宣传，江苏省税务局、南京市税务局7次编发简报肯定秦淮区局在纳税服务、节能减排、减税降费、征管并库、大比武培训、何红梅工作室、非上市公司自然人股权转让审核等方面的特色做法，新华社、人民网、《中国税务报》等媒体多次报道秦淮区局在减税降费方面的做法及辖区内纳税人的获得感。（胡　琪）

机构设置及负责人

办公室

主　任　梁国林
副主任　车　旻
副主任　严佳颖

法制科

科　长　董　麟
副科长　王　翔
副科长　杨晓丽

税政一科

科　长　严　炯
副科长　俞　红
副科长　钱文东

税政二科

科　长　翟小荣
副科长　李婷婷

收入核算科

科　长　张晶阳

副科长　戚兴娟
副科长　王霄霄

纳税服务科
科　长　马　明
副科长　沈笑庆
副科长　于筱晖
副科长　柳　剑

征收管理科
科　长　肖宁宁
副科长　朱　莹
副科长　蒋晓赟

人事教育科
科　长　朱珍萍
副科长　叶　娜

党建工作科（机关党委）
科长、机关党委专职副书记
赵立扬
副科长　张志芳（正科级）

老干部科
科　长　马洪琛

纪检组
副组长　孙　荃（正科级）

税源管理一科
科　长　李运芳
副科长　牛　勇
副科长　李云洁
副科长　彭　云

税源管理二科
科　长　徐　笑
副科长　芮苏林

税源管理三科
科　长　耿　洁
副科长　宋鹏飞
副科长　洪　盛

税源管理四科
科　长　郭　军
副科长　邓　芳
副科长　蒋　淼
副科长　童文静

税源管理五科
科　长　范　华
副科长　高　焱
副科长　周建国

税源管理六科
科　长　陆　菁
副科长　郑　杰
副科长　杨　凛

税源管理七科
科　长　姚　剑
副科长　时　倩
副科长　王　延

第一税务所
所　长　于　宁
副所长　周建忠（正科级）
副所长　葛建峰
副所长　谢　颖

夫子庙税务所
所　长　胡文勇
副所长　王　蕙
副所长　徐　雷

五老村税务所
所　长　侯冬梅
副所长　杜　涛（正科级）
副所长　王　玲
副所长　胡　亮

中华门税务所
所　长　杨　剑
副所长　李　洋
副所长　罗贤军

红花税务所
所　长　储建林
副所长　路雪林
副所长　王宇梅

纳税服务中心（税收宣传中心）
副科长　刘　涛（正科级）
副科长　尚佑涛

信息中心
副科长　姜卫宏（正科级）

（戈晓东）

各项收入情况及税收收入特点　2019年，秦淮区局累计组织入库税收总收入155.28亿元，同比减少2.67%；组织入库市区级公共预算收入77.56亿元，同比增长0.99%，完成市税务局最终年度计划的100.73%；组织入库区级公共预算收入95.17亿元，同比增长9.38%，超过秦淮区政府确定的全年增长目标8.5%。

分行业情况和特点：重点行业表现各异。2019年，累计税收收入排名前五的行业为批发零售业、房地产业、金融业、租赁和商务服务业以及制造业，分别入库45.81亿元、31亿元、20.85亿元、10.31亿元和9.97亿元，同比增长-3.71%、19.89%、-7.24%、-20.65%和-16.88%。五大行业合计收入占总税收收入比重为78.08%，占比同比下降1.96个百分点。

分税种情况和特点：三大主体税种明显减收。2019年，增值税、企业所得税和个人所得税三大主体税种合计入库132.38亿元，同比下降5.4%，占总税收比重85.25%，占比同比下降2.46个百分点。增值税累计入库65.34亿元，下降8.08%。企业所得税累计入库50.67亿元，同比增长14.3%。个人所得税累计入库16.36亿元，同比下降33.25%。其他税种合计入库18.05亿元，同比增长11.19%。其中，城市维护建设税累计入库5.32亿元，同比下降3.65%。房产税累计入库5.65亿元，同比下降1.41%。印花税累计入库9814.03万元，同比下降11.49%。城镇土地使用税累计入库5322.71万元，同比下降5.35%。车船使用税累计入库7602.55万元，同比下降10.41%。环境保护税累计入库695.3万元，同比下降5.98%。土地增值税增长翻倍，累计入库4.74亿元，同比增长116.91%。（王霄霄）

税收优惠政策落实情况 2019年，秦淮区局紧扣减税降费主题，创新工作方法，丰富宣传培训形式，通过课堂培训、录制视频课件、走进直播室、接受媒体采访等形式，实现一般企业面对面培训、重点企业点对点辅导，确保纳税人、缴费人对减税政策应知尽知。在申报期内，接受上级下发的异常数据，同时通过“金税三期”税收管理系统相关模块主动筛选异常数据，核实相关情况，及时开展纳税人异常申报数据核实、处理。共处理3120条，实现减税政策应享尽享。认真分析小微减税政策、深化增值税改革减税政策、高新技术企业、研发费用加计扣除等优惠政策执行效应，助力区域经济高质量发展。

2019年4—12月，深化增值税改革后，秦淮区局减税企业48924户次，减税76155.51万元，减税幅度达16.56%，税率调整减税68134.87万元，加计抵减政策累计减税7489.65万元，其他配套措施累计减税530.99万元。增值税留抵退税60户，退税金额2.19亿元。其中，一般企业留抵退税56户，退税金额2.08亿元；先进制造业退税4户，退税金额0.11亿元。

2019年，秦淮区小微企业增值税免税政策累计享受446395户次，减免税额合计40824.69万元。其中，符合原条件（月销售额3万元以下或季度销售额9万元以下）392575户次，减免税额24508.88万元；因新政策扩围（月销售额3万元至10万元或季度销售额9万元至30万元）享受53820户次，减免税额16315.81万元。

2019年，秦淮区局小微企业享受企业所得税优惠政策累计9381户，共减免税额32007.10万元，户均减免3.41万元，其中，因政策扩围享受政策的小微企业954户，减免税额14613.57万元。

2019年，秦淮区共有764245人次享受个人所得税优惠政策，减免个人所得税107113.87万元，其中523351人次因提高免征额（起征点）减免个人所得税92964.56万元，240894人次因享受专项附加扣除减免个人所得税14149.31万元。

2019年，秦淮区局共减免非居民企业所得税8276.83万元，主要减免项目为国际运输所得和股息红利所得。

2019年，秦淮区局共办理生产企业出口退（免）税57户、555户次，共12.26亿元，其中出口退税额5.23亿元，免抵税额7.03亿元。

2019年，秦淮区共有436户企业享受了房产税优惠政策，减免税款2181.8万元。627户企业享受了城镇土地使用税优惠政策，减免税款1534.92万元。35户企业享受了车船税优惠政策，减免税款136.86万元。6户企业享受了环境保护税优惠政策，减免税款1381.35万元。11057户享受了印花税优惠政策，减免税款806.63万元。

（严　炯、翟小荣）

减税降费 2019年，减税降费政策惠及辖区4.33万户企业和49.6万户自然人纳税人，累计实现减税降费30.76亿元，其中，降低社会保险费5.56亿元，减税25.2亿元。具体而言，就减税来看：一是

2019年8月6日，秦淮区局走进企业宣讲税收优惠政策　　（胡　琪　摄）

2019年，新出台的减税政策共减税12.79亿元。小微企业普惠性减税2.65亿元。其中，放宽小型微利企业标准加大企业所得税优惠力度减税1.01亿元；提高增值税小规模纳税人免税标准减税1.26亿元；减征增值税小规模纳税人资源税、城市维护建设税、房产税、城镇土地使用税、印花税（不含证券交易印花税）以及耕地占用税和教育费附加和地方教育费附加0.38亿元。个人所得税专项附加扣除减税1.29亿元。深化增值税改革后，增值税税率调整及配套措施减税7.1亿元；增值税留抵退税减税1.72亿元。罕见病药品选择简易办法计算缴纳增值税以及其他新出台减税政策减税0.03亿元。二是2018年到期后在2019年延续的减税政策共减税0.84亿元。经营性文化事业单位转制优惠政策减税0.24亿元；其他延续减税政策减税0.6亿元。三是2018年减税政策在2019年的翘尾减税共减税11.58亿元。调整增值税税率减税0.87亿元。调整个人所得税减除费用和税率减税9.51亿元。统一增值税小规模纳税人标准减税0.27亿元。提高企业研发费用税前扣除比例政策以及其他减税政策减税0.92亿元。　（王霄霄）

税收征管　2019年，秦淮区局在加强对陈欠税款清理力度的同时，强化欠税跟踪管理，尤其对50万元以上大额欠税户及时发现、及时跟进、动态跟踪，采取按月控票、拟定计划清欠等方式进行催缴。对资金困难、符合征管法规定的企业，对接江苏省税务局办理延期缴纳税款事项。全年对南京秋婕电子城有限责任公司、南京通用电器有限公司以及南京中央商场（集团）股份有限公司等三户企业审核办理延期缴纳，总金额6000余万元。2019年7月，开展清理欠税专项行动，截至7月22日，欠税金额大于50万元的一般欠税企业共计36户，欠税金额合计12.68亿元。修订《秦淮区税务局欠税管理工作规程（2019）》，进一步规范各科所欠税后续管理业务操作。通过局长和税源科所长挂钩联系企业，采取上门走访、与企业约谈、制定清欠计划等举措，跟踪欠税催缴反馈及动态变化，辅导办结并库前陈欠欠税追征流程24户次，成效173.55万元。截至2019年12月9日，上述36户大于50万元的欠税企业已清理欠税2.93亿元。针对欠税500元以下的企业，已达到清欠率50%的底线目标。截至2019年12月9日，新欠共计1.53亿元，陈欠8.97亿元。

按期发布非正常户公告、欠税公告。进一步完善税务登记管理制度，强化税源监控，维护税收法律、法规的严肃性和市场经济主体正常秩序，按期发布非正常户公告及欠税公告。同时积极采取措施强化对“非正常户”的认定、跟踪、清理工作，建立预警机制，确保税源税户信息准确性。

2019年，通过集中宣讲、上门宣讲、短信宣传、网络建群等方法，向销售额3万元到10万元的2442户个体纳税人进行减税降费政策宣传。对定额在10万元以上税户情况进行台账管理，与纳税人核对其每月销售额，对受惠政策临界点的纳税人做好重点政策解读。按照南京市税务局工作要求，布置对辖区内定期定额个体户符合《所属期1月份应退增值税名单》及《本期应纳增值税大于1元名单》，逐户进行催缴通知并根据实际情况审核退税数据，共完成1383户增值税、城建税、教育费及地方教育费附加的清理退税工作，合计办理退税金额83.29万元。

同时，梳理在个体工商户管理中纳税人是否存在“滥用税收优惠风险”情形。在将减税降费的税收政策向广大纳税人宣传的同时，做好数据核查工作，对不符合减税降费，“滥用税收优惠风险”的税户进行数据监控，对符合优惠政策备案的税户布置根据发票开具情况进行核实。（朱莹）

税源税户基础管理　2019年，秦淮区局根据江苏省税务局新征管规范，拟定《秦淮区局关于进一步明确注销评估工作的要求》，加大对注销税户的时限管理。全年前台共完成即办注销332户，全部当场办结，未有超期情况发生。

2019年年初，秦淮区局联合秦淮区政府相关部门确定秦淮区税收协同共治工作思路与工作方案。与秦淮区财政局、市场监督局等政府部门陆续建立了常态化沟通联系渠道、并尝试探索部门经济大数据互通共享及联合运用开展信用建设。通过与政府各部门、街道建立税收共治联络员制度联合监控税源、做好辖区内重点税源服务。与市场监管部门建立常态化信息交换机制，通过数据共享，进一步加强对失联户清查管理。上半年协同秦淮区投资促进局，引入对接物联网总部型企业天翼物联科技有限公司在秦淮落地。协同区财税办对街道开展转引、留户工作流程培训，发挥财政、街道协同力量，清理、核实辖区内重点转引企业。全年跨区引入君康人寿保险股份有限公司江苏分公司等3户百万元以上企业、1户千万元以上企业落户。在认真落实税收共治过程中，梳理、调研区内税户管理典型性情况，上报秦淮区政府关于提高秦淮区招商转引工作质效的问题与建议，得到秦淮区委书记林涛表扬性批示。在立足税收共治，深化数据情报管理时，一方面，依托大数据平台智能分析功能，结合秦淮区局大数据工作需要，按月形成秦淮区局减税降费优惠政策落实情况明细表，提高大数据对税收征管的支撑作用；另一方面，在现有模式下，积极开展与政府部门第三方涉税情报交换。通过情报交换，掌握到秦淮区拆迁补偿收入发放情况，启动一户风险应对工作，实现情报应用风险成效7683万元。

（朱　莹）

纳税服务　2019年，秦淮区局共印制各类咨询宣传手册44.35万份。开展个人所得税专场培训14场，涉及5000多户纳税人。开展小微企业优惠政策培训13场，涉及6000多户纳税人。开展增值税改革专场培训11场，涉及4000多户纳税人。举办专题纳税人讲堂12场，涉及600多户纳税人。3月20日，秦淮区局办税服务厅作为全省税务系统"纳税人开放日"活动启动地点，让人大代表、政协委员和纳税人代表们零距离感知落实减税降费新政背后的税收力量。设置减税降费专区专岗，配备业务骨干，使导税咨询台、自助办税区、实体办税窗口一体联动，为纳税人在纳税申报、优惠政策备案、优惠退税等业务环节提供全过程辅导支撑。成立专门减税降费退税小组，抽调业务能手，简化退税业务流程，采取"专岗受理、后台审核、批量启流、限期完成"模式，实现纳税人办理退税不取号，一次政策辅导到位，一步退税流程到位。对自助办税区域进行改造升级，设置24小时自助办税区、自助办税区、网上办税区、政务公开区、电子税务局网上体验区、导税咨询区5大功能区域，添置公示栏、纳税人休息长椅、税法宣传栏等，形成标识统一、功能完备、设施一流的办税场所。2019年，纳税服务科获得"南京市工人先锋号"称号。

2019年5月13日，秦淮区局开展以"'减税降费'我想对你说"为主题的"纳税人留言板"活动，收集纳税人心声，为纳税人答疑解惑

（胡　琪　摄）

2019年，秦淮区局特服号呼入总量150179条，转人工语言量122444条，人工接听量108212条，接通率达到88.38%。全年共受理12366工单967件，退单68件，撤单53件，按期办结813件；共受理12345工单1113件，退回151件，按期办结962件，其中表扬工单13件，综合满意度97.93%。

（刘　涛　陶祎祎）

服务区域发展情况　2019年，秦淮区局共完成《促进我区民营经济发展的思考》《秦淮区高新技术企业分析报告》《消费税改革对我区税收收入和财力影响分析及建议》和《2019年1—10月秦淮区小微企业减税政策分析报告》共计4篇税收经济分析报告，其中前3篇报告均获得秦淮区委书记林涛的批示。《促进我区民营经济发展的思考》一文结合习近平总书记在民营企业座谈会上的讲话精神，从税收数据分析秦淮区民营经济发展现状，指出目前秦淮区民营经济发展存在的缺陷，并提出建议。《秦淮区高新技术企业分析报告》一文结合2019年所得税汇算清缴数据，对秦淮区2018年，高新技术企业及其所得税优惠等有关情况进行综合分析，并提出建议。《消费税改革对我区税收收入和财力影响分析及建议》一文根据国务院发布的《实施更大规模减税降费后调整中央与地方收入划分改革推进方案》，结合秦淮区商贸中心的传统优势开展分析，并提出建议。《2019年1—10月秦淮区小微企业减税政策分析报告》一文从分行业、分税种和分注册类型等角度，分析2019年1—10月以来秦淮区小微企业减税情况，阐述秦淮区局近一年减税实施成果。（王霄霄）

党的建设 2019年，秦淮区局制定《国家税务总局南京市秦淮区税务局“135党建工作法”实施意见》并下发文件，把“党建铸魂”作为重要治局理念，发挥党委领导核心作用、支部战斗堡垒作用和党员先锋模范作用，在学习教育、阵地打造、制度建设、典型示范、主题活动等五个方面全面加强党的建设。严格落实“三会一课”、组织生活会、谈心谈话、民主评议党员等制度，按月发布党建提示单，每月开展党委中心组学习。开展“学习王继才、奉献在岗位”主题活动，汇编《优秀党员事迹选编》。优化党员活动室、共产党员微信群、内网党建文化等载体阵地，讲好身边故事，掀起担当作为好风气。持续推进“学习强国”平台学习使用，各支部党员累计积分近200万。开展“追忆红色历史，重温入党誓词”、清明祭英烈、“诵读经典守初心、放歌祖国担使命”等主题党日活动，组织党员参观渡江战役纪念馆、梅园新村等红色教育基地，组织观看税务题材主旋律电影《武陵山上的星光》以及《我和我的祖国》等爱国影片。组织“秦税先锋”党员突击队在减税降费、土地增值税清算、风险评估、数据清理等业务工作中积极作为，同时开展扶贫济困、公益活动等志愿服务，累计慰问16个社区35名贫困群众，累计扶贫金额9513元。开展慈善一日捐活动，合计捐款30790元。开展“学习王继才、奉献在岗位”主题活动，编辑《优秀党员事迹选编》。“135党建工作法”的经验做法在《南京税务》2019年第五期专题刊登。（张　杰）

2019年8月7日，秦淮区局税务干部走进企业一线实地了解生产情况，针对企业实际，点对点精准送税收政策　（胡　琪　摄）

干部队伍建设 2019年，秦淮区局人事晋升、职务职级进展顺利，中层领导结构显著优化，干部交流成果丰硕。全年共组织8次晋升工作，合计选拔晋升2名正科级领导干部、4名副科级领导干部、18名主任科员、5名副主任科员；1次事业单位竞聘，选拔九级职员1名。下半年分3批，共计完成13名临近退休人员职务职级套转和10名干部的职级晋升任免工作。2019年，走出去8名优秀干部，其中，6人到地方政府任职，1人到地方政府挂职，1人借调南京市税务局，秦淮区局交流干部总量位于系统前列。全年共组织537人次全员培训，组织277人参加南京市税务局、江苏省税务局组织的67个培训项目。组织保障数字人事“两测”报名工作和考务工作；组织35周岁以下干部成立青年干部学习小组，结合税收政策热点、纳税征管难点举行专项培训，施行“月训月考”制度。在2019年税务系统“岗位大练兵、业务大比武”中，有6名同志代表市税务局参加省税务局竞赛，参赛人数位居全市第一方阵。（戈晓东）

“三四五六”工作思路 2019年，秦淮区局党委确立“三四五六”工作思路：一是打造“责任·和谐·卓越”三型税务。建设忠诚履责、勇于担责、讲责明责、失责追责的“责任”型组织。建设团结友爱、相互尊重、良性互动、和谐融洽的“和谐”型组织。建设开拓进取、改革创新、争先创优、勇争一流的“卓越”型组织。二是坚持“目标引领、党建铸魂、制度管理、文化聚力”四位一体治局理念。三是展现“一强四高”五方面税务新形象。通过抓班子、带队伍、强管理，切实增强治税带队能力；通过服务地方经济发展，全面履行税收职能，提高党委政府认可度；通过优化营商环境，优化纳税服务，提高纳税人满意度；通过对外传播好声音、正能量，提高社会美誉度；通过建设“和谐机关、健康机关、活力机关”，提高干部幸福感。通过扎实的工作，使秦淮区局成为系统“一强四高”的先行区、示范区，充分展现治税带队能力强、党委政府认可度高、纳税人满意度高、干部幸福感高、社会美誉度高的现代化税务新形象。四是树牢“政治、法治、服务、创新、人本、底线”六种思维。（胡　琪）

依法行政　2019年，秦淮区局健全依法治税体制，全面依法行政领导小组依托季度例会研究依法治税重大问题，确定阶段性工作任务，推进依法治税重大决策部署。通过制定《国家税务总局南京市秦淮区税务局全面依法行政领导小组议事规则》《国家税务总局南京市秦淮区税务局重大税务案件审理工作规则》《国家税务总局南京市秦淮区税务局税务行政应诉工作领导小组议事规则》《国家税务总局南京市秦淮区税务局税务行政复议委员会议事规则》制度文件，筑牢依法治税机制框架。推进税收执法责任制，通过内控制度和内控平台搭建，有效防范执法风险。以《国家税务总局南京市秦淮区税务局2019年法治建设计划》为总框架，以《国家税务总局南京市秦淮区税务局争创税务法治基地建设方案（试行）》为行动指导，形成责任明确、部门联动、全员参与的创建格局，通过开展争创税务法治基地工作，稳步实施各项措施，逐步建成法治组织保障完善、学法用法守法氛围浓厚、公正文明执法力度到位、民主决策机制发挥实效、纳税人权益保障完备的法治化税务机关。增强全局法治思维，落实全员学法普法。集中清理税收规范性文件，全年编制八期法规汇编。制定税务行政处罚规范操作指引，保障执法标准规范统一。理顺债权申报流程，帮助企业破产清算破局提速。公平公正办理税务行政复议、诉讼案件，保护税务行政相对人合法权益。（王　翔）

税收执法督察　2019年，秦淮区局成立内部控制工作领导小组，进一步加强对秦淮区局内部控制工作的领导。依托内部控制平台考核指标开展日常监控，及时消除疑点数据，减少执法过错发生率。定期收集风险信息，按月形成“内部控制预警清单”，加强风险防范。开展年度内部控制自我评估，排查风险点，完善管控措施，提升内部控制工作实效。有序开展执法督察。聚焦减税降费政策落实，同步跟进督察督办，综合采取实地走访、电话问询、调阅资料等多种形式开展日常督导，并全力配合上级机关督导调研及外部门监督检查，做好核实反馈。围绕税收优惠减免、增值税发票管理、组织收入原则落实情况等重点内容序时推进专项督察、疑点核查等项目，共计核查疑点1600条，抽调卷宗200份。工作实施过程中做好统筹安排，强化沟通协作，针对发现的问题点做好分析，加强后续监管，发挥执法督察以点带面的作用。全年查补入库税款92.07万元，加收滞纳金1.65万元，整改退税10.23万元。完成外部审计推送的税收优惠减免政策应享未享疑点的核实，整改退税199.35元。开展2018年度“三公”经费、会议费、扶贫资金管理使用情况全面自查，并对市税务局审计反映的问题，督促落实整改措施。对南京市审计局移送的两项事宜组织实施专项核查，查补入库税款210.77万元，加收滞纳金106.50万元。2019年，成立税收执法责任制工作领导小组，明确机构组成及有关职责，为进一步落实税收执法责任制强化组织保障。严格开展执法考核，对3名责任人的执法过错实施责任追究。通过执法责任的传导，增强执法人员风险防范意识，发挥责任追究的警示作用。（王　翔）

“三项制度”建设　2019年，秦淮区局加强“三项制度”（即：行政执法公示制度、执法全过程记录制度、重大执法决定法制审核制度）在税务执法过程中的全面推行、全面落实。制定《国家税务总局南京市秦淮区税务局优化税收执法方式全面推行“三项制度”工作落实方案》，推进税务执法信息公示日趋完善，执法行为过程信息全程记载，重大执法决定法制审核全面覆盖。持续开展事前、事中、事后执法公示事项整理，规范执法事项告知行为，执法时按规定着装、佩戴标识，主动出示执法证件，表明身份，出具执法文书，主动告知当事人执法事由、执法依据、权利义务等内容。依托办税服务厅打造“四位一体”公开全覆盖载体，形成公告栏、电子显示屏、政务公开触摸屏、自助办税电脑四项载体对公示内容全覆盖。严格规范文字记录和执法行为标准，发挥记录作用。结合税务执法具体情况，配备音像记录设备，建设标准化税务约谈室。筹备法制审核主体团队，结合实际筹建重大执法决定法制审核委员会，实行集体审核，确定审核事项，落实审核责任。立足执法实践需要，在全面落实上级工作要求的同时，紧抓工作质效，力求稳步推进。通过对执法公示事项清单式梳理，将涉及到的28个项目进行公示。按照国家税务总局约谈室建设参考标准，建成两个标准化税务约谈室，对风险应对等执法事项进行全过程记录。在推行重大执法决定法制审核制度方面，积极筹备建设法制审核团队，充分发挥公职律师、法律顾问、法律人才的专业优势。 （杨晓丽）

风险防控管理 2019年，秦淮区局根据省税务局、市税务局绩效考评指标，对标找差，梳理、整合、量化、分解各项风险考评指标，形成《秦淮区局2019年度大数据及风险管理绩效考评指标》，统筹指导2019年度大数据风险管理工作。确定风险管理目视管理工作制度，对照考评指标，按月形成《秦淮区局风险管理工作运行报告》，通报各指标落实情况。结合上级工作要求及工作实际，修订《风险管理集体审议办法》《风险应对查无下落处理流程》《移送稽查操作流程》《风险应对流程中止工作流程》。按月召开风险推进会，了解风险工作进度，逐户制定进度目标，挂牌作战，确保风险任务按期推进。重视绩效考评指标的序时推进，有计划、有步骤地围绕重点抓落实。2019年，完成风险应对总成效5.19亿元，完成进度97.66%，成效贡献率3.24%，评估零成效面20.21%。上半年，依托新平台上线测试，建立电教室，“小班化+实战性”开展流程操作培训。同时，录制流程操作视频、梳理流程简图，便于应对人员字典式查阅、对照操作。下半年，有针对性地邀请市税务局专家开展专题培训，重视优秀评估思路和评估方法的推广。开展评估之星和优秀评估案例评选，以交流、评选优秀案例的形式，巩固成果、交流经验，不断提高区局风险应对整体工作技能，提升应对质效。 （朱 莹）

“和美情怀”税务文化品牌 2019年，秦淮区局启动税务文化建设工作，制定下发《税务文化建设工作方案》和《税务文化建设工作推进表》，成立专项工作组。梳理归纳原秦淮区国税局、原秦淮区地税局文化精华，面向全体干部开展文化建设问卷调查。开展文化诊断，组织多轮次座谈会和全员大讨论，邀请江苏省社科院、南京师范大学、南京市税务局党建处、秦淮区委宣传部等科研院所、高校、上级机关内外部专家论证，广泛听取意见、建议，形成确定秦淮区局税务文化体系。编印《“和美情怀”税务文化手册》，制定《秦淮区税务局2019—2021年税务文化建设三年规划》。组织“不忘初心”快闪视频，被今日头条、荔枝新闻、交汇点、秦淮发布等全国、省市、区十余家新闻平台转载，同时登上“学习强国”全国平台首页推荐。8月20日，召开“和美情怀”税务文化品牌发布会，邀请南京市税务局党委委员、副局长黄经东和秦淮区委常委、宣传部部长何素玉为“和美情怀”税务文化品牌揭牌，向各部门发放《“和美情怀”税务文化手册》，干部代表自编自导自演《和美税月 情怀如歌》文化主题诗歌，党员志愿者讲述职工创新工作室带头人何红梅的先进事迹，多角度诠释“建和美家园，显情怀担当”的品牌内涵，全面展示税务文化建设阶段性成果。税务文

2019年6月26日，秦淮区局与夫子庙旅游管委会联手共建秦淮河上首个流动税收服务品牌“秦税先锋” （胡 琪 摄）

化品牌建设案例在南京市税务系统创新项目评比中获一等奖，文化建设动态先后被南报网、紫金山等多家新闻平台采用。秦淮区委宣传部微信公众号“秦淮发布”对秦淮区局文化建设工作进行了详细报道和介绍。文化建设期间，秦淮区局充分发挥工会、妇委会组织的桥梁和纽带作用开展群团活动。先后组织“爱在秦淮 共创未来”2019年春节联欢晚会、玄武湖环湖走赏樱摄影赛、“中秋庆团圆、快乐争上游”比赛及“和美情怀，因你而精彩”秋游团建、“和庆元旦 美好滋味”包饺子等活动，组织会员参与南京税务系统和秦淮区乒乓球、羽毛球比赛2场次，获得团体第二名1个，个人奖项3个。组织参加系统工会“我和我的祖国”歌咏比赛和“活力新税务、阔步新征程”趣味运动会，夺得系统工会趣味运动会一等奖。组织“三比三先”岗位竞赛活动，开展纳税服务、风险评估、绩效评价、教育培训等方面岗位明星评选，开展“工人先锋号”“巾帼文明示范岗”“青年文明号”“南京好人”“秦淮区十大杰出青年”等荣誉争创。（尹　航、徐一路）

社会保险费征管职责划转　2019年，秦淮区局共有320家机关事业单位需在单位社保费客户端进行申报社保。城乡居民社保于2019年7月1日开始征缴，截至2019年12月，申报人数合计19866人，每月申报缴款率均达到100%。养老保险申报期从1月1日到11月30日，经统计2019年养老保险应征人数为533人。医疗保险申报期从11月1日至12月25日，医疗保险应征人数为127606人。秦淮区局建立三级网格制度，对接12个街道，街道下辖106个社区。开发创新多种缴费方式，缴费人既可通过银行、大厅两种线下缴纳方式缴费，也可通过支付宝、微信、“我的南京”等线上缴纳方式进行缴费。经统计，7月1日至11月30日，共征收城乡居民养老保险44.5万元；11月1日至12月31日，共征收城乡居民医疗保险3059.58万元；对大中专院校学生10430人征收医疗保险合计534.93万元。（翟小荣）

增值税发票管理系统2.0版上线　2019年，秦淮区局围绕上级工作安排，成立增值税发票管理系统2.0版上线和电子发票公共服务平台试点工作领导小组。通过制定《秦淮区增值税发票管理系统2.0版上线及电子发票公共服务平台试点工作总体方案》，明确总体工作目标，划分工作不同阶段，确定各部门职责和工作内容。通过制定《秦淮区税务局2.0版上线运行应急预案》，明确各项突发应急事项处理方式，切实强化发票2.0版上线运维保障工作，特别强调办税服务厅拥堵时的紧急应对要求和组织保障。增值税发票管理系统2.0版上线工作开展后，有序开展各项数据清理工作、系统初始化配置工作、业务测试工作和对内对外培训辅导工作。在增值税发票管理系统2.0版上线期间，根据上级相关工作安排，秦淮区局办税部门提前对外提供办税服务，并安排人员在周末值班。严格按照《关于进一步做好增值税电子发票公共服务平台推广运行服务保障有关工作的通知》，进行通用UKey推行工作，尤其重视对纳税人推广服务。10月份组织186户成品油经销企业、124户生产型出口退税企业、791户贸易型出口企业、25户增值税汇总纳税企业、48户涉税中介机构共计1074户纳税人的线下培训，通过短信平台通知20669户纳税人登录江苏省税务局官网上接受线上培训，告知企业相关公告、业务办理的注意事项以及系统上线相关业务处理方法。同时，设置特服号专岗负责答复发票2.0上线问题，给纳税人提供专项远程咨询解答。（严　炯）

“金税三期”并库上线　2019年，秦淮区局围绕省税务局“十六个到位”，实行“对表工作”“按图作业”“团队支撑”工作管理模式，做好系统初始化、数据清理、业务培训和双轨业务验证等系列工作，保障“金税三期”并库平稳上线。按照省税务局“要逐步实现高峰值测试，排除各种风险，确保并库上线稳定”的批示要求，推进管户对照验证、初始化数据验证、合并数据验证、业务功能验证等工作。建立以科室主要负责人为组长的运行工作小组，牵头落实分类业务功能、流程和数据的验证测试，收集、反馈并库验证工作中的相关问题；围绕准备、实施、复核总结三个阶段抓好管户对照进度和质量，组织完成旧系统纳税人登记信息对应，通过对数据逻辑性、一致性、完整性等方面的检查和清理，提升并库后“金税三期”各应用系统数据质量和正确性。组建数据治理团队，统一

2019年4月28日，秦淮区局组织青年团员、党员前往渡江胜利纪念馆，缅怀革命先烈，感受红色文化，接受爱国主义教育，传承革命精神（胡 琪 摄）

受理、分析测试运行中的问题，专岗进一步量化市税务局每次下发清理业务数据，反复细化和补充处置方法后，再做统筹安排。在保证纵向步调一致、横向团结协作的前提下，设定工作计划图表和处置办法图表，将数据清理工作层层落实、责任到人。通过建立专项工作交流群和专题业务会议制度，坚持“一天一汇报、一周一汇总”的机制，强化业务协同力度。2019年1月26日起，对照《验证事项清单》，每天组织采集、补录大双轨环境下1100户样本72个高频业务域，3月1日起，测试业务域扩展至225个。针对工作量大、前台人员紧缺，样本实测一度落后的局面，一方面清分任务清单的功能点，实时记录系统响应时间及测试情况，排查问题、评估压力和风险并积极应对、及时反馈。另一方面召集46名骨干力量成立青年突击队和党员突击队，保障双轨运行期间业务实测和样本量验证。3月底前，合计接收6批次数据合计9418户，展开管户对照复核专项工作4批次合计5411户，均按时、保质、保量完成业务数据比对、核实和修订清理工作，落实数据迁移质量、夯实征管基础。在全市大双轨测试情况中始终位居前列。（朱 莹）

“不忘初心、牢记使命”主题教育 2019年，秦淮区局制定主题教育方案和任务清单，成立领导小组及其办公室，组建4个工作组实施集中办公。召开主题教育动员部署会，向秦淮区主题教育办公室走访汇报情况。制定中心组学习研讨计划和党员干部个人自学计划，配发主题教育必读书籍724册，党员每天自学1个小时，中心组每周集中学习，支部围绕4个专题开展交流研讨。党委班子成员确定8个重点调研课题，实地走访基层联系点和重点企业，收集基层税务干部和纳税人缴费人的意见建议，研究解决问题的思路和措施，开展分级分层讲专题党课15堂。党委班子全面查找自身存在的问题和差距，共深入检视问题111个，制定整改措施193条。省税务局党委副书记、市税务局党委书记、局长郑钢指导秦淮区局班子专题民主生活会和党建联系点专题组织生活会，对该局主题教育予以肯定。市税务局主题教育推进会两次对该局做法予以肯定表扬。（杨 翔）

（责任编辑 田青松）

建邺区税务局

概述 2019年，国家税务总局南京市建邺区税务局（以下简称“建邺区局”）在国家税务总局南京市税务局（以下简称“市税务局”）党委和建邺区委区政府的正确领导下，深入贯彻中共十九大、十九届四中全会精神，开展“不忘初心，牢记使命”主题教育，落实减税降费，依法组织收入，推进法制建设，优化纳税服务，完成年度各项任务。建邺区局获得江苏省“七·五”普法中期先进集体、2016—2018年度“江苏省文明单位”和“南京市文明单位”称号，政务公开工作在市税务局考核基层单位工作创新项目现场评审中获二等奖，被评为“建邺区作风建设先进集体”“建邺区优秀基层党组织”，减税降费工作获建邺区委区政府领导表扬性批示。

落实减税降费。成立减税降费工作领导小组，减税降费办公室实体化运转、集中式办公；打造业务素质过硬的师资团队，开展分层分类宣传辅导，做到政策辅导全覆盖，力求纳税人应知尽知、应享尽享；加强效应分析，算清算实减税降费效应，经测算，2019年，全年共减税费18.33亿元，其中，税收减免15.66亿元，税务部门征收社会保险费减免2.67亿元。

税收服务发展。2019年，累计组织各项收入464.04亿元，同比增收88.74亿元，增幅23.6%；做好“金税三期”数据并库及上线保障工作，优化税收征管系统；制定收入预测分析制度，切实提升税收预测水平；分税种、经济类型和行业开展税收分析，加强大数据治税，开展税源与征管状况质量监控；搭建联动机制，构建税收共治格局。

规范执法行为。加强制度建设，确保依法行政工作有保障、有依据；规范增值税发票管理，推进个人所得税改革落地，落实企业所得税各项优惠，加强出口退（免）税风险管理，推进国际税收专业化进程；严格落实税收执法过错责任追究制度，加强执法过程监督，开展专项执法督察，加强内控管理。

优化营商环境。严格落实首问责任制，限时办结制度、延时服务制度和“执法主辅制”（指采用“1+N”工作组模式，由一名税务人员和多位辅助人员按比例组成固定工作组，每个执法事项和关键环节均有具备税收执法资格的税务人员把关），全面推行“套餐式”办税，深化“最多跑一次”（指纳税人办理《办税事项“最多跑一次”清单》范围内事项，在资料完整且符合法定受理条件的前提下，最多只需要到税务机关跑一次）改革；推广应用数字化税企服务智能平台，优化“互联网+税务”办税模式；设立“简事快办”（即简易事项精简程序、快速办理）专窗、注销专窗，推行“承诺制容缺受理”（即纳税人办理事项时若资料不齐，可在其作出限时补齐承诺后，窗口进行即时办理）机制，简化企业开办、注销登记、发票领用等涉税事项；完成年度纳税信用评价，开展纳税信用复评，运用约束手段增强企业纳税信用意识。

2019年2月19日，建邺区局政策专家团队走进南京河西万达影城开展专场政策宣传活动

（王明静　摄）

全面从严治党。健全分层级责任制，坚持党委引领、党支部推动、党员带头三级联动，建立党支部季度考核评价体系，切实提升支部工作质量；通过党委理论学习中心组学习、专题研讨、理论宣讲、“三会一课”等形式加强思想建设，理清业务规程和职责清单，全面开展整改和专项整治，贯彻落实“守初心、担使命、找差距、抓落实”的主题教育总要求；签订全面从严治党责任书，确保主体责任落实。

加强队伍建设。严密选人用人机制程序，严格按规定选拔任用干部；加强干部监督，开展专项治理“回头看”；开展思想政治教育、党建主题活动、文化公益活动、文化怡情活动，不断丰富群团活动，推进文化建设；通过“一竿子到底”视频培训、“大比武大练兵”、“大家税训吧”考试等方式提升干部业务素质水平。

增强保障能力。着力打造“政在身边”服务品牌，助推减税降费政策落地生效；承办第28个税收宣传月江苏启动仪式，紧扣社会热点利用各类宣传媒体开展税收宣传；发挥数字人事在干部日常管理中的作用，推进绩效管理，优化绩效指标；抓好食堂管理、物业管理、资产管理等财务事务管理，完善舆情、信访、重大事项的防范处理机制，提升行政管理效能。（张　薇）

机构设置及负责人

办公室

主　任　张　震

副主任　潘筱雅

法制科

科　长　熊国农

副科长　张　芳

税政一科

科　长　孙丽萍

副科长　徐璐璐（正科级）

朱玲玲

聂媛媛

刘　颖

税政二科

科　长　丁　楠

副科长　陈　烨

周旭初

收入核算科

科　长　马　强
副科长　李　阳
　　　　王　哲

纳税服务科

科　长　曾　睿
副科长　朱　颖
　　　　程　涛
　　　　赵　兴

征收管理科

科　长　徐浩波
副科长　张　堃
　　　　吴佳佳

人事教育科

科　长　郑　姞
副科长　郑宇菲

党建工作科

科　长　李秋璟
副科长　潘爱和

老干部科

科　长　齐文娟

纪检组

副组长　张　旻
副组长　夏　轶

税源管理一科

科　长　乔　鸿
副科长　胡红梅

税源管理二科

科　长　倪慧军
副科长　胡源芳（正科级）
　　　　滕宏全

税源管理三科

科　长　叶桂玲
副科长　张　平（正科级）
　　　　苏振汉

税源管理四科

科　长　叶　涛
副科长　王红梅

税源管理五科

科　长　夏宏娟
副科长　王　燕
　　　　王明静

税源管理六科

科　长　王志勇
副科长　陆　节

税源管理七科

科　长　陈　伟
副科长　户丽华
　　　　王　凡

第一税务所

所　长　朱晓涓
副所长　沈秋彤

纳税服务中心

主　任　霍盼宁
副主任　胡晓丽

信息中心

主　任　王华军

（郑宇菲、张　薇）

各项收入情况及收入特点分析　2019年，建邺区局累计完成各项收入464.04亿元，同比增收88.74亿元，增幅23.6%。其中，税收收入407.15亿元，社会保险费及非税收入56.9亿元。主要特点：一是总体收入稳定增长。2019年，累计完成市级税收收入349.24亿元，同比增收52.97亿元，增幅17.88%。累计完成区级总收入208.93亿元，同比增收29.23亿元，增长16.26%。完成区级公共财政收入102.16亿元，同比增收15.65亿元，增长18.1%，完成建邺区政府目标任务101.3亿元的101.02%。二是行业形成稳定格局。区域金融业和房地产业长期占据主导地位，分别实现入库税收78.37和66.6亿元。新型税源如科技服务业、信息技术服务业赶超势头迅猛，形成主力行业重点提升，信息技术产业累计入库税收6.08亿元，增幅达44.38%。科技信息、商务服务、文体娱乐等行业税收平稳增长，形成多点开花的局面。三是主力税种增长放缓。三大主力税种增值税、企业所得税、个人所得税合计实现入库税款188.94亿元，占税收总比重90%。受减税降费影响，三大税种均放缓增速，其中增值税入库79.93亿元，增收4.61亿元，增幅6.11%；企业所得税入库88.04亿元，增收15.27亿元，增幅20.98%；区本级个人所得税实际为减收趋势，减幅为22.89%。

（王　哲、张　薇）

税收政策落实 一是落实增值税优惠政策。落实增值税税率下调、加计抵减、留抵退税等政策，2019年1—10月，共减免增值税57533.07万元。2019年，共501户享受增值税加计抵减，合计抵减税额805.55万元；10月和11月申报期，累计办理留抵退税5575.75万元。二是落实个人所得税优惠政策。执行新《中华人民共和国个人所得税法》，落实提高个人所得税起征点及子女教育、继续教育、大病医疗、住房贷款利息或者住房租金、赡养老人六项专项附加扣除政策，1—10月，共减免个人所得税58537.92万元。三是落实企业所得税优惠政策。对小型微利企业年应纳税所得额不超过100万元的部分，减按25%计入应纳税所得额，按20%的税率缴纳企业所得税；对年应纳税所得额超过100万元但不超过300万元的部分，减按50%计入应纳税所得额，按20%的税率缴纳企业所得税。1—10月，共减免企业所得税19764.72万元。四是落实出口退（免）税政策。及时办理各类备案和审核业务，共审核审批生产企业申报66户次，免抵退税额11442.60万元，其中免抵税额2099.72万元，应退税额9342.88万元；外贸企业获得实退增值税8.94亿元。五是落实降低社会保险费率政策。根据《国务院办公厅关于印发降低社会保险费率综合方案的通知》（国办发〔2019〕13号）和《省政府办公厅关于印发江苏省降低社会保险费率实施方案的通知》，自2019年5月1日起，江苏省城镇职工基本养老保险单位缴费比例从19%降至16%，机关事业单位养老保险单位缴费比例同步从20%降至16%，工伤保险费率在延续了原费率降低50%优惠政策的基础上再下调20%，失业保险单位缴费比例降至0.5%。2019年1—10月，共减免社会保险费18482.65万元。

（张　薇）

减税降费 一是建立工作机制。成立减税降费工作领导小组，一把手挂帅，下设综合协调组、政策落实组、征管信息化组、统计核算分析组、督察督办组、服务宣传组、深化增值税改革专项工作组、第三方涉税服务乱收费排查整治工作组、社会保险费专项工作组9个工作组，减税降费办公室实体化运转、集中式办公。每周下发和跟踪减税降费任务清单，确保工作任务“日日结、周周清”，层层有责、人人有责。二是开展宣传辅导。打造业务素质过硬的师资团队，先后开展个人所得税专项附加扣除、深化增值税改革、小微企业普惠性减税、社会保险费降率等专场宣讲；通过发送减税降费优惠提示短信、“一把手”带队进园区进街道上门辅导、录制“案例式”培训视频推送至税企微信群等方式开展分层分类宣传辅导，2019年，累计开展面对面培训45场，一对一上门辅导93户，发送政策解读宣传短信15万余条，辅导纳税人5.3万人次。三是监控政策落实。实时跟踪申报信息的准确性，2019年，共筛选出应享未享纳税人4480户（含自然人2532户），应退金额162.42万元，已退2531户（其中自然人590户），金额124.32万元，其余税户已按“尽责”要求100%推进到位。分行业分类型，逐项分解、逐户核实，完成四大服务业3623户纳税人行业归类初核工作。四是提升纳税服务。设置减税降费咨询专窗，让纳税人“进门就问，一问就懂”。特服号优先办理减税降费诉求工单，专家团队实时支撑回应纳税人诉求，累计接听减税降费咨询918个。加强减税降费舆情日常监测，制定减税降费应急预案，选拔业务骨干组成青年党员突击队，应对申报高峰。五是开展效应分析。运用税费大数据，分税种、分政策、分行业多维度开展减税降费阶段性效应分析，算清算实减税降费“减税账”、“收益账”和“改革效应账”。经测算，全年共减税费18.33亿元，其中税收减免15.66亿元，征收社会保险费减免2.67亿元。

（张　薇）

服务区域发展情况 2019年，建邺区局着眼区域经济和企业长足发展，坚持纳税人永远处于心中“C位”服务理念，突出政策宣传引导，优化纳税服务。一是服务经济发展。结合建邺区域特点，及时完成收入任务。编印《建邺税务改革简报》，撰写《建邺区税务局减税降费经济效应分析》，送呈建邺区班子主要领导和相关部门，为地方经济发展提供政策建议。二是服务企业发展。深化“放管服”改革，简化企业开办、注销登记等涉税事项。每月收集企业减税降费数据，做好分析辅导工作，及时提醒纳税人享受优惠政策。做好高新技术企业、小微企业税收政策解读，鼓励创新创业。做好新增出口企业备案辅导和政策解读，助力企业“走出去”，护航“一带一路”。三是服务民生改善。主动对接人力资源和社会保障局、财政局和街道等部门，做好社会保险费征管职责划转工作。加强与工会、残疾人联合会的联系与沟通，落实下岗职工、残疾人等低收入群体就业税收优惠政策。2019年，入库社会保险费430759.71万元，征收残疾人就业保障金2426.04万元，工会经费1172.16万元。（张　薇）

税收征管　一是“金税三期”系统并库上线。做好“金税三期”系统国地税数据并库及上线保障工作，先后12轮向市税务局反馈税户情况。承担“小双轨”（指抽取部分县区局在原大集中系统和“金税三期”两个系统同步进行业务数据前台录入）和“大双轨”（指全省所有单位统一在原大集中系统和“金税三期”两个系统同步进行业务数据前台录入）试点运行，组织多轮加班集中做好系统初始测试、人海压力测试和上线测试，2019年累计测试业务34000多笔，共处理问题数据6752条。下发《征管体制改革过渡期税收业务衔接意见》《关于过渡期间注销工作工作业务衔接处理意见》《个体办税点业务整合意见》等配套制度，规范征管业务流程。二是加强税源管控。建立重点企业的走访机制，召开常态化税源管理联席会议，构建税收管理共治格局，全年协助地方政府引进优质重点税源35户。三是加强风险管理。编写风险评估操作手册，提升风险评估质效。2019年，完成风险评估任务255户，总成效12687万元；主动提请纳税评估任务5户，涉及风险成效近1亿元。制定《建邺区局关于明确欠税管理工作职责分工的通知》，开展防欠清欠工作，加大欠税清理力度。（张　薇）

依法治税　一是加强制度建设。严格落实全面依法行政领导小组例会制度、重大税收执法事项集体审议制度，制定发布全面依法行政工作领导小组议事规则、税务行政复议委员会议事规则等，确保依法行政工作有组织保障、有制度依据、有规则遵循。二是规范行政执法行为。组织全面依法行政领导小组会议，对企业减免税申请和纳税评估案件等进行集体审议；按照国家税务总局江苏省税务局（以下简称“省税务局”）标准对48户一般程序行政处罚的公示内容进行审核；发布未申报违法行为责令限改公告近11780户次，清理“金税三期”并库处罚未完结事项39项、违法行为责令限改未完结事项610项；完成企业破产债权审核工作14户次，处理诉讼案件2起。三是强化执法过程监督。实时监控内控监督平台推送问题情况，做好市税务局推送的执法类疑点数据和2019年第一、二批执法督察疑点数据核实处理，及时反馈整改。开展行政处罚、退抵税等专项执法督察工作，严格落实税收执法过错责任追究制度，做好督审和内控宣传教育工作。开展“一案双查”（既追究当事人直接责任，还要追究有关领导人员责任）工作，强化问责，全年开展“一案双查”8户次，进行责任追究17人。四是推进行政执法公示、执法全过程记录和重大执法决定法制审核三项制度落实。组织各职能科室开展行政执法公示清单事项自查，依法主动向社会公开有关税收执法信息。积极研究和推行执法全过程记录制度，突出执法留痕和过程监管，研究完善执法信息采集、保存、管理、使用和归档等规范化建设制度，确保依法履行职责，不断完善税务执法方式。在“七·五”普法工作中获得“全省‘七·五’普法中期先进集体”称号。（张　薇）

纳税服务　一是提升办税体验。设置8个特服号坐席，严格执行首问责任制，提升“一键咨询”精准度，2019年，全年特服号接通率95.19%，“12345”政府服务热线办理态度满意率98.05%、结果满意率97.6%，“12366”纳税服务热线工单按时办结率100%。优化自助办税服务区和电子税务局体验区，专人提供现场辅导，“非接触式”办税比例为90%。优化“互联网+税务”办税模式，推广应用数字化税企服务智能平台，实现网上申报征收业务全覆盖、咨询在线答、政策在线查、服务申请网上约，“全程网上办”（指纳税人办理《办税事项“全程网上办”清单》范围内事项，可通过江苏省网上税务局、“我的江苏税务”手机APP等渠道实现事项的“全程网上办结”，而不再需要至税务机关现场办理）清单涵盖报告类、发票类、申报类、备案类、证明类、套餐类、其他类等7大类110个事项，截至2019年12月，发票线上领用比例为86.57%。二是提高办税效率。“最多跑一次”

清单涵盖报告类、发票类、申报类、备案类、证明类等5大类16个事项，涉税业务实现“一厅通办”（指将原国地税业务窗口重新整合，共用一套服务资源、适用一个服务标准、融合一张办税清单，为纳税人提供无差别办税服务）、“一窗受理，集成服务”（指前台综合受理、后台分类审批、统一窗口出件，让纳税人“最多跑一次”），开办企业0.5个工作日内即可完成信息确认、实名采集、发票及税控设备领用等涉税事项全流程。设立“简事快办”专窗、注销专窗以及退税绿色通道，推行“承诺制容缺受理”机制，2019年，专窗受理注销2747户，其中当场办结2747户，即办率为99.19%。三是维护纳税人权益。完成年度纳税信用评价，增强企业纳税信用意识。开展信用复评，采取及时调整值税发票用量、提供绿色通道办理涉税事项等多项措施，让守信纳税人先得实惠；运用加强出口退税审核、加强纳税评估、提高监督检查频次与相关部门实行联合惩戒等约束手段，加大对失信主体惩戒力度。畅通纳税人维权渠道，通过“12366”纳税服务热线、“12345”政府服务热线等收集纳税人的意见和诉求。（张　薇）

党建及作风建设　一是突出政治和思想建设。制发《2019年全面从严治党工作要点》，签订“全面从严治党责任书”，健全分层级责任制。通过党委理论学习中心组学习、专题研讨、理论宣讲、“三会一课”等多种形式提升全员意识形态，先后两次组织专题党务培训，开展“传承红色基因 坚定理想信念”主题活动，先后组织参观茅山新四军纪念馆和李巷红色遗址遗迹群，走进河西·建邺反腐败宣教中心等。情景剧《追梦税务人》在2018—2019年“那年那事——建邺区党员冬训理论学习成果汇演”中获一等奖。二是开展“不忘初心，牢记使命”主题教育。围绕中央规定8个专题，国家税务总局规定的4个专题等内容组织进行集中学习、专题研讨、培训班等活动，并形成交流材料和心得体会。围绕“加强党的建设”“防范税收风险提高收入质量”“税收征管”“纳税服务”“干部队伍建设”五大方面内容进行专题调研，设计发放“主题教育调研走访记录表”，充分听取纳税人缴费人和基层干部的意见建议，党委成员根据调研情况撰写专题调研报告。根据调研，结合2018年班子民主生活会提出需要整改尚未整改到位的问题等，形成区局主题教育两批检视问题整改清单，做好持续整改。三是加强支部建设。制定下发《基层党组织活动经费使用管理暂行办法》，规范各项支部活动制度。各支部按月落实“全面从严治党工作提示单”，常态化开展“三会一课”。深化“党建+互联网”，建立“区协同办公——机关党建”模块，完善党费缴纳系统、电子台账信息化平台建设，建立党支部季度考核评价体系，完成工作闭环，提升支部工作质量。四是加强作风建设。坚持党委引领、党支部推动、党员带头三级联动，将纳税服务、“6S”标准化管理规范（整理、整顿、清扫、清洁、素养、安全）、工作纪律等要求有机融合，以规范化管理提升作风建设水平。持续推行“四责协同运行工作机制”（党委书记第一责任、党委成员和各部门负责人主体责任以及纪检组长监督责任，形成合力运行机制），加强对各部门落实主体责任情况跟踪管理，落实季度“考廉日”。对违反中央“八项规定”的行为，实行“月报告”“零报告”“双签字背书”。（张　薇）

“不忘初心、牢记使命”主题教育　2019年，建邺区局认真贯彻“守初心、担使命，找差距、抓落实”总要求，深入开展党建引领夯基础、服务大局促发展、为民服务解难题、干事创业勇担当、深化“四合”激活力、成果转化谋思路六项行动，同步推进学习教育、调查研究、检视问题、整改落实四大举措，落实支部书记参加一次专题培训、支部书记上一次专题党课、支部党员为纳税人、支部党员为纳税人、缴费人办一次实事、支部党员参加一次公益，志愿活动、支部召开一次专题组织生活会“五个一”工作，聚焦主题主线、紧扣主责主业，坚持问题导向、督促层级尽责、贴近基层实际、突出税务特色，推动主题教走深走实。一是抓好组织领导。成立主题教育领导小组及其办公室，先后召开专题党委会4次、专题局长办公会1次、主题办会议2次，接受国家税务总局巡回指导组检查1次、市税务局巡回指导组检查1次、建邺区局纪检组检查4次，一体谋划，提高工作精准度。二是抓深学习教育。以党委理论学习中心组学习为抓手，立足“专题研讨+个人自学”，围绕中央规定的“党的政治建设”“全面从严治党”

2019年9月27日，建邺区局参加区职工合唱比赛，获一等奖。（刘守成　摄）

“理想信念”“宗旨性质”“担当作为”“政治纪律和政治规矩”“党性修养”“廉洁自律”8个专题，国家税务总局规定的“保持对党忠诚，做政治上的明白人”“勇于担当作为，做税收现代化建设的排头兵”“坚守人民立场，做服务基层和纳税人缴费人的贴心人”“树立清风正气，做兴税强国的干净人”4个专题等内容组织集中学习12次、专题研讨11次、培训班1次，夯实理论基础，坚定政治立场。三是抓牢调查研究。聚焦基层税务实践中的突出问题、基层干部和纳税人（缴费人）反映的难点堵点，围绕“加强党的建设”“防范税收风险提高收入质量”“税收征管”“纳税服务”“干部队伍建设”五大方面12个调研选题开展调研，着眼解决实际问题，形成专题调研报告10篇。四是抓严检视问题。制定《主题教育检视问题工作计划》，发放“主题教育征求意见表”，设置实体意见征集箱，开设意见征集电子邮箱，全面收集各渠道意见，共回收意见表294份，征求各方面意见52条。召开对照党章党规找差距专题会议9次，共检视查找问题203条，相互提示问题差距121条。五是抓实整改落实。党委班子带头理清业务规程和职责清单，坚持上下联动、项目管理，开展整改和专项整治。深入查找6大类73条问题，明确148项整改措施，其中40项整改问题已到位，24项专项整治措施已落实，持续把“问题清单”转化为“成效清单”。（张　薇）

个人所得税改革　一是严密组织保障。建立个人所得税改革专项领导小组，确保不折不扣落实各项工作。精选业务骨干20人，组建个人所得税辅导师资库，开辟专门区域设立“个人所得税辅导专区”，对纳税人做到有问必答、有难必解。建立各相关部门日报制度，及时把控工作推进情况。完善舆情快速响应及处置机制，强化个人所得税改革舆情日常监测，对苗头性问题及时进行分析、研判和应对。二是统筹推进各项工作。做好全员内部培训，面向全体业务干部、特服号坐席人员、办税服务厅等一线业务办理人员，开展个人所得税新政策和扣缴软件操作培训。做好自然人数据清理工作，认真梳理数据清理工作的要点和注意事项，每日清分和跟踪推进，及时完成各阶段数据清理工作。三是开展宣传辅导。成立12支个人所得税服务小分队分赴各重点企业开展分层分类的上门培训辅导，现场引导有税职工安装“个人所得税”APP，采集专项附加扣除信息；建立“个人所得税移动辅导站”，走进企业开展点对点培训，对有税扣缴义务人分批次实现100%辅导。2019年，累计召开个人所得税培训会23场，培训扣缴义务人3655户，涉及纳税人7.07万人次；建邺区局6.68万人次自然人安装注册“个人所得税APP”，排名全市第二；4.2万人完成专项附加扣除信息采集。（张　薇）

增值税改革　一是精准辅导。采用短信、电话、税企工作群等各种方式对3621户生产、生活性服务业行业纳税人进行宣传辅导，确保纳税人应享尽享加计抵减政策。核实市税务局下发的791户次国标行业符合加计抵减政策却未提交加计抵减声明的企业清单，通知纳税人提交声明并享受政策。2019年，共1241户纳税人提交加计抵减声明，其中501户实际享受加计抵减，合计抵减税额805.55万元。二是优化流程。根据国家税务总局操作规程优化梳理留抵退税工作流程，明确各环节任务、各部门职责，规定办理时限，确保整个留抵退税流程在10个工作日内完结。要求各税源管理科审核岗依托金税三期系统，在日常管理中排查企业留抵退税风险疑点。2019年10月申报期，共受理7户企业留抵退税办理申请，合计退税3375.03万元；11月申报期，共受理3户企业留抵退税办理申请，合计退税2200.72万元。三是持续跟踪。定期筛选小微企业增值税应享未享异常数据和代开普通发票多缴税款疑点数据，核实18批次数据，对于确实存在未及时享受优惠政策的，在第一时间通知辅导纳税人更正申报，做好退税工作，确保小微企业应享尽享。自2019年5月申报期起，分析核实一般纳税人税率异常数据，共核实7批次284户次销项税额占比异常数据。（张 薇）

增值税发票风险管理 一是做好递进式管理。根据纳税人税收风险程度、纳税信用级别和实际经营情况等，确定高风险企业从严核定、中风险企业从细约谈、低风险企业从宽供应的发票分类核定机制。包括："白名单"企业按需供票、做好增值税专用发票最高开票限额审批工作、加强增值税发票核批内部监控机制和规范风险纳税人管理等。二是发票管理系统2.0上线。制定总体工作方案，成立试点工作组，召开工作动员布置会。通过短信、微信群、QQ群等多渠道进行停机公告推送，发送发票下载、逾期抄报税、下载成品油库存、使用勾选平台、扫描认证等提示提醒4362户次。2019年，共开展4场次198人内部培训、6场次772户次外部培训和3789户次一般纳税人线下培训；完成5批次异常数据清理、离线开票信息、票种核定空值信息维护，完成新系统116人权限设置和13类业务61个操作测试。（张 薇）

企业所得税汇算清缴 一是紧扣减税降费主题。对内强化培训，做好政策确定性服务。对外针对不同类型纳税人开展个性化新政培训共4场次，重点讲解2018年度汇算清缴新政、申报表的主要变化及填报重难点，惠及纳税人约700户。实时监控小微企业申报情况，跟踪资产总额申报超大企业，关注申报数据差错情况，提醒企业更正申报，尽享企业所得税优惠。二是防范税收执法风险。抓好核定征收鉴定工作，制定详细的工作方案和操作指南，各税源管理科所逐户沟通、严格把关，完成鉴定工作并进行公示；同时逐户排查企业状态，对应当认定非正常户的企业及时开展认定。利用"金税三期"系统并库契机，对重复认定税种、超范围认定税种、应税所得率与行业不匹配等数据进行清理和修正。三是聚焦完成税收预算目标。严格按照既定方案推进汇算清缴工作，各部门各司其职、密切配合，严把时效关和质量关。在汇算清缴进度方面，通过短信平台、QQ群、微信群等渠道鼓励纳税人尽早申报、错峰申报；建立动态未申报清册，逐户摸清情况，及时提示提醒。2019年，辖区内共24048户企业参加汇算清缴，实际申报率99.73%。（张 薇）

土地增值税清算 一是制定计划，分批推进。按照"1+7"模式分解2019年土地增值税清算计划，即由税源管理七科完成15个项目清算，由其余7个税源管理科所完成14个项目清算。根据清算项目进度、难度等具体情况，拟定阶段性计划，确定重点推进项目，争取率先出具初步清算结果；对其他项目分类采取措施，并提出阶段时间要求加以推进。从2019年9月份起，形成周报制度，日日推进、周周通报。二是做好审核人员培训辅导。组织多次土地增值税清算培训，系统讲解土地增值税基本知识、管理办法，结合相关案例对土地增值税清算审核内容进行辅导。针对审核过程中遇到的疑难点，成立专家团队点对点帮扶，有效推进审核工作，确保审核准确性。三是主动走访约谈企业负责人。对于多家列入清算计划的企业，上门走访，主动约谈企业负责人，厘清工作形势，说明工作要求，做好沟通，取得企业理解配合；对提出各种困难、尚未提供清算资料的企业一一约谈，听取企业意见建议。四是双管齐下解决堵点。多次召开"一竿子到底"土地增值税项目推进会，审核人员汇报进展情况，逐个分析项目进展情况和遇到的问题，提出相应的推进要求、意见和建议；多次向市税务局专题汇报土地增值税清算工作情况，并请市税务局处室相关领导到建邺区局就土地增值税工作进行调研，帮助解决清算过程中的堵点。（张 薇）

社会保险费征管职责划转 一是夯实工作基础。针对辖区内245家机关事业单位进行养老保险费征收情况调研，完成机关事业单位养老保险相关数据的采集和测试工作。在社会保险费正式划转前对辖区内机关事业单位进行培训辅导，建立QQ群，及时处理各种申报问题共4000余条，实现机关事业单位养老保险划转平稳过渡。点对点联系扣款失败的缴费人，防止逾期缴费影响待遇享受。二是优化缴费服务。积极对接人力资源和社会保障局、财政局和街道等部门，坚持部门联动、合力推动。进行三轮税银系统、自然人电子税务局、"我的南京"等APP缴费功能测试，开展城乡居民社会保险费征缴系统切换预留业务验证工作。梳理制定工作应急预案，确保风险事项考虑周全、应对策略保障到位。设置社会保险费咨询专窗，配备业务优秀人员，做好宣传资料发放，优化导费服务，推动城乡居民社会保险费有序征缴。2019年，64000余人次通过办税服务厅、"我的南京"APP、支付宝和银行等渠道办理社会保险费申报、缴费业务，缴费金额合计1522万元。（张　薇）

政务公开　一是完善品牌机制。建立完善政务公开与征收管理、收入核算、纳税服务、地方政府等多部门协调联动机制，构建管理体系"扁平化"、任务清单"可视化"、分析机制"动态化"的工作机制，助推减税降费政策落地生效。二是扩大品牌效应。建立电子税务局业务信息共享机制，将减税降费有关事项与4大类15项公开试点事项融合，进一步完善行政权力、行政责任及公共服务三张清单，通过"政在身边"品牌各类载体广泛传播，提升政策知晓度及群众满意度。集中师资组建"政在身边"专家团，累计走访辖区4个园区、6个街道，推送减税降费相关短信13万余条，先后培训纳税人16500人次，接受电话咨询900余次，录制的"案例式"培训视频在新媒体平台广泛传播。三是升级品牌服务。推广减税降费"店小二"点单式政务服务，包括新办企业"套餐"、跨区经营企业"套餐"、非居民企业"套餐"等，企业进入江苏政务服务网"江苏税务旗舰店"，选好"套餐"一键下单。与建邺区行政审批局联合打造南京首家"OTO政务客厅"，纳税人无需更换地点便可办理包括提供工商证照登记、个人所得税社会保险费凭证打印、港澳台签注在内等10余项政务事项。（张　薇）

"互联网+税务"　一是推广线上办税模式。开办税务登记、税费种鉴定等环节全程网上办、零见面、零资料、半小时办结。推广线上领用发票业务，设置专人辅导，引导纳税人通过江苏政务服务网邮寄发票，提升办税效率和纳税人满意度。2019年以来，推广发票邮寄1077户次，发票线上领用比例由2018年12月的75.3%提高到2019年12月的86.57%。二是落实数字化税企服务智能平台。通过短信、特服号、QQ群、微信群、大厅专区辅导进行培训，结合增值税发票管理系统2.0版培训进行辅导，累计5场覆盖3560户企业，截至12月10日，激活率为76%。充分利用数字化税企服务智能平台解决目前征纳沟通中普遍存在的信息碎片化、系统分散化、渠道私人化等问题，做到征纳双方双减负。三是推行办税事项"二维码"一次告知。将"江苏税务""南京税务"的微信公众号二维码发布于每个办税窗口，提醒纳税人关注，让纳税人精准获取各类信息。设置办税事项"二维码墙"，制定减税降费政策清单明细，分门别类融入"二维码墙"，嵌入已发布的28种"全程网上办"事项和常用税收政策中，实现税收新政"一扫尽知"，纳税人"上柜即办，只跑一次"。（张　薇）

纳税信用管理　一是完成年度纳税信用评价。完成2019年度纳税信用评价29776户次，通过办税服务厅触摸屏、电子显示屏、宣传公告栏等服务平台，向社会各界和广大纳税人宣传纳税信用评价工作的目的、意义及运用，增强企业纳税信用意识。二是开展复评。做好A级纳税人的日常维护工作和D级纳税人监管的辅助工作，做好市税务局布置的超标向D级纳税人发放增值税专用发票的清册的筛选和核查工作。2019年，共完成复评48户次，报送激励及惩处案例共24篇次。三是奖惩分明。采取措施让守信纳税人先得实惠，为一般纳税人及时调整发票用量，为连续3年的A级纳税人提供绿色通道和专门人员办理涉税事项。充分运用约束手段，加大对失信主体惩戒力度，对D级纳税人发票领用、出口退税审核、纳税评估等事项从严审核、从严处理，并将纳税信用评价结果通报相关部门，实行联合惩戒。（张　薇）

干部队伍管理　一是规范干部管理。严格落实《党政领导干部选拔任用条例》，突出政治标准选人用人，规范开展职务晋升，稳步推进职务职级并行工作，优化人力资源配置。围绕税务干部企业兼职、经商办企业、社团兼职、因私出国（境）管理、"裸官"（指配偶、子女均已移居国（境）外

2019年4月1日，江苏省税务局局长侍鹏（右二）在建邺区局办税服务厅调研指导工作

（王明静　摄）

2019年10月31日，建邺区局在驻宁某部舟桥营开展“十载拥军情，军民话初心”特殊党日活动

（孙　军　摄）

的；没有子女，配偶已移居国（境）外的；没有配偶，子女均已移居国（境）外的国家工作人员）任职岗位管理五项内容开展自查自纠和专项核查，对在职税务人员和离退休人员共发放承诺书250份，全部签字做出承诺，全面落实专项治理“回头看”。二是拓展教育培训。落实年度教育培训计划，分层分批开展局领导讲坛、全员更新知识培训、党务干部培训、科室内训等，组织参加“一竿子到底”视频培训。组织“大比武大练兵”，两位同志代表市税务局参加省税务局比武，一位同志成功入围全省前六名。利用“大家税训吧”微信平台等方式，全年共开展测试62次，利用数字人事系统平台，做好“两测”（业务能力升级和领导胜任力）考试组织保障工作。三是深化“四合”。以“大家”（寓意大道至简，家和事兴）文化为载体，丰富群团活动。开展“巾帼心向党 建功新时代”“激情奋斗红五月、青春逐梦正当时”等主题活动，分别于2019年7月2日和9月26日组织参加纪念建党98周年和新中国成立70周年歌咏比赛，分获系统三等奖、建邺区一等奖，于11月16日开展“不忘初心、携手共进”趣味运动会。以文明创建为抓手，开展“身边的标杆——减税降费党员先锋岗”、优秀党员等评比，推动干部队伍融合共进。

（张　薇）

税收宣传　一是紧扣热点，强化宣传深度。紧扣减税降费、主题教育、新中国成立70周年等社会热点，充分利用办税服务厅、各类宣传媒体开展税收宣传，如《走进直播室》广播宣传、拍摄建邺区局宣传片《税跃》视频宣传等，点线面多渠道宣传报道建邺区局各项税收工作，促进税收和谐发展。二是挖掘亮点，拓宽宣传广度。善于挖掘工作中的先进人物，刊发《做起而行之的行动者——记建邺区局“青年突击队”》《铿锵玫瑰 税务之花》等相关报道，充分展示税务铁军风采，发挥榜样人物力量。结合省税务局、市税务局宣传工作要求，提前谋划，系统整合，拓宽宣传广度；组织策划的走进影城送政策元宝、青年党员突击队走进社区、传递减税降费好声音等系列减税降费宣传活动，被新华网、中国江苏网、交汇点、今日头条、《南京日报》、《江苏经济报》、《南京晨报》、南京新闻台、南京税务微信、南京税务微博等媒体采用。2019年，各项工作报道累计在中央级媒体刊发12篇次、省级媒体刊发108篇次、市级媒体刊发30篇次。建邺区局在做好基本税收宣传工作的同时，完成承办全省税务系统2019年税收宣传月启动仪式，省税务局减税降费微电影《来自第28个春天的信》拍摄，《证券时报》《中国证券报》《华夏时报》等7家经济类央媒集中采访，协办全省税务系统“祖国，我想对你说——献礼新中国成立70周年图片展”等任务，完成国家税务总局开展“减税降费走基层”（江苏站）到建邺区局采访活动。

（张　薇）

税收宣传月活动　2019年4月1日，第28个全国税收宣传月江苏启动仪式在建邺区局举行。在第

2019年4月10日，建邺区局组织专家团队走进海峡云谷科技园开展税收优惠政策宣讲活动

（张　梦　摄）

28个全国税收宣传月期间，按照市税务局统一部署，紧紧围绕“落实减税降费，促进经济高质量发展”主题，围绕当前重大热点问题，不断丰富宣传内容，突出宣传实效。一是承办全省税收宣传月启动仪式。从制定方案、成立筹备组、会务安排等多方面充分准备，活动当天启动仪式、全省税务系统“落实减税降费，促进经济高质量发展”图片展、参观办税厅及座谈会各环节衔接顺畅，顺利完成各项议程；当天省税务局局长侍鹏在启动仪式上讲话。此次活动被人民网、新华网、江苏卫视、南京电视台等30余家媒体报道转载。二是开展“减税降费助力企业发展”专题宣传。针对企业的不同诉求开展分层分类专题宣传，专家团走进小微企业聚集的海峡城云科技园，为园区内300家企业上门服务；搭建金融业、房地产业等多个“行业服务QQ群”，定制行业个性化业务“菜单”，满足企业个性发展需求；通过与政府各部门密切沟通协作，扩大减税降费政策宣传效应。三是开展专题宣传。4月15日，组织开展建邺区机关事业单位社会保险费征管职责划转动员培训会，共200余家机关事业单位参加培训，争取各单位的全力协作和支持；建立“事业单位养老保险”QQ群，及时解决在划转过程中出现的问题和突发情况。四是开展“小税官职业体验”活动。5月9日，结合每年的“税法进校园”活动，邀请拉萨路小学六年级的18名同学担当“小小税收宣传员”，体验税务日常工作。通过办税服务厅参加晨会、学习办税礼仪、了解发票知识、观摩纳税人办税、体验自助机操作等活动，使学生们更加直观地感受税务部门的日常，扩大税收宣传影响力。

（张　薇）

“大家”文化　2019年，建邺区局以“融合+发展”为主线，立足“治税建邺、圆梦大家”的组织目标，创建“大家”文化品牌，让干部们既建功立业服务一方，又能各展其才实现个人梦想。“大家”文化寓意“大道至简，家和事兴”。“大道至简”出自《道德经》，寓意不忘从税初心，善于化繁为简，力求知行合一，竭力为国聚财；“家和事兴”指个人价值观与团队发展相契合，和而不同，各尽其能，各展其才，实现个人幸福，团队和谐的共赢。主要内容和做法：一是丰富“大家”文化体系建设。在文化展示厅改造、双和园、梦都大街两个办公场所标识统一、打造建邺区局文化新阵地——大家书吧的基础上，举行文化宣传活动，将思想政治教育、党建主题活动、文化公益活动、文化怡情活动等充分融合，激励干部荣誉感、自豪感。二是推进文明创建。以2016—2018年度江苏省、南京市文明单位创建为基础，做好纳税服务科的全国巾帼文明岗荣誉承继，推荐税政一科、税政二科争创南京市青年文明号，做好江苏省级廉政文化示范点等荣誉争创工作。开展“身边的标杆——减税降费党员先锋岗”活动，宣传先进典型，形成学习先进、崇尚先进、赶超先进的良好风尚。深入开展结对共建，组织“3.5学雷锋”志愿服务活动进社区，积极开展“万名党员帮万户”活动，将志愿服务和帮扶工作落在实处。

（张　薇）

（责任编辑　史玉珠）

鼓楼区税务局

概述　2019年，国家税务总局南京市鼓楼区税务局（以下简称“鼓楼区局”）被评为“2019年度鼓楼区推动高质量发展有功单位”“2019年度鼓楼区高质量发展重点工作争先进位奖”“2019年度鼓楼区机关作风建设先进单位”。实现国家税务总局南京市税务局（以下简称“市税务局”）全口径收入270.95亿元，同比下降12.9%；完成市县级一般公共预算收入193.44亿元，同比增长36.2%。

推进全面从严治党。突出班子引领、支部建设，把加强党的全面领导贯穿于税收工作始终，热河南路所党支部被评为区级机关先进党支部。利用区局江苏省廉政文化建设示范点、市级党员教育实境课堂示范点等优势，优化党员教育，南京市委常委徐曙海调研区局党建工作。强化理论学习，开展集中学习研讨、支部书记轮训班、党支部专题讨论。深入查摆问题，通过召开干部座谈会、走访企业调研、谈心谈话，收集意见39条，加强整改落实。创新主题教育形式，利用鼓楼区17个红色资源开展了“寻印记，忆初心”活动，被央广网等央媒报道。落实政治监督，开展日常监督，“一案双查”（即查处纳税人偷骗税，又查处税务人员违纪违法、以税谋私的不廉行为，把反腐倡廉与税收业务工作紧密融合）规范纳税服务和税收执法过程。加强执纪问责，精准运用“第一种形态”（党内关系要正常化，批评和自我批评要经常开展，让咬耳扯袖、红脸出汗成为常态）进行问责，加强廉政风险防控。

落实减税降费各项优惠政策。落实主体责任，成立专门机构，层层压实责任，协调推进。强化外部协同，开展“县长税课”宣讲活动、与区纪委联合做好督察督办。强化宣传辅导，确保政策知晓。细化宣传培训方案，印发政策口袋书，开展多层次政策培训。全年特服号呼入总量达13.75万条，接听率为90.49%。发放材料1.56万份，推送短信、微信、邮件等27.95万条，培训辅导3.84万户次。做好增值税优惠落实，开展生产、生活性服务业纳税人行业核实提醒。加强对应享受优惠企业纳税申报的监控，建立追溯退税快速反应机制。全年累计减税达64.77亿元。

2019年4月1日，国家税务总局江苏省税务局党委书记王学东调研鼓楼区税务局工作

（冯亚颖　摄）

加强税收征管，理顺征管流程，打通堵点难点。制定征管业务工作流程，关注过渡期业务衔接，理顺内部流转程序，规范注销管理。规范基础管理，强化信息管税。做好属地管理，梳理10.2万户纳税人新的主管税务机关，做好迁入迁出户管理工作；做好国家税务总局江苏省税务局（以下简称“省税务局”）下放户对接。坚持协调推进，加强中等风险应对。建立“专业支持+综合应对”风险应对运行机制；紧抓跨区域风险应对，做好外部协查配合及任务推送，处理国家税务总局异地协作66户；紧抓遗留案件清理，清理完成未结疑难案件62件。全年风险应对完成518户入库2.7亿元。

加强依法治税，注重规范，强化依法行政。成立依法行政相关机构，制定议事规则，推进三项制度；根据新征管业务规范，规范行政处罚；鼓楼区局共完成一般处罚审批332户次，清理245条金税三期并库处罚数据。注重执法，加强税费管理。加强增值税发票分级分类管理，做好增值税发票系统2.0版上线工作，加强基础数据核实、摸清底数；完成出口退税18.6亿元。企业所得税汇缴申报40716户税款110.65亿元，个人所得税申报率稳定在99%以上。完成土地增值税清算项目税款2.35亿元，完成社会保险费职责划转，征收社会保险费96.95亿元。注重监督，强化督查内审。加强“查”的力度，开展增值税最高开票限额、退税等执法督察，规范执法行为；加强“审”的力度，加强内外部审计，自查2018年度“三公”经费（指政府部门人员因公出国（境）经费、公务车购置及运行费、公务招待费产生的消费）和会议费使用情况；加强“控”的力度，通过内控平台推送、反馈内控风险预警疑点，实现防范在前。

加强纳税服务，优化营商环境。瞄准痛点，深化简政放权，落实优化营商环境要求。简化退税流程资料，拓展“当场办结”范围，实现“最多跑一次”。响应诉求，优化纳税服务。落实新纳税服务规范，整合涉税事项、规范业务流程、加强纳税辅导，目前办税服务厅90%以上的涉税事项均可享受“免填单”服务。建立诉求快速反应机制，加快内部流转，确保按时办结。全年鼓楼区局收到投诉工单2142件，规定时间内办结，满意率达到97.09%。

加强队伍建设，促进融合。规范干部管理，制定落实干部请休假、出国（境）、退休等制度。盘活人力资源，选拔10名科级领导干部，充实中层干部队伍；晋升32名非领导职务干部，推荐2名正科级干部到区政府任职。组织好教育培训，举办科所长培训班，成立“青年干部志愿服务队”。开展好岗位练兵，参加“岗位大练兵、业务大比武”活动，鼓楼区局获优胜单位三等奖，4名同志取得优异成绩；鼓励干部参加社会考试，2名同志取得“三师”资格。加强绩效考核正心，将考核等次与个人评先、“两测”（税务系统业务能力升级测试、税务系统领导胜任力测试）挂钩，激发干部动力。做好群团工作聚心，结合特定节日开展丰富多彩的活动，组织部分劳模和先进会员参加疗休养。开展慰问暖心，建立行政及工会慰问制度，对于家庭变故、困难干部开展慰问54次。

（冯广友）

机构设置及负责人

办公室

主　任　郑拥军
副主任　杜　婕（2019年9月免）
　　　　鹿巍瀚
　　　　冯广友
　　　　周　晓（2019年9月任）

法制科

科　长　阮春芳
副科长　陈　阳
　　　　魏　敏（2019年4月任）

税政一科

科　长　仲崇阳
副科长　杨　红（2019年9月免）
　　　　徐　飞
　　　　杨　柳
　　　　沈　朔（2019年9月任）

税政二科

科　长　孟洁洁
副科长　李玥姣
　　　　查炎炎（2019年4月任）

收入核算科

科　长　许　亮
副科长　范　莉
　　　　冯亚颖（2019年4月任）

纳税服务科

科　长　王　卿
副科长　魏　敏（2019年4月免）
　　　　张　炯（2019年4月免）
　　　　李清源（2019年4月免）
　　　　荏晨曦
　　　　胡庆宇（2019年4月任）
　　　　赵　鑫（2019年4月任）

征收管理科

科　长　杨　红（2019年9月任）
副科长　王　晨
　　　　刘国帅
　　　　邱　实

人事教育科

科　长　马　薇
副科长　史新浩

税源管理一科

科　长　郑　岚
副科长　王　俐
　　　　谭彬彬

税源管理二科

科　长　马　晓
副科长　王晓洁
　　　　戴振宇（2019年4月任）

税源管理三科

科　长　陈露明
副科长　赵　新
　　　　江悄悄

税源管理四科

科　长　陈　琦
副科长　蒋　辉
　　　　张　炯（2019年4月任）

税源管理五科

科　长　邓　谦
副科长　朱　勇
　　　　王　蓉

税源管理六科

科　长　惠　庆

副科长　景　锦
杜　婕（2019年9月任）

税源管理七科

科　长　邱　蓓
副科长（正科级）　范徐林
张晓军

机关党委

科　长　于　群
副科长　李易崇
郭新俊（2019年4月任）

老干部科

科　长　吕晓莉

纪检组

副组长　丁　原（正科级）
邵　煜

第一税务所

所　长　贾东升
副所长　张文庆（正科级）
徐　颖
马承龙（2019年9月任）

宁海路税务所

所　长　丁一宏
副所长　钟思思

挹江门税务所

所　长　董　怡
副所长　陈晓蕾
李清源（2019年4月任）

热河南路税务所

所　长　夏杰林
副所长　张　铭
王长重

纳税服务中心

主　任　叶华应

信息中心

主　任　杨　瑾

（冯广友）

组织收入　2019年，鼓楼区局紧紧围绕组织收入中心开展工作，努力实现收入目标任务。一是依法组织收入。牢固树立坚持组织收入原则的思想，严格落实“依法征税、应收尽收、坚决不收过头税、坚决防止和制止越权减免税”的工作纪律，落实好税收优惠政策，加强税收收入质量管控。实时监控收入完成情况，确保收入平稳有序增长，圆满完成年度收入目标，多措并举提升税收预测准确率。二是强化税源监控。依托重点税源系统，深挖数据信息，分析组织收入工作中的难点和优势，分税种、行业开展分析，加强减税降费对收入增减因素的分析，发现异常情况及时查找征管中存在的问题，提出改进与完善方案，做到有的放矢。加强重点行业和重点企业税源动态监控，掌握其生产经营情况、发展概况及税收收入增减变化情况，挖掘税收增长潜力。三是加强会统数据管理。以确保税收资金安全、税款入库准确为目标，开展税收会计监督，瞄准核算要素和税收资金沉淀等关键环节，严格落实数据日清月结制度，重点关注应退税款、多缴税金、留抵抵欠等科目，发现问题及时维护修改，同时严格监督按期及时进行票款结报工作，确保会统核算基础数据高质量。同时加强税收票证管理，完善管理制度，定期组织开展票证检查。实现市税务局全口径收入270.95亿元，同比下降12.9%；完成市县级一般公共预算收入193.44亿元，同比增长36.2%。

分税种看，增值税、企业所得税和个人所得税三大税种共计完成税收231.24亿元，占全年税收收入的89.73%。增值税完成税收收入94.21亿元，同比下降8.1%，占全年收入的36.56%。企业所得税完成税收收入114.35亿元，占全年收入的44.37%，同比下降1.3 %。个人所得税完成税收收入22.69亿元，占全年收入的8.8%，同比下降36.8%。

分行业看，批发零售业、电力热力、燃气及水的生产和供应业、房地产业、制造业、租赁和商务服务业、金融业等六大行业税收收入占全年80%。排名前三的行业依次为批发零售业、电力热力燃气及水的生产和供应业、房地产业。其中批发零售业税收入库50.75亿元，税收贡献为19.69%；电力热力燃气及水的生产和供应业税收入库42.77亿元，税收贡献为16.6%；房地产业税收入库37.35亿元，税收贡献为14.5%　（冯亚颖）

减税降费　2019年，鼓楼区局深入贯彻落实减税降费各项优惠政策，推动减税降费政策落地落实落细，促进和服务区域经济发展，提升纳税人和

2019年6月12日，鼓楼区局走进省人大，开展减税降费政策宣讲培训 （尹 涵 摄）

人民群众获得感。全年共计减免税收64.77亿元，其中增值税39.86亿元，企业所得税6.26亿元，个人所得税13.82亿元。主要工作措施：一是强化宣传辅导，确保政策知晓。细化宣传培训方案，印发政策口袋书，开展多层次政策培训，通过发送提醒短信，走访纳税人，提高宣传效果。全年鼓楼区局特服号呼入总量达13.75万条，平均每月11458条，接听率为90.49%。发放材料1.56万份，推送短信、微信、邮件等27.95万条，培训辅导3.84万户次。二是强化协同共治，确保工作抓实。落实主体责任，制定方案，成立"实施减税降费工作领导小组办公室"集中办公，协调推进。向区委区政府汇报、沟通减税降费相关情况，强化与外部联系，通过开展"县长税课"宣讲活动、与区纪委联合做好督察督办，形成协同治税局面。三是强化政策落实，确保优惠享受。做好增值税优惠落实，升级开票设备，做好开票辅导；开展生产、生活性服务业纳税人行业核实，提醒纳税人及时适用政策。加强对应享受优惠企业纳税申报的监控，建立追溯退税快速反应机制。 （冯亚颖）

税收征管 2019年，鼓楼区局加强税收征收管理，规范征管流程，加强信息管税，强化风险应对，提升征管质效。一是理顺征管流程，打通堵点难点。规范征管流程，梳理税收征管规程类相关文件及金三系统并库版操作手册，重点关注原国地税差异，制定鼓楼区局征管业务工作流程。规范业务衔接，制定《过渡期征管业务衔接工作意见》，及时调整和规范多项业务。跟踪最新征管信息系统和征管工作要求变化情况，及时做出反应，召开专题会议，理顺内部流转程序。规范注销管理，加强注销工作的规范与管理，开展超期注销户清理，规范注销流程，明确职责和时限要求。二是规范基础管理，加强信息管税。做好属地管理，对10.2万户纳税人，梳理并确认新的主管税务机关，做好迁入迁出户管理工作；做好省税务局"下放户接受，逐户告知相关事项，及时修改税种认定。做好个体工商户税收征管，发挥个体工商户征收厅作用，加强与征管流程的嵌入与整合，加强定额个体户工商户管理。做好"金税三期"系统维护，开展税户匹配及差异户清理7000户，为"金税三期"系统并库做好准备。落实市区两级运维机制，跟踪解决"金税三期"系统问题，提交运维622条。做好网络安全工作，落实部门责任，保障税务内网的网络边界安全，严格系统操作权限审批，加强保密检查，确保网络绝对安全。三是坚持协调推进，加强中等风险应对。抓住运行机制建设，建立"专业支持+综合应对"风险应对运行机制，合理搭配干部，加强岗位培训，落实职责清单及操作规程。抓住跨区域风险应对，加强外部协作，做好外部协查配合及任务推送，处理国家税务总局异地协作66户。抓住遗留案件清理，成立专项清理小组，明确政策、每周汇报、团队作战，清理完成未结疑难案件62件。全年风险应对完成518户入库2.7亿元。 （杨 红）

服务区域发展 2019年，鼓楼区局发挥税收在区域治理体系和治理能力现代化中的作用，推动区域治理体系和治理能力现代化。一是发挥收入职能。在坚决落实减税降费政策的前提下，依法组织收入，做好收入预测；加强重点税源动态监控，挖掘税收增长潜力；完成市县级一般公共预算收入193.44亿元，同比增长36.2%。二是发挥以税资政职能。通过日常分析与专题分析结合，提高税收分析质量，完成6篇经济分析报告，其中《"减税降费"背景下鼓楼区政府工作建议》《从高校税收视角看我区产学研一体化发展现状》2篇受到区委常委许扬汶批示，为区域经济决策提供参考。三是发挥调节经济保障民生职能。落实增值税、企业所得税、个人所得税、财产行为税、社保费等各项减税降费新政策，减轻企业和个人负

2019年5月25日，鼓楼区局走进南京新闻广播FM106.9，解读增值税优惠政策（尹　涵　摄）

担，释放改革红利。同时，优化营商环境，深入落实“放管服”改革（指简政放权、放管结合、优化服务）举措，积极优化税收营商环境，为企业发展创造环境。（冯广友）

“金税三期”系统并库　“金税三期”系统并库是将“金税三期”原国税系统和原地税系统两个数据库合并成一个数据库，同时对征管流程和岗责体系进行梳理和配置，实现岗位设置、工作流程以及参数配置等统一。成立“金税三期”系统并库工作领导小组，征收管理科、纳税服务科、各税源管理科所密切协作，协调推进工作。组织多次操作层面的培训，使各部门充分了解系统存在的差异，并库过程需要解决的问题以及注意事项；开展原国地税税户匹配清理和差异户清理工作，共涉及近7000户。3月25日，“金税三期”系统并库整合上线，双轨运行期间，在确保办税服务厅运行平稳的前提下组织人员进行业务测试，加班加点开展专项测试、人海压力测试，确保平稳过渡，未对办税服务工作造成冲击。为保障办税服务厅（含姜家园个体厅）的正常运行，组织了4月报缴期内5个休息日共250人次左右的加班，确保节假日期间办税服务厅正常运行。（杨　红）

执法督察内审　2019年，鼓楼区局加强执法督察力度，配合做好内外部审计，加强内控平台建设，积极规范执法行为，防范执法风险。一是加强“查”的力度，强化税收执法监督，开展系列调研式执法督察，包括开展增值税最高开票限额行政许可审批情况分析和行政处罚调研式督察，通过分析“金税三期”系统数据的方式，检查流程是否符合时限性要求及简易一般处罚流程适用是否准确，共查阅电子流4290条。开展行政处罚、退税等工作执法督察，及时查发问题，提出整改建议，规范执法行为；加强对各类疑点数据的核查反馈，查清问题、整改落实、消除疑点。二是加强“审”的力度，对2018年度的“三公”经费和会议费使用管理情况、扶贫资金分配使用管理情况进行了自查，未发现问题，并将审计情况统计表和自查报告上报市税务局。根据审计署推送的疑点数据，对涉及到的49条疑点展开核查。核查共计对“六税两费”（资源税、城市维护建设税、房产税、城镇土地使用税、印花税、耕地占用税，教育费附加、地方教育附加）减半征收政策应享未享类疑点的14户纳税人完成退税，共计退税1140.53元。三是加强“控”的力度，发挥内控平台作用，完成平台数据迁移、岗位配权，通过平台推送、反馈内控风险预警疑点，解决调整过错，实现自我纠错、防范在前，实现自我纠错108条，固化过错疑点278条。（阮春芳）

增值税发票管理　2019年，鼓楼区局做好增值税发票领用分类分级管理，对于税收风险程度较低的纳税人，按需供应发票；对于税收风险程度中等的纳税人，正常供应发票，加强事中事后监管；对于税收风险程度较高的纳税人，严格控制其发票领用数量和最高开票限额，并加强事中事后监管。通过强化前道环节增值税发票核准管理，严把入门关，后道环节强化立体式风险防控。主要从以下五个方面着手。一是做好实名办税。自2016年以来对纳税人开展实名采集认证，2018年对办理增值税发票事项要求实名办税，目前全区共104197人进行实名认证，其中法人代表45560人，在实名采集时发放《发票风险提示提醒》，提示纳税人按规定开具发票。二是做好新办企业核定。对新办企业，按全市统一的新办纳税人发票核定标准，对纳税人核定增值税专用发票万元版5份。三是做好涉票约谈。对新办企业、高风险企业、疑点企业等类型纳税人办理增值税发票事项时，由税源管理部门按照市税务局统一的约谈模板，对企业法定代表人、财务负责人进行约谈，防范虚开发票风险。四是做好分层分级。加强与地方政府部门的协调配合，实施税收协同共治，和区财政局、各街道积极沟通、共享信息，扩大防范和打击的成效；对鼓楼区优质企业、重点税源企业、纳税信用级别较高的纳税人，建立白名单制度，对此类纳税人领用发票按需供应，即时办结。五是做好后续管理。按月对企业涉票涉税数据进行分析，由税源管理部门对疑点数据进行核实，并对发票开展协查。做好申报异常比对工作，对达到异常申报标准纳税人转税源管理科进行核实，配合征收管理部门做好国家税务总局、省税务局下发的“快反”（增值税发票风险快速反应工作机制）任务核实。（沈　朔）

企业所得税汇算清缴　2019年，鼓楼区局围绕省税务局、市税务局工作部署，结合鼓楼区企业所得税管户实际，扎实做好企业所得税汇算清缴。一是制定汇缴方案。根据辖区内企业2018年4季度预缴申报及2017年度汇缴申报数据进行案头分析，清理数据，筛选应汇缴户。制定《2018年度企业所得税汇算清缴方案》，明确总体目标、具体要求、实施步骤及时间、岗位分工职责及后续管理，统筹安排所涉及的政策解释、纳税服务、税收征管、税源管理等各环节工作。二是开展分类分层政策宣传培训。汇缴前期，梳理2018年度企业所得税新政及汇缴常见问题，对税务干部及纳税人关心、常问的问题进行梳理，及时与上级部门沟通，明确政策执行口径。鼓楼区局专门组织全体干部的新政内部培训，确保每名业务干部对新政应知尽知，申报填写应会尽会。加强“96888706”热线咨询辅导，对9名专职接线人员开展每日两次培训，重点就2018版企业所得税年度申报表的变化和填报、研发费用加计扣除等政策进行了业务培训。开展多种形式的新政对外宣讲，跨部门协作，多角度地推进新政的宣传辅导工作。针对重点行业、工商联成员单位、街道商会、中央门商贸区管委会、各类市场、定点联系企业等纳税人，组织专场辅导20余场，重点企业点对点送政策上门，纳税人学堂等共培训纳税人近6000人次，基本实现对重点纳税人的全覆盖。三是加强实时监控。运用“目视管理”实时监控汇缴过程，5月15日前每周对申报进度进行统计，按汇缴申报进度制作未申报清册，进行申报提醒和管理；5月15—31日，逐日统计发布未申报信息和申报率，各部门逐户联系了解情况，掌握未申报原因，采取措施。截至5月31日，共计40716户企业参加2018年度的企业所得税汇缴申报，剔除非正常户等因素，准期申报率为99.12%。全年实际应纳所得税额110.65亿元，汇缴应补所得税款25.7亿元。（沈　朔）

个人所得税改革　2019年，鼓楼区局推进个人所得税改革有序稳步开展。一是加强组织领导，压实工作责任。成立个人所得税改革领导小组、各专项组，主要负责人靠前指挥，分管副局长组织落实，积极向区委区政府汇报个人所得税改革阶段工作任务及全面税制改革影响，争取地方党委政府对第二阶段改革工作的支持。二是针对重点热点，精准宣传辅导。按照“1+1+1”（1名政策专家、1名税源管理干部、1名纳税服务人员）的人员配备模式，第一时间上门对省委、省人大、省政府、省政协“四套班子”、省级机关、高等院校、大型医院、重点企业等开展培训辅导，坚持既抓重点，又抓热点，定期收集专项附加扣除等热点问题，积极回应社会关切，主动推送政策解答，全年对外培训30余场，1.5万余人次。发挥办税服务厅前台“个人所得税咨询和申报”专窗作用，利用业务能力强的分管副科长及个人所得税团队的优势，将纳税人自行申报中的问题解决在大厅。同时，做好对特服号坐席人员专项政策和操作培训，实现线上线下、窗内窗外咨询无缝隙，将问题解

2019年9月12日，鼓楼区局走进南京大学对外籍人员进行个人所得税新政辅导（尹　涵　摄）

决前移到电子税务局、个人所得税APP或外网远程终端。三是注重风险防范，加强数据清理。预扣预缴申报质量是个人所得税基础管理的核心内容，也是个人所得税改革落地的根本保障。国家税务总局下发了身份验证类和申诉类申报疑点数据，鼓楼区局派员参加市税务局组成专业团队集中办公，通过全量数据分析（全市14.5万户116万人），查找管理薄弱环节，分类制定处置规则。四是强化跟踪问效，确保政策落实。鼓楼辖区内省部级以上领导和涉密单位较多，个别单位由于人员信息涉密、汇总申报等因素，无法通过明细数据分析减税效果。政策落地过程中，在坚持个人信息保密的基础上，配备专门人员，点对点沟通，重点关注这部分群体是否享受到政策的优惠，专项附加扣除的政策是否到位，保障所有人员都享受到政策红利。2019年，个人所得税入库22.69亿元、同比下降36.8%，下降幅度位居南京市所有区第一位。

（杨　柳）

社会保险费职责划转　2019年，鼓楼区局落实各项举措，按时完成社会保险费各阶段职责划转。一是加强组织保障。贯彻落实各级工作部署和要求，成立社会保险费职责划转工作领导小组，在减税降费工作领导小组下增设社会保险费专项工作组；制定各阶段职责划转工作方案和应急预案。二是厘清工作主线。在职责划转初期开展全区社会保险费征缴业务调研，摸清险种、缴费群体类别，缴费规模，登记缴费模式，争议处理方法及相关部门之间的职责划分，厘清工作主线。三是加强协同共治。依靠地方党委政府，坚持在区税收征管体制改革领导小组的统筹指导下，加强与各相关部门之间的沟通协调，构建协同共治的工作机制，落实城乡居民医疗保险和城乡居民养老保险城乡网格化管理办法，发挥好人力资源和社会保障、财政、税务等部门的专业优势，落实好稳定征收政策、稳定缴费渠道、稳定改革环境的“三个稳定”工作要求，不断增强共治合力和协同水平。四是优化服务支撑。对内坚持“以缴费人为中心”的理念，配合市税务局开展微信、支付宝、我的南京APP、自然人电子税务局多项缴费渠道等多项测试工作，实现缴费业务掌上办理，推行多元便捷的缴费服务，减少办税厅工作压力。在办税厅开设社会保险费专窗和咨询专窗，实现缴费业务兜底办理，派驻干部参加市税务局集中办公，确保及时响应、高效解决职责划转和系统切换上线过程中出现的各种问题。按时完成社会保险费职责划转，平稳实现机关事业单位养老保险和城乡居民医疗保险和城乡居民养老保险征收系统切换，实现网格化管理，全年机关事业单位311户，城乡居民养老保险缴费人761人、城乡居民医疗保险缴费人约17万余人。全年征收社会保险费96.95亿元。

（孟洁洁）

纳税服务　2019年，鼓楼区局优化营商环境，拓展“不见面”办税方式，落实纳税服务规范，优化纳税服务。一是瞄准痛点，深化简政放权。落实优化营商环境要求，落实市、区优化营商环境、促进民营经济措施，推动政策落地。简化退税流程资料：简材料，对于退税只需要提供一份申请表以及该笔入库的完税证，实现“最多跑一次”；减流程，减少退税流转环节，拓展“当场办结”范围。二是响应诉求，优化纳税服务。落实《全国税务机关纳税服务规范（3.0版）》，学习贯彻新规范，整合涉税事项、规范业务流程、加强纳税辅导，使新规范落到实处。积极落实“无纸办”，目前纳税人在办税服务厅办理的90%以上的涉税事项，均可享受“免填单”服务。建立诉求快速反应机制，遵守诉求工单办结时限，加快内部流转，确保按时办结。全年鼓楼区局收到投诉工单2142件，规定时间内办结，满意率达到97.09%。开展纳税信用评价，信用评价共完成52913户，其中A级2851户，占比5.39%；B级19056户，占比36.01%；A、B级纳税人数量与2018年度持平。

（王　卿、叶华应）

干部队伍建设　2019年，鼓楼区局规范干部选拔使用，加强教育培训，推进干部队伍整合、融合、聚合。一是做好人事工作，打牢“合”的基础。规范干部管理，落实好党委工作规则，发挥好把方向、管大局、保落实的作用；制定干部请休假、出国（境）、退休等制度。对近三年违规因私出国（境）的干部，分别给予不同处理，立好规矩。统一鼓楼区局辅助用工模式。盘活人力资源，选拔1正9副共10名科级干部，充实中层干部队伍；

2019年1月10日，鼓楼区局干部在办税厅辅导纳税人熟练使用“税惠通”移动办税平台

（孙浩伟 摄）

晋升32名非领导职务干部，推荐2名正科级干部到区政府任职。开展干部基础信息核对，为职务与职级并行工作打下基础。完成干部人事档案并库，完成2018年度考核表彰及国税地税征管体制改革有功人员表彰工作。做好老干部管理，有序推进离退休支部“六有一提升”（有党的组织、有领导班子、有组织活动、有作用发挥、有工作制度、有工作保障，提升组织力）创优工作，组建志愿服务小分队，开展主题活动、感受南京巨变，开展“百日大走访”活动，鼓励老干部为鼓楼区局建设、社区事业发挥余热。二是做好教育培训，提升“合”的能力。组织好教育培训，通过分级分类培训，举办科所长培训班，成立“青年干部志愿服务队”，加强岗位锻炼。组织干部参加国家税务总局视频培训、系统各条线专题培训，开展全员更新知识培训。开展好岗位练兵，组织业务骨干进行封闭集训，参加系统比武，获优胜单位三等奖；鼓励干部参加社会考试，2人取得“三师”（注册会计师、律师、税务师）资格。三是做好人文关怀，营造“合”的氛围。加强绩效考核正心，发挥绩效考核“指挥棒”作用，优化指标体系、压实责任传导，加强绩效沟通，通过绩效推动工作开展。做好数字人事新系统维护和升级、填写，将考核等次与个人评先、“两测”挂钩，激发干部动力。做好群团工作聚心，发挥群团组织作用，完善锻炼器材设施，结合特定节日开展丰富多彩的活动，加强沟通交流，融洽关系；组织部分劳模和先进会员参加疗休养。开展慰问暖心，建立行政及工会慰问制度，对于家庭变故、困难干部开展慰问54次。（史新浩、冯广友）

练兵比武 鼓楼区局提升税务干部全员业务素质和履职能力，充分发挥骨干人才的支撑引领作用，持续打造结构合理、素质优良、具有较高业务水平的税收人才队伍。根据《2019年江苏省税务系统“岗位大练兵、业务大比武”活动方案》，鼓楼区局通过开展学习练兵、比武竞赛，以点带面促进鼓楼区局全员练兵，鼓楼区局284人参加网络大学网络竞赛，参赛率达97.3%，279人达标，达标率98.24%。以岗位胜任力为重点，以干部专业化能力提升为主线，组织鼓楼区局业务骨干12人，划分政务秘书组、货物劳务税组、个人所得税组、大企业管理组，每组确定1名负责人，先后两次进行封闭集训，封闭人员克服工学矛盾、家庭困难，认真做好岗位自学、带头领学、集中研学，确保学习效果，4人通过市税务局第一轮选拔，2人通过市税务局第二轮选拔并参加省税务局比武，1人通过省税务局选拔并参加全国竞赛；鼓楼区局获优胜单位三等奖，赵鑫被评为省税务局优秀选手，陈玥被评为省税务局“专业骨干”，冯广友、陈阳被评为省税务局“岗位能手”。（冯广友）

巡察工作 根据市税务局党委统一部署，中共国家税务总局南京市税务局委员会第三巡察组（以下简称“第三巡察组”）从2019年11月13日至12月2日，利用20天时间，对鼓楼区局国税地税征管体制改革以来有关情况开展常规巡察。巡察组通过巡察了解，鼓楼区局党委深入学习贯彻习近平新时代中国特色社会主义思想和十九届四中全会精神，不断增强“四个意识”，坚定“四个自信”，做到“两个维护”。认真贯彻落实中共十九大作出的重大战略决策部署和习近平总书记对税收工作的重要讲话和指示批示精神，严格落实国税地税征管体制改革、减税降费等重大决策部署，不断优化营商环境，建立健全“纵合横通强党建”机制体系，落实中央八项规定精神，强化作风和纪律建设，在全局上下营造出积极向上的良好氛围。本次巡察共发现三大类9项24个问题（其中2个已立行立改）。鼓楼区局党委完全接受巡察意见，

结合市税务局党委提出的整改要求，以召开专题会议进行研究部署，认真制定整改方案，细化分解任务，逐一落实整改，同时，把落实整改的过程与具体实践工作相结合。（于　群）

“不忘初心、牢记使命”主题教育　2019年，鼓楼区局以党委会、领导小组会等形式扎实推进“不忘初心、牢记使命”主题教育，党支部书记扛起支部主题教育的责任，抓好党员学习教育。成立“不忘初心、牢记使命”主题教育领导小组，研究制定学习教育计划，制作主题教育工作事项进度图和主题教育党支部工作事项清单。在扎实推进主题教育中，将政治思想教育嵌入常态化主题活动，每月突出一个主题，先后组织“寻印迹、忆初心”主题活动、“不忘初心强意识，学习强国强自我”党的知识竞赛、“与党同心加油干”“践行初心使命、争当时代先锋”“我与鼓楼合张影”“我和我的祖国”喜迎新中国成立70周年等活动。主题教育推进经验做法被市税务局《南京税务》期刊第六期刊登。学习教育走深走实。在党员干部读原著、学原文、悟原理基础上，把每天学习一小时的要求，细化为“党委带头学、支部集中学、党员跟进学”的长效机制，全力推动理论学习往深里走、往心里去、往实里走。先后专题集中学习研讨15次，撰写心得体会72篇；举办支部书记轮训班，开展4次党支部专题讨论；鼓楼区局党委书记带头为机关全体党员上党课，其他班子成员到所在支部或联系点上党课，支部书记结合各支部实际开展了给支部党员“讲一堂党课”活动，先后共计上党课36堂。开展5次主题教育和党的知识应知应会测试，其中2次网上测试均为党员100%参与、人人100分。查改问题务真务实。党委班子和党支部坚持刀刃向内，深刻检视剖析；召开对照党章党规找差距专题会议，依次逐条回答“23个是否”，查找不足。认真梳理从各方面收集的意见建议，形成20个具体整改事项，制定整改台账；围绕11项专项整治任务，制定并落实包括35项77条具体措施的整治方案和任务清单。选取36家企业进行实地走访，收集各类意见建议39条，在分析研究的基础上撰写调研分析报告12篇并召开区局班子调研成果交流会。开好专题民主生活会和组织生活会，市税务局党委委员、副局长左明参加鼓楼区局专题民主生活会。（于　群）

监督执纪　2019年，鼓楼区局履行全面从严治党监督责任，进一步聚焦主责主业，从严监督管理，强化执纪问责，纪检监察工作推进有序。一是聚焦主责提升监督质效，落实政治监督，通过参加党委会、局长办公会、民主生活会等会议，强化对主体责任落实情况监督。按照“三查并重”（查处干部违纪行为、查纠执法程序偏差、查堵税收管理漏洞）原则，精心设计调查清单，完成“一案双查”3户，针对纳税服务和税收执法过程中存在的20个不规范、不严谨的问题，对6名责任人进行批评教育。紧盯“三公”事项，落实日常监督，加强对个人有关事项报告执行情况的监督，3人报告婚丧事项，对102人次因私出国（境）审批进行监督。二是紧盯“四风”抓好作风建设，贯彻中央八项规定精神，落实办公用房使用规定。着力整治形式主义、官僚主义问题，开展批评与自我批评。加强对干部“八小时以外”的监督管理，做好预警提示和风险防控；严格执行请示报告、外出报备等制度。三是运用“四种形态”加强问责，对两批次市税务局纪检建议书中的问题线索，采用查阅相关台账记录、调阅当日监控资料、查询通话记录、向当事人及其他相关人员询问了解情况等方式方法，认真开展调查核实，运用监督执纪“第一种形态”进行严肃追责问责，从严从实加强干部教育管理监督。梳理鼓楼区局中共十八大以来查处的违纪案件，以案促改加强廉政风险防控工作。（丁　原）

政务管理　2019年，鼓楼区局围绕税收中心工作，充分发挥管理、协调、督查等职能作用，促进有序运转。一是加强工作，研究新闻信息工作规律，创新方式，围绕税收中心工作开展宣传调研，其中信息位居系统第二，新闻稿件被央媒采用10篇、省媒采用30篇；做好内外部网站管理，按要求进行发布审批、内容更新。加强税收调研，实现《中国税务》稿件突破，完成《江苏税务》《南京税务》等刊物用稿任务。二是做好办文办会工作，加强公文管理，从发文、收文、内部流转等方面加强规范，提高公文质量和办文效率；根据市税务局会议安排、结合 工作需要，科学统筹，做好会议保障，确保会议组织顺畅。三是加强信息公开和信访，建立政府信息依申请公开部门联动机制，规范内部流转、加强法制审核、及时有效应对，全年处理依申请公开案件7起，信访案件13件，有效消除舆情隐患。四是加强机要保密工作。通过全员保密教育与日常保密提醒相结合，落实保密制度，加强保密自查，确保国家秘密和工作秘密安全。（冯广友）

后勤管理 2019年，鼓楼区局针对新形势，完善制度、规范流程、创新方式，提高后勤保障效率，防范风险。一是完善制度。针对原相关物资需求多头、采购人员多方、采购方式多样，需求、采购、保管、报销相关职责重叠的现状，制定新的采购制度，实行"需求单位提出需求、岗位人员上报申请、主任（分管副局长）审批、分管副主任统一采购、岗位人员保管并报销"，达成"职责分离、互相监督"目标，降低廉政风险。规范财务管理，加强审核，实行"经办人报销、证明人证明、分管财务副主任初审、主任审核，分管副局长终审"的报销流程，加大监管力度，降低财务风险。二是简化流程。为适应"放管服"改革新形势对办理时限的要求，及时修订印章使用规定，对于大量同类业务用章，实行批量办理，减少各科所往返次数，而对于紧急用章，报请分管副局长同意后，先行用章，后补签字，提高效率。对于医药费报销，改变原先由每名干部找主任审批的做法，改由专门会计审核后，统一报主任签字报销，使干部报销医药费"最多跑一次"。三是创新方式。针对干部就餐形势，经过反复调研，多方论证，充分考虑干部利益，兼顾就餐稳定性，最终采用"保留两个食堂，按季重新选择"的就餐方式，解决干部就餐问题。（冯广友）

（责任编辑　史玉珠）

雨花台区税务局

概述 2019年，国家税务总局南京市雨花台区税务局（以下简称"雨花台区局"）以习近平新时代中国特色社会主义思想为指导，坚持党建引领，聚焦减税降费，以"和合共进"（和谐共进、合作共赢）文化带队伍，提升纳税服务，优化营商环境，为税收治理体系和区域治理能力现代化服务。

一是全力以赴落实减税降费。成立减税降费工作领导小组，不断推进减税降费工作落实。抽调精干力量集中办公，部署工作任务313项，做到挂图作战、到点验收。同时通过精准核算，不断完善退税收尾工作，线上多途径将退税结果告知纳税人，推进小微企业政策追溯退税（费）红利推送。2019年，因减税降费政策落实减税27.61亿元。

二是守住底线应对形势变化，全力保障组织收入。严守组织收入原则，充分利用收入风险监控指标筛查，强化动态监控，全年预测准确率达99.5%以上。贯彻税收优惠政策，建立分税种分项目退库台账，全年共计办理各项退库29141户次，退税金额28.92亿元。提升收入掌控能力，接收多批次涉及组织收入风险的执法督察和疑点数据核实工作，未发生一起违规行为。追踪重点项目建设情况，培植新兴税源增长点，对100个新增重点项目跟踪调查，建立新增重点项目库，保障组织收入应收尽收。

三是夯实基础深化征管改革，协调推进体系优化。作为征管体制改革后的第一个完整年度，雨花台区局继续夯实征管改革基础，深化税收管理改革。推进"金税三期"系统并库顺利完成，梳理合并前余留工作共计六大类407项次，对32家委托代征单位的代征代开发票情况全面检查改进，清理欠税13户次近1.1亿元，应对完成206户次风险评估工作，总成效1.4亿元。

四是规范运行，强调依法行政，切实提升法治水平。不断强化诉讼专项工作应对能力，提升行政诉讼案件应诉能力，开展规范税收执法工作的自查整改，进一步规范税收执法行为，营造良好营商环境。同时不断强化督查内审，突出重点开展内部控制建设工作。

五是利用"大数据"提升纳税服务，聚焦"放管服"目标，优化纳税营商环境。利用后台数据分析，合理保障高峰期办税服务厅的办税效率，对岗位及窗口业务人员整合，随时做到调岗、补岗、增岗，监控各项指标数据，及时调整管理模式。2019年，纳税人综合申请新办套餐线上受理准期办结率达99.73%。

六是坚持从严治党，突出规范作风建设。全面贯彻落实中共十九大精神，深入学习贯彻习近平总书记系列重要讲话精神，以“不忘初心、牢记使命”主题教育为契机，深入推进全面从严治党，夯实基层党组织基础，扎实做好思想建设、组织力提升、制度落实、责任延伸和工作融通融合等重点工作，基层党组织规范化水平得到提升。

（张淑卿）

机构设置及负责人

办公室

主　任　方智勇

副主任　黄银柏

张淑卿

法制科

科　长　薛　涵

副科长　张　鑫（2019年4月任）

副科长　封其建（2019年4月任）

税政一科

科　长　王咏东

副科长　许　昱

潘亭洁（2019年5月任）

税政二科

科　长　葛广银

副科长　王海敏

柳　佳（2019年4月任）

收入核算科

科　长　王海波

副科长　黄　敏

郭寒松（2019年4月任）

纳税服务科

科　长　李海燕

副科长　周　露

何墨涛（2019年4月任）

征收管理科

科　长　陆　山

副科长　蒋丽莎

朱燕燕

人事教育科

科　长　瞿建峰

副科长　林志祥

副科长　庄舒文（2019年4月任）

党建工作科

科　长　纪为林

副科长　翁晓宇（2019年4月任）

纪检组

副组长　王　旭

税源管理一科

科　长　徐瑛辉

副科长　王　兵（2019年5月任）

税源管理二科

科　长　张志强

副科长　劳　莉

税源管理三科

科　长　谢健平

副科长　傅怀原（2019年5月任）

税源管理四科

科　长　邱　蔚

副科长　吴洁奇（2019年5月任）

税源管理五科

科　长　赵　鹏

副科长　洪　剑

税源管理六科

科　长　曹　波

副科长　蒋辉群

税源管理七科

科　长　赵益军

副科长　刘国宝

副科长　谢景海

第一税务所

所　长　李　勇

副所长　柳小梅

信息中心

主　任　方　玉

纳税服务中心

主　任　吴文生

（张淑卿）

服务区域经济发展　2019年，雨花台区局按照组织收入原则，做到“应收尽收，不遗不漏”，服务区域经济发展。在组织收入过程中加强筛查监控，防止收“过头税”、虚收空转等违规行为的发生。贯彻税收优惠政策，做到“应退尽退，不存不留”，建立分税种分项目退库台帐，加强与税政科室、纳税服务科的工作协调配合，及时快速兑现优惠政策。提升收入掌控能力，做到“关键节点，

2019年11月11日，雨花台区局税务干部到南京同仁堂进行纳税服务　　（张淑卿　摄）

合法合规”，杜绝税款非正常征期提早入库，申报期后发生大额税款入库履行报告制度，严防关键节点严重违反组织收入原则行为的发生。追踪重点项目建设情况，培植新兴税源增长点，通过与雨花台区发展和改革委员会、财政局、统计局等部门的协调沟通，对软件业、生物医药、高端商贸、先进设备制造进行跟踪管理，充分挖掘潜在税源。2019年，累计税收总收入140.65亿元，同比减少16.13亿元，减幅10.29%；累计完成区级公共财政预算收入73.59亿元，同比减收6.74亿元，减幅8.39%。（张淑卿）

落实减税降费政策　2019年，雨花台区局认真学习贯彻党中央、国务院关于减税降费的指示精神，推进减税降费政策措施落地落实。强化组织，成立减税降费工作领导小组，构建“一揽子统筹、一竿子到底”的统一指挥体系，推动减税降费工作高效运转。规范制度，抽调精干力量参与集中办公，每周召开工作例会，及时收集、研究、解决减税降费工作中出现的情况问题。精准核算，完成红利推送，严格按照国家税务总局江苏省税务局（以下简称“省税务局”）、国家税务总局南京市税务局（以下简称“市税务局”）统计口径核算小微企业政策追溯退税（费）落实情况，确保数据及时、准确、全面。2019年，共办理各项退库29141户次，退税金额8.39亿元，因减税降费政策措施落实减税27.61亿元，其中，2019年新出台政策实现减税12.86亿元，占比46.58%；2018年减税政策在2019年的翘尾新增减税14.70亿元，占比53.24%；2018年到期后2019年延续实施政策新增减税0.05亿元，占比0.18%。（张淑卿）

税收收入特点与分析　2019年，雨花台区局实现税收收入140.65亿元。从税种方面看，实现增值税75.48亿元，同比增收0.88亿元，同比增幅1.18%；实现企业所得税24.3亿元，同比减收3.56亿元，同比减幅12.78%；实现个人所得税23.1亿元，同比减收11.01亿元，同比减幅32.28%，增值税贡献过半，个人所得税下降显著。全年完成一般公共预算收入73.59亿元，同比减收6.74亿元，同比减幅8.39%。从行业看，信息传输、软件和信息技术服务业实现税收收入42.17亿元，占总收入的29.98%；房地产业实现税收收入26.17亿元，占总收入的18.61%；批发和零售业实现税收收入16.24亿元，占总收入的11.54%；制造业实现税收收入15.05亿元，占总收入的10.7%；建筑业实现税收收入8.43亿元，占总收入的5.99%，第三产业税收贡献超八成。2019年，该局亿元企业、千万元企业和百万元企业的户数分别为23户、133户和621户，收入分别占税收收入的41.93%、29.39%和13.28%，合计贡献全区税收收入的84.59%。其中亿元企业减收幅度较大，同比减收27.33亿元，同比减幅31.67%；千万元企业同比增收5.3亿元；百万元企业同比减收0.71亿元。（张淑卿）

中国（南京）软件谷税收总量下降　2019年，中国（南京）软件谷实现软件业务收入达1800亿元，同比增长16.1%；全年全口径入库55.39亿元，同比下降5.05亿元，降幅8.4%；全年累计入库一般公共预算收入为26.11亿元，同比下降1.80亿元，降幅6.5%。2019年，中国（南京）软件谷已形成通信软件及运维服务、云计算大数据及信息安全、互联网、人工智能及智能终端四大创新产业集群，集聚各类软件企业超过2600家，涉软从业人员超过26万人。其中，中兴软件集团南京12家公司（以下简称“中兴”）全年全口径入库12.27亿元，同比增长0.11亿元，增幅0.9%；累计入库一般公共预算收入6亿元，同比增长0.22亿元，增幅3.9%。华为南京研究所和华为南京有限公司（以下简称“华为”）全年完成全口径税收11.94亿元，同比下降5.14亿元，降幅达到30.1%；全年累计入

库一般公共预算收入5.03亿元，同比下降2.17亿元，降幅为30.1%。（张淑卿）

税源税户基础管理 2019年，雨花台区局不断加强税源税户基础管理，巩固税源监控机制。一是固化与重点税源企业的联系。继续落实年纳税额100万元以上重点税源企业定人定点联系制度，加强对重点税源企业的动态监控，抓大不放小，提高收入预测水平。二是追踪重点项目建设情况，培植新兴税源增长点。通过与各部门的协调沟通，对软件业、生物医药、高端商贸、先进设备制造进行跟踪管理，充分挖掘潜在税源。按季搜集区域新增项目已实现税源及预期税源的情况，并进行分析、反馈报送。2019年，共对100个新增重点项目进行了跟踪调查，建立新增重点项目库，涉及计划投资总额219亿元。三是加强与单位内部各职能部门沟通协调。在税收政策变化调整、企业所得税汇算清缴、企业股权变更和土地增值税清算等关键事项上开展相互联动，从而更好地掌握税源变化情况，把握好税源增减变动的规模。（张淑卿）

税收征管 2019年，雨花台区局继续夯实征管改革基础，深化税收管理改革，不断提升征管质效。一是落实省税务局新征管规范及操作规程，细化多岗位工作流程边界划分，加大数据平台使用，顺利完成金税三期系统并库工作。梳理原国税地税合并前余留工作共计六大类407项次，整合工作流程41项，出台相应工作意见18类70余条。二是加强监管，对32家委托代征单位的代征代开情况进行了全面检查改进，牵头实施委托代征系统2.0升级工作。全面加强对纳税人欠税的风险分析和监控，按月追踪，对重点欠税企业实施开票及预测税款全面监控，共清理欠税13户次，清理各类欠税近1.1亿元。三是加强过程监督提升风险评估工作质效，通过设立集体审议制度，加强风险应对团队化试点，对土地增值税及国家税务总局重点工作任务尝试开展跨部门团队合作，取得较好成果，全年应对完成风险评估206户次，总成效1.4亿元。同时承接各类举报案件共计11起，完成出口退税风险户7户次，自然人冒用435户次，申请欠税追征1户次，追征税款1371万元。四是全面加强协调，加强信息保障。切实做好影视行业专项工作，对所有47户企业及个人进行了逐项辅导，建立分户台账资料，对省税务局重点企业及个人，多次上门直接督导。优化业务专网进行，大幅提升业务专网运行速度，保证雨花台区局办公环境安全稳定。（张淑卿）

依法行政 2019年，雨花台区局规范运行强调依法行政，切实提升法治水平。一是加强税收法治工作，提升依法治税能力。围绕一起举报人不服雨花台区局行政管理的行政诉讼案件，积极开展应诉工作，加强诉讼专项工作应对能力。开展法制化营商环境保护民营企业发展督查工作，牵头开展对单位规范税收执法工作的自查整改，进一步规范税收执法行为，营造良好营商环境。组织行政处罚类业务全员培训，开展重点事项法治调研，对执法工作进一步梳理流程、规范文书答复，进一步提升工作水准。2019年，全年行政处罚共计4192户次，合计处罚金额120.62万元，其中一般性程序处罚324户次，简易处罚3868户次。二是加强督察内审，规范各项工作。突出重点开展内部控制建设工作，按月做好税收执法过错调查核实、陈述申辩工作和重要职能科室的内部控制评估工作。2019年，系统推送执法过错共计227条，充分发挥平台防范预警作用。对税务行政处罚、残疾人个人所得税管理等进行专项执法督察，涉及案卷60份，合计退还税款17.17万元，对全年共涉及的194条疑点数据及2条疑点数据做好专项疑点数据核查。（张淑卿）

税收优惠政策落实 2019年，雨花台区局通过精细税种管理，落实税收优惠，全面释放红利。一是切实落实货物和劳务税政策。做好政策执行，认真落实软件企业、残疾人就业企业税收优惠政策，2019年累计办理增值税优惠退税8.9亿元，其中，软件产品增值税即征即退8.38亿元，增值税留抵退税2408万元，增值税小微纳税人减免增值税约7700万元。制定相关工作方案，组建工作团队，加强内外部培训和宣传辅导工作，确保增值税发票系统2.0版准时上线。二是做好个人所得税改革措施落地。梳理了个人所得税主要管理事项46个，建立了职责清单、事项规程，对7个重点事项建立了操作规范。2019年，雨花台区局共入库个人所得税23.09亿元，同比减少11.8亿元，降幅32.28%；其中，综合所得享受专项附加扣除人数达到92037人，减少个人所得税1.61亿元。由于减除费用提高到5000，惠及纳税人31.34万人，减少个人所得税10.27亿元。三是强化企业所得税管理及优惠政策落实，通过对小型微利企业、高新技术企业、软件企业开展了专项政策所得税汇算清缴培训，加强优惠政策落实，精准帮扶企业。2019年，完成企业所得税汇算清缴申报20152户，企业汇算清缴准期申报率达99.41%，汇算清缴辅导面达100%。其中，小微企业优惠政策实际受惠面100%，减免税额共计5966.93万元；613户企业享受研发费用加计扣除政策，累计加计扣除38.02亿元，减免税款9.5亿元；110户企业享受科技型中小企业加计扣除2.4亿元；75户企业享受高新技术企业减免，减免税款3.38亿元；73户软件企业享受减免，减免税款8900.88万元；10户国家规划布局内重点软件企业享受减免，减免税款2.7亿元。四是做好国际税收及出口退税工作。2019年，非居民企业税收收入总额14036.5万元，同比增长54.75%，较2018年有大幅提升。按要求落实好企业“走出去”相关政策，新增12户“走出去”企业，加强“走出去”企业服务与管理。全年累计办理免抵退税2.68亿元，其中，免抵额1.09亿元，应退1.59亿元。五是推动土地增值税清算及环境保护税征收工作，多次开展土地增值税清算培训，定期召开工作推进会。做好对全区72户环境保护纳税企业的日常管理和服务工作，加强日常差异数据的复核工作，与环境保护部门共享数据。（张淑卿）

社会保险费及非税收入 2019年，雨花台区局坚持组织收入第一职能，在减税降费的大背景下，立足保障民生，坚定信心，强化措施，扎实组织社会保险费及非税收入。一是主动加强与区人力资源和社会保障局的沟通和协调，做好社会保险费划转工作对接，抽调业务骨干充实办税服务厅人员配置，及时根据业务量情况，动态调整人力资源配置，特别设立社会保险费咨询引导专岗，答疑解惑，并引导缴费人使用“网上、掌上、自助”等缴费渠道。4月份前，对全区确认划转的192户机关事业单位提前制定了逐户上门计划，设置机关事业单位社会保险费申报专窗，保障明细申报顺利进行。二是切实落实降费政策，增强缴费人获得感，按时开展社会保险费降率和社会保险费基数调整工作，继续落实阶段性降低职工失业保险、工伤保险费率，全年企业社会保险费减负2.4亿元，缴费人获得感大大增加。2019年，共组织企业社会保险费及非税收入49.75亿元，同比增长2.5%。其中社会保险费收入48.64亿元，基本与2018年同期持平，征缴面达到99.73%；工会经费入库1254.32万元，同比略有减少；残疾人就业保障金入库2504.15万元，同比增长11.4%，征缴面超85%。另外新增机关事业单位社会保险费192户，征缴社会保险费7399万元。（张淑卿）

纳税服务 2019年，雨花台区局以优化纳税服务为抓手，全面提升区域营商环境。一是紧跟目标，以涉税指标带动服务优化。做到0.5个工作日完成新办企业综合申请套餐的审批一整套环节，平均单户受理时长为0.22小时。实体办税服务厅办税业务量总计329527次，短信平台发送量总计1443044条，各类邮寄文书共计22103户次。除部分事项无法实现在网上办理外，其他简单事项、常规事项已实现在网上办理。二是对岗位及窗口业务进行整合，着力培养大厅人员一专多能，高峰时期随时调岗、补岗、增岗。监控综合业务量、等候时长及分类应急管理，定期对办税服务厅管理系统指标数据分析研究，迅速调整管理模

2019年4月24日，雨花台区局青年干部们深入梅山地下矿坑进行调研体验（庄蓉芳 摄）

式。三是认真开展年度纳税人满意度调查迎查工作，对辖区内24339户纳税人进行了信用评价，对301户D级纳税人及时按照相关管理要求实施了失信惩戒措施，完成年度信用评价工作。四是上线运行雨花台区局征纳沟通平台。认真开展并落实"数字化税企服务智能平台"搭建、维护、培训及推广，目前平台中企业总数为22594户，已激活16670户，激活企业激活率达到74%以上，全面拓宽税企交流方式。五是突出岗位培训，强化特服号管理，咨询服务水平有所提升。加强对特服号咨询人员业务培训，开展特服号与办税服务厅交流实训活动，定期对电话服务的质量开展自查与互查。该局特服号全年来电总数为105800个，人工接听数75957个，接通率为91.65%，达到市税务局的考核标准，总体考评得分位居系统前列。

（张淑卿）

创建"英雄支部"孙津川支部 2019年，雨花台区局开展"英雄支部"孙津川支部的创建工作，组织党员学习、观看孙津川英雄事迹，与英烈后代面对面，聆听孙津川烈士的革命故事。推进"英雄支部"创建工作与减税降费、组织收入等税收重点工作相融合。扎实抓好党建工作责任制落实，进一步完善党建工作格局，制定下发2019年全面从严格治党工作要点，细化全面从严治党"两个责任"（党委负主体责任，纪委负监督责任）清单。进一步细化党支部工作清单和操作规范，建立完善党建工作室，认真落实民主生活会等各项制度。与市税务局征管和科技发展处党支部结对共建，并确定雨花台区局第四党支部做为市税务局领导的基层党支部工作联系点。与雨花台区区级机关工委联创共建，先后开展"组团式服务"，服务辖区300多家软件企业和200余家"大板桥"区域企业，激发了党建工作活力。

（张淑卿）

"不忘初心、牢记使命"主题教育 2019年，雨花台区局党委认真贯彻"守初心、担使命，找差距、抓落实"的总要求，扎实开展"不忘初心、牢记使命"主题教育。成立主题教育领导小组，一体化推进"不忘初心、牢记使命"主题教育，进一步完善主题教育实施方案和任务清单，由党委班子带头读原著、学原文、悟原理，主题教育期间共集中

2019年6月22日，雨花台区局党员干部在新四军黄桥战役纪念馆，开展集体党日活动，颁发集体党日证书　（张淑卿　摄）

学习研讨15次。开展支部书记培训班，组织各支部对专题开展集中研讨。结合工作实际，确定18项调研选题，由党委成员分别带队，走访南京运满满供应链管理有限公司等重点企业，取得8项调研成果并进行成果交流。班子成员主动走访区党政机关及相关部门，汇报工作情况，征求意见建议。召开领导班子对照党章党规找差距专题会议，全面检视查摆自身存在的问题，开展相互提醒。制定雨花台区局《主题教育专项整治任务清单整改计划》，主动承接市税务局机关专项整治涉及基层问题的联动整治，开展11项专项整治，制定35项整改任务及42项具体措施。（张淑卿）

"纪检日（考廉日）"活动 2019年，不断创新"纪检日（考廉日）"活动形式。结合税收征管体制改革进程、优化纳税服务工作，组织各部门利用科务会、纪检日（考廉日）等形式，加强对干部职工（包括劳务派遣人员）的廉政教育，通过组织案件警示教育、法律法规学习理解、相互答疑解惑等方式，让全体干部职工始终紧绷廉政之弦。过程中，抓住可能出现的为税不廉情况，及时发现薄弱环节和不良苗头，做好事前防控和关注提醒，从早从小纠正问题和隐患。通过"纪检日（考廉日）"活动，雨花台区局纪检组带领干部一起重温《中华人民共和国公务员法》、新修订的《中国共产党纪律处分条例》《以案说法——税务人员职务犯罪案例选编》等内容，引导税务人员加强自身修养，牢固法纪观念，严格自我管理，涵养好作风。在"纪检日（考廉日）"活动期间，大家围绕

发票管理、股权转让、土地增值税清算等重要业务，以“三险联防”（廉政风险、执法风险、税收风险）为切入点，展开讨论，进一步细化了基层科所“两个责任”清单，有效达成“一岗双责”（岗位领导干部要承担具体业务工作责任和党风廉政建设责任）的目标要求。（张淑卿）

获评2016—2018年度省、市文明单位 2019年，雨花台区局坚持以习近平新时代中国特色社会主义思想为指引，落实国家机构改革要求，把文明创建作为推动各项工作的有效载体，突出雨花特色，不断丰富形式，融通融合，促进了各项税收任务的完成。扎实开展社会主义核心价值观教育实践创新活动。倡导家风家训传承，引导干部职工传播文明风尚。开展“新机构、新服务、新形象”实践活动，大力挖掘选树先进典型。紧紧围绕中心工作，将文明创建与服务经济、服务纳税人、服务社会有机结合起来，倾力打造服务品牌，赢得了纳税人的好评。参加“城乡结对、共建文明”活动，走访慰问困难党员、看望留守学童、结对扶贫帮困。在全体领导干部的共同努力下，荣获“2016—2018年度江苏省文明单位”和“2016-2018年度南京市文明单位”称号。（张淑卿）

干部管理 一是健全完善相关政策，严管善待促进队伍深度融合。进一步规范人事休假制度，落实人事行政慰问制度，对个别岗位进行调整，有效增进了干部间融合。制定非领导职务晋升方案，2019年，晋升13名主任科员，提拔7名副科长，积极向地方党委政府沟通汇报，推荐优秀干部到地方任职、挂职，进一步优化区局中层队伍结构。在积极配合市税务局做好干部经商办企业的清理工作的同时，对请销假、个人出（国）境证照集中保管、出（国）境审批等事项规范流程，对未按规定进行审批的进行批评教育和处理，并积极做好政策宣传。二是全心全意，切实做好老干部服务工作。2019年，先后办理10名干部的退休手续，协同工会组织了6场欢送仪式，突出人文关怀，强化仪式激励。根据老干部兴趣爱好、身体状况组织“老干部看南京、书画摄影比赛”等活动，访谈老干部、老党员、老模范，注重新老干部和谐共进，让新同志传承老干部精业奋进精神，在新时期让税收工作再上新台阶。三是组织业务培训。先后组织120人分两批赴东南大学九龙湖校区参加更新知识培训。结合省税务局、市税务局开展的网络知识竞赛，挖掘教育资源，组织12名业务骨干进行封闭学习，2名兼职教师及业务骨干走上讲台传授经验和知识。组织27名新任科所长、政工干部开展业务及领导能力培训。围绕重点工作，开展内训17场，共计737人次参加，其中涉及减税降费相关政策流程培训5场，社会保险费划转4场、土地增值税3场、行政处罚1场、金税三期系统培训1场，有效促进了业务融合。参与“岗位大练兵、业务大比武”活动，税政二科戴丁香、党建工作科翁晓宇和税政一科潘一鸣晋级第一轮竞赛，税政二科戴丁香进入市税务局代表队参加省税务局比武。（张淑卿）

行政管理 一是细致规范财务工作，做好每月预算支出进度安排，保障完成市税务局每个月的预算执行要求。合理编报2019年度用款计划，每月上报预算支出进度表，合理安排支用2018年度结余结转资金，保障经费运行。二是条理安排事务工作，紧贴中心任务搞好保障，紧紧围绕干部需求，有序解决干部关心的问题。完成楼宇出新及空调系统改造，优化水泵房、浴室和值班室改造，做好原国税地税资产并账及资产划转移交工作。三是全力强化政务工作，持续发挥“绩效考核抓班子、数字人事带队伍”作用。充分发挥新闻信息写作团队力量，深入挖掘工作亮点、特色，加强减税降费在高级媒体、新媒体的宣传。2019年，实现中央级媒体用稿6篇，省级媒体用稿件30篇，市级媒体用稿30余篇，新媒体采用稿件50余篇。全力加强保密培训管理，切实做好保密工作，公文、信访等工作扎实推进。（张淑卿）

（责任编辑　史玉珠）

栖霞区税务局

概述 2019年，国家税务局总局南京市栖霞区税务局（以下简称“栖霞区局”）以习近平新时代中国特色社会主义思想为指导，聚焦“不忘初心、牢记使命”主题教育和减税降费两大主线，完成各项工作任务。获得江苏省文明单位、南京市文明单位、栖霞区文明单位、栖霞区完成“五个建设”（思想建设、组织建设、作风建设、反腐倡廉建设、制度建设）工作目标先进单位、栖霞区机关作风建设先进单位等称号，纳服科获得2018年度机关作风建设优秀窗口科室、2018年度国家税务总局南京市税务局巾帼文明岗，税政一科获得南京市青年文明号。

“不忘初心、牢记使命”主题教育。栖霞区局党委扛起主体责任，深入学习贯彻习近平新时代中国特色社会主义思想，聚焦“不忘初心、牢记使命”主题教育，牢牢把握“守初心、担使命、找差距、抓落实”的总要求，坚持把“学习教育、调查研究、检视问题、整改落实”贯穿始终，高标准高质量推动主题教育开展。

税费收入。组织税费收入121.67亿元，其中税收收入93.71亿元，同比增长9.85%，基金费2.23亿元，同比增长15.54%，社保费25.73亿元；区级一般公共预算收入47.34亿元，同比增长11.93%。

国税地税征管体制改革。完成“金税三期”系统并库，实现系统并合、业务融合、信息聚合。构建网格化服务管理体系，实施社保费和非税收入职责划转。推进个人所得税改革。全面落实新制度要求，构建全链条税收政策管理机制，提高税收法治化水平。

减税降费政策落实。成立减税降费工作领导小组，跨部门推行减税办实体化运作，加强与市监局、金融办、区财政局等部门的横向沟通和交流合作，推动信息共享与数据互通。加强数据集成，开发“减税降费小助手平台”，为每户纳税人量身定制“减税降费效应回馈单”，形成覆盖辖区5万余户纳税人的减税降费“大台账”。

税收营商环境。规范办税服务厅建设，调整窗口设置和人员配备；简并办税流程，推广“全程网上办”、“最多跑一次”事项，为新办企业提供“套餐式”服务。

税收风险管理。树立风险管理意识，夯实征管基础工作，深化信息安全建设，推动税收征管提质增效。紧盯税收高风险事项，加强增值税发票风险管理，把源头管控作为防范和遏制虚开增值税发票行为最有效措施，减少后续管理的工作量和涉票涉税风险。辖区内涉嫌虚开发票户数明显下降。

干部队伍建设。加强干部教育培训，建设重视学习、崇尚学习、全员学习三种氛围，突出常态培训检测、岗位练兵、比武竞赛三个载体，加强党建引领、精准施教、助学帮学三项机制；完善青年干部培养、评价机制，立足“政治引领、师生结对、压担锻炼”等举措，为青年干部搭建成长平台，引导、培养、激励青年干部快速成长；加速队伍融合，从人员、文化、能力、制度等多个维度提出促进融合的具体举措，促进干部队伍融合。

正风肃纪。坚决执行总局要求，紧盯重要时间节点，开展廉政提醒，组织谈心谈话20余次，开展漠视侵害群众利益专项整治，持续整治税收管理服务中“吃拿卡要报”、违规收受礼品礼金“微腐败”行为，严防“四风”问题反弹回潮。开展廉政文化阵地建设，被评为“省级廉政文化示范点”。组织参加职务犯罪现场庭审，组织干部参观检察院警示基地、龙潭监狱，深化“以案促改”，针对查处违纪违法案件、系统反面典型案例，召开讲评会，教育党员干部守底线、知敬畏。

（戴　飞、郭宝强）

机构设置及负责人

办公室

主　任　金富卫

副主任　夏业凡

　　　　戴　飞

法制科

科　长　仲新辉

副科长　杨丽琳

税政一科

科　长　陈永林

副科长　李　超

　　　　薛梦影

税政二科

科　长　彭蓓蓓

副科长　刘新鸿

收入核算科

科　长　刘立峰

副科长　牛坤杰

　　　　张　月

纳税服务科

科　长　黄　薇

副科长　潘　媛
杭可峰
殷玉娇

征收管理科

科　长　孙元庆
副科长　孙兰兰
马　骏

人事教育科

科　长　徐振栩
副科长　秦　莉

税源管理一科

科　长　钱敨清
副科长　张　军
徐连海

税源管理二科

科　长　刘世喜
副科长　李森林

税源管理三科

科　长　沈家明
副科长　陈志标

税源管理四科

科　长　胡　红
副科长　王　龙
王　骁

税源管理五科

科　长　庄森亭
副科长　吕　奎

税源管理六科

科　长　彭永斌
副科长　张忠安

税源管理七科

科　长　黄峰巍
副科长　田志军
王剑秋

机关党委(党建工作科)

专职副书记　刘德坤
副科长　陈爱娟

老干部科

科　长　韩明森

纪检组

副组长　李珊珊

第一税务所

所　长　杜　磊
副所长　周　海
李　莉

纳税服务中心(税收宣传中心)

科　长　周　鹏

信息中心

科　长　崔振兴

(徐振栩、李佩咨)

“不忘初心、牢记使命”主题教育　栖霞区局落实“守初心、担使命,找差距、抓落实”的总要求,围绕“理论学习有收获、思想政治受洗礼、干事创业敢担当、为民服务解难题、清正廉洁作表率”目标任务,一体推进学习教育、调查研究、检视问题、整改落实等四项措施,开展党建引领夯基础、服务大局促发展、为民服务解难题、干事创业勇担当、深化“四合”激活力、成果转化谋思路“六项行动”,落实“五个一”要求(举办一次支部书记培训班,党支部书记要将一次专题党课、或者向所在党支部党员报告一次个人学习体会,党支部要组织党员结合自身实际至少参加一次社区公益活动、扶贫济困等志愿服务,党支部要围绕减税降费、便民办税缴费等组织党员至少为纳税人、缴费人办一件实事好事,党支部要在主题教育结束前召开一次专题组织生活会)。

一是组织召开动员部署会议。成立“不忘初心、牢记使命”主题教育领导小组及办公室,编印《国家税务总局南京市栖霞区税务局党建工作领导小组关于印发“不忘初心、牢记使命”主题教育领导小组及办公室工作规则》。9月12日,组织召开“不忘初心、牢记使命”主题教育动员部署会议,市局第一巡回指导组到会指导。

二是制定主题教育实施方案。制定并发布《国家税务总局南京市栖霞区税务局“不忘初心、牢记使命”主题教育调研方案》和《国家税务总局南京市栖霞区税务局开展“不忘初心、牢记使命”主题教育实施方案》以及主题教育工作任务清单。

三是加强学习教育。制定发布党员领导干部学习教育计划和主题教育活动理论学习计划,通过党委中心组学习会、“三会一课”(支部党员大会、支委会、党小组会、党课）、"学习强国"APP、税务党建网等载体，开展《习近平新时代中国特色社会主义思想学习纲要》、习近平总书记系列重要讲话、论述和指示的线上、线下学习，做到党员干部每天学习不少于1小时。按照市税务局要求，在第一批"不忘初心、牢记使命"主题教育期间，同步开展学习教育活动。8月2日，组织党委班子成员、支部书记及党员代表共40人到栖霞区十月村广场，开展"忆初心、话税月、守底线"主题党日活动。8—10月，各党支部着眼减税降费政策落实，深入街道、企业开展"税企联动强党建、携手合作谱新篇"党建共建活动。9—11月，围绕中央明确的"党的政治建设、全面从严治党、理想信念、宗旨性质、担当作为、政治纪律和政治规矩、党性修养、廉洁自律"8个专题和总局提出的"保持对党忠诚，做政治上的明白人、勇于担当作为，做税收现代化建设的排头兵、坚守人民立场，做服务基层和纳税人缴费人的贴心人、树立清风正气，做兴税强国的干净人"4个专题，栖霞区局党委及各党支部分别开展集中研讨。10月，组织全体党员观看"中国好税官"及征管体制改革先进典型人物事迹报告录像，号召广大党员干部向先进典型人物学习。11月，组队参加区级机关工委举办的"弘扬清廉风，追梦赤子心"原创诗文诵读比赛。11月8日，组织全体党委委员、副调研员及各支部书记赴溧水红色李巷教育基地开展"追寻税务初心"主题党日活动；11月19日，组织30余名科级以上党员领导干部赴江苏省龙潭监狱进行警示教育，听取服刑人员"现身说法"。11月27日，根据关于深入学习贯彻中共十九届四中全会精神的要求，组织召开学习贯彻中共十九届四中全会精神专题研讨会。

四是开展调查研究。紧扣全年税收工作，围绕工作中的突出问题和纳税人缴费人反映强烈的热点难点问题，到重点企业开展实地走访调研。通过面对面座谈、点对点恳谈，共发现干部队伍建设工作机制不健全、落实减税降费不够高效、发票管理存在一定风险、大数据税收治理不够完善、纳税服务水平有待进一步提高、进一步防范执法风险和廉政风险等六大类20个问题。党委委员针对存在问题，形成"一报告两清单"（"栖霞区局领导班子调研情况综合报告""税务机关和税务干部反映的问题及意见建议清单""党政领导、纳税人缴费人反映的问题及意见建议清单"）。"不忘初心、牢记使命"主题教育期间，党委班子成员结合学习心得和调研成果，分别为所在支部党员干部讲专题党课。10月29日，组织召开调研成果交流会，研究解决问题的思路和措施，推动调研成果转化运用。

五是深入检视问题。9月26日，结合"三听两问"活动（听纳税人、听基层党员、听普通群众意见，问领导班子、领导干部存在突出问题，问改进作风、改进工作的意见和建议），同步召开纳税人缴费人、基层税务干部座谈会，征集内外部意见建议11条。10月，党委及班子成员对照党章党规、初心使命、岗位职责，逐条对照检查，开展批评和自我批评，形成问题清单114条。12月10日，召开"不忘初心、牢记使命"主题教育专题民主生活会。栖霞区局党委书记、局长殷壁峰通报栖霞区局领导班子主题教育查摆问题情况及上年度查摆问题整改落实情况，并代表班子作检视剖析和个人检视剖析。其他班子成员逐一发言，开展批评与自我批评。12月10—19日，各党支部相继召开专题组织生活会和民主评议党员活动。

六是整改落实。组织开展问题整改和专项整治工作，围绕增强"四个意识"（政治意识、大局意识、核心意识、看齐意识）、坚定"四个自信"（道路自信、理论自信、制度自信、文化自信）、做到"两个维护"（坚决维护习近平总书记党中央的核心、全党的核心地位，坚决维护党中央权威和集中统一领导），知敬畏、存戒惧、守底线，群众观点、群众立场、群众感情、服务群众，思想觉悟、能力素质、道德修养、作风形象，做到"不忘初心、牢记使命"，落实主体责任、抓好机关党的建设等6个方面，共梳理出131条问题，研究制定《栖霞区税务局"不忘初心、牢记使命"主题教育专项整治工作方案》，针对问题清单确定179项整改任务，建立问题整改台账并限期整改落实。11月13日至12月2日，市税务局党委第四巡察组对栖霞区局党委征管体制改革以来相关情况开展常规巡察，并于2020年1月2日专题反馈巡察意见。根据市税务局党委巡察整改工作要求，将巡察问题整改落实与"不忘初心、牢记使命"主题教育有机结合，针对反馈的在加强党的全面领导、党的建设、全面从严治党等3个方面10项24个问题，深入查找问题根源，聚焦问题整改，压实主体责任。其中21个整改完毕，3个正在推进。

七是全面总结评估。抓做法梳理和成效自评工作，注重成果巩固、持续深化拓展，不断将主题教育引向深入，推动全局工作整体提升。围绕贯彻落实国家减税降费重大决策部署，与栖霞区工商联、开发区局联合印发《关于建立栖霞区服务民营经济发展合作机制的意见》。针对社保征管职责划转问题，制定推行城乡居民社会保险费征管职责划转实施工作方案和征收系统上线切换工作应急预案，联合栖霞区财政局、人社局、医保局，建立栖霞区社会保险费征缴职责划转联席会议机制和"区—街道—社区"城乡居民社会保险费征缴服务三级网格体系。围绕青年干部培养、使用和管理，制定《国家税务总局南京市栖霞区税务局青年干部培养计划（青蓝工程）实施方案》，编制《栖霞局青年干部积分管理及"青年之星"评比办法》。加强党员教育管理，研究制定《国家税务总局南京市栖霞区税务局关于加强党员教育管理的有关规定（试行）》。发挥党委在全区税收事业发展中总揽全局、协调各方的领导核心作用，研究制定《中共国家税务总局南京市栖霞区税务局委员会工作规则（试行）》以及《中共国家税务总局南京市栖霞区税务局委员会议事内容目录清单》，促进区局党委各项工作顺畅高效运行。

（金　敏）

税费收入基本情况　2019年，栖霞区局入库税收收入98.15亿元，同比增收2.68亿元，增长2.81%。其中增值税40.13亿元，企业所得税24.92亿元，土地增值税6.53亿元，个人所得税7.37亿元。征收基金费2.23亿元，同口径增幅15.54%。其中，征收残疾人就业保障金0.12万元，工会经费0.085亿元，教育费附加1.20亿元，地方教育费附加0.80亿元。企业社保费应缴金额总计25.82亿元，实际已缴金额25.73亿元，综合征缴率99.65%。城乡居民医疗保险及养老保险入库共0.66亿元；机关事业单位养老保险入库1.54亿元，征缴率100%。完成区级一般公共预算收入47.34亿元，剔除增值税留抵退税省级承担35%部分后，实际入库区级一般公共预算收入46.57亿元，同比增收9.88亿元，增长26.38%，完成年度预算收入任务39.9亿元的118.64%，超序时进度18.64个百分点。完成市县级一般公共预算税收收入52.15亿元（按市税务局计划口径统计），同比增收7.53亿元，增长16.88%。

（牛坤杰）

税收收入特点　2019年，栖霞区局入库税收收入同比增长2.81%，税收收入态势随着减税降费政策效应的释放逐步回落。

分时段看，上半年，减税降费政策陆续发布并逐步推行，税收收入一季度同比增长9.75%，上半年同比增长11.66%。下半年，税收收入同比降低7.31%，较上半年回落18.97个百分点。税收收入开始呈现较为明显的减收态势，尤其是增值税税率下调的影响逐渐体现，下拉效果比较显著。

分行业看，2019年房地产业、批发和零售业、建筑业、制造业等支柱行业税收增减不一。前四大税收重点行业合计入库税收65.02亿元，同比增收7.52亿元，增长13.09%，占栖霞区局税收总收入66.25%。其中，房地产业入库税收36.24亿元，同比增长14.96%；批发和零售业入库税收12.79亿元，同比增长21.37%；建筑业入库税收9.41亿元，同比增长9.03%；制造业入库税收6.58亿元，同比减少3.27%。重点税收行业占比依次为房地产业36.92%、批发和零售业13.03%、建筑业9.59%、制造业6.70%。与居民服务、修理和其他服务业同比减收的情况相比，金融业入库3.33亿元，同比增长41.24 %，科学研究和技术服务业入库3.25亿元，同比增长25.11%，这两个行业税收收入增长较大，成为重要亮点，一定程度反映经济转型升级的成效。

分经济类型看，2019年，国有经济（包含国有企业、集体企业和其他所有制经济中的国有控股企业）入库税收4.09亿元，同比减少19.33%，占栖霞区局税收收入的4.17%。民营经济入库税收79.62亿元，同比增长9.98%，占栖霞区局税收收入的81.12%。民营经济在充分享受减税降费政策红利的同时，入库税收依然实现小幅增长，表现出较强的抗风险能力和发展韧劲。民营经济在拉动全区经济税收增长中的重要作用进一步增强。

（牛坤杰）

主要税种收入情况和特点 2019年，增值税、企业所得税、土地增值税、个人所得税分别入库40.13亿元、24.92亿元、6.53亿元和7.37亿元，位居该局税种总量前四位，合计占比80.43%。消费税、资源税、城市维护建设税、房产税、印花税、城镇土地使用税、车船税、契税、环境保护税等其他9个税种合计占比19.57%，其中，契税入库10.17亿元，占比10.36%，其他税种总量均不足十亿元。增值税、企业所得税、土地增值税、个人所得税同比增幅分别为11.86 %、24.45 %、-22.96 %和-14.12%。四大主体税种走势趋于分化，土地增值税和个人所得税总量大幅回落。

落实减税降费各项政策成效显著，政策性减收拉低税收增幅。2019年，增值税税率下调涉及1.49万户纳税人，1.55万余户小规模纳税人符合“六税两费”［资源税、城市维护建设税、房产税、城镇土地使用税、印花税（不含证券交易印花税）、耕地占用税和教育附加、地方教育附加］减半政策条件，1.07万余户缴费人受益于社保费率由19％降至16％的优惠政策。2019年，因落实减税降费政策带来的新增政策性税收减收6.25亿元，其中增值税减收4.44亿元，个人所得税减收0.51亿元，小微企业普惠性减税1.28亿元。主要受此影响，税收增幅逐步从一季度的9.75 %回落至四季度末的2.81%，下降6.94个百分点。具体来看，一季度税收收入增幅较高的主要原因是2018年延缴税款的集中入库。二季度起，尤其是5月以后增值税税率下调的影响逐渐体现，下拉效果比较显著，综合企业所得税汇算清缴、调库收入等多种因素共同影响，税收收入下行态势明显。

减税降费影响持续深入，增值税、个人所得税减收影响较大。2019年，增值税收入40.13亿元，同比增长11.86%。实施深化增值税改革前的1—4月份，同比增长20.57%。改革后的5—12月份，同比增长5.77%。个人所得税收入7.37亿元，同比下降14.12%。自2018年11月后，受6项税前扣除费用和税率调整影响，个人所得税的月降幅基本稳定在15%左右。分税目看，工资薪金税目入库4.11亿元，同比下降39.37%；其他转让税目入库8.98万元，同比下降99.41%；利息、股息、红利所得税目入库0.41亿元，同比下降28.10%。

税收收入对房地产依赖度较高。房地产企业税收入库36.24亿元，占税收收入总额的36.92%，同比增收4.72亿元，增长14.96%，可售房源和成交量直接影响当期税源变化。土地增值税入库6.53亿元，同比减少1.95亿元，减幅22.96%。主要原因：一是房地产企业集中开盘。2018年同期南京东方颐年健康产业发展有限公司开盘君颐东方项目，南京中电熊猫置业有限公司2017年年末集中开盘，相应税收于2018年一季度集中入库，形成高基数。二是大额土地增值税汇算清缴预退税，南京高科置业有限公司退税0.68亿元。政策调整或者企业经营效益发生变化，则会造成税收宽幅波动。

重点税源税收收入有所下降，对税收的支撑力度下滑。2019年，41户重点税源企业入库税收收入22.78亿元，同比减收1.23亿元，下降5.12%，占栖霞区局税收收入的23.21%，较栖霞区局税收收入总增幅低7.93个百分点。年度入库前五位的企业共入库税收收入10.87亿元，同比增收4.56亿元，增长72.30%。（牛坤杰）

“减税降费小助手”开发 “减税降费小助手”主要实现一个平台操作、一单回馈、多维查询等功能。通过一维联政策、二维通科所、三维定明细，“减税降费小助手”实现了按部门、按户、按政策分类归集数据，同时根据专家团队预先设定的规则，自主推送应享未享、不应享而享受的疑点信息，最终为每户纳税人生成“减税降费效应回馈单”，让纳税人可以直观地看到应享受的优惠政策、减免税款、注意事项等信息。开发过程中，一是跨部门集聚业务骨干，组织专家团队，成立平台开发小组。二是对减税降费政策和纳税人两方面信息进行深度分析，建立“基础信息大台账”。三是设计“减税降费小助手”平台结构框架，与现有系统对应衔接。四是反复验证测试，不断完善、改进，确保平台使用效果。“减税降费小助手”在市税务局系统推广使用。2019年，共送出“减税降费效应回馈单”7000余户次，为纳税人减免各项税费共计15.66亿元。（刘立峰）

税收征管 2019年3月31日，实现原省国税局、原省地税局“金税三期”税收管理系统顺利并库。

开展对新系统、新功能、新流程的内外部业务培训。组织对内部培训8场，培训干部职工130人。组织外部财务人员培训10场，培训人员1500人。开展对重点税源企业以及重点税源项目的走访，共走访重点税源企业及项目100户次。完成征管基础各项工作：一是开展税收征管数据清理，逐项梳理岗位、权限、流程等内容，确保并库后“金税三期”系统顺利衔接、运转流畅。二是加强普通发票管理，从提高纳税人的税法遵从度及提升地方营商环境出发，对征管条线负责的相关15种普通发票，进行源头管控，强化跟踪管理，切实化解发票风险。三是加强催报、催缴、非正常户认定与解除、注销等工作，组织实施在税费大征期（4月、7月、10月）的错峰申报，确保申报秩序平稳。

（孙元庆）

税源税户基础管理 栖霞区局设置7个税务管理科，其中税源管理一科管辖仙林街道范围内企业；税源管理二科管辖尧化街道范围内企业；税源管理三科管辖八卦洲街道范围内企业；税源管理四科管辖迈皋桥范围内企业；税源管理五科管辖燕子矶街道范围内企业；税源管理六科管辖马群街道范围内企业；税源管理七科管辖全区范围内所有房地产、建筑安装企业（重点行业科）。另设置栖霞区局派出机构“第一税务所”，管辖全区范围内重点税源企业（2018年入库税款在50万元以上）及非企业性单位。8个科（所）主要承担征管基础管理事项、社会化征收管理事项、风险应对任务等。第一税务所还承担部分职能科室职能，对口市税务局第一税务分局，接受业务指导和考核。截至2019年12月，栖霞区局税务登记总户数5.8万户，其中，企业4.3万户，个体工商户1.5万户；重点税源（年入库税款50万元以上）4300户，占比10%。小型微利企业占90%；增值税一般纳税人1.6万户，占比37%。增值税小规模纳税人2.7万户，占比63%。

（孙元庆）

税收风险应对 2019年，栖霞区局完成税收风险应对任务153户，实现税收风险应对成效2.39亿元，贡献率3.12%。3月31日，实现原国、地税风险管理系统的整合。整合前，税收风险应对实行“过渡期”管理，主要完成存量45户的风险应对。整合后，按照新流程开展工作。具体措施包括：一是保障风险应对人力资源，安排不少于40%的人员从事税收风险应对。二是开展税收风险管理流程培训。3月7日于尧化办公点7楼会议室组织税收风险管理流程培训，详细讲解风险应对操作流程，各税源科（所）分管科长及业务骨干参加了培训。组织经典评估案例学习交流，组织各税源科（所）整理并编写风险应对案例，税源管理七科、一所各编写2篇，其余科（所）各编写一篇。征管科将一所的《南京某物流中心有限责任公司风险评估案例》、税源管理五科的《小细节发现大税款——江苏某石油化工有限公司增值税风险应对案例》及税源管理七科的《某安装集团有限公司风险评估应对案例》三篇优秀案例修改润色并报至市税务局。11月7日（周四）下午，组织开展干部监督提醒培训会暨“栖税课堂”之基层实务案例交流分享会，各税源科所进行了实务分享，提高干部的风险评估业务技能。三是开展税收风险应对过程监控。4月29日，召开数据和税收风险管理工作推进会，提出工作要求及风险考核指标。四是管理延伸，及时掌握重点企业、特殊纳税人信息，化解风险，完成税收风险应对任务153户，实现税收风险应对成效2.39亿元。

（孙元庆）

税收政策宣传 一是多渠道营造宣传氛围。通过办税服务厅电子显示屏播放减税降费动画视频课件、摆放宣传展架、张贴宣传海报、放置宣传材料。组织开展40余场有关“个人所得税6项专项扣除”、“小微企业减税降费”、“深化增值税改革新政”、“企业所得税汇算清缴”、“涉税服务中介专场”等方面内容的针对性培训，涉及2700余家有个人所得税扣缴单位、1678户小规模纳税人、6935户小微企业、1300余户一般纳税人。利用网站、微信、12366纳服平台等线上渠道加强宣传，先后30余次发送近60万条减税降费宣传辅导提示短信。二是加强宣传辅导，做到应知尽知。跨部门组建由税政一科、二科、征收管理科、收核科组成的栖霞区局政策业务专家团队，梳理政策条款及相应税户清册，形成受理、分析、汇总、处理、后续跟踪的闭环管理模式。建立特服号与导税台对接联动机制，把特服号接收的问题与导税台开展“问计问需优服务”问卷调查归纳的高频问题记录汇总，一周一期总结提炼“热点问题解答”汇编，每周上传至纳税服务腾讯通工作群，供全体人员查阅学习。与工商联、商会建立联系机制，参加栖霞区工商联例会，向16家商会会长和商会成员企业代表宣传“减税降费”新政。2019年9月5日，与南京经济技术开发区局，联合栖霞区委宣传部开展针对文化产业类企业“减税降费”专场培训会。3月6日，组织开展“巾帼之约 税企芳华”女企业家座谈会，结合企业具体经营情况，开展纳税人减税情况的个性化、针对性对比分析，帮助企业算好经济帐。（潘　媛）

纳税服务　一是推广不接触服务。着力推广七大类110个“全程网上办”事项，五大类16个“最多跑一次”事项，开展税邮合作，实现发票领用“朝约夕至，次日必达”的“不见面”办理，实现网上申报征收业务全覆盖、咨询在线答、政策在线查、服务申请网上约。2019年，发票网上申请邮递配送量3.17万户次，发票领用“不见面审批”占比89.47%，非接触式办税比率92%。二是简化办税流程。对纳税信用级别为A级的纳税人，实施办税容缺受理，落实企业所得税优惠备案资料免报送机制，扩大退税当场办结范围，减少退税流转环节，优化办理企业税务注销程序，“一般注销程序办理清税证明”由原平均13.7天缩短为平均4天。三是整合办税资源。将33项频发业务“打包”为六个业务“套餐”（新办企业综合申请套餐、外出经营税收管理套餐、发票限额票量变更套餐、违法违章在线简易处罚套餐、小规模转一般纳税人综合业务套餐、非居民业务套餐），解决纳税人“多头跑”、“反复跑”等办税“痛点”。2019年，办理新办企业套餐7075户次，新办套餐使用率99.73%，新办企业业务准期办结率100%，办结平均用时17分钟。四是加强特服号管理，做好咨询指引。特服号做好咨询指引，帮助纳税人、缴费人解决各类疑难问题，以交流实训促业务提升。每周安排1名咨询员到办税服务厅学习窗口业务，更新知识储备，确保咨询与办税口径统一；建立每日学习、每周例会、每月考试制度。每天组织学习热点问题，每周召开业务例会，每月组织业务考试，推动加强业务学习，提高业务能力。2019年，特服号电话呼入114581个，转人工90750个，人工接听85144个，人工接听率93.82%。

（潘　媛、周　鹏）

执法督察管理　一是细化减税降费督察。制定减税降费专项工作绩效考评细化指标，编制减税降费督察督办计划及检查记录表，组织召开减税降费督察督办工作研讨会。按月梳理上报减税降费内部控制风险预警清单，排查减税降费落实情况，对暗访出现的问题自查自纠。编写《栖霞区局持续跟进督察督办 全力推动减税降费落地生根》信息，在《南京税务简报》2019年第18期刊登。二是运用智能防控手段。对增值税小规模纳税人“六税两费”（资源税、城市维护建设税、房产税、城镇土地使用税、印花税、耕地占用税和教育费附加、地方教育费附加）应享未享疑点，增值税小规模纳税人增值税季报、城建税月报疑点，增值税一般纳税人企业所得税核定征收疑点，增值税一般纳税人“六税”不应享受疑点等4个疑点进行实时筛查。全年共核实消除192条疑点数据，取得补、退税成效1.09万元。完成市税务局“六税两费”减免专项督察工作，2019年，“六税两费”疑点合计补税2.03万元，滞纳金505.27元。三是注重专项督察实效。重点加强增值税发票管理风险督察，针对发票方面可能存在的问题和风险进行两批次专项督察，抽查户数78户，发现审批过程中存在文书制作、合理性欠缺、企业涉嫌虚开后走逃等问题的有15户。针对抽查企业后续管理中发现存在疑点的，推送异常抵扣凭证和异地委托协查376条。对4名存在过错的人员进行执法责任追究，其中2名责令作出书面检查、2名批评教育。提交“税务人员违规办理增值税专用发票审批”案例，报市税务局选送省税务局进行交流。2019年，自主开展失控增值税专用发票管理、税务行政执法案卷抽查、企业所得税核定征收管理、逾期缴纳税款不予加收滞纳金等4个督察项目，针对发现的问题发出2份督审意见书，以降低税收执法风险，规范业务流程。（杨丽琳）

内控机制建设　一是成立由主要负责人任组长的内部控制工作领导小组，明确领导小组及成员单位主要职责，拟定《国家税务总局南京市栖霞区税务局关于进一步加强内部控制工作的通知》，办公室、法制科、税政一科、税政二科、征收管理科、纳税服务科、收入核算科、人事教育科、机关党委等各主责部门确定专人内控岗，组织专题培训学习《税务系统内部控制监督平台操作手册》。二是制定和完善一系列制度、标准、流程和方法，将内控嵌入到各业务部门制定的专业制度、规程和指引中。制定管理制度、操作指引共30余个，涵盖行政、人事、纳服、税收业务等方面。其中，行政管理制度5个，包括财务管理、会议管理、政府采购、公务用车使用管理规定等；人事制度5个，包括干部任免、请休假管理等；纳服制度16个，包括首问责任制、信息安全、办税厅应急预案等；税收业务制度4个，包括达标纳税人转登记、达标纳税人代开专票内控管理、达标纳税人改查账征收、发票风险管理等方面。具体制定的制度包括《栖霞区税务局关于加强发票风险管理的意见》《达标一般纳税人代开增值税专用发票内控管理规程》《国家税务总局南京市栖霞区税务局关于印发〈财务管理制度（暂行）〉的通知》等，对栖霞区局日常工作中税收执法风险、行政管理风险和由此产生的廉政风险进行全面防控。三是增强风险排查力度。组织开展2019年度内控自我评估，制定《2019年度内部控制自我评估及评价工作实施方案》，要求办公室、法制科、税政一科、税政二科、征收管理科、纳税服务科、收入核算科、人事教育科、机关党委等内部控制主责部门对2019年以来内部控制建设和实施情况开展自我评估。法制科对主责部门的自我评估进行监督检查和评价，在此基础上开展全局内控自我评估。按月发布"内部控制预警清单"，将减税降费和日常税收业务中存在的风险点建立预警指标，设置防控周期，按照既定周期开展风险筛查和推送核查。通过排查发现日常管理中存在的制度漏洞，提示提醒主责部门完善相关制度。（杨丽琳）

增值税发票管理　2019年，栖霞区局结合区域经济特点和实际，对增值税发票核定细化标准，加强发票初次核定、调量调限、约谈核查等环节的监控管理，重点加强发票源头管控。把源头管控作为防范和遏制虚开增值税发票行为主要措施，减少后续管理工作量和涉票涉税风险。辖区内涉嫌虚开发票户数呈明显下降趋势。一是优化营商环境，落实"按需供票"。建立按需供票管理制度，细化岗位职责和工作流程，以优化营商环境和提高发票核定工作效率为工作目标，扎实做好"白名单"纳税人信息管理。建立初始"白名单"清册，指导各部门将日常工作中发现的优质企业纳入"白名单"管理，定期对"白名单"清册进行维护和内部传递。二是加强日常监管，源头预防。建立按日会审制度。按照市税务局增值税发票管理指导意见的要求，按日对发票重点风险事项进行会审，做到日清月结。同时建立完善新核百万元发票等14个发票管理模型，申报期内和申报期后定期筛选疑点数据，提高发票风险管理的准确性。三是规范发票档案管理，建立一户一档。制定增值税发票资料归档管理办法，明确资料归档一户一档的要求和归档的内容，确保发票资料完整。四是完成增值税发票税控系统V2.0上线工作。（李　超）

个人所得税管理　2019年，栖霞区局个人所得税新政全局动员、统筹部署，确保新政落地。一是完成个人所得税改革第三阶段任务。落实《中华人民共和国个人所得税法》《中华人民共和国个人所得税法实施条例》《财政部关于个人所得税法修改后有关优惠政策衔接问题的通知》（财税2018年164号）等2019年新税制各项政策，确保个税改革红利实施到位。2019年，入库个人所得税6.24亿元，新政减税5.1亿元，其中专项附加扣除减税5133.92万元。二是完成专项附加扣除核验试点。作为南京市唯一一家试点单位，开展个人所得税专项附加扣除信息核验工作，三批次专项扣除核验疑点消除率94%。三是开展个人所得税汇算清缴准备。成立个人所得税汇算清缴专项工作领导小组，明确综合组、征管信息组、纳税服务组等各工作组职责，制定汇算清缴工作任务清单，明确重点任务事项。分期、分类、分批对内开展汇算清缴政策辅导培训。在尧化点A楼603会议室，组织税友公司、税政一科个税经办岗对区局个税改革领导小组成员、专项工作团队（退税审核团队）分别开展个税汇缴系统操作培训与政策培训。开展各业务科所全面联动，协调作战，为汇缴工作提供组织保障。

（薛梦影）

企业所得税汇算清缴 2019年，栖霞区局2018年度企业所得税汇缴应申报户为33412户，其中查账征收31602户，核定征收1810户，全部完成年度申报，税收优惠政策贯彻执行率100%。一是加强汇缴组织领导。成立汇算清缴领导小组，制订汇算清缴工作实施方案，明确时间点、责任人，核实数据、梳理重点、优化流程。二是落实各项优惠政策。4月16日，在栖霞区局七楼会议室对纳税服务科、各税源管理科所、法制科、收入核算科、征收管理科等科室业务骨干成员和师资成员开展汇算清缴内部培训，做好政策确定性服务。对享受非营利组织、双软企业等税收优惠的企业开展重点辅导。实时监控"小微企业"申报情况，跟踪资产总额申报超大企业。关注申报数据差错情况，提醒企业更正申报，确保企业应享尽享减税红利。三是加强基础信息管理。加强信息比对，做好税户清理，确定实际应参加汇缴申报的企业户数准确率100%。充分应用专项分析系统、数据情报管理平台等平台，即时关注汇缴申报进度和申报数据差错，确保汇缴申报率、数据差错率和小微企业受惠面达标。区局2018年度汇缴实际申报率为99.8%，数据差错率为0，小微企业受惠面100%。四是优化汇缴办税服务。建立"所得税业务群"，通过QQ、微信、邮件等方式，与企业密切沟通，及时解答纳税人的涉税问题。（薛梦影）

社保费征收管理 2019年，栖霞区局社保费征收入库金额27.8亿元，管辖户数12199户。贯彻落实国务院办公厅《关于做好社会保险费和非税收入征管职责划转工作的指导意见》（国办发2018年74号），实现机关事业单位养老保险和城乡居民两险划转后征收平稳、社会舆论反映平稳。一是与栖霞区人社局、财政局、街道、社区等密切协作，将社保费征收工作融入基层社会治理网络，构建"横向到街道、纵向到社区（村）"的社保费网格化管理制度。二是对纳服科和特服号组织社保专题培训。6月25日，召开社保划转工作组会议，讨论社保划转工作方案和应急预案，研究城乡居民社保费办税服务厅、社区、银行三方的操作指引，讨论征收窗口设置等社保划转具体工作。7月3日，与人社部门联合开展社保培训，培训内容是城乡居民社保费概述及业务流程。对外咨询努力做到"一键通"、"一口清"，即缴费人到厅或电话咨询城乡居民社会保险人员身份变更、申报缴费、缴费证明打印等事项时，能够准确答复、迅速解决。优化办税服务厅的窗口设置、人员配备，宣传并拓展"实体、网上、掌上、自助"等缴费渠道，为缴费人提供高效优质服务。三是针对社保征收流程、信息系统、服务场所开展风险隐患排查，制定完善舆论引导和应急处理预案，做好应急处置工作。（崔海瑞）

土地增值税管理 2019年，栖霞区局入库预征土地增值税5.55亿元，尾盘销售土地增值税1706.5元。2019年已完成清算项目5个，清算入库土地增值税8778.5万元。栖霞区局扩充全区《房地产项目土地增值税动态管理台帐》，修订《区局土地增值税清算管理办法》《清算工作流程和工作指南》清算审核底稿，制定"土地增值税清算流程图及时间节点表"，对流程、责任、时间节点进行进一步明确。编制"栖霞区局土地增值税清算审核报告指引模版"，明确清算审核必查审核点提高清算管理质量。抽调29名业务骨干，组建土地增值税清算专业团队，设立9个项目组分组应对土地增值税清算任务。制定"栖霞区税务局土地增值税清算团队管理制度"。7月，组织清算团队全体成员举办土地增值税清算团队技能提升班，从政策要点、清算流程、最新政策、审核案例、成本控制等多角度为团队成员做好培训，提高团队清算技能。（朱　锐）

干部人事管理 一是组织选拔任用。开展科级非领导职务选拔、科级领导职务选拔和事业干部岗位竞聘工作。通过组织谈话推荐、会议推荐以及科级领导干部面试、演讲等系列工作，选拔3名副主任科员、8名主任科员、10名副科长、4名科长，一名事业干部竞聘为八级职员。二是加强干部监督。组织专项治理"回头看"工作，围绕企业兼职、经商办企业、因私出国（境）管理等内容组织干部学习自查，严明纪律要求，强调纪律红线，提高干部遵纪守法意识。开展干部监督提醒，处级干部、处级以下干部和离退休干部分别签订承诺书。开展干部信息备案，与公安交换数据，比对干部休假记录，核查2017年以来干部因私出国

(境)情况。三是抓青年干部培养。制定青年干部积分管理及"青年之星"评比办法,依托数字人事系统,从系统评分、宣传调研、学习考试、日常管理、荣誉争创、活动参与、优质服务、业务工作、任务团队九大类指标,对区局34名青年干部打分排名,量化青年干部成长评价。(徐振栩、李佩咨)

教育培训 一是开展分层分类培训。加大教育培训强度。全年组织3期全员更新知识轮训、5个专题特色培训班、23场次"栖税课堂"业务短训交流和8场次冬训集中培训。2月1日至3月28日期间,开展为期9天的2019年度业务暨党员冬训培训,参培160人次。4月15日至6月14日期间,在中国人民大学国际学院苏州研究院分三批开展全体干部知识更新培训班,每批次5天,参培147人次。7月18—26日,在江苏省税务干部学校南京校区开展骨干业务提升培训班,参培7人次。8月1—2日,在江苏省税务干部学校南京校区开展土地增值税清算团队技能提升培训班,参培28人次。9月29—30日,在江苏省税务干部学校南京校区开展"不忘初心、牢记使命"主题教育党支部书记及党务干部培训班,参培23人次。11月15—16日,在江苏省税务干部学校南京校区开展科级领导干部能力提升培训班,参培59人次。11月20—22日,在镇江税校开展信息宣传写作与绩效管理业务能力提高班,参培32人次。二是实施"青蓝工程"。鼓励青年干部报考各类资格考试和学历提升教育。推出税务师助考"三统一"举措(统一报名、统一辅导、统一学习),分别于2019年6月17日、2019年7月19日、2019年10月11日组织冲刺模拟周考3次。2019年,31名干部报考"三师"资格考试,其中通过税务师科目共计29门,2人取得法律职业资格证书、3人取得税务师资格证书。三是开展"岗位大练兵、业务大比武"活动。在国家税务总局2019年度"岗位大练兵,业务大比武"活动中,孙雪莹、马晓蕊、殷玉娇、崔振兴等4名干部获得市税务局岗位能手称号,薛梦影、何彩霞、王剑秋、刘明珠等4名干部获得省税务局业务骨干称号,其中薛梦影取得个人所得税类全国第九名,入选总局人才库。四是组织总局数字人事"两测"工作,推进干部提档升级。完成160名干部的业务能力定级套档工作,组织29人参加业务能力升级测试,10人参加领导胜任力测试。(秦 莉)

监督执纪 一是加强纪检机构"专责监督"。开展减税降费政策落实监督,组织第三方乱收费监督专项检查。对落实不力的1名科级干部给予批评谈话。在"不忘初心、牢记使命"主题教育过程中开展教育监督,开展名贵特产自查、纪律处分执行情况检查、办公用房清查等专项检查。持续抓好扶贫领域腐败和作风问题专项治理,加大对扫黑除恶专项斗争工作的监督执纪工作力度,打击税务干部涉黑涉恶行为。栖霞区局立案调查案件1件,根据立案调查审查情况,给予1名干部党纪开除党籍、政纪行政撤职处分,对违纪人员所在部门负责人进行批评教育。受理信访举报2件,按要求办结。二是推动职能监督。调整发票管理要求,落实执法责任追究,对4名干部实行执法责任追究。三是开展日常监督。从组织监督、家庭监督、群众监督入手,开展谈心谈话,加强"八小时以外"监督。全年对26名选拔考察人选出具党风廉政情况书面意见,对所有新提拔干部开展廉政谈话。(李珊珊)

老干部工作 截至2019年12月31日,栖霞区局共有离退休干部48名,其中,离休干部3名,退休干部45名,设有离退休干部党支部1个,共有党员40名。坚持以党支部为依托,认真落实"三会一课"、主题党日等制度,6月26日,邀请退休干部陶京茂、包士根在区局会议室开展"共忆税月路、聚力新时代"主题座谈会,回顾税收事业发展历程,撰写《为"全国第一个税收宣传月"开好头》《我的四味岁月》《忆如往昔——记营防税务所二三往事》3篇征文。邀请与新中国同龄的老干部朱其玲走进栖霞中学,分享自己的成长经历以及税收工作的变迁。开展"税法宣传进校园",学生们分享个人成长经历,讲税务故事,组织开展老干部"传承红色基因,感受南京巨变"主题参观活动。5月10日,组织22名退休老干部前往溧水大金山,开展老干部"传承红色基因,感受南京巨变"主题参观活动。10月17日,组织21名退休老干部到江宁"徐家院—云水涧"参观游览。落实离退休干部"两项待遇"(政治待遇、生活待遇),

定期组织老干部月度活动。重阳、春节等节日集中慰问高龄、生活困难以及患病的离退休干部15人次，身患重病和80岁以上的老干部51人次，看望住院老干部16人次。（韩明森）

群团活动 2019年，栖霞区局群团组织紧扣税收中心工作，发挥桥梁纽带作用，通过开展群团活动，激励和引领干部职工投身组织发展和改革创新，争当助力区域经济社会发展主力军。一是围绕"不忘初心、牢记使命"主题教育开展，注重发挥群团组织在推进税收中心工作上凝心聚力的重要作用，筹建"南京市税务局系统走跑活动示范基地"。二是加强基础设施和群团组织建设，开展场所改造修缮，成立工会活动小组。举办"融人心，促团结，聚合力"迎新春主题活动、"巾帼之约，税企芳华"座谈活动、"走进新税务，跑出新风采"走跑活动、"税月留芳，我和我的祖国"老照片征集、"不忘初心 凝心聚力"主题团建拓展、系统"秋栖霞·健康走"活动、排练长征组歌《到吴起镇》、"情暖冬季 缘聚仙林"青年联谊活动等。栖霞区局工会严格落实"五必访"（一是员工情绪不稳定时，工会必须主动与其交流沟通，二是会员有家庭生活经济困难时，工会必须通过各种途径想方法解决，三是会员生病时，工会领导必须代表工会到医院看望，四是会员工作上遇到困难时，工会必须应当及时了解，给予支持，五是会员家庭遇到事故时，工会领导必须给予关心帮助）工作制度，慰问干部职工40余次，帮助全局干部职工参加南京市总工会的意外伤害互助保障项目。三是发挥劳模先进人物导向作用，深度挖掘身边好人好事，加强党委、共青团、工会、妇委会的联系与沟通，打造群团公益和志愿者服务活动品牌。组织开展义务植树活动、"减税@他 微服送您"志愿服务活动、"大手拉小手，税收伴我行"主题税收宣传活动、无偿献血活动（献血量3200毫升）、情暖金陵"慈善一日捐·济困送温暖"活动（捐款1.92万元）、扶贫助困活动（发放慰问金9600元）。（陈爱娟）

行政管理 一是加强绩效管理。发挥绩效考核"指挥棒"作用，围绕年度重点工作，梳理编订年度绩效考核指标21个，做好考核指标优化工作，完善绩效讲评制度，每季度召开考评分析会议，指导部门工作。二是推进政务管理。开展宣传工作，组建宣传联络员队伍，组织宣传稿件近40篇。《打造特服号"升级版"南京栖霞税务局助力减税降费》（2019年8月20日）、《"小助手"玩转大数据"回馈单"彰显获得感》（2019年12月11日）2篇稿件被人民网、人民政协报网站采用。116篇次被《新华日报》、《中国税务报》、中江网等省级媒体采用。加强税收保密安全，开展保密自查自评工作，签署涉税数据网络安全保密承诺书，完善保密管理台账，加强保密基础管理，做好舆情信访工作，开展舆情信访的监控收集、分析研判和瞬时响应，落实政务信息公开、规范公文流转、加强会议管理，为栖霞区局工作开展提供政务综合保障。三是加强行政保障。完善财务管理，做好年度财务决算，加强预算日常管理和执行，加强日常财务风险防范，完成资金资产安全督察。完善干部值班管理，对水电气、食堂卫生、基建、消防等设施设备开展全方位、立体式的安全排查，消除物理隐患，落实安全长效措施。（戴 飞）

信息化建设 一是做好信息化保障工作。夯实信息安全基础，加强网络运行的可靠性、安全性。部署内网准入系统，从技术上有效防控信息安全。注重宣传教育，推进信息安全培训全覆盖。网络安全宣传周期间，于9月11日召开劳务派遣人员和新近人员网络安全培训会，以案例为切入点，通过案例分析，加强警示教育。重点对《中华人民共和国网络安全法》和《网络安全风险防范清单》做了宣传解读，围绕准入风险、终端风险、权限风险、数据风险和应急风险等方面，就上网行为规范、违规外联防范、个人账户管理、存储介质使用、病毒查杀和涉税数据保密等具体事项进行了详细讲解。与干部签订信息安全承诺书，开展网络安全巡查工作，排除安全风险点。加强机房管理，做好机房设备的更新换代，完成10台H3C S5130S-52P-EI楼层交换机采购及更换。机房环境维护、设备管理和监控，做好防雷检测、UPS检测等工作。做好内外网线路的切换和调试，新建晓庄、尧化门WIFI，确保网络畅通。开展机房弱电改造，部署防火墙系统，建设机房动力监控系统，实时监控机房运行状况。二是发挥大数据支撑作用。成立"减税降费"数据服务组，发挥技术

与业务融合优势，利用大数据分析，编制“减税降费”税收优惠大台账。（崔振兴）

（责任编辑　张　婧）

江宁区税务局

概述　2019年，国家税务总局南京市江宁区税务局（以下简称“江宁区局”）坚持党对税务工作的全面领导，推进从严治党，落实减税降费政策措施，依法依规组织税费收入，统筹推进优化税收执法方式与加快健全完善税务监管体系，年度工作取得新成效，被江苏省精神文明建设委员会授予“江苏省文明单位”称号。

全面从严治党。成立“不忘初心、牢记使命”主题教育工作筹备组、主题教育领导小组及办公室，建立工作机制，制定调研计划方案，走访基层联系点和90家重点税源企业，召开纳税人和缴费人、基层税务干部座谈会，召开调研成果交流会，坚持边学边查边改，整改台账中的126条意见建议，已整改到位93条。强化“六项建设”（政治建设、思想建设、组织建设、作风建设、纪律建设和制度建设），注重发挥“三个作用”（发挥党委领导核心作用，发挥支部战斗堡垒作用，发挥党员先锋模范作用），选树10名时代先锋、24名“优秀共产党员”。组织全体中层干部赴南京溪田“反四风”勤廉教育基地开展警示教育，构建家属助廉机制，强化问题线索管理，强化日常监督，加强对干部职工“八小时之外”监督。

落实减税降费。成立减税降费工作领导小组，建立工作机制，明确任务落实，按时间表、路线图、工作单对表推进，通过加强数据梳理、政策节点控制、创新税收宣传、强化咨询辅导、发挥互联网优势等手段落细落实减税降费政策。2019年，累计新增减免税26.44亿元，其中，税收减免23.65亿元，社会保险费减免2.79亿元，增值税一般纳税人减税面达到97%，98%的小微企业企业享受普惠性减免，累计7.16万人无需再缴纳工薪所得个人所得税。

组织税收收入。在落实好减税降费税收优惠政策的同时，平衡好组织税收收入与减税降费之间的关系，定期开展收入形势分析和预测，分税种、分行业实施动态监控，确保完成组织税收收入工作。2019年，江宁区局累计入库各项税收230.26亿元，同比增加16.94亿元，增幅达7.94%。

税收服务工作。落实国务院“放管服”改革要求、省政府优化营商环境“1+10”新政，学习落实国家税务总局新修订的《纳服服务规范3.0版》，推行办税事项“最多跑一次清单”、“一厅通办”、“一网办理”，以及频发业务、新办企业套餐式服务和发票O2O服务。推进落实增值税申报“一表集成”、消费税“一键申报”。整合税务注销前置事项，简化税务注销办理流程，减少报送资料，优化税务注销即办服务，扫描无风险的可当场办结，扫描有风险不能当场办结的，内部流转调查核查，当场办结率超97%。推广运用优化版电子税务局，拓展“一网通办”范围，探索推行纳税申报“提醒纠错制”，推行“承诺制”容缺办理。新办企业综合套餐平均办理时长0.5个工作日，实现全程网上办理。

干部队伍管理。突出人员深度融合，优化人力资源配置，2019年，共完成19名干部晋升主任科员、6名干部晋升副主任科员工作，9名副科级领导干部竞争性选拔工作，1名事业干部岗位竞聘工作，4名中层干部、20名一般干部交流换岗工作，开展6名到龄退休科级非领导干部套档及首次职级晋升工作，配合市税务局开展1名到龄退休处级干部套档及首次职级晋升工作。落实干部队伍能力提升计划，分层分类开展教育培训工作。2019年，江宁区局共组织408人次参加上级举办的各类培训累计74场；共组织1565人次干部参加5场外出培训和12场业务培训，各职能部门共组织451干部人次参加了40场内部培训。2019年，江宁区局12名干部组队参加省市业务大比武，获全省税务系统业务大比武优胜单位，3名干部获省税务局“专业骨干”，5名干部获市税务局“岗位能手”称号。（徐雪婷）

机构设置及负责人

办公室

主　任　邹余祥

副主任　张云鹏

　　　　郭　军

　　　　谭智勇

法制科

科　长　陈　宁

副科长　沈致鹏（2019年4月任）

税政一科

科　长　周世敏

副科长　蔡　阳

詹　成

陈立平

许　坤（2019年4月任）

税政二科

科　长　盛小根

副科长　刘文丽

樊　成（2019年4月任）

收入核算科

科　长　周宏海

副科长　凌　蔷

李　莉（2019年4月任）

纳税服务科

科　长　张　军

副科长　王　勇（正科级）

黄　瑶

陶　满

征收管理科

科　长　张　健

副科长　孙武军（正科级）

方　玲

陈　程

督察内审科

科　长　罗振坤

副科长　王冬梅（2019年4月任）

人事教育科

科　长　王道平

副科长　张　莹

考核考评科

科　长　周帮金

机关党委（党建工作科）

科　长　徐　志

副科长　杨　峄

孙　磊（2019年4月任）

老干部科

科　长　梁明霞

纪检组

副组长　笪　莉（正科级）

胡　娟

税源管理一科

科　长　欧小浩

副科长　陈广彬

税源管理二科

科　长　杨方全

副科长　邢　彦

盛　阳（2019年5月任）

税源管理三科

科　长　杨万海

副科长　丁振鹏

刘　苏

税源管理四科

科　长　马昌亮

副科长　葛家荣

钟　慧

税源管理五科

科　长　陶家祥

副科长　邹正财

陈晓龙

第一税务所（办税服务厅）

所　长　韩　云

副所长　沈克雷

杨万俊

唐　倩（2019年4月任）

第二税务所

所　长　经　波

副所长　提文亮

张曦文（2019年4月任）

许小保（2019年5月任）

东山税务所

所　长　潘家贵

副所长　王　强

卞礼洪

陈富生（2019年5月任）

汤山税务所

所　长　孔祥龙

副所长　沈继承

韩永富（2019年4月任）

麒麟税务所

所　长　王全盛

副所长　邵清龙

江海涛（2019年05月任）

纳税服务中心(税收宣传中心)

主　任　王　勇(兼)

副主任　陶　满(兼)

信息中心

主　任　孙武军(兼)

(张　莹)

各项收入情况及特点　2019年,江宁区局组织各项收入291.94亿元,较上年增收27.35亿元,同比增长10.33%;其中全年实现税收收入230.26亿元,较上年增收16.94亿元,同比增长7.94%。实现区政府一般预算公共收入139.23亿元,较上年增收16.31亿元,同比增长13.27%;完成区政府年初目标任务134亿元的103.9%,占全区一般公共预算收入的52.45%。此外,征收社会保险费和各项基金费等非税收入61.69亿元,增收10.41亿元,同比增长20.3%。

2019年,江宁区局税收收入呈现四个方面的特点:一是三产贡献超六成,二产增速超平均。一产入库税收1322万元,同比下降15.8%,税收占比为0.06%。二产入库税收73.33亿元,同比增长13.73%,税收占比达34.11%。三产入库税收141.5亿元,同比增长4.6%,税收占比达65.8%,三产入库税收贡献度为二产1.93倍,起到了主要支撑作用。二产增速超过平均增速6.19个百分点,拉动了全年收入增长。二是制造业、房地产业发展平稳,亿元户七成增收。制造业剔除调库因素后税收入库51.47亿元,同比增长3.9%,税收保持平稳增长。房地产业入库86.27亿元,同比增长7.31%。亿元企业共24家,七成企业增收,其中制造业9家,合计入库22.94亿元,同比增长15%,中兴通讯增幅最大,奥赛康和高齿小幅减收;房地产业15家,合计入库26.4亿元,同比增长53.2%。三是民营经济贡献大,实体经济正增长。民营经济入库税收172.79亿元,同比增长6.97%,占入库税收总额的80.4%,与去年占比持平。24家亿元企业中,民营企业占87.5%。实体经济入库税收108.4亿元,同比增长2.33%,其中,批发零售业增长9.24%,建筑业增长4.63%,技术服务业增长7.92%。(凌　蔷)

税收政策落实　2019年,江宁区局全面落实各项税收优惠政策,一是抓政策推送。利用门户网站、微信平台、公告栏、电子显示屏、纳服QQ群等载体发布新政策和相关解读,以及热点、疑点、难点问题剖析与解答。同时,依托纳税人学堂开展专题业务培训,并结合纳税人需求录制减税降费答疑视频,方便纳税人在线学习减税降费相关政策。二是抓辅导服务。联合江宁区妇联,为江宁区女企业家提供面对面服务;走进创新园区,为中小型科技企业享受加计扣除政策提供上门辅导服务;走进大企业提供点对点服务。三是开展专项自查。对降低增值税税率、扩大增值税留抵退范围、放宽享受减半征收企业所得税优惠的小微企业企业标准等一系列优惠政策开展自查,查找并改进在政策落实过程中存在的不足,确保各项减税政策落地。全年共核实推送“六税两费”[资源税、城市维护建设税、房产税、城镇土地使用税、印花税(不含证券交易印花税)、耕地占用税和教育费附加、地方教育附加]疑点数据1.7万条,发送简易退税49万元。审核审批生产企业3032户次,审核审批免抵退税额10.69亿元,其中应退税额5.63亿元,免抵税额5.06亿元;审核审批外贸企业1021户次,审核审批应退税额1.82亿元。

(徐雪婷)

减税降费　2019年,江宁区局将减税降费作为重点工作,加强部门协作,坚持“三个100%”,落实各项税收优惠政策。一是坚持100%落实。成立领导小组,建立工作机制,明确任务落实,按时间表、路线图、工作单对表推进。同时,就减税降费

2019年12月5日,江苏省工商业联合会主席李晓林赴江宁区局开展减税降费专题调研

(耿　欣　摄)

工作落实情况，向省税务局、市税务局、江宁区委、区政府和区纪委领导做好专题报告。二是坚持100%落地。做好小规模纳税人"六税两费"申报数据监控、自然人存量房基础信息搜集梳理、所得税小微企业政策落实申报数据审查、退税核实。同时，制定社会保险费降率工作任务清单，明确责任部门及时限；做好机关事业单位养老保险、城乡居民社会保险费的征收工作。自2019年4月起，江宁区438家机关事业单位养老保险在税务系统缴纳，4—12月共入库35838.06万元，各月征缴率均达100%。自7月城乡居民两险划转起，共入库城乡居民两险1.82亿元。其中，城乡居民基本养老保险费2821.92万元，城乡居民基本医疗保险费1.29亿元，大中院校学生医疗保险2513.28万元。三是坚持100%落细。对深化增值税改革，提前谋划，加强数据梳理、政策节点控制，增强工作预见性，完成深化增值税改革运行情况评估及定点企业深化增值税改革效应分析，持续开展生产、生活性服务业纳税人行业核实及处理，开展先进制造业纳税人留抵退税工作。2019年，累计新增减免税26.44亿元，其中：增值税减免14.51亿元、企业所得税减免2.23亿元、个人所得税减免5.92亿元、"六税两费"减免0.98亿元，社会保险费减免2.79亿元。2.2万户增值税一般纳税人减税面达到97%，98%的小微企业企业享受普惠性减免，累计7.16万人无需再缴纳工薪所得个人所得税。（李洪进）

税收征管 2019年，江宁区局以国税地税征管体制改革为新起点，建立优化税收征管体系，全面深化"放管服"改革、优化营商环境，进一步提高税收征管的信息化和智能化，夯实征管基础，提升税源控管能力，开创符合地域特色的税收征管现代化建设新局面。

完成"金三"并库工作。组织开展"金三"并库测试工作，先后进行"小双轨"测试、"大双轨"测试、电子税务局测试等多轮测试。共计测试事项188项，测通事项188项，测通率100%；组织开展"金三"并库税户对照工作，全面开展问题数据进行清理，共清理未匹配数据8100笔，原国税单管户1125笔，原地税单管户1100笔；组织开展ITS扣缴上云测试的工作，共测试业务200余笔，发现问题6条，并提交相应建议3条。

优化注销流程。根据《国家税务总局关于进一步优化办理企业税务注销程序的通知》（税总发〔2018〕149号）文件精神，简化税务注销办理流程，减少报送资料，进一步优化办理企业税务注销程序。对注销业务实行"一窗受理、内部流转、限时办结、窗口出件"的"套餐式"服务模式。对未处于税务检查状态、无欠税（滞纳金）及罚款、已缴销增值税专用发票及税控专用设备，优化即时办结服务，采取"承诺制"容缺办理，即：纳税人在办理税务注销时，若资料不齐，可在其作出承诺后，税务机关即时出具清税文书。同时，强化"首问责任制"和"一次性告知"原则，区分事项和复杂程度，分类出具需要办理的事项告知书，对不符合即办条件的纳税人，做好沟通和辅导工作，对于无风险的注销户，采取第一税务所受理、审核、出件。注销时间由原来的7天缩短至1个工作日。2019年，共办理即办注销6257户，一般注销1191户。

加强欠税管理。一是依法落实欠税征管措施。对欠税企业逐户进行分析跟踪，制定还款计划、控票措施、催缴手段；对欠税户的资产状况、银行收支状况进行跟踪，加大税收监控和催缴力度；要求责任分解到人，提前介入；对已形成欠税的企业，督促企业筹措资金，在当月清缴欠税。2019年，累计清理欠税24154.73万元，其中，清理陈欠7952.5万元，清欠率为19.89%；清理新欠16202.23万元，清欠率为54.12%。二是严格落实欠税公告制度。依法依规对欠税企业进行公告，2019年，三、四季度对欠税超过200万元的企业户通过市税务局进行了统一公告，对欠税200万元以下企业户，10万以下的个体、自然人，江宁区局进行了公告。（陈　程）

行政执法 深入推进严格规范公正文明执法，落实行政处罚裁量，全年共完成一般处罚545户次，完成简易处罚2422户次，累计罚款金额167.90万元。按月对行政处罚事项随机抽查20户次，全年累计抽查240户次。规范税务行政审批，把握优化营商环境大背景，在规范受理、严格审查、过程监管上下功夫，在审批时限"零超时"的底线思维上，不断优化审批流程、加快审批效率。全年完成税务行政许可共8339户次，其中，7552户为对增值税防伪税控系统最高开票限额的审批，1477户为对纳税人变更纳税定额，当天办结8299户（当天办结率99.52%），未发生超期审批的情况。根据行政执法公示事项清单全面开展执法公示，主动公开税务执法主体、人员、职责、权限、依据、程序、执法结果等内容，接受行政相对人和社会监督；公开本机关纳税服务“最多跑一次服务”清单、办理业务所需资料、办理业务流程，加强办税服务大厅标准化建设，提高办税效率。持续推行说理式执法，对达到一般程序的行政处罚全部采用说理式文书，规范税务执法文书；一线执法引入音像记录设备，使用文明规范执法语言，规范设备管理和音像记录行为；打造“实用、节约、统一”的税务约谈室，配备必要的同步录音录像等设备；对文字音像记录全面系统归档保存，做到执法全过程留痕和可回溯管理，接受纳税人监督，有效保障行政相对人涉税权益。按照审核人员原则上不少于本单位从事执法活动的人员总数的5%的要求，从多口径开展人数测算；加强法制审核队伍正规化、专业化、职业化建设，保障法制审核力量；明确法制审核的范围，适时建立重大执法决定法制审核委员会，实行集体审核，保障行政执法机关作出的重大执法决定合法有效、执法过程公平公正。（沈致鹏）

内控机制建设 2019年，江宁区局落实全面从严治党和依法治税的要求，坚持风险导向，紧扣内控监督环节，按照“制度+科技”的基本思路，以信息化手段为依托，以监督检查为保障，推进内控机制建设。通过前移监督关口、定期发布风险信息、自我纠错和跟踪监督相结合、对重点风险事项、重点业务环节开展专项内控监督等举措，抓好内控工作。2019年，围绕减税降费，累计发布4期17项专题内控风险预警提示，组织主责部门开展4轮对照检查；结合区局内控机制运行情况，组织业务部门开展执法风险、管理风险和问题隐患的全面排查，累计排查18个业务事项81个风险点，提出防范措施和建议238条，5条排查发现的问题即查即改；开展电子税务局及自助办税终端内控风险调查，提出风险点4条，防控建议4条。采集内控指标需求30条，内控工作建议8条，年度报送市税务局补充风险防控指标2个。组织25个主责部门开展2019年度内控评估工作1次，对区局内部控制建设和实施情况开展自我评估1次；全年累计通过内控平台对1836条疑点数据进行了调查核实与陈述申辩。（王冬梅）

增值税发票管理 2019年，面对减税降费新政策，江宁区局多措并举做好增值税发票管理工作。一是分类分级管理。加强新办企业实名信息采集和初始发票的核定，未超过3个月的新办企业登记不允许离线开票。对白名单企业（符合“规模较大，有一定知名度或政府机构向税务局提供的优质企业”等条件的纳税人）可按需供应发票用量。严格控制风险程度较高纳税人的发票领用数量和最高开票限额。二是实时数据监控。搭建模型筛选处理异常数据，对税务注销、异常纳税人风险处理等环节严格把关。2019年，未发生国家税务总局下发的源头虚开快反任务。三是做好核查整改。制定下发《江宁区局2019年度增值税发票管理风险排查情况通报暨进一步加强发票风险管理工作的通知》，对排查发现的问题进行通报，并落实整改措施。按日筛选失控发票数据，制作“失控票核查结果通知书”“税务事项告知书”“责令限期改正通知书”统一模板，2019年处理失控发票201份，追回税款98万元。规范增值税抵扣凭证审核检查管理信息系统和异常扣税凭证系统管理，明确认定异常凭证口径和处理流程，按日对系统进行监控，所有核查任务均在期限内完成，全年累计完成抵扣凭证核查1863份；完成异常扣税凭证处理946份，32份结转下期继续处理。（周世敏）

个人所得税改革推进工作 一是推广个人所得税APP。依靠扣缴义务人推广APP填报专项附加扣除，共有9.5万人采集了专项附加扣除信息，其中8.3万人通过APP采集。二是加强宣传辅导。线上、线下两手抓，通过咨询辅导室、纳税人学堂、数字化税企服务智能平台、微博、微信等渠道对纳税人开展宣传辅导，为有需要的企业提供上门服务，确保扣缴义务人熟练掌握申报步骤。2019年，共计对纳税人开展相关培训27场，参与人数达1809人次。三是核实更正数据。采取分片包干、责任到人的方式，及时提醒扣缴单位下载更新专项附加扣除信息；核实有税交但未享受专项附加扣除人数达20人以上的扣缴单位申报数据，提醒企业及时按照新政策正确申报，有税人群享受专扣率从34%提高为60%。按月做好减免税异常数据核实，对确实属于纳税人填写有误的数据，逐一辅导更正申报。2019年，共核实数据599条，辅导更正124条。四是清理疑点数据。对疑点数量多、问题突出的重点行业重点户，如建筑业、劳务公司虚假申报的情况重点跟踪管理，全年核实率、处理率均为100%，共核实"身份验证不通过"2707条、"扣缴申报疑点"243258条。五是做好综合所得汇缴的前期准备工作。制定《南京市江宁区税务局个人所得税汇算清缴工作任务分解表》《南京市江宁区税务局汇算清缴业务场景风险预判和预防应对措施一览表》，照表推进，节点控制。成立汇缴专项工作组。统筹个人所得税汇缴的咨询辅导、申报、退税等各环节，妥善应对由于个人所得税汇算清缴可能带来的办税服务厅纳税人拥堵或长时间滞留等紧急情况，确保汇算清缴平稳有序。截至2019年12月31日，个人所得税税款净入库12.44亿元，较2018年度减收4.72亿元，下降27.50 %，其中工资薪金入库7亿元，同比减少2.86亿元，下降29% 。月平均有税申报人数从2018年的15万下降到8.5万。（周世敏）

社会保险费征缴　2019年，江宁区局落实国务院、江苏省降低社会保险费率实施方案，在减税降费工作领导小组下增设社会保险费专项工作组，制定《江宁区落实降低社会保险费率方案工作任务清单》，针对一线服务人员和全体税务干部分批次开展社会保险费降费率专项培训，培训人数合计320人次。与人社、医保部门保持协作关系，规范社会保险费降率政策宣传口径，引导社会舆论，为落实降低社会保险费率政策营造良好的社会氛围。自2019年5月方案实施后，江宁区企业职工养老保险降费率减征2.6亿元，机关事业单位养老保险降费率减征5308万元，合计3.16亿元。

稳步推进社会保险费划转工作。开展金三标准版、税银系统、第三方支付等系统的全业务全流程测试，根据人社部门移交信息，开展"双系统"多轮次、多来源数据的比对和清理。对特服号、办税大厅、税源科所的社会保险费经办岗开展缴费政策、征收流程、多元化缴费方式等方面有针对性的培训6场，有力保障两险征缴各环节工作的顺利进行。对接机关事业单位、街道、社区、经办银行，建立机关事业单位QQ工作群和城乡居民两险微信工作群，采取线上微信答疑和线下电话沟通模式，安排专人负责划转险种征缴的政策答疑和数据运维工作。2019年机关事业单位养老保险、城乡居民基本医疗保险和城乡居民基本养老保险各划转险种征收正常，实现了社会保险费征管职责的平稳划转。2019年4—12月共征收机关事业单位养老保险35838万元，各月征缴率均达100%。

集中征缴城乡居民两险。2019年11—12月是城乡居民两险的集中征缴期，根据市税务局工作部署第一时间构建了由分管局领导直接负责，税政二科具体负责，税源科所协同配合的工作格局，汇同人社、医保、财政、教育、残联等相关部门召开工作推进会，确保各项工作相互衔接、整体推进。面对全区45万人的征缴群体，制定了《江宁区城乡居民社会保险费网格化管理办法》，坚持问题导向，通过线上工作群实时解决申报缴款问题，及时防范了征缴风险和负面舆论，畅通了银行、人社、街道、税务四方沟通渠道，保障了城乡居民两险征缴工作的高效运行。2019年，江宁区城乡居民两险合计入库1.82亿元，征缴率93.81%，高于全市平均水平；城乡居民基本养老保险征缴率98.31%，全市税务系统排名第一。（刘文丽）

基金费管理　2019年，江宁区局坚持基金费管理与税收征管同布置、同落实、同考核，注重沟通协作，实时跟踪征收序时进度，按月通报、按季考核基金费征缴情况，做好基金费征收管理工作。贯彻落实"安排残疾人就业未达到规定比例且在职职工总数30人以下（含30人）的小微企业企业，免征残疾人就业保障金"的优惠政策，严格执行"自2018年4月1日起，将残疾人就业保障金征收标准上限，由当地社会平均工资的3倍降低至2倍"的上限标准。持续强调进一步扩大残保金征缴面要求，按周统计和通报申报进度，加强与江宁区残联的联系沟通，确保残保金征收工作顺利开展。全年征收残疾人保障金2747万元，较2018

年同比增长9.04%，征缴面91.02%，超额完成了市税务局残疾人保障金征缴面85%的扩面要求。征收工会经费1607万元，较2018年增长7.77%，完成年度计划数的107.77%。（刘文丽）

税收风险管理 2019年，江宁区局以风险管理平台优化整合工作为契机，组织落实风险管理平台上线工作，确保“金三”并库后风险管理相关业务事项有序衔接、平稳过渡。贯彻落实省税务局《税收征管业务工作规程（试行）——风险管理》，规范风险应对实施，提升应对质效，全年推进省市税务局下发的各类风险应对任务，累计完成339户次，完成率92.37%，风险应对总成效19743.68万元。强化风险应对集体工作，严把预案、报告审议关，提高风险应对工作质量，全年累计组织开展预案审议109户次，报告审议104户次。加强第三方、互联网数据的应用，堵塞征管漏洞，挖掘土地使用权转让、对外付汇等第三方信息并进行税收分析，累计成效6985.22万元。持续完善情报交换机制，全年累计发起跨区域协作任务10条，接收并反馈63条，实现数据情报互通互享、上下联动。（陈　程）

税源税户管理 截至2019年12月31日，江宁区局共有正常税户121374户，其中企业税户53113户，个体税户68261户，分别占正常户总户数的43.76%和56.24%；停业税户8户；非正常税户5507户，其中企业纳税人4791户，个体工商户716户，权重分别为87%和13%。2019年新办登记税户21021户，其中企业税户11523户，个体税户9498户，分别占新办总户数的54.82%和45.18%；全年共办理注销税户6819户，其中：企业税户3878户，个体税户2941户，权重分别为56.87%和43.13%；2019年全年迁入江宁区的税户共756户，迁出户799户；全年新认定非正常户1277户，非正常户认定占比（新认定非正常户在正常户中占比）为1.05%。从管户区域税源分布上看，正常状态的纳税人主要集中在科学园和东山街道行政区域，约占正常户总数的66.77%。从行业税源分布上看，江宁区局管辖的企业纳税人多分布在制造业、建筑业、批发零售行业和其他行业等四个行业，四个行业累计税户达38598户，占企业纳税人总量的72.67%。（陈　程）

2019年7月19日 江宁区局召开税企座谈会，听取企业代表对税收工作的意见和建议

（耿　欣　摄）

数字化税企服务智能平台推广 2019年，江宁区局强化数字化税企服务智能平台推广应用工作，拓宽互动沟通渠道载体，进一步提升纳税服务数字化、精准化水平，做到征纳双方双减负，切实优化税收营商环境。一是健全组织架构。制定上线推广专项工作方案，明确时间节点和任务要求。建立“南京市江宁区税务局征纳沟通平台”，在此基础上开展2场内部培训，要求全员掌握平台功能和操作方法。二是加强宣传推广。在办税服务厅，向新办纳税人和进厅纳税人宣传介绍，通过扫描二维码下载客户端，快速体验和加入平台。发动各税源科所力量，通过微信、QQ、短信、电话等方式，辅导纳税人安装激活，同时宣传推广税企服务智能平台相关功能，引导和辅导广大纳税人使用。截至2019年12月31日，征纳沟通平台覆盖55414户纳税人，其中已激活35535户，激活率为64.13%。三是强化运行管理。制定出台区局《征纳沟通平台管理规范》，明确平台职责分工、日常使用、维护升级等方面的规定。建立沟通反馈群，成员为各个相关部门负责人和联络员，针对平台运行中的各类问题及时交流解决。四是发挥平台效用。向纳税人推送政策解读、办税操作等各类涉税信息21.2万户次。在纳税人课堂中上传48个培训视频、课件，点播量达5025人次，为纳税人提供“不见面”辅导。建立47个税企交流群，采取“一对一、点对点”等方式，为纳税人针对性

解答疑点疑惑，了解纳税人涉税诉求。（李辰磊）

“走出去”企业及“一带一路”服务与管理 2019年，江宁区局共计28户“走出去”企业，总投资金额在4500～5000万美元之间，投资形式主要为直接投资，投资区域主要分布在美国、中国香港、新加坡，行业主要集中在制造业、批发零售业和服务业。其中：涉及“一带一路”范围内的企业共5户，中方投资总额约为379万美元，投资地分布于新加坡、安哥拉和马来西亚，经营范围涵盖制造业，销售及商业服务领域。

江宁区局从加强宣传辅导、规范税收管理、执行协定工作等方面着手，做好“走出去”企业的政策宣讲和调研服务，为“走出去”企业保驾护航。一是打造交流平台，创建沟通机制。建立“走出去”企业税企业务微信交流群，将国际税收岗电话作为“走出去”企业服务专线，做实做细政策宣传、涉税指导、“走出去”企业税户清册更新工作。二是开展专场培训，加强政策宣传和解答。2019年4月，结合第28个全国税收宣传月，带着编制完善的《“走出去”企业税收服务提示》《“走出去”企业税收风险提示》等资料举办了“走出去”企业税收政策宣讲暨座谈会，对开具“中国居民税收身份证明”申请享受税收协定待遇、学习出口退税政策办理出口退税、境外注册中资控股企业认定、“居民企业参股外国企业信息报告表”和“受控外国企业信息报告表”及“关联业务往来情况报告表”的申报义务履行、转让定价风险提示及税收协定相互协商程序实施等热点难点进行逐一讲解，辅导企业合理利用税收优惠政策降低成本，防控境外涉税风险。三是加强调研，开展个性化服务。结合座谈会收集的问题，针对苏博特境外股息分红享受协定待遇及抵免问题及金斯瑞非居民个人所得税问题，开展个性化辅导，主动解答政策，对股息分红享受协定办理流程进行演示说明，成功帮助苏博特享受抵免税款14.95万。四是按期进行涉税申报通知。通过电话、短信、微信群在申报期内对企业进行申报告知提醒，特别是《参股外国企业信息报告表》《受控外国企业信息报告表》的按时申报。五是通过媒介扩大宣传，扩大活动影响力。利用南京晨报作为宣传媒介，于5月21日在南京晨报第380期A09税务专刊发表了标题为《助力“一带一路”，为“走出去”企业保驾护航》文章，进一步提升宣传效果。

（周世敏）

纳税服务 2019年，江宁区局围绕“放管服”改革要求，持续优化税收营商环境，全面实现所有事项“一厅通办”，综合业务“一窗通办”，涉税问题“一键咨询”，7大类110个事项可以“全程网上办”，5大类16个事项做到“最多跑一次”。不断强化“互联网+税务”理念，持续做好“不见面”审批服务、“套餐式”办税、“O2O”发票服务等非接触式办税服务，让纳税人“少跑马路，多走网路”。减少报送资料，精简办税流程，推行“实名制办税”、“即办式”注销、“容缺受理”等服务举措，不断降低纳税人办税成本。全年办理纳税服务业务4557981户次，其中：实体办税484946户次，占比10.64%；非接触式办税4073035户次，占比89.36%。新办企业套餐准期办结率为99.81%，办结平均用时为20分钟。发票领用线上办理数量达218489份，占比76.80%。

组织进行走访调研。区局党委班子成员分头带队，通过实地走访重点企业，采取面对面座谈、点对点恳谈等方式，开展集中调研。班子成员与企业代表进行了交流探讨，着重了解减税降费政策落实情况，听取其在办税过程中遇到的实际困难和具体诉求，征求企业对税务部门工作的意见和建议。走访企业90户，收集问题72个，其中，税收政策类问题27个，纳税服务类问题23个，征管流程类问题19个，系统操作问题3个。

广泛开展宣传辅导。制定《关于减税降费政

2019年9月2日，江宁区局上门走访，开展省级重大项目税收专项服务　（李洪进　摄）

策措施的宣传辅导方案》，以目视化管理方式着力推进，通过多种渠道，采取多种方式针对享受不同类型税费优惠的纳税人和缴费人开展宣传辅导培训。2019年，通过QQ、微信群推送政策8179户次，电话、短信宣传辅导27.4万户次，面对面辅导1459户次，上门辅导350户次，召开座谈会8场，参与纳税人162户次，宣讲培训会45场，参与纳税人7202户次。此外，按季发布《纳税人学堂计划》，按月发布实体纳税人学堂培训场次信息，为纳税人免费提供热点政策培训和办税操作辅导。

持续优化办税服务。一是推行纳税服务工作联席会议制度。开展办税服务重要事项提醒，研究解决办税厅难点问题，提高办税厅管理效率和办税服务质量。二是依托新的办税服务厅管理系统开展科学化管理，根据系统中业务量、平均等候时间等主要指标进行统计分析，提供数据支撑，做出预判性提醒。三是提前谋划应对办税高峰。针对个人所得税改革、深化增值税改革、"金三"并库等重大改革事项，结合各大征期情况进行分析研判，提前做好安排部署。通过建立"征期直报微信群"、组建办税厅青年干部突击队、适时启动应急办税场所、引导错峰办税等多项措施，提升纳税人缴费人办税缴费的体验感。

规范施行信用管理。落实省税务局、市税务局相关工作部署，开展辖区内企业年度纳税信用等级评价工作，制定相关工作方案，做好数据清理筛选，加强评价结果复核。同时，优化日常管理，及时做好纳税信用补评与复评，建立集体审议工作机制，对各项评价指标严格按照规范进行调整。截至2019年12月31日，辖区内共51669户纳入信用评价管理，其中发布A级纳税人1959户，占比3.79 %；B级纳税人20759户，占比40.18%；M级纳税人23291户，占比45.08%；C级纳税人827户，占比1.60%；D级纳税人4833户，占比9.35%。2019年共发起信用评价动态调整91户次，其中通过信用复评调整55户，经过合议流程调整11户。

做好涉税咨询辅导。咨询辅导室日均接待纳税人30人次，现场为纳税人现场提供准确详细的政策解答和业务咨询辅导服务。特服号坐席坚持限时办结、快速办理的原则，做好电话咨询工作。2019年，特服号累计呼入总量175954条、转人工语音量141153条、人工接听量133928条、接通率为94.88%，较上年同期增长7.77个百分点。

维护保障纳税人权益。严格按照《纳税服务投诉管理办法》等各项工作制度和要求，针对"12345""12366"等平台接收的纳税投诉与意见，坚持快速响应、限时处理、跟踪办结、回访反馈的处理原则，完善内部协调处理机制，认真做好涉税诉求分析研判，提升办结效率和综合满意率。2019年受理投诉共计2144件，其中"12345"工单1341件、"12366"工单736件、市税务局转办单67件，全部按规定答复。其中："12345"热线工作人员作风满意率为99.14%，结果满意率为98.68%，综合满意率达到99.12%。（李辰磊）

服务区域发展情况 2019年，江宁区局服务地方经济发展，妥善处理好减税降费与组织收入的关系，以收好税、服好务的实际行动，履职尽责促发展，全力服务"强富美高"新江宁建设。全年，组织各项税收收入230.3亿元，同比增收16.9亿元，增长7.94%；实现区政府一般预算公共收入139.3亿元，同比增收16.4亿元，增长13.3%，占全区一般预算公共收入265.6亿元的52.5%，为全区财政收入规模稳居全省第二做出了应有贡献。呈报的《减税降费政策"实打实"小微企业企业发展"及时雨"——我区小微企业企业减税降费效应分析》受到南京市委常委、江宁区委书记李世贵的肯定批示。

民营经济贡献大，实体经济正增长。民营经济入库税收172.79亿元，同比增长6.97%，占入库税收总额的80.4%，与2018年占比基本持平。24家亿元企业中，民营企业占87.5%。实体经济净入库税收108.4亿元，同比增长2.33%，其中批发零售业增长9.24%，建筑业增长4.63%，技术服务业增长7.92%。

动用消化存量资源29亿，贡献公财增量66%。全年动用免抵调库7.2亿元，同比增加6.2亿元；消化以往年度耕、契税21.7亿元（其中，契税18.2亿元、耕地占用税3.5亿元）。上述因素产生的增量占区局一般公共预算收入增量的66%。（徐雪婷）

党的建设 2019年，江宁区局加强政治机关建设和党风廉政建设，规范执行理论学习中心组学习

2019年12月23日，江宁区局税务干部到金陵金箔厂实地调研，传递讲解税收政策
（李洪进 摄）

规则，党委开展集中学习39次，专题研讨10次，深入学习宣传贯彻习近平新时代中国特色社会主义思想和十九届四中全会精神。严格执行《关于新形势下党内政治生活的若干准则》、民主集中制原则、"三重一大"决策监督机制，认真落实民主生活会、谈心谈话等制度，落实党员领导干部参加双重组织生活制度。逐级签订从严治党责任书，制定2019年全面从严治党工作要点，细化《落实全面从严治党"两个责任"工作事项清单》。

扎实开展"不忘初心、牢记使命"主题教育，贯彻《中国共产党支部工作条例（试行）》，制定下发党支部党建工作任务清单，引导规范落实"三会一课"、组织生活会和民主评议党员、主题党日活动、党费收缴等。带头签订"党员承诺书"，选树10名时代先锋、24名"优秀共产党员"；组织开展个人所得税改革"党员突击队"等实践活动。严格执行发展党员工作程序和规定，确保发展质量，发展预备党员2名，2名预备党员转正。构建新"纵合横通强党建"体系。加大属地和条线党建工作的统筹整合力度，加强与中国银行江宁支行、街道社区等支部的共商共建，实现合作共赢。提炼"麦芒"党建品牌，升华"拾穗者""守望者"等支部子品牌和以"四心""三化三融"等支部工作法。

加强意识形态建设，将意识形态工作纳入重要议事日程，纳入党建工作责任制，纳入领导班子、领导干部目标管理，作为民主生活会、述职报告和年度总结工作重要内容，贯穿到税收工作全过程。两次专题研究意识形态工作，向上级党委专题汇报意识形态工作责任制落实情况。为全体党员上意识形态党课，通报意识形态领域情况。建立定期分析研判机制，排查意识形态领域风险隐患，开展干部思想问卷调查，对重大事件、突发性问题和一些苗头性现象，做到早预见早发现，提前介入，防患未然。（孙 磊）

"不忘初心、牢记使命"主题教育 江宁区局党委把握"守初心、担使命，找差距、抓落实"总要求，完成主题教育各项任务。一是严格要求精心组织。严格履行政治责任，召开7次党委会、2次推进会，7场次14个专题的研讨会，拟订任务清单，职责分解到人，明确完成时限，切实把好责任关、进度关、质量关。二是学做结合查改贯通。坚持问题导向，带领班子成员走访调研重点税源企业90家，召开内外部座谈会3场，开展了建筑业减税降费专题调研，开展问题检视、专项整治、批评与自我批评，制定整改措施168条，整改到位153条，需长期改进的正加速推进。三是以上率下整体联动。组织读书班，撰写学习体会，给全体党员上党课，带动班子成员和各党支部每周开展集中学习1次。赴雨花台、梅园新村、江宁监狱等开展"四项教育"，参加"税企和谐心连心"、走进"残疾人之家"等社会公益活动。坚持开门搞教育，与区主题教育办汇报沟通宣传，5个党支部与市税务局机关处室党支部开展结对共建。四是细化落实"六项行动"（党建引领夯基础行动、服务大局促发展行动、为民服务解难题的行动、干事创业勇担当行动、深化"四合"激活力行动、成果转化谋思路行动）。将税收工作与主题教育相结合，拟定16条具体落实措施，突出江宁区局实际和税务特色，巩固和深化主题教育成效。（孙 磊）

创建"麦芒"党建品牌 2019年，江宁区局党委通过深入探讨、集思广益，最终形成以"麦守初心，永放光芒"为品牌核心价值观，以"强铸魂 崇先进 勇担当""越磨砺 越锋芒"为品牌宣传词，为区局党员干部广泛认同的"麦芒"党建品牌。贯彻"一部门一品牌、一支部一特色"的要求，提炼总结"拾穗者""守望者"等支部子品牌和"四心"（突出政治属性，强化核心地位；坚持服务大局，狠抓中心工作；层层落实责任，牢牢把握重心；倾听干部心声，定期开展谈心）、“三化三融”（工作标准化，促进党建工作和中心工作相融合；教育常态化，促进党建工作和队伍建设相融合；活动多样化，促进党建工作和服务群众相融合）等支部工作法。召开“麦芒”党建品牌发布会，进一步总结升华党建工作经验，创新党建工作载体，发挥党建品牌在各项工作聚人心、凝合力、树形象作用。市税务局党委委员、副局长黄经东和江宁区区级机关工委副书记方广和共同为该局党委“麦芒”党建品牌揭牌，并肯定党建品牌创建工作。（孙　磊）

“扫黑除恶”专项斗争　2019年，江宁区局全面推动“扫黑除恶”专项斗争工作向纵深发展。一是强化政治站位。坚持把扫黑除恶专项斗争作为当前的重大政治任务，纳入党委会议题；健全工作机构，做到组织领导全覆盖；累计召开专项斗争领导小组会议5次，专题部署会议2次，推进会3次。二是坚持深挖彻查。提供电话、网络等涉黑涉恶举报途径，建立起办税厅现场宣传、网络宣传、媒体宣传等多样化宣传体系，全年共悬挂横幅、标语12个，联合媒体宣传2次；深入梳理排查了扰乱税务机关办公秩序、抗拒执法、暴力抗税等黑恶势力的相关线索，配合街道、园区，参与对重点行业、领域和地区涉黑涉恶线索的集中排查。三是严打税收违法。针对成品油行业、机动车发票开具等税收违法行为多发领域，制定专项整治工作方案，切实加强发票监督管理，打击发票违法违规行为，全年共对7户疑似虚开企业和高风险户采取管控措施，累计处理失控发票198份，处置机动车异常发票20份；开展日常税收风险应对工作，共开展应对户数366户，税收风险成效17037.85万元。四是强化协同共治。全面参与江宁区扫黑办组织开展的“套路贷”、金融领域风险防控等综合治理工作，形成齐抓共管的工作合力；配合公、检、法等机关对违法涉黑案件的查处，全年共协助政法机关办案14起。（陈　程）

干部队伍管理　2019年，江宁区局在干部队伍管理过程中，兼顾组织原则和干部利益，考虑工作需要和个人专长，开展各层面人员调配，充分盘活人力资源。全年完成9名副科级领导干部选拔工作，19名干部晋升主任科员、6名干部晋升副主任科员工作，1名事业人员岗位晋升工作，25名干部交流换岗工作，开展6名到龄退休科级非领导干部套档及首次职级晋升工作，配合市税务局开展1名到龄退休处级干部套档及首次职级晋升工作；同时做好新进人员安置工作，全年新招录大学生1人、系统内跨市调入1人、军转安置1人。注重数字人事管理与绩效管理相融合，领导推送工作任务5601条，干部自拟任务4143条、工作记实32378条。落实信访维稳工作，执行请示报告、零报告和24小时值班制度。（张　莹）

教育培训　2019年，江宁区局以党的建设、减税降费、业务实操、岗位能力等为培训重点，引导干部不断提升政治素质与业务能力水平。全年共组织参加上级举办的各类培训74场，参训人数总计408人次；外出培训5场、业务培训12场，参训人数总计1565人次；各职能内部培训40场，参训人数总计451人次。其中，涉及减税降费培训共计44场，参训人数达1469人次。根据国家税务总局素质提升“115”工程总体部署等有关要求，有序开展学习练兵、竞赛比武。在2019年“岗位大练兵、业务大比武”活动中，选拔12名干部参加省市业务大比武，最终江宁区局获系统业务大比武优胜单位，成效倩、缪勤丽、董梦娇获省税务局“专业骨干”，徐雪婷、孙慧颖、霍同美子、柏晨光、樊成获市税务局“岗位能手”称号。（张　莹）

2019年10月14日，江宁区局参观江苏省庆祝中华人民共和国成立70周年成就展（耿　欣　摄）

行政管理　2019年，江宁区局持续做好行政保障工作。一是加强政务管理工作。结合市税务局要求，紧扣年度工作计划和重点工作事项，梳理年度督查督办重点工作事项，通过系统立项流转。完善信息宣传工作机制，加强内部培训和对外联络，健全队伍网络、加强部门协作。建立舆情管理工作制度和舆情应对预案，落实专门人员，明确工作责任，加强舆情监控，切实做好舆情管理工作。落实方案提案、会议管理、公文管理、信访工作、保密工作、档案管理、税收调研要求，强化工作统筹，保障全局工作运转。截至2019年年底，办理政协提案3份，参加4场面办会议，并通过政务平台将提案答复建议发送主办单位；受理信访14件，已办结11件；对外主动公开政府信息49条，均按照要求公开；参与国家总局重点课题第三课题组的调研牵头工作，撰写的论文《减税降费政策效应及实施路径研究》被省税务局评为优秀论文，参与省税务局系统的讨论交流；在《南京税务》刊登文章6篇和图片21张。二是加强事务管理工作。严格事务管理系列管理制度落实，加强机关事务管理，规范机关事务工作。建立后勤内控机制和后勤管理规范，加强固定资产、基建项目、政府采购、车辆管理以及食堂管理，推进节能减排工作，抓好后勤保障服务。执行政府采购和招投标管理规定，整合盘活各类服务资源，改善服务形式，着力提高服务保障能力。截至目前，修改完善固定资产卡片信息7732条，完成政府采购目录内项目9项采购任务，采购数量75件。三是加强财务管理工作。落实系统财务管理规定，修订区局财务管理制度，严肃财经纪律，规范财务管理。细化预算管理措施，提高预算执行率，科学、平稳推进预算执行。完成核算并账和资产清查，夯实财务基础管理，加强资金安全管理，确保新机构资产安全。（成效倩）

网络安全管理 2019年，江宁区局落实省税务局网络安全风险防范清单、实施保障清单、法律红线清单以及市税务局下发的税务内网延伸点网络安全管理规范、机房管理制度，通过多种宣传方式对全体干部及劳务派遣人员灌输安全防范意识，结合信息安全警示案例等，进一步强调网络安全的重要性。采取内网电脑禁用U盘、非税务专用办公场所通过VPN接入专网等措施，规范内网使用行为，提升干部职工的网络安全意识，已实现360天擎税务桌面管理系统及入网小助手全覆盖，全年未发生违规外联等信息安全事故；完成所有税务专网使用人员《涉税数据网络安全保密承诺书》的签订；完成LED电子显示屏系统网络安全自查；完成办公场所机房、弱电井防雷检测；完成Absolute公司防盗追踪软件安全漏洞检查及整改，及时处理全局存在病毒、漏洞的高危终端的排除清理，对所有信息化终端病毒库进行升级；完成汤山税务所及秦淮路2号、8号办公大楼机房监控功能实测和安全检查；机房网络防火墙设备、监控设备全部安装到位；完成互联网使用人员信息采集和外部延伸点需要使用USBKey的操作员统计、审核及发放。（孙武军）

获评"江苏省文明单位" 2019年，江宁区局坚持将文明单位创建与税收业务工作结合，以文明创建助推税收中心工作，被江苏省精神文明建设委员会授予"江苏省文明单位"称号。一是加大教育宣传，弘扬核心价值。张贴社会主义核心价值观宣传海报，推广使用社会主义核心价值观主题桌面，加深干部职工的直观印象；每季度开展1次道德讲堂活动，将爱国主义教育和社会公德、职业道德、家庭美德、个人品德教育有机融合；开展文明家庭创建活动，向干部职工征集好家风好家训，宣传孝老爱亲的先进典型，加强对干部职工"八小时之外"监督，推进廉洁家庭建设。二是创新服务举措，优化办税体验。开展文明窗口创建活动，打造办税服务厅"升级版"，增添纳税人"获得感"。打造线上办税体验区和自助办税区，优化办税环境，做到自助办税服务"7×24"不打烊，服务全天候；实施线上办理"套餐化"、发票领用"O2O"、企业信贷"税e融"，畅通企业办税渠道；通过全面推行"实名制办税"、推行"一窗受理、内部流转、限时办结、窗口出件"的办理模式，向符合条件的纳税人提供"容缺受理"办理服务等新举措，进一步缩短办税时间，简化办税流程；发挥导税台"总调度"的作用，根据纳税人办理业务的类型，快速引导、分流。设置税收政策二维码墙，纳税人"扫一扫"即可轻松获取减税降费等最新政策解读和最热涉税问答。实行提前到岗、推迟下班、假期值班等举措，引导纳税人采取时间错峰、场所错峰、渠道错峰、企业规模错峰、业务类别错峰等方式办理涉税业务，有效提升办税效率。三是传播文明风尚，承担社会责任。严格执行各项节约管理制度，在干部职工中推行“光盘行动”、文明餐桌、“节约每一滴水、每一度电”等行动，勤俭节约的意识深入人心；提升物业管理水平和干部职工的环保意识，在公共场所、办公区域设置明显的禁烟标识，共同维护办公场所的干净、整洁，为纳税人提供优质、舒心的服务环境；成立爱宁志愿者服务队，先后组织开展学雷锋无偿献血、春蕾女童爱心帮扶、虎凤蝶公益环保行动、长江守望者文明实践等社会公益活动；与汤山街道上峰社区等13家社区开展第六轮城乡文明共建，与周岗社区等5家社区128户困难户开展联村结户挂钩帮扶，组织区局党员与困难户结成帮扶对子，定期上门走访慰问，收集群众困难意见，与社区共同帮助解决，切实履行社会责任。四是丰富文体活动，发扬优秀文化。发挥工会、妇联、团支部的主体作用，组织参与“春牛首国际马拉松赛”“弘扬五四精神，激扬热血青春”青年干部户外拓展活动、全市税务系统“我和我的祖国”歌咏比赛、争上游棋牌比赛、趣味运动会等多项活动，激发干部职工的团队意识和进取精神；以春节、端午节等传统佳节为时点，结合“我们的节日”主题，开展“迎新春·快乐包饺”活动、迎新春联欢会、“粽叶飘香”包粽子培训等各具特色的节日文化活动，促进干部职工传承和发扬传统文化；发挥党建引领文化的作用，总结提炼区局“麦芒”党建文化品牌，召开党建品牌发布会，编辑“麦芒”党建专刊印发各支部，总结推广基层党建工作的新制度、新思路和新方法。成立“蠹鱼”阅读组织，征集干部职工的文章、摄影、字画等优秀文艺作品，每季度编印成“蠹鱼”期刊，为热爱阅读的干部职工搭建分享交流平台，形成具有新时代特征和江宁税务特色的文化品牌。（徐雪婷）

（责任编辑　梁晓玲）

浦口区税务局

概述　2019年，国家税务总局南京市浦口区税务局（以下简称“浦口区局”）贯彻落实中央精神要求和重大决策部署，以新发展理念为指引，以深化征管体制改革为主线，履行税收职能，落实减税降费，推进“不忘初心、牢记使命”主题教育，优化营商环境，实现了税收与经济协调发展，完成各项工作任务。

依法依规组织税费收入，推进税收中心工作。2019年，浦口区局组织税收收入90.66亿元，组织其他收入25.74亿元，其中，社会保险费23.79亿元。落实区局领导总负责、各职能部门齐抓共管的组织收入责任制，建立组织收入联动长效机制，树立整体税源观，跟踪经济税源发展态势，关注宏观政策对税收影响，主动报送分析报告。推进减税降费，按要求完成社会保险费征管职责划转工作。

坚持党的领导，推进“不忘初心、牢记使命”主题教育。按照新时代党的建设总要求，围绕税务系统及区委区政府重大决策部署，抓好管党治党责任落实，推进党的全方位建设，筑牢思想政治基础，强化组织领导，提升党建工作水平，通过“不忘初心”系列活动检视问题，整改扎实问题，确保主题教育各项部署落到实处。聚焦监督执纪问责，推进党风廉政建设。制定并发布《浦口税务廉政风险防控手册》，围绕落实、落地，聚焦减税降费监督，将开展“提醒、警醒、唤醒”的“三醒”廉政教育作为全年纪检监察重点工作项目加以推进。

落实依法治税，提升税收管理水平。加强法治建设，规范执法行为，坚持依法行政，将法治思维和法治方式运用于各项税收工作。聚焦规范公正执法，开展依法行政大讨论，健全学法用法长效机制，提高干部法治意识和执法能力。聚焦税收政策落实，推进税收新政落地，进一步支持小微企业发展，减税效应得到全面释放。聚焦风险防范管理，加强部门联动，切实开展增值税发票管理防控工作。规范浦口区免税农产品税收管理，降低发票虚开风险。强化税源动态监控，提升征管数据质量，打造统一规范、高效协作的征管机制，推进新征管体系在浦口平稳落地。

税收营商环境不断优化，各项指标位居前列。创新研究优化营商环境举措，按“月”通报营商环境指标数据，按“季”绘制流程图，按“年”更新营商环境任务清单，把税收营商环境向纵深推进。不见面审批率、新办企业综合套餐准期办结率、纳税人满意度等各项指标一直保持在全市税务系统前列水平。《南京市优化营商环境简报》42期中7期介绍浦口区局典型做法，工作成效获得肯定。树立以人为本“大服务”理念，新建母婴室、休息室、减压室，扩建更衣室，展现浦口纳税服务特色人文关怀。

坚持文化引领，打造作风新形象。坚持问题导向、需求导向，制定发布《浦口税务机关作风建设二十条》和《浦口税务干部作风规范二十条》（以下简称“双二十条”），营造风清气正的机关作风和优良的干部作风。在2019年浦口区机关作风建设满意度评议活动中，位列考核组第一。强化组织作用，层层落实开展税务文化建设，加强基础设施建设。完善定期轮岗和适时轮岗，开展科（所）长论坛，提升中层干部领导能力、履职能力，强化青年人才培养。参与新中国成立70周年系列活动，在南京市税务系统合唱比赛中获得一等奖，代表市税务局参加省税务系统汇报演出。制作的《我和我的祖国》快闪视频登上学习强国平台，展现浦口税务形象。（李　畅）

机构设置及负责人

办公室

主　任　汪悦兵
副主任　蔡建军
副主任　江　露

法制科

科　长　肖　巍

税政一科

科　长　袁永梁
副科长　王溢峰
副科长　庄高强

税政二科

科　长　龚维健
副科长　滕　琳
副科长　高　宇

收入核算科

科　长　李　君
副科长　沈　飞

纳税服务科

科　长　戚　杰
副科长　何　锦

征收管理科

科　长　王　勇
副科长　毛子涵
副科长　方　慧

督察内审科

科　长　陈宗兵
副科长　张　菡

人事教育科

科　长　王　莉
副科长　杨　清

考核考评科

副科长　宋　虎
副科长　高　弈

税源管理一科

科　长　陈德虎
副科长　魏　璟

税源管理二科

科　长　李　云
副科长　孙启红

税源管理三科

科　长　高　宏
副科长　林　莉

税源管理四科

科　长　韩顺琴
副科长　董正祥（正科级）

税源管理五科

科　长　郑　红
副科长　祁　静

党建工作科

科　长　周璟阳
副科长　朱玲玲

老干部科

科　长　王　强
副科长　辛　勤（正科级）

纪检组

副组长　吴春道（正科级）
副组长　张文文

第一税务所（办税服务厅）

所　长　傅文锐
副所长　李培培
副所长　徐　瑶

第二税务所

所　长　周　棣

副所长　郑自虎
副所长　孙贤明

江浦税务所

所　长　汤永锋
副所长　张　伊
副所长　徐小忠

桥林税务所

所　长　陈德龙
副所长　张位喜

汤泉税务所

所　长　邓　悦
副所长　兰全斌

纳税服务中心

主　任　朱海平
副主任　张小红

信息中心

主　任　许　军
副主任　赵　鼎

（廖文君）

各项收入情况　2019年，浦口区局共组织各项收入116.4亿元。其中税收收入90.66亿元，减收27.01亿元，减幅22.95%；完成一般预算收入52.64亿元，同比减收11.84亿元，减幅18.36%。税收一般预算收入占浦口区一般公共预算收入的84.9%，成为地方财政主要贡献。从运行情况来看，各季度实现税收收入分别是29.05亿元、27.23亿元、29.06亿元、25.37亿元，全年税收运行平稳。从税种贡献来看，增值税、企业所得税、契税、土地增值税、个人所得税分别实现税收32.22亿元、18.42亿元、8.80亿元、8.04亿元和5.15亿元，合计72.63亿元，占总税收的80.11%。从经济产业来看，税源向第三产业集中，第三产业企业入库税收67.52亿，税收占比74.48%，下降7个百分点。组织非税收入25.74亿元，增幅13.79%，其中征缴社会保险费23.79亿元，残保金入库995万元，工会经费入库878万元，教育费附加1.83亿元。（何　林）

税收收入及特点分析　2019年，浦口区局共组织税收收入90.66亿元，企业纳税人共实现税收收入69.65亿元，占总税收的76.83%。从经济类型看，民营企业主体地位突出。截至2019年12月31日，浦口区共有17638户民营企业纳税人，占企业总户数（不含个体工商户）的95.18%。2019年，入库税收67.34亿元，占企业税收的96.68%。民营企业已经成为浦口区经济税源的主要来源。从企业纳税规模来看，税源向纳税大户集中。浦口区纳税大户呈逐年递增趋势，单户全年缴纳税款超过1000万元以上的纳税人有116户，占规模企业总户数的比例为0.63%，同比增加7户；税收贡献度达到总税收的61.32%。重点税源企业支撑作用明显。2019年，缴纳税款达亿元的重点税源企业13户，税款合计21.12亿元，税收贡献度达总税收的23.3%。从经济产业看，税源向第三产业集中。2019年，第一产业入库税收0.14亿，税收占比基本忽略不计。第二产业入库税收23亿元，同比增加32.03%，占总税收25.37%；第三产业入库税收67.52亿元，同比减少4.39%，占总税收74.48%。从经济行业来看，税源向主体行业集中。税收占比最高的五个行业依次是房地产业、制造业、批发和零售业、建筑业、租赁和商务服务业。2019年，房地产业税收28.08亿元，占总税收的30.97%；制造业税收10.83亿元，占总税收的11.95%；批发和零售业税收6.75亿元，占总税收的7.45%；建筑业税收5.94亿元，占总税收的6.55%；租赁和商务服务业税收5.15亿元，占总税收5.68%。以上主体行业税收占总税收超六成。

（何　林）

税收政策落实　2019年，浦口区局落实深化改革各项政策，进一步减轻企业负担。增值税税率调整，累计减税4366.61万元，加计抵减221户，抵减税额284.6万元，增量留抵退税47户2.74亿元。2019年，浦口区小微企业共15298户，盈利3465户，实际政策受惠面100%，减免税额12503.80万元。

落实高新技术企业税收优惠优惠。2019年，高新技术企业申请认定初审119户，公示通过60户，通过率50%。享受高新技术企业减按15%优惠税率，减免企业所得税税额2619.10万元；享受研发费加计扣除企业177户，加计扣除额53176.14万元。

实现出口退税提速。实行“当月申报当月审

结”的限时办结制度，做到“即报即审”，缩短退税审核周期，提高退税审核办结率。2019年共审批生产企业549户次，免抵税额3.8亿元，准予退税额3.7亿元。审核外贸企业253户次，准予退税额4695.5万元。

推进个人所得税专项附加扣除新政落地。召开专题推进会议，制定年度汇算清缴工作方案。开展个人所得税汇算清缴数据质量清理，落实应急机制、严格责任追究，为个人所得税第三阶段改革打好基础。组成“个人所得税培训师资库”，分阶段开展多轮全员培训。按照市税务局《进一步强化自然人股权转让个人所得税管理的工作意见》的要求，持续深化股权转让个人所得税征管。

开展社会保险费征管职责划转。一是加强组织协调，结合实际制定《浦口区税务局社会保险费划转推进工作方案》和事项清单，两次召开浦口区社会保险费划转工作推进会议，在社保职能划转工作的过程中与人社、财政等相关部门加强沟通、协商和对接。二是强化宣传辅导，对内加快培养一批熟悉并掌握社会保险费政策和管理知识的业务骨干，对外运用线上、线下多种方式广泛开展对缴费人培训辅导。建立浦口区机关事业单位社会保险费划转工作QQ联络群，专门答复并解决机关事业单位养老和职业年金咨询问题，促进缴费人懂政策、会申报。三是做好运维保障，通过在线辅导、数据校验、缴费人自查自检等措施，降低缴费人申报失误率。4月后浦口区机关事业单位按期申报率均达到100%，12月提前完成2019年年度基数补申报工作。

2019年，结合实际工作研究税收政策落实过程中的问题，形成税收政策执行反馈4篇上报市税务局。配合市税务局梳理减税降费新政并形成政策汇编，组织干部职工学习减税降费内容。

（王溢峰、龚维健）

减税降费　2019年，浦口区局贯彻落实党中央、国务院减税降费决策，根据浦口区委、区政府和市税务局的工作部署，提高思想认识，密切配合，加强统筹指挥，细化分工落实，完成各项任务。第一时间成立减税降费工作领导小组，下设办公室实行集中办公，下发11批减税降费工作任务清单，有序落实各项政策。通过建立“7个一”工作机制即：党的政治建设“一面旗帜”统领，加强组织领导“一盘棋”统筹，工作任务清单“一张表”推进，宣传辅导“一揽子”服务，税企销号“一本账”核算，内外联动“一体式”监督，加强协同共治“一股绳”聚力，确保减税降费政策措施落实到位，增强纳税人、缴费人获得感。

对“企业享受减税降费红利优秀案例”和“企业税负上升优秀解决方案”进行收集评比，创新开展“减税降费细化落实税企销号”工作，强化政策辅导，加强宣传引导，发挥QQ群、微信群、广播电台、短信等线上平台作用，打造“税务蓝+邮政绿”精准宣传模式，连续组织开展15场大型宣传培训活动，组建宣传小队进校园、进社区、进商场，并结合全区8所个人所得税收服务站持续推广减税降费政策，基本实现政策宣传100%全覆盖。提升办税服务质效，实现纳税人和税务人“双减负”，纳税人、缴费人获得感增强。向浦口区委、区政府汇报减税降费相关工作，推动区委、区政府领导和相关部门沟通协调，成立税收协同共治和减税降费工作领导小组，凝聚起减税降费工作落实合力，发挥协同共治对减税降费的支撑和保障作用，确保纳税人、缴费人减税降费红利应享尽享。2019年1—12月，浦口区累计新增减税降费11.06亿元，其中减税9.79亿元，降费1.27亿元。新增减税包括增值税改革减税5.47亿元（其中，降低税率等减税2.73亿元，增值税留抵退税2.74亿元），小微企业普惠性政策减税0.99亿元，个人所得税两步改革叠加减税2.63亿元。

（郭毓颖）

税收征管　2019年，浦口区局贯彻实施新的征管业务规范，结合实际，成立工作团队，梳理征收管理、纳税服务、风险管理岗责体系、事项清单和征管流程，出台《国家税务总局南京市浦口区税务局征管体系改革实施方案》（讨论稿），同时进一步明确部门职能，优化人力资源配置，打造统一规范、高效协作的征管机制，推进新征管体系在浦口平稳落地。

落实和推进“金税三期”并库工作。在市税务局安排部署下，参与2019年1月16日至2019年3月31日为期75天的大双轨验证测试工作。测

2019年7月5日，浦口区局为2016—2018年度连续三年纳税信用A级纳税人授牌（王嘉诚　摄）

试数量9000余条，涵盖225项业务模块，兼顾委托代征系统、电子税务局、ITS自然人税收管理系统、风险管理平台等多个系统，囊括登记、申报、征收、法制等全部高频事项。

开展风险评估工作。制定风险应对原则，确保“三定”方案落地前后风险评估工作平稳过渡。开展跨区域经营纳税人预缴税款疑点核实，2019年，接收跨区域协作任务22条，按要求及时反馈。自主发起苗木业增值税普通发票协查跨区域协作任务81户。按日接收自然人冒用风险数据，下发自然人身份冒用任务729条，实时跟踪任务完成情况。建立风险应对机关实体化团队，开展风险评估流程培训和任务推进会，为任务完成打下基础。2019年1—12月，通过风险应对平台共下发任务269户，已完成风险应对任务174户，总涉及绩效19537.01万元，总入库绩效19295.78万元，评估绩效、入库绩效双创新高。（毛子涵）

税源税户基础管理　2019年，浦口区局逐步完善税户征管基础工作。组织做好个体工商户的各项征管工作，定期进行外网公示，对定期定额户批扣范围进行维护，由税源科、税务所进行核实调整。按照数据交换的工作要求，加强与外部门的相互协作和配合。2019年，按月对非正常户和税务证件失效进行公告合计501户次，按季对单位纳税人欠税进行公告合计2021户次，对个体纳税人欠税公告合计269户次。按月布置催报催缴工作并跟踪反馈，2019年4月底，完成100人检查证信息补录登记。规范委托代征日常管理工作，2019年10月，正式成立汤泉街道委托代征点，开展委托代征工作交叉检查，做好系统升级及运维保障，2019年度共上报解决190单系统运维。有序开展个体工商户和自然人减税降费，组织完成个体工商户减税降费追溯性退税核实任务。2019年，重点对市税务局下发的719户次纳税人已缴税费进行分析整理，组织各税源科所逐户按照减税降费口径核实确认其应退税费。对市税务局下发的1991条减税降费风险疑点进行组织核实，逐条解释，消除风险。联合委托代征单位对自然人代开票减税降费的相关情况进行摸底调研，梳理出自然人代开票疑似应退数据1275户13592条，明确退税相关资料和流程，开展自然人代开票的退税工作，做到应退尽退。（毛子涵）

税收法治　2019年，浦口区局围绕“工作内容明确、执法规范统一、治理手段创新”工作思路，规范执法行为。一是成立浦口区局依法行政领导小组，建立健全依法行政工作领导小组会议制度和议事规则。制定发布《国家税务总局南京市浦口区税务局全面依法行政领导小组议事规则》。二是发挥重大税务案件审理委员会职能，对争议较大、矛盾较多的税收执法事项集体审议，解决实际问题。三是推进行政执法公示制度、重大执法决定法制审核制度和执法全过程记录制度，确定执法人员信息，强化监督，促进规范公正文明执法。四是根据主题教育工作要求，开展“依法依规大讨论”专题活动。10月18日，邀请市税务局政策法规处开展税收执法风险专题讲座。10月29日，邀请南京工业大学法学院教授张治宇开展法治大讲堂，召开依法依规大讨论座谈会，疏通依法行政工作中的堵点难点。

开展免税农产品增值税发票专项核查。2019年4月，浦口区局发现苗木业企业的免税开票量、销售额与其实际经营规模不相符的情形较为严重，采取措施，下发风险清册，对132户免税农产品销售额超千万的纳税人开展排查，对存在疑点较大、约谈不到或资料不齐全的纳税人，根据具体情况采取登记风险纳税人、开展实地核查、委托异地协查等措施。同时对风险清册纳税人实行动态监督，汇总核实情况和存在问题，多次进行专项集体讨论研究，形成多部门联动的快速反应机制，提升了专项治理工作质效。经过专项治理，浦口区苗木纳税人开具免税发票金额呈逐步下降趋势，涉嫌虚开的势头得到遏制。浦口区局发布《浦口区局免税农产品生产企业发票管理指南》，自2019年5月1日起正式施行，进一步提升免税农产品发票风险管理水平。 （田武菁、王溢峰）

纳税服务 2019年，浦口区局有序推进优化营商环境相关工作开展。全年新办企业综合套餐准期办结率100%、"12345"办结提速率100%，全年营商环境各项指标均位居全市税务系统前列。在《南京市优化营商环境简报》上被报道7期。在按日召开晨会、按月纳税服务评审、按季评选服务明星的"日月季"举措基础上，创新使用"月季年"方法：按"月"通报营商环境指标数据，对标找差；按"季"绘制流程图，重点梳理企业办理频次较高的出口退税业务、发票供票业务、纳税信用补、复评业务、注销业务；按"年"更新营商环境任务清单，提升执行力。率先推出邮寄备案服务，开辟不见面审批新渠道，让纳税人足不出户就能办理优惠备案业务。与外部门对接，实现"全链通"，提升企业开办速度。在5个街道、3个园区按月开展税收服务站活动，解决税收政策落地"最后一公里"问题。开展优化营商环境工作走访，召开企业座谈会15场涉及纳税人172户、实地走访企业61户。举办以"落实减税降费，促进台资企业高质量发展"为主题的台企沙龙。为154户连续3年纳税信用A级纳税人举行授牌仪式，发挥诚信兴商示范效应，推动全社会信用体系建设。 （岑 乔）

2019年12月6日，浦口区局税务干部到南京依维柯公司走访调研 （孙 军 摄）

服务区域发展 2019年，浦口区局以组织收入为中心，执行依法征税，实现税收收入质量持续提升和经济税收协调发展。以推进浦口区局"一品牌，三名单"（从税收视角反映经济运行质量和态势形成品牌，确立重点税源"蓝名单"稳升总量，做好重大项目"绿名单"税收储备，定期分析筛选"黑名单"提高收入质量）组织收入特色工作为抓手，排查重点潜在税源存量，完善"科室+税源科所联动，税源+税种齐抓共管"的组织收入管理体系，加强税户精细化管理，提高税源掌控的有效性和预测分析的准确性。

开展税收分析，服务党委政府决策需求。利用税收大数据资源打造分析精品，盯住社会热点、焦点，关注新趋势、新情况和新问题，持续跟踪，深度分析。2019年，浦口区局完成经济税源分析综合材料6篇，其中1—10月减税降费效应分析材料受到浦口区委常委、常务副区长皋古和批示肯定。

落实减税降费具体举措，降低企业经营成本。落实小微企业优惠，以及增值税税率调整、新个人所得税法实施等普惠性减税措施的落实，同时鼓励企业积极享受科技创新、留抵退税、固定资产一次性税前扣除等各项优惠政策，支持企业加快自主创新，增强核心技术，提高硬实力。

（何 林）

税收宣传 2019年，浦口区局拓宽税企沟通渠道，组织征纳沟通平台推广工作，向辖区1.4万户纳税人发送培训通知；拓展线上培训，开展线下专题培训30多场，参与纳税人超过2000人次。建立31个人所得税企交流群，为纳税人在线答疑解惑。利用数字化税企服务智能平台向纳税人推送最新税收资讯，开展减税降费政策宣传培训。一是根据纳税人个性化需求通过合理方式开展"一对一"精细化政策辅导。结合服务厅、特服号纳税人咨询情况，在做好增值税政策宣传辅导外，加强对纳税人咨询申报表填写问题、社保申报问题、发票增量、增限额等问题的咨询辅导工作。二是建立税企通微信群和行业群，进一步精准服务。发挥税企通微信服务群和行业群宣传作用，发动街道园区、涉税专业服务机构、税控服务等多方渠道，利用朋友圈、微信群、QQ群等积极主动宣传优惠政策，确保纳税人应享尽享。2019年，邮寄送达7035户纳税人《致浦口区纳税人的一封信：减税降税有关政策》；对浦口区局涉及普惠政策的21000多户纳税人全部“点对点”推送微信提醒信息，集中培训2764余户，发放宣传辅导手册13000余份，网络及实体纳税人学堂辅导893人次。（岑　乔）

党建工作　2019年，浦口区局围绕上级党建工作部署，结合党的建设各项工作，落实基层党建重点任务，巩固党建工作基础，推动党建工作创新。

提高政治站位，强化政治建设。一是做到“两个维护”（坚决维护习近平总书记党中央的核心、全党的核心地位，坚决维护党中央权威和集中统一领导），压实管党治党责任。编写全面从严治党责任清单，层层签订全面从严治党责任书，召开两次全面从严治党和党风廉政建设责任落实情况汇报会，定期报告管党治党责任落实情况。二是严肃党内政治生活。严守政治纪律和政治规矩，严格执行请示报告、个人有关事项报告等制度。发展积极健康的党内政治文化，营造风清气正的政治生态。三是加强党员党性教育。定期开展“不忘初心，我的政治生日”活动；组织党员参观“三浦战役”胜利70周年图片展，参观雨花台烈士陵园；开设“电影微党课”特色活动，用党员干部喜闻乐见的方式开展教育活动。

筑牢思想根基，加强思想建设。一是抓好党务干部及党员培训。组织以“传承英烈精神，坚定理想信念”为主题的党务工作者业务能力提升培训。采取专题讲座、接受革命传统教育现场教学相结合的方式进行；根据市税务局、浦口区政府要求，先后选派党支部书记、优秀党务干部参加各类党务干部培训，提升党务干部工作能力。二是抓好政治理论学习。定期开展党委理论中心组理论学习，将主题教育每月学习变为每周学习，各支部紧跟中心组学习内容，组织党员开展政治理论学习，引导党员干部学深、悟透、做实。三是发挥先进典型思想引领作用。开展“党员先锋、岗位建功”活动，选树19名在税收工作岗位上表现突出的优秀党员，收集主题教育期间涌现的好人好事，并将事迹制定成册，鼓励所有干部学习。

发挥战斗堡垒作用，推动组织建设。一是夯实基层党组织工作基础。落实“三会一课”制度，支部定期开展主题党日活动，按照《党支部工作条例》规范党支部工作职责。二是开展“共建聚合力，党建促发展”党组织结对共建活动。与市税务局机关、企业、街道和社区党支部结对共建，12个支部均签订协议，开展结对共建活动，搭建党组织活动平台，构建党员交流渠道。三是加强党员干部队伍建设。按照统一布置和要求，做好党组织的设立，选优配强党组织委员和党务干部。注重对7名入党积极分子的教育和培养，1名发展对象被批准成为预备党员，1名预备党员按期转正。落实党建信息化建设要求，做好全国党员管理信息系统维护工作。四是推动学习强国APP的使用。推广使用学习强国，建立管理员工作交流群，不定期通报各支部学习强国使用情况，形成党员学、全员学、时时学、处处学的学习风气。（胡明磊）

“不忘初心、牢记使命”主题教育　2019年9月12日，浦口区局启动“不忘初心、牢记使命”主题教育活动，学习贯彻习近平新时代中国特色社会主义思想，贯彻“守初心、担使命，找差距、抓落实”的总要求，以理论学习有收获、思想政治受洗礼、干事创业敢担当、为民服务解难题、清正廉洁作表率为目标，在市税务局第一巡回指导组的指导下，完成各项目标任务。

2019年9月27日，浦口区局参加江苏省税务系统“不忘初心、牢记使命”主题党日暨新中国成立70周年庆祝活动（芦　君　摄）

加强统筹组织实施。围绕上级部署要求，确保工作提质增效。制发浦口区局主题教育工作方案，围绕四项重点措施（学习教育、调查研究、检视问题、整改落实）、"六项行动"（党建引领夯基础行动、服务大局促发展行动、为民服务解难题行动、干事创业勇担当行动、深化"四合"激活力行动、成果转化谋思路行动）、"五个一"（组织一次学习交流；党支部书记要讲1次专题党课，或向所在支部党员报告1次个人学习体会；党员结合自身实际至少参加1次社会公益活动、扶贫济困等志愿服务；党员干部围绕减税降费、便民办税缴费至少为纳税人、缴费人办1件实事好事；召开1次专题组织生活会，开展民主评议党员）细化措施进行落实。第一时间成立主题教育领导小组及办公室；确定工作要求，制定集中办公工作规则；将集中办公人员分工及工作规则印制上墙。多次召开党委会专题研究部署，按周发布主题教育工作推进表，提高工作精准度。纪检组严格履行监督责任，从严从实监督检查，及时开展"回头看"及专项整治。同时保持与市税务局指导组的联系，及时汇报工作进度，争取指导支持。

围绕主题加强学习。以"专题研讨+个人自学"夯实理论根基，按周组织中心组学习，局领导带头领学促学，先后组织12次集中学习和专题研讨；开展读书教育班，外邀专家进行讲解；为党员干部配发主题教育必读书，制作学习书签；组织党员走进王荷波纪念馆开展现场教学，接受革命传统教育；组织主题教育专题测试及党员应知应会网络测试；组织依法法治大讲堂。突出先进引领，开展"党员先锋、岗位建功"活动。

聚焦重点开展调研。聚焦落实减税降费政策、组织税费收入、加强党的建设等重点工作和突出矛盾问题确定12个调研主题，带着问题去，循着方向去，奔着原因去，面向基层联系点、分管部门、基层干部，同时又面向企业、面向辖区街道、面向纳税人缴费人。通过召开企业负责人、财务负责人座谈会，聆听建议意见；开展谈心谈话，及时掌握干部的思想状况、工作困难，了解干部诉求。针对调研发现的问题和征求的意见建议建立整改台账，能解决的马上就办，立查立改、即知即改，不能立即办的形成台账，明确整改时限。

分类查找存在问题。通过发放征求意见表、调查问卷、设置意见征集箱等形式收集意见。召开主题教育与减税降费深度融合会议，收集意见7条；围绕"三听两问"（听纳税人、听基层党员、听普通群众意见；问领导班子、领导干部存在突出问题，问改进作风、改进工作的意见和建议）召开离退休干部、青年干部、民主党派人士等各纬度座谈会，收集意见和建议41条；广泛开展交心谈话，共同查找问题18条；召开对照党章党规找差距专题会议，全面查找各种违背初心和使命的问题23条，明确努力方向和改进措施。

列明清单整改落实。自2019年6月起，先学先做开展专项整治，明确4项8条整改任务。主题教育期间，先后共建立3个主题教育检视整改问题清单，涉及问题6大类82项，制定相应整改措施。截止年底，74项问题已整改到位，6项问题在持续整改中，并根据整改台账期限稳步推进，持续把"问题清单"转化为"成效清单"。（胡明磊）

党风廉政建设 2019年，浦口区局学习贯彻党中央、国务院和税务总局关于全面从严治党以及党风廉政建设工作的新部署、新要求，聚焦监督执纪问责主业，抓住减税降费、第二批"不忘初心、牢记使命"主题教育等重点任务的贯彻落实，结合合并后的干部队伍实际，坚持压实责任、防控风险、执纪监督、纪律作风和廉政教育五措并举，推动主体责任和监督责任落实，不敢腐、不能腐、不想腐一体推进，建设风清气正的政治生态。

加强作风建设，推进为民服务。反对和整治

2019年3月29日，浦口区局召开"浦口税务机关作风建设二十条"和"浦口税务干部作风建设二十条"发布仪式　　（芦　君　摄）

"四风"。组织开展形式主义、官僚主义问题集中整治。发布"双二十条"营造风清气正的机关作风和优良的干部作风。聘请作风特使，加强社会监督。9月20日，浦口区作风建设现场推进暨机关作风满意度评议工作动员部署会在浦口区局召开，浦口区局作现场经验交流。落实精准脱贫要求，按季度组织入户走访。开展"为人民（企业）办实事"活动，突出服务质量，增强纳税人（缴费人）获得感和满意度。编印4期作风建设简报《浦税风行》。

执行中央"八项规定"，开展自查自纠，履行"一岗双责"。开展"不忘初心、牢记使命"主题教育专项整治"回头看"监督检查。加强与地方纪委监委的联系，在浦口区内第一家、第一时间向区纪委监委汇报监督执纪工作开展情况。召开两次减税降费监督推进会，组织抽查清单任务完成情况。对外，对接浦口区纪委、审计局、统计局、工商联等部门，汇报工作开展和监督情况。实地走访纳税人、组织开展问卷调查，持续开展第三方借减税降费服务巧立名目乱收费行为专项排查整治工作。对减税降费工作不力的部门主要负责人，开展提醒谈话和批评教育。

6月，邀请浦口区纪委宣教专家开展《筑牢思想防线 远离违纪违法》廉政讲座。7月，在全省税务系统首家制作并发布税务干部《廉政风险防控手册》，全面推进廉政风险防控工作。将开展"提醒、警醒、唤醒""三醒"廉政教育作为全年纪检监察重点工作项目加以推进。10月，组织干部参观省党风廉政建设警示教育基地。高度重视加强干部"八小时以外"教育监督管理，组织全局干部开展"社交圈、生活圈、休闲圈"自查自纠，并签名背书。向干部发放"家风抵万金"倡议书，向干部亲属发送家庭助廉倡议，每逢重要节点发送廉政提醒短信。巩固省级廉政文化示范点建设，组织开展"廉洁有我健康骑行""植树造林树清新税风"等廉政文化活动，联合区检察院开展"检税共建"交流活动。举办廉政文化品牌建设研讨会，开展警示教育，筑牢干部廉洁从税理念，营造"不想腐"的廉政氛围。（罗　刚、王　琪）

干部队伍建设　2019年，浦口区局从四个方面入手，加强干部队伍建设。一是做好干部选拔任用工作。2019年3月，完成科级非领导职务晋升工作，6名同志晋升主任科员，7名同志晋升副主任科员。2019年4月，开展副科级领导职务选拔工作，经民主推荐、结构化面试、组织考察，浦口区局党委研究决定，市税务局预审，任前公示等环节，选拔出6名副科级领导干部。二是做好青年干部培养工作。形成青年干部培养实施方案及推进方案，同时制定工作任务细化分解清单。于2019年9月9日教师节之际举行拜师仪式，按照传统拜师礼仪"呈拜师帖"、"行拜师礼"、"敬拜师茶"，并"签署协议"，公示公开。三是做好干部教育培训工作。2019年，开展全体干部更新知识培训、党务干部培训、业务骨干培训、"不忘初心、牢记使命"主题教育培训、业务能力提升培训等。同时，联合相关业务部门，开展岗位技能培训。2019年，共开展小微企业普惠性减免税政策培训、深化增值税改革有关政策、减税降费等相关培训10余场，培训人次500余人。组织参加省、市税务局组织的各类专项培训班60余场次，接受培训达200余人次。四是做好"岗位大练兵、业务大比武"工作。在市税务局系统第一轮"岗位大练兵、业务大比武"选拔考试中，5位同志入围第二轮选拔。在第二轮选拔考试中，张文文、朱笑仪两位同志作为市税务局代表队成员参加省税务局比武。鼓励干部参加学历教育和与税收管理工作有关的职业考试，2019年，共3人取得研究生学历，3人获得法律职业资格证书。（廖文君）

老干部工作　一是落实政治待遇。将在职党员纳入老干部支部管理，其中老干部科科长任支部书记、年轻科员任组织委员；组织召开两次老干部情况通报会；落实"三会一课"，召开支部书记、支委成员、普通党员上党课等四次党课，每月按期开展政治理论学习，及时收缴党费；开展"不忘初心、牢记使命"系列活动，为老党员过集体政治生日，和市税务局离退休干部党支部开展参观安徽凤阳小岗村结对共建活动。二是落实生活待遇。在南京市税务系统内首创干部"荣退"仪式，分8个步骤举行。第一步，请退休干部谈个人感悟；第二步，部门同事、受邀请的同事谈对退休干部的感受、赠寄语；第三步，领导赠寄语（部门分管或联系局领导）；第四步，与会人员向退休人员敬礼；第五步，领导为退休人员颁发《退休证》、赠送纪念品（一块刻有对老干部评价、含单位名称、人员姓名、退休编号的玻璃纪念牌）和鲜花；第六步，人教科、老干部正式交接退休人员；第七步，集体合影留念；第八步，将退休人员送出区局大门。同时组织老干部体检，邀请专家讲座，开辟健康通道。开展两次“传承红色基因，感受南京巨变”活动。全面采集老干部信息，实行电子信息化管理。落实“六必访”，积极走访慰问老干部。关注生大病人员，及时发放大病医疗补助。三是加强服务管理。管理老干部青年志愿服务队伍，创新“问安”工作，组织在职青年志愿者适时电话“问安”老干部，记录并反馈“问安”情况，同时后期回访，第一时间了解老干部最新生活状况，最快速度解答老干部疑问。组建全市税务系统首支“银发生辉”志愿队伍，发挥老干部正能量。完善老干部各项工作制度，制定《浦口区税务局老干部青年志愿者管理办法》《志愿者“问安”工作办法》《志愿者积分制管理办法》。针对个别老干部在身份待遇、生病医药费报销等方面存在历史遗留问题，分类归档，建立历史遗留问题处理机制，成立工作小组协调处理历史遗留问题。四是针对浦口区局老干部工作的基础工作和特色亮点工作，结合近远期规划，整理形成《浦口区税务局老干部工作二十条》，向外推广。

（赵程程）

文化建设　2019年，浦口区局打造“我的责任”文化主题，践行“自律、认真、高效、坚持”局风，提倡“女士优先、尊重长者、激励骨干、培养青年、善待他人”，用税务文化的熏陶，内化感染干部行为的养成。

强化组织作用，落实深入开展税务文化建设，树立以人为本“大服务”理念，新建母婴室、休息室、减压室，扩建更衣室，展现人文关怀。打造“慢食文化”、“母婴文化”等标志性文化品牌，发布浦口税务文明行为20条。建设志愿服务队伍，干部志愿江苏网站注册覆盖率达90%以上。创建“80、90后”政策服务团、学雷锋示范岗等服务项目，落实优化营商环境各项政策，构建“全员参与、全程服务、协同作战”的税收服务工作格局。

以干部多元化需求为导向，组织太极拳、徒步、瑜伽、读书等12个兴趣小组，广泛开展文体活动。组织建设“南京市税务局系统工会委员会瑜伽文体活动示范基地”，并开展南京市税务系统范围内的瑜伽交流活动。开展庆“三八”主题活动、春、秋游及趣味运动会等集体活动，激发干部职工的凝聚力和向心力。参加浦口区“壮丽70年·奋斗新时代”诗歌诵读大赛取得二等奖；参加南京市税务系统“我和我的祖国”歌咏比赛获得一等奖，参加“党旗引领砥砺行，同心筑梦税务兴”江苏省税务系统新中国成立70周年庆祝活动，展现干部风貌。制作浦口税务音乐视频《我和我的祖国》，在“学习强国”平台推广。

开展文明创建，提高干部文明素养。在2019年10月文明指数测评中，浦口区局测评结果在南京市税务系统中排在前列，被授予2016—2018年南京市文明单位荣誉称号。按月开展“进村入户面对面，共建美丽新浦口”活动，在五四青年节，走进星甸街道石桥镇石村组织爱心募捐；在交通高峰时段，安排志愿者开展文明交通执勤，助力文明城市建设；组织慈善一日捐，共筹集善款三万余元，用于浦口辖区内贫困群体开展各项慈善救助工作；号召干部义务献血，体现税务青年干部勇于进取、承担社会责任的新“税”风。

（朱玲玲）

（责任编辑　梁晓玲）

六合区税务局

概述　2019年，国家税务总局南京市六合区税务局（以下简称“六合区局”）在市税务局和六合区委区政府的领导下，以习近平新时代中国特色社会主义思想为指导，深入学习贯彻中共十九届三中、四中全会精神，紧扣税收工作的主题、主业、主线，巩固拓展改革成果，持续优化营商环境，在新起点上开创六合税收现代化建设新局面。2019年，六合区局先后获得“全国税务系统先进集体”“全国巾帼文明岗”“全省税务系统国税地税征管体制改革先进集体”“江苏省文明单位”“六合区人民满意单位”等荣誉称号。

从组织结构上看，六合区局共有班子成员6人、25个部门（内设机构15个、派出机构5个、事业单位2个，另设机构2个，党及纪检监察工作机构1个，级别均为正科级）。从人员结构上看，共有在职干部191人，劳务派遣人员62人。在职干部平均年龄42.18岁，其中，处级干部8人（6名局领导，2名副调研员），科级领导干部55人（科长25人，副科长30人，含两名正转副）；研究生15人，占比7.85%，大学及以上184人，占比96.34%；党员140人，预备党员2人，共青团员19人；“三师”33人，占比17.28%（其中注册会计师4人，律师9人，注册税务师20人），国际注册会计师（ACCA）1人。从辖区任务来看，主要负责六合区范围内9个街镇、园区（新材料产业园和经济开发区）的税收收入、社保基金（费）等非税收入的征管和服务工作。截止2019年底，辖区内企业税户1.89万户，个体工商户2.48万户。

落实减税降费。积极构建“1+9”工作机制，制订方案细化责任，倒排工期挂图作战，强化督查问责，推动政策落实落细。打造“线上+线下”宣传辅导模式，确保应知尽知。开展后台信息比对，提取应享未享纳税人数据，点对点提醒，确保应享尽享。

发挥税收职能。坚持组织收入原则，建立健全税费收入管理体系，加强统筹协调，确保完成组织收入任务。强化经济税收形势分析，做好组织收入预案，提高税费日常管理质量，把握组织收入主动权。撰写的分析报告，得到了地方党委政府肯定。

加强税务监管。推进“金税三期”上线，建立税收风险管理支持团队，增强风险防控能力。强化欠税管理，依托网格化管理体系，争创“自然人社会保险费网格化管理”服务品牌。围绕土地要素构建契税、土地增值税、房产税等链式闭环共管新模式，提升精细化管理水平。

完善法治建设。深化依法行政“三项制度”，落实省市税务局行政处罚裁量基准，优化执法方式。做好内控监督平台推广上线，实现风险源头防控、纠错提前介入、操作全程留痕和过错实时追究。建立规范化投诉处理流程，打造标准化特服号咨询模式。

优化营商环境。开设新办套餐一站式服务窗口，探索建立个人所得税网格化精准管理模式，构建协同内外的联动式综合治税责任链条。研发施工扬尘环保税委托代征信息系统，在全省税务系统率先实现施工扬尘环保税的委托代征。开展税收宣传，推动便民办税服务举措落地生效。

融合干部队伍。坚持绩效管理和数字人事“双轮驱动”，推行职务与职级并行。构建岗责体系，合理配置人力资源。发挥党工团妇纽带作用，倾情带队促进融合。巩固“日题、周学、月训、季考、年赛”的常态化教育培训机制，推进干部知识结构扩容升级。

（王　尼）

机构设置及负责人

办公室

主　任　董承斌

副主任　陈礼明（正科级）

　　　　汤德喜

法制科

科　长　王山青

税政一科

科　长　叶山梅

副科长　张传林

　　　　高　强

　　　　方　丽

税政二科

科　长　王小永

副科长　董妍晓

　　　　朱文汉

收入核算科

科　长　陈　兵

副科长　王建国

纳税服务科

科　长　黄宝琴

征收管理科

科　长　王海啸

副科长　周淑华

　　　　王海洋

督察内审科

科　长　胡　东

副科长　杨　阳

人事教育科

科　长　徐维荣

副科长　李文红

　　　　张玮琦

考核考评科

科　长　屈滨华

税源一科

科　长　仇家福

副科长　于传平

税源二科

科　长　古　亭

副科长　张　萍

税源三科

科　长　薛其俊

副科长　陈国芳

税源四科

科　长　戴红军

副科长　金晓平

胡　浩

税源五科

科　长　王　祥

副科长　柏永林

党建工作科

科　长　王小平

副科长　沙蕊妍

老干部科

科　长　路　清

纪检组

组　长　商春锋

副组长　王开明

第一税务所（办税服务厅）

所　长　吴继祥

副所长　许开勇

顾　燕

王　璟

第二税务所

所　长　杨志祥

副所长　仇远龙（正科级）

李敬慈

雄州税务所

所　长　王传正

副所长　穆丽萍

龙池税务所

所　长　陈宏楼

副所长　任家斌

陈　晨

马鞍税务所

所　长　董宣标

副所长　张　浩

纳税服务中心（税收宣传中心）

主　任　戴晓鸣

副主任　郑　洁

信息中心

主　任　唐　昕

（王　尼）

荣获“全国税务先进集体”称号　一是加强政治建设。以习近平新时代中国特色社会主义思想为指导，学习贯彻中共十九届四中全会精神，开展“不忘初心、牢记使命”主题教育，增强“四个意识”，坚定“四个自信”，做到“两个维护”。二是减税降费落地生效。构建“1+9”（1个领导小组+9个现场办公小组）工作机制，打造“线上+线下”宣传辅导模式，探索“订单式”数据服务，强化监督问效，确保减税降费落地生效。三是发挥税收职能。坚持组织收入原则，强化税收分析、研判和预测，稳定增长。构建税费同征同管协同共治格局，强化税种精细化管理，严格质量监控，把握收入主动权。四是持续优化营商环境。首创环保税征管协作新机制，研发施工扬尘环保税委托代征信息系统，在全省税务系统率先实现施工扬尘环保税的委托代征，该做法被《南京税务简报》《中国税务报》刊发。五是税务监管提质增效。作为全省税务系统试点单位，有序推进数据清理、初始化、大小双轨验证测试等工作，金税三期如期并库、平稳运行。六是干部队伍融合共进。坚持绩效管理和数字人事“双轮驱动”，激发干部队伍凝聚力、战斗力。落实新修订的《中华人民共和国公务员法》，推行职务与职级并行。建立常态化文体活动和困难帮扶机制，发挥党工团妇纽带作用，促进融合。（汤德喜）

各项收入情况　落实国家税务总局“坚决依法征收税、坚决不收‘过头税’、坚决落实减免税、坚决打击偷骗税”的组织收入原则要求，适应区域经济发展新常态，加强税收征管。扩大重点税源监控范围，增强税源掌控能力。强化税收分析预测工作，按月开展收入分析，进一步扩大收入预测覆盖范围，提高组织收入的预见性。加强外部协作，协调财政、工信、街道园区等部门定期召开收入分析会议，初步构建和完善协同共治的组织收入机制。2019年，累计组织各类税收收入62.36亿元，同比增收5.85亿元，增长10.36%。其中，组织中央级收入27.29亿元，同比增收1.89亿元，增长7.44%；组织地方公共财政预算收入35.06亿元，同比增收3.96亿元，增长12.74%，完成市税务局年初计划33.6亿元的104.36%，完成区政府年初计划34.2亿元的102.53%，市税务局和区政府年终关于组织收入的各项要求全面实现。此外，组织各类非税收入1.68亿元，同比增长0.5%；征收社会保险费收入16.62亿元，同比增长13.7%。全年累计组织各类税费收入突破80亿元大关，达80.66亿元，同比增长10.8%，实现了税费收入量增质优的既定目标。 （陈 兵）

税收收入特点与分析 一是从税收走势看，减税降费影响持续深入，税收运行下行趋势明显。随着减税降费工作落实落细，政策性减收对税收运行的影响也逐渐加大，2019年，新增减税降费达8.22亿元，其中减税达7.22亿元。受此影响，浦口区局税收增幅从2019年上半年的18.13%回落至全年的10.36%，下降7.77个百分点。二是从变动因素看，剔除3项较大的不可比因素后，税收收入保持与地方经济协调增长。即：房地产企业楼盘清算增加所得税3.77亿元；免抵调库比上年净减少1.2亿元，减少公财0.6亿元；土地出让增加税收0.6亿元。三是从税种结构看，五大主体税种（增值税、企业所得税、个人所得税、土地增值税、契税）占比接近九成，个人所得税降幅最为显著。五大主体税种共入库税收53.8亿元，占税收总量的86.28%，同比增长10.72%。其中，增值税主体地位明显，在总量中占比达44.38%；企业所得税增幅最高，同比增长47.25%，对收入增长的贡献最大，拉动全局增幅8.07个百分点（剔除所得税后，其他所有税种总量的增幅只有2.29%）；受减税降费政策影响，个人所得税同比减收7394万元，下降20.19%，降幅居五大税种之首。四是从产业结构看，第二产业税收增长动能不足，第三产业成为税收收入的主要来源。分产业看，在经济税源增长乏力和减税降费力度加大双重作用下，六合区第二产业税收入库21.88亿元，同比下降1.21%。受房地产楼盘清算以及清理往期税款入库增收的拉动，第三产业税收入库39.09亿元，同比增长18.92%，第三产业已成为地方税收的主要来源。五是分行业来看，房地产业、制造业、建筑业、批零业、金融业、租赁和商务服务业作为主要税源行业，共入库税款55.28亿元，同比增收6.21亿元，增长12.65%，占全局税收总量的88.66%，比上年提高1.8个百分点。6大行业中，房地产行业的总量、增量、增幅居各行业之首，共入库税收24.39亿元，同比增收5.72亿元，增长30.66%，占全局收入总量的39.11%（其中公财占47.28%）；建筑业和批零业的增幅居中，分别增长11.02%、10.32%，租赁和商务服务业的总量、占比最低，共入库税收1.85亿元，同比下降0.19%，占全局总量的2.97%。总量位居第二的制造业（含免抵调库收入）同比下降6.96%，总量占比21.46%，增幅在6大行业中排名倒数第一。

（陈 兵）

减税降费 一是组织领导。成立由区局党委书记、局长任组长、分管副局长任副组长的减税降费工作领导小组，下设九个专项工作组，构建“1+9”工作机制，选优配强工作组成员，制定任务书，倒排时间表，统筹推进减税降费各项工作。二是宣传培训。对内组织全员培训，让全局干部学深、弄懂、悟透，全面掌握减税降费政策，更好地服务纳税人。对外打造“线上+线下”宣传模式，利用多种渠道，面向社会、纳税人广泛开展税收新政宣传，先后组织覆盖所有减税降费政策和纳税人的专题培训34场，累计培训1万多人次，推送税收政策短信、微信3万余条，提升纳税人的政策熟悉

2019年9月13日，六合区局税务干部进企业宣传减税降费政策 （杨 锦 摄）

度。三是政策落实。制定工作职责清单，细化工作任务，明确责任主体，确保各部门按职责分工高效推进。组建政策落实专业团队，开展政策落实专题辅导。开展后台信息比对，对应享未享纳税人进行提醒服务。组织多缴税金清理，及时发现并办理纳税人多缴税金退税。加强监督检查，按照任务清单，对标对表，开展内部政策执行情况督查，配合外部的各项检查督导，确保减税降费政策落地生根。2019年，累计办理各类减免退税134759万元，其中新增减税72216万元，惠及20.18万户纳税人（自然人）。此外，社会保险费全年共减免9962万元，其中，2019年新出台的降费政策减免9001万元，2018年到期后在2019年延续的降费政策减免961万元。（叶山梅）

深化增值税改革 一是加强培训。先后组织小微企业增值税优惠政策业务骨干、深化增值税改革师资培训等，重点就小微企业增值税优惠政策、深化增值税改革政策、降率后的申报表填报、政策执行中热点难点进行讲解，以师资培训带动全员培训到位。二是精准辅导。政策出台后，以短信通知、专题解读、上门辅导等形式，第一时间对1140户生产、生活性服务业行业纳税人进行宣传辅导，做到政策咨询有人答、疑难问题有人解、系统操作有人教。2019年，累计459户纳税人提交了加计抵减声明，其中，406户实际享受加计抵减，合计抵减税额766.27万元。三是优化流程。建立工作台账，梳理工作报表，明确各环节任务，厘清各部门职责，及时审核留抵退税，确保整个流程在10个工作日内完结，不断提升纳税人的获得感。2019年，累计为10户企业办理期末留抵退税8441.62万元。四是持续跟踪。选取有代表性的一般纳税人，跟踪了解企业享受税收政策情况和生产经营变化，做好典型企业分析，做好新政辅导。定期筛选小微企业增值税应享未享异常数据和代开普通发票多缴税款疑点数据，核实18批次数据，确保小微企业应享尽享。自5月申报期起，共核实7批次284户次销项税额占比异常数据。（高　强）

“金三”并库试点 作为全省税务系统金三并库试点单位，实做好系统初始化、数据清理、业务培训和双轨业务验证等系列工作。一是筑牢组织。成立了由局长任组长、分管副局长任副组长的金三并库领导小组，统筹组织协调并库工作。领导小组下设并库专项工作组，组织、指导和保障金三并库工作，同时建立以科室主要负责人为组长的运行工作小组，成立青年突击队和党员突击队，保障双轨运行期间业务实测和样本量验证。二是严密测试。组织完成原国税地税系统纳税人登记信息一一对应，提升并库后各应用系统的数据质量。强化对系统业务、功能等测试，做好管户对照、数据清理分析，对需下发各基层科所核实确认的，落实责任到人，对数据判断相对复杂的，扎口由专岗人员处理。1月5日—15日，六合区局作为全省"小双轨"试点单位，在使用原国地税金税三期系统的同时，在“小双轨”测试系统中进行各项业务的功能测试。1月16日至3月21日，全省所有单位在使用原国地税金税三期系统的同时，在“大双轨”测试系统中进行全业务测试期间，组织清理不一致数据3000余户次，验证126项共计1300余笔系统业务。组织400人次加班共计3124小时，开展73项核心业务测试，单日测试量近1000笔。三是平稳有序。召开金三并库工作推进会，制定应急预案，组建现场指导组，促进并库后首个征期各项工作顺利开展。“金三”并库系统上线后，组织办税服务厅开展预留业务、预约纳税人处理和其他业务实测工作，做好征纳衔接。（王　尼）

服务区域发展 一是组织收入。贯彻落实上级税务机关和区委、区政府组织收入的各项工作要求，执行组织收入原则，加强重点税源企业调研服务，提高税源掌控能力。统筹安排各项工作，做到改革和组织收入工作两手抓、两不误、两促进，在抓好改革实施的同时，确保组织收入平稳增长。二是助力地方经济。落实各项优惠政策，全年办理各类减免退税13.48亿元，其中，新增减税7.22亿元；此外，社会保险费全年减免近1亿元，对激发经济发展动能、提升企业创新内生活力具有重要作用。从年度汇算清缴数据看，2017年，共计有75家科技型企业享受研发费用加计扣除政策，减免税款0.43亿元；2018年升至143户企业，减免税款达1.1亿元，增长率高达158.9%。三是建言献策。结合地方经济实际，用“活”税收大数据，通过经济分析以税资政，为领导决策和地方经济发展提供意见和建议。撰写《减税降费政策效应分析》《加快六合经济发展、增强财政实力的建议》等12篇分析报告，制定《税务服务全区招商引资办法（试行）》，得到地方党委政府肯定。

（杨　锦）

税收法治　一是推进行政执法规范建设。规范执法岗位和执法人员资格管理，完善公职律师和法律顾问工作机制，发挥法律人才在税收法治建设中的作用，提升税收执法水平。深化行政执法“三项制度”（行政执法公示制度、执法全过程记录制度、重大执法决定法制审核制度），严格规范性文件管理，深化权力清单和责任清单制度，修改文件1件，宣布失效废止文件184件。二是规范实施税务行政处罚行为。在职责相对集中的基础上，规范税务行政处罚行为，严格落实省市局行政处罚裁量基准，全年共实施行政处罚1137件，罚款58.5万元。以债权人身份申报税收债权维护国家税收利益，全年向9户破产企业申报税收债权，入库清偿税款75.52万元。三是加强内控机制建设。做好内控监督平台推广上线，推进内控机制建设全覆盖，完善事前、事中、事后相结合的监督预警体系，强化内部监督制约，定期对管理类风险事项开展预警通报，严格问责追责。开展“六税两附加”［资源税（不含水资源税）、城市维护建设税、房产税、城镇土地使用税、印花税（不含证券交易印花税）、耕地占用税、教育费附加、地方教育附加］减免专项督察，扫描疑点数据369条，完成税款千元以上数据核实117条，补征税款27.65万元。

（汤德喜）

税收征管　一是完善征管制度体系。围绕省税务局征管职责清单和业务流程，优化岗位职责权限，初步实现征管方式规范统一。作为全省税务系统试点单位，有序推进数据清理、初始化、大小双轨验证测试等工作，金税三期如期并库、平稳运行。二是强化风险管理工作。成立税收大数据和风险管理工作领导小组，组建综合管理、政策法规、数据技术三个团队，针对疑难杂症建立会商会审机制。全年风险应对10159户次，成效达1.33亿元。三是推进欠税管理。召开欠税专题工作会议，制定《六合区税务局关于进一步加强欠税清理的指导意见》，建立欠税清理台账，按月通报清理进度。全年清缴欠税1361户，共计1.24亿元。四是创新税源税户管理方式。明确辖区个体户由雄州所进行集中管理的模式，除极少数事项外，实现了个体办税受理和日常管理集约化的目标。按照“规模+行业+特定类型”的原则，将年纳税额达到100万的企业、出口退税企业、房地产开发及销售企业、个别集团公司及下属企业重点税源实行统一管理，进一步调优重点税源管理模式。

（徐晓红）

社会保险费及非税收入职责划转　一是统一思想认识。高度重视社会保险费和非税收入划转工作，成立非税工作领导小组，统一协调、布置划转工作，明确工作要求，强化责任落实，做好内、外部工作衔接。二是整体谋划。按照上级工作部署，结合地区实际，以拟划转险种为单位，整体规划、统筹开展前期调研工作，全面梳理社会保险费征收情况以及交接数据量，分险种形成调研报告，并提交工作建议，供上级部门作为决策参考。三是统一协同工作。结合财政、人社、卫计等相关部门，形成非税划转工作小组，相互交流、相互学习，吸取现有征管渠道、征管模式的好经验、好做法，为职责划转做好准备。四是统一征收，税费同管。以险种为单位，做好窗口业务量与咨询量调研工作，根据窗口工作量，统一安排办税厅征收窗口，做到税费同厅征收管理。同时，做好网络申报维护，实现税费征管同待遇，确保机构改革平稳过渡。2019年，累计完成323户机关事业单位养老保险和11.6万居民养老、37.8万居民医保的划转工作，征缴人数和征缴率位居全市税务系统前列。

（董妍晓）

优化营商环境　一是统筹协调。将优化税收营商环境贯穿税收工作始终，发挥各类型政策团队的作用，为重组并购、重大投融资等重点工作、重大项目提供税收政策服务，将工作融入社会治理大局中去。开展形式多样的税收营商环境调查，走访重点纳税人，召开纳税人座谈会，结合线上、线下平台，开展调查问卷，为优化营商环境征集

2019年9月27日，六合区局举办“税法进校园”税收宣传活动　　（杨　锦　摄）

意见建议。二是对标落实。围绕重点项目，抓好工作任务和责任分工的细化分解落实，按既定的时间表和路线图，分层级、分阶段、分项目推进，夯实责任、抓出成效。不断创新工作方法、工作举措，对受到纳税人、缴费人普遍欢迎和党政领导充分肯定的做法，探索上升到制度层面并不断巩固完善，持续提升税收营商环境的法治化、规范化水平。三是宣传引导。通过办税服务厅、“12366”纳税服务热线等渠道开展政策宣传辅导。全覆盖式推广数字化税企服务智能平台，利用短信平台、微信群、QQ群等方式进行线上推广和运用辅导，推动平台在线业务拓展，推进纳税人和税务人“双减负”。（何　笑）

协同共治　构建党委领导、政府主导、税务主责、社会协同、公众参与的税收协同共治格局。加强和完善税收协同共治制度建设，主动把税收治理融入社会治理的整体框架，坚持系统治理、依法治理、源头治理、综合施策，提升协同共治效能。健全部门间信息共享和工作配合机制，搭建协作平台，推动涉税信息共享、信用协同和管理互助。探索建立个人所得税网格化精准管理模式，构建协同内外的联动式综合治税责任链条，该做法被《江苏税务简报》专题刊发，并获冉华副市长批示表扬。将社会保险费征收管理和服务纳入社会治理体系的整体框架中推进和优化，拓展跨部门合作领域，提升“横向到边、纵向到底、责任到人、不留死角”的网格化管理效能。全年完成17299户企业和261户事业单位信用评定，累计入库社会保险费16.87亿元。（汤德喜）

纳税服务　一是以创新举措求突破，优化纳税服务。开设新办套餐一站式服务窗口，凡符合条件新办企业首次申请涉税业务至发票发放最快20分钟办结，指标排名全市税务系统第一。推广“线上快捷申请、订单智能处理、自动发放打印、集中物流配送”的发票领用模式，实现“朝约夕至，次日必达”。二是以“新税务、新服务”为主题，全面开展税收宣传。围绕各类民生政策实施，开展税收宣传，推动政策落地生效。2019年在各类新媒体及省级以上媒体刊登稿件321篇次，原创作品《汇·聚》荣获全国税收公益广告入围奖。三是以群众需求为导向，解难破困强化服务。建立规范化投诉处理流程，受理各类投诉共508件，综合满意率达98.04%。打造标准化特服号咨询模式，人工接听率达94.78%，质检得分98.81，排名全市税务系统第二，这一做法被《南京税务简报》专题刊发。（郑　洁）

主题教育　把握“守初心、担使命，找差距、抓落实”的总要求，突出“关键少数”、突出问题导向、突出税务特色，坚持抓思想认识到位、抓检视问题到位、抓整改落实到位、抓组织领导到位。一是早启动早部署。在全市税务系统率先召开筹备会议，先后召开13次党委会、领导小组会研究主题教育工作。成立领导小组及主题教育办公室，学习领会关于第二批主题教育的部署要求，在学习借鉴市税务局第一批成功经验的基础上，制发六合区局主题教育工作方案，确定19项100条工作事项，其中特色亮点动作7项。二是深入学习教育。发挥中心组示范作用，党委班子带头，各支部落实“三会一课”、党员统一活动日的基础上，按周集中学习讨论，通过实地寻访教育坚定初心和使命。联动江北新区局、雨花台区局、建邺区局开展“壮丽70年，奋斗新时代”党史、新中国史知识竞赛，获得团体第一名。三是加强调查研究。形成重点调研课题研究报告5篇，各级领导干部为党员上专题党课21次。推动调研成果实时转化，组织召开调研成果交流会，研究解决问题的思路和措施，并纳入检视问题的重点整改任务，进行分解落实。四是准确检视问题。组织召开减税降费专题座谈会、纳税人座谈会、基层干部座谈会、青年干部座谈会座谈会、老干部座谈会等，组织各部门主要负责人集体谈话，分层面、多维度征求意见，对征集到的意见进行收集、整理、分析并形成清单。党委班子和党委班子成员查摆问题清单共43条。五是推进整改落实。坚持边学边查边改，按照国家税务总局专项整治工作方案要求，明确35条整改任务的责任部门和工作措施。检视自身具体问题，汇总形成6个方面的整改任务清单，并逐条进行分解、细化，分步制定目标和完成标识，并形成整改任务清单，要求对表对标，按进度整改到位。（汤德喜）

队伍建设 把人的建设放在首位，坚持严管和善待相结合，激励和约束并举。一是在严管上，突出政治导向。把坚定理想信念、加强党性修养作为必修课，提高干部政治定力。坚持绩效管理和数字人事“双轮驱动”，激发干部战斗力。落实新修订的《公务员法》，稳步推行职务与职级并行，提升干部活力。二是在厚爱上，强调减压减负。优化绩效考评指标18项，减少指标13项，减少42%，进一步减轻基层负担。做好适岗性分析，优化队伍结构。全年共选拔6名副科级领导干部，晋升8名科级和5名副科级非领导职务，对48名干部进行了岗位调整，轮岗交流面达23.32%。三是在激励上，聚焦关心关爱。建立制度化、常态化文体活动和困难帮扶机制，发挥党工团妇纽带作用。在市税务局组织的“活力新税务、阔步新征程”趣味运动会中，荣获一等奖。开展“师徒结对”活动，巩固“日题、周学、月训、季考、年赛”的常态化教育培训机制，推进干部知识结构扩容升级。2019年，1人荣获省税务局“专业骨干”称号，8人荣获市税务局“岗位能手”称号，5人通过“三师”（税务师、注册会计师、法律职业资格）考试。（杨　锦）

2019年11月23日，六合区局参加全市税务系统运动会获团体总分第一（沙蕊妍　摄）

党建引领 构建完善新“纵合横通强党建”机制体系，把加强党的领导和党的建设贯穿改革发展全过程。学习贯彻习近平新时代中国特色社会主义思想和中共十九届四中全会精神，增强“四个意识”，坚定“四个自信”，做到“两个维护”。先后召开6次专题会议研究部署全面从严治党工作，制定《六合区税务局2019年全面从严治党工作要点》。严肃党内政治生活，开展基层党组织软弱涣散问题专项整治，深化“新时代先锋”行动，引导党员立足岗位履职尽责。开展“支部建设提升年”活动，高质量落实“三会一课”、主题党日、专题组织生活会、民主评议党员等工作，推进党支部“六个标准化”建设。开展“结对共建”活动，打造“税银同行，便民共赢”的党团共建品牌。全年各党支部与社区（村）网格支部开展“结对共建”活动达54次。（沙蕊妍）

2019年11月8日，六合区局参加市税务局“壮丽70年、奋斗新时代”党史、新中国史知识竞赛以总分第一成绩获得“最佳团队奖”（杨　锦　摄）

扫黑除恶 一是细化工作方案。结合税务工作实际，将扫黑除恶工作作为重点工作，制定下发扫黑除恶专项斗争工作方案，并进行逐条分解，将任务落实到每个责任部门，形成工作台账，确保工作任务强力推进，形成各司其职、上下联动、齐抓共管的工作格局。二是深化组织部署。结合党组会、局务会、周办公会，对上级有关专项斗争工作指示精神，做到第一时间传达、学习、落实，并针对区局实际阶段性地作出相应调整。累计召开专题会4次，中心组理论学习3次，接受市税务局和区委区政府督导5次。开展应知应会测试3次，做到全局干部一口清。三是强化宣传声势。利用标语、横幅、海报、宣传栏、一封信、电子屏等宣传平台，以及设置举报箱、公布举报电话等形式广泛宣传发动，做到形式多样化，区域全覆盖。共计悬挂横幅9条，张贴海报39张，布设举报信箱1个，制作宣传展板5块，印发宣传手册300余册，发送宣传短信近1.4万条。2019年，累计开展12次线索排查，覆盖全局税务干部、办税服务厅、近三分之二辖区纳税人。（王　尼）

特色工作　一是全面统筹布局。成立由六合区局牵头，六合区环保局、住建局共同组建的施工扬尘环保税委托代征工作领导小组，先后建立了联席会议、信息共享、数据复核等机制，确立了委托代征工作运行模式。组织环保、住建、企业等部门进行多方座谈，对67户施工扬尘纳税人开展10余批次调研，深入企业施工现场，摸清实情和难点，理清工作思路。制定《六合区施工扬尘环保税委托代征工作方案》，细化《施工扬尘环保税委托代征工作责任清单》20项内容，梳理细化任务，逐项分解责任。建立"区局—管理分局—税务人员"三级联动网格，融入地方"区—乡镇—村（社区）"三级网格管理体系，使工作落到实处。二是开展集成管理。梳理委托代征管理流程，编撰管理指引，将管理流程进行内部重构和前后延伸。掌握施工扬尘环保税征收管理的关键节点，探寻节点管控方式，打通内外部信息共享壁垒。寻求合作，加强与环保、财政、街道等部门的联系，及时获取企业开工、竣工等关键节点信息，通过税收分析整理内外部数据，从税源、减免等环节入手，推动数据的有效利用。关注税源变化，委托代征后借助环保部门的环评备案环节，适时把符合条件的纳税人纳入到征管体系中来，降低税企双方的征、纳风险。三是抓好落实。搭建立体宣传辅导网络进行宣传，利用纳税人学堂开展专题培训。编制《委托代征申报操作手册》，组建税收政策宣传专业团队，"一对一"满足个性化需求，"点对点"开展政策推送，分期分批组织开展专题讲座。运用大数据及相关技术手段，对委托代征企业申报数据进行扫描监控，开展企业税收政策落实情况自查自纠。建立重点企业定点联系制度，构建企业诉求和意见收集机制，及时了解掌握税收政策执行情况。（王　尼）

（责任编辑　梁晓玲）

溧水区税务局

概述　2019年，国家税务总局南京市溧水区税务局（以下简称"溧水区局"）组织各项税费收入128.59亿元，增收18.11亿元，同比增长16.4%。其中，税收收入104.68（含免抵调库0.65亿元）亿元，增收14.16亿元，同比增长15.64 %。折合一般公共预算收入59.24亿元，增收8.56亿元，同比增长16.9%。加强依法治税建设，大力推进依法行政工作。落实目标考核，完成"现代税收法治管理体系"建设任务。加强税收政策管理，依托税收政策专家团队和纳税服务咨询专家团队，解决涉税疑点难点。加强征收管理工作。稳步推进新征管体系落地生根，积极稳妥组织推进征管体制、制度和方式的适应性调整，建立起符合溧水实际的税收征管体系，规范完善运行机制，全面贯彻实施新的征管业务规范，进一步梳理征管、纳服、风险管理岗责体系、事项清单、征管流程。加强落实减税降费政策工作，多管齐下、确保纳税人应享尽享。加强对外宣传工作，确保第一时间将减税降费政策送到纳税人手中，共举办专场培训15次，辅导人数达1000余人。加强纳税服务工作，职责绩效齐抓共管，为现场管理提供软实力。优化前置导税岗配置，建立集咨询、辅导、表证单书填写等功能为一体的导税区域。做好办税资料预先辅导工作，保证业务上柜即办，减少纳税人无效等待时间，提高窗口办理效率。建章建制狠抓落实，为现场管理提供保障机制。在线下开辟新型办税场所，建立起容纳20台电脑的办税体验区，设专人辅导，分流主体办税厅业务量。与行政审批局"合窗"服务，分析新开办企业套餐的办结时间，注销登记办结时间，压缩办

2019年9月25日，省税务局党委书记王学东赴南京市溧水区税务局柘塘税务所党支部开展主题教育调研　　（于家音　摄）

结时间，积极引导纳税人网上办税、自助办税，提高网上办税面，提升不见面办税比率。前三季度新开办企业套餐的办结准期率99.9%、时间在0.5天、注销登记办结时间在1个工作日内、网上办税在85%以上，在全市处于前列。在具体服务上，拓展了"延时服务"、"预约服务"等特色服务。落实政策，满足纳税人服务需求。对发票核批、契税征收等业务上的问题，及时反映，提出解决建议，最大限度满足纳税人的需求。对税收票证换证进行清理并及时进行宣传，确保各项服务落到实处。2019年，溧水区局实行"以思想建设保障融合，以业务学习促进融合，以交流活动加速融合"的"三融合"活动，取得良好效果。　　（胡东涛）

机构设置及负责人　溧水区局为正处级全职能局，设有办公室、人事教育科、党建工作科、纳税服务科、税政一科、税政二科、老干部科、征收管理科、纳税服务中心、法制科、督审科、纪检组、收入核算科、信息中心、考核考评科15个职能科室，第一税务（办税厅）、第二税务、柘塘税务、永阳税务、洪蓝税务5个基层分局，税源一科、税源二科、税源三科、税源四科、税源五科5个税源管理科。2019年，溧水局共有干部职工214人，平均年龄44.4岁。其中局领导班子5人，中层干部57人，平均年龄41.8岁；青年干部（35岁以下）61人。辖区税务登记纳税人35925户，其中企业类纳税人15079户，占比41.97%，个体类纳税人20846户，占比58.03%，增值税一般纳税人7385户，缴纳消费税纳税人123户。　　（胡东涛）

办公室

主　任　严　栋

副主任　沈　涛

　　　　胡东涛

人事教育科

科　长　万　镔

副科长　李　超

纳税服务科

科　长　赵　平

副科长　童朝娜

党建工作科

科　长　陈　岚

副科长　胡　斌

税政一科

科　长　陈长海

副科长　赵雪松

副科长　王洁芸

税政二科

科　长　周和英

副科长　郑月侨

副科长　芮　芳

老干部科

科　长　韩小坚

副科长　梅笑寒

征收管理科

科　长　许青凤

副科长　尤田生

副科长　徐　娟

纳税服务中心（宣传中心）

科　长　邢学好

副科长　陶腊芳

法制科

科　长　黄　雳

副科长　章　艳

督审科

科　长　邢华清

副科长　孔红生

纪检组

组　长　彭聿新

副组长　童永保

收入核算科

科　长　张基虎

副科长　曾　辉

信息中心

科　长　陈源忠

考核考评科

科　长　李　钢

第一税务所

所　长　何金巴

副所长　陈　铭

副所长　张　嫣

第二税务所

所　长　王承双

副所长　蔡行剑

副所长　朱晓佳

洪蓝税务所

所　长　张　云

副所长　魏信民

柘塘税务所

所　长　史廷青

副所长　孙润腊

副所长　文生超

永阳税务所

所　长　吴永生

副所长　杨兆云

副所长　尹莹莹

税源一科

科　长　俞　进

副科长　杨　宏

税源二科

科　长　朱金玉

副科长　孙雪峰

税源三科

科　长　朱杏保

副科长　秦　岭

税源四科

科　长　谢纪生

副科长　潘小保

税源五科

科　长　倪雨春

副科长　李　静

（胡东涛）

各项收入情况　2019年，溧水区局共组织各项税费收入128.59亿元，同比增收18.11亿元，增长16.4%。其中，税收收入全年组织入库税收收入104.68亿元（含免抵调库0.65亿元），同比增收14.16亿元，增长15.64 %。折合一般公共预算收入59.24亿元，同比增收8.56亿元，增长16.9%。社保基金收入全年征收社保基金21.13亿元，增长3.73亿元，同比增长21.44%。全年征收其他非税收入2.78亿元，增收2941万元，同比增长11.86 %。全年办理各类退税11376笔、5.66亿元（不含出口退税），其中，增值税期末留抵退税1076万元，落实安置残疾人就业等增值税即征即退优惠政策5218万元，汇缴类、误收类退税5.03亿元。在组织收入过程中，加强收入预测，把握组织收入主动权。以重点行业和重点税源企业为切入点，加强税源动态跟踪，及时掌握经济运行、企业经营状态和税收变动情况，提高税源监控管理和分析预测的能力，为地方政府在组织收入中提供有效的参考数据，不断提升溧水区局组织收入的主动权。同时，加强收入分析，提升税源形势的研判力。利用会统数据，加强税收收入运行特点分析，通过税源结构、增减变化原因等重点内容的分析，对全区税源经济结构、税收发展趋势进行分析、研判，为领导决策提供参考依据。　（胡东涛）

税收收入特点及分析　2019年，溧水区局通过坚持依法征收、应收尽收，加强收入运行质量的分析监控，深入开展重点税源企业调研，及时掌握税源变化情况，深化税收调研分析，严格欠税管理。通过对欠税的过程监控，采取措施防范欠税。对有欠税的企业严格要求企业制定清欠计划并按计划缴纳税款，税收收入继续保持较高幅度增长态势。据统计，全年组织入库税收收入104.68亿元，增收14.16亿元，同比增长15.64 %。据分析，全区税收收入呈现增长率大幅提升、第三产业税收占比增加、重点行业税收贡献突出的特点。从税种结构看，四大主体税种收入在总收入中占比超七成。全年增值税、消费税、企业所得税和个人所得税分别入库40.7亿元、1.36亿元、18.38亿元和18.58亿元，同比分别增长6.48%、2.23% 、11.6%和32.36%，占总税收的比重分别为38.88%、1.30%、17.55%和17.75%，合计占比达75.49%。从产业结构看，第三产业税收主导地位稳固。全年，第二产业、第三产业税收收入分别为43.63亿元、49.98亿元，比例为46.57∶53.35，第二产业较2018年下降4.04个百分点，第三产业较2018年增长3.96个百分点，产业结构持续优化。分行业看，制造业及房地产业税收收入占据全区前两位，建筑业、金融业、租赁与商务服务业也取得较大幅度增长。从企业规模看，重点税源支撑作用明显。2019年，全区入库税款超亿元的企业有15户，比2018年增加1户；共入库税款33.62亿元，占总入库税款的32.12%；2018年同期入库税款超亿元的企业有14户，共入库税款29.48亿元，占总入库税款的32.56%。入库税款超千万的有116户，共入库税款62.23亿元，占总入库税款的59.44%；上年同期入库税款超千万的企业有110户，共入库税款54.39亿元，占总入库税款的60.09%。重点税源对全区税收收入支撑作用明显。（胡东涛）

税收征管 2019年，溧水区局贯彻落实“1+5”新征管体系（完善税收征管体系、全面规范税收征管业务流程、深化纳税服务体系建设、深化税收风险管理体系建设、深化税收大数据应用、加强税收信息化建设和应用）要求，构建符合溧水实际的税收治理新体系，全面落实征管职责清单制度。按照省局《税收征管职责清单》履行征管职责，实现清单之外无事项、无权责。全面规范税收征管业务流程，各税费种、专业事项征管工作遵循税收征管基本流程，按照统一操作流程、统一操作平台、统一岗责配置、统一征管方式的要求，全面融入一体化和专业化相统一的纳税服务体系、属地管理与专业管理相统一的税源管理体系。全面规范征管岗责配置，所有征管机构的职责划分、岗位设置、人员配备、信息系统权限配置等符合全省统一规范要求，实现征管岗责配置规范统一，与各类信息系统初始化配置匹配一致。拓展税邮合作。在原有税邮合作两个代征点的基础上，在全区7个镇街推广税邮合作，作为全市首家全面推广税邮局合作单位，税邮合作推广面已达到78%。在税邮合作的基础上，进一步规范自然人代开票管理。加强培训，以代征点人员到永阳代征点跟班学习操作、征管科牵头业务科室集中培训、建立委托代征工作联系群组随时业务指导等多种形式对代征人员进行业务培训。严格审核，进一步明确自然人申请代开必须要求本人携带本人身份证前来申请，且纳税人需对业务真实性做确认签字，从源头防控风险。加强沟通，组建委托代征工作微信群，加强日常委托代征工作沟通，代征人员遇到问题及时在群中反馈，征管科专人管理，负责问题的答复与解决。（胡东涛）

减税降费 2019年，溧水区局高效推进减税降费工作落地，建立高效的工作机制，成立溧水区局实施减税降费工作领导小组，形成“1+9”工作机制（减税办牵头，9个职能科室相互协作、各司其职），落实任务清单管理机制，下发10批职责清单300余项具体任务，建立腾讯通和微信两个工作通讯群，牵头承办减税办日常工作，统筹、协调推进溧水区局减税降费各项工作。有序推进减税降费重点工作，各专项工作组、各成员单位根据上级条线和职责清单工作安排，做好日常工作的落实，减税办协同、统筹各成员单位重点工作的推进。对政策追溯退税、减税降费统计核算重点抓好落实。全年共办理政策追溯退税6908笔退税，涉及2317户、税款259.2万元，共办理疑点数据28批次200余条的核实、修正。做好减税办日常工作。按周上报减税降费工作情况报表和退税统计表，定期制作减税降费简报，编制减税降费动态，按月总结减税降费工作推进情况，保证各项工作有效

2019年4月15日，溧水区局在南京工业大学浦江学院开展“税收宣传走进大学校园”活动，向大学生们宣传讲解减税降费政策以及大学生创业税收优惠政策，聘请大学生担任“税收宣传志愿者”（于家音 摄）

沟通，对减税降费工作情况及时进行排查、梳理。2019年，全区累计新增减税总量为10.32亿元，占同期税收收入总量104.68亿元的9.66%，降费1.02亿元（税务部门征收社保费部分）。分税种分别为增值税7.12亿元、企业所得税1.1亿元、个人所得税1.73亿元、“六税两费” 2871万元，影响一般公共预算收入约4.98亿元，占同期一般公共预算收入59.24亿元的8.4%。（胡东涛）

服务区域发展　2019年，溧水区局抓好组织收入工作，全年完成一般公共预算收入59.24亿元，同比增收8.56亿元，增长16.9%。持续优化区域营商环境，始终把提升纳税服务作为重点工作，持续紧抓不懈。纳税人需求为导向，着力解决纳税人突出反映的堵点、痛点、难点问题，切实提升纳税人满意度，优化前置导税岗配置，建立集咨询、辅导、表证单书填写等功能为一体的导税区域。做好办税资料预先辅导工作，保证业务上柜即办，减少纳税人无效等待时间，提高窗口办理效率。积极参与地方活动，通过新媒体的载体（H5互动平台），对税务干部、税务干部家属、纳税人、政府机关人员、社区居民等五类群体422人进行不同内容和形式的意见征询，并通过后台系统，对采集来的征询意见进行细化、分类、汇总、统计以及智能分析。积极加入区共青团组织开展“青春心向党 活力新税务”迎五四主题系列活动，溧水区局妇联成立“溧税姐姐”志愿服务队，下设春蕾助学、税法宣传、扶贫济困、互助学习、辅导关怀5个小组，设立“春蕾书画社”助学春蕾女童。

（胡东涛）

综合治税　2019年，溧水区局借助社会力量、利用外部信息，建立共建、共治、共享的综合治税体系，积极致力于全区综合治税网络体系建设，加强与其他部门的沟通协商，不断提升税源管理质量，逐步形成形成政府主导、税务主管、部门协作、信息共享、综合治税的工作联动机制，确保组织收入的原则得到落实。搭建综合治税信息交换平台，建立数据共享机制，约定各部委办局的信息共享频率、要素等，实现外部信息获取的顺畅化、规范化。溧水区局已和区行政审批局、城建局、规划和自然资源管理局、房产局、生态环境局、社保局等多个部门就土地增值税、土地使用税、耕地占用税、环境保护税、社保费等多个业务建立起数据交换机制，堵塞征管漏洞。强化执法合作力度。2019年，溧水区局积极开展部门联动，主动加强与溧水区人民法院在欠税追征方面的协同配合，克服税务部门在税收强制执行方面的短板，全年，就纳税人破产清算以及申报债权与区人民法院进行了深度交流，协同完成5户纳税人欠税追征合作。借助外力，实现税收征管与纳税服务齐抓共管。借助行业协会的行业影响力和行业集聚力，发挥行业协会的能动性，探索在政策辅导、税收管理要求的布置以及行业特点与税收新政执行的融合等方面，与行业协会进行有效对接。（胡东涛）

税源基础管理　2019年，溧水区局以信息化手段为依托，进一步强化税源基础管理工作。全面加强税户管理，做好系统上线前完成税户清理工作，共清理税1316户次；管户对照复核调整2000户次。做好系统上线后日常税户的调整，对区内迁移税户进行逐户核实把关，确保税户主管科所、街道乡镇、税种认定（金库）等的一致性，对日常工作中属地科所反馈的问题户进行逐户分析调整。根据实际进一步明确重点税源户标准，以省市列名企业、出口退税企业及重点企业为原则界定重点税源户，实行集中管理。规范非正常户管理，明确目前非正常户的认定条件、认定流程等问题，进一步规范非正常户的认定。完成江苏省税务局、南京市税务局推送的各批次未完结注销、超期办结等情况核实，上半年完成160余户的未完结注销核实及办理，下半年完成33户的超期办结核实，并按要求进行整改，尤其着重整改注销办理时限问题，并形成长效管理机制。加强欠税清缴管理。2019年年初，陈欠2254.83万元，共涉及纳税人247户，全年清理陈欠182.07万元。加强个体征管工作。实行个体集中办公，个体征管工作有了全面提升，双定户比例92.3%，个体数据回写失败率大幅下降至0.31%，有效理顺个体征管脉络。（胡东涛）

税收政策落实　2019年，溧水区局做好税收政策培训工作，开展多场合、多场次、多类型的内外培训，确保讲清政策、做好答疑，及时有效落实减税降费的优惠政策。把好落实关，重点把控房地产交易中减税降费政策的适用和舆情，对涉及自然人数量较多的房地产交易环节实施政策的严把关、强落实，及时将新政策、新口径传达到位。主动对接到一线窗口，直面矛盾，做到简单问题当面处理、复杂问题及时处理、重大问题及时汇报，共同避免舆情的发生和蔓延。做好地方“六税两费”的政策追溯性退税、自然人二手房政策追溯性退税核实和反馈。做好分析工作。全年地方六税两费核实应退金额58.79万元，涉及2382户纳税人。其中自然人应退税共涉及1734人，应退金额46.07万元。自然人二手房交易涉及应退人数98人，应退金额共计19.36万元。做好社保费降率落实。统一制发社保费减费降率应知应会20问，统一内外宣传口径，重点在一线窗口、税源科所、特服号人员中开展培训和辅导。

（胡东涛）

税收法治建设 2019年，溧水区局规范税务行政审批实施，落实税务行政审批改革举措，加强取消审批事项的后续管理；加大对行政处罚的标准化培训，深入推进处罚裁量权准确运用和说理式文书应用，保证处罚尺度的统一性；溧水区局持续推进依法治税，不断完善司法与税收协作，落实国家税务总局行政执法“三项制度”，落实行政处罚办法和自由裁量基准；不断规范重大税务案件审理。按照《重大税务案件审理办法》要求，在保证审理质量的基础上，进一步提高审理效率；全年溧水区局共审议重大税务事项233户次，审议事项涉及行政处罚、税收优惠等多个事项，重大税收执法事项审议面达到100%，无越权或违反规定决策情况，决策程序合法，记录完整。全面落实依法行政工作制度。溧水区局按照有关规定成立依法行政工作领导小组，并严格落实依法行政工作领导小组定期例会制度，每季度至少召开一次工作会议，集体研究依法治税工作各项重要问题。规范依法科学民主决策。溧水区局召开了3次依法行政工作领导小组会议，对年度重点工作、年度考核任务等事项予以讨论，对纳税服务、行政处罚、行政裁量、重大税务事项集体审议、说理式文书、执法督查、争议处理等多个事项的开展做了具体而严格的要求，避免了行政决策的盲目性和随意性。建立健全税务干部学法用法制度。坚持推进领导班子学法制度。坚持全员学法，形成常态。溧水区局认真落实把依法行政知识作为全员培训必修课程的要求，规范设置法治培训内容，确保了培训实效。加强过渡期内法制知识的查漏补缺。为尽快完成国税、地税征管机构改革的攻坚任务，从年中开始，原国税、地税联合开展多次税务干部学习交流会，实现了国地税税收法治任务的加快推进，减少税务干部在机构改革后的执法过程中遇到的相关执法问题。（胡东涛）

风险应对标准化流程 2019年，溧水区局开展风险应对标准化流程培训与解读，从《风险应对工作模板》总体变化情况、线上审议、跨区域风险管理协作、被动支持、情报采集、电子账册采集、各项考核指标解读等，举办3场次培训解读。开展低成效户评审。溧水区局按照适度的规模，制定对入库税款5万元以下的户确定为低成效户，由业务骨干组成风险团队，对低成效户进行复审，主要对资料的完整性，疑点的排除理由及解释的深度提出复审意见，将评审意见提交给原风险应对人员进行释疑。强化团队“支持”。按照南京市税务局要求，溧水区局成立风险管理综合支持团队。2019年，溧水区局完善项目化团队运作，发挥好“主动支持”与“被动支持”的团队运作优势，有效化解个人能力缺陷的矛盾，有效提升风险应对能力。加强情报采集。规范应对环节情报采集内容，明确操作规范；加强与第三方的信息交换，定期从政府公共平台获取信息进行情报采集。打造标准化流程应用体系，建立了以专业培训、卷宗审查、质量评审、强化支持为主要流程的标准化风险应对程序，着力提升风险应对质效。落实江苏省税务局税收《风险应对工作模板》，规范风险平台操作，优化风险管理运行。全年完成风险应对任务267户次，其中，江苏省税务局指令性任务162户次，注销任务44户次，国家税务总局任务32户，其他任务29户。折合总成效21946.51万元，其中，调减留抵1810万元，调减亏损5612.67万元，税收收入17955.12万元，非税收入258.84万元，加收滞纳金519.40万元，户均成效96.26万元。（胡东涛）

社会保险费职责划转和征缴　2019年，溧水区局成立社保费职责划转工作领导小组，统筹推进社保费征管职责划转。制定溧水区局职责划转工作方案，优化调整岗责设置，配齐配强岗位人员。推动建立政府主导，改革专项小组牵头，财政、人社、税务等部门密切配合，上下联动、横向互动的工作协调机制。同时强化沟通协调。深入区人社局做好对机关事业养老保险、灵活就业保险、城乡居民养老和医疗保险参保后的缴费、扣款、银行数据回传等流程进行更细致的调研，明晰情况，并形成专题调研报告，确保职责划转后社保费缴费工作顺利开展。深入各街镇社保所调研了解城乡居民两险征缴模式及社保员管理情况。做好机关事业单位养老保险划转征收。2019年，全区309户机关事业单位养老保险划转到税务机关征收，为确保划转后的申报面和扣款面，加强落实责任，按属地建立机关事业单位征收联络群进行网格化管理，各税源科所落实专人负责具体单位，实施清单式管理，做好划转各环节工作。不断强化培训，组织10场培训，讲解机关事业单位养老保险外网申报客户端操作、机关事业单位养老保险相关政策。培训的参训率达95%以上，各税源科所网格化联络员对未参训单位开展上门服务，确保点对点辅导到位。加强沟通协作，建立全区机关事业单位社保群，设专人在群内专题解答各类社保费征收问题，发挥科所联动的合力，强有力地保证了全区机关事业单位养老保险和年金的申报面和扣缴面，确保了机保划转（机关事业单位基本养老保险费划转）后平稳征收。强化风险防范，提前做好应急预案制定，主要是窗口的应急处理、舆情的应急处理和投诉处理等，强化窗口建设，配备专岗专窗，强化服务落实，减少矛盾发生。（胡东涛）

纳税服务　2019年，溧水区局始终坚持以纳税人需求为导向，形成了具有溧水特色的纳税服务制度。溧水区局建立办税厅值班制度，建立分管局长、科所长每日值班制度，通过值班领导、值班长常驻办税厅的管理模式，现场巡视检查办税厅问题，做到当天问题当天解决。完善办税厅应急处理办法，及时解决纳税人激增、系统瘫痪等突发状况，做好导税分流工作，协调各业务窗口工作密

2019年8月26日，溧水区局与邮政部门合作，税邮共建便民服务窗口　（于家音　摄）

度，必要时调用人员开设临时窗口。丰富办理渠道，充分挖掘互联网服务与自助服务相结合的新型办税模式的潜力，增加自主办税区自助设备数量，将专门的办税服务区与主体办税厅物理隔离，设专人辅导，分流主体办税厅业务量。作为全市首家与邮政合作的试点单位，拓展建立便民纳税点，在邮政网点安装自助设备，延伸办税服务。全年，溧水区局非接触式业务办理比例达到91.32%，其中，新办企业套餐使用率达到100%，线上领票使用率达84.57%，开展办税前置，增强导税区的功能建设，建立集咨询、辅导、表证单书填写等功能为一体的导税区域。通过设立导税咨询台，做好导税和资料预审服务。要求导税区工作人员具有过硬的业务能力对纳税人进行主动引导，有效进行分流。做好办税资料预先辅导工作，主动辅导纳税人填写表证单书和准备办税资料，上柜即办，减少纳税人无效等待时间，提高窗口办理效率。经过不断优化，纳税人窗口等待时长缩短到10分钟以内，平均等待时间4.3分钟。开展分类分级管理，设立业务办理主辅制，形成办税合力，提高办税效能。根据各类业务的难易程度、风险程度划分业务办理的渠道和人员，对办理时间长、难度大、风险程度高的由主岗人员在后台办理，对上级下发的批量任务，通过主岗分析后，设定操作方法，结合辅岗力量及时完成任务。溧水区局新办企业套餐1小时完毕、注销工作流当日毕、发票申请即时办，行政许可2日内办结。（胡东涛）

发票基础事项管理 2019年，溧水区局明确发票核定要求。溧水区局召开增值税发票领用工作布置会，对新规定、新模板进行了详细解读。全年溧水区局发票领用工作运行良好，通过严格执行实名认证、发票核定实行分类管理、对照新模板进行约谈核实等一系列措施，进一步加强了溧水区局发票风险管理。严格落实"白名单"制度。对"白名单"范围企业，严格执行按需供票；对第一税务所以及各税源管理科所提请的新增"白名单"企业，由溧水区局增值税发票管理工作小组进行核实和确认，符合条件的实行按需供票。加强百万以上限额发票审批。受理纳税人最高开票限额百万元及以上核定申请时，第一税务所应按规定在"金三"系统启动工作流并转税源管理科所进行实地核查，各税源管理科所应在"金三"系统工作流中勾选实地调查选项，启动调查巡查工作流，并按照"增值税专用发票最高开票限额实地调查表"进行核实和填写。落实增值税发票数量、限额按日会审制度。严格按照南京市税务局《关于进一步强化增值税发票风险管理的通知》要求，对百万元审批、发票数量调增50%且绝对值50份以上数据实行按日会审。按日登录南京市税务局FTP下载当日数据，全年，溧水区局下发百万限额审批数据50户次，数量调增50份且增幅50%以上数据21户次。（胡东涛）

货物劳务税管理 2019年，溧水区局做好营改增后续管理工作；推行增值税电子发票系统，落实溧水区局商品和服务税收分类与编码推广工作，按南京市税务局要求对未使用税收分类编码、纳税人端金税卡进行清理。梳理流转税优惠政策后续管理事项，健立健全流转税优惠管理台账；处理增值税抵扣凭证审核系统、增值税逾期抵扣审核上报、小规模纳税达标认定及一般纳税人登记认定、失控发票管理等基础事项。加强消费税企业日常监控，对车辆购置税档案开展检查。结合征管分工，对年应税销售额超过标准登记一般纳税人有关事项、抵扣凭证审核委托协查的有关事项进一步梳理、完善操作规范相关制度。通过"金三"系统筛选2019年度申报销售3～10万销售额纳税人约3174户，对其中2432户有差额申报的纳税人短信告知减税降费政策。按南京市税务局要求及时上报20户江苏省税务局、1户国家税务总局减税降费定联企业名单。成立减税降费专业团队，及时对南京市税务局下发、系统查询中减税降费异常数据进行核实、更正。对存在异常数据的小规模纳税人112户、一般纳税人138户，逐户进行政策宣传，辅导纳税人更正申报。对辖区内25户重大项目2019年3月期末留抵税款以及2019年9月期末留抵税款进行核实上报。对1061户生产、生活性服务企业是否符合加计抵减政策进行核实、分析、上报。（胡东涛）

企业所得税管理 2019年，溧水区局按照"明确主体、规范程序、优化服务、提高质量"的总体要求，及早谋划、理清思路、制定方案、细化分工、周密部署、优化服务，不断提升汇算清缴工作质效，充分做好2018年度所得税汇算清缴。2018年度汇缴应申报户10965户，其中：查账征收企业10165户，核定征收应申报800户，查账征收面92.70%，准期已申报10937户，申报率99.74%，全市第三。全区2018年度企业所得税汇算清缴应纳所得税税额合计3.95亿。强化确保各项优惠政策落实。溧水区局积极落实各项税收优惠政策，助推企业发展。溧水区局先后开展了新版申报表、研发费加计扣除、科技型中小企业、高新技术企业优惠、软件及集成电路企业优惠等一系列专题专场培训。近两年多项新政实施或出台，纳税人受惠面广、优惠力度大。2018年度汇缴共有2274户盈利小微企业享受优惠政策，共减免企业所得税2995.58万元。71户高新技术企业享受减免税优惠，共减免企业所得税税额1.17亿元。262户企业申报享受研发费加计扣除优惠，加计扣除额共计8.51亿元；13户科技型中小企业申报享受研发费加计扣除优惠，加计扣除额共计2673.85万元，加计扣除额共计8.78亿元。（胡东涛）

高新技术企业认定管理 2019年，溧水区局开展三批次高新技术企业认定，共涉及235户企业，较去年增长67.86%，其中溧水区局同意推荐223户。2019年，溧水区局联合区科技局开展"送政策服务工程"高企培训会，全年举办3场次，培训人次达700人。2月"送政策服务工程"走进溧水区经济开发区，4月培训会覆盖全区所有乡镇街道，5月着重针对2018年新认定高新技术企业政策填报辅导。培训对象包括区内高新技术企业、预申请高新企业、研发科创企业，高企培育企业相关负责人、区内孵化器、众创空间负责人，各镇（街）科技分管领导、科技助理，科技服务中介机构相关人员。培训会议围绕研发费加计扣除新政等重点所得税优惠政策，通过实际案例向参会企业进行讲解，并就企业的相关疑问进行了现场答疑。

（胡东涛）

国际税收管理 2019年，溧水区局做好非居民税收管理和对外支付管理，按照南京市税务局要求做好合同备案审核和协定待遇备案审核，强化对重点合同的监控。2019年，共受理并开具对外支付证明65份，扣缴增值税和企业所得税3115.97万元。办理非居民纳税人享受协定待遇1户，减免企业所得税471.6万元。落实境外投资者境内利润再投资递延纳税，辅导1户次纳税人享受延迟缴纳税款150.42万元。防范国际税收风险，控制跨境交易重点风险和落实G20税改实践，加强对外支付合同 、税收协定待遇审核。筛选2份合同重点应对合同，进行全年跟踪；根据南京市税务局国际处会审要求，做好下发与自选8户次对外支付合同的审核汇报；加强日常支付环节审核工作，强化溧水区局国际税收团队与办税厅业务办理的互动。加强关联申报 、同期资料审核。保质保量完成2018年企业所得税关联申报工作，有效申报数据65户次。在年度申报期结束后，选择关联交易金额大、增减变化大、亏损或微利、达到同期资料或国别报告填报标准、对外支付多等特点的企业，开展关联交易申报、国别报告和同期资料审核。2019年，溧水区局共审核关联申报9户，同期资料7户。审核疑点并补缴税款129.36万元。按时完成税收情报交换。根据国际税收情报交换工作计划，溧水区局2019年完成自动情报3份，专项情报1份，自发情报1份。（胡东涛）

进出口税收管理 2019年，溧水区局加强宣传，及时开展培训，为溧水区进出口商会提供政策解读，建立“溧水区出口退税交流”微信群加强风险应对工作，开展异常进出口贸易数据分析2户，完成深度分析1户，按时上报出口企业评估案例。结合出口退税审核系统，选取了疑点较多、涉嫌从虚开企业进货及异地报关、跨大类等风险指标，制作出单户疑点分析表。及时做好维护，确保新版出口税收函调系统正常运行。溧水区局月均审核生产企业申报数据110户次，外贸企业25户次，外贸综合服务企业1户。月均涉及函调6户。严格按照退税规范时间要求，半天完成溧水区局审核审批工作，保障一、二类企业在两个工作日内完成退税，三类企业在五个工作日内完成退税。2019年全年，生产企业免抵退税额36971.01 万，免抵税额20487.91万，应退税额16483.10万；外贸企业应退10045.08万元。2019年1月1日至2019年12月10日实际办理退库47667.98万元。

（胡东涛）

个人所得税管理 2019年，溧水区局大力组织新政策业务培训，深入开展税收新政宣传。组织开展扣缴义务人过渡期政策培训、“六项专项附加扣除” 政策、培训辅导纳税人员近万人，手机APP推广3.8万人。全面落实个税明细申报，通过数据分析排查纳税人是否正确履行扣缴义务，同时对个税长期零申报、长期低收入申报户进行调查核实，及时督促其规范申报，对符合非正常户认定条件的户及时认定。完善业务咨询支撑，开启专人专岗专线模式，特服号增设个人所得税咨询专线，办税服务厅增设个人所得税咨询专岗，严格落实首问负责制，畅通纳税人、扣缴义务人涉税咨询渠道，实时关注个税改革相关咨询热点问题。同时开启团队合作模式，由税政部门统一政策答复口径，特服号、办税服务厅工作人员充分依托现场政策和技术人员，税政、征管、法制等部门积极做好后台支撑，全面快速回应纳税人关切的涉税热点。抓好生产经营所得个人所得税年度汇算清缴工作。增强保密意识，注重纳税人在纳税申报中商业秘密、个人隐私等涉密信息保护，切实维护纳税人合法权益。全年应申报5515人次，比去年同期增加了1312人次，增幅31.21%。应申报人数增加的原因是个体工商户双定户一年一定，到期后纳税人没有主动申请导致个人所得税征收方式改为查账征收；当年新增加的个人独资企业、个人合伙企业只能为查账征收。已申报4205人，占应申报人数76.25%，补退税汇总后补缴税款29.76万元。未申报1310人中，有164人是已注销。其中，个人独资合伙企业注销有20人，个体工商户144人。实际未申报1146人，其中，个人独资企业、个人合伙企业15户，个体工商户1131人。（胡东涛）

土地增值税清算管理　2019年，溧水区局结合区域房地产开发项目实情，分析土地增值税管理中存在的问题，从制度着手，以制度促规范、以制度抓落实。牵头组织专人实施封闭作业，参与到南京市税务局土地增值税清算指南的撰写，认真梳理土地增值税的所有政策、项目登记、清算流程，统一清算文书格式和内容，制定溧水区局《土地增值税管理实施意见》《房地产开发项目土地增值税清算规程》《开展土地增值税清算审核工作的方案》等，形成了一套行之有效的土地增值税管理制度和范本。制定详细的项目摸底方案，花大气力对辖区内的项目进行彻盘，对重点户、大类户、复杂户，科室协助税源科所联合盘、实地盘、深入盘。梳理全区房地产开发项目共计233个，其中已清算项目88个，未清算项目145个，建立房地产开发项目土地增值税管理台账，为土地增值税管理盘清家底。规范和加强房地产开发项目土地增值税项目管理、预征管理、清算管理、后续管理，要求各税源科所对房地产开发项目立项、规划设计、施工、预售、竣工验收、工程结算、项目清盘等房地产开发全过程情况实行跟踪管理，做到税务管理与项目开发同步，提高溧水区局对房地产开发项目土地增值税的管理质量。建立10人组成的专家团队，全过程高效推进房地产项目清算，全年共完成27个房地产项目的清算，清算补税5000余万元，清算数量位居全市前列。（胡东涛）

环保税管理　2019年，溧水区局规范环保税管理，制定《溧水局加强环境保护税管理的意见》《溧水区税务局 溧水区生态环境局 溧水区财政局关于加强溧水区环境保护税征管协作机制》。加强纳税人识别、认定，建立环保税动态税源管理机制；做好信息交换，建立健全部门间信息交换机制；加强监测和征收管理，保障纳税申报质量；创建常态化环保税复核机制，规范有序开展环保税复核；加强环保税风险识别及防范。加强施工扬尘环保税征管，加强对税源科所、施工扬尘环保税纳税人业务培训。通过房地产开发项目梳理、安监站交换信息，对全区共计252个在建工地进行核查，核查是否存在未缴、少缴施工扬尘环保税，补征施工扬尘环保税45万元。做好环保税复核，比对分析申报数据500余条，推送税源科所提醒、约谈37户环保税纳税申报数据异常纳税人，提醒、约谈后补征环保税9.85万元，对无法提供正当理由的环保税纳税申报数据异常纳税人按规定提请区环境部门复核。（胡东涛）

全面从严治党　2019年，溧水区局贯彻落实党委议事规则和民主集中制原则，树立用党委议事规则来规范权力运行的思路，专题学习研究和落实。始终坚持民主集中制，严格议事规则和决策程序，对年度预决算、重大经费使用、干部选拔、人事任免、重大税收业务、突发性重大事件、机构改革等事项均提交党组会议讨论决定。机关纪委书记列席溧水区局局长办公会、党组会，履行"三重一大"（重大事项决策、重要干部任免、重要项目安排、大额资金使用）事项的日常监督职能。坚持思想建党，始终坚定不移用习近平新时代中国特色社会主义思想武装头脑、指导实践、推动税收中心工作。完善局领导基层工作联系点制度，局领导的党组织关系全部下沉到基层一线税源科所，切实落实局领导双重组织生活，促进领导干部与基层一线干部的融合。2019年以来，局领导多次前往基层联系点指导基层税源科所工作、倾听基层工作意见建议，积极做好基层问题和建议的收集征集和整改。落实定期分析研究党建工作机制，党委每季度召开会议研究溧水区局党建工作，党建部门向党委专题汇报工作1次，制定下发全面从严治党《工作要点》，细化分解任务，召开全面从治党工作会议，溧水区局党委书记与各基层分局、科（所）室主要负责人签订全面从严治党责任书，层层压实全面从严治党主体责任。强化从严治党工作落实，溧水区局以党委中心组专题学习、局务会以及专题会议为载体，结合党建部门每月编发的《推进全面从严治党工作纪实》，建立党建工作月度通报制度，督促各部门将党建工作与日常税务业务工作，同研究、同部署、同考核，促进党建与税收工作深度融合。（胡东涛）

干部队伍管理　2019年，溧水区局以业务融合带动，通过积极引导，由分管领导带队，组织科内干部开展不同业务的相互学习、全税种的政策研讨，在业务的广泛交流中，帮助干部建立起良好的工作关系。在个税改革、减税降费、“金三”并轨、社保划转等重大任务中，溧水区局积极搭建融合平台，合理配置工作人员，充分发挥人文关怀，使干部们逐渐在并肩战斗中，积累友情，拧成一股绳。通过文化催化，提炼干部共同价值理念，实现对文化认知认同践行及自觉追随。充分发挥群团在四合中的主导作用，开展“书香税月”、“好书推荐”等特色主题活动；强化人文关怀，多形式了解干部思想动态；建立干部代表制度，固定干部意见建议日常征集机制及平台。在全局开展“支部建设质量提升年”活动，组织群团以溧税为核心建立品牌核心体系，形成党群以溧税为中心的品牌体系；深化共建联建，实施五维共建，即与非公组织、社区、关联单位、上级部门、各支部间五维共建，搭建起党建互动平台，有效地推进党建工作融入业务、融入基层、融入人心。构建常态化培训机制，实施先进裂变行动，发挥全国先进工作者“张琦创新工作室”、“省三八红旗手工作室”带动作用，组织全体中层干部、青年干部喊出“向我看齐”制定公开承诺；在全局建立起了“班子—中层—业务骨干—优秀青年”为主体的榜样群体。充分运用于党员考核及评先，调动党员积极性，按季开展“党员红旗岗”评选。按季举办劳动技能大赛，选拔树立各条线上的先进。（胡东涛）

（责任编辑　王赟超）

2019年8月6日，溧水区局办税服务厅获溧水市民之家颁发的“红旗窗口”荣誉称号。

（于家音　摄）

高淳区税务局

概述　国家税务总局南京市高淳区税务局（以下简称“高淳区局”）于2018年7月20日正式挂牌成立，为正处级全职能局，设有办公室、法制科、税政一科、税政二科、收入核算科、纳税服务科、征收管理科、督察内审科、人事教育科、考核考评科、党建工作科、老干部科、纪检组、纳税服务中心、信息中心15个职能科室，第一税务所、第二税务所、淳溪税务所、古柏税务所、阳江税务所，税源管理一科、税源管理二科、税源管理三科、税源管理四科、税源管理五科5个税源管理科。共有5处办公场所，包括宝塔路103号主办公楼，主要是办税厅和机关科室办公，镇兴路181号主要是税源管理科所办公，还有固城湖南路8号（第二税务所）、古柏街道（古柏税务所）、阳江镇（阳江税务所）三处办公场所。2019年，在职干部224人，平均年龄45.5岁。其中，局领导班子成员6人，中层干部60人（正科级27人，副科级33人），一般干部158人。退休干部55人，离休干部4人。“三师”35人，党员人员189人（其中：在职147人，离退休42人）。截至2019年12月31日，南京市高淳区（以下简称高淳区）共登记29603户纳税人，其中企业类纳税人19834户，占比67%，个体类纳税人9769户，占比33%；增值税一般纳税人10182户，缴纳消费税纳税人209户。

2019年，高淳区局组织各项税收收入56.51亿元，同比增长5.8%；完成一般公共财政预算收入30.08亿元，同比增长6.6%，完成年度目标的100.7%，税收占比87.2%。强化税收收入分析，对全年减收影响进行了分析预测，积极向政府汇报，发挥以税资政作用。2019年，高淳区局实施减税降费共减免税费10.4亿元，约35万户次纳税人和缴费人受惠。加强依法治税建设，大力推进依法行政工作。落实国家税务总局南京市税务局（以下简称“市税务局”）统一的征管方式，各项税收征管工作有序开展。加强征收管理工作。常态化推进增值税发票风险管理工作，规范增值税发票购领管理，及时处置增值税、车购税等各类发票风险数据，积极推进增值税发票管理系统2.0上线运行工作；加强企业所得税管理，做好企业所得税征收方式变更调整，加强汇缴进度跟踪，汇缴申报面排名全市前列；及时组织个税改革工作和个税汇缴工作，汇缴申报率99.58%，全市排名第2。加强地方税管理，健全环保税征管协作机制。完成城乡居民养老网格化管理调研，完成高淳区9.7万人居民养老保险及29.7万人城乡居民医疗保险的系统切换征收工作，做好机关事业单位养老保险系统切换后的申报工作和社保费降费率工作。深化办税缴费便利化改革，完成6个税邮合作网点建设，推广应用数字化税企服务智能平台，激活户数达1.6万户，激活率88%，全市排名第3。特服号接通率达95%，全市排名第2。加强办税厅建设，完善和推进各项服务制度，优化窗口设置，增设综合业务窗口，提升办理效率。广泛开展政策宣传，针对纳税人差异，推行精细化、个性化辅导。2019年，高淳区局先后获得江苏省文明单位、江苏省五四红旗团支部、南京市文明单位、高淳区文明行业和全区双管垂直单位“有功单位”、“全区机关作风评议”排名第一等荣誉，1名干部被评为南京市机关作风建设先进个人。

（陈　飞）

机构设置及负责人

办公室

主　任　王红华
副主任　李灵花（截至2月28日）
副主任　杨丽华

法制科

科　长　李代田
副科长　朱代全

税政一科

科　长　赵建明
副科长　沈一平
副科长　王耀耀

税政二科

科　长　陈昆恒
副科长　马平生
副科长　刘剑锋

收入核算科

科　长　甘秋桂
副科长　孔萍萍
副科长　周凤三

纳税服务科

科　长　邢建顺
副科长　邢精国

征收管理科

科　长　刘玉火
副科长　杨剑龙（正科级）
副科长　徐小超

督察内审科

科　长　赵华龙
副科长　许祥禄

人事教育科

科　长　吕志浩
副科长　高延振

考核考评科

科　长　奚　飞
副科长　李小兵

党建工作科

科　长　陈月影
副科长　吕　超

老干部科

科　长　钱晓春

纪检组

副组长　王朝忠（正科级）
副组长　陈征兵

纳税服务中心

主　任　李箕新
副主任　肖永强

信息中心

主　任　雍冬林

税源管理一科

科　长　陈立新
副科长　韦　谷

税源管理二科

科　长　孙　皓
副科长　唐新贵

税源管理三科

科　长　史天桢
副科长　汪晓春

税源管理四科

科　长　夏跃南
副科长　赵新宝

税源管理五科

科　长　赵斌皓

副科长　钱志英

第一税务所

所　长　谢军

副所长　夏新年

副所长　张令洪

副所长　陈晓娟

副所长　乔　宇

第二税务所

所　长　陈树华

副所长　孔德勇

副所长　朱红华

副所长　魏玲燕

淳溪税务所

所　长　孔华梅

副所长　李晓松

副所长　杨在荣

古柏税务所

所　长　唐景林

副所长　王红兵（正科级）

副所长　翟建中

副所长　王明星

阳江税务所

所　长　王泓镔

副所长　刘晓鸽

（陈　飞）

收入情况　2019年，高淳区局组织各项收入76.1亿元，比上年增长11.2%。其中，税收收入56.51亿元，增长5.8%；完成一般公共预算收入30.08亿元，增长6.6%，完成年度目标的100.7%，税收占比87.2%。组织入库社保费收入17.9亿元，其它非税收入1.8亿元。2019年，增值税、企业所得税、个人所得税等三大主体税种合计入库45.7亿元，同比增长6.4%，三大主体税种收入占总收入比重81%，其中增值税占总收入五成以上。个人所得税同比下降16%，增值税与企业所得税同比分别增长6.3%、25.4%。地方十税合计入库8.9亿元，同比增长9.7%，其中契税和城市维护建设税增幅较高，土地使用税和车船税等税种出现减收。契税和城市维护建设税共入库5.1亿元，同比增长18.2%，土地使用税入库0.5亿元，同比下降26.9%。强化重点税源监控数据审核，根据高淳区经济税源实际，将48户重点税源企业纳入到2019年国家税务总局重点税源监控。完善税收收入分析，对全年减收影响进行了分析预测，并向高淳区政府汇报。

（甘秋桂）

税收收入特点及分析　2019年，高淳区税收收入稳中有增，地方级收入增幅快于中央级。全年月均收入规模4.7亿元，税收收入走势与2018年同期各月基本一致。“三产”税收规模扩大，制造与建筑等行业低位增长。从产业税收结构来看，当年全区第二产业与第三产业分别入库税收19.2亿元、37.3亿元，同比分别增长0.7%、8.4%，第二产业与第三产业税收占总收入比重为34∶66，第二产业与第三产业收入此消彼长，收入占比较2018年分别下降、上升2个百分点。税源集中度有所提高，部分企业税收波动较大。全年入库税收100万元以上企业710户、税收收入40.6亿元，分别较上年户数减少56户、税收收入增长0.5亿元。当年全区增值税纳税人开票销售额1682.4亿元，同比增长14.9%，其中，工业增值税一般纳税人开票销售额274.6亿元，同比增长13.3%。商业增值税一般纳税人开票销售额742.2亿元，同比增长21.2%。2019年高淳区增值税一般纳税人销项税额与进项税分别为156.4亿元、146亿元，同比分别增长3.1%、1.3%。减税降费政策实行时间节点对增值税影响较大。相较于2019年年初出台的小微企业普惠性减税政策，2019年4月1日实施的增值税税率下调政策对收入影响明显，全年减免增值税3.4亿元。4月1日增值税税率下调后，增值税5月、6月入库收入同比下降22%、15%。10—12月，增值税另一项重大减税政策“留抵退税”开始影响收入，其中11月、12月留抵退税分别为0.2亿元、0.5亿元，是11月、12月增值税收入同比分别下降1.6%、15%的主要影响因素。企业所得税汇算清缴入库增长近五成。全年企业所得税入库收入10.8亿元，同比增长25.4%，增收2.2亿元。其中2019年度企业所得税汇算清缴入库5.9亿元，同比增收1.9亿元，增长48.1%。大额个人所得税入库与退库对收入影响显著。全年个人所得税入库收入6.1亿元，同比下降16%。9月份前，受个

税起征点提高及专项附加扣除的政策因素影响，个税收入同比降幅均在三成以上。（甘秋桂）

税收优惠政策落实情况 2019年，高淳区局成立减税降费工作领导小组，下设综合协调、政策落实、征管信息化、统计核算分析、督察督办、服务宣传、深化增值税改革专项工作、第三方涉税服务乱收费排查整治工作、社保费专项工作9个专项工作组，形成“1+9”工作机制（1个领导小组加9个专项工作组），建立、完善工作推进机制，对工作组的日常工作运转机制予以固化。抽调精干力量集中办公，制作《减税降费工作任务路线图》，编制10批工作职责清单，确保各项工作任务职责清晰、高效统一、有序推进。召开减税降费领导小组专题会13次，减税办周例会27次，编发工作简报14期。向高淳区委、区政府、区纪委、区审计局、区财政局专题汇报减税降费工作动态。全年共减免税费10.4亿元，约35万户次纳税人和缴费人受惠。办理各类退税7.7亿元，同比增长12.5%，其中出口退税4.1亿元，同比增长7%；增值税留抵退税0.8亿元，同比增长81.5%；软件、残疾人就业、资源综合利用企业等先征后退退税0.6亿元，同比增长22.4%。（甘秋桂）

税收征管 2019年，高淳区局贯彻落实国家税务总局江苏省税务局（以下简称“省税务局”）税收征管职责清单及业务工作规程，组织4批次税务干部参加全市税务系统新税收征管体系及“金税三期”业务培训班，组织学习省税务局《税收征管职责清单》《税收征管业务工作规程》试行稿。召开业务例会布置工作，规范统一税收征管业务流程，规范征管岗责配置，所有征管机构的职责划分、岗位设置、人员配备、信息系统权限配置等符合省税务局统一规范要求，实现征管岗责配置规范统一，推进税收征管方式转变。组建金三并库工作组，完成“金税三期”双轨测试工作。加强风险应对和欠税管理。组织风险应对人员业务培训，提高岗位人员的业务技能。全年收到南京市税务局推送风险应对任务219条，完成任务198条，完成率为90.4%，全市排名第3；实现风险成效18406.99万元，成效贡献率3.4%，全市名列前茅。加大清欠力度，全年新欠清理11343.72万元，新欠清理率90.27%，往年陈欠清理158.25万，陈欠清理率2.71%。落实企业资产转让环节欠税清缴管理规定，全年清理入库往年欠税44.35万元，加收滞纳金6.46万元，合计入库50.81万元。开展征管业务文件清理工作，全年共清理各类征管业务规范性文件108个，其中，失效废止102个、重新制定6个。组织网络安全知识培训，发放网络安全使用手册260多份，签订涉税数据网络安全保密承诺书276份。（刘玉火）

税源管户基础管理 2019年，高淳区局结合地方经济实际情况，对税户管辖、跨金库税户调整、跨区迁移管理、个体工商户集中管理等问题提出具体操作办法，规范税户及收入归属管理工作，规范区域税收征管秩序。调整税户管辖范围。结合高淳区局“三定”方案，明确税户管辖范围及相关职责划分意见，落实税源管理主体责任，全年共开展2461税户核实，完成1301户差异数据维护调整，完成3652条税种认定差异数据的批量刷新工作；与高淳区税源办、高淳区人民银行、高淳区慢城管理委员会、南京市税务局做好沟通协调，完成国际慢城金库代码、规则配置、测试工作，完成新增国际慢城金库设立工作。建立税户金库调整合议制度，对涉及金库调整的税户变更，逐户甄别，合议确定，发文调整。全年受理跨金库调整申请117户，经核实同意调整39户；核实10万元以上跨区调出申请6户，经核实同意调出5户，经及时沟通反馈保留1户。全年认定非正常户284户，组织清理了209户非正常户企业。按照个体工商户管理要求，及时跟踪个体户收入开票情况，对连续3个月超定额30%的情况474户下发个体组核实，调整定额412户，转查账征收方式8户、注销45户、控票9户。优化税务注销工作。根据《国家税务总局关于进一步优化办理企业税务注销程序的通知》《关于深化“放管服”改革 更大力度推进优化税务注销办理程序工作的通知》，扩大即办范围、简化税务注销前业务办理流程、减少证件、资料报送。全年共注销1573户，即办注销1260户。（刘玉火）

纳税服务 2019年，高淳区局推广应用数字化税企服务智能平台，激活户数1.6万户，激活率88%，全市排名第3。推广“线上办快递送”的发票领用模式，受惠纳税人达3.6万户次。推行新办企业套餐服务，将33项频发业务整合为6个业务“套餐”，实现纳税人基本办税事项全部线上套餐式办理。建立纳税服务投诉快速处理机制、纳税人诉求快速响应机制和咨询紧急情况直报机制，按天“点对点”收集纳税人在政策落实、流程办理、系统操作等方面的问题建议。全年特服号共转接人工36886次，接听量35087次，接听率95.12%，在全市系统内排名第2。加强办税厅建设，优化窗口设置，增设综合业务窗口，提升办理效率。做好纳税信用评定及补复评工作，完成1.5万户纳税人等级评定，其中A级1082户。受理16户企业复评申请，完成326户事业单位信用等级评价。广泛开展政策宣传，针对纳税人差异，推行精细化、个性化辅导。（邢建顺）

服务区域发展情况 2019年，高淳区局组织入库县区级以下一般公共预算收入30.1亿元，同比增长6.6%。高淳区局强化税收分析，服务地方发展，撰写专题分析报告3篇，其中，《2019年高淳区税源调研分析报告》得到了高淳区领导表扬性批示。以纳税人需求为导向，组建专业辅导团队，将宣传辅导对象由办税人员扩大到法人、高管、财务主管和税务代理。根据行业、规模和适用不同政策措施的纳税人特点，推行精细化、个性化辅导。强化宣传辅导针对性，对企业分类开展辅导，提供宣传有效性。全年开展税法宣传入学校、入企业、入农村等税宣活动和咨询辅导10余场次。以“新时代春风行动唱响 新税务服务添力 新服务纳税人得实惠”为主题，邀请高淳区人大代表、高淳区政协委员、高淳工商联和纳税人代表20余人走进办税服务大厅，零距离感受办税服务体验

。（甘秋桂、邢建顺）

“不忘初心、牢记使命”主题教育 2019年，高淳区局成立“不忘初心、牢记使命”主题教育领导小组及其办公室，印发工作规则，先后召开15次党委会、领导小组会研究主题教育工作，召开动员部署会和推进会促进主题教育落实。主题办按月发布党建工作提示单，按周推送主题教育任务

2019年7月16日，市税务局国际税收管理处党支部与高淳区局基层二支部开展主题教育共建活动（王红华 摄）

清单，各支部落实规定动作，创新自选动作。领导班子成员研读原著原文，每天学习不少于1小时，学习规定书目和习近平总书记最新重要讲话、重要指示批示。举办“学习纲要”专题和“党的十九届四中全会”专题学习班4次，撰写心得体会62篇。开展中心组学习23次，围绕中央8个专题、总局4个专题、党员领导干部担当作为大讨论进行集中研讨13次，组织学习测试2次。领导班子成员带着问题深入基层、深入税户，走访地方党委政府部门11个、重点行业协会2个、重点企业13户，形成调研报告6篇。组织全体党员对照党章规定的党员条件和义务权利等，查找党员意识、担当作为、服务群众、遵守纪律、作用发挥等方面的差距和不足，列出问题，整改到位。重点推进支部规范化标准化建设，对各支部“三会一课”（党员大会、党小组会和上党课，党支部委员会会议）、统一活动日、党员学习笔记等工作落实情况按季度开展督查；高淳区局基层二支部和南京南京市税务局国际税收管理处支部、高淳区局基层一支部和中国建设银行高淳支行第四党支部开展结对共建活动。（陈月影）

税收法制建设 2019年，高淳区局贯彻落实“三项制度”，制订全面依法行政领导小组议事规则，召开4次依法行政领导小组会议。全面推行重大执法决定法制审核制度，对3户欠税企业采取的强制执行措施进行了法制审核。规范税务行政裁量权，开展行政处罚执法检查2次。加强行政复

议和应诉管理，在南京市税务局的指导下，对1件行政复议案件的合法性、合理性进行审核，撤销具体行政行为，有效化解了争议。加强破产企业税收债权申报管理，申报5户企业税收债权6240万元，追缴入库欠税及加收滞纳金16万元。完善与法院的联动执行机制，及时介入法院拍卖被执行人不动产环节，提供相关拍卖及成交确认材料，依法计算应征税款，征缴入库交易环节税收562.5万元。加强法制学习，提升依法治税能力，2019年3名干部通过了全国司法资格考试。

（李代田）

执法督查 2019年，高淳区局开展车辆购置税管理、注销税务登记、行政处罚、土地增值税清算管理执法督察、开展存量房交易税收管理督察等日常执法督察，分别抽查车辆购置税征收资料394件、注销税务登记资料100份，行政处罚文书105份，对检查发现的文书规范性、程序规范性、未督促企业在规定时限内进行清算、对纳税人未按规定申报税款情况未及时跟踪管理等问题及时进行了整改。开展形式主义、官僚主义问题专项督察、开展增值税发票风险管理等专项督察。开展一般纳税人不应享受而享受“六税两附加”（资源税、城市维护建设税、房产税、城镇土地使用税、印花税、耕地占用税和教育费附加、地方教育附加）减免专项督察，核实疑点数据717条，补缴税款滞纳金23.09万元。强化内控机制建设。组织内控岗开展内控监督平台操作培训。与征管等业务部门协调配合，对登记信息重复的个体工商户提出重复数据清理的督察建议。组织开展内部审计，对2019年度（包括新税务机构设立前的原国税局、原地税局部分）“三公”经费和会议费使用管理情况、扶贫资金分配使用管理情况开展了自查。

（赵华龙）

个人所得税改革 落实个人所得税改革相关工作，组织个人所得税政策辅导工作。1—2月，对扣缴义务人开展13场政策及操作培训，有税纳税人对应的扣缴单位培训面100%；紧密跟踪专扣享受面，组织税源管理科（所）人员到辖区重点企事业单位，进行上门点对点辅导。开展“个人所得税”手机APP推广工作，推送短信9000余条，对有税纳税人点对点辅导注册手机APP。紧密跟踪个税申报工作。个税明细申报率保持在99%以上，组织2019年度生产经营所得个税汇缴工作，2394户纳税人参加了汇缴，汇缴申报率99.58%，全市排名第2。做好异常数据清理工作，集中清理214395条个税异常数据。

（赵建明）

社会保险费和非税收入征管职责划转 2019年，高淳区局积极做好新划转社会保险费系统切换的准备，完成城乡居民养老网格化管理调研、城乡、灵活就业人员缴费银行调研、机关科所街道乡镇初始设置核实、全区273家机关事业单位养老保险扣款账户核实；开展机关事业单位养老保险客户端测试，个人缴费端测试，联合银行进行3轮税银系统测试，联合人社部门进行多轮信息共享平台联调测试，参加省税务局组织的集中办公2次。做好机关事业单位养老保险系统切换后的申报。完成全区机保社保登记、账户关联工作，点对点送达“机关事业单位养老保险系统切换通知”，开展3场申报操作培训，建立机关养老税务QQ联系群，在申报期内设专岗进行实时辅导，采取每日注意事项和数据回流通知、申报异常数据分析逐户辅导、梳理未扣款单位清册月末一次性扣款等方式，及时反馈、解决问题，确保每个申报期内所有机关事业单位完成养老保险申报缴款。做好居民养老保险与城乡居民医疗保险的系统切换征收工作，完成了高淳区9.5万人居民养老保险及31万人城乡居民医疗保险的系统切换征收工作。

（陈昆恒）

税收风险管理 2019年，高淳区局制定《高淳区过渡期税收风险管理工作方案》以及《关于做好风险应对未结束案件衔接的通知》，强化组织领导，成立风险应对团队16个，专门从事风险应对人员36人；建立“9+1”风险审议团队模式（税源科所各1个，由税源科所长及业务骨干组成；成立审议团队1个，负责成效较大及转稽查应对案件审议）。做好注销转风险应对任务管理工作，完成42户转风险应对的注销企业。做好风险应对任务下发跟踪管理工作。全年推送风险任务219条，完成任务198条，完成率为90.4%，全市排名第3。实现风险成效18406.99万元，成效贡献率3.4%。

做好跨区域协作。全年发起跨区域协作5条，接收跨区域协作35条，完成率100%。按时完成国家税务总局增值税快反任务1户；完成江苏省税务局下发的异常发票核查控票任务3批次6户。

（刘玉火）

干部队伍建设 2019年，高淳区局选拔副科级领导干部4名，晋升主任科员41人、副主任科员7人。推进职务职级并行，先后对即将退休的7名干部进行套转，6名干部套转为二级主办，1名干部套转为一级行政执法员，其中符合条件的1名干部晋升为一级主办，1名晋升为四级主办。营造积极向上的学习氛围，7名干部取得"三师"（注册会计师、税务师、律师）资格。积极备战"岗位大练兵、业务大比武"活动，4人获得市局业务能手称号，1人获得省局专业骨干称号，高淳区局被表彰为2019年全市税务系统业务大比武优胜单位。积极开展群团工作，承办市局团委纪念五四运动100周年主题团日活动，开展10期"壹小时学堂"，开展困难会员慰问59人次，积极组织和参与丰富多彩的文体活动，有效激发干部活力。

（吕志浩）

2019年11月16日，高淳区局组织全体干部职工在国际慢城桠溪开展趣味运动会，丰富职工文体活动 （陈 飞 摄）

纪检监察 2019年，高淳区局持续加强纪栓监察工作，成立党风廉政建设工作领导小组，制定年度工作计划。强化干部"八小时以外"的自我约束和管理，制定印发了《关于加强税务人员"八小时以外"监督管理的通知》，完善个人有关事项报告。结合主题教育，组织全体干部观看高淳区纪委监委拍摄的警示教育片《腐败分子的权力之殇》；结合纪检组长上专题党课活动，组织干部观看廉政警示片《科级干部腐败警示录》。聘请高淳区纪委监委、区机关工委、街道（镇）分管领导及企业代表等10人担任外部行风廉政监督员，负责对党风廉政及政风行风建设工作情况进行监督、指导和评议。在5处办公点安装意见箱并公开投诉电话，定期开箱整理收集意见建议登记相关台账，全年未收到相关投诉。在微课堂、微短信、微党课"三微"廉政教育的基础上，推出了"微语方圆"纪律教育微刊，使纪律教育常态化。强化监督执纪检查。认真贯彻扫黑除恶专项斗争要求，强化对扫黑除恶专项斗争工作开展情况的监督。认真落实对"不忘初心、牢记使命"主题教育工作开展情况强化监督的要求，加强对漠视侵害群众利益问题专项整治监督；纪检组列席重要会议，对相关会议内容进行监督。研究制定《关于落实减税降费政策措施加强监督执纪问责工作方案》会同督审部门组成四个督查组实时开展督查督办。制定了《关于加强第三方借减税降费服务巧立名目乱收费排查整治工作监督检查的通知》，开展第三方涉税服务乱收费排查整治"回头看"，组织各部门围绕排查重点，采用多种方式进行自查，确保全区纳税人和缴费人应享尽享减税降费红利。开展作风建设专项督查、"形式主义、官僚主义"问题集中整治专项督察、"领导干部利用名贵特产类特殊资源谋取私利情况"自查、公务用车和办公用房专项检查等，对检查发现的问题及时做好了整改工作。 （王朝忠）

纪念五四运动100周年主题团日活动 2019年4月26日，由南京市税务局机关团委主办，高淳区局团支部承办，开展以"青春心向党 建功新时代"为主题，纪念伟大的五四运动一百周年主题团日活动。南京市税务局党委委员、副局长、机关党委书记黄经东，高淳区局党委书记、局长张连静，南京市税务局机关团委书记张丽晔、副书记颜廷波、汪成池参加此次活动。黄经东同志为活动致辞。团员青年通过诗朗诵《五四之光》《起航》、相声《税务局的那些事儿》、二胡演奏《空山鸟语》、三句半《税务赞》、歌曲《税收带来祖国美》、歌曲

《最初的梦想》、合唱《我和我的祖国》等不同表演形式，表达了团员青年不负春光，用青春拥抱时代，用生命点燃未来的远大抱负。（陈月影）

（责任编辑　王赟超）

南京江北新区税务局

概述　2019年，国家税务总局南京江北新区税务局（以下简称“江北新区局”）以习近平新时代中国特色社会主义思想为指导，深入学习贯彻中共十九届四中全会精神和中央经济工作会议精神，牢固树立“四个意识”、坚定“四个自信”，做到“两个维护”，圆满完成全年各项工作任务，为推动江北新区经济高质量发展贡献了税务力量。

依法组织收入。在宏观经济下行和减税降费的双重压力下，加强重点税源动态监控，建立收入数据、税种管理、税源管理三层分析机制，顺利完成全年收入任务。2019年，组织入库各项收入380.62亿元，同比增长3.01%，完成江北新区管委会口径公共预算177.52亿元。

落实减税降费。通过成立领导小组、专项工作组、制定10批次职责清单等举措推进减税降费落实，开展“减税降费效应回馈单”送上门等，全年合计减免41.04亿元，其中小微企业普惠性减税2.14亿元，99%的民营企业受益。

推进依法治税。全面推行行政执法三项制度，推进行政执法公示，严格行政执法公示审核制度，健全分级管理负责制，实行执法全过程纪录，形成税务执法信息闭环管理模式，严格执行重大执法决定法制审核。

2019年1月2日，江苏省税务局党委书记王学东（右二）赴江北新区局开展工作调研

（张敞琴　摄）

征管体系建设。理顺征管运行机制，金税三期顺利上线，增值税发票管理实现总局快反选案连续18个月零记录，全市首家获得外贸出口企业退税审核审批权限，城乡居民医疗保险完成率105.94%，位列全市第一。江北新区税务局牵头撰写的《基于实践探索的新税收征管体系研究》获得省税务局重点调研课题第一课题第一名。

纳税服务举措。一是持续深化“放管服”改革，全年非接触式办税率达91.59%，新办企业套餐化办理半个工作日即可领用发票；通过风险扫描、“容缺办理”等机制，注销手续当日办结；退税提速，全年各类退税超5万笔，累计退税20.03亿元。二是优化纳税服务架构，形成三厅并存、分类服务的办税服务布局，办税等候时间平均缩短50%以上。三是构建协同治税体系，健全跨部门实施守信联合激励和失信联合惩戒机制，广泛开展“税邮合作”，实现辖区内10个邮政网点的全覆盖。四是特服号全年接通率93.71%，人均话务量居全市第一；开展多样化纳税人宣传培训，税收宣传考核评价全市第一。

干部队伍建设。2019年，完成科级非领导职务晋升24人，科级领导职务晋升11人；全年组织21期、913人次业务培训，王徽、王成建入围省税务局大比武选拔，并与孙越、陈涛入选市税务局“115”人才队伍。群团活动增强团队凝聚力，江北新区局在市税务局工会举办的合唱大赛和运动会中均获二等奖，税政一科获2019年度全市“青年文明号”称号，刘雯雯在全市“‘梧桐论语’我是理论宣讲者”中获奖，葛诗海、张子谦荣获市级三等功，尹显高、何栋章获得征管改革先进个人嘉奖。（盖珂立）

机构设置及负责人

办公室

主　任　尹显高

副主任　韩银安

张怀江

吕　璐（2019年4月晋升）

法制科

科　长　曹　雷

副科长　陈喆文

税政一科

科　长　周　伟

副科长　冯　洁

王文龙

傅红华（2019年4月离任）

税政二科

科　长　刘　烨

副科长　马德斯

巫晓帅

收入核算科

科　长　张广荣

副科长　陈海兵

周　瑾（2019年4月晋升）

纳税服务科

科　长　曹金阳

副科长　俞雪东（正科级）

鲁　灵

周　鸣（2019年4月晋升）

征收管理科

科　长　葛诗海

副科长　胡恒辉（正科级）

王　波

吴方敏

督察内审科

科　长　肖孙熹

副科长　赵　明

人事教育科

科　长　沈　亮

副科长　汪晓华

王启明

考核考评科

科　长　丁　勇

副科长　董晶涵

王善良（2019年4月离任）

税源管理一科

科　长　徐小琴

副科长　陈　涛（正科级）

孙　亮

税源管理二科

科　长　何栋章

副科长　胡省华（正科级）

汪　海

包　叶（2019年4月晋升）

税源管理三科

科　长　杨宝龙

副科长　王善良（2019年4月到任）

郭峻雨

朱凡璐（2019年4月晋升）

税源管理四科

科　长　朱家仁

副科长　苏美玲（2019年3月离任）

李炳政（2019年4月晋升）

马冬冬（2019年4月晋升）

税源管理五科

科　长　王振宇

副科长　张伟利

王　徽（2019年4月晋升）

机关党委（党建工作科）

科　长　吴鲁怀

副科长　席姝笑

老干部科

科　长　汤明明

副科长　孙　涛（2019年3月离任）

周嫦娥（2019年4月到任）

纪检组

副组长　许兴鹏（正科级）

副组长　黄　磊

（正科长级，排在许兴鹏之后）

曹小勇（2019年4月离任）

第一税务所

所　长　王业斌

副所长　葛　静

殷金蝉

周嫦娥（2019年4月离任）

缪秋霞（2019年4月晋升）

陈　虎（2019年4月晋升）

第二税务所

所　长　边　伟

副所长　陈　红（正科级）

陆　飞

泰山税务所

所　长　李　鸿

副所长　倪渐胜（正科级）

沈义林
曹小勇（2019年4月到任）

盘城税务所

所　长　徐明荣
副所长　徐选敏（2019年3月离任）
傅红华（2019年4月到任）
王成建（2019年4月晋升）

沿江税务所

所　长　王学宏
副所长　肖大海（正科级）
高敏霞

纳税服务中心

负责人　俞雪东（正科级）
周　鸣（2019年4月晋升）

信息中心

负责人　胡恒辉（正科级）

（盖珂立）

主题教育　2019年，江北新区局按照“守初心、担使命，找差距、抓落实”的总要求，既抓好规定动作落实，又创新开展自选动作。一是组织领导强劲有力，成立主题教育领导小组和工作机构，统筹推进，局领导班子担负起领导责任，各支部书记切实履行第一责任人责任。二是学习整改贯穿始终，扎实开展集中学习，创新学习方式，注重问题检视剖析。全年组织开展专题研讨120余次，党员参与率在98%以上，13位党委委员和19位支部书记为全体党员干部上党课。在全市系统首次举办“壮丽70年、奋斗新时代”党史、新中国史知识竞赛，面向全体党员开展主题教育应知应会测试。三是调查研究细致深入，领导班子开展“大走访、大排查、大调研”活动，确定12个调研专题，召开座谈会与实地走访调研相结合，收集汇总问题20个，制定对策措施24条，实行对表销号。

（吴鲁怀）

2019年6月25日，江北新区局举办“办税厅里微党课　不忘使命忆初心”活动（郭勇军　摄）

减税降费　2019年，江北新区局落实减税降费政策，合计减免41.04亿元，其中，税收减免36.83亿元，税务部门征收社会保险费减免4.21亿元。分税种看，小微企业普惠性减税政策减税2.14亿元；99%的民营企业受益；个人所得税政策性减收7.79亿元，57.5万人次享受优惠，人均减免1345元。为确保减税降费落地生根，成立减税降费工作领导小组并设置减税降费工作办公室，设置综合协调组、政策落实组、征管核算组、督察督办组、服务宣传组、增值税改革专项工作组及社保费改革专项工作组7个减税降费专项工作组，制定10批次职责清单，压实主体责任，持续巩固减税降费成效。与财政部门联动，按月精准呈现减税降费成效并定期向管委会汇报。借助“减税降费小助手”，深入排查数据质量风险，开展“减税降费效应回馈单”送上门，切实解决纳税人申报问题。

（张广荣）

税收收入情况　2019年，江北新区局组织入库各项收入380.62亿元，同比增长3.01%，其中税收370.16亿元，“三费”收入10.46亿元，同比增长2.96%、4.88%，完成江北新区管委会口径公共预算177.52亿元。一是加强重点税源监控，对房地产行业、上年度纳税亿元42户企业实施单户动态跟踪经营情况，把握税源变化的主动权。二是强化收入预测，分类建立起重点行业、重点税源、产业平台等税收基础数据库，对纳税900万元以上的284家企业进行企业经营情况问卷调查，时时把握税源变化情况。三是强化与财政部门联动，实时监控辖区内税收变化情况，加强与江北新区管委会财政部门沟通协调。四是深化增值税改革、提升企业所得税管理水平、提高土地增值税清算效率、推进个人所得税改革、城乡居民社保费网格化管理体系初步形成，税收作用的综合提升有效保障了“六稳”（稳就业、稳金融、稳外贸、

稳外资、稳投资、稳预期）目标的实现。（张广荣）

税收收入分析 2019年，江北新区局完善“部门协作、上下联动和内外合作”的工作机制，推进数据共建、共享、共用。一是建立跨部门协作机制，形成以税源管理科所为第一层、业务职能部门为第二层、收入核算科为第三层的税源管理服务专项模式。二是建立横向联动，参与江北新区管委会组织的经济运行分析会议，与相关部门进行数据交换，按月向管委会汇报收入情况，构建江北新区经济部门间的信息共享机制。三是建立合作研究机制，引入南京大学研究团队，形成优势互补、合作共赢。2019年，江北新区税务局组织入库各项收入380.62亿元，分税种看，增值税、企业所得税、消费税分别为108.67亿元、83.97亿元、66.02亿元，同比分别增长-7.13%、-2.23%和17.55%，三大主税种占入库税收的78.91%。分行业看，十大行业税收贡献八成税收，前10月合计253.09亿元，占入库税收的79.57%，前五行业石油、房地产业、化学原料和化学制品制造业、商务服务业、黑色金属冶炼和压延加工业占入库税收的68.84%。（周　瑾）

税收法制 一是完善“三项制度”（行政执法公示制度、执法全过程记录制度、重大执法决定法制审核制度），建立依法行政组织领导机制，成立重大税收执法决定法制审核领导小组，制定《重大税收执法决定法制审核（暂行）办法》，法制审核“五化创新”项目获市税务局创新项目评比三等奖。二是行政行为更加规范，发布11期行政处罚常见问题的规定处理意见，对29个个案进行规范性答复，对216条行政处罚决定进行一般行政处罚“双公示”（行政许可和行政处罚等信用信息公示）。全年共实施行政处罚3591户次，罚款122.23万元，年处罚量较上年度减少了40%。依法应对行政复议或诉讼，全年共发生2起行政复议案件及2起行政诉讼案件，均以江北新区局胜诉而结案。三是破产管理更加优化，设计破产企业欠税清算表，优化工作流程，成功办理全市首例法院宣告破产纳税人注销即办事项。全年共核实新破产欠税企业16户，合计税费及滞纳金293.34万。（曹　雷）

税收政策落实 一是全面落实深化增值税改革举措，设立专岗跟踪疑点数据，增值税减税政策享受面100%；落实增值税留抵税额退税政策，全年退税2.6亿元，审批退税一体化办理流程被市税务局采纳推广。二是积极稳妥落实个人所得税新政，江北新区10.38万人享受专项附加扣除，“工资薪金”项目入库9.1亿元，降幅达21.36%。三是提升企业所得税管理水平，参评高新技术企业认定先进单位，企业所得税汇缴率首次在全市名列第一。四是提高出口退税水平，积极承接外贸企业出口退税审批权限下放，全年共审核出口免抵退税21.7亿元，月均退税额达9000余万元。五是提高土地增值税清算管理水平，全年共清算项目24个，入库税款20.44亿元，其中5年以上老项目15个，在全市老项目清算中排名第一。六是城乡居民社保费网格化管理体系初步形成，采取区税务局对应区、属地税源管理科（所）对应街道、税务干部对应社区的模式，全年共征收城乡居民养老保险846.44万元，城乡居民大学生医疗保险1114.1万元，城乡居民医疗保4735.92万元，完成率105.94%，位列全市第一。（周　伟、刘　烨）

税收征管体系建设 2019年，江北新区局采取多项措施，保障“金税三期”并库，组织安排业务数据切换验证、大双轨样本测试、综合受理窗口双人实测等各类测试验证，保障“金税三期”管理系统于4月1日正式上线。组织研读省税务局《关于完善税收征管体系的意见（试行）》以及相关配套文件，梳理出四大类14个省税务局流程与江北新区局现行做法的差异，结合个体集中征管的思路，进一步明确无证户征管、不予加收滞纳金和“三代”手续费管理的相关要求，出台了《关于调整部分税收业务征管事项工作的通知》及《关于调整部分税收业务征管事项工作的补充通知》，理顺征管运行体制。在国税、地税征管体制改革过程中，第一税务所被评为国地税整改体制改革先进集体，葛诗海、张子谦因征管体制改革工作出色，获市级三等功，尹显高、何栋章获得征管改革先进个人嘉奖。（葛诗海）

税收风险应对 2019年，江北新区局组织风险管理专题培训班，邀请江北新区税务局业务能手、市税务局风险局专家人才、税校专业师资讲解评估方法、操作流程和应对技巧；瞄准关键时间节点召开风险管理工作推进会，挂图作战，目视管理，强力推进工作进度；调整科内工作分工，在案件集中上报期间增强集体审议力量配置，江北新区局风险应对水平有效提升。2019年，应结实结案件287件，按期完成率100%，实现风险应对成果8.07亿元，风险应对成效占比2.12%；严厉打击税收违法犯罪，成立扫黑除恶工作领导小组，及时开展宣传发动、线索摸排、信息传递等各项工作，对照中央第17督导组整改意见，逐条对照整改任务，全面落实整改。（葛诗海）

纳税服务　一是充实现场办税力量，构建“三厅并存、分类服务”的办税格局，布设63台自助办税终端和44台线上办税体验电脑，并在政务中心及不动产交易中心设置税务窗口，提高窗口服务能力。二是加强办税厅现场管理，严格执行领导值班制，强化导税预审功能，畅通窗口之间衔接流转。三是提高办税效率，江北新区税务局全年非接触式办税率达91.59%，新办企业套餐化办理，半个工作日即可领用发票；通过风险扫描、“容缺办理”等机制，注销手续当日办结；退税提速，全年各类退税超5万笔，累计退税20.03亿元。四是纳税咨询质效继续提升。特服号服务水平提升，建立业务培训机制，按月制定内部培训计划，与办税窗口开展岗位实训交流，构建完整知识体系。2019年，江北新区税务局特服号共接受各类转人工咨询电话105790个，同比增长65.86%，全年接通率93.71%，人均话务量居全市第一。诉求工单处理效率不断提高，共处理各来源工单合计1491条，综合满意率98.57%，绩效排名始终保持在全市税务系统前五名。（曹金阳、俞雪东）

2019年3月20日，南京江北新区局举行纳税人开放日，组织纳税人参观新办税服务厅

（郭勇军　摄）

信息化管税　2019年，江北新区局为加快业务管理与技术管控融合，将风险防控措施最大限度内嵌于信息和数据管理过程中，不断提升大数据管税治税能力。一是用好“金税三期”核心系统，在并库前安排业务数据切换验证、人海压力测试等，并库后做好运维保障，及时解决系统问题，充分发挥核心征管系统作用。二是做优发票管理系统，强化增值税发票管理系统2.0版和增值税电子发票公共服务平台的培训，提高发票管理风险意识，完善岗责体系和工作流程，增值税发票管理实现国家税务总局快反选案连续18个月零记录。三是数据质量管理水平提升，在保证数据安全的前提下推进数据资源共享，做细做实数据情报交换工作，保障税收征管体系高效运行。（葛诗海）

干部队伍建设　一是稳步推进干部晋升，本年度完成科级非领导职务晋升24人，科级领导职务晋升11人，充实领导干部队伍。二是项目化、小班化、短期班形式开展教育培训工作，全年组织21个培训项目的培训，参训人员达到913人次；组织14名干部参加市税务局“岗位大练兵、业务大比武”，王徽、王成建入围省税务局大比武选拔，并与孙越、陈涛入选市税务局“115”人才队伍。三是群团组织活力得到激发，举办首届干部职工趣味运动会，组织“税收新政知多少”知识竞赛，开展“展望江北未来、税务青年助力新区发展”主题团日活动，成立“青春集结号”志愿服务队等，着力调动青年干部干事创业热情。江北新区局在市税务局工会举办的“我和我的祖国”合唱大赛中获二等奖、在趣味运动会中获二等奖，税政一科获2019年度“青年文明号”称号，刘雯雯在市委宣传部组织的“‘梧桐论语’我是理论宣讲者”中获三等奖，吕璐被评为南京市社会科学普及先进个人。（沈　亮）

绩效管理和数字人事　2019年，江北新区局在总结前一年度绩效管理工作经验的基础上，围绕江

苏省税务局和南京市税务局组织绩效管理办法及实施细则，结合工作实际和上级指标架构体系，找准绩效管理方向，强化全局观念和系统思维，发挥好绩效管理指挥棒的作用，全年直接扣分法指标中实现零扣分。编制规则指标并进行动态调整；建立了分析—诊断—建议—提高的绩效改进体系，形成持续改进的问题管理流程；将绩效考核与管理“双挂钩”，以组织绩效分解个人绩效任务，以个人绩效保证组织绩效的落实，实现组织目标与个人目标有机统一。发挥数字人事的激励效应，夯实基础、强化监督检查，充分运用数字人事作为干部考核的“刻度尺”、人才培养的“导航仪”，让干部有压力、更有动力。（丁　勇）

内部控制与督察审计　一是加强内控机制建设，发挥督审防控监督作用。先后成立了税收执法责任制工作领导小组、内部控制工作领导小组，明确落实了各部门内部控制管理员职责。与各职能部门建立了常态化沟通机制，促进了内控工作形成合力。通过督察问题反馈，达到了以督促管的效果。二是做好减税降费督察督办管理，发挥保驾护航作用。全年重点对小微企业政策追溯应退税（费）、私房租赁业务自然人退税、增值税纳税人资格管理、代开增值税发票等风险类型开展“穿透式”督核管理，全年共计办退税款62.35万元，补缴税款50.32万元，滞纳金0.6万元。三是夯实督审基础工作，推动常态化项目规范执行。全年对12户仓储物流大宗商品用地企业辅导自查纠编5.3万元，督察纠偏补税入库0.87万元，并形成典型案例上报市税务局。全年处理内部控制监督平台执法疑点数据93条，切实做到执法风险的期中控制实时管理。四是服务税收工作大局，发挥督审服务保障作用。积极融入区局部门协作“大团队”，推进督审前置、关口前移。始终贯彻“服务基层一线”的工作思路，全年督审业务“实体化”运作工作量占比接近60％。（肖孙熹）

老干部工作　2019年，江北新区局共有老干部39人，平均年龄66.1岁。为扎实推进老干部工作，一是加强思想建设，严格落实老干部组织生活、理论学习、党费收缴和流动党员管理教育等制度，召开老干部“迎七一”座谈会，增强荣誉感。二是定期召开意见建议听取会，虚心听取老干部对重大决策部署、重要改革举措、单位发展的意见建议，发挥老干部智囊团和监督员的作用，增强老干部认同感。三是巩固宣传阵地，组织老干部和共青团的年青同志进行“一对一”访谈，开展“传帮带”，当好青年税务干部的领路人，参加“我的税月”征文等活动增强老干部成就感。四是坚持和完善走访慰问制度，对患病老干部及时探望并积极帮助协调诊治，为3名老同志上门祝寿，提高老干部归属感。（汤明明）

政务管理　一是理顺机关运行机制，修订完善行政管理制度和各项工作规则12项，主动接入新区管委会OA系统，与地方政府实现业务融合，优化公文处理，定期召开保密工作会议，开展保密工作自查自纠，全年共有效应对各类投诉、信访、舆情15起，将各类隐患消除在萌芽状态。二是扎实做好信息宣传工作，组建信息宣传员队伍、成立5个专题组，全年组织各类税收宣传活动12项，发表稿件250余篇，信息宣传在全市系统上、下半年考核中均排名第一，9篇信息被中办国办采用，2篇信息被国家税务总局采用，入选省税务局税收新闻基层直报点，一篇稿件被评为2019年全省税收好新闻第二名。科调研方面，全年共有5篇论文被《江苏税务》《南京税务》采用，牵头撰写的“1+5”（省税务局印发《关于完善税收征管体系的意见（试行）》及其附件）税收征管体制改革调研论文获得省税务局重点调研课题评选一等奖、市税务局重点调研课题一等奖。三是财务管理效能不断提升，严格执行中央八项规定的要求，严控“三公”经费支出的管理，“三公”经费支出大幅下降；落实财务管理制度，在全局开展财务管理培训，规范财务支出管理；强化预算管理，2019年，全年中财预算执行率达100%，按照预算管理的要求，对2020年重大项目支出进行了论证，统筹组织编制2020年预算。四是提升后勤保障水平，整合办公及办税服务场所，实现了江北新区局主体集中办公，完成高新路15号办公区、晓山路3号自助办税厅装修改造；完成四局资产合并、盘点、清理，实现资源优化配置摸清家底；建立安全生产正常化的管理机制，实现安全生产生活检查常态化。（尹显高）

全面从严治党 2019年，江北新区局全面从严治党向纵深发展。一是全面从严治党主体责任不断强化。制定全面从严治党工作要点，层层签订“从严治党主体责任书”，落实领导班子成员联系点制度，压实党委成员抓党建的责任。二是党建标准化建设水平不断提升。明确“三会一课”、组织生活会和民主评议党员、主题党日活动等制度要求，选取典型支部开展党建工作经验交流，全年有5个支部开展党建共建。三是全面从严治党不断向基层延伸。补充选举支部纪检委员，督促原7人以下支部及时选举成立支部委员会；举办3期基层党支部培训班，参培人员120人次，党员干部素质不断提高。四是强化监督执纪问责，对减税降费、主题教育及干部职务职级晋升等工作实行全过程监督，强化落实整改，精准执纪问责，保持纪律审查和惩治高压态势。五是加强党风廉政建设，开展形式主义、官僚主义集中整治，行风、作风工作领域专项整治；组织“新税廉线”干部家属协廉知识竞赛活动，加强干部“八小时以外”监督；组织全局干部开展廉政警示教育大会、组织部分党员代表前往浦口监狱开展实地警示教育等，坚定干部“不能腐、不敢腐、不想腐”的信念。（许兴鹏）

作风建设 一是坚持问题导向改进工作作风，制定《江北新区税务局关于推进机关作风建设实施意见》，积极开展内部检查，聘请外部监督检查员，江北新区局荣获2016—2018年度江苏省文明单位称号。二是主动承担社会责任，组织开展“纳税人开放日”、办税服务厅微党课等活动，以“观摩体验”和“共话税收”相结合的方式，树立税务形象。三是发挥党员干部示范引领作用，开展“党员志愿者服务”、“身边的榜样”、党员大走访等活动。张怀江获“南京好人”称号，殷金婵获“南京市文明职工”，王业斌获江北新区优秀共产党员称号，吴鲁怀获新区“作风建设先进个人”、朱家仁获“江北新区文明职工”、王启明获江北新区“十大杰出青年”，吕璐获“江北新区优秀团干部”，张馨天、孙越获“江北新区优秀团员”称号。（吴鲁怀）

服务地方经济发展 一是发挥以税咨政作用，全年2篇报告被省税务局《江苏税务》期刊、市税务

2019年7月9日，江北新区局税务干部走进中车智慧物流服务中心开展税收宣传（吕 璐 摄）

局《税收经济分析》内刊编发，关于民营企业、减税降费的报告得到南京市委常委、江北新区党工委专职副书记罗群的批示，参与市税务局的关于自贸区的报告得到省委书记娄勤俭和常务副省长樊金龙的批示。二是诚信纳税格局初步形成。加强跨部门守信联合激励和失信联合惩戒，推动将纳税信用转化为企业的融资成本，全年共对江北新区税务局4.40万户纳税人进行信用评定；落实纳税信用修复机制，对162户企业进行信用等级复评，构建以信用为基础的新型税收监管体制；实现成果应用，对2019年以来列入重大税收违法失信案件的11户黑名单企业进行公示并对信用等级直接判D。三是服务自贸区建设，加大税收服务区域发展战略力度，贯彻落实总局支持长三角区域一体化发展的16条税收措施，面对江苏自贸区南京片区的税收政策诉求，积极推动制度创新，在制度允许、风险可控的前提下，在税收信用评价结果互认应用机制、税源税户“基础+事项专业化”征管模式等方面实现突破，抢抓长三角一体化发展的机遇期。（曹金阳）

网络安全 一是制度先行，加强管理规范运行，建立“2+8”网络安全制度台账体系，其中“2”是市税务局《网络安全管理制度》《机房安全管理制度》两个核心制度，“8”是江北新区局《特殊终端入网管理制度》《信息化运维制度》等8个配套管理制度。二是优化整合区局网络，网络结构更清晰，运行更稳定快速，安全更有保障。三是加强网络安全管理，全面安装360安全管理

软件和内网准入系统、全面落实USB口禁用非准入U盘、全面签订网络安全和保密协议、全面开展网络安全宣传和实地巡查，全年未发生网络安全事件。四是加强服务保障网络安全，及时响应各部门的需求，按月编写《信息化运维情况分析》并进行通报，定期为网络及计算机设备除尘杀毒，开展信息化专题培训提升应用水平。

（胡恒辉）

（责任编辑　王赟超）

南京经济技术开发区税务局

概述　2019年，南京经济技术开发区税务局（以下简称“开发区局”）以组织税费收入为主业，以优化税收执法为主线，以落实减税降费为主题，聚焦使命担当、奋力笃行致远，步稳蹄疾、顺利推进各项改革和税收工作任务圆满完成。累计组织税收收入312.03亿元，同口径增长9.28％，税收收入首次突破300亿元大关；组织市县级一般预算收入92.75亿元，同口径增长6.93%；组织区级一般预算收入101.42亿元，同口径增长5.69%，区县级一般预算收入首次突破百亿元大关。税收收入对开发区财政的贡献能力明显增强，为稳增长、促改革、调结构、惠民生、优生态、防风险作出了积极贡献。

成立减税降费工作领导小组，收入核算科作为减税降费领导小组办公室，按周召开工作例会，了解工作动向，协调工作部署。2019年，通过落实减税降费各项政策累计为纳税人减免税费25.55亿元，其中，深化增值税改革和税率调整减税17.53亿元，超过5000户增值税纳税人受益。个人所得税六项附加扣除和免征额提高减税，惠及28.84万人次。实现退税5223户次，退税金额达6.23亿元，其中留抵退税19户，金额3.11亿元。规范税收会计核算工作，发挥税收会计的监督职能：2019年共清理虚假多缴1923条，合计金额1.17亿元。

2019年，开发区局创新党员教育方式，加强政治建设，传承生日文化，常态化开展党员“政治生日”主题活动。1月2日，举办启动仪式，开发区局党委书记李红军和开发区组织人事局的领导为4名1月份入党的党员赠送了贺卡和礼物；2月，邀请开发区辖区内优秀非公企业党组织书记莅临现场，为活动献计献策；3月，组织3月份入党的党员前往中国金陵廉政文化教育观，开展廉政主题教育；4月，召开座谈会，与4月份入党的党员畅谈在党感言。5月，带领党员走进南京正大天晴制药有限公司，共同开展五月“政治生日”活动，并深入企业解读减税降费政策，保障减税降费工作实打实、硬碰硬落地；6月，组织党员赴溧水红色基地为党员开展红色教育，唤醒入党初心，永葆党员本色；7月1日，中国共产党成立98周年的日子，开发区局党委组织开展全体党员同过政治生日活动。全体党员参加活动，区局党委书记、局长李红军给全体党员上“七一”专题党课；8月1日，带领党员同志走进大金山国防园参观学习，缅怀革命先烈，不忘初心、牢记使命；9月第一个工作日，前往开发区党群服务中心和中国南京智谷AI体验中心，开展主题党日活动；10月，组织党员大会，全体党员为过政治生日党员庆祝，听党委书记讲主题教育专题党课；11月1日，开发区局机关党委带领12位党员赴静海寺接受爱国主义教育。开发区局坚持为党员集体过政治生日的做法被写入《南京经济技术开发区2019年度组织工作要点》。

与此同时，开发区局以履行社会责任为己任，大力弘扬具有行业特色的职业道德和税务文化，荣获“江苏省文明单位”“南京市文明单位”称号，被评为江苏省工会“职工书屋”示范点、南京税务系统国税地税征管体制改革先进集体、工人先锋号，开发区信息工作先进集体、先进基层党组织、机关作风建设先进单位。　（肖　榕）

机构设置及负责人

办公室

主　任　单海军

副主任　仇慧宁

副主任　潘亮亮

法制科

科　长　陈小林

税政一科

科　长　梁　斌

副科长　金冬灵

税政二科

科　长　刘　涛

副科长　张文娟

收入核算科

科　长　李　淼

副科长　吕秀杰

纳税服务科

科　长　魏明达

副科长　周　磊

副科长　匡　京

征收管理科

科　长　冯　爽

副科长　张振伟

人事教育科

科　长　孙婷婷

副科长　王远志

税源管理一科

科　长　李清彬

副科长　张　炜

税源管理二科

科　长　尹德胜

副科长　刘　彤

税源管理三科

科　长　张少柏

副科长　李金荣

税源管理四科

科　长　王　玉

副科长　罗　媛

税源管理五科

科　长　吴　凡

税源管理六科

科　长　陈光煜

税源管理七科

科　长　李向晖

副科长　王一帆

党建工作科

科　长　芮　江

老干部科

科　长　薛　东

纪检组

副组长　王　定

纳税服务中心

科　长　胡晓晨

信息中心

主　任　朱　华

（肖　榕）

减税降费　一是严格落实"减税降费"。主动向开发区管委会汇报"减税降费"政策落实和全年收入预测情况，开发区管委会将2019年组织收入目标降低，以强有力行动支持"减税降费"。2019年落实减税降费新政为纳税人减免税费25.55亿元，其中：深化增值税改革及增值税小规模纳税人免税金额调整累计减免增值税17.53亿元，超过5000户增值税纳税人受益；个人所得税六项附加扣除和免征额提高，惠及28.84万人次；企业所得税研发费加计扣除比例提高累计减免企业所得税1.5亿元。二是精准落实多缴税金清理。通过申报更正、运维等方式清理6284.97万元，累计清理户次1099次。三是统筹推进小微普惠性退库。累计办理小微普惠性政策退税约30万元，惠及纳税人2000余户，尽职尽责覆盖面100%。

（肖　榕）

2019年1月28日，南京经济技术开发区税务局组织开展"减税送福迎新春"活动，邀请栖霞区书法家们为纳税人送福送春联的同时，宣讲国家税务总局新出台的一系列小微企业减税降费政策　（潘亮亮　摄）

各项收入情况及收入特点分析　2019年，开发区局组织全口径税收收入312.03亿元，同口径增长9.28%；组织市县级一般公共预算收入92.75亿元，同口径增长6.93%；组织区级一般公共预算收入101.42亿元，同口径增长5.69%。

2019年，税收增长原因主要有三个方面。一是入库上年度延期缴纳税款40.57亿元、留存契税税款2.07亿元、"免抵调"税款9.5亿元，三项收入合计52亿元，换算成一般预算收入15.64亿元，占开发区局税收收入和一般预算收入的比重均达到15%以上。二是推进"产城融合"，在实体经济相对低迷情况下，仙林湖板块和栖霞山板块房地产项目税收增幅明显。2019年，房地产行业贡献税收24.24亿元，同比增长44.7%，是开发区局税收增长最快的行业。三是跟进反避税调查案件，于6月底前补缴企业所得税加利息合计4.36亿元。统筹高位协调，加快重点项目土地增值税清算进度，于年底前入库土地增值税税款5.96亿元，保障2019年税收任务的完成。（肖 榕）

税收征管 一是强化数据清理。2018年底至2019年5月，"金税三期"系统并库版上线前完成五次大双轨验证测试，测试业务量19700余笔；完成管户数据清理11批次，累计3479户次；开展管户对照、管户复核专项工作10批次，累计2500户次。整个并库阶段，完成各类报表总结百余份，为新业务系统平稳、高效运行提供了强大的数据支撑。二是强化制度建设。深入学习"税收征管职责清单"和"税收征管业务工作规程"，做到科学征管、依法征管。三是强化税收风险管理。启动税收风险应对任务151户。其中：专项应对任务类风险21户，结案21户；简易应对任务类风险6户，结案6户；一般性应对任务类风险124户，结案120户；非分析识别类应对任务类风险10户，结案10户。总体结案率97.35%，取得税收风险应对成效6.42亿元。（肖 榕）

税源税户基础管理 2019年，开发区局重点税源企业户数95户，较上年增加2户。通过设立重点税源QQ群和微信群，开发区局全力做好每个月重点税源企业网上直报的催报、填报辅导、数据审核和每个季度的联合会审，确保重点税源企业上报数据无差错，切实掌握重点税源发展态势。"金税三期"并库以及开发区局"三定"方案落实过程中，先后进行两次大规模管户在科（所）间的调整，涉及纳税人共计2万余户次。征管科结合管户分布情况，综合评估各税源管理科职能、人力资源配备、纳税人登记注册类型等各类因素，拟定批量调整预案。并依据最终调整方案，完成纳税人清册导出、内容整理、运维申请、后台数据维护等各项调整。征收管理科每月组织税源管理科学习注销、欠税追征工作规程，原国税、原地税"金税三期"系统培训、税收风险应对疑点及操作系统培训。（肖 榕）

服务区域发展情况 2019年，开发区局在深入落实"减税降费"的同时，咬定组织收入目标不放松、服务地方经济发展。一是恪守组织收入原则，严格依法征收税费。坚持把该减的税减到位、务必把该降的费降到位，同时充分利用风险应对查补、反避税调查等形式依法依规征收税款。2019年，开发区局配合省税务局反避税中心查补税款4.36亿元，组织税收风险应对税款6亿元。二是强化收入研判分析，把握组织收入主动。结合地方经济发展实际，撰写《南京经济技术开发区近三年招商引资项目税收分析》《人工智能产业发展税收经济分析》等分析报告报送市税务局和开发区管委会，从税收视角为地方政府做大税收增量和产业转型提供参考。开发区管委会主任沈吉鸿就《南京经济技术开发区近三年招商引资项目

2019年10月15日，南京经济技术开发区举办"营商环境服务月"首场"减税降费周"活动，南京经济技术开发区税务局为200余户纳税人解读增值税期末留抵税额退税制度及部分先进制造业增值税期末留抵退税制度，让企业充分了解和享受减税降费政策（潘亮亮 摄）

税收分析》，对落地项目的管理、质量和运行情况监测做出批示，要求各相关部门认真研究。《从税收视角看经开区人工智能产业发展》获得市局经济分析处的肯定，在《税收经济参考》中予以发表。2019年，累计组织税收收入312.03亿元，同口径增长9.28%，税收收入首次突破300亿元大关；组织市县级一般预算收入92.75亿元，同口径增长6.93%；组织区级一般预算收入101.42亿元，同口径增长5.69%，区县级一般预算收入首次突破百亿元大关。（肖　榕）

税收政策落实　2019年，开发区局落实“减税降费”新政累计为纳税人减免税费25.55亿元、折算成区县级一般预算口径约12亿元，减税金额占开发区区县级一般预算收入的10%以上。其中：深化增值税改革和税率调整减税17.53亿元，超过5000户增值税纳税人受益；个人所得税六项附加扣除和免征额提高减税3.58亿元，惠及28.84万人次；提高研发费加计扣除比例累计为企业减税1.51亿元；小微企业普惠性减税约6000万元。

一是深化增值税改革。小微企业普惠性优惠政策出台后，增值税免税额度由每月3万元上调至每月10万元。开发区局积极落实政策，做好小规模纳税人的政策宣讲，解答纳税人问题，并做好收集反馈。与20户小规模纳税人建立定点联系制度，开展座谈会，宣讲政策，搜集意见建议。完成小规模纳税人增值税应退未退17户次的疑点核实工作，退还增值税税款0.6万元。落实深化增值税改革各项措施，在“减税降费”工作领导小组下成立深化增值税改革工作小组。为保证纳税人自4月1日起能够按照新的增值税税率开具发票，税政一科牵头，纳税服务科、税源管理科配合，按时通知纳税人升级开票系统，按日反馈进度。3月28日，开发区局增值税开票系统升级率达到100%。4月，对电子发票第三方平台乱收费行为进行排查，向45户纳税人进行调查核实，再次强调自愿原则，排查后暂未发现乱收费现象。4月30日前，对1093户生产、生活性行业纳税人，开展逐户加计抵减政策宣讲辅导、行业归类初核和申报期复核工作，确保所有符合加计抵减政策条件的纳税人政策应知尽知、优惠应享尽享。5月申报期内，进行行业归类复核，对市税务局下发的216户增税企业，一对一了解税负增加原因，开展政策辅导。为确保“减税降费”以及深化增值税改革的成效统计准确，根据市税务局下发疑点，完成116户次申报异常数据核实和处理。增值税留抵退税作为此次深化增值税改革的重要措施之一，企业关注度高，涉及金额也较大。2019年4月，组织部分重点税源企业以及拥有南京市和开发区年度重点项目的企业，在开发区人力资源市场4楼会议室开展关于留抵退税的政策解读会。10月15日上午，在南京经济技术开发区“营商环境服务月”启动仪式暨减税降费服务周政策解读会上，筛选200余户可能符合留抵退税的企业名单，进行留抵退税的政策和申请流程的培训。针对“金税三期”征管系统退税流程上线后的操作，税政一科于1月11日在开发区局526会议室对开发区局全体业务干部开展培训和指导，明确政策口径和审核重点。9—12月，经审核，共19户纳税人符合要求，退还增值税留抵税款3.11亿元。

2019年10月21日，南京经济技术开发区税务局干部赴南京英达公路养护车制造有限公司，了解主要产品和用途，为企业送去减税降费政策及热点问题汇编　　（潘亮亮　摄）

二是企业所得税优惠。落实小型微利企业及研发费用加计扣除等优惠政策。2019年，开发区局无主动放弃享受小型微利企业、无选择享受其他企业所得税优惠企业，小型微利企业税收优惠享受面达到100%。2018年度企业所得税汇缴的2363户企业申报享受小型微利企业税收优惠，同比增加439户，合计减免税额2566.68万元，同比增加1262.90万元。278户企业申报享受研发费用加计扣除税收优惠，同比增加62户，合计加计扣除金额18.50亿元，同比增加8.74亿元，政策扩围减税效应明显。

三是个人所得税专项附加扣除政策落实。开展"减税降费"专场培训，5月23日，与栖霞区工商联共同组织减税降费税收服务走进商会系列活动，宣传与个人所得税相关"减税降费"政策内容，助力民营企业健康发展。在首个申报期，采取广泛宣传与定向辅导相结合，组织纳服科、税源科通过短信、电话等多种形式重点对纳税人已填报信息、扣缴义务人未下载的情形进行跟踪提醒。做好合伙制创业投资企业和天使投资个人税收抵免等优惠政策的贯彻落实，积极开展政策研究，把握政策实质，重点对区内5户可能符合条件的合伙创投企业逐户开展调研和宣传辅导，着力打通政策落地"最后一公里"。（肖　榕）

纳税服务　一是政策辅导出实招。以税收宣传月为重点，开发区"减税降费周"为契机，强化日常宣传。3月5日学雷锋日，结合减税降费新政及便民办税春风行动，以团支部为主体开展"春风十里，税务角与您在一起"的税宣活动；3月21日，纳税人开放日，邀请市人大代表王宁、开发区人大代表周德福现场体验，问计问策，征求意见，凝聚共识；5月13日，联合玄武区局开展"大手拉小手 税收伴我行"税收宣传进校园活动；联合原开发区工商局开展"鹏程万里毕业季，税务工商来帮你"大学生创业就业工商及税收优惠政策宣传活动；联合开发区经济发展局、栖霞区工业和信息

2019年5月22日，南京市税务局与毕马威会计师事务所联合举办南京经济技术开发区"一带一路"企业税收政策沙龙，为企业提供针对性的税收政策指引和法律援助　（潘亮亮　摄）

化局及浙商银行开展开发区智能制造企业联合服务会，从便利融资条件到"减税降费"新政宣传，再到防范化解金融风险，银行、地方、税务三方共同护航中国智造；5月22日，联合毕马威会计师事务所为"一带一路"企业举办"政策沙龙"；开发区局纳服中心主任胡晓晨、纳税服务科副科长周磊两名干部走进电台直播间，讲解离境退税相关政策等。二是办税服务厅改扩建。随着前移至办税厅的涉税事项大量增加，开发区局基于纳税人需求将原有办税厅进行重新装修改造。经过十余月的规划、改造、升级，办税服务厅于12月改建完成，面积较原先扩大一倍，共设置19个常规窗口，其中6个为发票管理窗口，11个为综合受理窗口，并设置机动窗口2个作为应急事项处理窗口和专项工作绿色通道。三是优化服务。针对不同规模的纳税人开展分类培训。根据纳税人需求调整宣传辅导方案，方便纳税人及时获取最新、关联度最高的相关政策，各渠道累计覆盖纳税人达100%。作为全市"丁税宝"（智能化办税平台）软件的试点单位，激活企业数10592户次，激活率83%，扩展纳税人与税务机关的沟通交流渠道。

（肖　榕）

依法治税　一是推行行政执法"三项制度"。按季召开全面依法行政领导小组会议，审议通过全面依法行政领导小组议事规则、行政应诉工作领导小组议事规则和重大税务案件审理工作规则等三个制度文件。开展领导干部集中学法的工作，积极推进全面依法治国重点工作，学习全面推进相关配套制度和文件，主要包括《国家税务总局办公厅关于印发〈行政执法公示实施办法（试行）〉等"三项制度"配套文件的通知》（税总办发〔2019〕61号）的行政执法公示事项清单（试行）、执法音像记录事项清单（试行）、重大执法决定法制审核事项清单（试行），《国家税务总局全面依法行政领导小组办公室关于印发〈行政执法公示工作指引（试行）〉等三项制度配套文件和有关问答的通知》（税总依法行政办发〔2019〕1号）的行政执法公示工作指引（试行）、执法音像记录工作指引（试行）、重大执法决定法制审核工作指引（试行）、现场执法语言行为指引（试行）。二是开展依法行政工作。依法行政工作领导小组统筹

协调工作机制规范化、常态化运行，发挥依法行政工作领导小组对全面推进依法治税统一领导、统一部署、统筹协调的核心平台作用。三是扎实开展税收执法督察工作。对“减税降费”工作进行监督检查，严格绩效考评，密切跟踪政策执行情况，确保纳税人和缴费人享受到减税降费的政策红利。督察企业所得税核定征收变更征收方式，确定通知辅导到位，企业征收方式已经变更；督察小规模纳税人印花税退税情况，采取抽查的方式，确定退税工作已落实到位；督察减税降费宣讲工作，纳税人给予高度评价；督察税务注销超期问题，发现有8户有超期现象，征管科予以解释，并将进一步规范流程监控，加强流程管理；督察一般纳税人不应享受而享受“六税两附加”减免工作，完成216条数据的核实工作，其中不存在问题72条，存在问题144条，共补征税款73786.08元，加收滞纳金115.47元，合计73901.55元。审计署南京特派办推送专项审计疑点数据，涉及开发区局3项12户15条，已按要求通知纳税人进行更正。核实省局筛选推送的减税降费政策措施落实疑点指标800条，发现问题数764条，涉及税款24.79万元；整改问题764条，整改税款24.79万元。

（肖　榕）

干部队伍建设　一是推进干部管理。按照开发区局实际情况，从促进工作高质量发展的角度出发，上半年组织科级非领导职务和科级领导职务的选拔工作。其中，3名同志走上正科级领导岗位，3名同志走上副科级领导岗位，8名同志获得职级晋升。在选拔过程中，严格按照既定程序，保证选拔工作的合规有序，同时注重加强和干部职工的解释沟通，关注干部的思想动态，维护好队伍团结稳定。开展多轮基础信息核实，为职务职级并行工作奠定了可靠的数据基础根据。二是坚持干部培训。以岗位大练兵、业务大比武为契机，围绕提升综合素质目标，开展素质拓展、重难点业务、党务等脱产培训。主要包括举办2019年全体干部更新知识培训班。分三期分别于2019年4月15—19日、2019年5月6—10日、2019年6月10—14日在中国人民大学国际学院苏州研究院举行，参加培训人员共计91人，重点学习习近平新时代中国特色社会主义思想、国际国内经济形势、税收政策、党风廉政警示教育等内容；举办“不忘初心、牢记使命”主题教育党支部书记及党务干部专题培训班。2019年9月29—30日，在汤山税务干部培训学校举办主题教育党支部书记及党务干部专题培训班，共28人参加了培训学习，重点学习党史、支部建设等内容。2019年11月18—20日在江苏省税务干部培训学校镇江培训中心举办税收业务专题培训班，共49人参加学习培训，重点学习税收法制、土地增值税、个税新政等内容。日常“菜单式”“项目式”培训受到干部欢迎。三是着力人才培养。吕秀杰、金冬灵、王定3人通过税务师考试，朱淳、胡安元通过法律职业资格考试，张少柏被选拔为国家税务总局税务领军人才。

（肖　榕）

全面从严治党　一是主抓意识形态，持续推进党的政治建设。印发《中共国家税务总局南京经济技术开发区税务局委员会关于印发〈南京经济技术开发区税务局2019年全面从严治党工作要点〉的通知》，做到任务有分工、责任有肩挑。党委书记将从严履行党建主体责任作为第一要务，班子成员自觉履行“一岗双责”，将党建责任落实与分管领域工作同步推动；累计组织开展26次党委理论中心组学习，贯彻十九届四中全会精神、习近平新时代中国特色社会主义思想、扫黑除恶等新论述、新路线及新政策，进一步把全局思想统一到“四个意识”（政治意识、大局意识、核心意识、看齐意识）、“四个自信”（道路自信、理论自信、制度自信、文化自信）、“两个维护”（坚决维护习近

2019年5月5日，南京经济技术开发区税务局与南京正大天晴制药有限公司，税企双方党员共同重温入党誓词，坚定理想信念（潘亮亮　摄）

平总书记党中央的核心、全党的核心地位，坚决维护党中央权威和集中统一领导）上来。对标找差，制定《关于中央扫黑除恶第17督导组反馈问题的整改方案》，落实扫黑除恶专项斗争整改任务清单。二是开展"不忘初心、牢记使命"主题教育，持续加强思想武装。以制定学习清单、党委委员上专题党课的方式，重点领悟《习近平关于"不忘初心、牢记使命"重要论述摘编》《习近平新时代中国特色社会主义思想学习纲要》等原文原著。在开展"不忘初心、牢记使命"主题教育期间，举办"比学赶超"擂台赛，组织"减税降费知识竞赛"，激发干部学习热情，授予20名同志"岗位能手"称号。注重实绩，教育和引导干部勇于奉献、建功立业，授予5名党员干部"优秀党员"称号。三是对照整改清单，积极落实整改任务。针对市税务局下发的11类45项103条专项整改清单，逐条研究涉及开发区局的整改任务，制定167条整改措施。2019年，对账销号165条，销号率达到98.8%。除持续整改和限期整改措施外，做到立查立改、即知即改的全部整改到位。四是坚持特色政治生日，创新党员教育形式。为庆祝建党98周年，7月1日，开发区局党委举行庄严的升旗仪式，党委书记李红军组织全体党员同过政治生日，回忆党的光辉历程，全体党员在党旗下重温入党誓词。开发区局坚持为党员集体过政治生日这一特色党建活动，得到开发区管委会的肯定，被列入《南京经济技术开发区2019年度组织工作要点》。2019年4月，副局长邹海波在开发区全面加强党的建设工作会议上代表开发区局做交流发言。五是夯实纪律，强化红线意识。制定开发区局减税降费政策落实监督检查工作方案和工作任务清单，到"减税降费"一线开展监督，开展行风作风暨"6S"（整理、整顿、清扫、清洁、素养、安全）专项监督检查，开展"第一种形态"谈话提醒2次，发放《"八小时之外"廉政提醒函》，约谈科室负责人6人次，受理科级干部婚丧喜庆事项报告3人次，查摆形式主义、官僚主义问题，发放调查问卷183份。（肖　榕）

绩效管理　2019年，开发区局完善并修订2019年度绩效考核指标，对标、对表地开展考核工作，注重绩效考核结果的运用，发挥绩效管理指挥棒作用。集中人员、时间、力量，为数字人事工作搭建平台，按照工作时间节点、步骤进程，抓好组织、数据、培训等关键环节，全局上下协作配合，形成合力，共同推进数字人事工作开展。以党中央、国务院实施大规模"减税降费"为起点，将4月税收宣传月作为主要阵地，因地制宜、创新手段地推出多项个性化宣传服务。5月13日，与玄武区税务局联合开展"大手拉小手，税收伴我行"活动，走进南京理工大学实验小学进行宣传；联合重点税源企业党委，共同开展五月份"政治生日"活动；5月22日，与四大会计师事务所举办"一带一路"企业政策沙龙活动，围绕"走出去"企业境外合作所关注的国内外税收政策差异及跨境税务争端解决等内容，为企业提供针对性的政策指引和法律援助，就企业合作过程中遇到的问题困难答疑解惑。注重巩固传统宣传阵地，积极探索新媒体宣传平台，2019年，在各类报刊媒体上宣传报道百余次，其中，中国经济网、人民网等中央级媒体报道26次。注重信访保密常态化管理，规范管理流程，注重事前防范意识，强化应急管理，完善信息公开保密审查机制，无失泄密事件发生。基础设施管理不断优化，城市标准化建设得到南京市城市建设管理办公室认可。（肖　榕）

智能化办税平台（"丁税宝"）推广应用　2019年，开发区局在"互联网+税务"的时代背景下，探索智能化办税方式，结合"丁税宝"征纳沟通平台试点工作，提高税收管理服务质量。开发区局作为开展"丁税宝"软件推广应用的牵头部门，制定推广方案，协调各部门共同推进"丁税宝"应用，使纳税人可以在线上完成税务事项的咨询、讨论以及浏览最新的税政辅导课件。截至12月，开发区局"丁税宝"激活企业数10885户次，激活率84%。同时，灵活运用"丁税宝"全程助力增值税发票系统2.0版上线。在发票2.0版上线前期，通过"丁税宝"向纳税人发送省税务局停机公告，确保纳税人应知尽知，最大限度减小停机对纳税人的影响。在"丁税宝"发布"发票综合服务平台操作"视频系列课件，帮助纳税人实时掌握系统操作流程，提升纳税人获得感和满意度。（肖　榕）

（责任编辑　张婧）

南京江宁经济技术开发区税务局

概述 2019年，国家税务总局南京江宁经济技术开发区税务局（以下简称“江宁开发区局”）坚持党对税收工作的全面领导，聚焦税收主责主业，扎实开展主题教育，坚决贯彻落实减税降费，着力推进新时代税务工作新境界，全力服务高质量发展，政治引领、固本强基、提质增效。2019年，被江苏省精神文明建设指导委员会评为“江苏省文明单位”。

江宁开发区局于2018年9月30日挂牌，现有内设机构20个，其中，职能部门11个，事业单位2个，税源管理科7个。在职干部职工112人（其中参公编制1名、事业编制1名），平均年龄42岁，党员占比73.21%。负责承担秣陵街道、禄口街道、江宁开发区、未来科技城等区域的税收征管职责，辖区面积约380平方公里。江宁开发区局共管辖正常户44352户，其中个体户15950户，企业28402户（其中一般纳税人10328户，小规模纳税人18074户）。

2019年，江宁开发区局组织各项收入245.23亿元，完成江宁开发区财政口径公共预算收入（不含契税、耕地占用税）108.13亿元。全年“减税降费”34.52亿元，其中税收减免31.01亿元，社保费减免3.51亿元。

2019年，全体干部以坚决贯彻落实好党中央、国务院“减税降费”的重大决策部署为核心，进一步增强“四个意识”（政治意识、大局意识、核心意识、看齐意识），坚定“四个自信”（道路自信、理论自信、制度自信和文化自信），做到“两个维护”（坚决维护习近平总书记党中央的核心、全党的核心地位，坚决维护党中央权威和集中统一领导），大力弘扬“三不五干”（不言苦、不懈怠、不畏难，亲力亲为干、扑下身子干、敢于担当干、创新办法干、凝聚合力干）奋斗精神，全面加强党的政治建设；坚持法治引领，遵守税法，严格规范依法治税，着力推进新时代税收现代化的“江开实践”。（崔 迪）

机构设置及负责人

办公室

副主任 范 震

副主任 赵东海

法制科

科 长 葛远庭

税政一科

科 长 吉洪斌

副科长 况敏洁

税政二科

科 长 李 骞

副科长 熊 然

收入核算科

科 长 杨江涛

副科长 窦 乐

纳税服务科

科 长 冯志成

副科长 赵洪武

征收管理科

副科长 何施明

人事教育科

科 长 曾金华

副科长 张沁洁

税源管理一科

科 长 张 超

副科长 夏和平

税源管理二科

科 长 张学银

税源管理三科

科 长 马 军

副科长 孟家芬

税源管理四科

科 长 卢毓炎

税源管理五科

科 长 张 蕊

副科长 王力生

税源管理六科

科 长 张莹莹

税源管理七科

科 长 张紧莉

党建工作科

科 长 于 淞

老干部科

科 长 杜啟龙

纪检组

副科长　刘　坤

纳税服务中心

科　长　史忠民

副科长　陈　平

信息中心

主　任　徐建国

各项收入情况及收入特点分析　2019年，江宁开发区局贯彻落实组织收入原则，高度重视税收收入质量，做到应收尽收，应退尽退，确保"减税降费"落地见效。组织各项收入245.23亿元（含省属企业5.29亿元，含免抵调8.50亿元，动用契税存量11.76亿元、动用耕地占用税存量3.47亿元），较2018年同期254.46亿元（含省属企业6.20亿元，含免抵调10.02亿元，动用契耕存量16.65亿元）减收9.23亿元，降幅3.6%。完成江宁开发区财政口径公共预算收入（不含契税、耕地占用税）108.13亿元，较2018年同期114.46亿元减收6.33亿元，降幅5.5%。

一是从税种结构看，四大税种占比超八成，个人所得税减收幅度较大。2019年，国内增值税、企业所得税和个人所得税分别入库101.7亿元、56.3亿元和15.1亿元，同比分别下降4.8%、5.8%和25.7%，占总税收的比重分别为42.7%、23.7%和6.3%，国内消费税入库21.89亿元、同比增长6.1%，占总税收的比重分别为9.2%，四税合计占比81.9%。受税收政策因素影响，个人所得税减收幅度较大，税收总量已远落后于三大税种。此外，地方十税（城市维护建设税、房产税、印花税、土地使用税、土地增值税、车船税、契税、耕地占用税、环境保护税、营业税）合计入库43.0亿元，同比增长8.9%。

二是从行业结构看，主要行业税收增减不一，制造业和房地产税收占比约七成。分行业看，在经济运行、减税降费、一次性因素等共同作用下，制造业和房地产业两大主要行业税收一增一减，走势不一。不考虑免抵调等特殊因素，制造业税收入库118.3亿元，同比下降14.9%；房地产业税收入库25.3亿元，同比增长10.1%。从税收总量看，制造业和房地产业依然是主要税源行业，税收贡献分别为56.7%和12.1%，合计占比约七成。此外，税收入库总量较大的还有：批发和零售业，税收入库17.4亿元，同比增长11.3%；信息传输、软件和信息技术服务业，税收入库9.3亿元，同比增长6.1%；租赁和商务服务业，税收入库8.3亿元，同比增长31.3%。制造业31个行业大类中9个同比增收、22个同比减收，其中汽车制造业入库税收70.2亿元，同比减收7.9亿元，降幅10.1%，仍是制造业入库税收的重要支柱，占比达到59.3%。此外，入库税收较多的制造业行业大类还有电气机械和器材制造业，入库税收14.4亿元，同比下降27.9%。

三是分经济类型看，民营经济税收运行相对良好，国有和外资经济均出现一定幅度减收。国有经济、民营经济和外资经济分别缴纳税收12.1亿元、96.5亿元和100.2亿元，占总税收（不含免抵调、不含契税）的比重分别为5.8%、48.0%和46.2%。国有经济、外资经济受宏观经济、外部环境等因素影响，税收运行态势不佳，同比均下降12.9%，后续状况需要重点关注。而民营经济在充分享受减税降费政策红利的同时，入库税收依然实现了较快增长，同比增长5.6%，表现出较强的发展韧劲和较大的增长空间。　（崔　迪）

税收政策落实　2019年，江宁开发区局多措并举，严格按照上级文件要求贯彻落实各类税收优惠政策，确保各项税收政策落实、落细。一是小微企业政策追溯期退税和"六税两费"（资源税、城市维护建设税、房产税、城镇土地使用税、印花税、耕地占用税和教育费附加、地方教育附加）应享未享退税工作。分别于4月28日、8月7日、8月19日、8月26日、10月31日、12月19日围绕减税降费相关退税专项工作召开布置会，对上级各条线下发的数据进行整合归纳、反复核实。对于应退数据采取多种方式联系纳税人前来办理退税，并对无法前来办退的纳税人采取简易方式退税，同时抽取一定比例（20%）的无法联系和放弃退税的户次进行二次联系，复核履职尽责的情况，确保"减税降费"政策红利让每一位纳税人应享尽享。2019年，核实4批次应享未享数据6924户次，为4687户次纳税人办理退税，总退税笔数超过8000笔。二是多缴税金清理工作。建立长效多缴税金清理工作机制，明确岗位职责，细化操作指引，强化数据整合，确保数据不重复下发，税源管理科只需做一次核实、打一次电话，保证多缴税金清理工作的高效进行。多缴税金月度新增数据从2000余户次降到100余户次。2019年，共核实4批次多缴税金数据3794户次，为1696户次纳税人办理多缴税金退税，总退税笔数超过2000笔。办理退税12000余笔，金额合计12.60亿元（不含出口退税）。三是着力推进土地增值税清算工作。成立土地增值税清算工作小组，以绩效指标指引，加强数据核实、拟定清算计划、制定详细方案、落实法治要求、规范集体合议、持续跟踪推进，法制科、税政科、收入核算科、征收管理科、人事教育科、税源管理科和党建科互相配合、加班加点，较好完成9项退税和8项补税工作。四是严格落实留抵退税政策。共对302户生产企业433219条数据进行审核，审批2855次，审核通过免抵退税额28.70亿元，其中免抵10.87亿元，应退17.83亿元；对100户外贸33677条出口申报信息进行审核，审批815次，审核通过应退税额5.03亿元。2019年，共在出口税收函调系统发出核实函56份，复函98份。（崔　迪）

税收征管　2019年，江宁开发区局围绕年度工作主题，全面落实系列改革部署。一是优化税源基础管理。为进一步适应征管体制改革以及“统一工作平台”系统上线后带来的税收征管新要求，有效支撑各项纳税服务工作和税收检查任务顺利运转，江宁开发区局制定《江宁开发区局过渡期征管衔接工作方案》，结合辖区税户特点及区局人力资源情况开展职能调整，以进一步优化征管资源配置，完成自然人税收管理系统过渡期用户测试以及三定信息系统调整验证工作，优化税源基础管理。二是强化欠税清理。2019年，江宁开发区局欠税户、欠税金额呈现上涨趋势，2019年12月10日，江宁开发区局共有欠税638户次，合计7019.94万元。为严格控制新欠和加大欠税追缴力度，最大程度避免死欠，江宁开发区局在对欠税情况调研分析的基础上，以省税务局和市税务局欠税管理绩效考核目标为导向，按照江宁开发区局制定的《欠税清理工作方案》执行。详细分析本单位欠税的结构、数量以及发生欠税的原因，为欠税追征工作提供数据支撑。进一步加强欠税催缴、欠税建档、欠税追征、欠税抵缴等方面的工作，明确业务科室工作职责《欠税清理工作方案》中规定征收管理科作为欠税扎口管理部门；纳税服务科承办税务事项通知书编制、欠税催缴、通知寄送、欠税公告发布、发票管理、欠税档案管理、滞纳金减免审批等工作；收入核算科承办欠税分析研判及欠税报告编制工作；税政一科、税政二科承办税务事项通知书模板编制；法制科负责欠税动态管理过程中的法律指导工作；税源管理科根据纳税服务科转发欠税纳税人的名单开展动态监控、调核查及欠税追征工作；税源管理科根据省局下发欠税追征名单组织开展欠税追征工作，实现欠税追征一户一档、追征过程全记录，确保欠税管理整个环节闭环操作，做到事项明确、责任到人。开展行政强制，加强欠税管理。6月12日，召开全体税源科参加的欠税追征工作会议，指导追征部门探索强制措施的运用。截至2019年12月10日，江宁开发区局共有欠税638户次，合计7019.94万元（10月底7277.25万元）。其中欠税超过一百万元的企业16户，累计欠税5041.80万元，占比71.82%。按主管科所分析（以欠税金额排序），税源五科欠税户数52户，欠税金额3167.20万元，税源三科欠税户数140户，欠税金额2285.62万元，税源二科欠税户数140户，欠税金额741.02万元，税源一科欠税户数251户，欠税金额618.91万元，税源四科欠税户数20户，欠税金额156.85万元，税源六科欠税户数22户，欠税金额43.61万元，税源七科欠税户数13户，欠税金额6.73万元。三是规范风险应对管理运作。按照省税务局税收风险管理团队建设要求，完善以“专业支持+综合应对”为结构特征的风险应对运行机制，严格按照市税务局要求加强风险管理工作现场管理工作，规范约谈室、查账室、集体审议室使用。开展税源管理平台风险管理支持团队模块运用，规范主动支持和被动支持等重要环节的运作，确保风险管理工作流程顺畅运行。深化应用《风险应对工作模板》《税收风险应对法律适用指引》，严格落实职责清单及操作规程，7个税源科按照管辖范围开展风险应对工作。（崔　迪）

税源税户基础管理　一是加强重点税源管理。重点税源企业户数为161户，同比增加7户，占全市总户数的13%。通过设立重点税源QQ群和微信

2019年12月4日，江宁经济技术开发区税务局在江宁会展中心开展高新技术企业专题政策辅导培训会　（郭　倩　摄）

群，江宁开发区局做好每个月重点税源企业网上直报的催报、填报辅导、数据审核和每个季度的联合会审，确保重点税源企业上报数据无差错，切实掌握重点税源发展态势。二是加强会统核算管理，动态纠偏实现全年无差。严抓数据质量，按月对征收数据进行筛选检查，发现错误及时更正。对监控发现的金库、级次认定有误的问题及时与征收管理科、纳税服务科协调更正、提前预防。2019年，完成各类更正219笔，金额1.5亿元。按时编制收入会统报表，每月会统报表编制100%无差错，为江宁区政府的监控决策提供数据支撑。三是开展征管业务培训。2019年2月27日，召开"金税三期"并库上线会议，5月10日与6月4日分别开展税收风险应对培训。（崔　迪）

纳税服务　2019年，江宁开发区局围绕以坚决贯彻落实好党中央、国务院减税降费的重大决策部署为核心，不断加强内部管理，持续提升纳税服务。一是推行新办企业"套餐式"服务。所有银行实现网上验证实时通过，符合条件的新办企业首次申领发票即时办结，新办企业开办税务环节时间压缩到0.5个工作日之内。江宁开发区已有4352户纳税人享受到"新办套餐"服务，线上办理银税协议5000余户次，新办套餐登记率100%，提高企业开办效率。二是完善网配中心管理和运行工作。通过"网上批、邮递送、不见面"的发票配送服务新模式，实现"朝约夕至，次日必达"，解决"领票繁、领票难"的问题。2019年，为36万户次纳税人成功配送发票350余万份，日均邮寄单量超3000份。全市每天都有上百户企业享受送票上门，用票"不见面"。三是提供更加便民的咨询服务。2019年，特服号呼入电话总量为105459人次，转人工语音量82248人次，人工接听量72268人次，人工接通率87.87%，质量监控平均得分97.32分。（崔　迪）

服务区域发展情况　2019年，江宁开发区局坚持以服务为中心，涵养税源，不断优化营商环境，促进区域经济高质量发展。提高税收管理质效，助力区域经济发展。2019年，组织收入245.23亿元，完成江宁开发区财政口径公共预算收入108.13亿元。加强税收经济分析，为领导科学决策提供支撑。落实市税务局税收经济分析工作制度，成立税收经济分析领导小组，完成指定的两篇税收分析报告《我市企业参与"一带一路"建设有六大企盼》《总量有差 速度占优 经济发展各具特色——江宁与昆山经济税收比较分析》，江伟入选市税务局税收经济分析人才库。2019年完成《江宁开发区局多措并举，确保减税降费落地生效》《我市企业参与"一带一路"建设有六大企盼》《总量有差，速度占优，经济发展各具特色——江宁与昆山经济税收比较分析》《聚焦资本交易 把握税收新增长点》《上半年我市汽车制造业税收完成情况分析》《汽车制造业前三季度税收经济运行情况》《扬优势、补短板、迎挑战、抓机遇——推进区局制造业企业高质量发展的税收分析》等7篇税收经济分析报告，其中4篇实现成果转化。《我市企业参与"一带一路"建设有六大企盼》发表在市税务局税收经济参考第3期（总第7期），并得到南京市委市政府领导批示；《总量有差 速度占优 经济发展各具特色——江宁与昆山经济税收比较分析》发表在市税务局税收经济参考第6期（总第10期）；《上半年我市汽车制造业税收完成情况分析》发表在南京税务简报第36期；《江宁开发区局多措并举 确保减税降费落地生效》《扬优势、补短板、迎挑战、抓机遇——推进区局制造业企业高质量发展的税收分析》得到南京市市委常委、江宁区委书记李世贵的批示。（崔　迪）

全面从严治党 2019年，江宁开发区局以落实全面从严治党为工作要点，坚持党建引领，牢固树立“围绕税收抓党建，抓好党建促税收”的理念，把“两学一做”学习教育与当前税收改革发展各项工作紧密结合起来，为高质量推进税收现代化打下坚实基础。一是开展“不忘初心，牢记使命”主题教育。先后组织党委中心组扩大学习12次、外聘教授授课3次。9月24日上午，邀请河海大学公共管理学院副教授陶林在江宁开发区局五楼多功能厅，为党员领导干部进行《中国共产党的初心、使命和担当精神》专题授课；9月24日下午，邀请河海大学公共管理学教授李静在江宁开发区局五楼多功能厅，为党员领导干部进行《提高党性修养，坚守税务底线》专题授课；10月29日上午，邀请河海大学公共管理学教授李静在江宁开发区局五楼多功能厅，为全体党员进行《“新时代”重读“新发展理念”》专题授课。将先进评比与典型学习引领相结合，在税政一科、税政二科、纳税服务科、征收管理科、人事教育科、税源管理三科、税源管理四科、税源管理五科、党建工作科等9个科室设立11个“党员先锋岗”，激发党员“争先创优”热情；调研重点企业47户，解决和答复各类问题472条；班子成员针对税收发展难题与瓶颈，确定29个调研课题，召开五类座谈会，收集整理意见153条；制定班子及成员检视问题整改清单，明确21项整改任务和46条整改措施。二是落实党建工作责任制。着力完善和落实党委统一领导、党委书记负总责、分管领导具体负责、

2019年11月22日，江宁经济技术开发区税务局设置“不忘初心，牢记使命”主题教育成果展示签名墙 （郭 倩 摄）

党的各级组织抓落实的党建工作责任体系，一级抓一级，层层抓落实，将党建、党风廉政建设、意识形态工作纳入班子成员“一岗双责”范畴。江宁开发区局领导和科室负责人签订“全面从严治党责任书”，各支部书记和支部全体党员签订“党员目标管理责任书”。三是开展党风廉政建设。利用中心组学习、局务会等时机，4次通报税务系统、江宁区典型案例，以身边人、身边事说法明纪；先后6次在内网从严治党栏目发布中央纪委、国家监委通报的74起“四风”问题典型案例，揭示“四风”隐形变异新特点、新表现，使广大党员干部心有所思、行有所忌；创新开展2019年度党风廉政文化活动，依托“党纪竞答专场”在线答题小程序，开展党纪竞答活动，全员达标，使党员干部在轻点屏幕中将党纪知识铭记于心；将廉政元素与中华传统文化相结合，开展剪廉政窗花、写廉政春联等活动。 （崔 迪）

干部队伍建设 2019年，江宁开发区局同心协力、同向发力，促进干部队伍建设稳步发展。一是不断增强干部队伍建设。新增干部5名、选调科长5名；19名干部职务晋升，其中：地方政府遴选提拔副处级1名、区局选拔科级领导干部7名、科级非领导职务晋升11名。二是持续推进教育培训工作。5—6月，先后分两批组织干部赴中国人民大学（苏州校区），开展以税收体制改革、政治经济形势、党风廉政建设、中国古典文化及当代价值观变迁等为主要内容的全员知识更新培训；11月，分两批组织全体干部到镇江税校，开展以廉政自律准则和中央八项规定精神、学习习近平新时代中国特色社会主义思想和关于税收工作的重要论述、增值税疑难问题及案例解析（实务分析）、土地增值税政策与管理、省税务局新税收征管体系解读及省税务局新职责清单工作规程介绍、风险应对指标方法与实务操作为主要内容的全员知识更新培训。2019年，累计参训617人次，人均13.5天。在2019年的“岗位大练兵、业务大比武”活动中，参赛答题100人，参赛率88%，达标率100%；17人参加“两测”，其中，12人参加业务能力升级测试，5人参加领导胜任力测试。三是丰富多彩开展活动。开展“传承红色基因，争做兴税先锋”集体党日活动，参观白马镇红色李

2019年9月23日，江宁经济技术开发区税务局举办主题教育应知应会知识测试（郭　倩　摄）

巷、重温入党誓词，将减税降费、担当作为和共产党员应有本色融入主题，讲授专题党课。参加南京税务系统“我和我的祖国”歌咏比赛，《我爱你，中国》获得三等奖。四是发挥党团群组织作用。3月8日，江宁开发区局党员代表和妇女代表与中行江宁支行员工代表，在江宁特殊教育学校联合开展“巾帼聚力，家合税兴”主题共建；3月8日，女同志在职工书屋开展“爱在‘三八’节，情暖佳人心”文化讲座。11月23日，组织工会会员代表在南京体育学院中央体育场，参加市局系统工会组织的“活力新税务、阔步新征程”运动会；组织兴趣小组活动120场次、工会疗养休养3人次、慰问干部职工20人次，走访慰问老同志30余人次，患重大疾病同志6人次，组织健康体检。江宁开发区局先后被评为“江苏省文明单位”“南京市文明单位”“江宁区机关作风建设争先进位单位”“江宁区机关作风建设优质服务窗口”“江宁区高质量发展经济运行监测和对标找差调度工作先进单位”等，葛远庭获南京税务系统国税地税征管体制改革三等功，曾金华获南京税务系统国税地税征管体制改革嘉奖。（崔　迪）

行政管理　2019年，江宁开发区局行政保障工作发挥重要支撑作用。一是规范开展财务管理，预算执行达到序时进度，争取地方财政经费支持，加强资产清理与管理。二是督查督办力度持续加强，绩效管理扎实开展，建立覆盖区局工作各个方面的绩效管理体系，完成面向11个考核单位，37项考核指标报送工作。三是信息宣传、信访舆情、档案管理和后勤保障工作质效稳步提升。在人民网、新华网、央广网、环球网等中央级主流媒体独立发稿和参加市税务局组稿共计34篇，在《中国税务报》发表内容5篇，其中，《南京江宁：税务服务升级 便民提速》《南京减税降费保姆式服务确保企业应享尽享》《南京江宁：互联网税务提高办税服务效率》《减税降费红利助力医药企业蓬勃发展》《减税降费“充电”电子电器商城》《减税降费成为汽车制造“新引擎”》《卫岗乳业：搭上减税降费“快车”“老字号”焕发新活力》《南京江宁：跑出减税降费红利落地“加速度”》《减税降费助力航空企业翱翔蓝天》《南京江宁：“税园共建”激发企业活力》《税收政策助力“试点企业”开拓市场》《减税降费形成良性循环，助力企业蓬勃发展》《税企十年廉动促共赢》《互联网+监督，让税务阳光执法更高效》《减税降费为老字号注入新动力》《搭建税企沟通新平台，优化营商环境再升级》在央广网发表，《减税降费为外向型企业提振底气》在中央人民广播电台发表，《民以食为天：聚焦餐桌上的减税降费》《减税降费“助演”南京民国文化“穿越大戏”》在中国日报网发表，《南京：减税降费红利助力医药企业蓬勃发展》《互联网+监督 让税务阳光执法更高效》《减税降费形成良性循环 助力企业蓬勃发展》《减税降费为老字号注入新动力》《搭建税企沟通新平台 优化营商环境再升级》《南京江宁：互联网税务提高办税服务效率》《南京江宁：跑出减税降费红利落地"加速度"》《税企十年廉动促共赢》《卫岗乳业：搭上

2019年9月24日，江宁经济技术开发区税务局走进临江中学，开展税收进校园宣传活动（郭　倩　摄）

减税降费“快车”“老字号”焕发新活力》《开展税企跨界交流共话“一带一路”新航向》《税收服务为高端制造业注入新活力》《互联网税务提高办税服务效率》在环球网发表,《税收红利惠及汽车领域 减税降费激活“公路动力”》在中国经济网发表,《减税降费“助演”南京民国文化“穿越大戏”》在人民网发表,《减下税费 加上信心——更大规模减税降费政策显成效》在新华每日电讯发表。突出税收科调研服务决策功能,参与撰写的《基于基层视角的大数据驱动税收征管改革研究》获税收科调研重点课题项目一等奖,《促进小微企业发展的税收优惠政策研究》获得市税务学会第四课题组一等奖;加强区局印章登记管理制度,文书档案共归档124册,征管档案归档1896册,采购档案29册,以及三代手续费、财务、南京中心资料归档等,总计入库档案59万余页。四是安全保密工作方面,按照要求扎实开展保密自查自评工作,对照细目进行逐一检查整改,强化制度规范意识,提升保密工作管理水平;坚持逢会必强调保密的一贯做法,把保密教育工作日常化;5月8日开展“保密伴我行,护航新时代”保密教育作品征集活动;完善保密台账,配齐专用保密柜等设施,保证保密工作无差错。（崔　迪）

减税降费　2019年,江宁开发区局将“减税降费”工作当作“四个意识”(政治意识、大局意识、核心意识、看齐意识)树得牢不牢、“两个维护”(坚决维护习近平总书记党中央的核心、全党的核心地位,坚决维护党中央权威和集中统一领导)做得坚决不坚决的重要检验,以提高纳税人获得感为目标,着力推进“减税降费”政策落地生效。加强对“减税降费”的统筹,党委会专门研究减税降费阶段性工作,中心组成员学习习近平总书记、李克强总理关于“减税降费”工作的重要指示精神。先后于2月13日、5月14日、9月12日召开3次全体干部大会,分别于1月25日、2月11日、3月22日、4月19日、4月28日、7月31日、8月26日、10月31日、12月19日共召开9次减税降费领导小组会议,对减税降费工作进行统筹部署。2019年,组织“减税降费”政策宣传辅导会73场,推送宣传短信138196条,发放宣传图册23170份,办税厅面对面开展咨询辅导累计超过18950人次。共减免税费34.52亿元,其中:税收减免金额31.01亿元,征收社保费减免金额3.51亿元。分行业来看,江宁开发区局近20个行业享受到减税降费红利。其中,制造业获益最大,减免金额20.78亿元,批发和零售业减免金额3.90亿元,信息传输、软件和信息技术服务业减免金额2.28亿元,建筑业减免金额1.32亿元,交通运输、仓储和邮政业减免金额0.83亿元。（崔　迪）

依法治税　2019年,江宁开发区局成立全面依法行政领导小组,制定《全面依法行政领导小组议事规则》,每季度召开一次会议,定期听取各部门依法治税工作汇报。做好督察内审日常工作,按要求落实内控联络员制度,组织重大税收执法事项集体审议6次,完成内控平台风险预警四条疑点涉及5户次的数据反馈工作,完成原国税局业务部分4项指标110条疑点和原地税局业务部分1项指标63条疑点的反馈工作。落实省税务局和市税务局处罚实施办法和处罚裁量基准,结合实际工作,进一步明确处罚裁量标准,规范办税服务厅处罚文书模版,对一般处罚案件统一按说理性文书的要求制作文书,推动处罚规范实施。2019年,实施税务行政处罚2356件,其中,一般程序处罚465件,简易处罚1891件。按照省税务局和市税务局部署,全面落实行政执法公示、执法全过程记录、重大执法决定法制审核制度的各项工作要求,制定《国家税务总局南京江宁经济技术开发区税务局优化税收执法方式全面推行“三项制度”工作落实方案》和全面推行“三项制度”工作任务分解表,以三项制度落实为抓手,促进依法行政、依法治税工作顺利开展。（崔　迪）

优化营商环境　2019年,江宁开发区局贯彻落实有关优化营商环境要求,结合实际情况,推行当场办结、一次办结、限时办结等制度,推进网上办理。95%以上的涉税事项都可以通过江苏省电子税务局、移动端、自助终端等渠道“不见面”办理。贯彻落实国家税务总局关于优化企业税务注销程序的相关要求,实行清税证明免办服务、优化税务注销即办服务、注销容缺受理服务,实现“少跑腿、即时办、容缺办”。符合即办条件的纳税人可以在电子税务局上提交注销申请，后台线上审核通过，办理完成一次税务注销20分钟。自新政施行以来，超六成的纳税人通过免办、即办程序办理完成注销税务事项，享受到实实在在的改革红利。推动税收包容审慎监管，助力“五新”（新产业、新模式、新业态、新技术、新产品）企业发展，对于江宁开发区内绿色智能汽车制造、智能制造产业、生物医药产业等符合新产业、新模式、新业态、新技术、新产品要求的企业，承诺半个工作日内完成提出的一般纳税人申请、发票调增、发票领用等新办审批事项，对于“五新”企业办理即办事项时非主要资料缺件、漏件情况，推行容缺受理，先受理后补件，打造最简、最快、最优的办税环境。（崔　迪）

数字化税企服务智能平台　2019年，江宁经开区税务局成为江苏省税务系统第一家引入数字化税企服务智能平台，开展智能纳税服务试点的单位。于2018年12月完成“征纳沟通平台”基础环境搭建，选择重点税源企业开展试点，2019年6月市税务局调研后全面试点。自全面试点起，平台共加入企业纳税人23124户，激活企业19680户，激活率85.11%，日均活跃企业11193户；累计发送“钉提醒”12956条、涉税通知27次、汇算清缴视频和政策文件19个、减税降费在线视频4个；组建专题群组3个、日常沟通群36个，机器人及人工答复纳税人政策咨询15170次。央广网12月12日报道《搭建税企沟通新平台 优化营商环境再升级》，《中国税务报》8月28日八版刊登《征纳智慧沟通平台——“丁税宝”》和9月9日A3版刊登《有事“钉”一下》，南京新闻广播6月14日报道《江宁经开区局依托征纳沟通平台助力征管体系建设》、10月23日报道《分类指导助力减税降费，精准施策解决企业难题》，《南京晨报》6月13日刊登《江宁经开区引入阿里系产品钉钉搭建“丁税宝”征纳沟通平台》和9月27日刊登《更便民更高效，南京税务跑出加速度》，南京税务微信5月14日、7月5日先后报道江宁开发区局数字化税企服务智能平台推广工作，《南京税务简报》2019年第32期、《江苏税务简报》2019年第65期、《中国税务》期刊2019年第11期专题介绍试点工作。（崔　迪）

国际税收管理　2019年，江宁开发区局发生对外支付税务备案669笔，非居民享受税收协定待遇共55户次。实现非居民税收管理成效逾25502.4万元。上报情报管理案例、“走出去”企业风险管理案例、间接股权转让案例各一个，其中间接股权转让案例，查补税额1.45亿元，受控外国企业案例分回境外堆积利润补缴企业所得税1.1亿元。

一是按月、按季开展对外支付抽查、税收协定抽查、非居民收入变动抽查。目前江宁开发区局已在对外支付合同会审中发现法雷奥凯佩科、大协西川、代傲电子以及上美塑胶等企业存在风险疑点并展开调查。大协西川调整2018年年报，调增应纳税所得额1351341.90元，补缴企业所得税312835.48元，滞纳金26552.5元。法雷奥调增应纳税所得额2869803.08元，补缴企业所得税372411.54元，滞纳金94110.31元。

二是对辖区内“走出去企业”信息进行核实，完善2019年总局版走出去企业清册和2019年江苏版走出去企业清册。结合2018年新增户及原地税局数据，以及2017年存量户，共核实江宁开发区局37户企业走出去情况。核实后截至2019年6月底，江宁开发区局已有“走出去”企业29家，积极参与国际市场竞争，其中境外投资47家企业，境外承包工程41项，境外提供劳务14项。

三是完善非居民税收情报交换。结合国际税收热点问题，上报专项情报1份、自发情报交换2份，自动情报7份，税收情报数量和审核通过率均达考核标准。

四是加强对纳税人关于国际税收相关政策的宣传和辅导，做好优质服务。编写境外投资风险提示手册，收集境外遵从风险政策、个性化风险。风险提示手册共列举走出去风险17条，已向全市纳税人进行宣传。对江苏新世纪江南环保股份有限公司等重点企业送政策上门，在帮助企业充分享受税收政策、降低税收遵从风险、避免双重征税、提供税收争议救济等方面提供全面、精准的税收法律依据和政策解读，助力“走出去”企业高质量发展。（崔　迪）

包容审慎监管试点　2019年，江宁开发区局容缺受理服务新举措从“五新”试点企业推广到全部纳税人。根据《国家税务总局江苏省税务局关于优化税收营商环境试行包容审慎监管的意见》及省税务局、市税务局的工作要求，江宁开发区局成为探索税收包容审慎监管方式、促进“五新”（新产业、新模式、新业态、新技术、新产品）企业发展的试点单位。江宁开发区局于2018年8月成立试点工作专项小组，结合江宁经济技术开发区产业发展现状和区内“五新”企业的涉税需求，筛选出绿色智能汽车制造、临空产业、智能电网产业、智能制造产业、现代生活服务产业、生物医药产业等符合新产业、新模式、新业态、新技术、新产品的企业范围，并制定实施试点工作方案。自全面试点以来，为“五新”企业开设纳税人学堂10余次，政策解读内容涉及出口货物退（免）税、增值税一般纳税人登记、企业所得税免税收入问题等，参与学习的财税人员累计达500余人；2018年8月以来，办理缺件登记300余笔，业务涉及发票代开、变更登记、申报类、备案类等，缺件补齐时间平均为15日，补齐率达到100%。在征纳互信的基础上，切实减少纳税人的办税成本，优化服务质量，提升纳税人的办税体验感。鼓励创新、包容不同，激发企业创新活力，壮大发展动能，以更大力度、更惠政策、更优服务全方位支持“五新”企业高质量发展。市税务局总经济师王超肯定江宁开发区局税收包容审慎监管模式的积极探索，指出税收包容审慎监管就是“做出突破”“守住底线”，要发挥税收自由裁定的优势，在现有法律允许的范围内做适当突破，同时要进一步健全完善试点运营机制，充分助力“五新”企业向好向优发展。

（崔　迪）

（责任编辑　张　婧）

附　录

2019年南京市税务局科调研论文摘要选登

《税务研究》2019年第2期发表：

PPP项目的税收增额融资工具：美国的案例与思考

张　民　余益伟　彭　翔

【内容提要】 税收增额融资是美国地方政府对PPP项目的重要激励措施，主要用于提供和改善特定区域的基础设施，采取自发自还、专款专用的信用债券融资策略，被认为具有促进地区财产增值、促进衰败地区开发重建、控制城市扩张、促进地方经济增长和就业等社会经济意义，但同时也具有一定的财政可持续风险。本文介绍与分析了美国税收增额融资与PPP项目相融合的案例经验，有助于我国发展出在新时期具有经济社会环境可持续性的PPP项目税收支持策略，相信对促进国家特别是老工业基地产业转型升级方面会很好的借鉴价值。

【关键词】 税收增额融资　PPP模式　基础建设 老工业基地转型

政府和社会资本在基础建设领域的合作（PPP）是政府和社会资本共同参与以开发或巩固能源、水利、交通和电信等领域的有效途径之一。由于PPP模式具有公私部门分担建设成本，共担开发风险、提升开发速度、共享发展成果等优点，包括我国在内的世界上许多国家，都已将其作为基础建设领域公私合作的重点发展模式。税收政策切实影响着PPP项目的形成与发展，其中就包括税收增额融资工具。税收增额融资（Tax Increment Financing，以下简称“TIF”）在20世纪50年代产生于美国，20世纪70—80年代后逐渐成为美国地方政府促进区域经济发展和提升公共设施建设的最受欢迎的PPP融资工具，在经历2008年金融危机后，TIF的热度有所冷却，学者开始反思TIF的社会经济影响及其可持续性问题。

一、TIF的基本特征

税收增额融资（TIF）是美国地方政府通过PPP模式发展或重建某一特定地理区域，以该区域未来税收增量收入为该区域的开发成本提供资金的财政机制。TIF有如下几个基本特征：TIF的用途在于提供和改善特定区域的基础设施；TIF的方式通常为发行信用债券，也可采用“即收即付”的形式；TIF采取自发自还、专款专用的策略；TIF的风险来自于规划区内地产物业的增值预期。

二、TIF的社会经济意义

TIF的支持者认为TIF具有促进地区财产增值、促进衰败地区开发重建和控制城市扩张、促进地方经济增长和就业等社会经济意义。但随着TIF工具的广泛使用甚至不合理滥用，有不少学者开始质疑TIF是否真实具有这些积极功能。并且经过2008年的金融危机及后续经济低迷的影响，美国各地的TIF项目大幅削减，尤其是2012年加利福尼亚州废除TIF项目的举动，引起了美国各界对TIF可持续问题的反思。（一）是否促进地区财产增值。（二）是否促进衰弱地区重建与控制城市扩张。（三）是否促进地方经济增长和就业。（四）TIF的可持续性问题。投资者对债券保险业崩溃的担忧以及TIF项目上述经济功能的不确定性，使得TIF项目在可持续性方面出现隐患。

三、TIF案例——亚特兰大站（Atlantic Station）

亚特兰大站PPP项目以公共投资的2.43亿美元带来了20亿美元的私人投资，公共投资全部来源于TIF工具。亚特兰大站PPP项目被认为通过TIF工具成功实现了衰败区域重建、环境修复与污染控制、土地高度兼容利用、促进地区经济增长与就业，但同时也具有TIF工具固有的金融风险隐患。

四、TIF的启示与思考

我国部分地方政府也面临着基础设施建设

与财政资金不足之间的矛盾，合理运用税收工具吸引私有资本投资基础设施建设（PPP模式）是必然之举。财政体制的差异使得我国不可能照搬TIF工具，但TIF的60余年发展过程与其在具体案例中的运作经验能为我国设计激励PPP模式发展的税收工具提供可贵启示与思考。由于税收激励工具嵌构于PPP模式之中，而PPP模式又嵌构于整个社会经济环境生活中，本文仅从这三个层面的可持续角度谈谈TIF对我国的启发与借鉴。（一）注重地方政府税收融资工具本身的财政可持续性。（二）注重以税收激励PPP项目的模式可持续性。（三）注重以税收激励基础设施建设的经济社会环境可持续性。

2015年5月国家印发《中国制造2025》，这是我国实施制造强国战略第一个10年的行动纲领，以加快推动从制造大国转向制造强国。现在，我国正处在产业转型升级的关键时期，而全面振兴东北等地区老工业基地，则是实现产业转型升级的极其重要环节。税收是国际上普遍运用的经济政策工具，本文所介绍的美国税收增额融资工具，在促进衰败地区开发重建、实现地区财产增值，促进经济发展和改善民生方面是很好的税收政策工具创新，相信它在促进国家特别是老工业基地产业转型升级方面会很好的借鉴价值。

《税务研究》2019年第5期发表：

基于数字经济的税收征管探讨

胡连强　杨霆钧　张　恒　李海燕

【内容提要】 数字经济的发展对现行税收征管带来越来越多的挑战。本文旨在通过分析数字经济对税收征管中课税主体、国际税收课税规则、涉税信息获取和税收征管模式的冲击，有针对性地提出适应数字经济发展下的新型税收征管体制建设路径，以适应数字经济发展下的税收征管需要。

【关键词】 数字经济　税收征管　征管体制　区块链

一、数字经济对税收征管体制带来挑战

（一）数字经济对课税主体界定提出挑战

一直以来，税收征管与实体企业紧密互联，区域内税源分布处于可统计、可跟踪、可预测、可调节的状态，税收征管更为推崇实体管理。在这种模式下，涉税主体更多的是法人企业，金字塔式的科层制管理方式运行使得涉税企业的交易半径较小，纳税主体可被精准被确认。随着数字经济的不断发展，线上交易突破了交易半径的限制，这与传统经济模式下交易局限在特定行政区域有很大的差异。同时，数字经济的发展吸引了更多的自然人加入到商家行列中来。而税务部门一直面临着电子商务中自然人未能有效进行税务登记以及线上虚拟交易的纳税主体难以被有效识别和确定的管理困境。

（二）数字经济对国际税收课税规则形成冲击

常设机构是国际社会普遍认可的国际税收中一国拥有征税权的门槛。常设机构通常要求企业在收入来源国有显著的经济实体。随着数字经济的不断发展，多层面商业模式得以不断创新，交易双方的合约达成已不再一定需要借助实体介质实现，“去实体化”（de-materialization）已经成为数字经济商业模式发展的演进趋势。以跨境电子商务为例，作为需求方的消费者通过互联网平台选定意向卖家后，可直接在线上提交订单，如果套用目前税收协定通用的“常设机构”这一显著实体概念，仍无法构成课税权的成立。这必然导致来源国国际税收的大额流失，造成跨国营业利润的国际税收权益分配不公。

（三）数字经济对涉税信息获取提出新要求

随着数字经济的不断发展和网络平台经济的不断成熟，越来越多的经济活动主体成为涉税经济参与者。纳税人对自身的交易信息更为熟悉，税务机关作为经济活动外的第三方，由于缺少有效的管控媒介，受制于信息不对称，无法及时、有效获取相关的涉税交易信息。尽管税务机关对企业涉税信息的第三方获取渠道和机制已不断成熟，但若无更有效的税收控管举措以实现征纳双方的信息对称，将会有越来越多的经济活动主体无法被有效纳入税源监控管理，必然造成税款的大幅流失，难以有效满足新形势下税收治理现代的工作要求。

（四）数字经济对税收管理模式提出新课题

数字经济的发展正推动经济活动中交易主体的虚拟性和隐匿性、交易资产的超流动性，这都

使得数字经济业务具有高度的“隐形”价值，税收征管中的纳税人与扣缴义务人难以在税款申报和缴纳程序中有效体现和发挥应有作用，更难说有效的税源监控和税款征收。随着数字经济进一步深入发展，其复杂性必然会对税收征管带来更大的冲击。为更好地应对数字经济的发展，现行税收征管体制需要及时调整征管思路，依据“显著性经济实质存在”的原则，有重点、有针对地解决数字经济下纳税主体判定、所得来源确定、所得定性归类、征税权判定行使等诸多焦点问题。

二、数字经济税收征管的建设路径

（一）完善数字经济税收管理体系

有鉴于此，相关部门要及时调研分析，一方面抓紧对数字经济背景下的税收管理理论进行深入研究，尽快制定并完善适应我国数字经济发展实际的税收法律法规框架体系。还要结合当前的个人所得税改革，不断强化对自然人涉税经济活动的税收征管。另一方面考虑依托相关经济平台建立涉税经济活动数据库，综合考量数据库建立过程中涉及的相关经济活动主体情况、行业发展态势和区域发展实际，优先制定动态化的税源监控评价指标，以点的成效辐射面的推广，通过可复制、可推广的方式实现各级数据的互联互通互动，形成征管合力。

（二）基于国家合作层面修订国际税收协定

一是国际税收协定的修订应充分注重“实质性存在”这一经济发展理念。二是要以合理分配国际税收管辖权为出发点，妥善调整我国税收法律体系或税收协定中对非居民企业的涉税界定，充实对国际税收中各项新类型所得的归类限定。三是要借助“一带一路”倡议提供的战略契机，深入推进同“一带一路”沿线国家的税收协定谈签，谈签内容包括税收协定的类型、数字经济下常设机构和各项所得基本概念的界定、情报交换机制等。同时，还要及时修订已谈签国家税收协定中与现行经贸发展不适宜的条款内容，维护我国的税收主权。

（三）建立以数字税务局为主体的数字经济征管体制

一是数字税务局应将税收征管有效延伸到数字经济各个领域、各种形态、各种结构中去的税务机构，管理对象具有广泛性。二是数字税务局应构建全新虚拟化的内部组织架构和相应的征管体系，具体征管活动中均应用最新的数字技术实施，征管过程要高度智能化。三是数字税务局要最大程度地共享社会经济数据，建立参与主体广泛的综合治税平台。四是数字税务局应具有高度的网络安全管理能力和数字质量管理能力，同时能不断适应数字经济发展过程中层出不穷的各种技术革新和理念革新。五是数字税务局的初期建设可以考虑先与相对较大的电商平台数据库进行对接，通过对电商数据的不断分析，来构建互联互通的税收征管要素和全新模式。

（四）探索实现基于区块链技术的税务管控媒介

建立以区块链为基础的税务管控媒介，构建高效、便捷的税务管控系统。一是基于区块链可溯源、不可篡改的特性，构建可推广复制的电子发票区块链系统。二是通过区块链智能合约技术将税收征管与政府行政服务有机整合，建立税务机关与各政府部门间的可信数据共享机制。三是建立基于区块链技术的“个人纳税证明”管理平台，进一步提高数字经济背景下纳税人的遵从度。四是探索建立基于区块链技术的税务稽查管控体系，建立可溯源、不可篡改的稽查证据库。同时还要提高税务机关获取纳税人涉税证据链条的快速性、全面性和准确性，从而提高税务稽查执法证据权威性。

（责任编辑　桂乃耀）

各项收入统计表

2019年12月南京区域收入完成情况表——税种、级次（含省直属局）

2019年12月一般公共预算收入统计表

2019年12月税收收入分税务机关统计表

2019年12月市县级一般公共预算收入分金库统计表

2019年12月税收收入分产业统计表

2019年12月税收收入分经济类型统计表

2019年12月国内增值税分产业统计表

2019年12月国内消费税分税目统计表

2019年12月企业所得税分产业统计表

2019年12月个人所得税分税目统计表
2019年12月国内增值税分税务机关统计表
2019年12月国内消费税分税务机关统计表
2019年12月企业所得税分税务机关统计表
2019年12月个人所得税分税务机关统计表
2019年12月城市维护建设税分税务机关统计表
2019年12月印花税分税务机关统计表
2019年12月环境保护税分税务机关统计表
2019年12月房产税分税务机关统计表
2019年12月车船税分税务机关统计表
2019年12月资源税分税务机关统计表
2019年12月城镇土地使用税分税务机关统计表
2019年12月土地增值税分税务机关统计表
2019年12月耕地占用税分税务机关统计表
2019年12月30户重点税源企业税收情况表
2019年12月江苏省税务部门税收收入统计表——地区、级次
2019年全国副省级城市税收收入情况统计表

2019年南京区域收入完成情况表——税种、级次（含省直属局）

表4

金额单位：万元

	12月份月度收入					年度累计收入				
	本期	上期	增减额	增减%	占税收比重%	本期	上期	增减额	增减%	占税收比重%
一、各项收入总计	2303732	2391883	-88152	-3.7	—	35423016	33905972	1517044	4.5	—
二、税收收入合计（含免抵）	1475088	1504240	-29153	-1.9	—	26652834	25836724	816110	3.2	—
其中：税收收入合计（不含免抵）	1404588	1476660	-72072	-4.9	—	26100834	25506524	594310	2.3	—
（一）分级次完成情况					—					—
中央级	562234	772495	-210261	-27.2	—	13984241	13585149	399092	2.9	—
地方级	912854	731745	181109	24.8	—	12668593	12251574	417019	3.4	—
（二）分税种完成情况					—					—
1.国内增值税	779683	697948	81735	11.7	52.9	9496586	9279316	217270	2.3	35.6
直接收入	709183	670367	38815	5.8	—	8944586	8949116	-4530	-0.1	—
其中："营改增" 增值税	261983	304108	-42125	-13.9	—	4215015	4206167	8848	0.2	—
调库收入	70500	27581	42919	155.6	—	552000	330200	221800	67.2	—
2.国内消费税	26078	268826	-242748	-90.3	1.8	3933391	3283238	650153	19.8	14.8
3.企业所得税	4879	15884	-11005	-69.3	0.3	6087027	6075336	11691	0.2	22.8
4.个人所得税	171169	188421	-17252	-9.2	11.6	1872483	2462761	-590278	-24.0	7.0
5.车辆购置税	40358	34172	6186	18.1	2.7	454676	442208	12468	2.8	1.7
6.资源税	382	582	-200	-34.4	0.0	5321	4955	366	7.4	0.0
7.城市维护建设税	71344	116506	-45162	-38.8	4.8	975158	930144	45014	4.8	3.7
8.房产税	3762	6640	-2878	-43.3	0.3	508803	470913	37890	8.0	1.9
9.印花税	18838	18084	754	4.2	1.3	157721	182618	-24897	-13.6	0.6
10.土地使用税	524	354	170	48.0	0.0	165383	175635	-10252	-5.8	0.6
11.土地增值税	114201	43572	70629	162.1	7.7	1110664	884161	226503	25.6	4.2
12.车船税	7417	7649	-232	-3.0	0.5	82700	81932	768	0.9	0.3
13.契税	231141	110154	120987	109.8	15.7	1614621	1447745	166876	11.5	6.1
14.耕占税	4673	24	4649	19371.2	0.3	119102	48845	70257	143.8	0.4
15.环境保护税	476	17	459	2698.0	0.0	68536	60523	8013	13.2	0.3
16.营业税	162	-4593	4755	-103.5	0.0	662	6393	-5731	-89.6	0.0
三、非税收入	723129	814150	-91021	-11.2	—	7550230	6621386	928844	14.0	—
社会保险基金收入	668633	725724	-57091	-7.9	—	6763998	5869963	894035	15.2	—
教育费附加	30274	49523	-19249	-38.9	—	416647	397031	19616	4.9	—
地方教育附加	20297	33032	-12735	-38.6	—	277822	264705	13117	5.0	—
文化事业建设费	497	1201	-704	-58.6	—	15854	18852	-2998	-15.9	—
其他非税收入	3428	4670	-1242	-26.6	—	75909	70835	5074	7.2	—
四、海关代征收入	105515	73493	32022	43.6	—	1219952	1447862	-227910	-15.7	—
五、出口退税	-257458	-204078	-53380	26.2	—	-2746270	-2422300	-323970	13.4	—
其中：出口货物退税	-186958	-176497	-10461	5.9	—	-2194270	-2092100	-102170	4.9	—
免抵调减增值税	-70500	-27581	-42919	155.6	—	-552000	-330200	-221800	67.2	—

2019年一般公共预算收入统计表

表5　　　　单位：万元

项目 / 类别	12月份月度收入			年度累计收入				
	本期	上期	增减%	年度计划	本期	上期	增减%	完成计划%
分部门完成情况	1239395	1309942	-5.4	15870000	15800260	14700152	7.5	99.6
1.财政部门	298061	582581	-48.8		2061772	2269089	-9.1	
财政比重%	24.0	44.5			13.0	15.4		
2.税务部门	941334	727361	29.4	13700000	13738488	12431063	10.5	100.3
其中：市局	910334	721684	26.1		12574388	11924270	5.5	
省三分局	31000	5677	446.1		1164100	506793	129.7	
税务比重%	76.0	55.5			87.0	84.6		
市本级	225190	121060	86.0		1193246	1214210	-1.7	
其中：省三分局	0	425	-100.0		0	58873	-100.0	
区县级	716145	606300	18.1		12545242	11216852	11.8	
其中：省三分局	31000	5252	490.3		1164100	447920	159.9	

2019年税收收入分税务机关统计表

表6

单位：万元

项目 区域	12月份月度收入			年度累计收入		
	本期	上期	增减%	本期	上期	增减%
全市	1475088	1504241	-1.9	26652834	25836724	3.2
江北新区局	214015	174827	22.4	3705407	3232328	14.6
玄武区局	85080	58027	46.6	1397046	1440178	-3.0
秦淮区局	65729	84877	-22.6	1545232	1585233	-2.5
建邺区局	88295	156573	-43.6	3411185	2869704	18.9
鼓楼区局	98291	166297	-40.9	2577075	2968074	-13.2
栖霞区局	31080	70997	-56.2	853131	1276313	-33.2
南京经开区局	128973	153438	-15.9	3009204	2241969	34.2
雨花台区局	82684	61278	34.9	1369706	1535518	-10.8
江宁区局	117346	105448	11.3	2096272	1966628	6.6
江宁经开区局	134107	159663	-16.0	2361270	2405240	-1.8
浦口区局	65130	39538	64.7	906659	1176735	-23.0
六合区局	35361	33757	4.8	627652	565108	11.1
溧水区局	83580	104625	-20.1	1052525	905205	16.3
高淳区局	23490	29390	-20.1	565483	534737	5.7
第二税务分局	221928	105506	110.3	1174987	1133754	3.6

2019年市县级一般公共预算收入分金库统计表

表7　　　　　　　　　　　　　　　　　　　　单位：万元

项目 区域	12月份月度收入			年度累计收入		
	本期	上期	增减%	本期	上期	增减%
全市	941334	727361	29.4	13738488	12431063	10.5
江北新区	118320	62664	88.8	1685826	1624834	3.8
玄武区	79663	35618	123.7	1040766	867854	19.9
秦淮区	48862	62898	−22.3	1037945	993275	4.5
建邺区	86991	102262	−14.9	1550108	1332785	16.3
鼓楼区	189987	119302	59.2	1934444	1420487	36.2
栖霞区	30417	19420	56.6	616048	522419	17.9
南京经开区	98410	55671	76.8	928050	868144	6.9
雨花台区	49450	46468	6.4	811839	901945	−10.0
江宁区	59255	48462	22.3	1140285	1019146	11.9
江宁经开区	74630	83042	−10.1	1222845	1244027	−1.7
浦口区	40670	18457	120.4	526370	476633	10.4
六合区	19587	17526	11.8	350636	311005	12.7
溧水区	35871	40234	−10.8	592432	506832	16.9
高淳区	9222	14912	−38.2	300892	282804	6.4

2019年税收收入分产业统计表

表8

单位：万元

项目 / 类别	12月份月度收入				年度累计收入			
	本期	上期	增减%	比重%	本期	上期	增减%	比重%
税收合计	1434570	1470068	-2.4		26197497	25394515	3.2	
第一产业	813	365	122.7	0.06	11053	14919	-25.9	0.04
第二产业	484578	682964	-29.0	33.78	11694829	11055772	5.8	44.64
采矿业	1172	1659	-29.4	0.08	33165	26598	24.7	0.13
制造业	354394	580240	-38.9	24.70	9732252	9030810	7.8	37.15
其中：石油、煤炭及其他燃料加工业	40931	184322	-77.8	2.85	2788383	2476272	12.6	10.64
烟草制品业	17044	110656	-84.6	1.19	2157290	1646968	31.0	8.23
汽车制造业	57455	73160	-21.5	4.01	948320	1081816	-12.3	3.62
化学原料及化学制品业	58949	28191	109.1	4.11	611931	684569	-10.6	2.34
计算机、通信和其他电子设备制造业	44386	18478	140.2	3.09	472543	266901	77.0	1.80
电气机械及器材制造业	-35275	25616	-237.7	-2.46	391903	462697	-15.3	1.50
通用设备制造业	21616	15404	40.3	1.51	288803	294254	-1.9	1.10
黑色金属冶炼及压延加工业	5979	2212	170.3	0.42	294828	360301	-18.2	1.13
电力、热力、燃气及水生产和供应业	21316	6838	211.7	1.49	588939	637370	-7.6	2.25
建筑业	107696	94227	14.3	7.51	1340473	1360994	-1.5	5.12
第三产业	949179	786739	20.6	66.16	14491615	14323824	1.2	55.32
交通运输、仓储及邮政业	13521	21163	-36.1	0.94	253056	256661	-1.4	0.97
信息传输、软件和信息技术服务业	65473	50072	30.8	4.56	887279	934130	-5.0	3.39
批发和零售业	161026	184412	-12.7	11.22	2649980	2625429	0.9	10.12
其中：批发业	119933	138938	-13.7	8.36	1979151	1927238	2.7	7.55
零售业	41093	45474	-9.6	2.86	670829	698191	-3.9	2.56
金融业	40493	57635	-29.7	2.82	1672687	1593342	5.0	6.38
房地产业	484501	267588	81.1	33.77	6191619	5887043	5.2	23.63
其他行业	184165	205869	-10.5	12.84	2836994	3027219	-6.3	10.83

2019年税收收入分经济类型统计表

表9　　单位:万元

项目 类别	12月份月度收入				年度累计收入			
	本期	上期	增减%	比重%	本期	上期	增减%	比重%
税收合计	1434570	1470068	-2.4		26197497	25394515	3.2	
国有集体小计	64263	228001	-71.8	4.48	3292851	3559825	-7.5	12.57
国有企业	62726	226566	-72.3	4.37	3259662	3521214	-7.4	12.44
集体企业	1537	1435	7.1	0.11	33189	38611	-14.0	0.13
股份联营小计	593157	600043	-1.1	41.35	12328901	12013396	2.6	47.06
股份合作企业	320	262	22.1	0.02	7674	9277	-17.3	0.03
联营企业	162	148	9.5	0.01	5378	4678	15.0	0.02
股份公司	592675	599633	-1.2	41.31	12315849	11999441	2.6	47.01
涉外经济小计	267885	210436	27.3	18.67	3845862	4204043	-8.5	14.68
港澳台投资企业	93599	58389	60.3	6.52	1179308	1141323	3.3	4.50
外商投资企业	174286	152047	14.6	12.15	2666554	3062720	-12.9	10.18
个私经济小计	438750	399141	9.9	30.58	6026828	5392677	11.8	23.01
私营经济	312901	267991	16.8	21.81	4511693	4015779	12.3	17.22
个体经营	125849	131150	-4.0	8.77	1515135	1376898	10.0	5.78
其他企业	70515	32447	117.3	4.92	703055	224574	213.1	2.68

说明:不包括车辆购置税、海关代征部分

2019年国内增值税分产业统计表

表10

单位：万元

项目 类别	12月份月度收入				年度累计收入			
	本期	上期	增减%	比重%	本期	上期	增减%	比重%
税收合计	779684	697950	11.7		9496587	9279316	2.3	
第一产业	429	332	29.2	0.06	4468	5829	−23.3	0.05
第二产业	459058	304650	50.7	58.88	4439556	4132739	7.4	46.75
采矿业	789	1231	−35.9	0.10	16303	15782	3.3	0.17
制造业	357295	222143	60.8	45.83	3425320	3114852	10.0	36.07
其中：石油、煤炭及其他燃料加工业	27505	1154	2283.4	3.53	471771	375075	25.8	4.97
烟草制品业	10781	353	2954.1	1.38	356853	261951	36.2	3.76
汽车制造业	41992	44794	−6.3	5.39	399320	430719	−7.3	4.20
化学原料及化学制品业	48010	22480	113.6	6.16	329658	359010	−8.2	3.47
计算机、通信和其他电子设备制造业	21029	12046	74.6	2.70	187550	−1810	−10461.9	1.97
电气机械及器材制造业	63789	21209	200.8	8.18	219227	237830	−7.8	2.31
通用设备制造业	17363	13553	28.1	2.23	201599	169570	18.9	2.12
黑色金属冶炼及压延加工业	12923	1033	1151.0	1.66	188242	215728	−12.7	1.98
电力、热力、燃气及水生产和供应业	18155	4870	272.8	2.33	182170	209402	−13.0	1.92
建筑业	82819	76406	8.4	10.62	815763	792703	2.9	8.59
第三产业	320197	392968	−18.5	41.07	5052563	5140748	−1.7	53.20
交通运输、仓储及邮政业	9256	16558	−44.1	1.19	95326	105911	−10.0	1.00
信息传输、软件和信息技术服务业	34089	32028	6.4	4.37	401656	375136	7.1	4.23
批发和零售业	123802	144179	−14.1	15.88	1497430	1530430	−2.2	15.77
其中：批发业	90921	111796	−18.7	11.66	1137234	1183910	−3.9	11.98
零售业	32881	32383	1.5	4.22	360196	346520	3.9	3.79
金融业	11842	9219	28.5	1.52	758413	705812	7.5	7.99
房地产业	32617	95639	−65.9	4.18	1240851	1352402	−8.2	13.07
其他行业	108591	95345	13.9	13.93	1058887	1071057	−1.1	11.15

2019年国内消费税分税目统计表

表11

单位：万元

项目 类别	12月份月度收入				年度累计收入			
	本期	上期	增减%	比重%	本期	上期	增减%	比重%
总计	26078	268826	-90.3		3933391	3283238	19.8	
（一）酒及酒精	162	197	-17.8	0.62	6186	6478	-4.5	0.16
（二）烟	12465	72907	-82.9	47.80	1571305	1204978	30.4	39.95
（三）成品油	6929	169804	-95.9	26.57	2043732	1751220	16.7	51.96
（四）小汽车	5483	25019	-78.1	21.03	297915	306620	-2.8	7.57
（五）摩托车	0	13	-100.0	0	22	20	10.0	0
（六）高尔夫球及球具	0	0	0	0	0	0	0	0
（七）汽车轮胎	0	0	0	0	0	0	0	0
（八）高档化妆品	0	1	-100.0	0	0	4	-100.0	0
（九）贵重首饰	997	840	18.7	3.82	13774	13397	2.8	0.35
（十）鞭炮焰火	0	0	0	0	0	0	0	0
（十一）高档手表	0	0	0	0	0	0	0	0
（十二）游艇	0	0	0	0	0	0	0	0
（十三）木制一次性筷子	0	0	0	0	0	0	0	0
（十四）实木地板	0	0	0	0	0	0	0	0
（十五）电池	12	11	9.1	0.05	113	112	0.9	0
（十六）涂料	30	34	-11.8	0.12	313	354	-11.6	0.01
（十七）其他	0	0	0	0	0	0	0	0
（十八）滞纳金、罚款	0	0	0	0	31	55	-43.6	0

2019年企业所得税分产业统计表

表12

单位：万元

项目 / 类别	12月份月度收入				年度累计收入			
	本期	上期	增减%	比重%	本期	上期	增减%	比重%
税收合计	4879	15882	-69.3		6087027	6075336	0.2	
第一产业	267	4	6575.0	5.47	3712	4728	-21.5	0.06
第二产业	-66118	1240	-5432.1	-1355.15	2092738	2275152	-8.0	34.38
采矿业	-1	0	0.00	-0.02	9644	3077	213.4	0.16
制造业	-70877	1575	-4600.1	-1452.70	1459772	1652674	-11.7	23.98
其中：石油、煤炭及其他燃料加工业	0	0	0.00	0.00	87332	173288	-49.6	1.43
烟草制品业	0	0	0.00	0.00	247245	227529	8.7	4.06
汽车制造业	2341	-2193	-206.7	47.98	167071	237456	-29.6	2.74
化学原料及化学制品业	581	926	-37.3	11.91	206863	243807	-15.2	3.40
计算机、通信和其他电子设备制造业	4819	39	12256.4	98.77	170229	112586	51.2	2.80
电气机械及器材制造业	-78282	151	-51942.4	-1604.47	92678	140786	-34.2	1.52
通用设备制造业	548	-51	-1174.5	11.23	44145	77992	-43.4	0.73
黑色金属冶炼及压延加工业	-8314	92	-9137.0	-170.40	50128	76633	-34.6	0.82
电力、热力、燃气及水生产和供应业	189	100	89.0	3.87	347170	364201	-4.7	5.70
建筑业	4571	-435	-1150.8	93.69	276152	255200	8.2	4.54
第三产业	70730	14638	383.2	1449.68	3990577	3795456	5.1	65.56
交通运输、仓储及邮政业	241	21	1047.6	4.94	86113	68536	25.6	1.41
信息传输、软件和信息技术服务业	4189	1133	269.7	85.86	175513	165687	5.9	2.88
批发和零售业	-564	2436	-123.2	-11.56	634460	524868	20.9	10.42
其中：批发业	-945	297	-418.2	-19.37	442316	369662	19.7	7.27
零售业	381	2139	-82.2	7.81	192144	155206	23.8	3.16
金融业	-314	2920	-110.8	-6.44	413389	566686	-27.1	6.79
房地产业	62410	5408	1054.0	1279.16	1899093	1860789	2.1	31.20
其他行业	4768	2720	75.3	97.72	782009	608890	28.4	12.85

2019年个人所得税分税目统计表

表13　　　　单位：万元

项目 / 类别	12月份月度收入				年度累计收入			
	本期	上期	增减%	比重%	本期	上期	增减%	比重%
总计	171169	188420	–9.2		1872483	2462761	–24.0	
（一）工资、薪金所得	100379	78356	28.1	58.64	1100397	1753322	–37.2	58.77
（二）劳务报酬所得	5100	56497	–91.0	2.98	71148	115275	–38.3	3.80
（三）稿酬所得	449	390	15.1	0.26	4528	3880	16.7	0.24
（四）特许权使用费所得	1191	1113	7.0	0.70	6489	4559	42.3	0.35
（五）经营所得	6711	10408	–35.5	3.92	86233	104698	–17.6	4.61
（六）利息、股息、红利所得	13583	10159	33.7	7.94	162604	137580	18.2	8.68
（七）财产租赁所得	647	853	–24.2	0.38	4576	4745	–3.6	0.24
（八）财产转让所得	41706	29952	39.2	24.37	424366	330642	28.3	22.66
（九）偶然所得	1200	553	117.0	0.70	10408	5737	81.4	0.56
（十）其他所得	6	0	0	0	580	0	0	0.03
（十一）滞纳金、罚款	197	139	41.7	0.12	1154	2323	–50.3	0.06

2019年国内增值税分税务机关统计表

表14

单位：万元

区域＼项目	12月份月度收入			年度累计收入		
	本期	上期	增减%	本期	上期	增减%
全市	779683	697948	11.7	9496586	9279316	2.3
江北新区	155295	78885	96.9	1321863	1212792	9.0
玄武区	37787	36995	2.1	556995	556773	0.0
秦淮区	38833	55839	-30.5	653183	709621	-8.0
建邺区	49581	34402	44.1	888533	783880	13.4
鼓楼区	52644	98410	-46.5	942111	1024752	-8.1
栖霞区	20473	20539	-0.3	387190	347694	11.4
南京经开区	46608	41641	11.9	773887	728210	6.3
雨花台区	64114	38559	66.3	742668	730124	1.7
江宁区	65475	74021	-11.5	869583	764974	13.7
江宁经开区	116012	102928	12.7	990312	1011816	-2.1
浦口区	29174	20768	40.5	322240	358870	-10.2
六合区	21441	25697	-16.6	276740	286369	-3.4
溧水区	53554	40539	32.1	406784	382231	6.4
高淳区	19890	23407	-15.0	288141	271358	6.2
第二税务分局	8803	5319	65.5	76356	109851	-30.5

2019年国内消费税分税务机关统计表

表15　　　　单位：万元

项目 区域	12月份月度收入			年度累计收入		
	本期	上期	增减%	本期	上期	增减%
全市	26078	268826	-90.3	3933391	3283238	19.8
江北新区	4245	64574	-93.4	718661	628904	14.3
玄武区	398	309	28.7	5172	4101	26.1
秦淮区	3584	3852	-7.0	48443	48521	-0.2
建邺区	859	60888	-98.6	1418860	1059321	33.9
鼓楼区	225	105	115.0	1222	1577	-22.5
栖霞区	946	1029	-8.1	12501	12340	1.3
南京经开区	5210	110020	-95.3	1375489	1197230	14.9
雨花台区	982	1139	-13.8	12478	11615	7.4
江宁区	3646	2742	33.0	47707	35534	34.3
江宁经开区	265	18251	-98.5	218895	206353	6.1
浦口区	2497	2567	-2.7	30053	36046	-16.6
六合区	1372	1418	-3.3	18449	17099	7.9
溧水区	924	984	-6.1	13647	13350	2.2
高淳区	926	948	-2.4	11813	11246	5.0
第二税务分局	0	0	0	0	0	0

2019年企业所得税分税务机关统计表

表16 单位：万元

区域 \ 项目	12月份月度收入			年度累计收入		
	本期	上期	增减%	本期	上期	增减%
全市	4879	15884	-69.3	6087027	6075336	0.2
江北新区	-5711	2151	-365.5	836795	695230	20.4
玄武区	3466	1116	210.5	461872	504876	-8.5
秦淮区	1095	6187	-82.3	506747	443339	14.3
建邺区	-2535	4232	-159.9	618490	546231	13.2
鼓楼区	3506	-348	-1108.7	1143459	1158902	-1.3
栖霞区	-1158	-1159	-0.1	246810	330397	-25.3
南京经开区	5963	1778	235.4	475267	316529	50.1
雨花台区	2949	252	1070.3	229383	280853	-18.3
江宁区	719	2041	-64.8	417234	625371	-33.3
江开区	-14250	2148	-763.5	532856	460027	15.8
浦口区	778	803	-3.2	184244	366208	-49.7
六合区	292	-58	-602.6	142169	96479	47.4
溧水区	7714	-1168	-760.4	183639	164707	11.5
高淳区	2050	-2092	-198.0	108060	86188	25.4
第二分税务局	0	0	0	0	0	0

2019年个人所得税分税务机关统计表

表17　　　　单位：万元

项目 区域	12月份月度收入			年度累计收入		
	本期	上期	增减%	本期	上期	增减%
全市	171169	188421	-9.2	1872483	2462761	-24.0
江北新区	24713	8591	187.7	169865	168513	0.8
玄武区	12171	12069	0.8	160807	231955	-30.7
秦淮区	13760	13922	-1.2	154643	235586	-34.4
建邺区	9161	5346	71.4	111075	134454	-17.4
鼓楼区	19328	18746	3.1	226930	359258	-36.8
栖霞区	5005	4576	9.4	62450	91271	-31.6
南京经开区	6866	4605	49.1	64688	76713	-15.7
雨花区	18110	12448	45.5	219798	328504	-33.1
江宁区	16789	7704	117.9	140009	186274	-24.8
江宁经开区	9973	10802	-7.7	130324	179541	-27.4
浦口区	4734	5383	-12.1	51454	78061	-34.1
六合区	2654	1683	57.7	29218	36681	-20.3
溧水区	16770	71115	-76.4	196531	140381	40.0
高淳区	2572	4134	-37.8	61120	72763	-16.0
第二税务分局	8563	7298	17.3	93571	142805	-34.5

2019年城市维护建设税分税务机关统计表

表18　　单位：万元

项目 区域	12月份月度收入			年度累计收入		
	本期	上期	增减%	本期	上期	增减%
全市	71344	116506	-38.8	975158	930144	4.8
江北新区	10956	10969	-0.1	146399	130607	12.1
玄武区	2690	2798	-3.9	42217	38797	8.8
秦淮区	3302	3953	-16.5	53248	55308	-3.7
建邺区	8424	52085	-83.8	168386	129708	29.8
鼓楼区	5908	5347	10.5	66846	69790	-4.2
栖霞区	2203	1667	32.2	40303	26172	54.0
南京经开区	5026	11075	-54.6	146352	152054	-3.7
雨花台区	4813	3645	32.0	53988	61464	-12.2
江宁区	6341	6057	4.7	64754	61585	5.1
江宁经开区	11881	10233	16.1	90596	93313	-2.9
浦口区	2222	1959	13.5	25812	33698	-23.4
六合区	1770	1857	-4.7	20510	20731	-1.1
溧水区	3669	2890	26.9	28212	25789	9.4
高淳区	1696	1597	6.2	20307	18385	10.5
第二税务分局	441	374	18.1	7227	12745	-43.3

2019年印花税分税务机关统计表

表19　　单位:万元

项目 区域	12月份月度收入			年度累计收入		
	本期	上期	增减%	本期	上期	增减%
全市	18838	18084	4.2	157721	182618	-13.6
江北新区	2046	1749	17.0	19904	20025	-0.6
玄武区	1835	852	115.5	10081	13353	-24.5
秦淮区	806	915	-11.9	9815	11175	-12.2
建邺区	842	848	-0.7	10018	10994	-8.9
鼓楼区	5957	6661	-10.6	30203	36478	-17.2
栖霞区	418	481	-13.1	5501	8089	-32.0
南京经开区	851	979	-13.1	9631	9704	-0.8
雨花台区	1059	1123	-5.7	10760	12824	-16.1
江宁区	1253	1340	-6.5	14612	13541	7.9
江开区	1506	1160	29.8	13957	15544	-10.2
浦口区	706	427	65.4	7908	12374	-36.1
六合区	401	295	35.9	3528	3609	-2.2
溧水区	575	670	-14.1	5639	7526	-25.1
高淳区	331	384	-13.8	4572	4637	-1.4
第二税务分局	253	201	25.4	1593	2743	-41.9

2019年环境保护税分税务机关统计表

表20

单位：万元

项目/区域	12月份月度收入			年度累计收入		
	本期	上期	增减%	本期	上期	增减%
全市	476	17	2698.0	68536	60523	13.2
江北新区	–4	5	–183.3	19970	17806	12.2
玄武区	0	0	0.00	127	700	–81.9
秦淮区	0	0	0.00	695	740	–6.0
建邺区	0	7	–100.0	4738	2570	84.3
鼓楼区	0	0	0.00	1850	1898	–2.5
栖霞区	0	0	0.00	2585	2298	12.5
南京经开区	29	0	0.00	8744	6259	39.7
雨花台区	219	0	0.00	7626	8191	–6.9
江宁区	0	0	525.0	4013	4353	–7.8
江宁经开区	0	0	0.00	2606	2365	10.2
浦口区	211	2	8503.3	4435	5110	–13.2
六合区	0	2	–90.5	2715	2253	20.5
溧水区	3	0	0.00	6989	4876	43.3
高淳区	18	0	11953.3	1442	1104	30.6
第二税务分局	0	0	0	0	0	0

2019年房产税分税务机关统计表

表21

单位：万元

项目 区域	12月份月度收入			年度累计收入		
	本期	上期	增减%	本期	上期	增减%
全市	3762	6640	-43.3	508803	470913	8.0
江北新区	257	302	-14.8	45547	41848	8.8
玄武区	761	596	27.5	44563	35420	25.8
秦淮区	580	1436	-59.6	56487	57393	-1.6
建邺区	414	796	-48.0	50909	40875	24.5
鼓楼区	81	833	-90.3	61366	60887	0.8
栖霞区	246	285	-13.6	19561	18758	4.3
南京经开区	171	44	290.6	36798	33438	10.0
雨花台区	630	794	-20.6	41807	39543	5.7
江宁区	461	770	-40.2	48931	44115	10.9
江宁经开区	127	520	-75.5	51220	51451	-0.4
浦口区	-279	51	-647.1	18339	18676	-1.8
六合区	198	48	309.2	9637	7625	26.4
溧水区	57	100	-42.6	15546	13055	19.1
高淳区	57	64	-10.6	8092	7829	3.4
第二税务分局	0	0	0	0	0	0

2019年车船税分税务机关统计表

表22　　　　　　　　　　　　　　　　　　　　　　　　单位：万元

区域＼项目	12月份月度收入			年度累计收入		
	本期	上期	增减%	本期	上期	增减%
全市	7417	7649	-3.0	82700	81932	0.9
江北新区	532	517	2.9	5317	3655	45.5
玄武区	2526	2796	-9.7	30221	27863	8.5
秦淮区	637	800	-20.4	7603	8486	-10.4
建邺区	936	1013	-7.6	10811	9819	10.1
鼓楼区	678	608	11.6	5200	7379	-29.5
栖霞区	305	316	-3.2	3529	3532	-0.1
南京经开区	2	10	-83.8	21	73	-71.1
雨花台区	279	234	19.3	3268	2835	15.3
江宁区	567	561	1.0	6484	6886	-5.8
江宁经开区	55	52	6.0	1241	657	88.9
浦口区	8	-96	-108.1	94	2051	-95.4
六合区	355	294	21.0	3918	3775	3.8
溧水区	253	253	-0.4	2610	2554	2.2
高淳区	284	291	-2.3	2382	2369	0.6
第二税务分局	0	0	0	0	0	0

2019年资源税分税务机关统计表

表23

单位：万元

项目 区域	12月份月度收入			年度累计收入		
	本期	上期	增减%	本期	上期	增减%
全市	382	582	-34.4	5321	4955	7.4
江北新区	0	0	0	0	0	0
玄武区	0	0	0	0	0	0
秦淮区	0	0	0	0	0	0
建邺区	0	0	0	0	0	0
鼓楼区	0	0	0	0	0	0
栖霞区	0	0	0	0	0	0
南京经开区	80	231	-65.4	1486	1955	-24.0
雨花台区	148	121	22.1	2198	1623	35.4
江宁区	60	140	-57.3	806	898	-10.2
江宁经开区	0	0	0	0	0	0
浦口区	78	81	-4.6	693	327	111.6
六合区	0	0	0	5	35	-86.3
溧水区	17	10	74.0	133	118	13.1
高淳区	0	0	0	0	0	0
第二税务分局	0	0	0	0	0	0

2019年城镇土地使用税分税务机关统计表

表24　　单位：万元

项目 区域	12月份月度收入			年度累计收入		
	本期	上期	增减%	本期	上期	增减%
全市	524	354	48.0	165383	175635	-5.8
江北新区	105	164	-35.6	29773	26702	11.5
玄武区	2	6	-62.4	5883	5980	-1.6
秦淮区	16	1	1291.1	5328	5662	-5.9
建邺区	0	0	-100.0	5168	5403	-4.3
鼓楼区	4	3	48.7	5695	6273	-9.2
栖霞区	82	-5	-1652.1	5346	5284	1.2
南京经开区	94	-55	-271.1	15658	15234	2.8
雨花台区	29	54	-46.5	10542	10976	-4.0
江宁区	245	79	210.0	22363	23207	-3.6
江宁经开区	2	-4	-157.3	15535	16128	-3.7
浦口区	-93	33	-386.7	9277	12233	-24.2
六合区	30	84	-64.3	7286	7651	-4.8
溧水区	-9	17	-151.7	22421	27933	-19.7
高淳区	17	-23	-174.3	5108	6970	-26.7
第二税务分局	0	0	0	0	0	0

2019年土地增值税分税务机关统计表

表25

单位：万元

项目 / 区域	12月份月度收入			年度累计收入		
	本期	上期	增减%	本期	上期	增减%
全市	114201	43572	162.1	1110664	884161	25.6
江北新区	4265	2287	86.5	206137	107421	91.9
玄武区	23280	570	3983.3	78487	17212	356.0
秦淮区	2906	825	252.4	47438	22696	109.0
建邺区	20536	-2990	-786.8	121746	145755	-16.5
鼓楼区	8688	6565	32.3	85286	104126	-18.1
栖霞区	2285	2790	-18.1	63506	84783	-25.1
南京经开区	57991	23895	142.7	96529	37314	158.7
雨花台区	-10981	2908	-477.6	32804	48070	-31.8
江宁区	-8199	8756	-193.6	82214	52133	57.7
江宁经开区	1149	2232	-48.5	44177	43853	0.7
浦口区	5370	3700	45.1	80417	65346	23.1
六合区	1356	-57	-2494.4	40905	23953	70.8
溧水区	-4393	-11719	-62.5	83925	77164	8.8
高淳区	-6464	63	-10379.4	12607	12480	1.0
第二税务分局	16410	3746	338.0	34488	41855	-17.6

2019年耕地占用税分税务机关统计表

表26

单位：万元

项目 区域	12月份月度收入			年度累计收入		
	本期	上期	增减%	本期	上期	增减%
全市	4673	24	19371.2	119102	48845	143.8
江北新区	0	0	0	6202	0	0
玄武区	0	0	0	0	0	-100.0
秦淮区	0	0	0	0	0	0
建邺区	0	0	0	0	0	0
鼓楼区	939	0	0	6103	2478	146.3
栖霞区	0	0	0	0	0	0
南京经开区	0	0	0	0	0	0
雨花台区	0	0	0	0	0	0
江宁区	0	0	0	50238	35079	43.2
江开区	0	0	0	0	0	0
浦口区	3218	0	0	35776	0	0
六合区	0	0	0	6226	2214	181.3
溧水区	461	0	0	10656	6458	65.0
高淳区	55	24	135.1	3900	2617	49.1
第二税务分局	0	0	0	0	0	0

2019年30户重点税源企业税收情况表

表27　　单位：万元

纳税人名称	2019年税收	2018年税收	增幅%
江苏中烟工业有限责任公司南京卷烟厂	1900515	1416383	34.2
中国石油化工股份有限公司金陵分公司	1816116	1643299	10.5
中国石化扬子石油化工有限公司	854401	786080	8.7
上汽大众汽车有限公司南京分公司	447700	407580	9.8
国网江苏省电力有限公司	325882	325997	0.0
江苏中烟工业有限责任公司	256166	230222	11.3
南京银行股份有限公司	237878	249683	–4.7
长安马自达汽车有限公司	175775	262161	–33.0
扬子石化-巴斯夫有限责任公司	154256	219176	–29.6
南京万达茂投资有限公司	123360	83061	48.5
南京钢铁股份有限公司	116608	116184	0.4
江苏省烟草公司南京市公司	115527	109890	5.1
国网江苏省电力有限公司南京供电分公司	105097	117151	–10.3
南京奥和房地产开发有限公司	93870	42988	118.4
中兴通讯股份有限公司南京分公司	91519	80853	13.2
南京江北新区产业投资集团有限公司	83067	33415	148.6
苏宁置业集团有限公司	82391	31203	164.0
南京华侨城置地有限公司	70982	57303	23.9
南京大华投资发展有限公司	67237	57296	17.4
博西家用电器（中国）有限公司	63791	61725	3.3
南京海嘉房地产开发有限公司	63338	0	—
江苏紫金农村商业银行股份有限公司	62244	58587	6.2
乐金显示（南京）有限公司	61789	28309	118.3
华为软件技术有限公司	58480	115964	–49.6
南京世茂房地产开发有限公司	56359	35642	58.1
南京汽车集团有限公司	55125	132136	–58.3
上海梅山钢铁股份有限公司	54781	130580	–58.0
紫金信托有限责任公司	54750	36581	49.7
江苏奥赛康药业有限公司	51466	55848	–7.8
南京华欧舜都置业有限公司	49540	28714	72.5

2019年江苏省税务部门税收收入统计表——地区、级次

表28

单位：万元

地区	税收收入				中央级				地方级			
	12月份		年度累计		12月份		年度累计		12月份		年度累计	
	收入额	同比增减%	收入额	同比增减%	收入额	同比增减%	收入额	同比增减%	收入额	同比增减%	收入额	同比增减%
全省合计	8772206	−2.3	140822573	0.7	3756732	−9.1	67822242	0.2	5015474	3.4	73000331	1.1
南京市	1536603	−2.7	29317889	3.3	594988	−26.8	15485186	3.1	941615	22.8	13832703	3.5
市税务局	1475089	−1.9	26652834	3.2	562234	−27.2	13984241	2.9	912855	24.8	12668593	3.4
省三分局	61514	−18.2	2665054	4.3	32754	−18.4	1500945	4.4	28760	−17.9	1164109	4.3
无锡市	1107828	−10.6	16375491	−0.3	480537	−16.9	7654910	−1.9	627291	−5.1	8720581	1.1
徐州市	526748	−21.6	8265572	−0.6	288354	−3.2	4517316	9.2	238394	−36.3	3748256	−10.3
常州市	692248	−7.7	9141986	−0.1	313096	−12.6	4115517	−3.1	379152	−3.2	5026469	2.5
苏州市	2200170	5.6	36453904	−0.5	837000	−7.7	16519283	−4.6	1363170	15.9	19934621	3.2
南通市	544064	−8.4	9196020	0.9	252874	−5.1	4102430	1.1	291190	−11.1	5093590	0.7
连云港市	272397	0.4	3727213	3.4	116031	−2.8	1787143	5.0	156366	2.9	1940070	2.0
淮安市	288372	54.0	4857148	9.5	156666	79.1	2752415	15.1	131706	31.9	2104733	3.0
盐城市	395019	4.6	5286535	−1.0	174182	8.7	2327346	2.0	220837	1.6	2959189	−3.3
扬州市	389621	−9.5	4911625	−4.0	167756	−9.2	2263180	−5.1	221865	−9.7	2648445	−3.0
镇江市	292121	14.8	4329298	−1.1	123001	13.3	1931712	−1.3	169120	15.9	2397586	−1.0
泰州市	398666	−6.7	5223578	−3.7	184549	−1.7	2419960	−5.2	214117	−10.7	2803618	−2.3
宿迁市	128349	9.4	3736314	5.6	67698	5.9	1945844	8.0	60651	13.6	1790470	3.1

2019年全国副省级城市税收收入情况统计表

表29　　　　　　　　　　　　　　　　　　　　　　　　　　　　单位：万元

项目	一、国内税收收入					其中：国内税收市以下					二、一般公共预算收入（税务完成）				
	2019年	2018年	增减比率%	增幅排名	增减额	2019年	2018年	增减比率%	增幅排名	增减额	2019年	2018年	增减比率%	增幅排名	增减额
济南市	14066891	13170373	6.81	2	896518	7035011	6723181	4.64	6	311830	7452607	6553721	13.72	2	898886
沈阳市	11597358	11438953	1.38	10	158405	5902970	5785001	2.04	9	117969	6227644	5780730	7.73	5	446914
大连市	10845564	11372266	-4.63	13	-526702	4993396	5376390	-7.12	14	-382994	5348027	5743870	-6.89	14	-395843
长春市	9536084	11057645	-13.76	15	-1521561	3115324	3708828	-16.00	15	-593504	3353487	3985282	-15.85	15	-631795
哈尔滨	7087371	7599998	-6.75	14	-512627	3093241	3263876	-5.23	13	-170635	3237056	3408133	-5.02	13	-171077
南京市	26652835	25836724	3.16	7	816111	12740717	12003074	6.15	3	737643	13738488	12431063	10.52	4	1307425
杭州市	34590089	32060088	7.89	1	2530001	17038992	15515756	9.82	1	1523236	17881860	15515756	15.25	1	2366104
宁波市	25818065	25008607	3.24	6	809458	12104877	11718420	3.30	7	386457	12965866	12568933	3.16	10	396933
厦门市	11670747	11587384	0.72	11	83363	6020997	6017594	0.06	10	3403	6312215	6017594	4.90	8	294621
青岛市	17641013	17200586	2.56	9	440427	9001220	9035464	-0.38	11	-34244	9572770	9544715	0.29	12	28055
武汉市	27354857	27319027	0.13	12	35830	13206301	13522723	-2.34	12	-316422	13861569	13522723	2.51	11	338846
广州市	46394052	44649137	3.91	5	1744915	13813838	13012588	6.16	2	801250	14840425	14137464	4.97	7	702961
深圳市	68295855	64285250	6.24	3	4010605	30557029	29089414	5.05	4	1467615	32020123	30554599	4.80	9	1465524
成都市	29025371	28220014	2.85	8	805357	10940746	10692896	2.32	8	247850	11846652	10692896	10.79	3	1153756
西安市	13231880	12575885	5.22	4	655995	5104007	4867829	4.85	5	236178	5511142	5140010	7.22	6	371132

索　引

A

B

C

D

F

G

H

J

K

L

N

P

Q

R

S

T

崇州年鉴

2016

崇州市人民政府　主办
崇州市地方志办公室　编

方志出版社
Publishing House of Local Records

图书在版编目（CIP）数据

崇州年鉴. 2016 / 崇州市地方志办公室编. —北京：方志出版社，2016.10

ISBN 978-7-5144-2143-9

Ⅰ. ①崇… Ⅱ. ①崇… Ⅲ. ①崇州—2016—年鉴 Ⅳ. ①Z527.14

中国版本图书馆CIP数据核字（2016）第252649号

崇州年鉴（2016）

编　　者：崇州市地方志办公室

责任编辑：王笃银　陈菁

出 版 人：冀祥德

出 版 者：方志出版社

地址　北京市朝阳区潘家园东里9号（国家方志馆4层）

邮编　100021

网址　http://www.fzph.org

发　　行：方志出版社发行中心

电话（010）67110500

经　　销：各地新华书店

印　　刷：四川胜翔数码印务设计有限公司

开　　本：889 × 1194　　1/16

印　　张：19.75

字　　数：572千

版　　次：2016年10月第1版　2016年10月第1次印刷

印　　数：1 ~ 800册

ISBN 978-7-5144-2143-9　　**定价**：158.00元

《崇州年鉴（2016）》编审领导小组

顾　　问　赵浩宇

组　　长　欧　昭

副 组 长　郑继良　冯卫康

办公室主任　雷庆龄（兼）

成员单位

市委办公室	市人大常委会办公室		市政府办公室
市政协办公室	市纪委	市委组织部	市委宣传部
市委统战部	市委政法委	市委编办	市外台侨办
市直机关工委	市委统筹委	市信访局	市机要保密局
市委政研室	市目督办	市委老干局	市委党校
市史志办	市法院	市检察院	市人武部
市发改局	市经信局	市教育局	市公安局
市民政局	市司法局	市财政局	市人社局
市国土局	市环保局	市住建局	市规划局
市城管局	市交通局	市水务局	市农发局
市商投局	市文旅局	市卫计局	市审计局
市市场服务中心	市安监局	市统计局	经开区管委会
市街管局	市法制办	市政务办	市档案局
市防震减灾局	市供销联社	市沼气办	市交易中心
市工商联	市总工会	团市委	市妇联
市科协	市社科联	市文联	市红会

市残联	市新闻中心	市市场监督管理局	国网崇州市供电公司
市国税局	市地税局	市气象局	公积金中心崇州市管理部
邮政崇州分公司	电信崇州分公司	移动崇州分公司	联通崇州分公司
市天然气公司	市自来水公司	崇阳街道	羊马镇
崇平镇	梓潼镇	廖家镇	三江镇
江源镇	大划镇	王场镇	白头镇
道明镇	济协乡	隆兴镇	桤泉镇
集贤乡	燎原乡	元通镇	观胜镇
锦江乡	公议乡	怀远镇	街子镇
三郎镇	文井江镇	鸡冠山乡	

《崇州年鉴（2016）》编辑部

主　　编　雷庆龄

副 主 编　谢东强　周　莉

责任编辑　周明强　高　雅

编　　辑　周继红　林　雯　王海江　粟蓉莉

图片编辑　袁　建

编辑说明

一、《崇州年鉴》是崇州市人民政府主办的综合性地方年鉴，旨在按年度全面、系统地记录崇州政治、经济、社会发展情况，真实反映崇州社会主义现代化建设历程，为各级党政机关、研究部门、社会各界人士及中外投资者认识、了解和研究崇州提供基本资料。

二、《崇州年鉴（2016）》采取分类编辑法，按篇目、分目、条目的结构组成内容体系，以不同字体、字号区别不同层次。2016卷主要记载崇州地区2015年度的基本情况、发展变化及年度大事要闻，内文设崇州概况、特载、专文、大事记、中共崇州市委员会、崇州市人民代表大会、崇州市人民政府、政协崇州市委员会、纪检·监察、民主党派、社会团体、法治、国防、城建·环保、城乡管理、工业、农业·林业、商贸服务、交通·邮政、广电通信、能源、金融·投资、财政·税务、经济监督管理、教育·文化·体育·旅游·卫生、人民生活、乡镇（街道）和附录共28个类目，56幅内文照片。

三、《崇州年鉴（2016）》按照“市委领导、政府主持、单位供稿、志办总纂”的修志编鉴体制编著，统计资料由市统计局提供，内文条目中的数据由各供稿单位提供，图片由相关单位和宣传部门提供，稿件主要由市级各部门、各乡镇（街道）、部分驻崇州单位提供，全稿的组织编写、初纂、总纂与送审后的修改、校订以及后期出版发行工作由市地方志办公室负责。

四、《崇州年鉴（2016）》的组稿、编纂工作得到全市各级领导的关怀和各部门、各乡镇（街道）的大力支持。市地方志办公室向所有关心、支持和直接参与《崇州年鉴》工作的领导和同志表示衷心感谢。编纂中的疏漏之处，恳请批评指正。

1月5日，中共崇州市委十二届六次全体会议召开

1月12日，三郎镇群众工作办公室主任张远（左一）获评四川省“人民满意的公务员”。图为表彰现场

2月6日，崇州市举行"走基层"践行党的群众路线优秀案例展演活动（袁建 摄）

4月8日至10日，崇州市政协召开第十三届委员会第四次会议。图为会议现场（刘朝伟 摄）

4月9日至11日，崇州市召开第十七届人民代表大会第五次会议。图为大会会场

（刘朝伟 摄）

4月21日，全市2015年村（社区）党组织书记、村（居）委会主任培训班开班。图为市委常委、组织部部长、党校校长牟家忠（左前排右二）与培训班学员交流研讨

5月27日，崇州市市管主要领导干部读书班开班

6月5日，双流代表在五星村考察新村建设

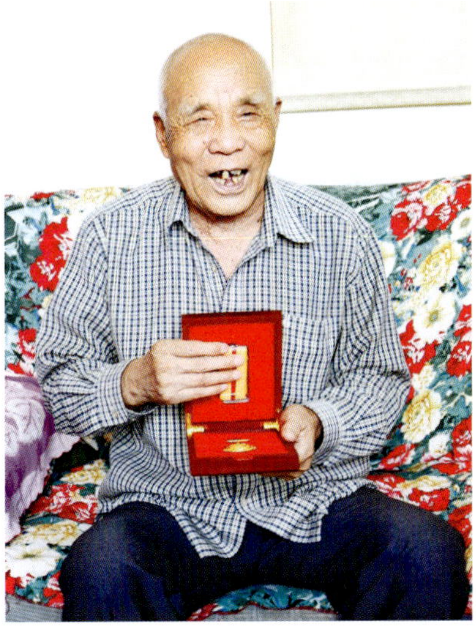

9月2日，崇州市13名抗战老战士领到中国人民抗日战争胜利70周年纪念章。图为秦锡安展示纪念章

王场镇实行“1+N”党小组工作制，充分发挥党员代表性和先锋模范性，带动群众积极性和主动性。图为党小组选举现场

12月22日，中共崇州市委常委班子“三严三实”专题民主生活会召开

1月21日，崇州市与深圳中营都市设计公司签署城市发展战略合作协议

1月23日，崇州市与中兴新能源汽车公司签订合作框架协议

2月27日，百度公司与市政府签订战略合作协议，崇州成为与百度公司正式开展战略合作的全国第一个城市

5月25日，崇州成为四川首批光网城市（汤雷 摄）

全省首次测评县城金融生态环境，崇州市进入“第一方阵”。图为乡镇积极创建金融信用单位

6月11日，崇州市2015年投资项目集中签约暨开工典礼在经开区举行

掌上明珠ERP物流仓储管理

8月20日，万达广场项目落户崇州（刘瑞宇 摄）

9月28日，成都·崇州推介会暨捷普供应商大会在苏州举行 （张世海 摄）

11月9日，崇州市举行崇州大数据产业创新联盟成立大会暨大数据共享创新产业发展论坛

1月，崇州市颁发首本农业设施所有权证

2月，崇州市获评2014全省“三农”工作先进市

3月21日，文井江镇第十二届龙门贡茶采摘文化节开幕

1月，崇州市启动“暖冬行·爱传递”志愿服务活动。图为鑫磊公司慰问员工

1月19日，市群众信访接待中心全面投入使用。图为工作人员与群众面对面交流

“一站式”电子政务服务

4月23日，崇州市举行“第八届全民阅读活动”启动仪式暨国学经典诵读比赛

5月9日，崇州市成立全省首个汽车维修行业诚信联盟。图为车主、维修企业、保险公司代表签名信守汽车维修诚信联盟承诺

5月14日，崇州市举行2015年"最美家庭"表彰暨"做优雅母亲"专题讲座

5月16日，"出彩崇州人"第二季落幕（李远鹏 摄）

5月25日，崇州市建成全省首批“光网城市”，“百兆光宽带惠民工程”启动

6月3日，崇州市举行首次大学生创业培训

6月3日，为期两个月的民生工程宣传月活动在蜀州广场启动。图为工作人员向群众宣传民生项目

10月19日，崇州市开展“健康崇州”进社区活动

CHONGZHOU YEARBOOK

目　录

崇州概况

特　载

专　文

大事记

中共崇州市委员会

崇州市人民代表大会

崇州市人民政府

政协崇州市委员会

纪检·监察

民主党派

社会团体

法 治

国　防

城建・环保

城乡管理

工　业

农业·林业

商贸服务

交通·邮政

广电通信

能　源

金融·投资

财政·税务

经济监督管理

教育·文化·体育·旅游·卫生

人民生活

乡镇（街道）

附 录

CHONGZHOU YEARBOOK

崇州概况

市情概貌

【位置·区划】 崇州市位于四川省岷江中上游川西平原西部，坐落于北纬30°30′—30°53′、东经103°07′—103°49′之间，面积1090.17平方公里。东邻温江、双流，西与大邑相接，南同新津毗连，北与都江堰相依，西北部与汶川接壤。全市辖18镇6乡1街道，共191个行政村、62个社区居民委员会。市人民政府所在地为崇阳街道。

【地形·地貌】 崇州市地处四川省岷江中上游川西平原西部边缘，地势自西北向东南倾斜，呈西北高、东南低之势。地质构造属九顶山华夏系和青城—青霞新华夏系构造。西北部为龙门山褶断带的强上升区，褶皱、断裂构造发育；东南部处于成都凹陷区，沉积了浓厚的第四系冰水堆积、冲洪积的松散堆积物。属山地、丘陵、平原兼有地貌，海拔1000米以上的高中山区占全市总面积的38.4%，低山和丘陵占8.7%，平坝占52.9%。境内主要山峰有六顶山、令牌山、鸡冠山、凤栖山等，均与青城山脉相连。西北部多有海拔2000米以上的山峰，海拔最高处为鸡冠山乡境内极西处之火烧营峰，为3868米。丘陵和平原地区平均海拔高度为560米，最低点为三江镇境内之蒙渡，海拔高度仅480米。

【气候特征】 属亚热带季风气候，四季分明，气候温和，春秋短，冬夏长，雨量充沛，日照偏少，无霜期较长。2015年，年平均气温16.9℃，比常年平均值16.2℃偏高0.7℃，极端最高气温35.3℃，极端最低气温－2.0℃，年内出现2次寒潮天气。年降雨量821.1毫米，≥25.0毫米降雨日数6个。有冬干、春旱、夏旱、伏旱。出现2次暴雨并伴有1次区域性洪涝。7月29日出现大风，瞬时风速19.4米/秒。冬季干暖气候特征明显，入冬时间较晚，有局地强对流、高温、秋绵雨、大雾等天气发生，气象灾害影响总体较轻。

【矿产·植被·珍稀动物】 境内已探明地下矿藏有15种，其中探明储量的有5种：煤、铅、锌、石灰石和泥炭；尚未查明储量的有10种：硫铁矿、砖瓦用页岩矿、银、金、云母、雄黄、石膏、铝、盐和天然气。矿点分布于鸡冠山、文井江、三郎、怀远、街子、公议、王场、道明和隆兴等乡镇，煤和石灰石储量最多。煤矿已于2006年全部关闭，主要分布在鸡冠山乡、文井江镇和三郎镇，地质储量为5783.7万吨。铅锌矿主要分布在鸡冠山乡小坪沟、银厂沟，已查明地质储量约20万吨。石灰石矿主要分布于鸡冠山乡大偏岩以上至公安站一带，地质储量为5亿吨；已经开发的石灰石矿（332+333），位于鸡冠山乡岩峰村，矿区面积0.0699平方公里，地质储量653.05万吨，年产量18万吨；已经开发的石灰石矿（331+333），位于鸡冠山乡涂家山，矿区面积6.64平方公里，地质储量8066万吨。砖瓦用页岩矿主要分布于王场、道明、怀远、公议、三郎一带，储量十分丰富。此外，境内还有较丰富的地热水资源。境内植物繁多茂盛，乔、灌树木遍布全境，药用植物120余种。属国家保护的珍稀树木有5种：珙桐、紫檀、水杉、红豆树和罗汉松。野生动物有哺乳类、鸟类、鱼类、两栖类、爬行类、昆虫类以及软体类、节肢类、环节类等数百种。珍稀动物有金丝猴、岩驴、扭角羚（野牛）、大熊猫、小熊猫和大鲵；名贵珍禽有相思鸟、百灵鸟、野雉、鹦鹉、贝母鸡等。崇州市于1993年成立鞍子河大熊猫自然生态保护区。

【建置沿革】 地域政区建置，始于古蜀国时期。距今4300年前的6座新石器时代成都平原城址中，有双河、紫竹、宝墩、芒城4座城址在古江原县（今崇州市）境内，证实崇州地域其时为古蜀国中心。常璩所著《华阳国志》记载，崇州为蜀王杜宇“移治郫邑”前的古蜀国故都。秦灭蜀后筑城置县，先后为郡、州、军、府及其部分辖县治地。崇州市历史文化源远流长，是四川省1991年公布的首批省级历史文化名城之一。

【人文景观】 崇州有着4300多年的悠久历史，地处天府之国富庶地带，地灵人杰，名人荟萃，形成诸多人文景观。国家级重点文物保护单位有：州文庙、陆游祠、罨画池、上元双河古遗址、燎原紫竹村古遗址。著名历史人物有：中国地方志鼻祖——《华阳国志》作者晋人常璩、35首作品入选《全唐诗》的“一瓢诗人”唐求、《经史证类备急本草》作者——宋代名医唐慎微、官封“一等昭勇侯”的陕甘总督清代名将杨遇春。近现代也涌现出许多仁人志士和英雄人物：有鸦片战争抗英英雄王国英、反袁护国先驱任重远、保路风云豪杰孙泽沛、红军首架飞机驾驶员龙文光、红岩英烈张露萍等。

国民经济和社会发展

【综合经济】 2015年，全市实现地区生产总值2260951万元，按可比价计算（下同），比2014年增长12.3%，其中：第一产业实现增加值313787万元，增长4.8%；第二产业实现增加值1099917万元，增长14.0%；第三产业实现增加值847247万元，增长13.2%。一二三产业结构为13.9∶48.6∶37.5，三次产业对经济增长的贡献率分别为5.9%、56.4%、37.7%。按常住人口计算，人均地区生产总值34045元，增长12.3%。全市非公经济实现增加值1452322万元，增长13.1%，非公经济占GDP的比重为64.2%，对经济增长的贡献率为73.2%。

【农业】 全年农林牧渔业总产值达到322625万元，增长4.8%。其中：农业总产值180721万元，增长5.8%；林业总产值6963万元，增长1.5%；牧业总产值119562万元，增长2.7%；渔业总产值6541万元，增长22.0%；

农业服务业总产值8838万元，增长4.8%。全年粮食播种面积623370亩，粮食总产量273389吨，油料种植面积172709亩，总产量25420吨。蔬菜种植面积112333亩，产量296187吨。肉牛出栏20147头、肉羊出栏19123只，牛奶产量6968吨。全市生猪出栏86.7万头、生猪存栏50.4万头。全年肉类总产量78569吨，其中猪肉产量60936吨。农业机械总动力42.6万千瓦，拥有大中型拖拉机1186台，小型拖拉机5046台，联合收割机327台；全年机耕作业面积51200公顷，机电灌溉作业面积8000公顷，机播面积23067公顷，机收面积43039公顷。现代农业全面提质，深化提升“农业共营制”，全市土地股份合作社246个，入社面积31.1万亩，入社农户9.1万户，适度规模经营率70%。建成粮食烘储中心12个、“粮食银行”10个。搭建“西蜀粮仓·崇州味道”电商平台，新培育“白头五星”“稻虾藕遇”等特色农产品品牌，崇州优质大米、宝石梨等10种特色农产品实现上网销售。

【工业和建筑业】 全市规模以上工业企业159家，年平均从业人数52892人，完成规模以上工业总产值2616755万元，实现工业增加值653670万元，增长16.7%；规模以上工业实现主营业务收入2645652万元，实现利税总额230923万元，利润总额157962万元；规模企业实现总资产贡献率为10.2%，成本费用利润率为6.2%，资本保值增值率为122.2%，资产负债率为53.8%。全市建筑业实现增加值308144万元，增长11.0%。资质内建筑企业47家，完成建筑业总产值857319万元，增长15.8%。

【固定资产投资】 全年完成固定资产投资2158349万元，增长11.4%，其中：技术改造完成投资484608万元，增长0.6%。全市工业完成投资625879万元，增长9.9%。民间投资完成1050474万元，降低5.2%；全年新增固定资产2192135万元，增长32.9%。分产业看：第一产业完成固定资产投资35275万元，降低49.8%；第二产业完成固定资产投资625879万元，增长9.9%；第三产业完成固定资产投资1479395万元，增长9.8%。一二三产业投资占总投资比重分别为1.6%、29.0%、68.5%。全年房地产开发共完成投资208882万元，增长15.7%。全年商品房竣工面积12.59万平方米，其中住宅竣工5.2万平方米；商品房销售面积51.6万平方米，增长19.0%；商品房销售额248700万元，增长8.3%。

【商品贸易】 零售业巨头永辉、沃尔玛入驻崇州。全市新开业商业综合体面积超10万平方米。全年实现社会消费品零售总额701128万元，增长9.6%，其中批发和零售业实现营业额584151万元，增长9.9%；住宿餐饮业营业额116977万元，增长8.1%。城镇实现消费品零售额652451万元，增长8.3%，农村实现消费品零售额48677万元，增长29.8%。

【对外开放和旅游】 全年引进重大项目21个，增长31%，其中引进总投资20亿元以上项目1个，总投资10亿元至20亿元项目2个，总投资5亿元至10亿元项目9个，1亿元至5亿元项目9个。全市实际到位内资111亿元。全年实际利用外资7508万美元。进出口总额22776万美元，其中出口7872万美元，进口14904万美元。桤木河湿地公园成功创建省级生态旅游示范区，元通古镇成功创建国家“AAAA”景区。高水平举办四川花卉（果类）生态旅游节暨第三届四川自驾赏花节、10万亩稻香金秋旅游季活动。全年接待游客1106万人次，增长37.2%，实现旅游综合总收入29.9亿元，增长105.9%。

【交通运输】 2015年年末，全市公路里程为1806公里，其中等级公路1617公里，高速公路49公里。成温邛快速路崇州段、成蒲铁路崇州新城站、羊马站有序推进，崇王路西段、桤木河路竣工。全年新改扩建农村公路136.4公里，完成24座旧危桥改造。全年客运量1007.5万人次、货运量1379万吨，同比2014年分别增长12.0%、12.8%。客运中心升级改造完成并投入使用。新增专线公交35辆，优化调整公交线路3条，完成出租汽车更新28辆，全市客运通车覆盖率96.8%。

【财政·金融】 全市完成财政总收入351842万元，降低18.7%，其中：地方财政收入完成232155万元，降低25.5%，其中地方一般公共预算收入完成151448万元，增长10.4%，地方一般公共预算收入中税收收入114447万元，增长5.3%。财政总支出486388万元，降低9.5%，其中一般公共预算支出381381万元，增长5.4%，一般公共预算支出中农林水事务支出53525万元、科学技术支出5715万元、医疗卫生支出27254万元、教育支出77174万元。全市金融机构各项存款余额达到3965066万元，增长16.5%，其中居民储蓄存款余额2855431万元，增长10.7%。各项贷款余额1761741万元，增长13.3%。

【科学技术和教育】 全年新获批国家高新技术企业10家，新建产学研联合实验室3个，引导建立企业博士工作站2个，推动科技企业自主创新27项。新增科技型企业55家，其中重点科技型企业15家，国家高新技术企业9家。全年专利申请2300件，其中发明专利申请345件。持续保持“全国义务教育发展基本均衡县”荣誉。崇庆中学创省一级示范校、树德怀远中学创省二级示范校、蜀城中学创成都市优质体艺学校工作有序实施。新增公益性幼儿园8所，启动16所公办标准化幼儿园建设。全市小学31所，九年制学校6所，特殊教育学校1所，中学12所，中等职业教育学校2所；小学在校学生27580人，中学在校学生22745人，中等职业学校在校学生1512人；专任教师4152人。学龄儿童入学率100%。新接收2144名外来务工人员子女在崇州市接受义务教育。

【文化·体育·卫生】 文化院坝建设被列入成都市重点改革项目，完成上元宫等文物单位修缮，新增文化地标21处，建成青工文化驿站1个。全市公共图书馆藏书18.5万册，市图书馆全年接待读者7万余次，市博物馆接待参观人员5万余人次，向全市村（社区）书屋配送图书2万册。开展“走基层”文化惠民演出52场，共放映公益电影2802场。完成体育中心升级改造。成功承办中国·成都第六届自行车车迷健身节（崇州站）暨第四届公路自行车精英赛，举办崇州市全民健身日广播体操比赛等全民健身活动109次。全市有医疗卫生机构392个，床位4952张，卫生技术人员4291人，其中执业（助理）医师1175人。

【城市建设和环境保护】 完成6条背街小巷硬化整治和西江一号桥维修加固。铺设沥青路面7700平方米、混凝土路面750平方米。以BOT模式完成城区7座公厕提档升级改造。成功创建国家生态市，全市25个乡镇（街道）全部通过国家级生态乡镇（街道）验收，鸡冠山森林公园被评为国家级森林公园。治理黑臭河渠47条，完成中小河流、沟渠整治243公里。新建污水收集管网150公里，污水处理设施21座，新增污水处理量5900吨/日，城镇污水处理率在70%以上。城区空气质量优良以上天数为211天。

【人民生活和社会保障】 2015年，居民人均可支配收入20813元，增长10.1%，其中城镇居民人均可支配收入27594元，比2014年增加2255元，增长8.9%；城镇人均消费性支出18155元，城镇居民恩格尔系数36.0%。农村居民人均可支配收入16269元，比2014年增加1519元，增长10.3%；农村居民人均生活消费支出11393元，农村居民恩格尔系数39.6%。完成羊马“公建民营”养老项目建设。全市各种福利收养单位79个，床位5425张。城镇基本养老保险参保人数140176人，城镇基本医疗保险参保人数181055人。新型农村合作医疗参保人数411563人，新型农村社会养老保险参保人数313400人。城镇最低生活保障人数986人，农村最低生活保障人数9251人。

【人口】 2015年年末，全市户籍总人口668582人，其中男性334183人，女性334399人。城镇人口287323人，乡村人口381259人。全市常住人口66.43万人。

市委工作报告

——在中共崇州市委十二届八次全会第一次会议上

（2016 年 1 月 19 日）

中共崇州市委书记　赵浩宇

这次市委全会的主要任务是，贯彻落实党的十八届五中全会和省委十届七次全会、成都市委十二届六次全会精神，总结报告市委十二届六次全会以来常委会工作，审议通过中共崇州市委《关于制定国民经济和社会发展第十三个五年规划的建议》，研究部署未来五年崇州经济社会发展。现在，我受常委会委托，向全会作工作报告。

市委十二届六次全会以来，市委常委会全面贯彻落实党的十八大和十八届三中、四中、五中全会战略部署，深入学习贯彻习近平总书记系列重要讲话精神，认真落实中央“四个全面”战略布局和省委“三大发展战略”、成都市委“改革创新、转型升级”总体战略，坚持发展现代产业实现“民共富”，建设现代都市实现“民共享”，创造现代生活实现“民共乐”的发展取向，统筹推进“五位一体”建设和党的建设，稳增长、调结构、促转型、惠民生、防风险，开创了加快建设“产业新城、品质崇州”的新局面，圆满完成了“十二五”发展主要目标。重点抓了以下六个方面工作。

一、经济发展实现稳中有进

常委会认为，经济发展新常态下，发展仍是第一要务，必须主动适应经济发展新常态，确保经济发展换挡不失速、调速不减势、量增质更优。一年来，我们保持专注发展、转型发展的定力，推动全市经济保持“稳中有进、稳中向好”的发展态势。

我们做大做强区域经济总量。牢牢把握

“稳中求进、统筹发展”工作主基调，一手抓经济总量扩大，一手抓发展质效提升，全市经济运行实现总体平稳。2015年全市实现地区生产总值226.1亿元，增长12.3%，高出成都市4.3个百分点；地方一般公共预算收入15.1亿元，增长10.3%；城镇居民人均可支配收入27594元，增长8.9%；农村居民人均可支配收入16269元，增长10.3%，多项经济指标位居成都市前列。

我们全力以赴稳定经济增长。坚持把稳增长作为发展的当务之要，市委常委会定期研究经济工作，及时出台投资促进、要素保障、扩大消费等稳增长措施，接连打出释放政策红利、激发投资活力和消费潜力等一系列“组合拳”。深化完善市领导联系重大产业、项目“一对一”服务责任机制，着力抓好298个重点项目建设，完成固定资产投资215.8亿元，增长11.4%。加强资金等要素保障，中小微企业贷款余额增长12%，有力确保经济平稳较快发展。同时，加快培育城乡电子商务、网络购物等消费业态，全方位激发稳增长动能。

我们坚定不移转方式调结构。深入实施“产业升级”行动，主动对接“成都制造2025”和“互联网+”行动计划，优化培育“三产融合、联动发展”的现代产业体系，2015年全市三次产业结构为13.9∶48.6∶37.5，“十二五”期间单位GDP能耗下降30个百分点。坚持“藏粮于地、藏粮于技”战略，围绕推动农业发展方式转变，统筹推进田网、水网、路网、服务网、观光网、信息化网、设施农业配套用地网“农业新七网”建设，建成十万亩粮食高产稳产综合示范基地，加快推进北部粮经旅综合示范区建设，初步形成现代农业发展新格局，荣获全省“三农”工作先进市、全省农民增收工作先进市。大力培育战略性新兴产业，以“住在崇州、计算天下、服务全国”为发展愿景，主动融入成都市大数据产业整体布局，在全省率先发展大数据产业，被确定为四川省信息安全产业示范园区，大数据产业正形成面向高端、集群发展的良好态势。不断壮大电子信息产业，以捷普为龙头的电子信息产业发展迅速，预计电子信息产业产值增长197.7%。经开区充分发挥工业主阵地重要作用，实现了园区面积近20平方公里、员工达到10万人、工业总产值突破200亿元、上交税收超过10亿元的“2121”新突破。着力改造提升传统产业，推动家具、建材等传统产业走品牌化、效益化、创新化发展道路。加快推进现代金融、物流、电子商务等服务业转型升级，荣获全国农村电子商务示范县。以“全域旅游”为抓手，全力打造“古镇金三角”、10万亩稻香旅游环线等山地旅游和精品旅游线路，鸡冠山被评为国家森林公园，元通古镇成功创建国家AAAA景区，启动实施李家岩水库项目，成功举办“2015四川花卉（果类）生态旅游节主会场”等重大节庆活动。

二、改革开放获得重大突破

常委会认为，新常态的实质是新旧增长动力的转换，必须要突出改革促动、开放推动、创新驱动，加快培育新的增长动力。一年来，我们以改革创新破解发展难题，推动改革开放取得更大突破。

我们蹄疾步稳全面深化改革。召开全面深化改革领导小组会议3次，出台专项改革方案20个，扎实推进行政审批、文化体制、区域医联体等领域209项具体改革，着力激发了经济社会发展的动力活力。深化提升“农业共营制”新型农业经营体系，扎实推进全国第二批农村改革试验区7项改革试点，部分改革试点工作走在全省乃至全国前列，被四川省推荐为国务院办公厅稳增长典型案例，获批国家土地经营权入股发展农业产业化经营等试点。去年7月，在成都召开的全国加快转变农业发展方式现场会把崇州作为会议的现场参观点位，获得汪洋副总理等领导和省内外专家学者的充分肯定。深化商事制度改革，启动实施“三证合一、一照一码”登记制度，新登记市场主体增长33.6%。深化投融资体制改革，政府和社会资本合作（PPP）模式加快推进，率先在全省探索建立农村产权抵押融资六大体系，做法被作为全省样板转发各市州，获批国家级土地承包经营权抵押融资试点县，被成都市确定为承担国家农村金融服务综合改革创新全面试点县。在成都率先启动并完成县级政府机构改革，创新探索文化院坝建设，分级诊疗试点被中央电视台《朝闻天下》专题报道。

我们全方位扩大开放合作。大力推动产业开放、环境开放和合作开放，瞄准电子信息、大数据等战略性新兴产业“两个高端”，深入开展产业链招商，先后引进微软、百度等33家电子信息、大数据知名企业，到位省外内资、外商投资持续增长。加快打造信息通、服务通、配套通等新“九通一平”发展环境，资源配置合理、科技创新活跃、服务便捷高效、产城和谐共融、核心竞争力凸显的新经济平台建设正向预期目标快速推进。加快与国内外商业巨头深度合作，沃尔玛、永辉等零售巨头在崇州开业，万达广场项目加快推进，区域开放发展的比较优势和发展后劲不断增强。

我们大力实施创新驱动。认真落实“创业天府”行动计划，加快构建“协同创新走廊”，引导企业组建四川塑胶管道创新联盟和崇州大数据产业创新联盟，大数据孵化中心、四川省“互联网+”众创空间等创新创业载体建设成效明显。深化院士专家创新工作站等新型智库建设，为创新驱动发展提供科技咨询支撑。加快实施省市科技计划项目，四川云润、勤智数码等一批创新科技性项目加快建设，成功举办“创业天府鲛菁蓉汇”崇州专场，高层次创新人才不断聚集。知识产权创新成效明显，荣获国家知识产权试点城市先进集体。

三、城乡品质迈上新的台阶

常委会认为，建设“产业新城、品质崇州”，必须全面树立“四态合一”理念，坚持走城乡一体、产城互动、集约高效、生态宜居的新型城镇化道路。一年来，我们坚持建管并重、内外并举，推进优城美乡提品，促进城乡协调发展，支撑“独立成市”的基础骨架和空间格局进一步形成。

我们狠抓对内对外交通和新城建设。深入推进“交通畅捷”行动，成温邛快速路、成蒲铁路崇州段建设进展有序，成都经济区环线高速公路（三绕）、二绕三绕高速通街子连接线即将启动建设，天府新区至崇州市区轨道交通线型基本确定，客运中心站升级改造完成，全市路网进一步优化，与成都中心城区“半小时交通网”基本成型。加快推进“三大新城”建设，南部新城建设全面提速，引进中铁、中交、中建等大型国企和其他社会资本参与新城建设，重点塑造以晋康南路为新的城市中心廊道，城市核心小街区规划建设工作全面启动，“三纵四横”道路骨架网络初具雏形。

我们狠抓城乡管理和基础设施建设。深入实施“城乡靓化”行动，“四改六治理”等城乡环境综合整治深入推进，“三无院落”、老旧院落更新改造成效明显，网格化服务管理体系建设全面完成，城乡人居环境明显改善。投资11亿元，启动棚户区改造项目4个，近8万平方米，其中上南街棚户区改造项目完成签约赔付。加快市政道路、管网、污水处理等基础设施建设，海绵城市申报工作推进有序。智慧城市建设稳步推进，全省首张集居民健康卡、天府通卡、金融IC卡“三卡合一”智惠卡即将投入使用，荣获“十二五中国大数据发展领军城市”“十二五中国智慧城市推进贡献单位”，作为全省首批“光网城市”建设全面启动，正式迈入全光网时代。

我们狠抓功能区发展和幸福美丽新村建设。立足产业发展制定市域空间主体功能分区，四个主体功能区建设有序推进，新增15.2平方公里工业空间布局基本确定。按照“小规模、组团式、微田园、生态化”理念，扎实推动产村相融、一三互动、农旅融合，加快打造幸福美丽新村，初步构建起业兴、家富、人和、村美的新型城乡形态，做法被《经济日报》等媒体专题报道，全市累计建成各类农民集中居住区125个，在建13个，安置农户4.1万户13.5万人。加快重点镇、特色乡镇、一般场镇建设，顺利通过国家生态市考核验收，25个乡镇创建成国家级生态乡镇。

四、民生事业取得明显成效

常委会认为，“民之所望、政之所向”，必须想群众之所想、急群众之所急，把民生工作做到群众的心坎上。一年来，我们坚持民生优先取向，切实保障和改善民生，民生支出占地方一般公共预算支出比重达73.3%。

我们突出抓好民生工程。积极回应民生关切，在村道建设等领域探索实践民生项目竞争性申报机制，扎实推进成都市扶贫解困等167项民生工程和我市26件民生实事。深化村级公共服务和社会管理，完善涉农社区及村（农民集中居住区）“1+9+N”标准化设施配置。进一步加大住房保障力度，一批保障性住房交付使用。村级活动中心“提档升级”加快推进。公建民营养老机构建设完成，一批日间照料中心推进有序，社会养老服务和社区服务体系进一步完善。

我们全面推进各项社会事业。大力抓好高校毕业生、失地农民等重点人群就业促进工作，动态消除“零就业”家庭，城镇登记失业率控制在3.1%以内。纵深推进机关事业单位养老保险制度改革，城乡居民养老保险实现全覆盖，续保率和累计基金结余均位列成都市前列，城乡居民基本医疗保险参保率达98%以上。道明竹编被列入国家级非遗名录并受邀参加“双创周”北京展，文化馆成功创建国家一级馆，积极争取上级专项资金，助推川西民歌村、怀远藤编等文化产业发展。体育中心升级改造圆满完成，村级体育健身设施实现全覆盖。义务教育均衡县进一步巩固，新开工建设25个公办幼儿园，创特色创品牌学校等工作成效明显。全面推行市级公立医院药品零加成销售，深化省医院新一轮托管合作，积极打造市人民医院成为成都西部区域医疗中心。推进残疾人事业全面健康发展，残疾人保障得到进一步加强。扎实推进防震减灾工作，被评为全国县级防震减灾工作先进单位。

我们全力抓好精准扶贫。出台《关于加快推进城乡扶贫开发率先全面建成小康社会的实施意见》，完善“四帮一”帮扶机制，全面实施“百村万户”行动，统筹抓好“一村一策”“一户一策”扶贫攻坚，城区低保户生活得到明显改善，农村相对贫困户提前实现“脱贫摘帽”，预计2015年全市17个相对贫困村农民人均可支配收入14181元，增长39.1%，高出全市农民人均增幅28.1个百分点。抓好对口帮扶工作，助推白玉县加快发展。

五、和谐稳定开创崭新局面

常委会认为，和谐稳定是社会健康发展的基本前提，必须妥善应对和化解各类风险，努力营造良好的社会环境。一年来，我们深入推进“法治崇州”“平安崇州”建设，突出抓好宣传思想工作，进一步形成了和谐稳定、团结有序的良好局面。

我们深入推进依法治市。大力实施《全面深入推进依法治市的决定》，制定实施10个专项工作方案，进一步形成学法尊法、守法用法的良好氛围。大力推进依法执政和依法行政，坚持会前学法，深化政务公开，加快建设法治政府。大力推进公正司法、严格执法，审判权运行机制、检察官办案责任制等司法改革稳步推进。深入开展“法律七进”活动，扎实推进“寓教于境、寓教于为、寓教于乐、寓教于管”法制宣传教育，“六五普法”工作顺利通过验收，办事依法、遇事找法、解决问题用法、化解矛盾靠法正逐步成为广大群众的自觉习惯。

我们全力维护社会稳定。坚持以法治思维和方式化解社会矛盾风险，健全落实“依法治信”机制，深化领导干部“四访一包”制度，有效化解了一批信访问题、信访积案，去年未发生进京非访倒流现象。严厉打击各类刑事犯罪活动，扎实开展打黑除恶、扫黄禁毒、治爆缉枪等专项行动，织严织牢社会治安立体防控体系。认真落实“党政同责、一岗双责、齐抓共管”安全生产责任，深入开展安全生产“七打七治”专项行动，未发生较大安全事故。加大食品药品常态化监管力度，被成都评为食品安全示范市。严厉打击非法集资等重点领域违法犯罪活动，加大对拖欠农民工工资清理力度，确保了社会大局持续稳定。

我们扎实抓好宣传思想工作。大力营造崇德向上、心齐劲足的社会环境，着力提升对内宣传向心力、对外宣传影响力，牢牢掌握舆论主动权，网络舆情监测预警、宣传引导能力进一步提升。加快推进传统媒体与新媒体融合发展、互动发展，中央电视台、《人民日报》等国家级主流权威媒体对我市经验进行专题报道次数比 2014 年增加了 1 倍，品质崇州政务微博、政务微信影响力排名全省前列，进一步提升了崇州的知名度和美誉度。广泛开展百姓故事会、基层优秀宣传案例评选展演等活动，全省乡村学校少年宫建设现场会在崇州召开，全面汇聚改革发展正能量。

六、党的建设得到不断加强

常委会认为，政治生态关系党的形象和人心向背，必须以“严”“实”的作风，坚决抓好党的建设，努力营造风清气正的政治生态。一年来，我们坚持以习近平总书记系列重要讲话精神为根本遵循，全面从严管党治党，坚定不移转变作风，凝聚起干事创业的强大合力。

我们坚持统筹发力，全面提升党的建设科学化水平。始终聚焦“忠诚干净担当”主线，扎实开展“三严三实”专题教育和领导班子思想政治建设。紧扣成都市委讲忠诚、守纪律、尽职责、敢担当、善作为要求，深刻进行“五查五问”反思，全面整改“走读”等问题，持续加力“庸懒散浮拖”“不作为乱作为”专项整治。始终恪守“好干部”标准，推动重品行、重实干、重公认“三重”用人导向和“三个六”用人原则在崇州落地生根，特别是在干部“能上能下”探索中，不看年龄看能力、不看表面看表现、不看资历看实绩，改变以往不犯错误不调整、不被问责不免职、不到年龄不退位的状况，选拔使用了一批 52 岁以上局级干部，提拔重用了一批 35 岁左右优秀年轻干部，就地免职、及时调整了一批“不作为”、不适应现职市管干部，进一步树立了能者上、庸者让、劣者汰的鲜明导向。始终把牢“主业”强基础，配齐训强各领域党组织书记，“走基层”“党员义工日”等党建活动常态化开展，软弱涣散党组织转化和党内帮扶金制度成效显著，干部教育培训主阵地作用进一步增强。在白头、集贤等 6 个乡镇开展以“红色引领绿色”合作社党建试验，基层党建等探索创新得到中央党校、中国社科院知名专家肯定。

我们坚持标本兼治，深入推进党风廉政建设和反腐败斗争。层层压紧压实党风廉政建设主体责任，力度不减、节奏不变、尺度不松，始终保持铁腕纠风反腐的高压态势。积极支持纪检监察机关落实转职能、转方式、转作风，使纪检监察机关真正把发力点聚焦到主责主业上来，严肃查处违纪违法案件，去年共立案 126

件128人，给予党纪政纪处分110人，点名道姓通报曝光群众身边的“四风”和腐败问题典型案件27件34人，形成了不敢腐的强大震慑。突出源头治理，建立健全权力运行监督体系，着力健全招投标、政府采购、国有土地使用等重点领域和关键环节的监督制度，不能腐的制度笼子进一步扎紧扎牢。积极开展“学党章、守纪律、讲规矩”专题教育，深入开展正反两方面典型教育，深刻剖析发生在身边的腐败案件，创新搭建“廉洁成都·品质崇州”媒体宣传平台，进一步强化了不想腐的思想自觉。党风廉政建设社会评价综合指数继续保持全省第一方阵行列。

我们坚持民主施政，大力发展社会主义民主政治。充分发挥市委总揽全局、协调各方的核心作用，广泛调动和激发各方面积极性。支持市人大及其常委会依法行使职权，监督质量和代表工作等取得新进展。支持市政协和各民主党派、工商联、无党派人士依章履职，政治协商、民主监督、参政议政等职能充分发挥。支持法检两院依法独立开展工作，司法公正、司法为民迈出新步伐。认真贯彻落实中央统战工作会议精神，扎实推进基层协商民主建设。注重发挥工会、共青团、妇联、科协等群团组织作用，重视老干部、老龄和关心下一代工作，加强人民武装、民族宗教、党史市志和侨台等工作。

一年来，市委常委会切实加强自身建设，要求各位常委同志以上率下、率先垂范。一是在讲政治上带好头。不断增强党性观念，始终在思想上政治上行动上同党中央保持高度一致，确保上级党委重大决策部署不折不扣得到贯彻落实。二是在勤学习上带好头。坚持用习近平总书记系列重要讲话精神武装头脑、指导实践、推动工作，切实把学习成果转化为推动发展的实际成效。三是在转作风上带好头。积极践行“三严三实”要求，带头查摆、整改不严不实问题，努力做到勤政务实、敢于担当。四是在重廉洁上带好头。严格执行“八项规定”等各项要求，努力保持清正廉洁的政治本色和思想操守。

常委会在总结工作的同时，也认真分析了面临的挑战和存在的不足，主要是：稳增长、调结构压力仍然较大，重大项目招商促建推进还不够快；重点领域和关键环节改革措施突破不大，投资软环境有待改善；城市功能配套还不完善，公共服务水平仍需进一步提升；民生和社会事业发展与群众日益增长的物质文化需要还存在一定差距；各种矛盾和风险相互交织，维护和谐稳定的任务依然艰巨；干部干事创业的活力还没有充分激发，干部不严不实问题仍然存在。对这些问题，市委常委会一定高度重视，在今后的工作中认真加以解决。

同志们！市委十二届六次全会以来常委会的工作，是在宏观经济形势严峻复杂、任务艰巨繁重的情况下开展的，成绩来之不易。这些成绩的取得，得益于成都市委、市政府的坚强领导、亲切关怀，得益于全市各级党组织和党员干部的真抓实干、辛勤付出，得益于全市广大人民群众的理解支持、共同努力，特别是各位委员的无私奉献，给予常委会极大的信任和支持，在此，我代表常委会，向同志们表示衷心的感谢！希望同志们对常委会工作提出宝贵的意见和建议。

人民代表大会常务委员会工作报告

——在崇州市第十七届人民代表大会第六次会议上

（2016 年 2 月 1 日）

崇州市人大常委会主任　柳　宁

各位代表：

我受崇州市第十七届人大常委会委托，向大会报告工作，请予审议。

2015 年主要工作

2015 年，市人大常委会在中共崇州市委的正确领导下，紧紧围绕市委决策、关注全市大局和民生问题，全面履行宪法和法律赋予的职责，在监督工作、重大事项决定、人事任免、代表工作、自身建设等各项工作方面，主动作为，发挥地方权力机关的重要作用，圆满完成十七届人大五次会议上确定的各项工作和年初既定目标任务，为“产业新城、品质崇州”作出了积极贡献。全年共召开人大常委会议 12 次，主任会议 51 次，听取和审议“一府两院”有关工作报告 15 项，审议法律法规贯彻执行报告 5 项，作出决议、决定 12 项，依法任免国家机关工作人员和人民陪审员 90 名，组织代表参加各类视察 41 次，开展专题调研 20 次，撰写调研报告 12 篇。以上工作，有效维护法律法规在我市的贯彻实施，确保市委各项重大决策部署的贯彻落实，体现了人民当家作主，依法行使权力，调动了各级代表主动参与建设发展和关注社会事务的积极性，助推了崇州经济社会科学协调发展。

一、紧扣全市中心工作，依法履行人大职能职责

2015 年，常委会坚持把党委重视、政府关注、群众关切作为人大工作的出发点和着力点，在注重监督实效上下功夫。

（一）切实加强监督工作

以全市中心工作和事关发展大局的事项为重点，促进崇州经济社会全面协调发展。2015 年，市人大常委会实施了对“美丽新村建设”“10 万亩粮食高产稳产示范基地”“智慧城市建设”、大数据产业、农业产业化发展、经开区重大建设项目的监督工作，先后 10 余次组织成都、崇州两级人大代表分别对我市新农村建设、精准扶贫、经济运行、工业经济发展、现代农业建设、环境保护、市政基础设施建设等进行了集中视察、检查、调研等，提出有针对性的建议和意见，适时作出决议、决定。加强对计划和预算执行情况的审查和动态监督，保证了国民经济和社会发展计划及财政预算的顺利实施。2015 年，市人大常委会首次开展专题询问，针对崇州“美丽新村建设”工作对全市相关职

能部门的主要负责人进行了专题询问。常委会组成人员、人大代表就农村住房、安置房建设、农村污染治理和环境保护、公共服务均等化、精神文明建设等话题，争相发表意见，提出问题，各职能部门负责人一一解答，彰显出市人大常委会不仅和百姓的联系更紧密，而且与百姓心声“同频共振”。相关工委开展了一次针对崇州养老产业的调研，组织委员和代表到公办民营养老机构、日间照料中心进行调研，关注医养结合养老模式。调研了新组建的市场监督管理局和卫生与计划生育局等部门，积极支持市政府推进机构改革和职能转变。

以审议相关法律法规在崇州的贯彻实施为重点，推动法治崇州建设。2015 年，市人大常委会对《中华人民共和国公证法》《中华人民共和国非物质文化遗产法》《中华人民共和国预算法》《中华人民共和国审计法》《中华人民共和国环境保护法》五部法律在我市的贯彻执行情况进行了审议。在审议过程中，各相关工委都在事前作了深入细致的视察、调研，做了大量的问卷调查，并在此基础上形成初审意见，再提交常委会审议。在审议《环保法》时，一是相关工委走访工作联系部门，听取《环保法》在我市贯彻执行情况，并实地察看了家具挥发性有机污染物治理情况，掌握第一手资料；二是邀请部分市人大代表和相关单位召开座谈会，充分征求多方意见；三是形成初审意见后提交人大常委会讨论审议，形成决议，既肯定了市政府在贯彻实施这些法律法规方面所取得的成绩，也分析了存在的问题，并提出工作建议。对贯彻执行《中华人民共和国非物质文化遗产法》进行执法检查时，侧重听取审议关于加强“保护为主、抢救第一、合理利用、传承发展”的非遗保护原则情况报告，强调重点做好对我市的非遗资源进行挖掘整理、科学传承、合理发展等方面工作，积极探索，将非物质文化遗产保护同发展旅游业有机结合，两相促进，实现“双赢”，对于提升品质崇州地方软实力具有十分重要的意义。

积极配合上级人大做好《成都市地方立法条例》《成都市人民代表大会代表建议、批评和意见办理规定》《成都市养老服务促进条例》三部条例和规定的调研修订工作，为条例和规定的出台提供了大量翔实的基础数据。

以监督法检两院和公安、司法工作为重点，建设“平安崇州”。听取和审议了市法、检两院等单位的半年工作总结和专项工作汇报。组织部分代表对涉及公共安全、公正司法和法律服务等方面工作开展视察调研，重点视察了公安派出所、法庭、乡镇检察室、司法所的工作开展情况，强化司法、行政机关民生司法保护意识。组织人大代表旁听法院案件审理，调研了崇州监狱对服刑人员的管理、教育工作。对审判公开、检务公开、严厉打击“两抢三盗一诈骗”及毒品犯罪和加强夜间巡逻提出要求，推进了司法公正和“法治崇州”建设。

高度重视信访工作。全年共受理群众来信来访 175 件（批次），督促“一府两院”依法办理了一批涉法涉诉以及涉及征地拆迁、劳动社保、民工工资、村务公开等信访案件，办理了一批涉及个人切身利益的个案诉求，维护了人民群众合法权益和社会稳定。

以关注民生和服务群众为重点，全力督促解决民生问题。重点安排了对精准扶贫、就业、教育、医疗卫生、交通、食品安全、社保等情况的专题视察。同时还关注城市盲道建设、城市公厕、交通拥堵、夜间巡逻、体育中心夜间锻炼照明等一系列与老百姓生活息息相关的问题。相关工委持续跟踪全市金融安全、电梯质量安全以及草坪种植对土壤破坏等问题，并向政府相关职能部门提出建议。2015 年，成都市人大常委会仰协副主任会同崇州市人大常委会班子对公议乡经济发展缓慢村进行了调研，牵头对三合堰、桤木河、公议乡灵秀村进行水环境整治，累计投入2160万余元；在三郎镇、文井江镇、怀远镇、公议乡修建蓄水池和山坪塘等工程，累计投资1100万余元。

（二）依法行使重大事项决定权

全年作出12项决议、决定，从人大工作角度促进市委重大决策部署贯彻落实。审查批准《2015年国民经济和社会发展计划执行情况报告》《2015年财政预算调整方案》，批准《2014年财政决算报告》。督促有关部门贯彻人大决议要求，压缩一般性支出，严控“三公经费”，加大对“产业新城、品质崇州”重点建设项目的投入，加大对民生工程和为民办实事的投入，切实把有限资金用在刀刃上。

（三）认真做好人事任免工作

坚持党管干部和依法行使人事任免权相结合，坚持人事任免工作程序，完善任前法律知识考试制度。一年来，补选市政府市长为成都市第十六届人民代表大会代表，依法指导相关选区组织补选8名崇州市人大代表。组织任前法律知识考试15人次，共任免地方国家机关工作人员80人，为地方国家机关正常运转提供组织保障。推进完善人民陪审员制度，任命人民陪审员10人，保障公民依法参加审判活动，促进司法公正、公开。

二、积极做好代表工作，充分发挥代表作用

代表工作是人大常委会工作的重要组成部分。2015年，常委会牢固树立代表的主体意识，完善服务保障机制，构建联系代表平台，拓展工作载体形式，使代表工作在新常态下有新作为。

改进代表建议、批评和意见督办工作，提高代表满意率。十七届人大五次会议期间，代表们认真履行代表职责，在走进基层，深入群众，了解社情民意，经过大量调查研究的基础上，就我市政治、经济、文化、教育、卫生等各个方面的事务提出了“建议、批评和意见”67件。人大常委会整理归类后，及时移交市政府办理、答复。市政府召开常务会议，将建议、批评和意见办理工作纳入一级目标管理考核内容。市长与分管副市长分工定责，目督办实施全过程跟踪检查督促，办结率100%。为增强办理工作实效，要求严格按照“书面答复与现场办理相结合，面上指导与重点督办相结合，代表、承办单位、督办单位三见面”的原则。同时，常委会组织代表以集中视察调研的形式对涉及民生的重点建议和意见进行了事后问询，如针对代表提出的加快川西林盘保护的建议，市人大专门邀请提出建议的代表现场查看办理情况，加强督促检查，提高了督促办理实效。对建议中涉及的元通“AAAA”推进情况、怀远二江路、明湖二期安置房建设等项目也组织了视察，助推了项目建设进程。

组织代表活动，为代表履职行权创造条件。指导各代表小组开展活动68次，共计420余人次，通过“人大代表之家”工作平台开展各级代表活动98次，省市县乡各级代表参加792人次。代表向选民述职70余人次，接待选民8200余人次，收集建议70余条。组织成都市级代表到金堂异地交叉视察学习，引导代表围绕中心工作，积极履职尽责，充分发挥人大代表踊跃参政议政热情，提高参政水平和依法监督能力，实实在在体现人民当家作主。

继续深化“人大代表之家”工作，建立健全网络履职平台。指导全市乡镇、街道办充分利用“人大代表之家”平台，进一步做好人大工作。利用现代电子网络建立高效便捷的市人大代表议案、建议网上办理工作平台，实现人大代表履职的常态化、信息化、制度化运作。充分发挥人大代表桥梁和纽带作用，推动民生建议常态化办理。方便选民能及时了解人大制度，知晓工作动态，查看履职经验，将市人大的各项工作延伸至全市各个角落，形成一张方

便联系选民的工作网。

积极开展走访代表工作，先后走访了部分成都市人大代表，将他们联系选民，反映选民的意见、诉求等方面的情况，认真收集、整理，形成建议递交成都市人大常委会。积极参加成都市人大常委会相关工作委员会召开的座谈会，并提出了意见建议。通过走访和征求代表意见，进一步丰富了人大代表依法履职的内涵和外延，进一步发挥了人大代表为民服务的作用。

指导乡镇人大主席团依法有序开展工作。市人大常委会主任、副主任和机关各委办的同志先后到王场、锦江、济协、观胜、公议、梠泉、元通、隆兴、廖家、白头、道明、集贤等乡镇人大主席团进行工作指导。指导各乡镇人大主席团、街道人大工作联络处代表向选民述职。先后组织了70余名市镇（乡）两级人大代表向选民述职评议会，选民满意率达95%以上。开展“聚力精准扶贫　人大代表在行动”活动，并发出了活动倡议书，要求各级代表响应市委、市政府号召，发挥人大代表优势，为精准扶贫献计出力，促进贫困村早日实现整体脱贫。

代表宣传工作深入扎实。与崇州电视台密切配合，继续开设《走近人大代表》专题栏目，先后联系宣传报道了6名人大代表认真履行职责、发挥代表作用的事迹，起到了典型引领示范的作用，激发了代表们依法履职为民服务的工作热情，扩大了人大代表的社会影响面。

做好代表培训和补选工作。2015年，组织常委会组成人员、部分市、县、乡级代表参加全国人大举办的业务培训6批次62人次。2015年市代表出缺8名，常委会先后组织了道明镇、公议乡、三郎镇、白头镇、驻军系统等选区依法补选市人大代表8名。

三、加强自身建设，推进作风转变

以“三严三实”专题教育为契机，加强自身建设，在人大常委会及机关形成了“风清气正、崇廉尚实、干事创业、遵纪守法”的良好政治生态。

坚持学习制度，提高科学决策水平。坚持常委会党组集体学习制度、主任会议会前集体学习制度，制订了《市人大常委会及机关2015年学习计划》。在学习内容上，把开展调研视察、法律监督、工作监督、工作评议所涉及的法律法规，作为学习培训的重点，做到学以致用。今年已组织集中学习12次，重点学习了习近平总书记一系列重要讲话精神，以及《环境保护法》《预算法》《审计法》《公证法》等相关法律法规。

围绕人大工作，深化职能改革。紧扣中央和上级人大以及市委关于全面深化改革的要求和中央18号文件《关于加强和改进县乡两级人大工作和建设的若干意见的通知》精神，2015年以来，在市委的领导下，通过走访、座谈、调研等多种方式，对市人大常委会过去的工作细则、机关机构职能、机关行政管理规则共42项进行了修订，重点完善了《市人大常委会讨论决定重大事项制度》。新制定了《市人大代表提名产生办法》《关于建立司法案件报告制度的若干规定》《人大代表履职保障办法》《关于政府规范性文件备案审查制度》4个工作规范文件。

采取有效措施，改进工作作风。坚持把中央八项规定和省委省政府十项规定，以及成都和崇州市委相关规定，贯彻在人大日常工作中。严守党的政治纪律和政治规矩，加强和改进工作作风，提高工作实效。一是组织学习新修订的《中国共产党廉洁自律准则》和《中国共产党纪律处分条例》。二是对《市人大常委会调研工作制度》《市人大常委会机关公务接待制度》等21项制度进行了修改完善，确保了人大机关长效管理到位。三是精简会议、文件和简报。2015年，会议和文件分别下降了15%和20%，提高了办事效率，节约了运行成本。四是厉行节约。在机关办会、办文、采购以及后勤、车辆管理等方面，坚持节约从简。在视察调研和公务接待中，做到轻车简从。五是深入基层，扎实开展调研工作。调研了我市大春备耕和农村农业、精准扶贫、残联、城市管理、防洪、交通建设、土地管理等22项工作，形成了《破解城乡发展难题　推动美丽新村建设》《加大环境保护力度　服务品质崇州建设》等10多篇调研报告。在《人民权力报》《成都人大》以及崇州刊物媒体上发表了《深入企业调研，助推民营经济发展》等30余篇文章。六是按照“三视三问”群众工作法，深入开展“走基层、解难题、办实事、惠民生”“结对心连心·我们在一起”“聚力精准扶贫　人大代表在行动”活动，为群众多办实事好事。

2015年各项工作的圆满完成，离不开上级组织和市委的正确领导，离不开历届老领导、老同志对我们的关怀和支持，离不开人大代表、常委会组成人员、人大各工作委员会及工作人员的辛勤工作，离不开市人民政府及其职能部门、市政协、市人民法院、市人民检察院，以及各乡镇、街办党委、政府和人大主席团的配合与支持！在此，我谨代表市人大常委会向大家表示衷心的感谢！

在总结上年工作的同时，我们对标新常态、新要求，还存在着不足之处，主要是：监督工作针对性、实效性还有待提高；代表履职能力的培训还需加强；调研成果的转化、讨论决定重大事项制度等各方面工作，都需要进一步改进和加强。今后，我们要认真听取并虚心接受各方面建议意见，力争上述各项工作得到不断完善和提高。

2016年工作思路

2016年，市人大常委会工作的总体要求是：深入学习贯彻党的十八届五中全会精神、习近平总书记系列重要讲话精神和省、成都市人代会精神以及崇州市委十二届八次全会精神，把坚持党的领导、人民当家作主、依法治国有机统一，紧紧围绕“四个全面”战略布局，以“创新、协调、绿色、开放、共享”五大发展理念为统领，依法行使职权、积极开展工作，充分发挥地方权力机关在建设社会主义法治国家中的重要作用，努力开创人大工作新局面。

一、深刻领会市委全委会精神，推动人大工作与时俱进

坚定人大工作正确政治方向，准确把握推进人大工作与时俱进的基本原则，把党的领导贯彻于人大工作的全过程、落实到依法履职的各方面，进一步增强做好人大工作的思想自觉和行动自觉。在中共崇州市委的领导下，用市委十二届八次全委会议精神统领人大各项工作，加强对经济新常态、社会治理新常态、从严治党新常态的形势和任务的学习，把思想和行动统一到市委十二届八次全委会精神上来，强化担当意识，提升担当能力，为建设“产业新城、品质崇州”，集智促发展、聚力促稳定、扬长促和谐，同心同德，共创辉煌。

二、突出重点，增强监督工作的针对性和实效性

围绕全市中心任务，着力加强和改进监督工作，把监督工作的重点放在推动市委重大决策部署贯彻落实上，放在推动行政权、审判权、检察权的正确行使上，服务于崇州经济社会发展大局。

促进全面深化改革，推动依法治市。紧扣市委关于全面深化改革，深入推动依法治市等重大部署的贯彻落实。把政府依法行政，公正司法、平安建设等工作作为监督重点，保证法律、法规的有效实施。

积极推动“十三五”规划纲要贯彻实施，为科学实施“十三五”规划献计出力。围绕智慧城市建设、大数据产业、电子信息产业、精确扶贫开发、现代农业、环境污染治理、食品安全等重大民生问题开展监督。把《预算法》的贯彻落实作为监督工作的重要手段之一，有序推进对政府全口径预算决算的审查和监督，探索建立加强国有资产监督职能的体制机制，严格财政预算决算审查批准程序，督促各项重大事项顺利实施。

三、支持和保障代表依法履职，充分发挥代表主体作用

深化和加强代表工作，使代表工作适应新常态，推动代表履职上有新作为。

进一步规范完善代表工作机制，保障代表知情权、知政权、参政权。认真组织代表参加集中视察、专题调研和执法检查等活动，拓宽代表知情、知政渠道。继续深化“走基层·人大代表在行动”活动，更好地发挥代表在了解民情、反映民意、集中民智方面的独特作用。全面落实代表建议、批评和意见办理规定，提高代表议案、建议质量。强化跟踪督查落实，提高办理质量和实效。坚持和完善常委会组成人员联系代表、代表联系选民制度，进一步增强代表履职的保障能力。健全代表联络机构，继续深化“人大代表之家”作用，不断完善人大代表联系群众制度、人大代表接待选民日制度、人大代表述职工作制度。进一步加强对乡镇、街办人大工作的指导，帮助解决履行职责中存在的实际问题。

四、加强自身建设　提高履职能力

深入学习中央关于加强县乡两级人大工作若干意见精神以及省委、成都市委关于进一步加强人大工作和建设的意见精神，切实加强常委会自身建设，增强代表人民行使管理国家权力的政治责任感，提高履职行权能力。

加强思想建设，始终把思想政治建设摆在首位，坚定理想信念和政治立场，严守党的政治纪律和政治规矩，牢固树立政治意识、大局意识、责任意识和担当意识。严格执行中央八项规定，巩固和拓展“三严三实”专题教育成果，坚定不移推进党风廉政建设。加强组织建设，坚持重大事项向市委报告制度。加强作风建设，严格执行常委会和机关工作制度、会议制度和管理制度，增强机关服务保障能力。实行《宪法》宣誓制度，新选举任命的国家工作人员公开向《宪法》宣誓。

依法行使选举权，做好县乡人大换届选举工作。严格把握好代表的资格审查，把好“入口关”，加强监督，严防舞弊行为，确保选举工作风清气正。进一步优化常委会组成人员结构，提高专职委员比例。完善和健全乡镇人民代表大会会期制度。

各位代表：

党的十八届五中全会提出了“创新、协调、绿色、开放、共享”五大发展理念，中共崇州市委十二届八次全委会绘制了我市未来五年发展的宏伟蓝图，目标催人奋进、任务光荣艰巨！让我们在市委的领导下，在不同的岗位上，齐心协力，不畏艰苦，为建设“产业新城，品质崇州”而努力奋斗！

政府工作报告

——在崇州市第十七届人民代表大会第六次会议上

（2016 年 1 月 31 日）

中共崇州市委副书记、崇州市人民政府市长　欧　昭

各位代表：

现在，我代表市人民政府向大会报告工作，请予审议，并请市政协委员和其他列席人员提出意见。

一、“十二五”及 2015 年工作回顾

“十二五”是全市经济社会发展取得新成就的五年。五年来，我们深入贯彻党的十八大和十八届三中、四中、五中全会精神，认真落实习近平总书记系列重要讲话精神，在成都市委、市政府和市委的坚强领导下，在市人大、市政协的监督支持下，按照中央“四个全面”战略布局和省委“三大发展战略”、成都市委“改革创新、转型升级”总体战略部署，紧紧围绕“产业新城、品质崇州”发展定位，大力实施“七大行动”，主动适应经济发展新常态，积极应对各种困难挑战，完成了“十二五”规划主要目标任务，开创了崇州科学发展新局面。

一是经济实力进一步增强。五年来，我们始终把发展作为第一要务，经济持续平稳较快增长。地区生产总值实现翻番，年均递增 12.4%；累计完成固定资产投资 880 亿元，年均增长 15.1%；城镇居民和农村居民人均可支配收入年均分别增长 12.9%、16.3%；金融机构各项存款余额 396.5 亿元，各项贷款余额 176.2 亿元，分别为 2010 年的 1.8 倍和 2 倍。主要经济指标保持年均两位数增长，县级经济综合排名跻身四川省平原地区前 10 名。

二是现代产业体系加快形成。五年来，我们全面实施“产业升级”战略，三次产业发展亮点纷呈，结构比从 21.1∶42.6∶36.3 调整到 13.9∶48.6∶37.5。初步建成了以都市现代农业为基础、先进制造业为主导、现代服务业为支撑的可持续产业体系。

三是城乡面貌日新月异。五年来，我们坚持“以城带乡，城乡一体”发展，加强城乡建设和管理，城市总体规划获得省政府批复，城市定位为四川省历史文化名城、山地度假旅游目的地、电子信息产业为主导的现代制造业基地。城乡居民收入比从 2.01∶1 缩小到 1.73∶1。城镇化率达 47.1%，较 2010 年上升 16 个百分点。初步形成“中心城区—小城市—特色镇—一般场镇—农村新型社区”的新型城乡形态。

四是改革创新成果丰硕。五年来，我们以成都获批全国第二批农村改革试验区为历史契机，推动重点领域和关键环节改革落地生根。在行政体制、统筹城乡、投融资、“新九通一平”等领域取得实效，积累了经验，形成了示范，部分改革试点走在了全省乃至全国前列。

五是社会事业全面进步。五年来，我们扎实推进各项社会事业发展，一批重大社会事业项目相继建成。全面完成“5·12”汶川特大地震灾后重建任务。就业、教育、文化、社保、医疗、住房等公共服务体系更加健全，全市民生福祉持续改善。

五年来，我们认真执行市人大及其常委会各项决议决定，自觉接受市人大法律监督和工作监督，主动接受市政协民主监督，累计办结人大代表、政协委员建议、提案1263件，满意和基本满意率99%以上。同时，加强政府自身建设，全面落实法律顾问制度，在成都市率先完成新一轮政府机构改革，法治政府、服务型政府和廉洁政府建设取得新成绩，先后荣获“四川省法治宣传教育先进市”“四川省推进依法行政先进市”等称号。

刚刚过去的2015年，市人民政府认真贯彻中央、省委、成都市委和市委“稳增长、调结构、促改革、惠民生、防风险、保稳定”一系列部署，经济稳中向好、社会和谐稳定。实现地区生产总值226.1亿元，增长12.3%；固定资产投资215.8亿元，增长11.4%；地方一般公共预算收入15.1亿元，增长10.3%。城镇和农村居民人均可支配收入达到27594元、16269元，分别增长8.9%、10.3%。重点做了五个方面工作：

（一）产业转型升级取得新成效

一是工业“挑大梁”作用凸显。工业经济对全市经济增长贡献率达69%。147家规上工业企业实现总产值258.3亿元，增长12.9%；实现规上工业增加值65.4亿元，增长16.7%。完成工业投资62.6亿元、技改投资48亿元。经开区充分发挥工业主阵地作用，实现了“2121”的新突破（园区面积近20平方公里，员工达到10万人，工业总产值突破200亿元，上交税收过10亿元）。新签约引进电子信息产业配套项目23个，35个电子信息项目建成投产，其中捷普实现产值36亿元。发布全国首个大数据产业综合指数，成立全省第一支大数据创投基金，49个大数据项目签约落户，33家企业完成注册。加快产业转型升级步伐，大力引导和支持传统产业开展“两化融合”，实施“互联网+”行动，家具、装饰装修材料等特色产业规上企业分别实现产值69.5亿元、41.4亿元。扶持企业积极对接新三板市场，1家企业申报进入2015年四川省新三板后备企业库。

二是现代服务业加快发展。万达广场项目顺利签约，永辉、沃尔玛等零售业巨头成功落户并开业迎客，全市新开业商业综合体面积超10万平方米。荣获全国农村电子商务示范县，富浩粮油实现130余家村级“放心商店”网上下单，规上餐饮业实现了网上点餐、网上支付。元通古镇成功创建国家级AAAA景区，桤木河湿地公园创建为省级生态旅游示范区。全年共接待游客1106万人次，增长37.2%；实现综合旅游收入29.9亿元，增长105.9%。大力发展现代物流，普洛斯开工建设，全年公路运输客运量1007万人次、货运量1379万吨，分别增长12%、12.8%。

三是现代农业全面提质。深化提升“农业共营制”，全市土地股份合作社达246个，入社面积31.1万亩、入社农户9.1万户，农业适度规模经营率达70%。建成粮食烘储中心12个、“粮食银行”10个。与京东等电商平台建立合作，新培育“西蜀粮仓·崇州味道”电商品牌，崇州优质大米、菜油、宝石梨等10种特色农产品实现上线销售。新培育“白头五星”“稻虾藕遇”和公议“合堰牌”等特色农产品品牌。高水平举办四川花卉（果类）暨第三届四川自驾赏花节、10万亩稻乡金秋旅游季等重大节庆活动。为成功举办全国加快转变农业发展方式现场会提供了高标准参观点位，“三农”工作得到中央、省、成都市领导充分肯定。

（二）城市品质取得新提升

一是城乡基础设施进一步完善。加快路网内联外通建设，成温邛快速路崇州段、成蒲铁路崇州新城站、羊马站有序推进，崇王路西段、桤木河路加快建设，新改扩建农村公路 136.4 公里，完成 24 座旧危桥改造和 70 公里波形护栏建设，客运中心实现提档升级。天府新区至崇州城区轨道交通纳入成都市轨道交通总体规划。积极推进能源基础建设，建成九江 500KV 电力线路和高庆 110KV 变电站；富士康配气站投入运行，改变了崇州单一用气格局，供气量每天由 30 万方增加到 80 万方。推动智慧城市建设，荣获“十二五中国大数据发展领军城市”“十二五中国智慧城市推进贡献单位”称号，成为全省首批“光网城市”，全市 243 个行政村实现光纤全覆盖。成都第二水源地李家岩水库获得国家发改委立项批复。

二是城市管理进一步强化。推进城市管理法制化、信息化、标准化、精细化，确保城市干净、整洁、有序。实施风貌塑造项目 19 个，完成中心广场、滨河路部分路段等绿化节点升级改造。坚持“天天归零”理念，加强市容秩序管理，着力治理城郊结合部、背街小巷等环卫薄弱区域，城区生活垃圾清运率、处理率达 100%。切实推进亮化工作，完成蜀州南路片区等 19 条背街小巷路灯安装。

三是城乡环境进一步美化。“四改六治理”取得实效，启动棚户区改造项目 4 个、7.7 万平方米，改造中心城区老旧院落 30 个、老旧市场 5 个。大气环境质量稳步提升，城区空气质量达到国家二级标准。推进水环境整治，治理黑臭河渠 47 条，完成中小河流、沟渠整治 243 公里，新建污水收集管网 150 公里、污水处理设施 21 座，新增污水处理量 5900 吨/日，城镇污水处理率达到 70%以上，年度污染物总量减排任务全面完成。实施农村生态环境整治，完成桤泉、白头、隆兴等乡镇农村环境连片整治任务。海绵城市申报工作有序推进。成功创建国家生态市，25 个乡镇全部建成国家级生态乡镇，鸡冠山森林公园被评为国家级森林公园。

（三）发展动力取得新突破

一是项目建设扎实有效。实施重点项目 298 个，完成投资 225 亿元；42 个省市重点项目完成投资 78.9 亿元，其中，3 个省级重点项目完成投资 16.9 亿元，项目投资较好地发挥了稳增长的积极作用。项目储备成效显著，纳入成都市项目储备库 212 个，总投资 1292 亿元。

二是各项改革深入推进。出台 20 个专项改革方案，209 项具体改革措施相继启动。充分发挥政府平台公司作用，设立政府与社会资本合作服务中心，积极推进“拨改租”、PPP 等政府与社会资本合作模式，收集 PPP 项目 22 个、总投资 95 亿元。深化商事制度改革，新登记内资企业 942 户、增长 26.4%，新增个体工商户 2455 户、增长 40.8%。深化统筹城乡改革，扎实推进以“三权”分置为核心的农村改革试验区 7 项改革试点；创新构建农村产权抵押融资 6 大体系，新增各类农村产权抵押融资 5.6 亿元、增幅达 37.6%。在村道建设等领域探索实践民生项目竞争性申报机制，累计完成农村饮水安全、黑臭河渠治理等民生项目 193 个。深化村级公共服务和社会管理，完善涉农社区及村（农民集中居住区）“1＋9＋N”标准化设施配套。

三是对外开放成果突出。围绕三次产业开展“产业链”招商，大力实施“品牌企业业务增量引进计划”，新引进重大项目 21 个，增长 31%。其中，引进总投资 20 亿元项目 1 个、总投资 10 亿元项目 2 个、总投资 5 至 10 亿元项目 9 个、1 至 5 亿元项目 9 个。实际到位内资 111 亿元，实际利用外资 7508 万美元，实现外贸进出口 2.3 亿美元。

（四）创新创业取得新进步

一是积极营造“双创”氛围。加快各类孵

化载体建设，青年（大学生）创业园 38 家企业签约入驻，力兴工业园吸引 200 家小微企业入园孵化生产。持续开展多种形式创新创业活动，成功举办“创业天府·菁蓉汇”崇州大数据专场主题活动等创新创业品牌活动 17 次，开展创新创业项目路演 5 期。2000 余平方米“互联网＋众创空间”被列入四川省 2015 年“互联网＋”重点工作方案，吸引 24 家企业签约入驻。新建创新平台 2 家，新增创业服务机构 3 家，全市孵化载体面积达 5 万平方米。

二是大力推进科技事业发展。荣获“国家知识产权试点城市先进集体”称号，全社会研发投入 6.2 亿元，科技进步贡献率达 61.5%。全市新增科技型企业 55 家，其中重点科技型企业 15 家，新增国家高新技术企业 9 家，高新技术产业产值达到 82 亿元，占工业总产值 54%。申请发明专利 427 件，专利申请量连续 8 年位居成都市三圈层第一。

三是加快协同创新和产学研发展。引导企业组建四川塑胶管道创新联盟和崇州大数据产业创新联盟，新建产学研联合实验室 3 个、博士工作站 2 个，推动科技企业自主创新 27 项。1 家企业获批成都市级企业技术中心，26 个科技项目获省市财政资金支持。完成“一线一品”12 个科技信息站和科技示范点建设，引进推广新品种、新技术、新模式 12 项，实施集成技术示范 6 项。

（五）社会事业取得新提高

一是社会保障日趋完善。全市财政民生支出占地方一般公共预算支出比重达 73.3%。实现城镇新增就业 10408 人，失业人员再就业 1621 人，农村富余劳动力新增转移就业 8625 人，城镇登记失业率为 3.1%。城乡居民养老保险实现全覆盖，基本医疗保险参保率达 98%。城乡低保标准由 400 元/月提高到 450 元/月。新建 4 所农村居家养老服务中心和 38 个日间照料中心，完成羊马“公建民营”养老项目建设，共新增床位 700 张。新开工建设各类保障性住房 400 套。全力抓好精准扶贫工作，17 个相对贫困村农民人均可支配收入 14181 元、增幅 39.1%，682 户城区低保户生活得到明显改善。对口支援白玉县工作取得积极成效。

二是文教卫生事业均衡发展。第二批 16 所公办标准化幼儿园开工建设，3 所中小学创建为成都市新优质学校，新接收 2144 名外来务工人员子女在我市接受义务教育。县级公立医院全部取消药品加成，基层医疗卫生机构实行药品“零差率”销售；市疾控中心“创等”达标通过省级验收；中医院迁建项目动工建设。承办中国·成都第六届自行车车迷健身节（崇州站）暨第四届公路自行车精英赛，建成国民体质监测中心，完成体育中心升级改造。文化院坝建设被列入成都市重点改革项目，完成上元宫等文保单位的修缮，新增文化地标 21 处，建成青工文化驿站 1 个。

三是社会治理不断加强。全面做好社会组织管理工作，新批社会团体 9 个，新批民办非企业单位 18 家。有序推进城乡基层治理机制改革，建立社区公共服务准入制度。大力推进全市村（社区）组织活动场所“提档升级”工作，投运 23 个。认真落实信访逐级负责制和领导包案、接访下访等制度，有效化解了一批信访积案。深入开展“法律七进”“法治大讲堂”等活动，“六五”普法全面完成。扎实开展安全生产专项整治和打非治违专项行动，全市安全生产形势持续稳定、向好。整合食品药品监管力量，强化重点领域安全巡查，被评为“成都市食品安全示范市”。严厉打击各类违法犯罪行为，着力构建立体化治安防控体系，平安崇州建设不断巩固。积极推进防震减灾工作，被评为“全国县级防震减灾工作综合考核先进单位”。“双拥”工作稳步推进，连续第 7 次荣获“四川省双拥模范城”称号。外事、侨台、气象、保密、人防、民宗、地方志、残疾人、妇女儿童、红十字、物价、邮政、沼气、粮食、档案、科协、目标管理等工作取得新成效。

市政府承诺的为民办实事 26 项民生工程和省市下达的 167 件民生事项全面完成。

各位代表，这些成绩的取得，是上级党委、政府和市委正确领导的结果，是市人大、市政协以及社会各界支持监督的结果，是全市人民共同努力的结果。在此，我代表市人民政府，向辛勤工作在各条战线的广大干部群众，向给予我们支持与监督的人大代表、政协委员、各民主党派、工商联和无党派人士、各人民团体、社会各界人士，向为崇州发展做出贡献的省市驻崇单位、解放军和武警驻崇部队，向所有关心、支持和参与崇州发展的同志们、朋友们，表示衷心的感谢，并致以崇高的敬意！

在总结成绩的同时，我们也清醒地看到存在的问题和差距，主要表现为：经济发展质量还不高，部分行业和企业生产经营遇到困难，稳增长、调结构压力仍然较大；城市功能配套还不完善，交通拥堵、空气污染等“城市病”显现，城市建设和管理任务仍然繁重；在一些领域回应群众的呼声还不够及时，政府的行政效能和水平还需要进一步提升。对此，我们将在今后的工作中加倍努力，切实解决。

二、“十三五”时期目标和要求

“十三五”时期，是全面建成小康社会的决胜阶段。根据市委十二届八次全会《关于制定国民经济和社会发展第十三个五年规划的建议》，市政府组织编写了《崇州市国民经济和社会发展第十三个五年规划纲要（草案）》，现提请大会审议。简要说明如下。

“十三五”时期经济社会发展的指导思想是：高举中国特色社会主义伟大旗帜，全面贯彻党的十八大和十八届三中、四中、五中全会精神，以马克思列宁主义、毛泽东思想、邓小平理论、“三个代表”重要思想、科学发展观为指导，深入贯彻习近平总书记系列重要讲话精神，坚持“四个全面”战略布局和“五大发展理念”以及省委“三大发展战略”、成都市委“改革创新、转型升级”总体战略要求，紧盯全面建成小康社会的核心任务，坚持发展第一要务，坚持发展现代产业实现“民共富”，建设现代都市实现“民共享”，创造现代生活实现“民共乐”的发展取向，围绕“四大功能区”建设，以提升经济发展质量和效益为中心，深入实施“七大行动”，稳中快进、赶超跨越，加快建设“产业新城、品质崇州”，加快形成引领经济发展新常态的体制机制和发展方式，统筹推进经济建设、政治建设、文化建设、社会建设和生态文明建设，确保与成都同步高标准全面建成小康社会，基本建成成都西部现代化区域中心城市，为谱写伟大中国梦崇州篇章贡献力量。

“十三五”时期经济社会发展的主要目标是：

——综合经济实力跨越发展。在提高发展平衡性、包容性、可持续性的基础上，逐步构建先进制造业、现代服务业和都市现代农业联动发展的现代产业体系，工业化、信息化深度融合发展，产业结构迈向中高端，经济增长保持中高速，地区生产总值年均增长 9%，到 2020 年达到 2010 年的三倍以上，初步建成“经济活力强、产业结构优、创新水平高”的区域中心城市。

——群众幸福指数大幅提高。居民收入增幅与经济发展同步，到 2020 年实现城乡居民人均收入比 2010 年翻一番以上，人民群众生活品质普遍提高。覆盖城乡的就业、教育、文化、社保、医疗、住房等公共服务体系更加健全，基本公共服务均等化水平稳步提高。

——创新创业活力显著增强。创新驱动体制机制基本形成，创新创业生态体系更趋完善，制度创新、科技创新、文化创新能力显著增强，创新人才队伍不断壮大，大众创业、万众创新不断呈现新气象。

——生态文明高地基本建成。资源节约型和环境友好型社会建设取得重大进展，生态文明建设制度体系更加健全，生产生活方式绿色、低碳水平显著上升，单位地区生产总值能耗、二氧化碳排放强度和主要污染物排放总量持续减少，土地、水等资源利用效率大幅提高，城乡生态环境质量持续改善，海绵城市、智慧生态城市初步建成。

——现代治理能力全面提升。深入推进全面深化改革，重要领域和关键环节改革实现重大突破，各领域基础性制度体系基本形成，治理体系和治理能力现代化取得重大进展。大力推进智慧城市建设，实现城市智慧化发展能力和信息化发展水平达到县级城市先进行列。着力建设和谐宜居、富有活力、独具特色的现代化城市，全面提高新型城镇化水平。

——社会文明程度稳步提升。中国梦和社会主义核心价值观深入人心，人民群众思想道德、科学文化、法治意识、健康卫生等素质明显提高。文化强市建设持续推进，文化事业和文化产业更加繁荣，公共文化服务体系更加完善，群众精神文化生活更加丰富，城市文化软实力跨越提升，力争创建国家历史文化名城。

“十三五”时期经济社会发展的基本要求：一是坚持创新发展，建设活力崇州。二是坚持协调发展，建设和谐崇州。三是坚持绿色发展，建设美丽崇州。四是坚持开放发展，建设开放崇州。五是坚持共享发展，建设幸福崇州。

“十三五”时期经济社会发展的主要任务：一是优化区域空间布局，促进区域协调发展。二是加快基础设施建设，支撑产城融合发展。三是加快新型城镇建设，促进城乡协调发展。四是优化新型工业体系，加快工业创新发展。五是打造现代服务业，促进经济转型发展。六是凸显现代农业战略地位，确保农业绿色发展。七是构建创新驱动体系，提升创新发展动能。八是突出生态本底地位，构建绿色发展体系。九是加快社会事业建设，确保全民共享发展。十是深化体制机制改革，加快区域开放发展。

三、2016 年政府主要工作

2016 年，是实施“十三五”规划的开局之年。按照市委的安排部署，政府工作的总体要求是：全面贯彻落实党的十八大、十八届三中、四中、五中全会，省委十届三次、四次、五次、六次、七次全会，成都市委十二届三次、四次、五次、六次全会精神，认真落实中央、省、成都市经济工作会议暨城市工作会议部署，以邓小平理论、“三个代表”重要思想、科学发展观为指导，深入学习贯彻习近平总书记系列重要讲话精神，按照“五位一体”总体布局、“四个全面”战略布局和“五大发展理念”，落实省委“三大发展战略”、成都市委“改革创新、转型升级”总体战略，积极适应经济发展新常态，坚持“稳中求进、统筹发展”主基调，始终保持专注发展、转型发展定力，注重统筹速度与效益两个要求、供给与需求两个动力、传统产业与新兴产业两个支撑、政府与市场两个主体，深入实施“七大行动”，确保“十三五”开好局、起好步。

主要目标是：地区生产总值增长 9%以上，固定资产投资完成 220 亿元，地方一般公共预算收入增长 8%，城镇居民和农村居民人均可支配收入分别增长 9%、10%。为实现上述目标，将重点做好以下七个方面工作：

（一）坚持稳中求进，推动经济持续健康发展

立足新常态、抢抓新机遇，加快推进项目建设，大力支持实体经济发展，努力拉动城乡内需，促进崇州经济发展更具活力、更有质量、更可持续。

一是着力保持投资较快增长。围绕项目统筹工作，以社会投资为重点，强化投资对稳增长的支撑作用。全年拟实施重点项目274个，其中捷普配套工程、大数据产业园一期、省养老实训基地等41个省市重点项目计划完成投资59亿元。引导社会资本加大实体经济、基础设施和民生领域投入，进一步优化投资方向和结构，全年拟实施农业项目51个、计划投资23亿元；工业项目65个、计划投资92亿元；服务业项目158个、计划投资140亿元。加大项目促建力度，重点抓好总投资20亿元的万达广场、总投资5.2亿元的捷普配套项目等146个新开工项目建设；促进圣沅国际颐养中心、普洛斯物流等128个续建项目加快进度；力争133个项目完工投运。

二是着力巩固经济实体。落实各项稳增长政策，促进民营企业发展，培育支持1—2家有条件的民营企业上市，鼓励企业通过资产重组等方式加快结构调整、做大做强。加强中小企业培育力度，力争培育成都市“成长型”“小巨人”等企业68家，新培育“拟上规”企业15家以上。健全政企座谈会、领导联系服务企业等机制，大力开展工业“竞进拉练”，强化项目土地、资金、能源服务保障，力争“壮大贷”“科创贷”完成贷款授信1.6亿元。强化工业载体建设，围绕经开区拟新增15.2平方公里发展空间，提升完善产业布局规划，加快培育战略性新兴产业、壮大电子信息产业、改造提升传统产业，为建成西部地区重要的电子信息及其配套产品制造区、聚集区和“千亿产业园区”奠定坚实基础。

三是着力培育消费热点。培育新型消费业态，鼓励信息消费，扩大文化、教育、体育、旅游及健康养老等服务消费。做精赏花节、美食节、康体类赛事等节会活动，促进房地产企业与家居、家电等上下游企业联动促销，激活更多消费需求。加快扩展消费渠道，改善消费环境，健全城乡市场流通体系，建设社区便民中心，合理配置连锁超市、特色餐饮等服务功能。积极打造老城区、南部新城、明湖商务区等商圈，聚集商机、提振消费。加快羊马镇、怀远镇小城市建设，大力发展现代商贸、文化教育、健康养老等产业。结合特色镇、“小组微生”新村建设，发展乡村旅游、农业观光、社区商贸业，打造“一镇一主业、一村一特色”。

（二）抓创新促转型，稳步发展三次产业

坚持将创新驱动与产业升级深度融合，去产能与提效能协同推进，强化大众创业、万众创新，持续提升全社会创新力、创业力和创造力，努力推动三次产业迈向中高端。

一是突出创新创优抓工业。坚持“工业强市”战略不动摇，牢固树立工业“一业定乾坤”的理念，深入贯彻落实“工业强基行动”，力争全年实现规上工业总产值295亿元、增加值72.6亿元。发挥企业技术中心、工业设计中心作用，大力实施技术改造和技术创新项目，积极推行“机器换人”，完成技术改造投资60亿元。依托成都市工业云平台和我市IPC智慧处理中心，在家具、建材等领域推进“两化”深度融合，推动企业应用大数据、物联网等新一代信息技术，促进传统产业节约成本、改进产品质量、提高生产效率。积极培育大数据产业，以“互联网+”为基础，推动新技术、新产业、新业态、新模式“四新”发展，努力做好配套服务，抓好已签约的中兴、微软等49个项目的促建工作，新签约引进大数据企业30家以上，加快构建“一园一心一带”的大数据产业发展格局。深入实施“创业天府”崇州行动计划，组织开展基于大数据的行业会展、创新创业路演、培训及沙龙等20次以上，“互联网+众创空间”累计孵化企业50家以上。持续推进“协同创新走廊”建设，强化与在崇高校、在蓉高校院所的对接，发挥好塑胶管道创新联盟和大数据产业创新联盟的示范引领作用，支持企业与高等院校、科研机构、上下游企业、行业协会等共建研发平台和技术创新战略联盟，构建政府引导、企业主体、院校协作、社会参与的协同创新机制。

二是突出做精做强抓服务业。优先发展生产性服务业，大力改造提升生活性服务业，加快发展现代旅游业。社会消费品零售总额增长8%，服务业增加值增长9%。重点推动生产性服务业向专业化和价值链高端延伸，加快科技服务、金融服务、现代物流、商务服务四大行业提质增效，培育壮大信息技术服务、信息咨询服务、金融保险服务、服务外包、文化创意服务等服务业细分领域和行业。大力提升与民生相关的生活性服务业，积极推行“电商换市”，支持本土电商发展壮大，鼓励传统商贸企业应用电子商务、会议展览等先进营销模式，向信息化、连锁化、便民化发展，积极开拓农村市场、境外市场，推动更多“崇州味道、崇州智造、崇州服务”上线销售。按照“全域旅游、全业旅游”发展战略，启动国家全域旅游示范区、凤栖山省级旅游度假区创建工作，加快形成山地度假游、古镇聚落游、乡村特色游、都市休闲游的旅游发展新格局。完成街子“鸾飞凤舞”文化创业产业项目，启动O2O传统文化创客小镇建设，提升元通AAAA景区“四态合一”水平。利用重庆路生态自然优势，积极发展文化体育、养生养老等休闲度假旅游产品，打造王场镇莲花村等1—2个具有引领带动作用的美丽乡村旅游示范点。结合李家岩水库建设，完成库区周边鸡冠山乡、文井江镇、怀远镇规划提档升级，统筹安排移民新区建设，打造旅游新亮点。加强二、三产业融合，探索开展工业旅游。加大文化、体育和旅游的结合，积极创建崇州特色的旅游品牌形象。

三是突出高效生态抓现代农业。以深化“农业共营制”为核心，启动以观胜、廖家、梓潼等5个乡镇为核心的北部10万亩粮经旅综合示范园区建设，推动田网、水网等“七网”同步建设，新建高标准农田3万亩。持续推进以济协、道明、燎原等8个乡镇为核心的10万亩粮食高产稳产高效综合示范基地拓展区建设，建成以川农高科、川农大为引领的现代种业基地。以“互联网+”农业品牌为抓手，大力发展农产品加工、仓储物流等市场化服务，推动都市现代农业两个品牌建设，扩大“西蜀粮仓·崇州味道”电商品牌影响，提升“稻虾藕遇”“土而奇”等特色农产品品牌知名度。抓住鸡冠山森林公园获国家级森林公园的机遇，培育壮大文井江牛尾笋、三郎樱花、鸡冠山彩林三大林产品品牌。融合特色农业、休闲体验、文化创意、森林生态、美丽新村，办好乡村旅游节会活动，深化都市现代农业三江、江源、大划等“一线一品”建设，推进一二三产业互动融合。农业增加值增长3.5%。

（三）深化改革开放，切实增强区域发展活力

坚持市场在资源配置中的决定作用，扭住关键、精准发力，使改革和对外开放红利及时转化为发展新动能。

一是加快经济体制改革。强化“小政府、大市场”理念，放宽民营经济准入条件，进一步营造公平公开的市场环境，最大限度激发市场活力。加快投融资体制改革，深入推进“拨改租”、PPP等政府与社会资本合作模式，选择一批项目开展示范，吸引更多社会资金进入公共领域。深化财税体制改革，树立“用钱必问效、无效必问责”的绩效管理理念，积极探索建立跨年度预算平衡机制。强化政府债务管理，充分发挥政府平台公司作用，做好开源节流，有效防范债务风险，逐步建立“借、用、还”相统一的地方政府性债务管理机制。推进农村综合改革，深化农村改革试验区建设，继续推进我市承担的省市7项改革试点，扎实推进国家农村土地经营权入股发展农业产业化经营和农村产权抵押融资试点，推动白头—集贤统筹城乡示范片和三郎统筹城乡示范镇建设，多渠道释放农村发展活力。

二是深化社会治理创新。坚持系统治理、依法治理、综合治理、源头治理，不断提高社会治理水平。深化网格化服务管理，强化乡镇（街道）和村（社区）职能，建立政府购买基层服务机制，形成界限清晰、分级管理、梯次互动的基层服务管理体系。积极探索农民集中居住区村民自治改革试点工作，推行清单管理，力争形成可复制模式。扎实开展依法治村（社区）示范创建活动，发挥村规民约、居民公约的治理规范作用。继续开展村级公共服务和社会管理改革，实施村（社区）活动场所提档升级，完成112个村（社区）组织活动场所建设。全面完成村（社区）自治组织换届选举工作。

三是提升全域开放合作水平。主动融入国家“一带一路”战略和成都“蓉欧+”战略建设，统筹推进对内对外双向开放，积极参与国际产业分工和国际交流合作，形成全方位开放格局。支持家具、装饰装修等一批传统优势企业积极开拓海外市场、开展国际合作。加强与长三角、珠三角、京津冀等地区合作，主动承接产业转移。深化与都江堰、汶川的区域合作，主动融入都江堰景区、万达文化旅游城、青城山、街子古镇等大青城旅游环线，推进区域旅游一体化发展。强化招大引强，引进一批投资强度大、投产见效快的大项目、好项目，全年力争引进重大项目24个以上，其中10亿级以上重大工业项目1个。全年实现外贸进出口2亿美元、实际利用外资7900万美元、实际利用省外资金112亿元以上。

（四）加大城乡统筹力度，持续提升城市功能和品质

按照“独立成市”理念，落实“城建攻坚行动”，加快城乡基础设施建设和功能配套，让市民生活更方便、更舒心、更美好。

一是加快旧城更新改造。按照“精明增长，紧凑城市”要求，优化完善主城区1.14平方公里小街区规划编制，打造“九龙里”精品街区，建设中港城、百伦广场、宫保里商业综合体，优化城市业态。启动城市路面“黑化”工作，完成文化东街、文化西街等道路升级改造；实施东兴街、龙门街、文井北街等建设，打通背街小巷交通“毛细血管”，提升城市形态。以罨画池公园为核心，深度萃取城市文化内涵，突出城市文态。完成唐安中路、蔡家碾风貌整治和景观提升，实施成温邛高速路崇州出入口综合整治，守住城市生态。完成中心城区老旧院落改造50个；实施棚户区和城中村改造7个、20.6万平方米。

二是持续推进“三大新城”和场镇建设。树立“海绵城市”建设理念，以基础设施建设为抓手，提升“三大新城”承载能力。坚持“交通便捷”行动，完成成蒲铁路崇州段和崇州新城站、羊马站建设，成温邛快速路崇州段建成通车，做好成都第三绕城高速公路和二绕、三绕街子连接线建设协调工作，完成汶崇路开工前期工作。加快南部新城品质提升，高标准建成晋康南路等7条道路路灯、绿化、交安设施，初步形成新的城市中轴线；推进仁里公园、体育公园一期建设；优先完善医院、学校、幼儿园等公建配套项目。滨江新城要加快一批具有集聚效应和区域带动能力的龙头项目建设，完成琴鹤大桥主体施工，启动成温邛高速崇州西快速连接线和崇州二医院迁建项目建设。羊马新城建成湿地公园一期并对外开放。多渠道筹集资金实施场镇改造，加快白头、王场、廖家、梓潼等乡镇场镇提档升级。

三是加快建设幸福美丽乡村。按照“留得住历史文化文脉，记得住历史发展年轮”的发展理念，大力推进“小组微生”新村建设，新建幸福美丽新村40个，完成12个村（社区）、农民集中居住区“1+9+N”公共服务设施标准化配置。进一步健全完善道路养护管理体系机制；完成新改扩建农村公路130公里，实施农

村公路改善工程 26.4 公里；配合协调做好李家岩水库环湖道路建设。加快崇平、桤泉等乡镇一批土地综合整治新村建设；大力推进崇阳石羊、街子第三期、隆兴永安等一批安置点建设；实施锦江乌尤村、观胜严家院子等一批川西林盘保护性改造项目；加快道明“竹艺村”等一批民俗文化村建设。

四是扎实推进智慧城市建设。努力打造中国县域经济大数据转型升级示范区，加快推进智慧政务、智慧医疗、智慧教育等项目应用，启动智慧管网、智慧交通、智慧综合执法、智慧应急管理、智慧社区等项目建设。完善提升网络基础设施，加快 4G 基站和全域无线 Wi-Fi 建设。构建全市统一的政务外网，深入推进政务数据资源整合，IPC 形成全面服务能力，承载 10 个以上项目运行和服务，发放“三卡合一”智惠卡。

（五）切实加强环境保护，加快美丽崇州建设

牢固树立“保护生态环境就是保护生产力，改善生态环境就是发展生产力”的理念，强化城乡环境综合治理，推进绿色循环低碳发展，加快打造天蓝地绿、水清岸美的宜居环境。

一是持续推进城乡环境整治。贯彻落实《环境保护法》、“大气十条”“水十条”，推进“禁燃区”建设，强化面源污染、扬尘污染治理和秸秆禁烧，加快淘汰“黄标车”，实现空气和水质稳步改善。持续做好全域农村环境连片整治，完成五星村生态乡村示范工程—桤木河水污染治理项目二期建设。加快全市供水资源整合进度，做好经开区污水处理厂扩容和大划污水处理厂建设工作。

二是加强城乡生态建设保护。加强生态文明建设，夯实“四山一水五分田”生态本底，完成国家级生态文明示范市建设规划编制。全面落实主体功能区规划，继续推进“两湖两山两湿地十河”全域生态涵养系统建设和保护。积极推进街子镇开展省级生态文明示范乡镇建设，进一步加大生态村、生态家园和生态社区、绿色学校等生态细胞工程创建力度。

三是强化城市精细化管理。以“四改六治理”为抓手，加强市政设施维护，规范城市街道停车，大力整治排水管网、架空管线、违法建设和市场秩序，持续深入推进店招、广告规范治理，实施城区道路智慧节能照明升级改造；加快食品城迁建进度，推进蔬菜批发市场建设，强化老旧市场的改造；完成城区智能公交站台 247 座、站牌 134 个建设；改造提升公交车品质，促进低碳公交发展。

四是推动资源节约集约循环利用。引导企业向节能化、绿色化方向发展，大力推动企业实施技术改造、合同能源管理、节能示范工程，开展资源综合利用、清洁生产行动。淘汰一批落后产能企业，改造一批高污染燃料锅炉。持之以恒抓好“腾笼换凤”“空间换地”“三无”企业关停并转、盗挖砂石打击专项行动等工作，强化闲置土地、低效用地清理处置。完善垃圾“1 对 1、三分类、两不投”分类模式，率先在行政事业单位、学校等单位开展生活垃圾分类试点。生活垃圾压缩转运站建成投运。单位 GDP 能耗同比下降 1%，单位工业增加值能耗同比下降 2%。

（六）坚持共享共富为本，促进社会和谐幸福

以民生需求为基本导向和第一遵循，按照“保基本、兜底线、促公平”的要求，加快民生保障体系建设，努力让城乡群众生计有保障、生活有质量。

一是促进群众稳定就业。完善创业服务体系，推动创业培训指导、创业孵化基地、创业资金三结合，扩大创业带动就业实效。突出民营经济、小微企业、农业基地的就业吸纳作用，强化岗位收集和信息发布，实现用工单位与劳动者有效对接。全年农村富余劳动力向非农产

业转移新增就业 8000 人以上，城镇新增就业 8000 人以上。

二是完善社会保障体系。完善城乡社保体系，进一步扩大参保率、稳定续保率。稳妥实施机关事业单位养老保险制度改革。健全最低生活保障标准合理增长、重特大疾病医疗救助等机制，加大残疾人救助力度，确保分类施救、应救尽救。加快推进养老服务体系发展，鼓励社会资本参与养老服务机构建设，新建 48 个城乡社区养老日间照料中心，新增养老床位 400 张。新建经开区公租房 1937 套、12.5 万平方米。积极推进 16 个相对贫困村、460 户贫困户加快脱贫步伐，贫困村人均可支配收入增幅高于全市平均水平。扎实抓好白玉县对口扶贫开发工作。

三是发展优质均衡教育。全面深化义务教育阶段教师“县管校聘”管理制度改革，优化城乡教师资源配置，实现市域内义务教育学校教师交流制度化、常态化。均衡配置城乡教育资源，进一步完善校点布局规划，完成第一、二批 25 所公办标准化幼儿园建设，启动第三批 5 所公办标准化幼儿园建设，加快实施金鸡小学迁建。大力提升职业教育水平，规范社会办学行为。

四是提高医疗卫生服务水平。深化医药卫生体制改革，加强医疗医保医药“三医”联动。完善基本药物制度，进一步推行药品“零差率”销售制度。深化市级公立医院与基层医疗机构的对口协作机制，推动区域内“医联体”建设，建立健全分级诊疗制度，促进城乡医疗服务均衡发展。完成中医院迁建项目主体建设，加快人民医院综合培训中心建设进度。做好“全面二孩”政策再生育家庭妇幼健康服务工作，提高出生人口素质。

五是繁荣文化体育事业。加强文化遗产保护工作，完成崇阳天主堂、昙云寺的维修以及青杠墩遗址保护，完成 10 处文化地标建设，启动历史地名保护名录数字化工作，实施文化艺术中心提档升级改造。启动国家级登山健身步道规划建设，办好中国·成都第七届自行车车迷健身节、全民健身日等品牌赛事活动。

六是深化平安崇州建设。强化反恐防暴工作，持续推进社会治安综合治理，依法严厉打击黄赌毒、侵财类、暴力性等各类违法犯罪活动，进一步巩固平安建设成果。加强安全生产常态化督查和重点领域监管，有序推进安全社区和企业安全标准化建设，坚决杜绝各类重特大事故发生。进一步加大食品药品监管力度，积极创建国家食品安全示范（县）市。全面开展信访“两公开”、视频接访、领导包案和部门联合接访，依法妥善化解信访问题，维护社会安定和谐。加强民族宗教工作，推动军民融合深度发展，积极申报全国“双拥”模范城。

今年，我们将继续办好为民办实事项目，包括扶贫解困、促进就业、教育助学、医疗卫生、百姓安居等方面。

（七）加强自身建设，提高政府工作水平

坚持以人为本、法治为基，加快转变政府职能，创新政府服务方式，推动政府效率水平双提升、作风职能双转变。

一是建设法治政府。强化政府依法行政，把政府工作全面纳入法治轨道。严格执行人大决议决定，自觉接受市人大及其常委会法律和工作监督，认真办理人大议案和建议。主动接受市政协的民主监督，认真办理政协提案和建议。广泛听取民主党派、工商联、无党派人士和工会、共青团、妇联等人民团体意见，高度重视社会监督和新闻舆论监督。持续推进简政放权、放管结合、优化服务，完善权力清单、责任清单。推动行政综合执法，完成综合行政执法改革试点。启动“七五”普法工作。

二是建设服务型政府。坚持民生需求导向，切实把群众冷暖忧乐放在心上，紧紧围绕民生民向民愿，解决好群众最关心最直接最现实的利益问题。加强学习型政府建设，强化公务员培训。深入推进“互联网+”政务服务和“新九通一平”建设，建立健全B2G新型政企关系、R2G新型政民关系，提供个性化、定制化、便利化优质政务服务。

三是建设廉洁政府。严格落实党风廉政建设各项规定和“三严三实”要求，巩固党的群众路线教育实践活动成果，切实防止“四风”问题回潮反弹。健全惩治和预防腐败体系，加强土地出让、工程建设、政府采购、产权交易等重点领域审计和监管。强化“三公”经费管理，完成机关公务用车改革，把更多财力用于改善和保障民生。

各位代表，做好2016年工作，责任重大、使命光荣。让我们紧密团结在以习近平同志为总书记的党中央周围，在成都市委、市政府和市委的坚强领导下，开拓创新、锐意进取，埋头苦干、奋发有为，为建设“产业新城、品质崇州”而努力奋斗！

表1　**2015年崇州市经济社会发展主要指标完成情况**

指标名称	完成	
	增速（%）	绝对值
一、地区生产总值（亿元）	12.3	226.1
一产业增加值（亿元）	4.8	31.4
二产业增加值（亿元）	14.0	110.0
规模工业增加值（亿元）	16.7	65.4
三产业增加值（亿元）	13.2	84.7
二、全社会固定资产投资（亿元）	11.4	215.8
工业投资（亿元）	9.9	62.6
三、社会消费品零售总额（亿元）	9.6	70.1
四、一般公共预算收入（亿元）	10.3	15.1
五、城镇化率（%）	47.1	—
六、万元地区生产总值能耗降低（%）	3.1	—
七、农村居民人均可支配收入（元）	10.3	16269
八、城镇居民人均可支配收入（元）	8.9	27594

表2　**2016年崇州市经济社会发展主要预期目标**

指标名称	计划目标	
	总量	增速（%）
一、地区生产总值（亿元）	247.0	9.0
一产业增加值（亿元）	33.0	3.5
二产业增加值（亿元）	122.0	11.0
三产业增加值（亿元）	92.0	9.0
二、固定资产投资总额（亿元）	220.0	2.0
三、规模以上工业增加值（亿元）	72.6	11.0
四、社会消费品零售总额（亿元）	75.7	8.0

续表2

指标名称	计划目标	
	总量	增速（%）
五、地方一般公共预算收入（亿元）	16.1	8.0
税收收入（亿元）	12.2	9.0
六、农村居民人均可支配收入（元）	17896	10.0
七、城镇居民人均可支配收入（元）	30077	9.0

表 3 “十二五”期间崇州市获得的主要荣誉

年度	项　目	授予单位
2011	2011—2013 年度“中国民间文化艺术之乡”	文化部
	全国农业标准化养殖示范县	农业部
	2011 年目标绩效考评先进单位	成都市委、市政府
	成都市 2011 年度开放型经济工作先进单位	成都市委、市政府
	成都市 2011 年消防工作先进单位	成都市政府办公厅
	完成 2011 年度全市维护社会稳定工作目标优秀区（市）县	成都市委办公厅、市政府办公厅
	完成 2011 年度社会治安综合治理工作目标优秀区（市）县	成都市委办公厅、市政府办公厅
	人民防空工作先进集体	成都市政府
	节能工作成绩突出单位	成都市政府
	减排工作成绩突出单位	成都市政府
2012	全国双拥模范城（县）	民政部
	全国基层中医药工作先进单位	国家中医药管理局
	四川省防震减灾示范县	省政府
	四川省防震减灾演练工作先进集体	省委办公厅、省政府办公厅
	四川省建设长江上游生态屏障先进集体	省政府
	四川省妇女儿童工作先进集体	省政府妇女儿童工作委员会
	2012 年度全国防震减灾先进单位	中国地震局
2013	国家药品安全示范县	国家食品药品监督管理总局
	国家知识产权试点城市	国家知识产权局
	国家智慧城市试点城市	住房和城乡建设部
	2013 年度全国县防震减灾工作综合考核先进单位	中国地震局
	全国科技进步县市	科技部
	全国土地纠纷调解仲裁工作先进集体	农业部
	全国农村妇女两癌检查工作先进县	全国妇联
	2013 年度“两刊”宣传工作先进单位	中国残疾人联合会
	全国书法教育实验区	中国教育学会
	防震减灾示范县	省政府
	2013 年全国义务教育发展基本均衡县（市、区）	教育部

续表3

年度	项　目	授予单位
	2013 年度国家知识产权试点示范城市工作先进集体	国家知识产权局
	2013 年县域经济发展先进县（市、区）	省委、省政府
	2013 年推进依法行政先进县	省政府依法行政工作领导小组
	完成 2013 年度全市维护社会稳定工作目标优秀区（市）县	成都市委办公厅、市政府办公厅
	完成 2013 年度社会管理综合治理工作目标优秀区（市）县	成都市委办公厅、市政府办公厅
	2013 年度全省“三农”工作先进市	省委农村工作领导小组
	2013 年执行党风廉政建设责任制先进单位	成都市委、市政府
	2013 年目标绩效考评先进单位	成都市委、市政府
	2013 年度征兵工作先进区（市）县	成都市政府
2014	国家防震减灾示范县（区）	中国地震局
	2014 年度全国县级防震减灾工作综合考核先进单位	中国地震局
	2014 年度国家知识产权试点示范城市工作先进集体	国家知识产权局
	2014 年度全省“三农”工作先进市	省委农村工作领导小组
	2014 年目标绩效考评先进单位	成都市委、成都市政府
	2014 年落实党风廉政建设主体责任先进单位	成都市委、成都市政府
	成都市 2014 年安全生产先进集体	成都市政府
	省级生态市	省政府
	“道明竹编”入选第四批国家级非物质文化遗产代表性项目名录	国务院
2015	电子商务示范县	中华全国供销合作总社
	2015 年第四届平安中国防灾宣导系列公益活动优秀组织奖	中国地震局
	中国家具先进产业集群奖	中国家具协会
	2015 年度全国县级防震减灾工作综合考核先进单位	中国地震局
	国家生态市	环保部
	四川省双拥模范城	省委、省政府
	2015 年重大赛事活动成功举办突出贡献单位	成都市政府办公厅
	十二五中国大数据发展领军城市	中国智慧城市论坛
	完成 2015 年成都市《政府工作报告》固定资产投资任务成绩突出区（市）县	成都市政府办公厅
	完成 2015 年成都市《政府工作报告》农业投资任务成绩突出区（市）县	成都市政府办公厅
	完成 2015 年成都市《政府工作报告》招商引资及新签约引进重大项目落地任务成绩突出区（市）县	成都市政府办公厅
	完成 2015 年成都市《政府工作报告》促进创新创业任务成绩突出区（市）县	成都市政府办公厅
	2015 年度全省“三农”工作先进市	省委农村工作领导小组
	2015 年度全省农民增收工作先进市	省委农村工作领导小组
	政府向经营性服务组织购买农业公益性服务机制创新试点县	农业部办公厅
	实施以奖代补政策的国家现代农业示范区	农业部办公厅
	开展财政资金引导金融资本试点的国家现代农业示范区	农业部办公厅
	四川省信息安全产业示范园区	省经济和信息化委员会
	四川省“推进男女平等基本国策二十周年特别贡献奖”	省政府妇女儿童工作委员会

名词解释

1. 新九通一平：信息通、市场通、法规通、配套通、物流通、资金通、人才通、技术通、服务通；面向21世纪的新经济平台。

2. 农业共营制：指土地股份合作社＋农业职业经理人＋现代农业服务体系“三位一体”的新型农业经营体系。

3. 四改六治理：“四改”是指棚户区、城中村、老旧院落、老旧市场改造；“六治理”是指大气雾霾、河渠污染、交通秩序、市容市貌、违法建设、农村环境的治理。

4. 海绵城市：指城市能够像海绵一样，在适应环境变化和应对自然灾害等方面具有良好的“弹性”，下雨时能有效的吸水、蓄水、渗水、净水，需要时将蓄存的水“释放”并加以利用。

5. 拨改租：指政府依法租用企业作为项目业主投资建设或购买的已建成、在建或者拟建的非经营性城市基础设施项目，主要包括市政道路、桥梁、隧道、地下综合管廊、生态基础设施、公共交通设施等项目。

6. PPP模式：指政府为增强公共产品和服务供给能力，提高供给效率，通过特许经营、购买服务、股权合作等方式，采取公开招标、邀请招标、竞争性谈判、竞争性磋商等方式择优选择具有投资、运营管理能力的社会资本，与之建立的利益共享、风险分担的长期合作关系。

7. 农村土地“三权”分置：指在坚持土地集体所有的前提下，实现所有权、承包权、经营权三权分置。

8.7项改革试点：指土地承包经营权流转管理试点、土地承包经营权退出试点、深化集体林权制度改革试点、改进农业补贴办法试点、农民合作社家庭农场村转社区等农村基层党组织建设试点、以农村社区村民小组为单位的村民自治试点。

9.1+9+N：指1个涉农社区、村（农民集中居住区），9项公共服务和社会管理设施（社会综合服务管理站、卫生服务站、全民健身广场、综合文化活动室、污水处理设施及排水配套管网建设、垃圾收集房、公厕、公共停车场所、小区物管用房），N项以市场为主按需配置。

10. 众创空间：又叫创客空间，把握互联网环境下创新创业特点和需求，通过市场化机制、专业化服务和资本化途径构建的低成本、便利化、全要素、开放式的新型创业服务平台的统称，同时为创业者提供良好的工作空间、网络空间、社交空间和资源共享空间。

11. 工业“竞进拉练”：指为进一步加快工业重点项目促建，在项目和园区一线定期开展检查督导、对标先进、总结提升等活动，在拉练中找差距，在竞进中促提升。

12. IPC：即Intelligent Processing Center英文缩写，是基于直达光纤网络的智慧城市核心枢纽，为集中收集、存储、处理和发送数据的设备提供运行维护的支撑基地并提供相关服务。

13. 一园一心一带：“一园”指崇州大数据产业园；“一心”指IPC智慧处理中心；“一带”指以晨曦大道为纽带的大数据产业经济带。

14. “七网”建设：指农业田网、水网、路网、观光网、服务网、信息化网、设施农业配套用地网建设。

15. 独立成市：指中小城市既要与特大中心城市密切联系，又要功能完整、职住平衡、配套完善、相对独立。

16. 路面“黑化”：指以保养的方式，通过在原有水泥混凝土路面加铺高标准SMA沥青层，提升道路品质。

17. “三卡合一”智惠卡：指将居民健康卡、天府通卡、金融IC卡三卡整合为一张智惠卡。

18. 医联体：指一定区域内以三级医院为核心，联合区内二级医院、基层医疗机构组建成责任共担与利益共享的联合体，推动形成分级诊疗机制，缓解群众看病难问题。

19. B2G、R2G：B（Business）即企业，R（Resident）即市民，G（Government）即政府，B2G、R2G是指通过搭建政府与企业、政府与市民的互联网互动平台，及时了解企业、市民个性化需求，并提供定制化优质政务服务。

政治协商会议常务委员会工作报告

——在政协第十三届崇州市委员会第五次会议上

（2016年1月30日）

政协崇州市委员会主席　杨学明

各位委员：

我代表政协第十三届崇州市委员会常务委员会向大会报告工作，请予审议。

2015年工作回顾

2015年，是我市“产业新城，品质崇州”建设取得丰硕成果的一年。一年来，市政协在市委的坚强领导下，深入贯彻落实党的十八大、十八届三中、四中、五中全会精神，认真贯彻中共崇州市委的决策部署，紧紧围绕中心、服务大局，牢牢把握团结、民主两大主题，积极履行政治协商、民主监督、参政议政职能，为助推全市经济社会赶超跨越发展作出了积极贡献。

一、强化学习提高，增进政治共识

（一）贯彻“四个全面”，树立“五大理念”

常委会认真组织政协委员学习习近平总书记系列讲话精神，领会中央“四个全面”战略布局，树立创新、协调、绿色、开放、共享的发展理念，把学习贯彻“四个全面”战略布局、“五大发展理念”同贯彻落实省委、成都市委和崇州市委全会精神结合起来，同履行职能的实践结合起来。围绕提高能力素质，强化理论学习和政协业务知识培训，全年共开展中心组学习5次，常委会会前学法5次，机关干部集中培训6次。组织全体委员集中对协商民主理论和实践进行专题培训，提高贯彻落实“四个全面”战略布局、坚持“五位一体”的发展思路、全面推进和落实“五大发展理念”的自觉性和坚定性。

（二）践行“三严三实”，勇于担当谋事

按照市委统一部署，去年5月，市政协正式启动“三严三实”专题教育。领导班子和党员领导干部以“做忠诚、干净、担当的政协人”“严以修身切实把牢思想和行动总开关”“严以用权心中有戒”“严以律己筑牢底线”等为主要内容，开展专题教育，深入学习领会习近平总书记提出的“三严三实”丰富内涵和重大意义。

通过认真学习“三严三实”，忠实践行“三严三实”，使“三严三实”成为修身做人、用权律己的基本要求和干事创业的行为准则，增强了勇于担当谋事的责任意识。

（三）完善学习机制，提升履职能力

创新委员年度专题集中学习培训方式，使学习内容和形式更接地气、更贴近实际，学习成效更为明显。根据《政协党组关于进一步加强和改进党组中心组学习的实施意见》精神，主席会议和常委会学习机制进一步完善，“会前学法”不断规范，开展了主席会议成员走进法庭观摩审判活动。界别学习座谈会不断深入，专委会专题学习水准不断提升。组织机关领导干部参加各级各类轮训、专题培训。多形式、多层次的专题学习，使委员们在思想上进一步统一，行动上进一步自觉，政策理论和参政水平进一步提升。

（四）加强培训指导，搞好信息宣传

强化新闻宣传信息工作，建立了有效的培训和激励机制。通过专题讲座、订阅书报和刊物等形式不定期对信息员进行业务指导培训，夯实了信息员队伍基础。全年在国家、省、市级以上媒体刊发理论文章、新闻稿件和经验交流文章100余篇，连续9年被评为全省政协宣传工作先进单位。《乡镇社会协商机制初探——以崇州市为例》被收入中国文史出版社出版的《中国政协协商》文集，并获得2015年度四川省社科院市县院（所）优秀成果奖。围绕抗战胜利70周年，组织开展系列教育纪念活动，成功举办了“崇州市政协纪念抗战胜利70周年书画展”。

二、围绕中心履职，助推科学发展

（一）紧扣中心工作，做实协商活动

深度融入发展大局，全面履行政协职能，有序推进协商工作，全年精心组织开展各类协商活动23次。积极开展全委会整体协商。市政协十三届四次会议期间，围绕“全面推进依法治市”开展专题协商，形成5个方面27条建议意见；围绕《政府工作报告》的协商，形成6个方面29条重点建议；围绕“十三五”规划编制工作、农村共营制改革、推进10万亩粮食综合示范基地建设、社会治理创新、职业教育发展等开展专题协商；围绕南部新城基础设施建设、政务中心运行情况、文化与旅游融合发展、市级医疗机构就医环境、挖掘宗教资源助推旅游产业发展和提案办理过程中有争议的提案等进行对口协商；围绕李家岩库区农业产业发展、西部志愿者服务管理、知识产权保护、维护侨商台商投资的合法权益、协商提案办理结果公开的工作机制等进行界别协商。各类协商所形成的建议和意见得到市委、市政府以及市级部门的高度重视和积极采纳。

（二）开展民主监督，推进决策科学

积极探索民主监督有效形式，不断拓宽民主监督领域，精心组织开展民主监督活动12次。围绕依法行政、全面深化改革、财政预算执行情况、“法律七进”工作推进情况，通过视察、听取汇报等形式开展民主监督，推进决策落实；围绕全市经济社会发展情况、观光旅游向休闲度假旅游转型升级、全市公立幼儿园标准化建设提升工程、“四改六治理”十大行动推进情况、市政府相关部门提案办理工作情况开展监督，促进一些热点、难点问题的解决，有效助推政府决策更加民主化、科学化。组织各界别31名政协委员参加全市党风廉政建设座谈会，形成了15条意见和建议。组织政协委员视察法院庭审现场，视察检察院的基层工作室，开展对法检两院工作的民主监督，助推司法公正。

（三）积极建言献策，助力重点工作

围绕实现发展目标，发挥智力密集优势，进行前瞻性调研和广泛协商，提出了许多建议和意见。全会发言质量进一步提高。市政协十三届四次会议期间的分组讨论环节，市级各民主党派、工商联、无党派人士和部分政协委员，就全市经济发展、依法治市、文化建设、民生保障和生态保护等建言献策，其中23条意见被市级相关部门采纳。调查研究水平进一步提高。先后多次组织市政协委员学习调研，召开专题研讨会，听取专家意见建议，向市委、市政府报送了《对我市电子商务发展的调研》《关于我市体育产业发展的思考》等调研报告，受到市委市政府领导的充分肯定；组织委员视察调研文化旅游融合发展工作、旅游产业发展、古镇保护与开发、长廊文化展示、瓜果采摘、垂钓休闲消费和特色历史文化的挖掘等工作，提出的意见建议受到相关部门的重视。加大提案办理协商工作力度，制定了《崇州市政协提案办理协商实施细则》，有序推进提案交办与协商。市政协十三届四次全会以来，审查立案的143件提案全部办理完毕，办结率为100%。对委员们反馈的意见，市政协开展了提案办理“回头看”活动，一批委员反映多年、呼吁多年、提案多年的难点、热点、焦点问题已经或正在逐步得到解决，委员满意度不断提高。广泛汇集社情民意，围绕市政建设、道路交通、市场监管、安全生产、生态保护等收集社情民意129条，为市委市政府科学决策、民主决策提供参考，促进了相关工作改进和完善。

（四）关注民情民生，增强履职实效

组织委员对我市残疾人帮扶救助工作情况进行了专题调研，撰写了《关于我市残疾人帮扶救助情况的调研报告》，助推社会保障服务长效机制建设。市政协主席会议组织部分委员实地视察了大划镇崇镇村居家养老服务中心和羊马镇崇江路社区微型养老机构等，专题协商全市老龄事业发展，撰写了《关于构建我市“9073”养老服务体系的调研与思考》，为保障和改善民生，推进社会和谐稳定发挥了积极作用。围绕推进农村及农业发展工作，常委会议对深化完善我市农业共营制、新型农业经营体系及推进高标准农田建设，进行专题协商，积极建言献策。组织部分委员专题视察了锦江乡“村民众筹建新村”工作，并在现场开展了建言献策活动，《人民政协报》刊登了相关新闻报道，对锦江乡这一“众筹”模式予以了充分肯定。

（五）精准扶贫攻坚，彰显民本情怀

常委会制定了《政协崇州市委员会关于在委员中开展“我为扶贫攻坚做件事”活动的意见》，部分委员企业家到贫困地区、乡镇村组投资兴业、扶持生产，通过种植、养殖、扩大就业等多种方式，进行产业扶贫，让困难群众走上共同富裕的道路。市政协领导深入怀远镇二江村等7个镇村召开9次扶贫宣讲会。市政协机关全体人员，纷纷解囊捐款资助困难群众。针对联系户的实际，制定了一户一策的精准扶贫措施，确保了扶贫攻坚工作的扎实推进。

（六）凝聚发展合力，促进和谐稳定

市委办、市政府办、市政协办联合下发了《2015年度协商工作计划》，有力地推进了全市政治协商运行机制的不断完善。建立重点协商议题选题机制，健全协商成果转化机制，力促民意化“政意”。拓宽联络联谊渠道，切实加强与民主党派、工商联和无党派人士的联系，巩固爱国统一战线。市级民主党派组织、工商联共提交提案23件，搜集社情民意12条，参与市政协重点调研5项，凝聚改革发展合力，巩固改革发展成果，共同推动经济发展、社会全面进步。

三、加强队伍建设，提高履职能力

（一）重视领导班子建设

认真抓好主席会议和常委会班子自身建设，积极探索履行职能的新形式、新领域、新途径，不断提高政协工作制度化、规范化、程序化水平。认真落实党风廉政建设主体责任，以一流的班子带一流的队伍，创一流的业绩。

（二）发挥委员主体作用

健全委员服务管理机制。继续完善并严格执行委员队伍“选、育、管”机制，建立委员履职档案，加强委员联谊，增强委员主体意识。委员服务管理工作更趋完善，在委员年度培训会上，先后有16名委员作了履职经验交流发言。

（三）创新推动委组工作

进一步加强专委会组织建设，促进专委会在协商联系部门等方面主动作为。各专委会开展了12次对口协商活动，协商内容更加广泛，协商质量不断提高。同时，积极探索政协工作向基层延伸的方式和途径，在崇阳街道设立了政协工作联络处。

（四）收集整理文史资料

完成了《崇州文史资料》（第二十九辑）的征集、编辑和出版工作，组织撰写了《崇州简史》第2—7章，19篇史料文章被四川省政协收录到《成都市井闲谭》一书中，完成了《崇州经济研讨》（第42期）的编辑出刊和《崇州市政协志》初稿撰写工作。在“纪念抗战胜利七十周年征文”活动中，有两篇征文被收录到《成都抗战记忆》一书。配合市级相关部门完成了文集《崇州抗战烽火的记忆》征稿、撰写和评审工作，与市纪委联合编辑出版了《崇州古代廉政故事选编》。

（五）提升机关服务水平

坚持以提高服务质量为核心，以作风建设为重点，以提高素质为根本，践行“三严三实”，扎实开展“走基层，惠民生，办实事”“三视三问”和“心连心·我们在一起”活动。加强机关队伍建设，完善岗位工作巡查督查机制和评先体系，进一步调动和激发了政协机关队伍的活力，为履行职能提供了有力保障。积极开展互动交流，先后接待了江苏省常州市等15个市（州）县（区）政协组织对我市农业共营制、农村土地管理、农村股份合作社等特色工作的考察活动，配合四川省政协农业委完成了在我市开展“增加农民财产性收入试点情况”的调研任务。

各位委员、同志们：一年来，市政协发挥优势、创新履职、主动作为，在推动协商民主建设、服务经济建设大局、促进社会和谐稳定等方面，做了大量富有成效的工作，在助推我市经济和社会发展中发挥了积极作用。这些成绩的取得，是中共崇州市委坚强领导的结果，是市人大、市政府、市级各部门、各乡镇（街道）和社会各界大力支持的结果，是政协各参加单位和广大政协委员团结奋斗的结果。在此，我代表市政协常委会向大家表示衷心感谢和崇高敬意！

在肯定成绩的同时，我们也清醒地认识到，与党和人民的要求相比，与新时期人民政协肩负的使命相比，与广大政协委员的期望相比，我们在协商民主形式的进一步探索、界别协商工作的进一步加强、委员主体作用的进一步发挥、政协工作水平的进一步提升等方面还存在一些不足和差距。对此，我们将在今后的工作中认真研究并逐步解决。

2016年工作思路

2016年，是“十三五”开局之年，是我市推进全面深化改革、奋力实现经济社会发展预期目标、加快全面建成小康社会和完成扶贫攻坚目标任务决胜阶段的关键之年。建设美丽智慧崇州，共享幸福安康，市政协常委会将按照“懂政协、会协商、善议政”的要求，主动作为、勇于担当。新的一年，市政协工作的总体要求是：深入贯彻落实中共十八大和十八届三中、四中、五中全会、中共四川省委、成都市委政协工作会议和崇州市委十二届七次、八次全会精神，以习近平总书记系列讲话精神为指导，在中共崇州市委坚强领导下，全面落实中央、省委、成都市委和崇州市委关于新形势下加强和改进人民政协工作的新部署新要求。坚持突出人民政协事业的重要摆位，始终坚持正确的政治方向，切实发挥人民政协作为协商民主重要渠道和专门协商机构作用。围绕协调推进“四个全面”战略布局的崇州实践，始终坚持创新、协调、绿色、开放、共享的发展理念，紧扣市委“改革创新、转型升级”总体战略，以服务“十三五”经济社会发展为重点，积极履行政治协商、民主监督、参政议政职能，提升履职能力、创新履职方式、增强履职实效，为确保我市与成都同步高标准全面建成小康社会，基本建成成都西部现代化区域中心城市贡献我们的力量。

一、坚持性质定位，夯实思想基础

（一）加强思想理论建设

系统学习中国特色社会主义理论体系和习近平总书记系列重要讲话精神，深入贯彻中共中央、省委、成都市委和崇州市委重要会议精神，努力把思想和行动统一到协调推进“四个全面”战略布局，推动法治崇州、全面建成小康社会的各项部署上来。始终坚持人民政协的性质定位，与市委思想上真同心、目标上真同向、步调上真同行。

（二）主动激发各界活力

坚持团结民主主题，通过多种形式，开展深入研讨和广泛宣传，大力引导各界人士充分认识创新、协调、绿色、开放、共享的发展理念及这场深刻变革的重大现实意义和深远历史意义。牢固树立并切实贯彻“五大发展理念”，振奋精神，抢抓机遇，为推进创新改革，维护和谐稳定，开创发展新境界凝聚共识合力。

（三）着力提升能力水平

深入学习贯彻习近平总书记在庆祝人民政协成立65周年大会上的讲话等系列重要讲话精神，深刻领会中共中央关于加强社会主义协商民主建设和人民政协协商民主建设的新部署。全面贯彻省委、成都市委政协工作会议精神，准确把握新形势下加强和改进人民政协工作的新要求，把会议精神转化为谋划工作的新思路、推动发展的新举措，努力提高做好新时期政协工作的能力和水平。

二、推进协商民主，建设“品质崇州”

（一）发挥多渠道协商作用

健全协商工作制度，稳步推进政协协商民主制度化、规范化、程序化。密切与党政部门的沟通协调和工作衔接，提高选题精准度，真正形成紧扣经济社会发展重大问题和人民群众关注的热点难点问题制定年度协商计划。统筹组织协商活动，紧紧围绕协调推进“四个全面”战略布局、加强供给侧结构性改革、深入实施“七大行动”、全面推进和落实“五大发展理念”建设活力、和谐、美丽、开放、幸福崇州等，认真组织全体会议、常委会议、主席会议专题协商，专委会对口协商，界别协商和提案办理协商。

（二）强化民主监督执行力

提升民主监督计划性，严格执行我市《关于进一步加强人民政协民主监督的实施办法》。紧扣保障改善民生、完善社会保障体系、发展优质均衡教育、推进精准扶贫减贫、深化平安崇州、法治崇州、廉洁崇州建设等议题，认真制定年度民主监督工作计划，确保民主监督工作有序推进。提高监督质量，积极探索富有政协特色的民主监督方式和载体。综合运用会议协商监督、提案、调研视察、反映社情民意、民主评议等多种方式，开展立体、多元民主监督活动。提升民主监督实效性，坚持把助推工作落实和促进问题解决作为落脚点，重点围绕实施我市“十三五”规划充分发挥民主监督作用，推动重点工作落地生效。

（三）把准参政议政关键点

选择重要课题开展调研，围绕“一、二、三”产业融合发展、推进“电商换市、空间换地、腾笼换凤、机器换人”模式、深化“新九通一平”、着力塑造城市新中心、推进“两湖两山两湿地十河”全域生态涵养系统建设和保护、古镇“金三角”、震后九龙沟、鸡冠山等山区旅游开发、深化大青城旅游理念、农业共营制改革、深化农业品牌化和“法律七进”等课题，深入调查研究，形成科学务实的对策建议。落实提案工作制度机制，严格执行《崇州市政协提案办理协商实施细则》。针对落实情况，会同市委办公室、市政府办公室，选择部分提案承办单位进行督查，完善提案审查立案机制，进一步提高办理质量。准确整理反映社情民意，围绕社会保障、城市管理、公共安全等党政工作重点和群众关注的焦点，深入基层了解情况，及时反映各界群众的愿望和呼声，更好服务群众。

三、加强自身建设，提升履职能力

（一）健全和完善制度机制

以完善制度机制为前提，不断推进政治协商、民主监督、参政议政的制度化、规范化和程序化，确保政协工作富有成效。认真贯彻落实从严管党治党、规范权力运行、干部作风建设和政协工作、会议活动等方面的规章制度。坚持接受委员和群众监督，进一步强化正风肃纪和督查考核，增强制度刚性。在自觉执行、落实市政协各项制度中持续调整完善制度，持续增强规矩意识，养成良好习惯，确保各项工作更加有序有效。

（二）提高协调和服务水平

协调和优化党派合作机制，完善党组成员联系民主党派、专委会联系界别、政协办公室联系党派机关的工作制度。突出专委会专业特点，发挥委员智力优势，在深入调研、集思广益上下功夫，发挥好专委会在政协履职中的基础性作用。进一步加强和完善基层政协组织建设。注重政协机关服务能力提升，巩固深化“三严三实”专题教育成果，加强对机关干部的学习培训和实践锻炼，着力提高全局观念、服务意识，增强政务性服务能力和统筹协调能力，为委员履职提供高效优质的服务保障。

（三）突出委员的主体作用

发挥委员主体作用，创新委员联络服务工作机制，完善委员服务管理、履职考核、联系工作制度等。积极探索“创载体凝聚委员、建机制管理委员、抓活动联络委员、优服务激励委员”的工作格局，保障委员主体作用的充分发挥。加强新闻宣传和信息网络建设。积极开展理论研讨，认真总结我市政协工作中协商议政、民主监督以及委员履职服务管理等方面的好经验、好做法。继续办好《崇州文史资料》、《崇州经济研讨》，认真编写《崇州简史》，完成《崇州市政协志（1949—2016）》的初稿撰写、统稿、校订、出版等工作。推进协同互动交流，完善对上多争取指导支持、对外多学习借鉴，进一步形成有利于政协事业发展的履职氛围。进一步完善帮扶机制，创新帮扶举措，确保扶贫攻坚目标的按期完成。

各位委员，新的一年，新的使命，新的召唤。让我们紧密团结在以习近平同志为总书记的中共中央周围，在中共崇州市委的坚强领导下，建真言、谋良策、出实招，向着确定的战略目标，屏息聚力，众志成城，勇往直前，为加快建设美丽、智慧的新崇州，高标准建成小康社会作出更多更大的贡献！

在教育实践活动中读懂群众期待的实践与思考

中共崇州市委书记　赵浩宇

民意，就是群众意愿，群众的呼声，群众的评判和群众的信任。读懂民意，就要倾听群众声音、读懂群众期待，就要把群众呼声作为第一信号，把群众期待作为第一选择，欢乐着群众的欢乐，忧患着群众的忧患。特别是一些关系群众切身利益的重点、难点问题，担子重、任务急，解决起来难度大、时间长，必须把握得住、拿捏得准、处理得好，做到说话群众爱听、干事群众愿跟，平常时候看得出来，关键时刻站得出来，危急关头豁得出来。

一、强化“三种”意识，做群众期望的知心人

县级基层处于宏观之尾，微观之首。在党的群众路线教育实践活动中，我们深刻体会到，只有读懂群众期待，在思想问题上解决好“我是谁”的问题，让群众真切感受到党员干部的清风正气，才能赢得群众的信任与支持。

——始终强化“身处基层”的观念。过去，一些干部虽然处在基层，但却不懂基层、不了解基层。读懂群众期待，不仅要身在基层，更要心在基层，让群众见得到人、办得了事、交得了心。活动之初，我们就把强化“身处基层”观念作为县乡基层干部的“基本功”和“必修课”，25名市级领导认真履行“ 岗双责”，既带头又带动，引领全市近6000名机关干部深入田间地头、工厂车间、社区院落，在解决“四风”问题上树标杆，在密切联系群众上作示范。实践证明，只有身处基层、心在基层，熟悉基层情况，会做基层工作，才能把作风转到群众的家门口、整改到百姓的心坎上。

——自觉改正“不接地气”的问题。“四风”问题产生的一个重要原因在于干部脱离基层，不接地气，因“缺氧”而“晕头转向”。读懂群众期待，真正沉下身去、融入群众，变“俯视”为“平视”，变官腔官调为真情交流，在服务群众中让群众少进一扇门、少跑一趟路、少积一点怨气。活动中，我们建立完善“崇州

民情信息智慧系统”三本台账，在建立村（社区）7542个“明细账”、乡镇4743个“综合账”、17个职能部门521个“分类账”的基础上，全市梳理汇总“重点账”1593个，建立了1299户困难群众台帐。实践证明，只有放下身段、沉下身去，回归人民公仆的角色定位，才能着力消除联系服务群众“最后一公里”的“盲点”和薄弱点。

——牢固树立“在一起”的意识。群众工作在路上、在现场、在基层，民意就是我们努力的方向。读懂群众期待，与群众同坐在一条板凳上，既说“普通话”，又说“本地话”，也说“家常话”，始终与群众一块儿过、一块儿苦、一块儿干。活动开展以来，全市机关干部把“结对心连心·我们在一起”作为“走基层”活动和“三视三问”群众工作法的重要实践载体，在联系服务群众中登门“认亲”一个不少。截止目前，每名党员干部走访联系户平均4次以上、重点联系户平均7次以上，仅与困难群众攀“穷亲”就结成了5730多个帮扶对子。实践证明，只有树牢群众观点、站稳群众立场，始终与群众在一起，才能密切党群干群关系。

二、坚持“三问”于民，做群众信赖的贴心人

社会快速转型期，利益分配更加多元复杂，群众期待也不断增加，如何读懂群众的期待，成为一个迫在眉睫、亟需解决的问题。通过活动开展，我们深切感受到，只有读懂群众期待，从方法上解决好“依靠谁”的问题，在问需于民、问计于民、问效于民中打捞最底层声音，才能有效破解关系群众切身利益的难题。

——变“被动”为“主动”问需于民。过去，有的干部感到纳闷，自己一年到头东奔西跑为群众办事，为何群众还是不满意？究其原因，在于没弄明白群众究竟需要什么。活动开展以来，广大党员干部视群众需求为“军令状”，变“被动接招”为“主动服务”，变“单向决定”为“双向互动”，同群众进行“亲人般”“家庭式”交往。市级领导干部带头建立联系点50个、收集到意见建议275条，带动全市党员干部收集了“原汁原味”、“现场温度”、“鲜明情绪”的意见建议2.4万余条。全市党员干部脚踏泥土丈量民情，与群众的心贴得更近了，对群众的需求把握得更准了。实践证明，只有倾听群众呼声、了解群众诉求，才能把握群众路线的真谛，真正做到问需于民。

——变“坐班”为“上门”问计于民。群众工作中，一些干部感到困惑，自己“上班保证不休息，周末休息不保证”，为何群众仍有怨言？究其原因，源于没有依靠群众的智慧和力量。活动中，全市机关干部变“闭门造车”为基层问计、变“坐而论道”为上门请教，通过领导挂点、部门联村、干部包户，广泛深入群众，点对点调查“问计”。目前，全市25个乡镇推行社会协商，召开民营企业座谈会2次、“两代表一委员”座谈会5次、市级领导带头参加群众坝坝会、专家咨询会40多次，与群众代表面对面座谈3600多人次，向社会各界群众广纳良策。实践证明，只有坚持群众是历史的创造者的唯物史观，才能从群众中汲取智慧和力量，找到破解改革发展稳定难题的“金钥匙”，真正做到问计于民。

——变“唱功”为“做功”问效于民。基层工作中，有的干部感到不解，自己“一心谋发展”，为何还是得不到群众信任？究其原因，源于干部想问题、办事情脱离了群众。工作中，全市机关干部变“虚功”为“实效”，变“大张旗鼓”为“春风化雨”，在群众“最盼”“最想”“最急”上扎扎实实做一些看得见、摸得着的民生事实。扎实抓好就业、社保、医疗、教育等民生事实和基础性民生项目，目前，累计实现城镇新增就业6672人，城镇登记失业率控制在3.9%以内，城乡居民养老保险参保覆盖率保持

在90%以上，城乡居民基本医疗保险和新农合参保率达99%；成都市207项十大民生工程、崇州市22件民生实事正按计划推进，宫保里棚户区改造项目签约率达98%，捷普项目已于7月正式投产，成蒲快铁等重大交通建设项目进展顺利，27个城市基础设施和南城锦地等项目正在加速推进。实践证明，只有干在实处、润物无声，把民生事实做到群众的心坎上，才能以党员干部的辛苦指数提升人民群众的幸福指数，真正做到问效于民。

三、践行“三诺”整改，做群众满意的暖心人

群众看教育实践活动，最担心转作风“一阵风”、搞形式主义，最希望真改实改、不搞假把式。在教育实践活动中，我们深切认识到，只有读懂群众期待，从根本上解决好“为了谁”的问题，扩大群众对整改事项的知情权、参与权、评判权，才能确保活动实效取信于民。

——公开“晒”，“改什么”让群众知晓。党组织和党员干部查摆了哪些问题、要改些什么、作出了哪些整改承诺，就要让群众知晓。把整改问题晾晒在阳光下，展现“徒门立木”的勇气和信心，向群众“立信”。活动开展以来，“四大”班子和99个活动单位及班子成员在把征求到的意见建议、查摆出来的问题和“两方案一计划一清单”，及时向社会和群众公示，力求做到整改有计划、群众能知晓。截止9月底，“四大”班子、法检两院和相关单位的整改承诺按要求先后在《今日崇州》等媒体上进行了公示，市级领导干部个人整改承诺也印制成册，仅“四大”班子公示的整改承诺达68项。全市99个活动单位、253个村（社区）的整改承诺，在一定范围进行了公示，切实增加了群众知晓度。群众普遍感到，敞开大门搞活动，揭短亮丑公示问题和整改承诺，群众心里都有了一本明白账。

——务实“干”，“怎么改”让群众参与。联系群众，目的在于服务群众；查摆问题，关键在于解决问题。把整改落实过程作为服务群众、扩大群众参与的过程，以履行承诺、转变作风的实际成效，向群众“践信”。活动中，我们严格制定每个环节的“任务书”“时间表”和“线路图”，集中整治文山会海、“三公”经费、吃空饷等问题，解决“四风”等突出问题4557个，有效杜绝了“舌尖上的浪费”“车轮上的腐败”等群众深恶痛绝的不正之风；认真落实省委巡视组交办案件和市委督导组转办案件，办结率分别达78.6%和86%。对照作风建设和“三严三实”要求，市领导带动全市机关干部开展“党员义工日”活动1.7万人次，走基层、送服务3万多人次，解决群众实际困难和问题4600多个。通过群众全程参与活动开展，做到事事有人抓、件件能落实、个个有回声，确保整改落实到位。群众普遍认为，干部转作风，群众参与和监督，现在服务态度变好了、办事效率提高了，党的好作风、好传统回来了。

——民主“评”，“改得怎样”群众说了算。整改的最终目标，是让群众评判活动成效，让群众认可、群众满意。“阳光整改”不是看党员干部学习了多少篇文章，开了多少会，而是解决了多少实际问题，向群众兑现承诺“守信”。扎实开展党员民主评议，分层分类列出“不合格”党员共性“负面清单”12个、个性“负面清单”66个，评议出“不合格”党员120人、党纪处分3人、取消预备党员资格1人；转化提升软弱涣散基层党组织27个，责令14个单位专题组织生活会返工重开。采取随机督查、明察暗访等措施监督整改，对整改质量、整改承诺进行跟踪监督，对88名“在编不在岗”的干部进行通报，有效遏制了退居二线干部“管理难”“难管理”的问题。为了检验活动成效，我们严格按照省市要求，扎实开展群众测评和民主评议，通过群众测评和民主评议，群众测

评满意率 99.6%，活动民主评议总体评价 100%。通过群众测评、民主评议等方式，层层发动发动群众，让群众评议、“街头巷议”为“四风”问题整改“亮分”，让“民意之网”张得更大、覆盖更广。干部群众普遍反映，以往干得怎么样，是领导说了算，现在干得好不好，是群众来评判。群众不但要参与实施，整改结束还要当裁判员和评分人，虽然干部压力大了但底气足了，群众也更满意了。

原载中共成都市委政研室《领导干部调研文集》

崇州市财政支农资金改革研究

市委政研室课题组

中共十八届三中全会提出：“允许财政资金直接投向符合条件的合作社，允许财政补助资金形成的资产转交合作社持有和管理”（《中共中央关于全面深化改革若干重大问题的决定》，2013 年 11 月）。从 2014 年开始，崇州市整合各级财政资金 4000 余万元，确定了符合条件的 10 个土地股份合作社作为首批试点，在全省率先开展“财政补助投入合作社形成资产股份量化试点”工作。

在试点中，崇州市积极利用财政支农项目资金，结合运用农村产权制度改革的成果，通过机制体制创新，积极探索财政支农资金投入形成的资产民有、民管、民受益的管理运行机制，将财政支农资金投入形成的资产转交农民合作社持有和管护，并股份量化到合作社或入社社员，着力培育新型集体经济组织，赋予农民更多财产权利，有效破解了财政投入项目“自筹资金难、经营管理难、农民受益难”和财政支农项目资金投入后，“资产所有权、管理权、使用权分割管理不善、运营不活”等问题。

一、改革动因：破解财政支农资金管理难题

（一）深化农村产权改革，赋予农民更多财产权

中共十八届三中全会提出：“健全农村集体资金、资产、资源管理制度；允许财政补助形成资产转交合作社持有和管护，允许合作社开展信息合作。保障农民集体经营组织成员权利，积极发展农民股份合作，赋予农民对集体资产股份占有、收益、有偿退出及抵押、担保、继承权。”（《中共中央关于全面深化改革若干重大问题的决定》，2013 年 11 月。）四川省、成都市认真贯彻中央精神，积极探索财政支农资金形成资产量化改革试点工作，先后制定了量化改革试点的实施意见，提出“坚持财政支农资金使用的惠农导向，以构建新型农业经营体系为主线，以促进现代农业加快发展和农民持续稳定增收为目标，改革财政支农资金使用方式，在坚持农村基本制度、农村基本经营制度不动摇的前提下，推进财政资金形成资产股权量化

改革试点，盘活资产、量化股权，开展多种形式经营，探索财政支农资金促进农民财产性收入增加的有效途径，培育农民收入新兴增长极”。有了中央、省市政策的支持，崇州开展农村支农资金股份量化改革就有了政策依据，改革的目标就更加明确。

（二）财政支农资金投入管理难、效率低

在统筹城乡发展，推进城乡一体化过程中，国家支持农村发展的力度加大，财政资金支农资金不断增加，但由于农村集体经济组织不健全、管理不规范，财政支农资金在运作过程中分配不合理、管理不规范、产权不清晰，机制不灵活，收益分配不规范、效率低下现象，严重不适应农村生产力发展和农民增收的要求，甚至引发老百姓的不满，影响农村社会的稳定。以崇州为例，制约当地农业生产快速发展的因素仍然存在，一是农民增收方式单一，除了农业种植收入、务工收入等传统方式外，农民所有的土地等资产未能成为农民持续增收的源泉；二是财政支农投入形成的资产缺乏有效管护，农民缺乏自觉进行管护的动力，部分工程“2年新、3年烂、5年废”的现象依然存在；三是农民投入农业生产基础设施建设“等、靠、要”国家财政资金的思想依然较重，即使在有国家投入的情况，积极性依然不高；四是部分财政支农资金的投向精准性有待提高，部分建设内容不能及时适应新时期农业生产的变化需要。同时，财政支农资金分散到各个乡镇或直接分配给每家每户发展相应产业，由政府督促大家正确使用支农资金，这样直接导致资金使用过于分散、对产业发展支持力度被稀释，政府对资金使用难以管理监督和控制，政府财政总投入数量较大，但是群众仍然有怨言的。为此，改革财政支农资金的使用方式，探索财政支农资金的管理方式，发挥财政支农资金的使用效率，增加农民财产性收入就势在必行。

（三）农村土地股份合作社规范运行

崇州市从2008年开始，在全市开展了农村产权制度改革，对农村土地承包经营权、集体建设用地使用权、林权以及农业生产设施所有权、农村小型水利设施所有权等进行了确权颁证工作。在此基础上，我们又大胆探索和实践，引导农户运用土地承包经营权入股组建土地股份合作社，率先在全国创立“农业共营制”，构建了新型农业经营体系。到目前为止，全市已经建立土地股份合作社225个，入社农户达9.09万户，入社面积达到31万亩，占全市耕地面积的59%。土地股份合作社的建立，一方面提高了农民的组织化程度，另一方面也增强了集体经济组织的实力，这为开展支农资金股份量化改革奠定了组织基础和管理基础。为此，崇州市率先在10个相对规范和成熟的土地股份合作社开展财政支农资金的股权量化改革试点工作。

二、实践破题：土地股份合作社财政支农资金股份量化改革

崇州市在开展财政支农资金形成资产股份量化改革工作中，借鉴近年探索运用农村土地承包经营权入股组建土地股份合作社的成功做法，通过选择试点范围、确定工作流程、创新经营管理模式等方法来开展财政补助形成资产股份量化改革试点，现已在隆兴镇青桥村、白头五星村等10个行政村的土地股份合作社成功进行了财政支农资金的股份量化改革试点工作。

（一）选择试点范围

为了使试点工作顺利进行，崇州市首先选择了村两委领导力强、群众基础好、集体经济组织健全、改革意识强烈的土地股份合作社进行试点改革。首先选择了10万亩粮食高产稳产高效综合示范区，涉及8个乡镇57个社区14.79万亩耕地。在该区域，率先启动隆兴镇青桥土地股份合作社等10个相对规范和成熟的土地股份合作社，开展财政资金投入合作社形成

资产股份量化改革试点工作，其它符合条件的规范化土地股份合作社也可以积极申报。试点内容主要是探索财政投入形成的经营性资产和公益性资产的股份量化、持有和管护，促进农民增收问题。

（二）确定工作步骤

在合作社资产股权量化试点工作中，通过实践确定了改革工作的六个步骤。

一是明确申报主体和条件。按照“依法登记设立、组织机构健全、成员人数符合、实行民主管理、财务管理规范”等要求来明确各合作社申报主体内容和条件。

二是规范项目申报程序。在充分尊重农民意愿基础上，采取自下而上的申报机制，实现从被动接受“要我干”到“我要干”转变，从而调动大家积极参与土地合作社项目建设。

三是创新项目建设方式。对水利、道路等基础设施等大型项目，通过工程招投标确定施工单位进行建设；对于像粮食烘储、育秧设施及设备购置等小型项目，由土地股份合作社负责实施。成都市政府的政策（《成都市人民政府关于开展农村小型公共基础设施村民自建试点工作的意见》，2011 年），规定农村小型公共基础设施可以由村民自主建设，崇州市政府专题研究农村粮食集中烘储中心建设会议精神（《崇州市人民政府研究粮食烘储中心和秸秆收集利用的会议纪要》，2013 年），可以由土地股份合作社依据需要自主建设。为此，崇州市允许并鼓励土地股份合作社根据生产需要，适度建设小型农业生产性基础设施。

四是经营性资产量化。为解决财政支农资金形成资产的管护、处置和促进社员持续增收等问题，合作社通过项目申报、宣传动员、资金筹集、锁定成员、资产移交、登记颁证、股份量化、收益分配等八个步骤将财政补助和自筹资金投入形成的资产折股量化到户，并颁发股权证，让入社社员成为股东，参与经营并分红。如青桥土地股份合作社在修建粮食烘储中心时，合作社 89 户社员自愿筹集了 160 万元入股，财政补贴了 438 万元，共计投资 598 万元。在股权量化时，将 598 万元按一元一股，共设置初始股 598 万股，按筹资额多少按比例量化到 89 户社员手中，并建立完备的股权量化分配台账。入股农户可以对持有的股份进行转让、抵押、担保、集成和赠予等形式进行流转交易。但在转让过程中事先需要经主管机关批转才能进行，且转让的股份不得超过育秧烘储中心的 49％股份。合作社经营所得收益按照社员所持股份份额进行分配。

五是公益性资产量化。灌排设施及配套建筑物、田间道路等公益性设施，工程竣工审计后，由市农发办与合作社办理工程竣工移交手续，统一办理股权证，量化到土地股份合作社，设合作社集体股，由合作社持有、使用和管护。之后，合作社根据全体社员入社面积比例，将合作社持有的集体股量化到户。

六是资产管护。工程资产管护由合作社采取承包、租赁、合作等方式，落实管护责任，实现建成的项目工程有人修、有人用、有人管。由合作社聘用管护责任人，签订管护责任书，对管护内容、管护职责、设施维修办法进行明确界定，并根据工程管护效果给予不同的维护资金补助。合作社多渠道落实工程管护经费。一是按规定在项目财政资金中提取 1％的管护经费，留县财政部门账户，待需要时提出用款申请；二是合作社每年提取不低于财政管护经费的公积金用于工程管护。

（三）探索经营管理模式

目前，崇州市试点的几个土地合作社，采取不同的筹资方式进行财政支农资金形成资产，分别采取不同方式进行量化和经营管理。通过实践摸索，现已探索了募股制和共营制两种经营管理模式。

一是募股制。这是针对合作社社员对财政

性投入形成经营性资产股份量化改革积极性不高、资金筹集困难采取的一种方式。在筹资募股时，面向全体社员发布公告，首次募集资金按照入社时的面积所占股份进行募集，若首次募集资金没有到位，发布第二次公告，第二次募集没有限制，直到募集资金足额、完成自筹资金任务为止。在募集任务完成形成资产进行股份量化时，为避免没有参加项目建设的社员与参加项目建设的社员争利，经社员代表大会讨论同意，将新建项目剥离出来，单独成立一个股份合作社，进行独立经营、独立核算、自负盈亏、按股分红。目前，隆兴青桥育秧烘储股份合作社就是采取的募股制筹集自筹资金。

二是共享制。将财政补助资金形成的资产按合作社入社面积进行量化分摊，自筹资金也依此量化，由全体社员按入社面积完成，合作社社员按入社面积持股，由合作社向社员颁发《股权让》，合作社社员按量化股份承担权利和义务，实现风险共担和利益共享。这种方式与募股制相比，最大的不同是不新设合作社。

三、经验启示：建立农村资产共管共营机制，盘活农村资源

进行土地股份合作社财政补助形成资产股份量化改革不仅破解了支农资金经营难、管护难的问题，同时也建立起了农民财产性收入持续增长的新长效机制——共管共营制，赋予和保障了农民更多的合法权益与义务。白头五星烘储中心2014年实现经营性收入30.82万元，206户社员户均增收1197元。2014年青桥土地股份合作社通过财政投入补助建设高标准农田带动农民年增加财产性收入400万元，经营粮食烘储业务入股股东户均分红1668元，初步形成了资产民有、民管、民受益的共管共营共赢机制。

（一）实现管护权、持有权、财产权的“三权”一体

财政性投入形成的资产交由合作社持有和管护，进一步落实了资产监督和管护责任，有利于提高实物资产的使用效率，增加实物资产使用年限，充分发挥了财政资金投入的效应。通过试点，落实了管护权、稳定了持有权、壮大了财产权，实现“三权”一体，形成了政府引导、集体经济组织主导、群众自主参与为主体的农村资产共营共管机制。

（二）实现农民话语权、流转权、收益权“三权”并列

经营性资产股份量化后，向全体股东颁发《股权证》，彻底改变了原来“吃大锅饭”，对集体资产不爱惜现象，每个股东都是主人，进一步提升股东话语权。同时赋予股东对所持有的《股权证》自由流转、收益、有偿退出及抵押、担保、继承权。实现“三权”并列。形成农村集体经济组织通过自主决策、市场化经营、入股群众利益共享、风险共担的经营机制，有效改变过去集体经济组织权益虚位的现象。

（三）实现资产的所有权、使用权、经营权“三权”分离

将合作社财政投入形成的资产交由合作社持有和管护，并签订《资产移交管护协议》。同时对经营性资产进行股份量化，向全体股东颁发《股权证》，对合作社的经营采取公开选聘职业经理人或整体对外出租进行生产运作建立起农民财产性收入持续增长的机制。进一步明晰了农村集体经济组织中农民的所有权、资产使用权、放活资产经营权，实现“三权”分离，这就盘活了农村存量增量资源，壮大了集体经济组织。

（四）形成农民财产性收入持续增长的保障机制

通过开展财政投入形成资产股份量化试点，初步形成了合作社直接申报实施农发项目的条件、资产移交、资产管护、股权量化、股权登记、股权托管、股权交易等一系列配套办法，为财政性投入形成资产股份量化增加农民财产

性收入建立了制度保障。经营性资产既可以满足本合作社使用，又可以对外提供有偿服务，增加社员的股权收益。合作社社员一方面可以从合作社经营收益中获得分红，另一方面也可以从股权流转中获得收益，社员退社或合作社整体转让时，社员还可以获得财政投入时分配的所持股份占有的收益。公益性设施改善了合作社农业生产条件，提高了机械化程度，提高了农作物产量和品质，促进了合作社发展壮大，提高了合作社竞争能力，促进合作社社员持续增收。

四、对策建议：加强监督管理，使财政支农资金效益最大化

（一）加强监管，确保财政支农资金股份量化规范运作

为防止资产在股份量化、确权过程中发生非法侵占、哄抢、平调、挪用、私分、损坏或低价变卖集体资产，以及虚报、隐瞒资产、篡改账目等违法违规行为发生，政府各相关部门要加强对农村集体资产量化折股时各关键环节的监督指导作用，各试点单位接受财政补助资金形成的资产后，要进一步加强资产管理、财务管理和经营管理，部分农民合作社可选择实行委托代理会计核算试点，提高农民合作社的会计核算质量和水平，增强会计核算的公信力，保障试点单位成员的权益，促进新型农民经营主体健康规范发展。

（二）兼顾公平，在股权量化时要充分考虑贫困社员的利益

在财政支农资金形成资产股权量化过程中，一般是按合作社社员参与筹资的金额进行股权量化，将财政补贴的资金一齐配送给筹资社员。而未参与筹资的社员权利没有得到保证，有失公平性。建议在股改过程中采用混合制筹资管理模式，明确个人股配置的基本原则，确保全体社员共享集体资产收益的公平性，对财政补助形成的资产可 60％按入社面积平均量化，40％按自筹资金比例量化，设立贫困户优先股，探索投资收益扶贫新模式。

（三）落实政策，促进农民土地股份合作社持续健康发展

财政支农资金在投入育秧、烘储等经营性农业服务项目设施建设中，需要合作社社员承担一部分自筹资金，股权量化后，这些资产经营将自负盈亏，有一定的经营风险，不能保证农民增收。我们建议对烘储、育秧等经营性设施经营出台一些配套的补助政策，比如烘干、储存一公斤粮食，政府补助一定的资金，这样也能减少合作社经营风险，增强合作社社员的经营信心。

崇州市财政支农资金股份量化改革试点工作，目前还处于探索阶段，相关法律政策并不完善，存在诸多政策法律障碍和风险，所以在操作中还存在着诸多问题需要在实践中不断完善，应加强对其改革的实践总结分析，尽快研究制定和健全有利于国家、集体和农民的相关政策法规，推进农村支农资金股权量化制度优化工作，进一步促进中国城乡社会经济的统筹发展。

原载《中国乡村发现》

崇州市促进农民合作社规范运行的实践研究

市委政研室课题组

内容提要：本课题通过调查研究，发现崇州市农民合作社存在各种问题，包括合作层次不深、运行机制不规范、人才核心竞争力不足、合作收益不高等。崇州市主要采取了将规范农民合作社发展纳入目标考核、开展农民专业合作社规范化建设示范试点、加大农民合作社规范化建设的扶持和奖励力度、加强对农民合作社人才队伍的培养建设、加强红色引领，建立合作社党组织等措施提高合作社运行的规范性。总结出如下经验：一是规范合作社建设，必须完善合作社规章管理制度；二是规范合作社建设，必须建立合理的利益联结机制；三是规范合作社建设，必须完善运行机制；四是规范合作社建设，必须提高产业化发展水平；五是规范合作社建设，必须提升合作社核心竞争力。

关键词：农民合作社；运行管理；规范化

近年来，崇州市在推进农村产权制度改革、创新农村土地经营机制的实践探索中，按照自愿入社、退社自由、利益共享、风险共担的原则，引导农民以土地承包经营权入股，成立土地承包经营权股份合作社。目前，全市已组建土地股份合作社 225 个，入社面积 31.06 万亩，占全市耕地面积（52.14 万亩）的 59.57%；入社农户 9.09 万户，占全市农户（15.37 万户）的 59.14%。另外还成立了农民专业合作 937 个，从事劳务、技术、农机、品牌等农业服务。土地股份合作社和专业合作社的快速发展，有效解决了转移就业劳动力的后顾之忧，提高了粮食和经济作物的专业化、规模化、标准化生产水平，促进了农业发展方式的转变，在推动现代农业发展、促进农民增收、建设社会主义新农村中发挥了重要作用。但合作社在运行发展中，也存在着一些问题，一定程度上制约了农民合作社功能作用的有效发挥。为此，崇州市把加强合作社规范建设提到了议事日程，积极实践和探索农民合作社的规范建设。

一、崇州市农民合作社存在的问题

随着农民合作社特别是农村土地股份合作社的快速发展，合作社建设方面存在的问题也日益突出，有的农民合作社工作开展不够理想，仍处于低水平徘徊阶段；有的专业合作社服务不规范，硬件、软件建设水平比较低下，服务能力弱；有的民主决策、内部管理、财务等各项工作制度不够健全；有的产权机制、利益机制和盈余分配等仍处于不规范状态，社员的利益得不到有效保障；个别的甚至出现了这样那样的问题，产生了不良的社会影响。这些问题的存在，已经在一定程度上制约和影响了农民合作社的发展。实践经验表明，只有下决心解决这些前进中的问题，加强规范化建设，农民合作社才有活力和希望，农民合作社这种新型的农业经营体制的先进性和优越性才能得到充分的体现和发挥。

（一）合作层次不深

崇州的农民合作社大体分为两类：一类是专业合作社，这是一种松散式利益联结的合作社，合作层次不深，一般只为社员提供一些技术、信息等服务，缺少订单式购销服务和产品的深加工开发合作；个别合作社名为多人合作创办，实为一人操作的“空壳合作社”，以合作社为名头获取国家政策性扶持资金，谋取小集体或个人的利益。另一类是土地股份合作社，社员之间利益联结较密切。目前，崇州的土地股份合作社，一般从事粮食和油菜生产，效益较低，社员聘请职业经理人生产经营后，关注度不高，大多力求获得基本收益，没有更深层次的经营合作探讨和研究。特别是一些土地股份合作社，为了追求规模化经营的政府补贴，盲目扩张，超过了自己的经营能力，出现土地实际产出效益低下状况，这在很大程度上偏离了成立的初衷，更违背了中央和地方政府的政策要义。

（二）运行机制不规范

不管是专业合作社还是土地股份合作社都还存在着职能职责不明确、不按合作章程办事，甚至组织机构不健全的现象，一人担当多个角色，既是理事会成员又是监事会成员，甚至有的合作社无固定的办公场所，这在专业合作社中表现更明显。同时，大多数合作社财务制度不健全，没有专业的财务人员，缺乏专业的财务知识，账目和票据不规范，财务公开透明度较差；有的土地股份合作社在竞聘职业经理人时暗箱操作，竞聘不公开。再加上由于主客观条件的限制，如合作社成员文化程度低、小农意识强、民主意识缺失、管理水平差等因素，出现管理行为随意和经营行为混乱的现象，影响了合作社的规范运作。

（三）人才核心竞争力不足

目前，大多数农民合作社理事长、理事、监事等的综合素质不高，很少从事过管理和市场经营活动，经营管理能力不足，适应市场经济的意识和能力不强。同时，聘请的职业经理人素质也参差不齐，缺乏先进的经营理念和科技创新能力，很大程度上制约了农民专业合作社的创新和发展。

（四）合作收益不高

我市的农民土地股份合作社主要经营粮油作物，这虽在一定程度上保护了耕地和粮食安全生产，但粮油产值不高是不争的事实，农民收益虽有保障但收益不高，影响了农民的合作积极性。再加上一些农民专业合作社品牌观念淡薄，没有进行产品的包装宣传和推介，粮油产品的附加值和原生态优势没有得到充分体现，产品竞争力弱，市场效益不高。

二、崇州市规范发展农民合作社的实践探索

（一）将规范农民合作社发展纳入目标考核

为了规范发展农民合作社，崇州市专门将农民合作社规范发展工作纳入政府目标考核，并提出规范发展的具体条件和要求。要求合作社规范建设要从坚持农民主体地位、建立完善协调运转的组织机构、公开竞聘农业职业经理人、明晰产权关系、坚持财务规范管理、诚信经营、信息化建设等方面入手，按照“服务农民、进退自由、权利平等、管理民主”的要求，坚持发展与规范并举、数量与质量并重，健全规章制度，完善运行机制，加强民主管理，强化指导扶持服务，注重示范带动原则，以构建新型农业经营体系为主线，以促进农业稳定发展和农民持续增收为目标，促进农民合作社的规范化建设。

（二）开展农民专业合作社规范化建设示范试点

从 2012 年开始，崇州就开始构建合作社示范引领机制，坚持土地股份合作社同新增粮食

生产能力、优势特色产业发展相结合，按照“五个一”（一个良好的产业依托、一个灵活的运行机制、一套规范的管理制度、一个团结能干的经营团队、一个合理的利益联结机制）标准，从市、镇（乡）、村（社区）三级抓土地股份合作社的示范建设，要求每个乡镇都要重点抓好2～3个村级土地股份合作社粮食规模化、集约化经营示范。同时，今年，崇州又以成都第二轮农村改革试验区为契机，深化农业共营制改革，开展合作社“三百”行动（开展100家合作社示范建设、100家以土地经营权抵押融资为重点的农村产权抵押示范点、100家农民合作社搭建电商平台），加快合作社规范建设进程。

（三）加大农民合作社规范化建设的扶持和奖励力度

我市专门出台政策扶持土地股份合作社发展，设立土地股份合作社示范建设专项奖励资金200万元，通过合作社申报、乡镇推荐、农业共营制领导小组评选，对民主管理规范、规章制度健全、办公场所完备、组织机构运转协调，职业经理人公开竞聘、利益分配合理、财务规范有序的土地股份合作社给予奖励，并一次性给予5000元补贴，对符合要求的土地股份合作社发展重点乡镇一次性给予50000元补贴，并在农业建设项目申报、目标考核、规模种植方面都给予一定的政策倾斜；对爱岗敬业、勇于奉献、表现突出的优秀理事长、监事长、农业职业经理人分别给予5000元、3000元、1000元的奖励。

（四）加强对农民合作社人才队伍的培养建设

近年来，崇州按照因需而增、培而有为、为而有效的原则，以提高新型职业农民素质和农业技能为核心，以资格评定管理为手段、以政策扶持为动力，搭建农民职业经理人的教育培训、认定管理、团队建设、政策扶持“四大平台”，探索形成了新型职业农民“双培训”机制，创造有利于农业职业经理人和职业农民培育发展的良好环境。目前，全市已培育新型职业农民6432人、农业职业经理人1607人。同时，对职业经理人实行认证评定管理和搭建干事创业平台。制定职业经理人评定条件和评定程序，根据其经营规模、生产技能、管理能力和经营每年评价一次，对符合条件的职业经理人颁发证书。目前，全市获得初级农业职业经理人证书的有224人，中级7462人，高级16人。对获得证书的农业职业经理人，根据土地股份合作社、农民专业合作组织、农业企业等规模经营的需求，优先推荐、公开竞聘。现已有823人农业职业经理人持证上岗，成为合作社、家庭农场、农业企业的经营主体。在此基础上，依托农民合作社人才培养实训基地，大规模开展理事长、经营管理人员、财会人员培训。

（五）加强红色引领，建立合作社党组织

崇州市积极探索党组织对合作社的引领和指导，把“红色引领绿色、共创幸福美丽生活”作为合作社党组织建设的主线，创新党组织设置形式，探索党组织和党员发挥作用新途径，拓展党组织与合作社的联系渠道。在党员人数3人以上、生产经营状况正常的农民土地股份合作社，采取“党组织+合作社+农户”模式，单独建立合作社党组织，隶属乡镇党委管理，同时鼓励合作社党支部班子与理事会成员实行“双向进入、交叉任职”。通过合作社党组织的构建，促进党组织活动与生产经营深度融合，让党组织在服务合作社生产经营中，发挥政治核心和政治引领作用。目前，崇州已在绿聚园红提专业合作社、土而奇等农民合作社中建立了党组织。

三、推进农民专业合作社规范化建设应注意的问题

崇州在推进农民合作社规范化建设，实现

合作社发展由数量型向质量型、效益型转变，提高合作社运行质量等方面进行了积极探索，也取得了一定成效。但合作社规范化建设仍然面临很多问题，值得我们思考和探索。

（一）规范合作社建设，必须完善合作社规章管理制度

要严格按照《农民专业合作社法》的有关规定，从规范组织机构着手，民主选举合作社的理事长、理事、执行监事、监事会、会计人员等，建立健全合法、合乎合作社实际发展情况的组织机构；建立健全合作社的各项内部管理制度，包括财务管理制度、工作会议制度、会费交纳制度、责任和奖励制度、股金管理等制度，提高成员的主体意识、责任意识和积极性，增强合作社的凝聚力和竞争力，实现“民管”原则；积极参照现代企业制度，探索合理运行机制，建立有效的自我约束、自我发展的运行机制，提高合作社应对市场竞争的生存和适应能力。

（二）规范合作社建设，必须建立合理的利益联结机制

盈余返还是实现合作社与成员紧密产权结构关系的重要标志，严格按照财务制度的规定进行盈余分配，可分配盈余主要按成员与本合作社的交易量（额）比例返还。这就要求合作社，首先要明晰成员与合作社、成员与成员之间的产权界限，建立健全合作社总账、分类账、固定财产账等账簿，为每位成员分别设立成员账户，准确记录成员的出资、交易、公积金变化等情况。其次，要引导合作社与成员的关系从松散的产品购销向紧密的产权关系转变，股权关系从个人占大股向股权分散、股权与交易量（额）挂钩转变，盈余返还以投资者为主向生产主体转变。在利益分配上，采取以成员与合作社之间按交易额比例返还和股份分红相结合的分配方式，建立起农户与合作社之间紧密的利益联结，以充分实现“民受益”的原则。第三，要建立规范的财务管理制度，实现财务的公开和透明。合作社实际财务每半年要向成员及时公开一次，年底编制业务报告、盈余分配方案、亏损处理方案以及财务会计报告，同时在合作社固定的办公地点张贴，公开接受成员的监督，确保成员对合作社的控制权。监事（监事会）负有财务监督职责，重大财务活动要通过成员大会进行决策。真正实现财务管理公开化、盈余分配合理化。

（三）规范合作社建设，必须完善运行机制

要按照农户入社自愿、退社自由、利益共享、风险共担的原则，引导农民入社，并依据合作社章程，选举理事会、监事会，产生理事长、监事长。充分发挥成员（代表）大会、理事会、监事会的作用，尊重成员的主体地位，坚持“一人一票”的民主决策办法。“三会”要切实履行好各自的决策、执行和监督职责，有效运转、密切配合。

（四）规范合作社建设，必须提高产业化发展水平

合作社应统一组织农业投入品的采购、运输、储藏和供应，努力降低生产成本；统一制定和实施生产技术规程和产品质量标准，逐步建立产品质量追溯、检验监督等制度；统一开展技术培训，提高成员生产技能和素质；统一组织销售农产品，提高规模效益，降低交易成本，切实解决一家一户的“卖难”问题。从产前、产中、产后切实开展经营服务，成为开展具体经济活动的经济实体，在同担风险、共享利益的基础上为农户提供信息、技术等服务，形成产、供、销一体化发展。

（五）规范合作社建设，必须提升合作社核心竞争力

合作社要在激烈的竞争中求得生存和发展，必须有长期的经营行为。为此就应有正确的经营战略作指导。要根据市场和环境变化及时调整自己的经营战略。遵循系统原理，在合作社

内部实行“全面、全员、全过程”管理，建立和健全各项综合性管理制度。逐步完善以全面质量管理为基础，以全面计划管理为主导，以全面人事管理为核心的系统管理体系，全面建设、提高合作社核心竞争力。

原载《中国乡村发现》

崇州市农村剩余劳动力转移就业研究

——基于农业规模化经营视角

市委政研室课题组

内容提要：在全面调研的基础上，总结出崇州市在农业规模化经营后农村剩余劳动力就业情况的基本特点：转移具有明显的兼业性，兼业农村劳动力转移的比重超过了65%；简单体力劳动成为转移的主要途径，主要从事工业和建筑业，其次是商业、餐饮、家政等服务业；转移人员的流动性较大，具有季节性、临时性，同。通过分析发现其中主要存在如下问题：转移方式上存在一定的盲目性，自发性转移为最主要的方式；劳动力素质偏低，劳动力的转移空间越来越狭窄；用工保障制度不健全，劳动者权益得不到有效保护。针对这些问题，提出了如下对策和建议：完善目标责任体系；强化技能培训；完善就业供需服务平台建设；鼓励返乡创业人士创业。在此基础上，专题研究了崇州农村剩余劳动力就业崇州特色途径选择：因地制宜，促进现代农业发展；实现农业产业与第三产业的有机集合；加快崇州经济开发区的发展，拓宽就业渠道；大力发展第三产业。

关键词：农业规模化经营；农民合作社；剩余劳动力；就业

崇州市地处美丽富饶的川西平原，位于天府之国的腹心，幅员面积1090平方公里，常住人口67万余人，辖24个乡镇，1个街道办。全市大体形成山地、浅丘加平坝的土地结构，素有“四山一水五分田”之说，是传统农业大县，也是四川省主要产粮区。为加强和巩固农业的基础地位，提高农民的种粮积极性，近年来，我市积极推进农业经营体制机制创新，探索构建土地股份合作社+农业职业经理人+农业综合服务“三位一体”的“农业共营制”新型农业经营体系，有效破解农业生产经营中“地碎、人少、钱散、缺服务”四个制约和“谁来经营”“谁来种地”“谁来服务”三大难题。现代农业发展方式，推动了农业的规模化经营，实现了资本和技术对劳动力的替代，农业生产过程对劳动力的吸纳越来越少，农村劳动力得以解放。因此，如何解决农村劳动力得以解放所面临的剩余劳动力转移就业问题是关乎“农民”、关乎民生的一大课题。

一、农业规模化经营背景下，崇州市农村剩余劳动力转移就业现状

（一）劳动力资源现状

1. 基本情况：截至2015年第一季度，我

市现有户籍人口66.98万人，农村人口47.19万人，其中农村劳动力28.52万人。农村人口占了全市人口的70%左右，其中农村劳动力占了农村人口的60%左右，可见解决好农村劳动力就业问题之必要性与重要性。

2. 转移情况：据崇州市就业局统计，全市有农村剩余劳动力18.67万人，转移就业14.20万人。

（二）农村剩余劳动力转移特点

1. 转移具有明显的兼业性。随着二三产业的发展和农业生产效率的提高，我市相当一部分保留着土地承包权的农民，在农忙时种地，农闲时外出务工经商，属于亦工亦农性转移，表现出较为明显的市内转移特征。据崇州市就业局统计，这类兼业农村劳动力转移的比重超过了65%。

2. 简单体力劳动成为转移的主要途径。由于我市绝大部分农村劳动力素质偏低，技能单一，同时缺乏培训，因而一直以来从事劳动技能低、文化素质要求低、劳动强度大的工作较多。据调查，农村输出的劳动力大部分以第二三产业为主，主要从事工业和建筑业，其次是商业、餐饮、家政等服务业。男性绝大多数从事建筑业的住房建筑、装修以及电工、木工等工作，女性主要从事制鞋、制衣、餐饮服务，商贸营业和家政服务业等工作。

3. 转移人员的流动性较大。由于缺乏一技之长，大部分农村劳动力所从事的工作具有季节性、临时性，同时，由于劳动强度大、工资水平较低等原因导致人员流动性较大。

二、农村剩余劳动力转移就业存在的问题及原因分析

（一）转移方式上存在一定的盲目性

自发性转移一直是农村劳动力转移最主要的方式，加之我市基层就业服务机构和就业服务信息网络尚未健全，农村劳动力转移就业缺乏足够的就业指导、就业服务和便捷可靠的信息渠道，导致盲目就业，降低了劳动力资源的利用率，也增加了劳动力转移成本，造成外出人员实际收入的减少。

（二）劳动力素质偏低，制约了转移

农村劳动力素质低是制约转移数量和转移层次的重要因素。从长远来看，随着我市经济发展水平的不断提高和高新技术产业的兴起，低素质劳动力的转移空间必然越来越狭窄。

（三）企业发展程度越来越高，对低端劳动力的需求越来越少

比如，由于金融危机对企业的冲击，很多沿海劳动密集型企业的订单严重萎缩。面对越来越激烈的市场竞争，为了降低管理成本、提高生产效率，大批劳动密集型企业进行了转型发展、结构调整，企业的科技化、机械化、智能化程度不断提高，对低端劳动的需要也就越来越少。

（四）用工保障制度不健全，劳动者权益得不到有效保护

由于农村劳动力的转移自发的多，有组织的少，农村剩余劳动力转移缺乏有效的引导和管理，致使外出人员的利益难以得到保护，如农民工工资难以按时发放，发生劳务纠纷或工伤事故、社保的购买等方面的问题也无人过问。

三、关于促进农村剩余劳动力转移的对策和建议

（一）完善目标责任体系

乡镇政府以及有关部门要充分认识到做好就业服务工作的极端重要性，把扩大就业，促进剩余劳动力转移作为经济社会发展的重要目标，作为解决好“新三农”问题的重中之重，纳入工作目标考核体系，作为政绩考核的重要内容。让我市的剩余劳动力就业问题从根本上得到相关部门的重视。

（二）强化技能培训

就业部门要结合市场需求，针对农村剩余劳动力的特征（尤其是崇州市大量的失地农民就业），按照崇州市就业局的“培训全免费、就业全覆盖、创业全帮扶”的工作思路，坚持“四个一批”的具体举措，推动实现更高质量的就业。一是严格落实政策减轻企业负担，稳定一批。二是积极开发公益性岗位，安置一批。近年来，我市在交通协管、市场管理、环卫等方面，开发出针对农村剩余劳动力就业转移的“爱心岗位”；三是加速发展紧抓项目，增加一批。四是拓宽劳务市场、加强职业培训，促进一批。制定更为详尽的、针对性强的、可操作的职业技能培训规划，充分利用国家和省市就业扶持资金以及全社会培训机构，加强对剩余劳动力的培训，力争让他们掌握一定的职业技能，切实提高他们的技能水平和市场竞争力，同时也让失地农民的长治久安得以解决，让他们也分享崇州经济发展的“红利”。

（三）完善就业供需服务平台建设

在农村村（社区）一级做好就业人员登记工作，每个村（社区）建立本村的剩余劳动力务工信息台账，包括求职方向、薪金要求、文化水平、有无特殊技能等信息。建立市、乡、村（社区）就业服务联动互享平台，并与崇州市的媒体、互联网站进行信息共享，发布求职信息。同时规范我市的职介市场，让用工企业、单位的招聘信息得以更及时地在平台上发布。

（四）鼓励返乡创业人士创业

建议出台一系列优惠政策，鼓励那些从外地学到了过硬技术、先进管理机制和先进经营理念的外出务工者回乡办企业。如，减免有关税款和相关的行政性收费、争取银行低息贷款等，为返乡创业人员创造出一个宽松的环境，鼓励他们参与小城镇建设。一方面有利于搞活本地经济，另一方面有利于解决农村剩余劳动力就地就近就业问题，在照顾家庭的同时提高家庭的经济收入。

四、农村剩余劳动力就业崇州特色途径选择

（一）因地制宜，促进现代农业发展

崇州市属于农业大县，立足实际，因地制宜，依托于崇州市“农业共营制”发展模式，我们可以改变以往种田即种粮的陈旧思维，大力发展现代都市农业，比如观光农业、体验农业，以都市农业为载体促进旅游业的发展，以旅游业的发展促进农村劳动剩余力就地、内部转移。另一方面，依托资源，建立和扶持龙头企业，使资金、技术、信息、人才进入农村，发展农产品加工企业，提高农业效益，带动周边农户发展，解决农村剩余劳动力就业，实现农业增效，农民增收。

1. 实现农业产业的工业化发展。打破传统农业低效、低收入的瓶颈，改变农民农忙作业，其余时间空闲的局面。依托崇州市“农业共营制”发展模式发展新兴农业，提升农产品的价值，注重质量，辅助以恰如其分的工业手段进行农产品深加工，增加服务内容以及营销手段，让市场认可这种产品的普遍价值，从而让农业这个传统意义上的“土货”进入“高大上”的玩法。可以通过打造有粉丝的农产品，用现代时尚产品的思维进行现代的市场化营销。巩固现代农业就业存量，稳定就业收入，推动农业就业“四化”促进农民持续增收。一是推进农业规模化，采取土地股份合作社、“园区（基地）＋专合组织＋家庭适度规模经营”、“龙头企业＋专合组织＋家庭适度规模经营”等经营模式，推进水稻、蔬菜、食用菌、花卉苗木等规模经营。二是实现农民就业职业化，充分发挥农村种养殖能手、农机能手等农村生产能人参与农业生产经营的积极性，加快培育农业职业经理人。三是实现农民就业产业化，大力发展农产品精深加工，吸纳农民就业，让农民成为

农业产业工人。四是实现农民就业组织化，大力发展土地股份合作社、农机合作社、农业劳务合作社、农业服务公司。通过以上方式实现农业的规模化、集中化、工业化生产，从而产生农业生产式岗位，农产品运输岗位，农产品销售岗位，农产品包装岗位，客户群体维护岗位等就业模式，打破原来单一的农业生产模式，为我们的农村剩余劳动力提供更多的就业渠道和岗位，并且在这个过程中吸引和留住我们年轻的新式农民回乡创业和发展。

2. 实现农业产业与第三产业的有机集合。十八大提出鼓励“家庭农场”这个新兴模式的发展，就为我们第一产业和第三产业的集合指明了道路。这种观点就是在农业项目上进行的“微创新”，解决我们农村草根创业的资源有限性困局。那就需要我们把注意力集中到服务业等的点上，点越小，压强越大，实现在农业和三产集合过程中的单点突破，单点突破的专业性强容易获得市场的认可，单点突破容易产生规模效应。我们需要做的就是在农业发展的过程中，利用政府平台的优势给农村的发展注入新思想、新方法、新模式。利用农业的纵向和横向截面，通过一产和三产的互动，从而促进农业与旅游业、农业与餐饮业、农业与教育业、农业与金融业等第三产业的有效集合和共鸣，借此来发展乡村观光旅游，乡村农家乐，乡村学生体验园，农村版“麦鲁小城”，利用农村产权制度改革促进农村金融业发展等模式。以点带面，产生大量的就业岗位，实现农民的自主创业和就地就业。

3. 依托崇州市智慧城市的建设，在农村大力支持发展农村电商平台和物联网技术。利用返乡大学生和专业技术人才推动农村电商平台O2O模式的发展，实现农业与现代物联网技术的有机集合，实现电商平台线上销售与线下体验的结合，让我们的农业发展进入一个全新的模式，继而有效拉动农村剩余劳动力的就业。

（二）加快崇州经济开发区的发展，拓宽就业渠道

1. 积极争取就业扶持政策。积极向成都市争取相关就业政策支持，加大对企业解决农村剩余劳动力就业的扶持力度，特别是解决“4050”人员就业的扶持力度，让更多的企业提供更多就业岗位。

2. 从源头增加企业的用工需求。加快开工建设企业的促建工作，促使建设企业尽快投产、达产，提供更多的就业岗位。盘活闲置资源，引进具有更多更好的企业入驻园区。加大对企业转型升级的扶持力度，促使企业产业升级，提高企业的产品竞争力，进一步改善企业职工就业的环境，提高企业对劳动力的吸引力，拓宽就业渠道提供更多的就业岗位。

3. 深化“工业强市”发展战略。按照大力发展产业高端和高端产业的总体取向，根据《崇州市消费类电子及配套产业2011—2015年发展规划》和相关重点产业规划，抓住捷普等重大产业企业在我市落户投资的机遇，利用各类媒体加大宣传力度，为重点企业招用工做好准备工作。通过与崇州职业技术院校等相关培训机构的合作，针对我们的农村剩余劳动力开展好企业投产前的人力资源培训，为下一步的劳动力转移做好准备。

（三）大力发展第三产业

1. 以开发旅游业就业为重点，发展高端旅游。我市的街子古镇既是崇州的一张名片，也是促进就业，增加城乡居民就业收入的一条有效途径。近年来，我市投巨资实施了街子古镇的升级打造，并在此基础上确立了以街子古镇景区为“核”，以重庆路沿线、怀远——元通等区域为“星”，以“一核多星”“众星拱月”为线的高端旅游发展态势。2013年国家AAAA景区街子古镇就接待游客378万人次，旅游总收入32180万元，吸纳4500人就业。目前，我市正在集中精力深化街子特色形态、文态、业态

和生态建设，打造街子国际品牌。2015年，高端旅游接待人数已达到500万人次，旅游收入7亿元。这为我市的农村剩余劳动力提供了大量的就业岗位和创业机会。

2. 加快城乡统筹步伐，加快新城建设。我市城乡统筹发展以及新城建设为农村剩余劳动力就近就地就业提供更多机会。在城乡统筹和新城建设中，农村标准化市场的建设提供了大量就业岗位。同时农村的发展会吸引成都红旗连锁、崇州九龙贸易连锁有限责任公司等大型连锁企业在乡镇新建直营连锁店，也提供就业岗位。乡镇标准化小区的建设也提供了保洁、保安、保绿等就近就地就业的岗位。

3. 深挖崇州特色文化，做崇州特色产品。崇州有着悠久的文化历史底蕴，有着道明竹编、怀远藤编、街子汤麻饼、怀远三绝等诸多深受广大群众喜欢的特色产品。政府应加强引导，让我们的这些特色产品规模化、集中化、品牌化发展。做大做强类似“巧妹子”服务品牌，大力发展“巧妹子”家政服务业、“巧妹子”绣坊、开发“巧妹子”竹编、藤编系列产品，不但促进了我市农村经济的发展，也为我市农民的创业就业树立了榜样，更大规模转移了我市的农村剩余劳动力。

“授之于鱼，不如授之于渔”，农村剩余劳动力的就业需要我们不断进行探索和实践。在这个过程中，我们不能盲目地一味追求就业率，应该积极地转变农民群众的就业观念和就业渠道。让农民由被动的打工就业转变成积极的创业式就业和体面式就业，通过崇州市工业和农业、服务业的发展，为农村剩余劳动力提供更好的平台。

原载《中国乡村发现》

崇州市农民合作社党组织建设的调研报告

市委政研室课题组

内容提要：在全面调研崇州市农民合作社党支部的实践的基础上，通过系统总结概括出崇州市在农民合作社中建立党组织取得的成效：创造了符合实际、各具特色的合作社党组织设置模式；创造了符合组织设置和发挥实效相结合的运行机制；培养了一批党员带头人和党员队伍。通过研究崇州取得较好成果的做法，得出下列启示和经验：农民合作社党建，是适应现代农业生产方式转变内生而来，具有较强的生命力；农民合作社党建，是加强农村基层党组织建设的重要创新，具有极大的开拓空间；农民合作社党建，要因地制宜，实现顶层设计与实践探索相结合；农民合作社党建，要注重实效，切实避免“就党建抓党建”、党建与发展“两张皮”的现象。

关键词：农民合作社；基层党建；党组织

面对农村经济社会出现的一系列新情况新问题和农村基层党组织的现实困境，四川省崇州市主动适应现代生产方式的变革，通过将分散的农户组织起来，在扶持建立农民合作社的同时，积极探索将党组织建在合作社上。通过创新完善农村基层党组织设置，探索把握合作社党组织建设规律，统筹城乡党建资源，有效促进了农业增效、农民增收，推进了农村经济发展和基层社会治理，改善了党群干群关系，全面提升了基层党组织的战斗堡垒作用，巩固了党的执政根基。

一、崇州市农民合作社及其党组织建设的基本情况

2015 年 3 月，崇州市在白头镇、桤泉镇、隆兴镇、王场镇、集贤乡、燎原乡等 6 个乡镇 56 个合作社启动了农民合作社党组织建设试验改革工作。崇州市农民合作社党建呈现“两个 60%”的特点，即入社党员数和领导层党员数分别超过全市农村党员数和领导层总人数的 60%。在试点的 6 个乡镇中，现有农村党员 2518 人，入社党员 1668 人，试点乡镇的入社党员占其农村党员的比例为 66.24%，高于全市平均水平。在 6 个试点乡镇的 56 个合作社中，建立合作社党支部 7 个。试点工作开展以来，崇州市不断加强对农民合作社党组织建设的探索，取得了积极成效。

二、崇州市农民合作社党建的实践探索及成效

继家庭联产承包责任制之后，新时期的农民合作社是农村发展和改革的又一次飞跃。崇州市通过将支部建在产业链上，建在合作社上，探索了农民合作社党组织的设置模式和运行机制，培养了一批党员带头人和党员队伍，是在新时期加强农村基层党组织建设的创新探索。

（一）创造了符合实际、各具特色的合作社党组织设置模式

农村原有的党组织设置相对简单，以属地为原则，村级党组织一般是一个行政村对应一个党组织，组织设置和领导体制简单明了，体现了纵向、单一、封闭的特点；而农民合作社由于性质、类型、规模千差万别，其党组织的设置原则，体现为横向、多样化、开放式的特点。崇州市在合作社党组织设置中，考虑地域和产业双重属性，坚持因地制宜、开放多样的原则，根据土地股份合作社与专业合作社的不同特点，探索了村管社、乡管社和单独建、联合建等多种党组织设置模式，为试点区域提供“菜单式”选择。

在以上两类四种合作社党组织设置的基础上，崇州市还探索了合作社党建的新模式——“党建组团”，即以合作社需求为导向，通过打破地域限制和上、中、下游的产业链限制，整合党建资源，实现抱团发展。

（二）创造了符合组织设置和发挥实效相结合的运行机制

结合农村基层党建的一般规律，针对合作社党组织的设置模式，以务实管用为原则，崇州探索了多项合作社党组织的运行机制。比如，合作社党组织与合作社理事会的联席会议制度。合作社联席会由党组织书记或理事长召集和主持，是合作社最主要的决策形式之一。参加人员包括党组织委员和理事会成员，到会支部委员和理事会成员数均须超过应到会人员的半数以上。通常每月召开一次，也可以根据工作需要随时召开。又比如，建立了指导联络机制和三向讲评机制，强化了党组织的区域化共建。

（三）培养了一批党员带头人和党员队伍

“合作社上建支部，党员带领群众富”。崇州市充分发挥党员在推动合作社发展方面和带领群众致富方面的先锋示范作用，通过合作社党组织建设，培养了一批优秀的农村党员带头人和党员队伍。

第一，党员在农民合作社的创办和发展中处于领头羊的地位，发挥了关键作用。据统计，全市 25 个乡镇（街道）首家合作社发起创办人

88%为党员。目前在任的合作社理事长（负责人）中有174人为党员，占所有负责人的62.14%，其中有三个乡镇范围内的合作社理事长（负责人）全部为党员。崇州全市范围内职业经理人通过竞争上岗的767人，党员占45.57%。其中，60%的乡镇职业经理人中一半以上为党员。

第二，实行“双向培养”制度，壮大做强基层组织队伍。所谓“双向培养”，即把经营能人、技术能手培养成党员，把党员培养成经营能人、技术能手。农民合作社中的经营能人、种植能手、技术骨干可以在镇、村、合作社等党组织的推荐下入党，扩充基层党组织的优秀人才队伍。截止2015年7月底，崇州市农民合作社党组织共发展党员26名，大多为合作社中政治素养好、业务水平强的骨干成员。同时，合作社中的党员可以向优秀的社员学习种植技术和管理方法，提升党员干部参与合作社发展的指导性和科学性，实现合作社中党员和业务能手之间的良性互动。

第三，成立合作社“党员示范基地”，发挥党员帮扶作用。以绿聚源红提专业合作社为例，合作社种植规模达1000余亩，种植业主共14名，其中党员和群众各占一半。通过开展党员结对帮带等一系列活动，充分发挥党员业主帮带发展的示范效应。合作社7名党员业主与7名群众业主“一对一”结对联系，实现强强联手、以强带弱、做大做强、共同发展。

崇州市通过探索农民合作社党组织建设，在推动农民增收、农业增效，促进农村经济发展，完善基层社会治理，加强农村基层党组织建设等方面发挥了积极的作用。值得注意的是，农民合作社党组织与现有的农村基层党组织格局并不矛盾，而是通过制度设计，实现了补位而不越位、补台而不拆台的良性互动。

三、崇州探索的思考及启示

崇州市对农民合作社党组织的探索，主动适应了现代农业生产方式的变革，实现了农民在市场经济条件下的再组织，有效破解了当前农村基层党建困局，为新时期加强农村基层党组织建设提供了样本，具有较强的创新性和开拓性。崇州探索给我们的启示主要有以下几点。

（一）农民合作社党建，是适应现代农业生产方式转变内生而来，具有较强的生命力

面对市场经济条件下农业生产方式的不断变革，将分散的农民重新组织起来成为大势所趋。因此，新型农民合作社应运而生，将现代组织优势和个体农户的积极性相结合，具有极强的内生动力。而在农民合作社内，由于党员人数众多，如何整合党建资源，最大限度发挥党员的先锋模范作用，助力合作社发展，成为农民合作社的一项新课题。因此，将支部建在合作社上，建在农业产业链上，整合区域内党建资源，使农民合作社更好地对接市场，有助于加快推进现代农业生产方式变革。

（二）农民合作社党建，是加强农村基层党组织建设的重要创新，具有极大的开拓空间

“务农重本，国之大纲”。“三农”工作始终是全党工作的重中之重。而农村工作的关键，在于农村基层党组织。合作社党组织的产生，一方面有其内生动力；另一方面，由于农民合作社是未来农村的主阵地之一，党组织要主动占领这个阵地，加强领导和扶持。中组部2015年6月在人民日报上刊文《着力解决当前农村基层党建突出问题》，明确提出要“创新完善农村基层党组织设置”，“加大在农民合作社中建立党组织的力度”。崇州先行先试，积极探索农民合作社党建，是创新和加强农村基层党组织建设的重要体现。

（三）农民合作社党建，要因地制宜，实现顶层设计与实践探索相结合

虽然同属基层党组织建设，但是农民合作社党建与行政村党建和企业党建存在明显差异。而不同的农民合作社，因其性质、产业和规模

存在不同，其党组织设置、运行机制等也存在较大差异，既有“支部分建”，也有“跨村共建”，还有“党建组团”等多种模式和丰富多样的具体运行机制。因此，对于不同的农民合作社的设置模式和运行机制，要因地制宜，一切从实际出发，切勿搞“一刀切”。

（四）农民合作社党建，要注重实效，切实避免“就党建抓党建”、党建与发展“两张皮”的现象

从巩固党的执政根基的角度看，党组织需要占领农民合作社这一农村发展的重要阵地。然而，占领这个阵地还需要守得好，组织覆盖了还要能够发挥作用。在实践中，不能就党建抓党建，片面强调组织覆盖率，而忽视党组织实际作用的发挥。在农民合作社的发展过程中，党组织要充分发挥组织优势，主动适应市场，在信息互通、技术共享、品牌共建和金融服务等领域发挥作用；要协调并理顺龙头企业、合作社和农户之间的关系，尤其要注重保护多数农户的合法利益。合作社党组织要最终落脚于带动农民增收致富，落脚于促进农业增效，落脚于引领合作社发展、推动农村经济。通过农民合作社党组织的作用发挥，使加强农村基层党组织建设落到实处，巩固党在广大农村地区的执政地位和执政根基。正如中央党校党建教研部教授梁妍慧所说，崇州对合作社党组织的探索，更是直接地解决了组织认同这一问题，是将“一核”精细地嵌入到了关键“一元”之中。

原载《中国乡村发现》

崇州新型城镇化发展路径研究

——基于作为区域中心城市的发展视角

市委政研室课题组

内容提要：崇州市在新型城镇化建设的实践中，走出了一条形态适宜、产城融合、城乡一体、集约高效的具有崇州特色的新型城镇化路子。同时也还存在系列问题，主要表现为：建设用地粗放低效，产业资源利用不足，地效率有待提升；城市（镇）建设品质不高、生活宜居性不强；城市（镇）建设资源缺乏，土地指标严重不足，资金匮乏；城市管理服务水平不高，“城市病”突出。通过研究崇州实际，指出崇州新型城镇化优化发展的对策，主要包括：优化城镇布局和形态，提高规划科学性和操作性；深化土地管理制度，提高城镇建设用地集约化程度，实行差别化的土地利用和土地管理政策，科学确定各类用地规模，探索实行城乡之间用地增减挂钩、人地挂钩的政策，确保各类用地和人口的增减挂钩，继续做好产权制度改革工作；打好房地产调控与保障房建设“组合拳”；转动好投融资杠杆、建立透明规范的城市建设投融资机制；创新城镇管理体制、提高城市规划执行力建立健全农业转移人口市民化推进机制、确保农民生计能力的可持续发展。

关键词：新型城镇化；区域性中心城市；路径研究

新型城镇化是党的十八大确定的重大国家战略。推进新型城镇化是解决农业、农村、农民问题的重要途径，是推动区域协调发展的有力支撑，也是扩大内需和促进产业升级的重要抓手。推进城镇化，核心是人的城镇化，关键是提高城镇化质量，目的是造福百姓和富裕农民。

成都市结合自身实际，制定了加快打造中西部地区最具承载力、带动效应和竞争优势的现代化特大中心城市群，将构建1个特大中心城市+7个卫星城+6个区域中心城（包含崇州）+10个小城市（包含羊马）的城镇骨架，并着力打造169个特色镇和约2800个农村新型社区的新型城镇化发展战略。作为成都区域中心城市的崇州在新型城镇化建设的实践中，围绕提升城镇化质量，坚持以人的城镇化为核心，以“智慧城市”建设为引领，以“三大新城”、棚户区改造、一般场镇改造、新农村建设为载体，以实现“民共富、民共享、民共乐”目标，走出了一条形态适宜、产城融合、城乡一体、集约高效的具有崇州特色的新型城镇化路子。本文主要以崇州新型城镇化建设实践为例，分析区域中心城市在城镇化发展过程中存在的问题及难点，有针对性地提出区域中心城市新型城镇化发展路径选择。

一、城镇化发展过程中存在的问题

（一）建设用地粗放低效，产业资源利用不足

城镇用地较粗放，人均建设用地略高于国家标准。整个市域产业资源利用不足，沿山片区的旅游服务业未发展起来、坝区“一三产业”互动不足、工业用地使用效率偏低，其用地效率提升空间还很大。

（二）城市（镇）建设品质不高、生活宜居性不强

区域中心城市中心城区建设功能不强，缺乏成都市级公共服务配套；形态不优，新建城区高密发展，地域特色不明显；小城市功能不强、人气不足，商业和生活服务业配套落后；城镇体系与生态保护缺乏有机衔接，缺乏完整生态保护体系；生态用地布局与城镇建设结合不够。

（三）城市（镇）建设资源缺乏

一是土地支撑存在问题，土地指标严重不足，供求矛盾突出。二是资金问题，城市（镇）市政基础设施和公共服务设施建设所需建设资金较大，上级给予项目扶持较少，地方财政配套投入无法实现基础配套按计划实施。

（四）城市管理服务水平不高，“城市病”突出

城市旧城区的低洼棚户区、老式民居和厂房宿舍，内涝严重等“城市病”问题日益突出，一些城市空间、城郊结合地段违章搭建日益凸显，公共服务供给能力不足。

二、新型城镇化发展路径选择

习近平总书记强调指出，新型城镇化的核心是以人为本，关键是提升发展质量，要努力实现包容性增长、绿色的增长。增长、绿色、包容，是新型城镇化的关键词，也是三大目标。三者同等重要，并行不悖，但增长不会自然实现，绿色不会自动到来，包容性问题也不可能自发解决，只有通过科学规划、系统管理和改革创新才能达成。因此，区域中心城市推进新型城镇化建设，必须走出一条以人为本、城乡一体、协调发展的新型城镇化道路。

（一）优化城镇布局和形态，提高规划科学性和操作性

1. 确定规划方向。省委提出了多点多极支撑发展战略，着力构建以成都平原城市群等“四大城市群”为主体形态的城镇发展格局，成都市委也明确构建特大中心城市、卫星城、区域中心城、小城市的城镇骨架，为我们城市发展指明了方向。6个区域中心城市，必须坚持全域城镇化理念，按照成都市委“形成多中心、组团式、网络化、集约型的城镇新体系”要求，

以“山、水、田、林”的市域生态本底及现实条件为依据，以功能区建设为核心，加快构建城镇发展体系，夯实城镇构架的基础。

2. 完善规划编制区域中心城市按照以人为本、尊重自然、传承历史、绿色低碳的城乡规划理念，按照《成都市城市总体规划》（2012—2020）确立的城市功能定位和城市规模，完善本地的全域空间发展规划，统筹协调城市发展规划、产业发展规划、国土利用规划和生态文明建设规划等相关规划。通过规划引导功能提升、促进我市产业转型升级。

3. 落实实施重点。中心城区要着力抓好旧城棚户区和危旧房改造，大力推进中心城区基础设施建设，提升城市承载力。小城镇要抓住全域成都重点打造的中心镇（小城市）建设的历史机会，加快小城市建设步伐，加快文化创意产业园等重点项目建设，按照“1+28”的标准进一步促进公共服务和社会管理配套设施标准化建设，增强小城镇的人口集聚、产业发展、公共服务、吸纳就业能力，加快建成为人口规模在10万人以上、具有区域性综合服务和城乡社会管理功能的小城市。小城市城镇人口2015年达到15万人以上，2020年达到20万人以上，平均城镇化率达到60%以上。特色镇、一般场镇要按照“产城融合、城乡一体”的理念，依托土地综合整理、一般场镇改造资金等进行重点打造，改善场镇基础设施和配套服务功能，提升场镇的综合承载能力。

（二）深化土地管理制度，提高城镇建设用地集约化程度

推进新型城镇化既要坚守全国18亿亩耕地保护红线，又要努力保障合理用地需求。这就需要通过科学合理的制度安排，节约集约用好每一寸土地，利用好每一笔土地增值收益。

1. 实行差别化的土地利用和土地管理政策，科学确定各类用地规模。对建设用地加强管理，完善土地储备机制，建立土地资源配置“一个渠道进水、一个池子蓄水、一个龙头放水”的良性机制，可以为经济社会发展提供有力的用地保障，也能防止公共资源增值收益流失。

2. 探索实行城乡之间用地增减挂钩、人地挂钩的政策，确保各类用地和人口的增减挂钩。

3. 继续做好产权制度改革工作，将基本农田落实到地块并在土地承包经营权登记证书上标注，严禁改变基本农田的用途和位置。妥善处理生态涵养保护区内农牧地的产权关系，使之有利于引导人口逐步转移。

（三）打好房地产调控与保障房建设“组合拳”

房地产业有序、良性、健康发展是推进新型城镇化的建设重要动力和关键环节，与国计民生息息相关，既影响整个市场经济的健康运行，也影响社会心态、事关社会稳定，必须对其进行积极稳妥的调控。由于房地产具有商品、不动产、资本品、金融品、民生品等多重属性，必须构建以政府为主提供基本保障、以市场需求为主导向，满足多层次需求的住房供应体系，更多采取市场调控办法，打好“组合拳”。

（四）转动好投融资杠杆、建立透明规范的城市建设投融资机制

新型城镇化要按照政府财政管理要求，预算内用于保民生、保运转的保障类资金应收支相抵，不能搞“赤字财政”，而城市基础设施和公共设施投资量大、回报周期长，一个项目大都是三五年建好，三五十年使用，只能投资一步到位、资金逐年偿还、重在远期平衡。因此，城市基础设施建设是可以负债的，但实际操作中，城建资金往往依托于政府信用，获取长周期、低利息的融资。国际上通常以发行市政债券来解决，我国地方政府过去不能发债，主要是通过投融资平台融资，但相当部分是短期的、高利息的融资方式，由此加大了地方政府性债务风险。建议推行建立利益共享、风险共担的

机制的公共私营合作融资机制（简称 PPP 模式）。同时规范并加强土地管理，管好用好土地出让金，做好土地批租这篇大文章。随着城镇化的快速推进，特别是随着大量基础设施投入和环境配套，土地会有较大幅度的增值。但这些增值收益，是城乡规划、征地动迁、“九通一平”、市场供求等多种因素形成的，必须通过政府土地储备和开发管理，用于弥补城市基础设施和公共设施的投入。

（五）创新城镇管理体制、提高城市规划执行力

城市规划是城市建设的龙头，是引导城市合理发展的重要依据。

1. 扩大城市规划的公众参与度，提高城市规划的民主化水平。科学发展观的核心是以人为本，科学发展观在规划领域的体现，就是要把人作为城市规划的主体，让大家来共同参与城市规划，使规划更人性化，群众的理解和支持是规划执行的根本保证。要坚持“阳光规划”、实施“开门规划”，既切合实际地有效推进我市城乡规划工作的开展，让人民群众积极支持、主动配合规划实施，又培养了公民的大局意识、发展意识和法治意识，使城乡规划更具科学性、合理性，从而提升城乡规划的公信力和执行力。

2. 提高城市规划的市场化水平，完善城市规划运作机制。市场经济条件下，市场在资源配置中起决定性作用。在城市规划中可将一些原属于政府行政权限内的事务和管理内容，交由技术性审核部门、专家咨询性机构、行业协会、社会中介组织及机构开展工作。这样，有利于社会资源配置，有利于维护社会经济秩序，有利于提高规划执行效率。若采取相关规划指标审查市场化后，就目前我市政府部门公务员编制紧缺、专业技术人员缺乏的情况下，可大大提高规划审批的高效化，并使规划审批由目前以技术性为主的“准确化审批”转向以提升城市品质为主的“精细化审批”。

3. 加快培养城市管理干部，加强城市建设和管理。建议进一步整合部门资源、高校资源，围绕“急需、实用”的原则，本着缺什么补什么的原则，有针对性地组织开展城市规划、服务外包、创新创业、生态建设等方面的专题培训，让城市建设管理一线工作主要领导干部和管理人员树立城市可持续发展的理念，提高城市发展的科学决策能力。并搭建全市“一张图”管理平台（须与智慧城市建设紧密结合），建立紧密的乡镇部门合作机制，实现多部门联动的工作体系。

（六）建立健全农业转移人口市民化推进机制、确保农民生计能力的可持续发展

如果农民仅仅是一次性出让土地，获得的收入是无法支持其在城里持续生存的。因此，需要构建一个综合的保障网，确保其在转变为市民后能够可持续发展。综合保障网包括劳动就业、收入分配、公共服务、法律等四个方面。

1. 在解决劳动就业方面，加强对进城农民进行相关的职业技能培训和信息服务工作，拓宽农民的就业渠道。政府可组织举办专门的、针对农民就业的职业培训学校或者培训班，同时鼓励社会力量参与办学，对其给予税收优惠，通过培训让农民进城后有事可做，有效避免农民贫困化趋势。

2. 在调整收入分配方面，让农民真正从土地溢价中获得实惠。土地是农民赖以生存的基础，鼓励农民通过土地获得持续的资本收益不失为一个长久之计。通过农村土地的颁证确权工作，使农民进城后的收入来源既包括工资性收入，也包括财产性收入。这既提高了土地使用效率，又使农民有了坚实的生活保障。

3. 在推进公共服务方面，通过社会福利均等化使农民尽快融入城市。城市的低保、基本医疗、养老保险、经济适用房和廉租房、公立幼儿园和学校等基本公共服务应该实现均等化。目前阻碍这一问题的桎梏在于户籍制度。建议积极稳妥地推进户籍制度改革，适度放开中小

城镇的户籍限制，把在城镇已稳定就业和居住的农民工有序地转变为城镇居民。放开户籍制度的同时，建议上级政府财政加大对地方政府的财政支持，以解决地方财政可能无法支持新增户籍背后的社保开销。

4. 法律保障是上述一切措施的基础。没有法律保障，任何措施都缺乏长效机制。首先，继续“产改”，通过法律明确农民的土地使用权，农民进城必须在自愿的基础上进行，防止商业资本借城镇化之机兼并土地。其次，加强对农民的法律援助，向其提供良好的法律咨询保障。农民应该是城镇化的受益者，但是在这一进程中农民往往处于弱势地位。因此，加强对农民法律援助就显得尤为重要，应引导农民通过法律途径解决遇到的问题。新型城镇化是一个复杂的系统工程。要实现“增长、绿色、包容”三大目标，除了上述关键环节外，还需要加快构建城乡一体化发展机制、开放型经济体制和生态文明制度等。

原载《中国乡村发现》

解码四川崇州“农业共营制”

江宜航

四川省崇州市是成都市下辖县级市，是全国新增千亿斤粮食生产能力建设县和四川省增加农民财产性收入试点县。自 2010 年以来，该市立足自身实际，围绕解决“谁来经营”、“谁来种田”和“谁来服务”的问题，探索构建集约化、组织化、专业化、社会化相结合的“1+4”新型农业经营体系，即：以农村土地承包经营权股份合作社（以下简称“土地股份合作社”）为核心，以新型的农业科技服务、农业社会化服务、农业品牌服务和农村金融服务“四大服务体系”为支撑的农业经营体系。

2014 年 4 月，国务院发展研究中心程国强研究员、华南农业大学农村经济转型发展协调创新中心罗必良教授、四川省社会科学院郭晓明教授带领的研究团队在多次深入崇州调研后，将崇州市“1+4”新型农业经营体系总结提升为“1+1+1”的“农业共营制”，即：以农户为主体自愿自主组建土地股份合作社推进农业的规模化经营，以培育农业职业经理人队伍推进农业的专业化经营，以强化社会化服务推进农业的组织化经营，形成“土地股份合作社+农业职业经理人+现代农业服务体系”三位一体的农业经营模式。

崇州“农业共营制”因何产生？该模式有何特点？解决了哪些问题？取得了哪些成效？是否值得推广？带着上述问题，中国经济时报记者于 2014 年年底赴崇州进行了调查采访。

逼出来的改革

任建忠做梦也不会想到，给他带来荣耀并让他脱贫致富的竟然是做一名以种田为生的农民。

2014年4月20日，中央电视台《新闻联播》在消息《谷雨好种田改革催生春耕新变化》中，用90秒的时长报道了以崇州市青桥土地股份合作社为代表的崇州农业新型经营模式。

在报道中，央视记者通过采访任建忠和成都市农委主任许兴国，介绍了四川崇州在新型农业经营模式和政府相关配套服务的支持下，农业春耕生产的新气象。

现年43岁的任建忠是四川省崇州市隆兴镇青桥村人，现任该村村主任。除此之外，他还有一个比较时髦的身份——崇州市青桥土地股份合作社聘请的农业职业经理人（农业CEO)。

作为崇州市首批培养的农业职业经理人，任建忠持有农业职业经理人中级证书，在崇州，目前持有该证书者仅有9人。

不过，作为一名当时村里为数不多的高中毕业生，任建忠称他最初的梦想与村里其他年轻人一样：不是留在农村种田，而是撕下农民标签、离开农村，成为一名在城里工作的产业工人。为此，他经人介绍于1992年进了崇州市一家食品厂工作。

任建忠告诉记者，虽然后来他也离开了食品厂，但他一直没有想过要回家种田做农民，而是去了离家更远的成都和广西打工。

直到1998年，由于父母年事已高，加上孩子到了入学年龄，在外漂泊多年的任建忠不得不带着妻儿回到家乡，加入到务农者的队伍当中。不过，这些年来，尽管他与妻子每日起早摸黑地劳动，一直没挣到什么钱。

“户均三五亩田，种得再怎么好，也赚不了什么钱，养不活一个家庭。”对于种田不能致富的原因，任建忠归结于种植规模太小。

以他家为例。任建忠告诉记者，如果算上他父母的承包地，他家共承包了5.88亩土地，即使全部种上大春（水稻）作物和小春（小麦或油菜）作物，一年的收成也不过是6000斤左右的稻谷和一二千斤的小麦或油菜籽，扣除种子、肥料、农药等成本，即使碰上风调雨顺的好年景，实际的收入也只有三五千块钱，仅相当于外出务工一两个月的收入。

正因为此，村里年轻人几乎都长年或短期外出务工，真正留在村里种田的都是五六十岁的老年人和妇女，像他这样的年轻人很少，即使有，也多是农忙季节回来忙农事，忙完又外出打工。

对此，有研究者认为，以家庭承包经营为基础、统分结合的双层经营体制，是我国农村经济体制改革创新的主要成果。30多年的实践证明，以“集体所有、均田承包、家庭经营”为特征的农业经营体系，对推动我国农业农村发展发挥了重要作用。但是，随着工业化与城镇化的深入推进、农村土地与劳动力快速流动，我国农业经营格局正在发生重大变化，“弱者种地”“差地种粮”等问题越来越突出，农业发展面临日益严峻的挑战。

来自农业部的数据显示，1986年我国农户户均经营耕地9.2亩、分散为8.4块；2008年则下降到7.4亩、分散为5.7块；2011年全国承包经营的耕地面积12.77亿亩，经营农户2.29亿户，户均仅5.58亩。由此表明，目前农业家庭经营的规模经济性正趋于弱化。

此外，全国农业普查的数据表明，1996年全国农业户中纯农户占62.8%，1999年则下降到40%。根据有关部门的调查，2008年吉林、黑龙江、安徽、四川、浙江5省的比例只有25.3%，这意味着大多数农民已经不以农为主。

基于此，有专家表示，若今后我国农业劳动力素质、农户生产能力以及农业经营规模等，不能满足现代农业发展的底线需求，那么，与之相关的农业现代设施装备、科技应用、产品质量、务农收益、从农热情等，就有可能越来越难以为继，最终将危及国家粮食安全乃至整个农业现代化建设。面对严峻挑战，各地进行了积极探索。

以四川省崇州市为例。2003年以来，为了解决农村劳动力大规模外出流动后“谁来种田”的现实问题，该市先后探索实践了从鼓励生产大户农地流转，到引进农业龙头企业租赁农地进行规模经营等多种形式，但均未取得预期效果。

“特别是2009年一家企业租赁桤泉镇3000余亩农地出现毁约退租事件之后，农户不愿收回被退的承包地，转而要求当地政府承担责任。”一位不愿具名的崇州市相关官员在接受中国经济时报记者采访时说，桤泉镇事件让他明白一个道理：田还是应该由农民来种，而不能交由工商资本来种。

在他看来，资本的天性就是逐利，哪儿能赚钱就流向哪里。当前工商资本热衷于下乡务农，说白了，最根本的目的还是冲着政策扶持而来，并不是真正想从事农业，做好农业。

对此，崇州市委常委陈鑫（编者注：记者采访时职务，现已调离）表示认同。他在接受本报记者采访时表示，农业是个低效益的产业，很多下乡工商企业对此并没有深刻认识。

以崇州市为例，陈鑫告诉本报记者，目前崇州流转土地的费用最低为600斤大米/亩（相当于1100斤稻谷），这差不多是目前崇州最好的亩产量。

在他看来，土地的产出都给了农民，工商企业的投资回报就只能指望政策扶持，要不就是搞“非粮化”生产，甚至变相搞房地产。这样的发展模式并不符合当前农业发展实际，也不可能引领未来农业发展方向。

为了突破困局，维护农业生产和农村发展的稳定，自2010年起，崇州“被迫”进行新的试验，将企业退租的3000余亩农地划为300—500亩不等的连片地块，动员和引进种田能手进行水稻生产经营。

这一试验，取得了不错的效果，一年下来，种田的农民收入基本上都达到或超过同期外出务工农民的收入。

桤泉镇的试验，使陈鑫认识到，农民种田也能致富，但要想让种田的农民富裕起来，必须推行规模化经营。

在他看来，当前广大农村地区之所以出现“弱者种地”、“差地种粮”现象，根本原因还是农民种地不挣钱，而农民种地不挣钱的主要原因是经营规模太小。

“比如，在东北一些地区，农户因为经营土地面积较大，家庭务农收入还是相当可观的。”陈鑫对本报记者说。

崇州“农业共营制”的试验效果

2011年，为保障成都市中心城区居民口粮基本自给，成都市将崇州市列为成都市农业生产力布局中的粮油主产区，并投入大量资金在崇州推进10万亩粮食高产稳产高效综合示范基地建设项目。在该项目的带动下，项目区内的隆兴镇黎坝村顺势组建了杨柳农村土地股份合作社，引导农民以承包经营权入股推动规模化经营。

合作社组建后，在项目资金的带动下，土地平整、水电设施、田间道路等问题都得到了解决，但如何经营、谁来经营的问题始终没有想出好的方案。在此情况下，崇州市委、市政府作出了一个大胆的决定：在全市农业系统招聘一名懂技术、善经营的农技人员来负责经营合作社的土地，现崇州“1+4”推进办公室主任周维松竞聘成功。

据本报记者了解，由于此前没有先例，崇州农业部门在招聘杨柳合作社职业经理人时，承诺其身份和待遇不变，而其经营合作社所得归其个人所有。

关于当年杨柳农村土地股份合作社的经营模式，本报记者先后采访了周维松本人、杨柳合作社理事长陈永建、黎坝村支书宁致全、杨柳合作社现任职业经理人王志全，以及部分黎坝村村民，得到的信息大致如下：种植品种由合作社与职业经理人共同商定，生产资金由社员按大春（水稻）作物每亩700元、小春（油菜或小麦）300元出资，周维松只需负责组织生产和管理。

对此，任建忠给记者算了一笔更详细的账：他告诉记者，崇州的土地股份合作社并不是一夜之间发展起来的，也不是政府强制命令性建立起来的，而是各地结合自身实际逐步发展起来的。以其所在的青桥村土地股份合作社为例，任建忠于2011年发动本村村民组建了青桥村土地股份合作社，并被推荐为理事长和农业职业经理人。当年，在他的精心管理下，合作社经营的133亩土地取得了较好的收成，亩均分红达到了917元。

“亩均900多元，这基本上是农民自己种植年收入的2～3倍。”任建忠说，入社农民在没有投入任何劳力的情况下，能够获得高于自己种植2～3倍的收益，这让其他农户很是眼红。于是，周边的农户纷纷要求入社。至目前，入社土地面积已经达到2000多亩，这几乎是青桥村可耕种土地面积的90％。

之所以能获得农民自己种植数倍的收益，任建忠给出的账单如下：一是规模经营产生的规模效益。二是使用机械化作业，降低生产成本。三是职业经理人科学种田，增加产出。四是政府对于达到一定规模的农民合作社给予的各种补贴。五是合作社可结合自身实际，拿出部分土地种植高附加值的经济作物。

这与本报记者的调查结果和崇州官方提供的信息基本吻合。

来自崇州市农业部门提供的数据显示，截至记者采访时，崇州已组建土地股份合作社361个，入社面积21.33万亩，占全市耕地面积（48.56万亩）的44％；入社农户9.46万户，占全市农户（18.2万户）的52％。2013年全市土地股份合作社水稻亩产平均561公斤，比未入社农户平均每亩增加52公斤，入社农户比未入社农户人均增收803元。

在崇州市委书记赵浩宇看来，发展土地股份合作社，一是稳定了粮食生产。目前一些地方农民种粮粗放经营，而企业流转土地普遍种植经济作物，只有发展土地股份合作组织，推进粮食适度规模经营，才是稳定粮食生产的重要途径。二是解决了谁种田的问题。崇州地处成都郊区，年轻人都进城打工了，留在村里的多是老人和小孩，春耕时节常常“无人种田”。土地股份合作社不仅不再让土地“撂荒”，而且通过现代农业职业经理人带动，解决了农业生产中“谁来种”“如何种”的问题。三是实现了科学种田。土地股份合作社和现代农业职业经理人制度推动了农业技术进步，使农业新技术能够真正落到田间地头，实现良种选用、测土配方施肥、绿色防控、病虫统防统治等技术推广面达100％。四是保护了耕地。土地股份合作社的主体是社员，社员是主人，社员参与决策，种什么，由社员说了算，确保耕地不撂荒、农业用途不改变；土地股份合作社统一种植水稻、小麦等粮食作物，不会改变或破坏土地，从而更能有效地保护耕地。

他告诉记者，经过4年多的探索试验，崇州初步形成了以家庭承包为基础，以农户为核心主体，农业职业经理人、土地股份合作社、社会化服务组织等多元主体共同经营的新型农业经营体系，即引导农户以土地承包经营权入股，成立“土地股份合作社”；聘请懂技术、会经营的种田能手担任职业经理人，负责合作社土地的生产经营管理；引导建立适应规模化种植的专业化服务体系，打造“一站式”农业服务超市平台，形成“土地股份合作社＋农业职业经理人＋现代农业服务体系”三位一体的农业经营模式。

如果说适当的高回报是吸引并留住农民把土地交给合作社经营的必然条件的话，那么，保证农业职业经理人获得合理的回报，才能确保合作社良性发展。

在崇州，农业职业经理人的回报是如何获得呢？从本报记者调查的结果来看，大致有以下几种模式：

一是采取除去生产成本的经营纯收入 1∶2∶7 比例分配（纯收入的 10%作为公积金、风险金和工作经费，纯收入的 20%用于职业经理人的佣金，纯收入的 70%用于社员土地入股分红）。二是承诺保证给予合作社多少钱（或稻谷），多余的按约定比例分红。三是超产分成，即职业经理人与合作社商定多少产量，超产部分按比例分红等多种分配方式。

目前，崇州比较成熟的土地股份合作社多采用第一种分配方式，但也有些基地设施条件不是太好的合作社采用第二种或第三种分配方式。如本报记者采访过的桤泉镇千丰土地股份合作社，其分配方式为：每亩 500 元保底，剩余的二次分红。即扣除生产成本后，不管盈亏，职业经理人首先需保证入社农户每亩土地 500 元的保底收入，多余的按 1∶3∶6 比例分配（纯收入的 10%作为公积金、风险金和工作经费，纯收入的 30%用于社员土地入股分红，纯收入的 60%用于职业经理人的佣金）。

当然，土地状况不同，保底金额也不相同，分配的比例也不相同。

但从本报记者调查过的近 10 家崇州土地股份合作社的情况来看，农民土地入股合作社后，大致都能获得与自己耕种差不多甚至更高的收益。除此之外，因为年龄或其他原因留在村里的村民还能通过给合作社打工，获得数千元至数万元不等的劳务收入，真正实现了入社农民、农业职业经理人和土地股份合作社的“三方共赢”。

据崇州市农业部门统计，与农户家庭经营相比，由农业职业经理人经营的水稻种植平均每亩增产 10%约 55 公斤以上，生产资料投入与机耕机收成本下降 15%约 90 元。2013 年，全市农业职业经理人平均每亩收益 150 元，平均年收入 5 万元。

如果说土地股份合作社和农业职业经理人是市场催生的结果的话，那么，在现代农业服务体系建设方面，则更多体现了政府的作为。

“不缺位，也不越位。”谈到政府在探索试验崇州“农业共营制”中所发挥的作用，赵浩宇如此对中国经济时报记者表示。

他告诉本报记者，近年来，崇州市从完善服务保障入手，探索构建新型的农业科技、农业社会化服务、农业品牌、农村金融“四大服务”，为土地股份合作社效益提升、可持续发展提供有效保障，初步形成公益性服务与经营性服务相结合、专项服务与综合服务相协调的新型农业服务体系，促进农业生产的专业化、市场化和社会化发展，有效地解决“谁来服务”的问题。

一是积极适应现代农业发展对科技的需要，着力解决农业科技成果怎么转化、谁来推广、怎样应用、如何发展的具体问题，探索农业科技转化“最后一道坎”和农业科技推广“最后一公里”的有效途径，搭建了“以农业专家大院为转化核心、以农业科技服务团队为推广纽带、以土地股份合作社为应用载体、以成果应用价值体现为目标”的四大农业科技服务平台，初步形成了农业科技成果转化、推广、应用和价值体现为一体的新型农业科技服务体系。

二是针对粮食规模经营中面临的社会化服务“小、散、乱”问题，通过整合农业公益性服务资源和农业社会化服务资源，形成了“1+1”技物配套服务方式（即 1 个农业综合服务站+1 个农业服务超市）。

三是坚持以市场为导向、以产业高端为取向、以科技为支撑、以农产品质量安全为核心，着力打造农产品品牌，搭建了农业品牌服务体系，推动农业规模化、标准化、设施化生产和品牌化经营。

四是通过完善政府农业投融资平台，探索农村产权抵押贷款，组建产业风险互助基金，鼓励合作社开展社员资金互助，为现代农业发展提供了资金保障。

崇州“农业共营制”的现实意义和推广价值

对于崇州“农业共营制”的现实意义和推广价值，曾多次赴崇州调研的国务院发展研究中心研究员程国强认为，其一，构建了新型农业经营体系。崇州“农业共营制”，通过引导农民组建土地股份合作社提高了组织化程度，通过培育现代农业职业经理人实现了农业专业化生产，通过建立现代农业“四大服务体系”提升了农业社会化服务水平，通过建设高标准农田发展粮经产业推动了农业集约化经营，构建了组织化、专业化、社会化、集约化相结合的新型农业经营体系，解决了“谁来种田”“谁来种粮”“谁来带头”的问题。

其二，实现农业经营主体的“共建共营”。“农业共营制”坚持农村土地集体所有权，坚持农户的主体地位，稳定了家庭承包权，盘活了土地经营权，通过经营权的进一步细分与重新配置，形成土地股份合作社、职业经理人、农业服务等多元主体共同构建和共同经营的新型农业经营组织体系。其意义在于，一是破解当前土地细碎、经营分散的难题，实现土地的集中连片和规模化，有效解决“种怎样的田”的问题；二是使土地经营的决策权控制在农户手中，农户共同进行生产经营决策与监督执行，确保耕地不撂荒，防止出现土地流转的非农化和非粮化问题；三是通过经营权中的产权细分和业务外包，一方面促进形成农业企业家的能力，培育职业经理人队伍，另一方面吸引一批外出青壮年返乡创业，培育新型职业农民队伍和多样化农业生产性服务群体，促进农业分工与专业化，有效解决了“谁来种田”“如何种田”以及“科学种田”的问题，全市都市型现代农业产业工人达4.2万人，占全市从事农林牧渔业劳动力16.11万人的26%，农业产业工人收入达7.56亿元；四是通过建立“农业服务超市”，搭建农业社会化“一站式”服务平台，延伸了农业产业链，创造了新的生产力，促进了农业信息、金融信贷、生产资料以及现代农业物流业发展，推动了农业服务手段现代化，实现了整体规模经营和效益提升。

其三，经营收益的“共营共享”。土地的集中、现代生产力要素的聚集及其能者的参与经营，极大地改善了农业的规模经济、分工经济与合作剩余机制，形成“共营共享”的利益共同体与分享机制。主要表现在，一是提高了粮食产量。据对2013年由现代农业职业经理人管理的土地股份合作社种植水稻产量调查统计，土地股份合作社水稻亩产平均561公斤，明显高于四川省、成都市的水稻平均单产水平，比当地未入社农户平均每亩增加52公斤。二是促进了农业增收。据测算，2013年土地股份合作社在提取公积金和农业职业经理人收益后，入社社员平均每亩多收入100元以上。如2013年，隆兴镇青桥土地股份合作社在按照约定提取公积金和现代农业职业经理人收益后，入社社员每亩水稻分配692.2元，比当地未入社农户种植水稻亩增收100多元。三是增加了农民收入。农户入社后，不仅能分红，也可以在土地股份合作社打工另外挣钱，还能够从对小规模分散经营的依附中解脱出来，务工劳动力由“短工”转变为“长工”，2012年和2013年全市新增外出农民工分别达到11.78%和12.92%。除了外出务工、分享农业共营成果外，农户还可以获得从事家庭农场、参加专业服务和劳务组织等多种机会，实现多渠道增收。

其四，经营目标的“共营多赢”。从微观层面看，农业共营制保证了各个参与主体的权益，调动了各方面的积极性。其中，农民走出小农经济，参与社会化分工，且具有农业经营决策的真正主体地位；合作社通过经营计划与社员监督，规避合作风险，提高共同经营的稳定性与可持续性；职业经理人通过企业家经营与规模经营，实现创业增收；社会化服务组织通过专业化与生产性服务外包，实现农业从土地规模经营转型为服务规模经营。

从宏观层面看，农业共营制使耕地资源得到有效保护和合理利用，使粮食生产能力得到加强，农民权益得到充分保障，农业生产力水平及可持续发展能力显著增强。因此，“农业共营制”兼顾农户、专业组织、集体与国家等各方面的利益，实现微观主体经营目标与国家宏观政策目标的“激励相容”与“多赢”局面，具有重要的推广价值。

崇州“农业共营制”具有重要的改革创新意义

国务院发展研究中心研究员　程国强

农村基本经营制度是党的农村政策的基石，其核心目标在于，必须保障农产品有效供给，提高农业生产效率，确保粮食安全和食品安全；必须保障农民的土地权益，促进农民增收，调动农业经营者的生产积极性。当前农业农村发展的新变化新形势，提出了完善农村基本经营制度的新要求。但是，今后无论推进怎样的制度变革，无论进行怎样的创新与试验，均必须以基本经营制度目标为出发点，切不可削弱甚至突破制度的底线：一是必须始终坚持农村土地农民集体所有制；二是必须始终稳定土地承包关系，确保农户的土地承包权；三是必须始终坚持家庭经营的基础性地位；四是必须始终严格保护耕地、强化农地用途管制与保障粮食安全。

综合而言，崇州探索的“农业共营制”具有重要的改革创新意义。“农业共营制”从农村基本经营制度出发，坚持和落实集体所有权、稳定和强化农户承包权、放开和盘活土地经营权、保障和提升农业特别是粮食生产能力、改善和贯彻用途管制权，从而形成“集体所有、家庭承包、多元经营、管住用途”的新型农业经营体系，对构建新型农业经营体系有着重要启示。

一是适应农业经营结构转型需要，农业共营制培育了两类新的农业经营主体，即农业职业经理人与农业专业服务组织。前者培育了农业企业家与职业农民群体，改善了农业的知识分工与决策经营效率；后者发育了农业生产的专业化组织，促进农业的技术分工，提高生产效率。

二是农业共营制催生了农民土地股份合作社的制度创新。崇州的土地股份合作社并不是独立的经营主体，而是促成土地经营与企业家经营的合作交易。首先，合作社所形成的生产规模，能够有效吸引职业经理人，以达成企业家能力与其经营服务规模的匹配；其次，通过合作形成的集体谈判，能够大大降低经营服务的谈判与缔约成本；其三，土地规模所激励的职业经理人竞争性进入，能够有效降低农户及合作社对经理人的监督与考核成本；最后，能够有效降低农户、合作社、经理人之间关于合作剩余享益分配的谈判成本。崇州农业生产性服务超市的建立，集合农业合作社及其经理人的服务需求与专业服务组织的服务供给，能够扩大服务规模，有效降低服务交易成本。

三是农业共营制有效破解了家庭经营应用先进科技和生产手段的瓶颈，以及统一经营层次被弱化的问题，优化了农业资源配置，实现了现代物质技术装备、企业家能力等先进生产要素与经营方式的高效对接，提高了土地产出率、资源利用率、劳动生产率，促进了现代农业经营的集约化、专业化、组织化和社会化，增强了农业可持续发展能力。

因此，有理由认为，崇州探索实践的“农业共营制”，有可能是促进我国农业经营方式转型的重要突破口，也昭示着我国农业经营体制机制创新的重要方向。

原载《中国经济时报》、中国经济新闻网 2015 年 02 月 06 日

农业共营制：我国农业经营体系的新突破

程国强　罗必良　郭晓鸣

随着新型城镇化的深入推进、农村土地与劳动力的快速流动，我国农业经营格局正在发生重大变化，农业发展不仅要面对“谁来种田”的现实问题，更要应对“种怎样的田”和“怎样种田”的深层难题。四川崇州经过近 4 年的探索实践，初步形成了以家庭承包为基础，以农户为核心主体，农业职业经理人、土地股份合作社、社会化服务组织三位一体的“农业共营制”模式。这一模式促进了农业经营方式的转型，对我国农业经营体制机制创新有重要的参考价值。

一、目前我国农业经营体系面临的新问题新挑战

以家庭承包经营为基础、统分结合的双层经营体制，是我国农村经济体制改革创新的主要成果，对推动我国农业农村发展发挥了重要作用。但是，随着工业化与城镇化深入推进、农村土地与劳动力快速流动，我国农业经营格局正在发生重大变化，“弱者种地”“差地种粮”等问题越来越突出，农业发展面临日益严峻的挑战。这表现为：

第一，土地细碎化。农业部数据显示，1986 年农户户均经营耕地 9.2 亩，2008 年仅为 7.4 亩，2011 年进一步下降到 5.58 亩。由此表明，目前农业家庭经营的规模经济性正趋于弱化。

第二，农户兼业化。全国农业普查的数据表明，1996 年全国农业户中纯农户占 62.8%，

1999 年下降到 40%；2008 年吉林、黑龙江、安徽、四川、浙江 5 省的比例只有 25.3%，这意味着大多数农民已经不以农为主。

第三，劳动力弱质化。如 2011 年在全部从业劳动力中，第一产业的从业人员已经下降到 38.10%，留守农业的劳动力更是呈现出老龄化与妇女化特征。本课题组对全国 931 个村庄抽样调查结果表明，2011 年 51 岁以上劳动力占到 39.8%，妇女占比则高达 69.89%，这表明农民正趋于不以农为业。

第四，农业副业化。农业部数据显示，农户纯收入中来自农业的比重由 1985 年的 75.02%下降到 2011 年的 26.3%。由此可见，大多数农民已经不以农为生。

第五，生产非粮化。尽管 2014 年我国实现粮食“十一连增”，但随着农户承包经营权的流转，粮食种植呈显著下降的趋势。2011 年的问卷调查表明，未参与农地流转的农户，粮食的种植面积占比为 74.3%，而转入农地农户的比重则明显减少，为 60.2%，这说明农户生产“非粮化”现象日益明显。

这意味着，若今后我国农业劳动力素质、农户生产能力以及农业经营规模等，不能满足现代农业发展的底线需求，那么，与之相关的农业现代设施装备、科技应用、产品质量、务农收益、从农热情等，就有可能越来越难以为继，最终将危及国家粮食安全乃至整个农业现代化建设。在坚持家庭经营在农业中的基础性地位前提下，如何真正实现农业经营方式的突破创新，加快构建新型农业经营体系，是目前及今后一个时期，我国农业现代化进程面临的最为棘手的难题。

二、农业经营体系创新实践的“崇州试验”

崇州是四川成都的农业大县和粮食主产区，该市常住人口 67 万，其中农村劳动力 36.95 万人，但外出务工人员高达 73.4%。由于农村劳动力大规模流出，使农业被“边缘化”的趋势愈加严重。针对这一问题，崇州市进行了多种形式的探索实践。从初期鼓励生产大户农地流转，到引进农业龙头企业租赁农地进行规模经营，均未取得预期效果。特别是 2009 年鹰马龙公司租赁桤泉镇 3000 余亩农地出现毁约退租之后，农户不愿收回被退的承包地，转而要求当地政府承担责任。为了突破困局，维护农业生产和农村发展的稳定，自 2010 年起，崇州“被迫”作新的试验，将企业退租的 3000 余亩农地划为 300～500 亩不等的连片地块，动员和引进种田能手进行水稻生产经营，取得较好的效果。经过 4 年多的探索，崇州已初步形成以家庭承包为基础，以农户为核心主体，农业职业经理人、土地股份合作社、社会化服务组织等多元主体共同经营的新型农业经营模式，我们简称之为“农业共营制”模式。其主要特征为：

第一，创新培育机制，建立农业职业经理人队伍。在现有农业经营格局下，单个农户与社会化服务主体对接成本较高，亟待培育既能代表双方利益，又能协调双方行为的农业职业经理人。崇州市抓住这一关键需求，探索制定了一系列培育与管理机制。对符合选拔条件、有意愿从事农业经营的人员进行职业经理人培训，对符合农业职业经理评定标准的人员，全市统一颁发“农业职业经理人资格证书”。持证经理人可在土地股份合作社、专业合作组织、农业企业、村级农技推广站等竞聘上岗，并享有相关扶持政策。目前，崇州市已培养农业职业经理人 1410 人，通过竞争上岗的有 767 人，初步建立起一支“有知识、懂技术、善经营、会管理”的竞争性的职业经理人队伍。农业职业经理人的产生，有效解决了“谁来种田”和“科学种田”问题，促进了良种选用、测土配方施肥、绿色防控、病虫害统防统治、农业机械与装备技术以及科技成果的推广和应用。与农户家庭经营相比，由职业经理人经营的水稻种植平均每亩增产10%约55公斤以上，生产资料投入与机耕机收成本下降15%约90元。

第二，尊重农民意愿，建立土地股份合作社。崇州市运用农村产权制度改革成果，按照农户入社自愿、退社自由、利益共享、风险共担原则，引导农户以土地承包经营权折资折股，组建土地股份合作社。农户作为合作社社员，可直接参与理事会及监事会选举、农业生产计划安排、成本预算以及利益分配方案等决策过程，成为经营管理的实际决策者和控制者，并承担生产成本出资；理事会代表全体社员公开招聘农业职业经理人，同农业职业经理人签订经营合同，对产量指标、生产费用、奖赔规定等进行约定；农业职业经理人负责“怎样种田”，提出具体生产计划执行与预算方案、产量指标等，交由理事会组织的村民代表会议讨论，通过后按照方案执行。按照理事会制定的种植计划，合作社与职业经理人之间实行除本分红的分配方式，即除去生产成本之后，剩余纯收入按1∶2∶7比例分配。其中，10%作为合作社公积金、风险金和工作经费，20%作为农业职业经理人的佣金，70%用于农户的土地入股分红，形成了紧密型利益联结机制。

第三，强化社会化服务，建立“一站式”服务超市。农业职业经理人执行合作社的经营计划，必然需要农业社会化服务体系为其提供强有力的支撑，由此催生形成了“一站式”的农业社会化服务超市。崇州坚持主体多元化、服务专业化、运行市场化的原则，按照“政府引导、公司主体，整合资源、市场运作，技物配套、一站服务”的发展思路，引导社会资金参与组建综合性农业社会化服务公司，整合公益性农业服务资源和社会化农业服务资源，完善了公益性服务与经营性服务相结合、专项服务与综合服务相协调的新型农业社会化服务体系。分片区建立农业服务超市，搭建农业技术咨询、农业劳务、全程机械化、农资配送、专业育秧（苗）、病虫统治、田间运输、粮食代烘代贮、粮食银行等“一站式”全程农业生产服务平台，所有服务项目、内容、标准、价格，均实现公开公示、明码标价，实现适度规模经营对耕、种、管、收、卖等环节多样化服务需求与供给的对接。目前，崇州市已分片建立农业服务超市6个，分别联结22个农机专业合作社或大户、16个植保专业服务组织，6个劳务合作社（从业人员1000多人），以及工厂化育秧中心2个、集中育秧基地10个，服务面积达14.63万余亩。

三、“农业共营制”：农业经营方式的突破创新

崇州试验的“农业共营制”模式，以培育农业职业经理人队伍推进农业的专业化经营，以组建土地股份合作社推进农业的规模化经营，以强化社会化服务推进农业的组织化经营，实现多元主体的“共建、共营、共享、多赢”。

第一，实现农业经营主体的“共建共营”。“农业共营制”坚持农村土地集体所有权，坚持农户的主体地位，稳定了家庭承包权，盘活了土地经营权，通过经营权的进一步细分与重新配置，形成土地股份合作社、职业经理人、社会化服务组织等多元主体共同构建和共同经营的新型农业经营组织体系。其意义在于，一是破解当前土地细碎、经营分散的难题，实现土地的集中连片和规模化；二是使土地经营的决策权控制在农户手中，农户共同进行生产经营决策与监督执行，确保耕地不撂荒，防止出现土地流转的非农化和非粮化问题；三是通过经营权中的产权细分和业务外包，一方面促进形成农业企业家能力，培育职业经理人队伍，另一方面吸引一批外出青壮年返乡创业，培育新型职业农民队伍和多样化农业生产性服务群体，促进农业分工与专业化。

第二，经营收益的“共营共享”。土地的集中、现代生产力要素的聚集及其能者的参与经营，极大地改善农业的规模经济、分工经济与合作剩余，形成“共营共享”的利益共同体与分享机制。主要表现在：一是农户在扣除生产成本之后能够获得70%的剩余纯收入分红；二是农业职业经理人享有超产部分20%的佣金、规模经营的政策性奖励以及城市社保；三是土地股份合作社提取超产部分10%的公积金，享受相应的专项政策扶持，促进壮大集体经济；四是农业社会化服务组织通过承接农业生产性服务的外包获得业务收入与服务规模经济。据统计，2012年，职业经理人每亩收益150元（不含政府补贴），平均年收入4.5万元；合作社公积金平均每亩提取75元左右；入社农户在收回生产成本后，每亩直接增收约525元（不含政府补贴）。

特别是广大农民能够从对小规模分散经营的依附中解脱出来，务工劳动力由“短工”转变为“长工”。除了外出务工、分享农业共营成果外，农户还可以获得从事家庭农场、参加专业服务或劳务组织等多种机会，实现多渠道增收。

第三，经营目标的“共营多赢”。从微观层面看，“农业共营制”保证了各个参与主体的权益，调动各方面的积极性。其中，农民走出小农经济，参与社会化分工，且具有农业经营决策的真正主体地位；合作社通过经营计划与社员监督，规避合作风险，提高共同经营的稳定性与可持续性；职业经理人通过企业家经营与规模经营，实现创业增收；社会化服务组织通过专业化与生产性服务外包，实现农业从土地规模经营转型为服务规模经营。

此外，“农业共营制”使耕地资源得到有效保护和合理利用，粮食生产能力得到加强，农民权益得到充分保障，农业生产力水平及可持续发展能力显著增强。

四、“农业共营制”对构建新型农业经营体系的启示

综合而言，崇州探索“农业共营制”，形成“集体所有、家庭承包、多元经营、管住用途”的新型农业经营体系，对构建新型农业经营体系有着重要启示。

一是“农业共营制”培育了两类新的农业经营主体，即农业职业经理人与农业专业服务组织。前者培育了农业企业家与职业农民群体，改善了农业的知识分工与决策经营效率；后者发育了农业生产的专业化组织，促进农业的技术分工，提高生产效率。

二是“农业共营制”催生了农民土地股份合作社的制度创新。合作社所形成的生产规模，能够有效吸引职业经理人，以达成“企业家能力”与其经营服务规模的匹配；而职业经理人通过竞争性进入，又能够有效降低农户及合作社对经理人的监督与考核成本。通过合作形成的集体谈判，能够大大降低经营服务的谈判与缔约成本。

三是“农业共营制”有效推动了农业生产的现代化。它破解了家庭经营应用先进科技和生产手段的瓶颈，优化了农业资源配置，实现了现代物质技术装备、企业家能力等先进生产要素与经营方式的高效对接，提高了土地产出率、资源利用率、劳动生产率，促进了现代农业经营的集约化、专业化、组织化和社会化，增强了农业可持续发展能力。

原载《红旗文稿》2015年第9期

大事记

CHONGZHOU YEARBOOK

1月

5日　中共崇州市委十二届六次全体会议召开，贯彻落实党的十八届四中全会和中央经济工作会、省委十届五次全会和省委经济工作会、成都市委十届四次全会精神，听取、讨论并审议通过了常委会工作报告、《中共崇州市委关于贯彻落实党的十八届四中全会省委十届五次全会和成都市委十二届四次全会精神全面深入推进依法治市的决定》和《中共崇州市委关于坚持思想建党与制度治党紧密结合全面推进从严治党的决定》，部署2015年工作。

7日　锦江乡、济协乡创建省级生态乡镇工作通过省环保厅考核验收。

△　王场镇与成都远盛投资集团签订协议，合作共建莲花农业生态园项目。此系重庆路沿线首个“以资源变资本，实现生产要素自由流转”的投资项目。

△　羊马镇被四川省列为全省第三批“百镇建设行动”试点镇。

8日　四川省副省长黄彦蓉到崇州调研旅游产业发展情况。黄彦蓉强调，要将文化和旅游发展充分结合，打造具有崇州特色的旅游目的地。

9日　成都市委宣讲团成员、成都大学城乡协调发展研究中心副主任吴建瓴到崇州，专题宣讲党的十八届四中全会、省委十届五次全会和成都市委十二届四次全会精神。

11日　成都市委副书记、代市长唐良智到崇州督查成都市委经济工作会议精神落实情况。唐良智强调，要增强责任意识和竞争意识，打基础、谋长远，以新思维、新标准同步提升经济发展的“质”和“量”，切实增强推动成都发展的主动力。

△　首届巴蜀名镇联动年猪文化节暨第三届怀远年猪节在怀远镇藤编一条街开幕。年猪节联动重庆荣昌万灵古镇，增加了荣昌年猪祭祀文化。

12日　三郎镇群众工作办公室主任张远获评四川省“人民满意的公务员”。

13日　怀远镇何大路改建工程开工建设，标志着崇州市2015年农村公路改善工程正式启动。

14日　四川省李家岩水库工程项目建议书评估会在成都市举行。4月中旬，李家岩水库项目建议书获国家批复。

15日　市委印发《关于进一步从严教育管

理监督党员干部的十二条措施》。

△ 国务院副总理汪洋到崇州调研“转变农业发展方式”相关情况。汪洋要求：立足实际，以发展多种形式的适度规模经营为核心，以创新农业经营体系和转变生产组织方式为支撑，守住基本底线，加快转变农业发展方式，实现农业持续健康发展。

17日 国家级书画鉴赏大师单国强、国家博物馆鉴赏大师王中信到街子古镇参加古玩艺术品鉴赏活动。

19日 市群众信访接待中心投入使用，国土、人社、民政、房管等9个主要职能部门入驻中心。

20日 省经信委主任王海林到崇州调研轻工企业信息化发展情况。

21日 留守妇女阳光驿站项目在文井江镇万家社区启动。此系崇州市在关爱妇女工作中首次引进专业社工组织。

23日 成都市召开无线充电社区巴士商用示范线发布会，中兴新能源汽车有限责任公司与崇州市签订合作框架协议，计划在崇州投资新建无线大功率充电制造基地与物联网项目。

24日 崇州市与深圳中营都市设计公司签署城市发展战略合作协议。中营公司将在城市规划发展、全域整体发展战略、建设项目、主城区总体城市设计、招商引资等方面助力崇州发展。

27日 市委作出《关于坚持思想建党与制度治党紧密结合全面推进从严治党的决定》。该决定明确全面推进从严治党的重大意义和指导思想，要求：一、加强思想政治教育，坚定理想信念；二、坚持和健全民主集中制，严肃党内政治生活；三、落实从严从实要求，健全党员干部管理监督制度；四、持续深入改进作风，健全完善密切联系群众制度；五、深入推进党风廉政建设，着力构建“不敢腐、不能腐、不想腐”的制度机制；六、严明党的纪律，严格规范党内行为准则；七、落实管党治党责任，形成聚精会神抓党建工作格局。

△ 市委作出《关于贯彻落实党的十八届四中全会省委十届五次全会和成都市委十二届四次全会精神全面深入推进依法治市的决定》。该决定明确全面深入推进依法治市的重大意义、指导思想和目标任务，要求：一、大力推进依法执政；二、深入推进依法行政；三、切实保障司法公正；四、加强法治宣传教育；五、加快建设法治社会；六、加强法治工作队伍建设。

28日 保护国际基金会和四川鞍子河自然保护区在成都举行鞍子河保护地共同管理项目启动暨专家咨询委员会成立仪式，标志着四川首例保护地共管项目正式启动。

1月 中华全国供销合作总社公布2014年基层组织建设创建活动入选单位名单，崇州市元通供销社入选全国基层社标杆社，系成都地区唯一入选单位。

△ 省环保厅公布四川省“同呼吸，共奋斗”大气污染防治环保知识竞赛优秀组织单位和获奖个人名单，市环保局获组织奖，9名环保工作人员获个人奖。

△ 崇州市蜀城中学和观胜镇小学校被成都市环境保护局和成都市教育局联合命名为“成都市环境友好型学校”（原“绿色学校”）。

2月

2日 成都市人大常委会副主任李小新率成都市残联、成都银行、武侯区统筹局等单位负责人，到崇州市王场镇督查扶贫开发工作。

2—4日 应国家农发办的邀请，中央电视台新闻联播组专程到崇州市隆兴镇、白头镇拍摄粮食烘储中心建设运营情况，并就崇州市探索实践财政资金补助土地股份合作社形成资产股份量化改革省级试点工作进行专题采访。

3日 崇州市获评2014年全省“三农”工

作先进市。

3—6日 中央媒体深度聚焦崇州：新华社《经济参考报》、国务院发展研究中心《中国经济时报》以整版的形式深度报道崇州市历史文化底蕴、一二三产业发展成就以及“农业共营制”实践、电子信息产业发展势头和城市建设新貌。3日，《经济参考报》刊发《“农业共营制”终获一号文件支持》；4日，《经济参考报》以《走向全国的“农业共营制”》为题，整版报道崇州市创立的“农业共营制”，详细解读“农业共营制”的经营、运行模式，引发全国关注；5日，《经济参考报》用三个版面报道崇州，刊发《西川第一府 巴蜀小江南》《罨画崇州：一场留得住乡愁的旅行》《电子信息产业领航崇州工业实现跨越》；6日，《中国经济时报》以一个头版头条和两个整版的篇幅连发《解码四川崇州“农业共营制”》《“农业共营制”促进了崇州现代农业发展》《崇州“农业共营制”具有重要的改革意义》三文，解读崇州市“土地股份合作社+农业职业经理人+现代农业服务体系”三位一体的农业经营模式。

5日 省水利厅厅长冷刚、省农水局局长王华一行到崇州督查农村饮水安全工作完成情况。

△ 成都市政协副主席徐季桢到崇州市怀远镇二江村、天泉社区慰问困难群众。

6日 崇州市“走基层”践行党的群众路线优秀案例展演评选活动在市艺术中心举行，筛选出的12个优秀案例围绕社会主义核心价值观、创业创新、精准扶贫、增收致富等特色创新工作进行展演，展现了过去一年崇州市在基层宣传方面的丰硕成果。

9日 成都市副市长田蓉一行到燎原乡梓乐村、七洞村看望慰问困难群众。

△ 成都市委常委、秘书长黄建发率成都市级相关部门负责人到崇州看望慰问困难群众。

11日 崇州市获评2014年成都市落实党风廉政建设主体责任先进单位。

12日 成都市委常委、成都警备区政委竹中强到崇州慰问困难群众。

13日 成都市科技文化卫生“三下乡”暨百姓故事会巡讲活动走进街子镇高墩旅游小村。

△ 由《成都晚报》、“成都发布”“微成都”联合举办的“灯笼进社区”活动走进街子古镇。

26日 省林业厅、省委农工委、人行成都分行、四川监管局联合发出《关于开展林权抵押贷款改革试点的通知》，明确成都市崇州市、广元市朝天区、遂宁市蓬溪县、宜宾市宜宾县、巴中市巴州区等5县（市、区）为改革试点区。

27日 百度公司与崇州市政府签订战略合作协议，崇州成为与百度正式开展智慧城市战略合作的第一个国内城市。

△ 市委召开十二届七十四次常委会。市委书记赵浩宇要求全市上下迅速进入工作状态，聚焦项目促发展，全力推动招商引资和项目促建，确保实现一季度“开门红”。

28日 省科学技术协会党组书记、副主席吴凯一行到桤泉镇群安村余花龙门子调研新村建设成果。

△ 崇州市召开政府职能转变和机构改革动员部署会。此次机构改革将撤销、合并12个部门和事业单位，新组建6个部门和事业单位，更名3个部门，清理规范两个行政机构，对挂牌机构进行调整，不再设为实体机构，对一些部门的职能做出调整。改革后的政府工作部门将由28个减少到25个，政府派出机构3个，不再设置部门管理机构。

△ 市委、市政府制定《关于市政府职能转变和机构改革的实施意见》，全面启动和推进政府职能转变和机构改革工作。“意见”要点：1. 组建市卫生和计划生育局，将市卫生局的职责、市人口和计划生育局的计划生育管理和服务职责、市医院管理办公室的职责整合划入市卫生和计划生育局，不再保留市卫生局、市人

口和计划生育局、市医院管理办公室；2. 组建市市场监督管理局，将崇州工商行政管理局、崇州质量技术监督局、市食品药品监督管理局的职责整合划入市市场监督管理局，不再保留崇州工商行政管理局、崇州质量技术监督局、市食品药品监督管理；3. 组建市文化体育旅游局，将市文化体育广播电视和新闻出版局的职责、市林业和旅游发展局的旅游业行政管理职责整合划入市文化体育旅游局，不再保留市文化体育广播电视和新闻出版局；4. 将市城乡建设局更名为市住房和建设局，将市城乡房产管理局、市人民防空办公室的职责整合划入市住房和建设局，不再保留市城乡房产管理局；5. 将市经济和信息化局更名为市经济科技和信息化局，不再挂市科学技术和知识产权局牌子；6. 将市林业和旅游发展局的林业行政管理职责、市商务和投资促进局承担的生猪屠宰监督管理职责、市水务局承担的水产渔政监督管理职责划入市农村发展局，不再保留市林业和旅游发展局。

2月 成都小城镇建设工作领导小组对三郎镇、大划镇、三江镇和廖家镇2014年小城镇改造综合验收工作进行评估和通报，三郎镇获得成都市小城镇改造综合验收三等奖。

3月

1日 国务院发展研究中心学术委员会秘书长、国际局局长程国强率部分高校教授、学者和专家到崇州调研农业共营制，就农业共营制的可复制性和可持续性发展中的制度化、规范化、程序化、机制化等问题以及农业融资、专业化服务、职业经理人扶持等问题进行了分析和讨论。

3日 接成都军区命令，冯中力任崇州市人武部政委。

4日 经市政府第46次常务会议研究决定：兰正秋挂任崇州市人民政府市长助理；龚文敬挂任崇州市卫生和计划生育局副局长。挂职时间一年。

6日 2015四川花卉（果类）生态旅游节主会场暨第三届四川自驾赏花节在隆兴镇多禾寨开幕。

8日 崇州市政务服务中心被全国妇联授予全国“巾帼文明岗”称号。

10日 巴中市恩阳区副区长任平一行到桤泉镇群安村荷风水村调研新村建设成果。

12日 省政府研究室主任何树平一行到崇州调研农村改革工作。

16日 微软公司中国政府合作战略副总裁Sandy（桑迪·古普达）率考察团到崇州考察智慧城市建设和大数据产业发展。

17日 农业部党组成员、纪检组长宋建朝一行到崇州视察桤泉镇荷风水村“新荷人家”社工站，实地调研农集区社会工作。

18日 接中共成都市委文件（成委〔2015〕109、110、115号），欧昭任中共崇州市委委员、常委、副书记；提名欧昭为崇州市人民政府市长人选；免去高翔中共崇州市委副书记、常委、委员及崇州市人民政府市长职务。

19日 市委办公室、市政府办公室转发中共成都市委办公厅、成都市人民政府办公厅《关于进一步深化村级公共服务和社会管理改革的意见（试行）》。

20—21日 2015年中国成都第六届自行车车迷健身节（崇州站）暨第四届公路自行车精英赛在崇州白塔湖举行。

21日 崇州市第十二届龙门贡茶采摘文化节在文井江镇开幕。

22日 崇州市国家级非物质文化遗产“道明竹编”技能展示大赛在道明镇“丁知竹”竹编馆举行。

23日 省人社厅副厅长徐毅到崇州调研省级“专家服务基地”建设情况。

24日 省农业厅厅长任永昌率队到崇州调研农业农村工作。

△ 市委办公室、市政府办公室制定《关于2015—2017年村级组织活动场所“提档升级”建设工作的实施意见》。要求将全市112个村（社区）活动场所纳入“提档升级”建设任务，按三年计划两年完成的总体目标实施(2015年完成计划建设任务的70%，2016年全面完成建设任务)，以实现村（涉农社区）活动场所建筑面积不低于400平方米、城市社区活动场所建筑面积不低于300平方米的建设目标。

△ 市委发出《关于设立国资系统党工委、社会组织党工委的通知》。

30日 市委决定欧昭任崇州市人民政府党组书记，免去高翔崇州市人民政府党组书记职务。

△ 省政府副秘书长、省依法治省办副主任张晋川率省依法治省督查调研组到崇州督查调研依法治市工作。

中旬 成都市小城镇建设工作领导小组公布成都市第一批小城镇传统手工业名单，怀远镇藤编、道明镇竹编位列其中。

3月 崇州市支持驻崇州部队天然气拥军项目竣工，标志着部队告别蜂窝煤和液化气时代。

△ 崇州市两件作品荣获成都市第九届精神文明建设“五个一工程”奖。由街子民歌村创作的歌曲《梦圆中国》获得特别奖，作家杨虎创作的长篇小说《生路》荣获优秀作品奖。

4月

1日 省委常委、成都市委书记黄新初到崇州联系指导基层工作。黄新初要求：按照省委提出的“十个抓紧抓实”要求和成都市委相关部署，把重点精力用于发展产业，大力提倡“马上就办”工作精神，进一步抓好环境优化、要素保障、政策落实、排忧解难，真心实意支持企业发展，确保圆满实现经济社会发展目标。

2日 经崇州市第十七届人民代表大会常务委员会第二十次会议表决通过，欧昭任崇州市人民政府副市长、代理市长。

△ 成都市委常委、宣传部部长白刚到崇州调研文化产业项目工作。

△ 民建成都市委主委仰协率队到崇州调研乡村旅游发展工作。

△ 由市总工会、市人力资源和社会保障局、怀远镇共同主办的2015年成都百万职工技能大赛崇州赛区竞赛启动仪式暨藤编竞赛在怀远镇举行。

8日 崇州市崇阳街道、文井江镇、隆兴镇、公议乡分别与白玉县河坡乡、赠科乡、麻绒乡、安孜乡开展跨域结对共建活动。

8—10日 全国十大课改名校高效课堂精彩展示暨四川省课改名校名师现场献课活动在崇州举行，来自全国各省（直辖市）的1200多名教育工作者汇聚崇州。

11日 崇州市第十七届人民代表大会第五次会议上，欧昭高票当选为崇州市人民政府市长。

13日 邮储银行崇州支行将全省首宗林木（竹、果）抵押贷款授信于崇州华宇农业开发有限公司、崇州市永瑞农业有限公司、崇州市嘉宇农业开发有限公司。3家葡萄红提种植业主获得果权抵押贷款授信总额400万元。

14日 省政府政务服务管理办公室检查组到崇州检查村（社区）便民服务室建设情况。

△ 市委书记赵浩宇率队考察成都市科创通创新创业服务平台。

15日 成都传媒集团党委委员、副总编辑李科率队到崇州考察大数据产业。

16日 中国农业发展银行四川省分行行长张勇率队到崇州考察现代农业。

△ 成都市副市长刘守成率成都市发改、经信、国土等相关部门负责人到崇州调研一季

度重点项目推进情况。

△ 达州市宣汉县人大常委会主任张宗昭一行到桤泉镇考察学习人大代表在人大闭会期间的活动开展情况。

17日 市委书记赵浩宇和中国电信成都分公司总经理喻云华就崇州智慧城市建设、大数据产业发展和光网城市建设等工作进行深入交流并达成共识。

21日 成都市人民政府资政杨伟到鸡冠山小学校调研崇州教育。

△ 2015年村（社区）党组织书记、村（居）委会主任培训班开班。

△《中国房地产报》对崇州市智慧城市建设情况进行专访。

22日 西南财经大学中国西部经济研究中心专家学者到崇州市锦江乡调研农业共营制及农村基层组织建设协同创新工作。

23日 由成都汉美旺庭乡村旅游开发有限公司投资建设的汉美庄园国际时尚文化生态园区项目开工奠基仪式在桤泉镇群安村举行。项目占地300亩，计划投资1.2亿元，建设内容主要包括绿色有机作物种植园、中华文化大讲堂、旅游度假颐养小镇及配套的商业街。

△ 在第十三届中国国际软件合作洽谈会上，崇州市分别与微软（中国）有限公司、北京软件和信息服务交易所有限公司签订合作协议，将在大数据产业培训孵化、创业扶持、大数据交易、人才外包服务等领域开展合作，共同推进崇州大数据产业发展和智慧城市建设。

△ 中国农业发展银行总行客户部总经理李玉一行到桤泉镇余花龙门子调研川西林盘保护现状及乡村旅游情况。

24日 崇州市人力资源市场启动运行。

△ 崇州市与省政府驻厦门办事处签订投资促进合作协议，省政府驻厦门办事处将为崇州建立招商项目信息共享平台、推荐重大项目信息、举办项目推荐会、邀请企业赴崇州考察。

△ 由百度公司主办，崇州市与微软公司共同举办的第五届中国智慧城市高端沙龙在崇州市三郎镇举行。

25日 街子古镇与水磨古镇签订《共同推进旅游发展框架协议》，开启两地资源共享、互利共赢合作模式。

25—26日 崇州市举行崇汶两地青年“青春集结四月天激情飞扬越崇汶”主题活动。

27日 省委常委、成都市委书记黄新初到崇州市白头镇五星村调研指导新农村建设和精准扶贫工作。

28日 崇州市成为省社会主义学院基层协商研究基地。省委统战部副部长、社会主义学院党组书记刘仁勇为崇州市授牌。

30日 崇州市图书馆与四川文化传媒职业学院图书馆举行合作签约仪式，共同实施文化资源共享事宜。

△ 市委召开中心组理论学习（扩大）会，四川大学法学院宪法与行政法教研室主任、政府法治研究中心执行主任、博士生导师徐继敏教授作《行政诉讼法修改与依法行政》专题辅导。

△ 接中共成都市委文件（成委〔2015〕180号），张大伟任中共崇州市委委员、常委，免去熊千山中共崇州市委常委、委员职务。

5月

1日 崇州市与中央美术学院举行中央美术学院崇州教学实践基地合作签约暨授牌仪式。

4日 崇州市举行“奋进青春、建功崇州”青年创新创业发展座谈会，庆祝“五四”青年节。

5日 央视《焦点访谈》栏目再度聚焦崇州农业，以春耕为背景，从三大板块解码崇州农业共营制如何破解“谁来服务”的问题。

5—7日 CCTV“寻宝”栏目专家走进四

川·成都·街子古镇暨巴蜀古玩艺术品赛宝大会在街子古镇举行。

6日 省发改委网站发布消息，四川省成都市蜀州城市建设投资有限责任公司获国家发展改革委核准发行5亿元7年期固定利率企业债券，所筹资金将全部用于崇州市崇阳街道棚户区改造项目。

△ 国网四川省电力公司副总经理、国网成都供电公司总经理褚艳芳率队到崇州调研电力工作。

8日 成都警备区政委陈江率队到崇州调研梓潼镇城白村扶贫工作。

9日 全国供销合作总社党组成员、纪检组长佟宝君率队到崇州调研供销合作社综合改革工作。

12日 成都防震减灾科普教育基地崇州馆在街子古镇开馆试运行。崇州馆是西南地区首个专业的防震减灾科普教育基地。

△ 市委书记赵浩宇率队赴江苏省昆山市考察先捷精密电子有限公司。崇州市与先捷公司签订投资合作协议，先捷公司将在崇州投资1亿元建厂，为电子信息产业生产配套产品。

13日 崇州市与江苏省昆山市冠亿精密工业（昆山）有限公司签订投资合作协议。

△ 锦江乡、济协乡通过国家级生态乡镇技术评估。全市25个乡镇（街道）实现国家级生态乡镇全覆盖。

15日 崇州市上银村镇银行在隆兴镇黎坝村举行农村土地经营权抵押贷款签约仪式，发放全市首宗土地经营权抵押贷款。

19日 中央电视台“焦点访谈”栏目以《田间地头新鲜事》为题，对崇州市农业共营制持续发展情况进行报道。

20日 中央电视台7套“农广田地”栏目播出专题片《柚子园里的秘密——鸡蚓果草循环农业模式》，报道崇州市土而奇农庄鸡蚓果草循环农业模式。

△ 崇州市新闻中心、成都市广播电视台、前进歌舞团共同举办的中国（崇州）七夕音乐周首届原创情歌音乐节在成都电视台第二频道演播厅举行新闻发布。

21日 接中共成都纪委文件（成纪干〔2015〕32号），市委同意侯仁国任中共崇州市纪委委员、常委；免去宁志俊中共崇州市纪委常委职务。

22日 市委召开的十二届七十八次常委会，会前组织学习《中国人民共和国宪法》，启动市委常委会会前学法活动。

24日 泰国那黎宣大学校长 Prof. Dr. Sujin. Jinahyon一行到崇州参观考察成都聚源养老中心。

25日 崇州市迈入全光网时代，成为四川首批“光网城市”。崇州市建成全省首批“光网城市”暨“百兆宽带惠民工程”启动仪式在中国电信崇州分公司崇阳交换局举行。

26日 成都市政协主席唐川平到崇州调研贯彻落实成都市委经济工作分析会议精神情况和政协工作开展情况。

△ 省委农村工作委员会副主任杨新元带队到崇州调研农村改革工作。

△ 崇州市与中国交建第一公路工程局对接沟通新型城镇化项目推进情况。

27日 市委办公室印发《崇州市开展“三严三实”专题教育工作方案》。

△ 成都市委副书记邓修明到崇州视察“四改六治理”工作。

△ 在银乡村战略合作签约暨放款仪式上，浙江民泰商业银行与集贤乡、集贤乡梁景村分别签订贷款合作协议。

28日 省政府副秘书长罗治平率省委、省政府督查组到崇州综合督查调研崇州市贯彻落实稳增长政策措施落实情况。

△ 市委常委会审议通过《中共崇州市委常委带头开展“三严三实”专题教育实施方

案》。

29 日　崇州市召开“三严三实”专题教育工作座谈会，深入学习贯彻习近平总书记系列讲话精神和中央、省、成都市“三严三实”专题教育工作座谈会精神，部署全市副局级以上干部“三严三实”专题教育活动。

30 日　崇州市召开“三严三实”专题教育具体工作安排会，市委常委、组织部部长牟家忠对全市“三严三实”专题教育作具体安排。

6 月

1 日　市委、市政府制定《关于 2015 年度“项目攻坚行动”工作的实施意见》。该意见要求：一、全力推动工业加快升级；二、加快都市农业发展；三、加快发展高端现代服务业；四、加快基础设施建设步伐。

△　市委、市政府制定《关于加大改革创新力度开创“三农”工作新局面的意见》。该意见要求：一、深化农业农村改革，增添农业农村发展活力；二、推进农业转型升级发展，促进农业发展方式转变；三、加大农村廉租房建设力度，促进幸福美丽新村建设；四、强化落实强农惠农政策，促进农民持续稳定增收；五、加强农业农村法治建设，促进农村和谐繁荣发展。

2 日　成都市兴蓉集团党委书记、董事长杨光一行到崇州考察李家岩水库项目推进情况。

3 日　崇州市大学生创业培训启动仪式在四川水利职业技术学院举行。

△　崇州市启动 2015 年民生工程宣传月活动，计划全年全市将自主实施阳光爱心助学、关爱拯救行动、站起来行动、建设户外劳动者“十五分钟之家”等 26 件民生实事。

4 日　崇州市召开李家岩水库工程项目推进工作领导小组会议，安排李家岩水库工程项目工作，李家岩水库项目正式启动。

5 日　崇州经开区获评四川省信息安全产业示范园区。

9 日　市委办公室、市政府办公室印发《崇州市农村土地承包经营权流转管理试验方案》《崇州市深化集体林权制度改革实验方案》《崇州市加强农民合作社党组织建设改革试验方案》《崇州市农民集中居住区村民自治改革试点方案》《崇州市人民政府关于深化小型水利工程管理体制改革的实施意见》《桤泉镇行政管理体制改革试点工作实施方案》《关于深化完善羊马镇行政管理体制改革试点工作的意见》。

△　集贤乡山泉村 4 组骏景泥鳅养殖农业专业合作社领到崇州市首宗水面经营权证“成都市农村养殖水面经营权证”。

10 日　农工党四川省委会副主委、成都市委会主委、成都市政协副主席候一平率队到崇州，与崇州市就开展智慧医疗项目进行座谈，共谋崇州市“智慧医疗”项目建设。侯一平向怀远镇公立卫生院授“农崇医疗医院”牌子，农工党成都市委会帮扶崇州市医疗卫生活动正式启动。

△　崇州市联合中国电信成都分公司分别在中国西部信息中心和崇州 IPC（智慧处理中心）挂牌成立中国西部信息中心“崇州专区”和“创新创业孵化示范基地”。

△　巴中市恩阳区区委书记梁津华率党政考察团到桤泉镇群安村考察调研新农村建设。

△　接中共成都市委文件（成委〔2015〕248 号），廖冬雪任中共崇州市委委员、常委，免去刘嘉聪中共崇州市委常委、委员职务。26 日，市委决定廖冬雪任中共崇州市委宣传部部长、崇州市文学艺术界联合会主席；免去刘嘉聪中共崇州市委宣传部部长、崇州市文学艺术界联合会主席职务。

11 日　市委办公室、市政府办公室发出《关于印发〈崇州市智慧城市建设顶层设计〉的通知》。《崇州市智慧城市建设顶层设计》以崇州市与城乡住房建设部、四川省住建厅签订的任务书为基础，以崇州市社会经济发展现状为依据，旨在明确崇州市智慧城市建设工作的指导思想、建设目标和建设路线。

△ 成都市城乡房产管理局局长、党组书记何立祥到崇州调研棚户区改造工作。

△ 崇州市2015年投资项目集中签约暨开工典礼在崇州经开区举行，总投资83亿元的20个重点项目集中签约开工。

16日 华南农业大学经济管理学院院长、教育部长江学者罗必良，国务院发展研究中心学术委员会秘书长、国际合作局局长程国强到崇州调研现代农业发展情况，并就农业共营制、新型农业经营体系、加快推进现代农业发展等进行座谈。

17日 市委办公室、市政府办公室发出《关于成立李家岩水库工程项目推进工作指挥部的通知》。

19日 崇州市创建全国休闲农业与乡村旅游示范市接受成都市初检。

△ 崇州市启动2015年城乡居民小额人身保险工作

△ 崇州市首批特色农产品燎原宝石梨实现挂网销售，崇州农特产品正式走入O2O销售时代。

△ 崇州市发放全省首宗“互助合作社”林地经营权抵押贷款，为以种植、养殖业个体户为主的经营户解决贷款难题提供新“范本”。

23日 市委常委、统战部部长郑继良率友城代表团访问友好关系城市——马来西亚砂拉越州古晋南市。25日，代表团与古晋中华工商总会座谈交流，签订《中华人民共和国四川省崇州市工商业联合会（总商会）与马来西亚砂拉越州古晋中华工商总会友好合作协议书》。

△ 四川文化传媒职业学院与文井江镇签订产学研结合服务地方文化建设合作协议。

24日 市委制定《关于深入推进党风廉政建设和反腐败斗争建立健全不敢腐不能腐不想腐制度机制的实施办法》。

△ 宜宾市翠屏区副区长廖霆率队到街子古镇参观考察。

△ 接中共成都市委组织部文件（成组干〔2015〕129号），市委同意叶志俊挂任崇州市人民政府市长助理时间延长1年，挂职时间从2015年5月至2016年5月。

25日 市委全面深化改革领导小组召开第五次会议，传达学习中央深改组第十三次会议、省委深改组第七次会议、成都市委深改组第六次会议精神。

△ 民政部区划地名司地名管理处处长徐怀好一行到街子镇调研古镇文化保护工作。

29日 市委办公室印发《关于强化监督检查深入推进正风肃纪常态化坚决纠正“四风”的实施意见》。

△ 以“感悟红色文化、提升党性修养”为主题的崇州市首届优秀公务员培训班开班。

30日 市委副书记、市长欧昭率队到深圳裕同包装科技股份有限公司参观考察。

6月 成都市小城镇建设工作领导小组公布成都市新启动12个小城市建设示范镇名单，怀远镇位列其中。怀远镇是崇州市继羊马镇后第二个入选成都市小城市建设示范镇的乡镇。

7月

3日 市人大常委会主任柳宁到市住建局调研重点项目开展情况。

△ 崇州市召开解决发生在群众身边的“四风”和腐败问题工作部署会。市委常委、市纪委书记陈波要求：要严格落实党风廉政建设主体责任和监督责任，切实解决发生在群众身边的“四风”和腐败问题。

△ 市委书记赵浩宇，市委副书记、市长欧昭调研智慧城市建设和大数据产业发展情况。

赵浩宇、欧昭要求：全市上下要发扬艰苦奋斗精神，全力干事创业，狠抓项目落地，以智慧城市建设和大数据产业发展为抓手，促进崇州经济发展和城市品质提升，让群众早日享受智慧城市便捷。

5 日　崇州市“西蜀粮仓·崇州味道”农产品 O2O 销售平台开通，农产品特色馆体验店街子古镇店开馆。稻虾藕遇生态大米、五星老油坊黄菜油、千年枇杷茶、宝石梨等产品均能在“西蜀粮仓·崇州味道”（www.czxslc.com）网页实现在线购买。

6 日　全国人大农委副主任委员欧广源率队到崇州检查现代农业发展情况。欧广源认为：崇州的农村共营制模式为全国农业的发展找到了一个方向，值得肯定。

△　省民政厅副厅长刘家鹏一行到崇州督查养老服务业发展情况。

7 日　崇州市召开专题讨论会，学习贯彻省委书记王东明在省委十届六次全会第一次全体会议上的重要讲话精神，研究讨论崇州市扶贫工作。

8 日　中国农业发展银行总行行长助理朱远洋到崇州调研 10 万亩粮食高产稳产高效综合示范区项目及农村土地流转贷款工作。朱远洋提出：政策性银行要积极参与到农业现代化建设中，与地方政府加强交流，切实解决农业融资难、融资贵问题，走出一条现代化的农业道路。

10 日　崇州市召开推进依法行政和“大众创业万众创新”“互联网＋”工作会，贯彻落实省、成都市简政放权、“大众创业、万众创新”和“互联网＋”电视电话会议精神，部署崇州市简政放权、“大众创业、万众创新”和“互联网＋”工作。

11 日　中央党校党建部教授、博士生导师梁妍惠，中央党校讲师孙林、陶元浩，中国民生研究院研究员王艳红，西南财大教授贾晋，四川省委党校讲师储连伟，以及成都市委组织部相关负责人到崇州调研农村合作社党建工作。

12 日　“荷风水村大家庭公约”墙落成仪式和公共社区服务项目签约仪式暨首届荷塘音乐开幕式之广场舞嘉年华在桤泉镇荷风水村开幕。四川电视台、《四川日报》《四川农村日报》《成都晚报》、央广网、崇州电视台、《今日崇州》和崇州公众信息网等多家媒体采访报道，网易、西藏网、志愿者网、四川文明网等多家媒体相继转发报道。

13 日　市委中心组举行“严以修身”专题辅导报告会，成都市委党校马克思主义理论部副主任、法学博士郭祎受邀作题为《自觉严以修身提升工作能力》的专题报告。

15 日　成都工投集团党委书记、董事长石磊，兴蓉集团党委书记、董事长杨光带队到崇州考察，与崇州市就明湖商务区、大数据产业园、李家岩水库等项目合作进行洽谈。

16 日　省委常委、成都市委书记黄新初到崇州调研都市现代农业发展情况。

18 日　崇州市农村电子商务运营服务中心启动暨首期农村电子商务、农业职业经理人培训开班仪式在元通镇举行。

23 日　市委发出《关于成立中共崇州市委非公有制经济组织和社会组织工作委员会的通知》。同日，市委办公室发出《关于市委非公有制经济组织和社会组织工作委员会组成人员的通知》，工作委员会书记由市委常委、组织部部长牟家忠担任，副书记由市委组织部副部长李铭剑担任，委员分别为相关单位分管负责人。

△　崇州市召开选派机关优秀干部到村（社区）任第一书记工作会。7 月起，将从市级各单位选派优秀干部 31 人到各乡镇（街道）党组织软弱涣散村（社区）担任第一书记，为期半年。

△　国家质量监督检验检疫总局法规司司长许新建到崇州调研质监体制改革情况。

24 日　参加全国加快转变农业生产方式现

场会的来自农业部及全国20个省（区、市）分管农业的负责人到崇州参观白头镇新村建设和五星村土地股份合作社农业服务中心。

25日 中央电视台“新闻联播”以《我国加快转变农业发展方式》为题报道崇州市土地股份合作社和农业经营模式。

27日 省纪委副书记郑东风一行到崇州调研督导贯彻落实全省解决发生在群众身边的“四风”和腐败问题工作视频会议精神情况。

28日 民政部规划财务司副巡视员刘健、基建处处长缪丽一行到崇州调研养老服务设施、省复员退伍军人医院养老项目建设、公共服务和社区活动场所建设工作。

△ 省国土资源厅副厅长王平一行到崇州视察闲置土地清理整改情况。

△ 成都市政协副主席戴晓雁率队到崇州开展“促进工业平稳增长”民主监督。

△ 市委书记赵浩宇调研纪检监察工作。赵浩宇围绕当前党风廉政建设和反腐败斗争的新形势、新任务，就如何进一步巩固思想认识、加强队伍建设、落实监督责任、提升工作质效等问题，与纪检监察干部进行深入交流，并勉励大家坚守使命、勇于担当，为营造风清气正的政治生态和社会环境不懈奋斗。

29日 市委书记赵浩宇，市委副书记、市长欧昭调研羊马新城建设推进情况。

30日 崇州市邀请著名军事专家、国防大学教授张召忠作《当前国际形势与中国战略机遇》专题报告。

△ 市委副书记、市长欧昭调研交通工作，要求加快进度，促进交通建设工作更上新台阶。

31日 崇州市召开成都市委党风廉政建设专项巡察工作汇报会。成都市委党风廉政建设第四巡察组组长杨海燕就即将开展的巡察工作进行安排部署。

△ 崇州市“互联网＋”众创空间创新创业项目第二期路演活动在市经开区举行。

8月

3日 成都市委常委、组织部部长胡元坤到崇州调研“三严三实”专题教育和基层党建工作开展情况。

5日 市委副书记、市长欧昭调研经开区，要求传统产业企业把握“互联网＋”发展机遇，加快转型升级步伐。

6日 市委书记赵浩宇调研市委宣传部，要求宣传工作要对内凝聚人心，对外塑造城市品牌，更好发挥党的喉舌作用。

7日 市委副书记、市长欧昭到市人民医院检查征兵体检工作。欧昭强调：要严格按照各项要求，把忠诚可靠、素质过硬的青年送去部队。

8日 成都市农村新型领域基层党组织建设研讨会在崇州举行，中国社会科学院、农业部农村经济研究中心、中央党校党建研究部、中组部党建研究所等单位10余名专家学者把脉、研判崇州市探索的农业共营制和农村土地股份合作社党组织建设情况。

12日 市委书记赵浩宇，市委副书记、市长欧昭调研智慧城市建设和大数据产业发展，要求全力破解发展难题，加快推进项目促建，推动智慧城市建设和大数据产业发展取得新实效。

13日 省政协、省发改委、省国土厅、省民政厅等单位组成的调研组由省政协地联委主任陈芳带队到崇州专题调研公建民营养老机构成都聚源养老中心。

14日 街子古镇景区管理局与百度联合建设运营的“@崇州街子古镇”百度直达号上线。

△ 崇州市召开落实企业安全生产主体责任三年行动工作大会。市领导赵浩宇、欧昭要求：筑牢防线，严格监管，严格整改，确保各项安全生产措施落实到位。

△ 崇州市精神卫生中心在四川省复员退伍军人医院挂牌成立。

18日 成都市政协常务副主席徐季桢率部分政协委员、企业家到怀远镇督查扶贫开发工作，为怀远镇贫困村（社区）脱贫奔小康出谋划策。

19日 由国家安全监管总局安全生产监察专员杨国顺率队的国务院安委会第十四督查组到崇州检查粉尘防爆情况。

20日 崇州市与大连万达商业地产公司签约，总投资约20亿元、建筑面积约9.5万平方米的国际化城市综合体崇州万达广场项目正式落地。

△ 省委、省政府、省军区联合发出《关于命名表彰四川省双拥模范城（县、区）和双拥模范的决定》，崇州市再次荣获四川省双拥模范城称号。自1992年起，崇州市已连续七届获此殊荣。

△ 市委召开中心组专题教育会和十二届83次常委会。市委中心组成员开展了“严以律己”专题学习；与会人员听取了省委党校教授王凡所作的《践行三严三实重在严以律己》讲座，观看了党史教育专题片《信仰》之“时代先锋行”。会议审议通过了《关于结合“三严三实”专题教育深入推进全市党风廉政建设和反腐败宣传教育工作方案（审议稿）》；学习贯彻了《成都市党风廉政建设责任追究方法（试行）》；研究了进一步推进解决群众身边“四风”和腐败问题相关工作；传达学习了成都市“三严三实”专题教育和领导班子思想政治建设工作推进会精神；通报了崇州市“三严三实”专题教育工作推进情况。

△ 省农业厅、农科院在崇州召开优质杂交水稻川优6203示范推广现场会。

23日 崇州市被确定为2015年省级现代农业生产发展项目建设县。

25日 省商务厅厅长谢开华率队到崇州调研商务工作和捷普项目。

26日 崇州市召开第十七届人大常委会第二十三次会议。会议听取和审议了市人民政府关于崇州市2014年财政决算的报告；听取和审议了市人民政府贯彻执行中华人民共和国预算法情况的报告；听取和审议了市人民政府关于贯彻落实中华人民共和国审计法情况的报告；听取和审议了市人民政府关于贯彻实施中华人民共和国非物质文化遗产法的情况汇报。

△ 市委书记赵浩宇，市委副书记、市长欧昭率队调研南部新城建设进度。赵浩宇、欧昭要求：坚持建设标准，严格建筑质量，倒排工期，加快建设，确保南部新城建设年底见成效。

28日 中共崇州市委召开十二届七次全会，学习贯彻习近平总书记扶贫开发重要讲话精神、省委十届六次全会精神、成都市委十二届五次全会精神，研究部署崇州市新阶段扶贫开发及今后一个时期经济发展工作；审议通过《中共崇州市委关于加快推进城乡扶贫开发率先全面建成小康社会的实施意见》。

△ 崇州市召开“三严三实”专题教育和领导班子思想政治建设工作推进会，贯彻落实各级党委的最新精神，进一步明确工作重点和要求，落实工作责任和举措。

29日 全省首个大数据产业创投基金——四川新同德大数据产业创投基金成立。成都市委副书记、市长唐良智出席成都“创业天府·菁蓉汇”崇州大数据专场。

△ 电子科大、天府通、延华智能、博大光通、五舟科技、艾泽瑞云等12家企业和单位与崇州市签约入驻大数据产业园。

8月 崇州市1.2万平方米IPC枢纽大楼（智慧处理中心）建成投用。

△ 崇州市制定《崇州市党员干部行为规范（试行）》，引导党员干部践行“三严三实”要求，树立党员“为民务实清廉”的良好形象，

推动加快形成风清气正、崇严尚实、干事创业、遵纪守法的良好政治生态。

9月

2日 成都现代渔业稻田综合种养现场会在崇州召开，会议代表参观了崇州市隆兴镇黎坝村稻田综合种养现场。崇州市作大会经验交流发言。

△ 崇州市为秦锡安、阴保清、薛同华、王合德、隋汉高、张子华等抗战老兵发放中国人民抗日战争胜利70周年纪念章；为杨仲春、张水娇、吴绍光、沈安流、杨功久、张景渠、王清云等抗战老兵发放中国人民抗日战争胜利70周年纪念章和一次性生活补助金。

△ 市委党史研究室（市地方志办公室）、市政协文史和学习委员会、市档案局联合编纂出版《崇州抗战烽火的记忆》。

3日 中国人民抗日战争暨世界反法西斯战争胜利70周年纪念大会在北京天安门广场隆重举行。崇州籍将军唐建明领队的高机动突击车方队接受检阅。崇州籍女飞行员余旭驾驶战斗机接受检阅。

6日 全省深化“法律进学校”暨校园核心价值观建设电视电话会在成都召开。崇州市在崇州分会场收听收看。

8日 全国人大常委会委员、人大农业与农村委员会副主任委员陈光国率调研组到崇州专题调研农民专业合作社法修改问题。

9日 崇州市召开庆祝第31个教师节座谈会，表彰一批优秀教育工作者。

△ 市委书记赵浩宇率国土、统计、消防等部门负责人到经开区走访企业，了解其生产经营状况。

10日 市委制定《关于加快推进城乡扶贫开发率先全面建成小康社会的实施意见》，要求：一、以高度政治使命感，率先高标准完成扶贫开发任务；二、瞄准相对贫困户，分类施策精准减少城乡相对贫困；三、聚焦相对贫困村，整体推进幸福美丽新村建设；四、创新体制机制，构建精准扶贫开发长效机制。

11日 崇州市召开学习贯彻省、成都市全委会精神宣讲报告会，邀请成都市委党校纪检组长、校委会委员、四川大学客座教授杨玉华博士作专题辅导报告。

△ 崇州市航天水稻新品种规范化高产示范项目通过省农业厅验收。

16日 接中共成都市委文件（成委〔2015〕392号）通知，市委同意提名赵卫东、肖瑶为崇州市人民政府副市长人选；免去刘荣华、王峻昆崇州市人民政府副市长职务。

△ 接中共成都市委文件（成委〔2015〕393号）通知，王峻昆任中共崇州市委常委；免去刘荣华中共崇州市委常委、委员职务。

18日 市委书记赵浩宇率队调研白头镇三洞村城乡环境和扶贫工作。赵浩宇提出：镇村干部要为群众持续增收努力工作。

△ 市委书记赵浩宇在五星村作扶贫开发宣讲，详细介绍了中央、省、成都市对扶贫开发工作的部署和要求，并就五星村下一步如何发展和群众代表进行了沟通交流。

22日 省委书记王东明率代表团访问位于美国西雅图的微软公司总部。四川省与微软中国签署战略合作备忘录，崇州智慧城市建设进入微软与四川合作的“盘子”。

△ 由四川省农业厅农产品质量安全监管处组成的创建四川省农产品质量安全示范县和国家农产品质量安全县验收检查小组到怀远镇、三江镇检查农产品质量安全工作。

23日 成都市人大常委会副主任李小新到王场镇调研扶贫开发工作。

△ 第八届中国创意农业发展论坛在崇州市文井江镇举行。成都农村电子商务协会与文井江镇联合共建崇州市第一个农村电商产业园

和网商学院，同日举行授牌仪式。

△　成都市教育局在梠泉镇思源学校召开名校进县城托管到乡镇现场会暨区域教育联盟发展工作推进会。

24日　成都市副市长田蓉到燎原乡七洞村开展省委、市委全会精神暨扶贫工作宣讲。

25日　成都市委常委、警备区政委罗相水带队到崇州宣讲省委十届六次全会、成都市委十二届五次全会精神。

26日　2015首届成都（崇州）街子古镇半程马拉松比赛在街子举行。

27日　“崇州市乙未秋祭孔暨学生冠礼”活动在州文庙隆重举行。

28日　省委常委、成都市委书记黄新初到文井江镇大坪村宣讲省委十届六次全会和成都市委十二届五次全会精神，调研督导扶贫开发工作。

29日　民政部基层政权和社区建设司司长徐立一行到崇州调研乡镇服务型政府工作。

△　崇州市老年大学被省人力资源社会保障厅、省老龄工作委员会表彰为四川省敬老爱老助老活动先进集体。

30日　值国家第二个烈士纪念日，崇州市在烈士陵园举行烈士公祭活动。

△　蜀城中学举行20周年校庆庆典。

10月

1—7日　崇州市接待游客82.95万人次，同比增长11.94%，实现综合旅游收入19658.55万元，同比增长62.84%。

8日　市委办公室发出《关于进一步加强和改进党委（党组）中心组学习的实施意见》。要求：一、全面把握党委（党组）中心组学习的重点内容；二、着力健全党委（党组）中心组学习的制度体系；三、不断改进党委（党组）中心组学习的方式方法；四、切实加强党委（党组）中心组学习的组织领导。

9日　市委副书记、市长欧昭到白头镇三洞村宣讲中央、省委、成都市委及崇州市扶贫开发工作精神。

10日　市委书记赵浩宇，市委副书记、市长欧昭率队调研位于都江堰滨河新区的成都万达文化旅游城，并与都江堰市商谈区域旅游合作事宜。

△　省司法厅副厅长姚正奇率省安全生产大检查整治督查组到崇州检查安全生产工作。

13日　根据崇州市人民政府市长欧昭提名，经崇州市第十七届人民代表大会常务委员会第二十五次会议表决通过，决定任命赵卫东、肖瑶为崇州市人民政府副市长。

14日　芬兰康芬戴斯（Confidex）集团董事长柳骅和CEC集团中电六所智能系统有限公司总经理赵晴到崇州考察工业项目建设和园区建设，并与崇州市洽谈无源RFID电子标签项目等合作事宜。

15日　市教育局与在线教育企业猿题库达成战略合作，将猿题库的大数据运用到教学中，实现信息化与教学的深度融合。

△　崇州市在掌上明珠家具公司举行“中国梦·劳动美”2015年劳动模范、崇州好职工事迹展示活动。10名2015年度“崇州好职工”、29名2009—2013年度省和成都市劳动模范及模范单位受到表彰。

16日　民建四川省委副主委、成都市委主委、成都市人大常委会副主任仰协率民建成都市委企工委委员、专家学者和企业家到崇州考察智慧城市、电子信息、现代农业和养老产业，深化“建崇合作”。

△　崇州市与成都传媒集团签订街子古镇鸾飞凤舞景区建设战略合作协议。

19日　崇州市举办2015年“全国大众创业万众创新活动周”百项成果进园区暨创新项目崇州推介会。

20日 市委书记赵浩宇，市委副书记、市长欧昭率队调研元通古镇。赵浩宇、欧昭要求：加快工程建设进度，倒排时间节点、全力以赴做好各项迎检工作，确保通过AAAA级旅游景区创建验收。

21日 崇州市在大数据产业园召开“蓉漂茶叙”座谈会。市委副书记、市长欧昭与创新创业孵化器的运营管理负责人、创业企业代表和有关融资机构负责人共商创新创业工作。

22日 全国供销合作总社经济发展与改革部副巡视员栾海波率调研组到崇州专题调研土地托管试点项目推进情况。

△ 市委书记赵浩宇，市委副书记、市长欧昭率党政代表团到邛崃市考察幸福美丽新村建设和旅游产业发展。

23日 崇州市委书记赵浩宇率队赴杭州考察阿里巴巴集团，与该集团就云计算、大数据、电子商务、支付宝、“创客+”等领域的合作进行深入交流。

△ 世界性连锁企业沃尔玛公司与崇州市唐人街项目举行签约仪式。沃尔玛正式落户崇州。

△ 崇州市召开党外代表人士建言献策反馈会，相关部门及单位就党外人士为崇州市发展所提意见建议的办理情况进行反馈。

26日 汶川县委副书记、县长旺娜带队到崇州考察汶崇路项目，并参加两地项目推进联席会。

27日 在四川省老年大学（学校）第三轮评估定级中，崇州市老年大学被认定为A级老年大学（学校）。

△ 三位英国校长考察崇州教育，与七一实验小学、崇庆中学实验学校、蜀南小学校签订合作协议，结成友好学校。

28日 崇州市召开大数据专题辅导会议，电子科技大学大数据研究中心主任周涛教授作专题辅导。

28日、30日 市委中心组举行“严以用权”专题学习会。会议围绕“严以用权，实实在在谋事创业做人，做到敢于担当、奋发有为”主题，集中学习如何坚持用权为民，自觉遵守宪法法律和党的纪律等内容，并结合思想和工作实际开展研讨和交流。

29日 市委召开全面深化改革领导小组第六次会议，学习习近平总书记在中央全面深化改革领导小组第十四、十五、十六、十七次会议上的重要讲话精神及四川省、成都市相关会议精神，听取崇州市深化改革工作汇报，审议深化改革工作方案。

30日 市委中心组召开“学党章、守纪律、讲规矩”专题辅导会。市委书记赵浩宇围绕如何学习遵守维护党章，怎样做到“守纪律讲规矩”作专题辅导报告。

10月中旬 三郎镇凤鸣村、文井江镇大坪村被命名为成都市历史文化名村。

11月

11月起 崇州市城乡居民最低生活保障标准由家庭月人均收入400元提高到450元。

2日 贵州省赫章县政协主席李丽华一行到街子古镇考察景区建设管理工作。

3日 省发展和改革委员会党组成员、以工代赈办主任邓长金一行到崇州调研大数据发展统筹规划和整体推进情况，以及在推进“互联网+”、众筹等方面工作的经验和做法。

4日 崇州市举行城市规划理论与运用专题辅导报告会，市长助理兰正秋作《城市规划理论与运用》专题辅导。

△ 央视“朝闻天下”关注崇州市人民医院分级诊疗试点工作。

△ 崇州市召开会议，传达学习党的十八届五中全会精神，研究部署崇州市贯彻落实工作。市委书记赵浩宇要求：全市上下要切实把

思想和行动统一到中央决策部署上来，不断增强贯彻落实的自觉性、坚定性，深入实施“七大行动”，积极投身协调推进“四个全面”战略布局崇州实践，确保与成都市同步全面建成小康社会。

△ 市委书记赵浩宇，市委副书记、市长欧昭率党政代表团赴蒲江县考察幸福美丽新村建设和现代农业发展工作。

5日 成都市规划系统2015年第三次规划管理工作现场会在崇州召开。

6日 成都市副市长刘守成率成都市发改委、经信委、商务委、投促委等部门到崇州督查成都市下达的各项目标任务完成情况。

9日 市委办公室印发《关于健全“三重一大”事项决策机制的实施办法》。“三重一大”：重大决策、重要人事任免、重大项目安排、大额度资金使用。

△ 崇州市举行崇州大数据产业创新联盟成立大会暨大数据共享创新产业发展论坛。成都勤智数码、崇信大数据公司、中兴智慧成都有限公司等14家企业，共同发起成立崇州大数据产业创新联盟；中国网安、四川久鑫景泰科技公司等6家大数据企业现场签约落户崇州。崇州大数据产业创新联盟公开发布崇州现阶段大数据产业综合指数为427，表明崇州市大数据产业属于刚刚起步阶段。省经信委副主任王文胜，市领导赵浩宇、欧昭等参加会议。

10日 市委书记赵浩宇，市委副书记、市长欧昭率队调研元通古镇创建国家AAAA级旅游景区工作。

11日 市委副书记、市长欧昭率队调研全市闲置土地整改情况。欧昭要求相关部门和乡镇（街道）扎实抓好对企业的服务工作，加快项目建设进度。

17日 国家土地督察成都局专员刘建伟一行到崇州督察闲置土地处置整改工作。

△ 市委副书记、市长欧昭调研“三无院落”整治和网格化管理工作。

18日 市委副书记、市长欧昭率新型城镇化建设指挥部、住建、规划等部门负责人调研南部新城建设。欧昭要求：坚持建设标准，严格建筑质量，倒排工期，加快进度，让南部新城建设早日见成效。

19日 中央国家机关工委法制教育中心培训一处处长张浩带队到崇州调研机关党建工作。

△ “中国美丽乡村论坛”参会代表到桤泉镇余花龙门子、白头镇五星村实地调研。

20日 崇州市举行学习贯彻中央统战工作会议和《中国共产党统一战线工作条例》精神专题辅导报告会，省委统战部副部长王斌元应邀作专题辅导。

△ 崇州市召开深化“三严三实”专题教育着力解决基层干部不作为乱作为等损害群众利益问题专题工作会。

△ 崇州市召开“走基层”活动工作推进会，贯彻落实省委和成都市委精神，部署新一轮“走基层”活动。

22日 崇州市旅游发展指挥部、中国老年医学学会、成都市圣沅乐康投资管理公司达成深度合作协议。协议约定，三方共同把街子古镇打造成全国知名颐养小镇、国际康养休闲文化旅游基地；把“中国青城国际颐养中心”建设成为国家级社会养老示范单位。

23—24日 由国家林业局森林公园管理办公室处长余晖、北京大学校长夏正楷、中科院昆明研究所研究员朱华、四川省森林公园管理办公室主任蒋大勇等组成的考察组到崇州现场考察，就设立鸡冠山国家级森林公园一事进行科学评估。

24日 白玉县县委书记康光友率队到崇州，就“十三五”期间继续深化对口援助工作进行商讨和对接。

△ 全省“四大片区”生态旅游扶贫开发培训班在崇州开班。省农工委副主任刘铁、省

林业厅副厅长降初参加开班仪式。

△ 国家林业局、省林业厅、成都市林业局专家组到三郎镇九龙沟（六顶山）景区考察。

△ 省残联九运办主任孟晓星一行到燎原乡安顺社区走访看望困难残疾人。

25 **日** 元通古镇创建国家AAAA级景区通过专家组验收。

△ 在全省国税系统第二届“赛技能·比业绩·争先进”工作竞赛中，崇州市国税局陈锐经过全员工作业绩亮晒、逐级业务技能竞赛和综合评定先进等环节，取得全省国税系统综合成绩第一名的佳绩，荣获四川省五一劳动奖章。

12 月

3 **日** 崇州市举行学习贯彻党的十八届五中全会和省委十届七次全会精神宣讲报告会。省委宣讲团成员、省发改委主任唐利民作宣讲报告，

△ 由雅安市荥经县、市科协、市农发局等部门领导及相关专家组成的考察团到怀远镇富强村参观枇杷茶产业园。

△ 崇州市民政局通过四川省文明单位复查。

△ 桤泉镇通过“四川省安全社区”建设验收。

4 **日** 四川省第四届“圣沅杯”斯诺克台球公开赛在崇州开幕。

8 **日** 崇州市设立民政事务中心。

△ 市委办公室、市政府办公室发出《关于开展崇州市公务员“1+5+1”平时考核的通知》。10日，崇州市召开公务员平时考核工作动员大会，决定在2个市级部门和7个乡镇进行试点，推行公务员“1+5+1”平时考核方法。“1+5+1”：1份职责（个人工作职责和任务）、5个环节（每日工作考勤、每周工作记录、每月工作对账、每季工作考评、年终综合测评）、1个清单（公务员考核管理“问题清单”）。

△ 成都市人大常委会常务副主任侯雄飞率成都市经信委、农委、国土局、旅游局等部门到崇州督查、调研经济发展、深化改革、安全维稳等工作。

9 **日** 崇州市召开市委中心组学习会，专题学习成都市委十二届六次全会精神。

△ 桤木河湿地公园通过省级生态旅游示范区现场评定。

10 **日** 市委副书记、市长欧昭率检查组到羊马镇检查履行党风廉政建设主体责任情况，并到白鸽村调研幸福美丽新村建设。

15 **日** 在北京举行的全国省级森林公园晋升国家级专家评审会上，崇州市鸡冠山森林公园获全票通过，晋升为国家级森林公园。

16 **日** 四川旅游标准评定委员会批准元通古镇为国家AAAA级旅游景区。

17 **日** 成都市委宣讲团成员、成都市商务委主任郭启舟到崇州作学习贯彻党的十八届五中全会和省委十届七次全会、成都市委十二届六次全会精神专题辅导报告。

18 **日** 正东街幼儿园获评成都市2015年一级幼儿园。

22 **日** 省委常委、成都市委书记黄新初指导崇州市委常委班子“三严三实”专题民主生活会。黄新初要求全市党员领导干部将践行“三严三实”作为必修课，时时铭记、事事坚持、处处上心，真正做到讲忠诚、守纪律、尽职责、敢担当、善作为，奋力推动各项工作再上新台阶。

23 **日** 崇州市首部村志《群安村志》出版。

△ 崇州市生活垃圾压缩转运站项目动工。转运站项目为新建项目，位于市经开区（泗维路南侧，同心路东侧），总占地54亩，项目采用PPP模式，总投资6000万元，日处理能力700吨。

24 日 沃尔玛崇州唐人街店开业。

30 日 市纪委、市委组织部、市委宣传部联合举办崇州市党章党规知识竞赛决赛。市委党校代表队获一等奖。

△ 市政府班子召开“三严三实”专题民主生活会。市委副书记、市长欧昭代表市政府班子围绕“严以修身、严以用权、严以律己，谋事要实、创业要实、做人要实”主题，按照“立根固本、落细落小、修枝剪叶、从谏如流”要求作对照检查，班子成员作个人对照检查并互相开展批评。

△ 市政协班子召开“三严三实”专题民主生活会。市政协党组副书记、副主席黄志文代表市政协班子作对照检查，党组成员作个人对照检查并互相开展批评。

31 日 崇州市启动空气质量指数三级（黄色）污染预警。

△ 崇州市召开保障建筑农民工工资支付工作专题会议。市委常委、常务副市长赵卫东要求相关单位强化清欠工作，按照“谁投资、谁负责”的原则做到早发现、早解决。

△ 崇州市街子古镇旅游协会、街子古镇商会主办的街子古镇跨年复古派对暨街子“十大诚信商家”“十大服务明星”颁奖晚会在街子古镇银杏广场举行。街子古镇旅游协会发起的“关注留守儿童·让爱回家过年”公益活动启动。

△ 市委发出《关于进一步严明纪律治理领导干部“走读”问题的通知》。该通知在治理目的及要求、治理办法及举措方面作出具体规定，并要求完善后勤保障，强化监督检查。

中共崇州市委员会

CHONGZHOU YEARBOOK

市委办公室

【概况】 2015年，市委办公室落实习总书记"五个坚持"的重大要求，围绕"三严三实"教育实践，抓好"一项基本任务、三项重点工作"，增强政治意识、大局意识、责任意识、服务意识、团结意识和廉洁意识，提升工作科学化、规范化、信息化和高效化水平，当好市委的坚强前哨和巩固后院，保障市委各项工作的顺利进行。

【政务】 市委办公室坚持从适应新形势和新任务的工作要求出发，发挥左右手、参谋部和后勤部的作用，围绕市委中心工作及重大决策部署，畅通信息渠道，抓好信息管理及辅政工作。编发《崇州信息》47期、《领导批示》13期、《崇州要情》14期、《应急值班信息》10期，向成都市委办公厅上报信息420条。贯彻落实中央"八项规定"，精简会议、文件、简报。将全市党政公文处理工作纳入2015年目标考核，按照"规范、简洁、有效"的要求加强办文办会工作。全年起草公文304件，其中"崇委发"23件、"崇委办"60件、"崇委报"46件、"崇委函"2件、《情况通报》12期、《议事纪要》27期、"会议通知"53件、"崇委办字"81件，做好领导讲话稿等大量文字材料的撰写和审定。审批承办各类大型会议88次（含中心组理论学习14次）、常委会17次。与2014年相比，精简会议6次，精简文件8件。做好领导批交办事项督办工作，开展集中调研25次、电话督查176次，督查市委主要领导批交办事项386项，办结323项，办结率83.6%，继续跟进63项，形成各类专报9期。对省、成都市重大决策部署贯彻落实情况进行专项督查92次，对"八项规定"执行情况进行专项督查17次。

【机要】 市委办公室提高保密综合防范能力，增强保密意识，定期进行保密教育，自觉遵守各项保密制度。严格执行计算机及其网络的保密管理规定，不在非涉密计算机及其网络上处理、储存涉密信息。坚持"谁上网，谁负责"的原则，在涉密场所、涉密计算机设立标志标牌，对涉密计算机进行专人管理并实行密码开启。全年未发生失泄密事件。

【会务接待】 发挥枢纽和桥梁作用，主动协助市委协调四大班子领导政务活动，牵头协调政务接待和大型活动，保障市委高效运转。落实中央“八项规定”中有关节俭做好接待、厉行勤俭节约方面的规范和要求，做好会务接待、公车使用管理等工作。全年，接待212批次7336人次，其中政务接待145批次6106人次，商务接待67批次1230人次；国家21批次512人次，省级29批次693人次，市级87批次2567人次；大型活动8批次2334人次。完成国务院副总理汪洋调研现代农业、第三届四川国际自驾赏花节、成都第六届自行车车迷健身节、全国农业现场会、“创业天府菁蓉汇·崇州”大数据专场、元通古镇接受国家AAAA级景区验收等重要接待。

【后勤保障】 市委办公室严格车辆管理，强化驾驶人员的安全培训，全年无重大安全事故发生；加强水、电、油、气管理，定期对办公楼用电、用水进行检查，及时更换节能灯，确保水电正常供应；强化机关大院物防、人防、技防工作，坚持保安人员24小时值班制度和来访人员登记制度，全年无治安刑事案件发生；抓好安全工作，建立长效管理机制，全年无安全事故发生；做好老干部服务工作，保障好老干部的政治和生活待遇，加大组织老干部活动力度，丰富他们的文化生活，让他们老有所为、老有所乐。

【队伍素能建设】 市委办公室坚持“团结、和谐、务实、进取、高效”的理念，打造优秀团队。加强作风建设，立足干部队伍思想政治、业务能力和作风建设实际，于11月制定《关于深化“三严三实”专题教育加强思想政治工作和业务能力建设的实施意见》，从“切实加强思想政治建设”等4个目标，制订“严格政治学习制度”等13条措施。规范工作规程，推进工作标准化，制定《中共崇州市委办公室工作规则》《市委办假期管理办法》、“24小时跑签制度”等制度和机制，确保各项工作有序推进；完善内控与内审制度，严格按照岗位职责权限和纪律要求办理会计事务；完善“政务服务七早工作机制”（早计划、早沟通、早审定、早通知、早保障、早检查、早反馈），制订市委机关后勤服务标准化方案，形成切实可行的工作管理制度和绩效考核办法，调动全办人员工作积极性和主动性。

【服务群众活动】 市委办公室坚持开展“党员义工日”“走基层”“心连心”“双报到”活动，开展白头镇五星村建渣清理等环境卫生整治，支助三洞村村委会建设；组织党员干部为精准扶贫对象捐助发展资金6700元，为贫困大学生捐款2000元。全年，走访白头镇五星村、三洞村群众1611户6000余人次。

（张　川）

机构编制管理

【概况】 市委编办既是市委的工作部门，又是政府的工作部门，列入市委机构序列。2015年，增挂市行政审批制度改革办公室牌子。内设综合科、机构编制科、行政审批制度改革科、监督检查科4个职能科室，下设市事业单位登记管理局1个参照公务员法管理事业单位。

【乡镇行政管理体制改革】 市委编办按照经济发达镇行政管理体制改革试点要求，结合省、成都市“百镇建设试点行动”部署，在羊马镇、桤泉镇分别开展试点，制订实施方案，加大简政放权力度，赋予改革试点镇与人口和经济规模相适应的管理权，增强社会管理和公共服务职能。

【行政审批制度改革】 市委编办结合成都市开展审批事项前置条件和申请材料清理工作做法和要求，组织开展行政许可项目、审批事项前置条件和申请材料清理工作。对全市29个具有行政审批职能的市级部门所承办的行政许可项目、审批事项前置条件和申请材料进行清理，提出审核意见500余条，占事项总数的一半以上。通过与法律同步更新，规范申报材料，明确法定时限、承诺时限等举措优化行政审批流程。

【事业单位分类改革】 市委编办按照崇州市事业单位分类目录及说明，对全市297家事业单位进行了分类，批复274家，占比92.3%，超额完成成都市委编办要求批复80%以上的目标。

【市政府职能转变和机构改革】 市政府职能转变和机构改革方案经成都市批准后，2月初开始实施，2月底完成新单位组建、人员到岗等工作，6月底，重新制定市政府涉改部门“三定”规定。

【综合行政执法体制改革】 崇州市被成都市政府列为中央综合行政执法体制改革试点单位。《崇州市综合行政执法体制改革试点实施方案》制订并经全面深化改革领导小组讨论通过，正送成都市委编办审定。

【机构编制管理】 一是完善“总量控制、动态调整”工作机制。市委编办建立编制控制数和使用管理制度，强化编制管理。通过严格管理，提高编制使用效率，加强机关事业单位人员配备的宏观控制和统筹。二是强化机构编制监督管理。市委编办完善实名制管理系统，与组织、人社、财政等部门配合，掌握最新的人员调动、信息变更情况，及时完善实名制信息库。调整机构编制事项，立足全市大局谋划和推进机构编制工作，创新管理方式，提高服务水平。收到各单位机构编制调整事项28项，经调研论证，办理审批12项。完成机构和人员编制监督检查工作，对政府机构改革后有关部门运转情况进行检查，及时解决和调整涉改部门在运行过程中出现的新情况新问题，保证新单位的正常运行。严格机构编制审批工作，坚持进人须事先办理用编核批手续，规范招录人员用编申请制度，杜绝超编进人、逆向进人等现象发生。出具人员调动《用编通知》73人，进人用编公务员公招50名、参公单位公招55名、事业单位公招136名（其中教师59名，引进高层次人才25名）。严格职位审核，各单位凡重新任命中层干部，须先经编办审核职位，遏制“三超两乱”乱象，办理职位审核110批次。三是做好事业单位登记管理服务工作。按期完成196家单位年度报告工作，登记事业单位353家，其中新设立登记事业单位39家，重新设立5家，办理变更登记26家，补领证书4家，审核全市域名申请550个，域名注册成功288个。

（操力伟）

组织建设

【概况】 2015年，全市有基层党组织1019个，其中党委53个、总支26个、支部940个。基层党委中，机关党委22个、事业单位党委3个、企业党委3个、乡镇党委24个、村（社区）党委1个。党总支中，机关党总支6个、事业单位党总支7个、企业党总支5个、村（社区）党总支2个、其他党总支6个。党支部中，机关党支部221个、事业单位党支部142个、企业党支部242个、村（社区）党支部256

个、其他党支部79个。有党员32175人，其中预备党员279人，占党员总数的0.87%；女性党员8343人，占党员总数的26%；少数民族党员120人，占党员总数的0.37%。2015年，全市党员缴纳党费2718057.81元。

【“三严三实”专题教育】 以“调正干部心态、提振干事状态、优化政治生态”为主线，市委书记带头讲党课，带动全市各级党员领导干部讲党课618场次，其中讲“学党章、守纪律、讲规矩”专题党课132人次。以学习贯彻习近平总书记系列重要讲话精神为核心，融入正反典型教育、学党章等红色教育，开展南充拉票贿选案集中反思218场次、“三个专题”集中学习研讨327场次。细化“能上能下”具体举措，开展“不作为、乱作为”等损害群众利益问题专项整治，严格执行中央“八项规定”、省委省政府“十项规定”，制定《崇州市领导干部问责实施细则》等制度措施。对查出的7类问题29种具体表现，逐一研究整改，成效明显，成都市委常委、组织部部长胡元坤予以肯定性批示。

【班子队伍建设】 崇州市开展《党政领导干部选拔任用工作条例》学习教育，专题组织干部选任工作培训200余人次。全年开展结构性干部、市管后备干部、交流干部、不适宜担任现职领导干部、超职数配备干部等5项专项清理、整改消化工作，停止提高干部职级待遇等“土政策”15个，修订完善部分乡镇、部门机构编制事项，撤销乡镇（街道）、部门擅自设置中层机构28个、中层副职岗位51个。构建干部“庸者能下”“一体使用”“有为有位”三项机制，就地免职6名“不作为”领导干部，调整10名不胜任现职干部，城乡互动交流54名干部，提拔重用6名表现突出的年轻干部，推动形成干部“能上能下”机制。

【干部教育培训】 市委组织部贯彻落实《2014—2017年成都市干部教育培训规划》，重点推进“红色线路·精品课程·经典案例”课程体系建设。举办各类培训班9期，培训近1600人次，选派50余名部门、乡镇“一把手”到新加坡国立大学苏州研究院学习，分批组织450余名干部到井冈山、延安、百色、遵义、仪陇张思德学院等地开展红色教育。遴选50名优秀干部人才纳入递进培养，与温江、都江堰两地联合办班，分专业、小班化开展集中培训。

【干部监督】 市委组织部印发《关于进一步从严教育管理监督党员干部的十二条措施》。推进全市2982名干部人事档案专项审核工作，加大市管领导干部个人有关事项报告抽查核实力度，试行新任市管干部任前个人有关事项公示制度。针对来信来访、日常监督等方面发现的问题进行提醒谈话20余人次；协助成都市委组织部完成市内42名成都市管干部个人有关事项报告工作，完成897名崇州市管干部个人有关事项报告的集中填报、信息录入、数据汇总工作，对91名崇州市管干部的个人有关事项进行随机抽查核实，对40名拟提任人选的个人有关事项进行重点抽查核实。

【人才工作】 崇州市采取“政府引导、市场调节”柔性引才借智模式，吸引20余家创业项目到崇运作，建成4个大数据主题孵化器，聘请产业高端人才20余人，通过高校选聘和社会公选等形式，引进产业急需专家40余人（其中博士5人、海归2人），率先建成四川省第一个“互联网+”众创空间和第一个大数据公司。举办现代农业职业经理人、电商人才、微软高级技术认证人才、企业经营管理人才等培训班70余个班次，培训近6000人次。制定人才新政6条，设立全省第一支大数据创新创业创投基金2.5亿元。

【基层组织建设】 全市各领域全部按照不低于10%的比例，倒排确定80个软弱涣散基层党组织。选派31名优秀机关党员干部到软弱涣散村（社区）驻村担任“第一书记”，从组织建设、基础设施、农村经济、社会事业、基层治理等方面进行帮扶，协调引进120余万元，实施惠民项目5个，扶贫助学17人，慰问困难群众62人次，为5户精准扶贫户和6户贫困群众捐款9200元。促进“走基层”活动常态化、长效化。坚持“一季度一主题”“党员义工日”活动，有2.32万人次党员参加，解决群众困难和问题2500多个。全市机关党员认领服务岗位2.2万个，作出承诺1.8万件，与贫困户结对1.17万个，办好事实事3.8万件。完成23个村（社区）活动中心建设并投入使用，另有57个正开工建设。调剂国有资产1000平方米建成社区活动中心，配套设立8个功能室及设灯光的室外篮球场、羽毛球场等。完善党内关怀帮扶金制度，对16名困难党员发放帮扶金16.9万元，对24户党员精准扶贫户发放价值12万元的生产资料，对3名新中国成立前入党的农村老党员实行每人每月500元的定补帮扶。市本级累计帮扶党员39名26.4万元。联合上银村镇银行，探索推行帮扶金贴息的“党员信用”贷款制度，试点发放贷款80万元。确立“红色引领绿色”理念，在白头、桤泉等6个乡镇先期试点合作社党组织建设改革试验，建立合作社党支部7个、合作社党小组39个，管理党员334人，培养入党积极分子32人。召开农村新型领域基层党建研讨会，形成一批实践成果、理论成果和制度成果，受到中组部、中央党校、中国社科院、农业部等专家肯定，得到成都市委书记黄新初、成都市委组织部部长胡元坤高度评价。

【党员队伍建设】 市委组织部按照《中国共产党发展党员工作细则》发展党员273人，专题培训入党积极分子345人、党建指导员129人、远程教育管理员60人。分批次选派30名“两新”组织党务工作者参加成都市示范培训。兼顾行业领域、不同层面实际，开展集中轮训、示范培训和个性教学，分层分类组织实施基层党组织带头人、新党员、大学生“村官”党员、党员创业就业技能等四大教育培训工程。集中培训全市村（社区）书记、主任2期，参训748人次。举办示范培训班6期，培训1500余人次。采取错时轮学制，全年累计开展入党积极分子和新党员培训300多次，参训4700余人次。举办大学生“村官”专题培训班。协调农业、人社等部门，对农村党员、流动返乡党员、下岗失业职工党员开展短期培训。利用远程教育二级平台，开设专家远程辅导课、手机党课等新型课堂；利用《崇州党建》专用数字频道，开展“身边人说身边事”活动；利用12371手机平台，以党建工作手机报形式动态宣传教育，编发手机报544291条、彩信1934条。

（龙思颖）

机关党建

【概况】 市直机关工委所属党组织有党委24个，党总支9个，直属党支部37个，党委、党总支下属支部214个，有党员4696名，预备党员56名。

【思想建设】 市直机关工委组织全市直属机关党员干部学习贯彻中共十八大、十八届三中、四中、五中全会精神和习近平总书记系列讲话精神，加强机关党组织和党员队伍的理论武装。组织“三严三实”专题教育，按照市委的统一部署和安排，把握专题教育目标原则、方法措施和要求，做到“规定动作”扎实推进，“自选动作”紧扣党建特色，确保专题教育见实效，形成践行“三严三实”的良好氛围。组织开展市、县、乡三级联述联评联考，将机关党建纳入述职评议考核，机关部门单位党组（党委）书记就履行机关党建工作第一责任人情况向市委常委会、市委全委会进行现场述职和答辩，大会进行评议考核。市直机关工委承担四川省、成都市直机关党的建设研究会重点课题“领导班子思想政治建设”专题研究，调研文章《把好思想“总开关”增强行为“硬约束”大力推动机关党的建设》在《时代先锋》第4期上刊载，并获成都市一等奖。《全面推动思想建党与制度治党紧密结合》一文入选成都市纪委、市委组织部、市委宣传部联合编发的《思想建党与制度治党紧密结合构建良好政治生态研讨会论文选编》。

【组织建设】 市直机关工委按照基层组织机构设置的要求，结合市直机关领导干部班子调整，做好各支部书记、委员的选配，做好业务指导。严格“三会一课”、组织生活、民主评议、联系群众、党员发展等各项制度，夯实机关党建各项基础性工作。配强配齐基层党组织领导班子，撤销党委6个、党总支2个、党支部6个；新建党委8个、党支部9个；党委换届10个，党总支换届2个，党支部换届92个；调整党委班子3个、党总支班子2个、党支部班子6个。2月27日，经市委常委会十二届第七十四次会议审议通过，市人民法院、市教育局、市交通局等19个市直机关党委配备专职书记，属市管职位，副局职，人选由市委研究确定。在制定《进一步从严教育管理监督党员干部的十二条措施》的基础上，市委组织部、市直机关工委、市财政局联合发文落实经费，按照《中国共产党党和国家机关基层组织工作条例》（简称条例）规定的不低于机关工作人员工资总额2%的比例，由财政预算划拨党建工作经费，并按每人每年100元的标准落实机关党员教育培训经费。5月15日，市委召开市直机关2015年党建工作暨软弱涣散基层党组织整顿工作部署会，总结2014年工作，部署2015年机关党建重点工作和软弱涣散党组织专项整治工作。深化拓展基层党组织“三分类三升级”活动，按10%的比例确定一批软弱涣散党组织，限期整改、限期转化、限期升级。按比例倒排29个软弱涣散党组织，以“六个从严”（从严倒排确定、从严加强教育、从严落实责任、从严落实制度、从严问效督导、从严刚性问责）列出软弱涣散15种表象清单，严格按比例确定软弱涣散党组织，实行分片组调研指导督促。先后5次对党建基础工作进行全覆盖督查，定期点名通报，纳入目标考核，实施层层问责等措施，要求在年内整改到位。结合“蹲苗补齐”计划和软弱涣散党组织整顿，市委选派28个机关单位31名优秀党员干部到村（社区）任“第一书记”。根据对应村（社区）软弱涣散原因实行“对症派人”，机关工委定期做好联系指导，助推农村基层以党风带民风，强党建促发展。11月，市直机关工委组织学习中央国家机关工委“一二三四支部工作法”（树立一个目标、开好两次会议、建立三项制度、落实四有要求），并对全市70个直属机关党组织（其中党委24个、党总支9个、直属支部37个，党支部共251个）开展为期3个月的全覆盖调研，探索形成“七一工作法”，受到成都市直机关工委书记马旭肯定性批示。

【作风建设】 市直机关工委把贯彻落实《中国共产党党和国家机关基层组织工作条例》与开展“创先争优”活动、“结对心连心·我们在一起”联系服务群众活动、“三严三实”专题教育活动等结合起来，策划“我是党员、我奉献、我光荣、我精彩”主题活动，编纂《身边的榜样》先进典型事迹汇编，抓好正面典型宣传工作，传递崇州好干部的正能量，倡导党员干部学习身边的榜样，做勤政廉洁的好干部。选树的先进典型和总结的经验做法先后在《今日崇州》刊载34次、崇州电视台报道13次、成都手机报报道3次，省直机关工委《时代先锋》全文刊载3篇，《成都市党建工作经验论文集》刊载1篇，产生广泛的社会影响。网络宣传方面，配合纪检部门及时发布反腐倡廉信息，报送信息12篇。落实《进一步从严教育管理监督党员干部的十二条措施》《基层党组织专题组织生活会组织细则》。25名市领导都以普通党员身份，参加所在支部的专题组织生活会，虚心接受批评。刚性开展党员民主评议，严格规定优秀、合格党员的主要条件，分层分类列出不合格党员共性"负面清单"12个，针对市直机关党组织设置"在编不在岗，出工不出力""服务态度差""不讲规矩，不守纪律"等16个个性"负面清单"。对组织生活会不规范、民主评议党员把关不严的机关单位进行点名通报，责令重新召开专题组织生活会，返工回炉再次开展民主评议。在作风建设、"庸懒散浮拖"专项整治中，市纪委、市委组织部、市直机关工委、市目督办、市新闻中心联合开展明查暗访，并进行电视台曝光，责令相关单位对出现问题的人员进行处分。要求各单位对照整改，对多次发生类似问题的单位负责人坚决问责，营造良好的工作氛围。

【廉政建设】 市直机关工委在全市机关铺开"1+3"模式宣传（一个机关党组织+机关党员、党员家庭、家庭成员），强化党风廉政建设警示宣传工作。10月至12月，开展基层党建百日攻坚行动，抓好基层党建示范点创建，对申报创建的29个单位31个党支部进行重点联系督导，严格要求、规范管理、落实制度、创新方式，抓好基层党建细胞工程的提升。扎实开展"廉政文化进机关"宣传教育活动，全面铺开"机关家庭手拉手·廉洁路上一起走"活动，创建廉洁机关示范点7个。11月至12月，组织开展党章党规知识竞赛活动。配合市纪委、市委组织部、市委宣传部在全市党政机关、企事业等单位开展党章党规知识竞赛，要求每名党员干部认真学习党章党规，积极参与竞赛活动。通过竞赛活动的开展，调动广大党员干部学习、宣传、贯彻党章和党内条规的热情，使广大干部特别是党员领导干部牢记廉洁自律要求，熟悉纪律处分规定，增强贯彻执行党章党规的思想自觉和行动自觉。

【党员发展】 6月23日至26日，市直机关工委组织市36个基层党组织和工业企业、建设、教育、公立医疗机构、个私7个党工委共247名入党积极分子，进行2015年度入党积极分子培训。按照"控制总量、优化结构、提高质量，发挥作用"的新要求和《关于进一步做好新形势下市直机关党员发展工作的通知》精神，对党员发展在标准、程序、材料完善方面提出更高更具体的要求，发展新党员31名，预备党员按期转正38名，接转组织关系462人。

【教育培训】 市直机关工委组织市直机关120余名党务干部进行党务工作培训。市直机关各单位结合自身实际，采取"走出去、请进来"等方式，广泛开展思想理论、业务技能等教育培训，拓展学习领域，丰富知识储备，强化广大党员干部的理想、信念和宗旨意识，增强市直机关党员干部的思想理论素质。

【党建宣传】 崇州机关党建工作经验、动态工作信息先后在《今日崇州》刊载34次、崇州电视台报道12次、省直机关《时代先锋》刊发2篇、《蓉城机关党建工作手机报》刊载1次、四川机关党建网刊载11次、人民网刊载1次、公众信息网全文刊载26次。网络宣传，市直机关工委发布原创微博 229 条，转发并评论@品质崇州 4200 余条，完成网信办发布的网评任务。创新开辟“崇州机关党建”微信平台，积极宣传各机关单位优秀党建工作做法。注重提升崇州的对外影响力和美誉度。中央国家工委培训一处处长张浩一行、四川省直机关工委组织部部长张叶一行、成都市直机关工委书记马旭等先后到崇州调研机关党建和精准扶贫等工作。3 月，中央组织部到四川调研督查《中国共产党党和国家机关基层组织工作条例》落实工作，崇州市进行书面汇报，受到省委组织部和省直机关工委好评和肯定。11 月 19 日，中央国家机关工委到四川调研机关党建工作，崇州作为全省 3 个市（州、县）代表之一，工作受到中央国家机关工委肯定。

【文体活动】 3 月 6 日，在 2015 四川花卉（果类）生态旅游节（主会场）暨崇州第三届四川自驾赏花节开幕式上，市直机关工委组织以“绿色”“健康”“运动”为理念的“五彩缤纷健身跑”。全市 63 个部门（单位）600 多名职工组成 32 个方队参加。活动受到人民网、四川在线、成都电视台等多家媒体的关注和宣传报道。3 月 20 日至 21 日，中国·成都第六届自行车车迷健身节（崇州站）暨第四届公路自行车精英赛在崇州举行，来自成都市直机关、各区（市）县及崇州市各单位共 119 支队伍 1500 多人和国内外的 500 多名骑行选手参加。6 月 30 日，举行庆“七一”新党员入党宣誓仪式。“七一”期间，组织市直机关各级党组织开展“三严三实”专题教育、先进典型宣传、先进总结表彰、书画演讲比赛及象棋比赛等文化体育活动。组织开展“送温暖、献爱心”走访慰问、城乡环境综合治理进机关、党员义工日和文明劝导实践等系列活动，增强和提高党性实践主体活动的时效性和趣味性。8 月 8 日，会同市委宣传部、市文体广新局，组织 47 支队伍近 2000 人开展第六届全民健身日第五套广播体操比赛及太极拳展示活动。9 月 30 日烈士纪念日，组织市直机关党员干部职工 500 余人到烈士陵园开展以“缅怀烈士功绩·弘扬烈士精神”为主题的公祭活动，激发市直机关广大党员干部爱国主义、革命英雄主义精神。

【“双报到”和“党员义工日”活动】 市直机关工委重视联系服务群众工作，把“结对心连心·我们在一起”作为省委“走基层”和成都市“三视三问”群众工作法的主要实践载体，与落实省委、成都市委“挂包帮”“双联”“双报到”“党员义工日”“精准扶贫”等工作部署结合起来，形成崇州联系服务群众工作品牌。全市近 6000 名机关党员干部（含乡镇机关和行业党工委）与 67 万群众、900 多家企业全覆盖结对。坚持每季度最后一个周末为“党员义工日”，一季度一主题，2.7 万人次党员参加，解决群众困难和问题 8600 多个。全市机关党员认领服务岗位 2.2 万个，作出承诺 1.8 万件，与贫困户结对 1.17 万个，办好事实事 3.6 万件。

（覃生富）

思想政治宣传

【概况】 市委宣传部与市文明办、市社科联、市文联合署办公，宣传部机关内设部办公室、党员理论教育科、群众宣传科、新闻报道科 4 个职能科室，市对外宣传办公室与互联网宣传管理办公室挂靠新闻科。文明办和宣传部机关统一使用编制和经费，社科联、文联和宣传部机关统一使用经费。

【理论学习】 市委宣传部制发《市委宣传部关于市委及基层中心组 2015 年度理论学习安排意

见》，全年召开市委中心组专题学习会 24 次，集中学习 26 天。举办全市理论骨干培训班 1 期，培训 230 余人。制发《关于进一步加强和改进党委（党组）中心组学习的实施意见》《崇州市党委中心组学习测评细则》，编印《市委中心组理论学习参考资料》8 期 1200 册、《2015 年崇州市社科研究成果汇编》200 余册，选送学习书籍 40 余册。先后邀请中国著名军事专家、军事评论家、国防大学教授张召忠将军，北京故宫博物馆研究员单国强教授，省委宣讲团成员唐利民等 18 位省内外知名专家学者作专题辅导报告。先后开展理论宣讲 200 余场次，受众超过 10 万人。全年撰写调研文章 20 余篇，全市各级中心组撰写调研文章 600 余篇，其中 2 篇在中央级刊物上发表，6 篇在省、市级以上刊物发表，1 篇被《2015 年全市党委（党组）中心组调研理论文集汇编》收录。确定 2015 年社科研究课题 14 个，《基层社会协商》相关课题被确定为成都市重点调研课题，先后征集社科研究成果 24 篇。

【宣传工作】 市委宣传部坚持“巧借外力、整合内力、重点发力”的方针，找准工作切入点和着力点，围绕成都统筹城乡改革、“全国加快转变农业发展方式现场会”等重大宣传节点，结合崇州城乡统筹、扶贫开发等亮点工作，借力成都市委宣传部资源优势，拓宽崇州宣传工作渠道。融入成都宣传工作，完成中央电视台、《经济日报》《经济观察报》《瞭望东方周刊》等媒体到崇州调研、采访任务。整合动员各条战线人员，破除内、外宣壁垒，实现资源共享、信息互通、业务互动。联合农发、投促等重点部门（乡镇），建立专项工作联席会议制度。围绕依法治市、深化改革等中心工作开展系列主题宣传，在各级媒体刊发大量报道。以全国农业现场会为契机，助推农业共营制发展。全年，中央级主流权威媒体刊播相关报道 27 篇。其中，中央电视台《新闻联播》报道 2 次，《焦点访谈》报道 1 次，财经频道“中国财经报道”“经济半小时”连播 3 期专题，《人民日报》及《人民日报》海外版特刊、《新华每日电讯》《经济日报》《经济参考报》《农民日报》《中国经济时报》《红旗》杂志等媒体先后刊发专题报道。《新闻联播》头条报道 1 次，《经济日报》头版头条报道 1 次、《新华每日电讯》头版报道 1 次。与新华社合作开发的手机 APP“今日崇州”上线，标志着外宣政务新媒体矩阵搭建完成。其中，“品质崇州”政务微博获评 2015 年度四川十佳区县政务微博、2015 新浪四川微政道成都区县最具影响力政务宣传微博。督促指导全市各部门、乡镇开通政务微博，其中市环保局官方微博“@崇州环保”获评全省环保系统微政务优秀账号。特设网络舆情专栏，全年编发《网络舆情周报》45 期。

【群众文化活动】 市委宣传部创新举办“2014 年崇州市走基层·践行党的群众路线优秀案例展演决赛”活动。在各交通要道设立大型 LED 等宣传平台，宣传中共十八大及十八届三中、四中、五中全会精神。开展省市及崇州市重大战略决策宣传工作，开展纪念抗日战争暨世界反法西斯战争胜利 70 周年氛围营造等宣传工作。建设社会主义核心价值观主题公园、主题商业街区，举行“崇州市纪念抗日战争暨世界反法西斯战争胜利 70 周年图片展”。在各乡镇实现文化包购买服务，完成社会主义核心价值观“3554”工程目标、好人榜宣传、“我们的价值观·我们的中国梦”、法律七进及三下乡、乡贤文化等工作。

【精神文明建设】 市委宣传部以社会主义核心价值体系建设为根本，以提升市民道德素质和社会文明程度为主要任务，深化和巩固文明创建成果。深化文明城市建设工作，牵头协调市级相关部门做好实地考察、材料报送、问卷调查等工作。加强文明热线“96110”工作，继续完善热线投诉处理机制。深入开展文明餐桌、文明旅游和文明交通行动，在社区、村组开展文明家庭、星级文明户、“最美家庭”等创评活动。常态化开展各级文明单位创建活动，共创建各级文明村镇3个、文明村社区（含标兵）6个、文明单位（含标兵）19个。加强社会道德风尚建设，利用道德讲堂讲好道德故事、好人故事和文化故事。促进选评、宣传道德模范常态化，开展“2015成都榜样”主题活动。推评各类好人候选人268人次，向成都市文明办推荐报送五类成都榜样候选人112人次，其中6人获“成都好人”称号，1人获“四川好人”称号。制定《崇州市中心城区公益广告管理暂行办法》，固化公益广告点位。编排印制并免费发放《崇州市民文明公约》3万册。依托传统佳节与重大纪念日，开展各类主题活动。推进民生工程建设，新打造成都市级“三美”示范点7个。加强未成年人思想道德建设。开展“中国梦”等系列主题教育实践活动，打造2所核心价值观主题学校，深入开展“美德少年”评选宣传活动，开展关爱留守儿童志愿服务系列活动，净化校园周边环境。开展志愿服务活动，引导广大干部职工加入志愿服务组织，常态化开展关爱空巢老人、留守儿童、困难职工、残疾人等志愿服务，多篇志愿者博文被成都文明网“精彩博文”采用。

【“三严三实”专题教育】 市委宣传部牵头组织全市中心组开展“三严三实”专题学习教育，示范带动全市各级党员领导干部讲党课318场次、各级中心组集中学习反思107场次、“三严三实”专题学习研讨336场次，征集理论研讨文章2400余篇，其中2篇学习论文被成都思想建党和制度治党紧密结合构建良好政治生态研讨会《论文选编》收录，2篇认识体会被《先锋》杂志刊载，1篇学习经验被成都市党委（党组）中心组学习贯彻习近平总书记系列重要讲话精神座谈会《经验交流材料》收录，依托《今日崇州》公开晒学市委中心组成员学习心得20篇。12月29日，市委宣传部召开“三严三实”专题民主生活会，宣传部领导班子及合署办公部门领导班子的党员干部结合自身在工作和思想上存在的“不严”“不实”问题进行自查、剖析、反思，并提出相应的整改措施与时限，市委常委、宣传部部长廖冬雪对部领导班子提出思想重视、担当坦荡、坚守本色三点具体要求，要求全体班子成员以“讲忠诚、守纪律、尽职责、敢担当、善作为”为准则，严格要求自己，坚定脚踏实地、实作实行的决心，做到真抓实干、敢于担当。

【第三届四川自驾赏花节】 市委宣传部成功举办第三届四川国际自驾赏花节，在保留传统活动的基础上，新推出4个特色主题帐篷营地和农家一桌餐，取得良好的社会影响，吸引游客130多万人次，实现旅游收入1.6亿元。人民网、光明网、新华网、《四川日报》、成都电视台等中央、省市媒体相继报道，还运用微信、微博等新媒体手段进行广泛宣传。

【文学艺术】 市文联完善协会组织建设，制订协会考评工作方案，对各个文艺协会进行量化统计。提高文艺团体入会门槛，严格筛选会员文学艺术品。深入开展文化惠民活动，组织市政协书画院、市书法家协会开展送春联活动，在10个乡镇、社区送出春联3000余副。组织书画艺术家开展书画创作，现场创作并赠送书画作品500余幅。联系上级文联和兄弟文艺团体，培训文艺志愿服务骨干。组织市摄影家协会开展“成都小丹巴”宣传造势工作，对文井江大坪村开展摄影志愿服务3次，送出摄影作品1000余幅。举办第二届崇州市文学艺术奖颁奖座谈会。组织作家协会开展采风和大型纪实报告文学创作。

【社会科学】 市社科联组织各专业协会、学会、学校和副主席成员单位开展课题研究。规划确定14个重点社科研究课题，其中部分课题获得省、成都市重点课题立项。撰写调研报告24篇，其中20篇在省、成都市和崇州市相关刊物上发表，3篇受到市委领导的批示，为市委、市政府科学决策提供参考。编撰形成《崇州社科研究成果汇编》。开展社科科普活动，组织举办金沙讲坛崇州分讲坛，开展6场专题辅导报告，参与群众约2000人次。参与编撰《崇州简史》。

（骆研杉）

统一战线

【概况】 市委统战部内设办公室、联络科、干部科3个科室，挂崇州市民族宗教事务局牌子。

【民主党派和无党派人士工作】 2015年，市委统战部组织民主党派和无党派人士围绕全市中心工作开展调研活动20余次，撰写调研文章、建议意见10篇。引导各民主党派参政议政，开展各类社会服务活动11次，服务群众4000余人次。加强各民主党派基层组织建设，协助调整农工党崇州支部委员2人，农工党崇州支部主委刘刚当选为市政协常务委员。建立健全市领导和市级有关部门联系党外人士制度，建立健全党外代表人士所提建议意见落实办理直接反馈会议制度。市级领导多次开展与党外人士谈心活动。加强与党外知识分子的联系，建立完善50人的党外知识分子代表人士花名册，重点联系6名党外教师，作为校级干部进行推荐。建立组织部、统战部分工负责、共同参与的党外干部联席会议制度。健全党外代表人士专项数据库。建立健全党外后备队伍建设机制、选拔任用机制和监督管理机制。召开一次党外干部联席会议，共同研究党外干部培养选拔工作。落实各民主党派成都市委员会与崇州市人民政府2015年战略合作协议内容7项。推进崇州市开放合作行动，加快圈层融合发展，共建美丽富裕崇州。

【民族宗教工作】 市委统战部抓好少数民族和宗教场所安全稳定工作，推动市、乡（镇）、村（社区）三级宗教工作网络建设，完善抵御境外宗教渗透、制止非法传教工作协作联动制度，清理并加大治理乱建滥塑宗教造像和基督教私设聚会点工作力度，坚决制止违法宗教活动。在维稳敏感期，组织召开民族宗教人士座谈会，学习省、市安全维稳形势，分析崇州市民族宗教界在安全维稳中存在的问题，提出针对性的解决办法，做好民族宗教稳定工作。全年，无民族宗教责任事故发生，无一例上访。推进民族团结进步活动，引导浩康医院为少数民族医疗服务。浩康医院全年为少数民族群众开展义务就诊服务5000余人次，配送药品价值0.6万余元，散发疾病预防知识宣传单2600余份，获得成都市民族团结进步创建示范单位称号。崇州市职业中专学校开展“9＋3”教育，招收大量省内少数民族学生就读，为崇州市就业市场输送了237名少数民族合格人才。引导宗教与社会主义社会相适应，协调组织全市宗教团体和场所开展慈善活动13次，捐款捐物价值近9万元。10月12日，召开涉及佛道教寺观管理问题专项治理工作会，促进专项治理工作开展。结合“六五”普法和依法治市工作，开展“送法进寺庙”活动18次，教育和引导宗教界人士和信教群众遵守宪法、法律、法规和政策，增强教职人员和广大信教群众的法治观念。

【非公有制经济人士工作】 市委统战部围绕市委市政府中心工作、产业结构调整、非公经济发展等进行调查研究，开展民营企业调研活动 8 次，建言献策 83 条（篇），完成调研文章 1 篇。采取“请进来、走出去”等方式广泛开展教育培训，组织非公企业开展各类培训 5 次，培训人员 662 人次。为企业搭建融资服务平台，配合相关部门帮助四川金盆地（集团）公司、四川亿和建筑工程公司、蜀羊防水公司、九龙贸易、锐鑫达钢构公司等 10 家企业争取到贷款 27100 万元。组织引导会员企业参与社会充分就业活动，配合市总工会、市人社局等部门开展招聘活动 2 次，会员企业吸收社会就业人员 3860 余名。组织非公有制企业开展守法诚信理念信念教育活动，引导会员企业遵守市场法则和市场秩序，讲法制、守信誉，诚实劳动、合法经营，自觉履行社会责任，培育诚信服务品牌。与市卫计局等部门配合开展“阳光爱心助学”活动。通过发放倡议书、召开动员会等形式，组织 6 家非公企业参加“阳光爱心助学”活动，资助贫困学生 905 人，资助金额 112 万元，基本实现贫困助学全覆盖。

【港澳台、海外统战工作】 市委统战部会同市侨办争取到成都市侨资 3.2 万元，用于鸡冠山乡小学 20 名贫困学生的帮扶和救助。在台湾事务上，依法保护台胞合法权益，积极为台资企业服务。台资企业钧乔农业在 2014 年由政府投资 59.93 万元解决水患问题后，2015 年实现赢利。帮助台胞赵正荣解决三郎镇的房产和住院纠纷问题，做好了安抚和沟通工作。组织开展两岸教育、农业、党建、科技团体交流互访。利用节假日开展台胞台属慰问活动，春节和中秋节慰问困难台胞、台属 12 户。在对外交流合作上，加强与马来西亚古晋南市友城互访。市委常委、统战部部长郑继良率团赴马来西亚进行了友城交流、旅游推介和商贸合作。6 月 25 日，代表团与古晋中华工商总会座谈交流，与砂拉越州古晋中华工商总会会长黄国忠等进行会晤，签订《中华人民共和国四川省崇州市工商业联合会（总商会）与马来西亚砂拉越州古晋中华工商总会友好合作协议书》。

【创新实践和全面深化改革】 10 月 15 日，市委书记赵浩宇在成都市统战工作会议上交流崇州市新的社会阶层人士工作，题为《团结新阶层，发挥新优势，引导新社会阶层人士为构建和谐社会服务》。崇州市的做法受到成都市委书记黄新初和成都市委统战部好评和肯定，并在各区市县进行推广。市委统战部组织开展民族团结进步“五进”活动，联合有关单位抓好浩康医院、隆兴黎坝村移民安置点、少数民族学生较多的学校等民族团结重点示范点，结合“10 万亩”建设深入挖掘隆兴镇黎坝村藏羌院落、街子川西民歌村等较典型的民族团结进步示范点建设情况，开展民族团结进步宣传教育和表彰推荐活动，推动民族团结进步活动进机关、进乡镇、进学校、进社区、进企业。探索开展少数民族人口较多的流出地、流入地合作共建机制，加强对少数民族流动人口的依法管理。在全市 25 个乡镇（街道）253 个村（社区）以及农民集中居住区全面推开基层协商民主实践，在交通、医疗卫生、教育、企业等部门开展试点，开创了“草根协商”的典范，被誉为“成都模式”。全国政协、中央社会主义学院、中央统战部、省市领导以及其他区市专家、领导先后到崇州考察调研。7 月 25 日，《光明日报》对崇州市社会协商工作作了题为《为基层治理提供支撑—四川省成都市的城乡社区协商实践》的专题报道。市委统战部获评 2015 年度成都市统战工作先进单位。崇州市开展的“创新新的社会阶层人士统战工作”被列为成都市统战工作实践创新成果。崇州市统战宣传信息工作获成都市二等奖。市委统战部与成都市委统战部合作的“为基层治理提供支撑”专题文章被选入2015年成都统一战线宣传集锦。市委统战部撰写的《崇州市基层协商民主制度设计及实践探索》被选入2015成都统一战线调研文集。市民宗局被评为2015年度成都市综合绩效管理工作先进单位、信息工作先进单位。

（李士万）

目标督查管理

【概况】 市目督办负责全市各乡镇（街道）和市级各部门的目标管理和督查指导工作，内设综合科、目标管理科、目标督查科3个职能科室。2015年获得2014年度成都市综合目标考核先进单位。

【目标绩效管理】 一是根据各部门类别划分、职能职责和体量大小进行考评分类。乡镇（街道）继续按城市功能核心区、山地旅游发展区、现代农业集聚区和生态涵养保护区四类进行考评；党群部门分党委工作部门和人民团体两类进行考评；政府部门分经济发展类、社会事务及执法类、政务综合类和垂管部门四类进行考评。二是强化工作实绩考核导向，取消本级表彰奖励和本级领导肯定性批示加分，规范上级表彰奖励及领导肯定性批示加分认定条件，突出工作业绩和效果评价考核权重，突出单位差异和特色，引导各部门在强基础、抓改革创新上发力。三是严格目标考评办法的审核把关，统筹下达目标考评办法。会同市级各部门对制定的目标考评办法中随意性大、操作性不强的内容进行修改完善，形成统一规范、内容具体、要求明确、操作性强的考评实施办法。四是强化目标运行监控，推行目标过程管理和运行提示。会同目标牵头部门根据时间节点，跟踪了解目标运行情况，推动存在问题的解决落实。五是继续坚持目标“双考核”机制，将成都市考核结果与本级考核结果相结合，对成都市考核靠前的目标执行本级考核再加分、多加分，成都市考核靠后的参照加分政策同等标准执行减分的原则，拉开差距，鼓励创先争优，确保崇州“进入三圈层第一方阵”目标实现。

【督查督办工作】 市目督办针对省市重大项目建设、各级民生工程落实、城市基础设施建设、农村饮水安全、“四改六治理”、全国农业现场会等多方面工作，开展280余次督查督办，召开各类目标协调会30余次，形成报告36期、督查专报95期、督查通报46期，客观公正地向市委市政府反馈督查工作情况，推动完成情况不理想的工作及时整改落实；牵头办理省、成都市、本级人大建议、政协提案216件，办结率100%，办理结果满意率99%。10月，组织市人大代表团视察部分建议办理现场，推动代表建议意见落实。

【民生实事】 市目督办探索民生工程改革创新，通过在崇州电视台、《今日崇州》、崇州公众信息网开设专栏，征集民生民意400余条；引入民生工程项目竞争性申报机制，对财政“一事一议”奖补资金、老旧院落改造、通村公路建设、农民集中居住区完善公共服务配套等采取竞争立项的方式确定项目和点位，将群众建设愿望强、支持率高的项目纳入民生工程建设中。全年，完成省、成都市民生项目167件，崇州本级民生实事26件。在崇州电视台开设“民生工程惠民生”专栏，介绍民生工程的实施情况，让群众了解民生民意的实施结果，实现共建共享的发展目标。

【特色创新申报工作】 市目督办牵头组织相关单位进行崇州特色创新工作申报。在综合衡量崇州各项工作发展强弱的基础上，筛选出现代农业工作进行提炼总结，将“打好农村改革组合拳、全域推动农业转型升级”作为崇州市向成都市申报特色创新专家评审的项目，通过文字和视频资料展示，展现崇州在推动农业转型升级中的主要做法及成效，获得专家好评，创新工作考核位列三圈层第一方阵。

（王小燕）

政策研究

【概况】 市委政研室内设综合科、改革科、发展研究科3个科室，市委改革办设在政研室。2015年，崇州市深化改革工作成绩突出，获成都市全面深化改革综合目标考核区（市、县）第一名。

【调查研究】 市委政研室紧扣市委中心工作，深入部门、乡镇调查研究，撰写调研报告，总结经验做法，及时反映有关情况，为市委领导决策提供科学依据。全年累计形成综合文稿材料近90万字，7篇调研报告发表于《中国乡村发现》。

【重要文稿起草】 市委政研室高质量完成市委主要领导在市委十二届六次、七次全会，以及经济工作会、农村工作会、党建工作会等大型会议上的讲话材料；起草撰写市委、市政府领导班子履行党风廉政建设主体责任情况报告、市委领导班子工作总结等综合性文稿；做好市委主要领导向上发言材料和汇报材料。

【全面深化改革】 市委改革办贯彻市委全面深化改革系列决策，做好政策研究、统筹协调、督促评估，为领导小组主导改革方向，把控改革进程当好参谋助手。先后协调筹备3次市委全面深化改革领导小组会议，制定《中共崇州市委全面深化改革领导小组2015年工作要点》，确定12个方面69项改革任务，完成26项、启动实施14项、试点探索7项、持续推进22项。全年印发信息20篇，《成都改革》采用8篇，《四川改革专报》采用1篇。建立改革台账2月一更新的长效机制，定期对改革推进情况进行跟踪督查，确保改革台账工作落实，加强改革研判。

【协同创新走廊】 市委政研室牵头协调崇州市与合作高校（科研院所）的沟通交流，推动“协同创新走廊”持续高效建设。2015年，研究起草《关于加强市校（院、所）合作共建“协同创新走廊”的实施意见》和《崇州市市校共建“协同创新走廊”创新奖励资金使用管理办法》，推动实施5大类34项协同创新项目，取得良好效果。协助相关部门，邀请国务院发展研究中心、华南农业大学、四川省社科院知名专家共谋崇州市农民合作社发展，完成研究课题《农业共营制：我国农业经营体系的新突破》，并在《红旗文稿》发表。

【主题活动】 市委政研室组织党员干部践行“走基层”“双报到”和“党员义工日”等活动，与联系点白头镇天竺社区积极联系，实地走访，以点位深入了解透视全市民生建设，将民生问题共性与不同乡镇个性结合，为市委探索群众工作方法做好参谋助手。建立天竺社区民生台账，梳理总结相关民生事项，帮助解决具体困难和问题。开展精准扶贫，确定两户贫困户，全年资助1万余元，并帮助解决进城务工。

（魏亚飞）

群众来信来访

【概况】 2015年，市信访局收到群众来信617件，接待人民群众886批2968人次，与2014年同期相比，信访总量下降，其中信访纸质件下降，接待群众批次下降，人次上升，信访人依法信访更加有序。

【矛盾排查化解】 市信访局落实“三到位一处理”工作要求，按照属地管理、分级负责、谁主管谁负责的原则，依法、及时就地解决问题。2月、6月、9月、12月召开4次书记市长专题信访工作会，研究处理信访事项32件，专题研究进京非访、涉法涉诉信访和非法集资等问题。5月25日，崇阳街道部分村社区的居民因拆迁安置问题到市接访中心集体上访，市委书记赵浩宇到现场亲自接访解决问题。市委副书记、市长欧昭深入对口乡镇羊马镇了解处理群众的合理诉求。

【领导接访约访】 崇州市坚持周三领导接访预约、乡镇重要部门联合接访制度，既方便群众信访，又使领导快捷解决群众信访问题。年初，联席办制定《市级领导干部接访安排表》，对周三领导接待日、逢重大政治活动和重要敏感时段领导干部接访做出合理安排。全年，有19名市级领导57次到群众接待中心接访。领导接访人民群众107批次344人次，同比批次降低56.7%，人次降低55.5%。签发本级督办件4件，同比降低85.2%。市级领导以“再走基层”为载体，带案下访接访。

【领导包案】 崇州市对突出信访问题、领导接访的重大疑难问题和上级交办件，100%落实领导包案，并全部在规定时间内办结。成都市联席办交办信访积案难案24件，化解17件，涉法涉诉移交2件，结案稳控5件。自排信访积案24件，全部结案稳控。成都市第四巡察组交办件21件，全部落实包案，并到期结案。

【信访信息化应用】 一是及时录入信访事项。录入群众来信、来访、网上投诉事项851项，录入率100%，无一遗漏。二是及时办结交办案件。交办件123件，到期办结率100%，无因办理不规范，材料不齐全被退回的信访件。三是视频接访运用。崇州市按成都市视频接访的工作要求开通34个点位（25个乡镇和9个部门）的三级视频接访。全年，视频接访预约313件，接访313件，预约后接访率100%。

【创新工作机制】 开展联合接访。市群众接访中心按期建成并投入使用。按照“一站式接待、一条龙服务、一揽子解决”的要求，做到9个主要部门入驻到位，诉访分离及时、领导接访规范、联动调处有效、视频接访顺畅，确保联合接访高效运转。坚持动态管理，及时调整入驻单位，信访问题突出的部门进驻，信访问题减少的部门有序退出。通过开展联合接访，化解多起民工工资纠纷，防止事态扩大。

【依法规范信访秩序】 越级访和集体访的处置：崇州市接待处理50人以上群体访5次，全部在规定时限内妥善处理。下半年，进京非正常上访大幅度减少。重大活动和敏感时期的信访工作：在全国、省市两会、西博会、“9·3”抗战胜利纪念日活动、中共十八届五中全会等重要活动期间，接访、下访、排查、化解、疏导、稳控、督查工作到位，并派相关人员驻会，无一例非正常上访问题发生。

【信访宣传】 在重大传统节日期间和法制宣传

月、法制宣传日以及“走基层”活动中，市、乡两级组织有关部门集中宣传《信访条例》及相关法规政策，现场为群众答疑释惑，当面为群众解决问题，受教育群众30万余人次。印发信访法律法规宣传画册3万份，制作展板7个。

【信访成绩】 一是“关爱信访妇女”活动取得成效。崇州市帮助信访妇女解决实际问题，由乡镇妇联与信访老户结对，通过开展“关爱、帮扶、疏导、教育”等活动，让信访妇女回归家庭。化解街子镇两名女信访老户的信访问题，遏制羊马镇一名女信访老户缠访、闹访行为。二是信访形势好转。市信访局每月定期研判信访形势，及时发出信访预警，落实包案领导，协调相关部门依法妥善解决信访问题。一年来，信访接待量同期相比持平，传统信访量大幅度下降，领导接访量同期相比降低58.3%。

（王艳梅）

党史·地方志

【概况】 2015年，市史志办创新开展史志宣传教育，扩大史志工作影响，完成2015年度党史大事记记录，补充完善2014年度党史大事记；完成党史网站建设维护工作，在“成都党史网站·崇州园地”更新维护宣传教育信息300余条，名列区县榜首；编纂出版抗战70周年纪念文集《崇州抗战烽火的记忆》；增订出版《崇庆县志增订版》；编纂出版《崇州年鉴》2014、2015年卷；编纂出版崇州市首部村志桤泉镇《群安村志》；编纂出版史志期刊《蜀州纵横》；编纂完成《成都史志·崇州专辑》。党史和地方志工作成绩突出，分别在成都市党史工作会和成都市地方志工作会上作交流发言。

【年鉴编纂】 市史志办坚持政治严肃性、资料权威性、数据准确性、内容实用性原则，编纂出版《崇州年鉴》2014、2015年卷。两本年鉴皆采取分类编辑法，按类目、分目、条目三个层次的体例编辑，借鉴《成都年鉴》编排方法，对内文进行新的分目归类，形式上更为科学严谨，主要记载崇州地区2013、2014年度基本情况、发展变化及年度大事要闻。完成《成都年鉴》2015年卷崇州部分、《四川年鉴》2015年卷崇州部分编纂和报送工作。

【《崇庆县志增订版》编纂】 新编《崇庆县志》是国家第一轮修志的代表作之一，先后获评成都市地方志优秀成果一等奖、成都市哲学社会科学优秀科研成果二等奖、四川省哲学社会科学优秀科研成果三等奖、四川省优秀图书奖、中国西南西北片区书籍装帧设计二等奖、全国新编地方志优秀成果一等奖。随着修志实践的发展，逐渐在纲目体例、编排序列、史事记述、文字校订等诸方面发现了一些问题。2015年，市史志办组织开展《崇庆县志》增订工作，聘请原志总纂张伯龄老师担纲主持。12月，《崇庆县志增订版》出版发行，新增《编外特载》20余万字，并对原志篇目作出90多处调整和修改，新增人物传略和篇后备考10余则。

【《群安村志》编纂】 市史志办编纂出版了崇州市第一部村志《群安村志》。《群安村志》是崇州编纂村志和社区志的试点，全书纯文字10余万，详细记述了桤泉镇群安村1913—2013百年间政治、经济、社会、文化、群众生活诸方面的发展变化，记述了群安村统筹城乡改革发展的做法和经验，具有非常重要的意义和参考价值。

【《崇州抗战烽火的记忆》编纂】 2015年是中国抗日战争暨世界反法西斯战争胜利70周年，

市史志办在抗战纪念日前编纂出版了纪念文集《崇州抗战烽火的记忆》。全书由坚强后援、生当人杰、远征印缅、浴血疆场和论文特载五大部分构成，收录了62篇文章，共计24万余字，对教育引导崇州人民铭记历史、祈愿和平，对鼓舞激励崇州人民奋勇拼搏、勇往直前具有积极的意义和深远的影响。

【《蜀州纵横》编纂】 市史志办编辑出版《蜀州纵横》2014年上下期和2015年上下期。创新开发《蜀州纵横·元通专辑》，从元通史志、人物、遗珍、民俗、追忆、留痕、新生等多个方面，深入发掘元通史志文化，对古镇元通进行详细的解析。《蜀州纵横·元通专辑》的出版发行，对元通AAAA景区打造、扩大景区影响具有非常积极的作用，受到广泛好评。

【史志宣传】 一是继续开展好崇州党史和地情知识基层宣传。市史志办制作党史、地情知识宣传展板，在全市各乡镇（街道）巡回展出，提高市民史志知识知晓率，扩大史志宣传教育覆盖面。下半年，以基层宣传为蓝本，自编自导自演情景剧《人杰地灵话崇州》，在市委宣传部举办的“走基层·践行党的群众路线”优秀基层宣传案例评选活动中获得优秀奖。二是举办纪念张露萍烈士牺牲70周年座谈会。市史志办在张露萍烈士牺牲纪念日，召集各乡镇（街道）、市级相关部门座谈，缅怀张露萍烈士的英雄业绩，追思她光辉而短暂的一生。市委常委、统战部部长郑继良到会并作讲话，要求大家学习张露萍烈士坚韧不拔、英勇不屈的革命意志和前仆后继、舍生取义的献身精神，史志专家张伯龄、曹明理、杨明春等在座谈会上交流了张露萍先进事迹研究情况，揭示了张露萍精神的深刻内涵，阐明了发掘、传承和发扬张露萍精神的重要意义。三是继续做好史志短信发送工作。市史志办依托移动信息平台，以周五短信的形式让全市领导干部共享崇州史志知识及重要研究成果，丰富史志宣传教育内容。四是用史志成果助推廉政建设。8月，市史志办配合市纪委参与录制四川电视台专题节目《廉洁四川——铁面御史赵抃》，提供资料并接受采访，弘扬了崇州廉政文化。

【地情资源开发利用】 市史志办围绕“产业新城、品质崇州”建设，挖掘整合崇州历史文化名城资源，探索地方志融入经济社会发展新的切入点，加强地方志成果的转化利用，做到地情资料的开发利用与城市建设有机结合。唐人街项目、四大新城、街子古镇、元通古镇、“两山”功能区打造，都精选了《崇庆州志》《崇庆县志》《崇州市志》《崇州民俗志》记载流传的史籍资料。史志文化的深度融入，为崇州城市建设和古镇打造增添了新的神韵。2015年，市史志办配合市委、市政府重大决策部署和中心工作，积极为承担重任的部门和乡镇提供地情资料，全年接待资料查询70余人次，提供资料书刊100多册。在馆藏资料不尽、欠实时，及时组织开展调研活动，深入实地进行调查走访，收集文字、图片资料，充实馆藏以备后用。结合《元通镇志》的记述，对元通古镇资料进行古今对比，收集整理元通古镇古建古迹的第一手资料，出版发行《蜀州纵横·元通专辑》，为元通古镇打造AAAA景区提供科学依据和有效载体。

（周明强）

档案管理

【概况】 市档案局、市档案馆实行一套班子、两个牌子的管理模式，履行全市档案工作行政管理、档案保管利用两种职能，内设办公室、业务指导科、档案管理科 3 个职能科室。

【加强档案管理】 一是专题学习中共中央办公厅、国务院办公厅《关于加强和改进新形势下档案工作的意见》，学习省、成都市“实施意见”。二是贯彻执行《中华人民共和国档案法》和《档案管理违法违纪行为处分决定》，开展档案执法检查和档案普法培训及新农村档案知识培训。6 月，召开全市档案工作会，采取以会代训的方式培训分管领导和专兼职档案人员 300 多人次。三是加强部门、乡镇档案管理。依法监督指导各乡镇、行政村、社区和市级各部门做好 2014 年档案资料立卷归档，确保档案资料齐全完整。

【档案馆（室）建设】 市级各部门、各乡镇（街道）加强档案室建设，逐步配备档案专用库房及配套设施。市档案馆完善档案查阅大厅和爱国主义教育基地配套设施，做好档案陈列室布展和档案编研工作。

【档案服务】 市档案局加强对市工业集中发展区、羊马新城、街子镇等地重点建设项目和重大招商引资项目档案管理指导。安排专人对棚户区改造、老旧院落改造、老旧市场改造、河渠污染治理等前后面貌进行对照拍摄，并将所拍照片甄选后整理归档，以见证全市经济社会的发展变化。加强民生档案的查阅利用服务，做好全市重大活动和重要政务活动档案的采集管理工作。接待到馆查阅档案群众 7000 余人次，提供利用档案 6000 余卷（盒）；提供利用资料 178 卷（册），查阅 165 人次；打印、复印档案资料 1 万多页，为利用者提供方便快捷的档案信息服务。推进档案数字化工作，市财政投入 81 万元对 221 万页约 10 万件纸质档案进行全文数字化。

【档案接收】 市档案局依据《中华人民共和国档案法》的规定，做好市级各部门、各乡镇（街道）到期档案的接收入馆工作。做好到期档案的鉴定开放工作，并向社会开放查阅。

【档案文化建设】 市档案局与市电视台、《今日崇州》等新闻媒体合作，开办“百年崇州”“崇州历史上的这一周”专栏，宣传崇州重大历史事件；开办“崇州档案”专栏，宣传档案业务知识；与市史志办等单位联合编纂出版《崇州抗战烽火的记忆》一书。

（唐其凤）

干部教育培训

【概况】 市委党校、市行政学校占地面积 18 亩，建筑面积 8400 平方米，其中党员干部培训中心建筑面积 7200 平方米，校园绿化率 65%。学校教学科研软硬件设施、设备完善，有图书阅览室、电脑室、多媒体教室等。2015 年 9 月，增挂崇州市农村改革教育培训中心牌子，学校实行“三个牌子、一套班子”的管理体制。内设办公室、教育科、科研科、信息科、后勤科、农村改革教育培训科 6 个职能科室。

【干部培训】 2015 年，崇州市举办各类培训班 30 多期，培训 5570 余人次。其中，农村支部书记、村（社区）主任培训 2 期，548 人次；局级领导干部培训 6 期，505 人次；年轻干部、优秀公务员及入党积极分子培训 3 期，1700 余人次；公文写作与计算机培训 3 个班次 200 余人次；新任领导干部培训 1 期，63 人次。完成成都市经信委、崇州西藏商会等非主体班和委托培训 28 场，培训 2630 余人次。

【科研调研】 2015年，学校独立完成省委党校系统立项课题3项、成都市委党校系统立项课题6项、成都市社科立项课题1项，其中2个课题获得省市优秀调研课题；完成与本市社科联合作科研课题9篇；组织报送征文11篇，其中2篇论文入选“川渝蓉研讨会”参会（《论文集》收录发表），1篇在大会发言交流；在省市级刊物、《今日崇州》发表科调研成果22篇；获评省党校第九届优秀科研工作组织奖。

【师资建设】 学校采取内引外联、资源共享等方式，建立起一支集领导干部、专家学者和专职教师为一体，适应崇州干部教育培训的师资队伍。新引进2名硕士研究生，充实教师队伍；安排党校专职教师上挂下派到机关、部门锻炼，提高教师的实践工作能力和调研能力，先后派4人次到市委政研室、市纪委、市委组织部、市委宣传部锻炼；组织教师深造学习，安排授课教师分期分批到上级党校和其他高校进行培训，掌握最新的教学理念和教学方法，提高教师素质，完成本校师资培训40余人次；经常组织教师参加国家、省、市组织的理论研讨会和学术研究，了解和掌握前沿的科学理论知识和先进理念。

【信息化建设】 学校加大信息化建设投入，升级更新信息化设施和办公设备；选派专业技术人员负责维护、保养信息化设施、设备，确保正常运行，保证教学、科研和日常工作顺利开展。利用中央党校卫星远程教学网C级站的教学资源，采集教学专题100余个，为学校教学、科（调）研服务。

【对外宣传】 市农村教育改革培训中心致力宣传崇州市深化农村改革的方针政策和经验成果，截至2015年12月底，接待非洲刚果共和国以及湖北、广东、上海等国内外党政代表团参观考察74批次2300余人次，完成宣传解说和教学工作任务。

（曾　议）

老干部权益保护

【概况】 市委老干部局是市委组织部管理的机构，内设办公室1个科室。管理服务离休和县级退休干部99人，其中崇州市离休干部36人、市（县）级退休干部48人，代管易地安置和省、成都市驻崇州单位离休干部15人。被成都市老干部局评为2015年度老干部“两项建设”工作成绩突出单位、落实老干部生活待遇工作成绩突出单位。

【“两项”建设】 市委老干部局发挥老干部党校作用，加强老干部思想政治建设和离退休干部党支部建设。2015年，组织老干部政治学习和党性教育4次，参加人员295人次；组织老干部实地参观考察4次，参加人员330余人次。做好社会经济发展情况通报工作。市委、市政府向全市老干部作情况通报2次，参加人员180余人次。做好报刊杂志征订发行工作，为老干部订阅《人民日报》《四川日报》等16种报刊杂志，为每位老干部征订《晚霞》《晚霞报》等报刊杂志。坚持老干部阅文制度，每月10日，将有关文件送到老干部休养所供老干部阅读。全年组织阅文12次，送阅文件260余份，参阅老干部320人次。

【开展老同志为党和人民事业增添正能量活动】 市委老干部局成立蓉城金秋志愿服务崇州中队，由33名离休和副县（市）级以上退休干部组成，中队下设诗歌创作分队和关工委分队。老干部诗歌创作分队围绕国家重大方针政策及崇州市发展变化等方面情况创作诗稿160余首，出版诗刊《蜀城金秋》4期；老干部关工委分队看望困难学生2人，慰问困难老党员1人。开展“展示阳光心态、体验美好生活、畅谈成都变化”主题活动。做好老干部健康保健工作，邀请专家、教授为老干部讲解老年养生保健知识2次。组织老干部学习中共十八大和十八届三中、四中、五中全会精神及习近平总书记系列重要讲话精神，提高老干部对国家大政方针的认识，引导老干部发挥正能量作用。召开建言献策座谈会2次，老干部为崇州市城市建设提出建设性意见建议2条。

【老干部生活待遇】 市委老干部局加强与财政、卫生和社保部门的协调联系，确保“三个机制”有效运转，使老干部的离退休费按时足额发放、医药费及时按规定报销。贯彻执行有关老干部生活待遇的各项政策，中央、省、成都市有关老干部政策规定得到全面落实。做好老干部体检工作。6月，组织全市老干部到市人民医院进行系统体检。老干部特殊困难救助机制有效运行。向有特殊困难的14名老干部、10名老干部遗孀和3名新中国成立初期参加革命工作的退休干部发放困难救助金共计7万元。

【抗战胜利70周年纪念活动】 在纪念世界反法西斯战争胜利暨中国人民抗日战争胜利70周年之际，市委常委、组织部部长牟家忠带队，分别上门走访看望了秦锡安、薛同华、阴保清等5位抗日战争时期参加革命工作的离休干部，并代表市委、市政府向他们颁发“中国人民抗日战争胜利70周年纪念章”及慰问金每人5000元。组织舞蹈《红旗飘扬》参加成都市委老干部局举办的“追忆峥嵘岁月·开创美好未来”文艺汇演活动。

【离退休干部服务管理】 市委老干部局坚持走访慰问制度。做到“三必访”：在春节、中秋、重阳等传统节日，代表市委、市政府普遍走访慰问全市老干部，向他们送去节日的慰问；为老干部祝寿贺生，送去生日蛋糕和鲜花102份；看望生病住院老干部326人次。为老干部和老干部遗孀办实事解难题，市财政预算资金13万元，为30名老干部无工作配偶及遗属购买城镇居民医疗保险和农村“新合”医疗保险；帮助原离休干部刘再铜遗孀何秀英协调落实拆迁安置房。

【老干部活动】 市委老干部局依托老干部休养所，组织老干部开展棋牌、健身等日常活动。老干部休养所全年365天对老干部开放。组织老干部诗歌小组前往三郎镇、更新生态农业开发有限公司等地采风4次；开展庆“七一”“八一”和抗日战争胜利70周年等活动3次；开展钓鱼、门球、象棋、诗歌等小组活动12次。

（罗利娟）

崇州市人民代表大会

CHONGZHOU YEARBOOK

【概况】 市人大常委会设办公室、研究室、信访室、财经工作委员会、法制工作委员会、教科文卫工作委员会、城乡建设环境保护工作委员会、代表联络工作委员会8个委室。崇州市第十七届人民代表大会常务委员会于2012年3月选举产生，由主任柳宁，副主任周水全、谢艳华、邓雅兴、张年福、兰宏、张荣农、王志伟、张林、黄友丽、赵谦、白银刚、袁仕洪、屈世樑、王勇、方志勇、朱明鉴、刘启蓉、羊省、余刚、林云青、罗崇刚、周玉兰、俞强、龚必成、曾柱义、游刚27名委员组成。

【人大会议】 4月8日，市第十七届人民代表大会第五次会议召开。会议听取和审议了市人大、市政府、市法院、市检察院工作报告；审议了2014年国民经济和社会发展计划执行情况及2015年计划（草案）的报告（书面）；听取和审议了2014年财政预算执行情况和2015年财政预算（草案）的报告。

【常委会会议】

表4

时间	届次	主要议题
1月7日	第十七届人大常委会第十八次会议	审议市十七届人大第五次会议相关事项
1月28日	第十七届人大常委会第十九次会议	根据崇州市人民政府市长高翔提名，同意免去文国洪崇州市人民政府办公室主任职务、毛向阳崇州市发展和改革局局长职务、方敏崇州市人力资源和社会保障局局长职务、俞冬梅崇州市环境保护局局长职务、姜德尧崇州市城乡建设局局长职务、高永强崇州市水务局局长职务、且直崇州市审计局局长职务；同意任命姜德尧为崇州市人民政府办公室主任、俞冬梅为崇州市发展和改革局局长、陈文宇为崇州市经济科技和信息化局局长、文国洪为崇州市人力资源和社会保障局局长、谢建明为崇州市环境保护局局长、李超为崇州市住房和建设局局长、马绍宏为崇州市城乡管理局局长、马永忠为崇州市水务局局长、陈玲为崇州市文化体育旅游局局长、胡川为崇州市卫生和计划生育局局长、张学如为崇州市审计局局长、余文祥为崇州市市场监督管理局局长、万敏为崇州市统计局局长。根据崇州市委提名并经市人大常委会主任会议研究，同意任命李承松为崇州市人大常委会教科文卫工作委员会副主任、余明为崇州市人大常

续表4

时间	届次	主要议题
1月28日	第十七届人大常委会第十九次会议	委会城乡建设环境保护工作委员会副主任。根据崇州市人民法院院长马长明提议，同意免去谭勇崇州市人民法院副院长、审判委员会委员、审判员职务，伍红崇州市人民法院审判委员会委员、审判监督庭庭长、审判员职务；同意任命靳崇伟为崇州市人民法院副院长、审判委员会委员、审判员。根据崇州市人民检察院检察长龚亚明提议，同意免去靳崇伟崇州市人民检察院副检察长、检察委员会委员、检察员职务，王玉梅崇州市人民检察院检察员职务；同意任命刘侨为崇州市人民检察院副检察长、检察委员会委员、检察员。经崇州市第十七届人民代表大会常务委员会第十九次会议表决通过，同意免去王勇崇州市第十七届人民代表大会常务委员会委员职务。
4月2日	第十七届人大常委会第二十次会议	审议市十七届人大第五次会议相关事项。经会议表决通过，决定任命欧昭为崇州市人民政府副市长、代理市长。接受高翔因工作调动，申请辞去崇州市人民政府市长职务的请求。
5月14日	第十七届人大常委会第二十一次会议	会议许可成都市公安局锦江区分局对崇州市第十七届人大代表苏怀安依法采取强制措施。
7月1日	第十七届人大常委会第二十二次会议	根据市人大常委会主任会议提名，同意免去陈正学崇州市崇阳街道人大工作联络处主任职务。根据崇州市人民法院院长马长明提议，同意免去谭德全民事审判第一庭庭长职务、易凌波民事审判第一庭副庭长职务、吴冬开民事审判第二庭庭长职务、黄艳萍立案庭庭长职务、刘勇速裁庭庭长职务、刘建英速裁庭副庭长职务、李健河西人民法庭庭长职务、冯全三江人民法庭庭长职务、王克勤怀远人民法庭副庭长职务、刘耿羊马人民法庭庭长职务、羊虎元通人民法庭庭长职务、高志鸿立案庭副庭长职务；同意任命李健为民事审判第一庭庭长、胡芳为民事审判第一庭副庭长、易凌波为民事审判第二庭副庭长、刘勇为行政审判庭庭长、杨文军为立案庭庭长、羊虎为速裁庭庭长、徐晓双为速裁庭副庭长、张蓉为审判监督庭副庭长、王秀琴为刑事审判庭副庭长、冯全为元通人民法庭庭长、赵竹为元通人民法庭副庭长、刘建英为怀远人民法庭副庭长、王克勤为羊马人民法庭副庭长、孙岭为三江人民法庭副庭长、谢奎为三江人民法庭副庭长、易春艳为河西人民法庭副庭长。听取和审议了崇州市司法局局长戚斌受市政府委托所作的关于贯彻执行《中华人民共和国公证法》的情况汇报。
8月26日	第十七届人大常委会第二十三次会议	根据崇州市人民法院院长马长明提议，同意任命徐晓双、倪望博、羊娟、岳小艳为崇州市人民法院审判员；同意任命胡春阳、吴磊、李建全、陈丽、周崇军、余绍炳、孙珊、秦晓雪、张春文、佘仲文为崇州市人民法院人民陪审员。听取和审议了崇州市财政局局长丁加武受市政府委托所作的关于2014年财政决算的报告及关于贯彻执行《中华人民共和国预算法》的情况汇报；听取和审议了崇州市审计局局长张学如受市政府委托所作的关于贯彻执行《中华人民共和国审计法》的情况汇报；听取和审议了崇州市文化体育旅游局局长陈玲受市政府委托所作的关于贯彻执行《中华人民共和国非物质文化遗产法》的情况汇报。
9月25日	第十七届人大常委会第二十四次会议	会议补选了成都市人大代表。根据成都市委提名，推荐吕瑶为成都市第十六届人民代表大会代表。听取和审议了崇州市环保局副局长刘亚平受市政府委托所作的关于贯彻执行《中华人民共和国环境保护法》的情况汇报。
10月13日	第十七届人大常委会第二十五次会议	经会议表决通过，接受刘荣华、王峻昆因工作调动，申请辞去崇州市人民政府副市长职务的请求。根据崇州市人民政府市长欧昭提名，同意任命赵卫东、肖瑶为崇州市人民政府副市长。
11月12日	第十七届人大常委会第二十六次会议	根据崇州市人民政府市长欧昭提名，同意免去黄来远崇州市民政局局长职务，同意任命王勇为崇州市民政局局长。根据市人大常委会主任会议提议，同意任命李鸿奎为崇州市崇阳街道人大工作联络处主任、伍红为崇州市人大常委会法制工作委员会副主任。听取和审议了市人民政府《关于十七届人民代表大会第五次会议代表建议、批评和意见办理情况的报告》。经会议表决通过，接受苏怀安、何福明辞去崇州市第十七届人民代表大会代表职务的请求。

续表4

时间	届次	主要议题
12 月 17 日	第十七届人大常委会第二十七次会议	经会议表决通过，接受李榕辞去崇州市第十七届人民代表大会代表职务的请求。根据崇州市委提名并经市人大常委会主任会议研究，同意免去刘彬崇州市人大常委会副秘书长、办公室副主任职务，同意任命刘彬为崇州市人大常委会代表联络工作委员会副主任。根据崇州市人民法院院长马长明提议，同意任命吴冬开、刘勇、陈澍为崇州市人民法院审判委员会委员。听取和审议了崇州市财政局局长丁加武受市政府委托所作的《关于崇州市 2015 年财政预算调整方案的报告》
12 月 25 日	第十七届人大常委会第二十八次会议	根据成都市委提名，补选欧昭为成都市第十六届人民代表大会代表。会议许可司法机关对崇州市第十七届人大代表闫国强依法采取强制措施。

【法律监督】 2015 年，市人大常委会对《中华人民共和国公证法》《中华人民共和国非物质文化遗产法》《中华人民共和国预算法》《中华人民共和国审计法》《中华人民共和国环境保护法》5 部法律的贯彻执行情况进行了审议。在审议过程中，各相关工委都在事前作了深入细致的视察、调研，做了大量的问卷调查，并在此基础上形成初审意见，再提交常委会审议。在审议环保法时，一是相关工委走访工作联系部门，听取环保法贯彻执行情况，并实地察看了家具挥发性有机污染物治理情况，掌握第一手资料；二是邀请部分市人大代表和相关单位召开座谈会，充分征求多方意见；三是形成初审意见后提交人大常委会讨论审议，形成决议，既肯定了市政府在贯彻实施这些法律法规方面所取得的成绩，也分析了存在的问题，并提出工作建议。对贯彻执行《中华人民共和国非物质文化遗产法》进行执法检查时，侧重听取审议关于加强“保护为主、抢救第一、合理利用、传承发展”的非遗保护原则情况报告，强调重点做好非遗资源挖掘整理、科学传承、合理发展等方面工作，将非物质文化遗产保护同发展旅游业结合起来，提升品质崇州地方软实力。配合上级人大做好《成都市地方立法条例》《成都市人民代表大会代表建议、批评和意见办理规定》《成都市养老服务促进条例》3 部条例和规定的调研修订工作，为条例和规定的出台提供大量翔实的基础数据。

【工作监督】 2015 年，市人大常委会实施了美丽新村建设、10 万亩粮食高产稳产示范基地、智慧城市建设、大数据产业、农业产业化发展、经开区重大建设等项目监督，先后 10 余次组织成都、崇州两级人大代表对新农村建设、精准扶贫、经济运行、工业经济发展、现代农业建设、环境保护、市政基础设施建设等进行集中视察、检查和调研，提出有针对性的建议和意见，适时作出决议、决定。加强对计划和预算执行情况的审查和动态监督，保证国民经济和社会发展计划及财政预算顺利实施。2015 年，市人大常委会首次开展专题询问，针对崇州美丽新村建设工作对全市相关职能部门的主要负责人进行专题询问。常委会组成人员、人大代表就农村住房、安置房建设、农村污染治理和环境保护、公共服务均等化、精神文明建设等话题，争相发表意见并提出问题，各职能部门负责人一一解答，市人大常委会和百姓的联系更紧密，与百姓心声“同频共振”。

【人大调研】 2015 年，市人大重点安排了对精准扶贫、就业、教育、医疗卫生、交通、食品安全、社保等情况的专题视察。同时关注城市盲道建设、城市公厕、交通拥堵、夜间巡逻、体育中心夜间锻炼照明等一系列与老百姓生活息息相关的问题。相关工委持续跟踪全市金融安全、电梯质量安全以及草坪种植对土壤破坏等问题，并向政府相关职能部门提出建议。成都市人大常委会副主任仰协会同崇州市人大常委会班子对公议乡经济发展缓慢村进行了调研，牵头对三合堰、桤木河、公议乡灵秀村进行水环境整治，累计投资 2160 万余元。在三郎镇、文井江镇、怀远镇、公议乡修建蓄水池和山坪塘等工程，累计投资 1100 万余元。相关工委开展了一次针对崇州养老产业的调研，组织委员和代表到公办民营养老机构、日间照料中心进行调研，关注医养结合养老模式。调研了新组建的市场监督管理局、卫生与计划生育局，支持市政府推进机构改革和职能转变。

【人事任免】 市人大常委会坚持党管干部，坚持依法行使人事任免权，完善任前法律知识考试制度。补选市政府市长为成都市第十六届人民代表大会代表，依法指导相关选区组织补选 8 名崇州市人大代表。组织任前法律知识考试 15 人次，任免地方国家机关工作人员 80 人次，为地方国家机关正常运转提供组织保障。推进完善人民陪审员制度，任命人民陪审员 10 人，保障公民依法参加审判活动，促进司法公正、公开。

【代表工作】 代表工作是人大常委会工作的重要组成部分。2015 年，常委会牢固树立代表的主体意识，完善服务保障机制，构建联系代表平台，拓展工作载体形式，使代表工作在新常态下有新作为。改进代表建议、批评和意见督办工作，提高代表满意率。十七届人大五次会议期间，代表们认真履行代表职责，在大量调查研究的基础上，就政治、经济、文化、教育、卫生等各个方面的事务提出建议、批评和意见 67 件。人大常委会整理归类后，及时移交市政府办理、答复。市政府召开常务会议，将建议、批评和意见办理工作纳入一级目标管理考核内容。市长与分管副市长分工定责，目督办实施全过程跟踪检查督促，办结率 100%。常委会组织代表以集中视察调研的形式对涉及民生的重点建议和意见进行事后问询，如针对代表提出的加快川西林盘保护的建议，市人大专门邀请提出建议的代表现场查看办理情况，加强督促检查，提高督促办理实效。对建议中涉及的元通“AAAA”景区推进情况、怀远二江路、明湖二期安置房建设等项目也组织了视察，助推了项目建设进程。组织代表活动，为代表履职行权创造条件。指导各代表小组开展活动 68 次，420 余人次参加。通过“人大代表之家”工作平台开展各级代表活动 98 次，省市县乡各级代表 792 人次参加。代表向选民述职 70 余人次，接待选民 8200 余人次，收集建议 70 余条。组织成都市级代表到金堂异地交叉视察学习，引导代表围绕中心工作，积极履职尽责，发挥人大代表踊跃参政议政热情，提高参政水平和依法监督能力。继续深化“人大代表之家”工作，建立健全网络履职平台。指导全市乡镇、街道利用“人大代表之家”平台做好人大工作。利用现代电子网络建立高效便捷的市人大代表议案、建议网上办理工作平台，实现人大代表履职常态化、信息化、制度化运作。发挥人大代表桥梁纽带作用，推动民生建议常态化办理。方便选民及时了解人大制度，知晓工作动态，查看履职经验，将市人大的各项工作延伸至全市各个角落，形成一张方便联系选民的工作网。开展走访代表工作，走访了部分成都市人大代表，收集、整理他们联系选民和反映选民的意见、诉求等方面情况，形成建议递交成都市人大常委会。积极参加成都市人大常委会相关工作委员会召开的座谈会，并提出意见建议。通过走访和征求代表意见，进一步丰富人大代表依法履职的内涵和外延，发挥人大代表为民服务的作用。指导乡镇人大主席团依法有序开展工作。市人大常委会主任、副主任和机关各委办人员先后到王场、锦江、济协、观胜、公议、桤泉、元通、隆兴、廖家、白头、道明、集贤等乡镇人大主席团进行工作指导。指导各乡镇人大主席团、街道人大工作联络处代表向选民述职。先后组织70余名市镇（乡）两级人大代表向选民述职评议，选民满意率在95%以上。开展“聚力精准扶贫·人大代表在行动”活动，发出活动倡议书，要求各级代表响应市委、市政府号召，发挥人大代表优势，为精准扶贫献计出力。扎实开展代表宣传工作。与崇州电视台配合，继续开设《走近人大代表》专题栏目，先后报道6名人大代表认真履行职责、发挥代表作用的事迹，起到典型引领和示范作用。做好代表培训和补选工作。组织常委会组成人员和部分市、县、乡级代表参加全国人大举办的业务培训6批次62人次。2015年，市代表出缺8名，常委会先后组织道明镇、公议乡、三郎镇、白头镇、驻军系统等选区依法予以补选。

【信访工作】 市人大常委会始终把办理群众来信来访作为畅通民情、维护民权的一项重要工作，对来访群众热情接待、认真倾听、耐心解释，切实做好疏导工作，尽力把问题解决在萌芽状态，把矛盾化解在基层。对来信反映的问题，按照“分级负责，归口办理”的原则和“四个百分之百”的要求分别处理。对重大、疑难或具有一定社会影响的典型信访事项，采取督办协办等方式进行处理。2015年，受理群众来信来访175件（批次），督促“一府两院”依法办理了一批涉法涉诉以及涉及征地拆迁、劳动社保、民工工资、村务公开等信访案件，办理了一批涉及个人切身利益的个案诉求，维护了人民群众合法权益。

（杨　蕾）

崇州市人民政府

CHONGZHOU YEARBOOK

政府办公室

【概况】 2015年，市政府办公室按照市政府职能转变和机构改革总体部署完成职能职责和机构调整，内设综合科、秘书一科、秘书二科、信息科、机要科、机关事务管理科、市政府研究室7个科室。应急管理职能整体划出，其余职能职责不变。

【中心工作】 市政府办公室创新方式方法，弘扬“马上就办”精神、奉献敬业精神、高度负责精神，做到文稿快起草、公文快处理、会务快筹备、信息快反馈、督办快落实，始终保持吃苦耐劳、埋头苦干、忘我工作的优良作风，办事程序严格、工作责任细化，各项工作都更加精细、规范、严密，履行了参谋、助手、协调、保障等职责，保证了市政府高效运转。

【综合协调】 市政府办公室坚持“办公室工作无小事”理念，发挥枢纽作用，加强与上级部门的联系，强化与各乡镇（街道）、各部门的合作，协调市政府领导交办的重要工作，积极组织相关部门开展督查检查，狠抓工作推动和落实，认真处理来函、来电、来访，及时拆封、传达和引导，接待群众来访221人次，稳妥处理了一些历史遗留的信访维稳问题，为群众解决了合理诉求。做好市政府领导日常工作的安排，加强与市委、人大、政协三大办公室的互动联系和事务协调。

【信息调研】 市政府办公室坚持以全市中心工作和重大项目为抓手，总结特色亮点、反映突出问题，先后深入重点企业、机关单位、基层一线开展了电子信息产业发展、招商引资、农业农村改革等系列调研，掌握第一手资料。撰写调研报告和工作建议10余篇，编发《政务信息》46期、刊载政务信息700余条；上报成都市政府重要信息377条，采用94条，其中1条被省政府办公厅采用，《崇州市崇阳街道创新“七步工作法”扎实推进老旧院落改造》等3篇调研信息被成都市政府政务信息（专刊）采用，《崇州市加快实施供给侧改革力促经济发展》等2条信息获得成都市政府领导肯定性批示，《崇州市深化土地股份合作促进产业互融发展》等5条被评为优质信息。做好政务公开工作，主动公开各类政府信息 700 余条，按时处理依申请公开的政府信息 23 件，及时处理率 100%。

【文会办理】 市政府办公室规范来文审查、发文审核、文件办理等规程，严把公文拟稿、审核、会签、签发程序关，提高公文撰写质量，减少公文差错。高质量承办市政府全体会、市政府常务会、市长办公会等会议 30 次。与 2014 年同期相比，全市性会议降低 20.1%，发文降低 27.9%。认真研究上级政策，精心起草工作报告、领导讲话、汇报材料等资料，全年完成各类重要文稿 100 余篇。及时将《政府工作报告》、市长办公会、专题会议确定的工作任务分解落实到相关领导和职能部门，促进各项决策和目标任务的落实。

【事务处理】 市政府办公室严格执行带班值班制度，认真落实 24 小时值班值守。来电来信及时分流处置，值班记录规范归档保存，值班电话时刻畅通；严格执行重大突发性事件报告制度，确保重大事项及时传达。对热线电话办理、重特大紧急情况呈报、群众来访等各个环节进行严格管理，构筑高效快捷的服务通道，提高应对和处理重大突发事件的能力和水平。全年受理成都市市长信箱投诉、问题反映 1058 件，成都市公开电话 5734 件，做到 100%处理回复；受理崇州市市长信箱投诉、问题反映 5191 件，崇州市市长公开电话 765 件，回复率 98%，收到群众来信 151 封，做到合理诉求来信每封有回复；公务车辆管理规范化、制度化，严格控制一般公务车购置；加强政府机关院内停车管理和安全保卫，加强外来人员询问登记，全年无刑事案件和重（特）大事故发生。

【“三严三实”专题教育】 市政府办公室严格对照“三严三实”标准，坚持以上率下，带头学习相关文件资料，带头开展边查边改。针对查找出的“不严不实”问题，自觉对照“三严三实”要求，区分问题的轻重缓急，从群众意见最大、最不满意的问题改起，从群众最希望办、当前能办好的事项入手，有什么问题就解决什么问题，什么问题突出就解决什么问题，做到即知即改、立行立改、边查边改，让群众看到变化、见到成效。在整改过程中，修改完善《崇州市人民政府办公室工作手册》，从工作规则、公文处理、会务办理、事务办理、突发事件处理、信息公开、督查督办、公务车辆管理 8 个方面完善市政府内部运行机制，确保为领导、基层、群众提供更加优质高效的保障和服务。

（吕　坤）

人力资源·社会保障

【就业促进】 市人社局利用“春风行动”、周五专场招聘会、民营企业招聘周等活动，开展现场招聘会 41 场，接待企业 730 家、求职者 25639 人次，签订意向性协议 8174 份。提高劳动者素质，按照“市场导向、合理定位、资源共享”原则，整合社会培训资源，引导校企合作开展定向培训，推进自主择校培训、直补参训劳动者等新政，实施特别职业培训计划，提高培训针对性。实施创业带动就业工程，搭建创业平台，建立崇州市“创业之星”评选推荐制度和创业项目海选征集制度，提升创业培训水平。2015 年，开展各类培训 25 个班次，培训人数 1333 人次。完成创业培训 480 人次，扶持 129 人自主创业，实现带动就业 1210 人。城镇新增就业 10408 人，完成目标任务的 131.5%；失业人员再就业 1621 人，完成目标任务的 130.9%；城镇登记失业率控制在 3.1%内；困难人员再就业 766 人，完成目标任务的

296.89%；农村富余劳动力新增转业就业 8625 人，完成目标任务的 110.57%；藏区“9+3”毕业生初次就业率 98%；开办创业培训班 16 期，培训合格 456 人次，促进大学生实现创业 94 人。新建高校毕业生就业见习基地，兑现补贴 11 个，完成目标任务的 110%。动态消除“零就业”家庭。促进 54 名高校毕业生实现创业，完成目标任务的 135%。农村中小学特岗教师计划志愿者在岗 22 人，完成目标任务的 110%；乡村公立卫生院大学生支医计划志愿者在岗 33 人，完成目标任务的 103%。受理小额担保贷款申请 4 笔，发放贷款 3 笔 25 万元。引领大学生创新创业 1112 人，完成目标任务的 111.2%。

【社会保障】 市人社局启动银行代扣代缴试点工作。江源镇、桤泉镇、羊马镇确定为城乡居民以银行代扣方式缴纳医疗保险保费工作试点乡镇。实施定点医疗机构协商谈判机制，对定点医疗机构医务人员实行协议管理，全市“两定”机构签订率 100%。全市城镇职工基本养老保险覆盖人数 13.92 万人（其中领取养老金 5.4 万人），新增扩面 0.68 万人，完成全年目标任务的 108%。城乡居民养老保险参保覆盖率保持在 90%以上。城乡居民养老保险参保人数 31.4 万人，完成目标任务的 111%；缴费人数 11.08 万人，完成全年目标的 103%；继续提高 60 岁以上城乡居民基础养老金发放水平，每人每月提高 15 元，总额每月 75 元。继续提高城乡居民基本医疗保险财政补助标准，提高医疗报销水平，“参合”农民住院医疗费用政策范围内报销比例 75%，解决城乡居民“看病难、看病贵”问题。完成城镇居民基本医疗保险规定参保人数，新农合覆盖率 99.32%。通过“关爱拯救行动”救助 50 名困难群众，发放救助金 111.71 万元。

【队伍建设】 市人社局组织专家开展智力咨询、技术指导和讲座 100 人次；进行“知识更新工程”培训和专业技术人才培训 5000 人次；高技能人才考评合格 500 人，完成目标任务。

【人事制度改革】 市人社局推进机关事业养老保险制度改革，解决“干好干差一个样”“吃大锅饭”等问题。按照“试点先行、实践探索、总结经验、全面推行”的原则，在 2 个市级部门和 7 个乡镇进行试点，推行公务员“1+5+1”平时考核方法，实现日常管理考核可视化，将平时考核结果作为年度考核的重要依据，同季度奖和年终奖励及职务晋升挂钩。完成 6 名军转干部安置工作；对全市机关事业单位“在编不在岗”情况进行清理和整改；事业单位新进人员按政策规定 100%实行公开招聘；完成事业单位工作人员年度统计，无漏报、迟报、不报现象；选派城区专业技术人员 15 人到农村基层支援服务工作；完成机关事业单位工资改革。调整后，市机关单位（含参公）在职人员 4285 人，人均月增资 921.62 元（其中，公务员 3309 人，人均月增资 963.68 元；工勤人员 976 人，人均月增资 778.71 元）；事业单位在职人员 7916 人，人均月增资 1252.82 元。机关单位（含参公）退休人员 1929 人，人均月增资 363 元；事业单位退休人员 4128 人，人均月增资 351 元。

【劳动关系调整】 强化柔性执法，预防和化解各类行政争议和矛盾纠纷。完善行政调解工作机制，全年受理劳动人事争议案件 345 件，涉及 345 人，结案率 99%。受理劳动争议仲裁案件 340 件，同比增长 39%，按期审结 315 件，结案率 93%。案外调解劳动争议 225 件，调解率 100%。企业职工劳动合同签订率 93%，企业集体合同签订率 92%。企业薪酬完成调查 19 户。劳动者举报投诉案件处理率 100%，劳动人事争议仲裁结案率 95%，仲裁办案信息系统办案率100%。劳动监察“两网化”建设纳入网格动态管理的用工单位数量达到参保单位的85%。劳动监察网格化管理覆盖率82%。100人以上企业采集比例101.42%，与社保系统指标比对成功率95.7%，信息完整度90%。每名专职监察员检查用人单位60户。

【基层公共服务建设】 崇州市基层平台机构（窗口）建成率100%，综合达标率100%。建成劳动就业社会保障服务中心（站）278所，硬件标准化建设、软件业务延伸达标率100%。行政审批事项入驻政务中心率100%，事项授权率100%，网上预审率90%，限时办结率100%。“12333”电话咨询接通率85%。

（周　伟）

外事·台务·侨务

【因公出国（境）管理】 市外台侨办严格执行中央“八项规定”和省委、省政府十项规定，控制因公出国（境）出访人数，计划指标12人，实际出国境11人，其中占指标7人。出访人员严格执行出访团组和出访人员行前、行后“双公示”制度和各项外事管理制度。

【对外宣传】 2015年，崇州市先后向美国、法国、澳大利亚及新加坡等国家政府机构发送图文并茂的中英文版《崇州简介》，宣传开放的崇州、发展的崇州。

【对外交流】 崇州市加强与马来西亚古晋南市友城互访，应古晋南市市长曾长青邀请，组团赴马来西亚进行友城交流、旅游推介和商贸合作。代表团与砂拉越州古晋中华工商总会签订《中华人民共和国四川省崇州市工商业联合会（总商会）与马来西亚砂拉越州古晋中华工商总会友好合作协议书》，意向性达成崇州赴古晋开展旅游—垂钓—休闲观光意愿和地方文化表演团互访意愿。7月12日，成都市区（市）县与美国硅谷城市群友好交流合作备忘录签字仪式在成都举办，市领导欧昭参加与门洛帕克市（MENLO PARK）结友城的签字仪式。全年，崇州市先后组织11人次，赴8个国家和地区开展文化、教育、司法及规划国际交流合作和培训学习。

【涉外民生工程】 市外台侨办在做好领事保护知识宣传培训的基础上，还针对性地对乡镇技工、农民工、海外华侨侨眷及学生家长进行海外领事保护知识培训。

【侨情调查】 市外台侨办贯彻落实中央党的群团工作会议精神及《关于加强和改进新形势下侨联工作的意见》，掌握崇州市侨情，服务侨界群众。在全市范围内开展为期一个月的侨情调查，摸清各类涉侨人士的底数，掌握服务对象的基本情况和需求，为下一步开拓侨务工作打牢基础。全市有侨眷33人，其侨属分别生活在美国、法国等7个国家。

【两岸交流】 市外台侨办组织两岸教育、农业、党建及科技团体交流互访。4月，市机关工委书记刘启蓉去台湾云林县了解国民党云林县党部党务工作开展情况。9月，崇州市选派16名中小学名优教师、校长到台湾培训学习。副市长王成龙带队赴台湾开展2015年成都—云林产业对接交流活动。10月，市人民医院李蓉等11名医务人员赴台湾台北医科大学学习先进医疗服务管理经验。10月，台湾科技产业联盟13家企业到崇州考察。11月，台湾云林县农会交流团到崇州交流考察。

（秦　俭）

公共资源交易服务

【概况】 市公共资源交易服务中心履行建设工程招投标、土地使用权出让、产权交易、政府采购等各类公共资源交易活动的组织、管理、负责职责。中心交易场馆完成搬迁改造，办公地点由蜀州南路1号搬迁至蜀州北路261号。内设综合部、财务部、政府采购交易部、建设工程交易部、综合产权交易部5个职能机构。

【交易服务】 市交易中心完成公共资源项目交易394个，交易金额12.44亿元。其中，完成建设工程项目交易126个，中标金额71850.28万元，节约资金3501.59万元，节约率4.7%；完成政府采购项目交易192个，成交金额12379万元，节约资金1579万元，节约率11.4%；完成国有资产类项目交易15个，成交金额2450.03万元，溢价金额802.23万元，溢价率48.7%；完成资源类项目交易61个，成交金额37764.02万元。交易成效分别被四川电视台、《四川日报》和《成都日报》报道。

【交易场馆搬迁改造】 市交易中心完成专用交易场所用房规范化改造，建成1500平方米公共资源交易新场馆。规范设置咨询受理、开标评标、拍卖、候标等功能区，各区域之间采用门禁、专人守护、电子监控等方式进行管控，将交易相关各方人员限定在相关区域，杜绝人员之间非正常接触。新场馆增设电子门禁系统，无线保密呼叫设备、全程电子音频、视频同步监控系统，做到项目组织开标——监督到场——正式开标——专家到场——开始评标——评标结束——资料保存各环节全程同步监控。

【公共资源交易质效】 市交易中心分步建成公共资源交易网络平台。建设工程网上报名系统4月建成并投入使用，5月完成首个建设工程网上报名。全年，通过平台完成百余宗建设工程项目交易，未发生因报名纠纷引起的投诉。建成综合产权交易信息发布系统，实现就地远程发布交易信息。加快政府采购网上运行平台建设，通用产品网上竞价系统投入运行。

【交易组织规范运作】 一是完善各项规章制度。市交易中心结合新出台的法律法规、PPP项目等新交易类型，从交易规则、现场管理、业务流程等方面着力，完善各项业务流程和规章制度36个。二是创设专业小组推进制。中心根据交易业务开展情况，成立信息技术小组、交易文件编制小组、评审现场服务小组、评审复核小组和现场监督小组5个专业工作小组，打破“科室制”的条块壁垒和“流程制”的环节限制，整合了人力、物力和时间资源，提升服务效能。

【交易队伍建设】 市交易中心组织开展“三严三实”和“学党章、守纪律、讲规矩”专题学习、研讨，提升交易队伍责任意识。开展主题教育学习，契合党风廉政、依法治市等开展系列培训学习，提升交易队伍廉政意识和法治意识。开展业务学习，结合新出台的涉及公共资源交易领域的法律法规，提升交易队伍法律意识。开展“走基层”“党员双报到”和“精准扶贫”等活动，增强队伍向心力。开展专项防控，紧盯标书编制、专家组织、保证金缴退环节开展防控，提升队伍自控力。开展内控管理，强化考勤考核，奖惩严明，增强队伍执行力。

（王　愉）

政务服务

【概况】 2月28日，市委、市政府制定《关于市政府职能转变和机构改革的实施意见》，将市规范化服务型政府（机关）建设办公室更名为市人民政府政务服务管理办公室，保留市人民政府政务服务中心牌子。市政务办（市政务中心）内设综合科、政务服务和公共资源交易管理科、协调督查科、电子政务科4个职能科室，下设网络信息管理站1个事业单位，设99个服务窗口（含2个综合窗口）。集中入驻29个市级部门，集中受理和办理877项行政审批和服务事项。2015年，受理各类行政审批和服务事项774855件，办结774762件，日均受理（办理）行政审批和服务事项3500件，现场办结率100%，按时办结率100%，群众满意率99.9%。市政务中心获评全国巾帼文明岗、成都市政务服务工作先进单位、成都市园林单位、崇州市无烟单位。

【行政审批制度改革】 一是开展行政审批流程和服务事项优化清理。市政务办（市政务中心）坚持行政审批合法性、合理性、便捷性原则，对全市29个部门的审批和服务事项进行优化清理，保留285项行政许可和592项其他事项，建立入驻事项动态管理机制，逐项编制服务指南，方便申请人使用。二是开展民生领域证明材料清理。依法规范群众办事要素材料，精简取消不合法、不合理以及主要为规避部门责任要求办事群众提供的各种证明、佐证材料，解决群众办证难、办事难问题。经市法制办和专门聘请的专家审核，民生领域保留证明材料291个，取消证明材料83个。三是推进网上审批。创新网上审批形式，试点推进全程网上审批。结合政务微博（微信）服务平台，在移动终端为公众提供网上预约服务和办件状态查询服务，形成具有崇州特色、符合崇州实情的线上预约、办件状态查询，线下实体服务“O2O政务服务”模式。四是改革审批方式。对建设项目实施并联审批，对重大投资项目实施模拟审批。深化商事制度改革，实施“三证合一、一照一码”，市场主体持续增长，新登记内资企业942户，同比增长26.4%；新增个体工商户2455户，同比增长40.8%。

【政务公开】 市政务中心依托崇州市政务微博服务群众办事大厅，直接服务公众诉求和办事需求。“@崇州服务”政务微博（微信）发布各类信息7000余条，处理网民诉求1300余条，开展线上线下微博活动24次，在省市级媒体正面宣传报道15次。依托行政权力公开运行平台，加大行权平台网上办件量。全年全市行权部门在行权平台办件4609件，其中行政处罚1296件（公安对接1024件）、行政征收955件、行政确认1745件、行政给付494件、其他行政权力119件。无预警件和报警件。依托基层公开综合服务监管平台，推进政务公开向基层延伸。录入信息968138条，其中乡镇（街道）录入信息6180条，村（社区）录入信息961958条。全市平台累计访问498773人次，通过平台向社会公开涉及民生政策及解读文本、解读人信息101条。全市信箱系统处理信件523条，按时回复率100%，满意率100%。推进公共企事业单位办事公开，以公开促服务提升。公开办事信息5035条，更新整改信息117条。

（冯艳梅）

政协崇州市委员会

CHONGZHOU YEARBOOK

【概况】 政协第十三届崇州市委员会有委员246人，其中女委员59人。下设经济农业委、提案委、社会法制委、民族宗教联谊委、文史学习委、教科文卫体委6个专门委员会和6个农村片活动小组，办事机构有办公室、委组办和研究室。

【政协会议】 2015年，政协崇州市委召开常委会5次，组织常委视察活动4次。召开主席会议12次，组织机关学习活动55次。举办各界人士座谈会6次，举办研讨会7次；组织专题调研44次、中心组学习5次、常委会会前学法5次；组织机关干部集中培训6次；组织重点调研12项，参加委员400人次。各专委会开展学习视察活动12次，农村片委员开展学习活动12次。组织委员和机关干部参加各类培训学习70多人次。

【信息宣传】 政协崇州市委在国家、省、市级以上媒体刊发理论文章、新闻稿件和经验交流文章100余篇，连续9年被评为全省政协宣传工作先进单位。《乡镇社会协商机制初探——以崇州市为例》被收入《中国政协协商》文集，并获2015度四川省社科院市县院（所）优秀成果奖。结合抗战胜利70周年，组织开展系列教育纪念活动，举办崇州市政协纪念抗战胜利70周年书画展。

【政治协商】 一是紧扣中心工作，做实协商活动。政协崇州市委全年开展各类协商活动23次。在市政协十三届四次会议期间，围绕“全面推进依法治市”开展专题协商，形成5个方面27条建议意见；围绕《政府工作报告》开展协商，形成6个方面29条重点建议；围绕“十三五”规划编制、农村共营制改革、10万亩粮食综合示范基地建设、社会治理创新、职业教育发展等开展专题协商；围绕南部新城基础设施建设、政务中心运行、文化与旅游融合发展、市级医疗机构就医环境、挖掘宗教资源助推旅游产业发展、有争议的提案等进行对口协商；围绕李家岩库区农业产业发展、西部志愿者服务管理、知识产权保护、维护侨商台商投资的合法权益、协商提案办理结果公开工作机制等进行界别协商。二是开展民主监督，推进决策科学。政协崇州市委组织各界别31名政协委员参加全市党风廉政建设座谈会，形成15条意见和建议；组织政协委员视察法院庭审现场，视察检察院基层工作室，开展法检两院工作民主监督，助推司法公正。三是积极建言献策，助力重点工作。政协崇州市委多次组织市政协委员学习调研，召开专题研讨会，听取专家意见建议，向市委、市政府报送《对我市电子商务发展的调研》《关于我市体育产业发展的思考》等调研报告；组织委员视察调研文化旅游融合发展、旅游产业发展、古镇保护与开发、长廊文化展示、瓜果采摘、垂钓休闲消费、特色历史文化挖掘等工作，提出意见建议。加大提案办理协商工作力度，制定《崇州市政协提案办理协商实施细则》，推进提案交办与协商。市政协十三届四次全会之后，审查立案的143件提案全部办理完毕，办结率100%。对委员们反馈的意见，市政协开展提案办理“回头看”活动，逐步解决反映多年、呼吁多年、提案多年的难点、热点、焦点问题。广泛汇集社情民意，围绕市政建设、道路交通、市场监管、安全生产、生态保护等收集社情民意129条，为市委市政府科学决策、民主决策提供参考。四是关注民情民生，增强履职实效。政协崇州市委组织委员对市残疾人帮扶救助情况进行专题调研，撰写《关于我市残疾人帮扶救助情况的调研报告》和《关于构建我市“9073”养老服务体系的调研与思考》调研文章，组织部分委员专题视察锦江乡“村民众筹建新村”工作，并在现场开展建言献策活动，《人民政协报》刊登了相关新闻报道。五是精准扶贫攻坚，彰显民本情怀。制定《政协崇州市委员会关于在委员中开展“我为扶贫攻坚做件事”活动的意见》，市政协领导深入怀远镇二江村等7个镇村召开9次扶贫宣讲会。针对联系户的实际，制定“一户一策”的精准扶贫措施。六是凝聚发展合力，促进和谐稳定。市委办公室、市政府办公室、市政协办公室联合下发《2015年度协商工作计划》，市级民主党派组织、工商联提交提案23件，搜集社情民意12条，参与市政协重点调研5项，凝聚改革发展合力，巩固改革发展成果。

【文史理论研究】 政协崇州市委收集整理文史资料，完成《崇州市文史资料》第二十九辑的征集、编辑和出版工作，组织撰写《崇州简史》第2—7章，19篇史料文章被四川省政协收录到《成都市井闲谭》中，完成《崇州经济研讨》第42期的编辑出刊和《崇州市政协志》初稿撰写工作。组织参加“纪念抗战胜利七十周年征文”活动，有两篇征文收录到《成都抗战记忆》一书。配合市史志办完成文集《崇州抗战烽火的记忆》征稿、撰写和评审工作，与市纪委联合编辑出版《崇州古代廉政故事选编》。

【互动交流】 政协崇州市委先后接待江苏省常州市等15个市（州）县（区）政协组织对崇州市农业共营制、农村土地管理、农村股份合作社等特色工作的考察活动，配合四川省政协农业委完成崇州市增加农民财产性收入试点情况调研任务。

（何　伟）

纪检·监察

【概况】 市纪委、市监察局合署办公，内设办公室、纠风执法室（监察综合室）、信访室（市行政监察举报中心）、案件监督管理室、纪检监察室、案件审理室、党风廉政建设室、干部管理室、宣传教育室、行政效能监督室、公共资源监督管理办公室11个职能科室。2015年，市纪委（市监察局）推进派驻（出）纪检监察深化改革工作，在全市范围内派驻（出）纪检监察组织55个。

【反腐倡廉宣传教育】 市纪委把廉洁教育纳入党委中心组、民主生活会、“三会一课”重要内容。把党章党纪、廉政理论法规等内容纳入党校主体班培训必修课程，定期举办廉洁专题讲座，党员干部受教育面100%。坚持以案施教、以案促教，在市级媒体集中通报曝光群众身边的“四风”和腐败问题典型案件27件34人，利用身边典型案件制作警示教育片《迟来的忏悔》，组织乡镇（街道）和市级部门“一把手”，通过到监狱参观、邀请专家授课、巡播警示教育片等方式开展警示教育200余批次，向全市党员干部发送廉政短信6万人次，组织开展警示教育月活动。在市图书馆开辟“党风廉政建设图书专区”，自制正风肃纪宣传漫画和廉政公益广告，组织开展“妙手绘廉心”现场写生、廉政文化巡演等活动。建设以“传承莲心不忘初心”为主题的崇州市廉政文化创研基地，分层分类组织开展廉洁社会单元创建试点工作，引导社会力量有序参与，初步形成“机关家庭手拉手·廉洁路上一起走”廉洁机关、“进出双公开”廉洁乡镇、“大家庭公约墙”廉洁社区等创建方式，将廉洁文化延伸到社会各个领域。

【落实责任制】 市纪委坚持把党风廉政建设和反腐败工作纳入工作总体规划，与经济社会发展各项工作通盘考虑、协调推进。3月，召开市纪委第十二届五次全会，对全年党风建设和反腐败工作进行安排部署。制定《崇州市2015年党风廉政建设和反腐败工作任务分工》，将党风廉政建设和反腐败工作任务细化分解为6大项77小项具体工作内容，逐项明确责任领导、牵头单位、完成时限，增强领导班子的责任意识。制定2015年党政领导干部述责述廉实施细则，组织全市各乡镇（街道）和市级部门党政主要负责人向市委和市纪委述责述廉。实行党风廉政建设主体责任清单管理。以党风廉政建设责任监管平台为抓手，建立市委、市政府领导班子及成员落实主体责任履职台账，实行动态管理，助推责任落实。将党风廉政建设责任制考核纳入综合目标考核，全市乡镇和市级部门分别同市委、市政府签订《党风廉政建设主体责任目标责任书》。完善党风廉政建设责任制考核细则，由市委、市人大、市政府、市政协领导带队，对全市乡镇（街道）和部门落实主体责任情况进行全面检查，5名党员领导干部因履行“两个责任”不到位被追责。

【作风建设】 市纪委制定深入推进正风肃纪常态化坚决纠正“四风”监督检查办法，紧盯“四风”新动向解决突出问题，重点开展执行不力、村级公共服务和社会管理专项资金、基本建设领域、乱发钱物4个方面问题专项整治。对全市机关和乡镇的工作纪律、公车管理使用、“住读”等情况进行常态化监督检查。开展明察暗访35次，检查单位626个次，发现并纠正问题16个，对11个单位进行全市通报，责令1个单位书面检讨，约谈4个单位主要负责人。制订关于认真解决发生在群众身边的“四风”和腐败问题工作实施方案，通过进村入户问、信访举报筛、监督检查找、案件查办挖等方式，确定1个个性问题、5个突出问题和3个单位系统为整治重点，分类制定专项整治方案，查处发生在群众身边的“四风”和腐败案件58件，公开通报曝光典型案件27件34人。

【源头治理】 市纪委制定《关于深入推进党风廉政建设和反腐败斗争建立健全不敢腐不能腐不想腐制度机制的实施办法》《关于健全“三重一大”事项决策机制的实施方法》等制度，不断织密制度笼子。继续扩大岗位廉政风险防控信息化平台建设覆盖面，逐步实现对全部人员、全部职权、全部过程的“三全”防控。组织实施专项防控，确定村公资金监管等37个廉政风险专项防控项目，形成重点工作、重要部门专项防控全覆盖。在案发单位开展重点防控，以案促建、以案促治，发挥案件治本功能。

【深化纪检体制改革】 市纪委贯彻落实中共十八届三中、四中全会精神，深化纪律检查体制改革工作，拟定《崇州市乡镇（街道）部门信访和纪律审查协作机制工作方案》《崇州市纪检监察机关问题线索集中管理和集体排查办法》规范性文件，转发《纪检监察干部监督工作暂行办法》《中共四川省委〈关于全面落实纪委监督责任的实施意见（试行）〉的通知》，形成每季度向市委、市政府报告工作的制度。研究制订《崇州市纪律检查领域专项改革方案》，有序推进纪律检查领域专项改革工作。

【信访举报】 市纪委受理来信来访430件次，同比降低23.5%。上级转（交）办268件，同比降低34%，本级受理162件，同比增长4.0%。检举控告类274件（重复举报105件），同比降低34.1%；纪检监察业务范围外153件，同比增长6.2%；申诉2件；批评建议1件。

【案件查办】 市纪委收到问题线索203件，经初核转立案126件128人，其中党纪案件120件、政纪案件6件，立案数较2014年增长75%。从性质上分，违反组织人事纪律类1件、违反廉洁自律规定类20件、贪污贿赂类19件、违反财经纪律类1件、失职渎职类17件、侵犯党员权利公民权利类4件、妨害社会管理秩序类64件。所立案件中，重点类案件37件39人，违反中央“八项规定”和“四风”类案件58件60人，查处乡科级领导干部11件11人。乡镇（部门）立案98件98人，移送司法机关11件11人，调查完毕移送审理108件110人，挽回经济损失116万元。抽调乡镇纪委、部门纪检组人员参与案件查办30余件。配合成都市纪委开展办案工作，先后抽调6人次到成都市纪委协助办案。

（雷　超）

民主党派

中国国民党革命委员会
崇州支部委员会

【概况】 2015年，民革崇州支部有会员36人，张志新任支部主委，陈刚、叶蓉任支部副主委，方志勇任支部组织委员，王萍、伍相明任支部宣传委员，蒲茂军任支部联络委员。张志新、陈刚为民革成都市委委员。会员中有崇州市政协委员11人，有崇州市政协副主席两人，有政协常委3人，有成都市和崇州市人大代表两人。

【参政议政】 民革崇州支部的调研工作由副主委陈刚领导，年初确定4个调研课题，每个调研课题都由支部骨干负责。全年组织3次集体调研，召开两次调研报告集体讨论会。大家集思广益，形成《关于城市集中商业的一些思考》《关于崇州打造新型综合农业公园的建议》《崇州市生态环境现状调查》等5篇调研报告。《关于崇州打造新型综合农业公园的建议》在2015年市委召开的各界人士座谈会上作为主题发言。支部提交崇州市政协个人与集体提案17件、崇州市人大个人批评建议1条、成都市人大个人批评建议1件。撰写社情民意10篇，其中《"四改六治理"的思考》《崇州市生态文明建设的几点建议》和《完善老年人日间照料中心建设》被评为重点提案，《让学生高高兴兴上学 平平安安回家》《关于市政工程建设和升级改造的建议》《关于规范占道停车收费的建议》《关于完善自助银行服务的建议》《关于推进"四改六治理"工作的建议》《加强宠物管理维持城区卫生》等7篇在市政协《社情民意》上刊载。支部中的政协委员、人大代表、特邀监察员、监督员、观察员、陪审员，以及在机关单位中的会员积极参政议政，参加各种座谈会40多人次，主题发言20多人次。

【理论学习】 民革崇州支部采取集中学习与自学相结合的方式组织会员学习，全年组织4次集中学习，学习贯彻中共十八届四中、五中全会精神和习近平总书记一系列重要讲话精神、中央统战工作"条例"以及中共四川省委印发的"实施细则"。学习传达民革成都市委开展多党合作优良传统教育专题讲座精神、中央和省统战部工作会议精神。多次选派优秀会员参加中央、省、市行政学院学习。4月20日至24

日，叶蓉、方志勇、康军、帅志刚参加四川省社会主义学院南充和崇州市党外中青年干部培训。6月23日，方志勇、康军、帅志刚参加民革成都市委会信息宣传和调研培训会。7月31日，蒲茂军、王萍、方志勇参加崇州市统战系统学习贯彻中央统战工作会议精神大会。8月4日，方志勇、康军、杨梅参加民革四川省委会与民革吉林省委会组织的“宝贝回家”宣讲团报告。8月21日至22日，张志新、陈刚、叶蓉、伍相明、蒲茂军、方志勇参加民革成都市委举办的2015年基层干部培训。12月8日至11日，张志新、方志勇、康军参加崇州市统战部组织的全市民主党派代表人士赴攀枝花市学习考察阳光康养产业和多党合作、参政议政、党外干部队伍建设工作。5月，方志勇参加成都市统战部组织的北大党外中青年干部培训。5月至7月，刘铀参加成都市后备干部逐级遴选培训。9月14日至19日，伍相明随崇州市政协文化与旅游融合发展学习考察团赴云南参观学习，并撰写考察报告《政协文化考察团云南之行的报告暨崇州市文化与旅游融合发展的思考》。

【组织建设】 民革崇州支部完善各种制度，召开支委会6次，召开会员学习交流及其他各种会议16次，编印工作简报4期。积极发展优秀人士入会或者作为入会积极分子参加组织生活。新入会两人，发展积极分子3人。2015年是抗战胜利70周年，支部开展寻访、慰问抗战老兵活动。4月至9月，支部先后到云南昆明、广汉、崇州有关乡镇、单位、社区寻访看望慰问11名抗战老兵，送去现金和礼品。支部配合市政协编印纪念抗书籍《崇州文史资料》第二十九辑中抗战烽火专题的相关文章，撰写社情民意《关于加强抗战老兵关怀的建议》，提交成都市人大和民革成都市委。

【服务社会】 民革崇州支部结合民崇合作项目开展各项服务社会工作。医疗方面，6月13日，由支部牵头，民革成都市委、民革华西支部、民革崇州支部、崇州市文旅局联合主办民革健康知识讲座。会员李皓碧多次在学校、广场和青少年艺术宫等地对学生、老年群众和一般市民进行口腔保健宣传和义诊。教育方面，9月7日，支部参与由民革成都市委企业支部牵头组织的精准捐资助贫困家庭学生活动。支部继续支持崇州市中山小学。5月22日，邀请四川师范大学戴燕教授到中山小学作题为《做享受教育的幸福教师》的专题报告。5月30日，会员方志勇等5人到中山小学参加庆六一活动。10月，支部为中山小学捐赠图书200余册。

（伍相民）

中国民主建国会崇州支部委员会

【概况】 2015年，民建崇州支部有崇州籍会员51人，罗红蕾任支部主委，万长明、冯兵、张耿任支部副主委，曹蓉、王自立、罗强、刘艳林、孙明强任支部委员。会员中有崇州市政协委员22人、市政协常委5人、市政协副主席1人、市人大常委会副主任1人。

【理论学习】 民建崇州支部每月召开一次支委会，每季度召开一次全体会议，组织学习习总书记系列重要讲话精神及中共十八大、十八届三中、四中、五中全会精神。开展坚持和发展中国特色社会主义学习实践活动，通过支部QQ群、微信群下发学习教育活动方案，编发学习资料。参加市委会纪念民建成立70周年“民建光辉历史大家谈”等活动。支部组织座谈会，并参加市委会组织的研讨会、报告会、培训班，选派3人参加省社会主义学院培训，增强会员对中国特色社会主义的道路自信、理论自信、制度自信。

【组织建设】 民建崇州支部严格执行《各民主党派中央关于组织发展若干问题纪要》精神，把组织发展与改善组织结构结合起来，把组织发展与建设高素质参政党结合起来，不断加强自身建设，坚持“严”字当头，质量优先，从严物色积极分子，邓永前、方勇、夏敏、沈涛、蒲稀有、李洁华、郑刚 7 人通过组织选拔、考察，经民建成都市委审查批准入会。

【参政议政】 支部会员中的人大代表、政协委员在“两会”中围绕“产业新城、品质崇州”广泛收集意见，踊跃撰写建议、提案，为崇州经济社会发展提供有价值参考意见 18 条（件），提供协商会书面建议 4 篇。支部邀请市经开区管委会、市商投局、市住建局、市水务局分管领导座谈，完成《崇州市棚户区改造情况调研报告》《关于我市村级公共服务和社会管理改革工作的有关情况的思考》调研报告。

【服务社会】 会员余双清、余世海创建的双清螺旋钢管有限公司新建云南分公司实现量产，崇州、云南两地年产 5 万余吨，产值 1.5 亿元，实现税费 800 万元。会员李洪斌获得新型实用专利 6 个，获四川省著名商标 1 件。会员孙孟君的顺发电冶年产高碳铬铁近 4 万吨、电石 16 万吨，产值 5.86 亿元，向州残运会、汶川茂县学校捐款捐物价值 1 万余元。会员王建兵的明珠集团承办中国家具协会标准技术委员会年会，并获评全国家具标准化工作先进集体。会员胡艳清的骨伤医院添置大量先进设备，为崇州引进优秀人才，实现技术升级。会员罗丽琼实现从“新地带”到“卡夫卡”的飞跃，继续引领崇州时尚。新会员沈涛的润居物业 2015 年新增就业近百人，业量翻番。会员刘艳林在中国科技核心期刊发表论文 1 篇。羊俊茹在核心期刊发表论文 3 篇，援助非洲佛得角一年间，完成手术 1200 余台，救助妇女 2500 余人。

（冯　兵）

中国民主促进会崇州支部委员会

【概况】 2015 年，民进崇州支部有会员 44 人，其中崇州籍会员 33 人。冯卫康任支部主委，杨志远、张向阳、周玉兰任支部副主委，袁兵、季志忠、徐佳彬任支部委员。

【理论学习】 民进崇州支部以“为执政党助力，为国家尽责，为人民服务”的责任感和使命感开展学习实践活动。一是组织全体会员重点学习党的十八届五中全会精神，会员们对党中央提出的创新、协调、绿色、开放、共享“五大发展理念”有了更加深入的理解。二是集中学习中共四川省委十届七次全会、成都市委十二届六次全会和崇州市委十二届六次、七次全会精神，提高对国内外形势及崇州发展阶段性特征的认识，进一步统一会员思想。三是弘扬民进优良传统，教育引导会员认识新常态、适应新常态，进一步增强会员坚持接受中国共产党领导、坚持走中国特色社会主义政治发展道路的理想信念。

【组织建设】 一是开展创先争优活动。2015 年民进崇州支部获评民进全国先进集体。二是以党为师，开展群众路线教育实践活动。支部响应民进中央“社会服务主题年”号召，结合党的群众路线教育实践活动，深入基层，密切联系群众。三是注重发展新会员和培养入会积极分子。2015 年支部发展 4 名新会员，培养 2 名入会积极分子，进一步改善支部会员的知识结构、界别结构和年龄结构。四是关心会员的政治进步。五是组织会员开展国防教育活动。11月，支部组织会员到解放军某部接受国防教育专题培训。

【参政议政】 一是建言献策。2015年，民进崇州支部分别在成都市、崇州市两级政协会上提交《关于构建新型农业信息服务体系的建议》《关于崇州两化融合发展路径的思考》等一批涉及民生、教育医疗、环境保护、产业发展的优质提案。二是开展调研。支部通过组织实地调研，形成以《关于崇州市三郎镇万亩樱花遇困境如何加强旅游产业规划及安全管理的建议》为代表的一批优质调研文章。

【服务社会】 一是立足本职，投身品质崇州建设。教育界会员无私奉献，再创佳绩；文化界会员积极参加民进中央组织的“同心彩虹”赴黔西南创作采风活动，作品被选送北京展览；经济界会员多元发展，所属企业全年缴纳税收2000余万元，解决就业2000余人；医疗卫生、律师、机关事业等界别的会员，都在各自岗位为建设“产业新城、品质崇州”作出贡献。二是响应号召，助力依法治市。3月，支部在羊马镇中华社区开展法律宣传，现场免费解答群众法律咨询；11月，支部在崇庆中学实验学校开展法律知识讲座，并捐赠价值1500余元的法律书籍；11月，支部到公议乡开展“依法行政”专题讲座，并捐赠价值1500余元的法律通俗读本。三是各尽所能，参与社会公益活动。有会员在重阳节向三郎镇70岁以上的老人赠送总价值6000余元的慰问品；有会员所经营的企业向甘孜州白玉县的贫困学生捐赠价值2.5万余元的学习和生活用品；有会员所创办的教育培训机构与高校共同设立奖学金，激励品学兼优的学生，并搭建学生就业平台；有会员创办的民营医院远赴阿坝州红原县，开展义诊活动，为藏族同胞免费发放医药用品。

（张向阳）

中国农工民主党崇州支部委员会

【概况】 2015年，农工党崇州支部有党员21人，刘刚任支部主委，冯涛、陈刚任支部副主委，李杰明、王庆、何麟、帅志军任支部委员。

【理论学习】 支部党员通过关注农工党中央微信公众号，随时了解农工党中央工作动态及最新要求。农工党崇州支部先后派出党员赴上海农工党的第一次会议会址、重庆统一战线教育基地参观学习，并召开专题会学习党史，学习《农工党在抗日战争中经历了血与火的考验》。支部委员集体参加农工党成都市委基层干部培训班学习，并组织全体党员学习中共十八届五中全会会议精神、《中国共产党统一战线工作条例》及中共崇州市委十二届七次全会精神。

【组织建设】 农工党崇州支部以组织结构和组织发展为重心加强组织建设，增补陈刚、帅志军为支部委员，增补陈刚为副主委。严格党员考察标准，吸收宋丹1名新党员，发展张加涛、谢涛毅、王东红3名入党积极分子。支部开展组织生活4次，增强组织凝聚力。

【参政议政】 农工党崇州支部就群众关心的城市道路规划、建设和维护等问题进行调研，提出城市道路管理方面的意见和建议，被四川省政协报采用。支部牵线农工党成都市委与崇州市政府建立长效医疗卫生帮扶机制。6月10日，农工党成都市委与崇州市人民政府举办医疗帮扶启动会，向“农崇医疗”帮扶医院怀远镇公立卫生院授牌。支部利用农工党在医卫界优势，通过专家定期指导、远程教学、医疗人员上挂锻炼等多种方式，帮助基层卫生骨干短期快速提升技能。支部促成成电医星数字健康有限公司与崇州市达成智慧医疗项目合作。6 月，在崇州市投资项目集中签约暨集中开工仪式上，采取 PPP 合作模式（指政府为增强公共产品和服务供给能力，提高供给效率，通过特许经营、购买服务、股权合作等方式，采取公开招标、邀请招标、竞争性谈判、竞争性磋商等方式择优选择具有投资、运营管理能力的社会资本，与之建立的利益共享、风险分担的长期合作关系）的崇州市智慧医疗项目签订框架合作协议，通过政府和社会资本的合作，推进全市智慧医疗项目，通过技术手段破解“看病难、看病贵”问题。支部响应崇州市委号召，积极参加帮扶白玉县活动，组织精干医疗队伍和医疗物资前往白玉县开展医疗帮扶活动。

【服务社会】 5 月，支部联系多个部门，在崇州市集贤乡铁溪澜庭小区开展“第八届中国环境与健康宣传周”活动，旨在改善农村环境质量，提高群众环境保护意识，建设美丽新农村，共创健康新生活。通过农村环境知识宣讲、发放环保手册环保袋、群众承诺签名等方式向小区住户发出“建设美丽新农村、共创健康新生活”的倡议，向小区 50 户住户赠送花木 100 盆，与群众一起种植，唤起大家美化家园、热爱生活的积极态度。支部还组织开展“科学与和平周”“智慧校园”“3·5 学雷锋送医疗”“关爱女性健康进捷普”等活动，服务群众 5000 余人次，捐助物资 10 万余元。

（何　麟）

社会团体

CHONGZHOU YEARBOOK

总工会

【概况】 市总工会内设办公室、财务科两个科室，下设职工服务中心1个直属事业单位。2015年，获成都市总工会表彰3项。推进协商民主构建和谐劳动关系、“百千万”联系服务职工群众活动、劳动模范、“崇州好职工”展示活动受到市委、市政府领导及成都市总工会主席肯定性批示。

【技能素质提升】 市总工会组织开展藤编、手工制茶、焊工、烹饪、钳工、车工、钢筋工、汽车维修和电子设备装接9项竞赛活动。组织参加成都市手工制茶、汽车维修工（机电）、钳工、烹饪（红案）和焊工5项一类大赛。王明高、向伟两名选手在成都市手工制茶比赛中分别获得个人第三名和第六名，崇州代表队获团体第二名。新增创建“张鸾军劳模工作室”等“三室一制”工作室4家，发挥领军人物的引领示范作用，搭建职工技能素质提升平台。

【帮扶救助】 市总工会组织开展送温暖慰问活动，做好元旦、春节及重大节日期间送温暖慰问工作，开展助残、助老及夏季送清凉慰问活动和“六位一体”日常帮扶救助活动，完成1666人次送温暖及帮扶救助。对符合条件的530名建档困难职工实施全覆盖送温暖帮扶，共计发放慰问金69.66万元。在城区建成15个户外劳动者“15分钟之家”点位。免费为76名困难职工和1191名环卫工人进行健康体检。为6475人办理职工互助医疗保险，总金额634496元；为225名生病住院职工办理赔付，总金额205828元。

【组织建设】 市总工会开展“双亮双促”“建家评家”“定位升级”“六有”工会建设等工会组织规范化建设活动，“双亮”率95.6%，“六有”工会建设和建家达标率89.2%，“会员评家”和“规范化”建设94.2%。推进非公企业工会主席考核激励机制，2015年参加考核的非公企业有23家。推选崇州君健塑胶有限公司工会主席肖泓渊为成都市“十佳”开发区（工业园区）非公企业工会主席。

【创业就业】 市总工会开展工会创业援助小额

贴息贷款，帮助回乡农民工、下岗失业人员及困难家庭高校毕业生创业就业，发放80户贷款共计676万元，贴息19.62万元，带动就业1573人。开展“春风送岗位就业援助招聘会”及“全国工会就业援助月”就业帮扶活动，组织送政策、送岗位下乡，通过多种渠道和方式，为下岗失业人员提供3000个就业岗位。开展新市民素质教育培训，培训新市民1750人。

【文化建设】 一是开展“崇州好职工”评选活动，崇州电视台以“走基层——寻找身边的好职工”为题进行全程跟踪报道，选树10名“崇州好职工”，传递正能量。二是举行庆祝全国总工会成立90周年和劳动模范巡讲活动及“劳动模范·崇州好职工”展示活动。三是组织开展技师培训五年行动计划、高技能人才内培外训、农民工职业技能提升千人培训“三大培训”。

【依法维权】 市总工会通过信访接待、“12·4”法制宣传日和“送法进企业”等活动，加大法律援助工作力度，接受职工法律咨询360人次，接待处理职工来访32人次，处理网络舆情协办函21件，为216名职工提供法律援助，共为职工讨回工资231.43万元。开展厂务公开民主管理示范单位创建活动，向成都市推荐崇州市中山小学为标准化A级达标单位、成都树德怀远中学为创成都市示范单位，两家单位均通过成都市的考核验收。

（付征杰）

共青团

【概况】 团市委内设办公室、关工委办公室、新媒体办公室、少工委办公室、市青联秘书处、市青志协秘书处6个职能科室。2015年，全市有基层团组织1183个、直属团组织68个，其中团委35个、团工委1个、团（总）支部32个，共有团员总数24211人。

【组织建设】 团市委根据市委、市政府《关于市政府职能改变和机构改革的实施意见》，调整崇州市部分直属团组织，撤销团组织11个，新成立6个。新成立市街管局团总支。崇州市青年志愿者协会新吸纳2支志愿服务队，青协会共有16支服务队，开展志愿春运、“三送”下乡、赛会节会等服务项目112次，青年志愿者参与人数近3000人次。新增补14名优秀青年代表加入市青联，吸收2个团体会员。贯彻落实“两个全体青年”目标，开展“两新”组织团建工作，新建非公团组织15个。

【平台建设】 一是创建蜀青汇白头镇青年事务发展中心，以服务青年、青年服务的“双服”理念，探索区域化团建促进社区治理的新路径，7月启用，开展各项活动50次，被团中央纳入青少年综合服务平台试点项目。二是创建并运行“崇州青年频道”官方微信公众号。三是在桤泉镇、街子镇、羊马镇等地新建“留守学生之家”7个，支持并指导全市22个“留守学生之家”开展活动530场次，服务青少年近万人次。

【思想教育】 一是做强做优青年新媒体平台。创建“崇州青年频道”官方微信公众号，以原创微信提升吸引力、影响力，“崇州青年频道”在全省区（市）县共青团系统微信中排名前十。二是虚功实做弘扬核心价值观。开展为期2个月的“核心价值观·童真画出来”绘画巡展等比赛活动，有22所学校参加。三是聚焦民生关爱青少年。组织“微心愿”圆梦行动、快乐留守假期行等活动27场次，关心关爱留守学生2200人次；联合郎酒集团义卖筹资27.1万元，向全市 65 名贫困高考学子发放助学金；会同市青年联合会开展“蜀青有爱·关爱白玉”活动，筹集 12.4 万元物资对口支援白玉县麻绒小学、沙通村小、辽西小学 3 所学校 280 名学生。

【成才行动】 团市委巩固创业主阵地，会同有关部门支持成都青年创业联合会领办青年创业园孵化器，新增创业项目 6 个，实现创业大学生 33 人，培育创业新星 4 人，开展创业培训 5 次，培训人数 330 人。通过开发“创客萌想秀”等活动，提升青联园创新创业氛围。成功举办“崇州大数据进高校”之西南财经大学、四川文化传媒职业学院两个专场活动。孵化出“互联网+众筹”的众帮 1、2 号项目，其创始人裴德山受到《成都晚报》专访。支持“泥鳅小王子”张静、“玩飞机的农业经理人”杨永强在现代农业中创业发展。

【特色工作】 一是新建“蜀青汇——白头镇社区青年事务发展中心”，首创农村区域化团建模式，被团中央纳入青少年综合服务平台试点项目。中心以基层服务型团组织建设为统揽，通过打破农村基层团组织行业、层次、所有制的界限，以区域化建组织、区域化配干部、区域化搞活动、区域化建阵地四个“区域化”为抓手，实现资源的最大整合，促进基层团组织建设规范、干部配齐配强、活动经常开展、机制不断完善，从而深入推进农村区域化团建和基层服务型团组织建设，夯实农村共青团的组织基础，扩大有效覆盖面。有效整合白头镇人民政府团青干部队伍、市检察院从事青少年法律事务的专业团队、民政局登记注册的专业社工团队、涉猎农村青年创业就业和“互联网”技术的创业导师团队以及市青年志愿者协会、市青年联合会“六大团队”资源。开设邻里守望青年志愿服务站（大厅）、向日葵之家（留守学生之家、4·30 学校、向日葵工作室）、青年就业创业服务站、青年创业超市。二是在寒冬时节、春节前夕集中帮扶特困青少年，解决联系服务群众“最后一公里问题”，1 月至 2 月，开展由团市委、市妇联、市残联、市红十字会主办，各乡镇（街道）协办的“走基层暖冬行动——关爱特困青少年家庭”活动，为 50 户特困家庭每户送去 1000 元慰问金、2 套过冬衣物（成人、少年各 1 套）的暖冬慰问。三是 8 月至 9 月，团市委、成都市慈善总会、郎酒集团在崇州市共同举办“中国郎·梦飞扬”2015 郎酒红花郎大型捐资助学公益活动。郎酒集团红花郎事业部捐赠价值 27.1 万的红花郎、青花郎产品，义卖款项用于崇庆中学、树德怀远中学、蜀城中学、崇州市职教中心 4 所学校 2015 年大学生圆梦工程。四是成立崇州市首支应急救援服务队并依法注册登记。“共青团崇州应急救援服务中心（队）”是崇州市社会各类有专业技能特长的志愿者自愿参加，在团市委主导下组建构成的应急志愿服务、应急灾害救援的公益机构，中心志愿者人数 58 人。救援中心（队）在崇州市以及代表崇州市参与市外应急救援志愿服务，先后参与成都市首届慈善交流会、郫县富士康集团安全演练、成都崇州街子古镇马拉松比赛应急服务、街子镇古寺消防安全宣传等活动，并积极与成都市应急救援中心联系开展相关训练，提升自身救援能力。

（杨　曦）

妇女联合会

【概况】 全市有乡镇（街道）妇联 25 个，村（社区）妇代会 253 个，机关单位妇委会 39 个。

【妇女儿童活动阵地建设】 市妇联建立“寸草心”家园、儿童之家 40 个，开展活动 300 多次，留守儿童参与参与 8000 多人次。面向妇女儿童开展心理健康咨询援助服务 400 余次，向 5000 多名妇女儿童宣传妇女儿童权益保障法。举办传统美德、文明礼仪等女性专题培训 6 次，开展少年儿童角色体验活动 14 次，6000 多名妇女群众、800 余名学生、600 余名留守儿童参与。

【特色活动】 一是启动寻找并评出 2015 年 10 个典型“最美家庭”，其中彭蓉家庭被评为四川省“最美家庭”，入围全国 300 名“最美家庭”。二是推进“结对心连心·我们在一起”活动，为 105 名贫困妇女和 108 名贫困儿童送衣送鞋，走访慰问 203 名贫困母亲。三是开展“携手白玉·巾帼蜀爱”活动，筹集爱心资金和物资 10 万元，向白玉县金沙乡、河坡乡等贫困妇女派送“母亲邮包”300 余份。为文井江镇贫困留守妇女购置产业发展设备，价值 3 万元，向全市贫困母亲派送“母亲邮包”300 余份，价值 4 万元。四是搭建崇州市城乡妇女就业培训服务平台，培训家政服务人员 207 人、女职业经理人 78 人、新市民 500 人。

【群团服务】 崇州市群团组织社会服务中心培育引进社会公益组织 8 个、社工组织 3 个，收集、整理并发布信息 300 多条。成都正好等 2 个社工组织实施购买服务项目 3 个，针对留守妇女和儿童、孤寡老人等开展专业性服务活动 21 次，受益群众 1500 多人。

【民生实事项目】 崇州市妇女儿童发展“两个纲要”通过成都市中期督导评估检查，形成《崇州市妇女儿童发展纲要（2011—2020 年）中期评估报告》。市妇联以成都市妇联送健康、送培训、送岗位、送保险“四送”活动为契机，举办女职业经理人能力提升培训、农村妇女实用知识讲座和家政技能培训 380 人次，帮助 520 多名妇女实现就业。加大农村“两癌”免费普查宣传力度，检查宫颈癌 23675 人、乳腺彩超 3423 人。做好留守妇女“阳光驿站”项目工作，开展健康知识讲座、情景模拟增能等活动 10 次。依托市家庭教育中心，举办家庭教育讲座 20 场，受益家庭 2500 多个。

【基层妇联组织建设】 市妇联指导村（社区）妇女主任开展基层妇情收集、邻里矛盾调解、妇女儿童权益维护等服务工作，将基层妇女群众团结和凝聚在“妇女之家”。在桤泉镇胡碾和千功社区、白头五星村、崇阳街道三和社区 4 个农民集中居住区建立农村留守妇女“阳光驿站”、儿童之家、妇儿心理健康咨询援助志愿者服务室，为 4 个社区 2100 多名妇女儿童提供服务。

【巾帼建功示范基地创建】 崇州市建立生态粮油、家禽、藤竹编等巾帼建功创业示范基地 26 个，以点带面，引领全市农村妇女投身到都市现代农业发展中。

【搭建城乡妇女就业服务平台】 市妇联深化妇字号公共品牌建设，将“西蜀巧妹”品牌从一产业延伸到三产业，吸引社会资金投入，建立崇州市月嫂（家政）技能培训中心，引进市场机制和 ISO 900 质量管理培训标准，运用“互联网+”宣传“西蜀巧妹”家政服务品牌，为城乡妇女提供家政技能培训、资格认证、推荐就业等“一条龙”服务。开设母婴护理、催乳师、家政保洁、养老护理等培训班次 30 期，培训人员 302 人次，全部推荐就业，就业率 95%。

（吴越莹）

工商联

【概况】 市工商联是以非公有制企业和非公有制经济人士为主体的人民团体和商会组织，是党和政府联系非公有制经济人士的桥梁纽带，是政府管理非公有制经济的助手。设办公室、经济联络科两个科室。

【参政议政】 市工商联紧扣民营经济发展主线开展调研活动，形成《探索崇州市非公企业文化建设》调研报告1篇。组织引导会员企业参政议政，会员中的人大代表、政协委员提交人大建议38件、政协提案45件，部分提案还被列入崇州市优秀提案。组织会员企业参加市委召开的各民主党派座谈会，共议崇州发展大计。

【教育培训】 市工商联按照中央“三个着力”、省委“六个着力”的要求，贯彻落实从严治党方针，以学习“三严三实”、践行“三严三实”为主题，查找解决干部队伍中存在的“不严不实”问题，深入开展“三严三实”专题教育，推进党的思想政治建设和作风建设，形成风清气正、崇廉尚实、干事创业、遵纪守法的良好政治生态。将守法诚信作为理想信念教育活动的重点，引导非公有制经济人士增强守法诚信意识。号召民营企业“与法同行·诚信经营”，确定55家会员企业作为“崇州市廉洁诚信非公有制企业创建单位”，开展“守法诚信·依法经营”活动。完善培训体系，提升民营企业家素质。组织企业开展各类培训5次，培训人数1117人次。4月2日，举办《抓住资本市场发展机遇，做大做强民营企业》专题知识讲座；6月1日至5日，组织41家企业代表到清华大学进行为期5天的“崇州民营企业高级研修班”集中学习培训；10月30日，举行“2015年特色培训法律进企业——企业法律风险与防范”专题讲座。

【经济服务】 市工商联坚持每季度开展需求调查，帮助企业排忧解难。2015年，开展企业需求调查活动4次，发放企业需求调查表540余份，收到企业反映的建议和意见89条，对企业反映的问题整理汇总后，及时向市委、市政府及有关职能部门汇报，与相关职能部门协调，为企业解决困难和问题。组织引导会员企业参与社会充分就业活动，配合市总工会、市人社局等部门开展招聘活动2次，开展“走基层·送岗位”活动1次，引导会员企业为社会提供就业岗位1015个。

【对外联络】 市工商联加强对外交流合作，引导非公有制企业抢抓“一带一路”战略机遇。6月1日至5日，组织41家企业代表到北京中关村创业大街、百度公司等学习考察；7月初，组织商务代表团赴马来西亚、新加坡进行商贸洽谈，学习借鉴先进经验和做法，为市内企业对外交流合作搭建服务平台，并与马来西亚古晋中华工商总会签署《友好合作协议书》，实现崇州市商会缔结国外友好商会零的突破。

【光彩事业】 市工商联教育引导广大非公有制经济代表人士响应党中央打好扶贫攻坚战的号召，助推崇州市精准扶贫。与市卫计局等部门配合开展“阳光爱心助学”活动。通过发放倡议书、召开动员会等形式，引导爱心企业参加。隆腾鞋城投资公司、天然气公司、明珠家具（集团）公司、全友家私公司等36家爱心企业参加“阳光爱心助学”活动，资助贫困学生905人151.72万元，基本实现全市贫困助学全覆盖。开展“送温暖·献爱心”活动8次，捐助资金（款物）30万余元。引导会员企业，投入

10万元开展精准扶贫工作。5月29日，组织会员企业看望慰问崇州市特殊教育学校师生，送去1万元现金以及生活用品。“八一”建军节前，组织君健塑胶公司、隆腾鞋城投资开发公司等5家会员企业到驻崇州某部队开展拥军慰问活动，送去电脑6台。组织金盆地（集团）公司、聚力建材科技公司等会员企业慰问市公安局交巡警大队，送去价值8万余元的慰问品。组织引导会员企业走访慰问敬老院、社区、孤寡老人、五保户、困难群众等，为他们送去慰问金和慰问品。

（张　海）

科学技术学会

【概况】 崇州市有市学（协）会36个，会员3000余人；有农村专业技术协会40个，会员4800人。

【形成科普工作格局】 崇州市健全25个乡镇（街道）的科普队伍，成立以管党副书记牵头的科普领导班子。基层村、社区均成立科普小组，乡镇（街道）均建有科普宣传栏，依托传统媒体和新媒体资源，及时有效地传播科普信息。市科协利用科技宣传日时间节点，开展科普知识“六进”活动，发放各类宣传资料1万多份，调动学科学、爱科学的热情。开通科协网站、微信、微博等平台，在本地电视台、报刊开设“健康崇州”等科普专栏。引导社工组织开展社区科普工作，在元通镇建起电子商务培训学校社区科普大学。加强对科技工作者的人文关怀，搭建企业家沙龙，倾听科技工作者心声，了解工作动态和困难，推荐优秀科技人才。推行“互联网+科普”形式，在全省率先试点安装科普显示屏（全媒体科普益民系统）11台，创建科普网络书屋50处，设立电视显示屏12处。加强绩效评估和检查，加强国家、省级基层科普行动计划奖补资金检查，保障资金用好、用到实处。2015年，崇州市创建成都市级科普示范乡镇1个、示范社区2个、示范村5个、示范基地2个、示范农技协2个，成功申报科普示范带头人1人，2个农技协、1个示范带头人正申报省级示范。

【推进全民科学素质发展】 一是调整崇州市全民科学素质领导小组，下达考核目标，要求各单位按照十大重点任务全面铺开工作。二是提高科普工作人员自身素质，组织全市科普工作者到锦江、郫县等地交流学习。三是新建科普基地7处，其中地震科普馆的建成投运，获得显著的科普效果，先后接待省外团队58批次、省内团队100批次以上，参观人员1万人次以上。四是中小学均配备专职科学教师，且每年组织数次培训，2015年组织科学教师到武侯区参加“成都市青少年科技教育培训暨现场会”。成功举办崇州市第一届青少年创新大赛和环保演讲比赛。五是成立崇州市电子商务学校，编印《崇州市农村电子商务实务》，举办培训10多次，培训人员800多人次。开办电商平台，指导农民将农副产品放在网上销售。

【科普惠农兴村】 一是稳定发展农技协。全市有农技协41个，会员1.1万户，农技协成为崇州市农业科技传播的主力军。2015年，经过培育和引导，新增2个农技协。有国家级命名农技协1个。二是加强农业技术培训。在全市25个乡镇（街道）开展农民实用技术培训14.11万人次，全市新型职业农民6432人，其中农业创业创新人才2348人（家庭农场主126人、合作社带头人1036人、农业企业业主89人、专业大户户主1097人）。三是创新推广示范体系，构建推广示范长效机制。依托基层农技体系建设项目和农业专家大院专家，推行“专家+试验示范基地+农技人员+科技示范户+辐射带动户”的推广示范模式和“包村联户”工作机制，构建“县有示范基地、乡镇有示范片、村有示范户”的科技示范体系，强化辐射带动，提升成果转化率。建立农业试验示范基地4个、示范片23个，遴选示范户468户、技术指导员79人，开展技术培训2281人次，农技员进村入户4126人次，辐射带动农户4680户。四是夯实“银会合作”基础。根据中科协与中国邮政储蓄银行签订的战略协议，市科协与邮储行崇州分行合作，首次对符合条件的7家农技协（农业合作社和个体户）发放贷款340.4万元。

【换届选举工作】 12月4日，市科协第五届换届选举工作完成，选出48名科协委员，23名常委、主席、副主席和秘书长，为“十三五”工作提供组织保障。

【组建园区科协】 市科协发挥自身优势，促成成立经开区科协，并促成经开区科协与电子科大成都研究院签订服务企业转型升级战略合作协议，促成川杭塑胶公司与川大高分子学院吕云伟教授签订项目合作协议。经开区科协发展单位会员58家、个人会员18人，实现个性化“贴身服务”9家。市科协成功搭建工业企业服务平台，引入专业企业服务公司（成都市中企动力技术服务有限公司），为企业提供技术、管理、资金、政策等6个方面的服务，解决企业“最后一公里”难题。

【“双创周”活动】 市科协会同相关部门举办5场“双创周”活动。成功举办崇州市第一届青少年创新大赛，参加人数2000人；举办健康崇州进社区活动，受益群众5000余人；举办“地下综合管廊”和“海面城市”新技术研讨会及《中华人民共和国促进科技成果转化法》、百项成果进企业、《创新方法与创新政策》宣讲交流等活动。推荐道明“丁知竹”竹编创意馆参展北京主会场线上展览和成都主会场展览。

【建立成都市院士（专家）工作站】 为助力科技型企业创新发展，市科协在科技型企业中推进院士（专家）工作站建设。共建院士（专家）工作站3家，2015年新建1家、辅导1家。

【创新工作】 一是“互联网+科普”崇州模式在全省推广。崇州市在全省率先试点科普电子显示屏，配合科普传统宣传平台，实施线上线下双向互动，打造“互联网+科普”崇州模式。项目实施后，获得社会各界的一致好评，新津、温江、高县等多地纷纷派人学习。二是创新成立行业联盟，助推产业升级，转型发展。市科协为适应经济下行、产业转型升级的要求，组织力量整合行业资源，发起成立四川造塑胶管道创新联盟，召集8家行业优势企业组成联盟原始会员单位，制定行业标准，严把质量关，共享科技创新成果，主动融入全国“城市综合管廊”和“海绵城市”建设，《四川日报》进行了深度报道。三是整合部门资源，创新科普展示方式。市科协先后与多个部门合作，探索科普实现新形式。与市卫计局合作进行专业技术培训、送医下乡和在电视台、《今日崇州》报开设“健康崇州”卫生健康栏目；与经信局合作搭建科创通、菁蓉汇等创新创业平台，借助成都国信安和微软（四川）开展“大数据走进高校”等活动。四是搭建政产学研合作新模式。9月21日，举行经开区科协暨政产学研四方对接会，促成经开区科协与电子科大成都研究院签订服务企业转型升级战略合作协议，川杭塑胶公司与川大高分子学院吕云伟教授签订项目合作协议。五是高技术研讨会在崇召开，助推崇州产业转型升级。10月21日，四川造塑胶管道创新联盟成立大会暨“地下综合管廊”“海绵城市”新技术研讨会在崇州召开，特邀浙江大学教授、住建部海绵城市专家金元欢，西南市政设计院副总工程师赵忠富，市规划局高级工程师刘伟等国内知名专家做客，论道崇州塑胶管道产业发展。先后有60多位院士专家到崇州，为崇州经济社会发展出谋划策。《四川日报》对会议进行深度报道。六是“博士团”入驻崇州，为地方经济建言献策。在成都市科协的支持下，成都“博士团”组团到崇州市文井江镇调研，群策群力，从小镇规划、产业发展、富民强镇等多方面、多角度提出建设性意见，为文井江镇打造国家级颐养小镇提供科学建议。

（帅志军）

残疾人联合会

【概况】 市残联落实省委深化改革推进“量体裁衣”残疾人服务和成都市“新常态、万亿级、再出发”及崇州市“产业新城、品质崇州”发展部署，持续发展市残疾人事业。崇州市被省残联评为全省“量服”工作先进市。

【“三严三实”专题教育】 市残联召开专题教育座谈会3次，中心学习组集中学习研讨13次，工作调研9次，主要领导上党课2次，扶贫宣讲1次，广泛开展谈心交心活动，深入查找“不严不实”突出问题并进行深刻剖析和整改。

【残疾人民生】 市残联帮助1240名农村贫困残疾人改善生产生活条件，扶持6533名城乡残疾人居家灵活就业，残疾人居家灵活就业直接补贴750人，为5291名重度残疾人发放护理费用补贴，为700名贫困残疾人适配基本型辅助器具，救助8名贫困家庭重度听力残疾儿童，救助40名贫困家庭脑瘫儿童，为316户贫困残疾人实施居家无障碍改造。实施“阳光家园”计划，居家托养智力、精神残疾人579人。为10名贫困智力残疾儿童提供康复训练，对60名智残儿童实施教育康复救助。对61名截瘫偏瘫患者实施康复救助。资助1.6万余名持证残疾人参加城乡居民基本医疗保险。

【“两个体系”建设】 一是加强残疾人社会保障。市残联资助3044名重度残疾人参加养老保险，实现持证残疾人参加城乡居民基本医疗保险全覆盖。为980名贫困残疾人参加大病医疗互助补充保险发放补贴。建立重度残疾人居家护理费用补贴、残疾人托养、困难残疾人生活补助等保障性制度。二是建立完善残疾人服务体系。市残联实施白内障复明、人工耳蜗、重性精神病患者“阳光救助”、智力残疾儿童社区康复、聋儿康复等救助工程，服务群众2000余人次。实施按比例安置残疾人就业70人。建立地税、财政代缴代扣保障金征收工作制度。扶持残疾人创业，新增基地3个。将105名贫困残疾人纳入精准扶贫对象。为2808名贫困“低保”残疾人发放专项生活补助。开展“温暖万家行”活动，慰问贫困残疾人家庭4300多户。实施残疾人“阳光家园”计划，依托省复员退伍军人医院开展机构托养服务，有35名重度残疾人在机构生活、生产、学习。实施残疾人家庭无障碍改造民生工程。

【“智慧量服”】 市残联开展全国残疾人基本服务状况和需求专项调查暨“智慧量服”工作，300余名基层工作人员深入到全市1.6万余名残疾人家庭，开展专项调查，了解需求，做到“镇不漏村、村不漏户、户不漏人、人不漏项”。推进“一人一策”服务，做到残疾人服务项目精准、责任主体精准、落实时间精准、投入资金数量精准、具体措施精准、服务效果精准

"六个精准"。全市进网残疾人 22380 人，持证落实覆盖率 100%，手机录入率 100%。

【组织建设】 市残联规范残疾人基层组织建设，配齐配强工作人员。全年，培训残疾人工作者 350 人次。开展"三公开一公示"工作。建立专门协会评价理事会工作制度。全市建立助残志愿服务分队 280 个，登记注册助残志愿服务者 3512 人，开展"精神病关爱""邻里互助"等助残志愿服务活动。

（晏家鸿）

红十字会

【概况】 2015 年，市红十字会拓展募集资金渠道，积极筹措资金，增强应急救助能力。捐赠专户依法募集人道救助救援资金 170.18 万元，发放救灾、救助、助学等公益款项 306.23 万元。

【备灾救灾工作】 市红十字会配合市应急办、市防震减灾局开展应急演练，加强救灾物资的储备和应急救援志愿者队伍建设，提高应急自救互救能力。

【救护培训】 市红十字会针对重点行业、高危人群、重点区域开展急救员培训，培训合格工业和服务业急救员 400 人，成立工业和服务业应急救护志愿者服务队 2 支（捷普科技和街子旅游协会）。开展卫生救护知识普及培训，培训人员 7251 人，开展急救员培训 19 期，培训合格急救员 931 人，超额完成民生工程目标任务。

【帮护救助】 红十字会结合"走基层""心连心"等活动，扶贫攻坚关注底线民生，对口帮扶怀远镇 9 户精准扶贫户脱贫。实施人道救助，给付临时性救助资金 16.35 万元，助学、助医、助困 67 人。

【关爱和助学活动】 市红十字会开展"红十字博爱送万家"活动，慰问困难群众 120 户，发放慰问金 4.80 万元，开展"关爱拯救行动"，为特殊困难群众排忧解难，救助 52 人，发放救助金 116.11 万元（最高个人救助 10.70 万元）。开展"阳光爱心助学行动"，对小学、初中、高中三个阶段困难家庭学生实施"一对一、个性化"助学，发放爱心助学捐款 34.4 万元，实施救助 131 人。

【公益宣传】 "5·12""5·8 世界红十字日""世界急救日""世界防艾日"等重要时间节点，开展防灾减灾、预防艾滋病、"三献"（无偿献血、造血干细胞捐献和人体器官捐献）宣传和健康卫生知识竞赛、红十字志愿服务等活动，弘扬"人道、博爱、奉献"的红十字精神和社会主义核心价值观。

【创新工作】 一是拓宽募集资金渠道，与成都易授网络科技有限公司（崇州帮帮网）签署"红十字爱心桥"公益项目合作协议，利用互联网优势，在崇州帮帮网上设立崇州市"红十字爱心桥"专栏，搭建社会爱心人士（单位）与求助受助群体之间直线沟通互动平台。2015 年，收到个人 20 万元定向捐款，全部用于"关爱拯救行动"。二是发挥新媒体、新平台力量，通过网络、电视、电影院线等媒体普及应急救护知识，进行"三献"公益宣传，传播正能量，引领新风尚。三是建立完善红十字会急救掌上学堂，利用网络普及卫生救护知识，提高群众在突发事件中的自救、互救意识和基本救护技能。

（李　立）

法　治

法治政府建设

【概况】 市法制办内设综合科、行政复议与行政指导科、行政执法监督科3个科室。主要职责是审核或起草以市人民政府名义发布的规范性文件，为市人民政府的各项重要决策提供法律依据；清理和编纂市人民政府发布的行政措施，及时提供废止或修改意见；承办市人民政府所属各部门和各乡镇人民政府、街道办事处制定的规范性文件和重大行政处罚的审查备案工作；依法办理由市人民政府复议的行政案件，受市长委托，代表市政府出庭应诉行政案件，承办由市人民政府承担赔偿义务的案件；依法办理对审计机关审计决定不服提请市人民政府裁决的案件；依法开展行政执法监督检查工作，纠正市人民政府工作部门和下级政府作出的违法或不当的行政行为；协调、裁决各行政执法部门在法律、法规和规章执行中的矛盾和问题；负责对市属各部门、各乡镇、街道法制工作进行业务指导和行政执法人员的培训；开展或组织政府法制工作调查研究，提出加强政府法制工作的建议；指导和监督全市行政应诉和行政赔偿工作，牵头负责全市行政调解的指导、督促和协调工作；承办市委、市政府交办的其他事项。

【推进政府职能转变和简政放权】 市法制办清理并取消、调整和下放行政审批事项，完成编制行政许可项目目录。对29个部门285项行政许可和592项其他事项进行优化清理，将285项行政许可精简为245项，并向社会公布行政许可项目目录。深化工商登记制度改革，推进“先照后证”“三证合一”等工作。全市有8600家单位无需每年再到政务中心质监窗口提交年检材料，已登记注册资本实缴改认缴企业927家，实行“先照后证”后，已登记企业200家。

【加强政务服务】 崇州市凡属非涉密行政审批和公共服务事项，均纳入政务服务平台受理办理。全市行政审批整体授权率在90%以上。市法制办按照国务院机构改革和职能转变要求，根据成都市人民政府的工作安排，做好崇州市行政审批制度改革工作。批准崇州市人力资源和社会保障局等部门申请取消社会保险卡发放等20余项审批事项和服务事项。

【健全依法科学民主决策机制】 市法制办完善重大行政决策机制，贯彻落实成都市重大行政决策程序规定，实行行政决策终身责任追究和责任倒查机制。强化重大行政决策合法性审查，全年审查各类合同89件，合同标的额178.3亿元，提出合理化建议和意见百余条。推行政府法律顾问制度，制订《崇州市全面完善法律顾问实施方案》，实现党政机关、事业单位以及社团组织法律顾问全覆盖。构建行政执法和刑事司法衔接机制，制订《关于行政执法与刑事司法信息共享平台运行工作方案》，实现行政处罚和刑事处罚无缝对接。

【推行严格规范公正文明执法】 市法制办探索推进综合执法，建立健全综合、精简、高效的行政执法体制，崇州市被成都市列为综合行政执法体制改革试点单位。加强重点领域执法，完成实现“两法衔接”信息平台与行政权力依法规范公开运行平台对接，开展打击食药品和环境资源专项行动，移送立案6件，其中1人受到刑事处罚。规范行政执法程序，明确行政执法操作流程，推进标准化执法，严格执行重大行政执法决定法制审核制度和重大行政处罚备案制度。规范行政执法自由裁量权，向社会公布裁量标准和行政职权目录，公布一批事实认定清楚、执法程序规范、严格适用裁量标准的典型案件。强化行政执法监督，开展行政执法案卷评查，17家单位报送324件案件，随机抽查105件，提出整改意见160余条，重大行政处罚和行政强制备案审查率100%，行政执法投诉办理回复率100%。加强行政执法人员培训，对全市800余名行政执法人员进行《中华人民共和国行政诉讼法》《中华人民共和国行政处罚法》和《中华人民共和国行政强制法》等专题培训。

【推进政务公开】 市法制办强化行政规范性文件审查备案，推行行政规范性文件备案审查标准化，向成都市法制办备案3件。推进行政执法信息公开，加强依法规范行政权力运行平台和电子监察平台建设，要求行政执法部门在作出处罚决定之日起20个工作日内在部门网站上公开案件信息。

【依法化解矛盾纠纷】 加强行政复议工作，市法制办新收复议案件26件，办结24件。加强行政应诉工作，代拟《崇州市行政首长出庭应诉实施办法》，并下发实施，办理行政应诉案件33件。加强行政调解和仲裁工作，选派行政调解能手进驻市信访接待中心化解矛盾纠纷，参与和指导行政调解案件3件。

（郑　艳）

政法委及综治

【概况】 市委政法委内设办公室（研究室）、政治处、督查督办室3个职能科室，市综治办、维稳办与政法委合署办公。

【稳定工作】 市委、市政府将维稳工作与中心工作同安排、同部署、同考核、同奖惩，先后召开4次常委会、6次政府常务会专题研究维稳工作，强化“一把手”负总责、分管领导具体抓、其他领导“一岗双责”配合抓的领导体制，构筑“横向到边，纵向到底”的维护稳定工作格局，确保维稳工作良性运行。抓好重大节日、敏感时期的安保维稳工作，开展重大节日、敏感时期“大管控”、安全保卫“大巡防”等行动，其中“9·3”期间全市出动“红袖套”4200余人次，确保了“9·3”阅兵、国庆、中秋等重要节点安全稳定。抓好风险评估工作，落实重大决策社会稳定风险评估机制，从源头上防范制止损害群众切身利益的行为，最大限度地减少不和谐因素，为重大决策、重大项目构筑“安全网”和“防火墙”。累计决定实施风险评估63件，全部启动并完成，其中李家岩水库建设项目社会稳定风险评估于10月16日上报成都市维稳办，成都市维稳办当日做出《关于审查〈崇州市李家岩水库建设项目社会稳定风险评估报告〉的批复》（成稳字〔2015〕47号），同意风险评估报告，上报成都市政府。抓好不稳定因素和社会矛盾“大排查、大调处、大化解”工作，开展信息研判23次、专题分析18次，排查各类矛盾纠纷1027件，排查突出不稳定因素45起，稳控化解率100%，成功化解乡镇“八大员”、电影放映员、幼儿园教师“三大群体”的长期信访案件。协助市人社局、市住建局等部门对企业欠薪、拖欠民工工资等问题进行早排查、早分析、早部署，春节前到市委、市政府非法上访案件从2014年的110余起下降到2015年的1起。抓好非法集资处置工作，立案查处12件，涉案金额5亿元，涉及群众2200余人，移送起诉8件20人，其余人员分别采取批准逮捕、刑事扣留、取保候审、边控、上网追逃等法律手段，预计可挽回损失2.5亿元。抓好涉法涉诉问题处置，理顺涉法涉诉工作边界和交办程序，及时有效地化解一批涉法涉诉案件，围绕《中华人民共和国刑法修正案（九）》开展专题培训2次，培训范围涵盖机关、乡镇、社区各级各领域，参训人数600余人。抓好处突工作，启动应急值守15次58天，成功处置“人人康”等非法集资事件，疏导五联化工、神宇玻璃、茂祥藤器等涉汇通案的反复上访案，及时侦破“10·15”重大刑事案件，确保突发事件全面可控。抓好对敌斗争工作，强化情报信息搜集研判，努力获取深层次、内幕性、预警性情报信息，下好先手棋、打好主动仗，严防敌对势力插手人民内部矛盾。

【专项整治工作】 崇州市依法严厉打击各类违法犯罪，始终保持严打高压态势，公安机关破获各类刑案962件，其中命案5件，创造“连续四年命案全破”的战绩，交警大队被省公安厅交警总队评为2015年度“五无”（无违法违纪、无群众有效投诉、无一次死亡3人以上道路交通事故、无执法过错、无行政败诉案件）交警大队，交通管理综合成绩名列成都市二三圈层十四个区（市、县）第一，党风廉政建设监督责任、打击暴力犯罪、缉枪治爆、网安等工作荣获成都市公安局三圈层第一名，局党委副书记、政委胡诚荣获全省政法系统先进个人和全省思想政治工作先进个人，局党委委员、大队长王强被省公安厅交警总队评为全省“十佳”大队长、获评省道路交通安全综合整治先进个人，拘留所荣立集体二等功，民警曾根祥、向静荣立个人三等功，刑侦大队民警李祥吉荣立个人二等功，45人荣立个人三等功，220人受到上级嘉奖，民警胡焰、刘旭获评全省公安系统先进个人，崇平派出所所长吴炯荣获“成都最美警察”提名奖。检察机关批捕350件397人，提起公诉481件632人，立案查办贪污贿赂、渎职等职务犯罪17件20人，成功抓获一名潜逃8年的贪污嫌犯，受到省、市纪委和检察院肯定，中央电视台经济频道等媒体作专题报道。打造“向日葵工作室”，省、市检察院予以好评，多地检察机关来院学习参观。加强机关党建工作，受到中央国家机关工委、省直机关工委肯定。市人民法院审结各类案件5414件，执结各类案件1368件。执行工作、刑事审判工作分别获成都市中级人民法院“单项工作”先进单位，“三项活动”获评成都市中级人民法院“化解长期未结案”先进集体，速裁庭和李建分别荣立成都市中级人民法院集体和个人三等功，李海峰被评为四川省先进工作者，王秀琴荣立成都市法院系统三等功、被评为省政法系统先进个人，谢文彬被省高级人民法院评为宣传报道先进个人。市司法局组织律师代理各类案件 1032 件；“法治示范市”创建工作成效明显，崇州市被成都市命名为“法治示范市”，有 84 个获成都市命名的“民主法治示范村”，其中白头镇五星村成功创建为国家级“民主法治示范村”。集中开展崇阳街道九龙路、长城路重点整治工作，刑事案件和治安案件分别降低 67％和 72％，群众对整治工作满意率 95％。

【大调解工作】 崇州市加强组织建设，全市成立专业调解组织 14 个、专兼职调解队伍 30 支，确保“大调解”体系日趋完善。集中开展不稳定因素和社会矛盾“大排查、大调处”、信访积案“大化解”等专项行动，及时将各类矛盾纠纷调处在萌芽状态、化解在基层，全年排查各类社会矛盾纠纷 1028 件，调处成功 997 件，成功率 97％。组织人民调解进驻信访接待中心，接待群众咨询 150 余人次。

【社会治理工作】 一是加强网格化管理，确保市监管中心、55 个乡镇部门网格化服务管理处理分中心、253 个村（社区）网格化服务管理站、541 个网格正常有效运行。全年，网格化管理服务系统共采集各类事件信息 14.1 万条，配合处置突发事件 389 件，宣传政策法规 8300 余件次，参与治安防控 2.7 万余次，劝解矛盾 4900 余件。按照省委文件要求，完成乡镇卫生院、派出所、司法所网格化三项重点工作的平台搭建。二是推进“三无院落”整治。完成 142 个“三无院落”整治任务，创新实施“七步工作法”，受到上级肯定。三是建立小区物管约谈机制。以政法委综治办牵头，联合公安、房管等部门对物业小区发案较高的物管公司进行约谈，并要求其整改，整改不到位的予以通报、警告，甚至吊销其资质，以此加强物管公司的责任心。四是推进街子立体化治安防控体系建设。按照成都市统一部署，启动完成街子景区立体化治安防控体系示范建设，景区治安实现立体化、全覆盖。五是推进寄递物流和危爆品专项整治。重视危爆物品寄递物流清理整顿和矛盾纠纷排查化解专项行动，市级各成员单位建立配强专项行动领导组织和工作机构，周密安排部署，强化寄递物流安全监管，落实寄递企业处理场所 3 个 100％（收寄验视 100％、实名收寄 100％、过机安检 100％）要求，加强对快递物流的规范管理，确保有效开展专项整治行动。检查危险化学品企业 21 家，发现安全隐患 23 项，责令限期整改 15 项、立即整改 8 项，对企业隐患整改情况进行跟踪督查，企业完成隐患整改 20 项，正在整改中 3 项。

【平安崇州建设】 崇州市以平安示范社区创建为抓手，确保在稳步推进平安细胞工程建设的基础上，向社区基层基础工作纵深延伸。市委政法委加强督促指导，先后 15 次到平安创建乡镇检查指导工作，确保创建工作深入有效推进。建成成都市三星级“平安乡镇”2 个、“平安村（社区）”5 个、平安单位 2 个。

【政法队伍建设】 一是强化思想建设，在全市政法领导干部中，组织开展“三严三实”专题教育和“守纪律、讲规矩、做忠诚卫士”主题活动，组织开展 3 个专题学习研讨，着力解决“不严不实”“不作为乱作为”等问题，增强严明党的政治纪律、组织纪律的自觉性和坚定性，以班子带动促进干警清正、队伍清廉、司法清明。组织开展理想信念、政治纪律、政治规矩、纪律作风、廉政教育、政法职业道德教育，引导党员领导干部坚定理想信念，保持政治定力。二是强化教育培训，提高干警综合素质和工作能力。市委政法委制订干警培训方案，政法各部门健全完善学习培训体系，采取专题讲座、网络培训、岗位练兵、比武竞赛等方式，分期分批、分层分类地对政法干警进行培训，特别是针对“农业现场会”“9·3”纪念活动等重要安保维稳期，适时开展实战训练和演练，提升维稳处突能力。三是强化作风建设，密切干群关系。市委政法委深入联系服务群众，广泛开展“走基层”“结对心连心·我们在一起”“五进”（进农村、进社区、进企业、进学校、进窗口）“双联”（党政机关联系困难企业，机关干部联系困难群众）“双报到”（机关党组织和在职党员限时到包联社区或居住地区党组织报到）“挂包帮”（领导挂点、部门包村、干部帮户）等活动，面对面地解决群众实际问题，以实际行动改进作风，密切警民关系。制定《关于建立健全政法队伍作风建设长效机制和认真贯彻“三严三实”要求进一步加强政法干部教育管理监督的实施办法》，加强干警管理监督。完善便民服务措施，以户籍、交通管理、诉讼服务中心、法律援助中心、“两所一庭”等服务窗口和基层单位为重点，规范制度、简化流程，创新服务方式，挖掘服务潜力，提高服务质量，为群众提供更加便捷高效的司法服务。开展作风巡查，市委政法委以全市政法窗口单位、基层所庭、重点部位和区域为重点，围绕窗口服务、警容风纪、警车管理、执法突出问题等，定期组织作风巡查，开展作风巡查3次。四是强化队伍调研，为科学决策提供依据。围绕司法所建设、政法机关党组织向党委报告重大事项，开展专题调研，提升调研能力建设。

（冯继楷）

公　安

【概况】　市公安局内设指挥中心（办公室）、政工监督室、纪检监察室、法制大队、警务保障室、治安管理大队、看守所、拘留所、交警大队、刑警大队、禁毒大队、经侦大队、国保大队、网监大队、出入境大队、烟爆大队16个职能机构，下辖崇庆路、滨河路、工业区、元通、怀远、三江、王场、隆兴、廖家、道明、羊马、街子、文井江、燎原、济协、集贤、鸡冠山、锦江、桤泉、白头、观胜、崇平、梓潼、大划、三郎、公议、江源27个派出所，代管森林警察大队、市公安消防大队（政府消防队）、武警中队。2015年，有3个基层集体受到上级表彰，刑事侦查大队和崇庆派出所2个党支部被成都市局评为先进党支部，刑侦大队民警李祥吉荣立个人二等功，43人荣立个人三等功，220人受到上级嘉奖，胡焰、刘旭荣获全省公安系统先进个人，局党委副书记、政委胡诚荣获全省政法系统先进个人和全省思想政治工作先进个人，崇平派出所所长吴炯荣获“成都最美警察”提名奖。

【维护稳定】　2015年，崇州市城区、景区交通秩序井然，道路交通、消防、民爆危化品安全管理形势稳定，看守所、拘留所安全管理形势稳定。市公安局收集维稳情报信息286条、网侦信息2000余条，向党委、政府预警20余次，上报维稳动态信息56期、维稳信息研判10期，向成都市公安局上报网侦信息1200余条。处置各类群体性事件14起，有效处置3月份“三分多鞋业”民工非法聚集、“人人康”等非法吸收公众存款案受害者到崇州市委、市政府聚集闹访等群体聚集事件。坚持落实“‘一把手’每月接访、其他班子成员每周轮流接访”的公安信访长效机制，持续开展“局长进大厅”活动，接受群众信访670件，来信来访事项回复率100%、办结率100%，局领导接访事项全部办结。市公安局坚持依法治访，深化矛盾纠纷化解，被成都市委评为服务保障省信访局专项接访成绩突出单位。组建20人的反恐处突分队，强化先期处置和“一分钟”处置能力的训练、演练，在力保本地稳定的同时，先后完成汪洋副总理到崇州调研、“两会”、党代会、“3·14”“5·12” “6·4”、全国农业现场工作会、“9·3”抗战胜利大阅兵、中共十八届五中全会等重大节日和敏感节点的安保维稳工作，加强大型活动期间维稳安保工作。完成2015四川花卉（果类）生态旅游节主会场暨崇州市第三届四川自驾赏花节开幕式、街子半程马拉松比赛及街子音乐节等大型活动的安保工作。策应大成都地区维稳工作。

【“110”接处警】 市公安局接警37355起，其中纠纷9844起，公民求助4061起，走失寻人285起，处置报警37355起，出动警力77833人次、车辆37355车次，救助伤员3人，救助群众83人。

【治安防控】 一是常设“四道防线”卡点、8个治安岗亭，设置三元街、南街、大东街、蜀州路等重点巡逻线路，将警力设置在交通干道和主要道路，最大限度呈警街面，有效震慑犯罪。二是以派出所为单位，结合辖区实际，合理规划小街小巷巡控线路、点位和时间，组织派出所民警、治保巡逻队、保安等力量，开展24小时巡控，堵塞治安防范漏洞。三是对全市3200余人的各级群防群治力量进行整合，督促派出所组织群防群治，将治安防范工作深入到每个村（组）和院落，在实现治安防范全覆盖的基础上，实现群众满意度提升。整治的治安热点地区崇阳街道九龙路地区，全年发生刑事案件13件，比2014年同期37件降低64%，全年处理行政案件30件，比2014年同期22件降低26%，治安热点得到有效治理。

【惩罚犯罪】 市公安局破获各类刑案962起，打击犯罪分子662人。开展“扫黄禁赌”行动，查处涉黄治安案件71件，行政拘留133人，侦破涉黄刑事案件11件，打击处理12人；查处涉赌治安案件74件，行政拘留126人，侦破涉赌刑事案件16件，打击处理23人。开展“利剑扫毒”行动，破获毒品刑案98件，缴获毒品1895.68克；行政拘留涉毒人员830人，强制戒毒165人，社区戒毒251人。开展“治爆缉枪”行动，侦破涉枪案件53件，打击处理48人，收缴各式枪支45支。2012—2015年，连续四年现行命案全破。开展严打“三盗两抢一诈骗”行动，破案652件，其中破系列案29串300余件，破电信诈骗案69件，破盗抢汽车案54件，追回被盗汽车36辆。破获经济案46件，打击处理37人，扣押赃款300余万元，扣押房产13处，价值1000余万元，查扣款物总价值2.2亿元。查处林业刑事案件6件、行政案件17起，林业行政处罚30人，收缴非法木材近100立方米，收缴管制刀具3把，收缴珍贵、濒危野生动物制品7千克，收缴捕兽夹、捕兽钢丝套4.2公斤，救助国家重点保护野生动物12只（头）。

【服务保障】 市公安局紧跟本地重大项目发展，推进捷普项目园区的警务配套，完成交安设施建设、天网建设等任务；严密关注企业周边的治安动态，破获捷普公司员工时某被人殴打案等影响企业发展的刑事案件，快速处置“三分多鞋厂”员工以讨要工资为由举行的非法聚集游行活动。破获食药品安全类案件2件2人，破获“人人康”“鑫磊森”等公司非法吸收公众存款案等一系列经济影响严重的刑事案件。

【治安管理】 市公安局全年共查处各类行政案件2343件，行政处罚2296人，其中行政拘留1392人。继续保持缉枪治爆的高压态势，侦破涉枪案件53件，打击处理48人，收缴各式枪支45支。破获黄赌刑案27件，抓获黄赌刑事作案成员35人，查处黄赌治安案件145件，查处黄赌违法人员259人，扫黄禁赌成绩继续稳居成都市三圈层第一。坚持规范化管理，加强枪支、民爆、危化品监管，场所管理工作位列成都市三圈层前三。

【交通管理】 市公安局实施城乡交通环境综合治理，推进落实文明交通行动计划，确保道路交通安全形势稳定。排查道路隐患248处，整改212处。完成临崖高差3米以上乡村道路波形护栏需求调查。在怀华路等路段安装隔离护栏7000余米。组织开展法制课126场次，张贴标语270余幅，悬挂横幅70余幅，发放宣传资料8.6万份，媒体宣传86次，发送交通安全提示短信3.9万条。接事故处警15233件，死亡32人，伤122人，刑事立案115件，刑事拘留22人，行政拘留96人，吊销机动车驾驶证84本，侦破交通肇事逃逸41件。四项指数与2014年同期相比，死亡减少2人，受伤人数减少60人，未发生一次死亡3人以上交通事故。

【消防管理】 市公安局组织开展消防审核48件，审核备案25件，验收48件，验收备案31件，办理开业前消防安全检查49家，消防监督检查1333家，发出《责令改正通知书》741份，发现整改火灾隐患1273处；办理消防行政案件26件，火灾案件19件，罚款62.2万元，责令“三停”（停产、停业、停止施工）22件，拘留11人；接火警325起，出警325次，出动消防车1930台次、消防官兵9718人次；从各类危险场所成功救出遇险群众111人，疏散人员214人，抢救财产价值434.95万元，无人员重大伤亡，无群死群伤恶性火灾事故发生。

【行政管理】 市公安局推行周末延时服务、平时预约服务、针对困难群众上门服务等工作机制，办理各项业务257266件，其中户籍业务68345件，出入境业务53679件，车管业务135242件，所有办证工作无延期、无投诉。

【队伍建设】 市公安局坚持“铁腕治警”，辞退民警1人，纪律处分民警2人，发现查纠问题21件，提出督察建议29条，发出督察通知书51份，查办民警执法维权案件9起，受理各类信访投诉69起，移送纪检监察处理违纪民警1人。为5名因病去世的退休民警申报领取成都市局优扶基金3万元，为5名因公受伤民警申报领取优抚奖励6600元，为1名特困民警申报领取扶助3000元，为4名因公因病去世民警子女申报领取成都市局助学金10500元。

（胡 诚）

检 察

【概况】 市人民检察院内设反贪污贿赂局、反渎职侵权局、侦查监督科、公诉科、控告申诉检察科、刑事执行检察局、民事行政检察科、检察技术科、预防科、未成年人刑事检察科、政治处、监察室、办公室、法律政策研究室、司法警察大队、案件管理办公室16个职能机构，下设驻崇州市看守所检察室、驻羊马镇检察室2个派出机构，设立人民监督员办公室1个非常设性机构。9月6日，经崇州市编制委员会批复同意，“监所检察科”更名为“刑事执行检察局”，相应职能发生调整。2014年，市检察院有4个集体和12名干警受到上级表彰，院党组保持了“四好班子”荣誉，工作中涌现出市院三等功等先进典型，全院第三方群众满意度测评居成都市检察系统前列。

【刑事检察】 2015年，市检察院办理审查逮捕案件403件550人，批准逮捕397人，同比增长8.5%；办理移送审查起诉案件536件730人，提起公诉632人，同比增长2.3%。配合公安机关完善立体化治安防控体系，严密防范暴力恐怖、危害公共安全犯罪，坚持对杀人、强奸、绑架、涉枪涉爆涉恶等严重刑事犯罪重拳出击，批捕46人，起诉57人；持续打击人民群众反映强烈的“三盗两抢一诈骗”犯罪，批捕67人，起诉77人；参与排查和整治社会治安突出问题，严厉打击“黄赌毒”犯罪，批捕105人，起诉109人。加大对经济犯罪的打击力度，打击集资诈骗、非法吸收公众存款犯罪13人，依法打击生产销售伪劣产品、妨害公司企业管理、扰乱市场秩序犯罪7人，打击虚开增值税专用发票犯罪11人。贯彻落实宽严相济刑事政策，对犯罪情节较轻、社会危害不大的初犯、偶犯、过失犯、老年犯、未成年犯等依法不批捕158人、不起诉19人。

【查处和预防职务犯罪】 市检察院运用法治思维和法治方式惩治腐败，完善侦查一体化和侦捕诉协作机制，提高侦查办案能力水平。全年，立案查办贪污贿赂、渎职等职务犯罪17件20人。推进追逃追赃工作，组织精干力量前往西藏开展千里追逃，在拉萨成功抓获一名潜逃8年的贪污嫌犯，实现成都检察“天网”行动首捷，受到省、市纪委和检察院领导肯定，中央电视台经济频道《经济与法》栏目、法治中国等媒体作专题报道。重视从源头上防治职务犯罪的滋生蔓延，完善预防与管理、教育、制度、监督相结合的“1＋4”工作模式，拓展社会化预防网络。立足反腐职能，推进诚信体系建设，为企业提供行贿档案查询109次。完善侦防一体化机制，开展专题预防调研，剖析重点领域和关键环节重大典型职务犯罪发案原因、特点趋势，提出对策建议19条。结合办案，深入机关单位和乡镇基层开展预防警示教育48次，组织干部职工到监狱和廉政警示教育基地接受现场教育，帮助提高拒腐防变能力。

【诉讼监督】 市检察院立足推进依法治市，紧紧抓住执法不严、司法不公等突出问题，发出纠正违法通知书、检察建议20份，办理立案监督13件，纠正漏捕9人、漏诉19人，提出刑事抗诉4件。贯彻落实修改后的民事诉讼法、行政诉讼法，办理生效裁判监督、审判程序监督和执行活动监督10件，督促行政机关依法履职5件。完善刑事执行检察职能，纠正刑罚执行和监管活动违法17件，纠正监外执行罪犯漏管、虚管43人。开展对特赦部分服刑罪犯的监督工作，及时提出检察建议，监督漏报的4名监外执行未成年犯依法报送特赦。将人权保障理念贯穿司法办案始终，严格执行罪刑法定、疑罪从无、非法证据排除等法律原则，对逮捕后无继续羁押必要的8名犯罪嫌疑人变更强制措施，确保每一起刑事案件都经得起法律和历史检验。

【控告申诉检察】 市检察院坚持恢复性司法理念，办理检调对接、刑事和解、司法救助6件，发放救助金7.4万元，最大限度弥合社会关系。健全检察环节社会矛盾纠纷预防化解机制，选派干警驻守乡镇检察工作室，完善来信、来访、网络、电话及视频接访综合受理平台，妥善处理控告、申诉、信访41件，引导和支持当事人依法表达诉求。建立“互联网＋检察”工作模式，建成集门户网站、“两微一端”、传统纸媒于一体的检务公开体系。

（陈昱煜）

法 院

【概况】 市人民法院内设民事审判一庭、民事审判二庭、速裁庭、刑事审判庭、行政审判庭、立案庭、执行局、研究室、司法警察大队、审监庭、技术室、政治处、监察室、办公室14个职能机构，下设三江法庭、元通法庭、怀远法庭、河西法庭、羊马法庭 5 个派出机构。2015 年，受理各类案件 5802 件，结案 5414 件，结案率 93.3%。审判工作、司法改革和队伍建设等工作取得新的发展和进步，民事审判、刑事审判、行政审判、审判管理、督办联络、信访、双拥、维稳、综治及平安建设、司法警察、诉讼服务中心建设、民商事疑难案件专项审判活动、“三严三实”专题教育、“三项活动”“百日办案竞赛”活动、目标绩效考核等多项工作获评先进。化解长期未结案件工作获评成都市法院系统先进集体，速裁庭荣获集体三等功，刑庭、执行局获得基层法院工作先进单位。法官李海峰被评为四川省第七届劳动模范和先进工作者，被省法院记二等功。干警刘耿在“三项活动”中荣获个人三等功，李健荣获个人三等功，法官王秀琴被评为四川政法系统先进个人、成都市人民群众满意法官，法官倪望博、徐晓双、万鹏被市中院评为百日办案竞赛能手，法官王克勤、法警李吉情被评为先进个人，多篇调研文章获得省级、市级奖项。

【刑事审判】 市人民法院坚持宽严相济的刑事政策，坚持罪行法定、疑罪从无原则，加大对严重暴力犯罪、危害食品药品安全犯罪的打击力度，增强人民群众的社会安全感。2015 年，受理刑事案件 515 件，同比增长 12.2%，结案 507 件，同比增长 12.4%，结案率 98.4%，同比增长 0.2%。开展惩治职务犯罪专项审判活动，以受贿罪依法判处 2 件 2 人。开展涉枪等严重危害公共安全的刑事犯罪专项审判活动，审结危险驾驶罪 56 件、涉枪案件 12 件、毒品犯罪 67 件。加强未成年人案件审判工作，完善“圆桌审判”方式，保护未成年人合法权益，依法判处未成年罪犯 6 人。贯彻落实未成年人犯罪记录封存制度，对 2013—2015 年形成的 35 件 48 名未成年人犯罪记录实行封存，帮助失足青少年回归社会、改过自新，较好地维护了社会稳定。积极参与中院部署的刑事案件庭审实质化改革，采用刑事案件庭审实质化改革方式审理案件 3 件，参加成都中级人民法院对轻微刑事案件快速办理机制的探索，由分管副院长王春带头对该课题进行调研，形成调研成果《轻微刑事案件快速办理机制探索》，采用轻刑快办机制审理刑事案件 231 件，收到很好的社会效果。

【民商事审判】 市人民法院受理各类民商事案件 3710 件，同比增长 43.6%；审（执）结 3476 件，同比增长 43.5%；结案率 93.7%。以调解、撤诉方式结案 2011 件，调撤率 67%。审结离婚、赡养等婚姻家事类案件 769 件，依法保障了老人、妇女、儿童、残疾人合法权益。审结机动车交通事故责任赔偿纠纷案件 421 件，依法维护了受害人的合法权益。妥善审理民间借贷和金融借贷案件 601 件，增长 97.1%，标的额 3.65 亿元，增长 137%，依法化解融资借贷纠纷，促进社会诚信。稳妥审理各类劳动争议纠纷 408 件，增长 153.4%，依法保护劳动者合法权益。依法审理农村土地承包、租赁、流转等纠纷 77 件，增长 92.5%，促进了“农业共营制”依法规范。稳妥处理了 163 名农民工状告某公司拖欠民工工资共计 140 多万元的案件，农民工代表向法院赠送“心系百姓・为民排忧”的锦旗。设立民事法官联席会制度，实行检监察对案件全程监控制度，审判质效保持了高位运行，受到成都市中级人民法院赞誉。

【行政审判】 2015 年，市人民法院按照“首尾相接、循环交叉”的原则，全面推进行政诉讼异地管辖改革。受理行政诉讼案件 46 件，审结 43 件，结案率 93.5%。加强对新修订的行政诉讼法的学习，为准确适用法律、依法裁判打下坚实基础。注重同行政机关的联系，发挥职能作用促进行政机关依法行政。先后与市工业园区、城建、国土、市场监管等行政机关开展座谈，沟通交流规范行政工作，促进行政机关依法行政。对起诉的行政案件，积极组织涉诉行政单位与行政相对人进行协调沟通。在棚户区改造中配合市委、市政府启动“大调解”机制，有效化解了一大批群体、重大、涉稳、敏感的行政纠纷。建立行政执法与行政审判之间的良性互动机制，与市人民政府会签《关于建立行政执法与行政审判良性互动机制的意见》，确保法院和行政机关之间进行全方位的沟通交流。

【执行工作】 市人民法院受理执行案件 1510 件，同比增长 56.8%；执结 1368 件，同比增长 49.7%；执结率 96.6%，执结标的 5187.77 万元。持续开展“转作风、强措施、维权益”“打击拒执抗执”“涉民生案件专项执行”等活动。按照“四查一告知”的要求，用足、用够执行措施，采取查封、扣押、冻结措施 251 次，司法拘留 16 人。落实“黑名单”制度，曝光失信被执行人 235 名，维护执行工作的严肃性和权威性。成功执结涉民生案件 54 件，执行到位 316.55 万元。发放司法救助金 52 万元，救助 75 人。严格落实一个案款账户、一本归口管理案款台账、一个评估拍卖渠道“三个一”制度，执行工作更加规范有序。

【队伍建设】 一是扎实开展“三严三实”专题教育和“三项活动”，加强以“忠、公、廉、和、俭”为核心内容的法官职业道德和职业良知培养，严格落实党风廉政建设“两个责任”和“一岗双责”，坚持问题导向，规范审判权、执行权的行使，防止司法任性，使“严教严管”成为一种治院常态。开展关系案、人情案、金钱案专项清理和长期未结案件专项清理，制订《“三案”问题专项整治实施方案》。二是开展“卓越法官培养工程”活动，提升司法综合能力。制订《卓越法官培养工程实施方案》，强化法官“十项能力”建设，借力高校资源，探索适应新形势下联合人才培养路径。开展新修订的三大诉讼法的全员学习，深刻领会法律精神，确保正确理解、准确适用。组织 20 名干警参加在中国政法大学举办的“成都法院优秀年轻干部法治思维与素能提升培训班”，组织 15 名干警参加在西南政法大学举办的素质能力培训，推荐 5 名年轻法官进入西南财大研究生班学习。此外，还组织 300 余人次参加其他各类培训学习。三是坚持“好干部”选人用人标准，调整充实中层干部队伍。为多岗位培养锻炼干部，进一步激活中层干部工作动力，激发干事创业热情，对 14 名中层干部实行了轮岗。四是以零容忍态度加大查处力度。落实党风廉政建设主体责任和监督责任，严格执行“五个严禁”“两个规定”和“五个不准”等纪律条规，严格执行审务督察、防止内部干扰等制度。加大对违反《法官行为规范》《关于人民法院落实廉政准则 防止利益冲突的若干规定》行为的查处力度，全院无一例违法违纪案件发生。

【司法为民】 一是建立立体化全天候服务群众网络。整合诉讼服务、非诉服务、诉调对接和法治宣传“四项职能”，构建立体化、全天候服务群众网络，实现诉讼服务中心、诉讼服务点、诉讼服务站全域覆盖。办理各类诉讼服务事项 9680 件，做到件件有登记，事事有回复，其中提交材料、领取文书、申请异议等受理类事项 5880 余件，“四公开”件受理 99 件。建全减、免、缓交诉讼费绿色通道，减、免、缓诉讼费 18 件 48740 元。二是开展诉讼服务站建设。发挥人民法庭的基层基础作用，借助乡镇政府、村委会、居委会等办事场所，2015 年先期在集贤、王场、燎原、文井江、街子、公议、观胜、崇平、大划、江源 10 个乡镇设立便民诉讼服务站。在开通远程自助服务的基础上，由人民法庭定期派法官上门服务，5年内实现主要社区全覆盖，解决联系服务群众“最后0.5公里”问题。三是贯彻落实依法治市工作要点。落实普法责任制，建立“两责任两备案”制度；落实“谁执法、谁普法”责任制，持续开展“法律七进”，举办走进法庭听审判、随案说法143堂，参加人员4699人次，开展巡回审判61次，参加人员1.1万人次，利用节假日和首个“国家宪法日”开展法制宣传活动，在全国、省市级媒体刊发普法、新闻宣传稿件110篇（次），倡导“办事依法、遇事找法、解决问题用法、化解矛盾靠法”的法治理念，推进法治崇州建设。四是推进司法公开。按照“构建开放、动态、透明、便民的阳光司法机制”的要求，推进司法公开“三大平台”规范运行。先后建成10个科技法庭并投入使用，实现对庭审活动全程同步录音录像，做到“每庭必录”，以数据形式集中存储、定期备份、长期保存。全年，公开立案信息4293条、开庭信息2012条、证据材料1083案、执行信息1008条、庭审视频760条、鉴定评估拍卖信息82条。在中国裁判文书网公开文书1802份，在成都法院司法公开平台公开裁判文书2332份，增强了审判工作透明度。五是自觉接受监督，促进公正司法。市人民法院主动接受市人大法律和工作监督，坚持向市人大及其常委会报告工作制度，建立健全与人大代表结对联络机制，组织开展代表专项视察活动，以座谈、走访、邀请旁听庭审、赠阅《联络专刊》和《人民法院报》、发送法院手机报等形式，加强与代表的常态联络，主动通报法院工作情况。全年，邀请人大代表、政协委员410余人次视察工作、旁听庭审，走访部分代表当面听取意见。自觉接受社会各界监督，聘请12名各界人士担任特邀监督员。推进人民陪审员管理工作试点，人民陪审员参审案件537件，占一审普通程序案件的99.3%。依法接受检察机关法律监督，认真对待检察机关的检察建议，共同维护司法公正和司法权威。六是关爱未成年人。制定《未成年人犯罪记录封存实施办法》，制作《未成年人犯罪记录封存告知书》和《未成年人犯罪记录封存决定书》，保护涉罪未成年人合法权益。对35件48人未成年人刑事档案进行封存。涉未成年人刑事案件由具有丰富审判经验的法官专人审理，并从妇联、团委、学校等部门的工作人员中选任人民陪审员参与审理。对侵害未成年人的犯罪分子，综合考察其犯罪情节、危害后果、社会影响，依法从重从严处罚，有效震慑违法犯罪分子。结合送法进校园活动，深入各中小学校，向2000余名学生赠送法律宣传资料。通过开展法律讲堂、模拟法庭等活动，针对青少年易发犯罪进行讲解和剖析，教育青少年学生远离暴力、远离犯罪、远离恶习，增强青少年学生的法律意识和法制观念。七是加快推进扶贫开发。完善法律援助、司法救助制度，实施“阳光爱心助学”工程，帮助王场镇10名贫困学子解决就学资金共计5.2万元。

（刘　娟）

司法行政

【概况】 市司法局内设办公室、政治处、研究室、法制宣传科、基层工作科、社区矫正和帮教安置工作科、公证律师工作科7个职能科室，下辖崇阳、元通、怀远等25个乡镇司法所，有市公证处和市法律援助中心2个事业单位，有彰正、世康、创新、百里、平伦5个律师事务所和崇阳、元通、怀远、三江、隆兴5个基层法律服务所。全市有执业律师38人、公证员5人、公证辅助员10人、基层法律服务执业人员25人。

【普法教育】 市司法局深化学法用法工作，优化市内社会法治环境。一是建立普法责任体系，推进学法用法常态化。二是深化重点对象普法，推进“法律七进”和“法治大讲堂”工作。三是创新方法途径，推动建立普法宣传“崇州模式”。四是开展普法专项活动，推进全民普法取得实效。五是开展法治创建，推进民主法治示范引导。全年，开展法治讲座、法治宣传、法治文艺演出、法治电影播放、法律咨询等“法律七进”活动8100余场次，散发法治宣传资料35万余份（册），受教育干部群众72万余人次，受教育面在85%以上。全市有成都市命名的民主法治示范村（社区）81个，其中白头镇五星村为国家级民主法治示范村。

【人民调解】 市司法局深化人民调解工作，维护社会和谐稳定。一是加强人民调解组织建设，健全市级人民调解指导中心和乡镇、村（社区）调解委员会，健全交通、医患、保险等专业性、行业性调解组织网络。二是强化人民调解制度建设，健全完善分析研判、专业调解、协调联动、社会稳定风险评估、考核评价等工作机制，发挥具有崇州特色的“警司联调”“检调对接”机制作用。三是开展排查调处民间纠纷专项活动，加强春节、两会、春耕、国庆等重要时期矛盾纠纷排查调处，开展以调处积案、难案、大案为重点的攻坚克难活动。全市有人民调解组织296个、人民调解员1851人。全年，调处各类民间纠纷1028件，调解成功997件，成功率97%。

【社区矫正和安置帮教】 市司法局深化社区矫正工作，预防和减少重新犯罪。一是规范化实施日常管理，做好社区服刑人员和刑释人员的衔接入矫、分类管理、定位监管、临时安置、技能培训、集中教育、公益劳动和心理辅导等工作。二是科学化实施社会调查评估，及时协调、全面调查、准确评估，落实好每一件社区矫正审前评估调查工作，确保调查评估意见客观、真实、合法、高效。三是人性化实施帮扶教育，持续开展探视帮教、亲情帮教活动。四是特色化实施矫正转化，以片区为单位轮流到法治文化广场进行集中教育和公益劳动。2015年，全市有社区服刑人员289人，无一人脱管、漏管。接收、安置刑满释放人员215人，帮教率95%，安置率90%，重新犯罪率控制在2%以下。

【法律服务和法律援助】 市司法局深化普惠型法律服务，助力经济社会发展。一是构建市、乡（镇）、村（社区）三级纵向网络，构建市法院、市妇联、市残联、市教育局等部门横向联合网络，实现城乡全覆盖。二是健全法律服务全民共享普惠机制，成立法律服务组和法律顾问组，推进市级部门、乡镇、村（社区）法律顾问制度落实，发挥一小时法律服务圈、一村一律师、农村法律顾问、村（社区）法律服务工作室作用。三是做好法律服务，保障重点领域、重大事项工作，开展法律援助双延伸、走基层听民声・送法律惠民生专项活动。全年，代理诉讼和非诉讼案件1032件，解答法律咨询7600余人次，担任146家单位的常年法律顾问，办理公证7800余件，办理法律援助案件160件，提供法律援助咨询2130人次。

【队伍建设】 市司法局深化政治思想工作，构建高素质干部队伍。一是巩固党的群众路线教育成果，开展党性教育、警示教育和“三严三实”、庸懒散浮拖专题教育，推动“走基层”常态化。二是开展干部业务培训、轮训、交流、挂职锻炼。三是落实党风廉政建设主体责任和“一岗双责”，严格执行中央“八项规定”。全年，开展中心组理论学习13次，组织开展干部培训46场次，无违法违纪案件发生。

（张茂富）

国 防

人民武装

【概况】 市人武部内设军事科、政工科、后勤科3个科室，下辖24个乡镇、1个街道及3个企事业单位（经济开发区、传媒学院、水利学院）基层武装部。2015年，市人武部被成都警备区表彰为践行强军目标先进人武部，2人获嘉奖，1人荣立三等功。

【思想政治建设】 市人武部以学习贯彻中共十八届五中全会、全军政治工作会议和习近平总书记系列重要讲话精神为统揽，组织党委中心组带机关理论学习，抓好“三严三实”专题教育和“学习践行强军目标，做新一代革命军人”主题教育，采取理论武装跟进学、大项教育同步走、下篇文章主动谋、集中学习定期搞等方式，增强政治教育的针对性和时效性，确保政治教育人员、内容、时间、质量“四落实”。按照“六个肃清”的标准，全面清理清查涉郭（郭伯雄）、涉徐（徐才厚）信息，为推动部队建设营造良好的政治生态和政治环境。紧跟军队调整改革进程，开展“讲政治、守规矩、尽职责、促稳定”专题教育，在干部职工中形成改革共识，坚定改革决心，凝聚改革力量。营造军营政治文化氛围，完善荣誉室、学习室、文体活动室建设，发挥先进军事文化教育人、熏陶人、激励人作用。

【军事斗争准备】 市人武部落实战备教育，增强官兵战备观念，修订完善应急预案，提高应急处置能力，加强战备设施建设，升级改造值班室，规范各级战备秩序，提高战备水平。抓好民兵整组工作，专门召开民兵整组工作培训会，按照“结合实际编，按照类型建，针对任务训，立足需要用”的原则，依托市人民医院组建民兵医疗救护分队，完成基干民兵整组任务。落实军事训练，组织全体干部参加轻武器射击和手榴弹实弹投掷训练，邀请军区兵种训练基地教员系统讲解识图用图和战术标图，利用早操和体能训练时间进行单兵队列训练和3000米跑。7月，组织专武部长、民兵应急分队、民兵骨干进行为期15天的军事训练，增强民兵应急分队的应急应战能力和基层专武干部履职尽责能力。11月，组织全体干部参加警备区组织的年度军事训练考核，单位综合成绩在区（市、县）中名列第三。

【征兵工作】 市人武部针对基层武装部长调整面较大的实际，集中各乡镇（街道）和大专院校的专武部长进行征兵业务培训，编印征兵优惠政策和优抚政策宣传手册，组织专武部长进村入户、进系入班。2015 年，网上报名应征青年 1500 多人，征兵工作实现征接双方和新兵家庭“三满意”。

【党委班子和干部队伍建设】 市人武部以整风整改为基础，以党委班子和领导干部为重点，开展“三严三实”专题教育，从严整顿思想、整顿用人、整顿组织、整顿纪律，以 8 个专项清理整治为抓手，拿出硬措施，加大推动力，坚决清除灰色地带，堵住不正之风的“风头源头”。在 7 月初的专题民主生活会上，警备区原政治部主任予以班子“有活力、很团结、讲原则、能担当”的好评。落实党委工作“十六字”方针，定期召开党委会，研究人武部建设和发展的重大问题，自觉做到开会先学规定、讨论先谈问题、决策先找依据。发挥党委班子的战斗堡垒作用，坚持以强化事业心责任感为突破口，狠抓学习型党组织和干部队伍建设，定期开展各种活动，确保“人人都在组织中，人人都在教育中”。建立健全干部职工考勤考评机制，激发大家爱岗敬业的内在动力。

【党管武装】 市人武部发扬党管武装的优良传统，落实双重领导制度，积极向市委、政府汇报国防后备力量建设中遇到的困难和问题并得到妥善解决，推进国防后备力量建设。发挥军地桥梁纽带作用，八一、春节等重要时节，深入部队基层开展走访慰问，帮助排忧解难，融洽军政军民关系。配合地方部门开展工作，为全市退伍军人提供档案证明资料 818 份，协助做好新一届“全国双拥模范城”迎检工作。

【国防教育】 市人武部组织开展国防教育，组织第十五个全民国防教育日活动，现场发放宣传单 5000 余份，增强人民群众的国防意识。7 月 31 日，邀请国防大学张召忠教授为全市党政军领导干部作国家安全形势分析专题报告，在各级领导干部中反响强烈，激发了地方领导干部爱军兴军的意识和热情。

【安全稳定工作】 市人武部坚持依法治军、从严治军，学习贯彻条令条例，落实“六个管好”，抓好部队经常性管理，严格对早操、上下班、值班、请销假进行规范，“四个秩序”更加正规。坚持每月分析安全稳定工作形势，扎实开展“条令学习月”活动，重大节日和敏感时期抓好安全大检查和倾向性问题专项整治。突出抓好人、车、枪、弹、密、酒管理，开展武器装备仓库专项整治，落实重要岗位人员政治审查规定，定期排查安全隐患，加装避雷装置，维护监控设施，增添除湿设备，完善登（统）计表册，规范各项制度。落实安全管理责任，坚持党委负总责、主官负主责、副部长具体负责，细化各岗位职责，做到人人肩上有责任，人人心中有安全，筑牢安全稳定工作的思想防线。

【后勤管理保障】 市人武部坚持后勤管理制度化、规范化、科学化，提高后勤保障综合效益。搞好财务大清查，做到不漏一笔账、不漏一张票据、不漏一件事，不留任何“死角”，逐项查摆问题，逐一列出问题清单，分门别类制定整改措施。坚持党委集体理财，加强经费预算执行力度，强化对经费的监督和管理，规范经费开支、公务接待、物资采购、车辆派遣等问题。结合遂行重大任务和正规化达标建设，加强战备物资储备和给养库室建设。

【扶贫开发】 市人武部加大扶贫工作力度，投资30万元建立扶贫开发专项工作基金。2015年投资25万余元，与警备区共同出资修好一条一公里左右的村道，组织民兵医疗救护分队定期开展义务巡诊，对6户贫困户实施产业扶贫，为7名贫困学生提供助学资金，为梓潼小学修建“健康浴室”，真正让困难群体体会到党和政府的温暖，体会到军队和军人的关心。

（杨长明）

人民防空

【概况】 2015年，根据市委、市政府《关于市政府职能转变和机构改革的实施意见》，设立崇州市住房和建设局，挂崇州市人民防空办公室牌子，为市政府工作部门。市人防办整合成为市住建局的14个科室之一，名为人民防空工作科。

【人防建设】 市住建局新建警报器3台，坚持每月一次警报测试、每季一次检查，及时对有故障的警报器进行检修，确保警报设施（设备）始终处于良好战备技术状态。完成“5·12”防灾减灾和“9·18”试鸣演练任务，试鸣响率100%。办理人防工程易地建设费审批事项35项，报建面积82.44万平方米，收取人防易地建设费2331.72万元。利用国际民防日、防灾减灾日、警报试鸣日等开展人防宣传活动，提高广大市民的民防观念、公共安全意识，增强应急救灾能力。在江源中学开展人防应急疏散演练，参演师生1000人次。完成全市中学生人防知识教育10386人次，受教育率100%。完成1000个人防应急包的采购和发放工作。完成1个乡镇疏散地域标准化建设乡镇、村级人口疏散接收安置方案。完成12支人防专业队伍的整组和100人的整训。

（杨　娟）

城建·环保

城乡建设

【概况】 2015年，根据市委、市政府《关于市政府职能转变和机构改革的实施意见》设立崇州市住房和建设局，挂崇州市人民防空办公室牌子，为市政府工作部门。市住建局内设办公室、政策法规科、建筑业管理科、住房保障和房产管理科、房屋征收管理科、城市建设科、村镇建设管理科、房屋产权管理科、房地产市场监督管理科、人民防空工作科、安全生产监督管理科、行政审批科、计划财务科14个职能科室，下设建设工程质量监督站、城建档案馆、住房保障中心、国有土地上房屋征收事务中心、房地产交易服务中心、崇阳房管所、怀远房管所、元通房管所、三江房管所、街子房管所、羊马房管所、房屋测绘队、白蚁防治所、梘泉房管所14个下属事业单位，有住建监察大队1个参公单位。

【建筑市场管理】 市住建局抓好全市建筑企业、房地产开发企业资质管理工作，完成建筑企业、房地产企业资质变更、延续、升级100多件次，新办建筑企业资质2家，完成建筑企业资质上报换证48家；抓好行政审批工作，办理建设工程施工图设计文件审查备案148件，报建审查、核费、登记104件，施工许可74件，夜间施工许可52件，竣工验收备案40件，勘察现场作业提前报告登记93件，质量监督备案手续66件，安全监督备案手续35件，安全生产许可证新办、延期、变更、增补初审39件。做好建筑行业职工维权工作，按要求收取民工工资保证金716.59万元、民工工资担保额33188.93万元。完成墙改目标任务，收缴墙改基金717万元。做好建筑企业岗位培训，完成“九大员”（施工员、安全员、质量员、材料员、资料员、造价员、标准员、劳务员、机械员）岗位培训300人次。做好招投标及造价管理工作，按照招投标法办理建设项目招标投标、竣工结算备案等工作，全年共办理招投标备案115个，中标备案83个，竣工结算备案19个。

【安全监督情况】 市住建局全年监督工程55个，其中城区35个、工业区20个。检查240余次，面积约280万平方米，查出一般安全隐患80余条，完成整改，约谈项目23个，下发隐患整改通知书 16 份、停工通知书 8 份、处罚通报 1 份，未发生安全生产责任事故。有 7 个项目通过成都市建委标准化安全文明施工工地评定和四川省级标准化安全文明施工工地评定。

【住房保障体系建设】 市住建局按照成都市民生工程目标要求推进住房保障民生工程建设，建立健全多层次公共住房保障体系。截至 2015 年年底，排查城镇既有房屋 5365 栋、农村自建房屋 45444 栋、既有建筑玻璃幕墙 16 栋。装饰装修备案 2024 件，出具危险房屋鉴定通知书 25 份。完成老旧院落改造 30 个，建立住房专项维修资金 164 个项目，归集维修资金总计 1.14 亿元。新开工建设各类保障性住房 400 套，竣工各类保障性住房 2588 套，发放租赁补贴 97 户 17 万元，定向出租公租房 757 套，销售经适房 25 套、限价房 76 套。青年公苑一期 2440 套公租房整体租赁给捷普公司作为员工宿舍，入住 1 万余人，入住率 100%。

【棚户区改造】 市住建局完成西街宫保里 359 户 35 亩改造项目；大东街北新里片区 27 已按照产权调换安置方式完成签约，土地移交至百伦公司；崇庆南路全部打通；蔡家碾项目国有部分完成拆除；上南街项目签约 136 户；向荣街项目涉及 812 户 72858 平方米，启动模拟搬迁签约工作；永安路一期 A1 地块改造项目涉及 56 户 33.44 亩，住宅部分完成签约，A2 地块完成摸底调查，正准备启动模拟搬迁；龙门街高家巷和永安中路项目召开项目动迁会，正准备启动模拟签约；琴鹤大桥项目与一家企业达成搬迁协议。

【房地产市场管理】 全市在建房地产项目 25 个，施工面积 169.15 万平方米。办理过户登记 4504 件，面积 44.93 万平方米，抵押登记 12331 件，贷款金额 73.35 亿元，抵押面积 458.65 万平方米。完成房地产投资 19.5 亿元，引进新项目 7 个，到位省外资金 10.5 亿元，完成有效备案信息 22 条。进行巡查 5 次，要求在售商品房项目的开发企业每月报送楼盘销售台账、监管账户银行对账单等材料，将要交房楼盘提前半年上报交房预案，将 69 家二手房中介纳入存量房交易服务平台系统管理。

【房屋产权交易管理】 市住建局推进城乡房产一体化管理，办理确权登记 19 件、注销登记 3 件、变更登记 99 件、转移登记 89 件、更正登记 81 件；办理农村房屋抵押登记 93 件，抵押贷款 13643 万元，农村房屋抵押融资备案登记 19 件，意向融资额 1328 万元。

【物业管理】 市住建局推进全市城乡一体化进程，做好农民集中居住区物业管理工作，指导成立业委会 1 个、企业备案 1 件、项目经理备案 7 件。健全完善物业企业市场运行机制，对全市物业企业的从业人员进行继续教育培训，共培训业委会人员 200 人次、项目经理 36 人次、管理人员 164 人次。做好房屋专项维修归集金工作，归集资金 1317.86 万元，归集率 100%。

【市政基础设施建设】 崇州市重大项目完成投资约 43 亿元，1—10 月，申报固定资产投资约 47 亿元，7 个新项目入库待批。万达广场落户崇州，“中港城”主体封顶，“百伦广场”正做设计方案。构建“三纵四横”的南部新城 7 条道路骨架网，完成 6 条背街小巷硬化整治和西江一号桥维修加固。沥青路面维修约 7700 平方米，混凝土路面约 750 平方米，彩砖维修约 13700 平方米，维修路沿石 1890 米、青石板约 200 平方米。完成永康西路北一巷、中胜大酒店西侧巷道和对面小巷、永康西路南七巷、三元街政府后门小巷、物价局小区崇庆北路法院旁小巷的巷道整治。

【村镇建设】 小城市和特色示范镇建设：继续实施羊马镇小城市建设，基础设施项目5个，完成投资9980万元；产业项目5个，完成投资28800万元。怀远镇被成都市纳入小城市示范镇建设，基础设施8个，完成投资6600万元；产业项目1个，全面完成。继续实施白头、桤泉、街子、元通、三江、江源6个特色镇建设，产业项目共计21个，完成投资99763万元；基础设施项目共计31个，完成投资44060万元，全面完成目标任务。局部山区抗震维修加固：2015年上半年，通过土地整理方式，对文井江镇、鸡冠山乡涉及抗震维修加固的1119户农户，采取自愿集中安置、原址重建和异址重建等方式进行了妥善安置。一般场镇改造：继续实施白头、道明2个乡镇的一般场镇改造工作，11月12日通过成都市综合验收。全市有21个乡镇全面完成第一轮小城镇改造。林盘整治：结合十万亩良田综合示范线建设和7月在崇州市召开的全国农业现场会，对示范线上的白头镇甘泉村王家林，集贤乡徐家林，桤泉镇汤林、许林、余花龙门子林盘群整体提升，崇阳镇清泉村、燎原乡璧山庙和三郎镇老场镇杨家院子等8个林盘进行整治，基本完成整治工作。启动新一轮川西林盘保护与整治利用规划修编。历史文化名镇（村）保护、利用和修缮：继续实施崇阳、街子、怀远、元通4个乡镇和羊马伏虎村的历史文化名镇（村）保护、利用和修缮工作。元通镇创国家AAAA级景区于11月25日通过专家组验收，待国家旅游局审核后正式挂牌。三郎镇凤鸣村、文井江镇大坪村成功申报为成都市历史文化名村。

【城建档案管理】 市住建局做好项目竣工档案专项认证审核接收进馆工作，完成建设单位项目竣工档案报送审查27个单位工程（未含缺项验收项目）；取得档案进馆专项认证40个单位工程；指导建设、施工单位整理项目竣工档案规范案卷2742卷；完成2012年积存档案打印、装订、上架618卷；完成建设项目竣工档案缺项验收（主要为工业区）9个单位工程；接收房产档案5608卷，房产档案扫描组卷45000卷；为市政机关、企事业单位和个人提供利用28人次，查阅案卷45卷（册），为房地产业开发企业等项目建设单位配套提供办理房产证、国土证所需相关依据文件1100余份，查询房屋档案资料9892户、个人住房信息查询证明11201户。完成接收进馆档案系统录入打印及装订工作，完成入库上架标准案卷1746卷。

（刘　欣）

城乡规划

【概况】 市规划局内设办公室、法规科、城乡规划编制科、城乡规划管理科（挂行政审批科牌子）、市政测绘管理科（挂崇州市测绘管理办公室牌子）5个职能科室，下设规划监察大队、城乡规划设计院、羊马规划管理所、街子规划管理所、三郎规划管理所、桤泉规划管理所、鸡冠山规划管理所7个站所。

【规划编制】 市规划局创新规划理念，优化完善规划编制，完成《崇州市城市总体规划》评估报告；编制核心区小街区规划；完成城市中心区、旧城片区重点区域、街子镇新区、元通镇重点区域等城市设计；修编隆兴、元通、梓潼、道明等10个乡镇的总体规划；编制地下空间规划、地下综合管廊规划等专项规划；编制稻乡旅游环线综合发展实施规划、10万亩粮经示范区综合发展实施规划；编制白头镇和乐村林盘整治规划、白头镇甘泉村精品林盘保护修建性详细规划及王场镇莲花村、羊马镇猫渡村等村庄规划。

【规划管理】 市规划局一是完善制度保障体系，强化规划管控力度，制定《崇州市私人建房申请办理规划手续类型及其办理方法》。二是优化行政审批流程，提高服务效率，办理“一书三证”（建设用地规划许可证、建设工程规划许可证、乡村建设规划许可证、建设项目选址意见书）246宗。其中，建设项目选址许可13宗，总用地面积379.87亩；建设用地规划许可58宗，总用地面积4008.96亩；建设工程规划许可99宗，总建筑面积1852984.62平方米；乡村建设规划许可76宗，总建筑面积17732.87平方米。三是做好要素保障，协调配合民生工程牵头单位对生态环境工程、教育助学工程、百姓安居工程等民生工程建设项目进行规划管理，完成村（社区）活动场所、公办幼儿园、保障性住房、秸秆转运中心、粮食储备库等项目的规划服务，保障民生工程建设项目顺利实施。

【规划监督】 市规划局加大规划执法监督力度，严查违法建设。治理拆除“四改六治理”（“四改”是指棚户区、城中村、老旧院落、老旧市场改造；“六治理”是指大气雾霾、河渠污染、交通秩序、市容市貌、违法建设、农村环境的治理）违法建设41处，建筑面积18600.4平方米。查处拆除违法建筑38处，面积22705平方米，完成成都市下达的拆违目标任务的110%。

【市政测绘】 市规划局强化市政和测绘管理，完成怀远、街子、廖家、王场、隆兴1∶500比例尺地形图的测制和更新；完成稻乡旅游环线1∶2000比例尺地形图修测；完成56个村活动中心1∶500比例尺地形图的测制和更新。强化对测绘成果和测绘行业的监管，完成测绘项目备案登记7项；开展涉密测绘成果保密检查活动，检查测绘单位6家；完成崇庆南路、晋康南路、江源南路等11条城市道路改造方案及琴鹤大桥方案审查；完成多彩田园渔米之乡——崇州市10万亩粮经示范区综合发展实施规划；办理市政类“建设工程规划许可证”3宗。

【规委会办公室工作】 市规委办召开规委会13次，先后审议城乡规划政策制度、城乡规划编制、重大项目规划管理、规划执法监督等130余个议题。

【重点项目】 市规划局完成2015年承担的重点项目12个；协助新型城镇化建设指挥部完成全年64亿固投目标任务。对外开放目标完成省外到位资金1.54亿元，引进新项目3个。

（王　瑜）

国土资源管理

【概况】 市国土资源局内设办公室、法规监察科、地籍管理科、土地规划科、耕地保护科、土地利用管理科、矿产资源管理科（地质环境监测站）、计财科、行政审批综合科、纪检监察室10个职能科室，下设国土资源执法监察大队、崇州市地质环境保护监测站、国土资源信息中心、崇州市征地地籍事务中心、崇州市土地整理耕地保护事务中心5个事业单位，设11个基层国土资源所。局党委下设机关第一党支部、机关第二党支部、行政审批科党支部、征地事务中心党支部、储备中心党支部、整治中心党支部、执法队党支部、国土所第一党支部、国土所第二党支部9个党支部。2015年，市国土资源局被成都市国土资源局评为行政审批、土地利用总体规划实施、土地利用管理、地质灾害防治、目标管理、耕地保护、土地执法、组织人事8项工作突出单位。

【耕地和基本农田保护】 市国土局加强重点项目建设协调汇报，有序有规进行土地利用总体规划局部调整，先后确保了成都二绕、成蒲铁路、捷普项目的用地规划。完成雅安421亩调剂指标的调规，保障了成温邛快速路项目建设的规划需要。开展土地规划优化调整完善工作，按部、省土地利用总体规划调整完善视频会的工作要求，结合基本农田的永久划定工作，开展崇州市土地利用总体规划调整完善前期工作，完成各镇（乡）基本情况的收集，摸清家底。做好基本农田永久划定举证划调，为崇州未来发展谋划空间留足资源。探索建立耕保金管理发放机制，促进耕地保护。一是建立“四查”机制。将耕保金年终数据核查变为日常工作核检，组建6人专业核查队，从制度、程序上实现“村社自查、国土所巡查、乡镇核查、国土局审查”。二是建立日常变更登记制度。乡镇（街道）依据农户履行耕地保护责任状况，对耕地保护台账进行常态管理，受理农户日常变更申请，建立耕保基金常态管理登记制度，实时对符合条件农户的户籍信息、田块信息进行变更登记。每月组织村、组对耕地保护情况进行登记并将“耕保基金常态化管理登记表”上报国土局。三是建立耕保基金追缴机制。国土局整理汇总动态巡查及常态化管理登记情况，对耕地变化的村组进行实地核实，因个人或企业造成的违法用地经查实，对乡、村、组及违法用地主体发整改通知书，限期整改恢复耕地现状，逾期未整改的注销涉及农户的耕保账户。市国土局多次向上级汇报并会同农商行反复研究，形成一套完善的耕保基金追缴程序，对农户违约所得的耕保基金全部予以追缴。2015年9月至12月，追缴耕保基金5222.58元，涉及农户26户。在三江违建整治中，冻结18个村122个组8812户耕保账户，涉及面积19721.39亩，涉及资金595.2254万元。

【土地综合整治】 增减挂钩项目的实施，是解决幸福新村建设“钱从哪里来”的有效载体和根本路径。市国土局在乡镇（街道）支持配合下，深入征求拟实施项目区群众意见，挖掘项目区集体建设用地资源潜力，推动项目实施。2015年，向省国土资源厅、市国土资源局争取项目周转计划3440亩，新立项6个项目。正在实施的挂钩项目共30个，可节余建设用地指标1.1万亩。深化改革，用社会投资解决地震灾后遗留项目3个。2015年，验收项目6个，节余建设用地指标1636.47亩。鸡冠山乡、文井江镇（两个项目）、白头镇共4项目完成成都市级初验。

【地籍地政管理】 崇州市委全面深化改革领导小组第五次会议审议通过《崇州市不动产统一登记职责机构整合方案》，经市委编制办批准，市国土局于11月13日加挂崇州市不动产登记局牌子，成立崇州市不动产登记中心，按照“编制随职责划转、人员随编制划转”的原则划转机构和人员。市国土局完善集体土地登记实施细则，为实现城乡土地登记统一在“成都市城乡土地登记数据管理信息系统”平台运行打下基础。

【土地利用】 2015年，崇州市国有建设用地供地3303.94亩（含划拨），商服用地215.002亩，工矿仓储用地1749.78亩，住宅用地1178.872亩（包括中小户型住房用地1023.8345亩），社会福利设施用地95.3055亩，公共管理与公共服务用地6.9965亩，交通运输用地57.9856亩，为全市49个工业项目、6个经营性用地项目提供保障，土地出让收入5.6

亿元。市国土局多措并举，开展好闲置土地整改和提升供地率工作。完成国家土地督查成都局督办的24宗3126亩闲置土地整改，协议收回2宗，诉讼收回1宗，面积345.68亩；置换1宗，面积51.374亩；动工18宗，面积2362.96亩；下达无偿收回决定书2宗，面积366.75亩，正在行政复议中。由于经济下行，土地市场不景气，2015年多宗地块流标，加之历史供地和招商项目缓停等原因，截至2015年10月，前五年供地率仅为54%，位居成都市各区县末位。10月21日，成都市国土资源局书记夏超代表市局约谈崇州。市国土局及时转变思路，更新观念，分系统分类别，按项目属性开展好供地服务，截至2015年12月，前五年供地率上升至66.4%，在成都市19个区市县中排名第五。

【地质环境保护和矿产资源管理】 崇州市有地质灾害监测点381个，按行业属地监管原则全部落实监测责任单位和乡镇，每年严格实施汛期、汛中、汛后排查，做到监测人员全覆盖，创造性组建了地质灾害应急处置大队。采取“平时分散，战时集中”的方式开展工作，每月开展一次地质灾害防治培训演练。预警期间，统一地点、统一着装、统一指挥，明确灾情处置和预警对行业、部门和乡镇的督查职能。健全地质灾害群测群防监测体系，开展地质灾害防治知识“万村培训”，落实地质灾害应急疏散演练，落实汛期24小时值班制度。实施避险搬迁工程，对15户受地质灾害威胁严重的住户实施避让搬迁，完成15户旧房拆迁。2015年度，没有发生一起地灾险情。

【土地监察执法】 市国土局多措并举，严厉打击查处各类破坏耕地、违法用地行为。市委、市政府专题研究开展砂石行业清理整顿行动，立案查处185宗违法用地，拆除到位结案80宗，结案中移送公安9宗，刑拘2人，在押2人，人民法院判刑8人，移送纪检部门处理1人。

【队伍建设】 一是抓“四风”整治。市国土局结合“三严三实”专题教育和“庸懒散浮拖”及“走读”问题专项整治，引导干部职工认识推动解决发生在群众身边“四风”和腐败问题的重要意义，认真分析国土局当前群众反映强烈的“四风”和腐败突出问题，制订实施方案。通过开展自查自纠，全面排查“四风”和腐败问题，发现问题及时纠正和整改，并严肃处理。对排查出的职工违规购买经适房，深化确权和耕保承包地实测两个项目工程款未按期支付，二绕项目失地农民参保指标分配不公等问题，深入分析深层次原因，全部处理到位。通过压实“两个责任”，用源头治理推动党风廉政建设和反腐败工作，探索在征地地籍事务中心、土地整理耕地保护中心、执法监察大队3个试点单位开展源头治理工作试点，设置纪检监察员。二是抓“三严三实”。高质量开好“三严三实”民主生活会，局领导班子紧扣“三严三实”主题，结合开展学习教育，广泛征求意见建议，开展谈心谈话和问题查摆，认真开展对照检查，始终把做好国土资源管理工作作为践行“三严三实”的实践平台，用推进“保发展，保资源，保权益，防地灾，正作风，促改革”工作的成效检验专题教育效果。三是抓党建。市国土局按照党要管党、从严治党的要求和上级党组织部署，落实党建工作“联述联评联考”制度，将党建工作纳入领导班子成员年终述职和考核内容。坚持创新工作制度，定期研究机关党建工作。落实“一把手”讲党课制度，落实报告工作制度，落实民主生活会、党员汇报、民主评议党员制度。市国土局下派2名党员干部到崇阳街道西河社区和高墩村驻村担任“第一书记”，帮助基层党组织建设，整改村级软弱涣散党组织。深入乡镇、村社开展“走基层”活动，走访崇阳街道7个村、社区结对帮扶的困难群众35户；为东泉村出资5万元修路、为2户贫困户修建房屋；为高墩村建便民中心出资5万元。建立“党员示范岗”，组建“志愿者服务队”，抓好“双报到”“党员义工日”活动，组织机关支部先后到白头镇、崇阳街道开展“党员义工日”活动。组织开展“母亲邮包”“阳光助学”“精准扶贫”“一日捐”等活动。四是抓人事管理。市国土局加强干部人事管理，健全完善配套制度。制定《崇州市国土资源局中层后备干部管理制度》，把群众认可、能力突出、德才兼备的干部选用起来。有3名局领导由系统外交流到国土局，严格程序新提拔任用5名中层副职。建立完善干部考核和评价机制，对干部的德能勤绩廉进行客观综合的评价，制定《崇州市国土资源局干部任用和考核管理办法》和《临时聘用人员管理办法》。

（蒲　虹）

水资源・水环境

【概况】 市水务局内设行政办公室、政工人事科、财务统计科、水政水资源科（节水办公室）、水利水保科、供水科、排水科、水产科、建设管理科（行政审批科）9个职能科室，下设水库景区站、文井江滨河管理处和6个片区服务站。2015年，市水务局获得成都市安全生产责任目标考核第一名，获评成都市水务工作目标绩效考核先进单位。

【水资源】 崇州市多年平均地表水总量为8.55亿立方米，多年平均地下水总量为4.14亿立方米。水资源可开发利用总量为56972万立方米。2015年，全市生产用水3.25亿立方米，占用水总量的87%；第二产业（工业）用水0.56亿立方米，占用水总量13%的；第三产业用水0.05亿立方米，占用水总量的1.2%；生态环境用水0.03亿立方米，占用水总量的0.7%。全市规模以上工业增加值为65.36亿元。

【依法治水】 一是加强水功能区管理。投资2.6万元，在全国重要水功能区金马河立标4个。投资19.8万元，完成全市二级水功能区（西河）立标30个。二是加强集中式饮用水源地保护。投资72.2万元，在崇阳街道、羊马镇、三郎镇等饮用水源保护区安装隔离围栏2322米，安装界桩、等级标识牌、交通标志牌71个，安装监控设施3套24个。查处供水管网覆盖区违法打井4起。三是依托桤木河湿地公园建设，做好水生态文明对外宣传工作。先后接待了水利部中国水利科学设计院专家组、水利部水资源司、水利部长江水利委员会长江流域水资源保护局相关领导到崇州调研全国水生态文明城市创建工作，较好地宣传了崇州市水生态文明做法。2015年，完成水资源费征收406万元，完成污水处理费征收682万元。

【万亩粮经产业基地智能化节水灌溉工程】 工程位于崇州市隆兴镇黎坝村，2015年5月26日立项，50多天建设完成，是成都市的试点工程。包括水利工程（首部枢纽工程、输水管网工程、田间系统工程）和智能化监控平台（前端监控系统、智能化控制中心）。一期投资630万余元，实现1300亩农田的智能化节水灌溉。每亩满灌用水由原来的300立方米减至180立方米，提升了崇州市科学化农业生产水平。7月24日，全国加快转变农业发展方式现场会在隆兴镇黎坝村召开，崇州市万亩粮经产业基地智能化节水灌溉工程受到农业部副部长余欣荣、张桃林及全国省（市）自治区分管领导和农委主任的好评和肯定。省委常委李昌平、副省长曲木史哈、湖南水利厅副厅长钟再群、水利部长江水利委员会长江流域水资源保护局副局长杨永德等先后到崇州进行了实地查看，并对建设成果予以肯定。

【李家岩水库前期建设】 李家岩水库项目是国家重点水利工程项目，也为第一批国家层面联系的社会资本参与重大水利工程建设运营试点项目。项目位于崇州市怀远镇青峰岭大桥上游约 1.3 千米处。拟定正常蓄水位高程 763.00 米，最大坝高 114.6 米，水库总库容 1.72 亿立方米。工程静态总投资 410495 万元，总工期 54 个月。工程等级为Ⅱ等，开发任务以城乡供水为主，并为城市供水提供应急备用水源，兼顾灌溉等综合利用。项目建议书于 2015 年 4 月通过国家发改委批复。6 月 18 日，省政府下发关于李家岩水库工程建设征地范围内禁止新增建设项目和迁入人口的通知。6 月 30 日，李家岩水库项目工程建设实物调查工作召开启动暨培训会，按照成都市的时间要求，实物调查工作的时限从实物调查方案中拟定的 120 天缩短到 30 天。市水力局牵头从国土、农发、水务、经信等部门抽调 100 多名工作人员组成实物调查工作组，7 月 3 日正式启动实物调查工作，7 月底完成库区（含淹没区、部分影响区和永久占地）1136 户 3168 人的入户实物调查，完成建设征地实物调查成果“三榜公式”，确保可研、安置规划等相关报告如期送审。

【加强水环境治理】 2015 年，在成都市 200 条黑臭河渠治理中崇州市占 47 条，所占比例为黑臭河渠治理的四分之一。崇州市争取到成都市级补助资金 1.5 亿元，治理工作位于三圈层前列。结合黑臭河渠治理后的实际情况和河道长效管理机制，崇州市率先在成都市远郊区（市）县制定完善各种管理机制，创新实行每月河渠水质断面监测考核，在三圈层河道长效管理工作中排名第一，获得成都市奖励资金 20 万元。创新建立辖区负责、问题发现、考核、联合执法、会商五大机制。市水务局每月会同环保局、农发局、目督办等单位，对全市 25 个乡镇（街道）主要河渠出入境水质进行监测取样，每季度汇总统计乡镇每月主要河渠水质监测资金扣缴情况，上报市政府批准后送财政局兑现扣缴，并将扣缴资金用于奖励城乡水环境治理工作优秀的乡镇。

【农村自来水入户】 崇州市农村有 35 万人没有饮上自来水。2015 年，市水务局在王场镇探索农村自来水入户办法，解决了 634 户 2219 人的饮水问题。具体做法：先征求村民意愿，每个村民小组用水意愿度在 95%以上；由村民自行负责挖掘支管管沟，经水公司验收合格后安装入户支管网；工程所涉之地不进行任何赔付、补偿；采用农户自愿出一点、政府补助一点、公司让利一点“三个一点”的办法解决资金难题。王场镇的探索试点，引导用水户参与农村供水建设管理，调动了农民的极枳性，破解了当前资金困境，为解决农村供水找到一条捷径。

【农业示范基地水利项目竞争比选获成都市第一】 4 月 1 日，成都市水务局组织开展 2015 年都市现代农业示范基地（园、带）水利项目竞争比选，13 个区（市）县参加。崇州市关于水利项目应“坚持规划引领、一张蓝图绘到底”“坚持推行自下而上的申报方式”“坚持建设小规模、组团式、生态化、微田园新村”“坚持发展高效节水灌溉，为现代农业提供精准灌溉”的规点在比选会上非常出彩，获得 10 个粮经产业新村建设成片推进综合示范基地水利项目建设竞争比选一等奖，获补助资金 800 万元；获得 7 个产村相融现代农业精品区水利项目建设竞争比选结果二等奖，获补助资金 600 万元。

【山洪防治】 崇州市通过山洪灾害防治县级非工程措施等项目先后建设了31个自动雨量站、13个自动水位站、2个六要素自动监测气象站、2个移动自动监测气象站、25个自动监测视频站、77个简易监测雨量站、77套无线预警广播系统和13套户外预警大屏显示系统。汛前，市水务局组织技术人员对监测系统、监测预警平台、预警系统等进行了全面的检查和测试，对查出的故障和问题及时进行了解决处理。汛中，组织开展了两次专项检查，重点检查自动监测站点、简易监测站点、无线预警广播、户外预警大屏等，确保户外设备设施有专人管护，供电通信保障到位，故障处理及时。截至10月15日，防汛预警平台共发送预警短信9009条，汇集雨情203512条，汇集水情62527条。2015年，沿山8个乡镇分别举行了山洪灾害抢险避灾演练。

【加快转变农业发展方式现场会供水应急保障】

为保证7月24日全国"加快转变农业发展方式"现场会顺利召开，市水务局全面完成了沿线整治相关工作。一是彻底整治太阳岛、琴鹤广场沿线摆摊设点130家。6月24日，水务局牵头，联合城管局、公安局等相关单位出动工作人员400人次，对琴鹤广场，太阳岛广场进行集中整治，拆除违章摊点55家、取缔蜂窝煤摊点24家，还市民一个舒适、清洁的休闲场所。9月29日至30日，市水务局在相关单位的协同下出动工作人员50余人对文井长廊茶摊进行彻底整治，杜绝了乱摆、乱设广告现象，清除杂物10余车，并对文井长廊人行道进行扩宽，将宽度由原来的1.2米扩展至2.2米。二是保障10万亩片区灌溉生产用水和桤木河湿地公园景观用水。三是水务局成立"加快转变农业发展方式"现场会沿线水箱拆除领导小组，拆除沿线农户水箱1424个，安装配套管网20公里，让4984人饮上安全放心的自来水。

（曾　伟）

环境保护

【自然生态保护与建设】 锦江乡、济协乡创建国家级生态乡镇通过四川省组织的验收，崇州市实现国家级生态乡镇全覆盖。市环保局启动《崇州市生态文明建设示范市建设规划》编制工作，完成《崇州市街子镇省级生态文明示范乡镇建设总体规划》编制，制订《2015年度生态文明专项改革任务工作方案》，探索具有崇州特色的生态文明建设体制机制，划定全市生态功能红线、环境质量红线和资源利用红线。争取到中央和省级专项资金1995万元，开展桤泉、街子、白头、隆兴4个乡镇农村环境连片整治，提高乡镇农村生活污水收集处理和生活垃圾收运处理率，改善农村居民生产生活条件。

【大气和水环境综合整治】 市环保局启动重污染天气应急预案5次，完成41台高污染燃料锅炉（窑炉）淘汰或清洁能源改造，完成20家餐饮单位餐饮油烟整治，对27台高污染燃料锅炉实施烟气深度治理，撤除112家茶摊或餐饮单位高污染燃料加热设施和"禁燃区"内农贸市场蜂窝煤炉具、炉灶等加热设施，对3家蜂窝煤生产点实施停产或搬迁，淘汰黄标车347辆。开展宏凯制胶、东信铝业等21家企业强制性清洁生产审核，完成东金家具、明珠家具等9家家具企业挥发性有机污染物（VOCs）治理。全年，全市无新建高污染工业项目。争取省级和成都市级环保专项资金1500万元，实施桤木河湿地公园湖区水环境治理一期工程，打造崇州市水环境治理示范亮点，提升农村水环境质量。完成城区棋盘村北、羊马、隆兴、怀远和三郎饮用水源保护区划定技术报告，全市主要河流（西河、羊马河）水质达到地表水三类标准，集中式饮用水源水质达标率100%。

【主要污染物总量削减】 2015年，崇州市削减化学需氧量244.53吨、氨氮30.54吨、二氧化硫23.8吨、氮氧化物15吨，同比2014年分别降低1.3%、2.5%、1.2%、0.5%，完成成都市下达目标任务。

【建设项目环境保护管理】 市环保局完成捷普二期、锐讯科技、成都市裕同印刷等重点项目的环评审批，推进领益、捷普科技（成都）有限公司项目的环评工作，审批建设项目环评文件报告137个，核发、年审134个项目的排污许可证。

【环境安全突发事件应急处置】 市环保局制订《突发环境污染事件应急预案》和《崇州市重污染天气应急预案》，对全市重点污染源企业开展突发环境事件风险评估和环境应急演练，完成47家污染源应急预案备案，划定较大以上环境风险源12家。

【环境监察执法】 市环保局落实新“环境保护法”要求，建立健全公、检、法、环保四部门联席会议制度，加大对涉及饮用水、重金属、危险化学品等企业的环境风险排查力度。全年，取得水、气、声等环境监测数据7.8万个，向社会发布环境质量信息18000余条，公开污染源环境监管信息150余条，受理并及时办结、回复各类环境污染信访投诉1851件，立案查处49件环境违法行为，依法关闭9家无污染处理设施的小家具企业，查封3家小塑料生产设施，将经开区内一家违法清洗化工桶小作坊负责人依法移交公安机关实施行政拘留，保障群众的环境权益。

（李　俊）

气象监测

【概况】 市气象局主要负责天气预报、气候评价、地面气象资料观测、人工影响天气、防雷减灾和广告气球施放安全管理工作。内设局办公室、防灾减灾科2个科室，下设市气象台、市气象服务中心2个直属事业单位和市气象防灾减灾服务中心1个地方事业单位。7月7日，崇州市防雷中心更名为崇州市气象防灾减灾服务中心。2015年，崇州市年平均气温16.9℃，比常年平均值16.2℃偏高0.7℃，极端最高气温35.3℃，极端最低气温−2.0℃，年内出现2次寒潮天气。年降雨量821.1毫米，≥25.0毫米降雨日数6个。有冬干、春旱、夏旱、伏旱。出现2次暴雨并伴有1次区域性洪涝。7月29日出现大风，瞬时风速19.4米/秒。冬季干暖气候特征明显，入冬时间较晚，有局地强对流、高温、秋绵雨、大雾等天气发生，气象灾害影响总体较轻。2015年，市气象局获评四川省重大气象服务先进集体、成都市气象服务先进集体、成都市文明单位、成都市园林式单位、成都市无烟单位。

【气象服务】 市气象局基础业务质量较往年有所提高、土壤湿度运行良好，全年无责任性事故发生。10月，完成新型自动站改造安装工作，完成探测环境保护“四项强标”备案工作，完成测场标识标牌改造工作。7月22日至8月3日，出现异常高温时段，羊马镇最高温度40.3℃（区域自动站观察温度）。8月3日和8月16日两次出现区域性暴雨天气过程，24小时鸡冠山降水量189毫米，市气象局准确提供预报信息，市国土局提前转移山区群众1016人次，保护了人民群众生命财产安全。每周五向市委市政府提供未来一周天气预报；每天向四大班子、部门、乡镇领导、企事业单位班子成员1.5万余人提供手机短信气象信息服务。每天通过气象局官方网站、微博微信、QQ服务群、党政网、电视台、《今日崇州》、气象信息服务站、村村通广播、LED电子显示屏、出租车顶灯、电话、传真等多渠道向社会公众发布天气预报及灾害性天气预警预报信息。与市农发局联合制作农业周年服务方案，开展各类农事调查，向各类用户发送农业气象旬月报、病虫害气象等级预报、特色作物生育期专题预报、粮油作物关键期农业气象预报等材料67期。与民政局协作完成11个综合减灾示范社区（村）建设；完成25个乡镇（街道）气象灾害应急准备工作认证；完成市内2012—2014年度暴雨风险普查，形成资料数据库。做好国际乡村旅游节、全国转变农业生产方式现场会、稻香金秋节、自行车车迷健身节、都市现代农业及菜篮子工程交流会、半程马拉松比赛等活动气象服务保障工作，发送各类材料32期、手机短信3万余条。

【人工影响天气】 市气象局在三郎、安乐2个人工影响天气作业炮点的基础上，新建公议乡人影作业炮点。有“三七”双管高炮3门、车载火箭作业车2辆。全年作业28炮次，用弹500发。其中消雹作业10次，增雨作业18次，减轻气象灾害的发生，改善了空气质量。完成成都市人工影响天气指挥部下达的“高炮控制区内无雹灾，增雨降雨有成效，准确、及时、安全作业”目标。

【安全管理】 市防灾减灾服务中心完成全市大中小学、医院、加油（气）站、金融通信部门和数百家重点防雷单位防雷设施年度安全检测；对新开工建筑物、构筑物进行防雷项目图纸审核和施工全程质量监控，降低雷电灾害损失。民用升空气球安全管理办公室在重大节日、民间庆典和各种社团活动期间，50余次对违法流灌、施放氢气球事件进行安全执法检查，对存在的安全隐患进行及时整改，保证民用氢气球灌充施放安全。

（王晓霜）

防震减灾

【地震监测体系建设】 市防震减灾局完成崇州街子地震台建设，仪器设备安装到位并实际开展地震监测工作。开展“成都市地震宏观观测网”崇州三郎宏观场建设，完成设计、地勘等工作，待成都市统一招标结束后开工建设。牵头建立成都市西南片区地震趋势会商机制，组织并参加成都市西南片区地震趋势月会商工作，提交月会商交流发言材料并完成片区月会商第一期工作总结。

【震害防御体系建设】 市防震减灾局开展地震小区划试点项目，规划选定崇州市地震小区划范围并上报成都市防震减灾局。开展地震活断层普查详勘工作，制订崇州市地震活断层普查详勘工作方案，勘选外业作业点位240余个。开展建设工程抗震设防检查，对桤泉镇思源学校营养改造计划食堂建设工程、四川农业大学崇州现代农业研发基地有机农产品研发及检测中心实验楼等7个建设项目开展抗震设防检查。编制完成“十三五”防震减灾专项规划。

【地震应急体系建设】 市防震减灾局新修订《崇州市地震应急预案》并下发各乡镇和市级各部门，要求各乡镇按照《乡镇地震应急预案》范本编制所属行政区的《乡镇地震应急预案》并上报备案。5月7日，组织开展以模拟境内鸡冠山乡与文井江镇交界处发生 M5.8 级地震为背景的地震应急综合演练。市级各部门、各乡镇（街道）、学校、驻崇州单位、在崇州大中专院校均参加演练，参演人数 6 万余人。改造完成地震应急指挥系统并投入使用，在地震应急演练中，利用地震技术平台为演练指挥提供技术保障，展示地震专用技术平台对地震灾害快速评估的重要作用，传回鸡冠山琉璃坝区域实时视频并实现救援现场声像图传功能，利用地震预警最新研究成果，实现异地同步演习，拓展演习空间，体现高新技术在防震减灾工作中的重要作用。1 月 14 日 13 时 21 分，乐山市金口河区发生 5.0 级地震，震源深度 14 千米，震中距崇州市中心城区 151 公里，市境内地震烈度分布为Ⅱ—Ⅲ度。地震发生后，市防震减灾局立即启动地震应急响应，开展灾情收集等工作，并将收集到的情况第一时间向市委、市政府报告。

【防震减灾宣传培训】 市防震减灾局开展防震减灾标准化建设“一三四一”（一项要求、三项工作、四项硬件、一项自主创新活动）工程建设，完成 6 所学校、7 个社区防震减灾标准化建设试点勘选工作，制定工作计划，协助开展设备安装等工作。开展基层防震减灾“三员一队伍”（乡镇防震减灾助理员，村、社区地震安全员，地震宏观观察员，乡镇地震应急救援队伍）培训，3 次组织乡镇防震减灾“三员一队伍”工作人员到街子防震减灾科普教育基地体验学习防震减灾知识。组织部分乡镇防震减灾助理员和基层应急救援队骨干参加成都市龙门山片区“三网两员一队伍”培训。邀请省地震局应急救援处调研员、高级工程师、省减灾委员会专家组成员龚宇，为崇州市 2015 年村（社区）党组织书记、村（居）委会主任培训班学员作防震减灾知识专题讲座。围绕“科学减灾·依法应对”主题，组织开展 2015 年“5·12”防灾减灾宣传活动，向市教育局赠送中小学生防震减灾科普读本，向群众发放宣传资料 5 万份（册）。组织局级干部培训班学员到防震减灾科普教育基地开展防震减灾专题现场教学。开展“平安中国千城大行动”活动，在三郎镇凤鸣小区、崇阳街道三和社区、羊马镇泗安村、大划镇场镇社区、街子镇高墩小区和崇庆中学初中校区开展防震减灾专题专场电影播放活动。组织市级各部门、各乡镇（街道）、学生代表 3000 余人前往成都市防震减灾科普教育基地（崇州馆）参观学习。

【创建国家、省地震安全示范社区（小区）】 2015 年，怀远镇三官村、羊马镇泗安村获评国家地震安全示范社区。全市有 5 个村（社区）成功创建国家地震安全示范社区。

【成都市防震减灾科普教育基地·崇州馆投入运行】 经过近 3 年的建设，成都市防震减灾科普教育基地·崇州馆投入运行。该科普教育基地为国内最大的防震减灾专题科普教育基地，截至 11 月底，接待参观游客 3 万余人。

【开展防震减灾示范创建推广工作】 市防震减灾局按中国地震局安排，在北川举办的全国防震减灾局长培训班作“国家防震减灾示范市创建”经验交流，30 多个省、市防震减灾部门到崇州交流考察。

（文启帆）

CHONGZHOU YEARBOOK

城乡管理

【概况】 市城管局内设办公室、计划财务科、政工人事科、景观管理科、城乡环境卫生管理科、园林绿化管理科、政策法规科、行政审批科8个职能科室，下设城市管理执法大队、园林绿化管理所、路灯管理所、环境卫生管理所、数字化城市管理中心5个单位。街子、羊马、经开区设立城市管理分局，崇阳、街子、羊马、怀远、元通、桤泉、三江、王场设立城管执法中队。

【城乡环境卫生管理】 市城管局完善《崇州市城区环境卫生作业标准与质量标准》和《崇州市城区环境卫生作业考核办法》，建立健全督查考评机制。治理城郊结合部、背街小巷等卫生管理薄弱区域牛皮癣张贴24万余处。完成城区7座BOT公厕验收，推进垃圾压缩中转站建设，开展垃圾转运点“脏乱差”治理，更换城区垃圾箱（桶、内桶）2816个，打造“垃圾不落地”收运完整链条，城区生活垃圾清运率、处理率100%。为乡镇（街道）更换保洁三轮车360辆、果屑箱500个、垃圾桶200个。

【市容秩序管理】 市城管局落实“门前五包”制度，与经营户签订责任状5000余份。开展校园周边治理、市场周边环境整治、“鬼饮食”集中治理、游商占道治理等整治行动近10次。规范占道经营1.90万起，收缴广告牌343个，清除乱牵挂布标750余幅，清除玻璃橱窗乱张贴小广告620余处，收缴宣传单（小卡片）等5000余份，查处露天（流动）烧烤110余处。完成“四大工程”整治126万平方米。开展运渣车违法违规现象集中整治，出动执法人员1164人次、执法车辆220台次，查处运渣车各类违法违规行为69起，罚款11万元。

【户外广告管理】 市城管局制定《崇州市户外广告和招牌设置管理实施办法》和《崇州市招牌设置技术规范》，成立以执法队员为主体的广告专员管理队伍，负责区域内户外广告、店招店牌日常巡查监管。对路灯灯杆广告实行“减法”式管理，拆除永康东路、永安路、学府街等街道150余个路灯灯杆道旗广告，不再新审批设置灯杆广告。

【园林绿化管理】 市城管局完成滨河路沿线、永康路、崇庆路等绿化节点、街道的绿化升级和行道树修剪，完成市级园林式小区创建。对城区绿篱、鲜花、草坪、行道树进行常态化管护，修剪草坪22轮次，施肥95万平方米，补植、栽植各类乔灌木1600余株，修剪行道树7000余棵，铺设草坪4万余平方米，摆放各类鲜花42万盆，涉及面积6000余平方米，展现出“整体出效果，景点出形象”的园林景观效果。完成滨河路琴鹤广场—宏业大道东侧丛地改造、兰岛周边绿化改造、中心广场绿化升级。清除杂草3万余平方米，砖头瓦片、建渣80余车；增加泥土1800余立方米；栽植各种乔、灌、笼、苗10万余株；铺置草坪3.90万平方米；增加压印人行道3000余平方米、路沿石4000余米。

【路灯照明管理】 市城管局修复更换路灯7200余盏、灯罩2000余个、配件3400余个，更换电缆6800余米，维修和检查电缆线路10万余米，对城区设置的2万余盏路灯和161台路灯配电控制箱进行保养、清洗、维护。城区亮灯率和设施完好率均为98%。完成蜀州南路片区、辰居路片区、朱氏街片区19条背街小巷路灯安装，投入人员200人次、车辆90台次，敷设电缆、护导线4500米，安装悬臂灯71套（盏），新安装的路灯全部投入亮灯运行。2012—2015年间，安装路灯323盏，涉及171条背街小巷。

【数字化城管系统管理】 市城管局采用“一级监督，一级指挥”管理模式，组建督查组、协调组、技术组，做到城管案件及时上报、立案、派遣、处置和结案。完成数字化中心整体搬迁，10月，重新启动运行数字城管系统。

【“四改六治理”牵头工作】 农村区域环境治理：做好百村容貌整治试点、“镇容镇貌示范镇”建设、“美丽乡村”示范村庄创建、“省级优美示范城市”创建工作，开展农村区域环境治理，清除积存垃圾1.60万吨，清除“牛皮癣”1万余处，拆除违法户外广告484个，拆除乱搭乱建3328平方米，新改（扩）建道路9.7万平方米，新增垃圾箱（桶）884个，实施风貌塑造项目19个，清理河道及两岸垃圾、淤泥1700吨。市容市貌专项治理：开展城乡结合部市容秩序专项整治、违法广告及伸缩棚专项治理，拆除违法广告740块，清理和规范流动商贩1200余起，清理和规范越门占道经营900余起。

【城乡管理基础设施建设】 城区路灯智慧照明升级改造工程，总投资2.99亿元，采取PPP模式。启动金盆地大道、世纪大道、南街、小东街、校园周边等10余条首批整体改造工程；启动龙门街、双桥街两条示范街道（路段）智慧照明升级改造工程。生活垃圾压缩转运站项目，总投资0.6亿元，含土建、设施设备及综合楼、站内景观绿化等工程，项目总占地60亩，设计日处理垃圾700吨，12月开工建设。

【创新城乡管理新机制】 一是组建白色垃圾快速拾捡队。市城管局城区组建30余人的白色垃圾快速拾捡队，划定固定区域，拾捡街面、路沿白色垃圾，针对节假日、上下班高峰期人流量较大区域，集中力量重点巡回，避免白色垃圾长期堆积。二是创新“四个三”（三严管理、三互动模式、三级管理、三定管理）工作制。实行街道分级分类“三严”（严禁区、严管区、严控区）管理。根据地理位置、经营类型等标准对全市所有街道进行评级，划定；优化组合，实行“三互动”模式，每年对人员、中队、区域重新组合划分，促进经验沟通；强化人员“三级”管理，明确大队对中队、中队对队员、正式人员对协管员的统一管理、调度；落实区域、人员“三定”管理，实行定人员、定街道、定责任“三定”管理模式，成立市容督查小组，不定时组织督查，确保责任落实到位。三是成立机关党委，从组织上保障城乡管理工作。

（邓智曼）

CHONGZHOU YEARBOOK

工　业

经济科技和信息化

【概况】 市经济科技和信息化局是 2015 年政府机构改革撤并设立的政府工作部门，主要承担推动全市工业经济、信息化发展和科技事业发展的职能职责，负责全市能源（含电力、成品油、天然气、煤炭）的行业管理。内设办公室（挂政工人事科牌子）、政策法规和产业发展科、经济运行综合科、项目与投资科（挂行政审批科牌子）、企业发展服务科、能源科、信息化科（挂无线电管理科牌子）、环境资源与安全生产科、财经协调与融资担保科、知识产权科、科技创新创业科 11 个职能科室，下设市信息化中心、市科学技术服务中心两个事业单位。

【职责调整】 划入的职责：原市经济和信息化局、市科学技术局（知识产权局）的职责整合划入；原市城乡建设局承担的燃气行业监督管理职责和市发展和改革局承担的成品油行业监督管理职责整合划入。划出的职责：原牵头协调全市整顿和规范市场经济秩序的工作职责划归市商务和投资促进局。加强的职责：加强推进工业和信息化融合，推进工业化和城镇化联动，推进新兴产业和生产性服务业发展的职责；加强中小（微）企业服务指导工作的职责；加快软件和信息服务业发展，加快推进全市信息化建设；推动创新驱动发展战略的实施，构建以企业为主体的技术创新体系，促进科技成果转化。

【大数据产业培育发展】 崇州市结合国家新兴产业发展战略，以获批国家智慧城市试点建设为契机，抢抓互联网经济制高点，大力构建大数据产业培育体系，加快大数据产业链龙头企业聚集，初步形成大数据产业园“一心三区”（一心：大数据智慧处理中心，三区：核心配套区、研发运营区、智能产品制造区）的产业发展格局，积极培育“住在崇州、计算天下、服务全国”的大数据产业发展环境。一是以顶层设计为统领，构建大数据培育发展的政策体系。制定《关于加快培育和发展大数据产业的实施意见》《崇州市关于鼓励信息消费加快大数据产业发展的若干政策》及实施细则，编制《崇州市大数据产业发展规划（2015－2020 年）》，从顶层设计上，明确发展大数据产业的“基础先行、龙头牵引、创新驱动、应用推进”四大路径；二是以市场机制为导向，构建大数据培育发展的服务体系。成立全省首家大数据公司（崇信大数据服务有限公司），成立崇州大数据产业创新联盟，专门归集沉淀政务大数据、协调社会大数据、对接国家战略大数据，为“互联网+”大众创业、万众创新提供智慧城市市场支撑和数据要素支撑。三是以政策性资金为引导，搭建大数据产业发展多元化融资体系。发起设立全省首支大数据专业创投基金，募集资金2.5亿元，为大数据企业打造良好的融资环境。主要取得四个方面的成效：一是崇州被省市列为大数据产业发展基地。由于崇州大数据发展创新理念，省政府将崇州基于大数据的“互联网+”众创空间列为重点推进工作、省经信委将崇州确定为“四川省信息安全产业示范园区”、成都市明确“着力打造崇州大数据产业创新驱动示范区等一批科技企业加速器”。二是载体空间初具形态。建成并投运1.2万平米的智慧处理中心（IPC），9家公司入驻，并相继启动相关合作项目。启动2000亩大数据产业园区基础设施配套建设；启动成都工投集团、兴蓉公司30万平米大数据孵化中心项目建设。微软联合成都国信安在崇州打造2000余平方米“互联网+”众创空间项目。电子科技大学大数据研究中心和数之联公司在崇州建立大数据公共技术平台。三是吸引一批大数据项目落地崇州。微软、百度、中兴通讯、万国数据等23个大数据产业项目正式签约。组建崇州智慧医疗合资公司，建立区域PACS远程服务中心，让群众真切体会和享受到“智慧医疗”带来的便利。四是促进“互联网+”传统企业转型升级。在明珠家具公司搭建“大数据与商务智能平台”，提供线上线下一体化产品与服务，实现由库存制造向订单制造的转变，库存周转仅20天，在2015年上半年经济不景气的大环境下，产值实现36.5%的正增长。

【工业运行】 2015年，145家规模以上企业实现规上工业总产值258.3亿元，同比增长12.9%；规模以上工业增加值同比增长16.9%，高于成都市下达的目标5.9个百分点。工业投资完成62.6亿元，技改投资完成48.4亿元。工业经济对全市经济增长贡献率69%，占GDP比重40%，较2014年高出4.5个百分点。

【结构调整】 2015年，电子信息、家具和建材分别实现产值63.6亿元、69.5亿元和41.4亿元，同比增长135.3%、8.6%、6.2%，占全部规模以上企业产值比重67.6%，比2014年同期高出10.8个百分点。8个省市重大项目完成投资20.7亿元，占年度投资计划的155.6%。淘汰5户企业落后产能，淘汰和改造39台高污染燃料锅炉。全年单位地区生产总值能耗同比降低3%，单位工业增加值能耗同比降低3.5%。

【企业培育】 崇州市38家亿元以上重点企业实现产值210.2亿元，占全部规模以上企业产值比重的81.4%。培育成都市“成长型”企业36家、“小巨人”企业13家、“拟上规”企业15家，四川省“专精特新”企业11家。29家企业进入“成都市地方名优配套产品”目录。

【要素保障】 崇州市完成九江500千伏电力线路、高庆110千伏变电站扩建和鲁家至捷普10千伏2条同杆双回线路建设。富士康配气站投入运行，铺设燃气主管管道20公里。为23个项目争取土地指标1100余亩，位居三圈层第一。新增担保贷款3.2亿元，新增户数73户，在保余额4.44亿元，在保户数109户。“企业债权融资风险资金池”试点工作及成都市“应急周转金”推广工作进展顺利，2家企业拟获批650万元贷款资金。全市42家企业有上市意愿，成都刚毅科技集团有限公司启动上市工作，已申报2015年四川省新三板后备企业库，与深圳国投签订上市合作协议。市经信局组织企业申报省、市政策扶持项目 60 个以上，争取各类政策性资金 2000 余万元。

【安全工作】 市经信局贯彻落实新《中华人民共和国安全生产法》，每季度召开一次安全生产专题会议，每月召开一次安全生产会，对全市工业企业安全生产工作形式、重点、难点进行分析和研究部署，并针对重点、难点及时检查，防止隐患发生。全年出动检查人员 216 人次，涉及全市 24 个乡镇、崇阳街道、经开区。排查企业隐患 105 处，下达整改通知书 55 份，整改 55 处，停电 2 户，未发生较大伤亡事故，工业系统安全生产形势平稳。

【创新创业】 崇州市加快各类孵化载体建设，大学生创业园正式运营，38 家企业签约入驻。力兴工业园吸引 200 家小微企业入园孵化生产，涵盖家具、电子信息、食品加工等行业。持续开展多种形式创新创业活动，成功举办“创业天府·菁蓉汇”崇州大数据专场主题活动等创新创业品牌活动 17 次，开展创新创业项目路演 5 期。2000 余平米互联网＋众创空间被列入四川省 2015 年互联网＋重点工作方案，吸引 24 家企业签约入驻。新建创新创业载体 2 家、创新平台 2 家，新增创业服务机构 3 家，全市孵化载体面积 5 万平方米。

【科技发展】 崇州市新建产学研联合实验室 3 个、博士工作站 2 个，推动科技企业自主创新 27 项。获批成都市级企业技术中心 1 家，26 个科技项目获省市财政资金支持。完成“一线一品”科技信息站和科技示范点建设 12 个，引进推广新品种、新技术、新模式 12 项，实施集成技术示范 6 项。全市新增科技型企业 55 家，其中重点科技型企业 15 家，新增国家高新技术企业 9 家，高新技术产业产值 82 亿元，占工业总产值的 54%。申请发明专利 377 件，较上年同期增长 97 件，连续 8 年位居三圈层第一，科技进步贡献率 61.5%。

【信息化建设】 市经信局根据国务院办公厅《关于开展第一次全国政府网站普查的通知》精神，组织召开全市政府网站自查整改工作培训会议，完成政府网站统计摸底和普查自查整改工作，完成崇州公众信息网手机 APP 客户端建设。在“四川省政务新媒体综合影响力”排行榜中，崇州公众信息网获评成都市区县外宣系统政务新媒体综合影响力奖。印发《崇州市电子政务外网建设管理实施细则》，完成电子政务外网机房光纤迁改和核心机房搬迁工程。与中国电信签订战略合作协议，成为全省首批“光网城市”。实施“爱崇州”无线 WIFI＋TV 移动云媒体建设项目。编制崇州鼓励信息消费的政策措施，智慧城市 PPP 建设运营公司筹建工作进展顺利，组建崇信大数据公司。与百度、万国数据、勤智数码和成电医星等签署战略合作协议，启动政务、医疗、教育、民政等方面的示范应用。

【大数据专场主题活动】 8 月 29 日，崇州市在三圈层率先举办以“点燃创业梦想，拥抱大数据时代”为主题的“创业天府·菁蓉汇”崇州大数据专场主题活动，邀请晨兴资本董事总经理石建明、四川大数据应用研究第一人周涛等嘉宾出席，成都市人民政府市长唐良智在会上作即兴演讲，对崇州的创新创业工作予以肯定。

（袁　兵）

工业集中发展

【概况】 成都·崇州经济开发区成立于 2005

年，2010年升级为省级经济开发区，规划面积19.8平方公里，主要发展以电子信息产业为先导、大数据产业为引领，家具、装饰装修材料产业为特色的现代制造业。经开区是中国轻工联合会、中国家具协会命名的中国板式家具产业基地，是四川省级知识产权试点园区、四川省家居产业知名品牌示范区、四川省信息安全（大数据）产业示范园区，是成都市确定的中西部电子信息产业园区。截至2015年年底，经开区共引进项目337个，总投资352亿元，建成投产项目200余个，建成面积约14平方公里。2015年，经开区实现经济稳定增长，园区呈现出“2121”的良好发展态势：规划建设覆盖20平方公里（含大数据产业园区），解决近10万人就业，规上企业总产值突破200亿元大关，上缴税收约10亿元。全年完成固定资产投资52.02亿元，规模以上企业总数92家，规模以上工业增加值增幅23.5%，园区占全市工业比重83%。

【电子信息产业发展】 崇州电子信息产业，重点发展以消费类电子元器件为主的电子信息制造业和以大数据产业为核心的互联网产业，基本形成以捷普为核心龙头，鹰诺、南平铝业和领胜等产业链关联企业为配套的“1+N”电子信息制造业集群发展格局，结合大数据产业发展，正规划建设西部传感器产业园。2015年，崇州电子信息产业规模以上企业17家，实现规模以上工业总产值63.6亿元，同比增长135.3%，占全市规模以上工业总产值比重24.6%；实现规上工业增加值18亿元。电子信息制造业亿元以上企业5家，其中捷普科技（成都）有限公司实现产值36亿元，成都市鹰诺实业有限公司实现产值7.5亿元，南平铝业（成都）有限公司实现产值7.1亿元，领胜电子科技（成都）有限公司实现产值2.6亿元，成都川西蓄电池（集团）有限公司实现产值5.5亿元。亿元以下增速较快的企业4家，其中华田光电（成都）有限公司实现产值6859万元，同比增长92.9%；成都青洋电子材料有限公司实现产值6402万元；崇州杨明电子产品有限公司实现产值2821万元，同比增长19.3%；成都意德电子科技有限公司实现产值2000万元，同比增长109.9%。占地113公顷、总投资50亿元的捷普消费类电子产品及配套工艺生产基地项目，完成投资10.08亿元，第一期厂房全部建成并交付捷普崇州，已使用厂房11栋287342平方米，正在生产四个订单：一是索尼手机机构件订单（已量产），二是ABC手机订单（已量产），三是ABC电子组装订单（已量产），四是ABCwatch订单（目前正在试生产阶段）。总投资1亿元的深圳创达恒电子科技有限公司电容器生产及LED封装项目，完成投资5000万元，已试生产。总投资2亿元的锐讯科技模切、显示器背光模组等制品生产基地项目，完成投资8000万元，一期已部分投产。

【智慧处理中心建成投用】 IPC中心（智慧处理中心，Intelligent Processing Center）位于崇州市经开区飞云路495号，占地25亩，总建筑面积1.2万平方米，已投入运营。其功能定位：一是作为计算、存储和网络传输的重要节点，为大数据企业提供IT基础资源；二是作为大数据创新企业的孵化载体；三是为招商引资的大数据企业提供办公过渡用房。IPC枢纽大楼作为崇州市大数据产业布局数据传输、汇聚、交易和管理服务的基地，将接入来自移动、电信、联通、广电、教育科研网、电子政务外网等运营商的城域网、骨干网以及GDS（万国数据）、云滔、西信中心、曙光等成都市重要IDC（Internet Data Center，互联网数据中心）的13条直达光纤，解决大数据产业的数据“进得来、出得去、存得下、用得好”问题，形成面向全国的大数据产业发展专业环境，支撑崇州大数据产业园区建设成中国智慧城市服务基地和大数据生产中心。IPC中心核心机房由中兴软创公司、成都信息化建设发展有限责任公司和崇州市崇信大数据公司三方共同体成立的PPP合资公司—中兴智慧成都有限公司负责建设运营，300平方米机房已建成投入运营，光纤直连基本到位，开始为智慧医疗等项目提供服务。2015年，微软、百度、中兴通讯、成都工投集团、国信安、万国数据、成电医星、勤智数码、畅通智慧（万里眼）、勤云科技、广州云润、北京软交所、电子科技大学、数之联等51家企业与崇州签约合作，32家企业注册落地，中兴智慧、国信安、成电医星、勤云科技、四川云润、畅通智慧等企业入驻IPC办公。依托IPC，崇州联手微软公司与国信安公司打造四川首个以大数据为特征的“互联网+”众创空间，被列为四川省政府2015年重点推进工作。微软与崇州的合作是微软首个中国县域经济体在CityNext（未来城市）领域内的合作，微软联合国信安在大数据人才培养培训认证、创新创业孵化指导、云基础平台建设等方面打造大数据产业生态。2015年，搭建好微软云基础平台，组织开展微软人才培训和认证2批次，组织开展创业路演活动5场次，孵化创业团队24个。

【对外开放】 经开区新签约引进华研精工、三彩光电、平成电子、一宇建筑工业等13个项目，协议总投资17.3亿元，涉及航空航天、卫星通信、LED模组及整屏生产、自动化设备研发、建筑模块等领域，实现从外围包装、通用部件到研发设计、核心部件、新型工艺的提升。实际利用外资0.28亿美元，外贸进出口完成1.17亿美元。

【综合承载能力建设】 奥普路物流园区道路至晨曦大道段、崇双货运大道捷普园区段、汇兴南路一标段完工投运；泗维路形成通车能力；华新路污水干管工程完工；高庆站到捷普的4回10千伏线路建设完成；富士康配气站和相关管道建成投运；青年公寓（一期）建成并全部移交，入驻捷普员工12000人；明湖二期安置房封顶。

【重点项目建设】 2015年，经开区实施各级重点项目62个，全年完成投资56.87亿元，完成目标任务的107.7%。省级重点项目捷普完成投资14.16亿元，全年实现产值约36亿元。10个成都市级重点项目完成投资35.67亿元。

【创新驱动发展】 经开区建立科学技术协会，为企业科技创新提供专业化、系统化服务。扶持企业成立“四川造塑胶管道创新联盟”和“大数据产业创新联盟”，整合行业创新资源，推动产业高端发展。扶持产学研合作，康泰集团成功申报“院士（专家）创新工作站”，丰丰食品公司和康泰塑胶公司与高校合作开发新技术、新产品。全年，园区企业专利申请量超过2200件，其中发明专利申请量突破200件，技术合同交易额增幅超过20%。发挥青年（大学生）创业园科技孵化器作用，采取托管方式实行专业化管理，提升服务保障水平，增强对创新创业人才聚集吸力，全年申报国家专利152件，年产值突破1.5亿元，经验做法在国家级媒体报道2次、成都市级媒体报道3次。

【综合服务】 经开区加强要素保障，全年为园区28个项目争取用地计划1071亩，为48个项目供地1750亩，为24个项目办理土地证1802亩。清理盘活闲置用地1067.76亩、厂房12万平方米，新引进60余家企业建设生产。帮助企业招募员工1.3万余人，其中捷普招工约1万人。依托“高层次人才工作站”，推荐君健塑胶、赛昂电子各1名科研人员申报2015年成都人才计划高层次创新人才项目。围绕经开区建设需求，通过兴蜀公司融资 17.4 亿元。向相关企业落实各类财税补贴扶持资金 12342.2 万元。深化安全工作，制定新的《成都崇州经济开发区安全生产管理办法实施细则》，建立安全监管台账制度，抓好安全隐患排查和整改。开展安全标准化创建工作，园区开展安全标准化创建的企业共 102 家，验收 50 家，其中标准化二级企业 2 家，全年园区无重特大安全生产事故发生。处理信访案件 80 余件，完成 1.5 万余名流动人口数据采集。深入开展普法宣传，计发放宣传资料 1000 余份。强化园区社会治安综合治理，坚持警企联防制度，遏制各类治安案件发生。

【党建和群团工作】 经开区深化作风建设，扎实开展"三严三实"专题教育，制定印发《经开区廉洁自律守则》，加强对作风纪律规定执行情况的检查督导，促进党员干部崇严尚实、遵章守纪。打牢基层党建基础，新成立企业党组织 8 家，园区共有 48 家企业成立党支部。从市级相关部门选派指导员与企业结对子，实现规模以上企业党建工作全覆盖。在企业党员中开展"党员示范岗位"等争先创优活动，推行党组织书记和企业管理层"双向进入、交叉任职"，提升党组织在企业发展中的话语权。君建塑胶、汇源光纤被列为成都市党建工作示范点。新建管委会机关党团活动室，启动崇州市非公企业党组织联合党群活动中心建设。组织开展群团活动，帮助捷普等 65 家企业新成立企业工会，新成立企业团组织 13 家、企业妇委会 10 家。组织职工参加百万职工技能大赛和"安康杯"知识竞赛，开展"岗位练兵"和"技术比武"主题活动，营造爱岗敬业、争先创优的浓厚氛围。组织开展扶贫济困行动，协调解决 96 名外来务工人员子女的入学问题，为各界困难群众、驻崇州部队捐款捐物总计约 10 万元，促进和谐园区、和谐社会建设。

（陈维华）

农业·林业

CHONGZHOU YEARBOOK

统筹城乡改革发展

【开展各类确权颁证】 市委统筹委制订相关配套办法12个，以“三权分置”为核心，扎实推进登记颁证。2015年，实现各类农村产权登记颁证6220本。其中，农村养殖水面经营权12本、小型水利工程所有权6050本、农业生产设施所有权3本、土地经营权125本、林木（竹、果）权15本、林地经营权15本。在桤泉镇生建村开展的集体资产股份化改革试点中，清理各类集体资产23宗，面积5581.45平方米，颁发“股权证”920本。

【深化各类农村产权抵押融资试点】 市委统筹委制订实施意见和各类农村产权抵押融资配套管理办法，在全省率先实现首宗林地经营权和林木（竹、果）权抵押贷款，实现土地经营权、养殖水面经营权、农业设施所有权等农村产权抵押贷款。全市参与农村产权抵押贷款银行8家，创新贷款品种10个，开展农村各类产权抵押贷款959宗，抵押金额19.14亿元。《崇州市“六大体系”助推农村产权抵押融资》做法被省农工委、省农改专项领导小组转发各市，相关经验做法被成都市委统筹委《统筹城乡发展工作研究》多次刊登转发。

【健全农村产权管理服务体系】 市委统筹委完善制度化、规范化、常态化的市、乡镇（街道）、村（涉农社区）三及农村产权交易管理服务体系。办理农村产权常态化变更登记5512本，发布交易信息112条，累计办理农村产权流转交易7326宗，流转金额20.89亿元。接待农村产权政策咨询105人次，农村产权矛盾纠纷咨询投诉、处理办结率100%。对符合法律援助的，实现法律援助率100%。

【农村改革方案设计】 市委统筹委制订土地经营权入股发展农业产业化经营试点方案、农村产权抵押融资试点实施方案、林权抵押贷款改革试点等方案。结合崇州市实际，制定《崇州市农村土地经营权流转管理实施办法（试行）》《崇州市农村土地经营权抵押融资管理办法（试行）》等11个配套文件。

【推进各项改革】 土地承包经营权流转管理试

验试点：市委统筹委通过指导新型农业经营业主到市交易中心进行交易鉴证，向符合条件的业主颁发土地经营权证书 91 本。深化集体林权制度改革试验：颁发林地经营权证书 14 本、林木（竹、果）权证 12 本。改进农业补贴办法试验：建立使用涉农专项资金的管理机制、财政支农资金的“补改投”机制、财政支农资金“补贴改信贷”机制和推进农业补贴精准性、指向性的激励机制。全年争取上级涉农项目和整合涉农项目共投入资金 3.5 亿元。粮食、生猪等农产品目标价格保险试验：选择 35 个规模养殖企业的 6.12 万头出栏生猪，开展政策性生猪价格指数保险，业主共交保费 139.20 万元。蔬菜指数保险试点投保面积 15180 亩，保费 25.185 万元。

【强化改革成果运用】 市委统筹委积极运用改革成果，实现农村产权资源变资本。全年新办理土地经营权抵押融资 29 宗，金额 629 万元；开展林权和非林地上林木（竹、果）权抵押融资，实现抵押融资 19 宗，抵押面积 3659 亩，金额 1817.4 万元。其中，林地经营权抵押 9 宗、林木（竹、果）权抵押 10 宗。实现农村土地所有权、承包权、经营权“三权分置”。在财政资金补助合作社形成资产股份量化改革试点方面，白头五星、王场清源等 9 个土地股份合作社烘储中心完成粮食烘干中心和仓储设施项目建设，完成社员自筹资金 719 万元。全市全年累计烘干粮食 20393.92 吨，扣除生产成本后，盈利 142.76 万元，户均增收 349 元。

【统筹城乡综合示范片建设】 崇州市建立市乡（镇）两级的统筹城乡改革示范推进机制，将政策、项目、资金等要素保障集成整合投入示范建设，各项改革试点优先在示范片内开展，形成多层次、多渠道支持示范建设的保障机制。示范片整合投入各级项目资金 29789.7 万元，完成 21 个项目建设。

【培育“全产业链”】 市委统筹委积极培育新型农业经营主体，在示范片组建 11 个土地股份合作社，土地适度规模经营率 75%。探索形成稻田综合种养 1000 亩，每亩实现产值 4000 元。搭建农产品“产、供、销”链条式经营体系，提升农产品附加值。采取“互联网+”模式，同淘宝、京东、网上供销等合作，建成山泉村“众创空间”，依托线上和线下渠道，拓宽农产品销售渠道，实现农产品销售额 1000 万元。

【发展特色乡村旅游】 崇州市以生态本底为依托，吸引社会资本投入示范片发展乡村旅游，引进盘古有机农业综合体、田园记忆、更新农业等 5 个现代农业高端乡村旅游项目落户，协议投资共 21.5 亿元。在已建成的新村和聚居点中，引入社会资本利用集体资产和群众房屋，采取入股、合作、托管、租赁等形式，打造精品乡村民俗客栈，成功打造白头镇五星村“闲来”和集贤乡徐家林盘“来去”两个精品品牌。

【激发基层民主意识】 崇州市探索构建新村管理中以党支部为核心进行组织管理，群众议事机构+群众自治机构+群众监督机构为支撑，多元化社会服务组织为配套的“1+3+N”（以党支部为领导核心+以村议事会、监事会、小区业委会为自治主体+其他社会组织）机制。通过搭建党建组团成员单位之间的内部联系平台、与高等院校科研院所等单位党组织之间的横向联接平台、与市级相关部门党组织之间的上下联动平台，建立党建组团之间的议事机制、服务机制、协调机制，形成合作社党建组团“1+3+3”党建工作模式。

【新村建设管理】 崇州市投入 430 万元财政预算，补贴农民集中居住区物业管理，完成 20 个涉农社区、村（农民集中居住区）“1+9+N”公共服务和社会管理设施标准化配置。完成桤泉镇余花龙门子林盘整治组团、白头镇五星村旅游小村2个成都市级新农村综合体建设任务。白头镇五星村旅游小村A、B、C3个区26个组团，安置农户751户，全部入住，微田园建设初见成效。桤泉镇余花龙门子三期120户房屋风貌整治、1200米污水管网建设、林盘道路整治和绿化打造完成。

【村级公共服务和社会管理改革】 崇州市备案专项资金项目2681个，预算资金13116.3万元。全年，召开专题培训会4次，推进“四项制度”的落实。创新村公项目PK制度，经验做法在成都市统筹委《工作研究》第10期转发。

【都市现代农业“一线一品”打造】 崇州市完成两条示范线36个重点项目打造，完成投资11.43亿元。光华大道——大双路示范线粮经基地面积4.9万亩，定位产业比80%，亩产值1.48万元，比2014年增长18.2%；龙门山——川西旅游环线示范线景观苗木基地面积2.8万亩，定位产业比75%，亩产值1.5万元，比2014年增长17.8%。示范线乡村旅游产业发展迅速，有A级景区3个、成都市旅游特色村14个、四川省乡村旅游示范镇2个、农家乐450余家，2015年实现示范线沿线乡村旅游产业收入8850万元。

（雷　平）

农业·林业·农村发展

【概况】 2015年3月，根据《中共崇州市委崇州市人民政府关于市政府职能转变和机构改革的实施意见》（崇委发〔2015〕5号）精神，设立崇州市农村发展局（简称市农发局），调整相关职责。划入的职责：一是原市林业和旅游发展局承担的林业行政管理职责；二是原市商务和投资促进局承担的生猪屠宰监督管理职责；三是原市水务局承担的水产渔政监督管理职责。加强的职责：围绕放活土地经营权、创新农业经营体系、发展适度规模经营，深化健全新型农业经营体系。市农发局内设办公室、政策法规科（挂行政审批科牌子）、农村改革和经营管理科、农业科、农业产业化经营管理科、农业科技与服务体系建设科、农产品质量安全监督管理科、森林资源管理科、造林科、畜牧兽医兽药科、农业装备科、水产管理科、农村扶贫开发与移民安置科、计划财务科、政工人事科15个工作机构。下设崇州市森林公安局（挂崇州市市公安局森林警察大队）1个直属行政机构，设崇州市农业综合行政执法大队（挂崇州市动物卫生监督所牌子）1个直属副局级参照公务员法管理的行政执法机构，设市农业技术推广综合服务中心、农村经济信息服务中心、市农产品质量安全检测中心3个事业单位，人基层农业综合服务站23个、林业服务站6个。2015年，农业和农村工作成绩突出，崇州市荣获四川省“三农”工作先进县（市区）、四川省农民增收先进县（市区）、四川省第二轮新农村建设成片推进示范县（市区）；荣获四川省农业厅2015年部省畜禽监测工作考核一等奖；通过农业厅“四川省农产品质量安全监管示范县”建设验收，通过四川省农业厅“四川省现代畜牧业重点县”建设验收；获成都市2015年都市现代农业示范基地10个粮经产业新村建设成片推进综合示范基地建设粮经复合类一等奖、“成新蒲”都市现代农业示范带建设三等奖；获评成都市农业委员会2015年度农业行政处罚案卷优秀案卷2件、成都市农业综合执法总队优秀案卷1件。

【农业农村经济发展】 2015年，全市农业农村经济实现持续发展。全市农、林、牧、渔业和服务业总产值54.21亿元，比2014年增长（下同）6.58%。其中，农业总产值23.78亿元，增长10.43%；林业总产值0.86亿元，增长2.94%；牧业总产值26.44亿元，增长2.07%；渔业总产值1.39亿元，增长25.83%；农业服务业总产值1.74亿元，增长9.12%。农、林、牧、渔业及农业服务业产值在农业总产值中的比重由2014年的42.06∶1.65∶51.13∶2.03∶3.13调整为43.84∶1.59∶48.77∶2.56∶3.21。全市农业增加值32.26亿元，增长5.15%。其中，农业增加值18.07亿元，增长6.61%；林业增加值0.70亿元，增长2.96%；牧业增加值11.96亿元，减少2.07%；渔业增加值0.65亿元，增长18.39%；农业服务业增加值0.88亿元，增长9.12%。农、林、牧、渔业及农业服务业增加值在农业增加值的比重由2014年的55.15∶2.21∶38.26∶1.74∶2.62调整为56.02∶2.16∶37.06∶2.03∶2.74。全市一、二、三产业结构比重由2014年的15.06∶49.70∶35.24调整为13.9∶48.6∶37.5。一产业结构比重比2014年调减1.16个百分点。2015年，全市农村居民人均可支配收入16269元，比2014年增长10.3%。

【主要农产品生产供给】 2015年，全市粮、油、猪、菜、果、肉、禽、蛋、奶等主要农产品产量实现稳定发展，农产品供给得到有效保障。粮食作物播种面积62.33万亩，粮食总产量27.34万吨。油菜面积17.27万亩，油菜籽总产量2.54万吨。蔬菜面积11.23万亩，蔬菜产量29.62万吨。全年出栏生猪86.7万头、肉牛2.01万头、肉羊1.91万只。肉类产量7.85万吨、禽蛋产量3.12万吨、水产品产量1.16万吨。

【特色农业基地建设】 2015年，建成10万亩高标准农田示范片、10万亩粮食高产稳产高效综合示范基地、万亩水稻高产强化栽培示范、万亩农作物绿色防控及统防统治示范基地。桤泉红提、有机蔬菜、白头草莓、燎原宝石梨、三江金针菇、白头铁皮石斛、文井江牛尾笋等特色农业基地实现规模经营。新增创建部省市标准化示范养殖场7个，全市部省市标准化示范养殖场共计37个，种养循环生态养殖场共计151个，通过四川省现代畜牧业重点县建设验收。探索形成稻田综合种养六种模式，建成稻田综合种养示范1万亩，实现一水两用、一田双收、粮渔共赢，成都市现场会在崇州召开。文井江牛尾笋、三郎樱花、怀远银杏等特色林业基地规模和效益提升，林下种植、养殖规模扩大，林业生态旅游快速发展。

【农业产业化组织化经营】 2015年，全市农业产业化企业89家，其中成都市级以上的农业产业化龙头企业44家。全市农业产业化经营年实现销售收入48亿元，农业产业化带动面85%。全市农民合作社1053家，其中成都市级以上的示范农民合作社20家，全市农民专业合作社带动面70%。全市家庭农场126家，其中成都市级以上的示范家庭农场10家。全市农业适度规模经营率70%。

【一二三产业融合发展】 2015年，完成《崇州市稻乡环线赏花旅游基地建设实施规划（2015年—2017年）》编制，融合特色农业、休闲体验、文化创意、乡村旅游、民宿旅游、美丽新村发展，全域推进稻田变湿地、菜田变绿地、果园变园地，建成58公里稻乡旅游环线，建成桤木河湿地公园，白头镇成为川西最美“生态湿地、健康食地”，白头镇五星村成为中国最美休闲乡村。承办“2015四川花卉（果类）生态旅游节主会场”启动仪式，推出10万亩稻乡金秋旅游季、“闲来”和“来去”民宿旅游、白头盘古农业草莓采摘节等乡村旅游活动，促进观光农业向度假农业发展，乡村旅游产业蓬勃发展，一三产业融合发展成为农民增收的新亮点。全市休闲农业与乡村旅游业接待游客500万人次，收入8.6亿多元。

【幸福美丽新村建设】 2016年，建设幸福美丽新村66个。其中，新建幸福美丽新村37个，改造提升建设新村21个，林盘保护建设新村8个，创建幸福美丽新村示范12个，打造幸福美丽新村建设升级版。抓好农村廉租房建设，到2015年底基本实现全市农民群众住有所居、住得安全。创新基层治理机制，提高新村管理水平，白头镇五星村形成“1+3+6”新村治理机制，实现思路从群众中来、过程群众参与、成果群众共享。

【农业招商引资项目建设】 2015年，全市引进农业项目15个，引进重大项目1个，引进到位省外资金5.76亿元。实施重点农业项目22个，完成投资8.5亿元，完成计划投资的102%。农业项目完成固定资产投资6亿元，促进农业重大项目“四个一批”（实施一批重点项目、推广一批新技术、扶持一批龙头企业、培育一批特色产业）。锦程都市近郊休闲农业综合体建设项目等一批项目基本形成休闲接待能力，10万亩综合示范基地建设带动农民增收成效显著。

【农村精准扶贫开发】 市委十二届七次全会审议通过《关于加快推进城乡扶贫开发率先全面建成小康社会的实施意见》，落实相对贫困村、精准扶贫户精准扶贫措施，落实财政、对口帮扶单位支持精准扶贫户每户不低于5000元扶贫资金，落实1～3个市级部门帮扶贫困村、2～3名干部挂帮扶贫户。2015年，17个相对贫困村全部实现脱贫目标，17个相对贫困村中的171户“插花式”相对贫困户实现全部脱贫目标，非相对贫困村以外的“插花式”实现90%以上脱贫目标。

【农业科技服务】 2015年，全市集成推广应用农业新技术15项、新品种20个。建成万亩水稻高产强化栽培示范、万亩农作物绿色防控及统防统治示范基地，成为国家农业科技创新与集成示范基地。建成川农高科、仲衍种业、杜邦先锋种业、川农大种子繁育基地，打造高端农作物种业基地。运用互联网、大数据，建成水稻、果蔬、药材等智能化、设施化、节水化、信息化农业示范基地30个，设施农业面积5.18万亩。运用大数据，建成农业物联网信息化示范基地6个、农产品示范基地视频综合监控监管平台10个，推进智慧农业发展。

【农业机具推广】 2015年，全市新增新型农机具253台（套），全市农机总动力41万千瓦时，全年机耕作业面积74.85万亩，机电灌溉作业面积12万亩，机播面积29.30万亩，机收面积62.29万亩。推进粮油生产全程、粮油烘储加工机械化，全市农业综合机械化水平78.03%。抓好农机安全监管工作，实现农机安全零事故。

【农业基础设施建设】 2015年，采取“三统筹一主体”（规划统筹、资金统筹、建设统筹，农民主体）措施，推进高标准农田建设，新建成高标准农田3.3万亩。实施国有林管护21.16万亩、补偿集体公益林23.31万亩，巩固退耕还林成果2万亩，新造牛尾竹基地2000亩，建设新农村绿色家园3个。

【农产品质量安全监管】 2015年，深入开展“瘦肉精”等专项执法检查工作。开展屠宰场瘦肉精监测21821份、生猪养殖场瘦肉精监测3651份。强化动物产地检疫、屠宰检疫，开展生猪产地检疫 29.68 万头、家禽产地检疫 68.97 万羽；开展生猪屠宰检疫 77.54 万头、家禽屠宰检疫 613.17 万羽。检测农产品样本 2.57 万份、农产品质量安全监测样品 300 组、农业投入品样品检测 50 余份。全市农产品“三品”认证面积 68 万亩，占全市食用农产品总面积的 67%。强化农业综合执法，依法严厉打击收购、屠宰、加工、冷藏、营销病死动物及动物产品行为。健全农产品质量安全检测体系深，全年农产品质量合格率、农产品质量安全抽检合格率均的 98%以上。推进农业标准化建设，建立市、乡、村农产品质量安全监管体系，实行农产品质量监管网格化管理，成为四川省农产品质量安全监管示范县，通过国家农产品质量安全技术核查。

【农业行政执法】 2015 年，深入开展农业综合执法规范化示范建设，开展农资专项治理行动，全年农业行政执法检查覆盖率 100%。深入开展农资专项治理行动，营造农业投入品“防、控、堵、打”氛围，开展种子、肥料、农药、兽药、饲料生产企业和经营户农资专项治理行动 4 次，出动农业执法人员 2296 人次，查处农资违法违规案件 23 起，确保农业投入品安全。

【惠民政策与民生工程】 从 2015 年起，将农作物良种补贴、种粮农民直接补贴、农资综合补贴合并为“农业支持保护补贴”，全市发放农业支持保护补贴 3397.62 万元、成都市 2014 年粮食规模种植奖补补贴 2585.17 元。全年，秸秆综合利用率 99%，新建农村沼气池 100 口，完成畜禽养殖场减排 13 家。培训农民实用技术 14.11 万人次、新型职业农民 760 人。

【农村产权制度改革】 2015 年，继续推进农村土地“三权分置”，开展农村产权“多权同确”。制定农村产权抵押融资相关政策办法，开展各类农村产权抵押融资。被列为国家土地经营权入股发展农业产业化经营试点、国家现代农业示范区以奖代补资金试点县。全市登记颁发“农村土地经营权证”132 宗，开展“农村土地经营权证”抵押贷款 32 宗，金额 869 万元；登记颁发“农业生产设施所有权”1 宗，“农业生产设施所有权”抵押贷款 140 万元；“林木（竹、果）权证”登记颁证 14 宗，“林木（竹、果）权证”抵押贷款 9 宗，授信 1092 万元，贷款 878 万元；“林地经营权证”登记颁证 14 宗，以经营权组建林地股份互助合作社、林地股份互助合作社 4 个；“林地经营权证”抵押贷款 8 宗，授信 1200 万元，贷款 1090 万元；“农村养殖水面经营权”登记颁证 12 宗，“农村养殖水面经营权”抵押贷款 2 宗，贷款 30 万元。完善农村集体“三资”监管平台系统建设，“三资”管理规范化率 98%。严格实行涉农负担案（事）件“责任追究制”，加强农民负担监管。

【农业体制机制创新】 2015 年，全市土地股份合作社 246 个，入社面积 31.06 万亩，入社农户 9.09 万户。以素质提升为导向，完善新型职业农民“双培训”机制，开展农业职业经理人农村金融、财务、营销、电商知识培训，提高农业职业经理人生产经营管理水平，加强农业职业经理人团队建设。完成新增培训农业职业经理人 280 人，全市农业职业经理人共计 1887 人，新型职业农民共计 6712 人。提升农业综合服务保障，建成集贤农业综合服务中心，完善农业超市“一站式”服务平台，全市农业服务超市共计 10 个。采取政府购买水稻机插秧集中育秧、水稻机插、统防统治、稻谷烘干等公益性服务，支持粮食适度规模经营。延伸粮食生产产业链，建成 12 个粮食烘储中心、青桥和五星粮食加工中心、10 个“粮食银行”。建成五星土地股份合作社农业服务中心，实现土地股份合作社产业链延伸和效益提升。以促进电商营销为突破，推动“互联网＋农业”创新创业，搭建“西蜀粮仓·崇州味道”农村电商平台，培育“稻虾藕遇”等电商品牌，建成农产品电商平台50个、崇州特色农产品馆网上服务平台10个、线下体验店2个，开展网上推介、预约、预定、配送，让天府品牌、成都味农产品走向全国。

【农业宣传和对外交流】 2015年，国务院副总理汪洋到崇州调研“三农”工作，予以好评和肯定。全国加快转变农业发展方式现场会、“中国美丽乡村论坛”代表到崇州参观都市现代农业发展、幸福美丽新村建设。中央、国家部委领导和省（区）市党政学习考察团、省（区）市农业委厅等农业部门学习考察团等近300批次考察团到崇州学习考察。央视“新闻联播”“朝闻天下”、《人民日报》《经济日报》《农民日报》等中央媒体多次正面报道崇州都市现代农业发展、幸福美丽新村建设成效做法。崇州市“农业共营制”、幸福美丽新村建设等做法，在省内外产生深度影响。

（杨成伦）

商贸服务

CHONGZHOU YEARBOOK

商　业

【概况】　市商投局内设办公室、投资促进管理科、外资外贸管理科、市场规划建设管理科、服务产业发展科、市场秩序科6个职能科室。2015年，划入原市经信局承担的牵头协调全市整顿市场经济秩序工作职责；增加全市农产品批发市场规划职责；原生猪屠宰监督管理职责划归市农村发展局；原酒类流通食品安全监督管理职责划归市场监督管理局；加强统一负责全市招商引资工作职责；加强服务业重大政策和重大问题研究，提出服务业可持续发展的前瞻性政策建议职责。不再保留崇州市商务行政执法大队，相关职能和人员划转到市农发局农业综合执法大队。投资促进中心明确为市商投局下属副局级公益一类事业单位。

【对外开放工作】　崇州市新签约引进重大项目21个，完成目标任务的150%，同比增长31.3%；实际到位内资111.04亿元，完成目标任务的101%，同比增长1.8%；实际利用外资7508万美元，完成目标任务的100.1%，同比降低41.9%；实现外贸进出口22000万美元，完成目标任务的117.6%，同比增长15%。

【社会零售总额及服务业增加值】　崇州市实现社会消费品零售总额70.11亿元，增长9.6%；服务业增加值实现84.72亿元，增长13.2%。

【民生工作】　市商投局在元通镇新建崇州市农村电子商务运营服务中心，培训农村电子商务实用人才；在怀远镇、白头镇、桤泉镇、街子镇各创建1个农村电子商务试点村，推动农村电子商务发展。

【投资促进工作】　市商投局新签约引进中兴新能源无线充电示范线建设暨无线大功率充电制造基地项目、裕同金属注射成型项目等21个重大项目。新签约引进电子信息产业配套项目31个，协议投资18.25亿元。全市电子信息产业项目共计75个，协议投资111.5亿元。

【服务业发展】　市商投局签约引进万达商业广场项目，总投资20亿元。金都汇永辉超市、唐人街沃尔玛超市开业。推进电子商务平台建设，制定电子商务发展扶持政策，正式开通崇州市“西蜀粮仓·崇州味道”农产品O2O销售平台，建立农产品特色体验店街子古镇店。崇州家具智慧云平台（添材网）上线运行。

【招商引资】 9月28日至30日，崇州市人民政府与全球第三大电子合约制造服务商捷普集团在江苏省苏州市共同组织召开“成都·崇州推介会暨捷普供应商大会”，100余家电子信息配套企业参加会议。崇州市委副书记、市长欧昭、捷普集团首席执行长江怀海到会并致辞。江苏特铝铝业、厦门精卫模具、苏州锐吉电子、苏州合贤精密模具等6家电子信息产业企业与崇州市签约。牵头成立四川省第一支大数据产业创业投资基金，建立大数据产业“基地+基金”发展模式。大数据产业创投基金总规模2.5亿元，第一轮出资1.5亿元，第二轮出资1亿元。

（张　涛）

供销合作

【概况】 市供销联社是参照公务员法管理的事业单位，联社党组、理事会下设办公室、业务科和财会科3个科室。2015年，市供销联社以项目建设为重点，全面推进崇州供销社改革发展各项工作，在发展农村电子商务、农产品投入品溯源体系建设、土地托管试点等方面成绩突出。崇州市入选全国供销合作总社电子商务示范县和土地托管试点单位，获得中央、省、成都市各类财政资金支持1000余万元。

【全国供销总社农村电子商务示范县建设】 农村电子商务发展工作是供销社推进改革的一项重点任务，市供销联社通过电子商务示范县建设，推进农产品电子商务产业规模化、品牌化发展，助推“农产品进城、工业品下乡”，形成电商应用广泛、保障体系健全、配套服务完善的农村电商发展新格局。一是组建运营主体，通过开设农特产品体验店和电子商务服务站，为农民提供网络代购服务。二是搭建“西蜀粮仓·崇州味道”“天府农特网”电子商务平台，与京东、淘宝、天虎云商、供销一家等电商平台合作，多渠道推广崇州农特产品。三是新建农村电商运营服务中心，为农业经营主体和农民提供专业技术培训、商品展示展销、电商创业、网购体验等服务。四是开展电子商务人员培训，通过与四川省商贸学校合作，编写农村电子商务实用教材，举办6期共600人次的农村电子商务技术培训。五是营造良好的电商发展环境，市领导多次专题研究督促推动农村电子商务工作，安排专项资金支持农产品电商发展，市级相关部门和乡镇配合推进工作开展。6月，崇州市入选全国供销总社农村电子商务示范县，8月12日，全省供销社现场会在崇州召开。9月，举办崇州市第一届“农村电子商务论坛+”活动。中央、省、市新闻媒体报道崇州电子商务工作60余篇次。

【农产品投入品溯源体系建设】 市供销社按照创建农产品质量安全示范县的职责分工，拟定全市农资溯源体系建设实施方案，积极开展溯源示范点位建设。在溯源体系建设规划中，坚持“政府引导，协会牵头，市场运作，全面实施”的原则，采取连锁经营、集中配送、电子商务等现代流通方式，全面建立网络平台，对农资销售网点实行可视化监控和条码管理，逐步将在市内销售的农资产品纳入溯源平台监管体系，实行农药条码销售，集中控制，确保农资安全，保障农产品质量。

【土地托管试点项目建设】 土地托管试点项目

是供销合作总社新增的一项农业综合开发项目。崇州市是四川省试点县。市供销联社组织申报的土地托管试点项目获得国家农发办、供销总社审批通过。项目总投资 1441 万元，其中中央财政和省级配套资金 700 万元。项目成功实施后，将为农业生产提供从育苗、栽种、田间管理、收割、烘干到储藏的全套服务，具备托管土地 1.2 万亩的服务能力。

【农业综合开发合作社项目】 9 月初，省供销社、省农发办批复 2015 供销社农综项目计划，崇州市供销联社组织申报的国家农业综合开发农民专业合作社项目获全国供销合作总社、国家农发办审批通过。项目由供销社领办的崇州市丰乐养殖专业合作社组织实施，在隆兴镇改扩建生态猪养殖基地。项目总投资 174 万元，其中中央财政补助 60 万元，省级配套 24 万元。项目成功实施后，能有效地帮助农民增产增收。

【再生资源网点综合治理】 市供销联社继续做好全市 25 个乡镇（街道）再生资源回收站点的日常监管工作，做好对全市再生资源回收体系建设的指导、宣传、组织、协调等工作。整治回收站点“脏、乱、差”和占道经营等问题，组织对再生资源回收站点检查近 20 次。通过发放宣传培训资料和传单，对全市各乡镇（街道）农村保洁员和回收工作人员进行再生资源分拣、分类业务知识培训，提高从业人员的业务水平。

（黄启云）

烟草专卖

【经济指标运行情况】 2015 年，成都市烟草公司崇州分公司销售卷烟 25597 箱，同比增长 22 箱，增幅 0.1%. 其中，销售一二类卷烟 13979 箱，占总量份额增加 2.9 个百分点；地产烟销售 8782 箱，占总量份额的 34.3%。全年实现税利 2.283 亿元，同比增长 20.6%。

【营销工作】 崇州分公司建成 226 户现代零售终端，日常扫码率在 75%以上；参与网订客户 1945 户，月成功率均在 98%以上；电子结算率 97.8%；跨行成功结算 1441 户，各项指标均达到要求。年初，崇州分公司按照市局（公司）部署，提出“稳总量、强基础、保份额”的工作思路，作为全年营销总指导。稳总量：加强市场细分，梳理出 6 个可能对总量产生影响的风险点，抓住每季度的销售节点，实现总量税利双丰收。强基础：深化“3241”工作法，规范客户经理拜访流程。坚持“三看、两数、四谈、一帮”周到服务，规范工作流程，提升客户经理掌控市场的能力。保份额：指导客户将地产烟存销比保持在合理水平，留住原有地产烟消费群体，保证地产烟份额稳定、价格回稳。崇州分公司严格遵守行业规定和内管规定，不碰红线、不闯“雷区”，坚持挖掘自身潜力，拓宽经营道路，用智慧服务赢得客户。多次召开客户座谈会，宣传公司政策，取得客户理解和支持。“提税顺价”后，及时帮助客户算经营账，要求大家严格按照“零售指导价”销售，稳住盈利空间。还注重中小客户培育，在品牌投放、计划下达、组别调整中给以政策支持，发挥中小客户数量优势。崇州分公司结合实际，总结出品牌培育“精准稳巧”四法。精：通过对销售数据跟踪分析，做到经营决策的精确定量。准：在选点中根据新品特点，提高新品投放的准确率。稳：通过建立零售价格调查机制，实现市场价格的稳定，让客户利润得到保证。巧：通过巧妙营造地产烟销售氛围，增强零售户对地产烟的销售信心。

【案件查处情况】 2015 年，崇州分公司围绕市局（公司）专卖工作总体思路，立足崇州本土市场，强化零售终端监管，查获违法案件464起，其中5万元以上案件10起，完成目标任务的333%。其中，2起具备网络性质，本土5万元案件5起，完成目标任务的250%；查处持证违规案件234起，完成目标任务的152.9%；其中月销量800条以上大户案件33起，完成目标任务的122.2%，取缔违规大户11户，刑拘2人，累计查扣违法卷烟9914.4条，案值206.36万元。

【内部专卖管理监督及综合管理】 一是全面推进内管"PCUR"（卷烟非法流通治理工作的四个关键环节：参与、管控、运用和奖惩）工作法，全年采集各类信息144份，处理预警129条，发现并处理涉嫌不规范性问题20个。二是深入开展"三严三实"专题教育、"六有"（有坚强有力的领导班子、本领过硬的骨干队伍、功能实用的服务场所、形式多样的服务载体、健全完善的制度机制、群众满意的服务载体）基层服务型党组织建设和廉政教育月活动。三是扎实推进岗位达标、隐患排查、现场管控、安全文化宣传贯彻和应用工作。

（羊　双）

市场服务管理

【概况】 市市场服务中心内设行政办公室、市场科、财务科3个科室，下辖崇州食品城及城乡18个标准化农贸市场。

【城乡集贸市场现状】 全市有城乡集贸市场37个，总面积239.93亩，年交易规模约60亿元。其中，崇州食品城占地23亩，主营粮油、小食品、糖烟酒、百货，是西南地区规模较大的副食品批发市场。城区标准化菜市场7个，主营蔬菜、粮油、干杂、水果、禽蛋、水产、肉类及日用副食品，主要服务城市社区群众日常生活。东门标准化菜市场占地14亩，位于崇阳街道永康东路原旧货市场内；金鸡标准化菜市场占地10亩，位于崇阳街道原金鸡乡金鸡中学旧址；马家碾标准化菜市场占地10亩，位于崇阳街道蜀州南路水果批发市场；白石标准化菜市场占地22亩，位于崇阳街道白石社区17、18组；朱氏街标准化菜市场占地18亩，位于崇阳街道朱氏街原西江中学旧址；石羊社区东兴街北侧标准化菜市场占地14亩，位于崇阳街道石羊社区；石羊社区实验小学南侧标准化菜市场占地10.5亩，位于崇阳街道石羊社区。乡镇标准化农贸市场有锦江、道明、三郎、梓潼、元通、济协、桤泉、鸡冠山、公议、街子、集贤、王场、怀远、文井江14个，主营蔬菜、粮油、干杂、水果、水产、禽蛋、肉类及日用副食品，主要为农村群众日常生活提供便利，解决失地农民就业。乡镇成建制的市场15个，面积44.26亩，年交易规模3亿元以上，分布在怀远、元通、道明、王场、三江、江源、集贤、隆兴、羊马等10余个乡镇，主营粮食、农副产品、日用杂品、猪牛、生产资料等。

【市场迁建】 一是市工业园区农产品配套项目。按照南部新城控规调整要求，工业园区农产品配套项目是将城区东门蔬菜批发市场进行异地迁建。现东门蔬菜批发市场地处南部新城控规范围内，是占用城市绿地修建的，建成时间较长，部分设施老化，消防通道堵塞，交通不便利，日常经营噪音扰民，不符合经济社会发展需求，按城市规划刚性调整要求，急需异地迁建。新项目规划选址位于工业园区孵化园三期项目用地，占地60亩，分为市场部分30.28亩和配套部分29.72亩，项目概算投资2200万元。其中，市场部分30.28亩是引进社会资金采用 PPP（BOT）模式修建。项目完成立项并已开工建设。二是食品城迁建。食品城迁建是将永安路崇州食品城进行异地迁建。崇州食品城属重点防火单位，位于城区永安路旧城改造范围内，建成时间较长，设施老化，经营场地及停车场地窄小，消防通道长期堵塞，急需进行升级换代或异地迁建。项目完成意向性选址，拟选址于工业园区世纪大道与崇双路交叉口（龙腾国际鞋材城旁），占地 50 亩，初步完成征地拆迁预算，正抓紧推进项目征地及招商工作。

【市场整治】 市市场服务中心是“四改六治理”城区老旧市场改造专项工作的牵头部门，对群众反映强烈的正东街农贸市场、新时代商城等社会办市场占道经营、车辆乱停乱放、市场管理混乱等问题，中心及时与市场监督管理局等部门联系落实相关责任。市城乡管理局、市公安局分别对市场存在的问题进行集中整治，提高市场管理水平，使市场外围车辆乱停乱放、占道经营等市场乱象得到处置。牵头完成崇州市第十三届政协第四次会议第 48 号提案答复。提案反映正东街农贸市场、新时代商城长期出摊占道、车辆乱停乱放堵塞市场周边交通现状。经调查走访，与提案委员充分对接、交流，并与市公安局、市城乡管理局等部门对接，市市场服务中心提出整改方案，督促市场主办方整改，使提案所反映问题得到解决。做好辖区市场内部规范整治工作，成立辖区老旧市场改造工作领导小组，研究制定辖区市场治理工作任务和实施意见，明确工作目标并抓好组织落实。做好市场整治方面的动态信息、专题简报资料报送、舆论引导和信访维稳。强化市场巡查及督查机制，机关业务科（室）全程介入，对辖区市场严格按照督查结果实行奖励和惩处并举，保证工作成效。中心对市场卫生保洁实行外包，划定卫生区域，落实责任到人。对辖区市场每周定期进行督查和回访，对辖区市场存在的车辆乱停、摊位乱摆、线路乱拉、广告乱贴、垃圾乱丢、场地乱污、通道堵塞、随意吸烟等乱象，责令限期整改，并将整改结果纳入各市场年终目标考核。对不符合“四改六治理”要求的市场设施，根据具体情况进行新（改）、扩建和维修，增强市场服务功能，提升市场整体形象。在各市场设立农产品检测室，推进市场所售农产品质量检测，及时反映和公布农产品质量动态，严把商品准入关，确保农产品消费安全。抓好城区市场生猪（蔬菜）溯源工作，确保人民群众生命健康。抓好辖区市场安全生产工作，强化市场日常安全自查及督查，建立健全隐患排查、整改和问责机制。抓好各类安全知识的宣贯、学习、落实，开展好每年一度的“119”宣贯工作。6 月 16 日，在食品城开展全中心消防演练，制订食品城消防演练预案。重视知识普及和宣传，提高群众参与率和知晓率。通过发放宣传单、电子显示屏播放等方式，在辖区市场宣传“四改六治理”相关法律法规，激发起公众参与热情。在“安全生产月”等重要时段和节点，各市场设立宣传点，重点加大新《中华人民共和国安全生产法》、农产品质量安全、文明指数测评、城乡环境整治等宣传，努力营造政府、社会良性互动、共同参与、同频共振氛围。全年，出动车辆 50 余台次，人员 200 人次，取缔市场内使用明火商家 5 户，投入线路隐患整改、消防泵房维护、新增和灌装灭火器资金总计 40 余万元，更换灭火器 300 余个，更换消防水袋及扳手 60 余套。印发消防宣传资料 2 万余份，组织消防演练 10 次，开展消防安全知识学习 20 余次，查处食品城吸烟行为 10 余起。

【对外开放暨招商引资】 2015 年，市市场服务中心完成新引进项目 2 个，完成引资 2400 万元（全年新引进项目任务 2 个，招商引资任务 2000

万元），超额完成全年引资任务。

【市场规划】 崇州市将城乡市场建设列入全市规划总盘子，科学规划，合理布局，体现规划前瞻性，逐步构建以初级集贸市场为基础，以专业批发市场为重点的层次清晰、功能完善的市场网络体系。在实施城乡标准化农贸市场建设的基础上，在城区及乡镇新规划布点一批农贸市场项目。如城区金带街、早觉街、红桥、毛桥、龙门街、城北等社区市场，乡镇大划、三江、羊马等社区农贸市场。

【日常工作】 市市场服务中心深入开展普法宣传，抓好城乡集贸市场社会治安综合治理、平安创建、维护稳定、社区矫正工作，协助辖区公安部门抓好扫除黄、赌、毒工作，打击欺行霸市、强买强卖、白天扒窃、夜间盗窃等违法犯罪活动，配合相关部门抓好农产品及食品安全监察、销售；抓好市场计量工作，确保公平交易；抓好辖区市场防火、防盗、防汛“三防”安全工作，配置和完善消防设施及器材，强化市场日常巡查，加强消防通道整治。疏通市场阴阳沟，清除“四害”隐匿及孳生场所，做好机关、市场环境卫生，在市场设置卫生监督岗，做好“门前五包”；加大对市场交易环境、交易秩序的规范化管理，取缔场内出摊占道、跨区域经营，营造城乡市场和谐的经营、购物环境。

（徐　成）

交通·邮政

交通运输

【概况】 市交通运输局负责全市公路建设和公路养护管理、道路运输、水上运输管理工作。2015年，增设物流发展科和政工人事科两个科室，下设养路段、交通运输服务中心2个事业单位和交通行政执法大队1个参公单位。

【交通建设】 2015年，全市确定建设和协助建设的重点交通建设项目11个，其中续建项目4个（成温邛快速路崇州段、崇王路西段、桤木河路、旧危桥拆除重建），新开工项目5个（2015年农村公路改善工程、农村公路建设项目、2015年波形护栏工程、S106川西旅游环线崇州段怀远至干五里河大桥养护大修工程、城区公交站台建设），协助建设项目2个，储备项目6个。完成计划总投资13.5亿元，完工项目8个，正在建设项目2个，正在开展前期准备工作项目2个。协助实施项目2个，成蒲铁路崇州段在市境内设崇州、羊马两个停靠站，与成蒲铁路同步完成；崇王路西段、桤木河路、旧危桥拆除重建项目于12月完工。农村公路改善工程、波形护栏工程、S106川西旅游环线崇州段怀远至干五里河大桥养护大修工程、70公里农村公路安全护栏工程按计划动工，并按时间节点要求分别完工。农村公路建设项目2015年计划总投资5600万元，建设目标任务136.4公里，12月底全面完成。成温邛快速路崇州段建设正有序推进，将于2016年内建成通车。

【交通管理】 2015年，全市完成客运量1007.5万人次，有客运企业4家、公交企业3家、大型物流（含危化品运输）货运企业13家、配载运输单位3家，有公司注册车辆1200余台，个体运输业户4000余户，驻崇州（外市藉）运输车辆1800余辆。货运运输量1379万吨，实现每年6%的上升率。开展客运市场秩序规范整顿，完善客运班车准入和退出机制，继续推进“城乡客运一体化建设”及“建管养运”工作，统筹城乡公交和城市近郊客运班线有序发展。交通运输系统实现万元耗能与2014年同比降低1.7%。开展农村公路管理养护工作，及时处置路面病害，全年修补坑凼14820平方米，投入机具设备58台次，汛期抢险清方千余立方米，全市路域环境优化，路况质量良好，沿线设施齐全，路容路貌常新，路况质量稳步提升，全年好路率 94%。加大公路沿线管理，规范公路沿线标志牌设置，完成崇州市赏花节、中央领导到崇州考察、元通古镇创 AAAA 景区、国省普通干线公路迎部检等工作。

【交通服务】 市交通运输局推动客运服务转型，通过提供多样化、人性化服务，培育企业新的经济增长点。投资 500 万元的客运中心升级改造工程 9 月投入使用，街子客运站 8 月完成迁站并投入运行。推动公共交通发展，完成《“独立成市”理念下公交发展规划》编制。强化城区公交站点建设，引进省外资金新增专线公交 35 辆，用于保障捷普员工出行，优化调整公交线路 3 条，完成出租汽车下线更新 28 辆，全市客运通车覆盖率 96.8%。促进羊马现代服务业发展，实现成蒲铁路羊马车站同步建设。进行车站信息化升级改造，完善相关设施建设，推进智慧交通建设。

（王志毅）

邮　政

【概况】 市邮政公司内设综合办公室、市场部、运行保障中心、代理中心、电子商务中心和发投分局 6 个部室，下辖羊马、怀远、元通、三郎、街子、道明、三江、隆兴、王场、唐安西路 10 个邮政支局及蜀州北路 1 个营业组（含西街邮政营业门市），设经警、封发、投递 3 个班组，有邮政代办所 34 个、村邮站 217 个、便民服务站 64 个。全市有转运邮路 3 条，城区有投递段道 19 条（其中汽车 3 条，摩托车 4 条，电瓶车 12 条）、报刊亭 16 个。

【经营发展】 2015 年，市邮政公司实现业务收入 4038.9 万元，完成年度计划的 102.6%，同比增长 10.2%。其中，邮务类业务实现收入 950.42 万元，占全年总收入的 23.5%；速递物流类业务实现收入 107.48 万元，占全年总收入的 2.7%；金融类业务实现收入 2846.17 万元，占全年总收入的 70.4%。

【网点建设】 市邮政公司为提升网点服务水平，提高网点运营能力，加快推进营业网点标准化建设，完成怀远、三江、道明、元通、隆兴 5 个支局的标准化装修，10 个代理金融网点实现无线网络覆盖，10 个网点配备 ATM 自动取款机，7 个网点配备排号机。

【投递平台建设】 一是优化城关段道，提高城市投递能力。对投递网进行升级改造，强化投递支撑能力建设，将城区投递段道调整为 20 条，新增工业区机车段道 2 条。二是规范投递终端服务，推进能力建设。设 3 条外包邮路，对 9 个农村支局及 34 个代办点进行邮件交接。34 个代办点（邮件交接点）投递严格按“四定”（定人员、定班期、定路线、定交接）标准落实到位，交接点负责投递到行政村（社区），明确服务规范。全部行政村都签订《邮件、报刊妥投协议》或自取协议。建立村邮站点章考核点 67 个，农村投递路线按规定班期发放排单并收回，健全监督管理体系，为推行邮政普遍服务做好准备。2015 年，乡镇村邮站共有 212 个，村邮站所需物品全部配齐。

【安全管控】 市邮政公司坚持“安全第一，预防为主”的原则，制发《崇州局通信服务质量、安全生产考核办法》，严格落实两岗履职，加强服务监督和业务指导，不间断地对职工进行安全生产教育、应急预案演练。将原来的内部押运改为社会外包押运，降低押运风险，加强资金安全管控。2015 年，实现各类事故零目标。

（骆　帆）

广电通信

CHONGZHOU YEARBOOK

新闻宣传

【概况】 市新闻中心和市广播电视台均为市委宣传部下属事业单位，两者合署办公，实行一个领导班子、两块牌子的管理体制。内设总编室、采访中心、编辑中心、广告部、技术播出部、行政办公室 6 个职能科室。

【常规宣传工作】 全年，《今日崇州》完成 48 期，电视台“崇州新闻”栏目完成新闻稿件 2500 余条，电视专题节目完成 273 期，其中自办节目 177 期。开设专题专栏，突出主题宣传。“崇州新闻”和《今日崇州》先后开辟“两会”特别报道专栏，解读两会精神；开辟“花开重庆路”专栏，采取多种形式报道赏花节情况；设立“坚定践行‘三严三实’、奋力建设产业新城品质崇州”“廉洁崇州”栏目，刊发市领导专题教育学习心得，报道各乡镇（街道）、部门专题教育动态，刊登各类消息、专题 60 余条。开设“创业创新、推进崇州新发展”栏目、“扶贫攻坚、同步小康”栏目，专题报道五星村等成都市级贫困村的精准扶贫举措和成效。设立《法治大讲堂》栏目，刊发消息 40 余篇。关注民生民意，凸现地域特色。一是和市人民医院联合推出大型公益性健康栏目“健康崇州”，对群众关注的医疗、卫生、疾病防治等知识进行系列和专题报道。加大城乡环境治理情况报道，报道类别涉及专题、消息、评论。推出“纪念抗日战争暨世界反法西斯战争胜利 70 周年特别报道”“我的微幸福”“给你拜年”等专栏。联合市目督办开辟“民生工程惠民生”专栏，联合市委组织部开辟“村里来了第一书记”专栏，加强对劳动就业、社会保险、社会救助、社会福利和慈善事业等配套体系建设的关注，使新闻报道贴近崇州、贴近群众。

【外宣、创优工作】 市新闻中心构建内宣挖题材、外宣强影响的宣传思路，加强与中央、省、市媒体的联系与合作，实现内外宣资源共享、信息互通、业务互动。全年，中央级媒体采用 20 余篇稿件，省市级媒体采用 200 多篇。创优方面，15 件作品获得省市奖项，其中省级优秀奖 2 件，成都市级优秀奖 3 件，成都市级三等奖 1 件，成都市级提名奖 10 件。《“穿越鞍子河 · 熊猫爱情走廊”系列报道》、原创音乐《我在街子等你来》先后获得四川省、成都市优秀奖，《捡起来的连心卡》获成都新闻奖编辑、创作专项奖。在成都市新闻阅评通报中，“崇州新闻”因“节目有特色，质量较高”被点明表扬，崇州是获得表扬的3个区县之一。

【新媒体发展】 一是加大崇州新闻网信息量。全年，共计报道时政类新闻近500条、经济社会类新闻200多条、特别关注及专题报道等专题类策划报道近150条。二是整合新闻资源，搭建起面向电视、广播、报纸、移动互联网的全媒体新闻资讯平台。国家、省市各项大政方针，重大会议内容，崇州市各项中心工作任务开展及完成情况，社会民生，百姓故事都可以在中心各媒体平台了解。三是“今日崇州”公众微信服务号、“今日崇州”手机APP在移动端抢占话语权。“今日崇州”微信每个工作日发布4～6条信息，关注人数近1500人。“今日崇州”手机APP6月上线运行，下载装机量超3000，逐步成为社会大众了解崇州新闻、政务信息和关注民生重点、生活资讯的新渠道。

【安全播出】 市新闻中心时刻绷紧“安全”弦，全年送修设备10次，处理维修故障108次，电力保障8次。做好“防火”“防盗”“防藏独”“防疆独”工作，实现安全播出“三零”目标。落实影视剧及广告节目引进、审查、播出、技术维护各个环节责任，明确责任人员和责任追究制度。

【队伍建设】 市新闻中心加强内部管理，完善《崇州市新闻中心内部管理制度》《新闻从业人员管理办法》《新闻中心财务管理制度》，以制度管人，以制度规范各项工作。理顺内设各部门职能职责，优化部门设置。按照新闻产品的制作流程，将独立运作的报刊、电视整合为采访中心和编辑中心，优化内部机制和流程，提高工作效率。完善演播室的背景、灯光，打造新的编辑制作中心，购置能制作3d、4k的高性能非编机6台，更新高性能大容量服务器、磁盘阵列等制作编辑系统，更新编单上载工作站、二级缓存、硬盘播出服务器等数字高标清播出系统。

（刘艳梅）

电 信

【概况】 电信崇州分公司明确领导分工，优化、调整组织架构，设置综合管理部、网络服务部、销售渠道部、政企客户销售中心4个职能科室。加强渠道建设，建立健全以直销、实体为主，电子、社会渠道为辅的渠道体系，建成天翼专营渠道110家，建设宽带镇（街道）25个，签约专区46个、专柜18个，实现渠道全覆盖。推进服务进社区和乡村工作，方便广大群众办理包括宽带移动业务在内的中国电信业务。2015年，电信崇州分公司响应国家“宽带中国”和“三网融合”战略，推进智慧城市信息化建设和宽带乡村建设，以信息化手段助力崇州特色经济发展，推动农村产业结构升级，丰富群众生活。全年，宽带用户净增2万户，移动用户净增3万户。全市宽带用户共计10万户，手机用户共计19万户，电信电视用户共计11万户，固话用户共计12万户。

【网络建设与维护】 电信崇州分公司推进智慧城市和宽带乡村建设，对崇州通信基础设施实施高投入、快建设，将重点资源投向全光纤网络和4G网络建设，搭建起适应经济发展要求的信息化高速公路。城市、乡镇实现100%全光纤覆盖；行政村实现100%全光纤覆盖；4G网络实现90%以上覆盖。完成鸡冠山、九龙沟等防洪通信工程，完成市委、市政府下达的通信保障任务。

【情系客户】 电信崇州分公司完善服务制度和服务流程，对业务受理、业务开通、服务提供、投诉咨询进行全面规范，及时了解客户需求，为客户提供优质、高效的服务。分公司促进信息惠民，将宽带提速工作纳入民生工作目标，对老用户进行免费提速，并同步在全球率先推出4K高清电视节目，让城乡居民都能使用上百兆高带宽上网和4K超高清电视等信息化应用，满足市民信息化需求。

（彭　庆）

移动通信

【概况】 移动崇州分公司内设4个职能部门，外设9个营销服务中心、8个自办营业厅、11个外包营业厅。用户规模突破52万户，运营收入突破3.7亿元，同比增幅超过将近8个百分点。2015年，公司移动网基站总数1201个，其中2G基站407个、3G基站207个、4G基站587个；有线宽带有近4.8万个端口、无线宽带有230个AP，覆盖用户数6万余户；共建传输光缆1700皮长公里，新建光传输设备115套、光纤物理网环路3个；使用移动集团业务的集团有580家，其中已建设光纤专线的集团有300余家。

【业务拓展】 2015年，移动崇州分公司配合崇州市政府发展全市信息化推广工作，助力打造"智慧城市"项目、崇州党政外网项目、社保组网项目、智能交通项目、数字城管项目以及街子古镇WLAN等重点工程项目，网络和信息化涵盖全市25个乡镇及200余个行政村。在便民工程方面，移动崇州分公司开始实施燃气和供电远程抄表服务、手机订电影票服务，具备实施医院预约挂号服务、手机缴费服务、城市一卡通服务、无线WIFI城市服务的能力。

移动崇州分公司响应国务院宽带中国战略，通过与崇州广电联合，深入崇州各小区、场镇、村落，推广"爱家"宽带和自有宽带业务，办理有线宽带2万余户，光纤覆盖100%行政村、80%自然村。推动4G业务发展，率先在全市所有乡镇实现4G基站全覆盖，为20万客户免费更换4GSIM卡，通过整合各种资源，拉低4G终端价格，销售智能终端8.9万余部，新发展4G客户15万余户。

【优质服务】 移动崇州分公司提升企业文化软实力，营造"内顺外和"发展氛围。继续执行《营业厅服务标准及规范》《全球通客户服务管理规范》《客户服务质量管理规范》《网络信息安全管理制度》等制度，加强党风廉政建设，开展警示教育。秉承中国移动"正德厚生，臻于至善"的企业核心价值观，以提升客户服务满意度为宗旨，坚持"积极、简单、负责、有效"的执行文化理念，以积极的态度面对工作，以负责的精神承担责任，求真务实，开拓创新。通过建设良好的服务环境和诚信的服务态度，让客户体验到中国移动卓越的品牌、文化和服务。2015年，中国移动崇州分公司获评成都移动"2015年度模范职工小家"。唐安营业厅获评成都移动"2015年优质服务窗口"。

【网络建设与维护】 2015年，移动崇州分公司继续肩负起中国自有知识产权LTE网络建设任务，发扬吃苦耐劳和突破创新精神，以确保网络发展能力为基础，巩固4G为核心的网络领先优势，抓好市网协同，打造4G精品网，全面提升用户感知。持续开展弱覆盖区域优化调整工作，抽闲补盲完善GSM覆盖，累计改善50个弱覆盖区域，促进语音网络质量提升，确保通信网络的稳定畅通，提高了客户满意度。做好崇州各项活动的应急通信保障，履行网络运营商企业责任。加强4G建设，提高乡镇农村的4G覆盖，对已有4G的区域进行专业优化；持续开展LTE4G选点建设工作，提升崇州基础设施水平。LTE综合覆盖率98%。完成201个4G基站建设，实现对县城的优质覆盖和所有乡镇场镇的全面覆盖，用户下载速率30兆比特每秒。

（粟　瑶）

联合网络通信

【概况】 中国联通崇州分公司内设综合部、社会渠道网格、乡镇渠道网格、家客网格、中小企业网格、自有厅网格和建设维护网格7个职能部门。2015年，4G网络覆盖全市主城区、乡镇以及重要公路沿线和旅游景区。小区光纤宽带建设迅速，覆盖城区主要小区及元通、观胜、大划、怀远、街子、羊马、金鸡等乡镇主场镇。

【业务发展】 崇州分公司深化体制改革，根据客户类型分5条渠道线，从5个维度针对不同的渠道进行销售工作拓展；提升渠道产能，以"大力发展新用户，持续维系老用户"的方针，在发展新用户的同时，加大对老用户的维系。2015年，新增宽带用户1300多户，新增移动手机用户25700多户。崇州分公司响应和投身崇州智慧城市建设，与市残联合作智慧量服平台，与元通、羊马、三江、文井江等乡镇签订E信通服务合作，免费WIFI项目进入全友家私宿舍区、捷普青年公寓、君健塑胶等多个大型厂园，为用户提供优质、高速、免费的无线WIFI覆盖。

【网络建设】 2015年，崇州分公司建设3721个线宽带端口资源；4G网络LTE建设58个基站，3G网络WCDMA新增10个基站；全网基站共有187个物理站，431个逻辑站点，其中2G有133个、3G有165个、4G有133个。

【客户服务】 崇州分公司秉承"真诚相联，真情沟通"的服务理念，完善服务制度，缩减服务流程，以客户需求为导向，为用户提供优质服务，提升公司品牌形象。

（胡椰杉）

能　源

CHONGZHOU YEARBOOK

电　力

【概况】　国网四川崇州市供电有限责任公司是国网四川省电力公司全资县级供电企业，担负市25个乡镇（街道）供电区域内的电网建设、运行维护和供电服务任务，供电面积1089平方公里，供电人口67万人，营业户数29.2万户。公司内设8个职能部门、2个业务支撑机构，下设15个班组、15个供电所。

【电网状况】　全市有35千伏及以上变电站17座，总容量179.8万千伏安。其中，220千伏变电站2座，主变容量78万千伏安；110千伏变电站9座，主变容量88.4万千伏安；35千伏变电站6座，主变容量13.4万千伏安。有35千伏及以上线路28条，307.4公里，其中110千伏线路15条，183.4公里；有35千伏线路13条，124公里；有10千伏配网线路141条，1943.1公里。

【电网建设】　市供电公司推动崇州电网建设，制定项目推进计划，细化流程，细分责任，完成高庆110千伏变电站10千伏Ⅰ段母线投运工作，对鲁家110千伏变电站实施负荷改接，解决三江、金鸡片区供电瓶颈。开工建设文井江35千伏变电站，结束文井江镇仅由一条10千伏线路供电的历史。开展各类大修技改项目37项，提高供电可靠性，全年电网故障率同比降低27.6%。新装配变32台，架设10千伏线路9.6公里、低压线路63公里，解决56个台区4500余农村客户低电压问题。

【优质服务】　市供电公司推广掌上川电APP，供电服务进入掌上时代。完善“十分钟购电圈”，拓展缴费点至323个，新增移动POS机缴费方式，远程充值进入测试阶段。投入资金2793万元，换装智能电表6万余只，实现智能电表全覆盖。超前介入地方重点项目，当好“电参谋”，成立重要客户服务小组，主动服务大客户，为重点项目投产达效提供能源保障。与汇蜀、北楸等4个社区签署供电服务示范社区共建协议，及时掌握客户动态，了解客户需求。成立共产党员服务队，建立社区特殊群体台帐，定期为特困家庭、孤寡老人、残疾人提供免费上门服务，丰富供电服务内涵，延伸供电服务内容。文井江供电所扎根山区为民服务的先进事迹被《人民日报》《中国电力报》《四川日报》《成都日报》等主流媒体报道。文井江供电所获评“中国最美金牌供电所”。

（吴　颖）

天然气

【制度建设】　市天然气公司把2015年确定为“制度年”，要求各级干部加强监督力度，把工作重点放在工作落实、制度贯彻、部门配合上。实施GB/T50430工程建设施工企业质量管理体系，做到新的管理制度与新的质量管理体系相辅相成，形成完整的质量管理和公司运行管理体系。

【市场开拓】　2015年，在楼盘、小区用户开户量减少的情况下，为提高市场发展速度，加快资金回笼，市天然气公司决定改变发展策略，把城郊结合部自建房、庭院住户作为发展重点。发展城区民用户9034户、非民用户217户；发展乡镇民用户2307户、非民用户41户。经过合理的市场策划努力，截至2015年年末，公司有用户6万多户。地源销售部针对不同的用户类型策划不同的销售方式，对乡镇用户和安置房用户主要采取团购方式增大市场份额，并多次利用供货商的利好活动，采取灵活的销售方针提高利润率。在安装材料上选用美观、安全的新材料，提高安装燃器具质量，增大销售额。

【规范化作业】　市天然气公司加强施工各环节的监督力度，提前做好施工任务的部署工作，加大施工规划设计方面人力、物力的投入，按照GB/T50430工程建设施工企业质量管理体系规范管理施工、质检工作。统一城乡两地工程设计和造价标准，规范工程设计文件，让各施工队在施工中有统一的执行标准和准绳。要求凡涉及施工、质检的人员都必须认真学习燃气施工、质检规范，学习新制度和指引，学习如何运用新的质量记录表格和文档记录。2015年，公司在施工组织设计、进场施工、材料验收、土建收方等环节均严格按照制度、操作指引以及GB/T50430工程建设施工企业质量管理体系执行工作，基本杜绝工程施工中的随意性，材料、工程量的验收和核算工作在时效性、准确性上有很大改观。施工管理、安全管理、工作效率等方面都有很大提升。工程部和乡镇发展部共完成入户安装11393户，开通王场镇、白头镇、观胜镇、公议乡4个乡镇天然气，直径57毫米以上管线铺设82千米。

【平稳供气】　2015年，公司加大探漏工作在人力和物力方面的投入，在第二季度增加了一个探漏台班。探漏组按照管道腐蚀年限、施工工艺以及地理环境等因素开展探漏工作。下半年，注重探查了公司建立初期建设的环城管网。对查找出的漏点当即进行应急抢险，采取临时堵漏计划性补修的方式修复，既不影响用户用气又安全可靠。全年探漏组共查出中压漏点30处、低压漏点29处，立即进行了修复更换。因天然气用户的类型增多，统规自建房用户增多，私拉乱接现象越来越多，加之商业用户违规用气的现象也越来越严重，用户的安全管理工作难度越来越大。2015年，公司加大了用户安全管理力度，加强入户安全检查和各类故障处置。抄表员在安全检查时发现用户室内安全问题立即向表检所传递信息，表检所当即解决安全问题。全年，表检所处理漏气达1348户，更换超期气表1894户，更换软管2000多家，处理安全问题类信息单4700多件。成立安全管理部，会同各行政主管部门对城乡天然气用户的燃气安全使用情况进行多次排除和整治，从根本上防范和遏制了燃气安全事故。全年无安全事故发生。

【燃气帮困助学】 “崇州市燃气帮困助学金”由崇州市天然气有限公司和崇州市慈善会于2006年设立，旨在帮助低保家庭考入本科或大专的学生。资助标准省外本科每人4000元、省内本科每人3600元；省外大专每人3000元、省内大专每人2600元。资助贫困生的人数及金额，由崇州市天然气有限公司和崇州市慈善会共同审定。2015年是“燃气帮困助学金”成立的第九个年头，累计帮助500余名家境贫困的学生圆了大学梦。

【优化服务流程】 2015年，服务工作最大的改进就是信息的传递更高速、准确。公司在《管理制度》中明确了信息传递的途径、时限等要素。办公室、服务大厅、抄表员在收到用户反馈的各类信息后，按规定在当日就将信息传递到相关部门，由接收部门在规定时间内进行处置，并对处置结果进行反馈。通过改进服务流程，减少了用户投诉，提升了用户的满意度。2015年春季，公司组织开展了“快乐行竞走赛”，增强了公司员工的凝聚力。成功举办了“‘燃气杯’柴火的变迁”征文比赛活动。

（李　季）

沼　气

【概况】 市沼气办内设综合科、项目办两个科室，有市沼气协会，下设崇州市华天环境建设有限公司（原沼气技术服务部）1个国有企业。公司内设业务部、工程部、财务室、施工项目部4个职能部门，开展沼气工程、市政工程设计和施工、环保工程服务及污水处理建筑设施施工服务。

【项目建设】 全年全市农村沼气项目总投资547.12万元。其中，农村户用沼气项目总投资34万元（成都市财政补助19.3万元，崇州市财政配套4万元，农户自筹10.7万元），项目补助资金除去政府集中采购的炉具配件及玻璃钢拱盖外，全部补贴到位给建池农户；沼气池综合保险项目总投资0.12万元（成都市财政补助0.1万元，崇州市财政配套0.02万元），沼气池竣工验收合格后，全部购买沼气池综合保险；大中型养殖场沼气工程总投资112万元（成都市财政补助44.8万元，崇州市财政配套11.2万元，业主自筹56万元）；农村面源污染治理种养结合农业循环经济建设项目总投资401万元（成都市财政补助200万元，业主自筹201万元），项目经监察、审计、财政、农发、沼气办等部门联合检查验收合格后，项目补助资金全部补贴到位给养殖业主。

【农村户用沼气池建设】 市沼气办结合“幸福美丽新村”建设、林盘保护、村容村貌整治、“三美”示范创建“四入活动”、环境优美示范创建等工作，在5个项目乡镇推广建设玻璃钢拱盖户用沼气池，按照“一池三改”（改厨、改厕、改圈）标准建设。2015年，新建农村户用沼气池100口。其中，新建玻璃钢拱盖户用沼气池66口，砖混结构沼气池34口，完成成都市下达的民生工程项目目标任务。改善了农村居家生活环境和卫生状况。

【大中型养殖场沼气工程项目建设】 市沼气办围绕“四改六治理”、农村面源污染治理、河流水环境治理、生态养殖小镇建设等工作，在6个乡镇开展养殖场沼气工程治污建设，强化面源污染源防控，支持养殖场发展畜—沼—粮、畜—沼—菜等农业循环经济。2015年，新建大中型沼气工程8座1400立方米，完成成都市下达的农村面源污染治理养殖场大中型沼气工程建设项目目标任务，实现养殖场畜禽粪便无害化处理、资源化利用和废弃物零排放。

【种养结合农业循环经济项目建设】 市沼气办围绕都市现代农业发展、幸福美丽新村建设、扶贫开发等工作，采取养殖业—种植业—沼气工程三结合的物质循环利用处理模式，配套建设安全规范的沼气工程、沼渣堆场、沼液储存、田间管网，实施智能化滴灌、喷灌控制系统，开展“三沼”综合利用，实现农业废弃物无害化处理和资源化利用，推进农业节能减排工作开展，促进现代畜牧业和现代种植业健康发展。2015年，完成新建4个种养结合农业循环经济示范项目。

【城乡生活污水净化沼气池建设】 市沼气办围绕加强城乡生态环境、城市水环境保护、城市建设管理专项治理等工作，在城市开发区、城镇化规划、新农村集中安置、风景旅游区开发保护、棚户区改造等建设中推广净化沼气池处理生活污水。2015年，完成新建生活污水净化沼气池14处3725立方米，形成年处理城乡生活污水45.8万吨的能力，从源头上治理餐饮、住宅小区、学校、厂矿企业等住户的生活污水。

【项目引进】 市沼气办坚持对上汇报和争取项目资金，围绕农业农村工作和生态环境保护建设，争取农村面源污染治理、种养循环经济沼气建设项目。加强同沼气科研单位院校的工作联系和工作对接，提升崇州沼气建设科研和服务水平。

【沼气服务体系建设】 市沼气办加强沼气基础设施建设，完善农村沼气建管机制。依托市沼气协会管理和38个沼气服务站网点服务，按照“谁建设、谁服务、谁负责”原则，加强农村沼气建后管养。服务站坚持走市场化运作、规范化发展、社会化服务的路子，无偿管理和有偿维护相结合，对乡镇沼气池进行建设、维修、维护和日常安全管理，不定期开展回访服务，形成上下贯通、运转高效、服务优质的农村沼气服务体系。

【沼气安全生产监管】 市沼气办主要负责人、分管领导带队检查乡镇沼气建设73次，现场办理事务69件。在项目建设管理中，严格按照规范要求，定期、不定期开展建设质量、安全生产、竣工验收、资金使用情况检查。按照“三个必须”的要求，做到党政同责、一岗双责、失职追责，督促各生产单位落实主体责任，从源头上防范安全事故发生。加强乡镇日常工作交流，保持信息畅通，一旦发现安全隐患问题及时安排人员排除，全年无安全事故发生。

（唐崇君）

自来水

【概况】 市自来水公司始建于1985年12月，2000年6月改制为民营企业。公司下设工程部、客户服务中心、水质检测科及成都市技监局授权的水表计量检测站等12个行政业务部门。

【完善内部管理机制】 市自来水公司先后制定《生活饮用水污染应急预案》《供水管线事故应急演练方案》《水厂环境管理制度》《水质安全管理制度》《制水车间安全操作规程》等管理制度，并上墙公示。

【供水服务】 市自来水公司水厂设计供水能力8万立方米/日，实际日供水4万立方米。供水范围为滨河路以东、318 国道以南、工业区工业大道以西的区域。供水人口 15 万左右，自来水管网覆盖面积约 24 平方公里，直径 75 毫米以上管网总长 268 公里，城市供水普及率 99%。按照四川省人民政府办公厅《关于城镇集中式饮用水水源地保护区划定方案的通知》要求，市自来水公司在省政府划定的水源保护区设立标牌、标识，并打围，在保护区内禁止施放农药，禁止修建住宅，禁止堆放垃圾等危害水源地保护区的活动。公司每天对厂区、取水井、保护区进行不定时巡查，并作好记录。

【水质安全】 市自来水公司水质监测科每天对出厂水进行监测，并作好记录，填写公示栏，各项监测指标正常。根据国家城市监测网成都监测站检测结果，送检水样符合国家卫生部饮用水卫生 GB5749-2006 标准，被成都市疾控中心评定为特级供水企业，能满足崇州城区及部份高新区群众生产、生活用水需要。

（周　翔）

金融·投资

CHONGZHOU YEARBOOK

银　行

【概况】 崇州市有银行业金融机构12家、保险公司7家、小额贷款公司2家、证券公司1家。2015年年末，全市金融机构各项存款余额396.51亿元，比2014年同期增长16.5%，其中储蓄存款余款285.54亿元，比2014年同期增长10.8%；各项贷款余额176.17亿元，比2014年同期增长13.3%。

【落实稳健货币政策】 人民银行崇州支行通过召开金融工作会、行长联席会、银政合作协调小组会和《今日崇州》宣传报道等加强对稳健货币政策的宣传。按月收集辖内主要金融统计指标和金融运行情况以及上级行有关货币政策等汇编成参阅件，送崇州市委、市政府主要领导参阅。制定《中国人民银行崇州市支行关于加强和改进金融服务支持地方经济发展的指导意见》，引导金融机构加大对地方重点项目、“三农”、中小微企业等重点领域和薄弱环节的支持力度。结合辖内农商银行、村镇银行共计9000万元央行支农再贷款的投放使用，引导银行机构将定向支持的政策红利惠及到“三农”实体经济。

【加大实体经济支持力度】 人民银行崇州支行积极支持中小微企业发展。2015年银政企担对接会，参会单位189家，有成都市经济和信息化委员会、崇州市委办、政府办等17家职能部门、14家银行业金融机构以及158家企业。支行组织辖内金融机构多次召开阶段性银企对接筹备会，督促金融机构根据融资需求信息表积极进行准备。对接会上，向与会企业发放《崇州市小微企业金融产品汇编》《国家、四川省、成都市推动产业转型支持企业发发展》等手册。新增银行、企业现场互动环节。成都立申实业有限公司等多家企业主动介绍融资需求情况，12家银行现场解答其融资疑问，多家企业在现场就与银行达成深入合作的意向。银企对接会筹备期间，共促成辖内银行机构向180余户中小微企业投放9亿余元贷款。会议现场与12家企业代表签订约5.1亿元的授信协议。

【推动农村金融服务综合改革】 人民银行崇州支行建立工作机制，优化健全制度体系。成立崇州市农村产权抵押融资工作领导小组，建立农村产权抵押融资工作联席会议制度，全程参与制定《崇州市进一步深化农村产权制度抵押融资试点的实施意见》《崇州市农村产权抵押融资风险基金使用实施细则（试行）》《崇州市农村土地经营权流转管理实施办法（试行）》等系列文件，为崇州市农村金融综合服务改革试点工作奠定基础。坚持先行先试，加大农村金融创新产品推进力度。成功发放全省首笔非林地上林（竹、果）权抵押贷款、林地经营权抵押贷款以及农村养殖水面经营权抵押贷款。探索开展并成功发放农村土地经营权抵押贷款、农业生产设施所有权抵押贷款等创新农村金融产品。创新优化农业职业经理人贷款流程，推进农村房屋和农村集体建设用地使用权抵押贷款。崇州金融机构累计发放各类农村产权抵押创新贷款959笔7.34亿元，比2015年年初增加3.1亿元，同比增长约75%。人民银行崇州支行及时跟进调研，主动建言献策。针对2015年系列配套文件印发后的实施效果及时跟进调研，促成市委、市政府召开专题会议，形成《关于研究我市农村产权抵押融资业务推进问题的会议纪要》。同市农发局联合，先后召开3次全市农业职业经理人和乡镇领导的大型培训会，推动农村金融综合改革工作开展。

【纵深推进农村信用体系建设】 人民银行崇州支行制订《崇州市2015年农村信用体系和农村金融服务创新试验区建设工作方案》，确定六项具体任务。组织涉农金融机构，加强与乡镇政府配合，继续评定6个信用镇、10个信用村、375户信用农户、11个信用专业合作社和5个信用家庭农场。结合崇州实际，探索评定18个信用职业经理人。崇州信用镇21个，占全辖数量84%；信用村161个，占全辖数量86%。扩大信用评价成果运用，协同职能部门定期收集发布辖内信用状况良好的专业合作社、家庭农场等融资需求和项目，组织涉农金融机构优先支持信用户、信用村和信用乡镇的信贷需求。收集发布辖内80户信用状况良好新型农村经营主体的融资需求和项目情况，牵头召开5次新型农村经营主体现场融资需求对接会或银行支农产品宣讲会，促成60余户新型农村经营主体取得2亿余元贷款支持。

【加强金融管理】 人民银行崇州支行按照“两综合、两管理、一保护”工作要求，分机构印发2014年度综合评估情况通报，并对崇州市银行业金融机构2014年执行重大事项报告制度情况进行通报，指出各金融机构具体存在的问题，要求及时整改。印发《中国人民银行崇州市支行关于进一步加强银行业金融机构重大事项报告工作的通知》，要求金融机构执行重大事项报告制度，维护地方金融稳定。由支行领导带队，对全辖金融机构逐一走访，重点加强对地方法人金融机构指导，明确发展重点及不足，要求金融机构找准机构定位，把握贷款节奏，有效落实相关法规政策和管理要求。加强对存款保险制度准备实施情况的监测，成立存款保险工作领导小组，确定支行存款保险联系人，明确各部门职责。组织金融机构学习《存款保险条例》等相关规定，要求各金融机构密切关注存款异常变化情况，修订完善突发挤兑事件应急处置预案并报备人民银行。支行班子主动到崇州上银村镇银行，就存款保险投保手续办理、存款保险制度宣传等进行沟通，确保地方法人机构准确、及时办理投保工作。加强对村镇银行业务监测，做好存保机构评估工作。严格依法行政，对金融机构金融统计、人民币管理、支付结算、征信管理等实施监督检查。开展人民币管理工作，持续推进反假货币网络建设，评选表彰2014年度优秀反假货币宣传站、员。做好新版人民币发行机具升级工作，按照营管部安排，对商业银行机具升级情况分品牌逐行验证，确保机具升级达到要求，为新版人民币的顺利发行做好准备工作。组织开展辖内金融机构从业人员反假货币资格证书考试，全年参考人数489人，合格率88%。开展人民币净化工程工作，开展人民币收付量化考评，督促金融机构规范操作业务，净化人民币流通环境。做好金融消费权益保护工作，维护消费者合法权益。

【提升金融服务水平】 人民银行崇州支行指导涉农金融机构开展农村产权抵押融资金融产品和服务方式创新。创新推出农业职业经理人担保贷款品种，支持现代农业发展。2015年年末，崇州市各金融机构累计发放农村"两权一房"和农业职业经理人贷款等创新产品959笔7.34亿元，比2014年同期增加2.57亿元，增长53.9%。继续推进"迅通工程"建设，督促金融机构加大对乡镇、农民集中新居等地的ATM机布放，拓展助农取款服务点。截至12月末，全辖安装ATM机具267台，比年初增加23台，增幅9.4%；安装POS机具2059台，比年初减少93台。持续开展刷卡无障碍示范区打造，创建崇州市大南街商区为省级刷卡无障碍规范区。按季组织召开辖内财税库银联席会，有序推进财税库银横向联网工作。加大横向联网宣传力度，在保持较高扣税笔数占比的前提下，提高扣税金额占比，截至11月末，崇州辖区横向联网扣税笔数占比94.7%，与2014年同期持平。

【推进各项基础业务】 人民银行崇州支行抓好国库会议基础业务工作，按照TCBS新系统操作管理规定，做好国库、会计核算工作。严格执行会计业务操作规程，强化内外对账工作，坚持电子对账、电话对账和上门对账。坚持按季对辖内开户单位和财税部门结算质量进行考核，提高业务核算质量。支行国库基础业务无差错发生。加强国库监管，建立金融机构国库监管登记确认制度，与开户单位国库会计业务工作情况一起按季进行考核通报，将监督情况纳入对金融机构综合评价体系，增强国库监管的有效性。加强人民币管理工作，开展人民币反假宣传和培训，推进人民币反假网络建设，引导金融机构认真执行"两法一标准"（《中国人民银行假币收缴鉴定管理办法》《中国人民银行残缺污损人民币兑换管理办法》、不宜流通人民币挑剔标准），按季开展人民币管理片区执法检查。做好假币收缴工作，开展反洗钱非现场评估和反洗钱培训，指导辖内金融机构合法合规开展反洗钱工作。

【强化内部控制推进政务管理科学高效】 人民银行崇州支行汇编完善管理制度，为加强内部管理提供保障。强化目标考核管理，实行绩效挂钩，促进各项目标任务完成。做好公文和督查督办工作，提高办文效率和质量。开展保密贯彻宣传月活动及保密评估工作，加强督促检查，全年无失泄密事件发生。制定《支行印章使用管理规定》，完成内设机构调整后部门印章的作废、刻制、颁发和归档工作。全年在政府网站公开政务信息16项次，通过职工大会、行务公开栏等形式及时公开支行相关工作情况。制定支行年度执法检查计划，对执法部门执法情况开展专项监督检查。做好政务值班和机关安全保卫工作，修订完善《支行安全保卫实施细则》，强化督促检查，开展IT系统应急演练和消防培训及演练。制订《崇州市支行节能减排实施方案》，开展节能减排宣传周活动，强化节能减排意识，加强节约型支行建设。

【和谐支行建设】 人民银行崇州支行以支部工会为平台，抓好文明单位、"一先双优"（先进基层党组织、优秀共产党员和优秀党务工作者）、职工之家、女职工文明示范岗等创建工作。完成行史陈列室、道德讲堂、职工活动室的软硬件设施，制订《中国人民银行崇州市支行2015—2017年度文明单位创建规划》《中国人民银行崇州市支行2015年文明单位创建实施方案》，加强文明单位电子化管理。通过组织职工参观红色教育基地和聆听道德讲堂，组织开展“团结·奋进·建功·成才”为主题的庆三八活动、“劳动我最美·共筑央行梦”、纪念抗战胜利70周年、庆祝建党94周年、家风行风伴我行等主题活动，促进有效履职。

（吕萍　王小平）

融资担保

【概况】 崇州中小企业融资担保有限责任公司2008年2月成立，注册资本13.5亿元；崇州市蜀兴农村产权融资担保有限责任公司2008年8月成立，注册资本5777万元。两公司实行一套班子、两块牌子的管理体制。内设综合部、项目业务部、风控财务部3个部门。

【融资担保】 2015年，中小担公司在保98笔，金额42091万元，新增97笔，金额42711万元。蜀兴公司项目类在保82笔，金额12644万元，新增70笔，金额11328万元。政策性小额担保贷款（妇女小贷、下岗再就业担保贷款、职业经理人担保贷款）在保31笔，在保余额258万元；灾后重建担保贷款在保48户，在保余额253.7万元。

【应对“三期叠加”新形势】 崇州经济进入增长速度换挡期、结构调整阵痛期、前期政策刺激消化期“三期叠加”的状态，实体经济受到严重打击，公司在保项目受到影响。公司积极与银行合作，采用抵押反担保物、顺位抵押及“还款、放款无缝对接”等方式减轻客户融资成本，采取“借新还旧”“债务重组”等多种方式化解经济下行造成的不利影响。公司职工深入走访企业，为企业树立信心，帮助企业确定在经济下行时采取减少费用开支和应收账款催收等措施，助推企业转型、升级，渡过难关。

【争取扶持中小微企业的担保政策】 公司争取“壮大贷”担保，做好“应急周转贷”担保。帮助两家企业申请到“应急周转贷”900余万元。

【党建工作】 公司落实党建工作责任制和“三重一大”决策机制，开展好“三严三实”专题教育活动。结合“走基层”“心连心”，开展送温暖活动，走访慰问困难党员、群众20余户，金额6900余元。做好第一书记选派工作，选派一名优秀职工到三江镇王桥村担任第一书记。将廉政教育深入到贷款担保、财务管理等关键环节，提高党员干部遵纪守法、廉洁自律的自觉性。

【企业文化和队伍建设】 公司把“严谨、稳健、诚信、责任”作为运营宗旨，倡导并借鉴金融同业和优秀企业的现代经营理念，加强企业文化建设，实行“周五集中学习”制度。培训员工30次，形成内部《学习资料汇编》6期。聘请专家授课，组织员工轮流讲学，鼓励员工参加专业技术资质考试，致力造就一支综合素质高、业务能力强的担保队伍。

（刘　萍）

投资建设

【概况】 蜀州城投公司、崇州国投公司、羊马新城公司实行三块牌子、一套班子的管理体制。2015年，与金融机构签订融资合同25.72亿元，到位资金20.02亿元，其中城投债5亿元；贷款资金到位 23.92 亿元，完成银行到期贷款展期 5.5 亿元，完成 BT 投资 3.42 亿元。承担在建和拟建项目 54 个。

【南部新城基础设施建设】 公司完成世纪大道 300 米示范段建设，完成产值约 350 万元；完成南河路底油铺设工作，完成产值约 9000 万元；完成兴盛路可实施全段 900 米底油铺设；完成纬五路底油铺设，完成产值约 3100 万元；完成文体路 700 米底油铺设和 400 米水稳建设，完成产值约 770 万元；完成江源南路延伸段—滨河路污水主干管项目目，完成产值约 1500 万元；完成同心安置点崇庆路口节点打造，完成产值约 500 万元。

【安置点建设】 成蒲快铁安置点项目：基本完成羊马安置点建房，江源安置点、白头安置点、王场安置点、燎原安置点农户开始建房。成温邛快速通道大划安置点建设项目：正在进行前期工作，计划 2016 年 4 月底完成施工监理招标并进场施工。成温邛快速通道江源、集贤安置点建设项目：正在进行农户自建房建设，计划 2016 年 4 月底完成施工监理招标。

【琴鹤大桥项目】 琴鹤大桥全长 713.5 米，其中桥梁长 466.28 米，连接线 247.22 米，桥面宽 31 米，按一级公路标准设计，完成前期招投标工作，初步设计方案正在进行图审，计划 2018 年 4 月完工。

【市中医院迁建】 市中医院建筑面积 33243.048 平方米，位于崇阳街道同兴村，包含住院部、门诊楼、行政办公室及总平建设。投资建设招标挂网，计划 2017 年年底完工。

【仁里社区周边配套基础设施】 建设面积约 95.68 亩，规划地下停车位约 322 个，地面机动车停车位 128 个，非机动车停车位 120 个。正在进行 PPP 招商谈判，完成清单编制，正在评审，计划 2017 年 12 月完工。

【招商引资及项目攻坚】 公司引进中铁崇州投资有限公司项目，到位注册资金 1 亿元。与四川省冶金地质勘查局配合推进南部新城项目工作，利用蜀渝公司资金 2.83 亿元，用于项目前期工作。促成中铁城投公司与市政府签订滨江新城投资建设框架协议，协议投资额度 50 亿元。

【国有资产经营管理】 3 月，公司按程序公开招租原人武部商铺 14 个标的，标的物评估价值 40 余万元，成交价超过 120 万元，溢价率近 200%，实现国有资产的保值增值。11 月，公开招租原 10 个标的，成交 7 个标的。

（古明姝）

财政·税务

CHONGZHOU YEARBOOK

财　政

【财政收入执行情况】　2015年，崇州市财政总收入完成351841.88万元。地方财政收入完成232155.13万元，其中地方一般公共预算收入完成151448.17万元，占预算目标的100.8%，同比增长10.3%，增加14192.77万元；政府性基金收入完成80706.96万元。地方一般公共预算收入中税收收入完成114446.53万元，占预算目标的97.5%，同比增长5.3%，增加5731.57万元，剔除耕占税一次性缴库因素同口径增长12.7%；非税收入完成37001.64万元，占预算目标的112.8%，同比增长29.7%，增加8461.2万元。就征收部门而言，国税完成19783.52万元，占预算目标的100.2%，同比增长10.2%，增加1836.37万元；地税完成94663.01万元，占预算目标的96.9%，同口径增长7.4%，增加6493.13万元；财政完成51757.08万元，占预算目标的113.3%，同口径增长24.1%，增加10041.52万元；国土部门土地出让收入完成65951.52万元。

【财政支出执行情况】　2015年，崇州市财政支出486387.97万元，其中一般公共预算支出381380.75万元，占调整预算的95.2%，同比增长5.4%，增加19692.08万元；政府性基金支出105007.22万元，占调整预算的88.1%。

【财政支农】　崇州市财政支农工作实现“一增长、二强化、三保障、四提升”。“一增长”：财政支农投入大幅增长。年初预算安排1.54亿元，同比增长16%，年底农林水事务实际支出5.35亿元。“二强化”：一是强化支农项目争取力度，二是强化涉农资金监管。市财政积极争取上级财政支农项目，争取上级财政支农资金4.76亿元，居成都市前列。4月至9月在全市范围开展涉农资金专项整治，对2013、2014年度各级财政预算安排用于“三农”的各项资金进行专项整治。“三保障”：一是保障强农惠农政策落实到位，改进和完善农业补贴办法，发放农业保护支出资金3327万元。投入2825万元，支持建立粮食适度规模经营贷款担保基金。二是保障扶贫开发投入，构建财政资金精准扶贫机制，投入1210万元，其中支持17个成都市级贫困村基础设施和产业发展690万元，扶持精准贫困户 518 户 155 万元，整合水利扶贫 365 万元。安排资金 1090 万元，在 7 个合作社开展财政投资收益扶贫试点。三是保障村级公共服务和社会管理改革工作，落实成都市级村级公共服务和社会管理专项资金 10627 万元。“四提升”：现代农业、新农村建设、农业综合开发、政策性农业保险工作进一步提升。投入 7638 万元，实施 10 万亩粮食高产稳产综合示范基地项目、“成新蒲”都市现代农业示范带项目和农业综合开发项目，建设高标准农田 3.3 万亩，超额完成上级下达省级民生项目目标任务。投入 2477 万元，支持加快转变农业发展方式，深化提升“农业共营制”，积极发展土地股份合作经营，受到国务院副总理汪洋和全国加快转变农业发展方式现场会代表肯定。投入 1207 万元，支持“互联网＋农产品”行动计划，搭建“西蜀粮仓·崇州味道”农村电子商务平台，打造“三产融合、联动发展”的现代产业体系。

【促进经济发展】 崇州市做好小微企业创业创新基地示范城市建设工作，构建多层次创业融资服务体系，支持和鼓励小微企业参与天使基金、创业投资基金、风险投资基金等创投资本。推进崇州 PPP 工作，上报两个政府与社会资本合作项目：一个签约项目（崇州市农村生活污水处理项目），一个推介项目（崇州市公建民营养老机构）。加强和规范土地有偿使用收入的征收和管理，实现土地出让收入 65951.52 万元。完成对相关土地、拆迁等资料的审核及建议工作，为领导提供决策数据依据。实现社保资金保值增值，积极与社保资金各存款代管协议商业银行沟通协调，上浮社保资金存款利率。

【提高民生福祉】 崇州市社会保障事业投入 41193 万元，同口径增长 18.5％。主要包括：投入 14415 万元，用于补助 31.35 万人参加城乡居民养老保险；投入 3867 万元，用于在乡复员退伍军人生活补助及伤残抚恤、死亡抚恤等；投入 3750 万元，用于发放城乡低保金；投入 2291 万元，用于补助重度残疾人参加城镇职工基本养老保险；投入 2217 万元，用于就业困难人员、失业人员、进城务工农村劳动者、农村富余劳动力人员的社会保险补贴、岗位补贴、小额贷款担保和培训等；投入 1681 万元，用于改善残疾人的基本生活；投入 1594 万元，用于保障五保供养；投入 927 万元，用于退役士兵的安置；投入 780 万元，用于发放城乡义务兵家庭优待金；投入 597 万元，用于优抚对象医疗补助；投入 108 万元，用于流浪乞讨救助。全市财政教育投入 77173 万元，同口径增长 20.3％。主要包括：投入 49150 万元，用于保障教师待遇及时足额发放；投入 9744 万元，用于保障学校正常运转；投入 1970 万元，继续实施二轮标化提升工程，进一步改善学生学习条件；投入 1751 万元，启动新建、改扩建 24 所城乡公办幼儿园，进一步解决入园难、入园贵的问题；投入 1452 万元，支持农村义务教育学生营养改善计划；投入 1242 万元，资助各教育阶段家庭经济困难学生；投入 902 万元，用于普惠性幼儿园运转经费；投入 350 万元，用于师资能力提升培训；投入 903 万元，用于图书馆维护、购书、馆藏重点古籍恢复和博物馆纸质文物的保护修复及主办文物鉴赏活动等；投入 297 万元，修缮上元宫等一批古建筑及保护古树名木；投入 156 万元，实施体育中心改造工程；投入 87 万元用于艺术中心场地维护、农村电影放映场次补助；投入 82 万元，新增文化地标 30 处，建成青工文化驿站 1 个；投入 77 万元，建成国民体质监测中心；投入 65 万元，用于崇州市非物质文化遗产保护及宣传工作，道明竹编成功晋级为国家级非遗保护项目。医疗卫生事业投入 27255 万元，同口径增长 17.9％。主要包括：投入 19213 万元，用于补助全市 48.03 万名农民参加城乡居民医疗保险；

投入 3420 万元，用于基层医疗机构基本公共卫生服务；投入 1544 万元，用于基层卫生机构综合补偿；投入 1197 万元，用于落实重大公共卫生专项经费；投入 1063 万元，用于实施城乡医疗救助，救助 34341 人次；投入 1023 万元，用于保障基层医疗卫生机构继续实施基本药物管理制度；投入 435 万元，加强和提升全市中医药工作；投入 414 万元，用于补助市级医疗机构执行药品零差率销售；投入 266 万元，用于全市持证残疾人参加城乡居民医疗保险，实现持证残疾人参加城乡居民医疗保险全覆盖；投入 218 万元，用于补助村卫生室；投入 103 万元，用于全科医生职业方式和服务模式改革试点；投入 82 万元，用于继续推进医院信息化建设。

【国库集中支付和政府采购监管】 市财政局以"大平台"系统为基础，做好公务卡改革、财政专户再支出和预算执行动态监控系统工作。正式将政府采购的申报审批、合同备案工作纳入政府采购信息化系统，实行网络化管理。2015 年，全市政府采购 258 批次，预算采购资金 2.33 亿元，实际采购合同支出 2.08 亿元（其中政府购买公共服务 0.8 亿元），节约资金 0.25 亿元，节约率 10.7%。

【国有资产监管】 市财政局通过拍卖、租赁等形式盘活闲置资产。对桑林街商铺、青年公苑商铺等国有资产通过公开招租方式进行租赁。全年实现国有资产有偿使用收入 1.75 亿元，确保国有资产保值增值。

【金融服务】 市财政局投入 2825 万元，用于建立粮食适度规模经营贷款担保基金。投入 527 万元，用于金融机构涉农贷款增量奖励和定向费用补贴。投入 500 万元，持续补充政策性担保公司资本金，壮大经营实力。投入 100 万元，用于补充"农村产权抵押融资风险基金"，风险基金筹资规模 500 万元。崇州市被财政部、农业部确定为国家现代农业示范区以奖代补财政资金撬动金融投入试点县。

【严肃财经纪律】 市财政局根据《中华人民共和国会计法》《财政违法行为处罚处分条例》《财政部门实施会计监督办法》《财政检查工作办法》等法律法规，加强国家重大财政政策落实监督检查，深入开展涉农资金、内部监督、会计信息质量、私设"小金库"及滥发钱物专项治理工作。2015 年，纠正问题资金 1017.7 万元，追缴财政资金 14.8 万元，清退违规发放资金 2.3 万元。

（杨　月）

国家税务

【概况】 崇州市组织全口径税收收入 111194 万元，完成年度计划任务 111900 万元的 99.4%，同比增收 5417 万元，增长 5.1%。其中，增值税 73612 万元，同比减收 3857 万元，降低 5%；消费税 1671 万元，同比减收 220 万元，降低 11.6%；企业所得税 25920 万元，同比增收 7500 万元，增长 40.7%；车辆购置税 9990 万元，同比增收 1994 万元，增长 24.9%。完成崇州市本级财政收入 19783 万元，占年初计划 19750 万元的 100.2%，同比增收 1836 万元，增长 10.2%。

【加强税源调研】 市国税局针对性开展税源调研，全面收集各种税源情况，摸清税源家底，详细掌握纳税人的税源结构、总体规模、经营变化等情况，把握组织收入工作主动权，客观、实事求是地分析税源增减情况，找准收入增减点，做好税收预测，努力挖潜增收，以绩效管理为手段确保税收收入有数量、有质量。

【税收征管】 崇州市税务登记户7468户，较2014年增长20.5%。其中企业3941户，个体3527户；一般纳税人1575户，同比增长12.8%；小规模纳税人2515户，同比增长47.6%；企业所得税登记2590户，同比增长28.4%。综合征税面为78.6%，比成都市平均水平（58.9%）高19.7个百分点，个体征税面为25.4%。

【“营改增”扩围工作】 市国税局按照总局和省市局安排部署，积极与地税部门沟通，做好建筑业和房地产业、金融保险业、生活服务业“营改增”扩围准备工作。继续做好已经纳入营改增范围的交通运输、现代服务、邮政电信等行业的政策管理工作。2015年，“营改增”纳税人共计759户，入库“营改增”增值税2462万元，较2014年增长73.2%。

【税收征管改革】 一是推行《全国税收征管规范（1.0版）》，规范清理表证单书，形成高效规范的税收征管新模式。二是抓好增值税发票系统升级版的推行工作，完成升级2389户，其中金税盘1834户、税控盘555户。三是开展“三证合一、一照一码”工作，全年“三证合一、一照一码”新增主体户数219户。四是推动金税三期工程上线，2016年1月8日工程成功上线并平稳运行。五是开展国地税合作，建立双方联席机制。六是强化税收风险管理，总风险应对收入占比3.2%，其中评估核查查补税款2135.23万元，同比增长201.9%。七是加大稽查打击力度，全年立案检查案件22户，结案20户，总计入库税款、滞纳金、罚款1174万元。

【重点税源征管】 2015年，崇州市应纳税额在100万元以上的企业共完成税收收入74564万元，占税收总额的54.3%，较2014年减收6034万元，在多年连续增长的情况下首次出现下滑。全市年纳税额在1000万元以上的企业14户（2014年15户），入库税金47008万元，占总收入比重的42.3%，较2014年同期减收7679万元，减少9.42个百分点；年纳税额在100万元～1000万元的企业124户，较2014年同期增加11户，入库税金27556万元，占总收入比重的24.8%，较2014年同期增收1645万元，增长6.3%，增长速度较2014年提高2.34个百分点。市国税局统筹安排消费领域税收征管工作，开展药店专项清理，共查补税款150万元，建立药品零售业风险分析模型，制定《药品零售业行业管理办法》。开展家具行业专项风险管理，风险应对收入605.08万元，查减亏损140.57万元，分别搭建起行业风险分析模式和管理办法。在对成都市局列明的8户企业开展的重大投资项目清理中，共查补税款101.59万元，查减留抵16.62万元。

【纳税服务】 一是落实《纳税服务规范2.0版》，基本实现服务一把尺子、办税一个标准，纳税服务工作规范化、标准化和简约化。二是做好效能加法、审批减法、服务乘法、风险除法税收服务“加减乘除”，实现社会满意度和纳税人遵从度双提升。三是开展纳税信用等级评定，参评纳税人1875户，占总户数的55.7%，通过各类媒介发布31户纳税信用A级名单，推进税收信用体系建设。四是丰富纳税人学堂内涵，以实为本，有针对性和实用性地开展纳税人学堂，全年共开班6次。五是推行双向预约服务，10月开通试运行，先后受理预约服务事项150户次。六是规范审核审批程序，执行《出口退（免）税规范1.0版》，开展各类审批事项自查整改工作。七是开展服务大企业、培育大项目活动，2015年服务对象为富士康产业配套园、美涂士产业园、全友家具产业园，均提出具体实施方案并建立相关服务制度。

【落实税收优惠政策】 崇州市有符合条件的小型微利企业2041户，其中盈利企业816户，实际享受优惠的企业816户，受惠面100%，减免所得税税额271.58万元，户均减免所得税3328.21元。有14家企业享受固定资产加速折旧新政，加速折旧金额累计207.54万元。申报实现出口退（免）税28075.12万元，其中退税24655.12万元、免抵3420万元。2015年，实际退（免）税13098.79万元，其中退税8409.71万元、免抵4689.08万元。

【提升执法水平】 一是完善征管思路，优化征管模式、征管手段和征管方式。重新设置税源管理机构，设置4个基础性税源管理科和2个纳税评估科。二是推进减少审批、减少资料报表、减少环节程序、减少进户检查、减轻费用负担行动，规范税收执法行为。三是强化制度建设，完善政务公开审批制度，清理调整非常设机构，建立定期、不定期行政审批、行政处罚和稽查案卷的自查、互查机制。四是聘请常年法律顾问，定期开展有针对性的法律知识培训，完善局务会学法机制，开展法治大讲堂活动，增强干部职工税收法治观念。

【干部队伍建设】 市国税局按照干部教育培训计划，完成2期57人次岗位培训。按照省市局要求，开展各类培训工作，全年有5人取得会计从业资格证，2人取得会计初级证书。组织安排22期省市两级各类培训，全年无违反培训纪律的情况发生。在“赛比争”活动中，获得成都市国税系统团体第六名，2人获得市局业务类表彰、1人获得市局综合类表彰。其中陈锐综合成绩名列全省国税系统第一，获得四川省“五一”劳动奖章。8月，按照《中层领导干部选拔任用工作方案》，完成选拔工作，并做好资料归档和总结上报，全局34人进入新一届中层领导干部队伍，7名一般干部选拔进入中层副职，原5名副职选拔进入中层正职。

【加强监督制约】 市国税局开展执法监察，以定期和不定期相结合，日常监察和专项监察相结合，独立监察和协同监察相结合为主要形式，全面监督制约各类执法行为。全年，对执法监察子系统疑点数据进行核查，发现疑点问题9项，涉及14户纳税人，经核查都为无效疑点。开展对纳税评估、审核审批、税务稽查、业户注销、发票管理、税收优惠政策审批事项的专项执法监察检查，规范执法行为。开展对税收征管系统2.0中强制监控情况的专项清查，被监控纳税人的信息共有22条，均与实际情况相符。开展专项清理整顿“税务机关和税务人员存在与涉税中介勾结，违规参与中介代理牟取利益”活动两次。对12户民政福利企业的审批流程、减免税金额、主要失职渎职风险易发点开展风险排查工作，查找失职渎职风险易发点4个。

【深化风控机制】 市国税局加强“两权”监督制约，深化“四位一体”“三级联防”风险防控体系建设成果运用，开展风险隐患定期排查，发挥“科技+制度+文化”的综合防控效应，对全局132台内网电脑安装内控机制信息化升级版系统，覆盖面100%。

【注重文化引领】 市国税局深化廉政文化建设和共享机制建设，定期开展廉政大讲堂、廉政警示教育课和专题党课等活动，逐步形成人人倡廉的良好工作氛围。创新性与市人民检察院建立检税廉政文化共建工作长效机制，形成“目标同向、资源同享、防线同筑、廉洁同创、民心同聚”和“共建范围覆盖全面、监控环节覆盖全程、预防对象覆盖全员”的廉政建设共享机制，深化廉政文化建设工作。

（徐国锋）

地方税务

【概况】 2015年，市地税局组织各项收入150690万元，同比增长3.8%，增收5478万元。其中税收收入140177万元，同比增长5.2%，增收6918万元。地方本级税收收入94663万元，同比增长4.3%，增收3895万元。

【税收执法】 市地税局严格依法治税，强化执法监督，促进税收法治工作水平提升。一是强化法治思维和法治意识，以参加依法行政示范创建和法治税务示范基地创建为契机，强化税收执法责任制落实，推进税收法治建设。二是实施行政权力事项清理，落实中央简政放权要求，明确权力边界，推进行政权力平台平稳运行，规范税务行政处罚自由裁量权，提升税收执法风险防范和应对能力。三是围绕执法督察，开展自查自纠，注重常态监督，落实整改要求，规范税收执法行为。四是发挥税务稽查“以查促收”“以查促管”职能作用，认真办理稽查协查案件、举报案件，规范市场经济秩序，围绕纸制品行业、政府平台公司等开展税务质疑约谈和税务稽查，通过税务稽查组织各项收入28430.77万元。

【税收征管】 市地税局实施征管创新，强化信息管税。一是实施团队风险管理创新项目，在税务所试点管事与管户适度分离，运用税收风险管理方法，推进税收征管逐步由管户向管事转变。二是推行“5+2”“白加黑”工作模式，组成攻坚团队，实施数据清理，开展全员培训，强化应急管理，实现金税三期工程上线平稳运行的目标。三是与市国税局深度合作，共同议定合作事项，形成国地税联席会议机制，携手推进《国地税合作规范》的落地实施。四是以团队协作模式主导土地增值税清算审核工作，总结清算工作经验，形成清算审核办法和操作指南，运用信息化技术和手段，开展土地增值税清算工作。全年，完成17个项目的土地增值税清算，调增土地增值税1600余万元。

【税收减免】 市地税局落实税收优惠政策，助力“大众创业·万众创新”。落实西部大开发税收优惠政策、国家扶持小微企业税收优惠政策、国家促进就业相关税收优惠政策、二手房交易税收减免政策等税收优惠政策，确保纳税人依法享有税收优惠的权益，累计为纳税人办理各项税收减免6648.09万元。

【纳税服务】 市地税局落实纳税服务规范，开展“便民办税春风行动”，优化服务质效。一是结合“便民办税春风行动”，运用新媒体，加大税收政策的宣传力度；强化纳税人学校建设，构筑税企沟通渠道；加强“12366”纳税服务热线建设，提升热线服务水平；依托互联网，提供便捷服务，方便纳税人。二是落实《全国税务机关纳税服务规范》，将纳税人发起的事项全部前置办税服务厅办理，办税服务厅按照《纳税服务规范》对事项、流程、服务标准进行设置，规范纳税服务工作。三是在办税服务厅实施标准化建设，按照规范进行服务区域设置、服务窗口配置、服务流程设置、标志指示设置和服务设施配置，提升纳税服务体验，提高服务水平。四是推进网上办税服务厅建设，以“互联网+税务”推进纳税服务工作，推广网上办税服务厅。

（宋　玉）

经济监督管理

CHONGZHOU YEARBOOK

发展改革

【概况】 市发改局（市粮食局）内设办公室、政工人事科、财务审计科、政策法规科、经济改革综合科、经济运行科、投资科、项目管理科、招标投标管理科、行政审批科、价格管理科、价格认定科、粮食发展和调控科、粮食仓储管理科 14 个职能科室，下设市政府投资建设项目评审中心、市军粮供应站 2 个直属事业单位。2015 年，被成都市委、市政府表彰为固定资产投资先进单位。在《服务经济》期刊上发表文章《崇州市老龄事业和老龄产业发展现状分析》。

【国民经济和社会事业运行管理】 市发改局发挥综合协调职能，将世界经济、国内经济发展同崇州市经济发展结合起来，注重研究全市经济运行特点，定期开展经济运行分析，及时提出解决问题的对策和建议。积极开展调研，编制《崇州市国民经济和社会发展第十三个五年规划纲要》和《崇州市 2015 年国民经济和社会发展计划执行情况报告》，完成《乡村治理创新引发“羊群效应”崇州市锦江乡公共服务供给新模式》《创新政府投融资机制助力崇州经济跨越式发展》《新常态下崇州市经济发展战略和路径研究》等课题研究，为市委、市政府决策提供依据，促进全市经济持续稳定增长。地区生产总值（按经济普查调整口径计算）完成 226.1 亿元，增长 12.3%。其中，第一产业增加值完成 31.4 亿元，增长 4.8%；第二产业增加值 110.0 亿元，增长 14%；规上工业增加值完成 65.4 亿元，增长 16.7%；第三产业增加值 84.7 元，增长 13.2%。地方一般公共预算收入完成 15.1 亿元，增长 10.3%。全社会固定资产投资完成 215.8 亿元，增长 11.4%。社会消费品零售总额 70.1 亿元，增长 9.6%。三次产业结构比为 13.9∶48.6∶37.5。

【项目管理】 市发改局对全市政府投资项目进行全面统筹管理。2015 年年初，通过收集、整理，梳理出全市重大项目 298 个，2015 年完成投资 225.18 亿元。其中，农业项目 45 个，完成投资 18.58 亿元；工业项目 68 个，完成投资 55.85 亿元；服务业项目 185 个，完成投资 150.75 元。42 个省市重点项目，完成年度投资

78.95亿元，占年度投资计划的130.2%。

【建设工程招投标管理】 市发改局加强对全市工程建设项目招标投标的监督检查，对项目招标方案、投标、资格预审、开标、评标、中标等工作，实施事前、事中和事后全过程有效监管；对规避招标、违反招标事项核准规定和核准事项、违规发布招标公告或资格预审公告等违法行为进行查处；受理投诉人和其他利害关系人的投诉。引导全市建立统一的招标投标、项目比选、政府采购信息发布平台，引入有效的市场竞争机制，建立招投标行业自律机制，加强社会舆论监督。2015年度，全市公开招标（比选）207个标次（其中公开招标143个标次，代理机构比选50个标次，施工比选14个标次）。完成招投标项目60个，招标控制价共计105067万元，中标金额共计101804元，节约资金3263万元。

【项目评审工作】 2015年，控制价送审项目394个，审结342个。其中审结项目中送审金额264773.66万元，审结金额240213.13万元，审减金额24560.53万元，审减率9.3%，有效节约了政府建设资金。工程变更送审项目62个，审结50个，其中审结项目中送审金额8047.52万元，审结金额5361.48万元，审减金额2686.04万元，审减率33.4%。

【价格管理】 市发改局开展全市行政事业性收费清理工作，重点清理涉农、涉企收费，及时更新《崇州市涉农收费公示表》；清理、印发《崇州市2015年行政事业性收费目录》。加强价格管理，开展旅游、殡葬、机动车停车、教育收费和涉农价格和收费等各项价格专项检查，坚持节日市场检查和日常检查。对居民用水基准价进行调整，完成居民用水和天然气阶梯价格改革。

【价格认定】 市发改局完成刑事案件涉案财物价格鉴证642件，涉及标的金额506万余元；深入现场进行实地勘察534人次；进行市场价格调查1164人次；整理各类档案500余宗；接受价格咨询180人次。

【粮食仓储】 2015年，市发改局收购稻谷20772.36吨、小麦12320吨，销售稻谷24400吨、小麦11642吨。完成10个烘储中心建设。

【军粮（油）供应】 市发改局坚持将军粮供应工作纳入目标管理，健全和完善各项管理制度，明确目标责任，搞好优质服务。严把军供质量关，坚持定期和不定期走访部队，征求意见，不断改进服务质量，完善服务设施，2015年，军粮合格率100%。坚持慰问和开展军民联谊活动，做好双拥工作。利用“八一”建军节时机，到77115部队、77193部队、78098部队进行慰问，到77108部队外训基地看望慰问。

（何 飞）

市场监督管理

【概况】 市市场监管局是由原成都市崇州工商行政管理局、成都市崇州质量技术监督管理局和崇州市食品药品监督管理局整合后于3月2日成立的新机构，位于崇阳街道唐安东路131号。内设办公室、法规科、食安综合协调科、生产监管科、公平交易监管科、餐饮监管科、药械（化妆品）监管科、企业信用监管科、商标广告监管科、质量管理科、标准和计量监管科、特种设备安全监察科、消费者权益保护科、行政审批科、财务科、政工人事科16个科室，下设10个市场监管所和市市场监督管理综合执法大队1个直属副局级参公管理行政执法机构。

【市场主体发展】 崇州市新登记各类市场主体3588户，同比增长10.2%，其中有限公司990户，同比增长24.5%；个体工商户2330户，同比增长4.4%；农民专业合作社82户，同比降低21.2%。全市各类市场主体注册资本（金）总额340.78亿元，相比增长32.2%。全年融资81829万元；动产抵押280件，融资194472.05万元。全市一二三产业比为6.89：13.71：79.4。

【质量强市】 一是制定实施《崇州市质量强市2015年度行动计划》，确定以产品质量、服务质量、环境质量为代表的3个示范点企业（全友家私、蓉和苑酒楼、美凌蓄电池）。启动第十二届四川名牌争创工作，新培育四川名牌8家（四川名牌兴盛电器股份有限公司、成都冰奇步鞋业有限公司、崇州市羊马太阳仔童鞋厂、崇州营门电工科技有限责任公司、成都千帆家居有限公司、成都美沃实机电科技有限公司、成都康泰不锈钢管业有限公司、明珠家具股份有限公司）。辖区内强制性产品生产企业巡查率100%。组织3家企业（康泰塑胶、明珠和全友家私公司）报名企业首席质量官培训。完成能源计量首次审查工作，川建管道、蜀玻2家企业通过审查。川汇塑胶公司成为成都市首批通过AAA级良好行为企业验收的公司之一。二是培育认定四川省著名商标5件，认定成都市著名商标2件。指导怀远镇藤编品牌创建。2月11日，《成都日报》刊发《“刘德华”板鸭商标争议圆满大结局》文章，助力观胜养殖业发展。5月29日，对桤泉葡萄、燎原宝石梨、十万亩菜籽油品牌、包装、广告用语等设计包装进行把关指导。三是调研全市工业园区品牌发展情况，成果纳入2014年度《成都市品牌战略发展报告》（白皮书）。收集、组编4件驰名商标文字和图形资料，加入成都工商成都品牌公众微信宣传。

【食品药品安全】 一是推进食品溯源体系升级改造，深入实施食品市场准入和有效监管。“食品生产许可证”取证企业年审率100%，注销“食品生产证”7张，换证11家14个单元；新取证企业1家2个单元。制定食品“四小”属地管理办法，开展“四小”摸底调查。二是完善《崇州市食品安全应急预案》，完成应急演练脚本及推演方案。三是开展“两放心”工程（放心食品、放心药品）。对全市117家食品生产加工企业、4家食品添加剂生产企业和2家保健食品生产加工企业开展100%全覆盖监督检查，与24家小作坊签订“小作坊安全生产承诺书”。全市药品生产企业监督检查覆盖率100%，组织抽验药品140批次，抽验化妆品18批次，抽验保健食品22批次。四是打造“食品安全示范街”，实施“明厨亮灶”工程，大型餐饮完成5家，中型餐饮完成16家。五是加强对餐饮单位监管，建立统一格式的进货台账和索证制度，食品原辅材料进货检查制度普及率100%。加强对餐饮单位餐厨垃圾监管，监督覆盖率100%。全年度共检查餐饮单位1273家次，学校食堂158所次，医院食堂67家次，下达监督意见书213份，责令整改18份，保障各类食品安全会议用餐36次。全市未出现系统性、区域性安全风险。

【商事改革】 一是深入实施“三证合一，一照一码”商事登记改革。9月25日，向成都长容汽车销售服务有限公司颁发加载统一社会信用代码的营业执照，发出崇州市第一张“三证合一，一照一码”营业执照。登记电子商务、创业投资基金管理、智慧产业等新兴市场主体和创业创新型市场主体43户。二是深化商事登记制度改革，调整下移部分审批事项，便捷小微企业注册登记，将原由行政审批科承担的涉及个体工商户、个人独资企业和农民专业合作社的行政审批事项全部调整到各市场监管所办理。对食品流通许可、餐饮服务许可、药品零售经营许可、组织机构代码和营业执照等行政审批事项，实行多证联办。

【行政执法】 市市场监管局开展电动自行车、冻肉制品等各类专项执法和集中整治 50 余次，被四川省工商行政管理局评为“红盾春雷行动 2015”先进集体。严厉打击各类违法行为，立案查处办结各类一般程序案件 160 件，罚没 110.10 万元。其中办结工商类案件 89 件，罚没 49.24 万元；质监类案件 11 件，罚没 11.59 万元；食品药品类案件 60 件，罚没 58.26 万元。全年无应诉案件。

【维权行动】 市市场监管局整合建立“12315”消费、“12365”质量和“12331”食药投诉举报中心，畅通投诉举报渠道。以贯彻实施新《中华人民共和国消费者权益保护法》、新《中华人民共和国食品安全法》、新《中华人民共和国广告法》为重点，举办法规培训活动 30 场次，印发宣传手册 6000 份，印制“电梯使用温馨提示牌”和《安全乘坐电梯须知》1500 份，并通过电视、报刊等媒体向社会各界广泛宣传。投诉举报中心受理各类投诉 460 件、举报 98 件，受理率 100%，调解成功率 90%以上，为消费者挽回经济损失 195.12 万元，连续四季度消费者回访满意率 100%。拟订《崇州市创建无传销区（市）县专项行动工作方案》《宣传方案》《工作考核标准》。主动进社区、进学校集中宣传，接受咨询百余人次，散发《直销管理条例》《禁止传销条例》等宣传资料 1000 余份，有效遏制传销违法行为。

【民生目标】 一是实施全市基层医疗卫生机构 B 超、彩超、血压计和体重秤等常用医疗器具免费检验，检验率 100%。二是完成粮油、果蔬、肉类、乳制品等大宗食品全产业链样品 551 批次抽检任务。三是加强食品药品安全宣传，播放食品药品宣传节目 46 期、公益广告 140 次，开展食品药品安全讲座 396 场次。四是在蓉生产的国家基本药物品种抽检率 100%。五是对 6 家固定集贸市场计量器具实施免费检验，检验率 100%。六是招商引资取得成果，四川省外到位资金 0.4 亿元，引进新项目 7 个，备案有效项目信息 22 条。

【监管能力建设】 一是优化综合执法机构。对原 3 个部门相关或类似的监管执法职能工作进行整合，组建直属综合执法大队，内设综合管理科及 4 个执法中队，将监管巡查任务和市场监管所日常工作融合起来。二是锻造复合型执法力量。采用集中学法、部门培训、业务骨干授课、现场教学、内部传帮带等多种方式提升干部业务能力和水平，补齐整合后业务短板，提高执法办案能力。三是严格执法程序，完善执法文书。拟定行政处罚操作规程，统一有关执法制式文书格式，从源头上规范行政执法权的行使。四是明确权力边界，强化执法责任。成立行政权力清单清理小组，形成权力清单，厘清内部科、所、队之间的职责划分，明确权力边界，做到执法责任明晰化。五是信用监管成效出色。充实四川省企业信用信息公示系统监管信息，推动企业信用信息跨部门互联共享。开展 3 次企业公示信息抽查，抽查 285 户企业，有 19 户企业被列入企业经营异常名录。2013、2014 年度企业和个体商户年报率双双突破 90%，2014 年度农民专业合作社年报率为 90.2%，年报工作先后受到省、市工商局表彰。新增“守重”（守合同重信用）企业 9 户。

（张　羽）

安全生产监督管理

【概况】 市安监局内设办公室、法规宣教科、安全监督管理一科、安全监督管理二科、职业安全健康监督管理科5个科室，下设安全生产监察执法大队1个参公单位。2015年，完成企业安全生产标准化达标28家，完成职业危害申报55家。用人单位职业卫生基础建设验收合格100家，检测合格率83%，健康体检率72%。建成省级安全社区1家。国家、省、成都市安全生产督察组对崇州市安全生产工作予以好评，全市非煤矿山关闭工作经验被四川省安监局采用，在全国非煤矿山关闭工作会上进行经验交流。市人民政府被成都市人民政府评为安全生产先进集体。

【安全生产】 2015年，全市发生各类安全生产事故442件，较2014年同期增长18.8%；事故死亡32人，较2014年同期降低8.6%；事故直接经济损失63.54万元，较2014年同期降低57.7%，实现“双下降”。其中，道路交通事故135起，死亡32人（其中生产经营性事故死亡11人），直接经济损失35.72万元；工矿商贸未发生事故；火灾事故307起，直接经济损失23.38万元。未发生水上交通安全事故和农机安全事故，未发生较大以上安全生产事故。

【安全生产基础建设】 市领导带头落实党政同责制度，5次带队检查安全生产工作，4次出席全市安全生产工作会议并讲话，6次组织召开常委会、常务会研究安全生产工作，对安全生产工作作出批示14次。市领导按照“一岗双责”要求，带队检查分管行业领域和联系点安全生产工作25人次。各乡镇（街道）结合“安全社区”建设，建立本级党政同责制度，推进“五覆盖”到村、社区。各部门按照《成都市行业（领域）九项基本工作制度》要求，健全安全责任制，形成“横向到边，纵向到底”的安全责任体系。运用宣贯新《中华人民共和国安全生产法》、安全执法检查、打非治违等举措，结合企业标准化工作，推进规模以上工业企业安全生产责任“五落实”“五到位”107家，覆盖率100%。细化《安全生产督查检查制度》和《安全生产常态化督查实施方案》，开展季度综合督查4次，道路交通、有限空间、粉尘作业、建筑施工等常态化专项督查21次。

【安全生产隐患排查治理体系建设】 市安监局推进隐患排查治理动态监管体系建设，完成乡镇（街道）、村（社区）三级系统管理员培训，完成对成都市导入崇州市4644家生产经营单位生产经营情况甄别，确定全市生产经营企业1387家，完成信息采集1387家。企业通过系统自查自报，自改隐患1904条。开展隐患大排查大整治专项行动，排查生产经营单位1178家，查出一般事故隐患2835项，整改率100%，累计落实整改资金212.1万元。

【重点行业领域专项整治】 2015年，全市打击非法违法行为309起，其中无证、证照不全或过期、超许可范围从事生产经营建设215起，作业规程不完善、现场管理混乱存在“三违”89起，隐患排查治理制度不健全、整改责任不明确、管理措施落实不到位30起，其他违法违规行为95起。监督检查涉尘企业83家次，发现隐患135处，关闭1家，停产整顿4家，限期整改30家。按照全国、全省和成都市安全生产工作部署，强力实施燃气输送管线、建筑施工、道路交通、危险化学品和烟花爆竹、特种设备、粉尘防爆、有限空间、人员密集场所消防、劳动密集型企业消防、学校、电力等一系列专项整治工作，查处重点行业领域非法违法生产经营行为332起，依法取缔、关闭非法违法和不符合安全生产条件的生产经营建设单位16家。

【安全生产宣传教育】 市委书记在市委第77次常委会上学习宣贯新《中华人民共和国安全生产法》时明确要求：安全生产工作要百讲不厌、百听不烦、百干不疲。6月10日，成都市安监局副局长叶永清到崇州市集中宣讲新安法和习近平总书记等领导同志的指示批示精神。在安全生产月期间，开展咨询日活动、安全生产“大讲堂”活动、“安全生产崇州行——新《安全生产法》执法亮剑行”活动、安全文化和安全法治进基层活动、“媒体走基层访安全”活动、行业安全生产宣教活动、企业安全生产宣教活动、区域性安全生产宣教活动等8大行动，做好新《中华人民共和国安全生产法》和各级领导同志的指示批示精神宣贯工作。举办各类安全培训52期次，培训特种作业人员、安全管理人员、危化品从业人员6000人次。

（晏　清）

审　计

【概况】 2015年，市审计局完成审计项目223个，查出违纪违规和管理不规范资金22308万元，节约财政资金19918万元。提交审计要情、信息、专题报告62篇，发出《审计整改意见函》5件，向有关部门提出审计建议39条，向司法部门提供案件线索1件，获各级表彰奖励12项。

【财政财务收支审计】 市审计局加强对本级财政预算管理审计监督，深化“同级审”与绩效审计、经济责任审计等多种审计类型的结合。强化监督检查政府预算编制、执行、决算情况，提高资金使用绩效。对政府性债务进行跟踪审计，对存量债务的潜在风险及化解情况进行调查，对新增债务控制情况进行监督，有效防范债务风险。关注政府财政存量资金规模和结构情况，提出分类盘活的审计建议，促进用好增量资金、盘活存量资金，避免损失浪费。完成财政局、地税局等3个部门的预算执行审计和税收征管审计。

【固定资产投资和征地拆迁审计】 市审计局加大市政、房建、道路、排水、绿化等政府投资工程审计力度，重点关注征地拆迁、工程招投标、工程质量、设备材料采购、资金管理使用等重点环节，促进投资项目规范管理。利用信息化技术进行数据分析和疑点确认，提升审计水平和质量。实行审计关口前移，探索重大建设项目跟踪审计，对成温邛第三快速通道、南城锦地项目开展全过程跟踪审计。发出整改建议函2篇，形成审计专报1篇，查纠问题9个，对提高被审计单位建设项目管理水平和节约财政资金资金起到良好效果。开展2008—2015年崇州市征地拆迁及安置点建设专项审计调查，摸清待安置人员以及未解决社保参保人员总体情况、统规统建（自建）安置点建设情况、剩余安置房数量及有关附属设施的资产管理使用等方面情况。

【经济责任审计】 市审计局按照“从严管党治吏”要求，前移审计监督关口，加大领导干部任中经责审计力度。重点关注领导干部重大经济决策、财经法规政策执行、单位内部管理以及贯彻落实中央“八项规定”情况，发挥经济责任审计在加强干部管理监督方面的积极作用。推行经济责任审计联席会议成员单位联合进点机制，进一步发挥纪检、组织、审计三部门职能互补作用，形成对领导干部权力运行的监督合力，从制度层面推动审计成果运用，促进领导干部自觉遵守财经纪律和增强经济责任意识。

【专项资金审计和审计调查】 市审计局对保障性住房、农业、医疗、环境保护等重点民生项目资金进行重点审计，监督检查民生政策落实情况，揭露和查处严重损害群众利益的问题，揭示和反映政策落实不到位、资金分配不合规、制度不完善等问题，促进全市经济平稳运行和健康发展。完成基本公共卫生专项资金、农业专项资金、政府购买服务岗位管理运行情况、污水处理运行经费资金审计调查等6个专项资金审计调查项目，完成宫保里棚户区改造以及成蒲铁路安置点2个拆迁安置专项审计调查项目。

（胡　勉）

统　计

【概况】 市统计局内设办公室、统计业务科、政策法规科、综合信息科、市普查中心、统计信息服务中心6个职能科室。2015年完成农业统计、规模以上工业统计、能源统计、固定资产投资统计、建筑业统计、批发零售贸易住宿餐饮业统计、综合统计、国民经济核算、劳动情况统计等专业月报、季报、年报工作。开展民营经济监测、旅游统计监测、采购经理人指数调查、工业生产价格指数调查、规模以下工业抽样调查、妇女儿童监测、规模养殖户生猪畜禽月度监测、城乡统筹考核指标体系及重点镇监测工作，完成城镇居民住户监测和农村居民住户监测工作。

【主要统计数据】 崇州市实现地区生产总值226.1亿元，增长12.3%，其中第一产业增加值31.4亿元，增长4.8%；第二产业增加值110.0亿元，增长14.0%；第三产业增加值84.7亿元，增长13.2%。规模以上工业实现增加值65.4亿元，增长16.7%。固定资产投资完成215.8亿元，增长11.4%。社会消费品零售总额70.1亿元，增长9.6%。全市财政总收入完成35.2亿元，降低18.7%，其中地方财政收入23.2亿元，降低25.5%，地方财政收入中地方一般公共预算收入15.1亿元，增长10.3%，其中税收收入11.4亿元，增长5.3%。全市金融机构各项存款余额396.5亿元，增长16.5%，各项贷款余额176.2亿元，增长13.3%。

【作风建设】 市统计局改进工作作风，加强机关管理建设，提高机关行政效能。局领导班子开展“向我看齐”活动，以身作则、率先示范，起到好的带头作用。全局开展“学先进、做先进”活动，激发工作人员的积极性和创造性。

【统计培训】 市统计局加强基层统计人员培训，组织全市性业务培训2次，开展专题业务培训5次。创新开展“面对面”培训，由专业人员到企业、乡镇，针对企业的具体情况，作针对性解释和培训。做好从业资格认定工作，组织实施全市统计从业资格证培训和考试相关工作，培训新上岗人员94人。做好统计继续教育培训工作，培训统计人员345人。

【统计服务】 市统计局加大监测分析力度，按季度向市委、市政府主要领导提供经济运行监测报告，及时对经济运行中出现的问题进行监测，并提出针对性措施意见，撰写《适应新常态，迎接新挑战》和《优化结构、转型升级，促进崇州经济平稳发展》等4篇监测报告。建立统计监测联席会议制度，由市政府主要领导任组长，按季召开，听取有关部门对经济运行情况的报告。三是撰写统计分析和各类信息158篇。

【统计资料开发应用】 市统计局做好统计公报的编写和发布工作，在《今日崇州》上发布《2014年崇州市经济和社会发展统计公报》。加强月度资料整理编印工作，适时调整指标，增加规模企业分行业指标及部门投资完成情况，季度资料增加全国、省、市等主要指标。对月报进行改版和完善，改进封面设计，新版《崇州月度经济快讯》每月发行量达100册，因装帧精美、编发及时、便于携带，受到广泛好评。做优年度资料编撰工作，注重对年度统计资料进行深加工，增加资料的实用性。增强《崇州统计年鉴2014》的实用性、可读性，发行200册。

【统计法制建设和统计执法】 市统计局配合统计改革，加强统计法制宣传，推进统计行政执法责任制。一是开展统计法制宣传教育，对乡镇统计人员进行专题统计法律法规培训，组织学习《统计法实施细则》《四川省统计管理条例》等基础知识。二是成立联合执法检查组，开展统计巡查与数据异常企业统计联网直报检查工作，结合成都市统计局开展执法检查和数据核查通知要求，抽查统计调查单位36家，遏制统计违法行为。

【普查工作】 市统计局完成第三次经济普查资料开发工作，完成“三经普”数据收集、录入、汇总，并在此基础上加以开发利用，形成分析报告6篇。组织编印《崇州市第三次全国经济普查主要数据提要》，作为统计历史资料，供市委、市政府和各部门查阅。从机构设置、经费保障、人员落实等方面做好农业普查前期准备工作。

（董亚凯）

教育·文化·体育·旅游·卫生

CHONGZHOU YEARBOOK

教 育

【概况】 市教育局内设办公室、基础教育科、职成幼教科（挂行政审批科牌子）、德体卫艺科、教育督导办公室（挂政策法规科牌子）、安全管理科、计划财务审计科、招生工作科、人事科、党工委办公室（挂教育工会办公室牌子）10个科室。12月17日，设立崇州市教育事业保障服务中心（挂崇州市学生资助管理中心牌子）、崇州市现代教育技术服务中心、崇州市教育人才服务中心、崇州市国库集中支付教育分中心、崇州市教育教学研究培训中心5个下属事业单位。《2015年成都市义务教育校际均衡监测报告》显示，崇州市2014年度县域内小学校际间均衡状况差异系数为0.35，初中校际间均衡状况差异系数为0.26，全部低于小学0.65、初中0.55的国家标准。全市义务教育发展均衡总指数为0.23，较2013年0.45的指标数提高了0.22个百分点。全市学校生均教学用房面积等8项办学条件指标均高于85分，保持了“国家义务教育发展基本均衡县”的荣誉称号。崇州市按照成都市教育现代化指标要求，加大教育投入，科学配置教育资源，提升师资水平和教育质量。《2014年度成都市教育现代化监测报告》显示，崇州市教育现代化水平总体达成度为88.3%，较2013年增加了4.7个百分点。全市有幼儿园110所（其中民办78所）、小学31所、初中9所、九年制学校6所、普通高（完）中3所，有教培中心1个、职教中心1个、民办职业中学1所、特殊教育学校1所。在校学生71367人，其中幼儿园17654人（含民办8794人）、小学27527人、初中12535人、普通高中10192人、职业高中3451人（含民办831人）、特殊教育学校71人。在职教职工6506人，其中幼儿园1969人（含民办1248人）、小学1778人、初中1079人、九年制562人、完中614人、普通高中286人、职业高中198人（含民办58人）、特殊教育学校20人。

【学前教育】 市教育局继续实施学前教育三年行动计划，投入资金10500万元，开工建设25所公办幼儿园，新增8所公益性幼儿园，公办和公益性幼儿园总计56所，学位覆盖率79%。2015年起，公办非公益性幼儿园政府补助每生每年600元。市教育局对全市幼儿园开展办学情况登记检查，有101所幼儿园办学情况登记检查合格，7所幼儿园办学情况登记检查基本合格。新审批设立崇州市金银杏幼儿园和崇州市奥尔夫教育幼儿园2所民办幼儿园。12月18日，崇州市崇阳镇正东街幼儿园获评成都市2015年一级幼儿园。

【义务教育】 2015年，崇州市小学一年级入学人数4866人，其中划片入学3448人，按照进城务工随迁子女入学政策统筹安排1418人。初中一年级招收新生3710人。完成义务教育阶段学生免试就近入学工作，完成全市义务教育阶段所有学生全国学籍网学籍核查。6月18日，全市20所样本学校完成国家义务教育质量监测体育监测工作。桤泉镇思源学校、廖家镇小学校、江源镇中学校创建成都市新优质学校验收合格。12月30日，成都市教育局命名廖家镇中学校为第三批成都市阳光体育示范学校。2015年，全市小学入学率100%，毕业率100%；初中入学率99.5%，毕业率99.4%，辍学率0.1%。义务教育学校公用经费按初中每生每年1100元、小学每生每年900元执行。

【普通高中】 2015年，崇州市初中毕业生升入普通高中3207人，升入职业高中989人，普职比为6.3∶3.7，高中阶段毛入学率97.8%。普通高中毕业3083人，毕业率99%，毕业年级三年巩固率97%。普通高中重点本科文化上线293人，较2014年的228人净增65人，上线比例由2014年的7.7%提高到10.1%，净增2.4个百分点。本科文化上线突破1210人，上线率41.67%，较2014年净增3.7个百分点。艺体飞本科双上线录取人数为102人，较2014年净增22人。境外高校录取人数14人，首次实现零突破。市教育局承担的成都市教育科研高中课改专项课题《普职融通办学模式的实践与探索》，通过专家结题鉴定，取得成果证书。

【职业教育】 市职业教育培训中心根据人才需求调整专业设置，先后与12家企业签订校企实习合作协议。与捷普科技（成都）有限公司、四川工商职业技术学院、四川机电职业技术学院进行校企合作，开办两个班级，“订单式”培训230人。对全市7400余名初、高中毕业生开展职业技术培训和政策引导性培训。全年，向社会输送合格中职毕业生975人，就业人数959人，就业率98%，毕业率100%。其中，2012级藏区“9+3”免费教育毕业生74人，就业人数73人，初次就业率99%。中职学校学生参加2015年成都市中等职业学校学生技能大赛，2人获得二等奖，11人获得三等奖。

【社区教育】 崇州市在25个乡镇（街道）开设养身保健、舞蹈、体育健身、书法等30多门课程，社区居民8万余人次参加培训学习。10月31日至11月6日，崇州市举行以“发展全民终身学习，推进法治社会建设”为主题的2015年全民终身学习活动周活动，13万人次市民参与。12月8日，成都市教育局确定白头镇、道明镇社区教育学校为成都市级规范化社区教育学校，确定羊马镇泗安社区、公议乡花果山社区、怀远镇和平社区教育工作站为成都市级示范社区教育工作站。11月6日，道明镇乡村学校少年宫到郫县子云学校，参加成都市乡村学校少年宫建设成果展示活动，“道明竹编”获得技能展示最佳作品奖。12月24日，“道明竹编”获评2015年成都市社区教育特色课程。崇州市确定《自然之旅——鸡冠山》为市社区教育学校校本课程。

【成人教育】 崇州市引导高校毕业生等各类人才就业，开展现场招聘会17场，提供岗位3600个，为企业吸纳人才1150人。举办“创业天府·菁蓉汇·崇州”大数据专场，组织开展企业家座谈1次、中小微企业经营管理人员培训3

次。培训新型职业农民 760 人，其中成都市级新型职业农民 120 人，农业部新型职业农民 640 人。新增农业职业经理培训 280 人，完成持证职业经理人强化培训 94 人。市职业教育培训中心与市民政局合作，开展 300 余人的退伍军人就业指导和技能培训。

【特殊教育】 崇州市投入资金 77.6 万元，完善市特殊教育学校设备设施，完成 6 个特殊教育资源教室建设。特殊教育学生生均公用经费标准为每生每年 7000 元。市教育局组织开展义务教育阶段残疾儿童送教上门工作，全年“送教上门”总人数 11 人。全市义务教育阶段各类残疾儿童、少年总计 234 人，入学 223 人，入学率 95.3%。15 至 18 周岁入学率 100%，实现“应进全进”。

【县管校聘】 市教育局印发《崇州市教育局关于 2015 年公开竞聘城区学校交流岗位实施办法》，完善“统筹交流、圈层交流、跟岗交流、城乡互动交流”机制，实现在同一义务教育学校任职超过 9 年的 37 名校长（含副校长）全部轮岗交流。全年交流教师 228 人。制定教师退出教师岗位的实施细则，有 7 名教师办理辞职手续，2 名教师退出教学岗位。教育人才服务中心建立教职工基础信息库，全市教师与教育人才服务中心签订人事聘用合同，实现教师合同化管理。在教籍网上完善全市 4000 多名教师的个人信息，在编在岗教师统一签定《师德承诺书》。10 月，首次对在编在岗教师的教师资格进行定期注册。

【师资培训】 崇州市启动“校长名师赴台湾教育培训考察”项目，培训校长、教育名师和教育专家 16 人。4 月和 11 月，分 2 批派出校长 17 人到台湾参加成都市品格周刊与台湾元智大学科学教育研究中心举办的“成都市中小学教育人员品格教育培训”。7 月 12 至 18 日，组织校长及教育行政管理干部 50 人，到东北师范大学进行信息化教育培训。崇州市作为四川省“中西部项目”和“幼师国培项目”双重项目县，承担组织 2816 名教师参加“国培”的任务。全年，有 3132 人次教师参加各类项目“国培计划”培训，657 人次教师参加各类项目省市级培训，8000 人次教师参加崇州市各级各类培训。

【教研共同体】 崇州市在 9 个教研共同体、32 个学科基地开展优质示范教学研究、“微课实录与展评”、同堂异构教学观摩、电子白板赛课、心理健康教育赛课、“群文阅读”课题研究、网络课堂翻转再现等系列活动。采用推门听课和随机查阅教师备课本、听课本、作业批改等相关资料及访谈师生、巡查校园、集中交换意见等方式进行教学常规检查，教师参与率 100%。在成都市“一师一优课、一课一名师”评选活动中，68 人次教师获奖，其中一等奖 4 人，二等奖 17 人次，三等奖 47 人次。市教育局获团体二等奖。

【教育资助】 2015 年，崇州市投入资金 1620.2 万元，资助学生 20497 人次。学前教育有 1608 名符合条件的“三儿”（家庭经济困难儿童、孤儿和残疾儿童）获得减免保教费的资助，补助资金 155.4 万元。按照标准对义务教育阶段家庭经济困难寄宿生 6158 人次予以生活补助，补助资金 342.8 万元。5969 人次普通高中家庭经济困难学生获得国家助学金补助，补助资金 525.9 万元。免除 4322 人次家庭经济困难普通高中学生学费，免费金额 166.15 万元。对城乡低保家庭的普高学生实施免课本费资助，资助学生 342 人次，资助金额 8.67 万元。2015 年开始，全面免除公办和民办中等职业教育一、二、三年级学生学费，教育部门办的中职学校受助学生 1766 人次，补助资金 167.77 万元。

对符合条件的家庭经济困难的中职一、二年级住校生实施减免住宿费资助，减免金额12.12万元。

【委托管理】 崇州市与温江区共同制订《关于深化城乡教育互动发展促进教育圈层融合的实施方案》，先后有36所学校结成联盟发展学校，结对学校之间联合开展教学研究、教师培训等活动，常态化开展干部、教师交流工作。崇州市先后有68名教师交流到温江区学习，温江区有7名干部教师到崇州市学校挂职锻炼。市教育局探索“委托管理”办学之路，借力温崇两地教育力量，托管桤泉镇思源学校，经过托管试点，思源学校提升了办学水平，成功创建为成都市新优质学校。9月23日，成都市教育局在桤泉镇思源学校召开名校进县城托管到乡镇暨区域教育联盟发展工作推进会。12月28日，崇州市教育局—温江区教育局被成都市教育局评为城乡教育互动发展工作优秀联盟，崇州市桤泉镇思源学校—温江区成都师范附属实验学校被成都市教育局评为委托管理优秀学校。

【营养计划】 崇州市继续在41所农村义务教育学校实施学生营养改善计划，政府投入资金2834万元，作为每生每天4元营养餐膳食资金补助，惠及学生24180人次，实现“应享尽享”。春季开始，免除鸡冠山乡小学校、文井江镇小学校、怀远镇西山小学校和特殊教育学校学生生活费，按每生每年3400元列入财政预算。投入资金233万元，对6所学校营养餐食堂进行改造。

【教育信息化】 崇州市投入资金9000万元（其中信息化4000万元），延伸实施并完成三年教育技术装备标准化提升工程。全市有学生机7459台，生机比6：1；教师机4509台，师机比1：1；多媒体1158台，多媒体到班率100%；有录播教室20间，网络1对1数字化教室（101远程教育信息化课改班）12间。校园网实现有线、无线双线全面覆盖并完成无线上网的实名认证。宽带网络校校通，实现无线上网和整体上网提速。4月12日，第八届全国中小学教育信息化课堂教学应用实践研讨会在崇庆中学实验学校举行，中央电教馆学术委员会主任、中国教育技术协会秘书长刘雍潜，弘成教育集团董事长黄波等到会指导。

【猿题库应用】 9月16日，市教育局局长带领教培中心、崇庆中学等有关人员到北京考察猿题库。10月15日，市教育局与在线教育企业猿题库达成战略合作协议。按照协议，猿题库负责提供教学辅助工具和大数据，重点关注高中前1500名学生，重点训练前20名学生，针对性地提升高考成绩。猿题库每周向市教育局提供前一周各校、各位教师使用猿题库的详细数据。市教育局把猿题库使用情况纳入学校年终考核目标评估，促进猿题库大数据在教学中的应用。10月15日至16日，猿题库专家在6个培训点对初高中学校部分教师进行使用培训。

【教育国际化】 崇州市建立完善教育国际化推进机制，先后组织14名中小学英语教师到北京参加美国东密执跟大学教育学院教授和密歇根州一线资深英语教师举办的培训。10月27日，3位英国校长考察崇州教育，与七一实验小学、崇庆中学实验学校、蜀南小学校签订合作协议，结成友好学校，3所学校成为崇州市首批教育国际化试点学校。

【教育督导】 2015年，市教育局和市人民政府教育督导室聘请责任督学4人，全市有责任区挂牌督学18人，负责对全市51所中小学和5所公办幼儿园进行挂牌督导。3月17日，市教育局印发《崇州市责任督学挂牌督导指标体系

（试行）》。按照《四川省中小学校素质教育督导评估实施办法》，完成20所中小学素质教育督导评估工作。5月，完成成都市教育现代化发展水平、教育国际化和义务教育校际发展水平监测。6月，完成了国家义务教育质量监测样本县相关监测。9月，完成了成都市学前教育、教育信息化专项督导。

【依法治校】 市教育局全面开展“法律进校园”活动，在崇庆中学初中校区建成青少年法治教育基地，并选点该校区打造“法律七进”示范点位。落实兼职法治副校长、法治辅导员制度，全市56所中小学、幼儿园全部聘请了兼职法治副校长（法治辅导员）、法律顾问。开展现代学校制度建设试点工作，在江源镇中学校、羊马镇学校和绿色实验幼儿园开展试点，试点工作列入成都市试点课题。开展依法治校示范学校创建活动，廖家镇中学校申报四川省依法治校示范学校，廖家镇小学校接受了省级依法治校示范学校复查验收。全市有四川省级依法治校示范学校2所、成都市级8所、崇州市级38所。

（杨成云）

文化·体育·旅游

【文旅融合】 2015年3月，市委、市政府撤销原“市文化体育广播电视和新闻出版局”“市林业和旅游发展局”，组建崇州市文化体育旅游局。市文旅局内设办公室、行政审批科、政策研究和产业发展科、公共服务科、文化与艺术科、文物与博物馆科、广播影视与新闻出版科、体育科、旅游行业管理科、旅游质量规范管理科、宣传营销科、计划财务科、政工人事科13个职能科室，下设文化体育旅游综合执法大队和6个事业单位。

【文旅宣传】 一是举办2015四川花卉（果类）生态旅游节主会场暨第三届四川国际自驾赏花节。开幕式于3月6日举行，赏花游客参与“花海彩跑”活动。赏花节期间，接待游客186.30万人，实现综合旅游收入3.16亿元。二是举办中国·成都第六届自行车车迷健身节暨第四届公路自行车国际精英赛。赛事于3月20日举行，来自成都市直机关的51支代表队、24支区（市）县代表队和44支崇州机关代表队2000余人，及国内外自行车爱好者500余人参加比赛。《人民日报》、CCTV5、中新社、《中国体育报》等中央、省、市近30家主流媒体关注和报道赛事。三是举办“出彩崇州人”大型文艺活动。5月，举办第二届“出彩崇州人”选拔活动，参加表演队伍共有102组，现场观众10万余人次，网络投票118710人次，报名担当大众评委的有354人，实现了“百姓舞台、文化惠民”目标。四是举办2015首届成都（崇州）街子马拉松音乐嘉年华。街子古镇景区接待旅客61.41万人次，旅游收入1.658亿元。

【文化工作】 一是探索文化体制机制改革。市文旅局推进25个乡镇文化院坝建设，制订一系列改革方案和措施，引入13家社会组织购买文化院坝服务，吸引文化志愿者和本土文化能人共同参与，在全市形成群众需要、政府购买、社会供给的“一院一特色、一坝一文化”的创新模式。文化院坝建设工作得到省、市主管部门肯定，《四川日报》、四川电视台、《成都日报》都予宣传报道。二是打造青工文化驿站。2015年，成都市对双流和崇州下达建设青工文化驿站的民生工程目标。崇州市投资100余万元在市工业园区捷普科技（成都）有限公司建成1个青工文化驿站，主要设施设备包括：多能功大厅1个、标准篮球场2片、全民健身路径3条、标准化羽毛球场3片、固定电影放映架1套、文化活动广场1个。三是创建国家一级文化馆。市文化馆扎实开展国家一级文化馆创建工作，市图书馆、市博物馆开展崇图沙龙、碗豆苗童乐园、国学讲坛、文博讲堂等公益活动品牌，凸显“书香崇州”文化品牌。市文化馆活动人数每天300人次以上，全年培训群众8万余人次；市图书馆全年无闭馆日，馆内阅览、外借等基本服务项目全部免费，全年接待读者7万余人次；市博物馆发挥陈列、研究、宣传教育等职能，全年接待参观群众5万余人次。

【体育工作】 市文旅局推进体育公共设施建设，完善体育公共服务体系建设。一是培训三级社会体育指导员307人，实现全市每个村（社区）至少有2名社会体育指导员。二是争取省、市健身设施93套，自行投资安装健身设施28套，实现全市村（社区）健身设施全覆盖。三是在崇阳文化站、羊马嘉裕集团、上林西江建成5个五人制足球场。四是建成国民体质监测中心，为2000多市民开展免费体质测试，出具“运动处方”，指导市民科学健身。五是实施为民办实事目标，市体育中心升级改造工程完工并投入使用。

【广电工作】 市文旅局贯彻落实安全播出各项规定，严把各个环节审查关，实现安全播出“三零”目标。全年放映公益电影2802场，发展地面数字电视用户200户，完成15个固定电影放映点建设。开展全民阅读活动，在全市各乡镇举办阅读讲座、村干部阅读朗诵比赛、农民读书征文系列活动，营造“书香崇州”良好氛围。加强印刷复制企业、出版物企业监管，对90家印刷复制企业、48家书店（报亭）进行培训、核验，对3家印刷企业和2家书店责令限期整改。加强农家书屋日常管理，投入资金38万元，向全市村（社区）书屋配送图书2万册。深入开展“扫黄打非”工作，先后开展“净网”“清源”“秋风”“护苗”“固边”“剑网”等专项整治行动，出动执法人员540人次，检查印刷企业、复制企业及书报刊等出版物经营单位294家次，出动车辆145台次，取缔无证经营摊点6个，收缴非法音像制品240盘，市文旅局被评为成都市“办案有功”先进单位。推进政府机关使用正版软件，完成正版软件工作目标。

【文保工作】 文物保护：市文旅局完成上元宫一期维修工程，启动崇阳天主堂、昙云寺修缮工程及市博物馆纸质文物保护修复工作；新增文化地标30处；完成崇州市“三普”（第三次全国文物普查）440处文物点位的复查和第一次全国可移动文物普查工作；完成“宏润达上城”等项目用地汉墓群考古发掘；完成李家岩水库等地考古工作；完成“崇庆枇杷茶”活态文物申报工作。非遗保护：市文旅局对国家级非遗项目“道明竹编”进行深度挖掘和传承利用，指导道明“竹艺村”的规划和建设；加强与中央美术学院协同创新，研究在现代化进程中，文化艺术如何深度植入崇州经济社会；依托非遗项目编制文化产业项目，向上争取资金1000多万元。古籍保护：市文旅局做好全国古籍普查平台数据录入工作，完成经部、史部古籍数据录入，提交四川省古籍保护中心。完成国家二级乙等文物、明代善本《王氏书画苑》修复工作。

【旅游工作】 元通古镇通过AAAA景区创建，桤木河湿地公园通过省级生态旅游示范区创建。市文旅局开展诚信旅游企业创建工作，推进旅游行业诚信体系建设。全年接待游客1106万人次，同比增长37.2%，实现综合旅游收入29.86亿元，同比增长105.9%，其中乡村旅游接待游客702.31万人次。拓宽旅游营销平台，打造集“古镇金三角”、10万亩稻乡旅游环线、重庆路沿线和历史文化名城为一体的精品文化旅游线路和体育健身旅游线路。

【文旅执法】 市文旅局做好成都市下放审批事项的承接工作，清理审批事项15项、服务事项8项，优化办事流程，缩短办事时限，为行政许可相对人提供方便和优质服务。全年，受理审批事项31件，办结31件，办结率100%，实现无差错无超时，群众满意率100%。开展文化市场行政执法巡查3000余次，出动执法人员6000余人次；办理文化市场行政案件36件，行政处罚金额8.1万元；办理旅游行政案件2件，行政处罚金额1.9万元。在2015年成都市文化市场行政执法案卷集中展评中，市文旅局案卷获评成都市十大优秀案卷。全年，受理旅游投诉18件，办结18件，结案率100%，游客满意率100%，理赔率100%。接旅游举报案件3件，督办查处整改3件。受理的旅游投诉全部通过调解完成，为游客挽回经济损失4万余元，无一例群体性上访事件和较大以上旅游投诉发生。

（罗云霞）

街子古镇景区管理

【概况】 街子古镇景区管理局承担街子古镇景区的旅游发展规划制定、景区管理、旅游项目招商引资、项目投融资服务、基础设施建设、规划建设管理、宣传营销等职能，负责维护景区内环境卫生，维持景区内市场秩序和交通秩序。内设办公室、规划建设科、招商营销科、景区事务管理科、财务科5个科室，下设街子古镇景区旅游服务中心1个事业单位。

【景区规划】 市街管局在街子镇控制性详细规划、街子镇土地利用总体规划的基础上，完成街子古镇景区形态、业态、文态、生态提升规划，完成街子镇新区城市设计。

【景区项目建设】 2015年，街子古镇有项目25个，其中服务业项目19个、公共和基础设施配套项目6个。圣沅“中国青城国际颐养中心”项目完成供地239亩，综合大楼封顶，正在做康疗大楼基础建设。“鸾飞凤舞”生态公园、梅驿广场、“蜀山栖镇”二期和青城神韵二期等按进度正常推进。完成“黄藤巷、井水街”改造设计，正按照设计成果进行施工。传媒“蜀山花街”项目完成建设，正在招商。硕润“青城山居”于4月开盘销售，至年底完成销售40套，销售额1500万元。硕润“斯维登”度假酒店年度营业收入150万元。绕镇路、会唐路完成建设，实现通车。上山天然气、自来水主管道铺设全面完成。

【景区宣传营销】 2015年，街子古镇完成省外到位资金2.2亿元，引进新项目2个，备案有效项目8个。市街管局以“业态调整、形态塑造、文态提升”为重点，加大投入、创新机制，推进街子古镇旅游产业提档升级和可持续发展，以建设“国家级旅游度假区”为目标，塑造“中国青年度假第一镇”和第一个“中国互联网创客生活古镇”新形象。一是以业态调整为核心，促进古镇多元发展。市街管局以打造特色街区、酒店和客栈为载体，有针对性地对古镇业态实施政策引导，古镇核心区有酒吧、特色名小吃等外来经营户50余家，有酒店和特色客栈228家4825个床位，形成了特色餐饮、地方名小吃、客栈、酒吧等特色街区。与百度公司合作，建立并上线运营“@崇州街子古镇”百度直达号，实现古镇业态“O2O”线上线下营销平台。完成景区智慧业态（酒店）系统建设并上线运行。组织参加省内外旅博会和旅游推介会，以赠发宣传图册和发送微博、微信、短信等形式加强宣传。全年，发布微博2680余条、微信420条。接待游客约676万人次，其中外宾6万多人次，实现旅游收入182572万元。二是以形态塑造为载体，提升古镇硬实力。市街管局实施云来巷、闸子巷景观提升和古镇核心区导视系统提档升级，为景区形态塑造新形象。推动重大旅游产业化项目建设，配合建设鸾飞凤舞滨河公园、梅驿广场等旅游文化产业项目，在与成都传媒集团签订《街子古镇鸾飞凤舞景区建设战略合作协议》的基础上，成立中国传统文化创业基金，依托项目运营开展工作。三是以文态提升为灵魂，增强古镇生命力。市街管局为实现一三产业互动发展，以古镇为核心构建全域景区，携手街子镇政府建立花香主题观光休闲区、生态农家风景区、道文化农业观光休闲体验区等乡村旅游产业化项目，发展农业观光旅游，拓宽古镇景区范围，推进古镇旅游多元化发展。以“节、会、论、展”提升古镇文态氛围，成功举办了CCTV“寻宝”栏目专家走进四川·成都·街子古镇暨巴蜀古玩艺术品赛宝大会、2015首届成都（崇州）街子马拉松音乐嘉年华等一系列节庆活动，彰显街子特有的魅力和文化气息。

【景区管理】 一是按照“清洁化、秩序化、优美化、制度化”的景区评价体系标准，对景区实施“精细化”管理。市街管局组织开展了景区城乡环境综合治理活动，治理景区“七乱”，加强景区绿化美化和基础设施建设。与各职能部门配合，加强旅游市场监管，严控游离摊点，抓好动态管理。加强车辆管理，维持景区游览秩序。二是完成“镇容镇貌示范镇”创建。市街管局成立创建工作领导小组，对所有工作进行细化，倒排时间，定期督查，完善相关的软件资料和硬件设施，确保创建成功。三是完成治安立体防控应急指挥协同管理平台建设。市街管局与市委政法委综治办、市公安局、市经信局等部门协作，在景区主要道路、街道、公共场所建设高清视频监控系统，新安装前段图像采集摄像头50个，改造原有的摄像头52个，整合街管局、街子政府、街子派出所、街子消防中队等单位的人防、安防、技防力量，形成基本覆盖防范区域的全天候监控网络和应急指挥协同平台，保障治安防控和应急处突。四是推行安全生产“一岗双责”，健全应急机制，加强安全隐患排查和整改力度，不定期开展消防演练和培训，投入20余万元购买消防设备。

【元通古镇国家AAAA级景区创建工作】 市街管局承担元通古镇景区“四态建设组”的各项工作。成立元通“创A”工作领导小组，完成元通古镇智慧景区和游客中心等项目建设，组建元通导游讲解员队伍，提升元通古镇讲解服务水平。12月16日，元通古镇成功创建为国家AAAA级景区。

（李　辉）

卫生和计划生育

【概况】 2015年3月，按照政府职能转变和机构改革的要求，组建市卫生和计划生育局，为市政府工作部门，不再保留市卫生局、市人口计生局、市医管办。内设办公室、政工人事科、规划财务审计科、政策法规科、行政审批科、卫生应急办公室、医政医管科、疾病预防控制科、妇幼健康服务科、计划生育综合管理科、科教宣传与信息化科、中医管理科12个科室。市计划生育协会是参照《中华人民共和国公务员法》管理的人民团体机关，办公地点设在市卫计局内。2015年，崇州市卫生计生系统有各类公立医疗卫生机构37家（包括卫生监督执法大队），其中乡镇卫生院及社区卫生服务中心26家、专业公共卫生机构3家、市级医疗机构3

家、其他5家（120指挥调度中心、健康教育所、医院事务服务中心、流动人口管理中心、计划生育管理服务中心）。全系统公立医疗卫生机构有卫生专业技术人员2430人。2015年，市卫生和计划生育局坚持以深化医药卫生体制改革、卫生计生机构改革为主线，以满足人民群众健康需求为目标，统筹推进全市卫计事业全面发展，被成都市评为2015年目标绩效考核优秀单位。

【医疗卫生体制改革】 一是按照深改组的要求，推进县级公立医院和基层医疗机构对口协作。市卫计局制定《关于推进城乡医疗卫生服务均等化建立公立医院与基层医疗机构对口协作机制的实施意见》，逐步建立体制合理、机制灵活、功能完善、效率较高的医疗卫生服务体系。二是公立医院与基层医疗机构通过建立多种形式的对口协作机制，开展基层首诊、远程诊疗、双向转诊、中医适宜技术推广等医疗服务，提高卫生资源利用率，加快卫生人才队伍建设，缓解群众看病难、看病贵问题。三是持续推进县级以上公立医院取消药品加成，全面实行药品“零加价”销售制度。1—10月，市人民医院药品让利1303.05万元，药占比降到36%；市中医医院药品让利306.96万元，药占比降到42.1%；市妇幼保健院药品让利207万元，药占比降到25%。基层医疗卫生机构严格实行药品“零差率”销售，1—10月销售药品4977万元，让利1493万元。

【医政医管工作】 一是落实“进一步改善医疗服务行动计划”，持续开展“三好一满意”、抗菌药物专项整治、天使与百姓心连心等活动，加强医疗服务，改进医德医风，提升群众满意率。二是加强基层医疗卫生服务机构内涵建设，积极创建国家、省、成都市级满意乡镇卫生院。三是实施基层中医药服务能力提升工程，开展中医适宜技术推广，加强基层中医药人才培养和队伍建设。四是完成“富民安康工程”对口支援工作。市卫计局按省卫计委要求，选派市人民医院10名医务人员到甘孜州泸定县人民医院对口援建，选派市妇幼保健院1名医务人员援外到非洲佛得角、3名医务人员到甘孜州道孚县妇幼保健院和攀枝花市妇幼保健院对口援建，选派市二医院8名医护人员到凉山州盐源县对口援建。市人民医院按成都市卫计委要求对大邑县花水湾镇卫生院和雾山乡卫生院进行对口援建。五是开展无偿献血工作。市卫计局加大无偿献血宣传力度，定期到各乡镇和机关单位、学校宣传无偿献血政策。截至11月，全市无偿献血3276人次，其中应急献血632人次，共计5270单位，完成成都市下达的献血任务。

【疾病预防控制】 一是组织实施《成都市城乡居民基本公共卫生服务项目（2015版）》，推进村级服务，提高下沉比例，提升服务水平，促进基本公共卫生服务均等化。二是加强疾病预防控制能力建设，实施疾控机构上等达标项目，开展18家AAA及以上预防接种门诊创建。三是落实重大疾病防控任务，积极开展艾滋病、结核病等重点传染病防控工作。截至11月底，全市法定传染病报告发病率209.52/10万，比2014年同期降低38.3%。四是完成血防（2014—2015）中长期规划终期评估和地方病防治十二五规划评估。五是建立崇州市精神卫生工作联席会议制度，成立崇州市精神卫生中心。

【妇幼卫生】 一是强化人口计生工作综合治理，完善人口计生目标考核责任制。市卫计局加大“两非”整治力度，严格落实出生实名登记制度，加强对B超和终止妊娠药品的管理，定期开展“两非”专项整治行动。二是加强育龄妇女生殖健康服务。市卫计局推进“两癌”筛查、免费婚前医学检查和免费孕前优生健康检查。加强计划生育药具服务管理规范化、标准化建设。继续抓好免费婚检和免费孕检项目规范运行，控制出生缺陷发生率，免费孕检目标人群覆盖率93%，免费婚检检查率71%，较2014年同比提高61.6%。三是加强流动人口计划生育服务与管理。流动人口登记率98%，流动人口计划生育基本公共服务均等化服务率在95%以上。四是稳定低生育水平。2015年，全市符合政策生育率95.2%，人口自然增长率1.3‰。

【智慧医疗】 一是完成26家公立卫生院（社区）基层卫生专网建设和信息系统升级工作。实现乡镇卫生院和市卫计局计算机服务中心平台的数据联系。his系统全面升级，推进羊马、怀远、隆兴、燎原、王场5家卫生院区域PACS系统试点建设。二是推动居民健康卡建设，初步实现健康卡普发。三是推进区域卫生信息平台符合性测评，完成平台搭建工作。四是“智慧医疗”项目作为“智慧城市”建设的一个重要组成部分，完成顶层设计、合资公司组建等工作，着手试点医院建设，完成人民医院、妇幼保健院数字化医院评审。

【卫计宣传】 市卫计局积极开展卫生计生宣传，加大宣传报道力度。开展各类卫生防病宣传、法律法规宣传，展出医疗卫生科普知识宣传展板208个次，免费发放计生药具5000余盒，发放各类计生卫生宣传资料20余万份，接受群众咨询近5万人次，免费为群众义诊近3万人次，心理健康辅导上万人次。在“崇州卫生政务微博”发布及转发微博709条，在国家级媒体上发表文章3篇，在省级媒体上发表文章5篇，在成都市级媒体上发表文章13篇。继续实施青少年健康人格教育工程，在实验小学建设健康文化示范点“心灵氧吧”。

【民生工程】 市卫计局发放奖励扶助金3788.64万元，发放特别扶助金824.64万元，发放独生子女父母奖励金480.078万元。投入资金80余万元，修建20户农村特困家庭“安居工程”。开展“阳光爱心助学”和“困难大学生圆梦工程”，帮扶学生738人，发放助学金411.74万元。按照《崇州市计划生育特殊困难家庭扶助工作实施方案》要求，实施计划生育特殊困难家庭扶助制度。为符合条件对象购买新合医疗保险、养老保险提供补助，并为600余人开展免费健康体检。免费为全市380名贫困白内障患者实施复明手术。为19449名60岁以上户籍老人接种肺炎疫苗提供补助。城乡居民健康档案规范化电子建档率95.5%。取消县级公立医院药品加成，财政补助比例在20%以上。推进严重精神障碍患者“阳光救助”，免费治疗重精患者74例，严重精神障碍患者参保率100%，免费门诊治疗60例，社区管理率85%。加强妇幼保健工作，全市孕产妇住院分娩率100%、系统管理率95.9%、高危孕妇管理率100%。继续保持孕产妇零死亡，5岁以下儿童、婴儿死亡率分别为5‰、3.7‰，均在控制范围以内。完成宫颈癌检查25632人，完成目标任务的122%，乳腺癌检查3849人，完成目标任务的129%。

【卫生计生法制建设】 一是贯彻落实国务院《全面推进依法行政实施纲要》，狠抓执法监督实效，深化监督成果，推进卫生计生依法行政工作。二是推进行政权力精简、服务下沉、网上公开、透明运行。办结许可申请1432件，审批“单独”二孩1718件，按时办结率100%，群众满意率100%。三是加强医疗机构监督。根据《中华人民共和国传染病防治法》《中华人民共和国执业医师法》《医疗机构管理条例》等卫生法律法规要求，加强423家医疗机构日常卫生监督检查。按照成都市卫计委要求，完成

2015年专项整治和重点监督检查工作。四是加强公共场所卫生监督。对全市838家公共场所实施监督，截至11月10日，出动卫生监督员1342人次、执法车辆270台次，检查单位1928户次。五是加强饮水卫生及涉水产品卫生监督。对全市50家供水单位进行监督，覆盖率100%，检查频率在2次以上。六是加强学校卫生监督。对全市中小学、幼儿园、大中专院校进行监督，覆盖率100%。2015年，崇州市卫生行政处罚案件共22件，罚款4.48万元，没收违法所得0.893万元。处理违法生育案件652件。无行政复议和行政诉讼案件，无进入听证程序的案件。

【卫生应急】 一是加强卫生应急队伍建设，提高卫生应急处置能力。市卫计局先后组织开展了2015年卫生应急专项业务培训和全市院前急诊急救规范化培训，各医疗卫生单位共计260余人参加，提升了卫生应急工作水平。二是做好"中东呼吸综合征"应急准备工作。针对"中东呼吸综合征"可能发生的疫情输入风险，遵照"预防为主、防治结合、科学指导、及时救治"的工作原则，及时成立中东呼吸综合征疫情防控工作领导小组，组建医疗救治专家组和疫情防控专家组，加强对乡镇疫情防控工作的组织和指导，科学规范地开展中东呼吸综合征防控工作。三是及时有效地处置各类突发事件。5月21日至5月25日，市人民医院先后确诊6名麻疹病例。针对突发疫情，市卫计局迅速采取各项紧急防控措施，及时对全市医疗卫生单位进行部署。通过控制感染源、切断传播途径、对易感人群被动免疫注射1785人次高价免疫球蛋白及接种麻疹疫苗等措施、有效处置了疫情，所有与首例患者有密切接触史的患者及陪伴无发热、皮疹等症状，无二代病例出现。四是做好重大活动医疗保障。完成国家"两考"、成都第六届自行车车迷健身节、街子古镇半程马拉松等40项医疗保障任务，共出动保障救护车辆150台次、医护人员450人次。五是落实好"特别重要突发事件10分钟报告新规则"。召开专题培训会，畅通报告途径，明确单位及人员责任，将"特别重要突发事件10分钟报告新规则"落到实处。

【爱国卫生】 一是省级卫生镇村创建。白头镇省级卫生镇，白头镇三洞村、梓潼镇田家斑竹林村、崇阳街道石羊社区、崇阳街道白石村、桤泉镇余花龙门子新村、桤泉镇千功新村省级卫生村创建完成上报。二是无烟单位创建。市卫计局印发《崇州市无烟单位实施方案》，94家单位成功创建"崇州市无烟单位"，30家单位成功创建"成都市无烟单位"。三是居民院落整治。市卫计局深化社区居民院落环境卫生治理，开展星级院落创建和复查，巩固600个星级院落，复评合格率98%以上。新创建星级院落142个，新建成农村星级院落40个。四是城乡环境综合治理。市卫计局参与省级环境优美示范乡村验收评审，组织开展了卫计系统城乡环境综合治理工作，开展了分片包干的监督检查，及时整改了城管效能办明察暗访发现的9个问题。五是除"四害"工作。市卫计局广泛宣传灭鼠防病知识，宣传剧毒急性鼠药的危害，发放鼠药2.5吨、毒饵盒500个。指导乡镇、部门按照灭蚊、蝇、蟑螂的有关要求做好治理工作。六是改厕工作。全市2015年新增卫生厕所1000座。

【重点项目】 市中医医院迁建项目，完成施工招标。市人民医院综合培训中心项目进入并联审批程序，正按相关要求积极推进。市二医院迁建项目，项目用地通过成都市公共资源交易服务中心挂拍取得，土地出让合同正按国土局土地交易程序办理。

（石　斌）

CHONGZHOU YEARBOOK

人民生活

保障性住房建设

【概况】 市房地产开发公司是由市国有资产管理办公室全额出资的全民所有制单位。公司组织机构健全，设有董事会、监事会，成立了工会及党支部。公司实行总经理负责制，下设综合部、财务部、工程部3个部室及崇州市蜀城房屋拆迁有限公司1个全资子公司。主要承担崇州市旧城、棚户区改造和保障性住房建设等工作。

【保障性住房建设】 青年公苑一期建设项目总投资4.35亿元，规划用地面积134.74亩，规划总建筑面积17.62万平方米，修建公共租赁房2440套，项目竣工验收并交付捷普集团使用。青年公苑二期项目于2014年11月立项，规划用地面积70.05亩，规划总建筑面积15.31万平方米，总投资5.2亿元，修建2374套。完成前期报建工作，正在进行施工招标。青年公苑三期项目于2015年3月31日立项，规划用地面积46.23亩，规划总建筑面积14.17万平方米，住宅建筑面积12.8万平方米，总投资5.7亿元，修建2656套。完成项目立项、选址意见书、建设用地规划许可证、用地红线、设计条件通知书、国土证和设计、地勘的招标工作。

【棚户区改造】 市拆迁公司按照市委、市政府安排部署，积极推动棚户区改造项目。完成西街宫保里、上南街、老成大路等棚户区改造项目。全年，完成房屋拆除5.5万平方米，完成土地整理95亩。推进西街宫保里棚户区改造，完成区域内房屋搬迁补偿和安置工作，搬迁359户42310.04平方米。其中，住宅24279.01平方米，非住宅18031.03平方米。在项目实施过程中，秉持以人为本、和谐拆迁、公开透明原则，紧紧依靠群众、充分尊重群众、引导发动群众，先后召开由住户代表参加的座谈会、沟通协调会18次，引导群众自发组织召开改造讨论会15次，帮助未签约群众签订补偿协议12户。开展上门送温暖活动，通过上门了解，获悉有3户残疾困难家庭和5户低收入家庭在改造过渡期间仍有住房、经济等困难，公司主动与当地社区、民政和房管部门联系，帮助解决困难。通过改造，解决困扰306户群众多年的住房困难问题，提升群众住房条件和生活品质。

【建立健全投诉监督机制】 公司在项目现场设立维稳、投诉来访接待处，公开投诉电话，随时接待群众来访、收集电话和信访投诉。加强群众参与监督力度，建立畅通投诉和举报机制，采取不定期上门与住户沟通等方式，主动了解、掌握、监督工作情况。

（李　茜）

住房公积金管理

【概况】 2015年，崇州市实现新增归集住房公积金33501万元，较2014年同期增加4509万元，增长15.6%，完成全年目标任务的113.6%；新增缴存职工11912人，较2014年同期增加5452人，增长84%，完成全年目标任务的170%。累计实现归集住房公积金173635万元，缴存余额87134万元。新增投放住房公积金贷款33306万元，较2014年同期增加17904万元，增长116%，完成全年目标任务的138%；贷款户数1203户，较2014年同期增加617户，增长105%；贷款回收率99.99%以上。累计投放住房公积金9286户149133万元，贷款余额109074万元。

【归集扩面工作】 公积金中心宣传贯彻《四川省人民政府办公厅关于印发进一步扩大住房公积金制度覆盖面指导意见的通知》精神，主动向崇州市委、市政府领导汇报工作，争取相关部门支持，摸清辖内企业基本情况，建立企业信息台帐，实行专人管理，并对未建制企业实施催建。全年发送催建通知书及宣传资料各100份，实现新增开户缴存单位47户。做好服务市级重点项目工作，主动与企业联系，上门宣讲住房公积金政策，及时解答职工提问，提升政策影响力，扩大覆盖面。

【提取审核管理】 公积金中心开展《成都住房公积金提取管理办法》宣传工作，公开业务办理流程，公开业务办理条件和资料，规范办理各类提取业务。强化提取业务审核、审批管理工作，严格按照业务权限和分级审批的要求办理提取业务，做到应提尽提，严禁混用、盗用个人业务权限和超权限审批业务，防范业务风险。严励打击违规套取、骗提住房公积金的行为，梳理排查2015年已办理的提取业务，并通过房管部门核查相关信息，发现问题及时与职工及其单位联系，追回提取款项。全年，办理各类提取10447笔15587万元，较2014年同期增加2528万元，增长19.4%。

【个人贷款购房】 公积金中心落实《四川省人民政府办公厅转发住房城乡建设厅等部门关于进一步提高住房公积金使用效率促进住房消费实施意见的通知》精神，通过相关媒介宣传住房公积金贷款新政，组织开发企业、受托银行相关人员开展业务培训，提升其政策运用能力，让职工购房首选住房公积金贷款。受理开发企业的项目合作申请，凡符合合作条件的项目，经担保公司调查并签订《项目合作协议》后，及时受理个人申请。2015年，新签期房合作项目10个、现房合作项目1个。强化贷款审批管理工作，提升审批效率，积极筹措贷款资金，保证贷款按时投放。

【业务风险防范】 公积金中心指定专人负责逾期贷款的催收管理工作，受托银行和担保公司协助管理部催收，并做好催收台账，按时报送催收报表。对在阶段性担保期内出现的恶意逾期贷款，要求担保公司主动及时履责，确保贷款安全回收。2015年，担保公司履责2户。抓好贷款项目跟踪管理，定期组织人员对合作项目的工程进度、销售情况等进行现场检查，掌握项目动态的一手资料，防范贷款业务风险。抓好资金账户管理，专人负责对账工作，做到账账相符、账实相等。严格执行授权管理的工作要求，资金调拨手续齐全符合规定。做好资金计划管理，季度资金活期备付率控制在 8％以内。

【队伍建设】 公积金中心学习贯彻中共十八大，十八届三中、四中、五中全会精神和习近平总书记系列讲话精神，提升干部职工政治理论素质。开展党风廉政建设和反腐败教育，践行“三严三实”的工作要求，用先进典型和警示案例来警示教育干部职工。严格执行《窗口服务规范》，落实首问责任制、一次告知制、限时办结制等服务举措，提升个人职业技能和服务技能，增进团队凝聚力和向心力。

（舒志方）

民　政

【概况】 根据市委、市政府《关于市政府职能转变和机构改革的实施意见》精神，2015 年 6 月，调整市民政局主要职责、内设机构和人员编制，设立崇州市民政局，挂崇州市社会组织管理局牌子，内设办公室、社会救助和救灾科、慈善福利和老龄工作科、基层政权和社会工作科、优抚安置科（挂双拥工作科牌子）、社会组织管理科（挂行政审批科牌子）、社会事务科、财务统计科 8 个科室。根据成都市委编办《关于同意设立崇州市民政事务中心的通知》精神，2015 年 12 月，整合下属 8 个事业单位，设立崇州市民政事务中心，挂崇州市军队离退休干部管理所、崇州市流浪乞讨人员救助管理站、崇州市儿童福利服务指导中心牌子。

【完善社会救助体系】 一是提高城乡低保保障标准。2015 年 11 月起，城乡低保标准由家庭月人均收入 400 元提高到 450 元。全市有城市低保家庭 682 户 992 人，累计月人均补助 334.03 元，比 2014 年同期增长 18.9％；全市有农村低保家庭 5114 户 9231 人，累计月人均补助 300.1 元，比 2014 年同期增长 16.1％；全年累计发放城乡低保救助金 3749.92 万元，超额完成民生工程目标任务。二是加强医疗和临时救助工作。救助城乡低保、五保、低保边缘 21954 人，发放救助资金 787.28 万元；投入资金 276.14 万元，资助农村五保对象和城乡低保对象参加城乡居民基本医疗保险 12387 人；临时救助 685 人，救助资金 120.55 万元，超额完成民生工程目标任务。社区快速救助 6320 人，救助资金 116.24 万元，实现应救尽救。三是做好防灾减灾工作。新建Ⅱ类应急避难场所 2 个，完成崇阳街道等 9 个乡镇（街道）10 个社区（村）综合减灾标准化示范社区建设。四是加强流浪乞讨人员救助。按照“自愿求助，无偿救助”原则，对符合条件的流浪乞讨人员实施 100％救助，共救助流浪乞讨人员 221 人。

【推进福利慈善事业】 一是促进社会化养老事业的发展，完成《崇州市养老设施布局规划（2015—2020）》修订及《城市社区养老服务设施规划》编制工作。新建 51 个日间照料中心（含 4 所农村居家养老服务中心）；为全市 4810 名困难家庭失能老人和 80 周岁以上老人提供居家养老服务，完成民生工程目标任务；投入资金 2800 万元的羊马镇中华村“公建民营”养老项目建设完工，新增床位 200 张，提前完成民生工程目标任务；选址于街子镇天顺村的中国青城国际颐养中心项目，建成后将筹建养老床位 800 张，超额完成民生工程目标任务。二是五保对象集中供养率100%。全市有五保集中供养对象2041人，分散供养对象990人（集中供养450元/人/月，分散供养330元/人/月）。三是加强对民政设施和养老机构的管理和安全检查工作。针对河南鲁山“5·25”特大火灾事故，及时联合市公安消防大队对民政设施和养老机构进行实地检查；对存在较大安全隐患的四川省国江置业南华老年公寓进行关停注销；申请市财政近700万元资金对民政机构安全设施进行完善。四是全面落实孤儿养育政策。全市有孤儿26人（散居孤儿24人，机构供养孤儿2人），按照社会散居孤儿每人每月678元、机构供养孤儿每人每月1130元的最低养育标准，全面落实孤儿基本生活费。五是持续开展各类慈善活动。继续做好“阳光系列”助学工程，对全市低保、孤儿及低保边缘困难大中小学生223人发放助学金54.14万元。

【提升社会管理创新水平】 一是做好社会组织管理工作。全年新批社会团体9个、民办非企业单位18家，直接登记社会组织4家。年检社会组织256家，年检率96%。组建社会组织党支部16家（党总支2家、联合组建党支部1家、独立组建党支部13家）。二是推进城乡基层治理机制改革工作。建立社区公共服务准入制度，依法梳理“四项清单”，协调开展社区负担专项清理行动，精简社区承担的行政性事务。桤泉镇荷风水村农集区社工引领村民参与自治，村民集体商议形成《荷风水村大家庭公约》并通过修建公约墙固化《大家庭公约》的做法，受到成都市依法治市办肯定，拟作为“亮点”上报省依法治市办表彰。三是探索农集区村民自治试点改革工作。制订《崇州市农民集中居住区村民自治改革试点方案》，在白头镇五星村农集区、桤泉镇千功新居农集区和胡碾农集区、崇阳街道三和社区三和馨居农集区先期开展试点工作，取得初步成效。四是在桤泉镇、崇阳街道、白头五星村、三郎凤鸣村继续开展三社互动项目试点工作。其中，桤泉镇荷风水村“新荷人家农村家庭发展项目”被列为成都市社工实务重点示范项目。成立崇州市社会工作协会，为推动社会组织的培育和发展搭建良好平台。五是加强社会工作实务项目管理和志愿服务记录。全市开展社会工作实务项目12个，争取各级资金155.5万元。六是加快推进全市村（社区）组织活动场所“提档升级”建设。112个村（社区）活动场所纳入“提档升级”建设任务，第一批23个建设完成，第二批57个全部开工建设，第三批32个开始选址。七是加强村务公开民主管理。对全市各乡镇（街道）的村务公开和民主管理工作进行实地督查，强化工作指导。八是开展好廉洁文化进村进社区活动。确定在崇阳街道北楸社区、江源镇江源村、桤泉镇群安村创建廉洁社区示范点，推进基层廉洁活动。

【优抚安置双拥共建】 一是实现省级双拥模范城“七连冠”，市民政局被评为四川省拥军优属先进单位。二是开展第十轮全国双拥模范城创建工作。召开崇州市创建全国双拥模范城迎检工作部署会，开展双拥在基层“送政策、送文化、送法律进军营”活动，促进军民融合。全市各单位、乡镇（街道）、两新组织在元旦、春节等节日期间，为部队送去慰问品、慰问金共计近200万元，送去电脑20余台。三是推进退役士兵安置工作。按标准及时对7403名优抚对象通过直发，兑现抚恤补助金4000余万元；为3382名重点优抚对象购买医疗保险92万余元；为6500余人次重点优抚对象进行医疗补助529万余元；开展烈士清明祭扫和“9·30”烈士公祭日活动；为694名义务兵家庭发放优待金780万元；为152名企业下岗志愿兵实施再就业，确保涉军人员稳定。

【提高社会专项服务质量】 一是做好婚姻登记、收养登记、殡葬工作。办理结婚登记5539对、离婚登记2325对，出具无婚姻登记记录3560人次，婚姻登记合格率100%；办理收养登记8人次。完善惠民殡葬政策，火化遗体6195具，享受惠民政策522具，支付惠民殡葬费417600元，火化率98%以上。二是落实区划和地名管理工作。按时按要求完成崇州市与汶川县边界联检工作；有序推进第二次全国地名普查实施阶段工作；贯彻落实《成都市地名管理条例》，按要求将全市路名牌的设置、维护和管理全部交由市公安局；完成街子镇、元通镇千年古镇申报工作。

【老龄工作】 一是开展居家养老服务工作。为全市6872名老人发放居家养老服务手机；为全市高龄、贫困、自理能力差的“空巢老人”购买居家养老巡查服务。制发《崇州市政府购买居家养老服务实施细则》。二是做好社会化养老机构床位补贴拨付。对全市2014年7月至2015年6月社会化养老机构给予服务性床位7926人（月）给予90.24万元的社会化养老机构床位补贴。三是落实优待政策，做好老年人维权工作。办老年优待证9000余本，发放全市80周岁以上18991人的高龄津贴511.86万元。四是开展老年人能力评估工作。制定《崇州市老年人能力评估实施意见》和《崇州市老年人能力评估工作方案》，按照评估程序对每名符合条件老年人进行公平公正评估。五是建立老年人综合信息平台，做好60周岁以上老年人信息采集工作。六是市老年大学被评为四川省A级老年大学。11月17日，成都市为老服务养老帮扶试点项目工作现场会在崇州召开。

【党风廉政建设和反腐败工作】 市民政局成立党风廉政建设工作领导小组，班子成员切实履行“一岗双责”。全年，局党组专题研究党风廉政建设工作5次以上，每季度“一把手”听取班子成员汇报党风廉政建设工作至少1次；全年集中开展廉政教育2次，有针对性地开展专题教育2次，“一把手”上廉政党课2次；深入开展党风满意度测评活动；联合市纪委、市审计局、市财政局对全市各乡镇（街道）民政专项资金的使用管理进行专项检查；建立完善“一把手”定期接访、领导干部信访包案、突出问题专题分析等制度，及时处理和办结信访举报和上级交办事项，信访办结率100%。

【加强民政基层基础】 一是健全工作体系，落实人员配置。各乡镇（街道）统一设立民政机构，增配1名中层副职兼任民政办公室主任，专门负责民政办公室工作。乡镇（街道）民政办公室管理服务人员由原来的31名增加到83名。二是统筹配置村（社区）民政协理员。全市253个村（社区）共有民政协理员263人（其中相对专职人员有30人，兼职人员233人），全部到岗开展工作。三是落实经费保障。2015年，预算经费366万元用于加强民政基层基础工作。四是提升队伍能力。2015年5月，对全市乡镇（街道）民政管理服务人员进行为期3天的培训；12月1日至4日，对全市乡镇（街道）分管民政工作领导、民政管理服务人员及村（社区）民政协理员共385人分两期进行培训。

（王勇　张志勇　杨志霞　贾站茜）

乡镇（街道）

崇阳街道

【概况】 崇阳街道是崇州市委、市政府所在地，是崇州市政治、经济、文化、信息中心。距成都市主城区25公里。镇域面积75.9平方公里，辖13个城市社区、8个涉农社区、17个行政村、361个村（居）民小组，城区内有大小街、路、巷100多条。

【城市发展】 崇阳街道新启动并完成征地拆迁项目3个，包括南部新城项目、万达广场项目和琴鹤大桥建设项目。其中，万达广场项目总投资近20亿元。

【经济发展】 2015年，崇阳街道完成工商税收11153.34万元，基金收入16369.89万元。城镇居民人均可支配收入29941元，是2014年的1.12倍；农民人均纯收入15926元，是2014年的1.12倍。

【基层党建】 崇阳街道开展专题教育和领导班子思想政治建设，创新推动基层党组织设置，规范清理基层党组织和党员名册。全年，撤销基层党支部3个，清查、整改村（居）“两委”成员兼任村（居）民小组长24人，补录党员信息988名、转出党员227名、死亡党员86名、清理重复党员72名，民主评议不合格党员64名，发放入党积极分子合格证58本，发展新党员23名，转正党员39名。围绕“三严三实”专题教育，集中举行中心组学习23次，深入开展专题反思、专题党课、专题研讨等，深入查找领导班子及成员“不严不实”问题清单，并落实整改到位。完成村（社区）组织活动阵地“提档升级”9个。推进“大工委制”和“大党委制”建设，实施“双网格”、义务拆迁、治安巡逻、居家养老等一系列创新党建项目。

【信访维稳】 崇阳街道健全完善领导干部联系服务群众制度，街道党工委领导班子成员定期到联系点走访慰问，了解民情民意，帮助解决实际困难。整合民情信息员、“网格员”、群众志愿者、社区干部和街道接访调处中心的力量，按要求实施领导干部接访包案。受理来信来访699件（其中信访接待中心184件、市信访局交办88件、市级领导督办件11件、市长信箱416

件），全部按时办结。坚持“打防结合，预防为主”，落实矛盾纠纷排查预警制度、问题定期研判制度、问题跟踪化解处置制度和督查督办、管理考核制度，重点关注征地拆迁、居民安置、安置房屋质量、失地农民社保及产改遗留问题等群众诉求的焦点问题，排查矛盾纠纷 30 件，成功化解 27 件，化解率 90%以上。开展不稳定因素研判调处，对 10 件重大涉稳问题和领导督办件实施重大决策事项稳定风险评估，并全部实施稳控化解，主要包括工业区部分项目影响周边群众饮用水困难问题、原西郊村 2 组翡翠岛小区的土地证办理问题、明湖与同心安置小区的商铺问题、天顺 A 区的安置等重大涉稳问题。

【农村基础设施建设】 崇阳街道加强农田水利基本建设，实施抗旱引水、排涝泄水工程，及时维修养护渠系及提灌设备，实施雨污管截流和西江场镇雨污管配套，恢复二斗支渠供水功能。加强农村标准道路建设及农村公路养护管理，新建农村道路 7.5 公里。

【现代农业发展】 红桥土地股份合作社验收合格，职业经理人汪国彬成为成都市代表外出参观学习。完成大丰、宏营、国阳公司 3 个农业项目，培育农业职业经理人 11 人、培训实用技术农民 5500 人。全年实现粮食产量目标 14186 吨、蔬菜产量目标 14242 吨、肉类产量目标 2573 吨。

【农业集约化】 崇阳街道实施“一线一品”打造和仁里安置区“1+9+N”公共服务设施标准化设施配套。完成土地股份合作社“三百”行动，新增设施农业 150 亩，新发展红桥 14 组 300 亩“梦农业”家庭农场 1 个，规范化农民合作社建设面积 8049.82 亩，其中土地合作社面积 2265.18 亩、苗木 5784.64 亩。新增 300 亩以上定位产业基地 1 个。

【征拆安置】 崇阳街道全年实施征地搬迁项目 12 个，涉及 5 个村（社区）8 个村民小组，征地面积 494.72 亩，动迁农户 317 户，搬迁人口 1208 人。其中，新启动并完成征地拆迁项目 3 个，包括南部新城项目、万达广场项目和琴鹤大桥建设项目；扫尾征地拆迁项目 9 个，包括成百集团蔡家碾、南部新城同心片区、同心安置点、中胜二期、普洛斯、导航站、全友五期、三和安置点、石羊安置点项目。通过“自主模拟拆迁”，完成白碾社区 4 组的征地搬迁工作，保障总投资 20 亿元的万达广场项目用地。

【创新社会管理】 崇阳街道在 2014 年完成改造 20 个老旧院落的基础上，进一步加大老旧院落改造力度，投入资金 180 万元，完成 62 个老旧院落提档升级；投入资金 2775 万元，对 80 个老旧院落进行全面改造，12 月底完成。在老旧院落改造过程中，崇阳街道坚持充分依靠和发动群众，持续深化“七步工作法”。“七步工作法”在成都市人民政府办公厅专刊（第 15 期）刊出，《成都日报》曾专题报道。

【民生事业】 崇阳街道完成同心保障性住房、实验小学、明湖一期等剩余房源和天顺花苑 A 区、仁里人民医院安置小区的安置工作，安置同心村铁路项目、石羊社区 4 组及水陆村 17、18、19、21 组等拆迁群众共计 1805 户 4333 人。在天顺花苑 A 区创新实施货币化结算安置，货币化安置群众 340 户 542 人，多种安置方式促使 4000 多名群众安居乐业，缓解政府安置压力，化解安置难题，实现平稳过渡。扶贫助困“输血”与“造血”同步推进，梳理贫困户 301 户，对其中 6 户 20 人实施精准扶贫。全年，发放各类民政救助资金 300 多万元，完成首批乡镇“八大员”（指经人事部门、镇（乡）或相关主管部门批准招用，在镇（乡）作一年以上，后被清退回农村的人员）和幼儿教师共计98人的信息核对和社会保障工作，城乡居民养老保险参保人数累计10630人。拓展失地农民就业技能，开发公益性岗位332个，实现城镇新增就业、下岗失业人员再就业和失地失业农民再就业规模转移3091人。

（谭玉明）

羊马镇

【概况】 羊马镇在明代属泗安乡管辖，清代属北一甲，东三甲、东五甲分管，清末为中兴乡，宣统元年起属中兴乡区团总，1935年建立羊马联保，属崇庆县第一区署，区署驻羊马场。1940年始建羊马镇，因羊马河纵贯全境而得名，后改镇为乡，新中国成立后沿用，亦设区于此。1953年乡镇分治，1957年合并为乡，1991年改羊马乡为羊马镇，1992年崇平乡与羊马镇合并，1998年崇平乡分出，2004年，安阜乡与羊马镇合并，新建羊马镇。羊马镇交通发达，为崇州市东大门，东距成都市区29公里，距外环路19公里，南距双流机场26公里，西距崇州市区5公里，北距都江堰市47公里。318国道、成温邛公路、光华大道横贯全境。镇域面积41.10平方公里，城镇建成区面积3.18平方公里。辖伏虎、永和、中华、经功、菩提、福田、东平、大土、漕溪、白鸽、猫渡、泗安12个行政村和凌翔、崇江路、全友、安阜4个社区，共279个村（居）民小组，人口49308人。2005年8月，被成都市列为优先发展重点镇。2013年4月11日，被成都市列为小城市建设示范镇。2014年2月28日，被成都市列为成都市10个小城镇建设示范镇。2014年7月21日，被住建部等部门评为全国重点镇。2015年1月，被四川省列为全省第三批“百镇建设行动”试点镇。镇政府内设党政办公室、社会管理办公室、经济发展办公室、社会事务与公共服务办公室、城市建设与管理办公室、统筹办公室、财政所7个职能科室，下设便民服务中心、组建综合执法大队。

【经济发展】 羊马镇人均三次产业增加值42560元；地方财政收入2400万元；城镇居民人均可支配收入27550元；农民人均纯收入15102元。固定资产投入完成108241万元；城镇化率70.9%；城镇生活污水处理率、生活垃圾无害化处理率100%，城乡饮用水水源水质达标率93%。

【现代农业发展】 羊马镇对北部撂荒2000亩土地实施流转，通过公共交易平台与成都佳泰源农业开发有限公司签约，将该宗土地建成九龙超市蔬菜直供基地。佳泰源公司投资1000万元，计划2016年年底完成全部建设。推动农村土地承包经营权规范流转，推进农业共营制发展，开展土地股份合作。全镇建立土地股份合作社5个，经营面积3500亩，注册家庭农场4家，其中自在家庭农场以“有机”为亮点，吸引各级媒体关注。

【重点项目进展】 羊马镇17个重点项目累计完成投资8.37亿元，完成年计划的46.3%。其中，健生堂蜂产品加工基地项目完成投资1500万元，完成建设并投产；羊马片区农田水利工程完成投资1亿元，完成引水工程、三至六号闸门、西侧防洪通道、生态河堤整治、绿道建设及湿地修复；嘉裕酒店完成外装及酒店别墅建设，湿地公园会所及配套项目完成堆坡造型及绿化建设；四川省养老实训基地项目完成征地拆迁及总平方案设计；安阜安置区二期建设项目完成投资2000万元，完成建设；凌翔二期保障房项目正在进行主体施工；中华、泗安新城区内道路项目完成立项、地勘、施工设计及招标工作；嘉裕P4房地产项目完成基础挖方及临建设施搭建，正在进行基础施工；奥普、长坤、汇佳正在实施基础挖方及临建设施搭建。

【农村基础设施建设】 羊马镇按产业发展要求实施土地利用总体规划中期调整，经新型城镇化建设指挥部同意，将调整方案报市国土局待批。完成福田村、安阜社区、漕溪村、经功村、菩提村村庄规划编制并公示30天无异议；完成猫渡村村庄规划编制并通过市规划局技术评审；完成白鸽村约1.1公里道路建设。

【城乡环境综合整治】 羊马镇持续开展“四改六治理”和“百村容貌治理”工作，坚持生活垃圾分类收集处置，有效改善村庄质量和村居容貌。建立场镇和农村日常监督管理工作台账。推进“美丽乡村”创建，做好宣传和环境保护巡查监督工作，避免重大企业污染事件发生。加强场镇秩序管理，实现“5＋2”无缝规范管理模式。

【拆迁安置】 羊马镇完成中华三期建筑面积约8.5万平方米安置房分配工作，安置人口约1400人；紫金苑安置大土村约240人；完成凌翔社区109亩土地征地及地上附着物搬迁，保证羊马片区农田水利项目——中部生态河堤整治及东侧道路及污水管网工程进场施工；完成重庆科园79.58亩国有土地征收；福田村土地整理项目接近尾声，正在对原有总平方案进行调整，将在新地块内启动余下60人的安置。

【社会事业】 羊马镇养老工作颇见成效，菩提村日间照料中心建成并投入使用。实施计划生育“失独特困”家庭安居工程1户（军烈属家庭），落实帮扶资金5万元。继续开展好民政、残联、计生等工作，各类惠民补贴及时足额发放，各类惠民政策宣传到位。

【基层治理机制】 一是统筹村级公共服务和社会管理工作。羊马镇按照村改工作“六步工作法”，在全镇各村（社区）实施项目200个，使用资金1164万。新修组道（硬化路面）17公里，聘用保洁员、治保巡逻队员、微机员93人。二是抓好农民集中居住区管理。羊马镇按照“1＋28”“1＋23”“1＋21”标准完善农民集中居住区配套建设，实现城乡基本公共服务全覆盖。完成凌翔社区“1＋9＋N”公共服务和社会管理配套设施建设。探索农民集中居住区建设管理模式，引进市场资金，加强凌翔、中华、永和南苑统建区，及福田北苑、安阜小区、永和小区等自建区物业管理，规范和完善集中居住区公共服务。探索完善安阜新村农民集中安置点“多村合一网格化管理”模式。

【平安建设】 羊马镇做好“无毒社区”创建工作，落实帮教措施，开展宣传教育活动，营造全民禁毒氛围。推动依法治市工作，设立法制宣传栏46个，开展法治宣传50余次。开展木材市场专项整治、黄赌毒专项整治、九小场所专项整治，维护居民生产生活环境。开展矛盾纠纷隐患排查和调处，排查矛盾90件，调处90件，结案率100％。加强网格化服务管理，强化业务指导与考核。坚持依法按政策处理信访问题，建立良好的信访工作秩序，接收各类信访409件，全部处理回复，完成率100％。建立镇领导、驻村干部、村（社区）干部、组干部“四级”安全监管体系，发放宣传单2000余份。

【党的建设】 羊马镇扎实履行党建责任，党委书记带头研究解决基层党建和党风廉政建设重大问题28个，约谈村党支部书记64人次，诫勉谈话4人次。全年，通报各类违法违纪事件

27件。向市纪委提供案件线索5件，结案4件。查找“不严不实”问题11个。持续开展“走基层”活动，解决问题89件。完成32名后备干部的建档工作，完成7个村活动室标准化规范工作，大土、永和两个软弱涣散党组织实现转换提升。探索建立“网格化党小组”，解决多村合一集中安置区党员管理问题。以经功村为试点，建立“微信党支部”，实时发布惠民政策、党组织活动等讯息。依托日间照料中心，探索实行“双服务”，调动老党员投身社区建设，为羊马发展贡献余热。

【行政效能建设】 羊马镇对干部考核坚持以“德、能、勤、绩、廉”表现为主要考评内容，将公众对所有部门和人员的评价以及投诉和处理情况纳入日常和年度绩效考核，考核结果与年终评优和目标奖挂钩，与干部考评和任用挂钩。体现“公平、公正、公开”原则，调动机关工作人员的工作积极性和主动性，增强工作责任心。

（申　杨）

廖家镇

【概况】 廖家镇位于市境东北面，距崇州市区10公里。东隔金马河与温江区和盛镇相邻，南与羊马镇、崇平镇相连，西与观盛、锦江乡接壤，北与梓潼镇、都江堰市顺江乡毗邻，镇域面积24.2平方公里，场镇面积1平方公里，有11条街道。辖建华、龙岗、民和、廖场、高庆、新桃、詹湾、龙福8个行政村和天元1个社区，共134个村民小组。总户数7068户，总人口20691人，其中非农业人口人口907人。

【经济发展】 2015年，廖家镇粮食产量7955吨，蔬菜产量5235吨，肉类产量2475吨，全镇农民人均纯收入14314元，同比增长13%。全镇精准识别的54户扶贫户全部脱贫。列为2013年度成都市级相对发展缓慢村的詹湾村，经过成都市司法局、武侯区簇锦街道3年精准扶贫，全村人均纯收入超过13200元，成功脱贫。

【基础设施】 廖家镇各村民小组自主调田扩路，筹资38万余元，投工2000余个，平整村组道路1.8万余米。村小组道路硬化采取“公服资金项目PK”模式完成水泥路面铺筑5000余米。公服项目PK模式，调动了群众参与的积极性，市委统筹委把廖家镇列为公服项目示范单位，成都电视台还以《村民小组之间的PK》为题进行专题报道。廖家镇完成全镇规划区内1.3万米自来水主管网和入户污水管网铺设，完成全镇天然气主管网铺设，场镇和安置小区的入户管网进入后期施工阶段。詹湾村、建华村各修建文化广场1个。全镇修桥3座。

【农村土地综合整理】 廖家镇继续实施第二十批次3个灾后重建增减挂钩土地整理项目。其中，新桃村土地整理项目全面完成，119户农户于2015年9月全部入住新居，正在完善小区各项管理制度。另2个土地整理项目房屋建设基本完成，进入最后设施配套建设和总平工程阶段。按照政府引导、群众自愿、社会资金投入的原则，于2015年11月启动全域土地整理项目，完成群众意愿初步调查。

【社会事业】 廖家镇组织开展农村低保提标扩面工作，新增低保家庭8户，累计发放各类救助资金30余万元。为7名贫困大学生争取工会、妇联助学1.06万元，发放农业支持保护补贴42.99万元。加强劳动就业社会保障公共服务体系建设，实现项目向村（社区）服务平台延伸，转移到二、三产业劳动力人数 11813 人，就业率实现 99%以上。推行新型农村合作医疗、新型农村养老保险等各项惠农政策，城乡居民养老保险续保率 98%。

【城乡环境综合治理】 廖家镇开展河渠沿线水域环境卫生“四清”工作，清除河道沟渠垃圾 20 余吨，清除杂物 140 余件，实现河道沟渠无堆积垃圾、无漂浮物。打造民和村 16 组林盘院落整治示范点和建华村瘟祖庙林盘整治。

【基层组织建设】 廖家镇建立党员议事制度，发挥无职党员参与党内事务和公共事务的积极性，提升党员对党组织的认同感和归属感。建立党务、村务小黑板制度，全镇共建小黑板 144 个，党务、村务公开进林盘，密切党群关系。开展“党群议政”活动，引导群众参与道路建设、城乡环境整治等公共事务，廖家镇群众支持“北部 10 万亩粮经旅综合示范区”项目建设，积极退林还田，主环线道路建设涉及的 16 个组通过“党群议政”方式，完成调地修路的群众自治决议，初步实现政府治理和群众自治有机结合。

（刘瑶　牟朝孔）

梓潼镇

【概况】 梓潼镇位于市境东北角，距崇州市区 12.5 公里。东距温江区通平镇 2.5 公里，南与廖家接壤，西与观胜镇比邻，北与都江堰柳街镇、沿江乡为邻。场镇面积 1.1 平方公里，街道 7 条。镇政府位于梓潼街 49 号。镇域面积 16.3 平方公里，辖天寿、城白、自公、天府、真武 5 个行政村和兴裕 1 个社区，共 102 个村民小组。

【水利交通】 梓潼镇为平坝区，西北偏高，东南略低，平均海拔 577 米，年平均气温 15.9 摄氏度，年平均降水量 1100 毫米。羊马河、清凉河、黑石河、龙岗河从北向南穿流而过，水流充足，沟渠纵横，灌溉便利。梓潼镇道路四通八达，县道安梓路、梓沿路连接中心场镇，村道天府路、真武路同廖家镇相连，龙岗路、天寿路、自公路通向都江堰柳街镇。镇上设有农村客运站，有数班客车往返于梓潼场镇和崇州市客运中心站、西门车站之间。

【基层党的建设】 梓潼镇加强基层党建工作，强化基层基础保障，通过“三严三实”专题教育活动，实事求是总结成绩、查找基层党建工作薄弱点，制定整改措施，抓实抓牢转化提升工作。严把党员发展质量关，全年发展新党员 5 名，培养入党积极分子 21 名。加强阵地建设，新建村级活动场所 5 个，其中兴裕社区的活动场所通过验收。继续开展好“走基层”活动，实行机关干部常态化联系群众，及时收集群众反映的热点、难点问题。开展 4 次党委书记党员接待日活动，参加党员 41 人次，收集党员意见建议 38 条，解决 33 条。全友家私和梓潼镇天府村建立村企党组织共建机制，初步形成农村支部、工业企业、部门机关党组织共创共建的新格局，受到省级媒体的宣传报道。

【农村基础设施改善】 2015 年，梓潼镇村组道路建设 3670 米，沟渠建设 3007 米，累计投资 151.6 万元。梓潼镇自公村和天府村完成示范院落林盘打造。自公村田家斑竹林采用村民自建和民主协商结合的模式，由村两委引导，用村级“公服”资金补贴，村民自己搭建机构。示范院落林盘的完成改善了当地居民的生活面貌和生活质量。自公村田家斑竹林通过四川省卫生村的验收。

【现代农业发展】　梓潼镇推进共营制现代农业土地合作社组建工作，成立土地合作社 9 个，组建面积 8103 亩，全镇土地流转面积 9923 亩，依靠科技优化品种结构，调整产业结构，发展绿色农业、生态农业。完成贫困村职业技能培训 100 人、新型农民培训 120 人次、实用技术培训 3100 人次，培训职业经理人 7 人。畜禽粪便综合利用率 98%以上，农业污染综合治理 12 个，新建户用沼气池 37 口。依托崇州市益众中药材种植专业合作社，实现林下种植魔芋 70 亩。全年，肉类产量 1994 吨，蔬菜产量 4517 吨。

【城乡环境综合治理】　梓潼镇实施农毛渠清淤 9200 米、“沟渠整治”工程 1.8 万米。重点开展示范创建活动，要求各村（社区）每年都要重点打造一条道路、一条沟渠、一个林盘“三个一示范”，改造完善垃圾收集房 62 个、路灯 100 余个，绿化面积 1000 平方米。先后开展 7 次以垃圾分类宣传、文明劝导和薄弱环节治理为主题的志愿者活动，张贴发放垃圾分类宣传画 2500 余份，清理乱张贴 100 余处，规范车辆停放 40 余辆次，规范摊位 20 处，治理不规范广告 20 处，保洁面积 2000 多平方米，进入 20 家企事业单位开展城乡环境治理宣传。

【社会事业】　2015 年，梓潼镇城乡居民养老参保人数 9822 人，续保费目标人数 3803 人，征缴金额 1057.2 万元。城乡居民基本医疗保险参保 10485 人，筹资 1621050 元；大病医疗互助补充保险参保 2464 人，筹资 923730 元；城乡居民小额意外保险参保 3398 人，参保金额 96728 元；城乡居民补充保险参保 502 人，参保金额 47200 元。开展计生“阳光助学”及“困难大学生圆梦”活动，资助贫困学生 50 人次，发放助学资金 17.5 万元。实施计划生育特困家庭安居 2 户，落实帮扶资金 6 万元。为全镇所有进网入库的 397 名残疾人提供量体裁衣式个性化服务。特困残疾人专项补助 108 人 4.6 万元，残疾人居家护理补贴 210 人 7.1 万元，贫困残疾人种养殖业补助 17 人 1.1 万元，“温暖万家行”走访慰问 40 人 1.6 万元，自强助学金 11 人 1.15 万元。

【土地整理及安置房建设】　梓潼镇兴裕社区场镇安置点面积约 50 亩，可容纳项目户数 177 户 500 人，自建房、统规统建房全部完工，交房率 90%。项目节约建设用地指标约 300 余亩。

【北部粮经旅示范基地建设】　梓潼镇按照“立足总规、统筹兼顾、全域发展”的思路，根据市总体规划以及前期四川农大设计的产业规划，对大环线内的真武村、天寿村、自公村进行实地探勘，对镇域内的生态旅游发展要素进行梳理，锁定相关资源。宣传建设北部粮经旅示范基地的目的和意义，统一思想，凝聚共识。

（雷冰洁）

崇平镇

【概况】　崇平镇紧临羊马镇，镇域面积 18.83 平方公里，场镇面积 1 平方公里。辖春风、全兴、新乐、君渡 4 个村和明珠 1 个社区，共 111 个村民小组。总人口 17761 人，其中农业人口 16661 人，城镇人口 1100 人（包括失地农转非），总户数 5333 户。耕地面积 21428 亩，承包面积 19422 亩。崇平镇属平坝地区，龙岗河，黑石河、羊马河穿流而过，农业以水稻、小麦、油菜为主，经济作物以川芎、土烟及花卉苗圃为主。2015 年，人均纯收入 14680 元，农业总产值 17700 万元。镇政府内设党政办、群众工作办公室、经济发展与社会事务办公室、财政所4个职能科室，下设事业管理服务中心1个直属事业单位，设便民服务中心、劳动保障所、司法所服务窗口。

【经济发展】 崇平镇有中小型企业近40家，吸纳农村富余劳动力6212人，年产值12.12亿元，实现工业总产值11.24亿元。大型企业有明珠家具有限公司、帝利斯鞋业、三秋皮鞋厂、雄风皮鞋厂、俏尼尔皮鞋厂、科源公司等。“明珠”家具是国家免检产品、中国驰名商标。2015年，全镇完成工商税收3100余万元。崇平镇发展种养殖业和花卉苗圃业，生猪生产年出栏3.96万头；土地流转形成规模，面积7300亩。有大型超市5家、大小餐馆100余家，从业人员1200余人，实现增加值1180万元。实现本级财政收入976.34万元，财政支出976.34万元。全镇社会销售零售总额6400万元，农村居民存款余额28000余万元。

【劳动就业】 崇平镇劳动力总数10362人，就业率98%以上，实现转移就业（即农村富余劳动力转移到二、三产业）6212人，转移就业率98%。城镇“4050”人员全部实现就业。对就业实名制实行动态管理，率先实现充分就业。

【社会事业】 崇平镇改善场镇基础设施建设，场镇居民天然气入户率90%以上。全镇配备垃圾清运汽车2辆，配齐垃圾清运人员61人，全年城乡环境整治工作投入资金约150万元，农村环境整治工作全面展开。加大计划生育工作宣传力度，落实最低生活保障制度，做到“应保尽保”。城乡居民医疗保险参保率100%，少儿互助金参保率100%，农民养老保险基本实现全覆盖。通过广泛宣传，全镇新增参保316人。完成基层民兵组织信息的调查工作和民兵整组工作，做好2015年夏季征兵工作，输送多名优秀青年入伍。引导农户建设农村户用沼气池，全年新建沼气池10口。全兴村、春风村2个村委会新建完成并投入使用。

【基层组织建设】 崇平镇党委、政府重视领导班子的政治理论学习，加强党委中心组学习。推行村、社区党支部、村委会成员工作承诺制，开展一年三次的“三向讲评”活动，推动村党支部、村委会工作开展。发展新党员4人。组织镇党委、政府班子及村党支部、村委会班子成员定期召开民主生活会。常态化开展“结对心连心·我们在一起”“走基层、解难题、办实事、惠民生”主题教育活动，开展“三严三实”专题教育活动。

【作风建设和效能服务】 崇平镇制定《崇平镇政府机关首问责任制度》《崇平镇政府机关限时办结制度》等“四项制度”，设立首问责任岗，镇干部去向牌等。制定实施《崇平镇机关干部绩效考核制度及管理办法》，对机关干部的纪律作风和工作表现进行全方位考核。学习贯彻中央“八项规定”和省市“十项规定”，抓好机关干部工作作风建设和行政效能建设，提升政府服务形象，促进规范化服务型政府建设。

（熊燕飞）

三江镇

【概况】 三江镇位于市境东南，东过金马河同双流县金桥接壤，南和新津县兴义、万和、文井毗邻，西隔文井江与大邑县沙渠、龙凤相望，北与大划、江源相连。镇域面积47.12平方公里，其中耕地面积39855亩。总户数15782户，总人口54402人，其中非农人口956户3890人。辖2个集镇、3个社区居委会、17个行政村，有24个居民小组、292个村民小组。三江镇距崇州市城区 16 公里，距成都市中心城区 35 公里，距国际机场西南航空港 18 公里，有省级公路怀华路同国道川藏线相接。

【企业和优势产品】 三江镇工业有炼钢锻铁、汽配加工、塑管、家具、饲料肥料和新引进食品企业。农业有六大生产基地：优质稻生产基地、郁金生产基地、无公害蔬菜及食用菌生产基地、花卉苗木生产基地、家禽家畜和商品鱼生产基地、优质水果生产基地。其中，“听江”牌无公害蔬菜、“旺达”牌饲料、“达江”牌装饰材料久负盛名。郁金生产历史悠久，有“中国郁金之乡”美名。曾在中国特产文化节暨中国特产之乡十周年工作总结表彰大会上获评全国发展特产之乡先进集体。

【基础设施】 怀华路穿越镇属两个集镇，半小时内可直达省城。崇双货运大道、崇新路、三安路（三江—安仁）均为水泥路面，分别与新津、大邑县城相通。完成“村村通”水泥路面硬化工程，大小车辆畅行。成都市第二绕城高速公路穿境而过，途径三江镇牂牁村、仁和村、桥东社区等 8 个村（社区），并在三江镇桥东社区设出口 1 处，三江镇进入成都“1 小时经济圈”。境内有自来水厂 2 座，场镇水厂日供水量 1000 余立方米；有中学 1 所、标准化九年制学校 2 所、公办幼儿园 2 所、民办幼儿园 1 所；有公立卫生院 2 家；邮电、电视广播、银行、信用社、工商、税务、公安派出所、法庭、变电供电、农机、房管、国土等机构配套完善。光纤电缆在场镇普及入户，并向村、组、户延伸。每年二月初九举办“文经博览会”，秉承“诚招天下来客，广纳四海嘉宾”的办会宗旨，会期近 10 天，与会客人流量日均上万。

【党建工作】 三江镇组织开展“三严三实”专题教育活动，推进党的思想政治建设和作风建设。针对“三无”（无执照、无资金、无场地）企业整治措施不力、土地管控不力、党员干部意识差、拆违进展缓慢等突出问题，采取严的标准、实的措施，确保责任落实。加强党风廉政建设，重点加大对项目建设、违建治理、征地补偿和社保指标等容易滋生腐败的关键环节、重点领域的监管治理力度和案件查处力度，坚决惩治腐败和纠正损害群众利益的不正之风。开展走基层和“结对心连心·我们在一起”活动，建立民生诉求台账 226 件、困难群众台账 153 件、稳定台账 9 件，经部门和乡镇联动，销账 388 件。开展软弱涣散组织专项整治，明确问题、明确责任、明确任务，发挥好市级选派“第一支部书记”的作用，形成由党委书记负总责、分管领导和联系点领导具体负责、村党支部书记是直接责任人的工作格局。加强党员教育和管理。有序推进依法治理工作。加快村活动场所升级改造建设，升级改造完成 8 个行政村活动场所。

【产业项目建设】 三江镇推进成都市“成新蒲”都市现代农业示范带建设工作，完成 1000 亩高标准农田整理，基本完成 420 亩标准化食用菌基地主体厂房框架和园区建设，实施黑石河 1 斗、2 斗、3 斗共 20 公里长斗渠和 22 公里长农毛渠生态渠整治工程，完成贾碾—仁和—货运大道 3.3 公里草油路铺设，完成“香木村”星级农家乐打造，引资 2000 万元在擦耳大桥建设岷江源乡村星级酒店，主体工程完工。加快成都金江源食用菌基地建设，打造三江镇龙头农业企业。开展古泉村、沿河村、仁和村、宋桥村、王桥村建设用地整理，完成四川淇瑞投资有限公司实施的崇州市农产品商品化处理中心建设项目，崇州市易晋农业项目投资有限公司实施的崇州市羊马镇与崇州市三江镇沿河村、富国村、蒙渡村、舒桥村城乡建设用地增减挂钩试点项目，九江 500 千伏线路工程，成都晋元投资有限公司投资实施的三江镇20批次土地增减挂钩项目用地整理。完成崇新村、皂角村等7个村农用地整理。

【重点工作】 三江镇先后开展4次强拆，完成40宗74户违法建筑拆除，拆除面积309.58亩。建立健全镇、村、组三级安全生产监管体系，做好道路交通、水域安全、建设施工、危化品等安全大检查工作。深化提升城乡环境综合治理，开展“四改六治理”“七乱”“商招店招”“牛皮癣”等专项治理，实现城乡环境综合治理工作长效性、常态化管理。接处各类纠纷116件，成功调处102件，市上转办来信访件26件，全国信访信息系统转办信访件46件，按要求及时处理回复。

【社会事业】 三江镇落实计划生育政策，符合政策生育率97.2%，按政策审批一孩和办理独生子女证共计524例，照顾生育二孩生育审批122例，“单独二孩”办证61例。完成29户“阳光爱心助学工程”，完成农村妇女“两癌”1700余人的筛查目标任务。落实农村、城镇低保及高龄、五保、优抚安置和双拥、社会救助、殡葬改革等相关政策。推进标准化幼儿园建设，完成听江、仁和日间照料中心建设，全面开展精准扶贫工作。农村养老保险实现全覆盖。利用公共服务专项资金和“一事一议”财政奖补资金，修缮永同村、蒙渡村、富国村、沿河村破损河渠31400米，涉及灌溉面积5700亩，淤塞河渠清淤量17315立方米。崇新村、宋桥村、宋桥村等村组的自来水管道铺设工程及三江镇污水管道的铺设正有序进行，三岔路段的污水主管道基本铺设完成。

（赵　婷）

大划镇

【概况】 大划镇位于市境东南，全镇几呈梯形状，镇域面积22.48公里，黑石河、白马河由西北向东南流经全境。东连江源镇，南接三江镇，西临西河与大邑沙渠镇、董场镇、崇州集贤乡相望，北靠崇阳街道和羊马镇。辖崇镇、石桥、德寿、登田、灰窑、划石、净居、白果8个行政村和1个场镇社区，共134个村民小组、11个居民小组，总人口23587人，其中非农业人口6700人、少数民族55人。镇政府内设党政办公室、经济发展和社会管理与公共服务办公室、群众工作办公室、财政所、市场监督管理所、安全生产管理办公室、环境保护办公室、社会治安综合治理办公室、事业管理中心、劳动就业和社会保障中心10个职能科室。2015年，大划镇获评2014—2015年成都市烟草市场“三级联管”工作先进单位、财政管理工作优秀单位、工会工作目标考核优秀单位；获得崇州市第九套广播体操比赛优胜奖、崇州市2015基层优秀宣传案例展演二等奖。大划建筑工程有限公司承建项目荣获成都市“芙蓉杯”奖项。

【经济发展】 2015年，大划镇财政收入1933.78万元，粮食产量8375吨、蔬菜产量5332吨、肉类产量2024吨。农民人均纯收入14921元。捷普项目实现产值36亿元。

【项目建设】 大划镇完成高庆至捷普线、鲁家至捷普线、隆康线等线路拆迁，完成成温邛快速路（含改配道路）、二绕互通、明湖路及紫荆苑五期、大划镇公立幼儿园、大划镇污水处理厂等项目征地拆迁，共计征地910.6亩，拆迁355人。

【都市现代农业】 大划镇新引进农业项目1个（锐新农业），实施农业项目2个（自然之源农业公司和万丰农业）。崇州市食用菌协会完成换届选举，李卫东任崇州市新一届食用菌协会会长。新增设施农业230亩，规范化农民合作社面积9500亩，改造提升幸福美丽新村1个（石桥村）。培育发展蜀南湖旅游观光农业、沿黑石河乡村观光特色农业。蜀南湖乡村旅游观光农业初具规模。

【基础设施建设】 大划镇完成大江路王石桥段破损路面、桥面维修工程；完成立申路路面修复和捷普青年公苑路、老崇双路两侧路面拓宽硬化；完成大划场镇庆丰桥至大划老大桥段水毁堤岸浆砌工程；完成场镇社区活动中心提档升级，包括社区办公楼维修、社区进出道路装修改建、部分排水管网维修改建、场镇文化活动广场建设及铺设彩砖、广场绿化、健身器材安装等；场镇顺河街、政通街、立申路等安装路灯39盏；在场镇范围标识停车线，规范场镇停车。

【道路交通】 大划镇新建（改建）农村道路14.2公里，完成“二绕”辅道维修扩建。白果村3组“7·9”洪灾损毁桥梁修复竣工。在捷普青年公寓周围主要道路安装隔离栏、防撞桶、红绿灯，在货运大道（德寿村、崇镇村、石桥村）和华怀路（石桥村、划石村、场镇社区）两条主要交通干道交叉口子安装减速带300多米，保障群众出行安全。

【城乡环境综合治理】 大划镇开展“牛皮癣”集中整治行动，深化“七乱”（垃圾乱扔、广告乱贴、摊位乱摆、车辆乱停、工地乱象、河道乱污和违规搭建）“四清”（清垃圾、清污水、清污泥、清杂物）治理；拆除违章建筑8家；完成石桥村李家大院、划石村宋家林院落整治打造，并建立长效机制；关闭排污企业1家、养殖场4家，下达整改通知4家，处罚4家，整改4家；实施泉水河清淤加引活水工程，完成黑石七支二斗副斗渠、石桥村1—11组和白马河李家堰斗渠等黑臭河渠整治；维修改建垃圾房32座。

【民生改善】 大划镇定期完成各项目拆迁农户过渡费发放，安置拆迁困难群众101户；有重点优抚对象245人，有年满60周岁享受生活补助的退役老年士兵140余人，9月，为全镇优抚对象进行体检；完成调评残6人；保障好低保家庭、五保户、残疾人等困难群众的基本生活，为662户残疾人做个性化服务，为1062名残疾人及疑似残疾人提供新农合补贴。97名残疾人申请生活困难补助，20名残疾人申请种养殖扶持，232名重度残疾人获得重度护理补贴，33名重度残疾人申请居家托养补贴，28名白内障患者免费进行手术，94名重度残疾人申请购买城职保险并已有47名到龄人员开始领取保险金。为12名残疾人安装无障碍设施，为10多名肢体残疾人开展社区康复训练。

【社会事业】 大划镇城乡居民养老保险总额783.24万元，缴费人数2646人，城镇新增就业9500人，失业人员再就业和失地农民再就业1770人，清除“零就业”家庭，富余劳动力向非农产业新增转移就业237人。启动石桥村、白果村两个日间照料中心建设，全镇有服务床位30张，服务老人600余人。全年救助住院生病人员50人，临时救助5人，快速救助86户138人。筹集“慈善一日捐”款项3万余元；完成全镇10户贫困户精准扶贫和德寿村贫困村申报，培训新型职业农民5人，培训农民实用技术4600人次；完成6户农村廉租房建设申报。

【“固本强基”工作】 大划镇严格落实“八项

规定”，建立健全规章制度，编制《大划镇机关工作制度》。按照“从严从实”要求，发展新党员6名。召开庆祝“七一”表彰大会，表彰先进党支部5个、优秀共产党员57人。镇机关支部完成改选，焦绍文任支部书记、葛德莉任组织委员、黄润兰任宣传委员。开展“走基层”活动，走访群众9500人次，收集意见建议370条余，“三本台账”建账81个，销账70个。明确镇村两级党建责任，形成“责任清单”17份。整改2014年评议查找的个别村“党组织软弱涣散”等8个问题。聘请第三方机构审计村（社区）财务，约谈村（社区）书记、主任58人次。处理来信来访318件，化解316件，化解率99%。

【“三严三实”专题教育】 镇党委全面负责“三严三实”专题教育，结合大划镇实际情况，制订《大划镇“三严三实”专题教育实施方案》。全年，开展专题学习教育31次，开展讲专题党课和政策宣讲报告20次以上，围绕“严以修身”“严以用权”“严以律己”专题学习研讨3次。召开各类警示学习教育12次以上。查找出班子“不严不实”突出问题和具体表现8条，对应每条问题制订整改措施。班子成员查找出“不严不实”突出问题和具体表现56条。

（魏　璐）

江源镇

【概况】 江源镇位于市境东南，地处崇州市、温江区、双流县三区县交界处，东临温江区金马镇，南靠双流县金桥镇，北接羊马新城，西连市经开区。镇域面积27.1平方公里，辖8个行政村、2个社区，共168个村民小组。镇域内羊马河、石鱼河和青羊河三河交汇。光华大道延伸段、崇双货运大道穿境而过，正在建设的成蒲快铁、成温邛快速通道横贯全境，第二绕城高速将江源全部纳入“二绕”范围，江源镇进入成都“半小时经济圈”。

【特色产业】 江源镇培育土地股份合作社、家庭农场等新型经营主体，成立土地股份合作社8家、家庭农场5家，成立农机、劳力等合作社2家，种植专业合作社23家，统一经营面积2.4万多亩，其中土地股份合作社统一经营面积1.6万多亩。邓辏土地股份合作社“超奖短补”经营模式受到成都市肯定，经验交流文章转发至各区市县。36名职业经理全部竞争上岗。合作社办理经营权证8家。洪福、寨子2家合作社凭经营权证办理抵押融资。富明、新天地等6家合作社与蜀禾彩签订电商销售协议。中良、何桥等创造性开展土地股份合作社种植经济作物提质增效试点。桅杆土地股份合作社启动粮食烘储中心建设。增荣农机合作社启动农机车库建设。邓辏土地股份合作社198万元分红现场会受到媒体广泛报道，被中央电视台录为专题记录片。

【统筹城乡发展】 江源镇继续完善农村产权管理服务，为83户农户提供农村产权变更服务，调解农村产权纠纷3起。继续深化村级公共服务和社会管理改革，成立江源镇农村产权和公共资源交易服务站，有5个村（社区）申报各类建设项目8宗，其中3个项目完成交易。实行城乡环境日常保洁及垃圾清运项目外包，成立老年协会文明劝导员参与场镇管理。引入社会资本，启动江源镇老旧市场改造。建立城乡环境督导考核机制，并代表崇州市接受成都市“百村容貌”检查组的验收。完成场镇所有污水管网的铺设和13条黑臭河流清淤工作。将河道沟渠的日常保洁纳入城乡环境外包项目，单独对羊公桥、七支大闸、九支大闸落实专人负责保洁。开展“幸福美丽新村”建设，开展农集区管理，开展垃圾前端分类处置。

【基础设施建设】 江源镇改造建成石鱼村日间照料中心和唐兴社区日间照料中心并投入运营，完成大庙村、桅杆村、崇福村、寨子社区、邓公村5个村（社区）村级活动阵地建设项目“三通一平”（通水、通电、通路、平整土地）工作，完成羊马河光华大道至成蒲铁路桥段1600多米生态河堤建设项目，完成石鱼河、青羊河、砂子河等13条河渠的清淤工作，启动场镇截污管网铺设工作，完成农村公路11.3公里及2座旧危桥改造建设，完成红土村“1+23”公共服务配套用房建设。江源镇公立幼儿园项目完成三通一围及地勘工作。

【社会事业】 江源镇“公开、公平、公正”执行劳动就业、社会保障、教育卫生、民政优抚、计生奖励、农业补贴等一系列民生惠民政策，全镇有15033人签订代扣代缴协议，实现新合医疗保险全覆盖。对全镇15233个劳动力进行动态管理，帮助377名失业人员就业。发放独生子女父母奖励金27万余元，发放奖励扶助金200余万元，发放独生子女死亡重残奖励扶助金47万余元，发放贫困助学和大学生圆梦工程资金6.2万元，发放低保、优抚、五保等民政经费约268万元，发放城乡困难医疗救助8万元。开展临时救助19户，救助金额8万元；开展快速救助59户，救助金额2.75万元；开展“阳光圆梦”工程5户。筹集资金2万多元，完成邓公村、寨子社区各一户精准扶贫户的脱贫工作。通过“一折通”将农户补贴发放到位，6742户农户获得补贴，总资金151万元。完成全国第二次地名普查工作。

（王波　邓思）

王场镇

【概况】 王场镇位于市境西部，东与白头镇相连，南与燎原乡接壤，西与大邑县晋原镇、青霞镇毗邻，北与道明镇相接。镇域面积29.41平方公里，辖觉皇、东风、清明、桂花、菜花、大雨、莲花、板槽8个行政村和五福、中心2个社区，共138个村（居）民小组。镇政府驻义兴中路107号。全镇设党委1个，下设党支部15个，有党员792人、远程教育站点11个。镇政府内设党政办公室、经济发展办公室、社会事务管理办公室、财政所、事业管理服务中心、群众工作办公室、劳动就业和社会保障中心、食药监所、安全生产管理办公室、环境保护办公室等11个职能科室。

【产业项目建设】 王场镇加强招商引资，抓好项目推进，引进成都远盛投资集团、花海莲溪2个项目。其中，远盛集团计划在莲花村投入1.2亿元建设现代农业生态园，2015年实现投资8000万元；莲花村花海莲溪生态体验农庄项目启动建设，建成后将形成年接待1.4万人次的观光休闲产业。完成成蒲铁路3个村16个村民小组征地拆迁，共征地231.46亩，拆迁安置83户384人，启动成蒲安置点一期建设工作。完成崇王路征地103亩，拆迁安置14户48人，崇王路路基初步形成。

【基础设施建设】 王场镇利用“公服”资金完成农村道路7.5公里建设，利用10万亩高标准农田整治契机，完成格田整理800余亩，利用财政补助形成资产交由农民合作社持有和管护，完成清源土地股份合作社烘储中心建设及配套农田水利设施建设，利用“一事一议”资金完成菜花等3个村近3.25公里的道路建设，利用扶贫对口资金完成党皇、东风2村道路建设4.2公里，利用发改项目资金完成中心社区富康路改扩建道路2.7公里，争取到市交通局资金400余万元，改造王东路破损路面3公里。

【“一村一品”打造】 王场镇清明村、东风村、桂花村依托崇王路建设项目、10万亩高标准农田建设项目、千亿斤粮项目，做好特色农业和优势产业宣传，打造工作。建成东风村340亩蔬菜产业基地、清明村1120亩优质制种基地、桂花村310亩葡萄园产业基地、大雨村110亩优质冬枣基地、菜花村380亩黄菜籽种植基地。

【扶贫开发工作】 王场镇落实市、镇、村三级帮扶责任制，因户施策，以帮助发展产业的方式，使用帮扶资金28.3万元，帮扶37户农户脱贫，2015年7月底前，全面完成脱贫任务。

【社会事业】 王场镇为困难群众发放快速临时救助、困难群众救助及低保救助482户171余万元，为342位低保人员购买新合医疗保险，为34个低保家庭儿童购买少儿互助金，新型农村合作医疗参保率99.5%，农村、城镇低保实现应保尽保。实施计生特困家庭安居工程2户，“阳光爱心助学”受助贫困学子52人，发放助学金24万余元。做好为老养老服务建设，完成中心、五福两个社区老年人日间照料中心建设。完成3.4公里民生道路建设。

【环境治理】 王场镇继续开展城乡环境治理，重点推进百村容貌治理工作。以“政府引导、群众参与”模式落实责任制，完善和实施垃圾分类、建立星级评比等各项规章制度。加强环保巡查监督力度，广泛宣传新《中华人民共和国环境保护法》，做到全民动员，齐抓共管。协助查处环保投诉3起、“三无”（无营业执照、无环保审批、无污染防治设施）企业1起。做好秸秆禁烧暨综合利用工作，动员230余人，集中开展禁烧宣传工作。以散发宣传单、签订承诺书、广播宣传等方式，做到“无黑斑、无烟雾、无火光”。启动黑臭河渠治理工作，按照民办公助的方式，全镇7个村（社区）共投入100余万元自主开展黑臭河渠治理工作，整治沟渠5条共23.8公里。

【党建工作】 王场镇深入开展“三严三实”专题教育。通过书记讲党课，开展严以修身、严以律己、严以用权等专题学习，加强全镇党员干部宣传教育，通过开展“走基层”“结对心连心·我们在一起”等活动，提升党员干部责任意识、大局意识和服务意识。加强党员干部教育和管理，发挥基层党组织的政治功能和服务功能。加强廉政宣传，设置廉政公益广告6处，设立廉政建设宣传栏10个，发放廉政宣传资料7000余份、廉政建设手提袋5000余个。规范村级财务管理制度，强化对村公资金等重点领域的监管。设立24小时监督投诉电话，开通“生态王场”官方微博、微信公众号，开展各类督查10余次。建立土地股份合作社党支部1个，下设党小组6个，配备齐全活动场地和办公设施设备，为推动王场镇农业共营制做好组织保障。

（汪　红）

白头镇

【概况】 白头镇是纯农业镇，位于成温邛高速崇州到大邑的中心点上，距崇州市区6公里，镇域面积16.7平方公里，辖和乐、高筧、三洞、甘泉、五星5个行政村和天竺1个社区，共107个村民小组；全镇设党委1个，下设党支部11个、党小组72个，有党员586人。总人口15447人，其中农业人口13826人。劳动力人口10126人，其中城镇790人，农村9336人，外出务工6453人，新增就业765人。耕地面积1.6万亩，主产水稻、小麦、油菜等作物。2015年，农民人均可支配收入16346元。有土地股份合作社6家，耕地规模经营度88%。特色农产品主要有“白头五星”品牌的优质大米、生态菜籽油、健康猪肉及“土而奇”虫草鸡蛋、有机蔬菜、铁皮石斛等。白头镇以“亮点镇·精品村”建设为主线，按照“生态湿地·健康食地”的理念，精心打造桤木河生态湿地，建立省级湿地公园，正创建省级生态旅游示范区。2015年，白头镇获评“成都市法治示范镇”、崇州市安全生产先进单位，五星村获评“全国民主法治示范村”“中国最美休闲乡村”。

【镇村规划】 白头镇坚持“五规合一”，建立科学规划体系，坚持规划先行，统筹协调发展。通过对土地利用总体规划、产业发展规划、公服配套规划、生态保护规划的编制或修编，形成与总规高度契合的规划体系。在完成《白头镇总体规划》《白头镇五星村村庄规划》后，为增强规划的可实施性，还专门编制了《白头镇空间利用总体规划》《白头镇林盘保护与发展规划》《桤木河湿地北段修建性详细规划》《白头镇新场镇修建性详细规划》《白头镇和乐村5、6、7组及甘泉村王家林保护与利用修建性详细规划》。

【新农村建设】 白头镇遵循“小规模、组团式、微田园、生态化”的理念，着力打造“体验农业之乡、生态健康小镇”。五星村依托土地综合整理项目，探索集体建设用地使用权抵押融资，撬动金融资金下乡参与新村建设，同步推进城乡公共服务和社会管理均衡化改革，建设“业兴、家富、人和、村美”的幸福美丽新村。项目总投资近2亿元，按照“宜聚则聚、宜散则散”的原则，分为3个区域26个组团，建筑面积12万平方米，入住农户751户2815人，集中居住率96%。白头镇总结运用“五星经验”，同步启动其余4村1社区土地综合整治项目，完成前期宣传动员，正在进行群众报名和安置点征地工作。

【生态惠民】 白头镇按照“统一规划、资源整合、市场参与”的思路，在桤木河沿线加快建设“生态湿地、健康食地”，为崇州以西培育一个生态“绿肺”。完成示范段2.8公里1100亩区域打造，并引进专业公司进行管理运营。湿地北段、南段进场施工，南段骑游道建成。完成黑臭河渠整治工作，清淘沟渠11400米。

【产业发展】 白头镇深化农业共营制，推进现代农业发展。全镇6个土地股份合作社入社面积10391亩，耕地规模经营率88%，农民组织化程度85%。建成高标准农田8000余亩，农业生产能力持续增强。建成稻田养蟹养鱼示范基地100亩、铁皮石斛种植基地180亩；建成种养循环示范场4个、智能化育秧中心1个、粮食烘储加工中心2个、农民职业经理人实训基地1个，培训职业经理人12人；建成惠丰农业智能化管理系统。围绕“生态湿地，健康食地”建设，注册“白头五星”农产品品牌，向市场推出优质大米、生态菜籽油、健康猪肉等农产品并取得一定效益。发展乡村旅游，促进一三产业互动发展。租用农民空闲房屋打造的闲来民宿，2015年年底接待游客6000余人次。依托乡村旅游发展，组建安定旅游合作社，利用村民空闲房屋入股，发展民宿旅游。按照“一三互动，产村相融”的思路，做好生态农业基地景观化、新村建设标准化、农业产业品牌化，实现“农区变景区、田园变公园、农房变客房、产品变礼品”。

【社会事业】 白头镇以扶贫开发为核心，着力增加群众收入，完善社会保障。2015年，农民人均可支配收入16346元。开展订单、定向、委托、合作培训等方式，完成实用技术培训7869人次，提高农民就业技能；引导农民自主创业、居家就业、园区就业、就地就业，增加农民工资性收入。城镇新增就业72人，农村富余劳动力向非农产业新增转移就业475人。完成全镇117户贫困户走访调查并制定“量体裁衣”式帮扶方案，实现“应保尽保”。资助残疾儿童21人购买少儿互助金，为4名贫困精神病患者申请免费服药，为2名残疾人重症精神病患者申请住院治疗，救助特困残疾人44户。开展关爱留守儿童、空巢老人计划。

【“三严三实”专题教育】 白头镇是成都市委书记黄新初和崇州市委书记赵浩宇的“双联系点”。专题教育开展期间，白头镇先后在5村1社区主持召开20多次群众恳谈会、10余次“百姓智囊团”会议、多次深入村组院落开展“乡村夜话”，广泛听取群众意见，查找出领导班子“不严不实”问题22个，建立问题清单，制定42条整改措施，一一加以整改。为持续巩固“三严三实”专题教育成果，白头镇对各项规章制度进行清理和完善，确保以严的制度督促全体镇村干部把“三严三实”专题教育中形成的严实作风持续坚持下去，并转化为自觉行动。

【城乡环境保护】 白头镇提高群众环保意识，宣传开展城乡环境综合治理的目的意义，镇政府设计制作大型环境卫生公益广告2处、垃圾分类宣传栏6个、垃圾分类宣传标语20条，散发城乡环境综合治理宣传资料2万余份，张贴垃圾分类宣传画5000余份。结合城乡环境卫生“四改六治理”，开展清洁入院活动，采取“1+3+N”模式开展网格化社会管理，群众新居房前屋后、院内院外干净整洁。持续抓好“七乱”治理，按照“自我参与、自我管理、自我维护、自我监督”的原则，推进“值周制”“门前五包”“一元钱”等措施在全镇107个村民小组实施开展。

【深化改革】 白头镇全镇推进财政投入资金形成资产股份量化试点、财政投资收益扶贫试点、崇州市白头镇农业生产设施所有权登记颁证试点、农民集中居住区村民自治试验试点4项深化改革工作。完成崇州市白头镇农业生产设施所有权登记颁证试点工作，其余3个试点工作正在有序推进。开展农民合作社放活经营权工作5宗，办理农村产权抵押贷款3宗。

【精准扶贫】 白头镇有五星村、三洞村2个相对贫困村和精准确定的54户相对贫困户，镇政府以基础扶贫、产业扶贫、新村扶贫、能力扶贫为重点，整合资源投入基础设施建设、新村建设和产业发展，优化发展硬环境，针对每户贫困户具体情况，开展住房帮扶、就医帮扶、入学帮扶和就业帮扶，帮助贫困人员找到致富路子，增强脱贫致富软实力。2015年年底，完成减贫目标和脱贫任务，54户相对贫困户全部脱贫。

【依法治镇】 白头镇结合“法治示范乡镇”创建，开展依法治镇和普法活动。以法律“七进”为载体，开展普法宣传教育，打造五星村法制宣传走廊、广场及场镇“法制一条街”等，开展“守法模范家庭”和“守法模范公民”创评活动，深化“以案说法”“法治大家谈”和评选“守法模范家庭”“守法模范公民”活动，实行法律顾问制，五星村成功创建为国家级“民主法治示范村”“成都市平安示范村”。

【党建工作】 一是创新合作社党建，通过智力联接、同业联接、会员联接“三个链接”和党员示范引领、帮带提升、暖心聚力“三项行动”，实践总结出“3+3”合作社党建模式，组建“白头农业合作社党建组团”，促进合作社报团发展。二是围绕政治功能和服务功能，深化完善“一核多元、合作共治”基层治理机制，在五星村探索出“1+3+6”管理新模式。三是以强村带弱村，由和乐村支部书记兼任高筧村支部书记，抓强组织建设，抓好日常工作，提高高筧村领导班子战斗力。2015 年，白头镇党风廉政建设社会评价指数排名全市第一。

（舒　莹）

道明镇

【概况】 道明镇位于市境之西偏北，镇内地势西北高、东南低，兼有丘陵平坝两种地貌类型，处于成都平原西部边缘无根山丘陵区与坝区交接地带。东与济协乡接壤，南与白头镇、王场镇毗邻，西与怀远镇和大邑县青霞乡相邻，北与公议乡相连，东北隔西河与锦江乡相望。镇域面积 36.1 平方公里。辖龙黄、顺交、双杨、升平、永乐、天水、四河、斜阳、红旗、三龙 10 个行政村和东岳、白塔路 2 个社区，有村（居）民小组 145 个。总户数 7012 户，总人口 22495 人，其中农业人口 20528 人。

【经济发展】 2015 年，道明镇粮食产量 12481 吨、蔬菜产量 13301 吨、肉类产量 3246 吨；完成 10 万亩基地高标准农田建设 1.3 万亩，新引进农业项目 2 个，实施农业项目 6 个，新增设施农业 355 亩；坚持培训培育农业职业经理人制度，规范化农民合作社面积 1 万亩，完成土地股份合作社“三百”行动目标任务；完成创建省级农产品质量安全监管示范市目标任务；新建幸福美丽新村 1 个、保护建设幸福美丽新村 1 个；完成农村精准扶贫脱贫 52 户，改造和完善高标准基本农田项目 2 个、挂钩项目 2 个。全镇生产总值 4.2 亿元，农民人均纯收入 14297 元。

【社会事业发展】 道明镇常抓计划生育工作，符合政策生育率 97%，超额完成上级下达的 91%的目标；新增计划生育“三结合”33 户，全部纳入“阳光爱心助学”和“圆梦大学生工程”，统一发放助学金和争取“安居工程”资金。为全镇 1005 名残疾人提供 12180 项“量体裁衣”式个性化服务，对 13 名白内障患者、20 名残疾学生和残疾人子女、189 名重度残疾人、38 名从事种养殖业的农村贫困残疾人家庭实施关怀救助。完成就业、失业登记目标任务的 103.1%；全镇参加城乡居民社会养老保险率 99.8%，基础养老金发放率 100%；完成全镇成人及少儿医疗保险筹资工作，参保率 100%。重点优抚对象医疗保险参保率 100%，实现城乡低保应保尽保；全年实施医疗救助 41 起，救助金额 46992 元；镇、村老年协会建成率 100%，1 个社区日间照料中心通过验收。兑现农业支持保护补贴资金 218.6 万元、计划生育补贴类资金 14.79 万元、耕保金 10.28 万元。全年无安全事故，无一进京、进省、进成都市上访和群访事件。开展 13 次邻里守望志愿服务，各村（社区）每月开展一次各类志愿服务活动；按时开展节日主题志愿服务活动；正常开展网络文明志愿传播活动，每月按时报送网络文明统计表；每月开展“身边好人评选”推荐工作，推荐身边好人 12 人；每月开展道德讲堂一堂；以道明竹之韵艺术团为主体，全年常态化开展文化宣传活动，弘扬正气，宣传正能量。落实医疗卫生和新农合工作；稳步推进社会治安综合治理工作；有序推进网格化管理工作。

【市政基础设施】 道明镇推动一般场镇改造，

完成白塔湖专用通道拆迁安置小区对外连接道路1000余平方米的硬化及地下管网铺设，新安装太阳能路灯10余盏（套）；完成蜀曹线安置区300余万元的基础设施配套；有序进行道明镇土地整理安置区建设，500余套安置房中有400套房屋封顶，完成投资7000余万元；旧城改造项目完成投资1500余万元。

【地质灾害防治】 道明镇对山区地质灾害58个点位防治进行2次培训、2次综合演练，发放宣传资料1500份，完成2户农户地质灾害避险搬迁任务。拟以实施土地整理增减挂钩方式搬迁隐患点村民，完成项目摸底调查和编制立项工作。

【特色文化旅游发展】 道明镇成功协办第三届四川国际自驾赏花节。完成道明镇“四川省乡村旅游特色镇”和“四川省乡村旅游特色业态”的申报和验收准备工作。规划自行车赛道、山地旅游健身步道、竹艺村建设等项目。举办国家级非物质文化遗产“道明竹编”技能展示大赛。继续推进校地合作，与央美协同创作竹编新作品60余个。组织“非遗进校园”培训活动，培训2000人次。

【“项目攻坚”行动】 道明镇完成新增千亿斤粮食项目、10万亩环线项目、长马沟项目、成都市级农业综合开发项目、烘储中心项目5个农业项目。完成竹艺村、缘道家庭农场2个服务业项目2015年建设工程。完成严家院子林盘整治项目。基本完成蜀蒲线安置小区安置房主体施工及风貌建设，完成投资200万元。

【统筹城乡发展】 道明镇深化村级公共服务和社会管理改革，完成农村基础设施建设类项目22个，总金额234.16万元。完成社会管理类项目5个，总金额134.51万元。完成文体类项目10个，总金额33.41万元。完成其他类项目4个，总金额26.04万元。“村公”改革经验在成都市深化村级公共服务和社会管理改革暨解决发生在群众身边的“四风”和腐败问题工作现场会上推广。

（况汉才）

济协乡

【概况】 济协乡地处崇州城郊，南临成温邛高速公路，距成都市中心38公里。乡域面积16.3平方公里，耕地面积13605亩，总人口13238人。辖双凤、文昌、天宫、济民4个行政村和协和1个社区，共100个村民小组。

【农村经济】 济协乡坚持以经济建设为着力点，创新发展思路与办法，通过解放农村富裕劳动力、提高农业生产效率及改变生产耕作方式等形式，提高群众收入。2015年，济协乡群众人均收入14297元。

【基础设施建设】 济民、天宫灾后重建城乡建设用地增减挂钩项目2013年9月启动，项目安置点用地170余亩，安置农户400多户1700多人，节余建设用地指标326.5亩，总投资约7836万元。2015年，项目拆旧区还耕通过省厅终验，安置点建设主体工程全面完工，正在进行总平施工。文昌村农村集体建设用地整理项目，完成投资1360万元，安置点建设基本完成，整理建设用地面积47.49亩，预计节约建设用地指标44.21亩，正在申报验收。投入村级公共服务和社会管理资金211.4万元，浆砌沟渠约0.7公里，维护硬化机耕道约3.12公里，完成社会管理、农业生产服务、文化体育等其他社会项目多个。双凤村、天宫村、文昌村、协和社区4个村（社）开展高标准农田水利建设，投资约800万元，对辖区内26公里农毛渠、机耕道进行改造。启动实施济民、天宫10万亩项目建设，投资1000余万元，整理项目区格田1000亩，新建生产道10余公里，浆砌沟渠9000余米。做好一般场镇改造工作，完善自来水、天然气管网铺设，投资100余万元打造街安路、川兴街人行道绿化工程，在主街道实现路灯全覆盖。开展黑臭河治理，投入260余万元，对黄泥河、济民堰、光明堰、泉水河进行清淤整治。完成上级下达的交通民生工程2.8公里建设。

【现代农业发展】 济协乡推动“共营制”，促进农业转型升级。为全乡11个土地股份合作社颁发经营权证，致曲合作社实现抵押融资50万元，发展稻田养鱼、蔬菜、蔬菜深加工等产业1500余亩。以农场发展为龙头，促进农业协调发展。成立4家家庭农场和1个植保合作社、2个农机合作社。

【乡村旅游发展】 济协乡依托四川豪芸通用航空有限公司，建设崇州国防航空教育基地，推进近郊航空观光旅游业发展。

【民生事业】 济协乡落实低保244人，做到应保尽保；落实33名高龄贫困空巢老人看护；发放2015年低保门诊及大病医疗补助2.9万元，发放一站式医疗救助、二次医疗救助49人次5万元。将419名办证残疾人的基本信息录入成都市残联综合信息平台。及时兑现各项计生政策，计生奖励金和扶助金发放到位，共发放1722人26万余元；发放帮扶资金16户3.2万元，帮扶2名贫困学生每人4000元。新增城镇就业和失业人员再就业124人，新增农村富余劳动力转移500人；成都市城乡居民医疗保险参保9145人，参保率99%；完成养老待遇资格核查3070人。加强普法宣传，提高群众的法律意识。投入平安建设经费10万余元，保证平安建设工作顺利进行。推进网格化建设，通过区域划分进行分片监管，刑事案件明显下降。调解案件35件，其中乡调处中心调解各类纠纷12件，村、社区调解各类案件23件，调解成功率100%。加大城乡环境综合治理财政投入，健全完善体制机制，改善城乡环境卫生面貌。健全组织网络，完善监管体系，做好全乡企业安全标准化建设和食品卫生安全工作。未发生重、特大安全事故。走访慰问生活困难的党员群众、80岁以上老人、五保老人、留守儿童、空巢老人、少数民族在校儿童、精准扶贫户，共计走访605人1482人次，发放慰问金32.4万余元，发放大米150公斤、食用油37.5公斤、猪肉75公斤、衣物23件。

【生态文明建设】 2015年，济协乡创建国家级生态乡镇通过验收。干群环保意识得到提高，城乡环境面貌得到优化，环境设施不断完善；场镇自来水普及率95%，农村生活饮用水卫生合格率100%，生活垃圾无害化处理率98%；人均公共绿地面积10.3平方米，主要道路绿化普及率100%；农业生态环境良好，无水土流失现象，农业化肥强度、农产品农药残留均控制在标准之内。

【城乡环境综合治理】 济协乡继续开展城乡环境综合整治工作，实现农村垃圾集中收运全覆盖。通过百村容貌整治试点，各村（社区）在人力、物力和配套设施建设上都加大投入力度，小城乡面貌得到根本性改变。

【规范化服务型政府建设】 济协乡按照“为民服务、便民利民”的要求，建立完善各种工作制度和内部管理制度，在乡便民服务中心和村级便民服务室全面推行首问负责制、限时办结制、责任追究制和社会评议制，落实首问事项登记制、一次性告知制、服务双岗制、去向留言制，明确工作职责，确保政府高效规范运作。投资3万元，完善行政监督机制和行政效能电子监察，健全内部监督、舆论监督、公众参与相结合的监督体系。

【基层党建】 济协乡党委突出党建核心地位，强化主体责任，召开党委会及党委扩大会45次，研究党建工作议题26个；召开党建工作专题会15次，组织中心组党建工作专题学习12次；开展党委书记上党课6次；落实“一岗双责”，与各村（社区）党支部书记签订《党建工作目标责任书》；探索“第一书记”委派制度，整治软弱涣散党组织双凤村；落实班子成员指导对口联系村（社区）党建工作责任分工；组织民主评议，全乡464名党员中无“不合格”党员，全年党纪处分1人。开展“走基层”活动，密切党群干群关系。以“心连心”活动为载体，形成定点、定人联系与重点联系相结合的常态化干群联系机制，直接联系村（社区）群众1500余户，实现走访全覆盖。党员干部积极参与帮扶活动，坚持到困难集中、情况复杂、群众最需要的地方去开展调查研究。落实经费保障，党建经费同比增长47%。每季度为全乡189名70岁以上老党员每人发放慰问金50元。坚守党风廉政“底线”，建立锁链式工作责任机制，自上而下层层签订目标责任书；实行岗位党风廉政风险点管理制度；每位班子成员在年初作个人廉洁自律承诺；全年上廉政党课4次，开展廉政教育2次。

（罗冬梅）

隆兴镇

【概况】 隆兴镇位于市境南部，东邻集贤乡，南接桤泉镇，西与燎原乡相连，北与崇阳街道毗邻，西北与白头镇接壤。镇域面积1800公顷，辖丰乐、石马、高塔、顺江、青桥、黎坝6个村和香樟1个社区，共106个村民小组、9个居民小组。常住户数6168户，常住人口16833人，户籍人口16753人。镇政府设在隆兴镇府青路111号（原33号），距崇州市区8公里。

【经济】 隆兴镇农业人均纯收入14210元，粮食作物产出11088吨，油料作物产出1154吨，蔬菜及食用菌总产量8034吨，肉类产出3308吨；工业总产值38565万元，其中规模以上工业4484万元；社会消费品零售总额8432万元。

【农业】 隆兴镇耕地面积1084公顷，设施农业占地面53公顷，农作物播种面积2362公顷。发展土地股份合作社10家（其中国家级示范社1家，省级示范社1家）、植保合作社1家、粮食烘干仓储中心3家、农机类合作社2家、标准化养殖场12家、家庭农场6家、种植大户24户、畜禽养殖大户87户、农业技术服务机构9个。有合作社电商销售平台5家，创建桤木河、蜀州粮心等农业品牌5家，实现年销售额2300万元。1月15日，中共中央政治局委员、国务院副总理汪洋到隆兴镇就转变农业发展方式进行调研。7月，全国加快转变农业发展方式现场会在成都召开，隆兴镇作为现场观摩点位接受来自农业部以及全国20个省（区、市）农业领域的负责人组成的代表团的参观考察。

【城乡规划】 隆兴镇实施的6个土地整理安置点建设项目中，3个完成验收，2个在做总平收尾，1个正在施工。完成鸡公洞十字路口至府青路2.4公里沥青混泥土建设和风貌整治工作。完成丰乐、石马2个村级活动中心提档升级及日间照料中心项目建设。

【交通】 隆兴镇是川西旅游环线通往“刘氏庄园”和建川博物馆必经之地，与成温邛 318 国道相接，是隆兴片区的交通枢纽和物资集散地，与崇州市区、梠泉镇、燎原乡、集贤乡、白头镇等均有道路相连。全镇 115 个村（居）民小组农村通组道路实现水泥路面网格化连接。

【安全生产】 隆兴镇组织开展“打非治违”“百日安全”等专项行动，对全镇 18 家生产经营企业、小作坊开展每月不少于 2 次的安全生产隐患整治排查工作。坚持各村（社区）烟花爆竹周排查制度，组织公安、市场监管等部门开展辖区内消防、特种设备、粉尘、有限空间作业、建筑施工等多项检查 40 余次，未发生一例安全生产事故。

【规范化服务型政府建设】 隆兴镇便民服务中心受理和办结群众事项 3536 件，有 473 人（次）在政务审批服务平台上对办件情况进行评价，服务窗口现场办结率 95%以上。首问责任制、限时办结制、责任追究制、社会评议制和服务承诺等制度全面落实。

【村级公共服务和社会管理】 隆兴镇召开宣传动员会 120 余次，发放各类宣传资料 4800 份，做到村级公共服务和社会管理宣传工作不漏户，村公资金使用情况都有数。聘请会计师事务所对 7 个村（社区）2015 年公共服务资金使用情况进行全面审计，涵盖项目提议、项目商议、项目决议、审核备案、组织实施、项目监督和票据 7 个环节，涉及资金 361.8 万元。

【社会保障】 隆兴镇完成城乡居民医疗保险参保人数 12247 人，少儿互助参保人数 644 人，按时完成个人信息录入和资金入库工作。补办农村医疗卡 363 张。医疗救助 2 人，发放救助金 2.1 万元。完成 255 名城镇职工和 3893 名农村退休人员的登记、年检及网上录入工作。申报并办结 11 名原乡镇自聘“八大员”和 21 名原幼儿教师入保事项。

【卫计工作】 隆兴镇组织全镇 35～64 岁妇女开展“两癌”检查，参加检查 749 人，占任务数 108.6%。开展妇检 2 次，2800 人参加生殖健康检查。计生“三结合”帮扶 13 户，发放资金 3.5 万元。处理案件 16 件，征收社会抚养费 31.39 万元。办理生育服务证 107 例，办理流动人口婚育证明 17 例。

【食品安全】 隆兴镇组织开展各类检查 71 次，检查经营店面 43 家，整顿网吧 1 家、书店 1 家、复印店 2 家，取缔游商地摊 4 家。对全镇 5 所中小学、幼儿园的食堂及周边食品流通环节进行食品安全专项检查。严格执行家宴申报制度。实行流动厨师“黑名单”制度，开展对流动厨师、信息员食品安全培训 4 次，未发生一例家宴食品中毒性事件。

【城乡环境治理】 新增保洁人员 3 名；购置垃圾转运车 2 辆、高压冲洗车 2 辆；新购并发放电动垃圾收集车 35 辆、人力三轮垃圾收集车 15 辆、垃圾桶 250 个；为全村 941 农户每户配发垃圾分类小桶 3 个，共发放 2823 个。组织人力 200 余人次，清理疏通沟渠及灌溉渠系 27395 米，清运淤泥 435 立方米，取缔各类横幅 30 余处，清除“乱张贴、乱书写”等牛皮癣 900 余处；规范占道经营、乱摆摊设点 457 处；清理流动摊点 378 次；规范机动车和非机动车乱停乱放 98 处；拆除乱搭乱建 3 处，拆除面积 600 余平方米。

（夏　爽）

桤泉镇

【概况】 桤泉镇位于市境西南，东接集贤乡，南连大邑董场镇，西临大邑安仁镇，北接燎原乡。镇域面积18.09平方公里。辖灵通、生建、千功、群安4个行政村和中和1个社区，共96个村民小组。总户数4594户，总人口15889人，其中非农业人口3588人。耕地面积20249亩，农业为主导产业，所占比重大于75.2%，主产水稻、小麦、大麦、油菜。“三千”产业（千亩荷花、千亩金银花、千亩红提）初具形态，是崇州市现代农业园区核心区。2015年，城镇居民人均可支配收入28871元，农村居民人均纯收入15439元，固定资产投资完成96200万元。镇政府内设党政办、经济发展办、社会事务办、土地整理办、财政所、综治办、安办、农业产改办、行政效能办9个科室，下设事业管理服务中心1个直属事业单位，开设综合便民服务中心、民情服务中心，另有村（社区）代理会计核算中心、残疾人联合会、治保巡逻队。

【基层组织建设】 桤泉镇党委坚持“红色引领绿色”的理念，围绕农民合作社发展壮大主题，探索形成“三强五引领”（三强：党建强、服务强、产业强，五引领：政治引领、政策引领、技术引领、发展引领、文化引领）党建工作模式，发挥合作社党组织的政治功能和服务功能，促进镇内各专业合作社健康发展，引领周边群众致富增收。建立桤泉绿聚缘红提专业合作社党支部。全镇13个合作社普遍建立党小组。下派镇“第一书记”驻点指导，整顿班子整体能力较弱、阵地建设相对滞后的千功村。镇党委全程参与方案制定、问题建账、解决方案细化，着重对阵地建设、班子能力建设和信访治安案件多发问题进行了专项整治。

【社会事业】 2015年，桤泉镇树立城乡统筹的就业工作理念，把促进农村居民充分就业作为推进“三个集中”的关键环节来抓，广开就业渠道，强化技能培训，创新组织方式。全镇常年外出务工1368人，就地进厂务工2730人，在农业园区就业和第三产业就业2476人，参加农民养老保险8879人，城乡居民医疗保险参保率在99%以上。探索社会养老、社会供养新机制，城乡社会养老机构覆盖率100%，新增就业230余人。2015年，桤泉镇公立卫生院进一步完善，农村居民享有与城镇居民同等的卫生医疗保障体系。全镇实现国内生产总值16.5亿元，场镇建成区面积1.4平方公里，建成区人口密度为7911人/平方米，城镇化率70.9%。桤泉镇二、三、四级道路面积约217000平方米，人均城市等级道路13.66平方米。城镇绿地面积26公顷。污水集中处理率88%，城乡生活垃圾无害化处理率100%，城镇及农民居住区集中供水率96.3%，燃气及液化气普及率96.7%，有线电视光纤到户率及宽带接入率93.1%，通信线缆下地埋设率96%。

【文化教育】 2015年3月，桤泉思源学校被成都市总工会表彰为“模范职工之家”。思源学校中考成绩实现历史性跨越，省市重点上线率位居崇州市第三；普高上线率位居崇州市第二；中考五科A卷合格率位居崇州市第一；A卷平均分排名崇州市第二；A卷优生率位居崇州市第三；一次性合格率位居崇州市第一；全科合格率位居崇州市第二。9月，成功承办了成都市委托管理现场会，并被成都市教育局评为委托管理工作优秀学校。10月，通过创建成都市新优质学校评估验收。11月，完成崇州市级科研课题《在学校委托管理背景下，农村九年制学校教学改革实践探索》。12月，参加崇州市电子白板课堂大赛的4名教师中3人获特等奖，1人获一等奖。超额完成外宣任务，国家级媒体报道1篇、省级20篇、成都市级6篇、崇州市级6篇。

【计划生育】 2015年，桤泉镇新生婴儿191人，其中符合政策生育率92.14%。新增计划生育"三结合""阳光爱心助学"工程18户。完善以现居住地为主的流动人口计划生育管理服务体系，落实法定代表人计划生育责任制。

【经济发展】 一是加快打造高新现代农业核心区。四川农业大学现代农业研发基地涵盖小麦研发、水稻研发、玉米研发、农学科研、畜禽育种研发、畜禽营养与饲料研发、草学科研、资环科研、园艺科研、风景园林科研、林学科研、国际合作研发等12个试验示范区，预算总投资4亿元，完成一期投入2.5亿元，正在实施二期投入1.5亿元。二是加大政策、资金支持力度，通过土地股份合作社经营、引进业主规模经营、"大园区、小业主"和"托管"经营等多种经营模式，引导群众和农村土地股份合作社、业主按照实施规划加快种植业结构调整，打造连片农业风光。桤泉镇有土地股份合作社14个，统一经营面积5486亩，入社农户1148，全部完成工商注册登记。三是严格林盘保护，推进低碳生态观光农业示范区建设。坚持一三产业互融发展，打造"三河、一岛、两走廊"农业观光旅游产业。余花龙门林盘整治、余湾岛旅游开发正加紧打造，桤木河生态观光走廊、街安路泉水河田园风光走廊初步形成。启动"三千"产业（千亩红提、千亩金银花、千亩荷花）和录超公司形象提档升级。红提产业形成产值效应，以"节"造势，由节会活动型向市场消费型提升，引导城市居民前往观光、旅游、采摘、体验，促进农业休闲旅游业发展。2004年起，园区连续举办了12届"红提葡萄采摘节"，共接待游客25万多人次，带动园区农民增收150余万元。四是发展加工物流，做长做深农业产业链。农副产品加工园区按照"区域化布局、标准化生产、一体化经营、社会化服务"思路，坚持用抓工业的理念抓农业，推进农产品加工企业集中发展，提高农业综合附加值。实施"桤泉农产品加工园"建设，发展附加值高、产业链长、外向型创汇农业。推进农业招商引资，制定园区招商引资扶持政策，捆绑使用农业综合开发、财政支农、新农村建设资金，配套完善园区道路、供电、供排水、通讯、绿化等基础设施。发展现代农业新型流通业态，优化园区资源配置，运用市场化运作机制，实施"桤泉农产品物流中心及农产品展销中心"建设。园区农产品加工集聚集群发展初具规模。五是坚持科学规划，以现代农业产业高端为取向，以生态特色种植（养殖）为主题，以农产品溯源体系建设为抓手，健全社会化专业服务体系，实施品牌战略，发展高端产业，初步形成"6+2"（优质粮油、红提、金银花、特色蔬菜、荷花、健康养殖+农产品加工聚居点、余湾岛休闲度假旅游）产业发展格局。

【农村产改】 桤泉镇完成农村产权应确尽确96个村民小组，自留地确权4574宗，集体建设用地确权309宗，农业配套设施用地确权65宗，填发股权证5265本，其中群安村填发到集体经济组织成员3150本。在生建村开展了集体资产股权量化改革试点。

（张　瑜）

集贤乡

【概况】 集贤乡位于市境南部，东与大划、金鸡隔河相望，西与大邑龙凤、董场接壤，西南与桤泉、隆兴毗邻，北与崇阳街道相连。辖华兴、梁景、山泉3个行政村和文锦1个社区，共72个村民小组。乡域面积15.95平方公里，场镇建成区面积0.4平方公里，有街道8条。总户数4286户，总人口13326人。耕地面积15520亩，主产水稻、小麦、油菜等作物。有土地股份合作社5个，入社面积6288亩；有铸造企业9家、规模酿酒企业11家。乡政府内设党政办、经发办、群众工作办、财政所、综治办、安办、环保所、食药所8个科室，下设事业管理服务中心1个直属事业单位，另设综合便民服务中心服务窗口。2015年，集贤乡获评成都市农村产权交易示范乡镇、人防警报工作先进设台单位。

【幸福美丽新村建设】 一是铁溪澜庭提档升级，呈现微田园景观。打造完成入口处的荷塘景观，配套建成工具房、管理用房，安装可视系统，完成民风长廊和文化长廊打造，成功创建“三美新村”示范点位，成为崇州市美丽新村建设的接待参观点位之一。二是保护整治徐家渡林盘，打造津渡文化村落。完成通透式围墙、生态龙门子、大树人家、河湾码头等建设项目，外联道路、污水管网、自来水管网、天然气管网改造完毕，打造完成来去酒馆和稻香农庄2家休闲旅游接待点位，承接成都市规划系统培训会。

【现代农业发展】 集贤乡引进田园记忆、更新2个现代农业项目，其中田园记忆投资1900余万，流转土地650余亩；更新农业投资3000余万元，流转土地约250亩。依托现代农业发展休闲旅游产业，巴基斯坦农业专家在7月入田园记忆考察，更新农业于10月开园。发展稻田养鱼、稻田养蟹723亩，打造140亩种养循环示范点位，成功举办第一届稻田捉鱼节。集贤乡是菜花节和金秋旅游节的接待点位。完成集贤农业综合服务站建设，设立农业服务超市和农村产权流转交易站。首批获得成都市授牌“农村产权流转交易示范乡镇”，成功接待出席全国农业现场会的代表考察参观。培育“双创”“互联网+”模式，在山泉村设立大学生创业园，试点O2O网络销售模式。

【基础设施建设】 集贤乡完成成温邛第三快速通道土地征用430余亩，协调做好主道和辅道建设；完成安置点征地规划设计场平，进入划地建房施工阶段。完成隆江110千伏电力线路23个塔基的占地补偿和组塔架线、还耕复垦、安全通道清理等工作。涉及的4户群众完成拆迁，正在落实安置点建设。完成2个成都市美丽新村建设项目：一是投资330万元完成10万亩环线梁景村延伸线综合整治，铺设草石路面4.2公里，增设防护栏，完成景观节点打造；二是投资97万元，在文锦社区新建便民桥1座，整治沟渠2400米。完成农村公路5条8公里建设任务，包括成都市民生目标任务0.5公里。启动唐石桥至10万亩环线的道路扩建项目。改造完善1万余亩高标准基本农田建设，改扩建田间道路约21公里，整治灌溉渠系4600余米。完成铁溪河、老千功堰黑臭河沟渠治理12公里，新修生态护坡5公里。关停5户养殖户，拆除养殖棚房3400多平方米。

【探索试点改革】 一是基层党组织改革试点。集贤乡将梁景村原村支部提档升级为村党总支，设置合作社党支部、新型社区党支部、非公企业党支部和流动党员网络党支部，做到对全村101名党员全覆盖。梁景村形成梁景土地股份合作社、农民新型社区、非公有制企业3种“两新”组织，实现规范运行，形成组织务实效、党员办实事、群众得实惠的良好氛围。二是运用“三权分置”改革成果，实现融资贷款。启动农村土地承包经营权流转改革试点，率先完成涌泉土地合作社、骏景泥鳅养殖合作社确权颁证。运用确权成果抵押融资贷款75万元，解决农业发展资金短缺难题。三是深化确权颁证范围，启动农村小型水利农田设施确权改革试点，全面对提灌站、农渠和农业设施进行确权颁证。

【民生实事建设】 集贤乡做好全乡16户精准扶贫对象的帮扶工作，发放10多万元的帮扶物资，落实扶贫资金2.4万元。实施“1+9+N”公共服务设施标准化配置项目2个，打造文锦社区健身广场和山泉村管理用房项目规范化建设。实施“一事一议”项目两个，新建集凤苑小区围墙440米，硬化梁景村1200米道路。完成华兴村活动中心的提档升级，新建华兴村和文锦社区2个老年日间照料中心。铺设2条健身路径，配备1套广场舞音响设备。

【基层党的建设】 集贤乡开展“三严三实”主题教育活动，加强理论学习和党课宣讲，开好反思会和三个专题讨论会，督查干部工作状态、工作纪律、履职尽责等作风问题，形成工作落实、敢于担当的作风建设新常态。落实“两个责任”，重点落实党风廉政建设主体责任，制定问题清单并整改落实。强化村（社区）村务、党务、组务定期多点位公开制度，接受群众监督评议。

【法治乡村建设】 集贤乡做好安全生产大检查和打非治违专项整治，全年无重大事故发生，妥善处置一起意外事故。强化网格化管理服务，完善工作补贴与事件处理奖惩机制。建成集凤苑小区、重要路口的治安防控网络，完善“大调解”机制，落实领导包案制度，办结市长信箱、公开电话、来信来访134件，调解矛盾纠纷28件。开展“法律七进”（法律进机关、进乡村、进社区、进学校、进企业、进单位、进寺院）活动8次，完成“六五”普法检查验收，积极创建法治乡村。

（蔡晓琴）

燎原乡

【概况】 燎原乡位于市境西南，光华大道穿境而过，东临桤泉镇、大邑安仁镇，南接大邑苏家镇，西接大邑晋原镇，北接王场镇、王场工地和隆兴镇。乡域面积27.9平方公里。辖铧头、紫竹、梓乐、七洞、壁山、回龙6个行政村和安顺、崇德2个社区，共161个村民小组。总户数7822户，总人口24752人，其中非农业人口1343人，耕地面积25726.39亩。莱花河（三合堰支渠）、千功堰支渠、前螺沟、觉皇堰支渠贯穿全境。乡政府内设党政办公室（目督办）、经济发展办公室、社会管理与公共服务办公室、财政所、群众工作办公室（综治办）5个职能科室，开设便民服务中心、劳动保障所、司法所等服务窗口，下设事业管理服务中心1个直属事业单位，另有安办、交管办、食药品监督管理所、环境保护办公室、村（社区）代理会计核算中心、残疾人联合会。2015年，燎原乡按照“强基础、优产业、保民生、促和谐”的工作思路和“一轴、一带、两核、三基地”的发展规划，以10万亩粮食高产稳产高效综合示范项目建设为重点，以土地股份合作社规范示范发展为载体，实施环线道路等基础设施建设，夯实都市型现代农业发展基础，优化发展环境，推进新农村综合体示范建设，实现社会稳定、经济发展的目标。

【产业发展】 燎原乡引进成都金春农业开发有限公司，与崇州市石堰土地股份合作社合作，打造集休闲、观光、垂钓、加工、餐饮、娱乐为一体的多功能休闲观光产业基地，注册资本100万元，投入近1000万元，建成稻虾、稻鱼立体种养基地200亩。引进成都兰景天酒店管理有限公司，注册资本200万元，打造干溪河畔乡村酒店，促进一三产业互动发展。引进成都平衡力种植有限责任公司，注册资本200万元，租赁紫竹土地400亩，先期进行优质蔬菜育苗繁殖，新品种展示，建设标准化温室大棚，远期进行蔬菜良种繁育。完成璧山庙旅游新村集体建设用地整理包装、地形图测绘、七洞村集体建设用地整理策划包装、地形图测绘。成立集体建设用地土地合作社，完成宝石梨乡村旅游项目策划。

【都市现代农业】 燎原乡是10万亩综合示范项目重点乡镇，以10万亩综合示范项目建设为契机，发展现代都市农业，争当10万亩综合示范项目主力军。“10万亩”环线涵盖安顺社区、紫竹村、璧山村，依托农发、水务、财政等项目建成道路7.42公里，整治土地6000亩，其中环线道路两旁200米及格田核心区总格田面积2500亩，基本实现生产设施“七网”（田网、渠网、路网、观光网、服务网、信息化网、设施用地网）全覆盖。

【品牌战略打造】 燎原乡推进红色文化、紫竹遗址文化、宝石梨乡村旅游品牌、璧山庙旅游文化品牌打造，结合林盘整治、新农村建设，投入经费策划，打造宝石梨基地、优质泡菜基地和优质水稻良种基地。举办燎原第五届宝石梨采摘体验活动，提升品牌效益和示范效应；加强与成都古味觉食品有限公司合作，发展万亩优质青菜种植基地；配合相关部门做好乡域范围地理标志、地名等公共资源的注册商标保护和宣传。

【生产要素自由流动】 燎原乡深化农村产权制度改革，建立健全规范有序的农村产权流转服务体系。做好常态化管理登记工作，完成农村土地承包经营权证纠错变更69宗；完成集体土地所有权纠错变更2户；解决农村产权纠纷和法律援助各1起；完成财政支持合作社发展资产股份量化试点工作。

【发展土地股份合作社】 燎原乡8个村（社区）成立土地股份合作社12个，入社面积17227亩。2015年，培育农业职业经理人97人，上岗37人。发展家庭农场4个、专业大户3户、龙头企业2家，推进“公司+基地+家庭农场+合作社”的经营模式，农业共营制提质增效。

【村级治理机制建设】 燎原乡深化村级公共服务和社会管理改革，按照“六步工作法”实施项目。实施基础设施和环境建设类项目30个，总投资437.93万元，除2个融资项目正在实施，其余28个项目全部完成，进入验收阶段。实施社会管理和服务类项目93个，总投资198.41万，完成项目77个，未完成的16个项目皆属服务人员工资类，按月支付。

【社会事业】 一是整合“10万亩”项目、财政项目、村级公共服务和社会管理改革项目，完善基础设施建设。全年，修建乡村道路和生产道路6.38千米、沟渠20千米，完成标准化农田改造5000亩。二是加强党管武装工作，完成新兵征集、民兵参训参治和基层武装部的正规化建设。三是做好农村低保和困难群众及特殊人群的关心救助工作，完成紫竹、璧山两个日间照料中心改建工作。四是完成农民工就业培训280人次。城乡居民养老保险新增参保1000人。城乡居民医疗保险少儿参保800人、成人参保18760人。五是坚持计划生育政策，落实

"单独"两孩政策，提升服务质量。六是开展扶贫开发工作，争取上级对口帮扶资金600余万元，解决了七洞村和梓乐村基础设施建设资金缺口问题，帮扶20户贫困户。七是创新社会建设和管理，建立网格化管理机制，加强社会治安综合治理，打造"平安燎原"。夯实安全生产基层基础工作，全年无重大安全事故发生。结合"法制大讲堂"和"法律七进"活动，推进"六五"普法工作。全年，召开社会协商会议4次，完成5个议题。

【党的群众路线教育实践活动】 燎原乡通过"走基层"和"结对心连心·我们在一起"活动对全乡群众实行全覆盖走访，收集梳理出群众诉求27条，集中解决20条。乡党委书记上党课3场次，班子成员到村级讲党课8场次，各支部书记平均1场次。组织开展好"三严三实"专题教育实践活动，分别召开了3个专题的集体学习研讨会，集体观看了《焦裕禄》《信仰》等影片，学习习总书记系列重要讲话精神及省、市相关文件精神，坚持把促进经济发展贯穿于基层党建工作的始终。

（武晋月）

元通镇

【概况】 元通镇是四川省历史文化名镇，素有"水乡小成都"之称。位于市境中部偏北，镇域面积23.12平方公里，东与观胜镇相接，南与锦江乡、公议乡接壤，西临怀远镇，北靠街子镇和都江堰市安龙镇。辖聚源、禹王、景汇、三宝、清溪、通顺、大罗7个行政村和麒麟、双凤2个社区，共95个村民小组。总户数8204户，总人口21386人，农业人口12764人。镇境内西河、味江河、泊江河三江汇注，东北部粘土资源丰富，土陶业有2000多年历史。

【人文资源】 元通镇有省级文物保护单位陈家大院、黄氏宗祠、麒麟街民居，有市级文物保护单位天主堂、王国英故居、永利桥；有古当铺、广东会馆、江西会馆遗址、张家大院、夏家走马转角楼、汇江桥等景观。

【道路交通】 元通镇主要对外交通有怀华路、元安路、街安路，另有从怀华路至无根山生态观光区的旅游专线。在此基础上还建有数条村道，连接各个行政村，形成方便快捷的交通道路网络。2015年，完成聚源村、禹王村、三宝村、大罗村高标准农田道路建设工程，完成聚源村湿地农业观光项目道路建设。

【产业发展】 元通镇优化产业结构，发展现代农业产业项目，建立农机专业合作社1家、植保合作社1家、农业服务超市1家，配置各种农机具52台。依托农业龙头企业成都市五粮丰农业发展有限公司，建立1家大型粮食代烘代储中心、精米加工中心和1家粮食银行。以崇州市鑫益土地股份合作社和崇州市万大土地股份合作社为基地，创建"崇州市军粮基地"。协调配合经开区管委会，在维持元通工业点发展规模的基础上，从人财物和要素保障上支持球墨铸管、新型建材和防水材料3个主导产业的品牌企业做大做强。投资4400万元，改造完成钢格板及配套栏杆项目。古镇创AAAA初步成功后，第三产业产值比重逐渐上升，约占全镇产业结构的20%，餐饮、住宿、休闲娱乐类等行业收入有较大幅度增长。全镇第三产业收入2200余万元。

【古镇打造】 元通古镇景区完成游客中心服务区农户90户、景区核心区住户203户的拆除和搬迁工作，"千年小成都"风貌显现。元通镇成立交警中队、城管中队和微型消防站，投入资金145万元，增加对讲机19部、警摩6辆，加强对场镇和景区车辆乱停乱放及出摊占道整治力度。利用微信、微博、e信等新型媒体平台，宣传古镇建设，腾讯微博总发微博827条，影响力75.9%；新浪微博总发微博2478条，影响力76%。2012—2015年，元通镇累计投入资金约3亿元，建成游客中心、生态停车场和景观大道，完成古镇业态调整“亮水”“亮树”“亮街”“亮巷”“亮院子”项目。11月25日，元通古镇创建国家AAAA级旅游景区通过专家组验收。

【城镇建设】 一是推进都市现代化农业“一线一品”和幸福美丽新村、农民集中居住区管理工作，完成西蜀旺农家庭农场、龙腾居家庭农场、元通镇AAAA景区3个都市现代农业“一线一品”打造奖补项目申报，其中龙腾居家庭农场、西蜀旺农家庭农场、家佳家庭农场共计完成投资1500万元；元通珍稀花木集散港完成投资1亿元，初步形成集苗木栽植、花木交易、运输为一体的综合平台。推动古镇旅游设施建设，楠木休闲广场、三合堰取水枢纽防洪综合改造及交通桥工程、元通塔建设项目计划投资1.76亿元，正在施工。投资2860万元的古镇基础设施改造一期工程完工。

【社会建设】 元通镇发放低保金163.09万元，新增城乡低保24户52人，取消23户28人；发放门诊救助金490人50800元，发放快速救助金118户5.5万元，发放优抚金134.67万元；发放重度残疾人护理费用补贴11.256万元、低保残疾人困难生活补助金115人11.04万元，资助47名适龄、7名超龄重度一、二级残疾人参加城镇职工养老保险39.76万元；符合政策生育率92.6%，办理光荣证85本，“阳光助学”“圆梦大学”新增帮扶户17户，新增奖励扶助金、独生子女父母奖励金178人，特别扶助18人，新增奖励扶助金、独生子女父母奖励金兑现率100%。2015年，成立综治和平安创建工作领导小组，下设办公室，负责综治和平安创建工作的协调、检查指导和考核验收等工作。

【政治建设】 元通镇有党员781名，其中2015年新发展6名，培养入党积极分子20名。探索建立“四级网格化”“走基层”制度，通过“走基层”为群众解决困难问题125件。加强活动阵地建设，正在新建3个村级阵地，计划到2016年实现标准化新建村级阵地全覆盖。加强村级党员干部后备人才培养，选拔3名年轻村干部到镇机关上挂锻炼，组织村干部参加各级培训86人次。2015年，元通镇获评崇州市食品安全先进集体、崇州市乡镇统计工作先进单位二等奖。

（宿慧敏）

观胜镇

【概况】 观胜镇位于市境北面，北与都江堰柳街镇、安龙乡为邻。镇域面积23.67平方公里，基本农田26779.5亩，总人口21069人。辖八角、五桥、青柳、联义、白鹤、池塘6个行政村和天胜路1个社区，有农民集中居住区5个。观胜镇是崇州市塑胶和铸造业基地，有川汇、川胜、川一、辉利达、都得利等龙头企业。有酿造、制革、皮鞋、板鸭、大田种植、养殖等多种农村经营增长点。

【经济发展】 观胜镇做好北部片区乡村旅游项目前期准备工作，确定“环线跟着资源走，亮点随着环线布”的发展思路，形成“政府引导，民事民议，点面一体”的模拟占地方案，初步完成严家院子规划设计工作。发展农业共营制，完成农业技术培训4000人次，发放资料3000余份，培训职业经理人6人，巩固发展6个土地股份合作社，总面积15134.99亩（其中粮油1416亩，花卉苗木面积13718.99亩），新发展家庭农场1个。完成农房保险3757户37463.02元，开展贫困日募捐活动，共捐款15200元。完成基本农田保护1768.12公顷，耕地保有量为1812.9公顷，完成年内耕保金发放。完成城镇新增就业和下岗失业人员再就业和失地农民再就业98人；完成就业困难人员再就业5人，劳务输出7532人；完成劳动力向非农产业新增转移就业250人；完成城乡居民养老保险和少儿互助、农村新合医疗参保。

【基础设施】 观胜镇争取市委统筹委“1+9+N”标准化设施配套资金，安装电子监控系统和宣传展板展架，增添综合服务室和物管用房等设施设备。依托市委宣传部“三美”示范村创建，完善新村文化广场、民风廊、宣传栏、文化长廊、道德讲堂等设施，提高新区居民的幸福指数。清掏整治沙沟河、龙岗河及2支渠2100米，池塘村通过成都市“百村容貌”整治验收。公共服务项目议定设施类项目16个83.46万元，管理类项目28个151.18万元，其他项目15个98.36万元，全部完成。

【创新工作】 观胜镇在联义、白鹤两村建成两个农民居住区，按照“三分建，七分管”“建管结合，立规定制”和“民主参与，民主决策”的思路，抓好新区建设管理，创立新区管理“一四五”民主管理模式。在北部片区乡村旅游项目中，形成“政府引导，民事民议，点面一体、模拟占地”的苗木搬迁方案。

【特色产业】 观胜镇小吃“石观音板鸭”有130余年历史，风味独特，为佐酒之佳肴，名扬川西坝子。场镇逢三、六、九赶集，农历二月十九为春台会期。

【乡镇企业】 成都市大甜果业公司、成都市花中花农业公司、温江玉石花卉公司和农民合作。工业企业产销两旺，以川汇塑胶、川胜、川一、辉利达、都得利、柯涵精铸、环都汽配、川胜管道、胜利皮革厂为代表的10余家骨干企业吸纳大量的农村富余劳动力成为公司员工，川汇塑胶公司的产品获国家免检。有重庆展弘园林有限公司、龙湖集团苗木公司、成都大千苗木有限公司、成都天驿农业公司等10余家公司和业主。成功种植、繁育和销售加拿利海枣、红叶石楠、油桐、金雀花、红花木青、金露花等新奇特品种。

【文化旅游】 观胜镇加强社会主义核心价值观教育，组织开展“寻找最美家庭”活动、城乡环境综合治理“进家庭”活动、家庭读书活动、“文明家庭”“清洁家庭”评选活动。开展“三美”示范村创建活动，并通过验收。创建崇州市级文明乡镇1个、文明村2个。开展“春联赠万家”“观胜镇首届新村文化节”等庆祝活动。各村（社区）成立“6+1”文艺队伍，参加崇州市村干部阅读朗诵比赛和全民健身日活动。培训体育指导员7人，完成全民健身设施安装。

（黄　伟）

锦江乡

【概况】 锦江乡位于市境北部，东与崇平、廖家相邻，南与崇阳接壤，西与济协隔河相望，北与元通、观胜相连。镇域面积18.69平方公里，常住户4984户，总人口16105人，有少量婚迁藏族、羌族、白族、侗族、回族居民。辖新华、乌尤、天民、余塘4个行政村和白马1个社区，共90个村民小组。乡政府内设党政办公室、社会治安综合治理办公室、经济发展与建设管理办公室、社会事务与人口计划生育办公室、财政所5个科室，下设事业管理服务中心。全乡设党委1个，下设支部6个，有党员568人。场镇面积0.41平方公里，有集镇过境路1条、街道5条、弄巷4条，实现程控电话和光纤宽带组组通。

【经济发展】 2015年，锦江乡工业总产值134425万元，财政收入1228.12万元。工业企业主要有四川金盆地集团有限公司、川兴酒厂、金元昊酒业集团、科华通阀门有限公司、华安公司等。全年粮食总产量10023吨，油菜籽总产量854吨。锦江乡纳入崇州10万亩粮经旅示范建设区域。

【基础设施建设】 锦江乡深入推进村级公共服务和社会管理改革，5个村（社区）按照“四步工作法”，实施公服项目27个，修建村道6条、桥梁2座，改善了村组基础设施条件。完成场镇和农民集中居住区天然气安装600户，完成场镇污水管网和自来水主管网铺设，完成一般场镇改造扫尾工作。

【现代农业】 锦江乡围绕“农业共营制”建设，加大土地股份合作社规范化建设力度，实现2015年合作社规范建设全覆盖。加快农业职业经理人培养，持证职业经理人46人，开展职业经理人竞争上岗，全乡6个土地股份合作社14个经营小组全部公开聘任。完善现代农业服务体系，成立农机合作社2个，在乌尤村新建2000吨烘干仓储中心1个并投入运营，规范顺心劳务合作社。加大农业科技推广应用，实施测土配方施肥，推广秸秆还田等综合利用措施，加强农产品质量安全监管。依托土地股份社建设优势，引入“花田农庄”农业生态创意项目在新华村落户，计划建设200亩油用牡丹种植研发育种基地，2015年建成农业景观观光园100亩。利用与西南财大共建的农业推广服务基地，多次组织职业经理人与财大学生相互沟通交流，加大农业科技推广力度，为农业科技成果落地提供支撑。乌尤村3组群众自发筹资，自主打造生态休闲观光农庄“香约农庄”。农庄依托3组土地股份合作社建立的绿色生态种养殖基地，推行“合作社+基地+农户”产业发展模式，将基地生产的蔬菜与家禽直接供应农庄，带动当地农业产业发展和农民增收。

【新农村建设】 锦江乡探索幸福美丽新村建设管理机制，创新开展“众筹建新村”模式，全乡15个村民小组村民自发众筹开展林盘整治.启动乌尤村民俗文化村建设，完成初步方案制定，正在开展项目规划设计.在乌尤村开展“三美”示范村创建，开展林盘院落文化建设。

【文化建设】 锦江乡开展多起群众喜闻乐见的文化活动，组织开展乌尤村首届农民趣味运动会、“端午情·粽飘香”文艺活动、“干群心连心”系列文化活动，满足群众精神文化需求。以乌尤村“众筹建新村”为原型的原创小品，获得市基层优秀案例展演二等奖。

【社会事业】 锦江乡开展精准扶贫户16户，落实“一户一策”和市乡村三级对口帮扶措施，落实各项社会保障政策。2015年，各类民政、计生、残联等涉农资金、物资按时发放到人，抓好资金发放的审计和监督工作，确保发放工作不走样。乌尤村、余塘村日间照料中心通过验收。

【基层党建】 2015年5月，锦江乡启动“三严三实”专题教育，认真开展自查，形成班子及个人“不严不实”问题清单，并在规定时限内整改到位。抓好干部队伍建设，健全党员干部教育机制，实行党建指导员联系制度，推行“1+X”党建模式。余塘支部落实软弱焕散基层组织专项整治工作，支部战斗堡垒作用增强。乡党委按照“民主管理、群众自治”的原则，采取“政府搭台、群众唱戏”的方式，在实施林盘改造过程中，将群众作为实施主体，村支部适时引导，实践出“50元群众工作法”。

（羊　珍）

公议乡

【概况】　公议乡位于市境西北，地处无根山脉边缘中段，属西河河西地区。全乡半山半坝，乡域面积27.18平方公里，其中山区面积11平方公里。耕地面积23287.4亩。辖桤木河、花果山2个涉农业社区和林秀、天冬堰、三合堰3个行政村，共40个居民小组、47个村民小组。总户数4352户，总人口14275人，其中党员569人。境内有万亩灌木林、成片松林、川西农家、崇文教育基地、高山寺等自然人文景观。水果资源丰富，以猕猴桃为主的优质水果种类多、规模大。

【项目建设】　一是按照“小组生微”的要求，完善桃子坪旅游小村、三溪丽景幸福美丽新村提档升级。在三溪丽景建立联合支部，成立业主委员会，让全体业主在《业主公约》的约束下实现自我管理、自我服务和自我监督。桃子坪小区的提档升级完成立项、规划设计，正在招标。二是推进土地整理项目天秀花园的施工。项目工程总建筑面积约8.8万平方米，计划总投资2.59亿元，计划修建居民楼42幢（四层或五层砖混结构楼房），总户数845户，安置总人数约2262人。项目已按程序报建，住建局质监、安监已进场监督质量和安全工作。项目进场之日起，每天均有7、8名农户代表驻场监督质量及安全。三是对花果山小区、晋康小区、桃子坪旅游小村和三溪丽景4个建成并使用的农民集中居住区作配套提升，场镇按照“1+27”的标准进行规划配套，新村聚居点按照“1+9+N”的标准配套，并对场镇、新村聚居点进行美化、亮化。

【招商引资】　公议乡促进蜀西玉泉翠围谷和内蒙古泰成基业项目建设，与已有的花果山庄、蜀卉园、康复院等形成医养结合的养老基地。猕猴桃种植基地2000余亩，辐射周边，带动当地农民共同发展致富，计划打造万亩猕猴桃种植、农业观光生态旅游基地。花果山苗木种植基地面积500亩，主要种植梨树、柚子树、核桃树及各种观赏苗木花卉。

【农业生产】　2015，公议乡粮、菜、肉产量33454吨，完成目标任务的102.9%。崇州康源农业有限公司、信华农业建成并投产。完成农业职业经理人培训10人、新型职业农民培训12人、农业实用技术培训6000人次。推进农产品质量安全监管，逐步完成乡、村农产品质量安全监管体系。对全乡11家农资经销户、24家养殖户、8家种植户发放明白卡、禁用药品知识普及单等宣传资料，通过按时走访、建立记录台账，保障农产品质量安全监管工作有序进行。4个土地股份合作社完成工商登记，办理对公账号。通过扩面工作，公议乡土地股份合作社面积达到9003.4亩（含苗木）。

【新农村建设】　公议乡打造桤木河社区三溪丽景幸福美丽新村和天冬堰村桃子坪幸福美丽新村。桤木河社区三溪丽景幸福美丽新村外联通道建设项目包含长850米、宽7米混凝土路，边沟和石平护坡等设施建设，总投资268万元。桃子坪幸福美丽新村道路及服务设施配套项目包含小区绿化、路沿石、多功能广场建设及配套设施和设备安装、节点打造、风貌打造、道路、路灯等设施建设，总投资315万元。天秀花园项目正在抓紧建设。

【扶贫工作】 公议乡为桤木河社区修建沟渠"24"墙浆砌三面光2000米，修建道路800米。整合资金86万，其中市级财政扶贫补助40万元、"一事一议"补助20万元、村级公服资金26万元。为三合堰村修建道路1380米，投资97.18万元，资金构成为成都市扶贫资金40万元、公共服务资金15万元、市卫计局及下属单位对口帮扶10万元、乡政府财政补助32.18万元。公议乡有精准扶贫户15户，其中贫困村贫困户11户、插花贫困户4户。公议乡建立"市—乡—村"三级联动帮扶机制，实现精准扶贫户帮扶全覆盖。

【社会保障和计划生育】 公议乡开展劳动就业和社会保障工作，完成城乡劳动者培训305人次，实现城镇新增就业80人，完成新合医疗参保10655人，在"关爱拯救行动"中帮扶医疗救助对象11户。完成"三结合"新增户36户，建成三结合基地1个。争取到对口单位帮扶资金7.5万元，实施"阳光爱心助学行动"，为36个贫困学子圆读书梦。对留守儿童和计生困难家庭子女开展一对一爱心资助。做好"单独二孩"政策宣传工作，严格再生育审批和办事程序。做好拥军优抚工作，慰问市消防大队和通信营。按照"应保尽保"的原则，将200名符合条件的人员纳入"低保"，全年纳入低保范围的困难家庭有84户，累计发放各类优抚抚恤金63万元。为471名办证残疾人提供个性化服务，足额发放重度残疾人护理补贴、居家补贴和生活补贴，为50名重度残疾人办理城镇职工养老保险，其中17人开始领取养老金。

【安全生产】 公议乡开展安全生产隐患大排查，整治道路交通、电力、烟花爆竹等方面的安全隐患。组织各类日常检查13次，出动检查人员70余人次，主要检查各类安全生产企业、学校、寺庙、公共场所、道路交通等，排查各类安全隐患70起，督促完成隐患整改60起，整改率在80%以上。全年未发生一起重大安全生产事故。组织乡村干部、企业管理人员开展安全生产培训2次，开展消防安全专题培训1次，培训人员150余人次。开展农村家宴申报、核实、现场督导等工作，全年共申报家宴385起，现场督导率100%，未发生过一起群体性食物中毒事件。

【"四改六治理"】 公议乡将"四改六治理"工作纳入重点工作，与各村（社区）签订目标责任书，将场镇及全乡水泥道路两侧100米范围内纳入整治范围。选定三合堰村10组林盘作为试点，采用政府补贴、指导和群众集资、投劳相结合的方式开展林盘整治，硬化道路，清理杂物，完善垃圾分类，改变以往"干部埋头干，群众一边看"的局面。加大背街小巷、村道、林盘、河道沟渠等环卫设施的清扫、保洁力度，继续深化门前五包责任制，以"整治优美、秩序井然"为标准，全面推进"四改六治理"工作。

【廉政建设】 公议乡落实"一把手"抓党建，坚持落实"两个责任"和"一岗双责"，明确分工，细化责任。保证每一项工作落实到人。年初与各村（社区）签订《2015年党风廉政建设和反腐工作目标责任书》，加强村级党风廉政建设。建立健全乡村两级纪检监察机构，在每个村（社区）设立纪检委员和廉情监督员，全面开展工作监督，加强干部队伍教育管理监督。落实领导班子民主生活会、民主评议、述职述廉等制度，按照“为民务实清廉”的主题执行中央“八项规定。”

（李文静）

怀远镇

【概况】 怀远镇是崇州市第二大镇，位于市境西北部，地处邛崃山脉前沿，东与元通镇毗邻，南与大邑县青霞镇接壤，西南与大邑县金星乡相邻，西北与三郎镇相接，东北与街子镇相连。镇域面积82.25平方公里，总人口6.5万余人。辖富丽、福桥、黎店、龙潭、前锋、枫南、宝峰、三官、黄鹤、德通、共和、玉圭、二江、富强、和平、石子、清江17个行政村，定江桥、泉水、文井江、天泉、安乐、青峰岭6个涉农社区和大顺街、洄澜街2个街道社区，共282个村（居）民小组。怀远镇获评2014年度成都市安全生产先进集体、星级平安街道（乡镇）；获评2014—2015年度成都市烟草市场“三级联管”工作先进单位。三官村获评四川省地震安全示范市区，和平村获评成都市民主法治示范村（社区）。

【现代农业】 怀远镇实施农业项目2个，引进乐丰家庭农场高科技现代农业产业园，完成玉智土地股份合作社秸秆处理中心，新增设施农业200亩，完成创建省级农产品质量安全监管示范市目标任务，工商注册股份合作社21个，新发展家庭农场1个。将二江、天泉、玉圭、共和4村纳入美丽新村建设，打造以何元路为纽带，集户外休闲健身为一体的美丽新村聚居点。

【村级公共服务】 怀远镇加大村公项目资金监管，严格项目招投标程序，聘请第三方机构对全镇2013年、2014年村公项目、资金进行审计，出具审计报告，限期进行整改。

表5　2015年怀远镇村级公共服务项目情况表

项目名称	个数	预算金额	投资金额
基础设施建设类	75	700.93万元	560.6023万元
社会管理类	93	279.3万元	256.32万元
农业生产服务类	10	10.36万元	10.31万元
文体类	43	131.18万元	106.197万元
其他类	43	126.86万元	26.252万元
总计	264	1248.63万元	959.6813万元

【特色产业】 怀远镇调整产业结构，发展以“三编”（藤编、竹编、棕编）为代表，集生产、加工、包装、销售为一体的的藤木制品产业链，探索以“三绝”（冻糕、叶儿粑、豆腐帘子）为主体，集生产、加工、销售于一体的特色食品产业链。有危化品生产企业1家、食品生产企业1家、大中型建材企业56家、小木制品企业30家，藤编制品企业完成工商注册21家。

【重大项目】 小城市示范镇建设：2015年，怀远镇被成都市列为22个小城市建设示范镇之一，竞争比选后，在22个乡镇中排名第五，获一等奖。成都市小城镇建设领导办公室将连续三年扶持怀远镇小城市项目建设。李家岩水库项目：成都市第二水源地李家岩水库落户怀远，怀远镇配合市李家岩水库项目指挥部、李家岩公司、设计单位开展工作，牵头组织3次社会协商，提前完成李家岩水库建设前期入户调查，移民搬迁安置点选址工作推进顺利。土地综合整治项目：全镇有4个项目，涉及11个村，7个农民集中居住区建设启动。其中，枫南村、共和村完成分房，天泉、玉圭、二江安置房主体基本建成，德通、定江桥安置点正有序推进。

【乡村旅游发展】 怀远镇入选成都十大最美乡镇评选。举办好第四届“我们养猪吧”活动，年猪节成为怀远“三绝”以外的又一张旅游文化名片。依托富强村银杏、乌梅、跑山鸡、生态猪等物质资源优势和与大邑白岩寺景区相连的地理优势，与成都电视台联合举办“周末去哪儿”——怀远富强村生态一日游活动。扩大富强村生态猪养殖，投资约300万元，出栏500头。引进南充市新力生态林业旅游开发公司，打造“中国梦幻银海”项目，计划投资2.8亿元，将无根山前锋村一带打造为集观光、休闲、娱乐、商务为一体的旅游度假目的地，完成投资7000万元。

【新型城镇化管理】 城乡环境综合治理：怀远镇全年开展10余次集中整治行动，购置垃圾桶20个，在文井路和洄澜街新安装果屑箱50个，在全镇范围内按各村不少于10个的数量进行垃圾收集房加密。国土管理：对违反基本农田保护的违章建筑进行拆除，下发通知单58份，经国土部门验收合格4宗。处理违法建设64起，全部下发限期拆除通知单，下发暂停施工通知单71份，责令办理审批手续。安全生产管理：常态化开展安全生产大检查，重点检查五联化工、加油站、学校等企事业单位安全生产情况。加大道路交通安全力度，整改怀墩路与重庆路十字口遮挡视线的竹木和二斗渠道路缺口，整治场镇区域红绿灯，增设藤编一条街、文井东路、S106线的中间隔离栏，集中为近万辆两轮电瓶车上户。食品药品监督管理：全镇有备案厨师43人，全部颁发备案通知书，建立流动厨师“黑名单制度”，全年家宴申报495起。组织各类排查10余次，开展各类宣传20余次。

【社会事业】 怀远镇劳动保障城乡医疗参保率99%，奖励扶助新增380人，计划生育被选为省级计生监测点。开展残疾人“量服”工作，在教育就业、低保医疗等方面，帮扶残疾人3122名。在天泉社区、定江桥社区建成日间照料中心2所，实现居家养老服务400人。帮助2名大学生完成阳光圆梦助学工作，帮助5名低保儿童争取到阳光育苗工程资助，帮助老复军人修建房屋5间。“八一”期间，慰问优抚对象387名。统一制作25个村（社区）活动室标识标牌，方便群众办事。场镇新修公厕1座。全年新修村组道路20.09公里，新修沟渠9.38公里，完成青西路2.3公里路灯亮化工程。金阳水库环湖路4.2公里已进入道路硬化阶段，老怀灌路完成前期勘测设计，进入招投标阶段。

【精神文明建设】 一是召开群众文化座谈会，邀请市文旅局、市文联、成都市都市生活频道188栏目组、成都市原香文化投资有限公司及怀远汉源诗书画院等10家本土协会负责人，共同探讨怀远古镇文化发展方向。二是举办“百花会”暨藤木文化节活动周，举办象棋比赛、厨艺大赛、民俗表演、书画和藤木产品义卖、萌猪运动会、藤编技能大赛、川剧表演、乒乓球比赛等系列活动。三是开展“庆七一·党在我心中”系列庆祝活动，表彰先进，重温入党誓词，邀请武警崇州中队、成都电视台与镇内26个党支部共同参加“唱支颂歌给党听”歌咏比赛，首次采用专业评委和群众评委打分相结合的方式，评选出一二三等奖。四是11月11日在富强村举办首届相亲节。五是挖掘民间文化力量，镇老年大学以《烟花三月》节目在“出彩崇州人”大型全民选秀活动中获得优胜奖，舞蹈《蓝色婚礼》获市文旅局主办的崇州舞蹈大赛第一名。

【法治建设】 怀远镇举办法律知识讲座、法治文艺演出、法律知识竞赛78场次，采用展板展示、法治大讲堂宣传栏、播放法治微电影、LED、发放宣传资料、现场解答法律咨询、模拟法庭等形式开展各类“法律七进”活动200余次。每村（社区）配备法治宣传志愿者队伍，每个村民小组配备“法律明白人”，初步形成办事依法、遇事找法、解决问题用法、化解矛盾靠法的工作方法。全年回复成都市长公开电话、市长信箱210条，成都市网上信访信息30条，镇政府上访案件110条，用法治思维解决老上访户信访问题。

【扶贫开发】 二江村、天泉社区2013年被确定为成都市第三轮第一批农村扶贫村，为期三年。成都市政协副主席徐季桢牵头，成都市烟草专卖局、武侯区晋阳街道对口帮扶二江村，武侯区建设局、成都市安监局、成都大学对口帮扶天泉社区。经过三年扶贫攻坚，两村基础设施得到改善、农业产业格局初步成型，人均年收入由2013年的5800元增加到2014年的8700元。2015年，人均可支配收入13500元，实现脱贫摘帽。

【二江、天泉扶贫资金使用情况】

表6　　**2013年—2015年二江村扶贫项目情况统计表**

扶贫项目	建成情况	对口扶贫单位	使用资金	备　注
二江村千五里防洪大堤	1200米	成都市水务局 崇州市水务局	360万元	经成都市政协 徐季桢主席协调
二江村何元路沿线两边新建沟渠	2700米	成都市烟草专卖局	200万元	工程完工后审计 建设资金1805228元
二斗渠增高	1400米			
修建泉水沟路	1200米		35万元	成都市级财政补助资金
“7.9”洪灾10组、3组沟渠整治及5组道路扩宽	完工	武侯区晋阳街道	10万元	
产业园区道路硬化、桥梁建设	正在建设	武侯区晋阳街道	10万元	
沟渠建设	正在建设	成都市水务局	20万元	
泉水沟路延伸段	正在建设	成都市财政资金	35万元	基础设施建设项目补贴资金，通过项目审批
修建千五里防洪大堤路	正在建设	成都市烟草公司	200万元	转拨给成都市 慈善总会代管

表 7　　**2013 年—2015 年天泉社区扶贫项目情况统计表**

扶贫项目	建成情况	对口扶贫单位	使用资金	备注
新建村道	442 米		262.49 万元	成都市专项扶贫资金、对口单位支持、公服资金、村两委自筹资金
扩建天泉路村道	2400 米			
整治村道	720 米			
排灌渠	1050 米			
排洪渠	1560 米			
9 组、14 组新修沟渠	1050 米	成都市安监局	10 万元	
		武侯区建设局	15 万元	
		省农机化推进项目组	50 万元	
新建村道	正在建设	成都市安监局	10 万元	
基础设施建设	正在建设	成都市财政资金	40 万元	基础设施建设项目补贴资金，通过项目审批
9 组抗美援朝老兵“安居工程“房屋	完成	武侯区建设局	15 万元	
新建村道	正在立项			

【基层党的建设】 怀远镇开展“党员义工日”活动 4 次。开展宣传教育活动，成都市政协副主席徐季桢、崇州市政协副主席黄志文、镇党委书记为镇村干部讲专题党课 7 次。开展党风廉政警示教育活动，组织镇村干部观看警示教育片，组织全镇中层以上党员干部、村（社区）党支部书记（主任）到邑州监狱参观学习，进行反腐倡廉建设主题教育活动。提前谋划村（社区）“两委”换届选举工作，公开选拔村级后备干部，经过初审、笔试、面试、组织考察等环节，确定 50 名村级后备干部人选，参与和协助村（社区）两委工作。以零容忍态度纠正“四风”、惩治贪腐，全年查办党员违纪案件 6 起，开除党籍 2 人，党内处分 3 人，形成“不敢腐”的高压态势。

【行政效能建设】 怀远镇规范便民服务大厅服务事项，制定《怀远镇机关工作绩效考核办法》，印发镇村工作情况通报 12 期，镇纪委对镇村干部上班纪律进行 3 次暗访督查，加强镇村干部管理，提升服务水平。

（周红　朱莹）

街子镇

【概况】 街子镇位于市境西北部，处于“青城三十六峰”之一的凤栖山下，是离成都最近的山水千年古镇。镇域面积 41.18 平方公里。辖占寺、莲经、天顺、会元、余庆、上元、白圣、忙城、味江 9 个行政村和唐公、双河 2 个居民委员会，共 182 个村民小组，总户数 9973 户，总人口 33713 人。街子镇自然环境优美，民俗民风独具特色，历史遗迹众多，先后获评国家 AAAA 景区、四川省历史文化名镇、四川最美古镇、四川十大最具价值旅游村落、全球低碳生态景区、四川十大名镇。

【乡村旅游】 街子镇把乡村旅游作为“全域景区”发展的突破口，以重庆路、S106 线、街安路为主轴线，利用“三线七村”乡村旅游资源，邀请专业设计公司及专家到街子实地调研研讨，打造“一道三轴八区十二品”旅游格局。完成“全域景区”规划文本及白圣、余庆、味江等7个村庄的规划编制。完成上元宫—天顺村乡村旅游通道规划建设，并投运通车。嫚雅家庭农场项目落实资金2900万元，项目主体基本完成；白圣樱花公园项目完成一期樱花种植，计划2017年12月完工；天凤旅游度假酒店项目完成投入400万元，确定设计方案和项目规划方案，并完成地形勘察。2015年，实现地方税收收入2741万元，其中一般税收1079万元，较2014年同期增长8%，房地产税收受到整体行业下滑态势影响，仅征得1662万元。规范建成农家乐288家，接待游客676万人，同比增长8.4%，旅游收入182572万元，同比增长54.2%。全镇人均纯收入同比增长14.38%。

【社会事业】 街子镇做好民生保障，加快基础设施提档升级，强化矛盾化解，开展环境整治，规范建房审批，实施温暖帮扶，推进社会各项事业发展。优化升级交通网络，提升镇交通通达性，完成会唐路、绕镇路道路建设3.4公里，改建村级道路6.4公里。农村公路养护工作成绩突出，获评成都市农村公路管理养护年活动先进集体。深化城乡环境综合治理，完成“百村容貌”整治并通过成都市验收。投入资金510余万元，完成2家企业燃煤锅炉高效除尘和脱硫改造，做好生态环境优化和大气雾霾治理。投资570万元，完成连片整治并投入使用。新建污水管网5917.11米、垃圾中转站1座。规范建房审批，加强监管巡查，制定“八步工作法”，强化工作程序性、规范性、合法性。落实安全工作责任体系，完成四川省安全社区建设，获评成都市2015年安全生产月突出单位。实施温暖帮扶、精准扶贫，帮助39名贫困家庭失学儿童解决入学难问题，帮助123名残疾人实现居家灵活就业，帮助26位白内障患者进行免费手术，为2名白血病群众募集爱心捐款8万余元。

【项目建设】 街子镇承担市旅游发展指挥部续建项目19个，配合景区管理局做好项目促建，推进青城阳光安置房三期、会唐路节点提升及街子至三郎污水管建设。西源项目清理闲置土地300亩，升元项目清理闲置土地40亩，交付公司220亩，2个项目均在进行基坑建设，通过成都市专家初验。在征地拆迁中，创新“阳光拆迁”3个100%和“六步工作法”拆迁模式，街子酒水吧二期、忙城村土地整理安置点用地、天凤沟项目、梅驿广场、起凤街通道“钉子户”等均完成征地拆迁，青城阳光安置点项目用地110亩完成打围，青城神韵二期完工，街子艺家酒店、青城山居斯维登酒店2家酒店建成营业。

【产业创新】 街子镇以农业特色产品助力旅游产业发展，以旅游产业资源带动农业产品推广，形成一、三产业互动，做好“西蜀巧妹”等本土生态农产品外销，形成本地生态农产品为各地酒店、客栈服务的产业链。全镇组建土地股份合作社16个，其中种粮合作社6个，花木合作社10个，合作面积1.7万亩。建成占地4.5亩的粮食烘储中心1个，2015年投入运营并完成烘干业务200余吨。街子镇特色农产品代表崇州参加中央电视台“魅力农产品嘉年华”活动，受到全国各地农业专家、企业代表好评，CCTV－7“每日农经”录制专题节目《街子古镇上的“老味道”》，提升街子知名度。结合街子房地产项目市场需求，推出房屋销售与土地“赠种”挂钩模式，建成示范点位并受到房地产商关注，部分购房者对自种土地、作物生产、粮食储存颇有兴致，初步形成购房意向。

【基层党建】 街子镇落实党建工作任务，坚持党委书记抓党建“第一责任”，推进正风肃纪，构建书记负总责、分管领导具体抓、班子成员和支部书记共参与抓落实的格局。注重抓班子、带队伍，提升基层干部能力素养，规范整合内设科室，明确各项工作的上级单位，对8名党委班子成员进行重新分工，对9个机关内设岗位实行干部轮岗锻炼。实行“1+5+1”干部平时考核制度，帮助个人理清职能职责，加强干部日常管理和监督，改进干部作风，提升工作实绩。优化党建沟通平台，增进队伍凝聚力。提出“互联网+党建”党员教育管理模式，建立互联网党员之家，设立党员QQ群，党委倡议、党员申请、支部审核加入，解读交流重大政策，适时传达镇党委、政府及村（社区）工作重点及取得成效，指派专人及时跟踪回复党员提出的问题、建议。同步实行党代表提案制，党委书记向辖区内市、镇两级党代表作大会述职，党代表就党建工作及群众反映的热点难点问题提交提案，镇党委集体研究后限期办结，全年办结提案13件。

【法治政府建设】 街子镇推进法治政府建设，落实镇机关规章制度，完善行政决策程序，推进行政决策科学化、民主化、法制化。开展法治教育活动，组织参加依法行政工作会议1次，听取报告1次，开展法治专题讲座2次。加强规范性文件制定、解读、报备、公布和清理工作，审查报备率100%。建立权责明确、行为规范、监督有效、保障有力的行政执法体制，落实《全面推进依法行政实施纲要》。

（章婵丽）

三郎镇

【概况】 三郎镇位于市境西北，处于山区与坝区交接地带，东与街子镇为邻，南与怀远镇相连，西与文井江镇、鸡冠山乡相连，北与都江堰两河乡、汶川县白石乡接壤。镇域面积104.18平方公里，其中山区面积占95%，丘陵和平原占5%。最高处为崇汶交界处的大崩槽老顶，海拔2591米。萧家山、令牌石、六顶山、横断山、长老坪，板登崖、马鞍山、笔架山、龙石崖、尖尖山、翠围山等海拔在680～2000米之间。干五里河横贯全境，水源出自令牌山和六顶山，汇于红纸厂，向东南流经三郎镇出山口，全长27公里，镇境内长21公里。总人口15183人。辖天国、欢喜、三台、益善、红纸、茶园、凤鸣7个行政村和和平1个社区，共100个村民小组。2015年，三郎镇获评成都市统筹城乡综合改革示范镇。三郎镇凤鸣村获评成都市历史文化名村，茶园村获评成都市旅游特色村。

【项目建设】 三郎镇突破项目瓶颈，发挥群众在项目拆迁过程中的主体作用，发动议监两会参与解决少数群众思想不通、对拆迁工作不理解的情况，完成九龙圣地、乐园区、意境区一期、地震台涉及的13户未拆迁户拆迁工作。完成投资500万元，用于三郎漂流旅游项目接待中心等配套设施建设；投资58万元，完成樱花景区内循环通道1.3公里道路硬化建设。完成三台村、益善村土地整理项目，节约建设用地141.7亩。在群众自愿参与的基础上，引入社会资金在天国村5个自然村落开展林盘整治，结余建设用地约200亩。

【产业发展】 三郎镇深化农村产权制度改革，接待各类产权纠纷和矛盾调解咨询160余次，完成证书纠错20余本，发放耕保金20267.98亩692.66万元。探索开展林权改革试点，成立全市首家林地股份互助合作社，率先开展全省首例林地经营权抵押融资，崇州上银村镇银行为茶园林地股份互助合作社贷款授信200万元，为互助社3户成员发放贷款90万元，解决樱花发展资金难题。完成镇村两级农村产权交易站、点建设，完善相关制度，完成2宗林权流转。完成6个专业合作社工商管理登记。三郎镇樱花专业合作社投资100万元，成樱花品种和花色培育工作。加大旅游乡镇品牌打造，接待游客68万余人次，旅游收入14010万元。

【民生工程】 三郎镇投入资金10万元，新建标准化农村道路6.2公里；投入资金80万元，完善8.5公里标准化农村道路基础部分建设。在樱花观光路沿线邻崖、急弯、陡坡路段增设交通安全设施15处. 自筹资金5万元，对红纸村8、9组危桥进行修缮；投入资金860万元，新建山区安全用水蓄水池7座，配套管网建设，解决山区部分区域饮水和生产用水困难问题；投入资金800余万元，对全长近6千米的大明寺排洪沟实施市级农田水利设施综合治理；投入资金1200余万元，对龙翔六顶小区排污管网、三郎镇老场镇和四公桩场镇排污管网进行综合治理；投入资金200余万元，对镇内4条河渠、6条关联河渠实施黑臭河渠专项治理；投入资金100余万元，分别在欢喜村8组和三台村8组建设人工湿地污水处理项目；投入资金70万元，在山水桃园灾后联建安置区建成一体化污水处理设施一座，设计规模120立方米/天，可处理330户生活污水；采取群众投劳投资+政府补贴的方式，投资30万元建设公共停车场，完善凤鸣双楠“1+21”公共服务设施标准化配套建设项目。

【樱花基地建设】 市旅游开发指挥部与四川森磊森绿化园林工程有限公司签订凤鸣樱花旅游度假区综合开发（一期）项目投资合作框架协议，协议约定将三郎镇樱花基地打造成集观光、休闲、运动于一体的旅游度假区，建设旅游基地设施、旅游公共服务设施、旅游接待设施。项目总占地约3000亩，总投资约5亿元。

【信访工作】 三郎镇全年处理来信来访147件次，开通视频接访室，上访人直接与市级领导视频对话，变“上访”为“下访”。和信访人沟通交流29人次。化解天国村5组、三台村7组、凤鸣村3组信访积案11件。处理好和平社区5组突发事件。

【文化建设】 三郎镇启动《三郎镇志》编撰工作。《三郎镇志》是对三郎镇政治经济、历史文化、风土人情、自然地理的记述，具有资治、教化、存史等功能。10月22日至29日，为配合《三郎镇志》编纂工作，成都文物考古研究所会同崇州市文物保护管理所对镇域范围内7个村进行全面的田野考古调查，发现文物点36处，其中和平社区3处、欢喜村10处、凤鸣村2处、三台村4处、益善村5处、红纸村6处、茶园村6处。文物点主要有寺庙遗址、墓葬群、摩崖造像、古建筑、古道路、古题刻、古桥址、古窑址等，时代从唐宋持续至明清时期。

（廖　勇）

文井江镇

【概况】 文井江镇位于市境西北部，因文井江穿境而过而得名，是国家级生态镇。镇域面积50.63平方公里，森林覆盖率95%以上。辖大坪、清泉、铁索、大同4个行政村和万家、马家2个社区，户籍人口7512人。镇政府驻大同村（大同安置点A区），镇干部27人，其中公务员19人，事业人员6人。内设党政办公室、经济发展与社会管理和公共服务办公室、群众工作办公室、财政所4个职能科室，下设事业服务管理中心1个事业单位。

【项目建设】 一是推进李家岩水库建设的前期

工作，完成实物调查和土地勘界。项目涉及4个村（社区）23个小组，库区搬迁452户，完成项目调查数据公示。二是用好用活村公资金，完成农村环境综合治理、农村社会治安维护、基础设施建设、代办村民事务、文体类项目共计58项。三是加强扶贫项目建设，依托成都市检察院、地铁公司、机投桥街道对口帮扶，完成大坪村幸福美丽新村规划编制。

【产业发展】 文井江镇坚持“茶竹生态镇、健康文井江”发展思路，以茶竹产业发展为依托，改善群众生产生活质量。一是加强枇杷茶产业培育，宣传推广文井江野生枇杷茶，开展“龙门贡茶采摘文化月”活动，提升枇杷茶知名度。二是推进牛尾笋深加工，通过建设气调保鲜库，开发休闲食品，延长产业链。三是以“党建引领、产业富民”为核心，在大坪村探索推行“打造一条好链条、建强一个好支部、壮大一批好产业、推广一批好典型”的党建新模式，助推精准扶贫。四是支持藏区建设，与甘孜州白玉县麻绒乡开展基层党组织结对共建，支持该乡党建经费13万元，协调成都地铁在天府广场站口设藏区产业宣传栏1个。

【民生实事】 文井江镇把扩大就业、落实再就业放在全镇社会发展的突出位置，劳动合同签订、劳务输出开展正常；重视社会保障体系建设，城乡居民养老保险续保工作开展有序。做好文化、卫生等社会事业，以“百姓故事会”等形式开展文化和法律政策、科技、信息进村活动，提高群众的思想道德素质；举办枇杷茶采摘体验活动、茶文化交流、古茶树认养、制茶比赛等活动，丰富群众文化体育生活；完善公共卫生防治体系、农村医疗卫生防治体系建设；构建地质灾害防治体系，开展防汛知识宣传、物资储备等工作，多次开展防灾避险演习；加强民政、武装、青年、妇女等工作，推动社会各项事业共同发展。

【校地合作】 文井江镇与四川文化传媒职业学院签订《产学研结合服务地方文化建设合作协议》。协议约定，双方将共建信息交流平台，围绕产业发展的热点、焦点、难点问题，开展专题调研及科学研究，发挥各自优势，在教育教学、人才培养等领域开展全方位、多层次合作。此次校地合作，旨在培养产业发展技能应用型人才、乡土文艺人才，挖掘山歌文化，提升文井江镇生态旅游底蕴，引领文井江镇走上一条“绿水青山助推金山银山”的品质之路，促进全镇群众增收致富。

【乡村旅游】 文井江镇抓实“一根笋、一杯茶、一桌餐、一条心”，促进一三产互动发展，重点打造百味农家，加强旅游配套设施建设，提高旅游综合接待和服务能力，形成开发与保护共同实施、同步推进的运行机制。提升和推广枇杷茶、牛尾笋、山野菜等特色农产品品牌，发展乡村旅游特色产业，继加强“魅力大坪——成都小丹巴”宣传推介，推出都统岩观景平台，规划徒步穿越等线路，深化民宿产业发展，打造以怡养休闲、农事体验、山地观光、有氧运动为主的精品乡村模式，实现生态立镇、旅游强镇、产业富民的目标。

【社会治安综合治理】 文井江镇坚持“打防结合、预防为主”，抓好“平安文井江”建设。一是牢抓责任落实。加强组织领导，落实岗位责任，成立综合治理工作领导小组。定期开展治安防范教育，注重做好重大节假日期间的稳控工作，确保元旦、春节、五一、七一、国庆等重大节假日期间全镇社会稳定。二是实抓普法工作。开展“崇尚科学、关爱家庭、珍惜生命”主题教育活动，开展普法培训、宣传50余场次。

【创新“服务群众三人组”】 文井江镇创新基层社会治理机制，推出村民小组“联系服务群众三人组”，确定联系服务群众三人组由一名村民小组组长+一名党员+一名议事会成员组成，村民小组组长总负责。强化村民小组“组长”职责，打通农村社会治理最末端“毛细血管”，破解农村治理“最后一公里”难题。一名党员、一名议事会成员分别从本组党员、议事会成员中推荐产生，经支部审核，并由村民议事会讨论通过后公示。联系服务群众三人组在村两委指导下，履行宣传员、信息员、调解员、协管员、监督员职责，全覆盖为民服务不留“空白点”，全年为民办实事288件。“三人组”模式被央广网、蓉城先锋等宣传报道。

（余 平）

鸡冠山乡

【概况】 鸡冠山乡位于市境西北，在邛崃山脉东部边缘，属龙门山系，全境为大山区，两端宽、中段略狭，地势由东向西次第升高，海拨最高3868米，最低900米。乡域面积301平方公里。辖苟家、薤子、大木、竹根、岩峰、琉璃6个行政村和鞍子河1个社区，共35个村民小组。总户数963户，总人口3518人，常住人口2995人。2015年，鸡冠山乡被省爱卫办评为四川省卫生乡镇。

【产业发展】 一是深化林业产业发展改革。鸡冠山乡探索发展林业共营制，在全乡6村1社区成立林地股份合作社，改变传统林业经营生产周期长、前期投入大、产生效益慢的状况，解决山区林地“谁来经营、谁来服务、谁来管理”的难题。二是扶持壮大特色产业。林下中药材种植初具规模，黄连种植2000余亩、白芨500亩、重楼800余亩，实现经济收入3000余万。发展高山蔬菜580余亩，规模较2014年增长20%。三是稳步提升旅游服务业。鸡冠山乡投入42万元建设完成老桥头游客接待站，引导村（社区）实施“森林色彩”工程，在保护原有生态资源的基础上，利用合适点位栽种花木，为绿色森林增添彩色元素，丰富旅游要素。种植红枫、反季节樱桃5000余株，鸡冠山彩林、滨河工程等项目有序推进。

【功能区建设】 一是提高森林保护水平。鸡冠山乡严禁乱砍滥伐，做到“审核一处、采伐一处、种植一处”，全乡采伐申请1100立方米，较2014年降低60%。严格监管，做好天然林保护工作，共发放天然林保护金和生态效益补偿金820余万元。二是改善水环境。作为李家岩水库水源地，鸡冠山乡担负起水源保护重任。禁止新建规模养殖场和新上污染项目，杜绝污水直排，禁止新增排污口，污水排放达到国家一类排放标准。考核跨界断面水质之后，鸡冠山乡未发生一例超标排放现象，集中式饮用水供水达标率100%。三是优化城乡环境。采取以奖代补的方式投入10万元资金率先在全市完成院落整治工作，成立院落治理委员会7个，优化人居环境。岩峰村“百村容貌”治理工作通过成都市验收。

【民生实事】 一是开展村级公共服务与社会管理工作。鸡冠山乡全年计划使用资金355万元，其中基础设施建设类项目241万元，管理服务类及其他项目114万元。2015年累计投资300万元，其中新扩建道路5.6公里。二是做好民政计生等关心关怀工作。关心关爱五保老人、留守儿童、空巢老人、残疾人120人次；为14户低保家庭提供“一站式”医疗救助；为129名老人提供老年人能力评估和居家养老服务，新建日间照料中心1个，完成成都市民生目标；

开展阳光助学，为20名困难学生和6名贫困大学生圆校园梦。三是提高教育、交通水平。鸡冠山乡深化教育改革，整合教育资源，提高办学条件和办学质量，实现学龄儿童义务教育率100%。开办幼儿园，解决全乡无学前教育的问题。协调市交通局投入180余万元，历时6个月，完成滴水岩排危整治工作，设立交通信号灯，消除鸡冠山乡外联通道安全隐患。四是丰富群众文化生活。乡、村两级共开展35次文化宣传活动，丰富群众文化生活，参与群众1600余人次，常住群众参与率在90%以上。

【扶贫工作】 鸡冠山乡党委书记亲自抓扶贫村工作，班子成员对口帮扶精准扶贫户，强化扶贫资金监管，确保扶贫工作落到实处。2013—2015年，共争取各级扶贫资金248万元，实施了扶贫村饮用水改造、漫水桥、道路修建等工程，为精准扶贫户提供鸡苗、药材种植补贴，基本实现整村脱贫。

【基层治理】 一是实施便民代办。鸡冠山乡研究建立“1+10+N”村级便民“代办”制度，为群众代办业务183件，为“老弱病残孤”贴心代办相关事项19件，有效解决山区群众办事难问题。“代办制”在2015年11月全市“走基层”工作推进会上作了交流发言。二是实施信访“代办”。全乡接待群众信访37人次，受理各类纠纷23件，调解成功22件，调解成功率95%。三是推进依法治乡。通过乡、村两级打包，共同出资3万元/年聘请四川创新律师事务所律师涂永驰负责乡政府、各村（社区）法律服务工作，办理法律咨询15起，审查修改合同34件，代理村级诉讼案件2起，代理乡级诉讼1件，涉及金额445万元。

【党建工作】 鸡冠山乡党委班子专题研究党建工作9次，督促指导各支部党建工作79次，完成《党建季度任务书》任务192项。优化党员队伍管理，亮身份、亮承诺，安装“党员户”标牌157个，联系服务流动党员136人次。抓好区域化党建，成立鞍子河社区大党委，坚持共驻、共建、共管原则，协调6个支部筹措3万余元修缮背街道路，解决300余名群众雨季行路难问题。开展“三严三实”专题教育，查找、整改“不严不实”问题11个。开展廉政文化进机关活动，组织干部参加现场警示教育，筑牢拒腐防变思想防线。发放1200余份反腐倡廉购物袋、年画，促进群众监督工作。深化“走基层”活动，“三本”台账反映问题69个，办结率96%。

【防汛防灾、安全生产】 鸡冠山乡组织600余人次共开展防灾减灾演练8次，提高群众防灾减灾意识和自救互救能力。坚持每月对70个地震灾害点位进行全面排查，连续7年汛期无人员伤亡。巡查企业200余次，与市安监局联合下达整改意见书35份，排查和消除安全隐患140余处，全年无重大安全事故发生。

【干部队伍建设】 鸡冠山乡健全目标督查、绩效管理考核、请销假等多项制度，建立中层干部末位淘汰制度，加强干部教育管理，开展乡村两级干部常态化作风巡查47次。做好领导干部选人用人“一报告两评议”工作，通过公开推荐、民主测评、集体讨论、无记名票决，新提拔任用中层干部4名。

（何小丹）

附　录

CHONGZHOU YEARBOOK

中国共产党崇州市第十二届委员会
书记、副书记、常委名录

书　　记：	赵浩宇		
副 书 记：	高　翔（2月离任）	欧　昭（3月任职）	杨火清
常　　委：	郑继良	付卫东	刘荣华（9月离任）
	赵卫东	熊千山（4月离任）	王竣昆（9月任职）
	刘嘉聪（6月离任）	廖冬雪（6月任职）	牟家忠
	陈　波	张大伟（4月任职）	

崇州市第十六届人民代表大会常务委员会
主任、副主任名录

主　　任：柳　宁

常务副主任：周水全

副 主 任：谢艳华　　邓雅兴　　张年福　　兰　宏

崇州市第十六届人民政府
市长、副市长名录

市　　　长： 高　翔（4月离任）　　欧　昭（4月任职）

常务副市长： 刘荣华（9月离任）　　赵卫东（9月任职）

副　市　长： 冯卫康　　杨文良　　朱　军

毛向阳　　王成龙　　肖　瑶（9月任职）

中国人民政治协商会议第十二届崇州市委员会
主席、副主席名录

主　　　席： 杨学明

副　主　席： 陈　刚　　黄志文　　罗红蕾　　张志新　　王　伟　　李文明

崇州市部门领导干部名录

表 8

单　位	职　务	姓　名	备　注
市委办公室	主　任	李　超	1 月离任
	主　任	廖　庆	1 月任职
	副主任	乔亚梅	
	副主任	张春福	
	副主任	曹　艳	
	副主任	罗　巍	10 月离任
	纪检组长	刘　进	
市人大常委会办公室	主　任	张　林	
	副主任	李建刚	
	副主任	刘　彬	
	副主任	汪　涵	
	副主任	杜　红	
	纪检组长	夷志彬	
人大代联工委	主　任	黄友丽	
人大研究室	主　任	李建刚	
人大信访办	主　任	张春文	
人大法制工委	主　任	袁仕洪	
人大财经工委	主　任	白银刚	
人大教科文卫工委	主　任	屈世梁	
人大城建环保工委	主　任	陈德全	2 月任职
市政府办公室	主　任	文国洪	1 月离任
	主　任	姜德尧	1 月任职
	副主任	且　直	10 月任职
	副主任	刘　毅	12 月离任
	副主任	宋志斌	12 月离任
	副主任	刘加宏	
	副主任	黄　进	12 月任职
	副主任	杨天星	12 月离任
	副主任	王　勇	1 月任职　10 月离任
	副主任	晏　雪	1 月离任
	副主任	康　蓉	12 月离任
	副主任	宋通凯	
	纪检组长	陈红霞	

续表8

单　位	职　务	姓　名	备　注
市政协办公室	主　任	刘天全	
	副主任	郑继东	
	副主任	胡崇林	
	副主任	沈玉彬	
	纪检组长	董　静	
政协委组办	主　任	李惠君	
政协经济农业委	主　任	秦世革	
政协提案委	主　任	陈有智	
政协社会法制委	主　任	刘　艳	
政协民族宗教联谊委	主　任	雷成杰	
政协文史学习委	主　任	余成茜	
政协教科文卫体委	主　任	朱志宏	
市纪委（市监察局）	书　记	陈　波	
	副书记、局长	马绍议	
	副书记	袁红跃	
	常委、副局长	张远春	
	常委、副局长	仪明学	
	常　委	宁志俊	5月离任
	常　委	秦　瑶	
	常　委	侯仁国	5月任职
	副局长	方志勇	
市法院	院　长	马长明	
	副院长	谭　勇	3月离任
	副院长	靳崇伟	3月任职
	副院长	王　春	
	副院长	马春彦	
	纪检组长	张　强	
	政治处主任	陈　杨	
	执行局局长	刘海涛	
	专职审委会委员	谭德全	
市检察院	检察长	龚亚明	
	副检察长	靳崇伟	3月离任
	副检察长	余远军	
	副检察长	张　燕	
	副检察长	刘　侨	3月任职
	纪检组长	刘忠文	
	反贪局局长	宋　净	
	政治处主任	杨辉刚	

续表8

单　位	职　务	姓　名	备　注
市人武部	部　长	张大伟	
	政　委	熊千山	2月离任
	政　委	冯中力	2月任职
	副部长	王永余	
市委组织部	部　长	牟家忠	
	常务副部长	方　敏	1月任职
	副部长	文国洪	
	副部长	杨　林	
	副部长	赵泽君	
	副部长	康　翔	10月任职
	副部长	王　勇	1月离任
	副部长	李铭剑	10月离任
	纪检组长	吴　霞	4月离任
	纪检组长	康　翔	4月任职　12月离任
	纪检组长	张　雄	12月任职
市委宣传部	部　长	刘嘉聪	6月离任
	部　长	廖冬雪	6月任职
	常务副部长	陈大林	2月离任
	常务副部长	舒文星	2月任职
	副部长	丁强武	
	副部长	刘　丹	
	纪检组长	杨发成	
市委统战部	部　长	郑继良	
	常务副部长	李承松	2月离任
	常务副部长	杨康虎	2月任职
	副部长	李家志	
	副部长	杨行勇	
	副部长	吴　敏	2月任职
	副部长	甘建成	
	副部长	谢四清	2月离任
	纪检组长	万　敏	
市委政法委	书　记	付卫东	
	常务副书记	易小林	1月离任
	常务副书记	谭　勇	1月任职
	副书记	陈加强	
	副书记	李　智	
	纪检组长	田　勇	
	政治处主任	周　伟	

续表8

单　位	职　务	姓　名	备　注
市委编办	主　任	杨　林	
	副主任	唐汝贵	
	副主任、纪检组长	陈文雅	
市委统筹委	主　任	李世清	
	副主任	王世通	
	副主任	陈　剑	
	纪检组长	田华丽	5月离任
	纪检组长	张　建	5月任职
市直机关工委	书　记	刘启蓉	
	副书记	李　斌	
	副书记、纪工委书记	丁丽娟	
	副书记	杨　婷	
市信访局	局　长	刘　毅	
	副局长	姜素群	
	副局长	余永江	
	纪检组长	詹显中	
市目督办	主　任	王晓梅	
	副主任	李卫彬	
	副主任	杨　波	
	纪检组长	刘　进	
市委机要保密局	局　长	叶春江	
	副局长、纪检组长	杨小芬	
	副局长	张文洪	
市外台侨办	主　任	李家志	
	副主任	杨　华	
市委政研室	主　任	张春福	兼职
	副主任	华　斌	5月离任
	副主任	沈贵川	
	副主任	冯龙庆	7月任职
市史志办	主　任	雷庆龄	
	副主任	谢东强	12月任职
	副主任	冯龙庆	7月离任
	副主任、纪检组长	周　莉	
市委老干局	局　长	赵泽君	
	副局长	王忠文	
	副局长	文　武	4月离任

续表8

单　位	职　务	姓　名	备　注
市委党校（市行政学校）	常务副校长	李正鹏	
	副校长、纪检组长	李海鹏	1月离任
	副校长、纪检组长	王征宇	2月任职
经开区管委会	书记（主任）	杨火清	兼职
	副书记（常务副主任）	王峻昆	11月离任
	常务副主任	毛向阳	11月任职　兼职
	副主任	胡林川	
	副主任	王　能	
	副主任	陈文宇	兼职
	纪工委书记	吴　强	
	副主任	黄　勇	4月任职
	副主任	黄　进	12月离任
市发改局（市粮食局）	局　长	毛向阳	1月离任
	局　长	俞冬梅	1月任职　兼职
	副局长	王涌俨	
	副局长	高明刚	4月离任
	副局长	杨　万	
	副局长	邬　波	
	纪检组长	邓蓉刚	
市经信局	局　长	陈文宇	
	副局长	魏　崇	3月离任
	副局长	闫　斌	3月离任
	副局长	方　驰	3月任职
	副局长	杨成军	3月任职
	副局长	周艳红	4月任职
	纪检组长	孔素文	2月离任
	纪检组长	许　健	2月任职
	机关党委书记	付学文	
市教育局	局　长	罗小明	
	副局长	苏红良	
	副局长	王　凯	
	纪检组长	刘　艳	
市公安局	局　长	杨文良	
	常务副局长、政委	胡　诚	
	副局长	罗艳琼	
	副局长	贺智军	
	副局长	汪　海	

续表8

单 位	职 务	姓 名	备 注
市公安局	副局长	屈继忠	
	纪委书记	梁 武	
	副局长	杨 亚	
市民政局（市社管局）	局 长	黄来远	10月离任
	局 长	王 勇	10月任职
	副局长	黄庆明	
	副局长	吴春雪	
	副局长	冯君健	4月离任
	纪检组长	张志勇	
	机关党委书记	罗裕斌	
	老龄办主任	樊发根	
市司法局	局 长	戚 斌	
	副局长	刘 砾	3月离任
	副局长	方启涛	3月任职
	副局长	杨良玉	
	党组成员、政治处主任	冯 凌	
	纪检组长	林 晓	
市财政局	局 长	丁加武	
	副局长	张学如	1月离任
	副局长	戴幼群	3月离任
	副局长	罗加红	3月任职
	副局长	任福强	
	纪检组长	晏碧如	
	总会计师	宋志宏	
市人社局	局 长	方 敏	1月离任
	局 长	文国洪	1月任职
	副局长	陶 陶	
	副局长	李茂清	
	副局长	胡青卿	
	纪检组长	王 器	
	就业局局长	蔺成俊	
	机关党委书记	冯君健	
	军转办主任	刘志强	
市国土局	局 长	徐达泉	
	副局长	黄 勇	4月离任
	副局长	杨 敏	4月离任
	副局长	宋建兴	5月任职

续表8

单　位	职　务	姓　名	备　注
市国土局	副局长	曾　燕	5月任职
	副局长	张春阳	
	纪检组长	李　军	5月任职
市环保局	局　长	俞冬梅	3月离任
	局　长	谢建明	3月任职
	副局长	黄　荣	4月离任
	副局长	刘亚平	4月任职
	副局长	蒲　豪	
	纪检组长	曹行力	
市住建局	局　长	姜德尧	1月离任
	局　长	李　超	1月任职
	副局长	张克才	3月任职
	副局长	宿益友	3月任职
	副局长	吴德强	3月任职
	副局长	何术伟	3月任职
	副局长	杨建辉	3月任职
	纪检组长	侯仁国	4月离任
	纪检组长	杨　敏	4月任职
	机关党委书记	杜　海	
	总工程师	何　丽	
市规划局	局　长	周　华	
	副局长	曾　燕	6月离任
	副局长	徐　宁	6月任职
	副局长	陈文学	
	纪检组长	常茂元	
	总规划师	刘明俊	
市城管局	局　长	杨康虎	2月离任
	局　长	马绍宏	2月任职
	副局长	魏　崇	3月任职
	副局长	余富全	
	副局长	陈　钊	
	纪检组长	彭　斌	
	机关党委书记	王永忠	
	执法大队大队长	杨　曦	
市交通局	局　长	陈　权	
	副局长	李　军	
	副局长	朱海军	

续表8

单　位	职　务	姓　名	备　注
市交通局	副局长	胡香君	4月离任
	纪检组长	吴浩英	
	机关党委书记	高明刚	
	总工程师	朱明鉴	
市水务局	局　长	高永强	2月离任
	局　长	马永忠	2月任职
	副局长	宋丽华	4月离任
	副局长	张其祥	4月任职
	副局长	秦　忆	
	副局长	余艳清	
	纪检组长	孙永江	
	机关党委书记	郑　英	
市农发局	局　长	陈启舟	
	副局长	刘亚平	4月离任
	副局长	张伦全	
	副局长	张格华	3月任职
	副局长	胡佑群	
	副局长	王志良	
	副局长	李　毅	
	纪检组长	王振锋	
	机关党委书记	陈正学	
	执法大队大队长	黎炳辉	
市商投局	局　长	徐　剑	
	副局长	曾　强	1月离任
	副局长	周艳红	4月离任
	副局长	余　健	4月任职
	副局长	李海鹏	1月任职
	纪检组长	孙光文	
	党组成员	赖泽云	
市文旅局	局　长	陈　玲	2月任职
	副局长	何　慧	2月任职
	副局长	石　奕	2月任职
	副局长	赵　强	2月任职
	副局长	杨志远	2月任职
	副局长	王　林	2月任职
	纪检组长	舒象爱	2月任职

续表8

单　　位	职　　务	姓　　名	备　　注
市卫计局	局　长	胡　川	2月任职
	副局长	何　涛	2月任职
	副局长	杨　勇	2月任职
	副局长	周艳琼	2月任职
	副局长	戴幼群	2月任职
	纪检组长	石世民	2月任职
	机关党委书记	孙　权	
市审计局	局　长	且　直	1月离任
	局　长	张学如	1月任职
	副局长	罗　遥	
	副局长	张碧波	
	纪检组长	闵　建	
市安监局	局　长	宋志斌	
	副局长	谢　奎	9月离任
	副局长	陈先强	
	副局长	陆　永	
	纪检组长	陶兴福	
市市场监管局	局　长	余文祥	
	副局长	任永强	
	副局长	李小强	
	副局长	陈华板	
	副局长	王　庆	
	副局长	徐根国	
	纪检组长	向　阳	2月任职　7月离任
	机关党委书记	蒋孟良	
	执法大队大队长	郑友根	
市市场服务中心	主　任	杨　强	
	副主任	邓世兵	
	纪检组长	涂洪博	
市供销联社	主　任	万朝银	
	副主任	雷　伟	
	副主任、纪检组长	谢东强	12月离任
市档案局（馆）	局　长	杨　刘	
	副局长	余志刚	
	副局长、纪检组长	寿　江	4月离任
	副局长、纪检组长	杨文全	4月任职

续表8

单　位	职　务	姓　名	备　注
市政务办	主　任	尧　兰	
	副主任	姚建强	
	机关党委书记	周　萍	
市法制办	主　任	杨成毅	
	副主任	向　阳	9月任职
市防震减灾局	局　长	王　伟	
	副局长	张海林	12月任职
	纪检组长	张海林	3月任职　12月离任
	纪检组长	雷林伟	12月任职
	副局长、纪检组长	李　捷	3月离任
市统计局	局　长	杨　建	1月离任
	局　长	万　敏	1月任职
	副局长	高　伟	
	副局长	卫　兵	
	纪检组长	田华丽	5月任职
市沼气办	主　任	陈志全	
	副主任	雷林伟	12月离任
市街管局	局　长	杨　凯	3月离任
	局　长	黄　勇	3月任职
	副局长	徐　宁	5月离任
	副局长	李倩漪	
	副局长	朱志伟	5月任职
	纪检组长	季　刚	
市交易中心	主　任	温故新	
	副主任	冯　波	7月离任
	副主任	陈　丽	
	副主任	龚克华	9月任职
	纪检组长	郑玉华	
市总工会	主　席	郑继良	兼职
	常务副主席	许绍安	
	副主席	张伦全	11月任职
	副主席	谭　炜	10月离任
	副主席	何　静	
团市委	书　记	张　智	
	副书记	孔苓慧	
	副书记	吕　刚	2月任职

续表8

单　位	职　务	姓　名	备　注
市妇联	主　席	谢　莉	
	副主席	王旭芳	
	副主席	王征宇	3月离任
	副主席	陈桂书	3月任职
市科协	主　席	刘　可	1月离任
	主　席	杨　建	1月任职
	副主席	杨文全	4月离任
	副主席	熊继红	5月任职
市残联	理事长	骆忠良	10月离任
	理事长	黄来远	10月任职
	副理事长	余淑玲	
	纪检组长	陈　翔	
市红会	会　长	刘荣华	10月离任　兼职
	会　长	肖　瑶	10月任职　兼职
	常务副会长	万　敏	1月离任
	常务副会长	晏　雪	1月任职
	副会长	陈文竹	
市社科联	主　席	姜孝云	
	副主席	徐波洪	
市文联	主　席	廖冬雪	兼职
	常务副主席	张春福	1月离任
	常务副主席	马　灵	1月任职
市关工委	主　任	郑继良	兼职
	执行主任	张年福	兼职
	常务副主任	孔祥文	
	常务副主任	任宗贵	
	常务副主任、秘书长	常开明	
市计生协会	会　长	刘荣华	10月离任　兼职
	会　长	冯卫康	11月任职　兼职
	常务副会长	胡　川	兼职
	副会长	石世民	兼职
市侨联	主　席	王能雄	
	副主席	谭时轮	
市台联	会　长	邱德明	
	副会长	王能雄	兼职

续表8

单　　位	职　　务	姓　　名	备　　注
市工商联	主　席	游　刚	
	常务副主席	谢四清	2月离任
	常务副主席	吴　敏	2月任职
	副主席	熊继红	4月离任
	副主席	寿　江	4月任职
	副主席、纪检组长	王　沛	

崇州市乡镇（街道）领导干部名录

表 9

单　位	职　务		姓　名	备　注
崇阳街道	党工委	书　记	廖　庆	1月离任
		书　记	陈　刚	1月任职
		副书记	陈　刚	1月离任
		副书记	罗文良	1月任职
		副书记、纪工委书记	罗艳丽	4月任纪工委书记
		副书记、武装部长	王周贵	10月任职
		副书记、纪工委书记	陈正学	4月离任
	办事处	主　任	陈　刚	1月离任
		主　任	罗文良	1月任职
		副主任	李旭飞	
		副主任	安俊明	
		副主任	陈树昌	
		副主任	胡香君	3月任职
羊马镇	党委	书　记	代会明	
		副书记	杨从伦	
		副书记、纪委书记	秦玉梅	4月任职
		副书记	康　翔	4月离任
		副书记	殷继先	
	政府	镇　长	杨从伦	
		副镇长	宿　红	4月任职
		副镇长	熊亚红	3月离任
		副镇长	刘　彤	
		副镇长	刘义刚	
		副镇长	向凤君	
崇平镇	党委	书　记	舒文星	3月离任
		书　记	谭凤君	3月任职
		副书记	谭凤君	3月离任
		副书记、纪委书记	常　敏	
		副书记	李成云	3月离任
	政府	镇　长	谭凤君	3月离任
		镇　长	张　冬	3月任职
		副镇长	肖　丽	
		副镇长	陈汉中	
		副镇长	刘　铀	3月任职

续表9

单　位	职　务		姓　名	备　注
梓潼镇	党委	书　记	陈榆明	
		副书记	张红良	
		副书记、纪委书记	罗　秦	4月离任
		副书记、纪委书记	尹朝红	4月任职
	政府	镇　长	张红良	
		副镇长	沈　莉	
		副镇长	窦迎宾	7月离任
		副镇长	冯　波	7月任职
廖家镇	党委	书　记	王永刚	2月离任
		书　记	李　刚	3月任职
		副书记	郭建鑫	
		副书记	张　建	4月离任
		副书记	刘学鹏	7月任职
	政府	镇　长	郭建鑫	
		副镇长	张家强	
		副镇长	宿　红	3月离任
		副镇长	熊亚红	3月任职　7月离任
		副镇长	刘　文	5月任职
		副镇长	马晓茂	1月任职
三江镇	党委	书　记	万国威	
		副书记	刘乾富	2月离任
		副书记	粟崇泽	2月任职
		副书记、纪委书记	刘　冬	
	政府	镇　长	刘乾富	2月离任
		镇　长	粟崇泽	2月任职
		副镇长	代碧琴	1月离任
		副镇长	雷　红	1月任职
		副镇长	闫　斌	
		副镇长	万　宏	
		副镇长	杨　建	
		副镇长	匡志能	
江源镇	党委	书　记	雷文全	1月离任
		书　记	陈孟常	1月任职
		副书记	王建根	
		副书记、纪委书记	王　波	
	政府	镇　长	王建根	
		副镇长	黄　斌	1月任职
		副镇长	江　兵	1月离任
		副镇长	黄　樟	
		副镇长	胡云青	

续表9

单　位	职　务		姓　名	备　注
大划镇	党委	书　记	黄　进	1月离任
		书　记	雷文全	1月任职
		副书记	宋建兴	5月离任
		副书记	华　斌	6月任职
		副书记、纪委书记	陈　刚	3月离任
		副书记、纪委书记	吴　霞	4月任职
	政府	镇　长	宋建兴	5月离任
		镇　长	华　斌	6月任职
		副镇长	萧钧铭	
		副镇长	刘绍良	
		副镇长	易　强	
王场镇	党委	书　记	任恩志	
		副书记	张海林	3月离任
		副书记	刘乾富	3月任职
		副书记、纪委书记	杨　萍	
	政府	镇　长	张海林	3月离任
		镇　长	刘乾富	3月任职
		副镇长	胡　亮	
		副镇长	倪志军	
		副镇长	张金明	
白头镇	党委	书　记	肖　瑶	10月离任
		书　记	李铭剑	10月任职
		副书记	张其祥	3月离任
		副书记	黄　荣	3月任职
		副书记	胥　伟	
		副书记、纪委书记	向友军	2月离任
		副书记、纪委书记	李成云	2月任职
	政府	镇　长	张其祥	3月离任
		镇　长	黄　荣	3月任职
		副镇长	张德海	
		副镇长	易　惰	
		副镇长	秦　婧	
道明镇	党委	书　记	李鸿奎	10月离任
		书　记	牟小刚	10月任职
		副书记	牟小刚	10月离任
		副书记、纪委书记	秦玉梅	4月离任
		副书记、纪委书记	马　强	8月任职
	政府	镇　长	牟小刚	
		副镇长	康　蓉	12月任职
		副镇长	王三宏	11月离任
		副镇长	陈　斌	
		副镇长	竹　勇	
		副镇长	杨　毅	12月任职

续表9

单　位	职　务		姓　名	备　注
济协乡	党委	书　记	张　健	
		副书记	刘洪彬	3月离任
		副书记	罗　秦	3月任职
		副书记、纪委书记	何　健	
	政府	乡　长	刘洪彬	3月离任
		乡　长	罗　秦	3月任职
		副乡长	艾春华	
		副乡长	杨　毅	12月离任
		副乡长	林朝刚	
隆兴镇	党委	书　记	李建强	10月离任
		书　记	罗　巍	10月任职
		副书记	干　昆	
		副书记	黄　建	
	政府	镇　长	干　昆	
		副镇长	周厚彬	2月任职
		副镇长	周维松	1月任职
		副镇长	刘　文	4月离任
		副镇长	熊　艳	7月任职
		副镇长	刘义刚	1月离任
桤泉镇	党委	书　记	王成龙	1月离任
		书　记	且　直	1月任职　10月离任
		书　记	李建强	10月任职
		副书记	易志新	
		副书记、纪委书记	张　冬	3月离任
		副书记、纪委书记	李艾国	3月任职
	政府	镇　长	易志新	
		副镇长	牟崇文	
		副镇长	罗开福	
		副镇长	何其伟	
		副镇长	谭兆毅	11月离任
		副镇长	帅建军	
集贤乡	党委	书　记	吕　鹏	
		副书记	胡佑群	10月离任
		副书记	洪　浩	10月任职
		副书记、纪委书记	宿勇远	
	政府	乡　长	胡佑群	10月离任
		乡　长	洪　浩	10月任职
		副乡长	高　庆	
		副乡长	王世勇	
		副乡长	寇　斌	

续表9

单　位	职　务		姓　名	备　注
燎原乡	党委	书　记	蒋孟良	3月离任
		书　记	王永刚	3月任职
		副书记	徐　宏	
		副书记、纪委书记	刘长平	
	政府	乡　长	徐　宏	
		副乡长	黄　斌	1月离任
		副乡长	江　兵	1月任职
		副乡长	张海洪	
		副乡长	王修炳	
元通镇	党委	书　记	向　斌	
		副书记	钟有君	
		副书记、纪委书记	李　军	4月离任
		副书记、纪委书记	张龙江	7月任职
	政府	镇　长	钟有君	
		副镇长	卓柯吉	
		副镇长	徐晓斌	
		副镇长	张　敏	1月离任
		副镇长	杨　忠	1月任职
		副镇长	邓　伟	
观胜镇	党委	书　记	高志芳	
		副书记	罗加勇	
		副书记	陈加勇	7月任职
	政府	镇　长	罗加勇	
		副镇长	蒋　毅	
		副镇长	陈加勇	7月离任
		副镇长	雷　雨	
		副镇长	段毅君	
锦江乡	党委	书　记	骆磅礴	
		副书记	黄春江	
		副书记、纪委书记	王　浩	
	政府	乡　长	黄春江	
		副乡长	王大鹏	
		副乡长	宋文芳	
		副乡长	李泽全	
公议乡	党委	书　记	张永志	
		副书记	肖永忠	
		副书记、纪委书记	王华阳	
	政府	乡　长	肖永忠	
		副乡长	陈启康	
		副乡长	雷　红	1月离任
		副乡长	代碧琴	1月任职

续表9

单　位	职　务		姓　名	备　注
怀远镇	党委	书　记	金红兵	
		副书记	刘桂英	
		副书记、纪委书记	余龙鹏	5月离任
		副书记、纪委书记	徐　平	6月任职
	政府	镇　长	刘桂英	
		副镇长	王志勇	
		副镇长	刘学鹏	9月离任
		副镇长	朱志伟	7月离任
		副镇长	杨　勇	
		副镇长	窦迎宾	9月任职
街子镇	党委	书　记	马永忠	2月离任
		书　记	杨　凯	2月任职
		副书记	王　祥	
		副书记	宁志俊	7月任职
		副书记、纪委书记	任献波	
	政府	镇　长	王　祥	
		副镇长	张　敏	1月任职
		副镇长	卢仁涛	
		副镇长	徐　平	7月离任
		副镇长	杨　忠	1月离任
三郎镇	党委	书　记	晏云鹤	
		副书记	罗文良	1月离任
		副书记	杨　军	1月任职
		副书记、纪委书记	余　健	3月离任
		副书记、纪委书记	陈　刚	3月任职
	政府	镇　长	罗文良	1月离任
		镇　长	杨　军	1月任职
		副镇长	张　雄	12月离任
		副镇长	杨　萍	
		副镇长	王　俊	
文井江镇	党委	书　记	戴万川	
		副书记	廖　强	
		副书记、纪委书记	石正洪	
	政府	镇　长	廖　强	
		副镇长	张舜阳	
		副镇长	何福田	

续表9

单　　位	职　　务		姓　　名	备　　注
鸡冠山乡	党委	书　记	李　刚	2月离任
		书　记	刘洪彬	3月任职
		副书记	王晓宏	
		副书记、纪委书记	付　勇	
	政府	乡　长	王晓宏	
		副乡长	岑元清	
		副乡长	吕　刚	1月离任
		副乡长	李　捷	1月任职

国有投融资公司领导干部名录

表 10

单　位	职　务	姓　名	备　注
蜀兴投资有限公司	董事长（总经理）	沈　庆	
	副总经理	吕　建	
兴蜀投资开发有限责任公司	董事长（总经理）	周　宾	
	副总经理	袁明东	
蜀州城市建设投资有限责任公司	董事长	崔　忠	
	总经理	张　愉	
	副总经理	李　杨	
琉璃旅游投资开发有限责任公司	董事长	崔　忠	
	总经理	曾　强	
	副总经理	王彤昭	
中小企业融资担保有限公司	董事长（总经理）	杨　彬	
	副总经理	曹流星	
崇中展业投资有限公司	董事长	陈　建	
	总经理	康　瑛	
房地产开发公司	董事长（总经理）	宋　敏	
	副经理	张正龙	

省、成都市驻崇州单位领导干部名录

表 11

单　　位	职　　务	姓　　名	备　　注
国网崇州市供电公司	总经理	谭　毅	
	副总经理	杨　光	10 月离任
	副总经理	白玉虎	10 月任职
	副总经理	刘凌川	
	副总经理	王点睛	
	副总经理	刘高明	
	纪委书记	周　坚	
市国税局	局　长	郭建智	
	副局长	王佳伟	7 月离任
	副局长	阳　勋	
	副局长	吴自力	
	纪检组长	徐丛笑	
市地税局	局　长	姚　杨	6 月离任
	局　长	徐明朗	8 月任职
	副局长	徐明朗	6 月任职　8 月离任
	副局长	许明超	
	副局长	周朝栋	
	纪检组长	叶成林	
市气象局	局　长	刘万俊	3 月离任
	局　长	周正斌	3 月任职
	副局长	周正斌	3 月离任
	副局长	肖　涛	3 月任职
邮政崇州分公司	局　长	邵家全	
	副局长	邓玉洁	
电信崇州分公司	总经理	尹　浩	
	副总经理	李　柯	
	副总经理	刘　刚	
	副总经理	田海峰	
移动崇州分公司	总经理	邹　骏	
	副总经理	樊阳旭	